ROUTLEDGE LIBRARY EDITIONS:
JOSEPH CONRAD

Volume 12

A CONCORDANCE TO CONRAD'S
UNDER WESTERN EYES

A CONCORDANCE TO CONRAD'S *UNDER WESTERN EYES*

DAVID LEON HIGDON AND TODD K. BENDER

NEW YORK AND LONDON

First published in 1983 by Garland Publishing Inc.

This edition first published in 2020
by Routledge
52 Vanderbilt Avenue, New York, NY 10017

and by Routledge
2 Park Square, Milton Park, Abingdon, Oxon OX14 4RN

Routledge is an imprint of the Taylor & Francis Group, an informa business

© 1983 David Leon Higdon and Todd K. Bender

All rights reserved. No part of this book may be reprinted or reproduced or utilised in any form or by any electronic, mechanical, or other means, now known or hereafter invented, including photocopying and recording, or in any information storage or retrieval system, without permission in writing from the publishers.

Trademark notice: Product or corporate names may be trademarks or registered trademarks, and are used only for identification and explanation without intent to infringe.

British Library Cataloguing in Publication Data
A catalogue record for this book is available from the British Library

ISBN: 978-0-367-44109-8 (Set)
ISBN: 978-1-00-302698-3 (Set) (ebk)
ISBN: 978-0-367-89391-0 (Volume 12) (hbk)
ISBN: 978-0-367-89394-1 (Volume 12) (pbk)
ISBN: 978-1-00-301893-3 (Volume 12) (ebk)

Publisher's Note
The publisher has gone to great lengths to ensure the quality of this reprint but points out that some imperfections in the original copies may be apparent.

Disclaimer
The publisher has made every effort to trace copyright holders and would welcome correspondence from those they have been unable to trace.

A CONCORDANCE TO CONRAD'S *UNDER WESTERN EYES*

David Leon Higdon
Todd K. Bender

GARLAND PUBLISHING, INC. • NEW YORK & LONDON
1983

© 1983 David Leon Higdon and Todd K. Bender
All rights reserved

Library of Congress Cataloging in Publication Data

Higdon, David Leon, 1939–
    A concordance to Conrad's Under Western eyes.

    (Garland reference library of the humanities ; v. 363)
    Includes bibliographical references and index.
    1. Conrad, Joseph, 1857–1924. Under Western eyes—
Concordances.   I. Bender, Todd K.   II. Conrad, Joseph,
1857–1924. Under Western eyes.   III. Title.   IV. Series.
PR6005.O4U599   1983   823'.912   82–48434
ISBN 0-8240-9234-1

Printed on acid-free, 250-year-life paper
Manufactured in the United States of America

CONTENTS

Preface   vii

Verbal Index   1

Word Frequency Table   187

Field of Reference   211

PREFACE

Under Western Eyes (1911), Joseph Conrad's ninth novel and perhaps the work which demanded the most painful resurrection of the past, abounds in paradoxes. Though critics have acclaimed it "psychologically the most mature of his political novels," "one of the most significant novels of the twentieth century," and "the greatest, wisest and most poetic of all Mr. Conrad's works," it has always been overshadowed by *Lord Jim, Nostromo, The Secret Agent,* and even *Victory.*[1] A story of troubled nihilism, it is replete with religious and biblical imagery. A work "exclusively concerned with ideas,"[2] it is remembered for its strongly drawn characters and their "glimpses into the utmost depths of self-deception." A work steeped in irony, it affirms the values the irony attacks—even the savagely parodied feminism of Dostoyevsky. A tale of suffering, passion, and redemptive love, it is narrated by a teacher incapable of any genuine emotion. An intensely literary work filled with allusions to Dostoyevsky, Tolstoy, Pascal, Voltaire, de Staël, Hoffmann, Rousseau, and others, it is an intensely personal novel, one which Bernard C. Meyer has called "an exceptionally personal work—so personal, indeed, that in his delirium the characters slipped almost unnoticed into the very content of his psychotic thought."[3] A novel of modernist alienation and withdrawal, it exploits the gothic conventions of an earlier period and demands personal commitment, while prophesying the destruction of the Romanov dynasty. Finally, it is a 113,000-word novel whose narrator profoundly distrusts the word. "Words," he tells the reader in the opening paragraphs, "as is well known, are the great foes of reality. . . . To a teacher of languages there comes a time when the world is but a place of many words and man appears a mere talking animal not much more wonderful than a parrot."

At this point, Joseph Conrad and his narrator part company, for Conrad is preeminently a craftsman of the individual word. True, when frustrated with his work, he could "launch out into a frightful diatribe against the English language [calling it] a language for dogs and horses . . . incapable of conveying human thought,"[4] but concern for the individual word runs like a connecting thread through his letters, essays, and prefaces. In *A Personal Record,* Conrad affirmed, "He who wants to persuade should put his trust not in the right argument, but in the right word. . . . Give me the right word and the right accent and I will move the world."[5] Early in his career, he wrote John Galsworthy, "*every* word is an object to be considered anxiously with heart searchings and in a spirit of severe resolution," and a decade later he told Edward Garnett, "I had to work like a coal miner in his pit quarrying all my English sentences out of a black night."[6]

A concordance of *Under Western Eyes* offers the reader an opportunity to assess both the productivity of Conrad's quarry and the richness of the veins he was working. For example, one can confidently trace the supernatural vein which so richly laces the novel with apparitions, devils, ghosts, ghouls, monsters, mummies, ogres, phantoms, shades, shadows, spirits, vampires, and witches as they move on their diabolical, infernal, mystic, nightmarish, occult, sinister, spectral, unearthly, and weird activities. The word-hoard of *Under Western Eyes* needs not only to be considered in itself, but also in the context of the other Conrad works and against the active vocabularies of other authors. Was Conrad's active vocabulary large or small? Does his vocabulary set his work off in any way from those of his contemporaries? We know, for example, that Yeats' poetic vocabulary includes 10,666 types, and that Joyce's *Ulysses* includes 29,899 types, whereas *A Portrait of the Artist as a Young Man* uses only 9,248. Against these figures, Conrad's vocabulary may at first appear small. *Almayer's Folly* (1895), his first novel, uses only 6,489 types, whereas *Lord Jim* (1900) has 11,310; *Victory* (1915), his last major novel, uses 9,401, and *The Arrow of Gold* (1919) makes do with only 8,704. Two collections of short stories, *Tales of Unrest* (1898) and *Tales of Hearsay* (published posthumously in 1925), contain 7,026 and 5,010 types respectively, while *A Set of Six,* the collection of stories contemporary with *Under Western Eyes,* includes 9,087. *The Secret Agent* (1907), published shortly before work began on *Under Western Eyes,* uses 9,049 types, and *Under Western Eyes* itself contains 9,086 (113,158 tokens). These figures are likely to be misleading, since one authority has noted, "there are not more than 60,000 'words' with which anyone but a specialist is likely to be concerned. But of these 60,000 at least 20,000 are of frequent occurrence. . . ."[7] By these standards, the 63,924-type vocabulary of Joyce's *Finnegans Wake,* eccentric though it may be, becomes truly astounding. The figures raise three important questions. Does the novelist *per se* utilize a smaller vocabulary than a poet or a dramatist? Does the short story form constrict the active vocabulary of a novelist?[8] Is there any valid correlation between the perceived quality of Conrad's novels and the size of their respective vocabularies?

It is axiomatic that a concordance can be no better than the text it concords. A corrupt text produces skewed data which contaminates lexical, stylistic, and linguistic studies. For this reason, many scholars advise that concordances be based on authoritative texts, fully informed by the history of the text and the knowledge of variant readings.[9] No such text is currently available for any Conrad novel; however, in its printed forms, the text of *Under Western Eyes* is relatively stable.[10] Conrad made a concerted effort to control the descent of the text and achieved it with fair success. *Under Western Eyes* began in December 1907 as "Razumov," a projected short story some 45 manuscript pages long for inclusion in *A Set of Six* as a companion to "The Informer" and "An Anarchist," grew then into a "novelette" of 14,000 words, then 45,000 words, and by 22 January 1910, the day Conrad triumphantly wrote its new title in the left-hand margin of its final page, had become a 1,351-page, 165,000-word manuscript.[11] At least two, possibly three, typescripts were prepared, and the novel appeared in print December 1910–October 1911 in *The English Review* and *The North American Review,* with the simultaneous publication of the book editions coming in October 1911. During preparation of the first book edition, Conrad wrote J.B. Pinker, his agent, "I shall send you on Monday the text as published in the *ER,* torn out of the numbers and arranged for the printers. I wish Methuens to set up from *that.* There would be then no author's alterations—only corrections of misprints."[12] Later, he informed Galsworthy, "I intend the book to be printed from the text as established in the Review," and on 28 March 1912, he wrote Arthur Harrison, then editor of *The English Review,* concerning the appearance of *Chance* in the New York *Herald,* "It may print the thing end foremost if it likes. That's of no consequence. But in the case of the E.R. my feeling is different, since as in the case of *Western Eyes,* the text of the E.R. would be the final text of the book form."[13] Thus, in Conrad's mind, the text of the novel as it appeared in *The English Review* formed the definitive progenitor of all later texts.

More occurred to the text, however, than the few corrections of misprints Conrad indicated. The texts differ in 395 substantives, many of them highly important, and in 1,232 accidentals. Far from leaving his text intact, Conrad deleted passages, added passages, and significantly reshaped others. For example, Conrad deleted a metaphoric passage, reminiscent of *Lord Jim*: "It is well known that the way of salvation is hard, darkened by the shades of error and made lonely to an independent traveller. Even they who travel in guided troops and caravans are not spared the terrors of isolation" (*ER*, 659.20–24/M288.23), while elsewhere extensively revising the closing pages of the novel, adding, for instance, the memorable image that Razumov's confession came "as though he were turning the knife in the wound and watching the effect" (M346.13–15). Conrad revised almost two hundred other passages to correct facts, tighten phrasing, or sharpen imagery. Thus, the first English book edition (London: Methuen, 1911), which forms the basis of this concordance, appears to have been the text Conrad most shaped.

In 1917, Methuen issued a Cheap Edition—the so-called fourth edition—and plated it for the fifth through eleventh "editions" which would eventually sell 29,000 copies during Conrad's lifetime.[14] This text contains 53 substantive variants from the first edition. For example, "He *stalked* deliberately" (M70.16) becomes "He *talked* deliberately" (CM64.31). Had Conrad, for some reason, decided to squash the hunter-prey image which so forcibly communicates Razumov's situation? Elsewhere, does Julius Laspara's daughter enter the house accompanied by "the skeptical guest" (M359.21) or "the skeptical ghost" (CM305.23)? Given the large number of phantom images in the novel, the latter would be appropriate. Ironically, the answers to these questions are largely irrelevant since Conrad took no hand in the production of the Cheap Edition. On 3 July 1917, Methuen informed J.B. Pinker that there would be no author's proofs since the printer planned to read the proofs himself as he had done for Conrad's previous cheap editions.[15] The variants, however tantalizing, are non-authorial and reflect only eye-skips, misreadings or mishearings, printer's sophistications, and outright errors, not authorial second and third thoughts.

Similarly, the Sun-Dial and the Heinemann Collected editions of 1920 and 1921, which contain 28 variants in the former, 71 in the latter, and 16 shared in common, enjoy only questionable authority in the lines of textual descent. The Sun-Dial variants result from corrections of printer's errors in the first edition, some minor house-styling of spellings, and a few verb tense changes, especially changes of *shall* to *will*, correcting perhaps a point raised by reviewers. In the *Pall Mall Gazette,* an anonymous reviewer had noted, "he still confuses the preterite with the perfect and often uses the wrong sign of the future," and later Henry Seidel Canby commented that "he uses 'shall' with a generosity certainly never accorded in a great English novel before."[16] The Heinemann variants involve an astonishing number of typographical errors, even extending to the characters' names, strongly suggesting that Conrad never read proofs for the edition or else read them with considerable haste. Since the Heinemann differs in 747 accidentals, including such things as "anyone" systematically becoming "any one," we may infer considerable house-styling of the text. The disbound copy of the first edition of the novel which was used as setting copy for the Heinemann Collected—and perhaps the Sun-Dial as well—contains 125 printers' stint marks—consistently one every three pages—and thirteen signature and page numbers in the margins which correspond to the signature and page numbers in the Heinemann. Other than these, there are only four marks on the copy, each one a query.[17] Apparently, Conrad did not involve himself in the later editions of *Under Western Eyes* as extensively as he did with some of his other works, nor did he make the extensive revisions he might have done, since he once wrote Galsworthy, "You know there are about 30,000 words more than the printed text. Revising while ill in bed, I am afraid I have struck out whole pages recklessly. . . . There are passages which should have remained. I wasn't in a fit state to judge them."[18]

Collation of all relevant texts has called for the emendation of twelve instances in the first edition—two misspellings, two spacing errors, six punctuation errors, and two outright emendations. These are as follows:

56.34	preresent] represent
105.34	valley] alley
120.19–20	discover that that there] discover that there
173.35	still] still.
279.34	ingenuity,] ingenuity
291.17	Mr] Mr.
327.29	effect.—] effect—
336.25	whicih grpped] which gripped
344.34	struck in her] struck in in her
352.21	indifferent, hospitality] indifferent hospitality
353.35–354.1	exist / ence] exist- / ence
362.31	voices creamed] voice screamed

No attempt has been made to regularize the inconsistent spelling patterns in the text. Thus one will find the following pairs: *arch-priest/archpriest, arm-chair/armchair, busy-body/busybody, cheek-bones/cheekbones, death-like/deathlike, fore-knowledge/foreknowledge, judgement/judgment, live-long/livelong, marvellous/marvelous, new-born/newborn, organisation/organization, point-blank/pointblank, recognised/recognized,* and *snow-flakes/snowflakes.*

As with the earlier volumes in the Joseph Conrad concordance series, the user is provided a Verbal Index, citing each type and its location, a Word Frequency Table, and a Field of Reference, a line-by-line reproduction of the Methuen first edition. In addition, the user should be aware that the apostrophe has been used to signal an italicized word—enfin' (for *enfin*), standard' (for *standard*), was' (for *was*)—whether the word is English, French, German, or Russian. This symbol creates possible ambiguity with eight plural possessives: Guards' (94.1), ladies' (164.31), minutes' (18.9), Russians' (2.24), students' (8.17, 13.4), weeks' (111.33), and wood-cutters' (120.12). Parentheses have been recorded as slashes, and end-of-line hyphens in compound words by a double hyphen.

I wish to thank Nancy Allen and Mary Ann Higdon for their assistance with the proofing of the concordance and various stages of computer printouts and especially to thank Dennis Wisdom, Steve Strickland, and John Ryan of the Texas Tech University Computer Center who, for better or worse, are responsible for the computer skills I now possess.

We express our gratitude to the Research Tools Division of the National Endowment for the Humanities. They support the Wisconsin Old Spanish Dictionary Project, whose software and peripheral equipment were used in the production of these indexes. We particularly wish to thank Professor John Nitti, Professor Lloyd Kasten, and Jean Anderson for their generous help with this publication.

NOTES

1. Avrom Fleishman, *Conrad's Politics* (Baltimore: Johns Hopkins University Press, 1967), p. 217; Eloise Knapp Hay, *The Political Novels of Joseph Conrad* (Chicago: University of Chicago Press, 1963), p. 276; and Ford Madox Ford, *Thus to Revisit,* quoted in Hay, p. 264.

2. *Letters from Joseph Conrad,* ed. Edward Garnett (Indianapolis: Bobbs-Merrill, 1928), p. 235, letter of 20 October 1911 to Constance Garnett.

3. *Joseph Conrad: A Psychoanalytic Biography* (Princeton: Princeton University Press, 1967), p. 211.

4. Ford Madox Ford, *Return to Yesterday* (New York: Liveright, 1932), p. 287.

5. *A Personal Record,* Memorial Edition (Garden City, N.Y.: Doubleday and Company, 1925), p. xviii.

6. G. Jean Aubry, *Joseph Conrad: Life and Letters* (Garden City, N.Y.: Doubleday, Doran, 1927), I:276, letter of 17 April 1899; and Garnett, p. 214, letter of 21 August 1908.

7. C.K.D., "Basic English," *Encyclopaedia Britannica* (1973 ed.), III: 237.

8. Some evidence suggests that genre does restrict vocabulary in some instances. Shakespeare's active vocabulary includes 29,066 types; however, Herbert S. Donow's *A Concordance to the Sonnet Sequences of Daniel, Drayton, Shakespeare, Sidney, and Spenser* (Carbondale and Edwardsville: Southern Illinois University Press, 1969), lists only 3,149 types active in the sonnets and equally small vocabularies for the other authors—Daniel, 1,613; Drayton, 1,622; Sidney, 2,549; and Spenser, 2,195.

9. See Robert L. Oakman, *Computer Methods for Literary Research* (Columbia: University of South Carolina Press, 1980), p. 70, and D.R. Tallentire, "Towards an Archive of Lexical Norms: A Proposal," *The Computer and Literary Studies,* ed. A.J. Aitken, R.W. Baily, and N. Hamilton-Smith (Edinburgh: Edinburgh University Press, 1973), pp. 39–60.

10. The relevant texts of *Under Western Eyes* are:
    MS, the manuscript, now in the Beinecke Rare Book and Manuscript Library, Yale University
    TS, the typescript, now in the Rare Book Room, Philadelphia Free Library
    ES, the English serial, *The English Review*
    AS, the American serial, *The North American Review*
    M, the first English edition (London: Methuen, 1911), reissued in October 1911 and July 1915
    H, the first American edition (New York: Harper and Brothers, 1911)
    MC, the Cheap Edition (London: Methuen, 1917), reissued in April 1920, October 1922, February 1923, May 1924, September 1924, January 1925, and 1926 as the fourth through eleventh editions
    SD, the Sun-Dial Edition (Garden City, N.Y.: Doubleday, Page, 1920)
    HC, the Heinemann Collected (London: W.W. Heinemann, 1921)
    SDC, the Concord Edition (Garden City, N.Y.: Doubleday, Page, 1923).

11. For more detailed information concerning the history of the text, see Emily K. Iszak [Dalgarno], "*Under Western Eyes* and the Problems of Serial Publication," *RES* 23 (1972), 429–44; Roderick Davis, "*Under Western Eyes*: 'the most deeply meditated novel,'" *Conradiana* 9 (1977), 59–75; David Leon Higdon, "Conrad Among the Bibliographers: Monsters or Handmaidens?" *The Conradian* 6:1 (April 1980), 5–18, and his forthcoming "The Missing Typescript of *Under Western Eyes*."

12. Quoted in Davis, p. 72, letter of May 1911.

13. The letter to Galsworthy appears in Frederick R. Karl, *Joseph Conrad: The Three Lives* (New York: Farrar, Straus and Giroux, 1979), p. 690; the Harrison letter in Dalgarno, p. 436.

14. This information was supplied by William R. Cagle, Indiana University, who is completing the Soho bibliography of Conrad. The sales in America were much smaller. Harper and Brothers printed 4,000 copies in 1911, selling 1,976 in 1911, 737 in 1912, 154 in 1913, 188 in 1914, and 234 in 1915. See Lawrence Graver, *Conrad's Shorter Fiction* (Berkeley and Los Angeles: University of California Press, 1969), p. 148.

15. Berg Collection, New York Public Library.

16. See *Conrad: The Critical Heritage*, ed. Norman Sherry (London: Routledge and Kegan Paul, 1973), p. 227, and *A Conrad Memorial Library*, ed. George T. Keating (Garden City, N.Y.: Doubleday, Doran, 1929), p. 192.

17. This copy is now owned by Hofstra University Library.

18. *Life and Letters*, II:136, letter of 15 October 1911.

VERBAL INDEX

⁻28	010.02	021.12	031.04	041.10	055.26
020.31	010.03	021.32	031.09	041.10	055.35
(i)	010.07	021.33	031.09	041.17	056.06
005.05	010.09	021.33	031.10	041.20	056.06
098.02	010.09	021.34	031.11	041.23	056.09
195.02	010.12	022.06	031.12	041.26	056.25
289.02	010.14	022.08	031.15	041.26	056.27
(ii)	010.17	022.13	031.16	042.01	056.30
022.04	010.19	022.14	031.17	042.02	057.05
116.24	010.22	022.16	031.20	042.11	057.06
212.01	010.24	022.18	031.23	042.18	057.13
311.25	010.24	022.29	031.29	042.30	057.13
(iii)	010.30	023.02	032.03	042.31	057.15
064.20	010.35	023.06	032.04	042.35	057.15
129.17	011.04	023.12	032.07	043.01	057.16
234.31	011.18	023.14	032.15	043.04	057.18
331.08	011.22	023.21	032.15	043.08	057.20
(iv)	011.26	023.21	032.16	043.09	057.21
138.18	011.30	023.24	032.16	043.11	057.23
261.27	011.30	023.27	032.17	043.17	057.27
352.08	011.33	023.34	032.20	043.24	057.29
(v)	011.33	024.05	032.22	043.27	057.31
179.30	012.01	024.06	032.25	043.30	058.01
367.09	012.05	024.07	032.26	044.03	058.05
a	012.14	024.07	033.01	044.08	058.07
001.10	012.15	024.09	033.01	044.10	058.08
001.11	012.21	024.12	033.03	044.10	058.12
001.13	012.22	024.12	033.05	044.12	058.19
001.16	012.23	024.24	033.06	044.27	058.19
001.17	012.32	024.26	033.11	044.28	058.20
001.17	013.01	024.27	033.21	044.29	058.23
001.18	013.05	024.31	033.26	044.29	058.32
001.19	013.09	025.05	033.28	045.09	058.32
002.01	013.15	025.06	033.33	045.11	058.32
002.04	013.17	025.06	033.34	045.26	058.33
002.05	013.24	025.08	034.01	045.28	058.34
002.09	013.28	025.10	034.07	046.02	058.34
002.09	013.29	025.10	034.11	046.03	058.35
002.10	013.30	025.14	034.11	046.06	059.01
002.12	014.04	025.18	034.12	046.13	059.04
002.13	014.06	025.19	034.22	046.15	059.09
002.15	014.06	025.20	034.23	046.16	059.13
002.20	014.09	025.25	034.26	046.19	059.14
002.23	014.17	025.25	034.29	046.22	059.14
002.28	014.18	025.25	034.33	046.30	059.15
002.32	014.23	025.26	034.34	046.32	059.16
003.03	014.25	025.27	034.35	047.01	059.18
003.10	014.26	025.34	035.02	047.12	059.20
003.12	014.29	025.35	035.05	047.13	059.21
003.19	014.31	025.35	035.10	047.18	059.27
003.20	014.33	026.01	035.16	047.19	059.32
003.22	014.34	026.02	035.17	047.22	059.33
003.23	015.03	026.03	035.18	047.26	059.35
003.24	015.04	026.05	035.18	047.29	060.03
003.25	015.05	026.05	035.28	048.08	060.07
003.31	015.12	026.06	035.31	048.13	060.11
004.01	015.13	026.11	035.34	048.15	060.15
004.02	015.13	026.15	036.01	048.26	060.17
004.04	015.15	026.17	036.05	049.03	060.18
004.08	015.20	026.20	036.08	049.23	060.20
004.09	015.25	026.22	036.14	049.24	060.25
004.10	015.29	026.23	036.21	049.27	060.26
004.11	015.30	026.24	036.35	049.29	060.28
004.17	015.32	026.26	037.01	049.33	060.35
004.20	015.33	026.27	037.02	050.08	061.01
004.23	015.34	026.28	037.09	050.09	061.04
004.28	015.35	026.28	037.12	050.16	061.05
004.35	016.05	026.35	037.14	050.17	061.06
005.01	016.10	027.04	037.16	050.23	061.10
005.08	016.13	027.04	037.19	050.23	061.13
005.20	016.15	027.06	037.22	050.31	061.14
005.23	016.15	027.06	037.29	051.01	061.15
005.24	016.18	027.07	037.30	051.03	061.25
006.03	016.23	027.09	037.31	051.04	061.31
006.04	016.35	027.14	037.31	051.07	061.32
006.09	017.09	027.20	037.33	051.12	061.35
006.17	017.23	027.23	037.34	051.30	062.04
006.25	017.24	027.28	037.34	052.02	062.04
006.30	017.35	027.34	038.01	052.08	062.06
006.31	018.04	028.01	038.05	052.13	062.07
007.01	018.08	028.08	038.06	052.25	062.07
007.01	018.13	028.09	038.06	052.26	062.11
007.04	018.16	028.20	038.09	052.30	062.12
007.08	018.22	028.21	038.09	052.33	062.13
007.19	018.28	028.23	038.09	053.04	062.13
007.20	018.30	028.24	038.11	053.05	062.17
007.25	018.33	028.25	038.12	053.12	062.25
007.28	019.10	028.30	038.12	053.12	063.08
007.32	019.10	028.34	038.15	053.15	063.17
007.33	019.21	029.07	038.21	053.15	063.20
007.34	019.26	029.14	038.25	053.23	063.20
008.04	019.26	029.18	039.02	053.23	063.26
008.07	019.27	029.20	039.05	053.26	063.35
008.08	019.35	029.22	039.09	053.31	064.06
008.20	020.04	029.25	039.19	053.33	064.06
008.22	020.05	029.28	039.20	054.02	064.11
008.28	020.08	029.28	039.28	054.04	064.13
008.31	020.08	029.31	040.02	054.05	064.14
008.32	020.09	030.11	040.03	054.07	064.17
008.35	020.11	030.15	040.09	054.12	064.25
009.04	020.14	030.17	040.10	054.15	064.27
009.05	020.20	030.17	040.14	054.16	064.29
009.15	020.20	030.18	040.18	054.29	064.30
009.24	020.22	030.23	040.20	055.07	064.31
009.25	020.26	030.24	040.27	055.08	065.14
009.27	020.27	030.25	040.29	055.13	065.18
009.28	020.27	030.25	040.33	055.19	065.21
009.33	020.27	030.27	041.06	055.20	065.28
009.35	021.04	030.30	041.07	055.21	
010.01	021.10	030.33	041.10	055.24	

4   A (continued)   UNDER WESTERN EYES

065.29	081.31	096.13	110.15	123.25	137.29
065.29	081.34	096.16	110.20	123.30	137.32
065.32	081.35	096.28	110.26	123.33	137.33
065.34	082.09	096.29	110.27	124.03	138.03
066.03	082.11	097.02	110.29	124.04	138.06
066.06	082.15	098.05	110.33	124.07	138.07
066.12	082.20	098.08	111.05	124.12	138.29
066.12	082.22	098.09	111.09	124.13	139.09
066.27	082.30	098.14	111.12	124.15	139.12
066.32	082.35	099.04	111.15	124.17	139.12
067.29	083.07	099.06	111.21	124.18	139.14
067.33	083.10	099.07	111.22	124.19	139.18
068.04	083.30	099.08	111.28	124.22	139.28
068.06	083.30	099.09	111.28	124.25	139.29
068.12	083.31	099.09	111.34	124.28	139.31
068.22	083.32	099.11	112.02	124.31	139.34
068.28	083.32	099.12	112.15	124.32	140.02
068.30	084.06	099.13	112.15	125.05	140.09
068.30	084.16	099.16	112.21	125.20	140.18
068.33	084.18	099.17	112.25	125.21	140.20
069.07	084.21	099.17	113.09	125.23	140.23
069.08	084.33	099.19	113.15	125.27	140.28
069.11	085.01	099.27	113.17	126.05	141.06
069.15	085.02	099.27	113.17	126.08	141.14
069.18	085.03	099.28	113.18	126.16	141.15
069.19	085.07	099.29	113.18	126.20	141.17
069.32	085.14	099.30	113.21	126.24	141.19
069.33	085.14	099.33	113.25	126.28	141.21
070.01	085.18	099.34	114.22	126.29	141.21
070.11	085.21	100.06	114.35	126.32	141.23
070.14	085.22	100.07	115.19	126.35	141.25
070.19	085.24	100.11	115.19	127.01	141.29
070.28	085.29	100.16	115.31	127.02	141.33
071.06	086.02	100.17	116.01	127.04	141.33
071.15	086.03	100.19	116.02	127.05	142.05
071.20	086.10	100.21	116.11	127.07	142.06
071.21	086.15	100.22	116.11	127.08	142.07
072.01	086.24	100.27	116.26	127.12	142.10
072.09	086.25	100.33	116.31	127.19	142.10
072.11	086.27	101.06	117.02	127.22	142.15
072.18	087.01	101.09	117.03	127.24	142.16
072.28	087.02	101.13	117.05	127.30	142.23
072.29	087.05	101.15	117.06	127.32	142.31
072.34	087.05	101.17	117.08	127.32	142.33
073.09	087.07	101.23	117.11	128.02	142.35
073.10	087.11	101.25	117.13	128.14	143.02
073.12	087.16	101.33	117.14	128.18	143.05
073.13	087.17	101.33	117.24	128.29	143.05
073.14	087.30	102.07	117.29	129.02	143.07
073.18	087.35	102.16	118.03	129.04	143.09
073.25	088.01	102.16	118.06	129.05	143.13
074.07	088.02	102.26	118.06	129.15	143.15
074.13	088.03	102.27	118.10	129.18	143.17
074.14	088.06	102.28	118.14	129.23	143.19
074.14	088.06	102.33	118.17	129.24	143.20
074.17	088.07	103.14	118.31	129.31	143.23
074.26	088.08	103.16	118.33	130.07	143.25
074.29	088.08	103.29	118.33	130.09	143.27
074.32	088.09	103.30	119.02	130.15	143.34
074.33	088.11	103.31	119.05	130.16	144.09
074.35	088.12	103.32	119.07	130.21	144.11
075.18	088.23	104.09	119.07	130.33	144.13
075.21	088.27	104.10	119.07	130.34	144.13
076.09	088.29	104.10	119.12	130.35	144.25
076.10	088.32	104.13	119.22	130.35	144.26
076.17	089.07	104.15	119.28	131.02	144.26
076.20	089.17	104.23	119.29	131.06	144.26
076.21	089.24	104.25	119.32	131.08	144.33
076.27	089.27	104.26	119.32	131.19	145.01
076.28	089.28	105.03	120.03	131.20	145.04
076.30	089.33	105.05	120.08	131.33	145.11
076.34	089.34	105.08	120.12	131.35	145.17
077.02	090.15	105.16	120.16	132.01	145.22
077.04	090.23	105.22	120.20	132.13	145.22
077.08	091.08	106.01	120.27	132.14	145.23
077.08	091.19	106.05	121.01	132.19	145.27
077.15	091.34	106.12	121.04	132.20	146.31
077.15	091.34	106.14	121.06	132.20	147.13
077.16	091.35	106.18	121.06	132.21	147.17
077.16	092.01	106.19	121.08	132.22	147.17
077.17	092.01	106.20	121.10	132.29	147.26
077.20	092.08	106.25	121.14	132.30	147.28
077.26	092.13	106.34	121.17	133.01	147.28
077.27	092.21	107.06	121.19	133.05	147.35
077.32	092.25	107.08	121.20	133.06	148.08
077.35	092.31	107.12	121.20	133.18	148.10
078.02	093.01	107.18	121.22	133.28	148.12
078.02	093.03	107.23	121.22	134.01	148.20
078.06	093.04	107.31	121.23	134.05	148.26
078.11	093.04	108.10	121.23	134.20	148.32
078.19	093.05	108.23	121.26	134.28	148.33
078.27	093.08	108.25	121.29	134.32	148.35
079.03	093.08	108.25	122.09	134.34	149.05
079.05	093.11	108.27	122.15	135.02	149.05
079.07	093.29	108.30	122.17	135.09	149.28
079.07	094.04	108.34	122.19	135.11	149.30
079.13	094.05	109.06	122.25	135.13	149.30
079.28	094.08	109.06	122.25	135.14	149.31
079.30	094.09	109.07	122.25	135.18	149.34
079.30	094.11	109.09	122.27	135.19	150.04
079.31	094.11	109.11	122.29	135.20	150.04
079.32	094.11	109.12	122.30	135.29	150.05
080.15	094.15	109.14	122.34	135.33	150.07
080.33	095.10	109.16	123.11	136.03	150.08
080.34	095.16	109.21	123.12	136.13	150.10
080.35	095.20	109.22	123.13	136.20	150.16
081.13	095.34	109.26	123.13	136.27	150.24
081.17	096.04	109.35	123.20	136.31	150.25
081.24	096.06	110.01	123.21	137.16	150.28
081.25	096.08	110.06	123.22	137.21	150.28
081.27	096.11	110.11	123.24	137.27	150.33

A (continued)   UNDER WESTERN EYES

150.34	168.16	182.24	197.14	211.26	224.30
151.05	168.18	182.24	197.15	212.03	224.30
151.15	168.26	182.27	197.27	212.05	225.06
151.17	169.01	82.29	197.30	212.13	225.11
151.20	169.02	82.30	197.31	212.14	225.24
151.25	169.02	182.32	198.14	212.21	225.27
151.27	169.09	183.01	198.16	212.21	225.28
151.27	169.12	183.04	198.28	212.30	225.30
152.04	169.15	183.14	198.30	212.32	226.01
152.07	169.16	183.15	199.10	213.02	226.02
152.08	169.19	183.19	199.11	213.05	226.02
152.09	169.20	183.21	199.18	213.06	226.07
152.18	169.22	183.22	199.21	213.12	226.17
152.21	169.30	183.25	199.28	213.24	226.18
152.25	170.02	183.27	199.31	213.25	226.22
152.27	170.10	183.28	199.32	213.26	226.23
153.02	170.20	184.27	200.01	213.27	226.25
153.07	170.28	185.02	200.05	213.28	226.26
153.09	170.33	185.03	200.07	213.29	227.20
153.10	170.34	185.12	200.15	213.34	227.22
153.14	170.35	185.13	200.25	214.07	227.33
153.16	171.04	185.14	200.28	214.11	227.34
153.19	172.07	185.15	200.30	214.11	228.01
153.21	172.11	185.16	200.31	214.15	228.01
153.23	172.13	185.17	201.02	214.16	228.02
153.33	172.21	185.23	201.05	214.18	228.08
154.15	172.28	185.25	201.08	214.25	228.18
154.22	173.01	185.32	201.16	214.25	228.34
154.25	173.02	185.34	201.18	214.25	229.01
154.31	173.04	186.05	201.26	214.30	229.02
154.32	173.06	186.13	201.31	214.31	229.02
154.35	173.09	186.13	202.13	214.35	229.06
155.02	173.15	186.16	202.16	215.02	229.08
155.23	173.27	186.19	202.16	215.04	229.15
155.29	173.33	186.31	202.17	215.07	229.16
155.31	174.07	186.32	202.20	215.09	229.23
155.32	174.08	186.33	202.20	215.15	229.25
156.27	174.09	187.06	202.29	215.17	229.25
156.31	174.14	187.07	202.32	215.28	229.32
157.03	174.14	187.10	202.33	216.14	230.04
157.12	174.15	187.12	203.04	216.15	230.21
157.25	174.22	187.12	203.08	216.21	230.24
157.28	174.26	187.13	203.29	216.22	230.29
157.28	175.01	187.13	204.02	216.24	230.34
157.29	175.07	187.13	204.04	216.25	231.02
157.33	175.08	187.22	204.06	216.30	231.11
158.01	175.11	187.27	204.09	216.33	231.13
159.02	175.13	187.31	204.10	216.33	231.24
159.18	175.17	187.34	204.19	217.02	232.16
159.23	175.24	187.35	204.26	217.08	232.19
159.31	175.25	188.07	204.27	217.08	232.28
159.35	175.26	188.19	204.35	217.11	232.33
160.01	175.30	188.21	205.03	217.34	233.13
160.02	175.32	188.33	205.04	218.03	233.17
160.06	176.01	189.01	205.13	218.04	233.20
160.06	176.04	189.07	205.14	218.13	233.21
160.10	176.09	189.09	205.19	218.25	233.25
160.15	176.10	189.24	205.19	218.33	233.29
160.22	176.10	189.25	205.22	219.12	233.30
160.26	176.21	189.31	205.23	219.16	234.07
160.27	176.22	189.31	205.33	219.16	234.13
160.28	176.24	190.01	205.33	219.19	234.16
160.33	177.04	190.04	206.09	219.22	234.26
161.04	177.04	190.15	206.10	219.25	235.04
161.05	177.05	190.17	206.16	219.27	235.05
161.05	177.05	190.19	206.22	219.30	235.07
161.06	177.08	190.34	206.24	219.32	235.18
161.19	177.09	191.03	206.25	220.03	235.19
161.20	177.12	191.08	206.27	220.22	235.20
162.08	177.13	191.08	206.28	221.06	235.22
162.10	177.13	191.20	206.30	221.07	235.23
162.16	177.16	191.23	207.03	221.09	235.28
162.16	177.17	191.28	207.04	221.10	235.28
162.24	177.20	191.31	207.11	221.12	236.04
162.24	177.34	192.07	207.12	221.18	236.06
162.33	178.01	192.14	207.19	221.19	236.09
162.33	178.04	192.16	207.23	221.23	236.18
163.08	178.07	192.23	207.24	221.26	236.19
163.13	178.08	193.02	207.28	222.01	236.21
163.22	178.08	193.02	207.30	222.02	236.26
163.29	178.17	193.07	208.01	222.05	237.07
164.03	178.23	193.20	208.08	222.08	237.07
164.19	178.35	193.26	208.09	222.09	237.13
164.24	179.07	193.28	208.10	222.11	237.15
164.28	179.09	194.06	208.14	222.13	237.23
164.28	179.20	194.07	208.16	222.17	237.24
165.09	179.22	194.08	208.19	222.18	237.24
165.15	179.27	194.11	208.24	222.20	237.25
165.21	179.31	194.21	208.29	222.21	237.33
165.25	180.03	194.25	208.31	222.23	238.01
165.30	180.07	194.31	209.02	222.23	238.02
165.35	180.13	195.05	209.02	222.26	238.07
166.11	180.14	195.11	209.06	222.27	238.09
166.17	180.20	195.11	209.10	222.28	238.12
166.18	180.26	195.12	209.13	222.31	238.18
166.21	180.32	195.15	209.22	222.35	238.19
166.22	181.02	195.18	209.30	223.10	238.20
166.34	181.06	195.19	209.33	223.12	238.23
166.34	181.12	195.27	210.02	223.13	238.26
167.06	181.17	195.27	210.04	223.14	238.31
167.08	181.18	196.01	210.05	223.22	238.34
167.13	181.30	196.07	210.13	223.26	239.02
167.16	181.31	196.13	210.19	223.29	239.07
167.19	181.33	196.15	210.26	223.30	239.12
167.20	182.02	196.17	210.28	224.15	239.13
167.23	182.05	196.18	211.01	224.16	239.26
167.24	182.11	196.19	211.05	224.20	239.28
167.29	182.11	196.25	211.10	224.21	239.30
167.30	182.19	196.27	211.10	224.23	239.34
167.34	182.19	196.28	211.25	224.28	240.01
168.06	182.21	197.09	211.25	224.29	240.05

A (continued)   UNDER WESTERN EYES

240.20	255.22	268.30	282.24	297.34	310.16
240.28	255.22	269.01	282.29	297.35	310.17
240.35	255.27	269.10	283.09	298.06	310.20
241.04	255.29	269.13	283.32	298.10	310.24
241.26	255.32	269.18	283.33	298.10	310.30
241.29	256.07	269.19	284.08	298.20	311.04
241.31	256.08	269.23	284.15	298.28	311.05
241.35	256.19	269.24	284.15	298.34	311.09
242.13	256.21	269.25	284.16	299.09	311.12
242.14	256.30	269.26	284.17	299.19	311.13
242.15	256.34	269.32	284.24	299.29	311.17
242.17	257.06	270.01	284.27	299.32	311.18
242.18	257.13	270.04	284.32	299.33	311.20
243.10	257.16	270.06	285.01	300.03	311.21
243.17	257.18	270.07	285.04	300.03	311.28
243.27	257.24	270.10	285.16	300.11	311.29
243.28	257.24	270.14	285.23	300.16	312.06
243.29	257.35	270.15	285.23	300.24	312.07
243.30	258.06	270.25	285.27	300.28	312.09
243.30	258.18	270.29	285.28	300.34	312.17
243.35	258.22	271.15	285.29	301.05	312.19
244.02	258.27	271.16	285.30	301.08	312.20
244.02	258.32	271.20	285.34	301.09	312.21
244.05	258.32	271.21	286.05	301.10	312.22
244.09	259.01	271.22	286.07	301.11	312.26
244.18	259.07	271.23	286.08	301.13	313.11
244.23	259.17	272.11	286.12	301.14	313.19
244.25	259.25	272.20	286.15	301.15	313.19
244.28	259.27	272.27	286.20	301.15	313.28
245.06	259.28	272.28	286.20	301.15	313.31
245.11	259.31	272.29	286.24	301.22	314.04
245.11	260.10	272.32	286.26	301.26	314.08
245.14	260.11	272.32	286.27	301.28	314.08
245.21	260.11	272.35	286.27	301.30	314.12
245.24	260.14	273.01	286.28	301.30	314.13
245.29	260.17	273.02	286.29	301.33	314.22
245.34	260.17	273.35	286.29	301.34	314.26
246.02	260.23	274.05	286.30	301.35	314.26
246.05	260.28	274.06	286.31	302.01	314.28
246.06	261.02	274.06	286.32	302.12	314.29
246.12	261.03	274.11	287.05	302.17	314.31
246.13	261.06	274.21	287.07	302.25	314.32
246.22	261.12	274.30	287.08	302.32	315.01
246.34	261.13	274.31	287.10	303.04	315.13
247.14	261.17	275.03	287.13	303.06	315.20
247.22	261.23	275.13	287.14	303.06	315.34
247.23	262.02	275.21	287.17	303.14	316.03
247.33	262.04	275.23	287.22	303.19	316.24
247.34	262.07	275.26	287.23	303.19	316.26
248.01	262.07	275.34	287.31	303.21	317.01
248.08	262.10	276.08	288.17	303.21	317.07
248.10	262.12	276.11	289.06	303.29	317.09
248.10	262.15	276.12	289.07	303.31	317.10
248.12	262.16	276.20	289.08	303.32	317.12
248.15	262.17	276.30	289.13	303.35	317.19
248.26	262.19	277.02	289.22	303.35	317.23
248.30	262.21	277.07	289.28	304.03	318.09
248.33	262.24	277.23	289.28	304.09	318.16
248.34	262.30	277.24	290.04	304.17	318.32
248.35	263.03	277.32	290.24	304.18	318.33
249.07	263.06	278.02	290.25	304.19	319.10
249.08	263.12	278.11	290.28	304.21	319.22
249.09	263.17	278.13	290.29	304.22	320.09
249.17	263.18	278.21	290.30	304.23	320.23
249.25	263.23	278.24	291.01	304.29	320.26
249.25	263.28	278.30	291.08	304.34	321.02
249.27	263.29	279.03	291.11	305.02	321.14
249.30	263.32	279.15	291.13	305.05	321.18
250.14	264.02	279.18	291.18	305.08	321.29
250.21	264.10	279.21	291.27	305.12	322.03
250.27	264.12	279.23	291.33	305.18	322.08
250.29	264.12	279.24	292.01	305.18	322.22
250.34	264.14	279.26	292.06	305.19	322.23
251.11	264.16	279.29	292.17	305.23	322.25
251.14	264.25	279.34	292.23	305.24	322.26
251.15	264.26	280.01	293.02	305.28	322.27
251.24	264.27	280.03	293.12	305.30	322.28
251.24	264.29	280.04	293.22	306.08	322.29
251.24	264.30	280.05	293.23	306.09	322.29
251.28	265.04	280.06	293.32	306.09	323.03
251.29	265.13	280.06	293.33	306.10	323.07
251.31	265.15	280.07	294.01	306.12	323.08
251.32	265.18	280.08	294.02	306.15	323.14
251.33	265.20	280.08	294.14	306.21	323.15
252.01	265.21	280.11	294.20	306.31	323.16
252.02	265.22	280.21	294.20	306.33	323.17
252.06	265.27	280.23	294.27	307.03	323.17
252.09	265.29	280.23	294.28	307.06	323.18
252.10	265.30	280.29	294.30	307.07	323.20
252.11	265.34	280.30	295.07	307.10	323.21
252.13	266.05	280.33	295.09	307.19	323.22
252.19	266.12	281.11	295.10	307.23	323.23
252.19	266.12	281.17	295.11	307.26	323.23
252.25	266.12	281.19	295.12	307.26	323.23
252.33	266.23	281.20	295.12	307.27	323.29
253.19	266.28	281.20	295.18	307.31	323.30
253.23	266.29	281.26	295.25	308.14	323.32
253.26	266.32	281.28	295.32	308.18	323.32
253.34	267.17	281.30	296.04	308.19	324.04
253.34	267.21	281.31	296.05	308.22	324.06
254.11	267.25	281.31	296.12	308.22	324.17
254.12	267.30	282.01	296.18	308.23	324.20
254.13	267.32	282.02	296.25	308.26	324.22
254.22	268.05	282.02	296.32	308.30	324.22
254.23	268.16	282.05	297.05	309.10	324.22
254.23	268.20	282.05	297.09	309.10	324.30
254.32	268.20	282.10	297.11	309.15	324.35
254.33	268.21	282.13	297.16	309.26	325.03
255.14	268.22	282.15	297.24	309.26	325.05
255.17	268.23	282.20	297.26	310.03	325.14
255.21	268.28	282.21	297.32	310.13	325.27

A (continued)

325.27	340.18	359.13	373.23	331.17	241.24
325.32	340.20	359.15	373.27	338.31	241.29
325.33	341.19	359.15	373.30	345.01	243.13
325.34	341.20	359.19	373.31	358.05	247.14
326.04	341.21	359.20	373.31	358.06	251.08
326.09	341.26	359.30	373.33	371.25	253.25
326.09	341.28	359.31	373.34	abnegation	255.14
326.23	342.15	359.31	374.04	155.18	257.02
326.32	342.25	360.07	374.06	abode	264.05
327.10	343.07	360.19	374.07	026.24	265.12
327.15	343.18	360.25	374.09	027.13	265.22
327.20	343.21	360.29	374.14	140.24	265.23
327.22	343.21	360.32	374.24	352.16	271.23
327.25	343.26	361.01	374.27	abominable	272.12
327.28	344.02	361.03	374.29	377.08	275.14
327.34	344.03	361.07	375.08	abortive	276.13
328.08	344.04	361.08	375.12	325.22	276.27
328.08	344.15	361.15	375.14	about	277.12
328.17	344.22	361.25	375.26	002.10	278.33
328.17	344.27	361.25	376.05	005.19	281.02
328.30	344.32	361.26	376.05	006.35	283.03
328.31	345.04	361.32	376.05	013.18	284.14
328.32	345.05	362.10	376.06	013.20	285.08
328.32	345.06	362.11	376.07	016.22	286.03
328.35	345.07	362.12	376.08	018.21	287.02
329.02	345.10	362.24	376.09	018.22	288.13
329.04	345.19	362.25	376.19	019.09	292.10
329.07	345.26	362.28	376.22	027.28	298.16
329.07	346.06	362.29	376.25	028.32	298.32
329.08	346.10	362.31	376.33	042.20	310.10
329.08	346.17	362.32	376.35	043.32	314.26
329.13	346.19	363.07	377.03	046.31	322.04
329.20	346.22	363.08	377.05	047.23	329.17
329.26	346.25	363.09	377.05	050.35	329.19
329.26	346.29	363.13	377.06	054.25	352.24
329.28	346.31	363.24	377.11	055.28	360.05
329.31	346.32	364.04	377.13	057.33	368.13
329.33	347.04	364.06	377.18	062.16	369.04
329.35	347.14	364.08	377.20	062.30	369.21
330.12	347.21	364.10	377.22	066.16	370.01
330.13	347.22	364.11	377.23	066.31	374.10
330.13	347.35	364.12	377.23	066.34	374.25
330.14	348.01	364.13	377.28	067.07	374.33
330.14	348.03	364.15	377.30	067.08	375.09
330.17	348.05	364.16	a	073.34	above
330.17	348.14	364.17	045.33	077.06	005.15
330.25	348.14	364.20	163.18	077.12	016.27
330.27	348.15	364.22	abandon	081.01	030.28
331.05	348.16	364.32	113.34	081.02	039.10
331.06	348.17	365.08	318.27	084.02	054.30
331.07	348.20	365.08	369.08	085.29	075.05
331.09	349.01	365.11	abandoned	087.11	088.11
331.21	349.03	365.12	086.20	087.19	103.29
331.21	349.04	365.16	088.29	089.23	126.06
332.12	349.05	365.17	107.29	093.34	143.07
332.12	349.08	365.17	118.16	094.13	143.19
332.24	349.09	365.18	138.14	095.21	159.07
332.26	349.20	365.24	162.05	098.18	177.01
332.26	349.33	365.24	197.06	108.19	184.06
333.01	349.34	365.28	216.23	109.04	188.10
333.02	350.02	365.30	223.22	113.33	207.13
333.08	350.06	365.33	239.20	115.16	208.30
333.20	350.15	366.03	297.12	118.15	215.15
334.01	350.27	366.11	299.04	120.03	231.12
334.02	350.33	366.11	372.16	120.17	243.12
334.04	350.35	366.15	abandoning	124.27	259.33
334.08	351.09	366.16	284.26	126.24	280.23
334.13	351.25	366.20	abandonment	134.05	287.29
334.15	352.10	366.20	368.11	135.07	338.18
334.20	352.14	366.23	abase	135.15	343.10
334.29	352.22	366.23	065.10	139.02	abreast
334.32	352.24	366.26	abbreviated	139.07	209.04
335.11	352.24	366.35	307.08	140.20	abroad
335.16	352.25	367.04	aberration	142.05	020.21
335.31	353.04	367.06	046.07	145.08	071.34
335.34	353.07	367.10	abhorrence	147.28	078.16
336.08	353.14	368.01	029.33	151.30	078.29
336.08	353.14	368.04	093.19	152.09	098.23
336.12	353.18	368.08	159.18	153.33	136.06
336.14	353.25	368.13	222.26	154.21	153.10
336.18	354.02	368.24	abhorrent	155.05	189.12
336.25	354.09	368.24	060.11	155.26	193.01
337.02	354.19	368.30	275.33	159.24	202.35
337.07	354.19	369.09	abilities	160.09	203.03
337.11	355.16	369.18	023.26	162.33	276.30
337.13	355.24	369.20	043.25	163.15	295.15
337.18	355.32	369.26	050.11	164.14	303.02
337.30	355.34	369.33	099.34	165.11	325.25
337.32	355.35	370.08	302.32	165.16	341.02
338.01	356.15	371.01	ability	172.14	346.03
338.03	356.23	371.04	303.22	180.22	abrupt
338.04	357.05	371.05	abject	182.20	073.02
338.07	357.16	371.08	019.08	183.16	263.11
338.17	357.21	371.08	able	183.21	abruptly
338.23	357.23	371.10	001.25	183.24	020.13
338.29	357.28	371.12	022.07	184.21	055.03
338.29	357.31	371.12	089.16	196.24	125.12
338.30	358.04	371.14	095.22	198.17	168.23
339.01	358.06	371.29	096.12	198.18	174.04
339.12	358.11	372.08	107.35	202.33	193.18
339.13	358.14	372.20	116.14	203.12	214.27
339.14	358.15	372.25	184.16	203.24	233.16
339.16	358.16	373.05	196.17	206.25	371.14
339.21	358.21	373.05	222.21	207.07	abruptness
339.30	358.22	373.08	227.18	212.23	184.33
339.33	358.22	373.14	268.19	215.28	absence
339.35	358.25	373.15	278.07	222.34	049.21
340.03	358.32	373.17	293.28	224.24	049.24
340.05	359.05	373.18	296.01	228.04	067.14
340.08	359.10	373.19	313.20	229.02	076.26
340.13	359.12	373.23	317.20	231.07	118.09

8   ABSENCE (continued)

ABSENCE (continued)
179.13
272.18
329.26
absences
317.32
absent
116.26
277.13
296.02
310.23
329.18
338.12
absent-minded
360.06
absent-mindedly
075.07
absent-mindedness
198.14
absently
155.16
229.10
237.31
absolute
033.15
088.16
108.35
181.10
182.28
183.07
185.12
210.12
255.20
283.34
358.10
absolutely
008.09
077.14
089.18
133.21
140.03
142.06
146.35
196.06
196.06
199.22
230.11
236.32
264.23
303.15
304.19
312.35
321.33
335.27
absolutism
082.23
absolutist
131.15
absolve
259.25
absolved
348.13
absorb
117.31
absorbed
114.12
347.20
absorption
285.02
abstention
290.33
335.21
abstract
290.17
abstraction
037.35
208.06
absurd
033.09
121.01
195.20
196.05
197.10
221.27
226.03
267.02
287.11
289.15
293.14
297.07
304.10
320.03
331.07
absurdity
055.10
062.08
070.35
081.26
195.22
195.26
217.33
277.15
absurdly
144.12
223.25
323.29
abundance
002.28
032.23
266.34
abundant
022.10

abuse
164.03
294.29
341.23
abused
272.23
abuses
033.13
abusive
163.29
abyss
020.35
185.09
academy
076.35
accelerated
326.05
acceleration
239.19
accent
036.02
126.06
139.20
159.11
160.06
217.25
249.17
296.34
345.30
accented
282.06
accents
095.30
239.21
accentuated
189.33
202.04
244.10
285.06
accept
030.06
153.21
239.22
acceptance
005.28
accepted
035.29
165.09
255.30
267.08
312.02
375.28
accepting
071.12
176.31
access
009.17
046.16
accessible
005.03
accident
180.20
191.03
369.34
accidental
274.02
accidentally
146.25
269.17
373.14
accidents
031.03
accommodation
172.35
accompanied
117.02
123.26
204.02
243.24
284.18
359.21
accompany
179.20
320.15
accomplice
093.01
accomplish
036.17
097.09
accomplished
002.30
165.15
accomplishing
075.33
accorded
004.19
012.02
according
079.31
accosting
298.25
account
002.13
023.33
085.13
189.18
218.06
231.31
280.15
295.08
300.28

331.11
accounted
111.30
156.17
292.26
accounting
211.22
accounts
281.06
accredited
197.16
accumulated
195.07
232.13
accuracy
186.11
accurate
088.10
136.10
accursed
274.23
349.32
accused
090.24
accustomed
008.17
ace
159.29
ached
060.14
085.33
294.18
362.08
achieve
131.09
achieved
059.32
achievement
155.27
aching
063.05
acknowledged
042.04
051.26
058.14
acknowledging
206.28
acknowledgment
226.09
acquaintance
095.19
157.10
159.15
172.25
185.04
274.03
acquaintances
230.32
acquainted
072.22
095.27
273.05
acquiescence
269.27
acquire
297.31
acquired
185.01
185.12
253.15
315.08
acquisition
255.07
across
034.20
062.05
062.21
110.02
111.27
119.09
153.13
166.04
182.09
185.09
186.31
200.07
201.31
235.09
330.13
364.27
act
004.30
005.06
023.08
036.18
037.07
056.07
058.15
109.04
119.35
138.21
145.05
155.18
155.21
160.32
162.08
201.27
295.16
311.18
acted
144.34
273.10

acting
345.05
361.13
action
029.11
031.14
044.34
060.11
072.20
079.07
081.06
083.14
087.22
090.16
098.08
124.02
132.04
136.07
136.11
156.23
207.27
208.08
212.32
224.02
224.31
227.05
247.02
273.21
275.31
290.16
343.18
actions
057.13
076.13
168.28
257.01
361.18
active
187.28
192.34
256.23
266.09
285.31
345.34
activities
198.19
303.01
activity
069.04
236.09
245.32
actress
317.29
actual
002.05
005.08
047.31
198.32
277.21
277.29
294.08
361.09
actualities
294.03
actuality
138.18
215.34
actually
007.23
065.15
086.08
092.23
147.20
169.28
212.14
226.16
245.34
251.26
272.08
291.15
302.01
350.03
377.18
acute
085.04
286.09
acuteness
231.32
adapted
284.20
add
053.21
226.07
253.17
353.12
added
014.02
014.23
017.17
033.25
044.29
044.34
050.15
054.05
060.17
067.26
091.26
101.25
104.04

105.04
110.10
114.28
115.32
130.15
139.16
154.30
171.06
173.34
176.16
179.26
190.17
198.33
205.09
209.04
224.14
230.09
230.35
231.32
248.20
256.07
269.12
280.16
291.31
323.05
327.14
327.20
329.29
337.29
339.35
344.15
346.06
348.20
address
013.27
072.34
106.23
113.07
135.26
245.12
299.33
300.19
327.32
328.02
353.18
374.14
addressed
007.15
100.12
104.21
112.28
177.32
186.20
217.18
219.26
295.26
299.25
312.25
357.21
373.26
addressing
043.06
129.12
205.30
294.27
321.22
354.07
adequate
012.26
022.16
022.18
adherence
082.23
adieu'
050.30
adjacent
214.24
administrative
009.15
018.32
116.25
admirable
041.14
117.26
117.31
181.13
181.21
182.20
182.21
282.31
375.22
admirably
144.12
212.06
admiration
175.16
231.15
246.28
admire
255.04
admired
110.24
191.09
admirer
282.21
admires
144.24
admiring
115.26
admission
201.26

admit
086.34
088.28
095.11
168.27
183.19
266.20
admits
160.30
admitted
091.13
102.20
103.32
106.12
115.26
146.10
157.13
162.13
198.20
206.31
247.03
282.34
288.23
314.24
332.07
359.01
admitting
103.22
359.05
admonished
089.10
admonition
217.11
adolescent
041.11
adopt
303.13
adopted
013.11
223.29
271.32
adoration
320.19
adores
377.24
adroitness
125.17
advance
212.15
295.29
297.30
325.26
advanced
042.22
120.24
123.12
155.13
158.04
176.04
283.33
315.03
323.12
323.31
333.19
advances
169.20
advancing
012.26
059.19
199.25
201.01
270.22
324.31
advantage
017.09
080.22
247.01
255.28
273.15
275.09
advantages
141.16
advent
372.24
adventure
300.14
adversary
252.12
258.27
advice
009.23
037.09
116.22
250.02
306.19
324.14
advisable
307.24
advise
118.01
advised
166.30
306.22
320.33
afar
008.02
168.13
331.04
affable
281.35

affair	028.24	244.30	052.35	082.09	332.11
039.32	028.29	245.11	053.11	082.11	354.09
045.24	032.24	250.29	058.22	084.14	agonizing
089.23	035.01	251.30	060.03	089.11	192.24
092.29	035.05	255.34	061.03	091.16	193.03
097.01	039.05	256.07	064.08	093.30	266.06
148.34	041.15	256.09	064.19	096.35	agony
150.15	046.13	257.12	065.23	109.07	137.09
189.18	046.30	261.13	067.19	110.17	agree
189.20	047.23	261.32	068.03	116.06	137.19
303.16	048.01	270.25	068.33	117.20	278.23
305.06	050.28	278.06	069.28	119.29	290.31
305.17	051.02	278.31	072.16	125.28	327.01
affairs	051.03	279.04	079.24	127.09	agreeable
159.21	052.06	279.24	080.25	131.19	012.17
159.27	054.25	282.29	085.26	147.11	agreed
301.10	056.03	284.11	089.26	149.13	079.10
316.06	056.18	285.30	093.33	152.15	115.10
affect	059.30	287.03	096.04	163.26	172.20
135.25	059.34	287.30	112.13	170.04	192.04
271.25	060.17	294.29	113.14	175.12	256.01
affectation	061.20	296.12	119.18	178.01	303.17
084.21	061.31	297.04	121.35	185.13	307.10
affected	062.01	302.20	124.17	195.14	agreeing
036.13	064.08	307.06	125.01	195.24	319.13
057.30	064.17	313.26	131.28	200.26	ah
067.05	065.18	316.06	134.08	210.20	015.35
074.28	067.29	317.07	138.20	215.10	019.26
080.19	069.08	322.25	149.01	223.24	026.35
108.33	073.19	323.14	153.29	227.16	027.31
109.23	074.12	326.22	153.32	248.07	029.15
121.07	083.04	326.32	158.27	267.18	054.07
168.34	083.31	327.20	166.03	270.06	054.20
169.13	084.25	329.18	166.15	271.22	060.23
180.02	089.19	329.28	169.34	281.02	066.11
201.12	089.21	332.30	170.20	284.11	079.01
236.14	090.13	334.24	174.10	288.07	089.02
291.08	095.31	335.31	176.07	296.28	117.09
affecting	099.21	335.31	181.35	304.08	144.07
249.29	106.12	337.17	190.32	319.28	154.09
affection	107.32	343.23	191.17	333.09	163.33
058.12	108.10	344.15	191.22	336.23	167.10
059.01	113.32	345.26	192.07	338.03	171.23
138.01	114.19	348.03	193.18	352.11	174.11
189.32	115.19	349.27	194.13	356.10	220.20
303.35	118.17	351.04	197.01	359.23	222.17
304.31	124.13	352.13	199.01	360.11	225.12
336.29	125.19	352.25	199.18	362.26	226.35
339.34	125.30	353.01	205.13	363.04	228.03
342.18	131.03	353.01	216.02	364.05	231.12
affections	133.06	353.10	216.32	364.10	236.13
058.09	134.20	357.07	220.08	364.20	238.14
103.12	135.14	357.09	222.33	364.20	240.16
314.06	136.31	357.12	225.29	age	241.34
346.18	138.34	360.01	239.16	065.19	265.25
affiliated	139.11	363.14	251.19	124.24	273.09
070.26	141.23	364.02	256.27	125.23	275.18
070.32	142.10	366.31	256.31	168.10	298.29
072.17	143.20	367.10	261.09	179.11	306.14
affirm	145.14	368.30	273.18	228.18	307.29
181.05	145.28	369.34	273.32	280.11	320.30
307.31	147.33	371.18	285.25	aged	340.07
affirmatively	152.18	373.07	286.24	109.26	345.29
317.06	153.09	376.18	289.04	agencies	347.23
affirmed	153.16	376.21	292.12	105.29	ah'
226.27	153.23	377.11	292.13	agent	047.28
274.20	155.08	afternoon	292.27	036.32	aha
289.06	156.08	025.09	296.13	062.04	168.17
affirms	158.33	047.08	298.34	305.09	255.02
370.01	161.05	091.23	300.02	376.28	271.04
afford	161.31	091.31	303.02	agents	271.18
195.21	164.21	103.01	306.32	263.25	ahead
afloat	165.32	103.14	311.14	ages	198.31
135.15	166.01	107.09	311.19	278.06	310.33
afraid	168.04	232.05	313.09	310.02	aided
024.13	169.02	263.17	324.10	aggressive	239.14
049.32	170.30	295.20	324.15	100.21	ailed
050.05	171.20	324.02	326.06	226.12	193.34
107.20	173.18	327.17	329.21	agitated	ailment
107.25	176.22	341.35	330.04	218.16	285.28
107.31	179.33	370.19	335.31	257.06	aim
107.34	180.06	afterwards	337.21	303.34	005.32
108.01	181.31	022.08	344.26	304.06	204.05
144.28	191.08	071.24	345.15	agitation	298.01
156.24	191.24	132.24	349.26	029.19	aimless
223.28	193.02	136.24	350.19	062.18	054.33
233.14	193.25	176.20	361.13	137.02	313.04
233.34	196.05	187.04	364.32	173.22	aimlessly
240.17	197.25	199.35	365.20	317.19	066.31
249.30	197.30	238.13	368.19	328.23	air
249.33	199.26	238.26	369.28	agitators	010.07
294.26	200.04	252.35	373.07	031.07	010.14
356.03	200.18	257.11	against	131.14	024.27
356.06	202.17	272.05	006.20	ago	028.13
afresh	202.21	278.04	009.32	001.11	028.21
202.15	207.03	287.17	012.20	005.17	029.03
314.14	207.08	300.04	019.18	046.10	032.20
after	207.25	303.15	032.19	112.15	036.09
001.07	209.10	315.30	034.05	112.15	041.16
003.13	221.05	322.32	049.06	134.05	042.15
007.06	223.06	353.06	049.06	135.22	045.34
009.10	226.17	365.22	051.22	185.25	046.17
009.16	227.20	366.02	052.19	229.08	047.29
014.09	227.24	368.03	052.30	238.09	049.11
015.15	227.34	again	055.09	246.33	061.16
015.17	232.18	014.29	059.03	267.30	066.18
018.05	234.17	016.08	059.06	268.22	070.13
021.35	235.27	017.18	059.26	273.19	070.23
024.32	236.01	031.35	069.31	308.06	123.35
026.14	236.21	033.28	076.04	308.15	139.06
028.01	243.11	048.35	082.01	316.18	139.26

10 AIR (continued)

146.08	018.01	114.28	228.30	317.22	allowance
146.15	018.21	115.12	229.19	318.03	004.28
169.26	018.33	118.09	230.02	318.08	allowed
176.35	020.02	118.10	230.05	318.24	010.05
177.21	020.07	118.11	233.04	318.35	087.21
189.33	020.10	118.30	233.07	319.10	146.02
198.02	022.23	119.03	233.31	319.24	163.28
210.12	024.11	120.31	239.03	319.35	166.09
227.14	024.20	122.04	239.15	319.35	173.28
238.07	025.22	125.07	239.27	321.34	232.20
243.31	025.29	125.19	240.02	322.14	244.17
255.13	026.15	125.30	240.24	324.18	300.35
259.11	027.10	127.22	240.34	325.15	303.29
266.28	028.19	127.24	241.32	325.34	allowing
275.11	029.19	128.13	243.05	326.04	285.26
287.10	029.27	128.33	243.22	326.25	allude
291.28	030.20	132.24	244.07	326.33	206.32
294.13	032.02	133.03	245.22	327.16	277.11
294.23	033.20	133.11	246.29	328.13	alluded
298.09	035.13	133.20	247.35	328.14	005.15
317.02	035.18	135.14	248.27	328.26	184.02
321.27	036.06	135.15	248.32	329.17	342.21
327.30	036.13	135.24	249.08	329.18	alludes
329.23	036.22	137.04	250.09	330.05	187.05
329.25	036.27	137.22	250.33	334.15	335.13
329.25	038.13	138.02	251.08	334.24	alluding
330.13	040.06	138.08	251.13	335.07	164.30
331.31	040.33	139.32	251.15	335.08	allusion
333.30	041.03	140.25	252.04	336.16	115.25
337.18	042.29	141.04	252.25	336.26	174.32
343.21	043.05	141.20	252.33	336.30	274.27
351.35	045.05	142.07	254.11	338.05	353.13
352.25	045.13	142.12	254.18	338.24	allusions
356.03	045.25	144.29	254.35	339.08	205.06
357.02	046.28	145.30	257.25	339.26	264.34
357.02	046.30	147.18	259.08	341.09	ally
air-bubble	047.20	149.04	260.23	341.11	232.19
195.11	050.02	149.19	261.04	341.19	almond-shaped
airings	052.10	149.20	261.15	341.22	282.09
123.30	055.27	149.21	262.15	341.22	almost
ajar	056.15	150.32	264.28	341.24	015.24
200.29	059.12	151.13	265.11	342.19	017.20
alacrity	059.24	152.15	265.18	346.24	018.27
172.02	059.30	153.25	271.25	347.20	030.31
alarm	061.17	153.26	272.11	347.23	041.29
030.09	062.21	153.27	274.02	348.19	042.19
038.22	064.01	153.35	274.08	348.26	054.01
180.11	064.16	154.01	274.14	348.28	057.35
227.35	064.30	154.26	274.34	352.12	061.06
262.16	066.02	155.26	275.30	352.19	063.27
347.01	066.05	155.29	275.31	354.23	079.19
365.32	066.25	157.15	275.31	356.13	084.09
alarmed	067.09	158.14	275.31	356.32	100.05
038.25	067.20	160.01	275.34	357.09	101.21
298.15	067.33	160.30	276.21	357.12	104.17
336.34	068.22	161.31	276.35	358.20	108.02
347.28	068.29	162.33	278.06	359.26	125.27
alarming	069.13	165.07	279.24	360.07	127.15
053.09	069.20	168.04	280.30	360.23	137.24
085.10	069.29	168.18	281.02	361.30	138.16
094.22	069.29	168.35	282.06	362.01	141.24
110.08	069.35	170.09	283.01	363.09	143.16
243.32	070.04	170.16	283.01	363.29	146.24
alarmist	073.26	171.11	284.29	364.02	152.22
245.01	074.15	172.09	285.07	364.19	159.11
alas	074.21	173.28	288.16	364.21	166.16
060.12	074.24	174.01	292.26	364.34	170.09
141.16	075.01	176.17	293.30	366.28	173.07
alert	075.09	177.28	294.02	367.02	181.01
039.21	076.02	180.16	294.10	367.32	185.10
255.11	077.23	180.22	294.23	368.17	192.20
373.23	079.10	182.15	294.33	370.06	199.06
alexander	079.12	183.10	295.31	371.09	202.12
160.19	081.05	183.17	295.31	372.09	202.13
alighting	081.05	189.06	296.16	372.11	205.24
158.33	081.11	190.15	297.04	373.06	213.27
alike	082.05	191.24	297.31	374.06	225.19
011.21	082.10	191.29	298.18	375.09	232.33
243.05	084.14	192.19	298.25	377.02	251.18
299.08	086.16	193.34	299.11	377.07	253.03
322.14	086.33	194.01	300.17	377.19	258.07
alive	087.07	194.14	302.08	all'	259.28
035.07	088.15	195.09	302.16	205.15	271.05
044.02	088.18	195.20	303.26	alleviate	276.25
093.04	090.21	196.05	303.32	019.01	281.18
109.17	091.02	196.15	304.32	alleviated	287.18
151.21	092.07	196.27	306.02	153.03	287.33
224.08	092.14	198.22	306.30	alley	290.05
232.32	093.24	200.27	308.11	105.34	301.31
all	094.24	201.08	308.21	107.13	309.05
002.01	095.18	203.14	308.30	138.25	314.28
002.07	095.31	205.10	308.33	139.02	331.29
002.09	096.08	206.05	309.12	167.34	334.14
003.12	096.27	207.32	309.23	173.19	338.34
003.26	096.32	208.26	309.31	175.30	370.16
004.25	097.09	211.23	310.11	198.11	alone
006.26	099.23	213.06	311.11	207.29	009.02
007.08	099.24	213.19	311.20	alleys	015.21
007.09	101.23	216.10	311.27	202.21	038.24
007.29	102.18	216.12	312.09	alliteration	046.29
009.08	102.24	216.17	312.31	263.19	050.32
010.05	103.08	216.31	312.33	alliterative	064.14
010.22	104.23	217.14	312.34	264.14	072.03
012.09	105.09	218.21	312.34	allot	074.16
012.30	105.09	220.29	313.15	108.24	105.33
014.20	105.13	221.04	313.24	allow	110.29
014.20	107.21	221.20	314.05	039.03	115.15
016.19	107.32	223.17	314.24	087.17	127.06
016.22	108.35	224.33	314.28	093.31	149.06
017.10	110.17	225.20	315.02	249.24	153.01
017.29	112.08	227.34	316.25		156.10

ALONE (continued)

156.11	275.10	265.05	158.22	357.01	005.14
157.35	277.10	273.04	158.24	357.05	005.27
158.30	289.14	273.06	162.12	357.15	007.01
164.24	292.19	283.07	164.28	357.16	007.12
179.21	303.04	287.16	166.28	360.29	007.12
184.26	307.08	289.17	166.22	361.18	007.28
186.25	315.03	291.18	169.11	361.19	008.23
198.15	335.05	295.31	169.28	361.21	008.25
199.15	342.01	301.04	170.10	362.02	009.15
209.07	342.23	303.19	171.16	366.15	009.17
231.17	346.18	304.13	172.17	366.16	011.34
245.22	353.11	317.10	174.05	368.05	012.12
251.18	353.26	318.24	174.10	369.12	012.26
281.34	356.09	337.28	174.30	371.30	014.30
282.08	360.07	338.10	174.31	372.01	015.24
287.01	363.27	347.17	175.35	amateur	016.28
291.25	366.11	349.10	177.19	264.17	016.31
301.16	also	375.03	177.27	amazed	017.09
302.22	003.09	376.14	178.18	030.26	017.33
306.15	004.13	376.15	181.14	079.20	018.05
311.27	004.24	am	182.29	128.25	018.32
320.26	047.13	009.26	183.13	310.06	019.08
325.16	067.13	016.30	183.14	310.14	020.17
335.10	079.32	017.07	183.25	amazing	020.30
336.26	085.08	017.23	186.18	010.22	020.35
339.07	086.15	020.29	189.07	253.31	022.16
345.24	089.28	021.10	190.26	341.08	022.24
355.33	091.14	021.12	191.27	351.13	023.05
356.18	122.17	021.13	195.21	amazingly	023.08
356.32	127.22	030.14	199.08	282.14	023.20
367.15	140.32	032.09	199.12	ambition	023.23
367.16	143.16	032.10	202.33	067.11	024.23
372.16	143.32	033.26	203.28	ambitions	024.27
376.23	145.14	033.32	204.21	031.22	025.20
along	167.20	035.21	205.10	189.10	025.21
024.04	173.13	044.20	205.19	290.06	026.23
024.32	176.12	044.21	205.34	314.04	027.31
025.33	192.11	045.02	206.02	354.23	028.04
028.29	192.29	045.19	206.22	america	029.03
036.22	201.28	046.10	210.28	236.24	030.08
071.21	207.01	046.16	211.07	237.17	030.31
121.14	266.15	046.25	211.10	237.26	030.34
128.13	289.08	047.07	212.32	238.05	031.02
197.13	301.15	049.03	219.12	amiability	031.05
201.17	302.20	051.29	219.14	004.13	032.17
212.09	335.22	055.13	219.22	amiable	032.29
213.33	356.03	056.01	225.28	104.33	033.08
225.03	370.29	057.28	226.31	144.34	033.35
226.29	altered	057.34	227.24	192.28	035.08
236.11	109.25	058.16	227.34	283.18	036.09
243.16	alternated	058.33	229.18	amiably	036.10
243.17	328.29	059.09	229.30	228.24	036.18
245.20	alternating	059.15	229.30	amie´	037.05
251.18	152.20	060.02	230.26	223.08	037.07
265.28	alternative	062.17	230.29	amongst	037.15
266.14	345.34	062.25	231.09	004.02	037.15
278.29	altogether	063.09	235.32	008.06	037.25
284.24	004.08	067.29	237.17	010.29	038.22
312.31	036.03	068.33	238.28	016.14	039.06
320.07	062.32	070.26	240.06	023.28	039.13
326.13	063.27	072.27	240.19	025.09	039.15
328.22	097.01	072.30	240.19	036.32	039.32
328.35	144.06	080.14	240.20	065.33	040.04
352.12	146.11	085.29	240.24	076.29	040.06
362.24	146.31	087.17	241.23	113.20	040.35
alongside	155.35	087.30	242.03	113.24	041.06
265.18	157.33	087.30	242.29	126.24	041.11
aloof	167.07	087.34	244.14	133.08	041.12
125.19	168.11	089.10	244.27	150.32	041.19
aloofness	185.23	090.17	246.26	164.35	042.01
094.22	185.32	093.20	247.10	251.07	042.14
202.14	193.03	095.13	248.22	255.23	042.15
294.17	197.19	096.02	249.33	275.07	047.21
335.01	199.01	096.12	250.02	340.32	047.23
342.29	206.06	096.18	250.04	354.02	047.29
aloud	209.17	096.22	251.14	363.29	048.01
055.13	217.21	097.17	254.05	377.07	048.24
217.01	252.09	100.10	261.10	amount	050.03
225.11	286.25	104.34	264.08	050.10	050.20
238.04	311.05	107.25	264.10	346.17	051.02
254.02	330.32	107.34	278.16	amounts	051.18
275.17	346.01	108.01	280.34	095.18	055.16
279.25	always	109.28	285.13	241.28	056.07
319.28	002.27	109.33	286.02	amuse	058.10
355.07	005.03	111.07	286.13	186.17	058.20
already	006.20	116.17	288.05	amused	059.32
037.27	013.26	126.11	288.11	180.29	060.34
041.34	025.12	128.02	292.34	269.27	061.01
055.11	027.08	129.32	292.35	279.28	061.27
060.34	046.18	130.11	298.18	285.32	063.04
063.14	048.29	130.26	298.35	amusement	064.15
072.19	074.24	130.26	308.16	188.33	064.22
082.29	076.14	131.29	309.26	amuses	066.03
084.04	076.16	134.27	309.26	189.06	066.18
095.05	090.30	136.06	309.32	250.03	068.10
100.22	112.09	137.11	313.09	an	068.34
103.11	112.10	140.01	317.04	001.13	069.04
105.14	116.15	141.07	317.21	001.15	070.18
106.20	127.23	141.12	317.28	002.10	070.23
108.23	130.09	141.16	319.08	002.28	070.28
125.11	145.10	146.06	321.25	002.29	071.07
133.08	154.13	146.21	323.05	003.31	071.24
145.10	157.18	147.17	327.18	003.35	072.28
160.11	216.14	147.24	331.17	004.08	075.13
161.21	225.27	151.24	336.14	004.09	078.07
161.23	235.02	151.25	337.22	004.16	080.06
164.27	239.02	154.31	338.32	004.22	080.14
174.26	247.03	155.11	340.01	004.29	080.19
179.03	247.07	155.20	341.20	005.07	080.22
208.35	260.10	156.33	346.04	005.10	081.08
255.09	263.08	157.17	352.29	005.11	081.15

AN (continued)

082.28	169.23	260.29	341.16	010.19	027.35
083.23	169.26	261.02	343.12	010.19	028.02
085.34	170.16	262.13	343.15	010.21	028.02
086.05	172.04	262.18	345.30	010.28	028.07
086.09	172.32	262.29	345.33	011.03	028.10
086.16	173.30	263.03	346.29	011.15	028.27
086.35	174.08	264.17	347.12	011.21	028.30
087.26	175.11	265.03	349.03	011.21	028.32
087.34	175.19	265.24	349.27	011.22	029.01
088.09	175.22	266.04	350.13	011.23	029.05
088.13	176.12	266.07	351.01	011.28	029.09
088.23	176.35	266.11	351.17	011.29	029.11
089.06	179.32	266.13	351.28	012.10	029.13
089.08	180.10	267.11	353.31	012.17	029.16
091.14	180.19	268.11	355.09	012.23	029.23
091.27	182.04	268.15	355.17	012.24	029.23
092.03	182.20	269.13	356.01	012.35	029.33
092.21	182.28	271.04	358.02	013.02	030.03
092.24	185.15	272.23	358.04	013.12	030.07
093.13	185.27	272.24	358.06	013.19	030.12
094.19	185.30	273.22	359.14	013.34	030.14
094.22	186.33	273.30	359.29	014.14	030.21
095.10	187.14	273.34	360.05	014.20	030.23
095.29	192.07	274.03	360.24	014.23	030.26
096.04	192.11	274.04	360.30	014.28	030.27
097.04	193.05	275.23	361.17	014.29	030.32
097.07	195.22	276.08	362.28	014.32	030.34
097.19	195.25	276.10	363.08	014.35	031.07
098.03	196.07	276.12	364.29	014.35	031.14
098.17	196.26	278.11	366.04	015.05	031.16
098.23	197.21	280.08	367.24	015.06	031.17
098.24	197.25	280.11	369.19	015.12	031.22
099.19	198.02	280.12	370.26	015.15	031.24
100.27	198.08	280.18	372.24	015.19	031.25
100.28	198.32	280.22	374.04	015.25	031.27
102.32	199.03	281.06	374.04	015.31	032.08
104.12	199.25	281.22	374.23	016.10	032.10
105.02	199.35	282.01	375.34	016.17	032.19
108.17	200.09	282.14	377.30	016.19	032.23
109.02	201.02	282.33	377.32	016.25	032.25
109.04	201.17	284.12	analyse	016.29	032.34
110.24	201.23	284.15	337.13	017.03	033.13
111.29	201.27	284.19	anarchist	017.07	033.25
114.12	202.11	285.11	282.13	017.09	033.26
114.21	202.25	285.31	282.33	017.25	033.28
115.11	202.28	285.33	ancestors	017.33	033.30
116.10	204.01	286.13	346.01	017.35	033.32
116.31	205.11	287.33	ancestry	017.35	033.34
117.23	206.05	288.25	217.09	018.02	034.05
118.08	206.23	290.27	ancient	018.02	034.18
118.14	206.34	291.13	141.12	018.11	034.22
118.20	210.12	291.17	213.07	018.15	034.34
118.24	212.04	291.30	290.34	018.32	035.02
118.26	212.06	292.21	315.17	019.03	035.05
119.15	213.17	292.23	326.02	019.06	035.07
120.07	213.27	294.01	and	019.09	035.10
120.10	214.10	294.07	001.04	019.19	035.19
120.11	214.20	294.23	001.15	019.20	035.30
120.35	214.24	295.23	001.17	019.25	035.31
121.18	216.20	296.09	001.26	020.13	036.05
122.28	216.26	297.26	002.08	020.17	036.05
124.06	217.25	297.27	002.34	021.07	036.06
124.09	218.13	298.09	003.07	021.09	036.08
124.20	218.28	299.24	003.29	021.14	036.16
124.26	218.32	299.29	003.32	021.17	036.22
124.33	220.12	299.34	004.13	021.19	036.27
126.06	221.02	300.28	004.17	021.21	036.29
126.15	221.09	301.16	004.30	021.27	036.33
126.32	221.27	301.18	004.34	022.03	037.02
127.16	221.29	303.17	005.03	022.05	037.05
127.20	222.07	303.29	005.09	022.08	037.14
127.31	222.15	305.03	005.12	022.10	037.20
128.24	225.07	306.08	005.13	022.14	037.25
129.28	225.25	307.08	005.21	022.22	037.27
130.26	227.18	309.04	005.27	022.24	037.31
133.18	227.23	310.25	005.27	023.06	037.33
136.29	227.29	311.20	005.31	023.08	038.02
137.09	228.28	313.04	006.08	023.11	038.07
137.24	229.11	313.23	006.08	023.14	038.14
138.11	229.15	314.27	006.09	023.18	038.22
139.16	229.15	314.30	006.09	023.27	038.27
140.15	231.15	315.17	006.25	023.29	038.29
140.24	231.32	316.04	006.29	023.33	038.32
141.07	231.33	316.08	006.33	024.04	038.35
142.08	233.19	317.02	006.35	024.14	039.01
142.25	237.03	317.24	007.03	024.16	039.02
142.28	237.12	318.11	007.03	024.28	039.05
143.02	239.19	319.28	007.09	024.29	039.16
144.04	239.26	319.31	007.15	024.35	039.26
144.06	243.04	320.16	007.21	025.05	039.28
144.08	244.26	322.30	007.27	025.08	039.35
144.16	244.31	323.16	007.29	025.12	040.01
144.34	245.01	324.03	007.31	025.15	040.24
145.02	245.19	324.06	008.05	025.20	040.25
146.15	246.35	325.17	008.10	025.22	040.30
147.24	247.01	325.21	008.12	026.01	040.34
149.04	248.15	327.30	008.14	026.01	041.03
150.26	248.20	329.20	008.19	026.07	041.05
152.22	250.22	330.02	008.22	026.09	041.07
154.29	251.28	331.06	008.27	026.13	041.20
155.18	252.04	331.31	008.28	026.15	042.12
155.21	253.20	332.18	009.04	026.16	042.22
155.28	255.07	332.24	009.14	026.22	042.22
157.32	255.13	333.32	009.19	026.25	042.23
159.29	257.10	334.34	009.21	026.26	042.28
161.09	257.30	335.25	009.26	026.31	042.30
162.13	257.31	337.35	009.35	027.02	043.11
163.31	258.07	338.05	010.01	027.13	043.13
165.14	259.26	338.08	010.01	027.19	043.15
169.10	259.35	341.05	010.03	027.23	043.19
169.15	259.35	341.15	010.04	027.32	043.19

AND (continued)

044.10	062.19	077.07	097.18	117.06	137.03
044.11	062.21	077.10	098.05	117.16	137.05
044.25	062.22	077.25	098.07	117.18	137.08
044.27	062.27	077.28	098.11	117.22	137.09
045.07	062.29	078.14	098.20	117.24	137.15
045.08	062.34	078.18	098.23	118.06	137.17
045.26	063.01	078.21	098.26	118.12	137.19
045.31	063.05	078.26	098.27	118.15	137.22
046.03	063.16	079.03	099.18	118.16	137.25
046.10	063.17	079.07	099.19	118.17	137.34
046.26	063.20	079.15	099.24	118.20	138.10
047.08	063.23	079.17	099.28	118.24	138.29
047.21	063.25	079.19	099.30	118.26	138.30
048.13	063.35	079.22	099.32	118.27	139.03
048.16	064.03	079.29	099.35	119.03	139.07
048.30	064.04	080.08	100.02	119.07	139.12
049.04	064.06	080.08	100.05	119.08	139.16
049.13	064.09	080.09	100.07	119.09	139.20
049.25	064.19	080.14	100.14	119.10	139.24
049.27	064.23	080.18	100.18	119.15	139.25
049.35	065.02	080.27	100.20	119.26	139.27
050.06	065.07	081.04	100.29	119.30	139.28
050.08	065.09	081.04	101.03	120.05	139.31
050.09	065.12	081.05	101.05	120.08	139.32
050.11	065.14	081.06	101.14	120.14	139.33
050.16	065.25	081.09	101.16	120.16	140.08
050.17	065.32	081.21	101.26	120.19	140.10
050.24	065.33	081.31	101.30	120.25	140.12
050.35	066.01	081.34	102.15	120.25	140.18
051.06	066.05	081.35	102.28	120.29	140.27
051.08	066.11	082.02	102.35	121.02	140.31
051.18	066.17	082.03	103.02	121.05	140.35
051.33	066.26	082.05	103.16	121.20	141.03
051.34	066.31	082.07	103.19	121.24	141.11
051.35	066.35	082.17	103.20	121.26	141.17
052.03	067.02	082.20	103.27	122.05	141.28
052.04	067.07	082.21	103.31	122.09	141.31
052.06	067.08	082.34	103.34	122.19	142.06
052.13	067.12	083.02	104.08	122.32	142.08
052.18	067.12	083.07	104.08	123.02	142.23
052.23	067.16	083.19	104.10	123.14	142.24
052.25	067.27	083.21	104.13	123.15	142.29
052.28	067.28	083.24	104.18	123.16	142.35
053.01	067.32	083.33	104.26	123.19	143.01
053.04	068.08	084.08	104.27	123.27	143.03
053.05	068.10	084.12	105.01	123.34	143.04
053.17	068.15	084.15	105.11	124.02	143.06
053.24	068.34	084.17	105.15	124.10	143.09
053.34	069.01	084.19	105.28	124.18	143.13
053.35	069.06	084.20	106.06	124.24	143.16
054.05	069.09	084.32	106.15	124.31	143.28
054.15	069.12	084.34	106.23	125.03	143.29
054.22	069.14	085.07	106.26	125.07	143.32
054.23	069.17	085.11	106.28	125.08	143.34
054.30	069.18	085.15	106.32	125.14	143.35
054.33	069.27	085.16	107.07	125.21	144.01
054.34	069.28	085.20	107.12	125.30	144.02
055.01	069.29	085.26	107.13	125.30	144.03
055.03	070.03	085.33	107.22	125.35	144.04
055.11	070.04	086.03	107.32	126.04	144.12
055.13	070.12	086.10	107.32	126.12	144.23
055.15	070.16	086.13	107.33	126.24	144.27
055.17	070.20	086.19	108.09	126.25	144.27
055.23	070.22	086.20	108.10	126.28	144.28
055.23	070.29	087.05	108.14	126.32	144.29
055.25	070.30	087.24	108.21	126.35	144.30
055.27	071.04	087.27	108.29	127.13	145.04
055.30	071.12	088.01	108.31	127.17	145.08
056.03	071.16	088.04	108.33	127.21	145.12
056.04	071.19	088.33	109.07	127.23	145.12
056.04	071.22	088.35	109.09	127.30	145.13
056.26	071.28	089.11	109.22	127.32	145.16
056.29	072.03	089.23	109.23	128.17	145.25
056.35	072.13	089.25	110.02	128.19	145.26
057.03	072.26	089.33	110.07	128.29	145.32
057.04	072.31	090.01	110.08	128.29	146.04
057.07	073.05	090.07	110.20	128.35	146.07
057.12	073.07	090.11	111.03	129.05	146.27
057.14	073.18	090.25	111.05	129.10	147.01
057.16	073.26	091.04	111.11	129.15	147.03
057.19	073.33	091.06	111.15	129.24	147.10
057.24	074.06	091.13	111.16	129.30	147.26
057.26	074.08	091.15	111.23	130.01	147.29
057.31	074.12	091.16	111.28	130.12	148.02
057.33	074.14	091.19	112.01	130.15	148.03
058.03	074.15	091.26	112.06	130.34	148.03
058.09	074.16	092.03	112.08	131.01	148.13
058.16	074.19	092.07	112.12	131.11	148.16
058.18	074.21	092.12	112.22	131.16	148.20
058.22	074.22	092.18	112.24	131.27	148.21
058.24	074.23	092.21	113.11	132.01	148.24
058.25	074.25	092.25	113.14	132.23	148.27
059.16	074.29	092.32	113.15	132.26	148.31
059.19	074.33	093.08	113.18	132.27	148.33
059.31	075.02	093.10	113.25	132.28	149.04
060.01	075.02	093.11	114.04	132.29	149.09
060.05	075.08	093.24	114.10	133.07	149.12
060.09	075.09	093.35	114.14	133.11	149.19
060.16	075.29	094.12	114.18	133.13	149.24
060.34	076.01	094.16	114.19	133.13	149.31
060.35	076.08	094.17	114.28	133.21	150.06
061.25	076.10	095.01	114.30	133.30	150.09
061.26	076.12	095.06	115.06	134.35	150.10
061.27	076.14	095.20	115.07	135.05	150.13
061.32	076.21	095.24	115.27	135.23	150.14
061.34	076.23	095.26	116.05	135.26	150.28
062.01	076.28	095.35	116.07	136.10	150.30
062.03	076.31	096.03	116.08	136.10	150.33
062.07	076.31	097.02	116.10	136.25	151.03
062.13	076.35	097.09	116.18	136.34	151.07
062.14	077.04	097.16	116.20	137.02	151.13

14   AND (continued)   UNDER WESTERN EYES

151.16	170.26	189.23	214.17	234.30	256.16
151.21	170.29	189.25	214.18	235.05	256.21
151.22	171.06	189.31	214.22	235.06	256.25
151.22	171.08	190.04	214.25	235.10	256.34
151.24	171.08	190.10	214.31	235.20	257.02
152.02	171.12	190.18	214.34	235.21	257.14
152.31	171.18	190.23	215.05	235.22	257.15
152.32	171.33	190.33	215.14	236.06	257.19
152.34	172.06	191.10	215.18	236.06	257.27
153.09	172.07	191.15	215.29	236.11	258.01
153.20	172.15	192.04	216.02	236.13	258.02
153.22	172.26	192.07	216.08	236.15	258.10
153.27	172.27	192.13	216.09	236.33	258.12
153.31	172.30	192.19	216.11	237.01	258.18
154.01	172.32	192.29	216.19	237.04	258.19
154.02	173.01	193.11	216.19	237.11	258.21
154.09	173.02	193.15	216.20	237.12	258.25
154.15	173.09	194.07	216.21	237.17	258.26
154.26	173.27	194.10	216.23	237.30	258.32
155.31	173.33	194.12	216.26	238.10	258.35
155.34	173.35	194.15	216.27	238.17	259.04
156.05	174.21	194.24	216.29	238.21	259.12
156.15	174.23	194.29	216.35	238.26	259.14
156.30	174.25	195.03	217.05	238.34	259.20
156.33	175.06	195.10	217.07	239.02	259.20
157.04	175.13	195.15	217.13	239.05	259.28
157.06	175.15	196.02	217.14	239.07	259.30
157.23	175.16	196.21	217.29	239.30	260.07
157.25	175.19	196.24	218.18	239.31	260.12
157.27	175.20	196.29	218.30	239.32	260.15
157.29	175.23	197.03	218.35	240.11	260.17
157.33	175.26	197.13	219.02	240.17	260.24
158.02	175.31	197.15	219.07	240.21	260.27
158.03	175.34	197.19	219.18	240.27	261.14
158.05	176.04	197.20	219.20	240.33	261.21
158.06	176.06	197.27	219.24	241.05	261.32
158.08	176.11	197.30	219.35	241.14	262.05
158.22	176.14	197.35	220.04	241.31	262.18
158.26	176.20	198.03	220.13	242.09	262.20
158.29	176.28	198.15	220.16	242.11	262.29
158.31	176.35	198.17	220.22	242.18	263.17
159.03	177.01	198.26	221.04	242.21	263.22
159.10	177.05	198.34	222.05	242.26	263.25
159.13	177.13	199.09	222.20	243.01	263.34
159.22	177.14	199.14	222.34	243.12	264.03
159.24	177.19	199.16	223.04	243.16	264.06
160.02	177.22	199.23	223.11	243.16	264.21
160.03	177.35	199.32	223.12	243.17	264.27
160.07	178.07	200.12	223.14	243.19	265.12
160.25	178.13	200.19	223.16	243.25	265.17
160.29	178.21	200.22	223.21	243.26	265.28
160.31	179.01	200.24	223.23	243.27	265.32
161.02	179.04	200.29	223.25	244.18	265.32
161.10	179.16	201.09	223.26	244.24	266.01
161.13	179.31	201.15	223.27	244.26	266.10
161.22	179.33	201.22	224.11	245.04	266.12
161.23	180.02	202.03	224.22	245.07	266.14
161.24	180.10	202.07	224.25	245.11	266.17
161.26	180.15	202.08	224.26	245.12	266.17
162.04	180.17	202.09	225.02	245.13	266.26
162.07	180.23	202.12	225.04	245.17	266.30
162.19	180.33	202.19	225.23	245.26	267.03
162.25	181.13	202.20	225.26	245.29	267.17
162.26	181.20	202.23	225.27	245.31	267.28
162.28	181.21	202.33	226.15	246.01	267.34
162.34	181.21	203.04	226.19	246.03	267.34
163.19	181.24	203.14	226.28	246.15	268.08
163.26	181.28	204.06	226.28	246.18	268.23
163.33	181.29	204.13	227.10	246.22	268.33
164.06	182.02	204.18	227.12	246.23	269.04
164.18	182.06	204.20	227.15	246.25	269.22
164.23	182.07	204.28	227.30	246.31	269.33
165.06	182.13	204.29	227.32	247.02	270.07
165.08	182.14	205.02	228.16	247.04	270.09
165.10	183.05	205.03	228.19	247.07	270.26
165.14	184.02	205.10	228.23	247.13	271.22
165.18	184.06	205.14	228.24	247.13	271.28
165.20	184.15	205.23	229.16	247.14	271.35
166.04	184.28	206.21	229.23	247.16	272.06
166.14	184.29	206.30	229.25	247.16	272.07
166.21	184.30	207.04	230.02	247.19	272.12
166.23	185.07	207.23	230.11	249.01	272.20
166.24	185.08	207.25	230.25	250.15	272.24
166.31	185.11	207.32	230.31	250.23	272.27
166.35	185.19	207.33	230.32	250.24	272.28
167.09	185.24	207.34	231.15	251.03	272.29
167.10	185.30	208.25	231.22	251.05	273.02
167.13	186.05	208.31	231.23	251.06	273.09
167.17	186.06	209.03	231.25	251.19	273.10
167.25	186.10	209.04	231.32	252.11	273.10
167.30	186.25	209.05	232.12	252.28	273.18
167.34	186.27	209.10	232.15	253.04	274.28
168.09	186.31	209.17	232.21	253.16	274.33
168.13	186.32	209.19	232.22	253.24	274.35
168.23	186.33	209.24	232.33	253.26	275.09
168.28	187.01	209.28	233.03	253.28	275.29
168.30	187.03	211.10	233.03	254.07	276.08
168.34	187.03	211.14	233.05	254.16	276.13
169.03	187.05	211.22	233.08	254.20	276.33
169.12	187.13	211.23	233.12	254.22	277.16
169.21	187.20	212.12	233.13	254.24	277.24
169.23	187.23	212.15	233.20	255.08	277.33
169.32	188.03	212.24	233.22	255.23	277.34
169.34	188.04	212.27	233.34	255.25	278.13
170.12	188.07	213.06	234.03	255.31	278.20
170.14	188.08	213.08	234.04	255.33	278.22
170.15	188.12	213.14	234.12	255.35	278.26
170.18	188.14	213.27	234.26	256.05	278.30
170.19	189.11	214.06		256.07	279.02
170.22	189.13	214.07		256.14	279.06
	189.17				

AND (continued)   UNDER WESTERN EYES

279.24	296.28	311.14	326.11	348.27	362.34
279.26	296.32	311.18	326.14	348.29	362.35
279.34	296.33	311.27	328.22	348.30	363.03
280.07	297.01	311.28	328.24	349.02	363.04
280.12	297.04	311.30	328.28	349.07	363.07
280.14	297.10	312.15	328.34	349.08	363.11
280.16	297.13	312.30	329.03	350.03	363.23
280.26	297.15	312.34	329.08	350.04	363.25
280.26	297.16	313.01	329.09	350.07	363.30
281.08	297.18	313.08	329.16	350.09	363.33
281.11	297.22	313.15	329.21	350.10	363.35
281.29	297.25	313.25	330.10	350.11	364.03
281.33	297.26	313.34	330.11	350.15	364.13
282.09	297.31	313.35	330.23	350.27	364.34
282.13	297.35	314.02	330.25	350.28	365.02
282.14	298.09	314.05	330.32	350.29	365.04
282.18	298.11	314.07	330.33	350.33	365.04
282.23	298.13	314.09	331.06	351.05	365.10
282.24	298.13	314.09	331.07	351.18	365.11
282.25	298.16	314.15	331.22	351.23	365.13
283.04	298.17	314.19	331.26	351.30	365.17
283.05	298.20	314.30	331.28	351.33	365.20
283.10	298.23	314.35	332.10	352.03	365.20
283.14	298.23	315.15	332.30	352.13	365.22
283.21	298.26	315.24	332.34	352.13	365.24
283.22	298.32	315.29	333.04	352.16	365.26
283.24	298.34	315.35	333.06	352.19	365.27
283.31	299.02	316.05	333.11	352.22	365.31
283.31	299.07	316.19	333.18	352.30	365.32
283.35	299.11	316.22	333.28	353.02	366.03
284.09	299.11	316.23	333.32	353.03	366.13
284.10	299.14	316.32	334.04	353.05	366.16
284.11	299.15	317.09	334.07	353.14	366.18
284.18	299.20	317.28	334.12	353.16	366.22
284.20	299.24	317.32	334.13	353.20	367.18
284.32	300.02	318.08	334.14	353.26	367.26
284.34	300.03	318.11	334.16	353.27	368.06
285.01	300.04	318.17	334.22	353.28	368.11
285.07	300.05	318.21	334.30	353.32	368.15
285.16	300.07	318.27	335.06	354.01	368.17
285.20	300.15	318.28	335.20	354.03	368.21
285.21	300.20	318.28	335.22	354.03	368.22
285.23	300.21	318.29	335.24	354.10	368.25
285.24	300.27	318.35	335.31	354.13	368.26
286.02	301.03	319.08	335.34	354.13	368.31
286.06	301.11	319.09	336.06	354.16	368.33
286.24	301.17	319.19	336.07	354.21	369.05
286.25	301.21	319.29	336.08	354.24	369.06
286.28	301.23	319.35	336.17	354.33	369.09
286.30	301.33	320.01	336.24	354.35	369.29
286.31	302.01	320.03	336.28	355.01	370.16
286.32	302.05	320.09	336.34	355.03	370.17
287.02	302.12	320.17	337.09	355.08	370.20
287.04	302.13	320.18	337.11	355.14	370.24
287.07	302.20	320.18	337.14	355.19	370.30
287.17	302.25	320.23	337.35	355.29	371.02
287.18	302.28	321.05	338.04	356.03	371.19
287.18	302.34	321.07	338.13	356.12	371.20
287.20	302.35	321.08	338.18	356.15	371.35
287.23	303.05	321.12	338.30	356.17	372.02
287.24	303.12	321.16	338.32	356.17	372.07
288.01	303.19	321.17	339.27	356.21	372.11
288.03	303.21	321.24	340.04	356.24	372.12
288.03	303.31	321.26	340.21	356.25	372.17
288.08	303.35	321.32	340.22	356.29	372.20
288.12	304.07	321.34	340.33	356.30	373.10
288.14	304.09	322.01	341.01	356.34	373.20
288.19	304.12	322.03	341.01	357.01	373.20
288.22	304.25	322.13	341.03	357.03	373.26
288.23	304.28	322.14	341.07	357.04	373.33
289.10	304.35	322.22	341.09	357.07	374.01
289.11	305.06	322.25	341.16	357.13	374.04
289.18	305.11	322.27	341.27	357.16	374.21
289.27	305.12	322.30	341.32	357.19	374.24
290.05	305.19	323.08	342.08	357.20	374.30
290.07	305.23	323.10	342.12	357.22	375.13
290.08	305.27	323.16	342.15	357.27	375.19
290.10	306.09	323.23	342.16	358.01	375.21
290.10	306.12	323.24	342.21	358.08	375.24
290.18	306.18	323.28	342.22	358.11	375.33
290.21	306.25	324.23	342.27	358.14	376.02
291.11	306.33	324.33	342.30	358.18	376.15
291.19	307.04	325.02	342.31	358.24	376.24
292.06	307.06	325.13	343.01	358.28	376.32
292.07	307.10	325.15	343.03	358.33	377.05
292.29	307.15	325.18	343.11	359.03	377.06
293.01	307.15	325.21	343.16	359.12	377.08
293.06	307.20	325.28	343.22	359.14	377.19
293.07	307.29	325.29	343.33	359.20	377.27
293.14	307.35	326.01	344.01	359.22	377.30
293.16	308.02	326.03	344.07	359.25	andalusian
293.24	308.04	326.08	344.08	359.26	284.15
293.31	308.19	326.12	344.12	359.27	andrei
294.09	308.26	326.15	344.30	359.29	233.01
294.11	308.29	326.23	345.01	360.03	233.23
294.15	309.14	326.30	345.11	360.05	234.07
294.23	309.18	326.31	345.15	360.10	anger
294.24	309.23	326.32	345.27	360.16	017.05
294.30	309.24	326.34	346.06	360.17	060.03
294.30	310.01	326.34	346.12	360.23	060.03
294.32	310.03	327.01	346.13	360.27	066.23
294.33	310.05	327.08	346.14	361.10	082.19
295.04	310.08	327.10	347.06	361.20	186.21
295.31	310.13	327.17	347.09	361.23	188.13
296.09	310.17	327.20	347.24	362.03	211.26
296.13	310.25	327.26	347.31	362.06	243.25
296.14	310.31	327.29	348.01	362.10	250.17
296.18	310.33	327.31	348.18	362.22	326.33
296.24	311.07	327.33	348.26	362.25	336.22
296.26	311.10	327.35	348.27	362.26	336.23
296.27	311.12	328.05	348.27	362.28	341.14

16 ANGER (continued)

349.28	230.04	115.17	231.22	293.05	198.18
350.15	321.31	116.09	234.19	295.06	212.12
353.32	anonymous	129.12	249.18	295.33	221.31
356.34	105.30	134.21	269.07	298.33	231.03
angle	another	305.20	306.13	300.10	233.28
286.26	007.22	318.13	310.17	300.25	242.31
286.27	014.33	331.30	334.34	305.01	245.22
329.02	014.35	333.05	anxiously	307.13	258.14
anglo-american	024.03	334.05	230.34	309.35	273.01
145.02	024.32	337.06	295.23	315.12	273.07
angrily	051.23	338.01	303.15	316.32	274.12
025.27	052.23	351.07	346.34	316.32	280.26
043.04	057.22	351.24	any	317.10	283.29
054.17	062.27	antennae	001.09	317.22	283.29
181.03	090.01	248.20	003.03	321.12	284.07
213.21	090.13	antonovna	004.32	322.18	284.14
290.12	092.29	250.24	006.19	324.14	284.16
296.31	105.12	258.22	006.19	328.14	292.15
312.13	109.31	260.19	006.20	333.15	292.16
angry	112.27	261.31	014.16	335.24	296.11
068.06	124.24	262.08	016.02	336.01	300.06
072.11	147.30	262.25	017.32	337.05	300.26
087.26	148.05	263.09	019.01	339.33	312.01
163.18	156.02	264.18	019.18	340.10	312.07
164.07	168.12	265.15	020.23	350.21	312.25
210.20	176.23	265.30	022.32	354.22	317.23
211.14	185.23	266.01	025.01	356.05	317.24
230.25	196.16	266.30	037.04	358.27	318.07
234.21	204.33	267.21	042.08	363.15	318.21
266.16	208.04	267.28	043.28	367.04	322.01
284.12	215.18	268.17	044.31	367.04	324.03
294.17	227.17	268.34	047.25	367.23	327.03
311.20	230.09	269.07	047.30	367.26	343.28
324.07	235.02	269.16	049.32	367.27	356.10
349.22	236.18	270.19	052.24	370.02	356.17
367.29	237.11	271.01	054.14	370.20	367.05
376.18	240.11	271.11	064.15	371.03	367.17
anguish	243.11	271.17	067.27	372.23	371.30
036.24	253.25	271.30	071.01	376.09	372.30
068.28	254.34	271.32	071.03	anybody	anyway
086.11	261.15	272.30	077.13	013.16	184.13
108.35	261.32	273.12	077.21	040.04	256.07
110.16	265.15	273.17	078.34	073.25	274.12
192.22	274.33	274.10	079.29	076.25	276.33
211.26	280.28	275.11	080.10	080.09	305.31
314.09	281.24	275.15	082.05	111.22	anywhere
314.15	290.20	276.12	085.13	152.27	008.34
343.34	297.14	277.11	089.14	231.33	023.24
357.02	299.27	277.28	091.07	237.16	193.19
372.18	307.35	276.20	096.18	278.19	233.05
anguished	335.09	279.05	096.26	310.12	349.15
316.23	337.20	322.33	099.32	314.21	365.11
angular	339.24	323.20	106.31	333.18	apart
217.14	340.07	326.17	113.07	anybody's	004.32
angularly	353.09	327.01	115.34	245.28	305.09
218.16	answer	327.18	116.06	anyhow	374.09
animal	021.34	335.18	116.07	196.26	apartment
001.18	047.04	342.04	121.05	202.32	109.03
077.01	071.29	345.20	130.14	anyone	301.16
145.14	083.12	345.21	130.19	072.05	316.05
149.13	089.20	347.31	133.05	075.25	331.28
215.17	089.21	355.21	134.10	077.35	apartments
229.06	090.30	360.31	137.07	148.06	172.15
324.07	093.17	360.33	138.16	151.08	apathy
animals	142.20	373.25	144.21	151.11	072.26
145.17	152.21	373.32	146.12	165.17	apologetic
animated	156.14	374.03	147.07	167.28	009.25
034.12	163.12	374.10	150.24	175.03	apologize
131.11	165.31	374.17	151.12	205.34	002.35
252.18	171.27	374.34	151.29	233.18	065.16
362.28	174.17	375.07	152.02	234.26	190.20
animation	191.29	375.33	156.01	255.01	190.22
068.02	192.19	376.18	160.23	264.32	apology
134.09	212.31	377.01	162.06	289.09	055.26
144.31	243.30	377.12	168.11	294.27	190.06
152.20	242.11	377.22	178.16	302.26	apostasies
157.24	269.09	377.27	184.11	anyone's	138.01
159.10	289.24	antonovna's	190.24	211.19	apostles
165.27	290.01	271.34	194.21	anything	113.20
252.15	290.14	277.05	195.18	005.30	apostolic
309.01	321.08	277.14	204.23	046.28	216.09
animosity	323.07	283.26	205.16	065.24	appalled
048.35	330.05	377.17	208.08	072.30	055.25
159.28	answered	ants	210.06	074.03	291.30
232.11	021.26	280.24	214.11	074.10	317.21
243.03	036.18	anvil	220.06	078.05	376.13
anna	043.31	122.26	225.16	081.01	appalling
315.29	046.15	anxiety	232.11	081.07	022.13
321.02	053.14	138.03	232.23	098.13	118.26
321.04	069.34	141.10	236.24	108.02	118.27
321.06	072.25	171.10	245.25	112.03	221.09
321.18	231.29	203.18	253.11	115.03	290.02
330.26	235.33	203.20	256.10	117.34	350.13
annihilated	278.07	330.34	257.16	120.10	appallingness
070.29	291.06	335.25	261.06	125.13	023.18
087.23	329.10	anxious	261.07	131.09	apparent
annihilating	332.16	036.34	261.12	135.35	081.15
007.27	344.21	055.13	263.25	141.02	086.29
annihilation	answering	055.32	272.35	145.29	369.13
030.02	104.02	057.34	273.35	146.33	apparently
announced	170.26	106.11	274.16	148.07	027.05
025.22	answers	115.11	274.27	151.11	056.20
187.02	088.18	120.30	275.02	154.21	080.34
262.12	antagonisms	124.26	275.14	179.25	143.10
332.16	314.33	134.33	283.33	183.16	183.22
annoyance	antagonistic	141.07	283.28	184.12	191.10
087.29	103.33	155.11	283.30	186.04	194.25
104.05	ante-room	156.33	289.06	188.31	197.02
207.05	040.28	158.22	291.21	189.22	200.34
annoyed	049.28	194.12	292.13	194.03	216.27
116.31	113.27	215.21	292.31	195.21	236.09

APPARENTLY (continued)

237.01	appeasement	aptitudes	094.05	217.10	345.28
250.14	266.08	045.10	095.04	217.20	346.26
272.23	applause	aptness	095.05	217.20	347.16
279.35	129.01	002.29	096.20	219.06	348.21
302.28	apple-woman	263.18	098.03	220.33	348.33
318.25	147.24	281.03	100.09	221.12	349.29
apparition	148.27	arbitrarily	101.30	221.24	350.18
121.31	150.03	023.09	102.17	222.02	354.07
295.34	159.11	314.29	103.30	224.06	361.34
337.06	application	arbitrariness	103.32	224.13	362.16
apparitions	002.09	002.18	104.25	224.19	362.16
341.09	258.32	arbitrary	106.11	224.19	362.19
appartement	applies	048.32	107.20	225.26	362.32
367.12	133.17	131.18	110.31	225.28	363.03
368.09	appointed	302.19	110.31	226.35	363.21
appeal	006.17	331.06	111.08	229.04	364.01
120.32	032.14	arcana	112.17	229.17	369.17
162.11	122.22	301.29	112.22	229.32	372.01
220.09	299.32	arch	115.14	230.11	372.02
246.18	300.06	194.19	117.17	230.12	375.12
appealed	354.12	200.23	117.32	230.25	are
363.13	appointment	arch-patron	119.31	230.32	247.03
appealing	009.15	171.02	125.24	232.17	aren't
245.05	010.09	arch-priest	127.17	233.07	016.21
appealingly	144.16	207.09	126.03	233.11	016.23
346.33	144.18	arch-revolutionist	131.17	233.24	019.28
appear	appointments	376.25	131.18	233.27	071.26
008.20	009.19	arch-slayer	132.08	234.01	155.18
022.25	apportioning	376.26	132.25	234.19	188.35
054.35	255.10	arches	132.30	235.30	218.10
065.15	appraise	051.15	132.31	237.10	248.26
076.08	301.02	201.16	133.07	238.10	249.30
175.14	appreciable	archpriest	133.17	238.16	arena
203.04	251.28	004.17	134.13	240.02	129.02
226.22	appreciate	006.29	135.06	240.17	129.02
289.15	361.18	archpriest's	135.06	242.16	129.07
300.12	appreciated	004.22	141.06	242.22	129.07
347.20	094.34	ardent	141.14	242.23	129.14
appearance	116.17	004.04	143.31	243.05	argue
004.19	255.27	005.11	145.23	243.08	301.13
018.15	appreciating	119.15	145.27	243.09	argued
057.16	100.16	341.05	146.09	244.18	069.24
070.15	appreciation	366.28	146.29	244.20	243.25
094.14	072.09	ardently	146.32	244.34	321.11
116.06	appreciative	033.20	147.32	245.08	359.04
130.11	253.19	167.10	148.20	245.14	argument
164.14	appreciatively	356.01	148.23	245.15	003.29
165.15	155.01	ardour	149.04	247.05	032.26
167.32	apprehend	002.32	149.07	247.05	055.31
168.01	049.15	065.19	152.12	247.15	056.05
174.19	apprehension	117.29	154.02	247.31	083.25
182.04	098.27	are	155.11	247.35	arguments
211.29	198.15	001.12	157.09	248.06	017.02
216.13	261.12	002.07	157.20	248.07	098.22
244.06	313.23	002.22	158.19	248.26	290.23
269.20	apprehensive	002.26	159.03	249.02	arid
274.15	265.15	005.12	161.06	249.06	113.15
274.19	apprehensively	003.14	161.07	249.33	177.14
306.31	076.06	005.13	161.21	249.34	aright
313.04	approach	013.14	163.33	251.02	236.32
359.34	003.24	013.15	164.09	251.05	277.20
376.15	006.04	017.03	166.22	252.01	arise
appeared	031.19	017.07	169.01	252.02	003.34
004.31	111.15	017.25	172.14	252.02	279.13
015.11	157.31	017.27	174.11	252.04	arisen
019.20	176.03	017.33	176.20	252.04	184.02
037.29	194.30	019.26	182.21	252.33	299.31
039.15	201.04	019.30	183.07	254.06	arising
053.05	202.02	020.05	183.07	255.02	274.03
070.30	235.12	021.02	183.09	255.03	aristocrat
074.12	287.12	021.13	183.12	255.06	127.20
119.28	approached	025.29	184.09	257.02	205.11
142.17	112.18	027.12	184.21	257.03	aristocratic
143.14	121.25	032.20	185.15	257.30	010.04
143.27	189.03	032.30	185.33	257.33	010.27
145.07	189.28	043.17	186.07	260.19	140.08
156.04	262.08	043.32	186.08	261.24	140.09
157.23	346.27	044.03	186.08	264.33	304.09
162.15	362.13	045.13	186.02	265.14	aristocratic-looking
166.25	373.21	046.17	189.17	266.16	010.10
190.10	approaches	046.17	190.11	266.35	aristocrats
199.28	127.35	048.04	191.20	267.16	137.31
204.17	227.05	048.09	192.17	267.33	arm
212.04	approaching	048.30	193.23	273.32	006.35
234.10	064.21	050.26	200.33	275.33	014.30
235.03	143.29	051.32	202.25	275.33	015.05
243.29	156.12	057.10	202.27	277.31	024.26
254.09	235.27	057.12	203.02	278.04	025.09
282.07	326.28	058.14	203.03	278.17	029.03
290.02	328.35	058.32	203.12	283.26	039.23
293.29	appropriate	060.10	203.23	289.10	040.15
315.32	088.09	071.34	203.31	290.17	040.22
337.34	approval	072.33	203.32	291.27	048.14
341.17	066.14	072.33	204.07	291.28	048.27
349.30	330.06	073.19	204.22	292.17	077.11
360.06	approved	073.26	204.26	292.21	127.08
375.30	095.26	073.28	204.35	305.32	184.06
appearing	256.11	077.13	205.01	306.03	184.15
005.24	approvingly	077.19	205.10	314.01	202.09
256.17	043.34	077.20	205.16	314.17	208.30
354.16	085.17	076.33	205.29	324.18	209.01
appears	139.16	079.08	206.34	326.20	212.08
001.18	156.08	079.35	207.12	331.21	213.32
134.08	april	081.09	208.10	333.22	219.10
159.32	139.29	084.01	208.19	339.28	234.15
326.20	apron	086.24	208.22	340.34	235.08
348.02	074.23	087.19	208.26	340.35	239.31
355.22	075.01	087.26	211.17	341.03	262.19
appease	aptitude	089.02	213.22	341.30	284.10
096.11	243.08	092.17	213.30	345.06	286.27
		092.35	217.08		287.25

18   ARM (continued)   UNDER WESTERN EYES

310.24
310.32
321.35
328.05
328.12
334.09
350.11
350.29
364.12
365.10
arm-chair
174.34
198.02
armchair
042.30
044.33
101.04
105.13
110.04
111.35
116.33
331.04
armchairs
041.03
armed
258.02
armenian
261.02
armenians
216.19
armour
051.18
314.13
arms
020.14
059.22
073.15
092.20
122.02
147.14
149.11
152.25
153.30
157.27
158.04
158.31
185.08
186.31
188.10
190.32
201.04
203.25
205.23
220.13
228.07
233.21
267.17
281.10
297.10
316.15
319.24
325.28
368.22
army
016.16
085.03
arose
025.19
317.35
361.26
around
009.29
040.22
089.23
173.11
199.24
216.11
365.35
aroused
096.08
193.05
271.03
271.06
280.13
arousing
197.20
215.09
arranged
015.09
052.28
179.26
arrangement
312.32
316.08
arrangements
306.30
arrest
047.31
108.22
184.04
185.29
188.32
268.13
327.14
335.17
361.09
arrested
066.10
066.13
067.01
070.07

070.20
071.11
091.07
097.16
150.14
279.27
306.06
310.20
370.17
arrival
074.12
128.10
133.28
140.32
164.26
187.02
197.19
198.01
202.15
237.14
283.19
317.14
317.27
arrives
040.29
071.24
083.06
115.02
119.11
125.10
133.22
179.02
arriving
025.02
109.02
201.11
arrogant
021.09
256.18
arrow
060.34
art
089.34
098.06
098.10
158.27
158.29
160.07
160.07
301.18
article
193.19
245.01
324.03
360.05
articulated
343.22
artificial
104.12
104.14
146.28
222.30
323.18
artisan
072.28
259.07
artisans
326.04
artless
303.17
artlessness
077.05
098.11
arts
039.26
120.09
arve
330.12
as
001.11
001.22
002.29
002.33
002.33
002.35
003.23
004.08
004.30
004.35
006.17
006.27
006.30
007.24
007.34
007.34
008.31
008.31
009.04
009.33
010.04
010.04
011.30
012.35
013.10
013.23
013.31
016.35
017.14
018.08
019.01
019.18

019.18
019.26
020.35
021.30
021.34
022.06
022.27
023.04
023.12
023.19
024.11
024.25
024.31
027.22
028.12
028.12
028.13
029.19
029.29
030.01
030.01
030.27
031.29
032.27
033.07
034.23
035.07
036.17
036.17
037.26
037.29
038.04
038.30
038.34
041.25
043.10
044.27
045.15
048.22
049.05
050.26
051.19
051.29
051.29
051.35
052.01
052.14
053.25
055.35
056.18
056.34
057.32
058.10
058.13
059.13
059.22
060.34
061.06
061.06
062.11
062.30
062.32
062.32
063.08
064.14
064.14
064.17
065.28
066.04
066.11
067.17
067.17
067.19
068.30
069.01
069.09
069.32
070.12
070.30
071.12
072.08
072.16
072.18
073.09
074.33
076.05
076.07
076.15
076.15
076.18
076.21
076.26
077.25
080.19
080.33
082.10
082.26
083.17
085.08
085.18
085.24
086.04
086.29
086.31
086.32
088.02
088.02
088.08
089.03
089.04
090.32

092.32
093.17
095.03
096.20
100.18
100.18
100.24
100.29
101.06
102.13
102.17
102.31
103.02
103.07
103.24
104.28
104.32
104.32
106.01
109.04
109.22
110.04
110.17
111.29
111.32
113.21
114.03
115.03
115.05
115.16
115.28
117.24
117.24
117.25
119.10
119.13
119.16
120.19
120.21
121.24
122.08
122.22
124.17
124.24
124.28
124.28
124.32
125.33
126.28
126.28
128.07
128.07
128.23
128.23
128.25
128.32
129.04
130.16
132.05
133.05
135.09
136.11
136.32
137.04
137.27
138.24
138.27
138.28
138.28
138.30
139.15
139.21
140.21
140.22
141.06
141.06
141.09
141.12
141.12
141.17
141.24
141.24
142.01
142.21
142.29
143.06
144.04
144.10
144.34
145.05
145.19
145.19
145.32
146.19
146.19
148.05
148.23
148.23
150.01
152.12
152.25
152.25
152.29
153.01
153.03
153.03
153.10
154.12
154.19
154.20
155.33

156.13
157.19
158.02
159.09
160.14
161.11
161.21
161.24
161.29
162.04
162.16
162.16
163.27
164.28
165.04
165.14
166.07
166.10
167.01
168.29
170.26
170.28
172.22
174.33
175.33
176.12
177.20
177.21
177.34
178.07
178.17
179.21
179.21
180.11
180.29
180.35
181.14
181.35
182.23
183.02
183.06
183.07
184.07
184.34
185.02
185.03
185.05
185.05
186.26
187.15
187.15
187.21
189.31
190.29
191.01
191.04
191.30
192.30
194.17
195.20
196.16
197.06
197.08
198.26
198.28
200.25
200.27
200.29
201.05
202.33
203.25
203.32
203.32
203.34
204.13
205.03
205.29
206.12
207.16
207.20
208.02
209.03
209.15
211.25
211.26
215.30
216.28
216.31
217.27
217.35
218.03
218.14
218.14
219.33
222.03
222.03
222.08
222.23
222.30
222.30
222.32
223.22
223.22
223.27
224.21
224.21
224.30
224.30
225.02
225.18

225.18
225.27
225.28
226.25
226.31
227.17
227.17
228.01
228.08
228.12
228.22
229.25
230.02
230.02
230.05
230.16
232.21
232.21
233.09
234.04
234.05
234.21
235.06
236.22
236.27
239.04
239.12
239.15
239.24
239.27
239.28
239.33
240.06
240.06
242.12
242.14
244.31
244.33
245.05
245.28
245.28
245.33
246.10
246.10
246.12
246.16
247.18
249.27
249.27
250.02
250.08
250.32
252.34
253.15
253.24
254.06
254.29
255.05
255.06
255.09
255.27
255.28
257.01
257.06
258.08
258.14
260.02
260.04
260.05
260.05
260.11
260.32
261.13
262.20
264.04
267.20
267.23
268.02
268.02
268.07
268.22
268.29
269.13
271.08
272.25
272.32
273.03
273.31
274.01
274.19
274.19
275.17
275.34
277.19
278.25
278.27
279.02
279.08
279.17
280.18
280.22
280.25
280.29
281.21
282.29
282.32
283.11
283.21
283.24
283.31
284.22

AS (continued)

284.23	340.04	049.19	330.01	assist	astute
285.30	340.05	049.20	332.14	018.35	303.18
285.34	340.14	049.22	337.11	339.11	asunder
286.08	340.29	052.26	338.09	assistance	086.02
286.20	340.34	074.09	340.29	046.33	174.24
286.14	341.13	082.33	341.30	069.01	at
288.20	341.33	093.16	348.03	151.09	001.14
288.20	343.17	096.30	360.22	284.08	001.21
289.05	343.24	106.27	asking	325.26	002.16
289.05	343.28	107.15	013.12	350.28	003.15
290.06	344.04	109.35	074.04	assisted	004.06
290.13	344.22	135.26	100.12	096.26	004.14
290.13	344.52	141.04	162.30	177.14	004.31
290.20	345.24	141.20	162.34	assisting	004.35
291.25	345.28	151.14	171.09	185.20	005.32
291.28	345.29	154.34	214.14	351.04	006.27
292.10	346.12	171.26	237.20	associate	008.02
292.11	346.13	172.05	242.04	270.04	008.12
293.01	346.29	172.11	282.31	associated	008.16
293.13	347.01	174.17	290.11	034.05	009.22
293.16	347.06	189.06	308.14	171.04	009.27
293.32	347.22	189.13	321.02	204.27	010.19
294.22	348.07	189.22	339.02	371.10	011.05
294.24	348.10	198.19	asks	associations	012.10
295.10	350.10	208.09	082.01	110.19	012.13
295.13	351.08	219.15	aslant	110.20	012.33
295.20	351.34	245.01	227.11	250.33	012.34
295.20	352.16	249.29	asleep	assume	013.04
296.25	352.24	252.17	062.22	189.17	014.20
297.02	353.25	273.29	152.26	assumed	014.20
297.29	353.25	286.15	aspect	048.24	015.09
297.30	354.19	316.18	016.28	094.25	015.13
298.01	354.22	320.14	034.26	180.21	015.22
298.18	354.22	321.27	044.16	assumes	016.02
299.05	355.26	335.35	084.19	187.13	016.13
300.35	356.08	344.29	104.27	assuming	016.19
302.06	356.23	348.08	110.29	181.12	018.03
302.12	357.01	374.13	122.13	305.23	018.05
302.30	357.04	asked	141.15	assumption	018.33
303.07	358.09	010.31	183.01	186.35	019.18
303.26	358.11	012.26	193.33	194.07	019.20
303.26	358.11	032.33	201.30	199.03	020.25
303.33	360.12	033.19	202.06	248.17	021.02
304.05	363.26	039.14	307.30	assumptions	023.04
305.08	364.16	047.15	320.18	152.16	024.20
305.09	364.35	054.32	327.20	255.24	025.02
306.29	365.29	059.29	aspects	assurance	025.18
307.10	366.26	072.05	289.10	039.14	027.20
307.12	366.30	074.01	asperity	067.18	027.21
308.02	367.04	075.32	186.30	100.22	027.27
309.12	368.05	075.02	aspersions	311.31	027.35
310.12	368.11	076.30	203.31	assure	028.11
310.19	368.14	080.29	203.34	034.28	028.11
310.35	368.17	081.17	280.14	086.27	028.15
312.04	368.25	082.25	aspiration	127.28	028.34
312.11	368.33	097.23	036.26	147.05	029.01
313.21	369.02	102.35	aspirations	149.26	030.07
314.20	369.06	103.01	005.10	151.16	030.09
315.01	369.06	107.01	031.15	153.04	031.26
315.12	369.06	107.20	031.26	193.28	032.01
315.27	369.08	111.23	059.09	194.12	033.02
315.31	369.08	112.20	342.17	225.28	034.04
316.01	369.31	116.23	aspire	240.14	034.15
317.18	372.02	118.01	056.16	249.02	036.09
317.33	373.04	134.14	assailants	254.04	036.33
318.04	373.04	134.28	364.24	258.09	037.04
318.09	375.17	136.02	assailed	assured	038.07
318.09	376.01	136.17	022.09	071.13	038.34
318.32	376.03	143.22	036.28	126.16	039.12
318.33	376.25	143.29	assassin	146.15	039.34
319.21	376.27	145.25	105.27	152.01	040.23
323.01	377.28	150.34	assassination	228.28	040.25
323.24	ascended	163.29	005.08	291.26	040.26
324.07	201.28	164.18	101.13	344.31	041.16
326.03	294.15	165.26	160.18	374.03	041.34
326.03	ascending	166.26	assembled	astonish	042.05
326.06	326.12	173.18	007.13	127.21	042.16
326.08	ascertain	179.02	009.22	301.21	042.27
326.12	137.23	192.17	113.23	astonished	043.11
327.07	141.09	193.34	273.21	071.26	043.13
327.24	ascertained	203.06	372.30	143.23	043.19
328.11	249.02	204.14	assent	163.21	043.25
328.12	ascribed	206.22	094.26	204.21	044.32
328.14	357.30	214.27	099.01	270.23	044.35
329.17	ashamed	215.24	169.03	277.22	045.20
329.33	119.25	221.30	192.11	295.30	045.25
330.15	162.12	227.34	253.13	377.14	045.35
330.18	163.27	231.27	277.04	astonishing	046.27
330.18	170.07	235.32	372.07	058.05	046.28
331.14	177.19	238.05	assented	163.27	047.20
331.29	257.13	240.27	041.14	255.05	047.23
332.28	ashes	241.03	161.04	260.30	047.25
332.32	087.25	243.33	210.02	261.07	047.25
333.02	asiatic	248.03	249.07	astonishment	047.35
334.19	324.23	253.04	252.30	014.01	049.29
334.28	aside	256.06	269.30	081.26	050.09
335.18	003.05	261.11	328.23	092.26	052.13
336.08	010.27	261.20	369.25	182.33	052.16
336.25	065.02	263.06	assert	263.04	053.30
337.06	077.07	276.09	187.14	273.14	054.08
337.06	179.09	278.21	asserted	278.14	054.22
337.07	235.07	286.11	223.16	346.07	054.32
337.15	267.17	287.05	assertion	350.14	055.10
337.15	293.08	291.01	118.26	351.19	055.20
337.18	326.08	312.22	186.02	astounded	055.21
337.29	360.12	316.35	245.16	186.29	056.20
338.14	367.32	321.35	assertive	212.20	056.21
338.18	ask	324.03	266.36	350.25	056.32
339.34	027.11	327.02	asseyez-vous'	astrakhan	057.03
340.03	045.07	327.05	041.27	012.23	057.05
340.03	047.26	329.31		092.07	

20 AT (continued) UNDER WESTERN EYES

057.27	106.31	169.14	223.13	273.07	325.20
058.04	109.02	169.32	224.15	273.19	328.15
058.15	109.03	170.09	224.22	273.24	328.17
058.22	109.28	170.18	224.34	275.02	328.30
059.11	109.32	170.25	226.03	275.05	329.13
059.25	110.02	171.12	226.18	276.25	329.15
060.34	110.08	171.32	227.15	277.09	329.24
061.02	110.26	172.04	227.26	277.13	330.25
061.11	111.05	172.06	228.29	278.06	330.25
061.22	111.14	172.10	229.05	278.09	330.35
061.29	111.19	172.12	230.01	278.27	331.02
061.30	111.26	172.14	231.05	278.30	331.07
063.34	113.04	172.24	231.06	279.08	331.28
064.03	113.05	174.25	231.30	279.11	332.06
064.05	113.16	175.34	232.08	279.16	332.07
064.08	114.10	175.35	232.22	279.18	332.17
064.11	114.29	176.03	232.25	279.28	332.27
064.12	115.04	176.07	233.29	280.07	333.14
064.30	115.16	176.17	233.30	280.11	333.23
065.30	116.25	176.20	234.04	280.33	335.26
066.09	116.11	178.16	234.13	281.01	335.30
066.10	120.05	179.10	234.15	281.19	336.01
066.19	121.05	179.23	234.17	281.35	336.15
066.23	121.22	179.23	234.29	283.24	337.23
067.16	121.35	179.32	235.09	284.21	337.31
068.10	122.21	180.05	235.13	284.28	338.19
069.02	122.29	180.16	235.14	285.22	338.24
069.19	122.31	180.21	235.19	286.26	339.06
069.35	125.12	180.32	236.14	287.06	339.26
069.35	125.14	181.09	236.22	287.20	341.03
070.16	125.15	182.01	237.17	287.24	341.26
070.24	125.23	182.03	237.28	287.27	341.27
071.14	127.09	182.22	238.07	289.03	342.07
071.17	128.05	183.11	238.24	291.04	346.23
071.24	128.25	184.17	238.31	292.26	346.26
071.28	129.18	184.23	239.01	293.11	346.28
072.17	130.01	184.29	239.05	293.35	346.30
073.02	130.15	185.09	239.20	294.02	347.03
073.05	130.32	185.25	239.27	295.04	348.29
073.21	131.11	185.28	239.28	295.13	350.13
073.23	131.22	186.27	239.33	295.15	350.34
073.26	132.24	187.20	240.12	295.22	351.12
075.15	133.05	187.20	240.14	295.27	351.14
075.18	133.11	187.26	241.30	296.09	351.16
075.31	133.15	188.15	241.32	296.14	351.31
077.02	134.08	190.13	242.13	296.16	351.35
077.23	134.16	190.18	242.23	296.16	352.25
078.03	134.19	190.24	243.10	296.18	353.03
078.18	136.30	190.29	243.15	296.21	354.05
078.18	136.33	190.33	243.18	296.23	354.29
078.30	138.16	191.17	243.19	296.27	355.18
079.16	139.02	192.19	244.03	296.33	356.16
079.19	140.06	192.20	244.09	298.05	357.02
079.25	141.04	192.26	244.15	298.23	357.04
079.34	141.05	193.32	244.18	299.01	357.25
080.09	141.25	193.34	245.18	299.29	358.07
081.18	143.11	194.12	245.25	299.33	358.24
081.18	144.02	194.13	246.15	300.01	358.26
081.26	144.19	194.14	246.18	300.05	358.27
082.13	144.25	194.15	247.09	300.08	358.28
082.34	144.29	194.21	248.05	300.10	359.16
083.26	145.34	195.10	248.11	300.18	360.07
083.32	146.03	196.28	250.26	302.09	362.23
084.04	146.31	197.06	251.13	302.11	363.01
084.31	147.18	198.30	251.17	302.17	363.34
086.01	147.29	199.19	251.26	302.21	364.13
086.11	148.23	199.21	252.09	304.18	364.15
086.21	149.10	199.31	252.31	304.23	364.17
086.33	149.15	200.04	253.29	305.14	364.34
087.21	149.20	200.18	254.19	305.17	365.04
088.19	150.01	201.02	254.23	307.17	365.07
088.29	151.02	201.11	254.34	308.13	365.21
088.31	151.27	201.15	254.35	309.08	366.03
089.11	152.05	201.20	255.20	309.26	366.04
090.19	152.08	202.09	256.31	310.15	366.19
090.20	152.12	202.22	256.33	310.25	366.19
090.21	153.15	203.19	257.01	310.28	367.22
091.21	154.02	204.03	257.03	311.03	368.06
091.30	154.04	204.05	257.04	311.06	368.25
091.31	154.05	204.19	257.16	311.23	368.32
092.05	154.26	204.29	257.20	312.23	368.33
092.18	155.14	205.15	258.17	313.05	370.09
092.24	155.29	205.16	259.08	314.05	370.11
093.13	156.16	207.30	260.07	314.13	370.19
095.20	156.21	208.07	260.11	314.18	371.02
096.21	156.35	208.11	260.27	315.01	371.15
096.27	157.15	208.13	261.22	315.02	371.22
097.21	158.06	208.24	261.32	315.05	371.30
098.15	158.09	208.26	262.01	315.11	372.02
098.25	159.07	210.30	262.08	315.25	372.12
099.08	159.35	210.33	262.26	315.35	372.18
099.28	160.23	211.08	264.05	316.08	372.29
100.26	160.31	211.24	264.28	316.14	373.01
100.27	161.23	211.25	264.33	317.07	373.02
100.34	162.06	211.27	265.11	317.26	373.15
101.29	163.03	212.02	266.02	318.03	373.29
102.06	163.27	212.15	266.03	319.17	374.21
102.18	164.20	212.18	266.30	319.19	375.11
103.01	165.02	215.16	266.31	319.35	athletic
103.02	165.23	215.20	267.01	320.03	122.28
103.15	166.12	217.06	267.05	320.30	272.24
103.30	166.14	218.22	268.07	320.34	atmosphere
104.01	167.06	219.04	268.08	321.04	041.35
105.09	167.34	219.26	269.01	321.19	083.33
105.09	167.35	219.33	270.22	322.09	140.27
105.10	168.02	220.06	270.32	322.20	161.02
105.30	168.11	220.18	271.25	323.02	243.27
106.09	168.18	221.07	271.34	323.06	266.27
106.22	168.26	221.28	272.05	324.05	atone
106.25	168.33	222.05	272.08	324.19	091.14
106.27	169.04	222.24	272.16	324.26	

atrocious
023.35
063.04
257.10
319.31
349.29
351.09
356.01
370.33
atrociously
151.02
atrocity
206.12
attach
206.33
207.01
attached
039.33
100.34
342.27
344.01
attaching
056.22
attack
352.16
attacked
141.01
356.30
attained
159.05
200.18
336.28
attempt
005.15
012.04
046.20
075.16
075.08
353.09
attempted
002.03
176.27
181.11
213.15
296.31
attempting
111.18
204.29
attempts
206.26
attend
076.23
076.23
attendance
087.01
attendant
182.08
322.10
323.13
attended
004.33
018.27
067.14
076.32
251.26
368.02
377.29
attending
239.04
300.09
325.32
attention
040.25
066.13
073.22
106.10
116.18
116.18
143.08
176.26
182.15
187.18
203.13
215.22
247.23
264.16
279.14
296.10
311.02
311.21
360.09
attentive
085.28
097.04
219.33
255.13
268.29
attentively
060.35
231.05
358.34
attire
283.05
attitude
002.18
003.31
056.27
060.07
085.22
159.20
186.04

189.31
199.06
212.08
226.34
263.14
266.21
277.04
290.22
315.07
334.11
346.19
attitudes
262.28
attorney
004.29
010.29
036.31
attorney's
010.08
299.26
attracted
143.08
224.03
224.06
264.17
279.15
attractive
033.23
100.15
141.29
attuned
161.21
au'
175.20
223.02
audacity
085.24
114.09
audible
182.23
323.34
337.28
audibly
053.16
094.33
246.21
270.31
audience
091.19
august
159.26
austere
032.29
036.10
127.01
202.13
283.10
307.20
342.31
austerely
250.01
austerity
036.13
authentic
183.23
263.22
author
140.19
146.18
182.29
287.28
authorities
004.34
006.18
012.35
083.05
091.24
authority
003.30
006.10
189.31
224.16
265.10
authorized
184.01
315.10
375.35
authors
099.13
100.12
autobiography
123.05
autocracy
005.29
006.15
023.07
031.28
065.07
066.20
075.28
075.29
082.18
105.13
105.18
107.04
116.17
118.27
140.19
301.28
302.03

334.19
342.19
autocrat
006.11
033.16
064.15
299.30
automatic
042.15
217.15
autumn
101.07
avaricious
159.22
avenged
257.15
avengers
017.26
avenue
201.03
245.20
265.29
average
177.01
301.21
averted
072.13
072.16
113.14
143.11
243.04
262.05
265.28
275.34
350.12
averting
024.28
avoid
121.34
281.22
avoided
055.01
195.18
196.12
366.19
avoiding
239.03
awaited
195.01
awaiting
031.04
276.35
286.09
awaits
223.27
awake
299.15
awaken
049.24
awakened
131.12
147.23
197.09
228.01
315.28
336.15
awakening
065.29
223.28
311.23
313.22
award
167.05
aware
006.02
006.22
008.24
011.29
023.19
037.28
071.16
072.03
089.02
092.25
095.25
096.11
100.14
116.12
124.08
139.22
142.10
143.11
145.32
176.11
185.29
188.14
192.31
207.05
216.02
222.31
229.04
257.03
286.24
286.34
292.35
294.19
314.17
335.12
338.24
367.15

away
007.07
013.28
015.17
016.08
016.25
018.11
019.06
024.01
025.08
025.19
026.10
026.12
028.10
030.15
031.26
039.07
050.31
053.03
054.06
055.23
059.08
060.31
061.13
063.17
066.07
072.13
073.05
074.16
074.19
074.31
078.08
079.17
079.24
099.15
106.32
110.09
111.18
112.12
112.24
119.21
122.01
122.20
122.34
128.01
130.33
132.30
136.17
137.17
137.29
138.23
138.27
139.04
142.29
143.02
143.04
147.21
148.13
155.09
158.14
159.30
165.07
166.14
171.15
172.16
172.33
174.28
176.06
177.31
184.24
191.10
191.13
194.10
194.22
195.07
197.12
197.31
199.17
206.15
219.24
221.04
222.35
225.10
226.22
228.03
230.09
233.07
233.15
234.30
235.30
235.32
237.29
238.11
241.34
245.17
246.10
247.23
249.25
251.04
251.23
253.12
265.31
277.35
278.13
284.33
285.25
286.21
287.07
287.31
290.31
291.28

292.04
294.06
294.22
296.31
298.09
304.15
315.19
315.30
317.34
318.32
319.07
319.13
321.25
323.08
327.19
327.19
330.07
336.18
338.14
342.05
344.27
350.04
350.19
350.30
354.06
357.07
357.22
358.18
362.03
366.25
367.30
368.03
369.27
376.04
awe
120.31
201.18
332.13
353.20
awed
306.29
awestruck
059.24
awful
017.34
037.05
110.29
229.11
319.34
330.16
351.28
373.07
awfully
011.01
318.02
awoke
364.17
axe
120.12
121.34
babble
031.16
245.26
babies
243.16
bachelor
301.15
bachelor's
314.21
back
007.10
014.19
018.08
022.31
024.13
027.13
027.19
028.28
029.30
034.20
035.32
041.26
044.33
048.13
052.14
052.20
052.25
057.17
059.07
059.26
061.05
061.19
063.05
064.06
064.30
067.28
071.19
080.08
080.13
081.21
081.33
082.07
091.03
092.32
094.15
107.13
109.34
111.17
113.01
117.06
123.28

125.14
128.09
131.27
131.28
135.01
137.26
147.04
151.22
155.30
156.26
156.34
158.03
158.23
168.05
173.10
182.01
185.08
186.31
189.05
189.15
194.12
196.12
200.16
200.19
201.01
201.04
204.12
205.13
205.23
206.16
207.30
212.09
213.33
219.30
223.24
233.27
238.12
238.13
239.07
240.20
252.08
267.18
269.01
281.02
287.13
287.20
288.01
290.03
290.11
291.29
291.34
293.16
293.19
294.10
310.27
321.07
324.26
325.06
329.15
330.20
337.01
337.19
341.03
347.02
350.12
351.05
351.30
353.06
354.13
359.23
362.06
363.04
363.33
365.07
365.20
368.05
backed
284.10
334.06
background
080.33
083.29
199.21
282.15
backs
011.19
021.20
backwards
129.09
158.33
176.20
bad
013.01
020.22
068.30
099.14
108.30
169.26
175.05
202.17
202.18
245.11
248.35
295.31
343.31
366.15
bad-tempered
160.28
badgered
018.31

badly	baroness	036.31	104.24	170.34	247.05
004.19	164.18	037.07	104.28	172.06	247.07
248.16	247.30	038.14	104.29	172.08	247.17
baffled	bars	039.04	105.06	172.16	247.29
029.06	200.22	044.02	107.23	172.17	247.33
207.21	200.28	044.15	107.35	173.07	247.34
353.15	245.18	044.19	108.29	173.12	248.06
balance	245.33	044.31	109.29	173.31	248.16
094.31	246.06	044.35	109.30	174.07	249.14
144.29	247.24	045.02	110.17	174.28	249.26
balancing	base	046.19	111.08	175.09	251.03
233.21	039.04	047.02	112.07	176.29	251.15
balconies	217.05	047.25	112.20	178.19	252.10
327.26	301.04	047.31	113.16	179.07	254.33
bald	303.09	048.14	113.22	179.16	255.02
001.23	based	048.19	114.16	179.19	255.30
bald-headed	002.01	048.23	114.31	179.23	256.17
010.11	081.06	049.05	115.10	180.27	257.15
baldly	basely	050.06	115.15	181.11	257.24
289.13	357.10	051.23	115.22	181.14	257.24
balkan	357.11	051.29	115.26	182.12	258.15
218.19	basement	051.30	116.13	182.19	258.16
219.16	150.27	051.30	116.19	183.07	258.17
balkans	baseness	052.01	116.21	183.07	259.14
215.08	355.09	052.12	117.19	183.14	259.14
216.17	baser	053.35	119.10	183.29	262.29
ballad	140.30	054.10	119.28	184.09	263.11
141.14	basket	055.01	121.15	184.35	264.35
balloon	121.21	055.32	121.22	185.35	265.05
263.12	bass	056.07	121.33	186.25	265.35
baltic	205.25	056.08	122.22	187.01	267.08
324.30	214.10	056.08	122.35	189.24	267.11
325.28	bass-toned	056.17	123.15	189.24	267.14
balustrade	171.01	056.35	124.15	189.30	268.12
155.32	bastions	057.02	124.16	190.25	268.19
197.13	105.34	057.17	125.26	192.11	270.14
209.22	136.23	057.27	126.01	193.23	273.01
223.15	172.21	057.29	127.04	194.01	273.05
banal	193.10	057.34	127.30	194.27	273.05
106.15	batch	058.29	128.07	195.22	273.10
327.26	287.34	059.10	128.19	196.20	273.23
banality	bathed	059.13	128.34	196.27	274.14
172.25	296.15	059.14	131.12	197.07	274.31
284.30	battle	059.15	131.15	197.10	275.10
band	252.12	060.28	131.30	197.11	275.20
088.07	bay	062.11	131.32	202.01	279.33
270.04	079.34	062.12	132.02	202.28	282.33
bandstand	be	062.28	133.01	203.20	283.18
173.02	001.16	064.15	133.07	204.17	283.30
banister	001.25	064.28	133.19	205.18	284.04
051.21	002.20	064.33	133.32	206.21	284.07
061.09	002.34	066.08	134.12	207.10	284.18
083.08	003.01	067.17	134.34	208.11	285.13
083.17	003.10	068.25	135.13	208.14	285.14
bank	004.10	068.30	135.28	208.25	285.15
118.33	004.16	069.26	135.29	208.27	285.26
121.19	004.17	070.19	135.30	208.27	286.18
122.01	005.23	070.32	135.31	208.33	287.01
banker	006.02	073.12	135.32	209.25	287.10
141.26	006.12	076.06	135.32	210.07	287.15
banker's	009.01	076.11	136.28	210.27	288.05
213.16	009.12	078.24	136.31	211.18	288.23
banks	009.13	079.05	137.10	213.03	289.05
122.27	009.22	079.10	138.05	215.32	289.20
246.25	010.35	079.15	140.16	216.20	290.19
bar	011.05	079.28	140.23	216.23	290.30
251.31	011.07	079.31	141.03	216.25	291.21
253.14	011.29	079.33	141.12	217.22	291.25
317.18	012.09	080.02	142.14	218.05	291.34
bare	013.10	080.09	144.06	218.08	292.11
046.29	014.11	083.01	144.17	219.09	292.26
052.08	014.15	083.12	145.22	219.35	292.28
076.35	014.17	084.30	145.29	220.02	292.29
122.04	015.05	085.05	146.21	220.15	293.08
142.07	016.05	085.07	146.32	221.20	293.28
142.22	016.07	085.08	147.23	222.26	294.05
146.17	017.08	086.07	147.35	224.26	295.01
150.30	017.15	087.21	148.20	226.08	295.22
151.24	017.15	087.31	149.17	226.27	295.30
213.12	017.17	087.32	149.18	227.01	296.01
220.07	017.30	088.03	153.02	229.03	296.02
223.11	018.23	088.12	153.04	229.16	296.10
225.03	018.25	088.26	154.05	231.22	296.11
329.09	019.14	090.17	154.08	231.24	297.06
329.24	019.15	090.23	154.23	231.24	297.22
336.07	019.17	090.34	154.24	231.27	298.22
342.09	019.31	092.05	156.09	232.18	298.27
bare-headed	021.15	094.13	156.14	232.19	299.01
166.03	021.18	094.27	156.29	232.22	299.21
370.11	021.22	094.27	157.07	232.23	299.34
bared	022.18	095.12	157.12	233.09	300.19
202.03	022.22	096.07	157.13	233.14	300.35
282.02	022.26	096.09	157.34	233.34	301.01
bareheaded	022.27	096.21	159.05	234.25	301.18
310.19	022.30	096.34	159.09	234.27	303.14
barely	023.02	097.08	159.31	237.04	303.20
040.34	023.12	098.04	159.35	238.12	303.26
182.23	023.20	100.11	160.04	238.23	304.17
274.24	023.27	100.16	161.08	238.32	304.24
bargain	023.32	100.29	161.10	239.20	304.27
112.17	024.01	101.22	162.13	239.26	304.33
112.21	024.10	101.27	162.25	240.03	305.06
132.01	024.16	102.01	162.33	240.19	306.06
132.02	026.18	102.02	163.29	241.06	306.11
barking	030.01	102.26	164.10	243.06	306.21
264.05	033.15	103.13	164.34	244.34	307.12
268.18	034.03	103.33	166.09	245.22	307.15
barn	035.18	103.34	166.18	245.33	307.32
145.11	036.01	103.35	167.23	246.12	308.27
213.13	036.20	104.09	169.16	246.14	309.22
	036.26	104.22	170.15	246.24	309.35

BE (continued)					
311.07	248.13	144.19	197.07	072.09	184.33
312.14	beard	160.17	229.34	073.18	185.20
312.29	026.06	173.26	243.23	073.31	185.22
314.07	079.32	182.15	257.35	073.35	185.30
314.24	084.17	192.26	260.23	074.17	185.32
315.14	086.27	206.08	292.18	074.21	187.06
316.31	088.33	222.06	295.02	074.25	187.16
317.10	089.26	222.31	297.32	075.11	190.04
317.20	091.26	231.22	314.28	075.12	190.26
318.35	095.08	286.34	374.33	076.16	190.31
319.20	096.03	306.12	becomes	078.35	192.19
319.35	121.27	307.21	001.14	080.27	192.30
320.09	122.03	323.34	becoming	080.35	193.01
320.22	141.13	336.22	018.29	084.25	193.17
320.25	224.16	339.26	024.33	085.06	193.22
321.07	226.18	346.31	095.27	085.09	197.09
321.18	282.04	348.01	097.01	085.32	197.18
321.19	283.10	350.07	124.06	087.01	197.32
321.25	293.04	360.16	206.12	087.07	198.23
321.31	306.25	364.34	340.17	089.22	200.25
321.31	307.06	374.19	352.06	090.25	200.30
322.07	307.16	because	bed	091.07	201.26
323.19	323.21	022.12	019.10	092.04	201.27
323.24	323.30	023.35	021.19	096.11	201.34
326.24	bearded	024.13	021.27	096.28	204.16
326.26	036.17	041.34	021.35	099.33	204.27
326.26	084.35	066.28	029.29	101.18	204.31
326.32	095.12	066.28	029.31	103.11	205.12
326.33	116.05	068.07	034.31	103.24	207.17
326.34	123.27	072.13	037.21	104.16	207.34
326.35	202.08	081.30	051.02	105.28	208.04
327.33	beards	082.18	052.13	105.28	209.14
328.02	079.35	086.22	052.24	106.25	211.19
328.03	bearer	093.04	053.02	108.26	212.23
328.18	162.32	093.18	055.04	109.30	213.13
329.31	bearers	093.20	055.14	111.15	213.15
331.17	347.11	094.13	059.19	111.29	213.18
332.32	bearing	100.24	063.35	112.03	213.23
334.20	045.33	104.13	064.05	114.16	215.26
335.07	049.16	104.14	064.08	115.20	215.35
335.25	072.26	106.04	066.19	117.34	217.23
335.34	075.24	114.15	067.26	117.35	220.22
337.32	076.29	118.28	068.23	118.02	220.24
341.07	081.34	130.05	075.05	119.28	221.07
341.17	084.02	132.15	110.07	120.22	222.20
342.11	183.10	134.11	110.11	120.34	222.21
343.04	336.04	137.13	190.22	123.31	225.21
343.32	beast	145.21	227.32	128.14	225.23
344.06	027.31	145.34	296.09	130.27	225.24
344.06	077.16	166.10	296.19	130.30	225.32
344.14	080.14	174.13	298.05	132.11	225.34
344.18	080.15	176.33	299.24	132.34	226.13
344.21	120.27	184.32	336.14	137.02	226.14
345.35	120.28	201.22	366.23	139.33	226.25
347.14	269.32	201.23	bedding	140.07	227.14
348.18	beastly	201.35	150.24	141.11	227.18
348.26	227.21	206.33	311.10	141.28	228.08
348.28	377.07	217.33	bedizened	142.13	228.22
348.30	beasts	230.12	159.19	142.21	228.26
349.28	037.32	230.12	bedraggled	142.33	228.34
352.04	149.03	232.17	026.01	143.01	229.21
353.30	beat	235.32	362.24	144.25	229.29
354.17	150.20	239.22	365.24	148.26	230.23
355.10	239.19	245.07	bedroom	150.08	231.21
356.03	276.12	247.07	109.34	150.12	235.14
356.12	276.24	252.31	bedstead	150.14	235.16
356.18	291.14	267.03	150.24	152.02	235.32
357.14	377.26	271.17	150.30	152.31	238.03
357.14	beaten	282.33	been	153.18	239.27
357.26	023.12	289.16	001.10	153.20	240.10
358.04	028.06	290.32	001.12	153.27	240.32
358.25	029.07	298.28	001.23	153.34	241.26
359.05	045.27	295.33	003.21	155.26	241.28
359.08	116.19	312.24	003.22	156.13	242.21
360.12	277.18	313.34	003.25	156.18	242.28
362.05	beating	315.17	003.26	156.33	243.10
362.15	094.16	319.08	004.26	158.08	243.14
363.06	215.26	321.13	006.26	158.17	244.29
363.10	226.18	322.35	006.29	158.22	249.03
363.11	361.02	324.34	008.29	159.02	249.10
363.15	beatitude	329.23	013.03	159.14	250.09
366.14	153.31	330.33	013.34	159.23	251.20
367.04	beautiful	333.14	014.27	162.07	252.09
367.22	037.33	333.30	015.09	162.08	253.34
368.17	104.30	337.28	016.04	163.01	254.32
368.18	146.07	349.15	017.01	164.15	254.35
369.18	220.24	358.07	017.13	164.25	255.18
369.28	323.30	367.05	018.14	165.15	257.07
370.35	beauty	367.19	020.09	165.19	258.04
371.33	099.19	368.29	022.06	165.22	258.04
372.04	104.17	371.03	023.19	166.28	258.30
372.10	141.28	372.14	023.34	168.16	259.24
372.17	165.08	beck	026.32	168.27	259.29
372.19	336.19	244.18	028.33	168.31	260.21
372.29	became	beckoned	035.04	169.18	261.02
373.25	028.12	362.21	035.31	170.05	262.32
376.01	054.26	beclouded	039.18	170.13	263.26
376.05	055.28	107.08	039.20	171.29	263.34
376.29	063.27	become	039.26	171.35	264.09
beacon	085.04	019.07	041.34	174.07	264.10
065.31	086.29	019.33	043.12	176.24	265.01
bear	099.03	032.03	049.02	177.26	267.09
025.27	100.14	032.27	053.31	177.31	267.25
026.17	100.51	045.09	055.24	179.09	267.25
037.16	100.53	065.19	058.10	180.11	267.31
077.21	106.02	081.08	059.29	180.21	268.28
085.11	114.21	122.09	063.19	180.34	270.01
108.01	120.07	139.22	067.19	181.23	270.04
145.07	121.07	149.02	069.21	181.24	270.11
146.24	137.24	154.08	070.07	181.29	270.25
234.25	142.10	167.20	070.08	182.05	272.13

24 BEEN (continued)   UNDER WESTERN EYES

273.02	070.30	285.22	155.33	183.21	262.15
274.26	071.19	287.22	186.03	196.11	266.25
275.04	073.16	292.05	192.13	202.21	267.08
275.35	075.06	292.19	192.18	204.12	275.02
276.16	075.07	293.08	198.17	205.13	277.13
276.31	076.08	293.34	204.21	206.07	278.06
277.17	076.27	295.07	210.20	213.16	278.30
279.31	079.19	297.29	218.03	214.16	279.15
282.34	079.21	299.03	219.12	221.29	282.19
283.16	082.27	305.16	230.14	223.10	285.30
284.15	084.01	306.06	232.25	225.10	286.24
284.22	084.16	306.32	264.30	226.15	286.26
285.29	085.28	307.17	270.14	227.07	288.19
289.28	090.06	310.04	276.17	234.30	288.19
292.19	090.14	313.28	279.16	236.14	289.06
293.02	092.15	314.24	287.23	262.24	291.23
293.20	092.21	314.29	288.03	287.20	292.35
297.05	093.33	315.22	296.26	291.15	304.13
298.19	097.17	316.19	306.18	312.21	304.22
302.21	098.19	317.23	318.02	315.06	310.35
305.27	101.07	318.12	335.25	319.26	312.01
308.20	102.06	321.22	338.14	323.14	313.33
311.18	104.28	322.21	360.29	325.18	316.25
313.19	106.15	325.13	361.13	325.33	317.29
313.20	109.33	327.22	365.12	329.24	318.13
315.27	111.01	327.27	368.16	334.20	319.15
315.32	119.12	332.04	369.27	334.30	327.08
316.27	124.14	333.08	373.29	336.05	329.18
316.28	126.27	334.10	beggar	359.22	330.28
316.31	129.06	336.21	024.24	359.29	338.17
317.14	129.29	337.12	062.12	362.24	347.21
317.24	130.21	337.27	230.03	363.34	355.29
317.33	131.06	337.34	beggarly	behold	363.31
318.01	137.26	338.17	259.17	057.19	369.21
318.02	138.19	339.24	begging	086.14	375.22
318.32	140.31	340.09	147.29	117.30	376.22
319.15	146.17	342.08	begin	behoved	beings
319.16	150.08	342.25	001.03	335.18	022.22
319.18	151.19	342.29	037.03	being	120.22
323.27	152.06	347.21	089.24	001.20	145.19
325.31	152.28	349.30	095.20	003.11	172.29
328.20	152.52	351.08	100.23	004.12	187.25
331.30	152.53	351.20	119.01	006.24	251.02
332.22	152.55	353.26	132.29	006.34	269.33
332.23	160.16	356.32	133.06	010.01	314.07
333.10	163.01	357.24	163.32	013.20	belaboured
333.10	163.19	358.10	172.26	014.05	028.03
336.05	163.24	359.01	179.08	018.20	belief
337.07	165.50	363.16	182.21	020.23	088.32
337.32	169.04	364.03	216.25	021.12	089.29
338.23	169.31	366.06	271.19	023.01	092.01
338.31	170.15	366.10	beginning	024.14	149.05
340.10	170.53	366.33	012.15	025.26	160.05
340.18	172.03	367.02	031.35	030.14	174.18
342.24	173.27	368.31	066.11	033.11	183.08
345.01	174.19	370.29	066.15	037.16	242.14
346.35	174.24	374.12	163.08	037.23	299.04
351.34	177.11	375.26	242.23	050.10	372.24
353.11	177.30	beforehand	263.03	054.12	beliefs
353.18	178.13	048.15	287.14	065.03	146.25
354.30	179.17	056.19	289.03	067.21	243.26
355.16	179.26	255.33	begins	067.24	372.15
355.35	180.28	250.02	044.13	069.05	believe
362.23	184.08	beg	077.24	071.20	015.23
366.34	184.25	007.16	154.03	071.22	021.01
368.29	187.13	007.17	353.18	074.30	025.23
368.31	188.24	059.14	begun	075.27	055.34
369.01	189.14	087.17	084.25	079.14	056.10
371.01	190.10	151.20	118.32	080.26	100.28
373.30	190.23	168.21	242.23	085.23	105.06
376.09	191.14	231.23	behalf	085.27	115.22
beer	192.13	292.33	019.03	087.22	115.34
173.09	193.01	330.03	158.34	091.12	131.34
184.31	193.20	362.14	behaved	095.25	133.03
185.07	201.01	363.27	166.23	096.08	133.22
before	201.12	began	169.14	100.26	141.11
002.11	209.28	006.05	174.05	108.32	141.26
006.30	209.33	013.19	194.27	109.17	154.16
009.20	210.08	016.20	behaving	118.01	159.01
010.23	210.13	017.18	077.19	118.08	159.29
014.01	220.13	043.23	behaviour	124.15	160.22
014.34	226.06	050.35	054.34	137.30	161.10
016.04	227.22	051.19	beheld	140.20	183.35
016.26	228.02	054.16	086.01	140.22	188.01
018.11	228.05	054.29	150.23	142.12	188.03
019.05	230.18	056.14	370.10	159.29	191.02
027.22	230.19	059.33	behind	162.14	207.10
028.31	233.15	062.01	003.02	168.10	208.07
028.35	236.26	063.25	025.34	176.10	208.18
031.32	237.26	068.03	034.09	178.28	224.07
034.19	239.05	072.16	041.04	190.07	242.08
036.33	239.34	074.23	041.26	191.26	242.19
038.08	251.28	075.16	051.09	194.22	244.34
039.18	252.29	080.03	052.04	196.17	277.28
041.07	253.26	085.14	055.19	199.15	278.15
041.25	257.15	094.24	078.12	207.31	292.22
041.27	263.23	103.23	079.25	210.24	309.23
042.07	265.01	106.07	092.10	210.24	312.10
044.03	267.08	113.30	092.31	212.20	327.04
051.35	268.29	115.06	093.31	216.03	331.15
052.14	270.21	116.04	123.22	217.24	333.18
053.01	270.22	116.16	126.31	224.30	335.08
054.21	270.24	132.10	128.06	226.17	338.33
058.15	270.24	136.28	129.10	233.13	348.04
058.34	270.25	137.28	134.22	234.16	348.19
060.31	270.30	141.23	142.21	239.12	348.23
061.32	273.03	147.21	143.27	244.33	348.25
062.34	276.17	147.28	144.25	245.24	351.03
063.23	278.04	147.30	147.03	251.11	355.09
069.17	279.31	150.01	155.31	257.14	356.10
070.07	281.11	153.32	155.32	262.02	357.10

BELIEVE (continued)

357.11
367.14
367.26
371.33
believed
006.13
032.13
033.17
046.32
089.01
089.25
131.08
192.20
201.34
270.03
285.31
310.09
310.14
346.08
353.31
367.25
375.20
believer
036.10
355.35
believers
101.30
believes
289.07
bell
039.06
040.01
110.11
315.23
333.17
365.23
bellowed
027.31
034.14
bells
092.14
belong
071.01
071.07
104.11
131.35
153.19
belonged
070.25
201.06
282.26
297.28
belonging
006.33
017.11
025.25
343.28
belongs
202.31
beloved
334.29
341.22
342.26
350.35
below
161.26
223.24
262.07
330.10
belt
025.12
121.26
235.20
bench
201.02
benches
286.32
bend
296.13
bending
026.02
256.33
benefit
143.26
262.26
benevolent
325.01
benign
104.18
bent
005.29
063.02
145.16
176.24
227.03
bereaved
339.12
374.01
berries
120.13
beset
055.16
085.10
beside
047.17
072.32
373.01
besides
017.33
149.19
171.06

176.09
213.07
225.26
266.12
280.12
302.26
304.12
bespectacled
005.21
123.27
324.33
best
015.33
018.33
019.13
019.15
033.12
071.09
099.06
099.13
126.14
132.21
137.26
149.19
185.33
229.34
255.01
256.06
284.20
310.03
330.28
341.06
354.26
355.11
bestial
122.06
bestowed
123.25
betray
035.16
035.19
069.21
211.13
347.30
354.12
betrayal
035.16
069.20
betrayed
042.18
064.15
115.21
132.33
144.31
190.31
301.05
327.14
343.27
354.21
357.09
357.33
betrayer
346.27
346.35
375.32
376.05
betraying
035.17
120.10
246.14
251.20
better
009.16
032.02
032.05
036.01
055.05
059.10
076.05
079.15
083.25
089.12
100.22
104.12
104.15
104.35
111.20
115.35
116.14
135.23
138.31
140.09
171.32
178.11
179.08
205.32
229.23
234.03
254.06
261.20
264.09
292.31
293.01
295.06
305.28
306.15
307.13
321.17
326.24
328.23
330.20

332.32
363.06
363.16
between
007.25
026.21
029.10
029.10
045.18
046.21
060.08
067.08
070.14
070.20
084.06
086.19
113.01
136.22
150.12
152.02
154.15
156.05
162.26
172.30
173.01
179.07
181.27
183.04
184.28
200.06
200.23
206.25
209.03
215.23
226.27
240.29
241.19
242.18
262.22
264.01
272.12
277.34
291.17
292.30
307.04
309.08
314.32
317.25
319.04
329.22
329.25
342.09
345.13
356.17
358.33
370.02
373.35
bewildered
178.30
349.33
bewildering
362.07
beyond
001.23
002.22
026.10
034.34
036.04
039.01
116.16
134.16
176.25
182.16
182.17
206.35
213.24
235.03
244.07
244.15
261.23
274.21
284.28
341.04
346.11
369.29
bicycle
113.19
bien'
219.13
big
016.23
041.32
045.23
054.27
064.09
071.09
087.04
096.24
104.18
117.13
118.28
123.18
123.21
126.28
147.10
209.09
212.10
214.18
215.06
262.23
263.14

278.31
281.22
282.09
297.24
305.18
308.15
323.17
325.02
326.03
334.04
362.34
big-scale
325.07
bigger
202.32
324.20
birch
121.23
bird
042.19
044.02
069.08
142.15
bird-like
139.20
birds
023.29
birth
057.10
206.33
birthright
259.23
bit
145.17
154.20
185.06
186.19
217.29
237.15
267.26
273.09
348.32
364.08
377.03
bite
089.13
234.04
biting
025.31
056.03
115.18
bits
121.27
bitten
071.35
250.20
bitter
019.12
072.06
216.35
230.29
250.20
250.22
254.07
257.34
266.17
280.16
372.18
372.21
bitterest
375.23
bitterly
062.26
089.07
146.29
191.07
205.17
348.32
bitterness
009.32
087.14
115.33
195.07
232.13
252.03
260.01
260.09
288.24
341.14
bizarre
050.07
144.20
227.17
black
012.20
024.05
024.19
024.27
025.26
027.27
030.28
039.12
041.10
051.14
061.10
065.03
072.14
073.14
073.33
074.08
099.17

100.14
101.16
109.11
111.31
117.06
123.22
126.35
143.35
144.01
145.13
150.07
157.29
158.04
166.05
175.14
177.35
180.15
202.03
209.19
212.10
214.17
214.25
218.28
223.16
223.25
228.16
228.18
235.22
237.05
237.08
237.28
238.25
245.06
248.19
249.01
249.35
250.32
254.28
256.34
258.12
258.35
260.30
266.02
269.31
275.22
276.20
277.35
300.35
301.13
312.21
323.11
326.03
326.14
328.27
345.13
348.29
351.15
357.19
366.11
375.11
black-coated
118.11
211.04
black-eyed
322.28
blackened
065.34
131.01
131.22
blackest
354.28
blackness
330.16
blacksmith
122.23
bladders
032.18
blades
201.31
blanc
313.04
327.33
bland
125.15
blank
031.04
035.13
063.19
243.24
273.35
299.09
blankets
298.08
blasphemers
089.28
blaze
216.21
blazed
040.20
322.13
327.28
blazing
038.35
270.31
362.13
bleak
016.11
bleary
025.17
blessed
308.31

blessing
031.31
blind
027.29
131.19
146.21
198.03
226.07
243.25
284.23
315.05
325.17
334.12
341.06
342.32
blinded
365.09
blindly
186.11
239.22
blindness
246.01
280.02
356.34
blinds
213.18
blink
144.02
230.14
230.21
blinked
028.19
231.22
blinking
143.20
233.08
233.20
blizzard
024.25
067.31
block
018.08
blocked
024.33
360.16
blocking
211.04
blood
025.31
059.17
103.34
127.23
259.12
314.09
372.26
blood-red
088.08
bloodless
263.15
335.01
bloodshot
282.10
blouse
143.35
214.17
235.18
236.25
245.05
262.02
322.29
323.08
325.10
373.24
blow
051.28
060.26
126.14
154.22
164.03
243.17
364.14
364.32
blown
308.09
blows
028.02
028.08
088.31
372.11
blue
041.35
042.14
139.06
139.29
194.18
200.09
202.08
210.32
282.25
324.29
bluish
328.25
blundered
195.14
295.35
blundering
076.34
196.07
blunt
234.02

blunted	122.26	170.30	bowl	breath	bring
251.12	123.06	176.21	143.25	028.24	027.01
251.14	123.26	179.09	143.28	041.25	161.16
bluntly	160.27	179.31	bows	052.07	161.17
224.18	294.31	188.03	157.34	055.17	214.28
bluntness	353.03	214.18	box	058.18	221.16
143.30	357.18	226.10	006.26	106.24	226.29
blurted	371.14	247.02	007.04	109.22	229.20
319.16	374.24	262.18	011.16	115.11	229.22
blushed	375.17	313.34	338.06	166.34	229.29
228.11	books	321.17	boy	180.12	241.28
board	053.32	329.09	185.03	217.30	275.14
268.05	065.34	332.34	282.24	227.13	320.03
boarded	069.29	343.06	298.30	234.24	327.06
200.28	074.21	344.32	323.30	246.27	bringing
boarding	075.01	350.12	boy'll	266.28	035.34
200.01	123.07	351.18	309.13	292.09	122.24
boards	136.34	353.32	boyish	318.17	211.10
151.24	144.23	376.17	310.29	344.27	265.03
boast	144.23	bother	boyishly	347.22	266.06
011.05	144.24	062.16	143.18	364.18	276.29
boasted	151.27	bottes'	boys	breathe	321.07
354.33	boom	045.33	011.29	035.07	brisk
boastful	063.10	bottle	brace	145.32	141.17
211.06	boomed	025.08	086.23	357.02	260.31
252.01	126.10	026.16	bracing	breathed	330.26
boasting	211.05	026.17	084.14	089.02	brisker
250.04	boorishness	027.02	bracket	106.08	209.13
bodies	194.28	078.02	359.20	138.09	briskly
008.02	295.29	078.06	brain	152.26	060.27
017.26	booted	271.28	017.01	213.34	101.34
174.24	140.14	280.10	022.07	240.26	107.13
302.05	boots	bottom	035.35	259.11	323.28
bodily	012.23	020.35	086.01	breathing	broad
051.17	025.05	061.11	160.05	021.22	016.11
body	027.07	078.13	194.02	061.16	084.19
008.07	029.33	079.09	197.09	075.24	119.08
020.02	034.23	083.16	375.13	117.28	142.07
028.01	082.01	105.19	brains	227.14	143.06
029.18	092.07	149.24	051.28	breathless	175.21
053.06	271.22	207.33	194.23	226.25	188.09
055.18	282.26	208.13	brand-new	231.12	192.14
055.32	booty	226.28	265.21	364.23	201.03
056.18	024.28	254.24	brass	breathlessness	201.31
075.23	borders	256.31	065.32	339.16	282.04
085.16	063.07	279.16	209.29	breaths	283.15
092.21	342.11	291.12	brave	321.27	284.27
129.10	bore	358.12	031.26	breeds	323.23
150.11	075.19	365.07	326.23	249.01	324.35
151.06	151.08	boudoir	brawl	bribed	330.31
186.30	356.23	066.27	076.03	247.17	351.12
195.28	bored	boughs	bread	brick	broad-brimmed
245.24	156.20	106.35	024.27	201.15	197.27
271.21	borel	330.09	051.08	bridge	281.20
277.26	128.10	bought	133.06	193.17	broadcloth
283.08	134.27	232.18	151.20	194.11	117.06
288.22	140.10	boulevard	259.17	194.16	126.35
351.11	140.22	103.17	breadth	194.26	broader
374.05	141.24	105.14	177.09	195.03	236.06
boys	145.09	113.15	break	197.13	broke
117.16	161.16	114.02	081.32	284.27	007.29
boiling	161.27	116.28	094.15	285.21	028.09
284.22	162.21	136.17	175.06	286.24	035.31
bold	165.28	139.01	192.09	287.25	040.10
282.05	167.22	174.35	223.20	312.15	045.07
boldly	190.09	197.26	245.25	327.34	056.29
085.21	200.03	315.04	256.24	330.18	059.27
boldness	200.05	330.35	308.24	bridged	060.20
087.05	200.21	357.21	311.06	208.25	069.11
bolt	232.21	367.13	319.03	208.27	120.11
061.05	320.15	368.09	326.11	bridges	127.33
079.16	337.35	bound	breaking	192.15	155.04
299.14	370.10	006.14	076.10	bridles	163.08
bolted	370.27	095.06	199.05	040.21	186.20
052.04	born	117.18	206.15	brief	188.34
bolting	026.15	160.08	246.25	113.25	219.23
052.06	030.34	242.06	280.07	briefly	234.30
bomb	096.11	273.11	breaks	343.08	268.03
007.07	184.35	314.14	348.29	bright	272.26
007.22	266.04	boundary	breast	015.33	278.30
018.16	314.01	340.25	026.07	028.17	311.09
043.10	341.07	boundless	028.13	029.08	339.13
bomb-throwing	375.13	308.07	032.34	030.10	broken
008.16	borne	bow	033.06	042.14	018.32
bombs	184.09	040.02	033.29	044.30	019.08
110.20	318.35	105.12	035.03	045.25	085.20
bond	367.24	157.33	055.06	058.26	086.26
035.18	bosom	169.26	093.28	070.13	121.06
035.20	213.32	229.02	096.25	121.24	132.35
bondage	231.11	258.06	126.28	310.26	235.14
014.20	both	281.28	156.23	361.08	258.18
032.01	007.02	bowed	175.33	brightness	259.04
220.15	052.14	040.30	188.10	109.10	353.20
bone	066.09	050.31	195.06	brilliance	365.27
065.26	073.15	060.08	206.01	281.04	broken-down
bonfire	083.08	097.11	218.26	brilliant	315.13
040.21	085.32	129.05	257.18	037.30	broken-hearted
bony	094.13	132.07	263.28	099.29	367.30
025.10	099.26	157.28	267.18	212.05	bronze
069.32	100.09	159.03	281.11	237.05	041.11
223.01	101.30	222.34	301.30	260.30	041.25
262.21	114.25	223.04	304.02	375.11	286.32
bony-faced	136.08	253.13	339.33	brilliantly	287.30
323.21	136.25	287.29	345.12	107.08	311.28
book	148.12	309.07	350.07	322.03	brood
061.35	158.05	323.29	353.31	324.27	048.28
063.17	162.19	334.17	357.32	brim	brooded
103.06	163.06	335.31	368.20	178.06	014.31
118.21	164.35	360.23	breasts	brimful	355.11
119.31	168.30	372.07	002.26	266.31	356.01
122.15	170.17				

brooding	177.08	buildings	businesslike	049.33	106.30
029.03	198.24	008.13	236.09	050.08	108.05
broom	218.11	built	251.19	051.31	108.15
109.07	269.20	049.02	257.28	052.11	108.18
brother	288.17	141.26	bustle	052.32	108.22
014.23	290.19	200.26	066.16	053.10	109.26
017.22	291.22	215.08	bustling	054.18	110.18
019.29	328.22	bulb	299.16	054.23	110.34
020.30	342.10	323.16	busy	054.25	111.03
021.29	371.12	338.05	153.16	055.20	111.21
053.18	brow	bulgarians	293.32	055.33	111.29
053.31	085.34	216.18	busy-body	056.08	112.10
058.32	099.17	bulk	124.09	056.11	112.21
060.10	180.06	029.02	busybody	056.20	113.05
104.35	205.02	211.04	267.31	056.24	113.11
105.07	259.12	325.35	274.26	057.12	113.17
106.05	282.02	bulky	but	057.28	113.21
106.25	283.10	323.23	001.17	057.32	114.08
108.01	323.06	bull	001.24	058.19	114.09
113.02	356.23	362.35	002.20	059.07	114.33
115.15	brown	bull-necked	002.25	059.12	115.01
131.08	012.22	213.08	002.35	059.14	115.03
133.17	026.05	bullet	003.09	059.21	115.12
133.20	034.22	082.07	003.27	060.02	115.14
133.33	081.35	083.07	004.18	060.09	115.34
134.14	143.18	251.29	004.28	060.11	116.03
135.02	149.32	bullying	005.01	060.30	117.03
135.21	157.28	077.18	006.03	062.01	117.08
136.04	175.31	bumping	006.08	063.21	117.25
136.04	177.07	214.15	006.10	064.17	117.32
140.32	180.14	bunch	006.17	064.25	118.25
150.13	235.20	242.35	006.29	065.15	119.11
150.34	282.09	265.19	007.07	065.24	119.23
153.28	310.26	bunches	008.08	066.08	120.34
154.21	328.54	051.08	008.18	066.15	123.28
154.23	359.15	121.28	008.26	067.18	123.33
155.06	brown-paper	bundle	009.19	067.26	124.03
155.08	309.10	150.25	009.27	067.32	124.19
155.27	311.13	226.15	009.32	068.07	124.35
162.06	brows	burden	010.02	068.21	125.04
162.26	250.04	214.21	010.21	068.33	125.24
169.05	bruises	bureau	011.02	069.12	125.30
170.21	277.26	130.35	011.33	069.15	126.01
187.27	brush	bureaucracy	012.14	070.19	126.07
187.31	066.25	033.13	012.14	070.33	126.11
190.30	363.08	117.24	012.18	071.01	126.17
199.20	brushed	bureaucrat	012.30	072.30	127.24
206.30	304.08	093.12	013.01	072.32	127.29
313.07	333.09	097.12	013.10	074.03	127.34
313.16	brusque	bureaucratic	013.16	074.07	128.02
314.11	174.26	301.30	013.27	075.20	128.28
326.26	181.17	bureaucrats	013.32	076.03	128.32
327.10	243.01	263.35	014.01	076.15	129.11
327.11	243.21	buried	014.12	076.18	129.32
337.07	brusquely	082.30	015.25	076.27	130.26
338.01	063.20	276.16	016.03	078.04	130.29
342.26	074.19	burlesque	016.32	079.07	130.34
344.17	090.10	264.13	017.14	079.09	131.26
347.23	322.28	burly	017.24	079.19	131.31
349.01	332.02	118.11	017.29	080.15	132.02
349.04	362.03	124.30	017.31	080.24	132.12
353.25	brusqueness	203.30	019.29	083.04	132.18
brother's	191.12	213.08	020.04	083.10	132.29
131.04	287.33	226.12	020.06	083.13	132.35
133.30	brutally	burn	020.29	083.26	133.24
135.25	071.22	247.19	020.32	085.20	133.34
154.14	195.17	247.21	021.05	086.20	134.01
162.03	365.01	247.27	022.22	086.24	134.20
164.27	brute	burned	022.31	086.28	135.22
166.32	029.08	011.08	023.10	086.35	135.24
169.33	029.17	300.03	023.14	087.17	136.08
179.04	035.32	burning	026.14	087.17	136.35
187.04	057.18	087.24	027.12	087.20	137.11
198.19	076.10	137.11	027.21	087.34	137.27
327.14	120.20	150.28	027.22	088.24	137.34
332.29	122.10	254.24	028.18	089.04	138.06
341.13	201.08	burns	028.34	089.27	138.13
346.31	216.29	264.26	029.14	090.24	138.15
353.23	224.21	burnt	029.27	090.28	138.24
brotherhood	224.23	052.22	029.34	091.35	138.28
170.06	250.03	065.31	030.09	092.35	138.29
brotherly	293.23	burst	031.14	094.11	139.01
033.02	312.06	020.14	031.16	094.25	139.06
297.35	346.14	026.14	031.17	095.02	139.14
brothers	348.14	055.01	032.07	095.05	139.19
019.02	364.32	205.06	032.09	095.19	139.22
032.33	376.08	215.28	032.16	095.33	139.27
216.23	brutes	218.32	032.18	096.35	140.07
brougham	049.07	264.27	033.06	097.08	140.25
040.09	224.14	367.06	033.15	098.09	140.29
050.22	224.18	376.02	033.21	098.10	141.03
050.31	233.24	bursting	033.33	099.24	141.30
brought	brutus	025.32	034.02	099.33	141.30
002.02	205.05	169.28	034.29	099.35	142.10
007.33	205.07	bury	034.35	100.10	143.02
043.12	buckram	357.07	037.11	100.20	143.15
057.33	059.31	bushes	037.27	100.23	144.15
058.10	budge	120.07	038.05	101.07	144.24
062.15	063.06	120.16	039.02	101.23	145.19
071.16	066.32	122.18	039.20	102.03	145.25
081.17	156.24	126.30	039.25	102.08	146.10
085.32	350.20	busily	041.01	102.17	146.23
090.06	build	166.03	042.11	102.33	147.06
110.18	017.23	business	043.32	103.20	147.16
134.01	building	036.27	046.04	103.27	148.02
135.11	092.14	079.35	046.18	103.30	148.08
144.08	097.17	099.11	047.04	104.20	149.10
162.18	316.19	141.26	047.17	105.04	149.23
162.33	327.25	141.29	048.21	105.25	150.35
164.14	328.29	256.02	049.05	105.29	151.10
165.11	353.11	316.22	049.22	106.17	151.28

BUT (continued)

152.08	199.29	252.05	306.03	361.17	046.19
152.17	199.35	252.17	306.04	361.29	048.19
152.24	200.26	252.16	306.15	361.30	051.07
153.03	201.11	252.17	307.12	362.06	051.11
153.05	201.22	252.33	307.16	362.07	053.08
153.06	201.23	253.30	307.28	362.10	054.13
153.12	203.01	255.01	308.04	362.19	055.14
153.24	203.34	255.12	308.27	363.34	055.16
153.26	204.04	256.29	309.03	366.24	055.25
156.04	204.09	257.31	310.29	366.33	055.31
156.10	204.31	257.35	312.27	367.14	056.30
156.23	204.34	258.03	313.05	367.23	057.30
157.10	205.09	258.05	313.09	368.02	058.27
157.15	205.15	259.07	313.11	368.34	059.16
157.19	205.26	259.15	313.24	369.27	060.26
158.18	205.30	259.17	313.28	369.30	061.11
159.04	205.32	259.29	314.03	370.20	061.17
159.21	205.35	260.22	315.06	370.25	065.17
159.34	206.10	260.28	315.20	371.11	065.20
160.07	206.21	260.34	315.30	371.16	066.21
160.30	207.06	261.11	316.06	371.24	067.18
160.33	207.14	261.12	316.20	372.18	067.21
161.04	207.20	261.20	317.20	372.33	068.08
162.01	208.05	262.01	317.25	373.02	069.34
162.06	208.15	262.09	318.23	373.05	070.13
162.16	209.28	262.16	318.25	373.08	071.21
162.17	210.05	262.33	319.16	374.26	072.15
162.24	211.20	263.09	319.30	375.01	073.35
163.05	212.06	264.04	320.05	375.15	074.04
164.10	213.19	264.22	320.07	376.34	074.16
164.31	213.32	264.34	320.11	377.29	074.32
165.01	214.10	265.04	320.14	butcher	075.28
165.30	214.15	265.27	321.01	020.09	076.03
166.09	215.29	265.08	321.33	button	078.06
166.12	217.11	266.10	322.33	175.07	080.11
167.01	217.25	269.22	323.07	buttoned	080.26
167.06	217.31	269.26	323.15	062.12	080.29
167.18	218.21	270.06	323.20	236.03	081.05
167.23	218.22	270.13	324.11	buy	081.30
167.27	219.07	270.23	325.24	308.26	082.03
168.11	219.15	271.10	326.27	buzz	082.21
168.33	219.26	271.24	329.11	360.13	083.13
169.29	220.08	271.31	329.25	361.26	083.17
170.14	220.26	272.10	330.15	buzzing	084.33
171.10	221.14	272.18	331.23	262.10	084.34
171.25	221.24	273.09	332.20	264.20	085.33
171.35	222.24	273.19	332.35	265.31	086.30
172.12	222.32	273.29	333.02	by	087.10
172.13	223.09	274.26	333.10	001.21	087.24
173.13	224.09	275.01	333.12	002.27	088.07
173.23	224.14	275.32	333.23	002.27	088.34
174.09	224.19	276.32	334.33	003.29	089.05
174.11	224.23	277.06	334.35	004.03	089.17
174.19	224.27	277.13	335.14	004.05	089.19
174.30	224.30	277.28	335.22	004.10	089.29
175.05	224.24	277.30	336.02	004.16	090.22
175.11	226.01	278.07	336.09	004.17	090.35
175.15	226.06	279.17	336.12	004.34	091.14
175.25	227.34	279.29	337.02	005.26	091.29
175.35	228.05	280.11	337.09	007.34	094.04
176.18	228.13	280.28	337.12	009.02	096.08
176.26	228.22	281.21	337.15	009.11	096.16
176.29	229.19	281.28	337.17	010.08	096.28
177.12	229.29	282.30	337.27	011.11	098.19
177.15	229.31	283.06	338.05	011.17	098.22
177.18	230.07	283.14	338.12	011.22	100.01
177.21	230.21	283.26	338.33	012.03	100.14
177.28	230.24	284.17	339.06	013.23	100.19
178.18	230.26	285.22	339.09	014.05	100.27
179.06	230.32	285.25	339.14	014.06	100.27
179.21	231.20	285.29	339.21	015.05	101.01
179.27	231.33	286.05	340.06	015.16	102.13
179.28	232.22	287.06	340.22	017.12	102.22
180.03	232.26	287.34	341.09	018.02	103.24
180.12	232.34	288.09	341.23	018.02	105.13
180.29	234.18	288.20	341.31	018.31	105.14
180.34	234.33	289.06	342.30	022.12	105.26
181.09	235.07	289.19	344.18	023.06	106.07
181.29	235.21	290.23	344.19	023.08	108.29
182.12	237.14	290.29	345.16	023.20	110.24
183.22	238.01	291.25	346.01	023.35	111.24
185.03	238.27	291.28	346.17	024.12	111.28
185.15	239.02	292.05	346.34	024.12	111.35
185.26	239.28	292.15	347.24	024.14	112.23
186.12	240.11	292.22	347.28	024.20	113.22
186.18	240.24	292.24	348.16	025.11	114.14
186.29	240.26	292.27	348.35	025.14	114.21
187.06	240.35	293.12	349.01	026.03	114.22
187.24	242.24	295.03	349.05	027.15	114.23
188.01	242.29	295.32	349.05	029.03	114.31
188.35	243.21	296.03	349.07	029.32	114.33
189.23	244.01	296.03	349.09	030.27	114.34
189.27	244.14	297.06	350.04	031.19	115.21
191.18	244.17	297.21	352.14	031.19	115.21
191.26	244.21	297.24	352.25	031.30	115.28
192.11	244.26	297.29	353.01	032.11	116.33
193.14	244.33	298.13	353.29	032.19	117.02
194.32	245.06	298.18	353.30	035.20	117.12
195.06	245.24	298.34	353.31	035.28	117.27
195.17	246.07	299.03	354.04	037.03	118.01
195.21	247.15	299.32	354.17	037.21	118.08
196.15	247.22	300.11	354.19	038.25	118.09
196.18	247.24	300.33	355.20	038.35	118.12
196.23	248.01	301.08	356.01	039.04	118.24
197.05	248.29	301.14	356.13	039.27	118.32
197.24	248.32	302.09	356.26	039.28	119.02
197.29	249.14	302.24	357.02	039.31	119.05
198.24	249.30	302.30	357.05	041.17	119.17
198.30	250.16	303.18	357.25	042.04	119.23
199.11	250.33	304.16	358.19	044.23	119.27
199.21	251.32	305.30	361.16	046.11	120.10

BY (continued) UNDER WESTERN EYES 29

120.19	201.29	286.04	360.13	calling	155.03
121.07	202.05	290.06	360.16	106.21	156.16
121.23	202.08	290.09	360.27	292.06	160.08
121.30	202.10	290.12	361.20	299.17	164.17
122.16	202.15	291.29	362.11	313.30	171.21
122.28	202.23	293.02	363.13	318.31	185.07
122.30	203.06	296.07	363.26	319.07	198.15
122.33	203.21	297.12	363.26	362.21	208.06
123.02	204.02	297.18	365.18	callous	209.16
123.03	206.15	298.12	367.20	173.16	213.03
123.07	207.21	300.22	367.29	callousness	214.17
123.28	207.35	301.04	368.21	187.10	217.21
124.23	208.02	301.05	369.17	calls	225.30
124.28	208.20	301.17	369.19	175.18	228.06
125.09	208.26	301.22	369.26	calm	236.05
125.29	209.01	301.32	370.12	060.09	237.13
126.17	209.24	302.27	370.14	067.35	237.21
128.28	209.25	302.32	371.07	102.15	249.03
130.04	210.02	303.20	371.10	122.27	251.06
132.35	210.07	303.34	372.14	130.08	258.31
136.23	210.31	303.35	372.26	131.11	268.14
136.25	211.29	305.12	373.08	189.16	268.21
138.02	212.03	305.15	373.23	254.04	269.21
138.12	212.06	306.22	374.18	273.17	269.22
139.24	213.02	306.35	375.22	298.03	276.11
139.29	214.05	306.05	375.31	301.26	277.12
139.30	220.04	306.33	376.04	309.33	278.12
140.17	220.08	311.04	376.07	318.09	281.26
141.23	220.15	312.05	byre	328.22	294.01
141.27	220.16	312.05	026.29	345.19	294.07
142.09	220.16	312.30	byways	356.23	299.22
142.21	220.16	314.30	053.35	358.33	299.23
143.22	222.26	315.10	c'est	calm-faced	305.14
147.04	223.05	315.15	317.08	277.03	306.05
147.19	225.02	315.22	cab	calmed	310.27
147.22	226.16	315.23	268.23	047.21	321.16
148.33	226.29	317.02	cabalistic	162.09	324.13
150.26	226.29	317.10	131.23	257.26	325.24
151.22	226.33	318.16	cabanis	335.14	326.07
151.31	228.18	318.21	248.29	calmer	327.13
153.19	233.23	320.09	248.32	254.05	327.26
154.24	234.01	320.35	cabins	calming	330.02
156.17	234.15	321.04	121.22	215.34	332.32
157.06	234.16	321.09	cafe	calmly	333.04
157.09	234.22	321.10	101.33	016.31	333.26
157.14	238.10	321.30	caftan	034.33	334.19
157.22	239.14	322.28	025.11	113.05	337.21
158.01	239.30	322.33	026.04	135.35	341.03
158.09	240.19	323.13	cakes	154.30	343.24
159.14	243.24	324.08	214.29	190.27	344.20
160.06	244.02	324.28	215.05	366.18	345.05
160.22	244.27	324.29	calculated	calmness	349.14
161.11	245.19	324.34	047.18	019.12	351.09
162.01	247.05	325.10	305.12	221.30	357.12
162.05	249.02	325.19	call	calumniate	361.31
162.10	249.14	326.14	027.18	361.07	362.07
162.33	249.32	327.14	080.28	calumniating	362.18
163.08	251.02	327.21	088.01	073.31	362.24
164.05	251.13	327.33	099.10	calumny	363.29
164.06	252.19	327.35	103.01	135.18	365.06
164.14	255.27	328.09	110.10	203.15	369.35
164.32	256.21	329.03	111.23	204.23	370.16
165.29	257.06	329.35	128.23	204.26	373.17
167.19	257.27	330.06	134.25	came	374.13
168.14	258.07	330.09	159.05	013.31	377.05
168.35	258.09	330.10	171.14	017.12	camp
169.05	258.10	330.16	189.20	019.13	013.14
169.16	259.01	334.02	197.25	021.14	120.12
170.29	259.21	334.06	216.13	024.09	campaigns
173.05	259.25	334.31	226.02	024.12	326.02
173.15	261.31	335.12	233.01	024.19	camps
174.34	261.33	335.16	233.09	025.31	376.17
175.22	262.21	335.18	233.10	032.24	can
176.14	263.04	336.23	244.18	038.11	017.10
176.22	263.11	336.34	247.11	038.32	017.15
176.24	263.31	337.16	247.14	040.28	017.30
180.02	264.16	335.27	252.25	041.24	027.26
180.11	265.21	339.33	272.16	045.32	034.02
180.20	265.34	342.14	286.12	046.04	035.19
180.31	266.25	342.26	289.25	054.06	035.26
181.12	266.28	343.02	290.07	054.08	036.17
182.04	267.23	343.18	295.26	061.26	044.31
183.30	268.04	343.34	313.26	063.23	047.03
184.26	268.23	344.09	319.28	068.35	047.04
185.27	269.06	345.19	339.03	074.16	048.04
185.30	270.02	347.20	374.22	088.17	049.05
186.04	271.05	349.19	375.15	092.32	050.29
186.08	271.34	350.29	called	099.07	053.26
186.29	271.35	351.14	001.06	101.19	053.33
187.16	272.15	351.26	002.14	102.05	054.21
187.23	272.23	353.09	010.12	106.30	055.29
188.06	272.33	353.16	036.20	107.16	055.32
188.33	272.35	354.12	042.31	107.18	057.08
191.09	275.03	354.14	085.06	109.11	058.15
191.11	275.04	354.16	094.27	109.34	059.16
191.27	275.13	354.31	105.17	110.02	070.33
192.15	276.15	355.05	111.21	119.14	073.25
193.22	276.23	355.28	125.02	129.29	077.30
193.26	277.18	356.29	138.26	130.12	081.31
193.26	279.15	357.03	144.33	133.18	081.32
194.06	280.13	357.03	162.35	137.01	082.07
194.18	280.19	357.34	220.25	137.10	082.24
194.22	281.05	358.09	233.02	137.30	096.02
196.23	281.34	358.13	305.15	138.11	096.33
196.30	282.03	358.15	321.23	142.01	096.34
197.16	282.10	358.29	360.30	143.07	103.33
198.28	282.21	359.13	caller	148.29	104.24
199.03	283.12	359.21	202.07	152.31	104.29
199.14	283.13	359.25	283.13	153.02	105.01
201.13	283.13	360.02	359.05	154.19	107.03
201.16	284.19	360.13		154.29	109.30

30   CAN (continued)   UNDER WESTERN EYES

112.07	135.11	257.28	040.09	149.11	371.04
115.33	135.13	273.01	040.17	152.03	ceaselessly
126.14	169.10	capacity	040.24	153.30	015.08
126.18	175.17	282.14	049.30	155.02	ceasing
127.30	188.35	capital	123.30	156.19	168.13
128.23	190.22	048.08	208.05	156.23	ceiling
128.35	192.32	caps	239.07	158.10	052.16
135.23	195.21	011.21	376.22	158.32	053.30
144.26	219.07	captain	carriages	228.07	054.08
146.24	224.22	074.04	011.15	229.05	323.15
147.15	231.31	074.05	285.23	229.14	338.06
148.20	234.25	captivated	carried	231.11	ceilings
148.22	242.19	194.18	071.21	233.21	359.25
151.23	242.20	captive	153.14	catch	celebrated
156.01	244.35	156.15	175.32	233.35	011.30
159.05	247.17	captivity	263.13	324.15	011.33
166.12	247.34	340.24	313.10	350.10	191.25
173.29	248.32	capture	351.27	350.19	285.02
175.05	256.08	155.22	357.19	catching	celebrities
178.16	278.16	166.09	366.10	021.02	263.20
178.19	285.13	captured	373.11	106.24	celebrity
178.19	294.25	270.05	376.04	catchwords	124.08
178.29	308.10	car	carries	198.29	124.30
181.05	308.12	103.04	057.11	catherine	205.22
181.22	309.34	200.05	carry	217.08	282.11
182.18	336.33	365.26	056.04	caught	373.18
183.27	357.10	366.09	091.29	010.20	cell
186.01	can't	366.10	118.28	013.31	137.21
186.08	205.35	366.21	153.13	017.08	cellar
187.21	canal	carcases	231.04	018.20	203.30
187.29	123.03	008.03	262.04	038.02	cellar-like
194.01	candid	cardboard	266.15	066.35	028.03
194.20	130.30	070.14	293.22	081.04	271.21
203.24	candidly	284.31	369.21	105.28	cellars
204.22	299.31	cardboard-bound	carrying	106.09	148.13
205.20	candle	312.18	062.13	108.16	celui'
208.08	335.16	cards	101.28	115.15	211.11
208.15	353.02	078.18	143.25	167.01	cemented
208.25	cannot	care	191.13	180.09	103.34
208.27	013.18	118.18	214.18	200.01	censoriously
210.08	014.11	152.18	233.28	234.15	168.18
214.09	022.22	153.07	362.28	298.09	central
217.05	055.33	183.13	cart	306.09	003.21
218.34	055.35	183.22	285.23	318.17	070.24
221.24	082.05	234.08	cartloads	cause	188.09
226.01	090.30	242.34	209.04	062.27	200.22
226.07	098.24	254.35	carve	117.18	325.24
229.34	101.23	266.15	260.15	146.22	centre
231.27	105.32	311.06	carvings	160.15	109.07
232.18	113.28	369.15	312.18	264.03	125.20
234.03	115.34	375.29	case	286.18	134.09
234.13	125.04	cared	002.30	342.18	184.24
234.18	125.06	004.27	057.31	342.28	224.31
234.25	128.19	034.09	090.15	342.35	224.31
236.35	128.34	136.12	125.22	357.31	245.35
239.25	129.14	312.25	138.26	caused	373.34
241.23	135.25	321.34	145.21	185.27	374.26
243.13	135.35	career	164.19	192.21	centres
244.34	145.21	303.14	166.32	222.26	192.31
247.06	152.27	careful	171.32	237.27	centuries
247.12	164.10	084.20	172.17	359.34	200.19
257.14	177.28	carefully	189.23	causes	century
258.08	179.07	052.05	204.24	138.14	144.15
258.15	180.26	093.26	233.33	175.10	161.03
258.16	182.18	127.12	263.30	causing	161.08
259.25	185.29	134.22	266.13	197.20	ceremonies
261.06	187.01	300.04	280.24	caustically	145.06
264.22	189.24	careless	289.23	092.11	ceremonious
264.33	194.23	042.15	302.15	caution	202.03
266.20	204.31	085.35	307.11	049.31	certain
272.03	205.35	carelessly	321.12	255.30	006.05
284.04	207.10	043.19	330.02	281.09	008.21
288.05	211.18	189.35	339.31	cautious	014.34
288.20	236.23	243.04	cases	070.19	018.26
289.05	242.28	302.19	090.04	137.10	032.27
289.20	292.26	cares	cash	197.08	037.04
290.13	313.33	229.19	132.04	197.11	044.20
292.17	317.22	232.31	casino	256.05	058.07
292.18	319.09	268.18	327.27	cautiously	070.21
298.33	363.15	314.01	casket	070.04	077.15
299.01	367.18	caress	209.34	274.02	079.12
300.21	367.22	036.06	cast	cavalierly	086.17
302.14	canopy	149.13	030.26	196.09	090.18
307.03	030.30	caressing	037.28	cavernous	090.23
308.26	canton	100.05	180.22	026.28	098.04
308.29	202.29	caressingly	202.13	caverns	099.33
308.31	cap	077.11	203.34	258.12	111.04
314.23	009.26	099.01	207.30	ce'	115.31
321.11	012.24	caretaker	255.11	041.23	123.11
340.29	013.14	054.28	261.23	101.26	135.20
341.06	035.15	cargo	340.20	ceased	136.06
341.24	035.25	325.28	casting	028.02	140.21
344.18	086.19	caricatured	049.11	030.27	151.31
348.06	092.07	132.33	203.31	033.05	151.33
348.30	294.30	caring	271.21	042.33	152.10
363.14	310.18	293.11	casual	072.13	152.12
368.30	capability	carmine	037.28	085.27	155.19
372.03	297.34	220.11	069.19	149.02	155.20
can't	capable	carouge	081.03	155.35	155.29
002.30	033.14	328.02	167.16	167.13	159.32
030.15	036.16	328.27	casually	177.11	161.06
039.30	066.25	352.13	147.27	216.33	161.11
044.03	083.22	carpet	261.11	220.18	161.22
047.11	100.16	030.22	282.29	225.02	174.15
048.11	100.26	041.20	282.29	251.16	175.35
054.28	149.07	047.35	296.20	272.16	178.04
056.12	182.13	223.12	cat	296.16	183.01
056.33	195.04	322.12	143.27	322.26	184.15
077.21	196.27	carriage	145.16	343.06	196.14
077.22	218.10	007.20	147.10	343.23	206.24
090.29	253.20	039.18	147.14	345.28	207.24

CERTAIN (continued)

217.25	184.27	chap	140.22	272.23	circle
241.29	185.08	016.23	141.24	376.25	027.28
244.27	186.21	273.02	145.09	chiefs	058.25
246.26	190.18	chaplain	161.16	132.26	071.01
250.03	193.27	091.12	161.27	148.04	072.08
263.29	212.17	chaplain's	162.21	child	304.20
267.32	213.02	091.20	165.28	141.06	309.09
270.10	220.32	chapters	167.22	147.28	310.26
272.03	294.30	118.31	190.09	185.02	circles
272.32	296.25	character	200.03	238.02	070.26
273.03	297.11	002.17	200.04	259.28	140.21
279.29	306.05	013.18	200.20	282.30	circling
281.15	315.07	013.24	232.21	child's	069.08
290.33	316.21	029.13	320.15	044.10	circulating
292.34	319.24	038.21	370.10	childish	312.19
294.26	319.25	053.23	370.27	063.27	circumlocution
294.27	324.09	053.27	chatter	107.22	109.19
295.09	324.26	063.27	088.14	243.09	circumspect
299.33	325.07	072.10	149.24	285.28	373.21
300.11	334.09	084.33	cheap	childishly	circumstance
300.23	334.27	086.33	217.06	143.16	036.02
301.33	337.01	093.21	312.17	childishness	086.12
303.19	338.04	099.35	327.28	029.14	165.24
303.20	350.09	103.23	cheaper	077.14	circumstances
303.31	350.26	105.05	051.03	children	023.31
306.09	351.08	118.07	cheating	010.03	125.27
306.10	351.23	127.01	206.27	020.25	167.28
307.09	362.25	167.14	check	029.14	184.04
307.27	363.23	169.17	034.34	099.26	184.12
308.04	chair-legs	171.04	152.13	102.09	188.32
310.34	323.28	186.09	176.01	104.20	circumstantial
312.27	chairs	200.14	checked	107.32	186.13
313.10	173.01	207.24	034.29	138.02	279.20
320.13	191.15	219.32	060.31	153.11	circus
321.09	232.12	221.23	103.25	153.17	263.03
335.11	232.21	228.28	176.28	204.08	citizen
335.19	284.25	245.14	179.19	224.17	056.28
340.01	chalet	246.05	181.27	224.25	284.16
346.17	173.02	252.26	254.30	264.03	city
355.10	287.01	266.35	260.22	275.29	023.30
357.28	chalet'	298.12	270.08	314.14	105.16
360.32	184.25	300.08	275.28	318.07	civil
361.15	champagne	300.29	285.19	318.34	085.02
361.28	076.02	314.26	324.32	children's	205.29
374.14	076.06	318.04	333.03	318.25	civilian
certainly	champion	322.34	344.05	chill	040.29
003.14	066.20	336.21	cheek	196.13	083.30
040.31	chance	344.12	147.11	229.25	civility
043.27	010.07	375.26	149.12	chilled	228.10
044.24	019.14	376.26	165.30	065.26	230.24
084.09	119.22	376.33	177.04	chilly	civilization
135.03	154.16	characteristic	263.15	230.04	020.03
135.32	172.25	005.07	304.08	330.13	328.08
176.18	265.26	005.09	cheek-bones	chimed	civilized
184.22	269.06	149.14	262.06	085.17	120.23
189.11	273.13	164.11	264.27	chimeras	120.29
223.08	281.07	280.21	cheekbones	293.06	120.34
246.10	293.24	characteristically	119.08	chin	188.34
250.12	313.21	191.04	212.18	052.18	civilly
252.15	chanced	279.12	cheeks	070.12	301.35
252.16	121.17	280.27	011.22	122.04	clad
256.20	change	371.05	041.33	236.31	034.22
261.18	047.26	characteristics	070.15	238.20	343.13
270.16	048.03	086.16	094.13	262.03	claim
277.06	048.17	characterized	148.13	281.10	009.15
286.02	049.25	084.32	218.31	china	040.04
293.07	051.13	characters	231.06	053.05	097.08
307.34	100.03	132.21	262.18	chirruping	106.29
307.34	111.30	charge	362.35	027.14	124.22
329.27	132.20	160.26	cheer	chisel	205.31
333.12	185.05	235.34	141.27	122.25	205.34
360.17	266.05	272.17	cheerful	308.26	206.28
373.13	295.22	286.35	011.22	chit	claimed
certainty	316.31	charged	cheerfully	260.11	259.12
052.04	340.14	272.31	106.06	choice	claiming
226.34	347.13	373.11	320.11	098.07	352.01
certitude	353.01	376.06	cheerless	247.19	clambered
068.06	changed	charging	065.27	357.27	366.13
274.16	049.17	340.15	chemistry	choked	clammy
320.26	051.05	charitable	099.24	195.27	051.21
334.22	078.08	147.35	chequered	choking	clamour
chain	093.14	charity	223.25	266.24	214.06
058.24	111.27	150.26	cher'	choosing	clamouring
061.27	117.15	375.31	041.30	373.22	282.16
102.06	145.04	charlatanism	cherbourg	chose	361.34
118.22	145.33	161.02	046.24	128.08	clanging
120.02	161.07	161.05	237.15	239.28	365.23
121.03	189.19	charm	chere'	chosen	clanking
121.07	197.34	114.29	223.08	013.08	027.15
121.16	217.13	125.11	cherish	297.05	120.05
126.35	258.15	127.33	002.25	christ	clap
353.02	258.16	127.34	102.32	113.20	358.21
chains	294.10	165.05	243.08	christ-loving	clapped
027.15	294.14	194.25	cherishing	091.17	017.01
045.27	319.06	charming	228.07	christian	271.01
chair	330.31	117.01	chest	065.14	clarified
014.25	333.06	181.13	035.01	chronicle	029.19
020.34	339.26	181.21	052.21	263.22	clasped
042.01	changes	234.12	185.09	chuckled	073.16
043.17	003.32	264.02	186.31	077.31	088.07
044.07	048.05	266.16	282.04	church	122.04
062.09	237.24	chasm	364.26	101.26	122.30
063.17	256.14	208.24	chez'	260.03	205.13
092.15	changing	209.05	161.11	301.11	309.07
099.19	086.30	chat	161.12	churning	343.33
109.06	245.12	013.09	chicane	265.17	clasping
113.02	channel	chateau	036.32	cigarette	192.22
117.12	195.05	126.10	chief	037.02	class
144.29	335.20	134.27	036.35	cigarettes	059.03
149.22	channels	135.09	085.01	215.13	102.16
173.10	006.21	140.10	224.05		153.12

32   CLASS (continued)   UNDER WESTERN EYES

206.17	cleverly	closeted	146.30	139.34	242.26
219.34	337.08	164.15	147.20	142.27	266.05
219.35	click	closing	151.27	142.29	270.12
268.30	061.05	051.10	165.21	157.14	353.14
classed	clicked	102.02	220.26	159.29	354.26
002.34	253.29	102.07	244.32	161.26	comfort
classes	climb	134.21	266.29	162.27	048.28
103.31	051.20	323.14	295.12	162.29	050.08
117.21	climbed	331.32	299.09	164.20	178.29
117.25	081.21	cloth	334.14	167.06	280.09
147.34	103.02	012.22	coldly	167.12	301.16
classical	359.18	025.11	041.35	172.05	comfortable
003.25	362.04	027.06	128.25	175.08	029.18
205.06	climbing	081.35	238.27	175.18	comfortably
claw-like	012.07	235.24	277.06	177.26	281.02
215.04	cling	clothe	coldness	178.13	comforted
clean	082.06	102.28	116.20	178.24	230.15
139.28	clink	153.08	collapse	178.25	comforting
195.11	118.30	clothed	117.18	191.30	124.19
201.02	121.29	081.35	collar	193.35	269.20
227.32	cloak	104.28	041.33	194.02	339.12
245.19	035.14	201.16	068.19	198.08	comforts
286.31	036.14	clothes	107.07	202.19	153.03
352.29	037.08	040.29	197.28	203.18	comic
clean-shaven	062.07	047.27	329.08	204.30	262.31
177.04	064.09	075.25	colleague	206.20	comical
180.28	065.25	151.17	281.05	208.09	016.18
185.10	066.01	175.31	collected	216.11	057.12
cleanest	101.15	177.08	019.26	224.28	097.01
269.28	278.11	212.13	075.01	226.26	coming
clear	281.20	353.01	168.28	230.31	010.08
016.21	281.30	clothing	368.27	236.10	013.32
030.28	294.30	008.10	colliding	236.15	025.11
032.31	310.18	043.04	034.13	236.24	039.31
035.34	clock	082.35	colonel	237.20	065.26
047.30	041.09	120.14	085.03	238.13	109.09
062.29	044.06	122.32	colony	241.05	123.23
076.14	060.33	cloud	101.10	242.06	129.20
078.27	062.33	120.16	368.15	243.16	139.03
091.19	063.11	126.32	colour	243.17	149.18
092.23	068.01	229.26	165.30	245.10	156.10
099.04	close	clown	168.26	250.24	165.02
103.04	003.25	263.03	180.14	251.35	177.28
104.01	024.20	club	182.06	256.09	194.32
107.07	034.14	036.12	235.21	256.20	197.08
126.05	115.17	clue	316.11	260.02	221.05
138.29	126.28	136.20	316.14	261.16	236.34
139.08	131.01	180.24	321.16	265.09	242.21
164.29	144.02	clumsy	coloured	265.16	252.10
166.06	172.31	109.19	325.19	272.01	253.17
167.20	189.04	282.26	338.19	273.25	291.29
180.14	200.26	clung	371.26	274.32	291.34
182.14	205.01	077.28	colouring	276.28	305.22
191.15	205.01	083.08	037.29	287.16	316.34
235.21	212.18	139.06	101.25	289.19	331.25
245.29	219.20	295.18	110.21	290.11	337.23
255.22	227.07	cluster	306.20	290.33	338.15
262.12	235.27	121.22	colourless	305.21	339.01
264.30	252.10	coachman	007.16	305.24	342.33
266.21	276.35	006.26	112.01	306.27	347.29
266.22	313.09	007.03	175.15	309.13	358.13
286.18	329.27	007.15	348.33	319.19	366.35
292.13	352.01	124.01	colourlessly	320.14	comings
314.01	365.33	coal	173.08	322.08	242.25
333.31	369.32	041.06	column	323.32	command
338.06	372.17	coarse	108.25	326.21	110.25
339.13	close-fitting	141.33	combat	329.20	303.21
360.29	012.22	coast	034.01	331.09	commandments
361.04	034.22	120.29	117.21	331.13	308.35
clear-cut	212.05	coat	combated	335.23	commencement
052.17	236.06	006.33	125.29	340.11	176.21
067.35	closed	007.06	combating	340.11	comment
clear-eyed	012.19	008.09	046.18	342.16	284.19
130.08	012.27	012.22	combined	343.31	370.20
341.07	025.21	034.22	031.23	346.13	376.32
cleared	064.11	043.12	202.06	346.35	commented
204.18	077.25	052.25	come	350.24	027.08
clearing	082.02	074.14	006.08	351.33	169.35
299.31	082.33	081.35	010.06	359.17	199.16
clearings	177.35	082.31	010.12	360.29	347.11
121.13	200.30	126.35	010.12	361.29	commiseration
clearly	210.13	197.28	013.09	362.22	137.25
063.12	217.15	236.31	013.35	364.13	commission
064.26	226.15	247.26	018.08	366.22	005.17
100.28	231.18	271.22	020.04	368.06	089.17
116.21	234.07	coats	021.31	368.28	commit
207.12	299.13	011.20	025.33	370.03	091.08
218.04	315.29	016.16	027.13	371.08	109.04
250.16	317.12	036.08	032.14	comedy	committed
268.35	322.14	cobwebs	042.26	096.35	048.09
271.20	332.35	145.12	044.26	097.02	093.19
279.16	334.01	150.07	058.06	280.29	304.14
280.06	358.29	cocked	059.11	comeliness	committee
304.27	359.22	062.08	072.33	230.02	192.32
342.29	366.03	cocksure	073.14	comely	207.27
346.28	367.13	280.26	081.33	139.25	263.31
clearness	closely	coffee	092.17	comes	committees
098.04	064.10	235.21	100.02	001.16	216.07
clenched	154.04	coin	105.02	003.04	218.09
025.15	210.30	022.32	105.18	021.06	common
048.13	228.07	coincidence	106.29	057.17	002.33
clerk	295.16	274.05	106.27	074.10	011.02
070.24	closer	cold	113.28	098.16	035.20
071.14	035.14	030.23	114.28	132.24	035.21
071.23	246.12	059.27	119.06	133.08	039.11
083.34	269.31	061.16	121.17	133.12	051.01
147.17	281.35	065.32	122.24	175.28	054.30
clever	306.05	070.16	125.25	181.07	076.09
259.07	closest	096.06	128.33	205.07	118.21
301.14	006.34	107.15	132.22	237.12	127.30
		139.29	139.14	242.14	167.07

COMMON (continued)

187.11	compartment	305.05	129.02	258.09	250.13
204.35	376.23	361.20	163.31	267.24	confident
207.13	compassion	complimentarily	216.31	267.32	012.09
211.21	079.28	324.05	345.04	293.28	050.11
216.10	120.32	compose	conceptions	301.10	167.08
259.21	122.11	299.03	104.09	307.09	174.10
275.01	182.13	composed	104.27	357.29	174.11
289.12	259.34	235.05	concern	conducted	244.12
292.32	346.20	276.29	006.26	083.34	358.09
302.02	365.32	296.04	114.33	138.06	confidential
303.09	375.29	366.02	186.23	conferred	078.09
303.11	compassionate	composedly	205.22	119.27	157.03
316.34	373.35	278.07	264.24	conferring	199.11
338.18	compatriot	composition	271.24	124.10	202.16
342.18	191.25	146.17	294.24	confess	229.04
common-looking	compatriots	composure	314.23	002.16	326.09
036.35	003.30	335.11	330.29	063.08	confidentially
commonest	103.14	compounded	346.19	100.33	231.28
190.28	124.09	180.10	concerned	110.12	confidently
commonplace	368.01	comprehend	090.28	137.02	298.18
110.34	compelled	085.23	183.25	166.06	confiding
141.17	114.20	212.15	188.15	174.18	343.19
225.08	175.15	comprehension	203.32	184.20	confidingly
265.26	222.08	002.17	concerning	185.34	328.05
295.20	225.01	168.35	244.06	242.18	328.12
346.11	225.35	333.15	concerns	262.34	355.03
commotion	311.21	376.10	051.34	293.19	confined
037.05	compensations	comprenez-vous'	327.13	313.31	050.04
commune	111.03	041.29	concession	356.30	confinement
202.30	competent	compressed	126.26	356.30	322.16
202.30	006.18	042.08	275.12	356.33	confirm
communiative	099.13	116.05	conciliating	367.29	329.33
373.03	284.08	152.03	059.33	confessed	354.20
communicate	competitors	compromise	conciliatory	119.34	confirmation
317.04	009.12	233.34	202.16	131.25	025.12
359.06	complacency	compromised	264.20	135.11	confirms
communicated	155.02	133.31	276.13	142.28	271.12
101.32	complain	305.06	concisely	145.24	conflict
271.13	267.06	compromising	187.15	168.34	031.27
330.34	complained	087.24	373.04	201.21	031.32
communication	085.23	107.31	conclude	211.15	102.16
312.28	163.63	211.23	156.10	226.06	102.16
326.09	complaining	307.11	306.26	226.20	103.31
communications	242.29	353.04	concluded	376.01	103.31
292.30	complaint	compunction	016.13	confessing	103.32
communicative	212.27	206.10	071.26	130.29	104.12
192.26	complaints	375.31	089.29	confessing'	104.13
204.31	277.14	comrade	136.14	293.17	conflicting
community	complete	070.05	143.07	confession	031.15
280.23	030.02	076.28	197.08	037.22	confounded
como	033.06	186.27	291.12	068.10	012.25
264.02	036.03	186.33	conclusion	068.27	184.11
compact	149.14	257.13	222.20	089.15	214.05
260.31	185.24	264.18	249.19	091.15	230.24
370.02	226.07	267.03	259.03	096.29	274.30
compagnie'	277.23	comrade's	313.21	244.28	confront
144.09	301.28	009.22	335.23	277.08	083.06
144.33	306.04	comrades	375.28	292.23	094.28
145.15	340.24	004.06	conclusions	349.28	364.03
146.14	completed	004.04	002.18	351.09	confronted
147.09	364.05	013.02	272.30	354.26	315.23
149.30	373.12	018.29	279.02	360.26	317.02
150.21	completely	054.14	361.07	362.11	confused
152.19	045.24	099.31	conclusive	362.31	070.30
155.13	046.10	113.08	273.16	362.31	075.09
155.23	055.02	conceal	concocting	363.11	119.32
156.03	062.03	102.11	186.13	370.33	254.31
156.21	064.14	190.01	concoctions	372.30	342.10
156.35	088.20	194.06	249.04	375.07	362.08
157.30	110.04	203.18	concord	confidant	confusion
158.09	112.26	307.19	102.08	080.33	010.18
158.14	130.24	318.07	102.12	182.19	congenital
158.31	130.30	331.20	103.35	282.17	301.13
163.13	165.09	374.19	104.25	302.12	conjunction
164.22	183.08	concealed	326.29	confide	037.14
companion	217.15	095.29	372.24	174.09	114.30
070.35	250.07	109.02	concrete	308.18	324.24
072.25	286.15	156.07	136.12	confided	conjure
157.23	295.02	165.17	condemn	106.16	244.22
158.35	312.02	258.07	039.30	116.21	244.26
159.15	319.12	304.32	162.10	confidence	connect
162.04	322.19	305.35	condemned	016.34	116.01
203.07	323.05	concealing	118.20	030.19	connected
209.14	360.14	092.26	266.26	031.22	005.06
209.30	371.03	115.32	269.34	035.27	066.27
214.16	completeness	258.30	condescended	045.12	194.03
215.01	082.28	317.31	050.28	045.32	268.12
215.16	completes	331.17	condescending	046.27	connecting
219.21	302.08	348.21	010.20	047.15	080.32
228.05	complex	conceit	225.32	049.23	287.25
229.07	115.01	303.25	condition	050.01	connection
231.02	122.12	conceited	086.28	050.02	099.09
236.05	190.11	221.21	197.34	061.29	connections
262.06	complexion	360.21	245.30	114.19	107.33
310.28	004.23	conceivable	360.03	128.32	connexion
366.30	042.13	083.11	conditions	167.24	002.15
372.35	100.06	conceivably	023.15	174.15	009.02
companion's	110.21	280.10	064.26	176.16	047.30
330.33	230.02	295.01	064.28	176.31	058.12
companions	235.20	conceive	115.29	193.06	080.34
005.14	complicated	055.35	161.03	217.35	148.34
company	361.22	057.08	294.14	267.10	160.18
101.08	complication	172.28	conduct	316.33	161.12
359.06	106.34	349.17	057.13	318.25	193.34
367.02	215.08	concentrated	076.03	339.24	273.04
company's	293.15	007.25	080.25	354.15	276.31
360.09	complications	034.30	098.03	354.30	317.13
comparatively	195.23	131.13	130.25	361.17	connexions
004.04	complicity	244.24	137.10	367.21	019.03
334.04	293.23	conception	197.20	confidences	conquered
	297.31	125.21	256.10	169.07	069.07

33

34 CONQUERED (continued)

162.10	213.26	contempt	contrasted	310.11	corresponded
conquest	259.17	036.10	339.17	320.23	045.21
140.18	344.14	046.19	contrasting	341.05	correspondence
conscience	consoled	050.03	072.25	354.04	106.31
031.29	153.04	080.15	200.09	convictions	108.14
035.19	199.23	082.34	237.34	004.01	108.15
035.20	consoling	093.08	contrition	033.03	111.34
036.18	028.16	149.09	076.33	040.05	133.20
036.33	076.16	200.16	contrived	046.17	162.26
037.07	180.18	259.34	312.32	065.18	312.31
050.29	275.26	275.19	control	076.03	correspondent
057.32	conspicuous	284.20	168.28	240.06	108.18
280.04	043.24	301.31	182.25	318.31	112.28
285.17	265.21	354.21	204.16	319.07	269.16
303.06	331.33	contemptible	213.24	373.16	269.22
372.13	conspiracies	104.14	225.06	convicts	271.03
consciences	107.22	contemptuous	264.31	119.07	271.04
258.17	140.08	186.17	controlled	convinced	271.31
conscientiously	211.23	198.28	339.22	014.18	273.28
062.02	conspiracy	280.27	340.27	198.05	274.18
conscious	006.20	304.04	contumely	199.12	276.17
029.22	016.22	contemptuously	280.14	304.09	correspondents
032.25	080.22	045.31	convenient	convincingly	186.11
039.13	325.22	185.32	172.19	190.14	342.02
050.10	conspirator	content	172.21	convulsive	corridor
099.15	162.16	059.15	292.29	069.30	079.18
109.18	185.13	contest	conventional	186.29	083.35
123.30	211.10	372.13	037.11	229.06	223.11
196.04	211.12	contests	105.04	287.33	322.11
237.03	256.23	102.17	198.28	339.21	326.07
292.22	313.19	continents	245.08	345.08	corridors
295.28	331.21	116.32	251.08	convulsively	076.35
336.22	conspirator's	contingencies	285.17	062.09	225.03
340.18	280.02	310.34	conversation	cool	corroding
349.23	conspirators	continually	046.09	019.26	102.27
372.05	114.04	245.26	046.14	033.04	corrupt
consciously	155.10	continue	089.33	321.27	124.04
096.14	203.29	023.23	103.21	cooled	corrupted
262.04	262.17	075.20	183.18	210.31	099.25
333.13	282.18	203.27	190.04	coolly	258.17
consciousness	325.28	223.21	191.13	046.15	352.01
086.18	345.30	continued	204.16	coolness	corruption
243.21	352.19	011.03	207.28	252.25	005.09
243.23	conspire	013.22	239.20	254.03	033.13
293.12	116.16	014.09	245.25	copied	corsetless
294.04	conspires	052.22	249.20	312.29	283.04
338.15	345.29	053.30	272.12	coping	cosmopolitan
365.28	constant	056.04	276.28	196.33	320.34
consent	202.11	058.18	278.35	coppery	cossacks
226.08	constantly	070.18	279.10	084.18	008.04
233.10	243.11	073.10	290.15	copy	040.21
292.34	354.29	130.08	290.18	193.23	cost
consented	consternation	144.02	306.09	cordial	004.14
035.30	041.01	145.04	332.04	262.11	138.16
consequence	113.04	145.14	344.31	corinne'	194.08
264.23	constituting	147.14	344.33	140.19	253.01
272.26	255.27	149.23	374.07	corner	258.17
consequences	consult	154.16	conversational	015.13	275.05
021.17	235.07	176.02	181.12	025.25	309.20
050.27	305.03	185.09	295.20	026.26	314.19
076.13	consulted	185.28	conversations	030.16	costly
295.16	090.22	193.30	150.12	036.34	215.04
298.23	144.10	200.06	196.22	041.10	costs
336.13	consulting	207.03	234.33	049.29	320.01
consequently	076.35	221.04	270.18	051.06	costume
367.26	329.35	223.35	312.04	053.03	228.16
conservative	consumed	238.31	333.24	072.28	235.17
065.18	336.07	246.06	360.13	077.09	324.24
consider	consummation	259.26	conversed	181.35	costumier
017.24	066.12	280.04	089.30	209.16	079.30
058.04	consumptive	281.03	113.24	215.02	cottage
059.04	216.09	297.13	conversing	215.17	137.27
059.35	contact	311.02	157.24	215.30	cotton
088.27	010.06	321.21	conversion	219.30	282.25
233.26	014.05	335.28	031.18	233.30	couch
307.04	065.20	344.25	119.35	249.13	151.23
considerable	103.10	375.33	convert	263.32	213.33
083.10	177.17	continuity	011.34	281.32	305.21
165.16	248.10	051.16	029.28	299.29	309.14
190.34	260.02	continuously	266.08	315.05	coughed
193.16	315.35	142.11	converted	323.23	305.28
236.19	contacts	184.29	032.27	324.08	coughing
313.29	051.22	215.14	122.18	325.08	145.33
considerably	contagious	contours	357.15	326.01	could
367.19	034.01	109.24	convey	328.30	001.20
consideration	contain	contract'	217.27	357.23	006.08
065.16	274.27	287.28	307.03	366.20	006.18
186.10	contained	contraction	conveyances	374.09	009.08
considerations	197.21	268.27	328.10	corners	010.35
232.19	250.13	contractor	conveying	145.12	013.10
considered	256.32	076.31	177.17	231.07	014.02
004.34	276.18	contradictions	convict	244.03	015.23
009.13	299.26	128.35	120.03	338.07	017.08
072.19	311.31	contrary	126.28	corpse	018.20
254.16	371.11	002.26	302.02	029.35	019.14
307.22	containing	035.23	conviction	213.05	019.15
321.31	065.27	067.19	019.32	220.03	019.18
considering	contamination	149.27	035.21	299.19	021.22
029.23	288.17	230.26	044.17	302.01	023.12
123.35	contemplated	249.11	085.21	corraterie	023.22
consisted	309.14	255.28	119.33	328.13	025.04
303.22	contemplating	281.19	139.21	correct	026.13
consisting	075.21	284.17	161.34	002.01	026.16
084.24	351.23	295.05	162.01	187.08	030.19
consists	contemplation	341.11	210.12	360.34	033.20
102.30	156.04	contrast	217.28	correctly	033.21
219.35	334.28	019.21	230.28	088.28	034.02
consolation	336.23	113.26	251.15	correctness	036.17
029.06	contemporaries	176.14	253.15	003.25	036.20
076.11	012.32	228.27	266.09	050.17	036.29
111.11		334.05	291.33		036.32

COULD (continued)

037.16	154.07	276.06	089.13	188.20	342.16
039.03	154.17	276.27	089.26	194.02	342.23
043.12	161.35	276.34	090.11	237.25	345.35
047.09	164.34	277.02	090.20	242.17	358.16
048.33	165.04	277.12	091.03	304.23	358.29
051.22	165.19	278.24	091.25	306.16	359.17
052.11	165.32	279.16	092.02	country's	373.09
054.26	166.02	279.29	092.12	114.17	374.10
055.12	166.25	280.11	092.19	countrymen	377.16
055.28	167.07	280.25	093.12	182.08	court
058.07	167.18	281.14	093.23	counts	091.21
059.21	167.25	282.27	094.17	217.08	377.08
060.31	168.11	283.28	094.25	couple	courteous
062.22	168.12	283.28	094.32	015.06	373.20
062.29	168.15	283.30	095.01	122.31	courteously
062.33	168.35	284.17	095.08	173.04	044.01
064.15	169.16	286.14	095.24	184.25	courtesy
064.16	170.13	287.10	095.34	216.24	049.27
064.30	171.09	288.06	096.25	267.17	courting
066.22	172.04	288.13	097.04	285.23	148.03
066.32	172.11	293.21	097.23	286.30	courtyards
069.25	173.07	293.26	098.16	courage	294.16
071.19	173.16	293.34	289.19	013.18	cousin
071.35	173.23	296.11	290.11	035.23	058.32
072.11	174.15	296.19	290.13	081.32	cover
078.04	176.23	298.22	290.23	121.35	002.08
078.16	178.12	300.14	291.02	231.04	070.22
079.30	179.03	303.26	291.23	266.24	096.22
080.28	181.01	307.12	292.08	299.04	207.22
082.35	184.31	308.03	293.17	317.21	299.29
083.12	187.06	309.12	293.27	358.04	312.33
085.11	187.33	312.10	299.22	375.14	375.25
086.29	188.18	313.20	299.30	courageous	covered
087.23	188.31	315.06	300.13	024.10	031.01
088.09	189.30	315.23	300.23	117.28	031.05
088.12	189.34	316.17	301.07	340.27	037.32
089.14	190.23	316.30	301.14	courageously	063.19
090.05	191.02	318.14	301.25	115.04	102.06
092.05	191.30	318.26	301.35	course	117.06
092.13	193.18	318.29	302.10	002.04	121.33
093.28	193.33	318.33	302.22	004.22	122.23
093.33	194.27	319.25	302.25	019.16	150.06
096.19	194.33	319.30	302.31	019.24	209.20
096.21	195.07	319.32	303.18	024.08	336.06
097.06	196.27	320.07	303.22	033.11	covering
100.11	199.31	320.25	304.16	050.14	064.31
100.16	201.24	321.20	304.26	056.06	075.09
100.29	202.23	321.30	304.34	056.33	179.33
100.35	203.20	322.05	306.23	057.31	covertly
101.10	206.06	323.24	306.28	060.23	140.06
105.25	206.09	324.04	306.31	060.23	coward
106.15	206.15	324.14	307.12	065.17	033.27
107.01	206.21	324.28	307.18	067.24	318.32
107.34	209.05	327.06	307.27	081.23	361.32
109.14	209.07	327.09	307.33	081.28	cowardice
109.20	211.19	327.22	312.28	087.23	247.04
110.34	213.03	328.17	376.20	088.22	cowardly
111.30	216.20	328.32	counsel	088.32	115.22
112.31	216.23	331.15	006.07	090.04	314.18
112.33	217.31	331.20	count	090.31	crack
113.10	225.06	332.08	046.03	094.19	028.09
113.16	226.13	334.03	158.30	096.32	cracked
113.33	229.16	335.14	314.19	098.20	209.26
114.02	230.17	335.35	344.22	099.12	cradle
114.16	230.20	336.02	372.13	100.31	173.05
115.18	231.03	336.10	counted	101.20	250.20
115.31	232.22	337.09	016.25	105.22	250.25
116.18	232.23	337.26	119.21	112.32	crammed
116.19	233.17	339.11	140.15	118.03	359.25
119.17	233.28	342.33	186.26	127.34	craned
120.31	233.29	345.04	countenance	131.12	360.16
121.05	233.31	346.16	073.22	133.25	crash
121.09	233.31	347.25	089.06	134.13	034.13
121.15	233.33	349.16	092.25	135.27	039.19
121.22	234.06	351.02	208.34	141.03	041.26
122.35	234.11	354.05	233.18	144.23	129.15
124.15	235.01	354.09	259.35	145.20	363.34
124.27	236.33	354.29	counter	147.20	364.20
125.33	237.04	355.06	025.35	149.29	crashes
126.33	237.16	355.16	312.21	150.20	358.34
127.29	239.15	355.32	312.26	153.11	crawl
128.07	239.20	356.08	326.34	155.25	151.22
128.11	249.24	356.10	329.10	161.14	crawling
128.15	249.28	357.25	329.24	169.35	280.24
128.19	251.33	359.05	330.23	170.08	craze
131.05	252.27	364.30	counting	170.30	196.06
133.03	252.30	367.25	016.06	171.07	crazy
135.29	253.16	375.25	068.01	171.19	046.32
136.04	254.33	376.09	246.20	176.12	057.27
136.10	255.13	couldn't	countless	181.07	082.04
137.26	256.28	036.14	030.32	198.06	195.15
138.05	258.04	151.15	031.06	198.32	195.19
138.16	258.15	154.32	country	215.29	196.24
138.30	260.01	244.21	004.09	218.18	196.34
140.23	260.03	244.22	031.02	224.13	244.18
142.14	262.24	267.02	032.09	229.30	298.06
142.19	264.04	292.16	032.32	232.10	create
144.06	264.31	326.02	035.17	236.15	001.05
145.01	265.35	councillor	056.27	252.20	037.05
145.07	266.19	011.31	069.04	256.12	219.08
145.34	267.09	085.16	079.11	256.14	created
146.12	267.27	086.09	099.33	270.24	006.09
147.34	268.26	086.21	101.32	288.18	creator
149.17	269.11	086.25	115.29	291.19	006.07
150.17	269.32	087.08	120.13	305.12	creature
150.23	270.17	087.12	127.31	306.04	026.01
151.06	270.24	088.03	136.25	307.15	111.13
151.10	271.26	088.19	137.08	308.12	115.22
151.20	273.23	088.24	150.13	320.30	119.05
153.04	274.31	088.33	154.13	329.21	120.34
153.11	275.01	089.02	167.20	336.09	122.06

36 CREATURE (continued)   UNDER WESTERN EYES

```
163.35           criminals        131.19           374.20           051.17           daring
178.06           003.06           139.29           curious          051.33           016.28
189.26           118.21           188.20           084.08           084.24           061.01
191.08           crimson          318.08           095.11           111.23           dark
215.24           235.18           318.28           095.31           116.25           003.20
217.08           236.25           319.07           139.03           317.33           012.07
218.32           245.05           319.35           141.06           371.10           032.07
227.34           262.01           331.07           154.15           dam              033.09
232.14           322.19           340.35           188.25           330.12           037.22
234.12           373.23           372.21           227.20           damaging         040.14
242.33           cripple          cruelly          241.06           301.27           049.34
246.30           369.09           150.20           256.25           dame             051.20
264.04           373.06           342.11           curiously        144.09           053.05
275.16           crippled         cruelties        181.06           144.33           062.06
369.20           374.30           154.01           232.09           145.14           062.13
creature's       crisis           cruelty          322.35           146.11           067.22
277.26           023.05           042.15           curled           147.09           086.11
creatures        023.18           107.28           177.06           149.30           100.06
077.20           190.16           161.22           current          150.21           104.18
339.28           266.11           219.32           194.19           152.19           106.35
credible         280.11           crumb            288.07           155.13           115.17
004.20           critical         287.03           curry            155.23           118.08
006.03           207.25           crumpled         137.14           156.03           119.18
161.20           209.30           005.21           curse            156.21           119.32
credit           304.18           359.13           080.19           156.35           125.14
292.35           critically       crumpling        085.32           157.29           128.07
303.10           136.18           108.11           191.24           158.09           139.30
305.06           criticism        crush            192.02           158.14           143.17
340.07           087.20           087.19           192.07           158.31           146.19
credited         criticize        260.13           225.09           163.13           151.19
004.05           124.07           crushed          312.09           164.22           157.28
305.04           croaked          022.12           cursed           dammed           158.06
credulity        219.33           030.14           025.28           121.23           177.06
183.05           croaking         114.21           221.29           damnable         181.03
credulous        214.06           151.05           259.28           196.25           197.26
183.06           crop             312.13           284.12           297.29           200.12
creep            143.17           364.23           cursing          damnation        200.23
120.09           cropped          365.28           085.11           285.15           202.08
297.20           126.27           crushing         308.20           damp             203.30
creepers         cross            260.13           cursory          204.21           204.02
201.17           005.22           267.13           302.17           206.20           206.08
creeping         073.07           crust            curt             207.33           207.21
019.08           285.20           151.20           014.22           227.12           209.15
065.05           308.19           crutches         251.19           danced           210.11
crept            cross-currents   370.24           curtailment      109.08           235.24
151.07           351.35           cry              086.27           dancing          254.12
208.29           crossed          007.04           curtain          040.34           269.01
297.02           011.23           014.04           263.32           301.19           278.02
336.12           013.33           031.10           curtains         danger           282.25
cried            026.20           122.10           213.17           018.19           282.35
059.18           052.08           154.29           curtly           018.24           286.31
060.28           084.07           161.30           277.30           023.16           295.17
127.21           086.04           216.22           307.31           029.21           296.29
130.04           092.11           265.02           curtness         045.34           320.16
142.30           192.12           310.20           192.27           087.16           324.21
146.13           261.31           320.04           curve            131.31           324.24
151.33           270.30           338.31           034.30           197.21           324.33
168.24           279.05           346.23           cushioned        239.12           325.17
183.11           294.16           361.32           325.02           255.12           327.34
187.33           326.24           372.03           custody          255.27           328.35
203.23           331.27           crying           055.18           279.11           331.27
205.26           362.27           003.14           custom           279.12           338.03
217.04           crossing         crystallized     001.07           285.09           351.13
220.28           043.13           065.20           customer         285.29           352.01
223.06           070.28           cucumber         056.09           288.22           dark-haired
229.18           138.20           019.27           057.06           335.13           373.19
246.27           143.09           cudgel           cut              dangerous        darken
253.33           197.26           094.15           016.12           006.23           107.07
264.24           199.35           018.10           018.10           011.07           darkened
268.17           227.12           121.26           034.03           014.18           130.12
308.35           236.02           culminated       094.10           050.14           281.05
343.35           263.20           034.32           099.18           134.12           darkening
347.28           287.26           culprit          129.16           140.12           182.10
351.28           299.01           090.16           329.02           140.21           darkly
355.07           313.03           cult             337.03           161.09           123.27
364.06           crouching        123.09           cutting          161.11           221.24
376.13           016.14           cultivating      260.12           195.23           226.17
377.19           121.11           215.32           cycle            201.28           254.16
cries            crow             culture          265.03           231.01           darkness
028.01           237.25           200.19           cynical          231.10           021.23
028.01           crowd            cumbered         204.08           233.32           021.30
crime            007.12           040.28           258.31           252.11           026.23
004.10           007.23           cunning          291.04           259.33           052.09
014.06           007.29           026.05           301.33           293.14           086.03
022.14           007.33           120.26           cynically        304.18           199.25
024.06           014.26           216.31           197.04           313.13           326.13
029.02           036.11           curb             335.09           363.15           358.21
033.03           crowded          034.14           cynicism         dangerously      359.19
091.14           103.18           curbstone        065.06           140.29           dart
093.04           crowned          191.31           065.11           dangers          215.18
093.19           329.03           cure             102.28           009.18           darted
109.32           crude            189.31           123.33           067.13           258.19
125.28           022.27           280.11           161.22           297.24           365.13
147.34           023.14           curiosities      352.03           310.33           dash
240.01           046.17           011.02           cypher           dare             082.08
259.25           107.22           curiosity        312.30           145.32           082.11
290.34           126.20           036.31           cyril            174.11           date
295.35           209.18           072.06           001.07           175.06           272.32
355.27           223.17           095.06           d'ame            180.07           dated
crimes           323.30           096.08           103.28           242.33           002.07
018.25           crudely          125.15           dad              321.34           daughter
048.09           336.07           135.04           077.29           dared            004.22
275.09           crudity          180.10           077.32           008.04           008.29
352.02           351.15           182.05           078.12           013.16           102.05
criminal         cruel            211.14           078.17           062.24           110.09
245.26           044.30           244.22           336.10           070.31           136.25
255.21           045.26           253.27           dad's            071.03           319.27
293.07           106.11           254.28           080.06           071.03           367.27
301.11           114.09           255.25           310.03           254.03           367.31
criminal's       115.08           294.28           daily            342.14           daughters
049.25           115.30           317.11           004.03                            011.25
```

DAUGHTERS (continued)

282.23	372.09	218.16	206.30	decided	262.10
283.03	374.22	219.10	239.02	036.20	262.15
283.13	374.30	219.13	240.28	090.22	269.30
284.05	376.09	219.23	312.24	177.03	277.34
359.11	day's	219.27	328.34	239.30	321.27
daunted	106.01	220.28	339.33	310.07	329.34
234.01	daybreak	221.04	363.17	371.16	344.34
dawn	015.09	222.04	dealing	375.35	deep-seated
311.09	daylight	222.19	093.01	decidedly	285.11
372.10	283.15	222.24	115.28	199.33	deepened
dawned	days	244.16	deals	239.18	020.15
342.35	026.15	273.08	173.03	292.27	288.03
375.22	030.09	300.20	184.25	decision	311.29
day	031.24	302.09	dealt	036.21	deepening
002.06	066.29	320.19	216.16	049.13	199.24
002.07	087.22	328.02	275.02	109.27	deeper
003.15	114.01	328.24	dear	371.08	138.14
008.12	120.19	328.27	011.06	decisive	334.25
010.01	134.35	352.12	013.06	125.13	350.31
010.08	136.04	361.24	078.10	208.08	deepest
012.04	137.21	366.29	130.04	decisively	040.05
012.10	138.19	372.35	170.23	274.20	221.13
017.22	141.27	377.01	188.17	declamatory	314.06
021.06	146.30	de'	205.26	160.28	346.18
027.10	150.08	144.09	205.26	declaration	deeply
036.21	152.27	144.33	232.26	001.24	036.17
051.23	163.01	145.15	234.12	006.13	204.13
054.23	173.28	146.14	242.33	289.26	226.27
059.13	194.31	147.09	248.27	333.29	226.27
065.22	197.14	149.30	249.34	360.19	357.12
065.28	197.22	150.21	266.35	declarations	defence
066.25	225.21	152.19	268.01	065.11	006.14
067.04	226.27	155.13	307.22	declare	082.20
067.20	235.16	155.23	308.28	217.18	defenceless
067.24	237.18	156.03	308.29	361.06	356.17
069.11	238.35	156.21	309.21	declared	356.19
075.06	240.20	156.35	347.16	006.05	371.20
075.17	243.25	157.29	347.19	016.01	371.21
076.27	246.34	158.09	dearest	049.14	371.24
078.01	259.08	158.14	306.08	104.20	defend
082.29	273.19	158.31	death	105.29	002.30
101.12	279.09	159.31	004.10	116.06	049.03
103.07	294.09	163.13	004.11	123.07	115.31
105.33	294.26	164.22	020.11	131.10	275.02
109.10	305.27	deacon	033.34	145.02	290.22
111.19	306.15	137.13	034.01	199.12	293.26
111.21	349.21	dead	036.34	199.31	346.16
116.34	356.19	007.03	053.06	230.07	defending
120.27	363.29	007.26	091.22	253.01	109.33
120.27	367.12	007.30	091.32	307.17	defends
121.17	369.01	008.02	093.21	309.33	023.08
125.35	daytime	008.06	093.27	331.32	deference
129.31	151.18	008.29	103.11	377.30	040.02
139.18	dazed	021.22	108.17	declined	090.24
140.11	292.01	029.30	110.15	323.32	090.33
144.26	dazzled	033.28	114.09	declining	deferential
147.27	301.04	047.14	116.01	287.19	042.19
148.04	de	065.34	138.13	decomposed	126.27
156.02	005.16	083.01	249.01	228.17	213.09
163.24	006.24	094.29	257.16	232.15	deferentially
172.04	012.04	123.14	296.01	decorated	010.13
174.02	014.03	135.07	311.23	011.30	define
177.26	036.21	153.06	316.06	030.29	193.33
179.06	070.05	168.30	339.07	decoration	defined
190.08	101.12	170.23	death's-head	223.12	008.34
193.25	105.27	183.26	221.14	308.19	327.35
195.11	108.17	198.23	death-bed	decrees	definite
196.13	123.12	199.20	367.29	131.18	009.05
199.34	123.17	206.20	death-like	decrepit	091.32
201.05	125.05	216.20	212.03	141.13	104.26
210.32	127.18	222.03	death-stroke	deed	106.03
220.35	128.18	222.11	198.06	015.01	107.24
226.04	129.25	244.17	deathlike	054.22	198.18
227.24	134.26	258.08	366.19	204.27	198.21
227.24	135.13	271.15	debased	233.25	definiteness
233.31	140.13	295.34	375.18	251.26	160.02
234.33	140.18	300.21	debauch	deeds	definition
237.07	144.07	320.24	065.14	154.24	100.22
237.11	145.03	331.01	debauchery	deep	132.33
237.12	145.07	341.22	094.03	007.14	181.07
239.04	156.15	342.17	debauches'	008.32	248.29
240.12	156.29	344.15	049.02	026.20	definitions
244.35	157.02	353.25	debility	026.29	346.11
250.09	159.11	354.07	282.08	027.23	deflected
254.24	159.06	371.10	deceive	031.21	187.19
256.33	159.18	dead-drunk	069.22	037.35	defy
257.03	160.08	277.25	096.31	041.03	264.34
257.05	160.13	278.08	256.28	042.30	defying
257.10	160.16	dead-faced	deceived	046.02	345.10
261.16	160.35	159.19	128.19	046.16	degradation
267.32	161.31	deaden	183.09	061.10	131.15
273.08	161.33	120.05	347.06	063.10	141.34
276.25	161.35	deadened	353.30	070.11	degrading
281.13	162.04	351.29	354.17	077.30	276.24
281.31	162.29	deadly	357.15	079.08	364.32
285.06	163.22	199.27	376.09	084.06	degree
292.19	164.16	264.05	decency	100.05	009.16
292.25	165.34	341.34	127.01	110.24	115.11
295.12	202.05	360.10	decent	116.32	141.10
306.23	202.17	371.26	054.12	117.07	deign
308.10	208.02	deaf	064.22	126.03	163.34
310.07	208.32	217.35	122.32	127.15	dejectedly
313.03	209.11	365.08	124.05	155.32	060.21
328.16	211.16	369.09	132.06	166.34	delay
329.18	214.35	369.10	153.09	170.02	082.13
333.06	215.03	370.24	206.29	175.33	109.19
337.12	215.21	deal	deception	195.03	286.20
344.34	216.04	053.31	106.24	205.25	359.10
349.30	216.05	189.29	345.03	213.34	368.09
354.35	216.14	203.15	deceptions	237.30	delayed
355.19	217.26	206.25	138.01	254.23	087.22

DELAYED (continued)
179.16
241.06
delaying
091.28
delegated
090.06
deliberate
086.27
256.05
273.18
deliberately
014.02
052.09
070.16
094.18
218.03
364.11
375.16
deliberation
071.05
079.22
delicacy
141.04
delicate
037.31
119.07
159.13
282.07
358.34
delicately
060.02
099.18
delight
270.29
delirious
023.11
037.20
delirium
063.07
deliver
152.11
375.16
deliverance
220.15
delivered
128.30
153.22
355.06
delivering
164.21
delivery
117.14
deluding
134.30
deluge
365.14
delusion
226.02
226.02
318.23
demanded
033.19
168.29
278.12
demands
126.13
democracy
202.32
302.04
democrat
119.08
274.30
354.23
democratic
096.18
105.16
173.06
200.33
205.19
298.29
352.17
democrats
221.21
demolition
330.09
demonstration
114.25
demurred
331.11
den
025.10
025.33
150.04
denied
264.08
272.18
273.04
336.26
denounced
073.35
dens
276.20
dense
103.03
110.33
denunciation
272.35
denunciations
073.33
denunciatory
350.06

deny
049.06
090.29
093.05
204.31
207.02
224.23
depart
101.01
136.35
337.14
363.06
departed
138.17
141.30
142.22
departing
158.19
279.01
department
077.17
085.01
302.11
departure
212.12
297.13
306.33
310.08
depend
019.25
044.09
048.02
048.18
depended
051.16
081.11
305.03
dependence
120.30
depending
023.25
depends
246.34
depict
166.02
deplorable
115.10
172.25
deported
018.31
deposit
124.35
deposited
195.08
301.29
309.09
depositing
200.04
deprecatingly
053.13
deprecatory
095.34
163.33
205.24
307.21
depressing
142.01
deprived
350.15
depth
146.20
279.17
depths
023.28
037.24
061.14
279.04
347.26
357.02
368.29
deputies
208.03
der
332.23
deranged
346.08
derision
225.20
des
103.17
105.15
113.15
114.02
116.28
136.17
139.01
174.35
197.26
315.04
331.01
357.22
367.13
368.10
des'
045.33
206.34
descend
129.07
129.14
192.13
364.32

descended
157.06
283.11
324.21
345.15
359.11
descending
121.34
310.31
descent
004.20
061.12
describe
150.02
278.08
described
043.04
043.09
176.12
269.19
275.10
374.27
describing
118.31
description
018.18
022.18
274.31
desert
094.11
293.32
311.16
327.29
desert-dweller
324.23
deserted
120.13
142.17
142.34
156.06
207.34
330.32
deserts
273.09
design
338.04
desire
005.11
024.35
067.10
068.34
136.27
138.31
156.14
162.11
164.19
225.16
242.01
247.13
247.17
276.23
289.08
307.31
desired
294.22
desires
354.24
desisted
027.23
desk
010.30
042.07
045.17
291.15
306.25
desks
041.03
desolate
223.11
297.12
368.11
desolately
320.17
desolation
331.02
349.17
despair
026.25
030.05
030.07
062.20
072.12
115.16
119.23
155.21
206.07
211.26
219.08
249.27
266.23
290.09
303.24
308.17
337.29
357.06
despaired
114.17
despairing
122.19
297.26
349.34

despairingly
312.11
desperate
024.35
159.24
182.12
310.15
362.11
364.19
desperately
037.09
055.10
365.23
despise
195.20
195.21
239.15
285.10
306.23
despised
036.31
239.15
despondency
038.22
despot
229.11
despotic
023.21
033.12
despotism
005.14
045.35
140.14
314.31
destination
312.31
destiny
031.12
280.24
358.09
destitute
023.29
destitution
150.03
destroy
017.25
029.16
293.24
351.11
371.18
destroyed
048.14
048.23
080.28
146.23
153.26
251.04
307.13
destroyers
017.25
056.16
056.18
destruction
005.33
063.32
277.01
326.33
336.32
destructive
076.04
187.12
194.22
258.26
destructor
017.24
detached
086.24
096.17
249.07
275.22
339.27
detachment
088.13
149.14
202.15
279.19
290.22
detail
082.28
143.23
253.26
255.26
263.29
298.10
detailed
375.08
details
115.12
118.23
136.11
141.04
141.20
159.34
167.21
276.14
282.32
325.24
detain
190.23
293.05

detained
043.10
050.22
178.01
detaining
190.20
detect
001.25
017.05
042.08
288.06
317.20
detected
088.12
176.23
192.22
237.05
detecting
279.29
detective
278.29
determination
025.01
076.20
088.17
255.06
309.34
determined
056.12
075.27
124.16
251.05
detest
048.11
049.01
102.30
detestable
044.29
detested
354.15
detonating
364.15
detonation
007.01
develop
283.34
developed
044.08
096.16
120.07
120.35
development
023.25
076.01
093.09
098.07
208.20
239.23
297.35
311.01
devil
021.05
026.13
027.10
044.02
087.33
125.29
149.05
184.09
196.08
237.07
261.02
264.21
276.09
277.18
277.19
277.21
277.21
277.29
278.06
278.15
279.25
280.17
280.29
295.25
308.35
345.35
355.16
357.05
375.24
devil's
280.32
devilish
345.07
devilry
079.14
devils
277.31
devoid
230.02
devote
009.09
devoted
033.15
113.15
132.28
166.02
187.12
233.02
246.28
264.03

342.31
369.20
devotion
099.03
123.11
231.26
267.12
275.31
301.10
370.06
374.32
devour
199.25
devoured
215.05
devours
302.05
diabolic
277.03
diabolical
052.30
diagonally
192.12
328.24
dial
061.22
dialogue
196.02
dialogues
300.31
diary
002.05
022.15
083.28
084.22
084.23
335.12
dictate
152.08
dictated
258.09
dictation
145.28
146.01
147.01
151.28
151.32
369.22
did
005.01
007.32
013.32
016.29
017.05
019.27
021.15
021.16
021.16
021.16
024.31
027.21
034.13
038.07
041.19
042.05
047.19
047.26
049.22
050.14
052.32
055.20
056.25
057.31
058.11
058.26
058.35
059.04
062.03
063.06
065.24
065.24
066.24
066.24
066.27
066.32
067.26
067.31
068.07
072.22
072.27
075.16
075.23
078.22
079.03
081.22
086.31
089.27
093.02
093.18
093.31
094.21
094.28
095.02
096.25
097.05
099.07
099.15
101.28
102.11
102.14
106.23

DID (continued)

106.29	302.07	124.23	dingy	disappeared	213.13
107.23	303.24	differences	155.31	044.28	235.01
108.24	306.32	002.22	329.07	134.06	256.28
109.13	310.12	different	dinner	180.04	260.33
113.02	311.04	004.23	008.18	193.28	269.17
114.15	311.06	023.15	313.27	209.17	284.26
115.02	313.05	036.02	dip	236.22	289.14
124.19	313.10	051.15	026.03	disappointed	310.08
125.13	315.30	054.21	287.20	167.31	312.05
126.22	316.12	102.19	diploma	168.16	337.08
127.25	318.03	117.20	099.27	177.10	343.01
127.25	318.05	125.34	diplomacy	357.05	375.23
137.13	319.03	125.35	160.35	disappointment	discoveries
137.20	319.10	174.24	diplomat	095.29	244.19
138.15	319.18	193.03	123.14	367.24	311.32
139.14	319.18	210.18	diplomatic	disarmed	discovering
140.07	319.20	216.06	217.31	140.31	018.22
140.26	320.01	280.09	312.31	disarming	122.12
142.31	320.35	298.12	diplomatist	077.04	discovery
143.03	321.27	296.34	159.25	disastrous	064.33
143.04	322.01	333.10	diplomatists	181.04	108.28
145.24	324.09	373.18	208.03	discharged	239.14
146.16	324.15	difficult	dipped	275.35	241.15
146.32	326.11	039.35	063.20	373.09	269.35
147.20	327.01	076.27	direct	disciple	280.18
151.03	327.03	088.29	100.18	159.11	335.34
151.04	328.07	090.03	162.28	disciples	336.34
152.17	330.32	105.06	171.28	113.11	343.07
153.15	334.10	130.13	180.13	234.25	351.29
153.19	335.23	132.15	233.09	discipline	375.27
154.26	336.02	145.29	234.24	137.23	discreet
155.07	336.10	155.09	275.06	disclaim	159.30
155.25	336.21	192.03	276.24	001.03	243.31
156.23	337.04	293.05	directed	disclosed	302.32
158.12	337.06	304.35	082.12	195.12	discreetly
162.16	340.22	306.31	100.13	198.27	209.32
162.18	341.16	329.27	130.29	228.13	discretion
163.21	341.27	354.02	153.29	229.08	089.03
164.01	343.26	371.33	322.10	292.18	090.30
164.04	344.18	difficulties	329.05	345.09	146.15
164.11	344.19	039.27	363.11	disclosure	368.08
165.01	345.16	145.10	364.29	353.13	discriminate
165.02	346.06	317.11	directing	disclosures	183.04
165.25	347.04	355.20	116.28	301.27	discursive
165.31	347.31	difficulty	122.18	325.30	088.35
166.19	350.20	002.19	169.14	discoloured	discussed
169.11	350.24	039.17	192.32	201.32	155.25
169.27	353.01	056.01	direction	217.13	256.09
169.29	353.05	064.23	006.01	discomfort	267.07
172.05	353.29	167.24	025.17	121.03	307.09
172.22	361.22	167.25	028.33	discomposed	321.05
174.04	364.09	179.28	033.20	313.17	discussion
175.35	365.21	189.05	063.32	313.22	003.29
176.06	366.09	284.04	081.24	disconcert	004.04
176.18	370.21	293.14	113.25	130.02	013.05
176.19	374.02	295.09	130.25	disconcerted	152.22
178.10	374.19	333.28	192.14	092.19	208.14
178.24	374.34	345.33	204.15	142.09	290.25
179.03	374.35	359.01	217.29	185.34	362.29
182.03	375.20	366.24	234.32	disconcerting	discussions
185.02	377.01	370.03	236.18	222.06	013.06
190.23	did'	digestion	281.20	disconnected	138.09
191.19	337.28	248.33	283.17	002.34	disdain
192.05	didn't	248.35	293.11	160.29	080.12
194.13	071.31	digestive	302.33	212.25	083.03
194.14	077.22	248.30	324.05	discontent	137.30
196.23	133.26	dignified	340.20	088.35	274.35
196.30	155.16	129.06	350.23	218.07	302.17
198.18	156.20	301.26	directions	218.24	disdained
201.22	167.23	dignitaries	007.29	218.35	250.31
211.13	176.05	036.11	019.25	discord	disdainful
212.15	236.05	dignitary	021.32	019.22	034.29
212.24	257.04	035.09	099.04	372.09	253.26
216.29	310.06	dignity	directly	discordant	disdainfully
219.29	361.29	017.27	055.15	372.05	087.16
223.20	369.10	037.08	147.21	discouraged	361.34
225.05	369.19	039.28	157.11	029.04	disease
225.16	372.29	056.17	163.12	096.05	029.26
227.06	die	digression	210.34	238.17	111.30
227.06	019.34	002.35	217.19	238.22	211.30
228.21	031.34	065.16	230.15	discouragement	250.11
236.28	056.02	102.33	235.10	081.14	disembodied
238.17	063.14	161.14	257.32	169.27	031.25
238.22	080.14	dilettante	319.14	discourse	104.24
240.26	126.22	223.30	339.09	032.23	disenchanting
240.27	152.17	diluted	339.23	117.13	152.07
240.35	152.27	065.18	353.19	discourses	disenchantment
242.01	367.23	dim	370.16	077.02	132.32
242.11	died	011.09	directness	discover	disengaged
246.03	093.30	026.22	115.27	067.20	251.31
250.16	118.15	026.31	dirt	104.15	disgrace
254.35	119.12	051.06	208.21	120.19	161.01
256.08	141.30	087.05	208.22	159.17	disgraceful
256.26	152.24	092.22	dirty	173.14	289.18
262.18	233.03	093.14	012.07	182.28	disguise
268.03	259.08	323.18	016.18	199.07	079.29
268.25	259.20	330.17	025.11	206.18	278.23
269.06	259.21	335.32	081.16	216.05	disguised
272.15	264.28	336.35	150.25	335.23	062.11
272.25	325.21	diminutive	213.18	discovered	disgust
273.19	360.14	281.21	312.18	016.14	058.23
274.10	361.12	282.01	362.25	028.33	062.17
274.27	377.04	284.24	disagree	036.21	093.08
276.09	dies	325.19	208.16	064.28	132.31
276.32	254.25	dimly	disappear	083.27	211.14
278.01	diet	088.19	107.26	102.24	227.22
284.01	163.23	311.11	107.27	148.28	275.02
284.14	302.04	dimmed	117.18	165.34	276.11
290.13	difference	351.20	disappearance	180.05	350.15
296.01	102.30	dimness	272.19	198.27	355.08
297.19	114.35	093.23	376.21	200.31	363.02

40   DISGUST (continued)   UNDER WESTERN EYES

377.04	dissent	distressed	126.25	349.14	domain
disgusting	130.16	169.35	127.03	349.16	137.16
121.06	dissented	district	127.06	349.17	domestic
341.34	203.01	074.06	129.19	355.01	010.03
disgusts	dissolute	074.13	132.10	357.06	059.03
047.08	116.14	136.28	132.21	359.17	059.05
dishevelled	dissolving	district's	134.28	359.17	346.03
359.28	298.10	036.35	135.08	361.09	don't
disillusioned	dissuaded	districts	135.09	362.16	002.25
229.35	328.19	120.18	136.01	363.14	016.24
229.35	distance	distrust	137.19	366.31	016.33
230.05	066.14	367.31	143.22	367.18	017.14
230.12	077.02	disturbance	143.31	367.23	017.32
369.04	101.15	301.24	145.19	370.25	019.35
374.33	113.18	disturbed	148.17	371.17	020.05
disintegrated	121.22	034.17	148.21	372.33	021.05
032.04	173.19	067.03	148.22	doctor	021.06
dismal	180.04	244.04	150.23	153.02	021.06
315.16	209.02	337.18	150.35	315.25	023.15
dismay	233.29	disturbing	153.24	doctors	027.15
014.04	235.19	318.13	154.16	368.34	031.11
059.25	236.18	357.35	154.18	doctrine	044.25
165.14	236.19	disturbingly	157.18	082.23	047.04
243.24	236.21	266.05	159.04	239.23	047.11
308.07	262.27	ditch-water	159.20	doctrines	047.20
352.05	265.34	066.03	163.28	208.22	048.02
dismayed	281.26	dived	166.25	document	049.02
071.12	287.26	147.11	167.32	002.01	049.22
dismiss	294.02	diverging	169.29	002.04	057.01
370.24	294.20	248.19	171.31	064.25	058.06
dismissed	313.06	divesting	172.07	096.30	058.16
013.11	326.32	060.01	172.15	190.12	058.33
316.21	336.15	divine	173.18	190.13	071.01
dismissing	369.30	006.11	173.29	307.11	073.03
178.16	distant	021.04	177.34	374.20	074.09
183.01	004.18	021.07	181.20	documentary	077.12
dismounting	025.25	091.16	183.15	001.26	080.07
008.05	053.03	115.27	184.10	documents	082.02
disobey	063.10	302.04	184.11	090.25	082.03
230.11	099.09	347.25	186.03	211.23	086.33
disorder	130.33	divined	187.25	233.32	090.10
006.08	140.23	266.09	188.17	369.21	095.05
006.09	199.21	divining	189.20	dodged	095.13
074.28	215.02	176.24	190.17	013.23	095.21
283.05	284.31	dizziness	191.18	does	095.26
disown	323.18	345.10	191.34	013.25	096.20
205.35	324.28	dizzy	193.13	021.03	101.20
disparaging	327.33	194.20	196.31	046.03	102.19
125.19	331.24	do	196.34	048.17	105.08
dispassionate	350.31	010.30	197.02	070.01	109.32
256.07	352.10	016.24	197.02	123.01	116.03
296.09	357.23	017.17	198.34	130.25	126.08
dispatch	360.14	017.31	199.05	148.11	126.17
325.27	distaste	018.01	205.08	170.14	130.07
dispersing	095.17	020.07	205.08	179.28	130.23
265.19	279.22	021.11	206.32	203.06	130.29
displaced	286.07	021.15	210.15	224.34	130.31
258.17	distasteful	025.28	210.28	238.27	131.28
display	126.25	030.02	212.27	250.19	132.10
110.24	182.05	034.01	213.28	265.05	133.01
124.02	distended	034.02	217.05	267.01	133.32
184.18	189.03	036.15	218.18	271.24	134.10
283.09	262.05	035.22	218.19	271.25	134.10
301.30	distinct	043.17	219.05	278.15	135.25
361.17	010.22	043.28	221.21	284.06	138.26
displayed	034.21	044.21	224.28	301.12	140.20
173.01	053.10	046.13	224.32	302.04	141.01
262.27	060.28	047.20	226.01	310.32	142.14
343.11	066.05	048.06	228.30	329.14	142.15
displaying	074.29	050.29	228.35	339.34	145.17
215.05	177.17	051.30	229.22	348.33	146.24
displeased	239.12	051.31	229.27	349.09	147.06
173.14	261.12	054.10	229.33	377.10	147.17
displeasure	335.30	059.16	229.34	377.25	148.05
039.12	distinction	060.04	230.20	doesn't	151.14
169.14	011.33	062.16	232.12	079.13	152.07
200.34	012.01	063.08	237.01	dog	153.17
disposed	176.35	073.28	243.06	249.25	154.27
190.30	283.22	074.09	246.31	dogmatic	154.34
dispute	297.32	077.12	247.28	290.07	156.01
167.28	distinctly	077.33	250.04	dogs	157.11
disputing	141.02	078.34	254.13	113.17	157.16
224.24	156.28	079.05	256.06	242.17	166.27
disquiet	167.02	079.28	256.30	264.05	167.33
291.13	173.23	080.01	262.17	doing	168.23
disquieting	216.02	080.05	268.01	010.35	170.13
106.02	227.19	082.34	276.10	029.29	171.33
297.17	254.02	083.27	277.30	051.29	172.16
disregard	distinguished	085.13	281.13	066.19	174.17
093.25	004.17	085.32	285.06	069.26	174.28
281.31	004.25	087.09	290.12	073.18	176.25
disregarded	316.03	088.15	291.35	080.09	177.27
197.10	373.15	090.23	293.08	092.17	183.13
220.11	distracted	090.29	295.14	242.05	183.22
325.14	045.22	093.02	307.32	248.22	185.28
333.20	114.22	094.09	308.09	248.24	186.03
360.02	189.31	103.22	308.13	255.34	186.11
disregarding	338.34	107.01	308.24	305.07	188.27
184.18	distress	107.26	310.04	doings	189.17
186.21	070.29	107.34	310.34	019.17	189.13
disruption	130.14	108.05	314.16	123.35	203.09
031.34	137.01	108.05	319.09	dole	203.34
032.02	147.06	112.10	320.07	253.26	205.31
063.33	161.23	112.29	324.11	259.17	205.34
dissatisfied	176.11	113.07	333.18	doleful	206.30
169.25	184.02	114.20	336.33	207.35	207.15
dissemble	319.16	115.12	338.09	doll	208.35
179.17	343.30	116.14	341.06	359.14	210.24
dissensions	346.07	118.23	342.13	dolls	212.32
009.03	351.02	124.22	346.04	283.06	218.23
	372.04		348.23		220.31

DON'T (continued)

224.13	153.02	323.09	376.16	196.13	dragged
225.18	153.28	323.14	doubted	197.31	063.16
226.03	154.24	324.28	131.05	198.03	071.21
229.20	154.32	325.13	238.24	202.19	213.14
230.24	191.04	329.29	320.11	212.07	359.15
232.32	204.29	331.28	332.21	212.17	dragging
233.26	215.23	331.32	doubtful	212.18	354.11
234.14	216.14	332.07	320.05	213.14	362.25
234.23	233.07	333.01	doubts	213.19	draining
237.07	233.25	333.04	044.34	214.23	185.07
238.08	234.27	334.01	266.06	215.34	drama
238.11	235.23	334.31	279.13	218.30	280.03
239.22	237.16	337.02	down	220.14	290.16
240.04	246.16	337.16	006.30	223.21	334.18
240.24	252.07	338.02	007.21	227.03	338.08
241.15	274.07	339.04	011.19	227.09	dramatized
242.08	274.12	340.21	013.12	242.27	159.09
242.31	274.13	351.05	013.23	243.09	drank
242.33	275.16	351.22	014.04	245.29	066.30
242.34	280.05	352.31	014.28	253.17	215.14
246.09	284.07	355.10	015.19	253.28	217.17
248.05	287.15	358.29	015.24	254.25	218.01
249.29	287.35	359.20	019.08	255.11	272.28
250.23	309.06	359.22	020.13	256.33	287.05
252.31	311.07	362.26	025.11	257.26	298.16
253.32	314.35	363.16	026.26	258.02	draped
255.01	322.29	364.21	027.19	263.16	281.20
255.04	326.32	365.02	035.22	272.28	draught
256.18	334.32	366.21	037.32	280.06	150.08
257.12	335.25	370.19	039.14	281.18	287.06
264.24	342.23	373.02	042.07	283.11	330.13
264.25	354.13	door-handle	043.19	284.27	draw
265.14	356.12	092.32	047.21	286.19	109.22
273.33	357.01	210.01	049.04	293.04	168.11
275.20	357.24	290.10	053.01	296.21	212.17
275.31	358.01	doorbell	055.23	297.09	269.31
275.32	376.01	358.35	056.04	297.11	313.20
276.04	doomed	doors	059.28	299.01	342.20
276.05	150.23	061.20	061.02	299.02	drawer
277.28	330.09	142.06	061.10	299.13	130.34
290.26	355.28	142.07	061.12	306.25	308.25
290.32	door	142.26	061.22	307.06	353.04
291.07	003.06	143.10	061.35	307.16	drawers
292.15	010.28	149.20	063.23	310.03	357.20
292.34	012.19	226.16	064.09	311.13	drawing
308.12	012.27	322.14	064.10	315.05	048.13
308.23	012.30	367.12	065.03	316.24	054.33
310.15	022.03	doorway	065.23	323.08	058.18
316.30	036.32	026.28	066.17	323.17	236.27
317.27	036.33	081.13	066.19	323.28	drawing-back
317.30	039.19	105.12	066.31	324.21	178.01
322.07	040.23	155.24	071.04	326.11	drawing-room
331.14	041.04	165.18	073.21	329.08	103.16
333.17	041.19	201.35	074.05	329.20	109.06
335.08	042.23	209.15	074.14	330.07	116.30
341.01	052.03	211.04	074.29	334.12	136.34
341.22	052.04	211.12	075.06	342.08	157.17
341.23	052.07	310.23	079.17	350.10	209.24
343.31	060.34	326.32	082.04	351.31	227.07
344.20	061.03	359.30	083.04	352.15	317.07
345.02	061.08	360.15	083.09	353.03	332.24
345.18	071.18	377.29	083.16	357.24	334.02
350.19	071.20	dormant	084.08	359.32	350.30
350.20	076.06	290.04	086.27	360.14	drawn
353.30	082.02	353.22	088.33	362.26	061.05
355.13	082.33	double	089.26	364.21	085.05
357.14	084.04	039.19	091.26	364.26	086.02
357.31	092.15	209.23	092.07	365.02	224.32
363.22	097.15	262.03	094.18	365.05	224.35
370.12	097.21	330.14	095.08	365.12	248.18
377.20	104.32	doubt	096.03	365.25	259.01
done'	109.03	003.08	103.02	366.18	322.31
041.28	109.32	006.16	108.14	368.22	dread
done	109.34	013.16	110.08	370.30	023.18
015.01	110.28	023.17	111.16	376.14	031.24
015.23	111.19	045.11	112.06	377.06	033.10
017.30	113.29	049.22	113.05	downcast	070.02
019.15	116.30	059.13	113.14	070.04	171.08
021.15	129.10	066.11	123.05	070.22	194.22
021.18	129.16	079.11	123.23	270.34	275.03
027.25	134.16	085.08	127.09	333.32	285.12
029.10	134.21	092.05	127.23	343.20	297.26
037.07	142.04	098.03	128.21	downfall	299.19
038.31	149.32	114.21	128.29	301.20	349.21
040.08	150.06	124.14	129.30	302.06	dreaded
040.16	155.31	125.04	131.22	downright	083.29
044.03	157.05	126.34	133.11	213.30	295.04
048.30	201.32	127.19	138.24	272.35	dreadful
051.32	209.23	131.05	143.08	downstairs	331.05
051.33	210.14	138.05	143.21	082.03	335.01
052.34	210.34	170.23	143.22	286.15	dreads
054.10	214.16	170.28	143.26	330.03	313.35
054.22	219.20	175.18	144.27	358.08	dream
058.06	221.06	182.11	145.28	359.03	064.13
058.08	223.10	184.04	146.05	370.15	076.18
061.34	227.07	197.05	146.27	downwards	086.16
062.17	227.09	206.24	146.33	187.19	228.01
062.18	286.14	241.08	149.18	195.10	258.14
063.15	286.20	269.30	149.22	dozed	310.30
064.05	292.05	274.21	149.24	086.08	311.02
068.15	299.17	282.28	156.32	312.21	311.08
069.20	315.11	285.27	157.27	dozen	311.18
071.09	315.22	288.05	164.21	224.28	311.20
080.16	315.30	306.31	175.21	311.05	311.21
092.28	316.01	319.30	177.06	dozens	311.28
095.26	317.07	321.33	179.24	002.08	311.31
096.09	319.26	324.33	181.12	097.06	313.12
097.08	321.04	338.24	184.17	drag	dream-intoxication
114.20	321.21	344.18	186.08	035.22	029.12
132.12	322.21	346.20	190.32		dream-like
150.22	322.28	361.14	194.27		086.11

41

dream-talk
162.33
dreamed
086.04
086.08
152.32
dreamily
149.32
166.16
dreaming
254.32
dreams
290.08
293.06
dreamt
298.01
dreariness
327.31
dreary
081.26
352.17
368.10
dregs
208.09
208.10
208.13
208.15
208.17
208.22
dresden
235.15
dress
043.09
099.17
101.16
109.11
117.05
143.08
153.07
175.14
212.05
366.11
369.22
dressed
008.08
027.05
043.02
157.28
286.29
300.01
370.14
dressing-gown
324.20
drew
006.30
054.15
166.34
193.12
225.14
272.30
290.14
297.15
300.06
315.28
326.08
356.35
dried
181.24
257.27
262.20
dried-up
016.15
drift
078.26
365.15
drifts
064.13
drink
149.03
355.19
drinking
025.18
173.08
dripping
352.30
360.10
drive
027.08
027.13
141.33
156.07
157.08
164.22
201.10
235.09
311.03
329.30
driven
006.24
027.14
225.01
225.01
225.03
251.04
265.02
272.24
283.17
364.04
driver
015.33
025.28
026.12
027.09
034.14
036.15
268.22
365.22
drives
313.13
driving
123.18
270.05
272.32
354.06
drone
155.33
drooped
327.25
drooping
294.21
350.12
drop
267.23
267.23
294.29
374.07
dropped
055.03
063.16
076.17
090.12
091.25
110.04
119.02
120.14
127.07
158.31
184.27
214.21
217.12
253.26
262.19
263.09
267.21
274.10
281.10
283.08
287.13
297.16
302.24
306.06
343.33
345.13
347.35
351.14
dropping
075.07
098.15
drops
059.16
dross
118.04
drove
025.01
365.14
365.17
drove'
226.11
drowning
126.05
drowsy
015.25
drumming
066.33
drums
367.06
376.02
drunk
016.23
025.24
026.10
093.35
278.30
drunken
015.07
030.11
057.18
078.02
078.15
094.06
094.11
151.13
271.06
272.31
348.14
drunkenness
026.16
029.11
dry
081.27
115.19
143.19
177.13
178.35
182.24
221.26
225.06
dubiousness
202.04
due
109.01
373.09
duel
226.22
duffer
306.28
309.21
duke
213.28
213.29
dull
014.23
028.15
049.17
056.35
066.24
175.31
284.25
284.25
338.12
364.15
dullness
066.03
dully
050.03
063.34
dumb
069.16
107.28
113.34
122.09
124.26
143.20
225.28
234.01
319.25
352.11
365.16
365.35
dungeon
046.02
duplicity
278.02
duration
031.11
during
049.09
076.32
084.31
087.23
090.07
091.18
197.22
198.12
238.35
272.20
291.09
301.20
300.11
300.24
dusk
012.21
020.15
147.29
243.32
311.29
350.31
duskily
226.11
dust
032.04
209.28
dusted
213.15
duster
109.06
dusty
113.15
143.18
145.11
209.18
223.14
235.23
282.35
359.15
duties
111.03
duty
024.24
056.28
071.14
071.19
305.31
348.23
dvornik
013.28
081.16
254.10
dwarfed
283.12
dwelt
206.11
341.20
361.10
dying
007.24
007.30
019.09
147.04
148.09
199.20
233.23
dynastic
132.20
each
007.35
008.02
015.05
016.33
025.09
026.14
032.19
060.05
064.17
065.28
084.32
093.26
093.35
094.02
106.34
111.01
115.17
117.21
123.29
125.27
129.18
163.07
167.35
170.31
170.32
174.23
203.12
207.20
210.30
212.19
213.04
218.30
240.28
242.05
242.12
256.02
262.18
297.11
306.35
322.20
340.19
342.08
342.20
342.24
366.08
368.18
376.14
eager
262.13
eagerly
230.28
253.07
335.30
eagerness
187.30
eagle
218.13
ear
034.17
061.11
061.30
063.04
097.04
234.18
245.27
263.02
288.06
290.17
322.23
364.14
364.33
earlier
002.09
early
006.27
025.07
066.08
099.31
100.23
109.03
243.25
265.20
277.22
296.17
327.19
329.19
360.33
earned
136.26
earnest
090.24
179.32
241.20
241.24
255.08
280.33
341.12
358.30
earnestly
141.08
160.03
194.04
earnestness
076.09
210.31
291.24
310.15
ears
006.34
011.08
016.18
161.20
191.02
254.30
332.35
367.06
376.03
earshot
247.25
earth
006.15
019.03
020.24
029.28
030.16
080.29
092.10
093.07
102.31
119.17
119.19
121.15
127.13
173.12
196.30
214.09
236.22
277.32
287.03
288.16
288.23
300.13
300.18
311.16
354.34
363.32
372.17
372.26
earth's
064.27
earthly
103.12
203.20
ease
044.35
050.09
141.31
228.29
279.08
279.08
281.01
easier
046.31
115.22
115.26
130.20
152.11
233.09
246.25
348.35
easily
003.29
064.28
103.33
234.01
247.18
268.02
307.12
eastern
342.11
376.34
eastward
120.29
easy
077.04
091.27
099.19
100.09
112.09
112.10
132.18
147.22
159.28
181.12
182.25
280.08
328.13
eat
008.17
058.12
296.32
eating-house
016.05
025.03
027.09
027.23
278.10
278.14
eating-shop
269.02
272.34
ecclesiastical
137.23
echo
104.34
echoed
209.20
243.35
echoes
223.28
eclipse
030.11
economic
283.29
ecstasies
223.34
ecstasy
155.28
346.25
edge
006.32
050.32
123.32
285.19
345.11
354.28
edged
073.05
edified
267.33
edition
123.26
editor
282.17
educate
283.33
283.34
educated
349.03
education
009.11
099.24
educational
058.11
136.20
effect
022.27
044.29
098.05
109.15
111.02
124.25
140.26
142.08
147.07
178.05
181.06
181.09
184.19
186.24
186.25
187.09
210.03
212.03
212.25
217.12
225.07
227.23
228.33
237.33
243.01
294.07
327.29
346.15
effected
220.15
effective
122.15
218.35
219.02
273.23
295.33
efficacy
348.08
effigy
286.32
287.28
effort
016.31
020.17
024.03
024.12
048.29
088.23
092.03
092.22
125.21
126.05
169.10
181.25
194.09
202.11
221.02
231.15
237.04
244.01
244.26
253.01
268.24
269.13
281.15
333.32
347.19
366.04
effortless
126.21
efforts
122.06

effusively
362.28
effusiveness
306.19
egeria
159.19
171.08
202.06
212.02
217.12
227.08
366.30
egging
355.15
eggs
153.20
163.21
163.24
egotist
266.12
eh
011.01
046.33
053.23
081.20
158.13
158.24
227.35
242.30
248.27
254.08
257.04
270.21
280.17
296.32
eighteenth
161.03
161.08
eighty
036.28
either
003.34
023.13
034.06
042.17
075.17
097.18
106.26
146.08
156.15
157.34
160.20
166.01
189.01
206.26
217.22
226.21
247.19
267.24
272.31
282.26
313.10
334.03
340.20
343.04
348.20
ejaculation
227.21
elaborate
096.14
263.03
elaborately
096.22
elapsed
138.19
251.28
elated
076.34
elation
009.17
077.34
306.06
elbow
040.26
056.02
058.26
070.17
088.05
182.01
183.11
184.06
185.25
191.17
206.31
286.26
elbows
045.17
184.28
325.07
329.09
elderly
024.23
143.33
176.31
196.08
315.29
331.29
363.08
eldest
020.30

eleanor
125.04
128.18
158.10
219.27
220.09
220.17
247.30
elector
201.07
electric
245.20
322.12
323.16
327.28
328.26
338.05
electricity
275.35
334.04
elegant
036.08
212.06
element
057.01
197.21
elevate
125.08
elevated
117.28
elevating
123.08
elevation
139.30
165.16
eleven
074.05
091.21
eligible
201.07
elongated
053.05
eloquence
002.35
122.15
282.22
eloquent
226.17
260.19
310.25
else
002.21
019.31
020.08
024.01
030.12
033.19
045.20
048.33
067.14
072.05
081.07
088.23
100.17
120.21
123.29
126.26
132.12
144.22
167.28
187.06
188.13
192.12
194.28
217.05
218.34
224.32
229.16
233.05
233.14
251.05
256.15
258.05
278.24
280.26
292.25
293.21
295.14
310.18
325.05
342.13
354.32
363.14
375.14
eluded
175.22
elusive
288.10
emaciated
112.05
150.02
embarrassed
305.25
embarrassing
110.23
embarrassment
115.02
embassy
312.29
embodied
082.16

082.17
258.34
embowered
140.10
embrace
014.12
064.16
236.29
262.14
303.34
embraced
037.19
311.07
355.31
embraces
037.25
embracing
051.11
emerges
119.32
emigrated
098.26
emissaries
216.07
325.26
emotion
010.25
012.13
036.11
042.09
047.34
052.29
073.23
160.06
169.10
170.07
184.19
234.15
303.32
emotional
008.24
165.14
169.15
174.08
175.17
266.11
355.17
emotionally
174.05
295.02
emotions
167.11
201.11
emperor
160.19
emphasis
011.04
050.10
235.17
emphasized
256.13
emphatic
301.26
emphatically
203.01
employed
043.30
075.24
153.24
369.21
emptied
299.06
emptiness
209.28
322.13
327.29
empty
007.28
075.05
114.02
116.33
141.32
142.06
142.34
155.02
184.22
184.23
197.07
223.28
225.04
245.20
260.16
261.33
294.35
331.01
351.08
351.23
351.24
359.27
365.12
368.12
en'
359.24
enabled
001.05
081.14
355.17
enchantment
007.34
enclosed
026.20

enclosure
300.04
encounter
084.13
encouraged
169.07
169.24
encouragement
231.25
encouraging
012.17
049.32
encumbered
049.28
end
018.07
018.20
024.18
037.24
045.26
047.24
055.30
058.33
066.11
076.01
078.20
080.06
083.11
092.29
100.34
102.07
107.13
118.34
120.02
120.04
121.10
127.10
136.11
148.01
148.01
152.28
157.22
161.23
162.06
164.14
167.06
167.34
174.05
187.17
194.15
198.19
207.29
207.29
216.26
223.14
227.31
231.31
237.12
240.12
242.06
245.11
251.06
260.18
271.29
279.27
280.20
281.22
291.28
291.35
292.05
309.13
311.24
319.10
320.12
321.04
322.10
328.15
331.24
342.22
343.09
343.34
344.06
346.33
350.31
361.22
367.18
377.33
endangered
019.17
304.24
ended
122.15
123.02
162.06
170.29
249.14
266.23
280.19
354.16
356.29
372.13
endless
022.24
030.32
031.01
031.27
120.01
endlessly
294.33
ends
146.22

218.28
271.23
283.31
350.06
endurance
227.28
260.35
endure
175.0.
endured
019.19
enemies
302.05
enemy
073.31
140.15
222.15
272.23
300.30
345.23
energetic
080.03
243.20
energies
224.31
energy
053.14
070.29
199.11
207.23
247.22
enfin'
211.03
engaged
035.20
069.25
156.29
158.11
158.13
231.01
231.09
290.16
317.29
374.07
engendered
140.17
engine
015.15
118.29
engines
014.35
015.03
england
191.28
english
011.20
014.12
041.06
099.13
101.01
112.07
112.10
115.12
117.09
123.25
129.21
138.12
139.15
185.15
185.20
185.22
185.26
185.27
185.30
187.22
193.24
268.04
284.02
324.26
englishman
019.27
021.04
022.32
112.28
161.09
176.12
185.15
195.16
196.08
196.18
196.26
355.17
enigmatical
116.16
138.05
191.24
192.06
208.32
enigmatically
283.03
enjoyment
225.11
enlarged
212.11
268.34
enlightened
033.14
201.07
301.18
enlightening
210.07

enlist
046.33
enormity
325.08
enormous
026.23
064.17
090.19
126.27
128.06
129.09
263.15
265.12
268.33
299.10
322.17
325.17
340.23
359.29
362.35
364.12
enough
003.14
005.19
006.02
014.13
014.15
017.13
023.24
024.17
038.14
058.11
061.29
064.32
066.29
067.17
071.13
082.02
082.08
086.29
089.04
100.26
102.24
108.25
131.26
132.35
136.19
141.21
141.21
148.08
153.01
160.03
166.21
170.15
175.08
176.33
180.13
181.14
183.03
188.02
190.29
192.05
196.09
198.22
204.25
216.25
224.21
225.32
226.05
226.12
228.21
237.20
246.29
257.07
260.25
263.10
264.30
271.20
278.26
279.12
287.19
294.23
295.24
302.25
303.13
303.18
305.06
313.32
324.01
332.04
333.10
338.32
342.28
346.05
353.28
354.04
362.15
370.34
enraged
094.03
298.05
ensconced
215.16
ensued
204.10
enter
033.07
085.16
167.21
187.21
296.32

ENTER (continued)

323.11
entered
023.17
032.13
052.04
054.04
074.19
084.04
092.06
198.14
201.09
209.17
216.01
220.07
309.03
328.10
352.22
359.21
entering
052.09
305.02
324.19
enterprise
023.02
120.23
123.34
307.23
enterprises
253.20
enterprising
108.18
enters
081.32
375.13
entertained
103.14
enthroned
287.28
enthusiasm
002.28
270.27
374.06
enthusiast
029.09
120.23
162.16
252.04
257.31
314.11
enthusiastic
028.17
080.11
349.19
enthusiasts
059.11
216.10
entice
354.28
enticing
343.15
entirely
023.25
094.10
entrance
200.20
200.28
316.07
entreat
127.11
entreated
224.10
318.22
entreating
091.14
205.24
309.29
entreatingly
073.24
entries
002.07
002.08
084.24
entrusted
048.31
089.22
153.14
171.22
180.20
181.30
263.26
entry
353.14
enunciation
361.04
envelope
081.15
081.22
299.25
299.26
312.22
312.26
enveloped
252.23
358.32
envelopes
300.04
envenomed
274.34
envied
024.28
076.11

envious
155.28
enviousness
336.25
envy
112.19
242.17
354.24
enwrapping
028.16
epigrammatic
256.29
episode
088.16
119.13
126.16
164.12
370.22
equable
005.28
equal
078.21
102.32
equalled
247.05
equally
039.27
314.32
equestrian
328.26
equivalent
085.03
equivocal
275.19
era
104.24
140.13
326.29
erect
235.22
318.15
errand
296.35
350.11
errands
264.06
error
033.23
279.03
301.04
errors
097.02
280.29
eruption
032.08
escape
015.22
017.30
018.20
026.32
030.04
037.19
055.18
067.12
068.21
078.16
114.04
118.31
119.11
119.22
123.01
155.12
155.16
162.18
166.09
231.08
246.07
285.08
306.31
344.17
358.22
escaped
062.32
091.35
114.03
160.20
171.11
171.14
172.29
207.06
237.35
274.29
370.26
escaping
019.15
120.35
121.06
234.26
escorted
049.27
223.05
223.18
especially
008.20
117.34
137.05
146.30
233.27
341.18
esprit'
046.23

292.21
essay
009.09
013.10
063.21
essence
297.08
essentially
110.32
181.13
establish
293.23
established
008.11
establishing
368.15
establishment
136.20
157.18
373.02
estimable
077.20
304.10
eternity
055.35
056.33
057.09
103.13
etre'
101.26
europe
005.25
022.29
102.17
117.17
118.11
123.05
123.34
131.24
161.24
182.09
186.18
185.34
302.34
325.31
europe's
202.04
european
205.22
208.03
224.03
283.21
305.10
331.22
europeans
107.21
evanescent
070.31
eve
311.32
even
001.22
003.24
003.27
004.14
005.12
008.25
013.05
016.23
019.01
021.21
022.10
022.26
023.11
030.15
033.18
039.01
041.09
046.18
046.29
047.26
049.04
060.16
062.34
066.05
066.23
066.25
073.05
074.32
075.09
076.10
085.23
086.22
087.30
090.07
090.26
090.33
098.14
100.03
102.02
106.20
108.05
110.25
110.28
111.18
113.20
121.31
124.01
124.25
130.24
135.31

142.15
143.35
144.12
146.28
149.11
150.28
152.10
152.26
153.01
154.34
156.25
161.23
164.03
165.03
165.18
169.11
170.35
171.01
171.08
172.32
174.06
174.09
176.35
177.13
177.30
178.13
181.17
182.11
183.06
189.10
191.19
192.29
195.28
196.02
198.03
201.25
202.16
203.16
204.26
207.02
212.15
213.15
217.28
218.04
222.28
223.19
226.03
228.02
232.32
238.01
239.05
239.26
241.09
242.18
246.03
250.08
250.31
251.10
253.06
255.09
260.11
273.34
280.09
284.02
286.18
287.27
288.09
289.18
292.30
294.04
300.05
305.01
312.04
312.10
312.23
313.22
314.35
316.26
318.06
319.20
320.05
321.16
321.27
323.03
324.27
325.27
326.26
331.14
333.15
339.24
341.27
347.22
349.09
350.21
350.28
353.05
353.13
358.01
359.28
360.14
361.03
367.27
370.13
375.01
evening
014.34
016.08
022.05
038.31
051.02
075.17

084.25
119.05
128.09
128.17
137.01
137.20
148.29
197.25
296.06
305.14
308.30
309.04
313.26
315.03
315.15
317.05
317.16
318.02
327.07
329.19
357.28
358.27
360.28
360.33
370.32
373.07
374.13
evening's
019.17
event
002.10
005.07
036.13
144.06
160.25
191.03
241.29
243.28
events
022.05
037.14
081.30
136.26
ever
001.09
002.34
012.34
016.21
017.15
018.23
019.30
020.23
046.04
048.05
048.30
054.09
057.25
058.35
059.04
067.02
082.06
106.31
109.02
138.28
151.31
156.27
164.10
165.01
170.21
174.31
176.13
180.28
183.08
194.05
206.21
234.06
234.06
249.03
251.14
254.21
265.06
266.27
267.24
269.06
270.09
272.19
274.11
279.09
281.01
287.10
293.14
294.06
295.07
296.11
297.22
302.23
302.24
304.17
308.20
310.12
318.01
318.12
324.25
325.24
336.27
337.05
337.33
339.04
340.08
340.19
345.05

351.08
354.11
355.25
359.14
360.07
ever-present
255.12
everlasting
021.13
093.06
260.34
260.34
everlastingly
073.13
185.13
301.05
every
005.30
013.35
014.25
018.18
030.09
035.23
039.21
043.11
048.11
056.28
064.33
068.10
083.20
085.10
088.21
088.31
089.19
102.21
115.33
132.34
149.07
154.32
164.32
172.04
177.26
183.05
188.29
198.11
202.10
227.01
227.02
239.23
242.24
242.27
245.23
253.21
258.23
267.07
271.12
273.09
274.15
278.25
282.19
283.02
286.18
289.14
296.02
297.06
307.24
308.09
313.04
340.22
350.05
352.20
355.14
355.19
363.31
367.14
374.30
375.12
everybody
018.22
068.25
071.07
071.30
096.02
103.19
127.34
129.23
152.34
205.20
248.25
266.17
267.07
283.34
338.13
360.13
360.34
everybody's
054.18
215.02
everyday
008.24
everything
024.01
031.03
033.12
070.30
086.20
087.23
089.12
095.25
104.06
155.25

EVERYTHING (continued)

169.27	269.15	364.29	050.12	125.13	132.18
182.16	274.01	excitedly	exhaust	126.18	160.08
182.17	279.28	073.16	117.19	127.25	162.01
189.12	306.24	excitement	exhausted	127.26	166.26
189.27	317.01	014.30	086.10	134.28	172.05
201.05	332.29	041.22	110.05	154.28	188.31
208.19	exaggerate	042.17	364.30	233.17	321.13
227.32	140.24	091.34	exhausting	261.21	327.16
229.08	exaggeration	280.17	004.03	306.32	361.29
229.10	102.32	exciting	exhaustion	329.14	361.30
230.08	167.08	286.04	129.32	340.12	explained
232.10	320.04	exclaim	227.23	360.17	099.25
242.05	exaltation	015.32	exhibited	expectancy	105.35
262.28	165.35	exclaimed	123.19	198.02	112.35
273.28	exalted	025.06	exhibition	expectant	133.16
294.06	213.27	034.10	289.18	084.03	136.30
298.35	346.30	040.07	exhorted	213.01	137.31
299.04	354.16	041.21	024.10	296.09	143.24
299.08	examination	045.31	129.14	expectation	144.05
306.02	009.08	048.25	260.04	103.10	144.18
306.35	examine	059.24	exhorting	116.22	157.09
329.17	071.25	067.16	091.13	146.08	185.31
336.34	example	087.03	exile	240.32	193.01
345.29	017.33	115.13	055.33	315.09	198.32
347.25	023.14	156.07	203.25	334.11	230.22
347.34	190.19	166.15	exiled	expectations	278.03
everywhere	280.01	174.03	140.12	347.06	332.03
186.05	exasperated	194.08	287.28	expected	369.02
212.28	187.34	235.30	exiling	003.16	369.35
286.21	264.16	238.16	005.26	009.01	explaining
295.32	exasperating	240.15	exist	014.26	044.01
359.27	043.14	241.28	013.18	016.07	187.26
evidence	exasperation	253.03	104.08	082.33	explanation
001.26	251.12	280.17	111.29	122.19	135.30
273.16	272.18	291.30	122.19	124.16	138.15
evident	280.13	304.03	124.16	154.17	250.22
083.28	339.21	319.06	267.01	156.13	335.17
113.22	exceedingly	320.10	336.28	158.11	explanations
203.21	052.32	324.31	343.06	173.12	047.16
276.13	222.32	336.15	existed	180.27	explanatory
evidently	295.19	348.22	006.06	181.19	091.27
028.18	excellency	366.08	165.01	182.19	explode
049.31	010.15	exclaiming	existence	183.29	063.11
060.20	036.28	040.30	001.10	206.13	exploded
080.32	046.15	176.30	011.27	232.22	007.25
092.27	047.03	202.24	016.34	235.04	210.26
125.13	047.11	exclamation	019.05	239.16	exploit
283.18	048.08	014.07	019.16	240.06	281.04
evil	050.28	025.21	023.08	246.13	371.05
061.17	302.06	186.16	031.21	249.21	explosion
076.07	excellent	196.30	049.02	267.11	007.10
093.06	077.24	231.12	051.17	294.24	007.33
116.06	100.31	284.18	067.13	328.19	008.07
149.06	161.34	315.26	069.02	333.17	015.17
166.19	161.34	exclamatory	074.30	335.06	347.12
192.07	172.32	022.23	075.33	336.01	explosively
203.29	175.19	exclusively	080.27	337.04	092.34
293.06	217.25	302.04	087.19	340.08	275.28
300.33	279.32	exclusiveness	092.01	362.05	exposed
331.05	except	140.24	092.06	expecting	055.17
333.13	007.30	excursion	092.09	013.35	131.32
354.12	015.07	373.33	092.13	041.26	187.15
354.17	028.05	excursions	101.23	076.07	342.11
354.24	090.04	101.08	120.01	121.23	exposing
354.31	096.07	excuse	120.09	133.30	054.11
375.12	133.35	057.26	124.25	137.32	expounder
evil-less	142.17	095.10	133.30	171.29	216.30
322.35	169.28	127.18	137.32	171.35	express
evils	243.31	161.24	187.28	expects	068.22
251.02	259.16	177.27	197.15	232.05	087.21
evocation	285.22	excused	211.22	343.32	292.32
062.15	286.35	059.15	233.19	expedient	353.20
evoked	295.13	149.15	255.22	304.33	expressed
038.03	327.03	169.13	259.22	expelling	006.11
082.26	357.27	excuses	265.04	227.13	014.06
126.28	Exception	096.08	299.09	expense	042.16
208.01	285.28	211.28	307.20	280.34	047.33
209.24	exceptional	execrated	309.28	expensive	050.13
286.05	002.19	006.01	312.12	036.07	138.02
evolution	051.21	execrations	335.15	077.03	140.04
063.31	105.02	372.11	336.25	experience	155.22
ex-cobblers	111.13	executed	342.13	033.07	159.35
216.09	157.34	105.28	353.17	035.09	184.34
ex-guards	167.30	287.35	354.35	051.01	203.08
039.24	252.34	execution	355.22	086.11	291.10
ex-guardsman	342.28	091.23	356.16	110.15	306.24
304.07	exceptionally	091.28	375.26	110.18	330.06
ex-lady	358.05	094.28	existences	131.23	333.01
372.35	358.06	184.03	133.14	145.01	342.18
exact	excesses	302.10	135.05	203.03	342.29
071.05	084.15	executioner	166.35	222.07	346.19
073.08	exchange	070.06	169.21	243.23	expressing
296.02	046.08	264.15	existing	266.01	072.09
300.21	172.26	348.27	294.05	339.31	175.25
301.02	190.16	executions	exists	experienced	expression
exacted	311.04	263.26	104.08	039.25	001.04
259.10	exchanged	exercise	exit	074.32	048.24
exactly	015.11	139.15	156.04	080.25	049.17
002.05	363.19	198.13	exorcised	250.27	070.06
011.21	368.13	301.09	164.34	experiences	084.10
013.14	exchanging	exercised	expanding	137.35	096.05
035.07	015.03	300.17	200.13	368.21	101.04
095.33	325.05	302.11	expanse	experiencing	101.17
096.20	excitable	exerting	064.17	034.35	102.23
162.24	305.03	075.35	expansive	194.21	103.27
164.09	excited	exertion	225.24	experiment	118.09
197.02	007.12	029.18	expansiveness	262.30	124.32
222.05	037.04	091.34	171.02	expert	130.21
226.26	067.18	286.08	expect	253.20	143.34
244.20	216.15	exertions	014.11	explain	146.05
252.34	319.17	025.02	055.29	054.21	146.07
			105.08	132.16	

46 EXPRESSION (continued)

168.09	053.23	038.18	249.35	073.16	faced
180.10	082.28	038.34	250.32	074.02	006.35
202.13	099.34	041.35	254.15	076.28	106.34
228.12	120.01	042.14	254.28	086.04	115.29
235.26	130.01	044.14	255.11	086.15	117.05
239.18	140.27	049.11	255.33	093.24	142.08
244.24	159.10	052.15	256.34	094.18	165.16
256.04	196.23	055.21	257.27	104.18	200.20
261.05	199.12	057.22	257.32	107.06	201.15
270.32	202.25	057.26	258.11	109.15	201.33
284.19	202.28	063.34	262.06	109.24	244.13
290.21	202.34	064.19	262.23	114.01	286.28
298.14	220.12	067.01	266.02	114.01	362.34
313.11	279.18	067.02	269.32	114.27	faces
313.18	288.11	068.21	270.31	115.04	025.17
316.23	316.23	070.05	270.34	117.24	113.29
323.22	360.03	070.17	271.24	119.24	118.05
332.10	extravagance	070.30	271.33	126.13	121.12
351.01	023.09	071.32	274.10	128.06	125.24
353.15	extreme	072.14	275.22	128.19	177.03
expressionless	036.22	073.23	282.08	131.11	207.20
350.13	046.35	074.01	284.34	143.10	216.09
expressions	172.27	075.15	287.24	143.16	294.12
018.24	294.08	078.25	296.20	143.34	311.19
160.20	311.02	079.21	297.10	144.31	332.17
181.15	351.19	082.16	298.11	146.06	facet
expressive	extremely	084.07	299.13	147.26	035.34
116.10	045.05	087.04	299.20	150.02	facial
141.11	086.10	089.09	310.28	150.10	099.22
176.15	157.32	090.14	311.16	152.09	268.27
225.18	158.34	090.19	312.34	162.02	facility
262.21	159.14	093.14	319.04	162.02	032.24
expressly	181.13	093.23	322.22	162.27	facing
285.34	182.25	100.14	323.11	162.28	049.09
expulsion	194.19	101.04	325.29	164.13	123.29
023.22	223.16	101.16	326.03	170.03	258.20
expulsions	243.30	103.05	326.07	175.15	285.20
161.01	295.29	104.02	329.16	178.22	360.15
exquisite	312.18	104.19	329.28	179.11	fact
041.13	316.28	104.31	332.09	180.16	003.18
116.12	345.25	107.07	333.11	182.07	005.08
128.17	extremity	109.16	333.32	184.07	005.15
343.16	044.23	111.31	334.03	185.11	006.03
extend	152.29	112.26	335.03	187.20	006.17
002.08	exuberant	117.02	336.03	189.03	008.28
150.33	004.02	118.07	336.16	194.13	009.13
extended	exult	119.08	337.10	202.23	009.34
010.18	021.16	121.14	337.17	203.07	011.07
050.21	exultation	121.33	338.12	210.12	031.28
055.04	032.29	122.05	339.14	211.13	046.29
086.13	exulted	123.21	340.19	211.27	062.26
139.29	339.06	124.32	340.25	212.04	070.26
158.04	354.18	128.05	341.18	217.22	085.19
205.24	355.31	130.22	342.12	219.19	086.32
212.08	exulting	131.11	343.15	219.31	108.20
213.33	251.16	132.13	343.20	221.33	122.35
215.03	eye	134.16	344.23	230.01	135.19
219.10	003.03	136.33	345.01	231.23	137.27
223.01	007.28	137.20	345.16	235.26	138.12
310.24	108.16	139.09	345.22	237.08	138.13
317.18	136.29	142.13	347.22	243.04	152.25
337.35	181.35	143.17	350.23	245.07	160.12
352.22	249.13	144.31	351.07	247.12	162.17
353.27	297.02	145.35	351.20	251.23	162.18
358.03	297.25	147.30	351.33	252.14	164.28
375.31	305.24	149.32	353.24	252.28	172.21
extending	305.28	153.29	353.28	254.29	180.08
124.01	305.35	154.05	354.27	255.32	181.27
349.25	eyeballs	154.18	354.35	260.30	183.23
extends	029.18	157.29	355.05	262.03	193.07
125.05	212.10	163.18	356.21	265.02	200.30
extensive	eyebrows	164.01	360.23	266.33	204.24
002.15	144.03	165.03	360.23	271.24	207.14
157.19	228.19	169.08	362.13	275.34	213.26
extent	242.15	175.32	363.04	276.07	213.28
313.22	244.10	176.15	363.07	298.26	222.23
extinct	246.19	176.19	365.10	310.24	228.09
112.25	258.35	177.06	365.34	312.22	233.16
181.24	277.34	180.13	366.02	313.18	246.13
extinguished	322.31	180.16	366.19	317.22	260.23
065.31	eyed	183.10	366.12	318.09	268.06
372.19	066.14	185.05	369.28	318.15	269.17
extirpate	eyeing	187.23	372.01	319.32	272.18
218.20	070.34	189.24	372.23	320.23	289.06
218.21	085.29	191.09	372.33	323.23	295.01
219.14	eyelashes	199.28	373.19	326.08	317.32
219.14	100.14	203.07	375.11	329.01	319.29
extirpated	144.03	207.30	375.18	332.11	344.05
219.35	180.15	211.20	376.34	333.08	358.11
220.02	356.21	212.04	face	335.01	370.08
extirpating	eyelids	213.08	003.23	335.24	factory
005.29	064.12	215.17	005.20	335.29	016.22
219.33	064.18	217.15	007.06	338.11	facts
extract	087.04	221.26	008.08	340.15	001.23
150.17	217.13	222.18	016.17	341.26	018.24
extracted	232.08	222.19	018.15	343.14	057.30
214.33	eyes	222.28	024.06	344.24	057.32
extracts	001.01	227.04	025.26	345.16	136.05
069.17	005.21	228.25	026.05	346.19	206.32
extraordinarily	010.26	231.05	030.13	348.11	249.02
212.04	011.20	231.15	030.24	351.18	289.08
extraordinary	016.25	232.24	034.34	352.26	357.27
002.24	016.29	234.07	042.09	363.10	faculties
005.18	020.23	235.21	046.17	364.07	076.01
032.23	021.20	236.01	050.24	364.28	346.24
034.32	028.21	237.05	060.14	365.08	faculty
035.08	029.30	237.08	066.35	365.33	010.16
039.13	030.26	237.28	071.20	366.19	039.21
039.35	034.22	244.03	072.26	369.25	085.15
042.16	035.15	245.06	073.13	371.26	096.16
051.31	037.28	245.17			122.09

FACULTY (continued)

193.11	119.34	176.01	034.34	201.26	196.14
287.12	127.06	fame	039.07	265.04	196.15
faded	138.10	140.11	039.10	276.30	196.15
246.08	242.10	familiar	053.03	fatality	204.20
360.19	243.06	051.05	061.09	081.32	245.30
fading	275.31	051.06	062.32	195.20	267.24
299.11	290.20	051.13	067.17	273.13	275.01
fail	faithful	051.20	066.13	fatally	286.02
119.28	022.19	051.21	075.21	273.10	306.07
280.10	138.17	082.26	088.02	273.12	310.16
372.03	251.06	110.16	098.13	342.20	311.23
failed	301.15	111.27	102.08	fate	311.29
062.27	315.29	129.25	104.32	004.11	340.22
086.04	321.02	164.04	130.05	006.17	347.30
114.07	323.13	206.28	140.19	021.31	349.29
155.08	374.04	243.30	147.19	023.05	366.03
155.12	faithfully	270.01	153.03	024.29	375.13
155.16	086.35	274.19	172.16	034.11	375.13
168.28	fall	290.14	192.30	057.30	375.14
169.34	007.32	291.11	194.26	082.04	feared
198.16	029.03	309.08	198.31	103.06	356.09
203.26	030.27	familiarities	203.32	112.18	fearful
266.24	095.02	051.34	224.21	112.22	032.34
307.18	144.29	familiarity	241.34	126.16	120.30
333.31	168.05	051.04	241.35	132.01	277.24
350.04	184.27	181.12	260.20	150.11	fearfully
351.11	197.04	221.08	275.12	159.14	026.33
367.21	220.14	familiarly	279.01	173.05	211.27
372.33	245.07	202.09	286.20	194.03	fears
failure	256.21	328.05	290.13	254.13	031.21
088.24	344.08	329.09	294.06	267.20	feast
failures	358.31	family	296.17	275.08	053.34
132.25	369.17	008.28	299.04	281.05	feat
faint	fallen	009.06	316.04	302.30	291.13
009.25	007.04	058.09	327.19	fated	feather
036.05	080.18	072.28	328.01	334.20	337.18
060.33	100.25	106.15	329.09	fateful	feather-headed
061.04	105.04	153.10	330.18	360.28	308.03
063.02	126.15	153.16	361.03	father	feature
063.10	150.05	153.22	far-reaching	020.26	101.03
089.27	182.01	159.25	351.02	025.33	118.07
120.11	199.21	217.08	faraway	026.04	180.16
121.29	316.24	220.01	016.34	073.17	230.02
121.32	336.19	220.02	073.28	258.07
145.12	falling	221.11	farewell	134.01	338.16
149.31	006.26	famine	066.29	134.03	featureless
176.21	006.28	219.07	farther	134.04	243.29
176.07	006.34	famine-stricken	015.14	135.02	features
195.11	007.09	073.06	025.19	135.15	003.23
196.13	007.25	255.17	200.08	135.19	052.18
204.02	008.01	304.10	261.14	147.17	099.18
210.19	015.02	famine-struck	261.14	148.05	177.02
222.31	074.31	070.34	369.29	171.24	282.06
222.32	209.18	famished	369.29	205.31	333.01
291.01	243.19	294.20	fascinated	259.06	343.20
322.23	267.22	famous	013.26	274.09	366.01
336.04	269.10	006.05	031.19	282.32	fed
341.20	280.19	025.32	171.16	304.09	228.22
352.13	280.34	134.04	199.03	315.18	274.35
352.14	296.34	216.03	220.05	346.02	feeble
361.11	330.12	276.14	263.16	father's	051.14
364.15	falls	322.32	270.32	354.19	061.05
374.24	094.12	326.19	342.07	fathers	257.19
fainted	127.35	363.01	344.13	019.02	315.20
366.07	128.01	fan-like	356.33	031.31	324.06
fainter	132.22	328.31	fascinating	fathomless	feebly
265.32	false	fanatic	139.19	212.10	291.31
265.32	020.03	032.12	293.29	fatigue	366.06
fainting	031.20	127.04	fascination	165.35	feeding
024.13	034.07	127.05	152.09	333.05	252.03
faintly	070.14	298.06	213.09	fatigues	feel
012.13	073.33	fanatical	fashion	047.08	010.22
041.14	079.32	005.19	036.12	fault	059.05
141.05	079.35	035.22	118.16	095.33	080.31
190.03	089.08	046.07	269.32	240.14	121.05
209.20	093.04	202.14	fashionable	317.22	128.15
286.06	104.10	256.03	011.14	319.24	152.12
296.07	115.21	304.11	036.05	favour	160.08
297.01	213.06	fanaticism	264.16	119.27	167.23
314.12	251.24	022.14	fashioned	137.14	170.07
329.17	255.23	fanatics	022.30	148.03	181.01
352.11	293.23	132.23	fast	162.20	210.20
369.05	303.06	216.11	071.10	167.16	225.16
faintness	305.12	fancied	201.09	222.35	242.01
015.25	305.32	121.03	fasten	241.22	251.06
015.25	323.30	206.09	070.03	favourable	276.06
fair	375.12	262.23	fastened	171.04	280.22
011.19	375.14	fancies	041.35	217.32	289.13
016.28	falsehood	199.30	120.04	favourably	303.29
052.19	020.02	249.01	254.28	176.34	304.14
076.28	031.20	270.34	326.08	270.26	314.15
084.17	034.11	fancy	fastening	302.27	338.35
fairly	099.24	094.14	121.10	favours	352.06
077.16	186.13	131.35	206.15	161.01	357.12
101.34	266.24	157.12	faster	fear	372.13
191.14	345.03	202.27	015.26	005.14	372.16
193.31	355.27	255.24	176.13	024.17	feeling
244.14	355.31	286.12	268.09	044.22	024.09
281.31	363.30	fastidious	044.31	033.08
364.04	falsehood-breeding	318.19	240.17	046.01	036.16
fairness	300.16	369.20	fasting	047.09	040.14
289.09	falsetto	fancying	125.30	067.13	049.03
fait	263.02	293.26	125.30	067.14	050.17
163.18	faltered	fantastic	fat	072.31	050.30
faith	017.20	217.32	262.26	073.34	055.22
019.32	027.18	255.26	263.12	100.32	068.05
031.30	201.12	264.23	263.16	130.20	075.30
032.10	281.18	319.34	fatal	131.26	080.20
035.21	343.31	far	001.14	146.34	091.33
096.29	faltering	002.33	023.35	153.34	102.11
117.15	055.06	028.10	030.01	162.20	108.32

47

48 FEELING (continued)

110.24	361.35	197.06	fetters	266.08	024.15
114.34	362.06	197.20	118.24	fifteen	058.17
115.31	365.04	204.12	118.30	237.23	062.24
121.15	365.14	204.19	121.07	238.08	065.25
139.34	365.16	207.21	121.29	243.10	074.04
156.17	371.32	207.22	122.26	335.28	081.34
159.10	fellow	210.13	fever	fifty	104.11
165.09	015.35	216.01	150.28	014.19	127.17
168.16	019.26	216.25	262.21	028.29	152.05
168.17	027.03	220.06	294.02	259.08	159.28
168.21	030.11	225.27	feverish	fight	182.17
170.02	032.31	227.17	071.10	148.26	192.08
170.19	034.15	235.27	072.25	257.13	192.10
203.18	051.10	239.32	177.34	272.27	193.30
213.02	052.12	248.09	287.31	fighting	210.05
230.04	054.07	253.28	feverishness	028.24	213.26
239.13	057.06	257.18	029.19	figuratively	230.29
246.02	068.09	257.32	few	126.10	236.33
258.28	069.20	261.29	006.04	126.11	244.32
261.11	070.31	262.19	013.15	figure	260.06
261.13	077.15	271.16	021.32	005.20	310.05
277.10	079.28	271.27	022.22	009.35	312.29
286.18	085.33	273.29	032.15	012.21	315.33
294.33	093.29	275.05	035.10	012.26	320.20
304.15	119.06	280.21	043.05	016.27	321.24
309.15	201.03	286.17	046.30	034.31	331.15
312.13	255.19	295.15	053.33	036.08	335.06
314.05	270.02	297.26	055.13	037.22	341.24
314.06	270.07	314.10	059.16	041.12	371.23
339.19	274.21	314.35	077.08	055.04	finding
343.02	279.33	318.30	106.34	070.34	123.03
feelingly	280.05	319.22	122.34	073.06	170.20
307.01	296.23	320.26	134.34	086.02	278.30
feelings	305.18	322.19	137.27	086.13	302.31
008.30	fellow's	331.22	137.29	100.07	finds
022.20	056.24	336.08	139.31	118.11	076.09
105.20	081.03	337.11	150.08	119.32	fine
110.31	272.07	337.31	152.27	120.15	078.01
125.02	309.15	339.10	156.01	123.20	084.17
167.15	fellow-believer	346.18	165.25	138.21	101.16
181.15	174.14	354.04	167.34	143.14	130.07
187.21	fellow-countryman	356.28	170.10	175.14	212.19
207.12	174.14	female	170.34	180.01	260.14
242.27	fellow-revolutionist	301.19	175.01	182.10	282.05
257.08	186.27	feminine	186.24	212.05	282.06
284.21	191.06	119.27	187.05	219.31	288.06
317.29	fellow-student	122.11	187.35	222.27	316.05
340.26	255.14	125.06	188.08	222.28	363.09
347.27	305.01	210.06	197.14	228.20	fineness
361.19	fellow-students	244.07	197.22	235.22	003.23
feels	076.29	244.22	198.16	255.17	finer
064.23	fellows	femininity	201.16	260.31	303.08
257.12	051.03	100.18	201.31	281.19	finger
feet	079.09	129.06	205.13	319.25	231.19
007.25	093.35	210.10	205.14	324.23	285.33
027.07	216.10	feminism	213.13	325.24	350.07
029.33	272.26	162.22	226.26	334.08	finger-tips
037.33	295.25	223.35	233.20	336.16	066.33
039.17	fellowship	239.24	240.01	343.13	128.28
051.20	037.25	feminist	240.20	350.32	189.09
055.12	125.06	129.23	270.25	figures	fingers
066.01	felt	163.28	282.29	157.30	059.30
071.05	009.32	164.11	286.30	327.34	061.27
073.08	011.26	171.08	286.32	file	086.20
074.35	012.08	182.29	301.32	119.02	114.25
107.12	013.09	202.04	306.09	119.03	119.16
122.01	013.19	208.30	307.10	119.14	237.29
122.29	019.16	209.21	308.30	files	242.35
177.22	030.22	210.25	311.12	193.23	276.02
184.16	031.09	213.06	313.28	filial	277.07
187.20	031.33	220.08	315.20	339.31	343.33
201.03	032.29	223.16	322.27	fill	finish
204.14	033.06	226.13	323.33	209.05	200.17
242.25	036.22	280.08	325.05	filled	finished
263.14	039.09	320.19	326.10	076.35	042.12
283.06	042.26	327.34	189.32	097.13
323.27	044.22	feministic	333.08	208.28	136.21
324.22	045.28	216.30	337.15	208.33	147.10
351.14	045.34	feminists	343.07	filling	153.11
359.31	052.10	227.08	347.35	041.10	215.15
365.01	054.23	fence	350.27	filth	233.08
365.19	055.16	329.01	354.09	269.33	239.29
fell	059.31	ferocious	359.31	filthy	300.01
007.30	060.03	269.26	368.13	019.10	336.17
028.02	063.09	282.13	373.31	257.23	finishing
028.22	067.32	314.33	fiacres'	294.28	007.27
036.07	077.10	ferreted	328.09	final	086.26
044.06	078.27	108.19	fibre	141.03	209.07
050.23	080.21	138.11	245.23	266.07	287.30
055.15	083.20	185.30	fiddlers	274.14	fire
061.27	086.21	fertile	077.28	finality	003.26
061.28	087.29	032.08	fidelity	240.35	011.08
064.18	093.22	fervour	005.12	finally	041.06
077.34	099.26	126.27	044.09	272.20	041.07
084.17	109.04	fester	049.03	finance	094.08
118.35	116.13	352.02	232.16	366.28	098.25
129.10	119.24	festive	301.28	finances	221.23
158.03	126.04	009.23	field	147.18	260.16
175.32	132.15	080.18	069.05	148.10	295.12
209.07	132.17	308.02	286.21	148.12	347.23
214.12	136.06	festivity	fiend	148.23	fired
221.08	136.14	076.01	376.17	149.01	251.30
239.04	146.35	fetch	fiendish	149.04	252.09
253.04	147.04	078.20	153.35	149.07	358.22
295.18	153.25	278.29	fierce	149.10	364.16
302.23	156.27	316.32	120.07	151.14	fireman
319.03	177.11	320.12	210.26	153.27	268.05
328.31	184.06	fetched	fiercely	find	fires
333.14	184.32	027.23	189.03	003.16	030.29
351.07	187.18		fierceness	018.21	288.22
356.24	196.13		162.11	023.01	

fireside	297.31	flanked	060.19	flying	230.30
030.25	300.27	201.29	061.28	015.16	302.29
059.03	301.19	flaring	074.22	foam	307.26
firm	312.28	262.02	089.09	195.12	308.01
052.18	320.13	flash	093.28	focus	354.18
056.08	322.02	042.14	103.16	091.04	354.19
128.17	330.27	251.30	117.12	foes	foolish
177.12	332.14	276.01	126.03	001.12	169.28
217.11	333.14	352.13	143.21	fold	255.16
251.15	335.30	358.17	143.26	277.34	foolishly
377.30	340.19	365.08	145.13	folded	031.08
firmly	341.32	365.09	147.12	020.14	fools
036.20	344.13	flashed	149.21	075.07	081.09
056.24	349.27	172.10	150.06	111.33	183.08
120.04	355.03	180.18	150.31	122.04	183.12
239.06	356.30	285.05	151.22	144.30	255.24
254.10	362.04	293.17	155.32	145.15	267.16
292.22	365.23	319.30	209.19	147.14	foolscap
348.12	375.06	flat	213.12	153.30	090.12
firmness	375.22	052.20	223.25	186.30	091.25
050.16	376.12	331.30	272.34	188.10	foot
083.18	first-floor	371.12	282.35	196.32	026.34
109.24	040.24	flattered	296.26	228.06	030.21
151.02	209.22	013.19	298.07	281.10	109.21
239.32	first-fruit	183.05	320.34	368.22	121.14
first	311.30	flattering	322.09	folding	146.04
001.02	fist	044.12	325.04	133.15	180.07
007.33	029.01	flaw	325.34	185.08	201.12
008.15	048.13	105.05	328.25	267.17	201.17
009.27	200.01	flawless	329.11	287.34	227.26
013.06	265.07	209.35	335.04	folds	234.14
016.14	298.26	fled	345.13	244.09	236.22
022.27	299.17	007.29	356.21	248.19	286.34
034.27	fistful	040.31	359.28	259.01	352.30
035.18	308.14	328.15	florid	281.30	360.13
045.30	fit	fleeting	042.13	foliage	370.11
059.02	029.20	061.14	202.07	126.31	footfalls
059.34	030.30	flesh	flounces	330.10	024.21
067.03	049.15	081.35	362.25	folk	183.30
083.04	061.25	083.07	flourish	009.27	185.25
085.12	161.03	104.28	129.04	025.29	223.27
086.29	167.06	113.06	203.28	149.02	footman
091.18	190.14	127.22	flourished	folks	006.25
099.16	202.32	151.04	014.30	148.12	006.31
106.16	235.19	fleshless	029.01	follies	007.05
111.26	264.25	150.02	064.06	293.07	041.04
112.01	316.24	262.20	215.15	follow	footstep
115.05	339.20	fleshy	flourishing	026.19	041.20
119.35	fitful	042.10	117.12	072.20	footsteps
125.14	356.15	flew	flouting	231.03	035.03
132.24	fitness	025.10	256.33	233.28	071.15
134.18	307.21	077.26	flouts	238.05	141.14
143.11	339.14	163.26	245.04	344.07	188.08
143.25	fits	164.22	flow	followed	209.20
145.29	076.02	205.23	032.26	011.17	292.06
145.34	261.03	flickering	085.22	025.32	322.19
150.10	fitted	092.08	152.13	026.27	333.03
155.32	083.24	flies	195.10	074.22	365.16
163.02	208.19	120.17	flowed	084.06	for
168.04	303.09	126.32	111.16	113.27	001.05
171.34	fitting	flight	195.06	123.07	001.12
172.09	059.15	041.13	flower	134.21	002.03
175.32	fittingly	045.22	372.25	148.30	002.06
178.28	339.30	046.19	flower-bed	164.23	002.12
179.06	five	073.15	201.17	176.22	002.35
180.14	063.28	083.04	flower-pots	190.18	003.11
182.16	179.07	145.31	049.28	206.04	003.14
183.28	215.33	160.16	flowers	227.26	003.20
184.02	283.21	201.20	076.19	263.04	003.22
189.29	301.16	223.21	129.01	272.35	004.01
193.04	329.02	272.28	flown	295.14	004.13
201.21	336.20	280.06	042.20	311.22	004.13
204.35	370.09	310.11	fluently	325.15	005.02
206.08	fixed	337.20	082.29	330.30	005.23
211.16	063.35	flights	flung	364.01	006.04
212.02	091.23	012.07	007.22	366.21	006.09
212.15	109.12	359.19	028.26	373.23	006.28
215.35	114.33	flighty	039.19	following	007.17
217.24	144.31	273.02	063.17	076.33	007.30
220.25	157.30	flimsy	073.15	099.04	007.35
222.31	191.09	069.18	075.11	157.05	008.14
223.06	232.24	131.22	150.09	284.23	008.20
223.23	237.08	146.32	170.17	285.25	008.28
226.31	238.25	206.16	203.25	359.18	009.29
230.15	252.23	287.34	272.27	follows	009.29
230.34	270.31	flinch	281.32	091.33	009.30
232.28	284.34	090.25	298.07	folly	010.30
234.09	295.12	flinched	311.12	034.06	011.07
235.13	310.07	276.02	357.22	079.32	012.01
235.18	332.09	fling	365.02	081.06	012.05
236.01	335.03	082.03	flunkeys	081.30	012.12
239.01	336.16	295.19	377.09	191.05	013.09
240.12	360.24	flinging	flush	191.07	014.27
243.18	fixedly	013.13	264.26	208.26	014.31
245.25	365.33	037.20	flushed	246.01	014.32
256.24	fixing	248.06	132.13	250.10	015.07
257.32	060.18	266.35	262.06	250.10	015.19
260.01	306.33	flings	fluttered	275.05	015.31
260.13	fixity	245.04	106.34	275.09	017.12
262.02	130.16	float	121.28	293.25	017.28
263.04	266.08	069.19	fluttering	355.29	018.03
267.10	flags	floating	024.05	food	018.25
268.04	257.34	166.05	274.25	025.13	018.28
272.11	flame	flock	fly		019.25
273.07	061.11	377.06	020.11	fool	019.31
279.21	061.15	floggings	026.16	026.15	020.14
280.30	254.25	045.26	036.16	079.31	021.28
287.32	277.01	floor	041.19	089.07	022.24
293.11	351.34	013.31	201.24	182.21	022.28
295.04	flames	040.28	309.29	182.28	023.26
296.14	365.14	046.35	358.10	221.30	023.27

FOR (continued)

024.03	073.12	117.30	158.30	198.11	256.14
024.06	074.06	117.34	159.16	199.10	258.03
027.01	074.34	119.22	159.18	199.16	258.08
027.05	075.04	119.25	159.30	200.25	258.08
027.25	075.10	120.08	159.33	200.30	258.18
027.26	075.28	120.14	160.26	202.01	258.30
028.05	077.33	120.21	161.03	202.32	259.16
028.13	078.10	120.24	161.03	203.20	259.17
028.20	078.20	121.11	161.20	204.27	259.18
028.24	078.22	123.09	161.20	204.28	259.18
028.29	079.09	123.33	161.24	204.29	260.17
029.10	079.10	123.34	162.09	206.31	261.11
029.16	079.16	124.06	162.12	207.03	262.26
030.08	080.16	124.15	163.01	207.11	262.33
030.30	080.20	124.23	163.16	207.22	262.33
031.10	080.23	125.29	163.19	207.28	264.27
031.20	082.06	125.35	163.20	208.12	265.06
031.29	082.16	126.09	163.22	208.16	265.22
031.31	083.10	126.22	164.10	208.19	265.29
033.03	083.11	126.25	164.30	208.24	266.18
033.03	083.23	126.29	165.01	210.04	268.16
033.05	084.15	127.03	165.08	210.29	268.18
033.12	084.33	128.16	165.09	211.09	268.22
033.16	085.06	128.24	165.25	211.19	270.11
033.16	085.12	129.03	165.33	211.22	270.12
033.23	085.31	129.05	166.23	211.28	271.27
033.29	086.05	129.19	166.26	212.23	272.04
034.11	086.22	129.28	167.13	212.30	272.05
034.27	086.34	129.33	167.29	213.06	272.06
035.02	087.22	130.13	168.25	213.10	272.24
035.13	087.25	130.16	169.30	213.25	272.24
036.10	088.10	132.03	170.06	214.19	272.29
037.09	088.29	132.05	170.21	215.09	273.06
037.10	089.07	133.07	171.04	215.35	273.21
037.15	089.27	134.05	171.22	216.13	273.34
037.15	090.04	134.12	171.27	216.31	274.02
037.19	090.28	134.18	172.04	216.33	274.12
037.29	090.30	135.26	172.06	217.24	274.25
037.33	091.06	136.02	172.28	218.10	274.30
038.20	091.14	136.08	173.30	218.25	274.31
038.30	091.15	136.08	174.01	219.26	274.34
039.32	091.23	136.13	174.05	220.25	275.23
040.34	092.04	136.20	174.07	221.29	276.01
041.09	092.31	136.27	174.09	222.01	276.08
042.25	093.08	137.10	174.18	222.31	276.30
045.25	093.17	137.23	174.22	224.01	277.15
045.28	093.32	137.30	174.33	225.10	278.25
045.30	095.20	137.32	175.03	226.01	278.28
045.33	095.33	138.01	176.19	226.10	278.28
046.04	096.04	139.14	177.28	227.32	279.09
046.30	096.24	139.14	178.03	227.33	279.23
046.30	096.30	139.22	178.03	229.19	279.32
047.10	097.02	139.34	178.09	230.08	279.34
047.15	097.08	140.09	178.16	230.15	280.07
047.26	098.04	140.15	178.23	230.21	280.15
047.31	098.10	140.24	179.02	230.23	280.21
048.30	098.23	140.35	179.17	230.24	280.22
050.03	099.26	141.04	179.18	230.24	281.06
050.13	099.28	141.18	179.31	230.34	281.15
050.23	099.34	141.20	180.08	231.25	281.23
050.29	100.09	141.21	180.14	232.17	281.23
051.18	100.28	141.32	180.23	232.18	282.02
052.10	101.01	142.17	180.31	232.28	282.15
052.11	101.14	142.33	181.07	232.32	282.16
053.34	101.24	143.15	181.22	233.05	282.29
053.35	101.33	143.26	182.17	233.19	282.32
054.09	102.01	144.21	183.23	233.30	283.26
054.24	102.03	144.26	183.30	233.32	283.27
055.22	102.24	144.27	183.32	234.08	283.31
055.26	103.07	145.09	184.10	235.10	284.09
055.32	103.13	145.29	184.20	235.11	284.16
056.22	103.15	145.29	185.03	235.16	284.33
057.10	103.24	146.01	185.18	237.13	285.10
057.15	104.14	146.19	186.06	237.17	285.21
057.16	105.06	146.22	186.26	237.21	285.27
057.35	105.29	146.30	187.27	238.13	286.03
058.16	105.32	147.15	187.28	238.26	286.07
060.14	106.05	147.24	187.35	238.28	286.18
060.18	106.19	148.28	188.05	239.23	286.19
060.19	106.25	148.28	188.07	241.18	286.35
060.20	106.27	149.01	188.33	242.19	287.05
060.25	106.29	149.16	189.31	242.20	287.14
061.01	107.23	149.34	190.20	242.23	287.17
061.30	107.25	150.10	190.28	242.26	287.19
061.32	107.25	150.23	190.34	242.28	288.14
061.35	107.35	150.29	191.26	243.05	288.21
062.31	108.01	151.09	191.29	243.10	289.12
063.02	109.02	151.10	191.31	243.26	289.16
063.22	109.10	151.11	192.16	243.31	290.24
063.35	109.21	151.19	192.18	244.23	290.28
064.02	109.26	151.20	193.11	244.26	291.31
065.01	109.31	151.26	193.15	245.07	292.26
065.03	110.01	152.04	193.17	245.24	293.11
065.04	110.13	152.11	193.20	246.35	293.19
065.07	110.23	152.21	193.27	248.12	293.24
065.16	110.25	153.18	194.04	249.09	293.33
065.21	111.02	153.32	194.11	249.21	294.30
065.28	111.10	154.06	194.21	249.25	295.10
066.16	111.10	154.12	194.25	249.29	295.13
066.32	111.14	155.23	195.05	250.08	296.13
068.09	111.30	155.27	195.27	250.09	296.18
068.11	112.11	156.03	196.15	251.14	297.09
068.13	112.25	156.04	196.16	251.14	297.14
069.02	114.28	156.10	196.16	252.02	297.22
069.04	114.55	156.29	196.19	252.05	297.26
069.11	115.03	157.03	196.28	252.10	297.34
069.13	115.22	157.17	196.34	252.11	298.09
070.03	115.28	157.18	197.14	252.12	298.21
071.06	116.22	157.20	197.21	255.07	298.33
072.30	116.25	157.25	197.29	255.28	299.15
073.03	117.08	158.14	198.05	255.35	299.18

FOR (continued)   UNDER WESTERN EYES   51

		361.21	forgetting	fortnight	366.31
300.03	348.07	forces	350.27	111.22	founded
300.15	348.30	075.31	forgive	116.26	159.08
300.20	349.33	087.19	009.25	367.10	fountain
300.34	350.15	161.07	171.01	fortress	287.22
301.31	350.18	352.14	194.06	018.30	four
301.34	351.08	forcible	356.06	068.05	012.07
302.24	352.01	188.02	forgiven	071.17	012.18
303.14	352.23	224.15	056.18	072.18	075.07
303.18	352.23	361.04	348.18	083.23	078.33
304.18	353.32	forcibly	forgiveness	091.12	090.06
305.09	353.33	094.05	375.29	fortresses	090.07
305.27	354.11	forcing	forgot	118.19	091.23
306.15	354.16	181.11	009.17	fortunate	091.31
306.18	354.21	354.15	251.18	165.24	092.05
306.27	355.25	fore-knowledge	288.08	307.05	100.34
307.27	355.32	103.25	302.23	fortunately	101.06
307.29	356.06	forearm	forgotten	162.28	149.34
307.30	356.13	177.16	046.04	fortune	172.29
308.25	356.19	forebodings	046.10	166.19	214.24
308.30	357.06	103.08	123.14	377.02	265.23
309.18	357.20	193.07	165.33	forty	283.21
309.34	357.27	forefinger	232.33	032.32	286.10
310.02	358.05	088.07	283.02	081.29	289.01
310.07	358.12	310.25	285.07	forward	330.32
310.27	358.22	forehead	297.19	025.01	332.11
311.14	358.27	016.27	297.20	027.35	338.07
312.11	359.08	031.33	298.19	035.15	342.09
312.23	360.24	052.18	302.22	040.29	364.19
312.25	361.02	057.23	309.28	059.22	four-and-twenty
312.28	361.04	059.27	310.26	060.30	069.08
313.02	362.29	084.19	326.26	061.07	four-footed
313.02	363.06	085.11	326.27	067.09	269.32
313.29	364.12	129.27	326.34	067.10	four-square
313.35	366.26	143.19	337.04	067.15	026.22
313.35	367.07	169.02	342.14	068.11	fraction
314.01	367.11	189.09	343.05	068.32	086.05
314.04	368.18	220.19	348.29	083.01	251.28
314.07	369.01	227.13	355.22	086.18	fragile
314.13	369.14	245.18	356.15	090.08	127.09
314.27	370.05	254.31	fork	090.09	frail
315.07	370.09	295.16	276.31	092.21	037.33
315.25	370.31	356.22	forlorn	104.25	frame
316.01	371.25	356.22	215.23	129.20	222.09
316.33	372.02	foreign	315.15	136.09	framed
316.35	372.08	087.34	347.10	148.17	090.35
317.01	372.15	094.01	form	148.18	112.02
317.09	372.32	094.02	001.10	161.16	139.24
317.12	373.17	169.27	002.05	161.18	201.35
317.24	373.30	176.33	002.10	180.03	219.31
318.02	374.14	183.05	003.13	198.31	351.06
318.06	374.22	199.20	027.04	262.04	framing
319.28	374.23	205.26	032.17	264.29	284.29
321.02	375.06	249.04	056.26	276.29	france
321.09	375.14	255.16	064.25	281.11	146.29
321.17	376.09	288.15	065.14	299.28	frank
321.17	377.07	foreign-bred	077.24	323.21	139.09
321.18	377.19	208.22	086.35	334.08	178.06
321.25	377.22	foreigner	087.01	335.18	180.03
321.34	377.30	176.32	091.22	342.33	181.14
322.17	forbearance	182.19	104.12	350.03	189.25
322.22	104.29	187.14	104.26	350.09	199.28
322.27	forbid	foreknowledge	108.35	362.04	225.23
323.03	072.35	103.24	121.01	365.04	340.27
323.32	145.33	160.30	121.01	372.09	343.17
324.09	250.05	forenoon	204.34	forwards	frankly
324.17	forbidden	103.04	289.24	176.20	325.08
324.18	004.12	foresaw	349.24	foster	337.02
325.11	086.02	355.20	360.26	305.12	346.27
325.13	086.03	foresee	formality	fought	frankness
326.06	086.26	081.31	099.16	015.23	116.11
326.09	299.08	foreseen	202.06	377.07	165.06
327.03	force	154.22	formally	found	207.20
327.32	001.21	256.19	155.33	008.09	299.07
328.03	019.21	276.34	256.09	010.09	frantic
328.17	022.14	277.03	formed	016.07	290.07
329.10	056.11	279.13	063.23	055.27	fraud
329.11	086.03	311.02	313.25	064.30	136.01
329.13	089.13	316.17	former	103.27	136.03
330.05	098.17	332.08	192.27	111.24	fraught
331.09	127.12	forest	302.13	113.21	285.09
331.30	127.17	121.19	formerly	114.27	fray
334.32	192.23	forests	244.16	121.35	009.04
335.07	194.23	031.01	295.26	126.01	frayed
335.08	195.13	117.16	305.16	133.07	144.01
336.20	196.33	119.22	formidable	135.30	214.17
336.30	210.08	120.01	084.02	142.05	329.08
337.23	220.05	125.34	forms	151.06	free
338.08	225.13	foretold	102.25	152.28	027.11
338.23	225.15	158.02	formula	153.08	081.12
339.03	227.13	forgave	003.13	158.32	096.18
339.04	235.34	109.19	formulated	162.26	101.02
339.09	251.32	forget	210.34	164.24	105.15
340.07	257.31	019.05	227.20	180.21	118.35
341.20	266.05	021.07	formulating	182.25	121.13
342.19	283.22	047.09	197.03	184.07	270.28
342.25	297.35	095.05	211.28	249.26	291.28
342.27	347.20	111.07	fort	263.28	344.32
342.28	350.07	126.17	292.21	271.14	363.30
342.34	351.01	167.18	forth	273.28	372.02
343.06	351.10	171.01	110.31	276.25	free-living
343.12	371.02	233.27	125.34	287.09	270.02
344.16	forced	290.26	296.34	295.09	freed
344.23	003.05	316.29	313.13	296.28	234.21
344.27	036.26	335.34	forthcoming	315.14	356.34
345.26	176.21	341.01	009.08	315.19	freedom
346.17	183.19	341.22	fortitude	320.22	005.11
346.29	183.20	345.01	168.29	322.20	005.19
346.34	221.30	371.30	168.31	325.27	022.11
347.34	250.26	forgetful	252.34	358.28	053.24
348.01	341.32	092.12	314.08	360.27	053.34

FREEDOM (continued)

065.13	332.29	015.17	134.07	221.04	296.17
082.07	341.13	018.06	134.11	221.33	297.18
103.08	342.16	019.06	135.12	223.06	298.26
104.12	346.31	019.28	136.17	224.15	300.09
120.27	355.15	020.35	137.12	226.21	302.19
125.21	friend's	021.03	137.29	226.31	304.15
138.08	317.14	023.22	138.23	227.03	304.15
202.07	friendliness	024.01	138.27	228.01	304.19
246.08	011.26	025.25	140.19	228.03	304.27
275.06	105.25	025.32	140.33	229.06	304.32
342.18	180.22	026.10	141.26	230.10	305.09
freeing	friendly	026.12	142.25	231.08	308.06
209.01	016.15	027.11	143.02	231.21	308.10
293.14	043.15	028.26	143.07	231.27	309.14
freely	116.13	029.27	143.14	233.15	312.12
240.26	139.09	030.11	143.27	233.18	312.33
freeze	147.27	031.27	145.28	235.03	312.34
146.25	179.32	033.11	146.34	235.15	313.21
french	204.04	035.25	147.12	236.10	314.14
043.08	276.12	037.19	147.19	236.14	316.24
087.33	281.30	038.28	147.20	236.16	317.23
099.15	345.26	042.01	147.21	236.17	317.26
101.05	373.31	044.22	147.29	236.18	317.32
101.26	friends	045.22	147.30	236.21	318.07
103.27	018.35	046.21	147.31	236.24	319.13
108.29	035.17	047.24	148.01	236.30	320.12
142.20	100.31	049.17	148.13	236.33	320.35
164.18	105.07	053.03	150.18	236.34	321.08
169.15	113.07	054.06	151.28	237.14	321.12
217.24	113.09	055.33	151.32	237.15	323.10
223.02	137.28	058.07	154.28	238.20	324.28
317.08	152.30	058.20	155.03	238.34	325.12
366.05	186.23	059.07	155.09	239.11	327.13
366.15	186.26	059.11	155.31	240.11	327.25
frequency	269.18	060.13	156.07	241.34	328.01
002.19	302.05	060.31	157.07	243.19	328.32
frequent	friendship	061.14	160.12	245.27	329.24
315.17	101.09	062.26	160.16	245.28	330.07
frequented	124.23	064.09	160.27	249.03	330.10
192.14	132.11	064.13	161.14	249.33	331.03
209.25	133.33	065.16	163.02	250.13	331.17
frequenting	165.08	066.05	163.12	250.24	331.21
276.17	170.05	066.05	164.26	251.23	337.20
frequently	170.28	066.07	164.30	252.27	340.08
066.30	315.17	066.14	165.17	255.14	340.12
089.30	fright	071.17	165.18	257.32	340.13
101.07	054.35	074.10	166.18	259.10	340.24
136.29	060.13	074.32	166.19	259.31	342.10
155.34	085.27	075.21	166.20	261.12	342.25
fresh	206.22	076.26	167.11	261.12	343.09
175.15	frighten	077.17	168.03	263.10	343.33
200.15	010.24	078.17	168.12	263.12	344.13
200.24	frightened	079.25	169.26	265.16	344.14
212.06	052.31	079.30	170.22	265.30	344.30
266.28	055.10	081.16	170.25	267.09	344.30
326.13	057.05	081.24	171.23	267.24	345.33
fretting	110.25	081.29	171.24	267.27	346.16
106.04	171.16	083.17	172.16	267.29	347.02
113.32	214.23	083.29	172.19	268.06	347.34
friend	230.07	090.26	172.33	269.17	348.19
099.07	313.31	091.16	173.05	269.34	348.21
106.28	346.09	091.24	174.28	271.15	350.12
107.29	376.29	093.03	176.06	272.30	350.16
115.21	frightful	094.10	176.06	274.03	350.26
117.09	148.18	095.03	178.17	274.31	350.30
133.19	220.03	096.33	179.04	275.01	352.01
133.30	334.26	099.06	180.07	275.02	352.24
134.13	frightfully	101.04	182.06	275.06	352.30
134.32	109.25	101.32	183.28	275.23	354.03
135.02	160.29	102.05	184.08	276.08	354.22
135.13	frigid	102.21	184.24	276.21	354.25
135.25	014.12	103.03	184.34	276.24	354.32
136.03	fringed	103.08	185.01	277.14	355.02
140.32	180.15	105.31	185.17	277.17	355.23
146.27	frivolity	106.05	186.01	279.01	356.10
156.25	124.04	107.12	188.27	279.21	356.11
156.27	248.03	108.14	188.29	280.09	356.25
160.10	frivolous	108.15	190.18	280.23	356.25
160.22	036.10	108.22	191.13	281.08	356.25
160.34	248.06	109.02	191.28	281.12	356.34
161.17	fro	109.21	191.28	281.26	357.03
162.03	147.03	111.34	193.03	281.30	357.22
162.23	288.03	112.03	193.07	282.31	358.06
164.27	294.15	112.22	194.10	283.11	358.20
167.30	311.27	114.13	194.32	283.12	358.23
168.33	frock-coat	115.31	196.29	283.29	359.15
178.26	160.05	116.27	197.09	284.21	359.19
183.26	202.03	116.33	197.12	284.33	359.32
187.06	from	119.32	198.08	285.08	359.33
187.07	002.06	120.05	199.14	285.25	360.12
190.28	002.31	120.27	199.15	286.21	360.19
191.28	002.33	121.29	200.05	288.22	360.32
199.21	003.08	122.02	202.15	288.24	361.31
202.20	003.09	122.35	202.24	289.07	362.03
205.26	003.20	124.08	203.10	289.10	362.15
222.13	003.34	124.29	207.29	290.31	362.23
244.21	003.35	125.10	207.30	291.14	363.30
266.15	004.29	125.19	207.33	292.04	363.30
270.09	004.32	126.03	209.18	293.15	365.11
272.04	005.30	127.25	210.07	293.26	367.01
275.21	006.07	128.01	212.13	294.03	367.24
283.32	006.01	128.09	214.01	294.03	368.03
292.33	009.01	128.10	214.02	294.06	369.22
293.01	009.01	130.05	214.24	294.20	369.29
302.13	009.03	130.19	214.27	294.31	370.24
308.08	009.04	130.33	214.33	295.19	371.12
313.07	009.05	132.04	215.03	295.20	372.25
316.04	011.13	132.30	216.06	295.35	373.10
319.14	013.04	133.05	219.24	296.03	373.18
319.19	013.29	133.28	220.15	296.08	373.31
327.10	014.34	134.01	220.32	296.15	373.33

FROM (continued)   UNDER WESTERN EYES   53

374.08	function	338.33	gateway	gem	generous
374.34	282.33	346.26	007.20	209.34	088.30
376.21	functionary	348.34	040.24	gendarme	147.16
376.30	291.33	366.16	051.14	062.17	172.26
377.06	292.09	gabbling	062.06	071.19	189.25
front	functions	271.07	147.25	081.17	191.08
011.23	075.33	gain	331.27	gendarmes	341.25
038.33	fund	367.21	gather	040.23	361.16
132.22	353.32	gained	002.25	090.32	generously
138.20	fundamentally	312.15	076.19	153.15	343.19
141.35	347.13	320.23	372.17	263.24	geneva
142.04	funeral	357.30	gathered	265.12	002.13
144.30	367.10	gait	368.20	326.01	099.07
145.15	368.02	166.05	gathering	363.02	105.16
149.32	funereal	176.02	144.32	376.26	116.27
157.08	201.30	gallant	358.25	general	118.10
198.02	funny	039.26	gatherings	023.17	123.17
200.12	292.24	galloped	013.04	023.18	133.23
205.23	fur	008.05	018.27	040.19	134.05
287.21	011.21	gallows	113.26	040.35	161.19
333.09	036.07	005.27	305.18	042.04	163.01
362.34	074.14	110.20	gaunt	042.07	164.31
365.26	092.07	galvanized	071.26	042.12	174.01
frontier	107.06	213.05	072.16	042.27	174.09
153.13	149.13	220.04	073.06	042.31	178.29
263.20	229.14	game	274.26	043.01	192.17
307.14	furious	196.28	gave	043.05	193.05
fronts	290.06	256.18	021.32	043.20	193.09
352.11	294.33	275.32	036.31	043.27	201.25
frost	294.34	280.30	039.13	043.30	202.30
011.23	314.32	280.32	054.11	043.33	218.11
067.35	furiously	310.13	054.13	044.08	304.18
frost-nipped	016.20	gaping	062.27	044.19	311.21
070.34	080.29	263.33	087.07	044.24	317.15
frosty	273.13	garden	091.32	045.01	320.12
240.05	furnish	105.24	100.07	045.04	339.10
frown	072.18	107.14	101.09	045.11	339.23
169.01	furnished	150.13	111.32	045.17	343.09
176.22	122.31	171.31	130.18	045.30	373.17
176.28	301.17	171.34	140.02	046.12	376.21
244.09	323.15	176.12	151.02	046.21	genius
250.35	326.33	202.29	163.11	046.24	120.08
259.02	furnishing	220.35	197.24	047.05	122.30
269.31	255.25	221.01	204.01	047.19	128.17
frowned	furniture	241.07	208.31	047.35	144.14
156.09	213.13	264.25	209.29	048.07	152.09
243.03	285.13	286.32	210.12	048.10	214.09
frowning	371.11	287.13	211.12	048.17	274.30
042.05	furrowed	330.08	215.26	048.22	geniuses
244.24	145.19	333.24	215.31	048.35	144.22
310.29	furry	337.34	221.09	049.09	gentle
frozen	225.18	347.31	221.14	049.15	043.30
031.01	furs	gardens	221.27	049.34	047.06
311.16	039.17	105.09	228.01	055.02	099.20
fruitful	further	124.11	238.30	068.14	111.31
293.09	089.22	326.09	250.21	071.24	259.24
fugitive	091.04	355.03	253.34	082.13	289.25
123.24	123.03	garment	258.27	082.15	329.16
123.26	182.04	069.18	266.33	083.14	363.08
124.07	276.03	garret	277.24	083.22	gentleman
166.08	284.04	150.04	303.32	083.28	025.23
202.14	292.14	garrets	307.33	084.13	026.28
209.25	355.27	213.14	311.01	085.02	039.08
216.08	fury	garrulously	327.07	090.22	047.32
fugitive's	027.29	026.07	332.06	090.35	074.13
224.16	023.04	gas	337.07	091.33	106.28
full	159.26	330.10	343.30	095.12	130.19
021.19	284.26	334.03	346.10	161.12	272.15
037.22	311.23	gaslight	355.31	186.05	272.25
054.27	364.17	254.23	363.24	186.09	274.16
055.04	fussy	gasp	368.24	212.27	321.23
057.10	196.07	175.27	373.03	239.23	331.31
073.32	futile	gasped	375.08	289.22	332.06
084.16	110.35	040.14	376.25	298.11	332.16
087.22	116.27	169.34	gaze	302.11	332.22
091.15	140.25	gasps	039.22	302.14	373.16
100.07	206.01	266.20	060.18	302.34	gentlemen
106.25	256.18	gate	072.16	306.04	025.29
126.18	futility	013.29	084.08	361.23	059.08
126.32	312.09	016.10	085.30	general's	291.19
137.25	future	083.18	087.05	041.02	363.18
142.30	006.27	106.27	092.22	041.32	gently
164.01	011.07	108.03	096.05	048.27	054.04
169.08	020.08	136.22	112.26	049.17	103.25
205.25	032.10	191.22	145.16	062.08	110.08
217.16	033.17	200.25	165.07	generality	112.20
240.17	043.05	206.16	176.18	177.03	144.04
257.33	049.32	234.33	180.13	generally	149.10
264.20	050.12	239.32	210.11	009.34	165.02
265.13	059.08	245.15	215.13	032.24	204.21
282.04	068.32	247.24	238.25	099.25	227.16
302.15	075.27	249.32	246.06	105.27	239.31
311.10	075.28	251.32	265.28	123.09	360.12
327.16	081.11	253.15	266.08	180.17	genuine
336.11	092.01	261.23	gazed	241.11	208.20
353.20	092.06	261.33	055.21	273.17	275.12
359.27	099.34	265.17	057.03	278.18	german
fullness	101.23	266.31	063.34	283.04	051.07
022.08	111.10	267.19	073.21	generals	087.33
181.08	114.17	366.12	173.10	011.28	142.20
fully	125.22	gateaux'	175.26	generation	281.34
027.05	162.33	214.28	332.27	005.32	312.26
196.09	187.28	gates	gazing	137.35	315.29
203.07	205.25	107.14	034.34	262.17	321.22
271.32	250.13	172.34	061.09	314.10	germans
fumblingly	280.03	175.26	084.31	generosity	217.06
061.24	291.25	198.15	143.06	002.32	germany
fumes	309.02	200.04	149.31	013.17	153.22
266.24	309.23	231.35	246.23	355.04	376.20
fun	312.07	265.24	294.19		germinates
077.29	314.15		351.16		032.06

gesticulate	246.15	032.21	035.02	glazed	gnawing
157.26	269.03	035.12	037.31	064.18	041.17
gesticulating	336.08	050.17	049.13	214.32	go
365.31	ghosts	054.28	064.06	gleam	018.02
gesture	209.24	055.28	084.03	028.20	018.11
035.28	215.25	058.11	100.18	212.09	019.24
072.11	ghoul	073.28	101.29	249.35	020.01
085.35	298.31	081.19	104.18	257.26	020.21
094.20	ghoulishly	082.07	117.02	329.03	021.02
214.11	215.06	101.22	141.09	gleaming	022.35
264.12	ghouls	101.23	141.19	012.21	024.03
265.30	251.03	108.25	179.32	123.21	027.12
266.23	giddiness	110.35	181.31	254.24	030.20
268.25	074.33	119.23	204.01	gleams	035.30
351.01	gift	130.25	207.30	084.18	036.32
gestures	049.23	131.14	209.31	glee	036.34
076.35	119.26	134.33	213.35	367.02	059.10
205.13	129.05	136.20	235.13	gleeful	059.31
334.22	216.35	146.22	237.28	364.29	062.22
get	gifted	153.01	244.03	glided	062.24
005.01	140.19	174.04	250.21	024.04	068.13
011.17	gifts	174.15	256.34	050.31	068.29
014.16	001.04	181.25	260.31	254.13	075.32
016.11	001.09	204.25	261.23	311.16	078.29
017.08	gigantic	224.24	277.35	gliding	080.08
019.27	199.23	224.26	296.21	180.02	092.15
024.35	gilt	225.10	298.05	glimmer	092.32
026.14	209.27	250.15	317.07	061.15	093.33
029.34	girl	256.08	322.35	glimmering	097.17
037.04	020.22	279.02	325.15	061.10	098.23
038.16	100.34	285.01	329.13	glimmers	099.12
056.14	113.17	292.35	329.35	051.14	099.32
060.03	114.29	298.30	333.14	glimpse	100.35
060.31	116.14	306.30	334.34	038.01	109.35
062.10	119.05	308.11	340.20	279.03	113.32
066.12	119.24	309.25	342.07	301.22	115.06
077.33	127.31	316.06	344.02	306.10	130.03
078.04	130.26	330.01	glanced	313.21	131.27
078.08	137.33	334.23	061.02	316.26	131.28
078.16	140.28	340.07	056.19	320.22	132.18
079.13	141.22	341.21	086.27	325.23	134.23
089.16	143.02	345.04	088.33	325.33	137.26
093.35	143.15	345.16	089.26	325.33	142.29
094.07	147.28	345.29	091.26	334.20	146.01
110.34	162.05	372.09	096.03	334.30	147.34
119.21	162.20	given	131.21	359.30	148.16
144.28	164.32	006.19	147.09	376.08	151.08
151.21	164.35	009.01	149.20	glimpsed	151.18
156.34	169.15	032.35	155.14	120.15	152.34
158.22	169.20	035.28	174.25	glimpses	153.03
170.22	172.22	052.31	175.21	126.30	156.33
192.19	174.08	085.07	176.20	165.21	159.34
206.15	175.11	089.08	194.16	glistening	172.26
209.12	176.17	099.01	202.22	319.04	174.24
227.13	179.12	109.25	211.08	352.09	179.06
230.28	181.14	119.04	266.30	glitter	179.21
234.20	181.21	124.14	293.04	275.22	184.15
238.17	182.20	174.06	306.25	301.04	186.08
238.22	182.21	176.16	307.06	glittering	187.08
240.27	183.26	176.27	307.16	173.09	188.12
256.27	189.25	185.30	glances	200.15	190.22
256.31	195.18	231.24	113.25	215.04	208.12
266.03	220.20	241.26	287.25	220.04	209.10
266.01	220.22	245.22	338.16	235.22	216.11
273.11	221.07	256.30	356.27	323.11	223.05
280.08	226.30	267.03	363.19	gloated	227.24
284.35	229.21	267.11	glancing	355.11	242.20
291.12	229.22	270.07	028.32	gloom	242.20
299.18	229.27	276.15	056.04	026.33	253.28
308.28	230.09	279.11	106.14	028.10	256.03
310.01	234.12	308.14	145.05	229.25	256.15
330.20	254.11	308.18	199.30	334.06	260.03
336.31	260.11	314.31	212.33	gloomily	264.05
345.31	296.31	319.34	296.27	021.24	266.16
363.22	299.16	325.25	302.17	191.32	276.09
376.27	314.26	325.31	glare	221.01	284.05
gets	317.10	336.32	351.06	247.10	290.10
018.07	325.32	340.31	glaring	300.02	293.19
129.31	336.17	354.17	230.01	gloomy	295.09
getting	342.28	356.09	342.09	044.17	295.13
007.14	344.24	371.01	glass	072.26	295.25
050.20	359.28	374.18	121.24	088.35	296.16
078.01	363.23	gives	173.09	206.20	298.22
078.13	372.23	304.34	185.07	207.34	310.15
079.08	375.22	giving	209.18	209.13	310.17
087.25	377.13	045.30	211.28	243.27	313.08
090.01	377.20	079.28	214.24	311.05	315.30
107.30	girl's	129.04	215.15	342.29	320.02
120.06	115.27	130.14	215.27	glories	320.35
137.12	167.15	255.12	266.29	011.31	321.06
155.09	girl-friends	262.21	287.05	220.28	321.11
215.34	101.19	288.11	311.12	glorious	321.11
272.05	girlish	344.04	glass-case	139.18	321.13
281.08	143.33	357.08	265.22	252.29	322.02
286.08	girls	glad	glasses	glory	322.05
304.15	003.07	013.20	026.02	139.23	333.02
321.08	011.18	029.07	117.11	139.32	334.33
359.32	011.26	029.17	118.08	glossy	346.03
369.28	011.28	052.29	125.15	088.13	349.16
371.07	080.08	120.19	158.06	210.11	349.17
374.30	136.20	125.13	202.08	223.16	349.18
ghastly	282.28	129.29	206.08	glove	350.19
216.04	362.23	139.21	210.32	175.07	351.05
218.30	girt	139.34	283.02	177.35	351.33
221.05	126.35	190.26	324.24	glow	354.03
ghost	give	230.27	325.17	011.26	356.30
124.26	009.19	316.09	glassy	029.18	357.07
208.01	019.07	316.28	215.13	gnashing	359.03
244.24	019.24	316.31	glassy-eyed	014.14	362.19
244.32	027.33	glance	159.19	gnawed	363.17
246.11	027.33	024.28		276.23	365.26

GO (continued)

366.25	326.11	198.07	208.33	granted	049.13
369.03	327.19	202.20	216.27	300.15	049.23
375.03	329.23	216.13	219.09	300.15	052.29
375.18	329.31	219.18	219.18	327.32	062.18
goad	332.05	232.19	229.06	grapple	069.06
217.02	333.18	234.05	232.14	353.09	071.15
goatee	333.30	237.13	242.27	grasp	076.35
238.19	341.30	240.28	252.08	028.27	077.02
323.21	341.31	243.06	257.12	032.31	085.22
325.09	342.05	244.06	263.30	050.23	088.32
god	345.28	246.33	270.05	175.22	089.34
006.11	354.08	257.13	272.08	226.11	091.34
007.17	359.26	257.34	272.27	303.21	091.34
020.22	364.01	258.11	273.08	grasped	097.14
020.27	365.05	261.17	274.17	291.23	099.34
020.32	368.05	266.15	283.10	grass	107.14
021.01	goings	276.18	283.32	121.18	110.27
022.01	242.26	286.17	288.03	139.24	113.25
049.06	gold	305.30	292.05	201.32	117.17
062.23	088.07	309.26	294.05	grass-plot	117.24
089.01	139.08	315.02	294.31	141.33	118.21
137.11	155.31	322.03	296.26	235.10	119.35
145.33	223.12	327.03	298.22	236.02	123.06
250.05	gold-laced	354.25	298.27	grate	125.17
274.07	005.20	362.15	298.32	041.06	126.21
274.11	gone	369.18	299.03	grateful	127.20
274.12	024.11	369.35	299.03	086.22	128.29
291.25	025.08	370.06	303.20	110.23	129.24
292.11	029.20	370.27	319.17	170.06	136.07
346.03	046.33	374.02	323.01	177.27	140.20
365.19	051.04	good-bye	323.28	337.22	146.18
god's	055.11	015.12	328.21	gratification	150.16
021.18	056.08	134.20	330.34	067.10	150.32
032.01	061.06	234.14	344.14	067.11	154.25
077.19	066.26	261.25	352.28	grating	155.31
078.10	073.19	284.09	358.12	211.01	160.07
309.35	076.19	291.17	377.27	gratingly	163.28
goes	081.25	292.03	gouty	182.14	164.08
014.07	084.28	309.31	010.02	gratitude	164.09
051.35	119.17	371.33	039.17	040.12	164.11
057.15	129.10	372.21	governess	047.33	170.28
067.18	139.01	377.27	153.10	050.13	173.19
081.08	146.25	good-hearted	153.16	055.22	174.13
198.31	151.10	080.01	government	197.04	176.10
224.21	173.15	good-looking	019.10	grave	190.32
goggle	173.19	003.28	020.26	012.27	191.25
057.22	184.26	037.35	023.21	041.08	192.01
057.25	186.12	313.06	032.17	057.11	192.08
068.21	187.29	good-natured	070.24	102.04	192.23
082.15	189.12	009.04	071.14	173.05	193.13
goggle-eyed	190.14	302.25	076.31	235.26	194.09
043.21	205.21	goodness	099.25	235.27	198.01
062.06	206.35	043.02	118.29	241.31	199.13
going	216.02	317.34	135.18	243.09	202.22
009.07	226.27	goodwill	137.16	259.21	203.12
009.26	231.22	049.35	148.08	270.20	203.13
010.28	251.53	gospel	governments	361.31	203.25
016.21	260.09	213.06	022.30	368.25	204.17
024.31	267.03	223.35	022.31	grave-like	204.27
028.29	281.17	gospels	147.33	044.05	205.22
028.33	296.13	146.18	governor-general	gravel	206.23
036.15	297.18	gossip	135.20	141.33	206.30
037.17	299.08	127.28	governors	201.32	207.19
051.29	310.09	203.14	263.35	286.28	209.21
054.33	315.35	204.23	gown	286.31	210.25
062.01	320.11	204.26	359.13	gravely	215.08
063.21	321.24	274.25	grace	180.26	215.09
066.02	340.21	got	031.30	232.34	217.09
066.26	344.06	007.07	031.33	252.31	220.08
083.04	357.25	008.12	032.13	271.11	223.05
084.01	370.15	011.12	100.17	291.06	223.15
092.23	good	015.30	139.25	306.29	223.24
092.27	003.21	016.06	165.06	377.12	223.26
109.28	003.26	017.15	343.12	graven	224.03
119.01	007.17	019.14	graceful	022.06	224.10
126.27	008.35	020.17	106.10	gravity	224.19
134.27	012.05	025.07	gracious	090.16	225.04
137.05	012.15	025.14	191.26	094.20	225.07
138.25	013.09	032.32	graciously	123.35	225.12
153.10	013.20	038.15	212.21	214.34	225.31
154.02	022.08	041.23	graciousness	253.02	226.11
154.22	043.08	041.30	216.04	255.13	226.24
186.15	053.31	051.04	221.09	309.15	229.29
186.28	054.11	056.26	gradually	greasily	229.32
191.27	056.28	057.05	024.33	269.03	232.16
197.24	059.23	058.17	120.15	greasy	233.16
197.29	063.35	059.14	147.31	025.13	233.25
200.03	070.03	062.18	187.19	great	237.12
206.22	073.27	066.01	253.14	001.12	239.02
227.32	074.09	069.12	299.11	009.35	239.24
233.27	075.35	076.20	330.31	010.18	246.14
235.30	076.28	077.28	grain	011.01	247.14
235.32	077.16	079.01	098.08	013.01	250.14
238.08	077.23	080.05	grains	016.12	251.07
240.20	077.32	081.20	033.33	018.02	252.29
242.21	077.35	083.16	033.34	022.13	258.24
264.24	078.22	092.03	grammars	022.14	259.29
266.10	081.28	108.20	002.20	028.04	260.24
268.13	103.14	125.12	grand	028.27	262.02
281.24	106.06	126.13	010.14	030.20	278.17
283.27	110.18	131.14	041.16	030.20	278.21
287.07	125.33	134.11	049.11	031.27	280.23
291.03	135.22	143.28	137.30	033.16	282.03
291.28	141.13	147.23	213.28	033.33	283.06
293.16	142.06	148.33	213.29	035.16	283.10
296.34	156.29	150.28	grandeur	038.09	283.34
309.32	167.33	151.21	301.33	039.18	291.13
315.02	174.18	156.30	grandfather	040.21	291.24
315.24	178.24	158.19	205.33	040.24	291.27
315.33	178.26	163.12	granite	044.24	294.02
320.27	185.03	191.14	195.05	046.26	294.09

56 GREAT (continued)   UNDER WESTERN EYES

297.32
298.03
299.09
301.09
303.03
303.28
304.23
304.23
311.12
311.15
321.30
322.02
322.29
324.19
325.34
325.35
325.35
327.10
330.13
331.27
334.19
347.11
347.22
349.15
361.26
363.08
365.08
366.35
368.01
371.04
372.04
greater
 022.11
 093.04
 115.09
 224.05
 301.01
 326.33
 347.18
 349.10
greatest
 018.23
 039.33
 117.29
 137.01
 144.14
 153.27
 170.18
 189.05
 202.04
 227.08
 227.11
 291.08
 291.35
 292.01
 292.03
 293.20
 297.33
 307.21
 309.01
 316.33
 345.32
 349.11
greatly
 096.28
 173.22
 220.26
 267.33
greatness
 040.12
 225.12
greed
 303.25
greedily
 143.28
 374.23
greedy
 159.22
greeks
 204.06
 216.18
 290.34
green
 142.03
 200.10
 284.29
 305.23
greenish
 201.29
 228.16
greeted
 105.25
 235.28
 361.11
greeting
 069.34
 117.02
 139.10
 262.08
 281.33
 338.23
 360.01
greetings
 327.18
 342.05
gregorievitch
 302.07
gregory
 084.01
 302.07

grew
 016.19
 018.19
 067.22
 120.18
 142.01
 296.16
 296.29
grey
 010.10
 011.13
 038.02
 050.24
 057.21
 057.26
 090.12
 100.13
 101.15
 103.05
 104.01
 107.08
 117.01
 139.08
 166.06
 200.27
 229.13
 236.04
 243.15
 304.08
 310.02
 324.34
 326.25
 332.09
 343.14
 351.33
 356.21
grey-haired
 373.23
 373.29
greyish
 026.06
grief
 110.18
 125.28
 184.02
 336.08
 356.10
grievously
 366.01
grim
 076.20
 241.22
 304.05
grimace
 059.32
 089.27
 221.09
 251.24
grimacing
 365.32
grimly
 017.17
 285.32
grimness
 101.25
 207.04
grimy
 207.32
 359.12
grin
 025.07
 042.33
grinned
 042.28
grinning
 212.22
 212.25
grip
 055.17
 116.10
 177.12
 177.12
 248.13
 251.31
 255.12
 285.09
gripped
 336.25
gripping
 319.23
 364.26
groan
 074.35
groaned
 137.24
groaning
 007.15
 207.35
grog-shop
 094.12
 272.33
grope
 146.19
groped
 064.01
 119.19
groping
 052.11
grossly
 080.18
 284.22

grotesque
 047.01
 082.17
 148.10
 148.24
 231.25
 264.04
grotesquely
 132.32
grotesqueness
 044.15
ground
 007.03
 007.26
 026.26
 029.02
 030.22
 031.03
 032.08
 057.19
 070.17
 078.25
 103.16
 121.24
 149.21
 158.32
 160.19
 167.27
 172.24
 172.30
 174.12
 174.18
 177.22
 180.21
 183.32
 184.08
 184.34
 187.20
 191.10
 204.12
 226.14
 243.12
 261.28
 269.03
 270.23
 272.34
 284.35
 289.12
 334.07
 350.05
ground-floor
 201.33
groundless
 262.16
grounds
 140.11
 142.15
 142.34
 156.06
 156.32
 165.21
 190.09
 200.20
 201.01
 201.09
 227.30
 235.02
 239.32
 245.34
 265.24
 266.30
 270.35
 279.05
 320.17
 366.12
 370.10
 370.26
 375.29
groundwork
 187.28
group
 161.25
 197.17
 303.30
 325.23
 360.20
 362.28
grouped
 286.31
growing
 093.22
 265.32
 272.20
 310.11
 345.22
 360.05
growled
 061.31
 238.20
grown
 096.24
 376.28
gruesome
 110.19
grumbled
 186.15
grumpy
 251.34
grunted
 025.27
 027.22

guarantee
 031.11
 307.21
guarantees
 076.10
guard
 089.05
 118.33
 185.13
 195.23
 363.23
guarded
 049.34
 275.01
 373.26
guardian
 004.30
 082.18
guarding
 024.27
guards
 023.07
 246.35
guards'
 094.01
guess
 003.17
 062.24
 113.10
 134.23
 147.19
 152.30
 163.20
 169.10
 241.01
 277.12
guessed
 001.21
 075.12
 164.27
 164.29
 164.32
 236.32
 252.27
 252.30
 372.31
guessing
 135.28
guest
 029.24
 049.21
 129.25
 135.09
 160.22
 359.21
guest's
 360.03
guests
 053.34
 359.02
gugenheimer
 205.18
guidance
 259.13
guide
 026.33
 076.03
 096.06
 124.28
 130.24
 162.04
guided
 210.25
 297.35
 327.33
guiding
 354.01
guile
 345.03
guilt
 160.32
guilty
 115.35
 184.32
gums
 025.06
gun
 358.22
gurgling
 251.34
gust
 358.15
h'm
 056.03
 191.17
 206.24
 207.13
 208.10
 226.35
 250.22
 292.28
 306.24
 307.05
 344.03
 345.23
ha
 020.04
 027.03
 027.03
 027.03
 080.34

 080.35
 225.29
 225.29
 254.05
 306.24
 345.06
 347.10
 367.08
 367.08
 367.08
habit
 004.03
 011.12
 068.34
 077.06
 101.27
 172.12
 185.12
habitation
 311.17
habits
 060.01
 316.02
habitude'
 101.27
had
 001.09
 002.15
 003.22
 003.25
 003.26
 004.25
 006.01
 006.05
 006.19
 006.20
 006.21
 006.26
 007.04
 007.05
 007.19
 007.32
 007.33
 008.29
 008.30
 009.16
 009.25
 010.03
 010.07
 010.28
 011.20
 012.08
 012.19
 012.35
 013.01
 013.03
 013.03
 013.05
 013.05
 013.08
 014.01
 014.17
 014.25
 014.31
 014.32
 014.33
 015.09
 015.30
 016.01
 016.04
 016.28
 016.35
 018.10
 018.18
 018.23
 018.26
 018.27
 019.02
 019.02
 019.04
 019.21
 020.15
 020.27
 021.15
 023.34
 024.25
 025.01
 025.07
 025.08
 026.05
 028.33
 028.35
 029.03
 029.06
 029.07
 029.14
 029.17
 029.18
 029.20
 029.24
 029.31
 030.15
 030.17
 030.18
 030.18
 030.27
 032.26
 032.35
 034.24
 034.26
 034.32

 035.04
 035.08
 036.04
 036.05
 036.21
 036.21
 036.29
 037.18
 037.26
 038.03
 038.04
 038.05
 038.25
 038.28
 039.18
 039.20
 039.26
 039.30
 040.02
 040.07
 040.18
 040.35
 041.03
 041.07
 041.25
 042.12
 042.15
 042.25
 042.26
 044.26
 044.29
 045.23
 045.27
 045.35
 049.09
 049.30
 050.03
 051.04
 051.27
 052.24
 053.12
 053.20
 053.21
 053.28
 054.03
 054.10
 055.06
 055.08
 055.26
 056.20
 058.35
 060.07
 060.13
 061.04
 062.10
 062.19
 062.32
 062.35
 063.13
 065.19
 065.30
 066.05
 066.20
 067.02
 067.19
 067.22
 067.23
 068.04
 068.09
 068.20
 068.26
 069.06
 069.11
 069.20
 069.21
 070.11
 071.20
 071.23
 072.09
 072.24
 074.03
 074.03
 074.06
 074.12
 074.17
 074.21
 074.25
 074.29
 075.01
 075.04
 075.06
 075.06
 075.11
 075.11
 075.26
 076.15
 076.18
 077.29
 078.07
 078.17
 078.17
 078.32
 080.27
 080.35
 081.03
 082.15
 082.26
 082.29
 083.07
 084.12

HAD (continued)   UNDER WESTERN EYES

084.26	139.20	177.03	213.16	261.17	299.03
084.28	139.22	177.11	213.17	261.18	299.05
085.05	139.34	177.23	213.18	261.21	299.31
085.09	140.07	178.10	214.02	262.17	303.04
085.12	140.07	178.21	214.06	262.23	303.08
085.32	140.11	179.02	215.14	263.19	303.15
086.04	140.27	179.08	215.35	263.19	303.16
086.08	140.33	179.09	216.01	263.23	304.08
086.08	141.26	179.12	216.02	263.25	304.14
086.35	141.32	180.11	217.12	263.30	304.30
087.06	142.21	180.19	217.32	264.01	306.08
087.09	142.28	180.21	219.21	264.09	306.09
088.15	142.29	180.35	219.32	265.01	306.16
089.13	142.30	180.35	220.07	265.01	307.13
089.29	143.06	181.23	220.18	265.12	307.22
089.30	143.15	182.01	220.22	265.16	308.01
091.07	143.26	182.23	220.24	265.18	308.10
092.01	144.15	183.23	221.26	265.25	308.18
092.04	145.10	183.34	222.04	265.26	308.20
092.06	147.05	185.01	222.07	265.31	309.28
092.10	147.07	185.04	223.19	265.35	310.07
092.27	147.10	185.06	226.13	266.03	310.09
093.19	147.25	185.29	226.25	266.09	310.09
094.22	147.26	186.24	227.04	266.09	311.07
096.24	147.29	187.16	227.14	266.13	311.18
098.22	148.26	187.26	227.18	266.25	311.19
099.09	148.33	188.09	228.06	267.06	312.03
099.22	150.04	188.22	228.11	267.08	312.22
099.27	150.08	189.04	228.12	267.09	313.11
099.29	150.11	189.10	228.22	268.27	313.18
100.06	150.14	189.28	228.28	269.17	313.27
100.22	150.22	190.05	229.22	269.26	313.28
100.23	151.11	190.07	229.25	270.11	313.29
100.24	151.16	190.07	229.26	270.13	314.10
101.11	151.19	190.07	232.08	270.18	314.24
101.33	152.01	190.10	232.14	270.30	315.08
102.13	152.02	190.17	232.15	271.08	315.11
103.24	152.31	190.25	234.10	271.26	315.27
104.16	153.05	190.30	235.12	271.32	315.32
105.14	153.18	191.01	235.13	272.01	316.09
105.27	153.18	191.12	235.13	272.04	316.16
105.28	153.20	191.14	235.14	272.13	316.26
105.31	154.05	191.15	235.15	273.02	316.27
106.01	154.07	192.12	235.18	273.18	316.33
106.01	154.22	192.19	235.34	273.35	317.02
106.19	155.02	192.21	236.01	274.22	317.14
106.23	155.13	192.24	236.08	274.26	318.04
106.25	156.14	192.25	236.10	274.28	318.05
107.19	156.18	192.30	236.23	274.29	318.06
108.20	157.30	193.05	237.04	275.04	318.07
108.21	158.02	193.13	237.07	275.35	318.12
108.30	159.09	193.17	237.18	276.01	318.24
109.08	159.14	193.20	237.29	276.15	318.32
109.23	159.18	193.29	238.12	276.16	319.31
110.06	159.23	193.35	238.33	276.19	319.31
110.09	159.27	194.02	239.08	276.33	319.34
110.12	159.28	194.16	239.16	277.17	319.35
110.18	159.29	194.25	239.27	277.19	320.02
110.19	161.26	194.27	239.34	278.31	320.16
110.19	161.33	194.31	240.18	279.08	320.24
110.29	162.07	195.06	240.32	279.11	321.33
111.05	162.27	195.08	240.35	279.30	323.32
111.15	162.27	196.03	241.01	280.18	325.11
111.21	162.35	196.18	243.01	281.12	325.23
111.22	163.01	197.07	243.20	281.17	325.25
112.14	163.04	197.09	243.22	282.29	325.26
112.18	163.12	197.18	243.23	282.31	325.31
113.09	163.12	197.27	243.25	282.34	326.05
114.03	164.15	197.32	243.26	283.11	326.21
114.04	164.27	197.34	244.29	283.17	327.07
114.18	164.29	198.02	245.24	283.19	327.30
116.11	164.30	198.05	246.13	283.23	327.32
116.26	164.31	198.24	247.23	283.32	327.32
117.35	165.01	198.27	248.09	284.22	328.12
118.05	165.03	199.03	249.21	284.35	328.15
118.14	165.03	199.21	250.09	285.05	329.18
118.32	165.06	199.30	250.14	285.06	329.22
119.03	165.15	200.09	250.26	285.07	330.18
119.06	165.21	200.14	250.27	285.28	330.20
119.09	165.22	200.25	251.10	285.35	330.34
119.12	165.24	200.30	251.16	286.23	331.04
119.17	165.27	201.03	251.20	287.06	331.29
119.25	165.28	201.24	252.08	287.09	331.31
120.20	165.34	201.34	252.09	287.15	332.04
120.22	166.08	202.11	252.19	287.16	332.22
120.35	167.11	202.12	252.28	288.02	332.23
121.12	167.16	202.18	253.05	289.04	333.03
121.20	167.20	202.18	253.08	289.27	333.06
121.28	168.09	202.19	253.10	289.28	333.09
122.07	168.27	203.11	253.14	290.03	333.10
122.08	168.28	203.13	253.15	290.10	333.17
122.09	169.04	203.18	253.19	290.11	333.31
124.14	169.05	203.25	253.22	291.35	334.01
124.21	169.06	204.11	253.32	292.31	334.01
124.29	169.07	204.27	254.18	293.30	334.11
124.31	169.14	205.12	254.35	294.06	334.20
126.34	169.31	206.09	255.29	294.09	334.22
129.01	170.08	206.09	256.15	294.23	334.30
130.08	170.12	206.32	256.19	294.31	334.34
131.31	171.06	207.05	257.12	295.04	335.05
133.10	171.32	207.11	258.22	295.06	335.06
135.20	173.15	207.19	258.27	295.07	335.07
136.07	173.18	207.22	259.07	295.23	335.09
136.12	173.25	208.02	259.09	295.35	335.11
136.19	174.01	208.05	259.13	296.03	335.33
136.26	174.06	208.29	259.24	296.04	336.01
137.02	174.26	209.14	259.29	296.13	336.05
137.27	174.32	209.17	259.34	297.30	336.08
137.34	175.08	212.06	260.02	298.01	336.14
138.28	176.26	212.12	260.10	298.19	336.16
139.12	176.35	213.13	260.33	298.21	336.17

336.17	367.26	053.30	138.19	216.01	351.26
336.17	368.01	054.07	138.29	220.21	354.31
336.18	368.17	054.19	139.03	226.30	357.08
336.19	368.28	055.20	140.28	229.29	357.21
336.20	368.29	056.14	141.35	243.17	357.30
336.26	370.09	056.23	142.25	243.19	357.34
336.28	370.12	056.25	143.12	256.17	361.09
337.03	370.14	056.31	143.15	262.34	361.13
337.04	370.18	057.03	143.24	267.21	361.18
337.07	371.01	058.02	143.29	269.06	361.25
337.08	371.03	058.26	143.32	269.35	367.11
337.12	372.33	059.22	144.04	270.33	367.16
337.19	373.11	060.07	144.18	271.10	367.20
337.24	373.29	060.17	144.32	272.12	367.28
337.30	373.32	060.21	145.10	272.15	367.32
337.32	373.33	060.33	145.24	273.11	368.03
337.33	374.17	061.03	146.10	274.17	368.15
337.34	374.25	062.26	146.15	276.19	368.21
338.01	375.08	063.13	149.15	277.23	369.02
338.23	375.09	065.20	149.26	284.05	369.05
339.01	376.01	066.05	149.33	295.17	369.11
339.21	376.06	068.07	150.01	295.31	369.16
339.30	376.08	068.14	150.09	295.32	369.25
340.13	376.27	068.26	150.34	295.32	371.03
340.14	376.30	069.31	151.32	295.32	372.22
340.18	377.28	071.11	152.01	296.15	372.31
340.20	hadn't	071.23	152.15	300.14	373.09
341.05	089.12	071.30	152.23	300.15	373.32
341.06	hag	072.09	153.05	305.05	373.34
342.07	026.11	072.22	153.33	305.17	374.10
342.16	hair	079.12	154.10	313.16	374.18
342.21	011.19	080.33	154.17	313.24	haldin's
342.25	016.28	081.01	154.27	313.27	022.13
342.34	052.19	081.03	154.29	313.28	026.32
343.01	066.26	082.27	155.04	313.31	028.17
343.15	070.28	082.35	155.15	314.09	043.04
343.21	084.21	083.06	155.20	314.13	055.15
343.23	088.11	085.09	155.30	314.22	055.31
344.13	115.06	085.33	156.02	315.06	060.30
344.25	121.27	089.01	156.07	315.18	066.21
344.35	143.18	089.30	156.13	315.23	080.26
345.09	177.06	090.05	156.20	315.32	091.32
345.19	195.12	092.04	156.27	316.10	094.28
346.12	226.18	093.17	157.05	316.26	099.10
346.13	235.23	098.21	158.01	317.06	108.21
346.25	236.30	098.25	158.21	317.14	110.28
347.23	237.30	098.27	158.34	317.18	111.35
347.34	242.35	099.12	159.07	318.11	114.32
348.10	256.34	099.14	161.25	319.31	116.33
349.01	260.07	100.12	161.29	319.33	126.04
350.32	260.11	101.03	161.32	320.02	128.05
351.01	260.25	101.15	162.02	320.29	139.09
351.10	260.27	101.28	162.13	321.06	141.18
351.11	263.15	101.35	162.14	321.11	144.31
351.24	282.06	102.10	162.23	321.21	157.10
351.34	310.02	102.12	163.02	323.02	158.05
353.07	322.29	103.01	163.11	323.05	159.13
353.17	324.34	103.09	163.17	323.12	161.15
353.19	326.03	103.19	164.06	323.29	167.19
353.29	363.09	104.16	164.13	323.31	168.32
353.31	hairless	104.21	164.24	324.10	168.32
353.33	070.11	104.30	164.32	324.32	176.07
353.35	262.03	104.32	166.10	325.01	180.24
354.01	hairs	105.12	167.21	325.11	181.30
354.20	243.15	105.33	168.01	326.11	184.03
354.25	hairy	105.01	168.19	327.20	258.02
354.27	037.32	106.29	169.12	328.19	268.12
354.30	209.09	106.31	169.13	329.05	269.20
354.31	216.28	108.17	169.20	329.14	272.02
354.32	281.29	108.27	169.24	329.35	272.19
354.34	haldin	109.10	169.34	330.06	274.19
354.35	012.29	110.02	171.27	330.25	297.13
355.22	012.32	110.06	173.18	331.04	313.07
355.26	013.10	110.10	174.25	331.10	314.07
355.35	013.21	110.23	174.32	331.28	322.25
356.09	014.02	110.30	175.07	332.01	324.15
356.11	014.09	111.19	176.04	332.08	326.08
356.29	014.28	111.22	176.13	332.14	334.03
357.19	015.13	111.24	176.18	332.27	335.17
357.25	015.31	112.18	176.25	332.31	336.24
357.30	016.06	112.24	177.11	333.01	337.15
358.01	016.08	112.35	177.16	333.19	337.31
358.03	016.26	113.04	177.19	334.08	344.11
358.19	016.34	113.05	179.33	334.31	347.35
358.30	018.13	113.27	180.19	334.34	367.18
359.03	018.16	113.31	183.26	335.22	367.21
359.05	018.23	114.12	183.33	335.28	half
359.30	020.13	114.24	185.20	336.05	018.05
360.14	021.01	115.01	187.02	336.23	019.07
361.08	021.24	117.01	187.16	338.09	028.10
361.12	023.35	124.14	187.29	338.26	039.15
361.28	024.15	124.29	189.18	339.19	047.23
362.23	024.34	125.12	189.20	340.02	048.01
362.33	029.31	126.22	190.09	340.27	071.24
363.28	030.08	128.21	190.29	342.19	082.33
364.01	031.07	128.34	191.09	343.08	088.09
364.03	031.34	129.20	193.24	343.30	116.09
364.16	033.32	129.27	194.03	344.08	119.09
364.31	034.21	130.06	194.32	345.12	144.26
365.28	042.31	130.08	197.25	345.22	148.09
365.29	042.35	130.21	197.32	345.26	183.20
366.06	044.18	131.10	197.33	346.17	200.05
366.12	044.23	131.33	197.34	346.33	218.14
366.24	047.10	133.04	198.06	348.15	218.15
366.27	048.17	134.09	198.13	349.12	224.28
366.29	052.13	134.15	198.20	350.10	241.13
366.31	052.26	134.21	198.32	350.26	279.25
366.34	052.35	136.21	199.26	350.32	311.25
367.17	053.05	137.31	199.30	350.33	329.19
367.20	053.11	137.34	201.21	351.04	330.02
367.25	053.16	138.04	204.29	351.15	337.17

HALF (continued)

half		handful			
350.11	097.07	031.07	272.29	340.03	104.26
353.15	097.16	131.06	276.33	340.06	107.29
376.09	103.20	131.19	300.19	365.34	107.31
376.24	111.32	handiwork	306.21	371.21	109.30

half-closed
088.06

half-comical
266.32

half-conscious
290.05

half-derisive
014.06

half-formed
031.22

half-full
283.02
359.27

half-hour
297.14

half-incredulous
263.23

half-light
326.04

half-past
062.19

half-sheet
054.15
307.07

half-turn
262.13
337.20

half-unwilling
038.06

hall
036.26
036.33
039.06
039.15
071.16
071.21
142.06
142.26
142.34
143.09
145.11
149.19
155.03
155.15
157.35
159.02
209.18
223.24
225.04
227.09
322.02

hall-door
155.14

hallo
280.34

hallowed
112.22

hallucination
034.26

hallucined
316.23

halo
363.09

halter
055.29
082.06
280.11

hambury
141.25

hammer
122.25

hand
010.18
010.23
013.21
016.35
020.34
024.12
025.15
029.15
036.04
042.01
043.28
050.13
050.21
051.21
052.11
055.15
060.31
060.35
061.24
063.26
064.01
064.06
077.11
077.29
081.16
081.22
084.05
085.34
088.06
090.13
091.01
092.30
094.17
094.23
095.34

112.05
112.12
113.01
116.11
117.13
119.18
121.21
121.26
125.06
128.26
129.04
129.22
129.27
131.01
131.21
133.05
133.10
143.25
144.26
150.34
165.11
169.09
169.11
173.08
175.22
177.12
177.35
178.15
178.22
178.23
180.21
184.14
190.01
197.12
210.01
215.01
215.04
215.15
220.19
223.01
223.04
231.18
235.34
237.18
237.30
237.32
239.06
239.30
239.35
240.19
240.20
248.10
250.02
251.31
254.31
255.07
255.21
262.19
265.08
267.16
274.07
278.27
281.09
281.29
286.02
291.22
294.52
296.04
298.04
299.28
302.35
303.08
305.34
307.02
312.13
317.18
319.15
319.23
321.19
325.02
325.12
326.15
333.20
334.09
337.35
345.12
345.15
349.25
350.03
352.23
353.08
353.26
359.12
362.01
362.21
364.13
364.32
370.31
371.32

hand-grasp
235.28

hand-shake
199.32

handed
114.13
307.07
374.24

263.31
handkerchief
016.18
111.05
121.20
218.25

handle
027.34
076.08
209.29
210.33

hands
004.29
006.32
016.35
021.20
025.12
029.30
034.21
043.12
045.18
046.21
052.14
052.30
060.08
066.09
067.28
070.11
073.16
075.22
080.26
081.19
083.08
086.19
099.21
106.11
111.05
114.25
117.04
119.14
121.34
122.30
132.23
144.30
145.15
148.31
154.07
156.15
170.17
170.30
184.29
192.23
204.11
205.13
214.18
226.10
226.17
227.15
247.25
256.21
258.02
263.14
271.01
273.12
279.35
291.15
297.02
306.17
308.31
309.07
309.12
319.23
323.10
323.25
329.22
338.26
343.10
343.33
344.08
350.32
351.19
351.31
355.06
363.01
371.35
372.02

handshake
116.10
177.14
307.35

handsome
107.06

handwriting
063.19
131.01
131.22
226.21
233.33
299.26

hang
173.24
260.16
359.13

hanged
091.31
092.04

327.15
355.26
356.11

hanging
029.35
052.25
079.14
127.08
157.27
175.33
194.26
236.30
236.19
241.02

hankered
009.10

hanse
284.16

haphazard
061.35

happen
023.23
051.31
096.11
116.18
163.04
294.25
332.28
360.18

happened
009.22
015.04
051.32
057.29
077.25
107.01
116.07
150.26
158.02
283.32
292.26
294.06
295.05
296.21
297.30
298.04
353.29
370.19
376.21

happenings
360.01

happens
184.12

happiness
067.06
067.07
067.09
067.14
072.24
167.05
258.16
298.30
298.31
298.32

happy
067.17
346.25

harbour
200.11
284.24

harboured
116.06

harbouring
029.25
334.13

hard
010.32
030.22
035.34
060.14
063.25
064.10
067.35
102.05
132.03
139.06
150.11
175.09
180.32
189.08
237.11
237.11
241.20
243.07
260.15
262.01
294.17
297.30
300.10
311.16
323.22

372.22
375.11
hard-working
353.35

hardened
089.24
243.23
292.24

hardly
006.03
012.34
015.23
036.20
068.09
080.10
124.05
145.32
175.05
184.16
193.32
214.02
217.07
244.34
248.20
249.18
264.31
274.24
318.34
347.21
356.14
370.34

hardy
015.33

hare-brained
309.15

harm
080.09
130.28
302.26
359.05

harmless
018.27
143.01
226.02
364.07

harmonious
165.05

harmony
019.21
338.16
343.19

harrassed
301.28

harridan
217.02
244.18

harsh
039.07
100.05
139.19
220.04
275.20
311.22

harshly
020.12
219.23
222.10

harshness
044.12
100.06
139.05

has
003.01
003.05
003.18
006.06
013.24
013.26
015.34
020.07
020.08
020.23
021.31
023.19
027.14
040.04
043.12
043.28
046.06
046.26
047.03
049.02
049.21
050.28
053.25
057.17
057.29
059.10
073.31
076.11
080.15
089.23
090.25
091.04
091.07
094.14
098.06

112.03
115.34
125.05
126.13
126.15
128.14
129.01
129.30
130.19
130.27
131.14
132.01
132.11
134.01
141.11
147.23
152.35
153.27
153.28
155.26
157.12
158.27
158.29
164.18
166.18
167.12
168.04
172.08
174.09
174.19
184.02
190.04
190.15
193.22
195.13
204.03
204.03
205.20
206.19
208.27
208.33
213.10
218.14
224.32
234.28
237.16
238.10
241.06
244.28
246.16
249.23
254.32
258.29
265.09
267.25
267.31
268.06
273.27
273.28
274.07
274.12
275.16
278.10
281.07
284.07
289.14
289.19
298.28
306.26
309.13
309.20
309.21
317.24
318.01
318.02
319.18
320.33
327.15
331.16
332.20
332.29
336.32
338.28
339.15
340.08
343.26
343.31
346.01
346.04
348.02
351.27
355.05
360.31
360.33
360.35
369.01
371.08
374.04
375.04
376.04
377.13

haste
175.30
190.19
217.17
236.03
253.10

287.31	hatred	053.31	124.03	171.31	225.34
hasten	056.30	054.01	124.30	171.34	225.34
081.23	068.22	054.18	125.02	171.35	226.10
274.32	082.34	054.26	125.10	172.34	226.13
hastened	149.09	055.24	125.18	173.29	227.25
045.04	haunt	056.18	125.26	174.01	228.08
056.31	016.05	057.13	126.17	174.06	228.26
057.07	056.12	057.20	127.26	174.22	228.30
149.26	056.14	057.25	127.28	175.10	228.34
160.23	194.02	057.28	130.09	175.11	229.21
173.25	296.01	058.06	130.24	176.13	229.27
214.23	354.08	058.07	130.30	176.16	229.29
322.20	haunted	058.08	132.02	176.23	229.33
367.19	056.17	058.09	132.12	177.21	230.06
hastily	207.35	058.10	132.15	177.26	230.19
040.07	209.24	058.13	132.17	177.31	230.23
125.16	332.12	059.05	132.26	179.02	230.30
164.23	373.35	059.05	132.34	179.03	231.04
hasty	haunting	059.07	133.03	180.34	231.21
028.27	059.20	059.12	133.24	181.16	231.34
095.34	087.07	059.29	133.25	181.20	232.32
199.32	105.20	059.30	133.28	181.23	232.33
212.12	164.53	059.33	134.02	182.05	233.14
hat	300.16	059.35	134.06	182.27	233.25
062.08	337.32	060.35	134.25	183.03	234.09
074.14	have	062.32	134.33	183.19	234.13
108.09	001.05	063.13	135.28	183.23	235.02
114.13	001.09	069.23	136.10	183.23	236.24
117.12	001.10	071.35	137.12	183.34	236.29
124.35	001.12	072.04	138.26	184.01	237.16
125.16	001.20	072.05	139.01	184.11	238.03
127.09	001.22	072.12	139.33	185.17	240.06
157.29	001.23	072.17	141.13	185.18	240.09
158.03	002.01	072.19	141.28	185.20	240.10
163.32	002.12	072.28	142.13	185.22	240.12
164.17	002.16	073.17	142.33	185.32	240.28
177.06	003.03	073.35	143.01	186.12	241.03
178.06	003.08	073.35	144.16	187.06	241.08
180.06	003.11	075.04	144.24	187.22	241.26
197.27	003.21	076.12	144.25	187.24	241.28
202.01	004.32	076.33	145.17	187.33	242.20
202.18	006.18	078.35	145.30	188.05	242.23
206.18	006.29	079.11	146.17	188.18	242.24
206.19	009.15	079.12	146.23	188.22	242.28
209.22	011.01	080.05	146.30	189.10	243.10
214.33	011.28	080.18	147.06	189.22	243.13
227.12	012.05	080.21	147.07	189.29	244.20
228.10	013.04	081.02	148.16	190.05	245.13
230.16	014.13	083.09	148.25	190.17	245.22
235.24	014.14	083.27	148.32	190.24	247.01
237.32	014.19	084.25	151.09	190.26	247.03
243.02	014.24	084.33	151.10	191.03	247.08
281.21	014.27	085.23	151.34	193.01	247.19
282.03	015.01	086.31	152.06	193.07	248.27
315.24	017.11	086.33	152.27	193.24	249.03
337.14	017.13	087.01	152.30	195.07	249.10
343.14	017.29	087.23	152.32	198.23	250.06
365.24	018.14	089.08	153.25	201.26	250.20
hatchet	018.15	089.14	153.34	201.27	252.07
121.25	018.17	089.18	154.03	203.02	252.27
hatching	020.09	089.22	154.05	203.09	252.30
140.24	020.20	090.33	154.09	203.11	253.34
hate	020.25	091.07	154.12	203.24	254.09
005.13	022.05	092.13	154.13	203.35	254.21
006.02	022.11	092.28	154.17	204.16	254.23
029.22	022.30	094.06	154.25	204.28	255.05
030.06	022.31	094.24	154.32	204.29	255.13
047.10	023.05	094.33	154.35	204.31	255.18
067.11	024.18	095.17	155.08	204.32	255.32
067.11	026.32	096.11	155.21	205.20	256.32
067.12	027.25	096.28	156.13	205.21	257.07
093.17	028.15	097.16	156.30	205.30	258.04
093.18	031.26	098.09	156.33	205.31	258.04
093.20	032.09	098.24	157.16	206.09	259.16
131.34	032.10	098.25	158.08	206.31	260.20
154.06	032.32	099.01	158.17	206.31	260.25
165.14	035.08	099.33	158.22	206.32	261.02
220.05	035.27	101.11	159.02	207.02	261.17
222.21	035.27	101.18	159.02	207.17	261.17
222.25	035.31	102.24	159.08	207.34	261.20
247.13	036.31	103.11	160.07	208.04	261.25
247.16	040.03	106.04	161.18	208.35	262.32
274.35	040.08	106.21	161.21	211.19	262.34
275.30	040.16	107.01	161.28	212.23	263.24
284.20	041.23	107.15	161.29	212.28	263.33
303.25	041.30	108.26	162.07	213.23	264.09
326.31	041.34	109.14	163.04	213.30	264.32
349.29	042.20	109.20	163.30	214.28	265.07
353.32	042.23	109.25	164.02	214.32	266.20
354.04	043.02	111.10	164.08	215.23	267.02
354.04	043.10	111.26	164.25	215.24	267.25
354.21	043.25	111.29	165.19	215.25	267.25
356.35	044.28	111.30	165.25	216.35	267.29
375.24	044.29	112.14	165.33	217.19	268.05
hated	047.05	112.17	166.28	217.23	268.10
019.23	048.01	114.07	166.32	218.07	268.19
093.06	048.15	114.15	167.07	218.12	268.24
093.20	048.20	114.16	167.29	218.14	268.26
154.06	048.32	115.20	168.03	218.19	268.34
222.16	048.33	116.12	168.15	221.06	269.12
222.24	050.01	116.15	168.25	222.07	269.35
hateful	050.02	117.15	168.31	222.20	270.03
082.32	050.16	117.21	169.18	222.21	270.09
186.18	050.18	117.23	170.01	223.30	270.17
232.16	051.31	117.25	170.03	225.21	270.25
hater	052.21	117.26	170.05	225.22	271.25
159.12	052.28	117.33	170.11	225.23	272.08
366.28	052.31	118.02	170.13	225.23	273.20
hating	053.07	119.28	171.07	225.25	273.24
222.23	053.12	120.33	171.25	225.27	274.09
	053.18	123.31	171.29	225.32	274.17

HAVE (continued)

275.20	347.30	hazards	020.19	035.14	052.35
276.31	349.04	314.32	020.26	036.01	052.35
276.34	349.08	he	021.05	036.04	053.12
277.02	353.11	001.22	021.19	036.19	053.16
277.13	354.10	003.02	021.30	036.21	053.20
278.27	354.13	003.18	021.32	036.21	053.25
278.27	354.22	003.27	021.34	036.22	054.05
279.13	355.06	003.29	022.07	036.24	054.17
279.20	355.07	003.30	023.02	036.29	054.17
279.31	355.16	004.11	023.04	036.31	054.32
280.25	355.32	004.12	023.05	037.01	054.34
281.08	356.15	004.31	023.09	037.03	054.35
282.26	356.19	004.33	023.11	037.04	055.03
283.16	356.34	004.35	023.12	037.19	055.06
284.03	357.01	005.02	023.26	037.27	055.08
284.15	357.09	005.25	023.33	037.28	055.11
285.16	357.13	005.29	023.34	037.29	055.12
285.34	357.15	005.32	024.02	037.30	055.12
286.03	357.25	006.02	024.03	038.07	055.16
287.11	358.24	006.03	024.06	038.10	055.16
290.01	360.06	006.05	024.10	038.12	055.24
290.23	361.24	007.10	024.13	038.14	055.27
290.26	363.21	007.24	024.16	038.14	055.28
290.27	366.17	008.15	024.31	038.15	055.29
291.03	367.06	008.17	024.31	038.28	055.29
291.07	368.05	008.24	025.03	038.33	056.04
291.19	368.31	008.25	025.04	039.04	056.08
292.11	368.33	008.30	025.09	039.09	056.11
292.19	369.03	008.35	025.14	039.11	056.21
292.27	370.34	009.01	026.05	039.13	056.21
293.01	371.01	009.04	026.06	039.14	056.24
293.20	371.17	009.08	026.08	039.30	057.03
293.22	371.18	009.10	026.09	040.14	057.07
293.24	372.14	009.16	026.11	041.16	057.17
295.01	372.15	009.21	026.13	041.19	057.17
297.04	372.31	009.24	026.16	041.19	057.19
300.09	373.27	009.25	026.17	041.26	057.23
302.21	373.28	009.32	026.35	041.33	058.01
302.22	374.35	009.34	027.01	042.16	058.22
302.24	376.09	010.03	027.03	042.17	058.24
302.30	376.18	010.18	027.04	042.26	058.28
303.19	haven't	010.20	027.12	042.34	058.28
305.31	013.16	010.26	027.12	043.02	058.29
306.01	020.31	010.30	027.14	043.07	058.31
306.15	024.01	010.34	027.18	043.15	059.18
306.35	045.11	011.03	027.21	043.22	059.24
306.24	053.28	011.10	027.27	043.28	059.29
308.28	058.19	011.14	027.31	044.11	059.31
310.02	085.14	011.16	027.34	044.14	059.33
310.19	104.22	012.08	028.20	044.16	060.03
312.05	126.31	012.08	028.25	044.22	060.07
313.20	133.26	012.11	028.26	044.22	060.13
314.27	142.15	012.14	028.30	044.26	060.20
314.35	180.30	012.18	028.31	044.27	060.23
315.12	196.09	012.19	028.32	044.29	060.25
315.35	196.09	012.19	028.33	045.01	060.28
316.04	217.20	012.27	028.34	045.09	060.31
316.06	232.26	012.34	028.35	045.12	060.32
316.17	234.07	013.01	029.03	045.15	061.03
316.18	235.32	013.09	029.07	045.23	061.05
316.20	296.32	013.22	029.10	045.32	061.09
316.21	305.27	013.24	029.17	046.26	061.11
316.24	317.21	013.25	029.17	046.32	061.19
316.28	362.01	014.02	029.21	047.02	061.23
316.31	having	014.16	029.23	047.09	061.25
316.32	009.07	014.17	029.24	047.12	061.28
317.33	030.08	014.17	029.25	047.20	061.28
319.15	032.21	014.23	029.29	047.22	061.29
319.16	040.03	014.25	029.33	047.22	061.30
320.11	070.07	014.29	029.34	047.25	061.31
321.13	077.16	014.31	030.10	047.26	061.33
321.14	108.19	014.31	030.18	048.02	061.35
323.27	114.20	014.32	030.18	048.13	062.02
324.12	116.07	014.32	030.20	048.19	062.03
324.34	130.29	014.34	030.26	048.33	062.06
327.12	143.09	015.15	030.27	048.33	062.09
328.17	144.33	015.18	030.33	049.19	062.12
328.20	150.16	015.19	031.18	049.21	062.18
331.20	160.07	015.20	031.34	049.22	062.22
332.08	161.24	015.22	031.35	049.27	062.24
332.28	163.05	015.23	032.13	049.30	062.29
333.07	166.06	015.26	032.22	050.03	062.29
333.34	175.09	015.34	032.29	050.05	062.32
335.04	178.25	016.07	032.31	050.09	062.33
336.31	181.29	016.10	032.33	050.10	062.34
337.26	184.33	016.15	032.34	050.12	062.35
338.31	184.34	016.19	033.05	050.12	063.01
338.32	185.33	016.29	033.06	050.15	063.03
339.29	189.26	016.29	033.11	050.32	063.03
339.30	213.15	017.03	033.19	050.34	063.06
339.33	235.02	017.17	033.22	051.01	063.07
340.09	236.21	017.18	033.22	051.04	063.09
340.21	238.30	017.20	033.24	051.06	063.09
340.31	243.29	018.04	033.29	051.06	063.11
340.32	248.12	018.10	033.30	051.10	063.16
341.06	261.23	018.13	034.03	051.19	063.17
341.08	269.18	018.19	034.09	052.06	063.20
342.02	270.07	018.26	034.10	052.06	063.26
342.04	272.24	018.26	034.12	052.07	063.28
342.24	276.29	018.27	034.13	052.08	063.34
343.05	291.26	018.31	034.18	052.09	064.03
343.27	292.22	018.33	034.20	052.13	064.05
344.16	295.24	019.04	034.23	052.15	064.08
344.31	307.05	019.06	034.24	052.17	064.08
345.01	312.16	019.08	034.29	052.19	064.12
345.32	335.10	019.12	034.30	052.22	064.14
346.05	335.17	019.14	034.35	052.24	064.19
346.25	335.22	019.22	035.01	052.25	065.22
346.27	354.18	019.23	035.10	052.32	065.23
346.34	hawkers	020.14	035.14	052.32	065.24
346.35	087.32				

065.30	076.25	092.11	123.05	163.06	187.12
066.01	076.30	092.12	123.08	163.12	187.18
066.07	077.05	092.15	123.10	163.32	187.33
066.09	077.10	092.16	124.08	163.32	187.33
066.09	077.18	092.19	124.14	164.16	188.10
066.11	077.22	092.25	124.17	164.21	188.21
066.12	077.24	092.27	124.35	164.29	188.24
066.14	077.25	092.28	125.13	165.01	188.34
066.15	077.26	092.28	125.14	165.02	189.03
066.17	077.31	092.31	125.16	165.03	189.08
066.19	078.04	092.34	126.10	165.06	189.15
066.20	078.07	092.35	126.20	165.07	189.20
066.24	078.15	093.02	126.27	165.09	189.35
066.24	078.16	093.02	126.34	165.16	190.01
066.25	078.17	093.03	127.04	165.21	190.02
066.27	078.17	093.11	127.07	166.17	190.07
066.28	078.21	093.18	127.21	166.24	190.14
066.28	078.22	093.21	127.33	168.33	190.17
066.30	078.24	093.25	128.07	169.02	190.18
066.30	078.29	093.26	128.08	169.11	190.33
066.31	079.19	093.27	128.12	169.11	191.01
066.31	079.23	093.34	128.16	169.12	191.01
066.32	080.20	094.19	128.26	169.18	191.07
066.32	080.21	094.24	128.27	170.01	191.12
066.34	080.23	095.23	128.28	170.02	191.15
067.02	080.25	095.26	128.29	170.03	191.21
067.05	080.28	095.31	129.04	170.04	191.32
067.05	080.29	096.03	129.09	170.12	192.01
067.07	080.35	096.03	129.13	170.16	192.04
067.16	081.11	096.26	129.19	170.35	192.11
067.18	081.13	097.05	129.23	171.19	192.15
067.19	081.17	097.13	129.28	171.19	192.18
067.19	081.19	097.15	131.04	171.20	192.23
067.20	081.19	097.15	131.05	172.08	192.24
067.23	081.21	097.16	133.18	173.16	192.25
067.26	081.22	097.17	133.22	173.21	192.26
067.28	081.26	097.22	133.26	173.23	192.28
067.29	081.27	098.22	134.01	173.24	192.29
067.30	082.11	099.09	134.06	173.28	192.29
067.31	082.17	099.29	134.06	173.29	192.30
067.32	082.18	099.30	134.08	173.30	192.34
068.03	082.18	099.31	134.33	174.01	193.01
068.07	082.21	103.11	135.09	174.02	193.04
068.07	082.24	104.35	135.11	174.06	193.05
068.11	082.25	105.01	135.23	174.09	193.17
068.24	082.32	105.03	135.28	174.17	193.20
068.24	082.34	105.09	136.04	174.19	193.29
068.24	083.02	105.30	136.06	175.28	193.32
068.25	083.08	106.19	136.07	175.31	194.04
068.28	083.08	106.21	136.11	175.34	194.10
068.29	083.16	106.26	136.30	175.35	194.13
068.32	083.18	107.29	136.31	176.02	194.14
068.33	083.19	107.30	136.32	176.20	194.16
069.11	083.20	107.31	137.02	176.33	194.17
069.12	083.21	107.32	137.14	176.34	194.27
069.14	083.26	107.33	137.20	177.03	195.09
069.16	083.27	107.34	137.24	177.05	195.17
069.27	084.05	108.20	137.24	177.34	195.17
069.28	084.05	108.24	138.06	178.04	195.19
069.32	084.06	112.29	141.30	178.07	196.01
070.01	084.30	112.33	144.15	178.20	196.03
070.01	085.01	113.09	144.17	178.20	196.11
070.02	085.05	113.09	144.21	178.27	196.14
070.06	085.07	113.11	144.26	178.29	196.16
070.11	085.11	114.03	146.02	178.30	196.20
070.12	085.12	114.08	146.08	178.33	196.25
070.16	085.14	114.16	146.19	179.03	196.30
070.18	085.23	114.20	146.19	180.11	196.33
070.23	085.24	115.20	147.03	180.17	197.03
070.31	085.24	117.07	148.33	180.28	197.05
070.31	085.26	117.11	149.28	180.35	197.06
070.35	085.27	117.13	150.08	180.35	197.08
071.03	085.29	118.05	150.14	180.35	197.11
071.03	085.34	118.09	150.22	181.06	197.15
071.13	085.35	118.14	150.23	181.11	197.15
071.17	086.04	118.15	150.27	181.17	197.16
071.18	086.04	118.15	151.03	181.17	197.17
071.20	086.10	118.19	151.04	181.34	197.18
071.22	086.10	118.32	151.07	181.34	197.19
071.35	086.15	118.34	151.08	182.01	197.20
072.05	086.17	118.35	151.09	182.11	197.22
072.13	086.17	119.01	152.09	182.12	197.24
072.22	086.26	119.02	152.17	182.12	197.27
072.26	086.29	119.13	152.24	182.23	197.29
072.31	086.30	119.17	152.26	182.32	197.32
073.05	087.16	119.19	152.30	183.01	197.33
073.09	088.14	119.21	152.31	183.11	198.18
073.10	088.15	119.23	152.31	183.20	198.27
074.07	088.23	119.24	153.04	184.14	198.32
074.15	088.26	119.26	153.05	184.15	199.03
074.29	089.04	120.07	154.26	184.16	199.07
074.29	089.07	120.07	155.12	184.34	199.14
074.32	089.09	120.09	155.17	185.05	199.14
075.03	089.10	120.11	155.17	185.06	200.16
075.06	089.13	120.12	156.10	185.08	200.20
075.06	089.15	120.13	156.10	185.16	200.34
075.08	089.17	120.19	157.12	185.23	201.01
075.12	089.18	120.20	157.13	185.28	201.05
075.15	089.23	120.31	157.15	185.28	201.12
075.16	089.25	121.03	157.28	185.31	201.14
075.17	089.27	121.12	157.33	186.01	201.18
075.19	089.29	121.17	157.34	186.04	201.20
075.32	089.33	121.24	157.35	186.15	201.21
076.02	090.06	121.28	158.07	186.20	201.22
076.09	090.14	122.03	158.09	186.25	201.23
076.10	090.28	122.07	158.18	186.28	201.23
076.15	091.07	122.08	160.03	186.29	201.24
076.15	091.30	122.09	160.04	186.30	201.24
076.17	091.34	122.16	162.18	186.34	201.25
076.20	092.05	122.17	162.23	187.05	201.28
076.22	092.10	123.02	163.01	187.10	201.34

HE (continued)

202.08	228.01	249.27	270.14	286.17	302.21
202.18	228.01	249.27	270.26	286.22	302.23
203.06	228.04	250.01	270.31	286.23	302.27
203.19	228.06	250.08	270.33	287.01	303.02
203.20	228.09	250.08	271.20	287.05	303.02
203.27	228.15	250.09	271.25	287.05	303.04
204.03	228.21	250.23	271.25	287.09	303.15
204.04	229.02	250.26	271.26	287.09	303.23
204.14	229.05	250.27	271.29	287.11	303.29
204.14	229.16	250.31	272.09	287.13	304.03
204.17	229.19	251.10	272.18	287.15	304.05
204.18	229.27	251.15	272.19	287.16	304.09
205.08	229.32	251.17	272.21	287.19	304.14
205.15	230.03	251.18	272.23	287.22	305.17
205.18	230.26	251.18	272.28	287.35	305.22
205.23	231.08	251.19	273.02	288.03	305.23
205.26	231.10	251.32	273.02	288.05	305.25
206.06	231.15	251.33	273.04	288.08	305.28
206.09	231.18	252.08	273.05	288.12	306.05
206.09	231.19	252.12	273.29	288.13	307.06
206.09	231.22	252.12	273.29	288.24	307.16
206.12	232.04	252.13	273.29	290.14	307.21
206.14	232.05	252.15	274.32	291.02	307.26
206.17	232.13	252.23	275.05	291.06	308.17
206.19	232.17	253.05	275.12	291.24	308.19
206.22	233.02	253.13	275.23	291.31	308.21
206.25	233.13	253.14	276.05	292.05	308.26
207.03	233.15	253.15	276.06	292.06	308.27
207.04	233.23	253.17	276.07	292.07	309.03
207.05	234.18	253.22	276.09	293.04	309.06
207.22	234.25	253.24	276.25	293.11	310.07
207.24	234.27	253.25	276.27	293.16	310.08
207.27	234.28	254.01	276.29	293.21	310.09
208.30	234.28	254.27	276.32	293.26	310.09
209.01	234.33	254.30	276.32	293.30	310.13
209.04	235.01	255.11	277.10	293.33	310.17
209.07	235.12	255.20	277.12	293.34	310.19
209.10	235.13	255.26	277.17	293.34	310.19
209.12	235.14	255.31	277.17	294.04	310.20
209.32	235.17	256.06	277.19	294.04	310.23
210.01	236.30	256.07	277.25	294.07	310.28
210.15	237.03	256.18	277.26	294.09	310.33
210.18	237.04	256.20	278.07	294.13	310.35
210.22	237.26	256.26	278.15	294.14	310.35
210.34	238.05	256.28	278.18	294.19	311.13
211.08	238.17	256.29	279.08	294.22	311.14
212.12	238.19	256.29	279.14	294.26	311.32
212.13	238.24	256.31	279.15	294.29	312.03
212.14	238.32	256.33	279.16	294.31	312.04
212.17	238.33	257.20	279.19	294.32	312.10
212.20	239.08	258.11	279.21	294.34	312.11
212.24	239.09	258.20	279.24	295.04	312.13
212.32	239.11	258.27	279.28	295.05	312.14
213.05	239.15	259.08	279.29	295.06	312.15
213.10	239.15	259.09	279.30	295.07	312.16
214.14	239.16	259.11	279.30	295.08	312.22
214.32	239.19	259.20	279.31	295.13	312.25
214.34	239.21	259.20	279.33	295.15	313.01
215.13	239.28	259.20	279.35	295.15	313.03
215.14	239.29	259.20	280.18	295.19	313.04
215.15	239.32	260.01	280.21	295.22	313.06
215.27	240.05	260.02	280.32	295.23	313.09
215.31	240.15	261.03	281.02	295.25	313.10
215.34	240.24	261.28	281.03	296.02	313.10
215.35	240.26	261.29	281.10	296.03	313.11
216.02	241.05	262.04	281.11	296.11	313.15
216.32	241.09	262.13	281.12	296.12	315.15
217.01	242.01	262.16	281.14	296.13	316.16
217.32	243.22	262.19	281.14	296.15	316.20
217.35	243.25	262.24	281.15	296.16	316.21
218.01	243.26	263.06	281.15	296.17	316.24
218.03	243.35	263.13	281.17	296.17	319.18
218.13	244.01	263.19	281.18	296.19	319.18
218.19	244.02	263.24	281.25	296.21	319.18
219.05	244.05	263.25	281.27	296.21	320.09
219.20	244.07	263.33	282.15	296.25	320.24
219.26	244.14	264.01	282.31	296.29	320.25
220.06	244.23	264.09	283.10	296.29	320.30
220.07	245.04	264.30	283.11	296.30	320.33
220.07	245.10	264.31	283.12	296.33	321.31
220.25	245.17	265.01	283.14	297.01	321.33
220.28	245.21	265.01	283.18	297.04	323.28
221.29	245.23	265.05	283.20	297.09	323.31
222.07	245.24	265.07	283.21	297.13	324.03
222.24	245.28	265.25	283.23	297.19	324.05
222.34	245.31	265.27	283.28	297.28	324.09
222.35	245.33	265.27	284.01	298.03	324.22
223.04	245.34	266.23	284.06	298.04	324.34
223.09	246.01	267.06	284.10	298.05	324.35
223.23	246.03	267.11	284.14	298.07	325.01
225.09	246.04	267.11	284.16	298.09	327.09
225.16	246.06	267.17	284.21	298.17	327.09
226.10	246.09	268.12	284.22	298.19	327.14
226.18	246.13	268.21	284.23	298.19	329.12
226.20	246.18	268.26	284.26	298.25	329.16
226.21	246.26	268.30	284.27	298.27	329.17
227.03	246.34	269.04	284.28	298.28	329.17
227.05	247.09	269.10	284.33	299.01	329.19
227.06	247.25	269.11	285.04	299.03	329.23
227.06	248.11	269.12	285.05	299.13	329.23
227.09	248.13	269.12	285.06	299.22	329.24
227.12	248.15	269.14	285.10	299.24	329.29
227.14	248.20	269.20	285.16	300.02	330.05
227.15	248.25	269.21	285.18	300.05	330.23
227.17	249.06	269.22	285.24	300.09	332.20
227.20	249.13	269.23	285.26	300.10	332.32
227.20	249.21	270.03	285.28	300.11	333.09
227.23	249.21	270.05	285.30	300.17	333.17
227.26	249.22	270.11	285.35	300.19	333.18
227.27	249.24	270.13	286.04	300.35	333.19
227.34	249.26	270.13	286.11	301.15	333.20

64 HE (continued)

333.28	350.02	375.20	156.35	health	203.10
333.30	350.04	375.23	157.27	139.11	206.23
333.30	350.06	375.34	158.15	175.10	211.01
333.31	350.13	376.01	158.25	285.26	217.01
333.32	350.20	376.04	161.32	368.14	217.29
334.01	350.24	376.06	164.06	healthy	218.13
335.04	351.16	376.15	166.14	180.03	219.02
335.05	351.18	376.16	174.29	heap	219.19
335.05	351.20	376.28	175.33	008.02	220.18
335.07	351.21	377.18	176.06	027.06	227.07
335.09	351.29	377.24	178.21	076.22	228.30
335.11	352.26	377.25	179.31	257.23	230.19
335.12	353.01	he'	180.07	heaped	234.02
335.13	353.05	243.33	182.03	074.25	238.30
335.14	353.18	he'll	184.28	heaps	240.11
335.15	353.19	292.34	188.09	219.06	246.04
335.23	353.21	308.28	193.35	hear	251.19
335.26	353.25	309.22	199.17	038.19	253.22
335.32	353.33	369.08	201.11	063.03	255.02
335.35	353.34	370.06	202.03	072.24	255.03
336.01	354.14	he's	205.28	076.25	255.31
336.08	354.19	015.35	206.03	079.29	257.11
336.10	354.33	054.07	209.09	112.08	263.11
336.14	354.35	081.18	218.29	116.31	263.19
336.16	355.05	199.16	219.20	134.28	263.20
336.17	355.13	200.03	223.19	140.01	263.23
336.17	355.13	263.08	223.32	144.17	264.02
336.19	355.16	276.16	225.17	152.07	270.09
336.22	357.18	298.28	228.25	153.25	277.10
336.32	357.19	308.14	229.20	153.28	277.20
336.34	357.19	324.17	232.04	155.25	292.06
337.01	357.21	head	235.35	178.30	301.19
337.02	357.24	010.33	237.32	219.29	318.12
337.03	357.25	011.18	240.31	232.10	324.07
337.04	357.30	012.16	243.02	232.20	327.21
337.08	357.32	012.24	243.22	234.06	329.33
337.08	357.32	020.13	246.18	276.27	332.04
337.10	357.33	020.17	246.01	299.21	333.03
337.12	357.33	020.34	253.07	307.15	333.17
337.14	358.01	027.05	253.13	312.07	333.34
337.16	358.07	029.32	253.19	319.08	335.17
337.27	358.08	030.28	254.18	324.09	339.10
337.28	358.11	033.29	258.20	331.13	339.23
337.30	358.14	034.18	261.29	335.20	341.35
337.30	358.24	035.01	266.31	343.27	347.03
337.31	358.27	035.33	267.28	347.34	348.19
337.33	358.33	037.31	282.23	348.31	349.08
338.11	359.01	042.29	283.25	366.09	357.32
338.13	359.05	043.14	284.33	367.05	358.24
338.14	359.22	043.34	285.21	372.03	360.19
338.19	359.31	044.15	287.29	377.10	360.35
338.22	360.05	045.18	292.07	heard	363.07
339.12	360.07	050.30	299.13	008.15	363.21
339.21	360.12	052.15	302.11	010.19	364.15
339.35	360.26	054.30	305.34	014.14	365.22
340.03	360.29	057.24	313.11	021.22	375.06
340.06	361.13	060.08	317.06	021.29	377.28
340.13	361.15	060.21	318.23	025.03	hearers
341.15	361.21	062.08	318.35	025.20	359.08
341.17	362.08	062.10	327.24	028.08	hearing
341.29	362.14	063.02	329.25	028.25	071.15
341.32	362.21	063.11	330.05	030.10	113.32
342.07	363.03	064.05	330.23	039.06	142.16
342.21	363.13	066.21	331.16	039.21	156.12
342.30	363.15	067.28	333.32	041.19	212.23
342.31	363.19	068.16	334.16	041.27	262.32
342.32	363.27	072.07	334.29	052.26	276.22
342.34	363.33	073.07	335.30	052.35	287.18
343.01	363.35	078.05	336.18	053.11	288.09
343.01	364.02	078.05	337.30	059.01	hears
343.20	364.03	079.15	343.11	062.33	003.32
343.23	364.04	080.03	344.01	062.35	052.06
343.24	364.05	082.09	344.21	063.07	251.24
344.03	364.15	082.11	347.14	063.11	hearsay
344.05	364.30	085.33	350.35	066.15	124.08
344.10	364.31	085.33	351.13	072.09	heart
344.15	365.04	087.09	352.30	073.35	010.25
344.21	365.06	088.05	354.34	074.03	010.32
344.21	365.09	090.10	360.12	078.33	014.13
344.22	365.11	091.03	360.23	079.12	026.14
344.24	365.29	092.13	362.08	094.27	027.11
344.32	366.06	095.35	363.04	106.04	030.25
344.32	366.07	097.21	364.14	106.14	036.29
344.35	366.08	100.02	364.25	107.18	043.25
345.09	366.09	108.10	364.33	107.29	060.26
345.09	367.04	109.15	365.25	109.22	096.24
345.14	367.05	109.21	366.18	113.22	109.18
345.16	367.05	112.05	369.13	118.30	114.11
345.18	367.22	112.24	369.16	122.07	122.33
345.23	368.34	113.14	369.26	127.28	130.05
345.24	369.12	114.10	370.14	129.12	153.15
345.30	369.14	116.05	370.30	133.28	167.11
346.01	370.03	117.08	372.07	134.02	197.06
346.04	370.13	120.17	headlong	136.19	202.31
346.06	370.15	121.20	046.20	140.08	202.32
346.10	370.23	121.30	055.14	148.01	226.18
346.12	370.25	122.05	097.07	154.08	232.14
346.14	371.20	125.14	194.24	155.05	234.13
346.23	373.04	126.29	195.10	155.21	239.19
347.03	373.09	129.05	364.04	163.02	246.33
347.11	373.18	130.02	heads	170.11	248.07
347.19	373.21	132.07	007.22	170.33	259.24
347.19	373.26	137.21	026.30	173.23	266.03
347.21	374.26	142.32	172.31	176.07	291.14
348.03	374.29	143.13	179.33	176.13	299.05
348.06	375.04	143.28	218.09	178.28	301.13
348.13	375.04	149.12	276.32	180.30	314.13
348.20	375.04	150.25	298.10	182.14	314.17
348.32	375.17	154.03	328.10	185.17	318.33
349.02	375.19	154.10	heal	191.17	334.23
349.25	375.20	155.01	314.16	191.22	336.25

HEART (continued)

340.01	364.25	073.16	115.29	145.08	174.27
340.04	height	073.21	115.30	145.15	174.29
345.04	196.29	073.22	116.02	145.16	174.30
352.06	heightened	073.23	116.02	145.16	174.33
354.22	168.26	074.02	116.05	145.25	175.04
354.30	310.11	074.06	116.05	146.17	175.07
355.07	318.14	074.07	116.10	147.11	175.13
356.20	heights	074.23	116.14	147.14	175.14
356.24	283.12	074.35	116.15	147.25	175.15
361.02	heir	075.01	116.20	148.29	175.24
361.17	001.16	098.25	117.01	148.30	176.14
366.32	140.14	098.25	117.04	148.31	176.15
369.04	helas'	099.01	117.05	148.31	176.19
heart-beats	049.11	099.09	119.09	149.09	176.30
201.14	held	099.18	119.12	149.11	177.23
344.23	003.25	099.20	119.27	149.12	177.35
heart-breaking	027.04	099.21	121.20	149.12	178.04
338.28	041.25	099.22	121.21	149.16	178.21
heartbroken	052.17	099.22	121.25	149.26	179.17
060.07	061.30	099.26	121.30	149.32	179.20
heartily	090.14	099.27	121.33	150.01	179.33
158.05	111.02	099.28	121.34	150.04	180.01
heartiness	111.03	099.35	122.02	150.12	181.15
010.13	117.15	100.01	122.11	150.13	183.27
307.02	128.28	100.05	122.24	152.01	183.35
heartrending	173.07	100.12	122.24	152.02	185.20
374.01	176.01	100.13	123.14	152.03	185.22
hearts	175.15	100.15	123.18	153.29	187.03
027.01	176.22	100.18	123.23	153.30	187.04
033.15	228.13	100.26	123.27	154.10	187.17
073.33	231.18	100.35	123.28	154.30	187.22
132.35	251.32	101.03	123.28	155.01	187.24
153.07	310.32	101.04	124.29	155.14	187.24
153.35	329.25	101.05	124.32	155.30	187.30
372.18	344.32	101.16	125.09	156.04	189.27
hearty	364.09	101.16	125.23	156.16	189.27
211.05	364.26	101.19	126.19	156.23	190.30
heat	hell	101.29	126.27	156.35	197.35
146.28	029.28	102.06	127.29	157.04	198.01
203.33	277.32	102.23	127.33	157.05	198.06
257.27	help	102.24	127.34	158.01	198.13
heated	017.23	103.02	127.35	158.06	198.15
083.33	018.01	103.05	128.26	158.15	198.28
heaved	047.11	103.20	129.04	158.31	199.03
026.13	048.11	103.29	129.05	159.08	199.06
213.32	064.32	104.01	129.06	159.14	199.24
heaven	091.15	104.17	129.14	159.20	199.25
006.13	105.26	104.18	129.22	159.25	199.28
019.03	145.35	104.31	129.27	159.26	199.31
127.13	151.12	105.12	129.27	159.27	209.14
194.06	152.11	106.02	130.02	159.28	213.10
293.09	165.04	106.09	130.08	160.09	213.16
heavenly	166.32	106.24	130.22	160.12	213.24
372.25	171.09	106.24	130.35	160.15	213.25
heavens	189.34	106.25	131.11	160.20	213.32
203.23	205.20	107.02	131.11	160.21	213.32
247.31	214.20	107.06	131.21	160.24	214.18
heaviest	234.11	107.07	133.10	160.27	214.19
367.28	279.29	107.12	133.15	161.15	214.21
heavily	300.25	107.19	134.15	161.30	214.21
036.28	313.33	107.19	134.15	161.32	215.06
060.32	355.26	108.04	134.16	162.02	215.16
110.04	367.18	108.11	135.17	162.05	215.20
184.14	370.27	109.11	135.34	162.06	215.22
190.19	helped	109.12	135.34	163.11	215.25
287.13	039.17	109.15	136.19	163.12	215.25
361.10	102.35	109.16	136.21	163.15	215.26
heaving	130.10	109.16	137.33	163.27	215.27
213.28	274.11	109.18	137.33	164.01	215.30
heavy	310.18	109.22	137.35	164.06	215.31
006.28	helpers	109.23	138.01	164.13	216.15
021.14	199.16	109.24	138.01	164.19	217.12
027.01	helping	109.24	138.04	164.23	217.13
041.02	055.13	109.29	138.21	164.26	217.14
064.18	119.11	110.03	138.26	165.02	217.15
065.22	150.03	110.07	138.29	165.03	217.27
068.19	205.12	110.07	138.31	165.05	217.29
087.04	helpless	110.09	139.11	165.11	217.30
101.15	032.04	110.25	139.19	165.14	218.25
185.24	047.07	111.04	139.22	165.28	218.26
214.19	124.26	111.05	139.34	165.28	218.28
229.26	236.14	111.17	140.04	165.30	218.29
251.11	278.24	111.19	140.05	165.30	218.29
262.16	314.35	111.24	140.06	166.11	218.30
292.06	331.23	111.30	140.29	166.14	219.10
301.35	355.14	111.32	140.31	166.30	219.11
314.08	helplessly	112.01	140.31	167.03	220.03
329.03	256.21	112.05	140.32	168.09	220.11
334.06	316.31	112.12	141.01	168.12	220.19
340.05	365.05	112.24	141.09	168.13	220.22
352.10	helplessness	112.26	142.08	168.28	221.14
362.35	154.06	112.27	142.25	168.33	221.15
364.31	henceforth	113.06	142.32	169.04	221.26
hebrew	011.11	113.14	143.08	169.05	221.29
216.10	her	113.31	143.10	169.07	221.33
hebrews	013.33	113.33	143.13	169.08	222.28
153.17	024.28	113.33	143.14	169.08	222.30
hectic	024.29	114.07	143.15	169.10	228.06
264.26	024.29	114.08	143.15	169.14	228.11
hedges	030.23	114.10	143.25	169.27	228.13
053.35	037.32	114.13	143.27	169.31	228.13
heedless	040.35	114.15	143.32	169.33	228.15
032.22	043.11	114.25	143.34	169.34	228.18
heedlessly	043.13	114.29	143.35	169.34	228.20
028.29	043.14	114.31	144.03	170.25	228.24
heel	054.13	114.34	144.04	170.33	228.25
083.02	065.11	114.35	144.05	172.23	228.25
heels	065.12	115.10	144.11	173.25	228.27
025.11	066.26	115.18	144.30	173.25	228.28
214.18	073.15	115.22	144.30	173.33	228.28
236.05	073.16	115.28	144.30	174.25	228.32

66 HER (continued)   UNDER WESTERN EYES

229.20	255.11	320.15	345.25	013.28	230.32
229.23	255.33	321.16	346.18	013.34	231.08
229.23	257.20	321.17	346.19	016.24	234.10
229.28	257.26	321.17	346.19	016.30	234.14
229.33	257.27	321.19	346.23	017.03	236.11
229.34	257.28	321.20	346.30	017.07	236.33
230.01	258.11	322.02	346.30	019.29	240.14
231.11	258.28	322.09	347.06	022.23	240.20
231.15	258.28	322.31	347.21	022.28	241.34
231.23	258.34	322.34	348.11	025.29	243.16
231.25	259.04	323.02	349.19	026.21	247.12
232.08	259.06	323.03	349.21	026.35	249.32
232.09	260.27	323.06	349.25	029.08	261.21
232.14	260.33	323.10	350.03	035.20	261.24
232.15	261.01	323.10	350.04	036.08	285.33
232.24	262.09	323.11	350.04	039.08	286.02
233.08	263.10	325.01	350.10	044.13	287.16
233.17	264.18	325.12	350.13	044.21	289.14
233.21	265.35	325.13	350.19	044.31	292.28
234.14	266.02	325.15	350.28	045.02	309.35
234.14	266.02	326.29	350.29	055.09	310.14
234.15	266.14	326.07	350.30	058.06	317.27
234.15	266.31	326.08	350.32	058.15	319.15
234.18	268.26	326.25	350.32	058.34	319.18
234.20	269.01	327.18	350.34	060.05	320.03
234.29	269.16	327.24	350.35	063.03	327.08
235.08	269.22	327.33	351.31	063.14	332.32
235.13	269.31	328.06	351.31	067.30	339.10
235.14	270.23	328.19	351.32	076.05	339.33
235.18	270.32	328.22	351.33	077.09	341.02
235.18	271.01	329.35	351.34	084.23	350.06
235.20	271.31	330.01	352.01	086.34	350.24
235.21	272.30	330.06	352.05	089.19	357.01
235.22	273.12	330.28	353.21	091.02	360.29
235.26	274.10	331.04	353.23	093.28	360.35
235.27	275.13	331.16	355.02	094.27	361.18
235.33	275.13	331.17	355.05	101.20	361.29
235.35	275.21	331.18	355.06	118.02	362.22
236.14	275.22	331.21	355.22	130.12	363.22
236.25	275.34	331.30	356.09	131.32	365.20
237.08	276.02	332.02	356.14	133.22	372.01
237.28	276.15	332.05	356.16	133.27	here's
237.28	276.17	332.09	358.01	134.05	233.13
237.29	277.08	332.21	359.13	134.06	hereditary
237.31	277.33	332.22	359.18	134.18	023.05
237.32	277.34	334.10	362.25	139.31	211.29
237.35	277.34	334.16	362.27	144.17	hermit
238.25	282.31	334.23	362.27	149.22	141.14
238.34	284.05	334.23	363.26	149.24	hero
239.09	284.07	334.27	366.17	153.35	059.14
239.10	299.17	334.28	366.17	154.19	189.02
239.11	313.14	334.33	366.18	155.22	189.24
239.15	314.10	336.17	366.18	155.26	218.13
239.16	314.14	336.18	366.22	156.09	heroic
239.18	314.24	337.04	366.24	156.33	119.24
239.30	314.24	337.05	366.25	157.13	123.24
239.32	314.26	337.07	366.29	157.19	123.26
239.35	314.28	337.17	366.29	158.22	124.07
240.05	314.29	337.31	366.31	158.25	138.03
240.08	315.07	338.01	367.10	158.27	153.33
240.13	315.26	338.01	367.16	159.05	154.31
240.32	315.35	338.19	367.22	171.21	156.15
241.01	316.05	338.26	367.27	171.29	166.08
242.15	316.06	338.27	367.29	172.04	202.14
242.35	316.10	339.13	367.31	172.13	224.16
243.02	316.11	339.13	367.31	172.23	276.19
244.01	316.12	339.30	368.01	173.30	heroism
244.03	316.17	340.27	368.01	175.28	130.10
244.04	316.34	340.28	368.13	177.25	herr
244.09	317.06	341.04	368.16	178.26	281.33
244.10	317.11	341.13	368.16	178.28	332.03
244.11	317.13	341.13	368.21	179.02	332.23
244.24	317.14	341.17	368.22	179.21	hers
245.06	317.18	341.20	368.26	179.25	273.28
245.12	317.26	342.04	368.26	182.17	314.11
245.28	317.28	342.05	368.26	183.25	369.32
246.04	317.32	342.20	368.28	185.18	herself
246.15	317.35	342.26	369.03	187.02	043.13
246.16	318.05	342.29	369.07	189.07	101.01
246.20	318.06	343.01	369.16	189.08	110.25
246.27	318.07	343.10	369.20	189.12	113.21
246.33	318.08	343.10	369.21	189.13	114.28
248.12	318.12	343.11	369.26	189.17	125.05
248.12	318.14	343.12	370.04	189.17	126.19
248.15	318.15	343.14	370.08	191.28	134.30
248.18	318.16	343.14	370.30	193.09	135.06
249.13	318.17	343.15	370.31	193.10	138.14
249.15	318.20	343.17	370.34	193.22	139.33
249.18	318.21	343.18	371.02	200.33	142.05
249.35	318.22	343.19	371.02	201.18	144.33
250.15	318.23	343.27	371.10	201.19	149.15
250.17	318.23	343.30	371.22	202.28	164.24
250.21	318.25	343.33	371.25	203.11	167.01
250.32	318.26	343.33	371.32	205.08	169.14
250.33	318.26	343.34	372.07	206.17	169.25
250.34	318.26	344.02	372.20	211.07	190.29
251.17	318.27	344.06	373.35	217.20	215.30
251.19	319.02	344.07	374.19	218.12	218.16
251.21	319.04	344.08	374.21	220.34	221.02
251.23	319.10	344.09	375.09	221.16	234.21
252.13	319.11	344.13	375.11	223.07	236.27
252.23	319.13	344.16	375.28	224.01	239.03
253.07	319.14	344.27	376.19	224.04	261.24
253.26	319.19	344.31	377.02	226.05	268.24
253.27	319.21	344.34	377.04	226.21	270.08
253.29	319.22	345.12	377.07	226.26	277.32
254.30	319.23	345.12	377.24	228.04	313.28
254.30	319.24	345.14	377.29	228.16	318.01
255.08	319.26	345.16	here	229.21	321.06
255.10	320.02	345.16	002.03	229.22	326.22
255.10	320.13	345.22	003.04	229.30	328.21

HERSELF (continued)

331.14	007.09	062.20	133.25	196.28	265.30
333.03	007.26	062.32	133.28	197.06	265.35
340.30	008.34	063.06	134.01	197.23	266.24
368.25	009.31	063.15	134.12	197.25	266.25
370.14	010.18	066.26	135.08	197.28	267.05
370.19	011.23	067.01	135.26	198.17	268.18
371.04	011.25	068.06	135.27	198.34	268.28
374.02	011.30	068.11	137.17	200.01	269.04
hesitate	012.02	068.21	137.17	201.06	270.26
065.04	012.35	068.35	137.25	201.14	270.32
128.21	013.03	069.17	137.26	201.33	271.08
377.26	013.12	069.22	138.15	202.09	271.26
hesitated	014.24	069.23	140.34	203.19	274.11
199.01	015.19	069.33	144.16	203.26	275.01
212.14	016.04	069.35	146.01	204.01	275.02
310.27	016.14	071.13	146.03	206.08	275.28
315.01	016.34	071.19	146.06	206.10	276.11
333.07	018.21	072.18	146.09	206.20	277.10
348.10	019.04	072.24	146.34	211.09	278.08
372.07	019.06	073.09	148.28	212.07	278.10
hesitatingly	019.13	073.12	149.34	212.20	278.12
217.24	019.18	073.14	150.20	212.21	278.23
hesitation	019.20	073.23	150.22	214.16	278.29
067.27	020.29	074.17	150.22	215.18	278.30
075.21	020.30	074.22	150.24	215.26	279.11
106.12	021.05	074.28	150.25	216.31	280.06
192.25	021.35	074.32	151.02	217.33	280.10
193.03	022.09	076.08	151.06	218.11	280.31
198.20	022.11	077.07	151.07	218.13	281.27
251.20	023.10	077.19	151.09	218.18	282.21
334.32	023.23	078.15	151.21	218.22	282.22
hexagonal	023.27	078.23	152.10	219.04	282.23
286.27	024.09	079.06	152.11	219.29	282.30
hid	024.18	079.21	152.33	220.18	283.17
054.22	024.19	079.25	156.25	220.27	284.11
143.28	025.01	080.19	156.31	220.30	284.26
271.24	025.34	080.23	156.32	221.27	285.05
hidden	026.09	080.31	157.16	221.29	285.22
044.07	026.10	080.33	162.03	222.16	286.09
118.08	027.18	081.02	162.17	222.24	286.14
121.12	027.18	081.14	163.02	222.32	287.08
157.09	028.26	081.18	165.01	222.33	287.16
180.32	028.32	082.16	165.08	223.01	288.12
194.30	029.06	082.27	165.09	223.05	290.04
282.05	029.20	083.05	165.13	223.10	290.20
317.23	029.34	083.06	166.25	223.22	291.03
340.16	031.10	083.07	167.30	223.24	291.16
hide	031.32	083.22	168.24	225.09	292.06
122.18	032.24	083.25	169.06	225.12	292.08
297.21	032.26	083.30	169.06	226.15	293.13
374.34	032.35	083.34	169.07	228.05	293.20
hiding	033.17	084.09	169.09	228.25	293.22
030.23	033.18	084.28	169.13	229.03	294.02
182.07	033.19	084.30	169.31	230.04	294.07
226.19	033.31	085.16	170.01	231.23	294.27
374.28	034.02	085.21	170.06	232.17	294.28
hieratic	034.04	085.29	170.15	233.02	295.02
123.21	034.05	087.15	171.20	233.20	295.18
high	034.10	087.19	171.22	234.17	295.18
001.04	034.19	088.19	171.25	234.21	295.26
026.21	034.25	088.20	171.25	234.26	296.28
038.19	035.12	089.12	171.29	235.06	297.25
038.23	035.14	089.17	171.35	235.12	298.12
038.30	035.22	090.05	172.05	235.28	299.04
050.17	035.28	090.21	172.05	236.14	299.08
084.18	035.31	091.14	172.10	237.18	301.20
125.21	037.28	091.35	172.12	237.19	302.23
167.03	038.08	092.18	174.04	238.05	302.24
167.05	039.03	092.21	174.04	238.07	302.31
167.27	039.12	092.29	174.06	238.13	303.14
291.04	039.13	093.06	174.13	238.31	303.24
291.14	041.23	093.12	175.32	238.33	303.26
291.32	041.31	093.18	175.34	238.34	304.30
292.08	041.35	093.20	176.05	238.35	306.18
303.30	042.26	094.16	176.16	239.02	307.20
307.01	042.28	094.23	176.19	239.04	308.18
328.29	043.28	098.07	176.25	239.05	308.33
329.02	044.03	103.13	176.29	239.27	309.29
338.05	044.04	105.01	177.17	239.31	309.30
345.10	045.20	105.02	178.05	240.05	310.18
359.33	045.25	105.08	180.32	241.01	310.18
374.28	045.28	106.19	181.29	241.14	310.21
high-backed	046.26	106.30	182.01	241.15	310.32
334.27	047.13	108.07	182.03	241.23	311.19
high-pitched	047.23	108.33	182.04	241.30	312.09
323.34	047.35	112.34	182.09	244.23	312.23
high-placed	049.25	113.11	182.14	245.21	312.35
159.32	050.04	113.34	184.20	246.31	313.02
high-shouldered	050.07	113.35	184.24	247.29	313.05
373.19	050.21	118.09	184.33	248.09	313.08
higher	051.05	118.19	185.08	248.18	313.13
009.14	052.04	118.29	185.31	248.31	315.19
074.10	052.31	119.04	187.15	249.24	316.18
146.22	053.01	119.10	187.29	251.13	320.03
highest	053.19	119.11	189.24	251.29	320.12
115.10	054.05	119.15	190.10	251.35	320.27
167.04	054.08	119.25	190.25	252.08	321.12
208.17	054.35	120.14	190.33	253.16	321.14
304.24	055.27	120.20	191.11	255.10	324.03
highly	056.25	121.04	191.17	255.13	324.18
132.08	056.30	121.08	191.22	255.14	324.25
169.05	059.22	122.13	192.05	256.20	325.18
hilarity	059.30	122.16	192.07	257.12	327.06
264.28	060.03	122.18	192.20	258.12	327.16
him	060.15	123.25	192.21	258.27	327.18
001.22	060.31	124.20	193.34	259.10	328.21
003.02	061.14	129.10	194.26	259.14	328.22
006.14	061.20	129.13	194.31	261.20	329.14
006.16	061.26	130.26	196.08	263.19	329.20
006.18	062.06	130.28	196.09	263.24	329.30
006.19	062.09	133.24	196.19	263.24	330.03

68 HIM (continued) UNDER WESTERN EYES

332.07	005.02	155.08	311.01	009.16	029.01
333.07	009.12	156.10	311.05	009.24	029.03
333.20	010.04	163.29	320.25	009.26	029.03
335.05	011.09	165.07	324.32	009.31	029.18
335.14	011.24	186.30	325.35	009.32	029.19
335.15	012.14	189.15	327.15	010.01	029.24
335.16	016.01	194.04	333.06	010.05	029.30
335.18	018.30	195.19	335.07	010.15	029.30
335.26	018.31	196.02	335.14	010.17	029.31
335.30	018.33	196.15	335.19	010.26	029.33
335.33	019.08	197.08	335.23	010.29	030.01
336.03	021.19	197.12	336.15	010.33	030.12
336.26	023.01	197.21	337.08	011.08	030.21
336.31	023.09	198.27	337.11	011.24	030.24
336.33	024.03	200.34	337.27	011.25	030.24
337.16	024.07	201.08	338.15	011.27	030.26
337.33	024.10	201.22	339.05	012.08	030.28
337.34	025.31	202.23	339.22	012.13	031.30
338.17	027.13	203.06	341.33	012.16	031.33
340.13	028.32	203.19	343.25	012.17	031.35
341.17	029.34	204.14	344.05	012.28	032.01
341.26	031.32	205.12	344.22	012.32	032.01
341.28	031.34	206.04	345.09	013.02	032.24
342.27	032.23	206.12	346.12	013.13	032.34
343.34	032.33	206.14	347.11	013.20	033.06
345.14	033.19	206.22	349.10	013.21	033.22
346.29	033.26	207.05	350.28	013.25	033.30
349.25	034.10	209.03	355.05	014.02	034.01
350.04	034.28	211.25	355.17	014.05	034.05
350.16	035.06	211.28	355.26	014.19	034.08
351.11	036.25	214.14	356.11	014.22	034.15
352.10	036.50	215.24	357.32	014.28	034.17
352.23	037.21	216.28	357.33	015.15	034.18
354.16	038.07	217.01	358.03	015.26	034.20
354.20	038.29	219.02	358.28	015.32	034.20
357.23	039.09	221.29	360.04	016.05	034.21
357.24	047.17	225.09	361.23	016.17	034.22
357.30	048.22	226.20	362.13	016.26	034.27
357.35	048.31	227.31	362.29	017.01	034.28
357.35	049.06	227.34	365.10	017.01	034.30
358.13	050.34	228.02	365.29	017.03	034.30
358.17	054.15	228.09	375.09	018.18	034.31
358.19	054.32	233.13	375.17	018.29	035.01
358.32	055.25	233.26	375.20	018.32	035.02
359.04	056.22	234.32	376.05	018.35	035.06
359.22	057.24	241.05	377.13	019.01	035.10
359.32	058.02	243.26	hind	019.05	035.14
360.24	059.29	243.26	156.33	019.06	035.14
361.21	061.29	244.02	hindered	019.07	035.15
361.29	062.26	245.32	178.13	019.07	035.17
361.33	062.30	246.27	hint	019.16	035.17
362.05	063.03	248.13	006.20	020.13	035.17
362.06	063.07	248.14	117.03	020.14	035.19
362.13	063.16	249.23	270.07	020.17	035.25
362.34	064.09	249.24	273.09	020.18	035.27
363.13	065.23	250.08	275.21	020.28	035.29
363.17	065.25	250.26	339.17	020.28	035.30
363.34	066.01	252.16	346.23	020.34	035.32
364.01	066.11	253.04	376.25	020.34	035.33
364.04	067.21	254.31	hinted	020.34	035.34
364.09	067.27	256.30	207.22	021.11	036.04
364.13	068.08	258.11	260.24	021.20	036.29
364.17	068.13	259.33	267.24	021.20	036.35
364.26	069.21	267.27	hints	021.20	037.03
364.34	069.24	270.13	160.30	021.22	037.20
365.01	072.32	270.32	307.10	021.30	037.21
365.01	074.15	270.33	hire	022.03	038.04
365.02	074.16	272.04	015.31	022.07	038.12
365.09	074.34	272.09	hired	022.12	038.18
365.11	075.32	272.20	295.07	022.19	038.24
365.13	076.02	272.29	his	023.05	038.25
365.17	076.09	273.26	001.21	023.23	038.26
365.19	076.16	274.22	001.23	023.25	038.26
365.21	076.24	275.16	003.16	023.26	038.27
365.27	076.26	275.09	003.21	023.32	038.28
365.31	079.17	276.33	003.22	023.33	038.32
365.31	080.20	279.21	003.30	024.11	038.34
365.32	080.29	279.25	004.05	024.14	039.02
365.33	081.08	279.30	004.13	024.15	039.05
366.01	082.13	279.35	004.13	024.28	039.05
366.04	082.25	280.04	004.14	024.34	039.12
366.10	083.17	280.29	004.18	024.35	039.17
366.22	083.21	284.26	004.19	025.02	039.17
367.07	083.21	285.10	004.30	025.06	040.05
367.25	084.31	285.27	005.04	025.07	040.15
369.06	085.11	285.32	005.24	025.11	041.16
369.08	085.13	286.04	005.28	025.12	041.25
369.15	086.18	286.12	005.31	025.12	041.26
369.34	087.29	286.16	006.04	025.14	041.33
370.05	088.12	287.17	006.14	025.17	042.07
370.12	088.23	288.08	006.17	025.29	042.09
370.24	088.30	289.15	006.32	025.31	042.13
372.33	089.07	291.10	006.33	026.07	042.25
373.07	089.11	293.15	006.33	026.10	042.27
373.07	092.11	293.17	006.33	026.15	042.34
373.11	092.24	293.21	006.35	026.33	043.01
374.31	093.31	293.26	007.16	026.34	043.25
375.03	107.31	294.05	007.24	027.05	043.34
375.23	113.03	295.04	007.25	027.11	044.14
375.26	116.12	295.15	008.12	027.13	044.15
376.01	118.32	296.19	008.17	027.14	044.23
376.07	119.26	296.29	008.25	027.15	044.26
376.13	125.15	297.28	008.26	027.19	044.30
376.29	133.27	298.16	008.26	028.01	045.15
376.29	135.16	298.25	008.27	028.13	045.16
377.21	136.08	298.35	008.27	028.18	045.17
377.26	144.21	299.05	008.30	028.22	045.17
him'	146.28	299.25	008.30	028.24	045.18
343.32	147.34	304.03	008.34	028.27	045.22
himself	150.23	304.14	009.02	028.30	045.23
001.06	154.22	306.20	009.09	028.34	045.30

HIS (continued)

046.21	065.52	078.05	096.05	128.28	180.06
046.29	065.53	078.13	096.24	128.29	180.06
047.07	066.01	078.17	096.25	128.30	180.09
047.07	066.01	078.25	097.07	129.05	180.09
047.10	066.04	078.31	097.11	129.09	180.12
047.17	066.05	079.13	097.16	129.11	180.12
047.33	066.09	079.14	097.21	131.10	180.16
047.34	066.12	079.18	098.06	133.19	180.17
048.03	066.13	079.20	098.07	133.20	180.28
048.13	066.17	079.22	098.22	134.33	181.02
048.18	066.23	079.25	099.04	135.22	181.23
048.19	066.25	079.31	099.30	135.26	181.24
049.11	066.33	080.03	103.12	136.30	181.25
049.11	066.34	080.25	105.05	136.33	181.34
049.13	066.35	080.26	105.31	137.04	182.07
049.20	067.01	080.27	106.22	137.20	182.08
049.21	067.08	080.28	106.23	137.21	182.10
049.21	067.17	081.11	106.27	137.26	182.14
049.26	067.26	081.12	107.29	138.04	182.16
049.27	067.28	081.13	109.32	138.13	182.23
050.05	067.28	081.19	113.07	138.17	183.30
050.11	067.33	081.21	113.08	141.27	184.04
050.12	068.02	081.22	113.11	141.30	184.14
050.12	068.04	081.22	114.17	144.27	184.14
050.13	068.09	081.27	114.18	146.01	184.16
050.22	068.12	082.11	114.19	146.04	184.28
050.35	068.18	083.02	114.20	146.09	184.28
051.03	068.19	083.03	114.21	147.01	184.28
051.20	068.26	083.09	117.07	150.02	184.29
051.20	068.27	083.14	117.08	150.03	185.05
052.03	068.29	083.18	117.12	150.25	185.06
052.07	068.31	083.23	117.13	150.29	185.07
052.10	068.35	083.24	117.14	151.02	185.08
052.11	069.01	083.24	118.07	151.03	185.08
052.14	069.02	084.03	118.10	151.23	185.09
052.14	069.08	084.05	118.12	152.11	185.10
052.15	069.18	084.07	118.13	152.11	185.13
052.15	069.27	084.12	118.17	152.14	186.02
052.20	069.29	084.12	118.20	152.26	186.04
052.21	069.30	084.23	118.21	152.30	186.21
052.24	069.34	084.27	118.24	152.33	186.27
052.25	069.34	085.12	118.31	152.35	186.29
052.30	069.34	085.24	118.33	154.18	186.30
053.29	070.03	085.32	118.35	155.17	186.31
054.33	070.05	085.33	119.01	155.22	187.13
055.12	070.09	085.34	119.02	155.27	187.19
055.14	070.10	085.34	119.06	155.29	187.20
055.18	070.10	086.01	119.14	157.23	187.31
055.20	070.11	086.19	119.15	157.27	188.03
055.26	070.13	086.19	119.16	157.27	188.03
056.03	070.15	086.19	119.18	158.03	188.09
056.04	070.17	086.20	119.22	158.04	188.10
056.21	070.22	086.27	119.25	158.06	188.10
057.03	070.29	086.30	119.31	158.18	188.21
057.04	070.30	087.05	119.34	158.25	188.24
057.24	070.33	087.07	119.34	158.26	189.03
058.02	070.35	087.09	119.35	160.02	189.09
058.22	070.35	087.15	119.35	160.04	189.09
058.24	071.04	088.04	120.03	160.05	189.19
058.26	071.05	088.05	120.03	162.19	189.33
058.31	071.20	088.05	120.05	162.19	190.01
059.01	071.29	088.13	120.10	162.20	190.01
059.22	071.31	088.30	120.14	163.05	190.02
059.26	071.32	088.33	120.15	163.12	191.02
059.28	071.33	089.05	120.18	163.32	191.09
059.31	071.35	089.09	120.21	163.32	191.25
060.08	072.07	089.11	120.27	164.17	191.29
060.08	072.14	089.13	120.32	165.07	192.04
060.08	072.24	089.16	121.07	165.12	192.23
060.09	072.26	089.26	121.07	166.04	192.27
060.13	072.32	090.10	121.14	166.06	193.18
060.14	073.06	090.13	121.15	166.19	193.33
060.18	073.10	090.14	121.25	166.20	193.35
060.21	073.11	091.03	121.25	167.32	194.01
060.35	073.30	091.14	121.26	167.33	194.02
061.02	074.01	091.18	121.27	168.01	194.12
061.19	074.04	091.26	121.27	168.35	194.13
061.20	074.19	092.02	121.29	169.02	194.29
061.23	074.21	092.06	121.29	169.06	195.08
061.26	074.22	092.08	122.02	169.07	195.27
061.27	074.23	092.09	122.02	170.03	195.28
061.30	074.25	092.09	122.03	170.10	196.01
061.30	074.30	092.14	122.08	170.17	196.02
062.02	074.31	092.18	122.15	171.08	196.13
062.08	075.05	092.21	122.25	173.30	196.20
062.10	075.10	092.22	122.31	173.31	196.23
062.29	075.15	092.30	123.01	173.31	196.29
062.34	075.16	092.35	123.03	173.31	196.30
063.04	075.23	093.10	123.05	173.35	196.32
063.05	075.27	093.13	123.09	175.31	197.06
063.06	075.30	093.21	123.26	175.32	197.09
063.11	075.34	093.22	123.28	175.33	197.12
063.19	076.11	093.22	124.09	176.02	197.13
063.21	076.18	093.24	124.11	176.03	197.14
063.21	076.21	093.27	124.15	176.08	197.18
063.25	076.22	093.28	124.35	176.18	197.28
063.26	076.23	093.30	124.35	177.02	198.01
063.34	076.26	094.04	125.14	177.04	198.19
064.01	076.29	094.14	125.14	177.06	198.31
064.06	076.34	094.15	125.16	177.06	199.08
064.09	077.02	094.17	125.16	177.07	200.16
064.11	077.06	094.18	126.21	177.12	200.19
064.12	077.10	094.23	126.33	177.33	201.03
064.16	077.11	094.23	127.01	177.33	201.04
064.18	077.29	094.27	127.07	177.35	201.11
064.18	077.30	094.30	127.09	178.06	201.11
065.18	077.34	095.02	128.05	178.15	201.14
065.19	077.35	095.08	128.07	178.21	201.21
065.20	078.01	095.35	128.15	178.22	201.34
065.22	078.02	095.35	128.19	178.23	201.35
065.25	078.05	096.03	128.27	179.11	202.01

70   HIS (continued)   UNDER WESTERN EYES

202.05	237.08	273.07	296.12	329.11	360.22
202.05	237.21	273.08	296.13	329.21	360.23
202.06	237.24	273.15	296.14	329.25	360.26
202.13	238.20	274.11	296.19	329.25	360.28
202.18	238.35	274.22	296.21	329.28	361.02
202.20	239.06	274.34	296.21	329.33	361.03
202.23	239.11	275.04	296.23	330.05	361.04
203.07	239.12	275.09	296.30	330.21	361.16
203.07	239.19	275.11	296.30	330.23	361.16
203.25	239.31	276.03	296.34	330.24	361.20
204.02	240.31	276.07	297.01	332.06	361.21
204.11	243.04	276.30	297.02	332.21	362.01
204.12	243.22	277.03	297.03	333.16	362.03
204.14	244.03	277.07	297.09	333.29	362.04
204.16	244.06	277.11	297.10	333.31	362.08
204.18	245.08	277.12	298.03	335.03	362.17
204.18	245.09	277.17	298.04	335.10	362.21
205.09	245.24	278.31	298.16	335.10	362.33
205.13	245.27	279.08	298.26	335.12	362.34
205.13	245.29	279.11	298.26	335.15	362.35
205.23	246.02	279.14	298.28	335.20	363.04
205.24	246.18	279.19	299.03	335.26	363.04
205.25	246.23	279.22	299.05	335.32	363.07
205.28	246.33	279.27	299.07	336.04	363.09
206.01	247.25	279.32	299.09	336.13	363.33
206.01	247.25	279.34	299.13	336.15	363.35
206.03	248.10	280.32	299.20	336.20	364.06
206.07	249.13	280.33	300.33	336.22	364.07
206.11	250.02	281.01	301.03	336.25	364.11
206.25	250.08	281.02	301.03	337.02	364.12
207.30	250.09	281.10	301.17	337.09	364.14
208.06	250.11	281.10	301.20	337.12	364.14
209.01	250.28	281.10	301.26	337.13	364.24
209.09	251.12	281.13	301.29	337.14	364.25
209.29	251.12	281.18	302.06	337.17	364.25
210.01	251.12	281.25	302.13	337.20	364.26
210.12	251.31	282.22	302.23	337.30	364.26
210.20	251.32	282.23	302.26	338.11	364.27
210.22	252.08	282.28	303.05	338.12	364.28
210.32	252.14	283.06	303.05	339.16	364.33
211.04	252.23	283.07	303.08	339.17	364.33
211.08	253.13	283.11	303.34	339.26	365.01
211.13	253.14	283.12	304.01	340.04	365.07
211.14	254.18	283.24	304.05	340.15	365.08
211.14	254.28	283.25	304.08	340.15	365.10
211.16	254.30	283.32	304.08	341.25	365.10
211.20	254.31	284.10	305.20	341.26	365.10
211.27	254.31	284.12	305.21	341.32	365.16
211.28	254.33	284.26	305.24	342.07	365.19
212.12	255.10	284.28	305.34	342.21	365.23
212.14	255.18	284.33	305.34	342.29	365.25
212.30	255.22	284.34	306.05	342.31	366.02
213.02	255.28	284.35	306.06	342.33	366.16
214.02	256.03	285.01	306.12	343.20	366.18
214.33	256.04	285.03	306.24	344.01	366.19
215.13	256.11	285.06	306.25	344.04	367.01
215.15	256.21	285.06	306.33	344.17	367.05
215.15	256.21	285.27	307.03	344.23	367.06
215.26	256.29	285.29	307.06	344.23	370.14
216.01	256.34	286.06	307.16	345.10	370.33
216.31	257.01	286.17	307.17	345.16	373.01
216.34	257.06	286.22	307.22	345.19	373.06
217.25	257.18	287.07	307.31	346.24	373.08
217.29	258.31	287.20	308.04	346.31	373.10
217.34	259.08	287.22	308.05	347.20	373.21
218.34	259.09	287.23	308.06	347.22	373.26
219.19	259.12	287.24	308.17	348.02	375.23
219.20	259.12	287.30	308.24	348.32	375.24
220.08	259.22	287.32	308.26	349.23	376.03
220.09	259.24	287.34	309.07	349.24	376.15
220.32	259.29	288.01	309.08	350.03	376.28
221.12	261.05	288.02	309.28	350.05	376.30
222.18	261.28	288.06	310.08	350.07	hissed
222.29	261.29	288.09	310.10	350.23	149.09
223.19	262.05	288.14	310.18	351.09	hissing
223.23	262.06	288.19	310.18	351.11	214.21
223.32	262.09	288.22	310.24	351.11	historical
224.22	262.15	289.20	310.28	351.13	023.07
225.10	262.15	290.03	310.31	351.13	031.28
225.17	262.19	290.04	311.16	351.14	059.06
226.10	262.27	290.05	311.30	351.14	283.29
226.13	263.13	290.22	311.30	351.18	319.28
226.17	263.13	290.23	312.03	352.22	history
226.20	263.31	290.24	312.07	352.23	031.05
227.04	264.20	291.14	312.10	352.26	033.18
227.08	264.23	291.22	312.12	352.31	063.29
227.12	264.26	292.07	312.13	353.01	099.08
227.12	264.27	293.03	312.28	353.02	108.20
227.13	264.31	293.04	313.08	353.03	112.14
227.15	265.04	293.12	313.11	353.15	119.04
227.16	265.07	293.18	315.16	353.17	119.14
227.18	265.08	293.28	315.17	353.19	136.19
227.19	265.12	293.31	315.20	353.22	160.13
227.20	265.27	293.31	320.22	353.27	211.24
227.30	265.28	293.34	320.33	353.34	238.10
227.31	266.23	293.34	323.22	354.19	239.10
227.33	266.27	294.03	323.22	355.02	hitched
228.10	267.06	294.17	323.27	357.28	306.05
228.29	267.12	294.17	323.31	357.28	hive
229.01	267.17	294.30	323.34	358.01	026.24
231.18	267.18	294.31	324.22	358.02	hoard
232.04	267.27	294.33	324.26	358.07	002.26
234.24	268.27	295.05	324.33	358.11	hoarse
235.15	269.27	295.08	324.35	358.22	015.07
235.15	269.30	295.09	325.02	359.02	025.25
235.16	270.13	295.16	325.02	359.23	034.17
236.05	270.30	295.35	325.06	359.33	085.15
236.20	270.31	296.01	325.07	359.35	178.34
236.30	271.33	296.05	325.10	360.03	213.21
237.03	272.15	296.06	325.17	360.03	215.15
237.03	272.23	296.08	327.08	360.11	223.02

HOARSE (continued)

265.17	homogeneous	290.08	006.27	245.35	170.13
hoarsely	297.33	334.16	008.12	254.08	172.09
217.04	honest	339.33	018.05	254.35	173.29
hoffman's	025.29	342.17	018.18	261.22	177.31
213.05	131.35	348.18	039.15	265.25	178.10
hold	139.04	354.26	040.04	266.30	179.04
008.23	140.28	hopping	045.21	268.31	181.05
017.15	259.14	113.17	047.23	268.35	183.15
051.04	361.28	horizon	048.01	269.07	186.01
060.03	honestly	340.24	060.33	269.13	186.03
062.02	181.05	horizons	071.24	269.18	193.33
064.32	289.05	139.28	087.16	269.23	195.23
089.09	honey	horizontally	109.03	269.29	203.15
107.30	120.14	086.02	128.24	270.03	204.05
108.20	honour	horrible	129.28	271.35	204.22
110.34	049.04	019.22	172.04	272.14	205.19
150.16	049.05	024.09	172.14	272.16	205.33
158.05	124.11	025.26	198.12	272.22	207.13
204.25	289.10	049.07	199.35	272.34	218.34
215.34	377.08	053.14	296.23	274.23	227.24
234.20	honourable	086.14	296.34	276.10	228.05
235.02	042.02	150.07	300.06	276.17	229.16
253.14	honoured	206.10	301.20	276.18	230.24
268.01	011.35	229.33	315.25	276.31	233.22
303.04	117.35	257.09	316.15	277.27	233.35
303.20	125.03	264.13	329.20	280.14	235.31
326.21	125.22	312.06	330.03	282.21	240.27
345.09	293.02	367.01	331.11	305.03	240.29
345.31	hood	horribly	332.25	328.01	242.14
350.10	027.06	012.19	333.23	328.35	244.05
363.28	271.23	175.35	349.27	358.10	247.11
holding	hook	357.05	357.25	358.13	251.06
032.20	271.15	horror	357.26	358.26	257.12
032.22	hook-nosed	007.29	374.23	358.28	260.06
052.07	323.29	059.23	hours	358.35	261.01
084.05	hooked	076.05	012.18	364.22	264.04
116.31	120.06	148.10	013.34	373.15	264.22
117.22	hooks	242.18	046.30	374.27	270.17
136.22	338.02	263.17	068.03	375.07	270.24
147.14	hope	351.31	069.09	housebreakers	271.05
180.12	005.33	365.32	087.07	270.04	273.25
270.33	018.33	horrors	091.06	houses	275.32
286.02	020.24	147.31	103.12	007.21	277.12
294.31	031.24	148.24	129.32	013.05	281.33
300.31	050.26	194.01	144.27	122.20	283.28
364.18	081.11	373.35	144.27	268.33	295.27
364.34	081.29	horse-hair	146.31	272.26	297.21
hole	089.15	064.10	151.27	287.21	304.32
010.35	100.10	horse-owning	227.32	328.03	314.16
019.10	101.23	270.01	233.30	328.30	319.15
025.34	103.06	horses	251.13	330.15	319.17
118.33	109.18	006.28	252.29	352.12	319.22
151.07	111.11	007.02	270.25	housing	320.05
297.22	119.11	008.03	294.30	322.17	330.29
holes	134.31	011.15	308.30	hover	331.13
121.11	136.10	015.31	313.28	124.27	332.22
hollow	138.10	015.34	316.18	hovered	340.06
066.20	170.21	025.03	332.11	063.07	343.31
071.32	226.05	025.09	333.08	hovering	344.28
225.02	233.05	026.30	354.09	120.17	349.27
hollowed	244.05	027.14	366.33	how	350.24
029.32	260.17	040.21	367.28	014.31	359.17
holstein-gottorps	266.27	077.03	372.18	014.32	361.30
217.06	269.21	080.08	house	017.14	363.17
home	299.04	123.29	012.08	017.16	364.05
004.35	317.15	124.02	026.23	024.31	369.35
008.29	347.10	268.21	028.35	027.25	375.15
009.07	377.25	270.15	030.16	035.19	375.19
009.28	377.29	270.16	040.19	036.17	376.08
012.04	hoped	270.27	045.23	043.02	however
024.26	099.31	272.07	053.32	045.19	004.25
029.34	165.33	272.12	054.01	048.04	036.01
049.20	186.17	hospitable	054.27	054.21	056.07
050.35	191.30	139.25	062.05	056.08	056.34
051.02	194.04	334.14	063.14	056.08	089.14
075.18	204.27	hospital	066.06	058.35	095.22
081.18	207.05	019.11	077.18	059.04	098.05
081.18	281.27	259.21	081.13	060.10	118.22
081.34	305.25	366.22	094.08	062.22	121.17
084.26	315.12	368.32	098.26	062.23	124.06
108.13	326.25	369.03	103.17	067.23	134.31
138.25	327.05	370.20	136.30	078.34	159.32
147.19	hopeful	370.25	137.05	081.01	175.25
148.01	146.07	373.01	141.31	096.21	192.24
172.12	hopeless	373.10	142.09	100.10	198.14
177.29	023.29	hospitality	147.26	100.15	207.25
197.24	076.23	013.11	150.05	114.19	214.22
254.01	100.10	331.26	150.13	115.08	270.06
254.01	102.28	352.13	150.27	117.31	290.16
256.33	142.26	hostile	156.28	117.31	342.30
257.01	143.15	286.09	157.08	125.18	344.29
257.04	174.35	336.02	159.02	126.18	375.30
293.30	194.01	hot	164.22	127.29	hug
294.29	369.09	177.13	165.18	129.24	229.06
295.07	369.31	262.20	166.03	131.05	hugged
308.27	373.05	311.09	171.20	132.05	024.26
320.18	hopelessness	hot-house	197.29	135.08	026.06
320.27	191.14	040.27	201.12	138.16	122.02
330.02	hopes	hotel	201.33	142.14	hugging
341.03	009.02	320.33	202.05	144.05	215.30
352.09	014.16	321.12	202.21	144.09	hugs
358.13	047.22	322.03	206.17	148.18	037.13
homely	049.32	325.34	207.31	151.15	hull
084.20	111.02	326.12	223.22	152.34	268.06
095.11	117.30	327.26	223.29	154.17	human
206.27	132.32	hotels	227.10	155.12	002.21
225.08	138.11	124.10	230.10	160.03	003.03
homes	153.26	326.15	231.22	160.08	003.04
017.14	205.03	352.18	231.27	164.10	017.27
374.02	215.08	hour	234.19	166.25	020.23
	217.34	002.27	235.10	168.23	022.21

72 HUMAN (continued)   UNDER WESTERN EYES

026.24	226.24	021.11	054.29	086.31	103.19
037.15	325.14	021.13	055.01	086.31	103.20
056.17	337.22	021.15	055.13	086.31	103.23
064.25	359.32	021.15	055.30	086.33	103.30
081.30	hurry	021.16	055.33	086.34	103.32
093.09	024.26	021.16	055.34	086.35	104.04
120.22	177.29	021.16	056.01	087.16	104.21
120.32	244.29	021.17	056.10	087.17	104.21
125.07	hurrying	021.18	056.11	087.17	104.22
145.19	326.07	022.15	056.11	087.21	104.22
169.19	hurt	022.28	056.18	087.23	104.30
172.29	020.11	023.15	056.33	087.30	104.34
187.25	029.16	024.01	056.34	087.30	105.01
269.33	167.23	024.09	057.27	087.34	105.06
279.03	304.17	027.11	057.28	087.35	105.11
288.16	309.22	027.33	057.28	087.35	105.23
289.06	366.01	029.34	057.34	088.01	105.25
294.12	husband	030.14	058.10	088.02	105.31
311.17	106.22	030.14	058.11	088.26	105.33
351.02	122.24	032.09	058.13	088.27	106.04
363.31	137.15	032.10	058.14	088.28	106.06
humane	159.25	032.32	058.15	089.09	106.08
039.02	husband's	033.02	058.15	089.10	106.09
074.07	316.06	033.26	058.16	089.12	106.15
132.28	hushed	033.32	058.19	089.18	106.17
182.13	373.20	034.01	058.26	089.21	106.24
230.22	huskily	034.02	058.29	089.33	107.01
humanely	212.33	034.02	058.32	090.10	107.04
077.19	huts	034.04	058.33	090.17	107.05
humanitarian	010.13	034.07	058.34	090.22	107.15
120.24	hybrid	035.08	059.05	090.32	107.16
120.29	180.02	035.11	059.05	091.30	107.18
282.22	hypnotized	035.21	059.07	091.35	107.20
humanity	296.31	035.27	059.09	092.23	107.23
005.11	hypocrites	035.28	059.12	092.27	107.25
067.16	132.24	035.29	059.14	092.28	107.27
122.14	hypocritical	035.30	059.15	092.29	107.30
122.32	327.30	035.31	059.18	093.02	107.34
123.08	hypothesis	035.31	059.21	093.05	108.01
125.28	285.18	036.17	059.24	093.06	108.09
159.13	hysteria	036.25	059.25	093.17	108.13
289.12	214.07	038.18	059.29	093.18	108.13
336.30	290.30	039.30	059.30	093.20	108.26
humble	hysterical	039.34	060.01	093.20	108.30
004.20	137.24	040.02	060.10	093.28	109.04
231.02	i	042.23	060.16	094.09	109.04
humblest	001.03	043.25	062.17	094.24	109.08
259.24	001.09	044.20	062.25	094.27	109.08
humiliating	001.12	044.21	063.02	095.11	109.13
269.10	001.20	044.25	063.03	095.11	109.13
humiliation	001.24	045.02	063.08	095.13	109.18
137.09	002.01	045.03	063.09	095.14	109.22
297.27	002.12	045.07	064.26	095.14	109.27
humorous	002.12	045.11	065.01	095.18	109.29
249.35	002.15	045.19	065.02	095.20	109.33
humour	002.16	046.10	065.02	095.22	110.11
076.25	002.16	046.16	065.04	095.26	110.12
humours	002.35	046.24	065.14	096.02	110.14
341.13	003.12	046.25	067.17	096.10	110.14
hunched	007.16	046.27	067.29	096.11	110.18
006.33	007.17	046.28	067.30	096.12	110.23
hundred	009.26	047.03	067.32	096.18	110.24
281.17	009.27	047.04	068.24	096.20	110.30
hundreds	009.28	047.05	068.33	096.22	110.34
007.35	011.02	047.07	069.23	096.26	111.01
hundredth	011.04	047.11	070.26	096.27	111.03
065.01	012.17	047.11	071.01	096.28	111.07
hung	013.16	047.12	071.01	096.30	111.12
005.22	013.22	047.13	071.02	096.34	111.18
011.19	013.23	047.14	072.24	096.35	111.19
026.22	013.24	047.14	072.27	097.06	111.23
026.30	013.27	047.14	072.28	097.08	111.27
060.08	013.30	047.15	072.30	097.09	111.32
061.16	013.31	048.04	072.34	097.17	112.05
063.22	013.31	048.10	073.03	098.09	112.13
066.02	013.34	048.11	073.35	098.12	112.20
068.16	013.34	049.03	074.09	098.12	112.31
180.18	014.03	049.19	076.02	098.13	113.04
194.17	014.10	049.20	076.04	098.13	113.30
201.04	014.11	049.22	076.05	098.17	114.13
218.30	014.24	049.23	077.12	098.18	114.23
265.22	016.30	049.35	077.15	098.19	114.31
318.16	016.33	050.26	077.15	098.24	115.09
337.30	017.07	050.29	077.18	098.24	115.09
hunger	017.08	050.35	077.21	099.10	115.14
041.18	017.10	051.27	077.21	100.10	115.18
070.16	017.14	051.27	077.22	100.11	115.19
148.09	017.15	051.28	077.24	100.12	115.24
153.01	017.23	051.29	077.27	100.14	115.26
219.05	017.30	052.20	077.30	100.27	115.31
hunger-stricken	017.31	052.31	077.33	100.28	115.34
274.29	017.31	053.21	078.12	100.33	116.03
hungry	018.01	053.28	078.29	100.33	116.12
133.05	018.03	053.31	079.11	100.35	116.13
255.24	019.24	053.32	079.22	101.06	116.14
hunted	019.34	054.01	079.27	101.10	116.17
120.08	019.34	054.01	079.30	101.12	116.26
120.14	020.05	054.03	079.30	101.13	116.27
hunting	020.08	054.06	080.14	101.15	116.30
124.09	020.09	054.08	080.14	101.23	117.09
hurried	020.11	054.09	081.18	101.32	117.09
164.21	020.11	054.10	082.24	101.33	117.15
264.19	020.20	054.11	084.23	102.11	117.15
292.09	020.21	054.13	084.30	102.19	117.27
315.34	020.24	054.21	085.14	102.19	117.30
326.11	020.29	054.22	085.29	102.23	117.33
350.28	020.29	054.23	086.23	102.25	117.35
hurriedly	020.29	054.26	086.23	102.28	118.02
040.30	021.05	054.26	086.31	102.35	118.09
132.11	021.10			103.19	
172.11					

I (continued)　　　　　　　　　　　　　UNDER WESTERN EYES

118.23	134.27	148.14	160.12	171.19	180.09
124.08	134.27	148.15	160.13	171.20	180.12
124.10	134.28	148.15	160.23	171.26	180.13
124.12	134.30	148.16	160.25	171.28	180.20
124.19	135.03	148.19	160.34	171.32	180.21
124.20	135.03	148.21	161.08	171.34	180.22
124.22	135.11	148.24	161.17	171.35	180.24
124.25	135.16	148.25	161.18	172.01	180.26
124.30	135.22	148.29	161.21	172.03	180.30
124.31	135.25	149.03	161.24	172.03	180.32
124.32	135.26	149.24	161.28	172.04	181.01
125.02	135.32	149.34	161.29	172.05	181.04
125.04	135.34	150.23	161.29	172.07	181.05
125.10	135.35	151.06	161.30	172.10	181.08
125.12	136.02	151.09	161.34	172.11	181.11
125.23	136.06	151.10	161.35	172.12	181.14
125.33	136.08	151.11	162.03	172.14	181.20
126.08	136.09	151.15	162.12	172.16	181.22
126.10	136.10	151.16	162.16	172.17	181.22
126.11	136.14	151.16	162.22	172.17	181.27
126.14	136.16	151.18	162.30	172.20	181.32
126.17	136.17	151.19	163.03	172.21	181.35
126.17	136.19	151.19	163.04	172.24	182.01
126.25	136.29	151.21	163.05	172.28	182.02
127.03	137.09	151.22	163.08	173.04	182.03
127.04	137.11	151.23	163.09	173.14	182.11
127.11	137.12	151.24	163.15	173.16	182.14
127.11	137.13	151.25	163.21	173.18	182.17
127.18	137.13	151.29	163.27	173.21	182.18
127.25	138.19	151.31	163.29	173.22	182.18
127.25	138.20	152.12	164.02	173.23	182.21
127.28	138.21	152.12	164.04	173.23	182.25
127.28	138.24	152.26	164.08	173.27	182.28
127.33	138.26	152.27	164.19	173.27	183.01
128.02	138.26	152.27	164.28	174.01	183.02
128.02	138.28	153.04	165.23	174.03	183.12
128.06	138.28	153.05	165.25	174.04	183.13
128.11	138.31	153.06	165.30	174.04	183.13
128.12	138.32	153.08	165.32	174.05	183.14
128.14	139.02	153.08	166.02	174.05	183.14
128.16	139.03	153.11	166.06	174.06	183.15
128.19	139.11	153.11	166.08	174.10	183.18
128.19	139.14	153.12	166.09	174.11	183.19
128.22	139.16	153.14	166.11	174.13	183.22
128.23	139.21	153.14	166.25	174.15	183.23
128.23	139.33	153.17	166.25	174.17	183.23
128.25	140.01	153.18	166.26	174.17	183.25
128.27	140.05	153.18	166.27	174.17	183.27
128.31	140.06	153.20	166.27	174.28	183.30
129.14	140.06	153.22	166.28	174.30	183.32
129.22	140.07	153.23	166.30	174.30	183.33
129.24	140.09	153.25	167.01	175.05	183.33
129.29	140.20	153.25	167.03	175.06	183.35
129.32	140.22	153.26	167.13	175.08	184.01
130.04	140.26	153.32	167.14	175.17	184.06
130.05	140.33	153.35	167.18	175.20	184.15
130.11	141.01	154.01	167.19	175.28	184.18
130.11	141.03	154.03	167.23	175.29	184.20
130.12	141.04	154.05	167.23	175.34	184.20
130.18	141.05	154.06	167.25	175.35	184.23
130.18	141.07	154.09	167.26	176.06	184.24
130.20	141.11	154.12	167.27	176.07	184.30
130.23	141.12	154.17	167.33	176.10	184.31
130.26	141.13	154.23	168.03	176.12	184.32
130.26	141.16	154.24	168.05	176.13	184.35
130.28	141.20	154.30	168.08	176.16	185.01
130.29	141.26	154.34	168.09	176.23	185.02
130.30	142.12	154.34	168.12	176.25	185.04
130.31	142.14	155.07	168.13	176.29	185.17
131.03	142.14	155.11	168.15	176.33	185.19
131.11	142.15	155.20	168.17	176.34	185.26
131.21	142.30	155.25	168.21	177.10	185.27
131.25	143.03	156.01	168.22	177.11	185.28
131.26	143.04	156.01	168.23	177.15	185.31
131.26	143.04	156.02	168.25	177.18	185.33
131.27	143.22	156.25	168.25	177.19	185.33
131.28	144.09	156.30	169.10	177.20	185.34
131.29	144.23	156.31	169.20	177.25	186.03
131.30	144.27	156.31	169.22	177.26	186.03
131.31	144.28	156.32	169.24	177.27	186.11
131.33	144.28	156.32	169.26	177.27	186.21
131.34	145.03	156.33	169.27	177.28	186.28
132.06	145.05	156.33	169.28	177.29	186.35
132.07	145.14	157.01	169.29	177.30	187.01
132.08	145.16	157.11	169.29	177.31	187.01
132.08	145.18	157.14	170.01	177.32	187.03
132.10	145.22	157.15	170.06	178.05	187.10
132.12	145.22	157.16	170.08	178.10	187.15
132.15	145.34	157.16	170.10	178.11	187.18
132.17	146.02	157.17	170.10	178.11	187.22
132.19	146.02	158.10	170.12	178.12	187.23
132.26	146.06	158.11	170.13	178.13	187.26
133.01	146.06	158.17	170.14	178.16	188.07
133.03	146.21	158.22	170.16	178.18	188.09
133.03	146.24	158.22	170.17	178.18	188.12
133.04	146.33	158.24	170.19	178.18	188.14
133.15	146.34	159.01	170.19	178.19	188.15
133.19	147.04	159.04	170.20	178.26	188.17
133.24	147.04	159.04	170.22	178.26	188.18
133.26	147.05	159.07	170.24	178.28	188.22
133.26	147.05	159.08	170.25	178.30	188.22
133.31	147.06	159.16	170.26	179.02	188.27
133.31	147.17	159.18	170.33	179.03	188.30
133.32	147.21	159.20	171.03	179.05	188.31
133.34	147.21	159.21	171.03	179.06	188.35
134.06	147.24	159.28	171.09	179.09	189.04
134.14	147.33	160.07	171.10	179.18	189.06
134.20	147.34	160.08	171.14	179.21	189.07
134.23	148.05	160.08	171.14	180.05	189.07
134.23	148.12	160.08	171.15	180.07	189.10

I (continued) UNDER WESTERN EYES

189.11	199.23	229.27	249.16	286.01	316.08
189.15	199.26	229.30	249.22	286.02	316.09
189.17	199.29	229.30	249.26	286.03	316.09
189.17	200.01	229.30	249.29	286.12	316.11
189.22	200.03	229.31	249.33	286.20	316.12
189.22	202.27	229.31	250.02	286.20	316.15
189.22	202.27	230.15	250.04	287.16	316.16
189.33	202.28	230.15	250.05	288.05	316.17
190.05	202.33	230.18	250.24	288.11	316.18
190.11	203.02	230.23	251.06	288.20	316.22
190.12	203.09	230.23	251.14	289.03	316.25
190.17	203.11	230.24	251.22	289.13	316.26
190.18	203.28	230.26	251.35	290.13	316.28
190.20	203.34	230.27	252.06	290.26	316.30
190.20	204.04	230.29	252.19	290.27	316.30
190.23	204.21	230.30	252.25	290.27	316.30
190.25	204.34	230.31	253.10	291.06	316.31
190.26	204.34	230.31	253.23	291.21	316.33
190.27	205.10	230.32	253.28	291.21	316.35
190.33	205.19	231.02	254.01	291.26	317.04
190.33	205.20	231.03	254.04	291.30	317.16
191.04	205.20	231.03	254.04	291.30	317.16
191.08	205.21	231.04	254.05	292.11	317.20
191.10	205.30	231.09	254.06	292.15	317.21
191.11	205.31	231.09	254.11	292.16	317.21
191.13	205.31	232.26	254.12	292.22	317.22
191.14	205.32	232.32	254.15	292.27	317.22
191.17	205.34	232.33	254.19	292.32	317.26
191.19	205.34	233.02	254.20	292.33	317.28
191.20	206.02	233.22	254.24	292.34	317.29
191.22	206.14	233.22	254.35	292.35	317.30
191.23	206.16	233.28	255.01	293.05	317.31
191.24	206.21	233.29	256.01	293.19	317.33
191.26	206.22	233.31	256.10	293.22	317.33
191.27	206.30	233.31	256.14	293.22	317.34
191.29	206.31	233.35	256.16	293.24	318.04
191.29	206.32	234.02	256.33	296.24	318.12
191.32	206.33	234.03	257.01	296.28	318.14
192.03	206.34	234.06	257.03	297.04	318.20
192.04	207.01	234.07	257.04	298.18	318.21
192.07	207.02	234.07	257.07	298.30	318.27
192.17	207.11	234.09	257.11	298.32	318.29
192.18	207.13	234.11	257.12	298.33	319.03
192.18	207.14	235.32	257.14	298.35	319.04
192.20	208.07	235.32	257.32	299.21	319.06
192.22	208.07	236.10	257.32	305.30	319.08
192.31	208.15	236.28	258.04	305.30	319.09
192.32	208.18	237.07	258.08	305.31	319.10
193.01	208.23	237.12	258.08	306.01	319.11
193.07	208.35	237.17	259.14	306.05	319.14
193.11	210.18	237.18	259.15	306.26	319.15
193.12	210.28	237.25	259.16	307.04	319.16
193.14	211.07	238.12	259.27	307.04	319.22
193.19	211.10	238.28	259.31	307.32	319.24
193.20	211.17	239.22	260.03	307.32	319.25
193.20	211.20	239.25	260.04	308.09	319.30
193.24	211.24	239.25	260.05	308.10	319.31
193.25	212.32	240.06	260.06	308.11	320.02
193.25	213.22	240.09	260.06	308.12	320.04
193.28	214.04	240.10	260.10	308.13	320.07
193.30	216.35	240.11	260.14	308.14	320.11
193.30	217.18	240.14	261.09	308.16	320.11
193.32	217.23	240.19	261.10	308.24	320.12
193.33	218.22	240.19	261.15	308.25	320.16
193.34	218.34	240.20	261.17	308.26	320.19
194.04	219.06	240.24	261.19	308.29	320.21
194.05	219.12	240.24	261.21	308.30	320.22
194.05	219.14	241.14	262.33	308.31	320.26
194.08	219.22	241.15	262.34	309.12	320.27
194.11	220.31	241.21	264.07	309.25	320.28
194.12	220.33	241.23	264.10	309.26	320.30
194.12	221.06	241.24	264.11	309.26	320.33
194.14	221.17	241.28	264.32	309.32	320.33
194.16	221.22	242.03	264.32	310.02	320.35
194.20	221.22	242.08	264.33	310.15	321.01
194.25	221.24	242.08	264.34	310.16	321.01
194.29	222.01	242.20	264.34	311.32	321.11
194.33	222.07	242.28	265.07	312.05	321.11
195.20	222.16	242.29	266.20	312.06	321.12
195.21	222.21	242.31	267.25	312.07	321.13
195.21	223.30	242.33	267.29	313.02	321.25
196.09	224.01	243.06	267.30	313.05	321.27
196.09	224.13	243.11	267.33	313.06	321.29
197.07	224.27	243.13	268.13	313.07	321.29
197.11	224.34	243.13	268.19	313.09	321.32
197.23	225.18	243.16	270.12	313.19	321.33
197.25	225.22	244.14	270.35	313.20	321.34
197.28	225.23	244.14	271.10	313.25	321.35
197.32	225.23	244.27	271.12	313.27	322.02
198.05	225.27	244.29	272.03	313.28	322.05
198.06	225.28	244.33	273.23	313.29	322.05
198.09	225.28	244.35	273.23	313.31	322.07
198.09	225.32	245.13	273.24	314.03	322.08
198.10	225.34	246.14	273.25	314.22	322.09
198.12	225.34	246.22	275.32	314.25	322.24
198.14	226.05	246.26	276.05	314.34	322.24
198.15	226.05	247.02	276.09	314.34	322.24
198.19	226.06	247.08	276.16	315.01	322.31
198.22	226.07	247.10	276.16	315.04	322.33
198.26	226.21	247.12	278.18	315.06	322.35
198.26	226.31	247.16	278.23	315.10	323.05
198.27	227.24	248.03	279.13	315.10	323.13
198.29	227.25	248.05	279.20	315.12	324.01
198.30	227.33	248.22	280.34	315.16	324.02
198.34	228.08	248.27	281.07	315.18	324.03
199.03	228.08	248.30	285.13	315.19	324.09
199.05	228.26	248.31	285.16	315.20	324.12
199.06	228.34	249.02	285.31	315.22	324.15
199.07	229.16	249.03	285.33	315.23	324.28
199.11	229.18	249.03	286.01	315.27	325.10
199.16	229.19	249.11	286.01	316.06	325.13

I (continued)

325.14	342.22	357.01	377.11	145.31	109.04
325.22	342.33	357.01	377.14	153.01	109.22
325.23	343.03	357.04	377.19	240.02	110.04
325.31	343.03	357.05	377.25	283.33	110.14
326.05	343.04	357.05	377.29	289.11	110.27
326.19	343.05	357.07	i'll	290.18	112.33
326.21	343.07	357.09	017.16	324.12	113.21
326.25	343.20	357.10	029.34	342.17	115.03
326.25	343.27	357.12	081.08	372.14	115.16
326.29	343.27	357.13	092.34	375.04	116.21
327.01	344.05	357.15	308.24	identification	119.16
327.04	344.16	357.16	308.24	278.28	122.22
327.05	344.18	357.16	308.24	identified	124.24
327.06	344.20	358.03	i'm	101.21	125.31
327.06	344.25	360.06	232.32	identity	127.18
327.12	344.29	360.07	i've	008.11	129.04
327.16	344.29	360.21	046.29	237.21	129.24
327.18	344.30	360.29	053.19	idiocy	129.33
327.20	345.01	361.06	058.16	301.14	130.16
327.21	345.02	361.17	070.08	idiot	130.24
327.22	345.32	361.19	087.09	035.22	131.27
327.32	346.04	361.21	104.23	081.08	132.05
328.01	346.05	361.23	130.12	idle	133.03
328.02	346.06	361.29	174.13	003.01	134.11
328.16	346.08	362.02	189.28	017.32	134.30
328.18	346.18	362.14	216.27	046.09	134.34
328.19	346.27	362.18	222.08	118.14	135.25
329.10	346.27	363.17	236.12	201.02	135.29
329.13	346.34	363.27	237.07	242.12	136.11
329.31	347.05	363.28	293.02	300.05	137.13
329.35	347.25	363.29	305.27	369.18	139.34
330.01	347.33	363.29	308.09	idler	140.03
330.18	348.07	363.30	309.12	173.30	140.06
330.23	348.25	364.05	309.17	idly	140.21
330.24	348.31	366.15	309.18	173.10	141.01
330.27	349.07	366.16	309.32	277.35	141.09
331.04	349.11	367.06	317.23	305.21	143.15
331.11	349.14	367.07	356.04	idol	144.04
331.13	349.16	367.08	371.16	093.14	144.16
331.14	349.16	367.11	ice	idolized	144.22
331.15	349.27	367.14	268.03	076.30	146.19
331.16	349.27	367.14	352.07	113.11	147.05
331.19	350.09	367.15	icy	if	148.26
331.22	350.16	367.18	330.11	001.09	149.02
331.23	350.28	367.23	idea	003.22	149.23
332.12	350.29	367.28	050.17	003.23	154.04
332.16	351.05	367.29	066.26	007.34	155.33
332.18	351.12	367.29	075.22	011.02	160.03
332.28	351.23	367.32	093.04	012.27	161.09
332.31	351.25	368.02	098.24	016.35	163.27
332.32	351.28	368.04	100.27	017.12	164.02
332.34	351.28	368.05	114.15	017.15	167.01
333.07	351.30	368.08	114.33	017.30	167.10
333.14	352.06	368.17	126.25	018.07	170.26
333.16	352.29	368.20	132.04	020.35	171.14
333.16	353.27	368.25	146.04	022.06	174.06
333.18	353.28	368.33	187.12	022.25	174.09
333.18	353.28	368.34	207.11	024.11	175.33
333.23	353.29	369.02	213.30	028.13	179.12
333.24	353.31	369.03	222.23	029.19	180.26
333.25	353.31	369.07	224.05	029.29	180.29
333.26	353.33	369.10	226.16	030.27	181.21
333.28	354.01	369.12	228.06	033.02	181.23
333.34	354.04	369.24	239.26	034.02	182.23
334.01	354.05	369.30	271.30	034.04	183.10
334.07	354.06	370.05	271.31	035.07	183.33
334.20	354.08	370.21	279.22	036.14	186.26
334.22	354.10	370.25	280.03	041.25	188.26
334.30	354.15	370.32	286.05	044.02	191.01
334.32	354.17	371.01	293.16	044.26	194.02
335.08	354.17	371.15	306.01	046.29	194.17
336.14	354.18	371.16	316.09	048.17	196.16
336.31	354.20	371.20	316.16	048.22	197.06
336.33	354.20	371.21	321.15	049.04	199.29
337.10	354.21	371.24	332.20	051.27	200.25
337.22	354.21	371.27	347.18	059.22	201.05
337.24	354.24	371.27	349.10	062.26	202.27
337.24	354.29	371.27	354.01	062.29	203.25
337.26	354.34	371.28	ideal	062.30	204.08
337.26	355.01	371.29	140.24	063.13	204.13
337.28	355.01	371.30	idealist	064.17	204.14
338.24	355.04	372.01	029.12	064.31	206.08
338.32	355.11	372.06	255.21	066.11	206.12
338.32	355.11	372.08	idealistic	066.27	208.09
338.33	355.13	372.08	104.27	067.30	209.11
338.34	355.18	372.21	ideals	068.26	215.30
338.35	355.18	372.22	120.24	070.30	217.27
339.07	355.18	372.29	132.33	072.30	218.03
339.09	355.21	373.06	255.17	074.33	222.08
339.10	355.22	373.07	342.31	075.32	222.28
339.23	355.30	373.08	361.28	076.07	223.28
340.01	355.31	373.10	ideas	076.18	225.02
340.21	355.31	373.14	012.16	076.21	225.13
340.22	355.33	373.27	023.07	079.15	226.25
340.32	356.01	373.28	031.25	081.08	227.24
341.06	356.03	373.29	046.09	081.18	228.01
341.08	356.04	374.11	058.17	082.10	228.12
341.11	356.06	374.16	069.26	082.26	228.22
341.20	356.11	374.16	076.04	088.08	229.25
341.21	356.13	374.17	078.04	089.03	230.16
341.23	356.13	374.21	079.07	089.04	230.28
341.26	356.14	374.34	080.02	092.27	231.01
341.27	356.16	374.35	080.02	093.16	232.32
341.31	356.18	375.06	080.05	093.27	233.10
341.31	356.20	375.28	094.01	094.11	233.27
341.35	356.28	376.08	100.30	095.03	233.30
342.01	356.28	376.08	103.33	095.19	233.34
342.04	356.29	376.13	104.07	102.13	234.09
342.12	356.30	376.13	107.21	103.24	234.13
342.14	356.33	376.32	119.14	104.22	234.21
342.15	357.01	376.35	125.24	106.30	235.06

76 If (continued)

236.22	344.04	354.06	334.35	important	imprison
236.27	345.05	357.34	350.34	153.13	259.15
238.17	346.01	images	351.13	171.22	imprisoned
239.25	346.29	356.02	immortality	192.08	118.19
239.28	347.01	imaginable	003.06	250.03	imprisoning
242.12	347.06	147.27	155.29	273.22	005.26
242.14	349.09	imaginary	immovable	281.13	imprisonment
244.29	350.21	317.10	185.23	imposing	045.25
245.05	351.08	imagination	186.02	324.20	improper
246.09	351.34	001.04	200.32	impossibility	022.26
248.03	352.16	001.15	219.31	023.23	improving
249.24	355.06	006.02	immure	086.15	307.30
251.05	355.26	098.05	310.01	impossible	imprudence
253.24	356.23	098.09	impact	018.14	206.05
254.29	357.07	121.07	027.21	018.28	361.14
254.33	358.09	141.29	imparted	030.03	impudent
254.35	360.25	206.11	084.34	042.08	056.26
255.05	363.26	263.33	204.32	057.09	077.23
256.05	364.16	342.26	300.22	060.14	128.07
256.31	367.14	353.22	impartial	062.20	impulse
257.06	367.17	imagine	356.02	067.06	003.04
258.14	368.11	021.11	impartiality	081.07	034.29
259.14	371.01	023.02	274.15	088.21	052.30
259.15	373.29	023.09	impassible	094.10	058.05
259.16	376.03	044.21	252.21	114.17	142.28
261.13	ignominy	056.34	impassive	121.09	142.30
261.18	356.25	062.23	089.06	128.35	156.28
262.20	375.25	095.22	092.24	131.16	211.21
264.09	ignorance	105.32	214.13	134.31	223.21
265.25	090.34	107.27	217.35	145.20	impulses
266.15	114.34	109.14	259.35	151.17	031.14
268.07	140.30	109.32	impassiveness	170.02	088.30
269.13	181.10	140.22	092.25	177.29	103.26
271.08	219.15	144.10	impatience	188.05	140.31
273.02	310.16	145.01	126.07	201.26	impulsion
273.07	320.07	163.31	136.10	208.16	239.33
273.34	342.21	183.34	194.29	241.01	impulsively
274.15	ignorant	209.27	253.35	275.14	169.09
274.28	148.11	218.33	361.02	276.25	259.05
274.28	173.18	245.30	impatient	281.22	349.25
275.15	176.20	268.02	042.30	281.28	367.20
275.17	ignore	302.14	097.07	285.13	impunity
275.20	240.33	315.06	327.08	290.25	357.31
275.34	281.28	319.25	impatiently	291.13	in
276.07	ignored	372.10	034.18	294.34	001.09
278.25	289.20	imagined	248.25	295.19	001.25
280.18	373.08	001.22	impelled	308.17	002.04
280.25	ignoring	062.06	130.18	336.31	002.05
280.29	363.02	114.31	224.35	339.04	002.09
281.21	il´	169.12	224.35	352.04	002.12
283.23	163.18	176.29	225.35	352.06	002.15
284.23	ill	176.33	239.31	370.35	002.21
285.31	065.29	298.05	impending	impossiblity	002.26
285.34	070.08	imagines	368.10	280.15	002.29
287.09	174.30	104.34	impenetrable	impostor	002.32
289.15	230.28	135.30	048.24	170.16	003.05
291.02	285.29	imaginings	210.31	impotence	003.16
292.32	319.02	115.30	226.19	111.01	003.23
293.32	374.30	319.34	258.12	imprecations	003.24
294.24	ill-defined	340.32	275.08	025.32	003.26
297.07	334.26	imbecile	impenitent	impressed	003.29
297.30	ill-fated	043.21	275.25	039.27	003.35
298.22	367.20	218.22	imperative	093.12	004.03
303.07	ill-fitting	255.15	246.18	096.28	004.07
303.09	177.07	255.25	imperceptible	176.34	004.09
303.20	ill-informed	276.10	225.19	202.14	004.27
306.29	186.22	imbeciles	imperceptibly	212.11	004.30
306.29	ill-kept	003.07	330.05	302.27	004.33
310.12	201.17	081.05	imperfect	impresses	004.35
310.15	ill-timed	immaterial	003.35	245.02	005.04
312.06	279.19	124.26	325.29	impression	005.07
312.11	ill-used	immediate	imperfection	030.31	005.20
314.05	015.31	015.22	289.16	089.08	005.24
314.21	151.02	immediately	imperii´	100.07	005.28
315.19	361.05	041.21	301.29	107.17	005.31
315.27	illiterate	129.11	imperious	124.13	005.31
315.31	076.31	235.06	221.15	128.06	006.04
316.17	illness	281.14	impersonal	141.35	006.06
317.18	106.02	325.12	021.33	143.03	006.09
318.31	294.01	immense	142.34	166.12	006.14
318.33	illogical	009.02	impertinence	166.16	006.25
320.24	277.14	031.02	225.25	166.26	006.32
321.11	illogicality	064.15	imperturbable	166.26	006.35
321.25	002.17	095.29	214.33	168.04	007.02
323.24	illusion	227.29	impious	168.05	007.06
326.08	034.32	230.07	377.28	181.28	007.09
326.26	037.13	237.03	implicated	194.06	007.12
327.05	053.10	246.02	023.27	217.26	007.16
327.09	082.32	257.31	implicitly	217.32	007.28
327.24	355.29	immensely	188.03	248.12	007.29
328.14	illusions	252.06	309.25	250.16	007.35
328.19	136.28	immensity	imply	316.27	007.35
329.33	146.23	030.35	160.24	319.33	008.08
331.14	189.26	059.17	import	336.11	008.14
331.29	203.35	059.18	251.29	345.27	008.16
332.32	204.03	342.10	importance	346.10	008.22
333.02	243.09	352.01	039.33	346.15	008.25
333.17	266.20	immobility	045.06	impressionable	008.28
333.30	361.16	042.10	056.22	221.29	008.31
334.34	illustrated	053.06	075.25	237.10	008.34
336.25	005.25	085.28	096.07	impressions	008.34
337.29	illustrious	093.11	126.34	051.17	009.05
338.23	040.06	099.22	186.14	204.33	009.14
339.32	182.29	101.03	186.16	239.14	009.17
340.04	image	110.07	206.33	312.03	009.22
340.14	022.17	114.32	207.01	impressive	009.31
340.29	036.03	198.01	207.03	042.08	009.31
341.07	160.06	212.03	248.33	086.28	009.34
341.33	167.30	256.07	283.16	259.26	009.34
343.24	221.35	262.23	330.09	346.31	009.35
343.28	224.11	287.30	359.07		009.35

IN (continued) UNDER WESTERN EYES

010.02	027.07	050.08	075.07	099.23	119.13
010.05	027.15	050.11	075.12	099.32	119.14
010.07	027.28	050.14	075.17	099.35	119.18
010.08	027.31	050.22	075.18	100.06	119.19
010.12	028.02	050.32	075.27	100.17	119.19
010.12	028.04	051.03	075.27	100.20	119.20
010.16	028.19	051.20	075.27	100.23	119.31
010.18	028.20	052.09	076.05	100.31	119.34
010.20	028.26	052.23	076.10	101.05	120.01
010.33	028.33	052.26	076.16	101.07	120.06
010.35	029.18	052.33	076.19	101.08	120.12
011.07	029.20	053.03	076.20	101.10	120.12
011.14	029.24	053.08	076.25	101.12	120.20
011.20	029.32	053.09	077.03	101.14	120.21
011.23	029.33	053.24	077.09	101.20	120.22
011.35	030.09	053.26	077.23	101.22	120.26
012.02	030.16	053.31	077.24	101.26	120.30
012.08	030.20	053.35	078.01	101.33	120.33
012.10	031.21	054.01	078.02	101.34	121.02
012.16	031.21	054.02	078.32	102.03	121.08
012.18	031.22	054.05	079.21	102.03	121.10
012.21	031.23	054.08	079.35	102.17	121.11
012.23	031.25	054.22	080.03	102.27	121.12
012.26	031.32	054.30	080.22	102.30	121.13
013.04	032.04	054.30	080.29	103.01	121.24
013.09	032.06	055.13	080.33	103.05	121.25
013.14	032.10	055.29	081.13	103.08	121.26
013.23	032.14	055.34	081.22	103.21	121.27
013.34	032.16	056.06	081.22	103.27	121.27
013.35	032.20	056.10	081.26	104.08	122.14
014.01	032.33	056.27	081.34	104.28	122.17
014.15	033.05	057.09	081.35	105.03	122.18
014.21	033.09	057.16	082.27	105.12	122.19
014.23	033.17	057.24	082.30	105.12	122.27
014.26	033.20	057.27	083.06	105.15	122.35
014.28	033.28	058.10	083.23	105.22	123.04
014.29	034.08	058.12	083.29	105.24	123.08
015.07	034.12	058.14	083.30	105.33	123.18
015.11	034.17	058.14	083.31	106.02	123.25
015.15	034.22	058.25	083.32	106.08	123.29
015.27	034.32	059.01	083.34	106.16	124.09
015.32	035.08	059.15	083.34	106.18	124.10
015.34	035.29	059.18	084.05	107.03	124.11
016.10	035.33	059.23	084.10	107.05	124.32
016.15	036.07	059.27	084.18	107.06	125.05
016.18	036.14	059.33	084.31	107.08	125.07
017.35	036.19	060.02	085.01	107.19	125.23
018.07	037.01	060.28	085.02	107.24	125.27
018.09	037.01	061.04	085.03	108.05	125.34
018.17	037.23	061.27	085.14	108.11	126.01
018.19	037.24	061.30	085.17	108.22	126.01
018.20	037.25	062.01	086.03	108.23	126.02
018.23	037.27	062.06	086.08	108.34	126.04
018.24	037.32	062.07	086.20	108.35	126.06
018.30	038.02	062.09	086.24	109.08	126.06
018.34	038.23	062.13	086.25	109.11	126.12
019.06	038.24	062.18	086.32	109.15	126.16
019.09	038.28	062.28	087.15	109.29	126.20
019.21	038.33	062.29	087.20	109.30	126.21
019.34	039.06	062.34	088.04	109.31	126.34
020.02	039.08	063.05	089.01	109.35	127.16
020.07	039.09	063.11	089.25	110.07	127.17
020.10	039.15	064.14	090.04	110.10	127.24
020.15	039.25	064.16	090.13	110.29	127.28
020.16	039.28	064.24	090.15	111.05	127.30
020.20	040.04	064.24	090.24	111.10	127.30
020.26	040.04	064.29	090.32	111.17	127.33
020.28	040.09	065.04	090.33	111.23	128.02
020.30	040.10	065.08	090.34	111.24	128.03
020.34	040.14	065.08	091.05	111.28	128.15
021.01	040.19	065.09	091.19	111.29	128.28
021.04	040.27	065.10	091.21	111.30	128.33
021.07	040.29	065.18	091.23	112.03	129.06
021.08	041.06	065.22	091.27	112.14	129.12
021.12	041.12	065.25	091.28	113.04	129.21
021.13	042.23	066.06	092.01	113.17	129.29
021.16	042.30	066.07	092.04	113.18	129.31
021.23	043.04	066.16	092.18	113.23	130.05
021.29	043.08	066.20	092.19	113.24	130.22
021.30	043.08	066.34	093.07	113.25	130.27
021.32	043.11	066.35	093.18	113.29	130.28
021.33	043.15	067.17	093.20	113.35	130.35
022.03	044.07	067.31	093.22	113.35	130.35
022.09	044.28	067.35	093.35	114.05	131.08
022.20	044.35	068.05	094.01	114.08	131.21
022.23	045.07	068.28	094.11	114.25	131.31
022.24	045.26	068.35	094.16	114.30	132.19
022.31	045.27	069.14	094.19	115.07	132.21
023.01	045.32	069.15	094.31	115.10	132.34
023.20	045.34	069.33	095.16	115.12	133.08
023.26	046.06	070.08	096.01	115.16	133.10
023.34	046.13	070.18	096.05	115.17	133.18
024.13	046.15	070.20	096.08	116.09	133.20
024.15	046.17	070.26	096.13	116.21	133.22
024.20	046.26	071.06	096.17	116.28	134.05
024.23	047.01	071.11	097.09	116.31	134.08
024.25	047.03	071.15	098.03	117.02	134.09
024.34	047.05	071.18	098.06	117.04	134.28
025.02	047.22	071.20	098.07	117.07	134.33
025.05	047.32	071.30	098.07	117.16	134.35
025.06	047.34	072.01	098.10	117.20	135.09
025.07	048.07	072.12	098.10	117.22	136.04
025.10	048.09	072.15	098.11	117.24	136.05
025.29	048.17	072.25	098.17	117.28	136.07
026.02	048.19	072.29	099.04	118.03	136.09
026.04	049.30	073.14	099.08	118.13	136.20
026.17	049.33	074.14	099.08	118.16	136.29
026.26	049.34	074.14	099.17	118.19	136.34
026.31	050.01	074.26	099.19	118.20	137.01
026.34	050.02	074.30	099.19	118.25	137.03
027.06	050.04	075.01	099.22	118.33	137.05

IN (continued)

137.05	160.18	185.08	212.05	240.32	268.18
137.09	160.20	185.14	212.13	241.01	268.20
137.10	160.21	185.16	212.14	241.04	269.01
137.16	160.25	185.35	213.01	241.07	269.23
137.21	160.28	186.01	213.14	241.20	269.24
138.05	160.29	186.03	213.17	241.22	269.25
138.09	160.31	186.05	213.26	241.24	269.28
138.10	161.05	186.05	213.28	241.33	269.29
138.13	161.06	186.05	214.06	242.02	269.32
138.20	161.08	186.21	214.10	242.06	269.34
138.21	161.12	186.24	214.16	242.16	270.29
138.25	161.12	186.32	214.17	242.17	270.33
138.32	161.13	187.05	214.18	242.25	271.04
139.05	161.15	187.23	214.32	243.03	271.13
139.23	161.19	187.31	215.07	243.06	271.15
139.26	161.28	187.33	215.07	243.08	271.20
140.05	162.15	188.03	215.09	243.22	271.21
140.08	162.20	188.04	215.10	243.31	271.22
140.10	162.20	188.21	215.14	244.11	271.32
140.11	162.23	188.34	215.16	244.23	272.14
140.13	162.26	189.01	215.28	244.33	272.22
140.17	162.32	189.05	216.14	244.35	272.26
140.21	163.01	189.23	216.21	245.05	272.33
140.24	163.02	189.24	216.25	245.23	272.33
140.35	163.13	190.08	216.29	245.26	273.04
141.16	164.06	190.12	216.34	246.02	273.13
141.18	164.18	190.31	217.09	246.12	273.24
142.05	164.19	191.01	217.11	246.24	274.04
142.15	164.20	192.06	217.21	246.33	275.02
142.16	164.24	192.14	217.22	246.34	275.12
142.26	164.28	192.21	217.29	247.02	275.14
143.25	164.31	192.22	217.30	247.15	275.21
144.01	164.33	192.23	218.04	247.18	275.26
144.20	165.12	192.33	218.11	247.22	275.35
144.26	165.17	193.01	218.25	249.07	276.12
144.30	165.35	193.05	218.33	249.13	276.30
145.04	166.17	193.09	219.06	249.17	277.01
145.09	166.21	193.10	219.15	249.18	277.03
145.12	166.22	193.22	219.22	249.20	277.07
145.15	166.27	193.23	219.27	249.35	277.16
145.21	166.32	193.33	219.30	250.02	277.21
145.25	167.15	194.01	219.32	250.17	277.25
146.16	167.19	196.02	219.34	250.20	277.27
146.19	167.28	196.08	220.34	250.28	277.28
146.26	168.18	196.20	221.01	250.33	278.11
146.26	169.19	197.04	221.12	250.34	278.12
146.35	171.05	197.23	221.19	251.02	278.21
147.08	171.31	197.29	221.23	251.04	278.23
147.14	171.32	198.01	221.24	251.06	278.32
147.17	171.33	198.02	221.35	251.11	278.35
147.23	172.12	198.14	222.05	252.19	279.01
147.26	172.17	198.25	223.02	252.19	279.14
147.29	172.21	199.11	223.16	253.08	279.17
147.32	172.26	199.15	223.34	253.12	279.29
147.32	172.32	199.28	224.06	253.13	280.10
148.01	173.03	200.07	224.07	253.20	280.20
148.13	173.06	200.17	224.08	253.32	280.28
148.17	173.07	200.30	224.14	254.08	280.30
148.19	173.10	201.02	224.20	254.18	281.18
148.22	173.13	201.05	224.29	254.34	281.19
148.24	173.22	201.06	225.04	255.03	281.20
148.29	173.33	201.35	225.05	255.07	281.25
148.31	174.07	202.05	225.19	255.10	281.30
148.34	174.09	202.13	226.11	255.14	281.31
149.01	174.13	202.21	226.20	255.23	281.34
149.05	174.15	202.29	226.24	256.06	282.05
149.09	174.18	202.29	226.26	256.12	282.07
149.11	174.22	203.12	227.21	256.13	282.15
149.19	174.34	203.15	227.34	256.27	282.19
149.27	175.24	203.17	228.09	257.13	282.20
150.07	175.33	203.17	228.15	257.18	282.20
150.13	176.02	203.26	228.25	257.26	282.25
150.15	176.08	203.27	228.27	257.28	282.25
150.20	176.09	203.29	228.31	257.31	283.04
150.26	176.10	203.29	229.03	257.33	283.15
150.28	177.03	204.04	229.17	258.15	283.17
150.32	177.07	204.22	229.31	258.22	283.19
151.05	177.21	204.23	230.09	258.33	283.20
151.17	177.35	205.03	230.34	258.34	283.30
151.18	178.12	205.19	231.01	259.05	283.32
151.27	178.28	205.23	231.09	259.21	283.32
152.24	178.34	206.12	231.15	259.26	284.03
152.28	179.10	206.16	232.13	259.27	284.07
152.30	179.13	206.17	233.02	260.02	284.27
153.18	179.22	206.20	233.03	260.08	284.29
153.23	180.09	206.22	233.27	260.16	285.03
153.24	180.09	206.23	233.30	260.21	285.29
153.26	180.18	206.24	233.33	260.32	285.30
153.31	180.18	206.28	234.14	261.06	285.31
153.34	180.23	207.19	234.18	261.07	285.34
154.13	180.33	207.24	234.19	261.28	286.06
154.16	181.03	207.27	235.03	262.12	286.20
155.02	181.03	207.35	235.07	263.06	286.21
155.23	181.06	208.05	235.17	263.34	286.35
156.04	181.08	208.19	236.04	264.20	287.10
156.32	181.15	208.21	236.09	264.21	287.10
157.04	181.24	209.16	236.25	264.21	287.26
157.17	182.18	209.18	236.31	264.30	287.29
157.28	182.32	210.04	237.17	265.02	288.01
157.34	183.01	210.11	237.18	265.13	288.02
157.35	183.14	210.26	237.24	265.20	288.08
158.21	183.15	210.27	237.25	265.27	288.19
158.29	183.19	210.29	238.01	266.06	288.22
159.02	183.23	211.04	238.10	266.08	288.23
159.17	183.35	211.06	238.31	266.19	289.05
159.21	184.02	211.12	238.32	266.26	289.07
159.23	184.04	211.15	238.34	266.33	289.09
159.26	184.12	211.17	239.12	267.06	289.18
159.27	184.15	211.23	239.19	267.20	289.21
159.35	185.01	211.25	239.21	268.02	289.24
160.05	185.03	211.27	240.19	268.06	289.27

IN (continued)

289.28	312.29	331.30	349.30	366.22	inches
290.16	313.13	332.18	349.31	366.24	147.04
290.21	313.17	332.23	350.05	366.34	311.12
290.25	313.18	332.27	350.09	366.34	incident
290.33	313.23	333.02	350.22	367.01	268.11
291.10	313.26	333.09	350.23	367.01	268.15
291.30	313.33	333.16	350.30	367.05	306.23
291.33	314.25	333.24	350.35	367.12	incidents
291.35	315.01	333.29	351.02	367.15	165.28
292.01	315.05	334.04	351.06	367.24	incipient
292.08	315.06	334.06	351.06	367.30	176.28
292.17	315.07	334.14	351.15	368.26	incisive
292.22	315.14	334.23	351.23	368.26	264.30
292.30	315.20	334.25	351.28	369.21	339.26
292.31	315.24	334.26	351.31	369.23	inciting
293.05	315.28	334.28	351.34	369.25	230.11
293.06	315.31	334.34	351.35	369.30	inclement
293.10	315.34	334.35	352.02	370.02	107.09
293.12	316.12	335.08	352.25	370.03	inclination
293.27	316.15	335.10	353.04	370.09	065.23
293.31	316.24	335.12	353.07	370.10	154.29
293.32	316.32	335.23	353.08	370.11	179.31
294.01	316.33	335.31	353.11	370.15	incline
294.11	317.01	335.32	353.14	370.34	328.13
294.14	317.07	335.35	353.19	371.02	358.31
294.17	317.15	336.03	353.20	371.05	inclined
294.27	317.19	336.22	353.22	371.15	095.35
294.30	317.30	336.28	353.24	371.26	129.09
294.31	317.32	336.29	353.31	372.07	157.15
295.09	317.35	336.35	354.03	372.13	209.09
295.16	318.08	337.05	354.06	372.19	240.31
295.22	318.11	337.13	354.14	372.24	241.10
295.26	318.12	337.18	354.14	372.26	253.28
296.04	318.23	337.19	354.16	373.09	270.34
296.06	318.28	337.29	354.18	373.17	334.08
296.25	318.31	337.34	354.21	373.21	334.27
297.06	319.06	338.12	354.22	373.23	inclines
297.08	319.12	338.15	354.32	373.26	248.35
297.20	319.16	338.33	355.03	373.34	inclining
297.22	319.26	339.08	355.04	374.02	149.12
297.35	319.27	339.10	355.17	374.09	incoherent
298.03	320.04	339.12	355.19	374.09	353.15
298.07	320.05	339.13	355.29	374.17	incomprehensible
298.09	320.07	339.13	355.31	374.26	094.30
298.10	321.05	339.16	355.33	374.26	131.23
298.12	321.07	339.17	356.03	374.27	199.34
298.26	321.12	339.23	356.05	374.32	336.21
298.28	321.14	339.29	356.13	375.05	inconceivable
299.04	321.22	339.35	356.15	375.12	003.02
299.05	322.01	340.03	356.27	375.13	031.05
299.25	322.07	340.05	356.32	375.17	104.04
299.27	322.08	340.14	356.35	375.18	104.06
299.29	322.13	340.20	357.01	375.26	104.07
299.33	322.29	340.23	357.06	375.28	114.05
300.06	322.30	340.28	357.08	375.31	114.08
300.17	323.02	341.19	357.08	376.17	154.04
301.04	323.07	341.21	357.19	376.20	incongruity
301.08	323.07	341.22	357.28	376.22	108.33
301.11	323.18	341.24	357.29	376.23	incongruous
301.16	323.23	341.27	358.01	376.31	228.32
301.20	323.32	342.02	358.05	376.32	inconsiderate
301.23	323.34	342.09	358.19	377.04	144.15
301.24	324.05	342.18	358.30	377.18	inconsolable
301.29	324.07	342.33	358.32	377.29	334.24
301.30	324.20	342.34	359.05	377.30	inconspicuous
302.16	324.21	343.07	359.12	inaccessible	301.09
302.35	324.24	343.13	359.12	083.25	inconvenience
303.03	324.25	343.13	359.17	303.11	004.15
303.06	324.27	343.22	359.20	304.20	incorrigible
303.22	325.01	343.34	359.26	334.25	076.12
303.23	325.02	344.03	359.29	inane	285.08
303.28	325.04	344.12	359.35	287.02	incorruptible
304.25	325.06	344.31	360.14	inanely	117.24
304.26	325.08	344.33	360.29	164.09	increased
305.05	325.09	344.34	360.33	inanimate	180.04
305.06	325.16	345.02	361.04	030.22	209.02
305.20	325.22	345.04	361.04	032.35	increasing
305.21	325.26	345.05	361.20	193.02	369.30
305.24	325.30	345.10	361.22	223.01	incredible
305.24	325.31	345.22	361.24	284.31	037.25
305.32	325.34	345.33	361.26	294.11	041.24
306.08	325.35	346.06	361.28	inappropriate	066.03
307.03	326.04	346.13	361.31	022.26	281.06
307.05	326.11	346.14	361.35	inarticulate	300.12
307.11	326.13	346.16	362.04	028.01	351.17
307.23	326.14	346.18	362.08	262.09	367.15
307.31	326.31	346.23	362.11	265.32	incredibly
307.32	327.04	346.24	362.12	inaudible	007.12
308.17	327.19	346.25	362.18	152.22	228.15
308.18	327.34	346.28	362.29	325.05	incredulity
308.21	328.06	346.30	362.33	incapable	042.17
308.22	328.14	346.33	363.02	029.11	068.21
309.03	328.17	346.35	363.13	029.12	350.14
309.09	328.27	347.04	364.06	095.13	incredulously
309.28	328.27	347.04	364.12	140.04	151.33
310.09	328.28	347.06	364.17	279.31	174.03
310.14	329.03	347.08	364.18	incarnate	249.06
310.23	329.05	347.14	364.29	082.19	incumbrance
310.26	329.19	347.24	364.32	incurred	032.20
310.34	329.21	347.25	364.33	082.19	159.28
310.35	329.30	348.04	364.35	indebted	
311.09	330.02	348.08	365.06	082.19	147.24
311.11	330.03	348.23	365.15	incendiary	indecent
312.01	330.04	349.01	365.17	032.05	065.15
312.03	330.21	349.08	365.22	incertitude	097.03
312.10	330.23	349.11	365.25	068.10	151.18
312.13	330.27	349.12	365.26	107.26	indeed
312.16	331.04	349.15	366.02	261.28	004.21
312.21	331.09	349.20	366.10	inch	012.31
312.25	331.13	349.21	366.15	118.20	024.16
312.27	331.25				

INDEED (continued)

029.23
036.20
046.32
058.07
060.19
074.12
086.10
086.24
093.26
096.20
100.10
102.33
113.08
116.23
138.25
145.08
148.22
149.08
151.10
158.16
159.26
162.17
169.18
173.24
176.18
178.19
194.32
203.33
217.07
227.19
230.31
236.13
237.19
238.14
245.15
253.30
255.06
278.01
280.01
286.01
289.27
292.03
306.16
329.11
336.05
338.23
339.23
342.22
347.25
indefatigable
374.05
indefinable
114.29
indefinite
008.26
030.08
083.23
098.23
138.08
181.07
282.12
313.23
independence
276.23
289.26
291.27
307.32
368.27
independent
096.17
105.15
136.23
227.18
233.19
270.02
357.16
363.31
indescribable
168.06
324.06
indestructible
019.20
index
231.18
indian
258.35
indications
043.07
304.21
indictment
204.22
indifference
066.18
081.15
094.25
123.19
125.25
189.33
232.35
indifferent
175.01
189.25
334.14
352.18
indifferently
189.21
242.32
indigent
213.17
indigestible
249.04

indignant
039.02
158.34
341.15
indignantly
078.14
150.34
indignation
017.19
017.21
032.35
163.11
182.26
215.10
216.24
219.09
257.34
263.05
350.27
361.03
376.04
indignations
172.26
indiquée
227.01
indiscreet
192.19
indiscretion
152.33
211.21
272.51
308.04
340.22
indiscretions
305.13
312.34
indispensable
304.22
indispose
182.34
indisposition
106.02
indissolubly
120.22
indistinct
055.05
093.24
106.02
inditer
282.18
individual
003.12
023.20
289.22
360.21
360.22
360.30
361.05
individualism
261.05
individuality
006.33
084.28
266.13
indomitable
119.27
245.31
indubitably
067.12
induce
049.25
090.05
induced
098.22
336.33
354.18
induces
058.05
inducing
360.24
indulge
046.13
138.32
254.07
indulged
246.02
indulgence
325.01
indulgent
050.03
077.01
249.19
indulgently
103.03
indulging
203.17
industrious
012.34
124.09
industry
005.28
012.16
ineradicable
171.09
301.31
inert
027.22
030.23
094.08
inertia
031.09

inexcusably
114.07
inexhaustible
353.32
inexorably
311.03
inexperience
162.05
inexperienced
098.05
130.26
140.29
inexplicable
075.14
180.33
313.24
inexpressible
327.31
inexpressibly
245.23
inexpressive
243.31
infallibly
106.29
infamous
355.20
infamy
260.13
260.14
267.13
inference
193.12
inferences
168.11
273.14
inferior
070.24
090.30
306.22
infernal
030.12
055.02
265.03
infernally
247.29
inferred
304.27
infinite
070.28
083.03
116.34
infinitely
069.06
151.26
279.33
295.33
315.15
375.21
infinitesimal
086.05
inflammatory
282.14
inflated
032.18
inflexible
205.02
influence
069.06
128.11
128.12
162.21
234.24
244.15
250.15
285.09
297.16
301.09
302.12
influenced
013.02
influences
006.30
244.08
influential
107.33
258.21
informal
004.31
informant
160.10
268.32
271.34
274.03
276.15
276.34
informant's
278.22
information
006.21
091.07
091.32
095.04
108.19
122.33
150.18
151.03
240.23
263.10
273.10
278.28
304.19

312.33
316.35
321.02
327.17
373.12
informed
176.09
192.28
306.23
317.14
360.31
363.10
375.01
informer
160.23
272.24
informers
264.01
303.11
informing
095.26
191.30
informs
065.11
infuriated
080.31
ingenuity
114.23
279.34
301.03
ingratiating
329.16
329.28
ingredients
208.12
inhabitants
140.27
142.22
177.01
270.03
inhabited
114.32
207.31
inheritance
030.34
inherited
058.19
096.12
376.30
inimical
250.16
iniquity
257.23
259.30
initiated
301.33
injured
150.21
injuries
369.13
injustices
154.02
ink
186.06
259.01
inmates
272.22
inner
041.19
061.02
269.24
304.20
328.33
352.31
359.29
innermost
037.24
347.26
innocence
224.23
301.27
innocent
008.06
018.25
020.10
147.31
224.19
289.28
295.24
354.18
innocently
090.04
123.32
166.20
288.13
innuendoes
160.32
innumerable
003.06
026.21
263.34
inquire
003.01
106.30
264.34
368.32
inquired
133.24
139.11
168.19
198.34

199.26
226.32
237.21
238.27
283.23
317.17
332.14
inquirers
286.16
inquiries
107.29
198.27
316.30
inquiring
322.34
329.10
inquiry
107.24
239.21
244.04
275.27
289.28
291.04
307.09
329.05
inquisition
086.06
086.09
inquisitive
084.09
237.33
inquisitively
150.01
insane
055.16
insanely
294.28
insanity
121.02
insatiable
028.04
inscriptions
283.24
inscrutable
003.09
003.31
204.01
277.04
insect
248.20
insecure
323.24
insensibility
187.11
341.28
insensible
339.35
inseparable
005.14
inside
072.17
141.24
227.14
245.22
299.29
322.23
322.26
insidious
211.29
insight
001.15
001.21
122.11
157.02
349.34
insignificant
033.34
033.35
077.35
196.05
196.06
197.10
349.02
insinuate
238.16
insinuated
077.10
087.12
275.26
insipid
005.21
insisted
041.27
044.20
146.25
159.27
224.18
291.33
306.29
331.12
341.18
355.12
366.15
insistence
085.27
285.02
insistently
045.08
insolence
321.32

insolent
190.06
360.19
insoluble
098.17
293.15
inspect
136.32
inspection
184.31
inspiration
058.20
152.11
152.14
154.24
170.22
376.07
inspire
093.07
234.24
inspired
006.02
032.26
086.15
119.15
128.17
131.12
144.24
154.23
155.18
210.09
210.09
246.35
247.02
247.03
253.17
377.32
inspires
045.12
049.23
205.03
inspiring
046.27
216.35
inspriation
154.25
instance
002.06
057.10
057.15
087.22
090.05
117.35
186.06
218.10
238.28
239.24
277.15
279.19
295.11
304.34
344.16
instances
057.28
114.05
319.29
instant
007.01
012.12
037.15
037.15
038.03
061.27
184.07
185.07
245.23
275.23
298.09
343.12
377.30
instantaneously
176.02
instantly
034.10
146.04
214.31
257.27
283.08
297.16
331.29
instead
038.29
059.31
086.26
109.09
197.29
244.30
254.30
262.35
286.25
instinct
018.13
040.03
082.21
098.06
124.29
166.30
instinctive
008.23
214.20

instinctively	042.25	interposed	011.34		221.08	intrepidity	
120.28	056.31	215.13	014.19		222.19	100.20	
284.23	200.09	285.24	014.25		222.29	intrigue	
instincts	221.26	interpretation	015.20		223.10	039.26	
039.02	360.24	123.02	020.14		223.30	160.33	
096.12	intensely	125.09	023.10		226.27	216.20	
096.16	034.31	279.28	023.17		227.09	219.16	
140.30	039.21	349.19	023.28		228.18	320.18	
275.31	176.24	interpreted	023.32		229.23	intrigues	
290.04	351.15	124.32	025.12		232.14	148.02	
institute	374.19	interrogatively	025.32		235.34	161.01	
058.11	intensity	133.15	025.34		236.07	218.20	
institutions	300.21	218.27	026.28		237.30	301.23	
005.31	intent	interrogatories	026.33		242.35	intriguing	
009.18	235.26	089.19	028.10		243.26	123.13	
019.19	intention	090.07	028.30		246.20	introduce	
024.08	006.11	interrupt	029.28		246.25	172.23	
044.09	055.26	045.04	032.13		246.32	introduced	
131.18	075.13	332.33	036.15		247.25	153.18	
132.21	078.27	interrupted	038.26		248.01	163.06	
173.06	091.08	043.27	039.04		248.18	197.18	
351.04	094.23	054.04	039.05		253.23	355.12	
instructed	095.27	055.31	039.17		254.30	introducing	
153.21	113.22	072.21	051.11		256.34	124.30	
instruction	173.20	079.06	054.05		258.31	198.08	
226.31	177.23	085.20	061.10		260.29	introduction	
instructions	180.19	087.12	061.14		262.19	011.05	
091.01	192.26	094.35	061.19		263.17	042.04	
091.24	253.08	116.25	061.23		263.30	134.01	
233.32	276.13	147.01	062.24		264.25	135.12	
instructive	307.17	149.17	063.17		265.07	176.08	
159.03	339.18	159.07	066.24		267.21	introspective	
instrument	355.10	161.29	069.29		269.10	340.04	
032.18	355.20	161.30	070.11		269.21	intruded	
146.21	intentionally	167.10	074.23		272.26	373.28	
292.20	221.08	170.12	074.26		276.28	intruding	
297.05	intentions	178.04	077.26		279.03	305.26	
instruments	158.29	178.33	077.30		280.19	intuition	
303.09	264.20	182.32	077.33		280.34	210.06	
insufficiency	intently	186.04	078.05		287.14	339.29	
003.35	057.04	203.33	081.19		287.32	invade	
insufficient	345.14	213.25	081.31		290.14	325.28	
270.35	intercourse	230.28	082.29		294.10	invading	
insulted	049.33	236.17	083.19		294.29	062.28	
284.22	086.32	240.13	085.05		296.17	invalid	
insulting	295.21	241.19	087.03		296.24	010.02	
181.23	299.07	253.10	091.03		296.34	111.29	
integral	interest	260.20	095.03		298.30	299.24	
229.15	011.15	261.23	102.35		299.11	invaluable	
intellect	065.35	268.26	103.13		299.16	255.07	
032.31	086.23	280.32	103.34		301.35	invariable	
099.29	140.26	296.30	108.07		302.01	211.22	
130.07	239.29	307.25	109.05		303.08	invariably	
290.27	255.33	361.01	110.04		303.10	228.12	
intellectual	276.21	374.09	113.27		303.12	invective	
003.35	280.09	376.11	114.26		308.07	282.15	
021.08	303.29	interruption	116.13		308.24	283.23	
049.02	322.32	126.05	118.29		310.18	invent	
075.10	374.08	286.13	119.14		310.31	001.22	
087.15	interested	interval	119.17		311.22	053.26	
087.34	008.21	279.23	119.21		315.04	098.13	
093.34	046.25	intervals	120.09		318.05	098.14	
104.26	066.29	120.05	120.11		318.06	136.01	
125.20	096.04	129.33	122.33		319.04	invented	
132.25	144.19	147.02	124.24		321.20	098.03	
140.15	149.27	intervene	126.08		321.26	160.07	
349.03	183.14	303.31	129.07		322.02	189.30	
intellectuals	190.26	intervened	129.14		323.12	invention	
306.21	198.25	044.32	132.22		324.04	149.05	
intelligence	220.08	intervention	134.11		324.17	inventions	
059.09	241.31	045.08	134.15		328.31	107.22	
075.35	253.20	interview	134.21		330.35	160.04	
081.10	266.14	054.03	139.08		331.16	inverted	
081.12	313.33	099.16	139.34		333.05	034.21	
084.12	325.30	149.17	143.28		336.12	117.04	
176.35	374.19	166.01	143.34		337.21	invested	
189.08	interesting	183.33	146.21		338.06	005.18	
195.24	057.14	211.16	146.33		344.20	127.35	
206.21	128.10	226.26	150.03		349.13	investigate	
267.26	159.03	291.09	150.09		350.11	264.34	
291.20	267.34	300.27	151.07		350.30	investigated	
306.10	271.13	302.21	151.19		352.02	004.26	
intelligences	280.18	304.06	152.22		353.28	investigation	
033.14	290.26	interviewer	155.28		354.13	023.13	
intelligent	interests	164.15	159.30		355.06	150.20	
132.29	102.17	interviewing	159.34		355.07	160.26	
195.25	103.32	145.03	167.21		357.23	273.30	
274.04	interfered	intimacy	169.28		358.15	273.34	
291.18	265.10	089.08	171.20		365.03	investigations	
303.25	interference	159.17	176.19		365.29	089.22	
345.28	162.28	304.30	178.21		370.16	089.24	
363.10	201.13	intimate	180.22		370.26	investigator	
375.04	interior	013.03	183.09		371.32	243.04	
intelligently	214.33	033.01	184.27		372.23	invincible	
003.32	interjected	105.19	187.16		373.33	142.25	
intelligible	203.12	133.19	187.21		intolerable	260.29	
004.24	236.27	186.27	192.34		114.21	279.02	
096.34	intermediacy	186.33	193.35		266.19	372.24	
096.34	292.31	316.04	199.21		295.02	invisible	
intend	interminable	327.11	200.08		335.05	021.26	
141.02	024.32	intimates	201.01		350.21	201.13	
160.13	110.01	301.18	208.29		intolerably	357.14	
intended	330.33	intimidating	209.15		055.13	invitation	
177.15	internal	143.02	213.14		intonation	144.08	
192.29	009.03	into	215.02		206.27	178.32	
256.18	internally	003.04	215.28		intoxication	inviting	
intending	150.22	007.14	215.30		094.06	212.07	
299.02	international	007.21	215.35		290.30	involuntarily	
intense	352.19	010.06	217.27		intrepid	093.15	
010.17	internationalism	010.26	218.05		100.20	involuntary	
027.27	063.30	011.12	220.04			085.34	

82 INVOLUNTARY (continued) UNDER WESTERN EYES

126.32	012.02	072.29	115.13	155.25	204.08
268.28	012.14	073.27	115.14	156.09	204.24
349.02	012.14	073.31	115.35	156.10	204.24
involved	012.29	073.32	116.21	156.10	204.25
295.16	012.30	073.34	117.20	156.17	205.04
involving	012.31	075.35	117.31	156.25	205.08
040.05	013.15	076.10	117.32	156.30	205.18
159.27	013.17	077.32	117.33	157.11	206.13
invulnerable	013.22	077.33	118.03	157.15	206.13
039.10	017.14	078.34	118.30	157.17	206.14
inward	017.24	081.33	119.03	157.19	206.14
051.19	017.30	082.01	122.14	158.11	206.16
317.20	017.33	082.05	123.33	158.13	206.17
inwardly	018.01	082.33	124.06	158.16	206.25
037.27	018.07	083.28	125.06	158.18	207.14
069.30	019.30	086.07	125.11	159.08	208.15
115.26	020.01	086.17	125.18	160.05	208.15
176.30	020.01	087.20	125.19	160.07	208.17
248.13	020.02	087.27	125.27	161.10	208.17
255.20	020.03	088.02	125.28	161.20	208.20
274.35	020.32	088.28	125.29	162.09	208.21
344.22	020.32	088.28	125.30	164.29	208.22
inwardness	021.04	088.32	125.32	166.21	208.23
370.21	022.10	089.33	125.34	166.24	209.32
iron	022.16	089.34	125.35	167.05	209.34
121.25	022.29	090.01	126.01	168.01	210.22
172.34	022.32	090.03	126.12	168.06	212.27
214.25	023.03	091.02	126.12	168.06	214.13
229.15	023.14	091.23	126.15	170.02	218.08
265.23	024.06	093.04	126.20	170.02	218.21
366.12	024.07	093.16	126.25	170.16	219.07
ironic	024.30	093.17	127.19	170.35	219.08
010.13	025.23	093.19	127.22	172.09	219.09
314.12	026.35	093.20	127.23	172.13	219.34
ironical	027.03	093.27	127.25	172.15	220.20
216.35	027.10	093.29	127.32	172.19	220.28
285.33	027.11	094.09	129.03	173.12	221.17
ironically	027.15	094.10	129.19	173.30	221.18
094.35	027.25	094.29	129.23	174.08	221.22
irony	030.34	094.30	129.32	174.18	221.23
111.31	031.20	094.30	130.28	174.29	221.31
258.06	031.35	094.33	131.04	174.29	222.01
275.30	032.05	094.35	131.13	175.03	222.02
361.04	032.08	095.19	131.16	175.04	224.21
irrational	032.15	095.21	131.17	175.05	224.32
033.08	032.16	095.25	131.17	175.19	225.09
irreconcilable	032.17	095.25	131.18	177.25	225.22
159.12	032.52	095.31	132.14	177.25	226.03
irregularly	033.32	095.32	132.14	177.29	226.22
269.21	033.33	095.33	132.19	177.31	227.19
irreligious	033.35	096.01	132.33	178.09	227.23
277.16	034.03	096.09	133.01	179.26	227.33
irremediable	035.16	096.10	133.19	179.29	228.14
102.31	035.19	096.10	133.22	181.09	229.11
irreparable	035.19	096.19	133.29	181.21	229.15
110.16	035.23	096.32	133.34	181.21	229.32
irresistible	035.29	096.34	134.08	182.12	230.03
015.24	036.16	097.01	135.01	182.16	230.05
194.24	037.04	098.09	135.09	182.17	230.32
210.07	037.10	100.09	135.13	182.20	232.30
225.15	039.32	100.22	135.18	182.22	232.30
345.34	039.33	101.21	135.19	182.28	233.03
355.28	042.02	102.03	135.23	182.30	233.04
369.19	042.23	102.05	135.24	183.01	234.02
irresistibly	042.34	102.08	135.27	183.08	234.24
130.18	043.02	102.09	135.35	183.08	234.27
224.35	043.24	102.16	136.03	183.11	235.31
irresolution	044.10	102.18	136.05	183.16	236.27
075.18	045.09	102.19	137.11	183.28	236.30
075.19	045.20	102.19	137.13	184.09	237.02
193.03	046.03	102.23	137.16	184.10	237.06
333.02	046.25	102.31	139.18	184.10	237.11
irrevocable	046.27	102.33	143.23	186.15	237.20
243.21	047.19	103.10	144.09	186.16	238.02
irrevocably	047.29	103.31	144.14	186.18	238.23
285.07	048.02	104.04	144.15	187.12	238.24
irritability	048.21	104.06	144.17	187.25	239.12
245.29	048.28	104.07	145.02	187.29	239.21
irritate	049.07	104.10	145.20	187.31	239.25
152.10	049.15	104.13	145.21	187.35	240.04
irritated	049.23	104.13	145.29	188.26	240.14
084.27	051.33	104.14	146.07	189.01	240.18
146.09	051.33	104.14	146.12	189.08	240.29
irritation	052.02	104.25	146.22	189.25	241.03
043.31	053.24	104.35	146.23	190.13	241.10
084.22	053.35	105.03	146.33	191.08	242.05
is	054.02	105.03	147.13	192.01	242.05
001.11	054.29	105.05	147.15	192.07	242.09
001.13	054.32	105.09	147.22	192.08	242.17
001.17	055.08	105.16	148.11	193.07	242.26
001.26	055.11	105.18	148.18	194.19	244.05
002.01	056.01	105.35	148.19	195.09	244.07
002.02	057.09	106.04	149.06	195.15	244.15
002.03	057.11	106.14	149.22	195.19	244.19
002.03	057.14	106.17	151.04	195.23	244.27
002.04	057.19	107.10	151.24	195.25	246.21
002.09	058.28	107.20	151.29	196.05	246.25
002.14	059.06	107.26	151.31	196.05	246.26
002.24	059.12	107.27	152.07	196.06	246.35
002.32	059.20	107.33	152.08	196.11	247.09
002.34	060.10	108.06	152.09	197.09	247.11
003.02	060.11	109.32	152.10	197.22	247.18
003.13	060.16	110.13	152.13	198.32	247.20
004.05	062.17	110.15	153.01	199.07	247.32
005.06	064.24	110.16	153.33	199.13	247.33
005.15	064.29	110.17	154.15	199.14	248.05
006.01	065.05	112.07	154.25	201.18	248.24
006.03	065.07	112.09	155.05	201.18	248.30
006.03	065.10	112.29	155.09	204.05	249.08
006.10	067.06	114.35	155.12	204.08	251.07
007.07	070.21	115.08	155.20	204.08	251.25

IS (continued) UNDER WESTERN EYES 83

252.25	347.25	006.28	047.19	077.34	104.26
257.16	347.30	006.30	048.11	078.01	104.28
257.16	348.07	007.07	048.13	078.11	104.35
257.23	348.13	007.10	048.18	078.18	105.03
257.31	349.08	007.19	048.18	078.23	105.06
257.34	349.11	007.23	048.29	078.34	105.26
260.10	349.14	008.10	049.03	079.03	106.01
261.03	349.15	008.19	049.07	079.15	106.02
261.04	350.02	008.25	049.23	079.27	106.14
262.12	350.18	009.28	050.02	079.27	106.17
262.25	350.21	010.07	050.07	080.14	107.06
264.22	352.04	010.18	050.22	080.24	107.10
266.04	352.06	010.18	051.01	081.01	107.18
266.29	353.08	010.23	051.06	081.02	107.20
266.35	353.13	010.25	051.10	081.17	107.27
267.01	353.15	011.05	051.25	081.19	108.01
267.15	354.02	011.06	051.30	081.19	108.24
267.16	354.07	011.11	051.34	081.20	108.25
271.30	354.08	012.11	052.25	081.23	108.26
272.03	355.13	012.24	053.09	081.34	108.30
273.16	356.05	012.25	053.21	082.01	109.01
275.15	356.22	013.28	054.05	082.03	109.01
275.24	357.02	014.03	054.06	082.03	109.20
275.30	357.06	014.23	054.16	082.05	110.04
275.32	357.11	015.11	054.23	082.05	110.14
276.22	357.12	015.23	054.25	082.06	110.19
276.26	357.13	017.06	055.05	082.08	110.26
281.04	357.17	017.10	055.18	082.12	110.26
281.33	358.05	017.12	055.24	082.33	110.27
284.05	359.35	017.14	055.28	082.34	110.32
284.17	362.10	017.30	055.28	083.04	111.03
285.13	366.08	017.30	056.06	083.17	111.04
285.16	366.16	018.11	056.12	083.28	111.06
285.35	367.19	018.13	056.15	084.17	112.08
289.06	368.05	018.14	056.25	084.32	112.12
289.08	368.06	018.27	056.26	084.34	112.20
289.12	369.04	019.13	056.27	085.26	112.29
289.17	369.12	019.30	056.34	086.04	112.31
290.15	369.13	019.35	056.34	086.07	113.25
290.25	369.18	020.01	057.03	086.27	114.05
290.28	369.23	020.07	057.06	086.33	114.16
290.29	370.05	020.08	057.17	086.35	114.18
291.18	370.34	021.03	057.29	086.35	115.10
291.19	371.17	021.03	057.31	087.24	115.14
291.25	372.05	021.15	057.31	088.02	115.22
292.19	372.06	021.28	058.35	088.03	115.26
293.02	372.11	022.26	059.10	088.08	115.28
294.08	372.11	022.30	059.20	088.12	115.34
294.34	372.12	022.32	059.24	088.20	115.35
295.27	372.22	023.02	060.10	088.23	116.01
296.27	375.04	023.10	060.14	088.26	116.13
297.05	377.18	023.17	060.28	088.28	116.20
299.18	377.32	024.06	060.32	089.04	116.21
300.10	is'	024.12	061.13	090.14	116.21
300.12	156.19	024.17	061.22	090.15	117.16
300.26	249.11	024.22	061.30	090.22	117.17
300.30	isidor	024.30	061.30	091.01	117.20
300.32	001.07	024.34	062.01	091.02	117.31
300.34	island	025.09	062.03	091.02	117.32
301.11	287.01	026.07	062.10	092.06	117.32
302.08	287.11	026.10	062.17	092.09	118.25
302.20	288.08	026.14	062.18	092.09	118.33
304.27	311.27	026.32	062.35	092.32	119.04
305.31	islet	027.25	063.11	093.18	119.10
306.14	286.28	028.08	063.15	093.20	119.16
307.03	287.22	028.10	063.18	093.24	119.16
311.26	287.27	029.02	063.20	094.17	119.17
312.01	isn't	029.13	063.22	094.21	119.18
313.24	021.28	029.24	063.25	094.21	119.27
313.29	145.22	029.25	064.17	094.22	119.35
314.01	232.27	030.07	064.26	094.25	120.04
314.02	266.21	030.13	065.02	094.26	120.21
314.04	306.04	030.30	065.11	094.35	121.04
314.12	328.01	030.33	065.16	095.12	121.08
317.19	377.19	031.05	065.24	095.18	121.18
318.29	isolate	031.09	065.29	095.19	122.07
319.01	054.10	031.10	065.31	095.32	122.08
319.02	isolated	031.11	066.02	095.33	122.34
319.08	295.32	031.11	066.08	096.01	123.10
320.28	issue	031.15	066.14	096.01	123.31
321.24	030.06	031.16	066.17	096.05	123.33
322.24	281.23	034.08	066.17	096.09	124.04
326.31	issued	035.29	066.24	096.10	124.06
326.32	143.09	036.01	066.27	096.11	124.16
326.33	224.15	036.11	066.28	096.19	124.22
327.03	issuing	036.20	067.23	096.21	124.35
328.02	185.17	037.12	067.24	099.11	125.18
331.13	291.14	037.19	067.27	099.22	125.25
334.18	it	037.22	068.03	100.09	125.27
338.10	001.13	037.26	068.06	100.20	125.34
338.21	002.01	038.05	068.08	100.32	126.01
338.28	002.02	038.12	069.09	101.01	126.04
339.09	002.06	038.20	070.03	101.06	126.20
339.14	002.03	039.32	070.19	101.13	126.32
339.20	002.34	040.09	071.06	101.21	127.19
339.24	003.01	042.08	072.18	101.27	127.24
339.31	003.02	042.11	072.29	102.16	128.18
339.35	003.03	042.25	073.31	102.18	128.27
340.01	003.12	042.27	075.03	102.18	128.28
340.03	003.14	043.14	075.06	102.19	128.29
341.24	003.17	043.25	075.07	102.31	129.05
341.24	003.18	044.02	075.07	102.32	129.16
342.05	003.22	045.11	075.08	103.24	129.24
343.21	003.23	045.15	075.11	103.27	129.32
344.28	004.20	045.19	075.11	103.31	129.33
345.02	005.23	045.20	075.32	104.04	130.19
345.27	006.01	046.26	076.18	104.09	130.34
346.08	006.03	046.31	076.27	104.10	131.01
346.17	006.03	046.35	077.23	104.13	131.02
346.22	006.10	047.02	077.25	104.14	131.10
347.12	006.12	047.18	077.33	104.14	131.14

1T (continued)

131.26	159.33	191.30	222.25	252.34	277.12
132.02	160.03	192.09	222.25	252.35	277.13
132.02	160.12	192.22	222.32	253.01	277.35
132.05	160.16	192.33	222.32	253.24	278.15
132.06	161.17	193.16	224.02	253.26	278.18
132.10	161.32	193.22	224.04	253.32	278.26
132.15	162.09	193.25	224.05	253.34	278.27
132.18	162.13	193.26	224.07	254.12	279.01
132.29	162.13	193.27	224.26	254.15	279.29
133.11	162.29	193.28	224.32	254.18	279.32
133.19	162.31	193.33	225.22	255.08	280.01
133.22	163.04	194.02	225.24	255.09	280.07
133.32	163.17	194.04	225.25	255.27	280.24
133.33	163.17	194.20	225.33	255.28	280.29
133.34	163.23	194.21	226.02	255.34	281.11
134.08	163.27	194.25	226.03	256.01	281.14
134.11	163.30	194.30	226.07	256.10	281.22
134.11	163.31	194.32	226.20	256.14	281.28
134.11	164.29	195.06	227.12	256.23	282.28
134.31	165.10	195.07	227.17	256.29	283.11
134.34	165.12	195.19	227.21	257.07	283.14
135.12	165.13	195.24	227.33	257.09	283.16
135.19	166.27	195.24	229.33	257.09	283.31
135.28	167.05	195.28	230.22	257.10	284.03
135.31	167.20	196.05	231.20	257.10	284.14
135.32	167.23	196.06	232.16	257.16	284.19
135.32	167.24	196.11	232.20	257.28	285.08
136.16	167.25	196.13	232.27	257.32	285.10
136.18	168.10	196.14	232.30	258.03	285.13
137.32	168.12	196.15	232.33	258.04	285.13
138.13	169.33	196.19	233.09	258.04	285.15
138.29	170.02	196.21	234.02	258.27	285.16
138.31	170.03	196.25	234.03	259.03	285.22
139.17	170.13	197.02	234.04	259.22	285.26
139.21	170.26	198.25	234.24	259.27	285.30
139.21	170.28	199.14	234.28	260.10	286.16
140.04	170.33	199.14	235.34	260.12	286.27
140.05	171.04	199.25	236.12	260.14	286.34
140.24	171.14	200.16	236.35	260.15	287.11
141.03	172.09	200.16	237.01	260.16	287.14
141.17	172.15	200.20	237.02	260.21	288.12
141.21	172.15	200.25	237.05	260.23	288.14
141.25	172.19	200.25	237.12	260.29	288.21
141.26	172.22	200.29	237.20	261.07	288.23
141.33	172.23	200.30	238.09	262.10	289.05
142.01	172.32	200.31	238.10	262.16	289.12
142.20	173.04	200.31	238.11	264.09	289.16
142.21	173.17	201.18	238.12	264.21	289.28
142.22	173.23	201.18	238.28	264.22	290.01
142.23	174.05	201.21	239.13	264.25	290.12
142.26	174.27	201.26	239.22	264.32	290.15
142.31	174.29	201.26	240.29	265.03	290.19
142.33	175.01	201.27	241.01	265.04	290.19
143.16	175.05	202.32	241.02	265.07	291.19
143.26	175.06	204.05	241.20	266.03	291.23
144.05	175.09	204.07	241.28	266.12	291.25
145.07	175.19	204.24	242.08	266.21	292.11
145.21	175.20	205.08	242.09	266.23	292.11
145.29	175.28	205.20	242.14	266.35	293.02
146.05	175.34	205.31	242.17	267.01	293.08
146.12	177.19	206.12	242.20	267.14	293.16
146.16	177.21	206.13	242.26	267.16	295.04
146.25	177.25	206.14	243.03	267.25	295.10
146.33	177.29	206.16	243.06	268.03	295.14
147.07	177.31	206.31	243.13	268.06	295.17
147.12	178.01	206.33	243.32	268.30	295.18
147.15	178.01	207.01	244.07	269.04	295.19
147.22	178.07	207.02	244.14	269.10	295.27
147.23	178.24	207.05	244.17	269.28	295.34
148.08	178.29	207.07	244.19	269.35	296.03
148.10	178.31	207.31	244.32	270.12	296.04
148.19	179.10	207.33	244.32	270.17	296.29
148.21	179.16	207.34	244.34	270.20	297.16
148.26	179.29	208.02	245.02	270.24	297.19
148.26	180.18	208.10	245.21	270.25	297.22
149.02	180.33	208.15	246.14	271.02	297.27
149.04	180.34	208.25	246.15	271.16	298.05
149.34	181.05	208.26	246.21	271.20	298.19
151.01	181.06	208.27	246.32	271.25	298.21
151.04	181.28	208.27	246.35	271.31	298.23
151.10	181.35	208.31	247.11	271.32	298.33
151.15	182.05	208.32	247.14	271.32	299.05
151.17	182.17	209.24	247.14	272.03	299.06
151.19	182.24	209.25	247.15	272.11	299.18
151.25	182.25	210.04	248.01	272.18	299.23
151.26	183.08	211.06	248.05	273.04	300.01
151.30	183.11	211.24	248.13	273.16	300.03
151.31	183.23	213.09	248.16	273.23	300.09
152.07	183.32	213.15	248.22	273.24	300.12
152.09	183.33	214.06	248.24	273.31	300.32
152.11	184.19	214.22	249.08	273.33	302.03
152.15	184.34	215.05	249.11	273.35	302.05
154.14	185.03	216.12	249.22	274.02	302.20
154.15	185.09	216.16	249.23	274.08	302.30
154.25	185.12	217.01	249.23	274.24	302.34
155.05	185.32	217.25	250.02	274.24	303.07
155.07	185.35	217.33	250.10	274.25	303.14
155.12	186.03	217.33	250.10	274.28	303.24
155.18	186.15	218.10	250.11	274.28	303.24
155.21	186.18	218.26	250.17	274.31	303.25
155.34	187.18	219.07	250.23	274.32	303.33
156.08	187.35	219.09	250.28	275.01	304.03
157.33	188.11	219.29	251.13	275.01	304.17
158.16	188.13	220.11	251.25	275.03	305.06
158.18	188.13	220.20	251.32	275.14	305.07
158.26	188.14	220.21	252.07	275.32	305.07
158.32	188.26	221.14	252.09	276.10	305.11
159.17	189.06	221.31	252.10	276.13	305.14
159.22	189.20	222.01	252.18	276.18	306.04
159.28	191.05	222.17	252.19	276.25	307.11
159.31	191.21	222.20	252.25	276.29	

IT (continued)　　　　　　　　　　　　　　　UNDER WESTERN EYES　　　　　　　　　　　　　　　　　　　　　　　　　　　85

307.12	335.26	368.05	317.22	201.33	145.32
307.15	336.02	368.05	324.11	207.32	145.33
307.21	336.02	368.08	333.22	208.17	146.04
307.23	336.14	368.09	335.08	208.20	146.12
307.26	336.21	368.11	336.31	210.11	146.27
307.26	336.24	368.17	340.11	217.09	146.32
308.24	336.27	368.17	342.04	217.12	147.01
308.24	336.30	368.17	345.34	223.24	147.06
308.25	336.33	368.27	355.10	235.25	151.28
308.29	337.01	368.30	358.20	236.22	151.32
309.04	337.09	369.12	358.20	238.10	152.03
309.20	337.28	369.13	360.25	243.31	152.08
309.21	337.32	369.31	360.34	247.24	154.21
310.09	338.10	369.55	361.22	250.33	156.09
310.12	338.14	370.05	371.14	258.14	156.12
310.14	338.18	370.08	371.24	258.33	156.30
310.28	338.21	370.27	371.33	264.05	157.12
311.02	338.23	370.34	377.18	265.17	157.23
311.07	338.28	371.04	377.20	266.06	157.25
312.35	339.03	371.11	italy	275.06	158.04
313.02	339.09	371.14	099.32	275.07	158.25
313.21	339.24	371.16	141.31	276.23	159.01
313.21	339.31	371.17	its	280.24	159.20
313.27	339.34	371.17	002.05	286.28	163.03
314.01	340.03	371.18	008.10	286.33	163.10
314.02	340.31	371.18	012.24	290.07	163.12
314.24	341.24	371.19	014.22	290.08	163.24
315.06	341.28	371.19	021.09	290.08	163.25
315.26	341.33	371.33	021.17	290.21	164.23
315.31	342.02	372.04	023.07	297.08	164.29
315.31	342.23	372.06	023.08	302.04	165.02
316.01	343.02	372.22	026.14	302.05	166.03
316.07	343.31	372.29	029.02	302.05	171.02
316.29	343.34	373.14	031.03	311.11	171.21
317.01	344.28	373.31	031.06	312.18	178.32
317.22	344.35	374.05	031.07	312.29	178.33
318.09	345.02	374.21	031.19	312.30	182.30
318.19	345.05	375.09	031.19	314.18	182.34
318.25	345.15	375.15	036.27	314.29	187.02
318.29	346.01	375.20	037.24	319.29	191.25
318.34	346.04	375.20	044.05	323.18	193.14
319.01	346.04	375.30	048.05	325.23	197.16
319.07	346.05	375.35	050.22	328.25	199.22
319.10	346.06	376.07	051.35	328.33	202.01
319.11	346.12	376.12	053.07	333.11	202.27
319.17	346.13	376.16	053.09	334.05	203.01
319.24	346.22	376.19	055.10	334.14	203.08
319.31	347.01	376.24	055.16	334.26	203.23
320.01	347.24	376.26	063.27	336.21	203.32
320.06	347.30	376.29	064.09	336.35	204.01
320.11	348.01	377.03	064.16	338.06	204.11
320.21	348.06	377.19	065.03	343.15	204.21
320.28	348.07	it'	065.05	351.02	205.12
320.31	348.34	206.02	065.08	352.01	206.03
321.08	348.35	it's	065.08	356.02	206.07
321.09	349.01	014.24	075.20	356.28	206.27
321.17	349.08	021.12	082.18	365.13	207.06
321.22	349.08	041.24	082.20	366.11	207.22
322.03	349.14	048.11	084.10	372.10	208.06
322.24	349.27	049.03	086.22	itself	209.03
322.35	350.05	052.33	098.10	005.33	209.09
323.01	350.11	053.23	098.11	006.13	209.29
323.14	351.03	061.33	099.26	014.06	210.04
323.18	351.10	073.18	100.06	019.31	210.17
323.25	351.12	080.15	102.33	042.03	210.32
324.04	351.16	089.21	103.08	046.06	211.05
324.14	351.18	095.22	104.26	052.22	213.01
324.15	351.18	097.03	111.02	064.32	214.02
324.21	352.04	128.34	119.03	065.10	214.10
324.30	352.06	129.02	120.28	065.31	214.30
325.03	352.23	130.15	123.06	066.05	215.12
325.14	354.02	131.35	129.01	069.10	215.22
325.24	354.08	132.15	132.31	070.03	216.11
326.09	354.14	133.27	137.35	089.12	217.10
326.12	354.20	135.18	137.35	118.03	217.16
326.20	355.11	159.34	138.01	123.01	217.35
326.32	355.26	188.05	138.08	124.12	218.11
326.32	355.31	203.34	138.14	129.02	219.01
326.33	355.32	213.10	139.19	158.32	219.18
327.03	355.33	217.07	140.11	187.14	219.24
327.13	356.03	224.33	140.11	195.05	220.25
327.16	356.12	225.08	140.24	210.03	221.12
328.02	356.13	230.27	140.26	216.34	222.33
328.03	356.22	234.03	140.27	223.16	223.18
328.09	356.23	237.20	141.35	234.16	223.20
328.18	356.25	242.04	143.28	247.17	223.32
328.20	357.01	243.07	147.10	255.18	224.02
328.35	357.09	245.03	149.14	256.13	224.09
328.35	357.11	246.29	160.31	257.35	224.27
329.26	357.12	249.08	160.35	273.24	225.05
330.24	357.14	253.03	160.35	293.13	225.13
331.16	357.19	254.24	161.01	299.06	225.17
331.28	358.12	254.34	162.07	301.11	225.22
332.21	360.27	255.01	162.08	305.11	226.33
332.32	361.11	261.20	162.08	318.12	229.11
333.04	361.17	264.08	162.14	330.34	229.31
333.10	362.07	266.19	165.05	356.08	230.05
333.25	362.07	267.02	165.05	ivanovitch	230.08
333.31	362.07	267.32	165.06	126.08	230.12
334.02	363.06	274.11	175.09	127.18	231.13
334.04	364.13	274.13	175.10	128.22	231.14
334.24	364.33	274.21	177.35	130.23	232.02
334.25	365.28	275.25	184.19	130.31	233.26
334.31	366.10	277.02	194.22	133.27	234.02
335.07	366.21	285.13	195.03	133.35	234.23
335.13	367.10	298.06	195.13	143.33	235.04
335.14	367.19	309.01	195.13	144.08	236.12
335.14	367.19	309.06	200.06	144.14	237.14
335.16	367.19	309.26	200.17	144.19	237.19
335.18	367.23	310.30	200.27	144.34	239.24
335.25	367.32	317.20	201.17	145.28	240.27

86 IVANOVITCH (continued)

241.04	jingle	167.11	020.32	278.14	183.34
241.08	120.11	188.04	032.02	keeping	214.11
241.10	jingling	307.34	225.34	111.15	222.27
241.21	024.05	judicially	258.01	117.07	237.23
242.04	job	272.09	258.10	145.15	249.05
242.09	272.32	jug	275.16	183.20	268.16
244.21	jocular	150.28	282.16	225.30	290.28
246.33	280.33	julius	283.35	278.35	295.21
247.31	jocularity	282.17	326.30	294.21	299.08
249.31	206.29	282.27	361.05	297.02	303.18
250.01	join	283.06	371.26	331.05	322.18
250.06	099.31	284.14	justification	347.02	356.05
258.24	119.06	285.34	206.31	360.10	370.20
261.19	136.06	323.26	justified	keeps	373.19
273.19	joined	355.26	049.21	224.08	376.05
280.09	069.33	359.32	066.08	308.26	kindling
320.28	120.22	366.34	174.07	ken	342.26
323.03	286.27	jump	343.17	002.22	kindly
323.19	joins	027.32	jutted	kept	094.14
323.33	105.01	033.09	200.08	003.08	099.11
324.17	joke	121.31	282.05	014.04	099.14
324.31	249.08	jumped	jutting	015.08	101.04
325.12	263.03	111.16	200.13	024.18	156.19
325.16	352.24	305.22	329.04	042.27	182.07
326.21	joking	306.18	k	043.13	323.22
339.05	246.26	355.08	009.35	051.07	kindness
347.14	249.06	juncture	010.34	072.32	055.24
362.09	jolly	165.23	038.04	074.24	056.07
363.10	077.20	junius	038.16	089.09	230.23
366.31	077.32	205.07	038.20	090.25	346.35
373.19	jordan	jura	038.24	091.34	kinds
374.13	220.13	102.06	042.29	109.20	008.21
376.22	jostled	139.31	046.22	112.08	257.17
377.02	015.18	just	047.28	125.18	257.20
377.10	jostling	003.32	049.10	133.10	kirylo
377.12	032.19	010.23	083.14	144.30	001.07
377.32	journal	016.04	090.25	146.33	003.15
ivanovitch's	002.05	028.35	090.27	155.30	004.06
217.27	304.29	033.34	090.33	164.10	011.03
246.28	374.18	058.04	094.24	189.15	011.06
347.08	journalist	056.33	095.23	192.15	013.13
ivy-grown	138.12	062.12	095.25	193.14	013.26
157.22	145.03	072.28	095.32	194.31	014.10
jacket	149.18	073.19	292.33	197.19	073.17
175.13	185.30	077.08	293.01	199.10	073.32
236.06	180.22	077.34	302.18	208.34	077.08
315.24	186.33	094.33	302.28	227.27	077.22
jacques	285.03	101.33	303.12	249.13	078.10
286.32	journalistic	106.09	303.30	286.18	079.08
287.04	108.23	126.17	304.06	290.31	079.29
jails	108.28	132.27	k's	335.03	080.13
374.01	journey	148.25	011.16	350.05	082.12
jaw	045.26	150.30	095.03	353.04	092.17
016.17	200.05	155.17	299.28	key	097.19
177.04	235.15	156.30	303.17	022.03	178.27
jaws	261.15	158.02	kammerherrs	024.14	179.06
146.35	310.06	161.28	011.28	034.28	203.09
294.17	365.11	177.34	377.08	042.23	204.05
je'	journeyman	179.01	karabelnaya	052.03	204.24
366.06	149.28	180.30	018.07	329.21	204.32
jealous	journeys	191.33	047.25	352.23	205.27
247.29	261.15	194.13	047.32	key-word	206.30
247.31	jovial	196.10	062.28	064.29	207.08
247.34	042.15	198.08	keen	kick	207.14
jealousies	jowl	203.34	363.09	027.20	208.18
354.23	066.19	204.26	keenly	027.21	213.22
jealousy	joy	206.33	168.33	137.17	220.33
124.21	068.21	222.02	keep	kill	233.10
264.14	077.01	224.24	007.16	017.26	240.16
jean	122.17	224.26	007.18	029.34	245.14
286.32	125.07	228.12	008.23	030.03	251.35
287.03	153.27	230.12	016.10	047.13	256.26
jeered	231.03	230.24	018.28	055.32	261.25
197.05	246.33	234.04	019.13	068.13	265.09
jeeringly	246.34	236.12	024.31	093.05	275.20
025.21	259.07	236.24	025.09	233.24	277.22
jeopardized	314.30	239.33	025.31	259.15	290.32
081.29	374.31	242.08	036.02	354.03	291.06
jericho	joyous	242.13	045.23	364.02	291.32
220.14	242.01	242.24	047.09	376.16	292.13
jerk	joys	245.13	047.29	killed	292.20
226.14	259.23	248.03	058.29	014.24	292.33
jerked	judas	250.05	059.22	233.23	295.28
158.25	113.21	253.12	086.16	263.24	299.17
158.26	115.25	254.15	086.17	361.24	305.32
229.11	judge	254.20	088.21	376.16	306.14
229.20	162.17	263.10	093.04	killing	306.16
235.35	166.25	268.13	120.06	151.26	307.01
jerky	185.33	274.25	136.29	kilometres	307.22
043.05	246.35	276.27	137.29	128.13	308.08
jest	359.08	285.26	138.27	kin	308.23
241.20	judged	292.11	146.28	036.29	308.29
jested	089.17	298.33	149.25	kind	309.18
244.23	090.15	299.24	151.21	003.31	309.35
jetties	100.28	307.15	184.16	026.15	310.22
200.11	105.28	308.20	193.09	048.11	337.23
284.28	238.32	311.26	194.04	056.08	338.32
jetty	239.11	318.19	228.25	057.30	339.10
322.31	239.12	319.16	230.09	079.33	341.30
jew	judgement	319.22	233.35	085.32	346.22
079.30	299.20	330.23	245.29	094.10	346.26
205.19	362.10	331.13	281.08	114.05	347.28
284.13	judges	337.18	296.19	125.33	348.25
jewel	089.16	342.04	297.29	137.34	350.01
209.33	090.07	352.26	319.13	147.26	kiss
jewess	090.26	358.11	339.04	148.08	262.18
261.02	090.33	373.32	366.03	149.15	kissed
jewish	judgment	375.20	keeper	152.13	148.12
153.10	013.15	377.24	027.08	153.07	kisses
153.16	039.11	justice	027.23	163.33	094.13
	080.23	005.12	276.10	169.16	

kith
  036.29
knee
  287.23
  287.34
kneeling
  122.29
  325.07
  364.26
knees
  028.31
  037.21
  058.12
  060.08
  061.26
  086.19
  122.03
  124.35
  125.16
  219.11
  309.08
  323.22
knelt
  318.21
knew
  004.27
  015.10
  029.34
  036.14
  051.10
  102.23
  112.29
  112.33
  116.09
  118.10
  136.24
  140.06
  144.22
  151.09
  153.17
  175.08
  175.28
  178.30
  196.16
  197.32
  198.09
  199.29
  201.24
  216.17
  225.13
  237.18
  239.09
  246.33
  260.06
  261.03
  271.10
  271.26
  273.20
  282.28
  294.22
  300.18
  304.26
  312.27
  327.10
  329.17
  336.10
  338.21
  341.07
  343.03
  347.33
  349.27
  353.28
  356.04
  361.15
knickerbockers
  265.21
knife
  206.09
  346.14
  364.12
knitted
  250.34
knock
  253.16
  315.11
  322.26
knot
  370.17
knots
  113.23
know
  010.30
  011.27
  016.22
  016.32
  017.16
  018.04
  020.31
  023.15
  044.11
  047.04
  047.11
  047.12
  047.20
  054.08
  057.31
  058.10
  058.33
  062.21
  071.01
  072.22

  072.27
  074.10
  078.34
  079.01
  079.31
  080.02
  080.27
  082.02
  082.04
  087.09
  087.17
  088.02
  093.02
  094.09
  094.26
  105.02
  105.04
  106.18
  106.23
  108.06
  108.07
  113.07
  113.08
  116.12
  117.09
  117.09
  126.14
  126.26
  127.03
  128.18
  129.19
  129.28
  130.07
  130.31
  131.27
  131.30
  132.10
  133.18
  133.26
  133.32
  133.35
  134.02
  135.08
  135.29
  136.03
  136.15
  136.19
  140.07
  140.21
  140.26
  141.01
  144.09
  145.24
  146.06
  147.14
  147.21
  148.21
  150.35
  151.04
  152.06
  154.18
  154.21
  154.34
  155.12
  156.25
  157.11
  157.14
  157.16
  158.11
  159.20
  159.21
  160.09
  161.35
  164.01
  166.27
  168.23
  170.13
  170.16
  172.07
  173.22
  174.01
  175.18
  176.25
  177.31
  178.11
  179.03
  179.15
  179.16
  179.24
  179.28
  181.04
  183.15
  184.04
  184.10
  186.03
  193.02
  199.05
  203.15
  206.17
  207.15
  210.34
  212.24
  212.27
  218.12
  218.18
  219.06
  220.31
  221.21
  224.34
  226.30
  228.26
  228.34

  229.31
  229.31
  230.24
  230.30
  231.03
  231.34
  232.06
  232.32
  233.29
  233.35
  237.07
  238.11
  240.09
  241.15
  242.05
  244.16
  246.31
  247.09
  247.12
  248.34
  250.19
  252.01
  253.18
  254.20
  256.16
  256.18
  257.04
  257.12
  268.32
  269.08
  272.15
  275.25
  275.32
  276.32
  284.02
  284.09
  284.14
  290.20
  292.15
  292.16
  305.12
  305.25
  308.27
  314.16
  316.12
  317.21
  317.25
  317.30
  317.35
  319.09
  319.12
  319.18
  320.20
  320.30
  326.17
  326.19
  331.12
  331.14
  332.05
  332.29
  333.17
  337.27
  337.28
  339.04
  339.32
  341.35
  342.01
  342.02
  343.31
  344.20
  345.02
  345.32
  346.06
  347.26
  348.06
  349.07
  349.14
  353.29
  355.01
  355.13
  363.21
  361.30
  363.17
  367.07
  367.08
  367.23
  369.10
  370.13
  372.29
  375.34
  376.03
knowing
  081.01
  160.01
  232.27
  240.30
  272.17
knowingly
  225.17
knowledge
  002.02
  006.19
  023.06
  076.21
  090.26
  091.08
  099.21
  099.23
  117.30
  117.33

  118.03
  159.23
  161.28
  162.01
  181.09
  250.14
  319.13
  353.10
known
  001.12
  004.32
  017.15
  018.23
  070.23
  074.06
  091.05
  100.24
  102.25
  105.27
  114.19
  135.19
  167.11
  168.33
  169.05
  183.10
  187.07
  203.11
  204.25
  221.02
  235.14
  237.18
  249.10
  265.25
  271.08
  271.27
  273.17
  279.09
  279.30
  281.27
  282.11
  292.29
  295.07
  301.17
  302.08
  307.20
  308.02
  323.26
  325.25
  346.05
  354.10
  356.04
  359.02
  367.22
  373.25
knows
  017.07
  026.14
  037.10
  062.23
  075.29
  087.34
  095.32
  129.23
  133.32
  152.34
  160.03
  172.17
  175.03
  207.16
  224.33
  260.22
  261.19
  278.18
  291.25
  317.35
  365.19
  375.15
knuckles
  088.06
  281.29
kostia
  076.30
  078.21
  078.31
  079.20
  079.24
  080.01
  294.19
  308.02
  309.09
  309.17
  309.33
  310.17
  310.24
  311.05
  311.07
L
  048.08
l'aimi'
  131.05
l'ami'
  175.19
l'assassin'
  041.30
la
  002.14
  105.17
la'
  211.11
  227.01

label
  008.32
  011.34
  075.24
laborious
  069.02
  080.27
  259.08
labour
  118.34
  282.10
laboured
  259.20
labours
  019.33
  065.32
  373.35
lac
  284.29
lace
  123.22
  218.29
  219.32
  349.31
lack
  003.22
  023.32
  170.08
  241.18
lack-lustre
  072.14
lackeys
  038.35
  039.16
ladies
  098.18
  098.19
  099.11
  101.09
  101.14
  102.35
  103.14
  105.23
  110.19
  124.14
  136.24
  136.31
  137.06
  137.25
  163.01
  186.23
  193.31
  197.25
  220.23
  220.31
  313.26
  315.11
  315.16
  335.19
ladies'
  164.31
lady
  099.09
  100.01
  100.08
  106.22
  123.12
  127.19
  127.30
  130.04
  144.32
  145.02
  158.35
  159.15
  163.22
  164.19
  180.31
  209.14
  214.16
  215.01
  215.16
  219.21
  228.05
  229.07
  246.16
  366.30
  373.23
  373.29
lagging
  287.08
laid
  008.07
  058.25
  112.12
  146.17
  276.02
  296.21
  329.08
  353.02
  365.31
  366.22
lake
  128.13
  141.27
  165.21
  229.24
  264.02
  266.32
  285.25
  287.21

lame
  051.10
lamentably
  071.05
lamented
  137.18
lamp
  024.24
  050.23
  052.23
  053.01
  053.04
  065.30
  067.26
  282.10
  296.08
  296.30
  334.03
  350.30
  359.12
  359.19
lamp-lights
  330.14
lamp-post
  018.06
  047.24
lamplight
  058.26
  309.10
lamps
  198.03
  327.28
  330.11
  359.25
land
  005.30
  014.15
  020.27
  026.17
  030.20
  031.06
  031.25
  031.28
  059.12
  082.30
  091.17
  139.28
  182.07
  214.22
  260.24
  304.25
landau
  123.18
landed
  265.14
landing
  013.33
  022.02
  040.25
  051.28
  061.09
  062.22
  073.11
  074.08
  083.09
  155.32
  202.19
  206.19
  209.22
  214.31
  223.10
  226.14
  227.03
  316.07
  359.20
  363.28
  364.20
  367.01
  376.03
landing-stage
  265.16
landlady
  013.32
  062.21
  073.11
  074.22
  075.26
  254.10
  294.12
landlady's
  081.33
landmarks
  031.02
language
  002.02
  142.19
  185.02
  185.04
  289.17
languages
  001.13
  001.16
  002.24
  064.22
  118.13
  124.07
  160.01
  283.22
languid
  275.34
  352.05

LANGUID (continued)

359.29	090.08	178.14	054.22	187.26	150.04
languidly	090.13	178.24	065.02	192.06	184.24
294.05	091.02	179.15	065.23	192.26	197.15
languishing	103.11	181.01	076.17	204.04	209.21
282.24	106.29	186.27	110.08	217.29	290.22
lantern	106.33	269.06	308.31	225.05	322.09
026.06	108.06	270.33	309.12	242.02	**leering**
026.27	109.31	309.03	345.13	244.15	011.03
026.31	110.02	313.30	353.22	289.27	**left**
027.04	110.09	316.01	354.34	307.17	003.02
027.27	121.35	321.09	**laying**	316.08	006.30
027.32	125.15	328.08	011.03	341.27	015.20
028.13	128.30	331.11	075.22	348.32	018.06
271.20	132.19	333.23	**lead**	365.21	028.35
lap	134.55	335.27	086.22	**leather**	029.18
099.22	136.04	340.11	148.30	082.31	034.09
117.04	151.02	340.12	211.21	092.07	034.31
323.10	152.26	342.34	225.33	235.20	045.20
334.28	156.17	356.13	262.19	265.21	047.24
350.35	156.21	**lately**	267.23	**leave**	068.04
351.32	156.35	023.34	350.29	019.29	074.18
366.18	160.12	315.08	354.02	020.19	075.02
lapped	162.08	368.32	365.21	034.07	076.23
251.02	163.02	**later**	**leaden**	070.31	081.19
lapse	169.32	039.15	060.26	080.07	089.23
207.28	174.53	085.01	064.11	085.16	090.34
large	177.52	111.23	**leader**	104.30	092.10
011.05	180.05	124.31	208.08	107.27	104.14
050.08	180.24	135.27	224.30	126.18	105.11
051.12	181.31	136.16	229.16	128.23	106.21
053.03	187.20	185.03	**leaders**	156.28	106.23
063.26	190.05	190.12	123.15	171.32	110.11
064.27	199.19	217.30	132.26	171.33	120.05
066.30	200.18	233.27	132.30	174.01	132.27
073.13	204.30	250.23	**leading**	177.15	134.06
103.17	205.15	256.20	018.33	181.28	135.01
105.30	207.10	278.31	036.04	201.25	140.30
119.08	210.33	290.18	220.22	204.07	142.21
141.33	218.11	296.30	264.09	235.01	153.22
143.27	220.18	301.19	321.21	240.35	157.22
223.13	224.22	302.08	352.31	265.30	161.25
223.25	227.14	325.20	**leaflets**	268.03	165.28
224.34	242.13	325.20	053.32	268.17	171.20
235.09	249.18	354.08	**leafy**	275.28	171.25
273.24	250.27	373.13	245.19	275.32	174.04
280.21	251.13	375.30	**leak**	295.11	174.09
316.05	257.10	**lateral**	090.29	296.15	179.33
323.15	260.08	143.19	**lean**	298.17	183.35
323.17	261.16	**latest**	262.06	306.16	185.03
324.08	265.06	125.10	262.13	309.32	187.19
359.31	270.18	**lath**	282.24	318.20	190.24
largely	270.32	064.04	**leaned**	363.17	193.24
330.22	277.09	**latitude**	060.32	371.16	194.26
largely-outstretched	277.16	301.01	061.09	373.27	200.12
262.20	278.34	**latter**	092.21	377.02	202.18
larger	290.24	113.06	170.04	**leaven**	206.19
300.34	293.35	**laugh**	134.14	128.15	213.16
301.19	294.25	025.20	185.08	**leaves**	213.32
laspara	296.16	056.19	174.10	048.28	220.24
282.17	305.14	213.24	219.30	065.01	221.33
282.20	306.09	217.04	223.23	121.26	223.04
282.28	308.19	225.06	267.18	139.06	223.09
283.03	315.01	225.16	279.07	314.06	223.11
284.14	322.21	242.01	288.01	**leaving**	234.32
285.34	325.15	321.29	323.21	021.35	242.21
323.26	330.55	360.08	370.30	055.19	243.01
324.10	336.20	364.06	**leaning**	069.32	243.13
324.26	342.07	**laughed**	020.13	079.18	245.06
325.06	344.31	144.11	020.34	092.14	257.14
325.19	344.33	249.27	086.18	180.18	265.35
347.09	345.08	279.26	109.07	192.17	266.01
358.26	346.30	306.12	173.10	219.26	268.04
358.27	347.03	**laughing**	180.17	233.16	276.32
359.11	348.29	054.32	195.28	235.08	279.05
359.28	351.35	217.01	196.33	261.10	283.14
359.32	353.14	244.02	305.34	268.28	285.24
359.35	357.02	264.28	329.09	278.13	286.23
360.02	359.22	306.14	**leap**	279.31	288.02
360.11	360.07	**laughter**	010.26	307.18	289.21
360.34	367.11	053.02	183.09	323.08	302.21
362.03	367.17	263.17	**leaped**	325.15	305.24
362.23	371.31	264.25	365.14	359.19	306.15
363.23	372.02	311.22	**learn**	372.01	310.19
366.35	372.12	**launched**	136.16	**leavings**	313.15
laspara's	372.20	027.20	183.03	228.23	318.15
324.16	**last's**	**Lausanne**	183.15	**lecture**	319.21
364.18	163.03	099.08	320.02	078.19	322.07
375.07	**lasted**	160.11	327.08	129.15	323.18
lassitude	042.11	**law**	**learned**	**lecturer**	326.15
091.33	055.08	075.29	085.01	099.08	329.21
237.03	084.32	076.10	120.09	**lectures**	332.05
last	093.32	**lawless**	160.12	004.34	336.05
007.07	170.09	075.31	245.13	008.14	339.07
009.23	276.01	**lawlessness**	322.31	012.34	341.13
017.08	322.27	075.28	327.07	069.14	341.25
026.10	336.20	075.29	374.17	076.23	344.24
028.16	360.24	**lawn**	**least**	076.26	360.33
031.26	370.31	235.09	023.22	076.32	370.34
041.35	**lasts**	**laws**	033.03	078.23	**leg**
044.23	091.16	034.04	080.09	106.25	113.18
045.35	247.15	**lawsuits**	092.19	251.26	119.01
059.25	**late**	161.01	100.27	252.16	120.05
061.29	014.34	**lawyer**	103.01	254.34	158.33
064.03	053.32	010.27	134.19	257.03	**legacy**
070.07	054.01	**lawyer-fellow**	138.05	294.16	187.32
073.15	101.18	010.11	146.16	**led**	**legal**
074.06	119.12	**lay**	148.23	025.34	004.10
075.11	145.29	007.02	158.21	046.06	010.35
078.30	159.25	036.33	160.12	077.07	205.30
084.07	162.14	043.12	185.06	109.05	**legality**
087.20	162.23	049.03		118.14	131.17

legendary	184.15	liberate	115.28	061.13	031.04
300.30	184.17	091.15	118.12	061.20	031.06
legends	184.27	liberated	118.14	065.22	031.07
263.21	186.18	150.08	118.20	065.26	031.31
legs	207.27	liberating	131.14	065.28	032.04
029.32	217.22	122.29	139.34	067.26	037.33
063.06	219.10	220.12	146.22	084.17	038.06
083.10	224.35	liberty	148.17	103.04	038.06
086.04	225.35	005.33	148.30	107.08	041.08
116.35	230.30	006.06	153.27	110.03	044.20
122.02	234.14	048.07	155.17	162.15	044.28
166.06	244.25	048.07	155.29	166.06	045.33
264.31	256.21	048.08	160.34	166.34	051.23
297.09	290.10	048.09	162.06	194.07	053.05
362.27	300.32	088.01	167.06	209.18	059.04
364.27	314.24	097.10	173.35	210.10	059.31
leisure	315.31	102.25	175.12	210.15	060.01
036.09	322.02	119.16	195.08	223.13	063.18
leisurely	326.32	119.26	199.24	259.27	065.14
024.25	326.34	120.25	220.22	268.20	067.30
037.30	327.33	132.03	230.32	271.20	067.33
157.31	344.08	133.05	234.24	285.04	069.08
lend	350.19	136.07	237.24	289.22	069.18
076.15	350.29	162.10	242.17	310.03	070.13
123.01	357.07	224.04	247.18	310.27	073.26
lending	363.17	283.35	248.34	315.04	076.11
322.23	366.17	291.09	248.34	315.11	076.17
length	366.22	314.03	249.10	324.25	076.34
001.14	369.07	352.17	257.17	325.18	077.27
021.19	let's	library	257.20	327.35	077.27
055.04	204.07	008.15	257.22	328.14	079.03
069.02	356.12	069.15	257.22	328.26	079.09
118.24	lets	069.32	257.24	328.31	079.28
137.07	316.04	294.31	259.09	330.17	080.15
194.21	letter	312.19	259.19	335.16	083.07
267.05	082.12	lid	259.23	335.32	087.35
311.11	107.17	325.03	265.05	338.05	089.21
321.25	107.19	lie	266.27	342.09	092.23
334.05	109.09	015.24	277.17	348.28	093.13
360.23	131.02	025.16	284.07	351.16	094.08
lent	131.21	064.10	285.29	356.24	094.09
150.25	133.10	070.19	286.17	356.28	095.14
les'	133.15	094.08	287.19	359.18	099.07
214.27	134.01	151.22	300.22	light-headed	100.11
less	134.15	165.32	302.31	206.13	102.07
001.21	166.32	188.12	309.25	lighted	103.06
009.34	179.04	253.28	311.26	197.30	104.04
030.07	187.05	269.11	314.24	198.04	107.23
053.07	252.19	291.08	314.25	259.07	112.11
064.28	255.14	345.05	340.33	296.08	114.24
071.23	256.32	lies	340.34	311.11	116.26
075.20	267.29	026.09	344.17	318.13	119.32
077.06	267.31	031.21	347.22	322.03	120.27
084.24	268.02	081.06	348.02	326.04	122.29
121.32	269.11	085.10	351.11	330.10	123.16
127.13	271.14	098.10	353.17	331.03	124.04
127.15	273.18	131.15	354.02	334.02	124.20
132.15	273.24	181.03	354.32	334.05	125.20
132.17	273.27	186.01	355.34	348.11	127.15
147.03	273.29	251.01	356.01	lighting	127.31
151.26	274.27	279.21	360.28	353.01	128.14
160.17	274.33	281.07	367.06	lightly	129.15
170.07	276.14	346.02	367.29	055.15	129.24
176.24	335.11	355.30	368.18	057.28	131.25
192.05	342.25	356.23	370.34	061.05	132.01
195.25	349.20	life	373.06	109.11	135.35
199.35	360.32	001.23	375.12	156.21	139.07
235.34	361.07	005.04	life's	177.16	140.11
267.07	letter-box	005.16	051.16	183.02	140.28
285.15	313.08	006.20	lifeless	199.32	141.13
302.33	letters	008.24	066.08	219.25	141.22
304.09	063.24	009.01	104.17	248.10	144.13
lessons	106.27	010.05	175.01	249.27	145.11
100.20	106.29	012.02	217.14	318.15	148.24
lest	106.33	012.04	222.30	349.04	149.34
055.13	107.30	014.05	263.14	lightness	151.15
070.03	108.12	017.31	347.29	314.30	151.29
let	117.27	018.32	lifelessly	lightning	163.18
021.09	131.04	026.17	351.32	352.11	164.09
029.03	134.33	029.26	lifelong	358.17	164.33
033.02	186.07	029.27	280.07	358.33	166.34
034.04	187.31	046.19	302.13	365.08	167.05
034.17	203.11	049.04	lift	365.09	167.19
035.21	260.16	050.15	037.14	365.13	167.28
039.03	263.27	051.35	322.09	lights	168.18
059.09	267.35	052.01	326.11	036.07	169.15
059.30	268.02	056.01	lifted	041.03	169.20
060.20	letting	056.27	164.17	322.12	170.16
078.10	129.13	057.09	227.12	326.14	171.14
078.24	250.28	058.03	263.32	like	171.16
079.31	level	059.01	365.30	010.24	172.16
087.24	187.19	066.04	lifting	010.35	174.22
092.15	levelled	066.24	102.21	011.02	174.28
092.32	299.10	067.06	lifts	011.08	178.05
097.17	levelling	068.30	326.07	016.29	178.08
107.10	031.03	068.35	light	017.10	178.22
108.27	levity	070.03	010.24	017.27	182.29
125.19	031.13	075.10	026.03	017.28	185.23
134.11	285.11	077.01	026.06	017.33	188.06
135.07	liberal	077.35	026.22	017.33	190.15
136.06	024.08	082.07	026.27	019.28	191.23
137.26	373.16	101.22	026.31	019.29	191.33
141.20	liberalism	102.31	027.19	020.09	195.12
147.05	033.23	102.31	027.28	020.19	196.01
151.03	065.19	103.10	028.11	020.29	199.24
151.07	136.27	104.25	028.19	021.10	203.29
156.20	206.26	105.20	028.25	022.21	204.09
156.34	290.27	106.02	032.05	025.26	213.04
174.23	314.03	110.17	050.23	026.28	213.12
177.17	liberals	111.02	051.07	029.25	215.17
183.14	150.33	114.31	052.13	030.23	217.02

90 LIKE (continued) UNDER WESTERN EYES

217.08	349.29	139.31	126.16	093.32	live
219.30	352.06	276.12	157.26	095.32	017.31
220.03	355.35	314.34	169.06	098.23	030.08
220.13	356.22	lingering	183.30	105.09	053.33
220.14	357.05	038.05	185.05	106.20	056.11
221.22	358.22	165.17	187.18	107.12	067.13
222.25	358.32	244.33	203.13	107.12	072.23
223.26	359.14	366.25	254.21	110.26	072.27
224.26	361.25	link	269.26	111.28	075.20
225.24	365.15	081.30	276.22	111.35	094.11
225.25	365.17	187.27	294.16	113.17	111.09
226.04	369.20	links	356.14	113.23	148.08
229.35	370.26	118.26	356.34	117.14	148.13
230.01	371.08	120.06	364.19	121.22	150.26
230.19	372.25	121.03	listener	128.29	153.26
231.19	375.15	121.28	003.31	132.12	261.19
232.15	377.06	lip	003.31	132.13	293.05
233.11	liked	025.31	239.28	136.31	300.21
235.35	004.12	037.03	listening	138.06	368.34
237.11	152.31	056.03	008.14	139.08	369.14
237.23	270.02	089.13	060.32	139.13	373.17
237.24	295.05	115.18	061.01	139.23	live-long
238.19	295.07	180.28	086.31	139.27	257.05
240.01	321.19	lips	089.34	139.34	lived
240.04	324.03	016.35	138.31	141.19	002.12
240.16	likely	034.30	152.19	144.11	019.19
242.13	030.13	042.08	168.08	147.28	054.01
243.29	048.03	046.01	188.07	154.35	120.13
243.33	048.21	059.31	217.23	157.28	138.09
243.35	081.02	061.08	251.10	159.03	147.26
244.05	083.09	063.25	267.14	160.27	149.34
244.23	096.21	071.10	271.35	161.19	151.15
246.06	111.07	091.18	275.08	161.25	154.13
247.08	114.31	095.09	288.08	165.30	154.35
248.04	152.13	099.18	291.01	165.32	164.33
248.05	163.06	100.07	310.10	166.11	182.27
248.10	225.29	104.31	343.21	168.03	183.03
248.10	232.01	109.12	listens	169.03	185.18
248.20	232.20	116.05	220.29	170.20	233.02
249.09	240.22	123.23	listless	172.02	237.16
249.25	241.12	126.04	066.34	173.12	260.25
251.24	255.06	128.27	lists	173.27	264.01
251.29	273.27	152.03	233.32	179.01	282.20
252.05	289.14	169.07	lit	179.09	282.22
252.09	320.20	175.24	040.34	179.27	299.01
253.20	320.21	177.34	052.23	180.28	316.13
253.26	369.14	188.24	296.30	181.18	316.14
254.06	371.30	190.02	300.03	181.33	316.17
254.11	374.07	193.18	324.27	182.02	321.10
254.13	likes	212.20	359.25	182.27	353.08
254.31	177.18	214.02	literally	182.30	367.28
255.22	331.12	215.27	062.10	183.27	373.34
257.16	likewise	218.26	152.24	185.06	374.26
258.12	146.03	220.11	289.05	185.25	livelong
258.35	limb	222.09	literary	185.34	015.03
259.27	055.20	223.19	123.06	187.22	lively
261.20	083.19	233.08	literature	188.21	326.03
262.10	350.05	240.32	185.16	190.19	liveries
262.19	limbs	243.20	lithe	191.23	011.16
263.02	061.30	245.28	012.24	198.30	lives
263.08	067.33	245.28	lithographed	200.31	014.20
263.12	109.16	250.28	150.15	205.03	017.29
264.16	115.24	256.29	lithographer	206.15	020.07
264.26	122.04	257.01	148.33	209.02	031.06
265.03	126.31	263.10	149.28	221.07	048.15
265.13	150.03	270.30	litter	225.31	050.08
266.12	177.08	287.07	065.34	228.02	076.14
266.16	262.15	292.23	283.01	229.02	107.05
267.22	282.07	317.11	little	230.24	108.34
270.17	293.31	322.25	002.15	236.26	114.24
271.29	351.14	329.16	002.16	237.32	209.06
273.01	365.27	330.24	007.32	238.18	211.22
275.08	lime-trees	337.12	010.07	242.15	258.18
280.23	204.11	338.01	010.11	244.02	302.16
282.01	limit	341.20	010.27	244.25	347.13
284.32	302.04	344.11	011.21	249.27	369.08
290.24	limitations	347.24	012.23	252.06	livid
292.24	095.11	347.29	015.14	256.21	333.11
294.20	limits	348.33	016.17	256.34	362.34
295.18	064.29	349.23	016.33	261.33	lividly
297.11	limp	354.11	018.24	279.06	200.12
298.10	219.32	365.33	020.22	279.26	living
299.09	line	376.19	020.27	281.29	001.09
299.14	003.26	listen	025.33	284.08	008.22
299.19	069.25	056.20	026.04	293.08	010.02
299.24	177.04	079.27	026.05	293.12	029.27
302.01	256.10	095.20	026.18	294.32	030.01
302.17	307.09	127.12	026.30	299.26	103.09
308.13	330.14	130.28	026.35	305.28	103.10
309.26	333.16	138.23	028.23	306.12	104.18
310.13	351.12	151.01	030.16	309.17	144.16
312.09	lined	216.27	034.23	310.26	147.34
314.07	312.18	219.01	035.05	310.30	151.12
319.22	lines	229.22	036.32	311.27	168.30
322.07	010.03	259.05	038.12	312.17	197.35
323.29	054.16	265.19	039.05	313.32	198.25
325.03	062.02	281.08	043.01	321.18	203.03
325.17	063.28	288.13	044.03	323.26	216.19
325.32	108.24	318.08	051.04	324.26	222.03
335.28	179.04	343.23	055.21	326.15	222.12
335.34	186.24	348.25	061.22	329.20	238.04
336.25	200.06	354.26	066.12	332.27	263.25
337.23	212.19	listened	069.21	340.13	298.28
340.17	256.35	014.01	073.17	347.33	300.22
341.02	311.03	018.26	073.28	356.15	301.16
341.20	324.21	020.16	074.18	359.24	305.32
345.10	338.16	042.07	077.16	360.08	312.27
346.26	349.20	049.30	081.03	364.11	314.08
346.31	lingered	086.23	084.32	369.33	320.09
347.21	029.25	089.33	087.16	371.29	345.05
348.33	036.19	127.26	092.21	374.27	354.33

LIVING (continued)

371.11	lonely	342.25	266.17	261.01	257.20
375.18	008.31	365.12	273.06	261.33	265.11
377.18	019.16	366.26	277.22	265.24	270.12
living'	037.12	369.06	287.27	266.11	296.18
282.17	110.17	369.08	292.12	270.19	299.23
load	132.15	369.14	296.08	270.23	300.05
121.05	132.17	370.21	308.13	271.09	300.08
loaded	136.31	long-waisted	314.18	282.01	312.23
016.13	142.24	123.20	324.26	284.11	315.07
062.13	237.24	longed	328.17	285.30	322.20
loaf	314.20	037.09	330.04	300.01	323.29
024.27	323.26	245.33	332.11	310.06	332.29
loafer	349.21	273.29	335.21	312.11	340.04
016.22	355.14	longer	337.31	319.04	341.26
loath	long	022.12	336.12	320.24	342.08
275.13	001.10	044.16	341.01	320.30	346.26
352.16	002.12	055.09	341.02	323.02	352.25
loathed	003.29	055.12	341.03	324.19	354.29
082.21	012.23	057.19	341.04	330.23	356.16
loathing	016.12	075.34	355.18	333.12	359.14
042.25	019.12	085.11	366.03	335.26	364.12
loathsome	020.14	092.31	372.22	337.01	366.19
060.16	022.24	106.17	looked	338.19	369.25
loaves	026.04	111.31	004.08	340.17	370.08
051.08	026.28	123.12	006.01	343.28	371.21
local	029.32	126.01	016.18	345.14	372.09
265.19	034.22	132.18	025.22	349.33	375.11
locataire'	045.19	145.27	027.34	350.13	looking-glass
329.11	050.24	154.35	035.25	351.15	066.35
located	055.08	156.01	036.09	351.31	looks
192.33	056.01	175.17	042.27	353.23	003.21
lock	061.32	179.13	043.19	353.33	167.33
206.16	063.23	182.27	052.13	355.06	185.35
286.14	066.32	185.16	053.02	363.01	211.25
locked	069.32	199.32	057.04	363.25	238.19
022.02	077.26	243.24	058.22	363.35	239.28
024.34	080.17	281.04	059.13	368.11	376.27
042.23	081.05	289.20	061.03	368.21	loomed
146.35	086.02	293.05	062.30	368.33	012.24
286.20	089.27	294.25	064.08	looking	looming
353.04	092.06	296.20	065.30	014.27	024.19
361.24	106.05	297.28	066.09	022.15	loose
locking	106.14	300.16	070.13	028.28	011.19
037.03	106.26	312.01	074.15	034.19	056.27
038.29	111.09	312.25	076.06	039.11	119.19
locks	112.05	317.22	076.22	041.34	120.02
126.29	112.15	317.32	079.21	044.32	121.10
lodge	112.15	317.34	082.10	048.16	loosely
200.26	114.01	334.11	082.34	052.24	235.23
235.03	122.03	343.28	088.19	060.18	loosened
261.33	125.19	356.16	092.18	061.22	186.30
lodger	130.13	363.15	095.08	067.08	loquacious
352.26	136.09	364.30	096.04	067.15	032.28
lodging	141.13	367.26	096.27	068.11	308.03
062.29	142.24	371.03	101.02	069.35	loquacity
072.27	145.09	longing	104.01	073.05	002.34
274.04	147.02	015.24	106.09	074.08	lord
lodgings	146.23	029.16	109.26	087.03	206.22
012.08	157.17	227.30	111.14	088.08	lordly
024.15	158.24	277.07	112.24	089.32	153.31
036.05	165.33	longings	113.04	090.20	201.05
037.20	166.01	033.23	113.14	102.06	lose
106.22	169.30	look	128.05	103.30	144.28
124.10	174.19	013.27	130.01	104.16	losing
197.14	177.31	014.20	130.15	104.25	257.13
286.07	178.23	015.27	131.11	113.05	loss
295.06	183.03	019.28	133.15	114.26	110.16
295.08	190.04	020.25	134.16	121.24	170.21
loftiest	190.20	035.28	136.09	128.21	246.14
136.09	192.16	043.13	136.21	129.18	309.29
loftily	192.18	059.07	136.31	132.14	320.01
043.23	200.26	065.07	143.08	133.11	333.25
lofty	200.30	067.10	144.12	140.06	lost
016.28	204.10	068.32	150.01	149.15	003.26
099.35	207.28	095.19	154.03	151.10	014.21
112.21	208.11	100.26	154.05	153.16	014.22
123.33	210.02	111.10	158.08	156.26	019.30
133.13	218.28	112.11	161.10	164.23	019.30
133.30	219.17	114.12	165.29	167.35	027.05
135.05	229.08	117.31	166.07	168.25	038.02
140.30	230.21	121.35	176.33	168.33	039.20
142.05	230.24	126.09	180.32	170.16	062.02
162.08	233.31	132.12	180.35	170.25	063.26
166.35	236.31	140.02	190.14	172.24	078.18
169.21	241.06	145.14	195.06	174.34	081.11
282.02	245.28	145.35	200.25	175.34	085.14
283.09	250.09	146.03	200.29	176.03	086.17
326.15	255.17	146.05	201.01	176.16	094.25
log	257.15	148.17	201.15	178.21	108.05
076.17	260.25	148.18	207.33	179.24	116.27
094.08	261.17	151.11	210.30	179.33	122.08
121.22	264.25	152.12	211.24	180.07	156.04
logic	269.02	164.02	214.23	180.12	156.14
031.19	271.22	166.14	215.20	192.20	168.29
033.17	274.11	176.07	217.26	194.11	170.20
093.09	281.11	176.19	219.04	199.16	183.09
104.07	284.27	182.03	222.05	213.22	189.12
173.12	287.17	189.07	225.25	221.28	230.06
376.34	287.19	191.19	227.15	222.18	235.24
logical	293.02	194.13	228.15	229.05	251.10
297.34	303.26	194.20	228.19	230.07	275.21
311.03	306.06	196.21	230.16	231.33	294.04
loitered	311.03	196.28	231.05	234.17	309.28
176.25	319.17	209.14	232.08	237.29	321.07
London	322.21	211.27	232.24	238.31	327.34
108.14	324.20	213.17	238.07	239.27	334.06
283.32	326.09	227.06	241.30	242.21	334.26
loneliness	327.35	243.15	245.17	243.12	339.30
037.10	329.26	246.09	252.34	246.09	340.23
303.28	332.22	254.35	254.19	246.32	347.23
342.21	338.19	260.07	260.27	251.17	362.29

92 LOST (continued)

365.17	372.24	255.32	156.29	148.05	377.23
365.28	low	335.08	157.02	148.25	madhouse
371.01	025.03	370.05	156.10	151.34	159.31
lot	040.30	lucubrations	159.06	152.06	madman
004.02	057.24	032.30	159.17	152.21	370.26
007.08	060.09	lui´	160.08	154.06	magnanimous
019.01	060.28	163.18	160.13	157.16	060.11
059.10	071.06	lull	160.15	160.05	magnate
059.20	072.32	267.15	160.35	163.32	009.33
067.15	074.35	lulled	161.31	165.24	magnificent
071.21	106.08	319.35	161.33	167.29	011.15
083.32	109.35	luminous	161.35	167.34	260.10
092.13	113.24	358.32	162.03	169.02	maid
094.06	116.08	lumps	162.29	169.09	315.29
111.21	134.29	218.33	163.22	170.07	321.22
126.24	170.09	lunacy	164.15	171.10	331.29
148.35	177.07	056.26	165.34	171.27	332.15
153.02	187.34	lunatic	202.05	173.05	332.23
190.17	201.04	080.01	202.17	174.17	maids
233.04	223.29	lunatics	206.02	174.26	377.08
235.22	237.27	183.12	206.05	174.32	main
243.10	244.11	lurid	209.05	175.14	008.26
259.29	272.33	110.20	211.16	176.14	085.04
260.10	284.11	259.27	214.35	181.17	105.34
294.28	291.33	luridly	215.03	191.21	138.25
308.31	294.02	032.30	215.21	193.05	185.35
322.29	317.01	lurking	216.03	195.28	190.13
339.01	319.06	062.06	216.05	203.10	198.11
345.28	322.08	lustre	216.14	205.14	352.14
357.17	323.15	343.15	217.23	212.06	mainly
377.05	323.16	lusts	217.26	212.21	192.22
loud	323.25	005.13	218.16	214.20	290.28
003.14	327.27	luxurious	219.10	217.32	maintained
020.12	330.08	147.19	219.13	219.02	138.03
042.34	330.12	322.15	219.23	221.02	mais´
091.19	356.22	luxuriously	219.27	223.05	041.29
113.26	359.24	301.17	220.28	224.01	101.05
123.14	362.29	luxury	221.04	231.15	maison´
152.21	363.03	125.28	222.04	232.23	159.31
155.02	low-class	lyceum	222.19	232.28	majesty
223.28	016.05	153.12	222.24	234.21	091.17
263.10	low-pitched	lying	244.16	235.10	majority
270.29	211.01	006.02	320.19	235.14	104.11
359.26	lower	021.29	356.29	235.18	make
louder	007.21	029.29	372.35	238.30	009.28
179.27	037.03	034.23	377.01	240.01	017.28
337.29	056.03	034.31	madcap	243.26	017.32
loudly	089.13	035.04	076.30	247.07	019.35
089.32	115.18	043.32	294.19	247.11	023.03
220.31	127.07	052.14	308.02	248.12	042.05
225.02	179.22	052.29	maddening	251.23	044.03
262.26	225.30	067.27	280.15	253.11	045.32
335.33	339.35	067.29	made	255.35	051.22
louisa	350.10	075.05	005.19	258.06	060.15
362.21	359.19	075.08	006.13	262.13	069.17
362.22	lowered	093.27	007.34	264.29	072.18
lounged	033.29	096.22	008.18	266.23	078.10
040.23	043.34	099.21	015.10	269.18	080.06
lounging	046.27	107.04	016.31	273.07	092.29
082.01	050.01	111.34	017.29	275.04	095.22
201.02	073.07	117.04	021.34	280.18	096.19
305.21	078.31	121.21	027.32	281.12	105.06
322.04	094.04	129.29	029.27	281.14	113.33
lovable	156.18	150.24	033.18	281.34	120.32
153.05	173.33	182.09	033.33	283.19	126.13
love	206.03	193.26	035.10	284.30	127.24
002.24	227.04	206.20	036.11	285.06	128.02
005.12	232.08	227.10	041.09	285.06	131.05
007.17	239.06	275.06	044.07	285.19	137.14
012.03	259.27	276.25	045.23	286.14	142.19
031.23	311.11	277.25	046.15	286.26	145.22
032.09	333.32	279.16	051.27	291.13	145.31
032.10	337.09	310.26	051.33	292.29	148.14
033.02	342.07	323.10	058.27	303.26	151.06
067.11	lowering	336.06	060.25	304.13	152.07
067.12	049.13	340.05	062.09	306.31	152.11
104.27	083.16	340.18	066.21	309.17	155.17
119.30	205.09	350.35	068.06	313.01	156.03
120.25	lowest	351.32	069.04	313.05	157.20
137.11	023.28	364.27	074.33	315.19	157.33
240.06	loyal	365.07	078.07	316.10	161.18
241.18	044.27	m	079.31	316.34	166.31
247.12	loyalty	105.27	080.35	322.14	169.22
247.15	069.03	300.20	083.13	323.24	173.17
247.16	303.34	302.09	083.25	324.24	187.23
280.03	lucia	ma´	086.28	327.12	188.02
301.16	021.32	223.08	086.23	331.23	189.01
303.25	047.18	mad	093.24	333.02	192.05
318.26	055.28	037.17	094.20	333.32	193.31
327.04	092.26	056.24	098.18	338.17	196.21
348.30	130.07	130.03	101.07	339.13	197.28
356.05	lucidity	206.22	104.29	340.13	211.13
372.19	039.12	266.16	110.21	343.07	216.26
loved	luck	309.17	112.17	344.25	218.35
135.07	013.28	310.29	112.26	347.20	219.07
375.22	205.20	315.09	115.28	350.02	227.30
lover	232.17	madame	117.03	350.27	233.17
076.13	243.05	123.12	121.03	351.34	237.24
119.12	254.13	125.04	121.29	353.11	240.30
271.27	255.04	127.18	124.22	354.20	244.19
280.07	255.05	128.18	127.15	357.20	244.25
346.25	255.29	129.25	129.09	358.27	246.29
lovers	272.06	134.25	130.19	362.09	247.14
046.07	luckily	135.13	132.01	363.29	251.33
162.09	251.31	140.13	132.05	363.30	273.16
336.30	265.05	140.18	134.25	366.04	277.31
loves	279.24	144.06	135.31	366.29	278.01
308.28	313.33	145.03	138.21	368.06	294.28
309.22	lucky	145.07	140.20	369.22	303.14
loving	038.20	149.16	144.34	369.32	303.16
356.29	255.03	156.15	147.32	373.25	308.03

MAKE (continued)

312.35	027.01	133.18	252.01	057.13	manoeuvres
314.02	027.04	133.22	252.02	066.23	079.25
316.30	027.20	133.29	252.19	081.34	mantelpiece
324.28	028.06	134.32	252.27	151.01	041.09
328.10	028.12	137.09	252.33	167.16	many
342.15	029.07	137.19	253.31	217.28	001.13
346.34	030.02	137.24	254.03	226.11	001.17
355.24	031.17	141.07	254.22	247.32	002.14
360.31	032.14	141.30	254.32	304.04	002.20
363.16	033.16	144.16	255.32	307.19	003.11
364.07	033.35	148.05	262.14	332.10	006.16
make-believe	035.17	148.26	262.23	344.12	019.28
310.13	035.19	148.32	262.26	374.18	022.08
makes	037.24	149.30	263.12	manage	027.14
078.29	037.35	150.02	264.14	243.17	031.17
194.20	038.04	152.09	266.11	247.04	031.26
239.25	038.05	152.17	268.21	327.06	033.35
245.13	038.10	152.35	268.30	337.09	036.17
246.31	038.21	153.04	273.01	managed	058.23
252.17	038.26	155.29	275.23	024.31	063.35
273.33	039.04	157.11	278.03	114.04	069.03
295.11	039.23	157.26	278.11	118.28	069.16
355.34	039.25	157.32	278.24	118.34	083.32
making	040.03	158.03	281.23	120.12	098.08
006.27	040.29	158.12	282.02	140.33	103.14
015.26	041.24	159.35	282.11	169.32	113.12
026.22	042.02	162.27	283.18	203.17	114.03
033.29	042.13	162.32	283.25	214.22	129.30
040.02	042.25	162.35	289.07	236.12	142.06
065.13	043.24	164.25	290.24	245.28	143.10
089.03	044.20	166.18	291.10	272.01	149.20
089.04	045.09	166.24	291.27	338.22	150.12
094.23	046.16	168.16	293.27	340.32	150.16
111.23	046.23	169.04	295.11	368.03	166.22
115.30	047.01	169.05	295.35	mangled	172.14
117.32	048.31	169.16	297.11	007.03	209.06
120.28	049.15	169.22	296.20	151.05	226.22
122.06	050.04	169.23	301.02	manhood	228.31
149.02	051.30	170.02	301.22	259.18	229.04
193.17	053.24	170.29	302.09	manifest	234.25
208.12	054.30	170.34	302.13	160.05	234.33
236.26	056.06	170.35	302.25	342.24	257.14
243.35	057.15	172.23	303.01	manifestation	260.28
244.09	057.20	173.08	303.04	055.22	265.35
246.19	057.29	173.15	303.26	123.31	268.32
269.09	057.31	175.30	303.34	127.32	269.33
269.13	058.08	176.17	304.30	169.15	279.09
272.21	058.14	177.34	305.08	manifested	280.19
279.32	058.34	178.08	308.14	234.16	301.03
280.05	058.35	179.32	308.18	manifestos	301.12
287.14	059.04	181.03	312.21	282.18	322.04
295.09	059.21	183.15	314.27	mankind	347.13
316.20	059.35	185.23	315.27	121.04	354.22
352.21	062.11	185.24	316.27	140.30	372.14
354.12	065.28	187.12	316.33	276.22	372.15
363.09	065.29	187.14	320.21	297.34	372.18
373.05	065.29	187.30	320.23	300.30	375.16
377.05	067.30	189.01	323.21	manly	375.19
malevolent	068.04	190.15	324.08	235.28	map
127.27	068.12	191.09	324.19	303.32	064.17
malice	068.18	191.24	325.09	manner	323.17
180.32	068.30	196.23	325.35	003.28	323.27
268.19	070.25	197.01	326.23	005.01	324.27
malicious	071.11	198.10	327.15	010.03	324.30
048.16	073.18	198.23	327.22	014.12	325.08
309.16	073.25	198.25	329.07	016.15	325.19
maliciously	075.21	199.13	330.21	055.01	326.05
004.26	077.32	201.02	333.29	066.08	marble
105.09	078.21	202.22	334.31	074.31	145.11
maman'	079.03	202.25	335.03	076.16	223.15
317.09	079.05	204.03	342.17	084.35	marched
mamma	079.07	204.17	343.21	087.27	214.30
135.29	079.07	204.26	344.32	119.18	marches
man	079.13	204.35	345.10	121.08	123.32
001.06	081.17	206.23	346.08	122.17	mark
001.18	082.22	207.19	348.01	123.04	065.07
003.20	084.02	207.23	348.16	163.14	070.16
004.09	084.16	208.32	349.03	180.22	118.10
005.01	088.10	211.25	349.04	186.02	125.02
006.12	086.27	211.27	349.09	189.19	168.06
007.06	088.29	212.32	350.24	194.07	260.27
007.19	089.01	216.06	350.28	215.28	263.31
007.27	089.06	216.13	352.24	228.28	375.19
008.31	091.05	216.33	353.07	230.22	marked
009.05	093.01	219.01	353.25	232.18	006.29
009.20	093.05	223.05	353.34	238.31	012.35
009.24	094.09	224.10	354.07	243.03	079.22
011.09	094.12	224.20	355.12	252.28	137.30
011.26	094.29	225.06	357.03	256.05	182.04
013.08	095.10	225.12	357.33	257.28	203.04
013.15	097.09	225.24	358.05	276.12	211.29
013.24	098.05	225.31	358.06	286.17	227.22
014.15	099.03	226.19	361.07	292.18	228.10
014.18	099.34	226.24	361.24	297.06	298.20
014.18	100.16	229.32	361.28	297.07	324.35
014.27	100.19	233.16	362.02	305.19	335.24
016.01	105.03	234.08	362.12	307.03	marking
016.07	112.33	234.29	362.27	309.05	051.14
016.16	117.05	237.24	363.08	314.26	marks
018.11	118.28	238.02	365.24	315.34	001.26
018.16	119.07	238.23	366.16	317.31	095.10
019.13	120.23	240.30	367.19	318.28	marred
019.19	121.06	242.08	371.27	321.30	343.19
019.23	121.15	242.13	373.19	322.30	married
021.10	122.01	243.30	374.14	339.13	099.09
021.33	122.12	244.23	377.32	360.04	295.25
023.25	122.28	245.14	man's	368.27	marry
025.03	122.33	248.30	011.08	373.21	011.28
025.10	125.09	249.09	012.01	manners	020.24
026.04	128.14	249.34	019.22	014.13	118.15
026.18	133.05	251.24	019.30		148.06

MARRY (continued)

354.35	085.18	144.10	027.33	114.13	177.30
marrying	087.25	147.19	027.33	114.28	177.32
148.04	096.09	152.10	033.02	114.30	178.01
martial	135.24	153.02	034.04	115.03	178.03
012.24	137.27	156.02	035.22	116.13	178.09
264.19	152.25	156.29	035.26	116.15	178.12
martyr	160.24	159.35	035.29	116.21	178.17
059.13	164.28	160.04	037.03	117.06	178.25
149.30	170.14	160.27	039.31	117.16	178.28
martyrdom	173.13	170.17	041.24	117.17	178.33
019.32	174.16	171.26	043.03	124.30	179.01
068.12	177.20	173.29	046.25	125.05	179.03
marvel	179.07	173.31	047.22	126.18	179.05
221.12	186.14	174.01	047.26	126.25	179.10
marvelled	222.23	179.23	049.05	126.29	179.12
015.22	237.06	181.20	050.02	127.18	179.14
038.07	240.04	182.12	050.17	127.21	179.15
272.09	246.13	183.06	050.29	127.31	179.16
368.25	254.34	183.32	052.06	128.16	179.17
marvellous	260.26	185.32	054.24	129.21	179.21
284.30	265.33	188.01	054.32	129.28	179.22
338.16	276.17	188.05	055.32	130.01	179.27
marvelous	280.08	189.10	057.26	130.02	180.07
281.03	283.16	190.11	057.29	130.09	180.18
masculine	303.24	195.22	057.33	130.15	180.20
139.20	306.15	205.04	058.10	130.21	181.01
243.07	314.04	207.02	058.18	130.32	181.06
245.09	314.09	208.07	066.24	130.33	181.08
246.30	321.05	210.07	070.01	133.21	181.11
247.04	336.02	211.27	072.29	133.27	181.28
248.03	336.10	215.32	072.30	133.35	181.31
mask	344.04	217.04	072.33	134.21	182.31
037.12	349.09	221.20	072.34	134.34	182.32
092.31	358.11	222.26	072.34	135.01	183.12
123.24	359.04	225.23	076.05	135.07	183.21
masked	370.13	227.17	077.28	136.06	184.08
202.08	matter-of-fact	230.27	077.33	136.20	184.20
masonry	121.08	233.01	078.10	137.31	184.29
269.01	247.22	240.03	078.12	138.23	185.09
mass	matters	241.09	078.24	139.03	185.10
026.23	009.08	241.15	079.05	139.09	185.18
032.04	059.02	244.32	079.09	140.02	185.28
033.20	128.03	257.35	080.13	140.26	185.35
093.07	136.23	260.23	080.16	141.02	186.04
237.30	147.08	267.14	082.24	141.09	186.29
269.01	159.24	268.12	087.12	141.17	187.04
277.26	219.22	269.19	087.18	141.18	187.33
282.06	251.05	277.21	087.30	141.20	187.35
297.34	307.08	280.22	089.16	141.22	188.17
334.26	mature	285.26	089.19	142.28	189.06
massed	260.32	289.15	089.23	145.24	189.11
352.15	matured	289.25	093.03	145.29	189.13
masses	304.22	291.25	093.16	146.10	189.13
126.31	363.21	291.26	093.21	146.26	190.04
290.31	maturing	292.11	093.27	148.05	190.14
330.10	031.12	292.14	093.34	148.06	190.23
massive	matvieitch	292.24	094.15	148.28	191.05
041.03	084.01	292.32	094.29	148.29	191.12
088.07	maudlin	293.08	094.30	151.05	191.16
209.29	094.07	293.09	095.16	151.14	192.04
master	maximovna	297.06	095.20	151.18	192.25
145.05	247.30	300.12	095.21	151.21	192.28
mastered	may	305.20	095.32	153.07	192.30
020.18	001.16	309.35	095.33	153.10	193.05
mastering	003.34	314.07	096.19	153.18	193.25
361.03	004.10	317.16	096.33	153.32	193.32
376.18	005.23	320.09	097.16	154.06	194.06
masterly	006.12	321.23	097.17	154.16	194.10
032.26	009.05	322.35	099.04	154.28	194.27
masters	017.17	326.24	099.10	155.28	195.15
029.15	020.25	331.17	099.14	156.20	197.24
259.09	022.27	331.19	099.20	156.34	197.33
match	022.30	340.31	100.13	157.18	199.07
052.17	023.20	344.29	101.09	157.20	199.23
052.22	033.07	359.17	101.19	157.35	203.04
251.14	033.09	367.07	102.10	159.01	204.33
261.13	037.14	371.18	102.12	160.14	205.06
300.03	045.02	372.04	103.01	161.33	205.30
matchbox	046.19	may'	103.02	162.15	205.35
052.10	046.18	292.18	103.07	162.19	205.35
material	057.17	maybe	103.24	162.30	206.14
003.27	064.32	075.26	133.25	164.14	206.17
030.18	070.19	137.17	104.01	164.19	207.17
051.22	070.32	170.11	104.17	164.29	208.09
057.32	079.29	272.35	104.32	165.27	208.12
167.22	079.33	305.33	104.35	165.31	210.28
232.19	080.02	362.19	105.06	166.12	212.17
236.04	084.23	mazzini	105.14	166.14	218.07
246.24	087.21	212.02	105.22	166.22	218.19
276.19	094.15	me	105.25	167.10	219.15
materialism	096.30	009.25	105.25	167.20	220.01
076.12	101.27	013.26	106.16	167.31	221.03
materialist	102.02	013.33	107.07	168.26	221.32
248.26	110.14	014.12	108.11	169.35	224.03
materials	111.09	016.32	108.25	170.07	224.06
287.15	112.20	017.11	108.35	170.11	224.32
maternal	115.20	017.17	109.05	170.17	225.10
189.32	115.22	017.27	109.19	170.18	225.14
maternity	115.26	017.33	109.35	170.20	225.21
282.33	116.13	018.01	110.02	171.12	225.33
matted	123.31	018.03	110.06	171.17	225.33
121.27	126.16	019.24	110.10	171.33	226.04
126.29	126.26	019.25	110.24	172.33	226.28
matter	128.12	019.29	111.14	173.24	229.08
004.23	131.32	020.19	111.17	174.02	229.18
006.17	132.29	020.25	111.32	174.07	229.22
009.31	134.34	021.14	112.02	175.22	229.35
017.16	135.28	021.28	112.29	176.04	230.11
018.02	135.30	024.02	113.13	176.34	230.16
021.03	135.32	026.19	113.27	177.16	230.27
065.35	140.06	027.01	113.31	177.20	230.30

ME (continued)

232.31	337.26	046.28	136.06	047.23	168.30
232.31	339.11	048.06	146.20	105.22	198.29
233.01	339.24	056.13	161.12	125.01	209.15
233.02	339.32	079.11	170.24	134.13	211.21
233.10	340.07	079.27	173.21	135.08	224.06
233.10	340.09	094.21	177.26	135.25	224.25
233.12	340.12	095.18	178.30	138.24	224.28
233.27	340.16	096.10	179.05	140.34	229.32
233.35	343.01	098.19	183.27	156.31	232.18
234.05	344.21	110.14	193.04	171.31	235.05
234.10	344.35	125.33	210.04	171.33	235.08
234.18	345.21	126.08	211.19	174.10	236.02
237.20	346.10	126.26	219.29	176.05	236.20
238.27	346.26	134.23	220.21	179.21	237.10
239.25	347.01	136.01	261.19	191.28	239.33
240.21	347.02	143.22	291.02	196.19	240.16
240.25	347.03	144.23	310.33	208.02	243.05
241.03	347.16	148.06	320.14	230.29	243.07
241.09	347.17	148.16	329.26	236.11	247.01
241.10	348.03	148.16	337.14	250.12	247.12
241.10	348.21	151.34	344.17	256.20	247.18
245.13	349.01	157.14	345.02	258.27	249.09
247.28	350.15	163.28	347.12	261.09	251.05
249.09	350.21	167.32	348.07	293.07	258.15
249.23	350.29	167.33	meantime	300.23	261.21
249.34	351.10	168.05	113.24	305.17	261.30
250.01	352.05	175.29	118.35	321.01	265.31
251.25	353.26	183.18	119.20	330.32	266.10
252.05	353.35	194.14	162.20	370.19	268.14
253.01	354.08	196.23	215.06	376.22	273.21
255.01	354.10	196.30	236.01	meeting	277.31
256.14	354.12	203.06	283.26	010.07	291.18
257.30	354.14	205.04	335.03	154.15	299.05
262.14	354.15	205.08	343.08	163.04	303.19
265.31	354.25	206.33	359.11	168.31	303.23
266.06	354.27	210.16	measure	176.06	336.26
268.16	354.29	210.18	004.30	201.21	339.28
269.12	354.32	238.28	023.13	207.23	347.17
271.13	355.03	240.09	039.01	210.32	358.14
271.24	355.12	241.24	086.24	273.21	358.18
273.27	355.13	243.11	110.35	281.24	360.16
273.27	355.15	243.16	125.23	295.28	363.20
273.30	355.24	246.14	161.06	299.32	364.09
275.33	355.27	250.30	183.19	317.33	364.19
281.07	355.35	253.32	335.11	meetings	364.34
285.35	356.06	266.25	measured	300.29	365.30
286.12	356.08	290.12	064.03	306.33	372.12
290.28	356.10	291.07	366.26	meets	men's
292.24	356.17	297.19	measureless	157.35	006.07
292.35	356.20	319.20	041.08	melancholy	372.25
295.22	356.24	327.27	mechanic	036.27	menaced
300.33	356.24	329.14	119.07	081.28	044.09
305.22	356.27	335.21	mechanical	member	361.20
306.27	356.32	336.09	202.12	034.03	menaces
308.11	356.33	339.34	mechanically	members	282.18
308.13	356.34	340.29	061.02	036.12	menacing
308.14	356.35	340.31	066.03	207.26	009.18
308.24	357.04	meaning	114.12	216.07	289.27
308.28	357.06	036.27	mechanism	memorable	menacingly
308.31	357.07	072.02	173.06	049.16	083.01
309.22	357.32	075.13	medal	159.04	menanced
309.34	360.25	115.13	009.10	memorandum	075.28
313.05	360.31	133.01	012.06	211.16	mend
313.09	363.17	183.16	012.14	memories	071.04
313.10	364.02	195.09	014.08	246.08	mendacious
313.17	367.07	214.14	069.09	319.21	300.31
313.22	367.23	263.06	297.31	memory	menials
313.31	368.07	266.04	353.14	034.07	039.04
315.22	368.15	289.22	medallist	034.09	mental
315.26	368.24	351.24	009.20	037.13	008.22
315.28	368.31	363.19	meddlesome	103.07	014.07
315.31	368.33	meaningly	195.14	142.33	023.08
315.33	369.01	217.26	196.10	143.01	029.19
316.04	369.04	260.24	meddling	164.33	036.02
316.20	369.25	meanness	085.07	269.13	046.07
316.21	369.29	183.05	mediaeval	270.17	067.03
316.35	369.32	means	129.02	281.15	075.33
318.04	369.32	005.01	medicine	men	081.14
318.31	369.35	017.13	117.34	003.11	082.26
318.31	370.18	023.06	mediocre	003.12	167.30
319.07	370.29	031.34	093.07	005.27	182.10
319.12	371.01	032.02	mediocrity	008.22	195.18
319.27	371.07	047.20	200.18	012.03	197.34
320.01	371.13	048.08	meditate	017.27	211.14
320.06	371.15	062.31	370.21	017.28	227.21
320.14	371.17	090.16	meditated	017.32	243.27
320.15	373.03	102.22	218.03	019.29	246.03
321.24	373.21	114.06	273.13	020.19	255.18
321.32	373.26	119.18	297.09	029.13	258.12
321.32	374.03	151.31	meditating	030.15	279.23
321.34	374.12	175.19	058.28	033.14	280.17
322.14	374.18	192.08	199.13	033.35	280.33
323.14	374.22	192.10	206.07	034.06	286.04
323.26	374.24	198.28	meditation	036.07	298.06
324.03	374.27	212.06	028.21	036.11	298.34
324.32	375.01	244.27	153.31	048.04	304.27
324.34	375.08	246.24	208.23	048.06	320.16
326.22	375.11	255.27	209.01	074.04	331.04
326.27	375.15	270.19	209.06	078.03	343.18
327.05	376.06	270.20	223.35	112.22	mentally
327.05	376.11	308.33	366.02	133.07	009.04
327.13	376.13	321.09	meditative	133.12	011.12
329.06	376.19	353.09	203.08	147.29	024.10
330.35	377.01	meant	meditatively	149.06	033.25
331.19	377.27	004.11	046.12	152.28	067.16
332.21	meagrely	023.27	medium	153.35	069.28
332.27	201.16	036.22	243.28	161.26	083.21
333.09	meal	047.12	medusa's	164.08	197.05
333.15	314.21	047.25	109.15	164.09	198.23
334.19	mean	083.06	meet	165.09	216.30
336.33	045.25	099.11	015.04	166.31	227.28

mention	merits	might	301.14	145.17	009.12
002.12	077.04	023.09	301.25	146.16	minister's
045.24	123.11	042.19	301.35	151.35	006.20
046.28	merry	045.15	302.07	152.06	014.33
134.10	011.20	049.24	302.10	154.08	minister-president
155.27	meshes	058.08	302.22	161.29	007.13
164.35	264.06	060.35	302.25	167.17	007.23
264.25	message	063.08	303.16	171.05	007.31
289.04	021.09	111.29	303.18	172.10	ministers
317.13	152.12	120.33	303.22	172.28	366.28
mentioned	164.21	124.03	304.16	177.22	ministrations
045.21	293.22	147.06	304.26	178.17	091.20
125.10	373.30	147.33	304.35	183.35	166.02
134.32	373.31	152.25	306.23	184.15	ministries
143.32	messages	152.29	306.28	187.16	148.23
160.11	171.22	156.13	306.32	198.31	153.26
184.35	met	156.31	307.12	202.31	153.35
187.04	013.04	159.09	307.18	210.05	159.12
267.30	013.16	162.07	307.27	216.15	ministry
269.12	013.50	177.34	307.33	216.34	009.11
344.32	050.16	180.34	312.28	221.17	147.18
360.04	087.05	182.05	376.20	223.30	148.10
mentioning	101.13	183.34	376.24	224.27	148.12
133.28	101.17	189.35	376.27	227.18	149.01
151.24	124.31	191.03	376.30	227.33	151.14
316.26	131.32	207.34	mikulin's	238.23	minotaur
mentions	138.19	208.14	092.13	241.02	077.27
133.20	164.19	209.33	092.20	245.29	minute
187.31	165.03	231.21	093.23	246.14	022.10
mephistophelian	173.16	245.09	094.26	247.32	037.19
058.01	180.13	245.27	096.16	248.12	040.31
242.15	197.23	249.31	302.32	251.33	063.19
244.10	198.09	252.05	mild	255.10	101.33
250.34	198.11	253.34	084.03	257.15	156.17
322.34	202.08	254.08	084.08	258.31	276.14
mercenary	204.32	256.26	084.34	261.16	292.10
328.15	232.24	256.32	363.07	266.02	293.33
merciful	234.07	261.02	mild-eyed	268.11	305.30
348.26	240.05	268.24	025.18	271.02	minutely
348.34	245.17	276.31	mildly	271.12	311.22
merciless	261.18	278.26	067.20	276.04	375.10
045.34	266.13	280.10	mile	276.05	minutes
mercy	313.27	282.26	200.05	277.12	058.24
069.19	322.22	284.15	261.06	279.08	061.23
075.31	324.02	295.01	miles	281.01	064.01
086.31	342.25	297.04	009.29	281.13	110.01
135.29	343.04	300.09	122.34	285.03	147.03
137.23	355.02	316.18	286.21	285.06	179.07
249.29	366.21	316.24	310.04	285.07	315.21
mere	373.01	337.18	militant	291.09	320.31
001.18	373.14	343.27	263.21	291.13	335.28
001.22	metallic	344.16	military	293.18	336.20
002.22	245.21	344.31	216.25	295.09	370.32
003.10	method	349.04	216.04	298.28	minutes'
004.11	276.24	355.31	262.07	303.05	018.09
008.19	290.29	372.31	325.22	315.19	miracle
008.32	methods	376.28	milk	316.21	030.27
009.13	301.09	mightiest	147.10	317.35	151.15
056.18	midday	297.33	235.21	319.30	345.19
065.34	077.06	mighty	287.05	321.15	359.14
069.15	middle	024.12	million	331.23	miraculous
077.14	020.10	117.22	032.32	344.06	117.32
077.35	040.20	mikulin	344.25	mirror
092.09	042.22	084.01	millions	351.25	211.25
093.29	062.01	085.17	033.32	353.19	misapprehension
100.17	074.26	086.09	036.28	356.09	046.32
118.03	084.20	086.21	172.29	366.29	mischance
118.06	092.33	086.25	213.11	368.06	233.33
132.20	129.31	087.08	242.16	376.15	miscreant
132.27	139.02	087.13	347.13	mind's	089.24
146.04	175.04	088.04	millstone	036.23	miserable
155.27	182.09	088.19	172.30	minds	018.33
177.05	239.03	088.24	mind	005.13	032.20
180.20	284.27	088.33	014.13	013.07	034.11
180.16	286.21	089.03	017.10	031.26	037.13
194.28	287.10	089.14	019.07	049.01	054.27
201.20	290.11	089.26	024.29	093.08	067.15
226.07	294.10	090.03	034.08	136.26	070.34
233.16	323.12	090.11	039.12	279.14	104.10
246.11	325.04	090.20	039.24	291.35	131.06
260.01	326.27	091.03	039.34	292.01	139.32
264.05	middle-aged	091.25	044.25	292.03	150.04
268.28	109.05	092.02	045.23	mine	155.22
279.22	111.20	093.12	046.19	010.14	162.05
281.28	129.12	093.31	047.03	045.08	230.03
286.13	middle-class	094.17	047.05	054.18	259.19
301.02	206.01	094.32	047.17	059.12	298.21
314.03	282.21	095.01	050.09	099.08	301.03
315.16	middle-parting	095.08	050.16	101.17	301.29
323.13	088.10	095.24	051.28	141.16	308.15
356.05	midnight	095.34	051.32	160.11	351.27
371.10	015.05	096.25	054.13	177.12	miserable'
merely	047.23	097.04	055.26	180.13	041.23
017.26	046.01	097.23	057.12	189.04	miserably
067.05	057.07	289.19	058.34	190.27	148.32
246.07	058.24	290.12	063.06	316.04	333.31
284.19	060.04	290.13	064.22	326.03	miseries
289.28	061.23	290.23	064.22	332.09	276.21
300.19	068.01	291.02	069.27	356.04	miserliness
351.03	070.20	291.23	070.33	368.14	147.13
merest	106.22	292.08	078.34	371.18	miserly
094.02	185.29	293.17	079.09	371.32	147.08
117.02	186.32	293.27	080.15	mines	misers
merit	357.26	297.18	095.26	027.15	147.15
114.19	358.08	298.11	100.28	118.20	misery
190.07	359.34	299.23	113.34	119.06	019.06
190.27	miost	299.30	114.09	mingled	026.24
217.28	340.28	300.13	114.21	280.07	029.01
243.06	362.12	300.24	120.32	297.27	054.27
meritorious	midway	301.07	124.04	minister	122.12
009.13	033.25		130.29	005.18	148.20
			134.25		

MISERY (continued)

151.01	159.07	351.14	mocking	222.24	mongrel
224.08	159.13	357.21	037.34	227.05	087.35
230.32	161.14	357.34	054.04	227.33	monk
233.03	161.25	367.16	271.05	235.07	324.22
258.16	161.29	367.28	306.19	238.26	monopoly
259.29	161.32	367.32	mockingly	239.34	087.32
268.33	162.02	368.02	076.22	241.04	291.20
269.21	162.13	369.02	280.04	248.11	monosyllable
357.08	163.02	369.05	mode	256.08	011.11
374.01	163.11	369.16	245.12	259.31	monotonous
misfortune	163.17	373.09	model	264.27	330.11
119.02	164.05	373.33	322.15	265.22	monotonously
341.06	164.13	374.10	modelled	267.30	091.04
370.03	164.24	374.24	003.23	276.08	monrepos
mishaps	166.10	missed	moderate	277.13	265.16
312.34	167.19	252.08	028.34	279.12	monster
misinterpreted	167.21	missing	modern	282.03	122.13
046.08	168.01	221.27	005.07	285.23	monsters
046.15	168.19	246.15	020.03	297.26	233.25
misled	169.12	mission	106.20	299.01	monstrosities
349.19	169.13	020.08	123.15	303.28	301.24
miss	169.24	180.25	123.16	304.19	monstrous
078.19	171.27	181.30	300.35	306.26	027.07
096.27	173.18	193.07	306.20	306.28	031.04
099.12	174.25	193.12	319.29	307.06	045.15
100.12	175.07	238.12	modes	308.23	293.06
101.28	176.03	241.24	114.34	310.01	339.17
103.19	176.07	241.26	modest	315.01	350.18
104.21	176.13	241.31	004.28	317.09	364.24
105.33	176.18	241.32	113.12	317.12	mont
108.27	177.11	304.18	302.10	322.22	313.03
109.10	177.15	306.27	314.20	323.04	327.33
110.02	179.15	310.08	330.08	323.32	montenegrins
110.10	179.32	311.31	modulations	324.17	216.18
110.23	180.19	312.11	044.06	324.19	month
111.22	180.23	missionary	moist	327.20	005.24
112.18	181.30	127.02	057.23	328.17	106.19
112.35	183.26	missions	mollard	329.12	109.31
113.04	183.33	039.25	200.01	329.13	218.11
113.05	185.20	missive	mollified	331.09	months
113.27	187.02	081.23	276.07	332.26	002.08
114.12	190.29	mist	mollify	334.32	022.08
114.24	193.24	139.07	056.25	337.19	046.09
115.01	194.32	365.15	molten	341.20	078.20
124.29	197.33	mistake	267.23	344.23	098.19
125.12	198.06	017.32	moment	344.27	100.34
126.04	198.13	019.35	013.35	346.10	107.28
126.22	198.20	071.13	014.25	346.29	124.13
128.05	198.32	128.02	015.16	348.01	134.05
128.21	199.30	135.33	018.18	349.33	149.34
129.20	220.21	152.07	019.21	351.17	243.22
129.27	246.10	243.05	028.20	362.30	262.33
130.21	284.05	274.18	033.05	367.17	monumental
131.10	313.07	342.33	037.34	372.08	026.24
131.33	313.27	mistaken	042.11	373.22	mood
133.04	315.23	020.23	046.06	moment's	076.20
134.09	315.32	086.24	047.12	085.14	197.05
134.15	316.10	126.02	047.13	359.10	336.22
134.20	316.25	187.01	050.23	momentary	moodily
136.21	317.18	202.27	060.18	040.14	069.33
137.31	318.11	229.17	060.25	143.34	moods
138.29	319.31	229.18	067.29	210.13	290.09
139.03	320.02	248.22	069.12	229.06	moody
139.09	320.29	mistakes	073.19	301.24	089.06
140.28	321.06	096.08	077.08	momentous	191.12
141.18	321.11	166.31	083.20	057.17	210.02
141.35	321.20	mistaking	086.01	245.27	246.06
142.24	322.25	163.09	092.31	252.29	266.12
143.11	323.02	mistress	094.04	307.23	272.20
143.15	323.05	332.05	096.22	346.32	moon
143.24	323.12	mistrust	106.12	moments	098.26
143.29	323.29	031.23	109.16	146.35	128.19
143.32	323.31	085.04	109.26	152.35	310.04
144.03	324.09	114.22	111.15	158.28	moped
144.18	324.15	125.25	113.17	159.01	272.28
144.31	324.31	262.01	114.29	275.33	moral
144.32	325.01	266.08	117.08	343.07	005.09
145.10	325.11	320.35	119.22	375.12	030.19
145.24	326.08	331.19	127.08	mon'	035.18
146.10	327.20	mistrusted	130.32	041.30	037.10
146.15	329.05	085.26	131.33	044.11	037.16
149.15	329.14	085.30	134.20	046.24	044.34
149.26	329.35	mists	141.23	monachal	064.26
149.33	330.06	299.12	143.20	099.02	064.32
150.01	330.25	misty	149.10	monarchy	074.31
150.09	331.28	096.05	152.04	005.26	075.30
150.34	332.01	149.32	154.03	monasteries	084.14
151.32	332.08	misunderstood	157.03	126.01	094.31
152.01	332.14	072.12	157.25	monastery	109.23
152.15	332.27	085.23	161.05	137.22	161.22
152.23	333.01	085.25	164.24	monastry	161.23
153.05	333.19	085.30	165.22	126.09	162.08
154.10	334.30	085.31	168.18	monday	201.27
154.17	337.15	087.11	170.33	091.06	219.08
154.27	338.09	mixed	175.17	money	227.25
154.28	340.01	108.32	178.23	078.16	227.27
155.03	340.27	273.03	179.10	078.17	227.27
155.15	343.30	301.04	179.24	147.15	227.28
155.20	344.08	mixing	181.31	159.24	246.03
155.30	344.10	073.27	188.07	213.10	285.14
156.02	345.12	mme	190.14	216.20	285.15
156.07	345.21	123.17	193.20	230.03	295.16
156.12	345.26	mobile	194.11	246.20	295.33
156.20	346.17	039.24	195.27	325.27	303.28
156.28	346.33	185.11	199.10	354.19	342.19
157.05	347.35	mock-career	199.31	377.07	morality
157.10	349.12	217.34	207.11	money-bags	300.28
158.01	350.10	mockery	208.24	080.06	morally
158.05	350.26	075.14	209.10	moneyed	295.03
158.21	350.33	096.32	213.25	141.31	morbid
158.34	351.04	339.17	216.33		115.30

98   MORBID (continued)

121.01	188.14	016.03	100.03	motioned	182.01
165.35	192.28	019.05	101.29	110.09	188.21
189.29	193.15	036.13	104.34	235.08	191.10
288.25	195.25	054.20	105.35	motioning	194.17
318.29	202.33	054.20	107.15	010.27	203.27
morbidly	204.16	054.25	107.25	motionless	214.03
029.31	207.07	066.17	107.35	020.16	219.18
108.33	207.25	069.15	109.28	021.21	219.24
327.08	212.11	070.21	110.29	026.31	221.33
mordatiev	214.07	108.31	111.07	028.12	222.09
216.10	216.16	238.34	112.35	047.34	222.27
218.12	218.01	251.25	113.06	056.14	225.17
219.12	220.06	254.12	113.31	079.18	228.24
more	222.25	254.34	114.18	114.01	233.20
001.18	222.27	271.14	114.27	145.30	239.08
003.09	226.06	287.07	115.05	157.27	242.15
005.09	227.25	296.17	115.20	181.02	252.14
010.02	231.24	299.23	115.35	224.10	257.06
011.14	232.07	327.19	125.03	287.17	262.28
011.32	239.13	330.27	125.23	288.01	265.28
013.15	240.26	355.03	126.18	293.33	267.17
014.18	246.25	355.11	128.23	311.14	271.17
017.34	246.22	365.22	129.29	319.23	317.06
022.10	252.06	370.09	130.07	319.25	325.06
022.18	252.09	morning's	135.27	325.16	326.13
023.19	253.03	091.19	136.25	325.23	326.27
028.34	256.22	103.21	137.33	325.35	327.21
034.12	256.24	morose	139.11	334.07	330.05
035.13	260.07	312.20	156.34	335.31	330.25
039.27	261.21	morrow	158.23	343.23	334.35
041.15	263.24	108.29	162.19	motions	338.26
049.24	264.10	mortal	172.06	066.02	341.27
052.24	264.32	030.09	172.09	246.19	343.02
053.09	267.07	068.22	172.16	motive	346.35
053.16	272.06	279.22	172.23	186.10	350.23
055.05	273.23	301.02	174.28	300.34	351.21
057.16	275.04	365.17	175.18	375.01	movement
064.23	278.18	mortally	179.12	motives	034.27
064.23	276.28	007.04	179.22	003.09	042.06
067.09	278.32	065.29	188.03	057.13	043.27
068.14	281.01	mortals	188.19	301.05	057.05
071.03	281.07	306.22	189.23	moujik	074.33
075.20	281.17	mosquitoes	189.30	038.17	093.32
076.09	281.34	120.16	190.28	mouldings	108.10
077.20	283.14	126.32	196.34	209.27	117.03
081.29	284.31	moss	199.20	mountain	132.29
082.06	286.23	142.03	199.29	033.33	139.12
084.24	288.22	moss-grown	220.22	mournful	145.31
086.28	291.21	033.11	220.24	361.11	153.20
088.15	293.07	157.06	261.02	mournfully	174.26
089.16	294.26	most	313.14	060.17	175.23
096.18	295.33	002.06	317.13	350.34	178.02
096.19	296.06	010.15	317.16	mourning	179.20
102.01	296.31	010.21	317.21	117.05	180.03
102.01	300.11	012.11	317.24	334.25	181.17
103.15	300.20	012.32	319.17	336.29	209.02
103.33	300.27	020.23	319.26	343.13	214.20
106.09	301.27	022.21	321.19	mouse	215.09
106.19	302.03	037.04	321.23	296.25	225.18
107.23	304.10	037.12	327.07	moustache	226.11
108.24	306.34	039.35	327.07	262.07	232.28
109.21	313.35	042.02	328.18	264.19	233.21
112.03	314.34	057.13	331.12	moustaches	239.30
113.32	316.11	057.20	331.13	365.33	243.01
117.14	323.01	067.02	331.19	mouth	253.19
118.13	324.16	071.07	332.14	014.02	293.32
120.10	324.25	080.31	332.18	017.01	333.02
129.28	329.20	083.09	332.23	079.18	337.16
130.05	331.01	096.21	332.30	079.20	339.21
131.28	331.01	099.30	334.23	190.01	340.14
134.34	331.01	104.27	334.33	231.07	342.15
142.01	332.11	105.19	335.21	258.29	343.11
145.01	332.24	109.16	336.07	282.05	345.14
145.21	333.12	116.15	336.24	mouvements'	350.02
146.24	334.21	117.27	337.01	103.28	369.26
146.26	334.24	137.34	337.24	move	movements
149.16	334.25	140.23	338.24	019.03	006.22
151.29	336.20	144.15	338.34	027.21	014.33
154.35	337.05	147.27	339.08	033.20	028.05
156.27	339.20	150.35	339.12	038.28	069.30
159.17	339.26	155.09	339.30	058.28	176.27
160.17	339.27	163.27	341.21	107.10	217.14
160.30	346.13	164.34	343.18	127.13	262.29
161.03	347.35	166.30	344.30	146.29	312.07
161.09	350.02	195.23	350.34	194.13	368.26
161.10	352.04	224.02	356.04	194.14	moving
161.19	353.13	230.03	356.08	201.22	015.08
162.22	354.02	240.21	356.14	211.09	022.02
162.25	357.06	249.04	367.16	226.21	039.16
165.25	359.14	250.03	367.21	227.06	046.35
166.18	370.05	267.16	mother's	262.16	055.21
167.05	372.05	272.22	020.30	306.03	103.04
168.09	372.23	277.24	109.11	322.25	185.05
168.26	372.32	289.14	130.12	334.10	235.07
169.19	374.24	290.09	134.17	362.15	275.07
170.10	375.21	319.34	136.02	moved	325.13
172.33	375.21	319.34	193.27	020.09	344.34
174.22	moreover	320.19	205.33	025.19	365.30
174.31	062.17	345.27	314.26	068.23	365.34
174.33	082.35	353.24	321.15	072.15	374.25
175.04	090.32	357.09	321.17	073.30	mr
175.14	107.33	357.11	328.23	095.24	001.20
175.15	197.33	360.14	367.10	103.20	003.01
176.01	201.24	375.09	mothers	107.02	003.19
176.15	208.14	motes	019.02	107.13	004.01
177.02	240.18	109.08	112.10	139.27	004.16
178.03	256.14	mother	336.10	154.10	004.21
179.02	348.13	020.21	motion	155.01	005.06
179.15	morning	030.23	073.08	158.01	005.16
182.23	006.13	098.20	194.20	170.35	006.24
185.19	014.03	098.22	316.10	173.22	008.12

MR (continued)

010.12	316.13	145.20	191.01	musing	188.12
011.11	316.14	148.22	246.09	206.23	189.24
012.04	316.14	149.27	mummy	255.31	190.20
022.06	317.05	154.19	213.07	must	190.33
022.15	317.12	154.28	murder	002.12	197.07
023.04	317.26	158.17	020.01	002.20	197.11
023.16	317.33	159.09	024.07	002.23	198.23
024.30	319.11	160.09	024.07	002.35	208.04
036.21	320.07	162.18	036.22	003.10	214.32
042.03	320.26	171.06	091.09	006.29	218.01
042.20	321.09	178.06	093.19	009.27	218.20
042.20	321.13	179.05	263.28	014.26	218.22
043.17	321.24	179.13	263.30	015.11	219.34
043.24	323.19	181.16	302.09	018.14	220.02
043.29	324.02	185.05	murdered	018.17	221.16
044.12	327.05	190.05	121.33	019.24	225.33
044.26	327.12	202.33	murderer	019.34	226.06
045.08	327.15	205.32	041.30	022.05	226.27
045.20	327.17	205.34	300.20	022.26	226.29
046.07	329.18	207.16	murdering	024.01	228.30
046.11	329.21	210.20	031.08	024.10	233.13
046.12	330.02	214.21	081.09	026.32	233.26
046.25	331.15	216.14	murderous	028.15	234.23
046.33	347.09	221.22	055.26	030.03	242.19
047.30	367.03	223.22	220.05	033.02	242.28
048.02	372.30	224.05	murky	034.03	246.16
049.19	373.04	224.07	107.08	034.04	246.24
049.20	374.35	225.18	243.28	035.18	248.16
049.22	mrs	225.27	254.12	037.07	248.29
050.01	098.24	225.29	murmur	041.34	249.16
064.21	099.10	231.12	010.20	048.32	250.20
065.01	099.14	232.21	013.19	051.30	251.03
065.17	101.03	232.35	025.19	051.30	252.01
083.28	101.15	235.16	091.35	053.12	255.18
084.22	101.34	235.34	095.11	053.34	256.31
084.25	102.09	236.05	109.35	054.35	257.07
084.27	103.01	241.24	152.22	057.27	257.24
089.30	104.16	246.10	167.01	058.14	261.16
095.04	104.30	247.18	217.30	058.29	266.20
096.01	105.12	250.15	224.15	058.29	273.29
096.15	106.01	250.23	224.16	065.15	277.13
101.12	110.06	254.06	237.34	066.08	283.16
103.06	110.28	256.08	290.17	066.25	283.33
106.17	111.19	256.23	291.30	072.12	284.09
161.19	111.24	261.14	322.23	079.10	284.18
169.01	111.35	261.21	322.26	081.02	285.04
170.34	112.24	263.20	361.11	084.30	286.01
171.18	113.31	266.14	363.13	089.09	286.01
171.18	114.32	267.10	murmured	092.28	286.18
171.34	116.33	268.08	040.17	092.29	288.23
172.03	130.06	270.02	045.11	094.06	290.30
172.08	137.34	278.01	046.22	094.11	292.34
173.19	174.32	282.10	047.05	097.08	295.22
174.19	187.16	282.32	048.10	097.15	303.20
175.29	197.32	286.25	049.11	097.16	307.32
176.08	197.34	294.25	053.13	097.17	312.14
176.17	199.26	300.26	060.23	102.26	317.04
177.33	313.28	302.01	088.35	103.11	321.06
179.10	313.31	303.08	094.32	104.09	321.13
179.19	314.09	314.07	097.05	104.28	321.24
179.25	314.13	314.17	101.35	111.12	324.34
179.27	315.06	324.08	110.30	112.08	326.32
180.05	315.35	325.20	112.34	114.15	328.03
182.27	316.01	325.30	130.11	119.26	329.05
183.02	316.03	326.31	134.18	125.27	337.10
184.07	317.13	325.18	135.06	125.31	339.30
184.27	319.33	331.12	154.13	129.07	339.32
188.01	328.19	332.11	170.27	130.24	340.12
190.32	331.04	333.07	174.29	131.12	341.04
193.15	334.03	339.05	185.16	131.15	341.23
194.25	334.05	346.08	199.01	133.06	341.31
198.08	334.34	358.16	209.32	133.19	342.20
198.16	335.28	361.05	212.24	133.25	342.22
199.33	350.31	369.23	219.13	133.32	342.24
211.15	367.18	370.18	227.05	134.27	344.34
211.24	much	377.10	229.05	135.27	348.18
213.29	001.18	much-trusted	232.11	136.29	348.19
216.29	001.21	373.14	232.34	136.31	356.28
262.33	006.20	mud	242.13	139.33	356.30
262.35	036.32	119.19	249.06	141.02	356.33
263.01	046.32	145.13	250.29	141.28	357.10
286.18	053.25	muddy	257.06	142.13	358.24
286.21	054.06	209.20	286.12	144.17	361.30
286.23	055.05	301.25	310.34	153.34	362.14
289.04	055.34	muff	310.31	154.28	369.07
289.21	056.22	107.19	321.28	154.34	371.33
289.25	062.23	108.11	332.09	156.33	372.08
290.02	064.28	muffled	340.35	157.12	372.17
290.10	073.34	007.02	369.10	157.15	372.29
290.14	079.23	041.20	murmuring	160.22	376.29
290.19	083.18	052.33	307.33	162.13	must'
290.21	085.05	062.07	murmurs	164.25	208.13
291.01	088.14	311.14	113.24	167.15	mustn't
291.17	093.30	322.19	286.07	167.29	244.35
291.24	100.33	341.32	muscle	168.25	376.15
299.32	102.13	muffs	252.13	169.18	mute
300.22	103.18	011.21	341.26	170.05	044.05
302.15	103.29	mug	muscles	172.06	367.31
302.30	105.28	027.02	109.24	172.08	376.33
303.02	106.17	multitude	268.27	175.09	mutely
303.33	113.10	006.07	muscular	175.20	231.24
304.01	114.23	007.02	177.12	175.29	mutes
304.13	116.14	113.09	mused	177.29	365.30
304.28	120.20	280.23	155.23	177.30	mutter
305.02	124.28	mumbled	mushrooms	179.06	070.19
305.08	130.27	066.11	203.29	179.24	177.14
305.14	131.31	069.34	music	181.16	284.12
306.32	132.03	071.09	327.26	181.19	294.35
307.13	132.03	090.01	343.21	185.34	357.32
308.01	132.18	111.01	musical	186.25	muttered
315.18	143.14	189.35	043.30	187.14	015.12

MUTTERED (continued)

017.03	076.02	141.05	181.15	308.31	371.35
035.10	076.03	141.10	181.35	309.12	372.01
044.19	077.13	141.10	182.01	309.17	372.02
053.29	077.13	141.12	182.02	309.25	372.33
055.25	077.22	141.14	182.03	309.27	373.12
056.03	077.29	141.15	182.10	309.35	373.13
061.25	077.32	144.29	182.25	312.01	374.08
061.33	078.10	145.35	183.02	313.13	374.17
079.01	078.12	146.03	183.08	313.26	374.34
081.07	080.02	146.05	183.11	314.20	376.10
168.17	080.02	146.06	183.11	314.34	376.33
185.31	080.13	146.07	183.30	315.19	376.34
200.34	081.09	146.08	184.06	315.28	377.28
201.07	087.10	146.25	184.15	316.07	**myself**
205.15	087.21	146.33	184.15	316.15	003.12
210.22	089.10	146.34	185.04	316.21	011.35
221.18	089.24	146.35	185.25	317.11	013.22
238.14	090.09	147.03	187.19	317.22	013.25
241.02	091.01	147.05	188.01	317.29	036.03
250.23	093.03	147.06	190.18	317.31	047.14
268.15	093.16	147.17	190.18	317.32	054.09
271.29	094.03	147.21	190.32	318.04	054.10
275.18	094.05	147.24	190.34	318.05	054.24
277.32	094.31	147.30	191.17	318.06	054.29
284.01	095.27	147.35	192.15	318.23	056.34
297.01	095.33	148.05	192.20	318.31	059.15
300.02	096.23	148.12	193.04	318.33	074.10
344.03	097.02	148.27	193.11	318.34	088.01
345.23	098.10	148.30	193.23	318.35	088.27
348.06	098.11	148.31	194.06	319.07	091.30
350.24	098.12	149.03	194.15	319.08	096.28
352.29	098.13	149.24	194.16	319.16	109.09
363.16	100.15	151.17	196.11	319.24	115.31
muttering	100.29	152.24	197.04	319.30	116.26
070.04	100.29	153.08	198.05	320.05	124.25
075.02	101.02	153.14	198.07	320.07	127.19
076.23	101.09	153.22	198.26	320.13	128.16
127.15	101.24	153.27	199.17	320.22	133.04
147.04	102.09	154.03	202.25	320.30	136.17
246.27	102.11	154.06	204.34	321.23	147.22
295.29	104.02	154.07	205.18	321.30	148.14
297.14	104.02	154.07	205.26	321.35	153.06
343.25	104.03	154.08	205.26	322.26	154.06
muzzle	104.20	154.14	205.32	323.13	154.12
025.27	104.30	154.18	211.17	324.05	154.24
my	104.34	155.06	219.15	324.28	154.34
001.05	106.05	155.08	221.10	324.34	157.21
001.23	106.33	155.27	221.35	325.15	162.30
002.02	107.24	156.32	223.34	325.29	162.35
003.17	107.25	156.34	224.01	325.32	165.23
009.27	107.35	158.23	224.01	326.26	166.02
014.07	108.01	159.05	226.31	327.07	168.18
016.29	108.06	159.16	232.26	327.07	169.21
017.14	108.09	159.23	232.30	327.10	172.01
017.30	108.16	160.10	232.31	328.05	172.07
017.31	109.13	160.14	233.01	328.12	173.14
019.33	109.19	160.26	233.22	328.23	176.25
020.01	109.28	160.34	234.04	330.29	181.22
020.21	110.12	161.14	234.07	330.33	182.11
020.22	110.21	161.15	234.08	331.22	183.35
020.25	110.31	161.17	241.18	331.23	184.07
020.29	110.33	161.24	241.22	331.23	187.10
021.16	111.07	161.29	241.24	332.14	187.23
022.27	111.23	162.12	243.15	338.25	193.14
027.02	112.05	162.28	246.28	338.34	193.34
032.09	112.30	162.20	246.27	340.09	194.20
032.10	112.32	162.22	249.34	340.20	222.07
032.10	113.01	162.31	250.02	340.23	225.10
032.11	113.02	162.34	254.01	342.12	226.01
032.31	113.30	163.02	254.19	342.13	232.33
032.32	114.13	164.06	255.04	344.20	244.31
033.03	114.26	164.13	257.01	344.25	250.05
033.03	114.33	164.19	257.32	346.07	258.08
033.04	114.34	165.29	258.09	349.30	288.11
034.05	115.02	166.26	259.06	350.11	290.28
035.08	115.03	166.26	260.06	350.23	292.32
035.19	115.04	166.28	260.07	350.27	293.02
040.03	115.15	167.17	261.15	351.07	298.33
040.12	116.17	167.18	262.33	351.20	307.05
040.12	116.18	168.10	266.15	351.22	313.19
042.23	116.18	168.14	266.35	351.25	316.29
043.32	116.27	170.01	267.15	352.06	319.11
047.05	116.28	170.07	267.32	353.31	320.35
048.12	122.26	170.21	268.31	353.35	321.11
049.02	122.29	170.22	270.17	354.01	327.33
049.04	124.04	170.26	271.02	354.11	328.11
049.04	124.21	171.05	271.02	354.21	333.34
050.29	124.23	171.07	271.12	354.22	336.31
051.28	126.18	171.12	271.25	354.25	338.35
051.28	130.04	172.10	273.24	354.25	342.15
054.03	130.05	173.22	274.03	354.28	345.33
054.11	131.04	173.24	274.09	354.32	346.08
054.17	132.07	174.15	274.18	354.34	346.28
054.34	133.01	175.16	281.04	355.06	354.12
055.01	133.17	175.22	281.05	355.07	354.21
055.32	133.20	175.23	281.08	355.20	355.01
055.33	133.30	175.32	281.09	355.33	355.32
056.18	133.33	176.06	284.05	356.15	356.12
058.17	134.16	176.16	285.26	356.24	357.08
059.06	135.01	176.26	285.34	356.26	357.09
059.09	135.01	177.22	285.35	357.17	361.25
059.09	135.21	177.22	289.11	361.24	363.30
059.30	135.25	178.25	296.30	363.28	367.14
060.11	136.04	178.29	298.32	368.04	371.07
060.16	137.13	178.31	300.32	368.06	373.28
064.21	137.15	179.04	306.27	368.12	376.35
070.08	137.15	179.13	308.08	368.20	**mysteries**
072.04	138.27	179.28	308.08	369.28	057.08
074.08	138.28	180.22	308.10	369.29	**mysterious**
075.35	138.30	180.25	308.26	369.31	003.03
076.01	138.30	181.08	308.29	371.15	038.25

MYSTERIOUS (continued)

051.35
056.05
074.31
080.34
086.14
103.25
116.08
157.04
199.04
210.22
245.16
248.11
280.15
281.24
301.24
305.05
306.21
324.25
326.04
351.10
377.22
mysteriously
093.13
136.06
199.10
mysteriousness
201.13
353.16
mystery
143.03
295.17
mystic
005.28
065.12
102.23
102.27
123.01
124.03
129.25
140.17
281.06
mystical
210.14
303.13
mystically
157.15
160.28
mysticism
256.25
280.19
280.34
303.17
n
263.27
263.27
263.32
263.32
264.16
264.16
312.06
312.06
n'est
101.26
nails
294.33
naive
100.21
102.28
282.21
287.02
naked
037.11
105.34
106.35
120.15
122.02
126.30
126.34
289.18
nakedness
153.08
name
011.35
012.09
036.27
042.34
046.09
069.07
080.30
081.34
084.03
087.31
090.25
105.31
106.16
106.21
123.25
133.20
143.32
143.32
150.10
153.33
162.24
162.24
162.25
162.25
162.32
169.33
170.29
175.19
176.08

179.01
187.03
187.31
196.17
202.30
205.18
205.21
224.29
232.27
232.30
232.33
243.19
250.26
263.01
270.11
270.30
272.15
282.52
312.26
324.06
326.26
332.06
337.35
342.27
346.25
361.10
361.53
362.09
370.12
named
287.03
326.22
nameless
233.04
names
009.11
224.04
233.07
233.32
nape
177.07
263.16
napoleonic
140.13
140.14
narrative
002.09
015.32
024.30
064.24
096.06
159.08
190.13
211.17
289.09
353.12
narrow
015.20
082.31
121.19
201.17
236.04
253.23
282.20
329.01
narrow-chested
005.20
narrow-minded
132.23
narrowed
139.30
narrower
280.25
312.17
natalia
125.01
125.18
125.51
127.03
126.03
126.52
129.08
150.19
226.29
313.14
313.23
314.22
314.25
317.06
324.02
324.11
326.11
331.09
332.31
333.22
337.31
338.26
338.30
339.19
339.28
340.11
343.08
345.32
347.03
348.03
346.15
346.23
351.26
353.30
355.17
355.30

357.15
357.29
367.11
368.15
368.20
369.10
369.25
370.23
370.29
371.03
372.22
372.31
373.32
374.13
natalka
099.01
099.20
099.27
101.19
103.02
nathalie
096.27
102.12
104.32
110.30
117.01
130.08
138.03
138.19
169.20
176.25
177.18
187.29
201.21
229.29
nation
131.20
216.24
225.28
298.02
298.14
national
059.07
104.12
215.10
220.28
346.02
nationality
114.35
124.24
282.13
315.13
nations
022.30
112.17
112.22
352.19
native
030.24
116.17
natives
123.19
natural
012.03
023.26
045.05
049.31
065.19
071.13
030.01
120.34
162.31
166.21
224.23
225.22
237.20
264.11
304.31
314.30
330.34
naturally
004.05
095.06
095.17
096.31
153.20
157.16
193.15
198.17
226.35
241.05
286.06
nature
002.04
003.04
004.08
036.27
046.12
055.25
058.05
075.20
076.21
099.30
125.03
175.10
180.24
183.04
188.16
192.02
192.21
207.12
213.26

241.33
243.07
279.03
284.20
294.01
294.11
309.27
368.28
natures
115.01
132.28
147.11
175.11
290.15
313.32
nausea
062.15
213.03
nauseated
222.32
nauseating
249.05
near
007.14
008.03
072.33
086.12
103.35
105.24
108.03
110.11
119.10
121.21
151.08
170.15
172.15
177.18
194.32
197.17
224.32
226.16
236.27
269.03
272.01
290.33
300.06
304.30
315.31
319.26
320.09
321.10
323.20
341.02
364.25
369.01
373.06
373.22
nearer
059.19
142.02
212.17
225.31
331.25
nearest
007.31
121.11
338.02
nearly
011.18
030.01
034.17
045.21
061.28
119.09
153.06
165.13
193.17
194.31
214.21
235.23
236.05
237.30
296.18
305.29
305.35
322.29
367.10
373.12
neat
063.19
063.26
246.23
neatly
074.24
neatness
286.29
necator
263.10
263.18
263.34
363.12
necessary
017.27
069.21
071.06
090.15
096.01
101.22
111.04
149.06
156.09

209.06
233.30
286.07
303.14
354.20
necessities
018.35
031.21
137.18
necessity
021.14
033.01
048.26
053.24
090.27
093.16
104.09
202.11
202.12
227.29
258.01
258.09
265.04
335.24
358.10
neck
021.11
030.01
094.12
144.13
177.07
197.04
229.23
263.16
308.19
362.35
necks
360.17
necromancy
320.18
need
036.22
047.09
068.13
072.30
112.19
127.12
171.15
174.13
207.23
233.34
262.22
268.34
275.06
281.07
290.18
300.26
304.33
346.27
369.08
370.03
370.06
370.23
needed
031.15
049.05
069.22
079.33
079.35
125.04
225.25
287.09
299.31
329.23
333.30
343.01
355.24
needless
287.26
needn't
151.29
194.08
needs
059.20
negation
161.22
275.30
negative
256.30
negatively
112.06
221.34
283.25
330.24
neglect
267.24
neglected
026.29
066.25
090.17
140.11
141.24
197.15
235.09
306.11
negligently
079.02
136.34
253.24
322.30

neighbourhood
295.11
neighbours
009.29
137.28
neither
028.06
036.34
071.03
075.20
082.06
102.03
130.18
160.17
171.16
176.23
208.08
208.17
215.21
242.21
243.12
255.03
258.16
260.08
282.27
314.18
320.21
322.01
323.19
332.01
340.22
344.14
358.03
nephew
058.32
nephews
377.05
nertchinsk
027.15
nerved
024.03
nervelessness
061.25
nerves
234.02
nervous
108.31
143.29
227.23
245.10
277.07
nervously
111.06
205.07
218.25
nest
140.08
nestled
107.06
net
137.12
278.32
nether
172.30
nettled
186.04
nettles
374.29
neutral
280.22
neva
268.04
never
004.25
006.06
008.11
011.27
013.03
014.13
017.05
023.10
026.13
031.20
037.26
040.18
041.07
041.27
044.18
044.21
057.12
058.35
062.29
062.30
062.32
064.08
066.26
072.34
078.04
078.34
086.17
100.24
100.25
104.31
106.01
107.03
113.09
115.09
116.23
117.15
120.32
128.02

NEVER (continued)

131.04	226.33	067.33	022.12	123.23	203.01
132.03	243.26	068.06	023.17	123.29	203.02
141.11	278.26	069.01	024.26	124.14	203.20
142.27	309.01	070.07	025.01	124.15	203.32
145.20	309.23	071.14	026.09	124.22	203.35
152.01	316.19	071.17	027.01	125.04	204.03
153.25	328.03	075.04	029.24	125.07	205.21
157.01	328.30	076.15	029.35	125.07	205.21
157.17	353.12	076.19	032.21	125.26	205.30
161.31	368.24	077.15	032.21	126.01	205.31
161.35	372.11	108.26	033.02	127.25	206.21
163.19	new-born	108.35	033.25	127.28	206.24
172.14	038.13	115.16	033.30	127.33	206.31
183.07	new-comer	118.35	034.02	128.35	206.33
183.23	262.13	119.20	034.02	130.03	207.07
193.01	267.07	119.21	034.08	130.28	207.31
194.20	360.10	122.21	035.27	131.17	209.06
197.17	new-found	122.28	035.29	131.17	209.32
197.23	366.23	190.29	036.29	131.29	209.34
202.31	newborn	199.25	037.15	132.02	210.02
208.05	276.23	202.18	038.04	133.26	210.05
208.25	newly	236.35	039.30	133.26	212.06
208.27	122.22	254.24	040.04	133.34	213.29
209.05	125.10	254.34	041.09	135.24	213.30
218.14	news	269.03	041.24	135.28	214.09
218.14	070.05	269.23	042.16	135.31	219.08
224.27	101.12	277.23	042.16	135.32	222.12
226.07	101.32	279.09	042.17	137.11	222.14
234.09	105.29	279.10	042.18	137.23	222.27
234.25	106.06	296.17	043.31	138.05	223.30
238.23	106.06	299.15	044.07	138.28	224.09
243.14	112.09	305.09	044.10	138.32	224.18
245.06	112.11	319.33	044.16	141.07	225.14
246.14	113.32	321.27	044.31	141.13	226.01
249.26	154.19	328.20	046.15	142.05	227.25
256.09	178.30	328.31	047.15	142.20	229.19
257.14	186.10	329.27	047.15	142.27	230.26
261.16	187.17	334.13	048.28	143.03	231.14
266.13	228.13	365.20	049.21	144.18	231.30
268.11	373.04	366.34	055.08	144.31	232.30
270.30	newspaper	376.24	055.12	145.18	232.30
271.26	108.13	night's	057.19	145.27	232.31
275.10	112.12	360.01	058.33	146.28	232.31
275.24	158.12	night-marish	059.05	147.03	232.32
276.15	185.27	108.31	059.13	147.18	233.05
276.28	186.05	nightly	062.25	148.22	233.17
278.03	193.24	190.08	063.14	149.22	238.30
278.04	196.24	nightmare	065.05	150.32	238.30
284.07	325.20	053.15	065.27	151.31	239.18
285.28	329.08	073.10	067.31	151.33	240.02
286.01	330.22	149.35	068.11	152.21	240.18
291.26	newspapers	nights	068.20	154.07	241.08
294.04	005.19	129.30	069.23	154.12	241.35
295.07	106.30	190.05	069.26	154.20	242.20
295.27	112.03	202.18	071.13	155.03	243.24
296.11	263.30	nihilists	071.28	157.07	244.27
296.18	301.22	073.28	072.08	158.28	246.14
298.01	next	nikita	072.17	159.34	246.32
310.16	025.18	263.18	073.02	160.07	248.22
317.23	075.17	362.33	075.25	163.30	249.33
317.24	083.09	363.12	075.29	164.05	250.17
318.07	099.31	363.35	075.34	165.04	251.01
328.09	105.22	364.06	076.18	166.25	251.17
337.01	108.06	364.10	076.25	166.31	252.30
337.03	111.19	364.24	077.12	167.06	253.01
344.23	122.35	366.35	077.35	168.03	253.10
344.25	153.14	376.02	078.07	168.09	253.11
348.31	183.33	376.30	078.12	168.15	253.15
354.06	184.06	nikita's	079.08	170.27	254.10
356.04	256.33	268.18	079.11	171.07	254.19
356.04	257.03	nine	079.27	171.15	255.27
366.23	306.23	038.30	079.35	171.27	257.22
367.04	310.07	185.03	080.09	171.33	259.03
367.05	337.19	320.31	081.18	174.21	259.07
368.18	343.04	ninety	081.31	176.29	259.12
368.19	346.10	065.30	081.32	177.19	259.13
369.02	351.16	nipped	083.10	178.17	259.17
369.07	374.22	070.13	083.12	179.21	259.18
369.08	nice	no	085.08	179.21	259.18
369.18	295.24	002.16	085.11	180.26	260.06
369.35	nicely	002.19	086.12	180.33	262.22
370.13	234.11	003.08	088.03	182.17	262.28
372.08	nicety	004.26	088.15	182.23	264.23
372.22	287.35	006.16	089.32	182.28	264.32
373.06	nicholas	006.19	090.03	183.08	265.04
373.07	020.31	006.22	090.16	184.04	266.04
373.28	314.12	006.22	091.28	185.16	266.20
375.25	nickname	007.05	092.05	186.14	267.09
nevertheless	076.29	008.29	093.02	186.16	267.23
089.04	264.14	008.33	094.32	189.22	268.01
299.32	nicknamed	009.21	096.07	190.07	268.18
new	363.12	009.31	096.07	190.27	269.12
012.10	nieces	009.32	096.03	191.11	269.30
020.04	377.05	011.06	096.09	191.21	269.32
065.28	night	012.18	106.06	191.26	271.10
069.18	002.28	013.30	107.19	192.19	272.06
076.21	006.26	015.01	108.17	192.25	273.32
112.25	015.04	016.04	110.12	194.16	273.32
119.34	016.04	017.11	110.17	195.21	273.34
122.33	023.29	017.12	111.30	197.05	274.18
125.23	024.06	017.12	111.31	197.10	275.21
125.24	026.11	017.16	116.06	197.24	276.27
133.28	027.10	017.32	116.27	198.07	276.28
140.32	028.16	018.02	117.03	198.20	278.32
157.10	032.06	019.04	117.21	198.28	280.28
159.15	054.22	019.29	117.25	199.29	281.04
164.25	062.34	019.30	117.25	200.14	281.07
181.10	062.35	020.19	117.35	200.33	281.14
186.02	064.12	021.12	119.17	201.24	281.23
202.15	066.20	021.12	121.15	202.32	282.27
222.24	067.21	021.17	123.12	202.33	282.28

NO (continued) UNDER WESTERN EYES 103

282.32	nobility	206.08	044.26	089.27	130.19
284.04	036.19	215.21	045.05	089.33	130.25
285.21	208.18	242.21	045.09	090.03	130.26
288.05	noble	243.13	046.03	090.20	130.28
289.04	099.30	255.03	046.18	092.09	130.30
289.05	117.29	258.16	047.09	092.19	131.26
289.20	127.32	260.08	047.20	092.27	131.27
291.04	132.28	314.18	047.26	092.35	131.30
291.06	183.04	318.26	048.05	093.02	131.35
293.01	207.09	331.21	048.19	093.02	132.06
295.03	354.16	344.14	048.21	093.05	132.10
296.03	noble-minded	358.03	048.33	093.18	132.20
296.20	361.14	358.04	050.14	093.19	132.22
297.18	nobleman	normal	051.22	093.31	132.30
297.28	004.18	008.23	052.07	094.16	134.18
298.17	004.25	north	052.32	094.32	134.18
298.28	004.27	312.15	053.33	095.02	134.30
299.06	009.32	northern	054.26	095.33	134.31
300.16	noblest	030.28	055.20	096.12	135.03
300.26	005.10	nose	055.28	096.13	136.05
301.27	032.19	062.07	056.08	096.25	136.08
302.03	189.26	070.13	056.25	098.09	136.12
302.23	nobody	070.14	057.07	098.10	137.13
302.26	006.03	177.04	057.28	098.12	137.19
302.28	009.34	244.09	057.31	098.14	137.20
302.31	017.07	262.08	057.34	099.07	138.04
304.14	018.07	279.34	058.07	099.24	138.15
304.16	044.34	282.05	058.11	100.10	138.30
304.30	121.05	294.21	058.27	100.29	138.30
304.31	126.33	noses	059.20	101.06	138.32
306.14	142.35	011.22	060.02	101.11	139.01
308.12	152.32	nostrils	062.03	101.29	140.02
308.13	206.17	189.04	062.18	102.08	140.07
308.25	207.15	not	062.18	102.11	140.26
309.26	252.27	001.18	062.19	102.14	141.12
311.31	252.30	001.20	062.24	102.18	141.14
312.01	252.31	002.05	062.29	103.22	141.15
312.24	254.08	002.06	062.34	103.29	141.16
314.12	266.17	003.22	063.06	103.31	142.19
316.10	277.02	004.20	063.13	103.31	142.31
317.29	299.21	004.32	063.29	104.35	142.35
320.01	310.31	005.01	063.30	105.03	143.02
320.04	nod	005.23	063.31	105.06	143.03
321.09	094.26	006.01	063.32	105.09	143.11
321.15	223.22	006.10	063.33	105.25	144.06
321.33	250.31	006.18	064.24	105.35	144.09
322.18	nodded	007.32	064.28	106.04	144.17
324.33	025.12	008.19	064.31	106.08	144.17
325.05	049.10	009.33	065.24	106.18	144.24
325.11	060.21	011.05	065.24	106.25	145.01
325.24	143.33	012.33	066.06	106.29	145.07
326.14	145.25	013.10	066.20	107.16	145.18
332.08	146.14	013.14	066.24	107.23	145.24
332.16	217.28	013.25	066.27	107.33	145.35
332.20	232.03	013.30	066.28	108.15	146.02
332.24	262.05	013.33	066.29	108.24	146.03
332.35	267.28	014.32	066.32	109.08	146.07
333.26	271.11	015.03	067.05	109.13	146.07
334.11	272.09	016.07	067.18	109.20	146.11
334.35	284.06	016.29	067.23	109.20	146.16
335.26	309.14	017.05	067.26	109.32	146.32
336.04	324.05	017.26	067.32	109.35	147.16
336.09	333.26	017.30	067.32	110.01	147.20
339.29	363.20	018.10	068.07	110.06	147.22
340.03	nodding	018.15	068.13	110.23	147.34
340.06	277.04	018.20	068.15	111.04	147.35
340.08	nods	019.30	068.30	111.07	148.07
340.09	256.11	019.35	069.11	111.09	148.08
340.11	noise	020.01	069.11	111.22	148.26
340.14	005.19	020.12	069.12	112.09	149.06
342.04	071.15	020.22	069.23	112.10	149.16
343.28	140.20	020.29	069.24	112.10	149.17
344.13	265.18	021.21	070.31	112.19	150.28
344.18	329.34	022.16	071.03	112.21	150.35
345.03	330.11	022.20	071.06	113.02	151.04
345.03	362.07	022.29	072.11	113.07	151.08
345.03	noiseless	023.04	072.27	113.33	151.25
345.18	061.06	023.05	072.29	114.02	151.33
345.31	365.19	023.11	072.33	114.03	151.34
347.30	noiselessly	025.04	073.05	114.16	152.10
347.34	365.01	027.21	073.11	114.16	152.13
348.30	noisily	029.26	074.03	114.18	152.24
348.30	076.34	030.13	074.09	115.03	153.04
348.31	non-existent	030.18	075.11	115.14	153.05
348.35	161.07	031.13	075.16	115.30	153.09
349.15	non-russian	031.15	075.23	115.31	153.15
349.18	172.28	031.16	077.19	116.12	153.19
350.02	nondescript	032.32	078.11	116.19	153.24
354.04	025.26	032.32	078.19	116.22	154.05
354.34	nondescripts	033.03	078.22	117.34	154.07
355.09	216.19	033.12	079.09	118.06	154.08
356.03	none	033.26	080.23	118.23	154.22
356.07	290.23	034.04	080.24	123.01	154.28
356.16	nonsense	034.13	081.05	123.28	154.31
357.16	038.14	036.16	081.18	124.06	154.34
357.27	244.13	036.31	081.23	124.20	155.07
359.05	248.28	036.32	082.35	124.31	155.21
359.34	298.19	037.11	083.01	125.13	155.21
361.14	377.16	038.08	083.08	125.24	155.26
361.30	noon	038.21	084.08	125.29	156.09
362.31	091.30	038.27	084.09	125.29	156.10
364.30	nor	039.03	084.09	125.31	156.13
369.04	028.06	039.14	085.05	126.22	156.18
369.12	075.20	039.32	085.13	126.25	156.23
369.24	082.06	041.19	085.30	127.19	157.03
370.29	102.03	042.05	086.07	127.25	157.13
371.03	160.17	042.26	086.32	127.26	157.15
373.22	166.27	043.07	087.34	127.34	157.19
374.09	171.16	043.26	088.02	129.33	158.19
376.16	173.31	044.24	089.14	130.03	158.21

NOT (continued)

158.27	187.25	233.34	271.24	321.27	367.25
158.29	187.35	233.34	271.25	321.29	367.26
159.02	188.13	234.01	271.26	321.30	367.27
159.04	188.14	234.05	272.03	321.33	369.01
159.08	188.26	234.10	272.15	322.20	369.14
159.20	188.27	234.11	272.19	323.19	369.23
160.04	189.05	234.17	273.07	324.09	369.26
160.07	189.34	235.01	273.19	324.12	370.21
160.25	190.05	236.28	273.27	324.15	370.25
160.32	190.23	236.33	273.29	325.10	370.30
161.08	190.25	237.20	274.10	325.30	371.01
161.21	191.01	238.01	274.11	326.09	371.30
161.33	191.02	238.22	274.27	326.11	373.03
162.01	191.19	238.28	275.01	327.03	373.13
162.09	192.03	238.32	275.10	327.22	373.30
162.12	192.05	239.13	276.02	328.07	374.02
162.15	192.17	239.15	276.29	328.18	374.07
162.17	193.33	239.16	276.32	330.32	374.19
162.18	194.12	239.18	277.19	331.15	374.26
162.35	194.13	239.20	277.30	331.21	374.34
163.25	194.14	239.27	278.01	332.11	374.35
163.30	194.17	240.10	278.28	332.32	375.02
163.33	194.27	240.20	279.08	332.33	375.35
163.34	194.33	240.26	279.28	333.11	377.03
164.01	195.07	240.30	279.29	333.11	377.10
164.04	196.05	240.35	280.03	333.18	377.16
164.09	196.14	241.03	280.07	334.01	377.28
164.27	196.14	241.35	280.25	334.03	**not'**
164.34	196.14	242.01	281.14	334.10	208.15
165.01	197.22	242.03	281.17	334.18	257.03
165.07	197.32	242.11	282.32	334.32	**notably**
165.09	199.01	242.28	283.27	335.14	216.13
165.19	199.19	243.06	283.28	335.21	**note**
165.31	199.31	243.32	284.01	335.23	049.20
165.33	199.33	244.01	284.14	335.26	068.31
166.08	200.25	244.14	284.17	335.35	111.14
166.25	200.30	244.20	286.16	336.01	124.19
167.16	201.22	244.34	286.16	336.02	127.14
167.18	201.22	245.24	286.19	336.10	167.13
167.23	201.25	246.03	288.21	336.10	168.31
167.25	202.23	246.07	288.25	336.18	182.32
167.28	202.28	246.12	289.16	336.24	251.24
167.31	203.02	246.13	289.26	337.04	269.25
168.01	203.10	246.35	290.13	337.09	299.29
168.03	204.09	247.05	290.18	337.13	300.02
168.07	204.25	247.10	291.19	337.27	307.08
168.08	204.31	247.18	291.20	338.23	321.02
168.10	205.15	247.20	291.21	338.28	330.27
168.15	205.18	247.20	292.21	338.28	368.04
168.22	205.19	247.24	292.28	338.29	**notebook**
168.27	205.20	247.33	293.26	338.30	252.21
169.11	206.04	248.05	294.09	339.08	253.31
169.16	206.06	249.21	296.01	339.31	253.31
169.19	206.10	249.21	296.02	339.34	254.20
169.29	206.13	249.22	297.20	340.01	287.23
170.09	206.14	249.33	297.29	340.03	287.32
170.16	207.08	250.05	300.05	340.06	311.30
171.06	207.08	250.19	300.10	341.16	312.14
171.07	208.17	251.07	300.32	341.16	**noted**
171.09	208.20	251.10	300.35	341.26	011.15
171.34	208.20	251.17	301.08	341.28	037.30
171.35	210.03	251.18	301.08	342.14	116.21
172.05	210.04	252.01	301.11	342.32	201.35
172.05	211.13	252.04	301.12	342.33	249.20
172.07	211.19	252.13	301.14	343.04	295.01
172.11	211.20	253.05	301.33	343.26	296.33
172.22	212.15	253.24	302.04	343.26	297.13
173.13	212.24	254.04	302.07	344.18	**notepaper**
173.17	213.19	254.33	302.22	344.19	237.15
173.30	216.14	254.35	303.24	344.24	307.08
173.31	217.24	255.02	304.33	345.01	**notes**
174.04	217.31	255.11	304.35	345.16	013.01
174.07	218.09	255.32	305.25	346.04	065.33
174.08	218.15	256.06	306.10	346.16	069.17
174.19	219.07	256.08	306.21	347.30	074.24
174.21	219.12	256.26	306.32	348.07	086.15
174.29	219.29	256.28	307.13	348.10	155.33
174.30	220.23	256.30	307.26	348.19	252.22
174.32	221.18	256.35	309.32	348.32	294.16
175.06	222.17	257.10	310.09	348.34	308.15
175.24	222.21	257.16	311.04	349.09	**nothing**
176.07	222.25	257.24	311.06	349.17	005.03
176.19	223.20	257.30	312.10	350.20	006.08
177.05	224.03	259.28	313.05	351.02	008.09
177.10	224.28	259.28	313.10	353.01	009.30
177.13	224.30	260.03	313.28	353.05	011.31
177.19	224.33	260.22	314.16	353.29	011.35
177.20	224.34	260.34	314.27	354.17	014.10
178.12	225.05	261.09	315.11	354.19	020.05
178.16	225.06	261.12	315.12	354.30	028.06
179.03	225.16	261.18	315.30	355.21	028.18
179.08	225.24	262.18	316.16	356.06	030.02
179.24	225.25	264.08	316.26	356.07	030.07
179.28	225.29	264.10	317.10	356.08	030.18
180.02	225.34	264.32	317.14	356.11	032.09
180.12	226.10	264.35	317.20	357.05	032.21
180.16	226.13	265.06	318.01	357.13	033.21
180.33	227.06	266.23	318.03	357.15	033.21
180.35	227.06	267.01	318.05	357.25	034.06
181.19	228.06	267.25	318.26	357.35	034.35
181.24	228.21	267.27	318.26	359.02	039.25
182.03	229.30	268.01	318.33	361.18	041.15
182.29	229.31	268.03	319.03	362.15	043.21
182.30	230.29	268.25	319.19	363.21	045.33
183.13	231.02	268.26	319.20	364.09	046.31
183.14	231.12	268.26	319.30	365.11	046.31
184.09	231.14	268.30	319.32	365.28	047.05
184.11	231.34	268.34	320.04	366.09	047.14
184.19	232.20	269.11	320.35	366.14	048.08
184.31	232.22	270.02	321.18	367.06	050.34
185.02	233.18	270.05	321.25	367.23	051.05

NOTHING (continued)

051.13	298.27	021.10	292.11	161.13	296.29
056.35	299.31	021.27	292.33	178.31	307.12
057.16	300.20	028.34	293.02	182.22	311.20
059.06	301.27	029.22	295.27	183.18	316.11
059.12	302.33	029.29	296.27	183.20	331.19
066.25	306.34	030.27	297.15	189.28	342.12
067.09	307.03	032.14	305.29	210.24	352.26
067.14	316.25	034.12	306.03	216.03	366.25
074.16	316.29	037.14	306.35	281.34	368.30
077.14	320.03	045.28	307.14	303.29	observes
083.27	320.20	046.02	309.02	324.27	163.22
084.02	331.23	046.11	309.34	333.31	observing
084.16	334.16	049.19	310.08	objected	056.21
085.09	336.02	050.18	310.13	109.29	199.07
088.22	337.11	050.26	310.15	320.19	obstacle
089.18	340.12	051.30	318.17	objects	114.35
089.23	342.13	054.09	318.27	147.16	159.17
090.05	342.35	059.24	321.31	294.11	obstinacy
092.03	345.03	060.10	323.06	371.09	318.29
093.18	349.29	061.34	330.22	obligation	335.35
096.10	353.12	062.25	332.33	035.23	338.12
100.21	353.31	062.35	333.12	obligatory	367.31
106.03	354.27	064.26	336.03	004.33	obstinate
110.34	354.32	068.10	336.04	oblige	103.12
111.26	361.08	068.33	337.10	004.14	obstinately
112.07	361.15	073.26	337.33	obliged	136.13
113.09	362.07	075.08	340.10	035.21	obtain
113.16	367.27	081.20	340.10	089.10	046.30
114.09	371.15	090.20	342.05	235.28	112.22
116.07	372.04	092.04	342.14	279.33	303.21
117.10	374.32	094.29	343.32	obliquely	obtained
120.21	375.35	096.01	346.34	073.07	099.27
121.32	notice	096.30	352.13	236.02	128.31
124.01	057.18	097.15	354.26	obliterating	246.24
127.13	124.11	100.35	355.35	031.02	327.32
127.14	128.11	106.26	357.01	obscene	obtaining
131.17	132.26	105.03	357.10	216.29	304.18
133.35	234.10	111.08	358.02	obscurantism	obvious
134.34	260.01	115.06	358.24	032.05	023.14
141.25	373.29	115.24	361.06	obscure	039.27
142.35	noticeable	117.17	363.06	004.29	080.22
146.22	018.16	118.23	368.30	119.13	104.03
148.02	068.22	123.14	369.30	124.06	181.27
148.17	235.19	126.17	371.09	127.31	267.16
148.18	noticed	127.11	371.16	138.13	277.35
150.23	006.31	135.23	372.02	210.08	obviously
150.30	013.15	136.11	377.10	263.35	056.28
151.06	024.23	142.23	nowadays	264.17	100.24
151.16	055.22	145.03	045.14	267.20	122.30
151.21	067.23	152.20	073.33	276.08	131.02
151.24	075.03	152.26	087.31	282.11	187.07
154.12	088.06	156.01	125.29	283.06	212.04
158.30	145.11	156.11	224.28	301.08	214.19
162.24	147.06	161.07	nowhere	303.27	263.09
166.10	165.30	161.35	148.16	306.08	273.15
168.21	170.24	162.06	199.22	307.04	295.30
168.34	177.32	174.30	256.15	312.17	315.24
174.22	215.27	175.20	numb	338.08	337.27
176.01	228.14	177.29	115.05	349.24	occasion
178.11	235.06	178.22	144.28	357.08	124.17
189.27	239.08	179.06	number	361.20	207.10
193.15	254.27	180.30	015.31	368.29	270.15
197.10	261.31	181.04	030.09	obscurely	286.19
198.07	317.30	181.08	109.14	347.01	292.12
198.21	317.32	185.23	111.33	obscurity	292.27
201.10	333.28	188.06	118.25	116.09	303.32
207.24	noticing	188.09	141.10	133.09	317.24
209.27	105.26	189.11	294.09	obsequiously	occasional
210.08	notion	189.28	368.01	036.18	120.10
215.29	063.21	191.27	numbered	observation	occasions
217.22	166.08	191.33	322.14	001.15	079.13
229.33	221.27	192.33	numbers	140.25	164.05
230.20	277.17	193.02	030.34	248.09	228.31
233.05	279.02	197.35	065.08	302.23	373.03
234.27	306.20	199.22	117.23	304.33	occidental
237.01	336.18	204.26	numbness	342.12	110.33
237.07	notions	208.09	063.05	369.24	175.11
238.13	087.34	209.11	numerous	observe	occidentals
238.15	245.08	217.21	022.21	128.19	102.14
239.09	notorious	222.05	226.15	141.34	103.22
239.10	005.16	225.16	nurse	165.03	occult
244.20	216.03	230.25	066.24	256.35	301.08
245.30	263.29	244.08	nursed	271.17	occultism
246.03	322.33	244.14	367.16	358.17	161.02
251.05	notoriously	244.17	nursing	361.28	occupation
256.22	277.16	246.27	158.10	363.27	001.13
258.03	notres'	247.06	233.20	observed	288.11
258.04	208.34	248.30	o'clock	001.20	occupied
258.15	notwithstanding	251.14	006.18	006.29	269.19
259.16	100.15	253.16	066.10	033.24	324.08
259.16	nourished	254.05	091.21	041.12	occur
259.25	089.14	254.06	091.23	089.34	023.10
260.28	191.11	254.25	091.31	098.04	050.14
262.33	nous'	255.12	092.05	102.09	058.35
267.06	161.11	262.17	obedience	111.32	075.23
276.06	161.12	263.22	006.09	135.16	302.07
280.11	novel	264.07	020.28	142.03	occurred
284.06	107.23	264.07	obey	142.12	017.11
285.15	141.21	265.11	142.31	160.34	023.16
287.06	183.15	265.33	obeyed	161.21	066.26
290.21	novelist	268.26	239.33	164.09	083.05
293.12	160.02	273.16	239.34	165.32	172.33
293.24	novelty	273.24	obeying	173.04	179.10
295.03	353.16	275.04	299.19	173.27	185.10
295.04	now	279.24	object	176.26	226.16
295.32	004.30	283.20	046.29	189.21	231.20
296.06	009.09	285.14	064.33	191.08	288.12
296.10	010.01	285.25	065.32	228.21	335.16
297.30	014.29	286.24	091.28	231.21	339.15
298.08	017.23	287.24	153.12	252.21	375.08
298.20	021.05	288.05	159.05	275.17	

occurrence	005.29	014.27	025.13	032.22	044.05
095.10	005.29	014.33	025.13	032.26	044.06
291.18	005.30	015.06	025.19	032.30	044.10
occurrences	005.32	015.25	025.20	032.31	044.10
286.19	005.33	015.27	025.27	032.34	044.12
ocean	005.33	015.27	025.28	033.01	044.15
117.25	006.02	015.30	025.33	033.02	044.15
oculist	006.04	015.30	025.34	033.10	044.23
299.34	006.06	015.31	025.35	033.11	044.25
300.02	006.06	015.34	026.01	033.16	044.31
304.34	006.07	016.03	026.03	033.17	044.33
305.03	006.12	016.06	026.13	033.18	044.34
oculist's	006.14	016.10	026.20	033.23	045.09
300.19	006.16	016.11	026.23	033.33	045.10
odious	006.17	016.12	026.24	033.34	045.11
121.04	006.19	016.13	026.24	033.34	045.13
163.31	006.20	016.21	026.25	033.35	045.22
193.10	006.21	016.22	026.27	034.06	045.24
200.17	006.22	016.28	026.31	034.09	045.35
200.17	006.32	017.05	026.32	034.12	046.01
206.08	006.32	017.16	027.02	034.13	046.02
218.32	007.02	017.24	027.04	034.14	046.07
224.04	007.06	017.25	027.06	034.23	046.08
281.34	007.08	017.26	027.06	034.26	046.09
286.09	007.08	017.27	027.07	034.27	046.09
287.02	007.10	017.29	027.08	034.28	046.16
295.29	007.16	018.07	027.28	034.30	046.16
297.27	007.17	018.15	027.28	034.32	046.19
of	007.17	018.28	027.29	035.01	046.27
001.03	007.22	018.28	027.34	035.02	046.32
001.04	007.28	018.33	028.02	035.03	047.08
001.06	007.29	019.10	028.03	035.17	047.24
001.07	007.35	019.10	028.04	035.20	047.26
001.09	008.02	019.12	028.05	035.21	047.29
001.10	008.03	019.13	028.08	035.23	047.30
001.11	008.04	019.14	028.10	035.26	048.05
001.12	008.06	019.15	028.15	035.34	048.07
001.13	008.10	019.16	028.16	036.08	048.11
001.14	008.15	019.16	028.17	036.09	048.15
001.16	008.16	019.21	028.21	036.10	048.20
001.17	008.16	019.22	028.26	036.12	049.08
001.21	008.18	019.24	029.01	036.12	049.16
001.23	008.21	019.31	029.03	036.13	049.29
001.25	008.22	019.32	029.08	036.16	049.32
001.26	008.22	019.32	029.11	036.16	049.32
002.02	008.24	019.32	029.11	036.17	049.33
002.04	008.25	019.33	029.12	036.18	049.34
002.04	008.29	019.33	029.12	036.22	050.05
002.06	008.32	020.03	029.13	036.29	050.08
002.07	009.03	020.04	029.13	036.31	050.10
002.08	009.08	020.07	029.14	036.32	050.11
002.08	009.09	020.10	029.20	036.35	050.11
002.13	009.11	020.23	029.20	037.07	050.14
002.13	009.11	020.27	029.21	037.09	050.16
002.17	009.13	020.28	029.22	037.14	050.17
002.18	009.14	020.32	029.30	037.16	050.17
002.18	009.15	020.35	029.31	037.18	050.22
002.19	009.17	021.06	029.35	037.20	050.23
002.20	009.18	021.13	030.02	037.21	050.32
002.21	009.20	021.14	030.08	037.23	051.03
002.22	009.21	021.20	030.09	037.25	051.04
002.23	009.24	021.21	030.10	037.31	051.07
002.24	009.30	021.22	030.13	037.32	051.08
002.29	010.07	021.33	030.16	037.34	051.08
002.30	010.13	021.34	030.19	037.35	051.09
002.32	010.14	022.05	030.22	038.01	051.15
003.04	010.15	022.09	030.22	038.03	051.16
003.06	010.15	022.13	030.28	038.08	051.16
003.14	010.22	022.14	030.29	038.18	051.17
003.15	010.23	022.15	030.30	038.21	051.19
003.16	010.25	022.16	030.31	038.21	051.34
003.22	010.35	022.19	030.32	038.27	052.01
003.25	011.05	022.19	030.33	038.29	052.11
003.26	011.12	022.19	030.34	038.30	052.19
003.27	011.18	022.21	030.35	038.32	053.03
003.31	011.23	022.27	031.02	039.03	053.06
003.31	011.26	022.29	031.03	039.10	053.15
003.34	011.27	022.29	031.05	039.12	053.24
004.02	011.29	023.05	031.06	039.12	053.24
004.02	011.29	023.06	031.07	039.24	053.32
004.03	011.31	023.08	031.09	039.25	053.33
004.12	011.31	023.13	031.11	039.26	053.34
004.14	012.02	023.13	031.11	039.27	054.01
004.16	012.03	023.14	031.12	040.04	054.11
004.18	012.04	023.15	031.13	040.12	054.12
004.22	012.07	023.18	031.13	040.19	054.13
004.22	012.09	023.19	031.14	040.20	054.14
004.24	012.16	023.21	031.15	040.21	054.15
004.29	012.17	023.25	031.16	040.27	054.18
005.01	012.18	023.29	031.18	040.28	054.27
005.06	012.20	023.31	031.20	040.33	054.27
005.07	012.26	023.32	031.21	040.34	054.33
005.08	012.32	023.32	031.23	040.35	055.14
005.09	012.33	023.33	031.24	041.01	055.18
005.10	013.06	023.34	031.24	041.07	055.22
005.11	013.07	024.06	031.25	041.08	055.26
005.11	013.11	024.07	031.28	041.11	056.06
005.12	013.15	024.08	031.29	041.13	056.07
005.12	013.17	024.09	031.30	041.17	056.10
005.13	013.20	024.12	031.31	041.33	056.14
005.13	013.28	024.13	031.33	042.09	056.15
005.14	013.30	024.14	032.01	042.10	056.16
005.16	013.31	024.22	032.01	042.14	056.17
005.16	013.32	024.27	032.05	042.15	056.18
005.17	014.04	024.27	032.06	042.22	056.26
005.18	014.05	024.29	032.08	042.27	056.27
005.21	014.06	024.29	032.15	042.29	056.27
005.22	014.14	024.34	032.16	043.09	056.28
005.22	014.14	024.35	032.17	043.10	056.29
005.25	014.19	025.03	032.17	043.24	056.30
005.25	014.26	025.10	032.20	043.28	056.33

OF (continued)

057.01	068.01	080.25	090.31	103.06	114.30
057.10	068.02	080.26	091.02	103.07	114.32
057.10	068.07	080.32	091.08	103.10	114.34
057.13	068.12	080.33	091.12	103.12	114.34
057.15	068.16	081.07	091.16	103.12	114.35
057.18	068.19	081.11	091.17	103.14	115.13
057.21	068.20	081.12	091.25	103.16	115.27
057.22	068.20	081.13	091.32	103.23	115.29
057.25	068.22	081.13	091.33	103.31	115.30
057.30	068.25	081.16	092.05	103.32	115.31
057.31	068.32	081.23	092.08	104.07	115.33
057.32	068.34	081.24	092.12	104.12	116.01
058.01	068.34	081.26	092.12	104.13	116.02
058.03	068.34	081.27	092.13	104.16	116.02
058.07	069.05	081.28	092.22	104.17	116.09
058.12	069.16	081.29	092.25	104.18	116.10
058.17	069.19	082.07	092.33	104.24	116.11
058.26	069.25	082.08	093.01	104.25	116.15
058.33	069.26	082.15	093.03	104.27	116.20
059.01	070.02	082.16	093.07	104.30	116.22
059.10	070.05	082.18	093.08	104.34	116.30
059.11	070.14	082.20	093.09	105.13	117.02
059.14	070.16	082.23	093.11	105.16	117.03
059.17	070.22	082.28	093.16	105.18	117.04
059.20	070.25	082.30	093.19	105.21	117.12
059.31	070.34	082.32	093.23	105.22	117.16
059.35	070.35	082.35	093.34	105.23	117.17
060.03	071.08	083.03	094.04	105.27	117.18
060.05	071.15	083.04	094.06	105.34	117.22
060.23	071.18	083.06	094.12	106.12	117.23
060.23	071.21	083.10	094.19	106.22	117.24
060.30	072.01	083.16	094.20	107.04	117.29
060.33	072.05	083.18	094.23	107.08	117.29
061.01	072.10	083.18	094.26	107.13	118.01
061.05	072.11	083.22	094.28	107.14	118.05
061.12	072.19	083.30	095.10	107.17	118.06
061.15	072.20	083.31	095.13	107.18	118.07
061.17	072.26	083.32	095.17	107.20	118.09
061.20	073.08	084.15	095.25	107.21	118.10
061.25	073.10	084.19	095.27	107.21	118.12
062.04	073.15	084.19	095.30	107.26	118.12
062.10	073.27	084.21	096.07	107.28	118.16
062.14	073.32	084.22	096.08	107.29	118.17
062.31	074.05	084.24	096.16	107.30	118.20
062.33	074.13	084.34	096.17	107.30	118.21
063.07	074.13	084.35	096.23	107.31	118.23
063.10	074.26	085.01	096.27	107.34	118.24
063.18	074.30	085.03	096.29	108.01	118.25
063.18	074.31	085.15	096.29	108.02	118.26
063.21	075.03	085.16	096.32	108.09	118.27
063.21	075.05	085.19	096.35	108.10	118.27
064.05	075.10	085.22	097.02	108.16	118.29
064.11	075.10	085.23	097.06	108.19	118.30
064.13	075.13	085.24	097.07	108.20	118.31
064.13	075.15	085.28	097.11	108.20	118.34
064.21	075.18	085.32	097.17	108.21	118.35
064.22	075.21	085.35	098.03	108.23	119.06
064.22	075.22	086.03	098.04	108.24	119.10
064.23	075.25	086.05	098.05	108.27	119.11
064.25	075.28	086.05	098.06	108.30	119.14
064.26	075.29	086.06	098.07	108.32	119.18
064.27	075.31	086.09	098.08	108.33	119.22
064.29	075.33	086.09	098.08	108.35	119.24
064.30	075.35	086.09	098.09	109.03	119.25
064.33	075.35	086.11	098.11	109.04	119.26
065.01	076.01	086.13	098.12	109.09	119.26
065.03	076.02	086.16	098.17	109.10	119.29
065.07	076.06	086.16	098.18	109.11	119.29
065.07	076.07	086.18	098.20	109.13	119.31
065.08	076.12	086.21	098.20	109.14	119.33
065.09	076.12	086.22	098.26	109.15	119.35
065.10	076.13	086.26	099.06	109.18	120.01
065.11	076.16	086.26	099.07	109.19	120.02
065.11	076.19	087.02	099.09	109.24	120.08
065.12	076.20	087.06	099.12	109.24	120.13
065.13	076.21	087.08	099.15	110.15	120.16
065.13	076.22	087.15	099.16	110.16	120.17
065.14	076.29	087.16	099.27	110.20	120.20
065.17	076.30	087.18	099.30	110.21	120.23
065.17	076.32	087.19	099.33	110.24	120.25
065.19	077.01	087.22	099.35	110.26	120.26
065.20	077.03	087.23	100.07	110.28	121.01
065.22	077.04	087.25	100.16	110.33	121.01
065.28	077.04	087.27	100.17	110.34	121.03
065.29	077.05	087.32	100.19	110.34	121.04
065.29	077.13	087.32	100.25	110.35	121.06
065.32	077.15	087.33	100.26	111.03	121.09
065.32	077.17	088.06	100.31	111.21	121.12
065.33	077.18	088.11	100.32	111.33	121.14
065.34	078.11	088.18	100.34	111.35	121.16
065.34	078.13	088.22	101.03	112.25	121.18
066.01	078.18	088.31	101.04	112.26	121.19
066.12	078.24	088.32	101.12	112.27	121.22
066.18	078.26	089.08	101.20	112.32	121.27
066.21	078.33	089.15	101.23	112.33	121.28
066.23	078.33	089.17	101.25	113.01	121.29
066.26	079.05	089.17	102.06	113.07	121.34
066.27	079.07	089.19	102.07	113.07	122.08
066.31	079.07	089.28	102.12	113.08	122.09
066.35	079.09	089.29	102.16	113.09	122.10
067.04	079.11	090.04	102.21	113.10	122.11
067.08	079.12	090.12	102.22	113.20	122.12
067.10	079.12	090.15	102.22	113.26	122.13
067.11	079.29	090.16	102.25	113.31	122.14
067.13	079.32	090.20	102.29	114.01	122.14
067.14	080.02	090.24	102.30	114.05	122.17
067.15	080.05	090.25	102.31	114.06	122.23
067.24	080.06	090.26	102.33	114.09	122.25
067.24	080.09	090.27	103.03	114.17	122.27
067.33	080.20	090.30	103.04	114.23	122.27
067.35	080.22	090.31	103.04	114.25	122.28

122.34	132.25	142.26	155.03	165.22	178.31
122.35	132.30	142.30	155.17	165.24	178.32
123.01	132.31	143.03	155.18	165.28	178.33
123.04	132.32	143.08	155.20	165.35	179.07
123.06	132.32	143.10	155.21	166.03	179.15
123.08	132.33	143.11	155.25	166.05	179.25
123.09	132.35	143.18	155.27	166.06	179.31
123.10	133.04	143.20	155.29	166.07	180.10
123.11	133.06	143.27	155.29	166.09	180.14
123.12	133.24	143.33	155.32	166.22	180.16
123.13	133.29	143.34	155.34	166.24	180.24
123.15	133.35	144.13	156.05	167.05	181.01
123.15	134.01	144.13	156.06	167.06	181.02
123.15	134.03	144.13	156.07	167.08	181.02
123.17	134.13	144.15	156.16	167.14	181.04
123.19	134.13	144.23	156.21	167.15	181.07
123.20	134.16	144.30	157.07	167.16	181.08
123.20	134.20	144.33	157.08	167.21	181.10
123.21	135.01	145.05	157.13	167.22	181.10
123.22	135.07	145.11	157.20	167.24	181.25
123.25	135.13	145.13	157.22	167.29	181.29
123.26	135.15	145.16	157.29	167.30	181.30
123.33	135.18	145.19	158.05	167.34	181.31
123.35	135.20	145.30	158.27	168.04	181.35
124.01	135.20	145.31	158.28	168.10	181.35
124.02	135.27	145.34	158.35	168.10	182.02
124.04	135.34	145.35	159.02	168.10	182.04
124.07	135.35	146.08	159.05	168.11	182.07
124.07	136.01	146.15	159.11	168.16	182.08
124.11	136.04	146.16	159.11	168.30	182.09
124.15	136.08	146.17	159.12	168.31	182.13
124.21	136.11	146.18	159.13	168.32	182.13
124.23	136.19	146.21	159.14	168.35	182.18
124.24	136.22	146.29	159.19	169.03	182.24
124.25	136.27	146.31	159.21	169.08	182.32
124.26	136.28	146.33	159.25	169.16	183.04
124.33	136.35	146.34	159.29	169.16	183.05
125.03	137.05	147.18	159.30	169.20	183.13
125.06	137.07	147.20	159.31	169.26	183.16
125.07	137.07	147.23	160.01	169.35	183.18
125.20	137.08	147.25	160.01	170.02	183.26
125.21	137.09	147.34	160.02	170.04	183.27
125.22	137.11	148.02	160.04	170.06	183.31
125.22	137.14	148.02	160.06	170.07	183.33
125.25	137.15	148.03	160.10	170.08	183.34
125.28	137.18	148.03	160.10	170.08	184.02
125.35	137.21	148.03	160.11	170.09	184.04
126.05	137.21	148.04	160.13	170.11	184.17
126.06	137.22	148.07	160.15	170.20	184.18
126.16	137.25	148.07	160.15	170.21	184.23
126.18	137.27	148.09	160.18	170.21	184.24
126.24	137.28	148.10	160.19	170.30	184.25
126.29	137.33	148.12	160.25	170.34	184.33
126.30	137.35	148.20	160.26	171.02	184.33
126.31	138.02	148.23	160.29	171.03	185.03
126.32	138.02	148.30	160.32	171.04	185.07
126.33	138.05	148.34	160.35	171.07	185.11
127.01	138.07	148.35	161.02	171.08	185.12
127.14	138.08	149.01	161.04	171.19	185.12
127.16	138.10	149.02	161.14	172.12	185.13
127.16	138.13	149.03	161.15	172.19	185.14
127.17	138.20	149.04	161.16	172.24	185.15
127.20	138.21	149.05	161.19	172.25	185.17
127.22	138.22	149.06	161.22	172.26	185.24
127.24	138.23	149.07	161.22	172.27	185.26
127.24	138.31	149.09	161.23	172.29	185.29
127.29	139.02	149.13	161.24	172.29	185.33
127.30	139.05	149.14	161.25	172.35	186.06
127.32	139.07	149.27	161.25	173.01	186.07
127.34	139.08	149.28	161.27	173.02	186.09
127.34	139.08	150.02	161.30	173.04	186.10
128.07	139.11	150.05	162.01	173.06	186.11
128.13	139.12	150.07	162.04	173.07	186.13
128.14	139.20	150.09	162.06	173.09	186.14
128.17	139.21	150.11	162.10	173.13	186.16
128.22	139.22	150.12	162.11	173.13	186.17
128.30	139.23	150.13	162.12	174.14	186.18
128.33	139.24	150.14	162.12	174.35	186.20
129.11	139.25	150.15	162.15	175.01	186.23
129.15	139.28	150.16	162.18	175.04	186.23
129.25	139.30	150.18	162.20	175.04	186.24
129.31	139.32	150.20	162.21	175.07	186.26
129.31	139.32	150.25	162.23	175.09	186.26
130.04	140.03	150.26	162.28	175.10	186.29
130.10	140.05	150.27	162.29	175.12	186.32
130.14	140.08	151.01	162.32	175.12	187.08
130.16	140.09	151.14	162.33	175.25	187.10
130.25	140.11	151.14	162.34	175.31	187.12
130.27	140.12	151.16	163.02	176.08	187.15
130.34	140.14	151.20	163.05	176.12	187.17
130.35	140.18	151.23	163.17	176.14	187.24
131.04	140.19	151.26	163.23	176.21	187.25
131.07	140.30	151.27	163.31	176.22	187.28
131.08	140.30	152.02	163.34	176.27	187.31
131.12	140.32	152.09	163.35	176.35	187.33
131.13	141.03	152.13	164.01	177.01	188.04
131.15	141.10	152.14	164.10	177.02	188.04
131.19	141.10	152.21	164.15	177.03	188.08
131.24	141.14	152.25	164.28	177.04	188.14
131.29	141.15	152.31	164.35	177.07	188.16
131.31	141.23	152.32	165.05	177.09	188.19
131.34	141.27	152.35	165.08	177.12	188.24
132.04	141.29	153.07	165.08	177.33	188.27
132.05	141.31	153.11	165.12	178.05	188.29
132.09	141.32	153.16	165.14	178.06	188.32
132.14	141.34	153.26	165.15	178.24	188.33
132.15	142.03	153.27	165.16	178.25	189.18
132.20	142.03	153.33	165.18	178.27	189.24
132.23	142.08	154.01	165.20	178.27	189.28
132.23	142.08	155.02	165.21	178.28	189.29
132.24	142.10				

OF (continued)

189.33	201.30	213.05	224.33	239.23	251.25
190.06	201.31	213.06	225.03	239.24	251.28
190.07	201.32	213.12	225.08	239.29	251.29
190.08	202.04	213.13	225.11	239.32	251.30
190.09	202.05	213.18	225.12	239.35	251.31
190.09	202.06	213.19	226.03	240.12	251.33
190.11	202.07	213.19	226.05	240.17	251.34
190.13	202.10	213.33	226.11	240.17	252.03
190.16	202.11	214.01	226.15	240.28	252.13
190.17	202.13	214.04	227.05	240.35	252.16
190.27	202.15	214.06	227.07	241.03	252.20
190.28	202.21	214.07	227.08	241.09	252.20
190.28	202.29	214.09	227.10	241.15	252.24
191.05	202.30	214.11	227.11	241.18	252.26
191.11	202.30	214.14	227.13	241.32	252.26
191.14	202.31	214.15	227.14	241.33	252.33
191.15	202.34	214.33	227.15	242.05	253.11
191.15	203.03	214.35	227.18	242.16	253.14
191.30	203.08	214.35	227.21	242.17	253.19
192.02	203.10	215.02	227.23	242.25	253.21
192.12	203.14	215.05	227.25	242.27	253.35
192.14	203.18	215.07	227.26	242.31	254.03
192.15	203.21	215.10	227.29	242.35	254.07
192.17	203.28	215.25	227.30	243.02	254.11
192.21	203.29	215.27	227.31	243.03	254.15
192.22	204.01	215.28	227.31	243.10	254.22
192.24	204.06	215.29	227.33	243.14	254.23
192.27	204.13	215.30	228.23	243.15	254.27
192.31	204.15	215.34	228.24	243.19	254.28
192.32	204.19	216.02	228.30	243.20	254.29
192.32	204.23	216.03	228.33	243.21	254.30
192.34	204.25	216.06	229.04	243.25	255.10
193.07	204.30	216.07	229.14	243.27	255.12
193.13	204.35	216.10	229.15	243.28	255.13
193.24	205.04	216.13	229.25	243.30	255.15
193.27	205.16	216.15	229.30	243.31	255.16
194.01	205.23	216.17	230.02	244.03	255.21
194.03	205.25	216.22	230.02	244.03	255.21
194.07	205.31	216.22	230.03	244.04	255.22
194.11	205.34	216.24	230.18	244.06	255.24
194.16	206.05	216.26	231.07	244.09	255.25
194.18	206.12	216.30	231.24	244.10	255.29
194.21	206.13	216.31	231.31	244.14	255.31
194.22	206.25	216.35	231.31	244.15	255.32
194.23	206.27	217.22	231.33	244.18	255.34
194.24	206.30	217.25	232.01	244.21	256.01
194.26	206.32	217.28	232.10	244.21	256.02
195.04	206.34	217.33	232.14	244.30	256.04
195.08	207.04	217.34	232.16	244.32	256.05
195.09	207.04	218.05	232.18	244.32	256.10
195.11	207.06	218.09	232.21	245.02	256.12
195.12	207.09	218.10	232.24	245.08	256.29
195.15	207.11	218.13	232.27	245.09	256.32
195.22	207.15	218.15	232.28	245.10	256.34
195.27	207.16	218.28	233.04	245.12	257.01
196.03	207.19	218.30	233.14	245.14	257.13
196.06	207.23	218.33	233.16	245.16	257.17
196.07	207.23	219.09	233.21	245.18	257.18
196.15	207.24	219.15	233.30	245.24	257.20
196.27	207.26	219.21	233.32	245.26	257.23
196.27	207.26	219.22	233.33	245.31	257.26
196.28	207.27	219.30	234.05	245.33	257.27
196.29	207.31	219.31	234.07	245.35	257.31
196.34	207.31	219.32	234.08	245.35	257.34
197.19	208.01	219.35	234.10	245.35	258.01
197.21	208.03	220.03	234.11	245.35	258.06
197.26	208.04	220.05	234.20	246.01	258.07
197.28	208.06	220.14	234.24	246.01	258.10
197.29	208.09	220.20	234.26	246.02	258.14
197.34	208.09	220.28	234.32	246.07	258.14
198.02	208.10	221.09	234.33	246.08	258.15
198.02	208.11	221.21	235.04	246.11	258.17
198.06	208.12	221.23	235.05	246.13	258.23
198.07	208.13	221.35	235.16	246.15	258.25
198.14	208.18	222.03	235.18	246.15	258.26
198.29	208.29	222.03	235.21	246.19	258.28
198.29	208.30	222.04	235.22	246.20	258.28
198.29	209.05	222.11	235.24	246.28	258.30
198.31	209.06	222.19	235.25	246.31	258.31
198.32	209.12	222.23	235.26	246.32	258.33
199.04	209.22	222.23	235.33	246.32	258.35
199.08	209.23	222.27	236.03	247.07	259.01
199.24	209.26	222.31	236.04	247.12	259.04
199.25	209.27	222.35	236.08	247.20	259.09
199.27	209.33	223.11	236.15	247.23	259.09
200.01	210.06	223.12	236.21	247.24	259.10
200.04	210.08	223.15	236.30	247.24	259.11
200.06	210.10	223.15	237.03	247.25	259.11
200.11	210.11	223.19	237.07	247.29	259.12
200.12	210.12	223.21	237.10	247.31	259.12
200.13	210.16	223.25	237.12	247.33	259.17
200.14	210.31	223.26	237.14	248.09	259.19
200.15	211.16	223.27	237.15	248.12	259.22
200.18	211.20	223.28	237.23	248.20	259.23
200.19	211.21	223.28	237.23	248.23	259.23
200.20	211.23	223.35	237.25	248.29	259.24
200.22	211.24	224.01	237.27	248.33	259.25
200.24	211.29	224.04	237.29	248.33	259.30
200.26	212.02	224.05	237.30	248.34	259.34
200.29	212.03	224.08	237.32	249.01	260.01
201.04	212.08	224.09	238.09	249.04	260.04
201.04	212.09	224.11	238.30	249.13	260.10
201.10	212.09	224.13	238.35	249.31	260.11
201.10	212.11	224.13	239.03	250.11	260.15
201.12	212.19	224.16	239.09	250.13	260.16
201.14	212.21	224.23	239.10	250.14	260.17
201.15	212.30	224.24	239.11	251.04	260.17
201.18	212.32	224.25	239.13	251.08	260.24
201.20	213.02	224.30	239.14	251.11	260.28
201.27	213.02	224.31	239.19	251.11	260.29
201.29	213.04	224.31	239.21	251.21	260.32

260.34	269.02	279.19	287.02	297.03	307.06
260.34	269.02	279.20	287.03	297.05	307.07
261.05	269.03	279.22	287.05	297.06	307.08
261.13	269.07	279.27	287.10	297.07	307.09
261.15	269.13	279.30	287.12	297.11	307.09
261.28	269.13	279.31	287.14	297.13	307.14
261.30	269.18	279.32	287.20	297.16	307.14
261.33	269.18	280.01	287.21	297.25	307.21
262.15	269.21	280.02	287.22	297.27	307.23
262.17	269.26	280.02	287.25	297.31	307.30
262.22	269.35	280.03	287.28	297.32	307.30
262.26	270.03	280.03	287.28	297.33	308.01
262.27	270.04	280.06	287.29	297.33	308.04
262.29	270.04	280.08	287.30	297.34	308.05
262.30	270.05	280.10	287.31	297.35	308.06
262.32	270.07	280.12	287.34	298.01	308.12
262.35	270.15	280.14	288.07	298.10	308.15
263.03	270.16	280.20	288.08	298.11	309.04
263.06	270.18	280.24	288.09	298.11	309.08
263.11	270.24	280.29	288.14	298.14	309.09
263.13	270.26	280.30	288.15	298.22	309.11
263.15	270.27	281.04	288.16	298.23	309.13
263.16	270.28	281.05	288.17	298.28	309.15
263.17	270.30	281.07	288.18	299.07	309.23
263.18	271.02	281.09	288.21	299.10	309.24
263.19	271.20	281.15	288.22	299.10	309.29
263.20	271.21	281.19	288.24	299.15	309.32
263.21	271.27	281.22	289.03	299.20	310.03
263.23	271.29	281.30	289.06	299.24	310.13
263.28	271.31	281.31	289.06	299.30	310.16
263.28	271.35	281.35	289.07	299.34	310.26
263.29	272.02	282.01	289.08	300.08	310.28
263.31	272.04	282.03	289.10	300.18	310.33
263.31	272.05	282.06	289.11	300.20	310.33
263.32	272.07	282.08	289.12	300.22	311.01
263.33	272.11	282.11	289.16	300.23	311.08
263.34	272.14	282.12	289.17	300.24	311.10
263.35	272.16	282.12	289.18	300.25	311.10
263.35	272.17	282.17	289.19	300.27	311.12
263.35	272.22	282.18	289.22	300.27	311.15
264.02	272.22	282.18	289.24	300.28	311.16
264.02	272.27	282.19	289.26	300.28	311.17
264.06	272.28	282.19	289.27	300.29	311.23
264.13	272.34	282.22	290.06	300.30	311.27
264.14	273.01	282.24	290.09	300.34	311.28
264.15	273.08	282.26	290.09	301.02	311.30
264.17	273.09	282.28	290.11	301.04	311.30
264.20	273.14	282.30	290.15	301.07	311.32
264.23	273.21	282.32	290.16	301.10	312.01
264.23	273.21	282.34	290.17	301.12	312.04
264.25	273.28	283.01	290.20	301.12	312.05
264.26	273.35	283.01	290.22	301.13	312.07
264.30	274.07	283.02	290.23	301.16	312.09
264.31	274.15	283.04	290.26	301.16	312.10
264.32	274.16	283.05	290.28	301.18	312.13
265.02	274.25	283.09	290.29	301.18	312.16
265.04	274.29	283.10	290.29	301.20	312.19
265.08	274.34	283.12	290.30	301.20	312.26
265.11	275.03	283.13	291.09	301.20	312.33
265.15	275.05	283.16	291.09	301.22	313.01
265.19	275.06	283.19	291.11	301.23	313.04
265.20	275.07	283.23	291.12	301.25	313.07
265.24	275.08	283.26	291.19	301.26	313.11
265.24	275.11	283.31	291.20	301.28	313.15
265.26	275.21	283.32	291.26	301.30	313.18
265.31	275.22	283.33	291.27	301.32	313.22
265.33	275.24	283.34	291.31	301.32	313.25
265.34	275.26	283.35	291.33	301.34	313.30
266.01	275.30	284.16	291.34	301.34	313.32
266.03	275.31	284.16	292.04	302.05	314.04
266.05	275.31	284.17	292.05	302.06	314.04
266.07	275.31	284.20	292.09	302.08	314.04
266.08	275.35	284.20	292.20	302.09	314.05
266.08	276.01	284.23	292.22	302.10	314.05
266.10	276.02	284.27	292.23	302.11	314.05
266.23	276.16	284.30	292.32	302.13	314.05
266.24	276.19	284.30	292.35	302.15	314.08
266.25	276.20	284.31	292.35	302.15	314.09
266.27	276.21	284.32	293.06	302.28	314.10
266.28	276.23	284.35	293.11	302.31	314.11
266.29	276.24	285.02	293.12	302.33	314.15
266.31	276.29	285.09	293.14	303.01	314.16
266.32	276.35	285.19	293.15	303.02	314.16
266.32	277.01	285.21	293.16	303.03	314.17
266.33	277.04	285.23	293.24	303.06	314.22
267.06	277.05	285.27	293.31	303.17	314.22
267.12	277.07	285.28	293.32	303.20	314.25
267.12	277.08	285.33	294.01	303.22	314.25
267.16	277.09	285.35	294.07	303.28	314.26
267.17	277.10	286.05	294.08	303.29	314.29
267.18	277.11	286.05	294.09	303.30	314.32
267.20	277.14	286.06	294.10	303.30	315.08
267.22	277.15	286.06	294.14	303.34	315.13
267.22	277.16	286.06	294.19	304.01	315.17
267.26	277.26	286.08	294.20	304.04	315.18
268.01	277.31	286.08	294.22	304.05	315.24
268.05	277.32	286.11	294.23	304.16	315.26
268.08	278.01	286.13	294.28	304.20	315.32
268.10	278.02	286.15	295.03	304.23	316.03
268.11	278.17	286.17	295.04	304.28	316.04
268.15	278.18	286.18	295.12	304.29	316.05
268.20	278.21	286.21	295.16	304.33	316.08
268.25	278.34	286.24	295.17	305.09	316.15
268.27	279.01	286.25	295.21	305.12	316.25
268.30	279.02	286.26	295.23	305.15	316.25
268.31	279.03	286.27	295.28	306.03	316.26
268.32	279.04	286.28	295.34	306.04	316.32
268.33	279.11	286.29	296.03	306.09	316.34
268.33	279.15	286.30	296.05	306.10	317.02
268.35	279.17	286.32	296.07	306.23	317.07
269.01	279.18	286.35	296.34	306.31	317.13

OF (continued)

317.14	328.25	340.10	351.11	360.15	372.25
317.19	328.25	340.15	351.12	360.26	372.30
317.25	328.28	340.18	351.14	360.28	372.35
317.26	328.30	340.20	351.16	360.30	373.02
318.14	328.31	340.22	351.22	361.01	373.04
318.21	328.35	340.23	351.24	361.03	373.08
318.22	329.01	340.24	351.28	361.07	373.13
318.25	329.02	340.25	351.34	361.07	373.15
319.11	329.03	340.25	351.35	361.09	373.16
319.11	329.01	340.26	352.03	361.15	373.18
319.12	330.06	340.28	352.05	361.17	373.31
319.14	330.08	340.33	352.11	361.18	373.35
319.19	330.09	340.33	352.14	361.19	374.01
319.21	330.10	341.09	352.17	361.19	374.06
319.24	330.11	341.11	352.17	362.01	374.08
319.25	330.12	341.13	352.19	362.04	374.10
319.29	330.13	341.15	352.20	362.07	374.14
319.31	330.14	341.19	352.21	362.09	374.28
319.33	330.16	341.25	352.23	362.12	374.29
320.01	331.02	341.26	352.26	362.22	374.31
320.04	331.03	341.28	353.03	362.25	375.03
320.06	331.04	341.28	353.07	362.34	375.06
320.07	331.06	342.11	353.08	363.01	375.08
320.12	331.06	342.12	353.11	363.04	375.14
320.13	331.11	342.15	353.11	363.09	375.16
320.15	331.23	342.17	353.13	363.10	375.21
320.16	331.24	342.18	353.15	363.14	375.24
320.17	331.25	342.19	353.16	363.16	375.25
320.18	331.26	342.23	353.16	363.24	375.29
320.18	331.28	342.24	353.20	363.29	375.34
320.20	331.31	342.32	353.21	363.31	376.02
320.22	332.01	342.34	353.23	363.34	376.05
320.28	332.04	343.09	353.25	364.14	376.07
320.30	332.10	343.09	353.27	364.17	376.08
321.01	332.12	343.12	353.32	364.19	376.09
321.05	332.13	343.13	353.34	364.21	376.12
321.08	332.15	343.18	353.35	364.24	376.16
321.15	332.24	343.18	354.02	364.32	376.19
321.15	333.01	343.19	354.04	365.06	376.26
321.25	333.04	343.21	354.05	365.07	376.26
321.27	333.06	343.21	354.23	365.08	376.27
321.30	333.09	343.24	354.24	365.09	376.28
322.01	333.13	343.30	354.25	365.14	376.29
322.03	333.14	344.04	354.28	365.15	376.29
322.10	333.15	344.15	354.30	365.21	376.33
322.14	333.16	344.18	354.32	365.22	376.33
322.15	333.25	344.24	354.33	365.26	377.03
322.17	334.01	344.35	355.04	365.30	377.05
322.18	334.08	345.05	355.05	365.35	377.06
322.21	334.09	345.08	355.09	366.01	377.08
322.23	334.15	345.11	355.14	366.03	377.10
322.26	334.18	345.19	355.14	366.12	377.16
322.29	334.19	345.25	355.14	366.12	377.20
322.34	334.22	345.28	355.15	366.20	377.21
323.12	334.26	345.30	355.16	366.21	377.28
323.13	334.28	345.31	355.17	366.28	off
324.01	334.35	345.33	355.20	366.28	007.04
324.06	335.01	345.35	355.21	366.30	007.17
324.06	335.11	345.35	355.27	366.34	007.18
324.07	335.12	346.02	355.30	367.06	013.13
324.20	335.13	346.06	355.31	367.12	015.15
324.23	335.16	346.11	355.33	367.14	015.26
324.29	335.17	346.17	355.34	367.15	024.24
324.30	335.22	346.20	356.03	367.16	028.27
324.35	335.29	346.23	356.05	367.21	034.03
325.04	335.32	346.24	356.06	367.24	040.35
325.10	336.03	346.25	356.07	367.28	047.09
325.18	336.04	346.30	356.19	367.31	055.01
325.20	336.09	346.32	356.20	367.31	056.29
325.21	336.09	347.10	356.22	368.02	058.24
325.23	336.11	347.11	356.34	368.08	059.22
325.28	336.12	347.13	356.35	368.09	060.20
325.34	336.14	347.14	357.02	368.10	068.01
325.34	336.14	347.20	357.14	368.14	070.03
326.01	336.16	347.22	357.16	368.16	074.01
326.01	336.22	347.26	357.28	368.16	076.17
326.02	336.24	347.26	357.34	368.23	080.07
326.05	336.25	347.29	358.07	368.25	080.17
326.12	336.26	348.06	358.08	368.27	082.05
326.14	336.29	348.08	358.09	368.28	086.08
326.15	336.29	348.16	358.11	368.30	089.05
326.23	336.30	348.17	358.11	369.15	094.16
326.26	336.31	348.20	358.12	369.26	102.08
326.29	336.35	348.23	358.13	369.32	107.16
326.29	337.06	348.34	358.15	370.02	118.28
326.33	337.13	349.01	358.16	370.06	120.03
327.08	337.31	349.17	358.17	370.08	120.14
327.09	337.34	349.20	358.18	370.10	122.27
327.10	337.35	349.20	358.22	370.12	125.16
327.10	338.02	349.21	358.22	370.17	144.29
327.15	338.05	349.21	358.22	370.20	146.06
327.20	338.11	349.22	358.23	370.20	150.05
327.23	338.12	349.23	358.26	370.22	158.03
327.25	338.15	349.24	358.26	370.26	174.24
327.26	338.15	349.25	358.29	370.27	177.29
327.27	338.16	349.28	358.31	370.33	177.30
327.29	338.16	349.31	358.31	371.04	186.20
327.30	338.16	349.34	358.32	371.09	191.10
327.30	338.17	350.10	358.34	371.10	191.35
327.31	338.19	350.15	359.02	372.03	199.32
328.03	338.23	350.16	359.07	372.05	201.05
328.07	338.25	350.19	359.11	372.06	209.16
328.08	339.01	350.22	359.17	372.11	212.10
328.08	339.14	350.31	359.18	372.11	218.29
328.09	339.17	350.31	359.30	372.13	219.18
328.10	339.21	350.33	359.30	372.15	230.16
328.13	339.24	350.34	359.34	372.18	234.30
328.14	339.29	351.01	360.01	372.20	239.05
328.15	339.30	351.04	360.01	372.23	245.25
328.18	339.31	351.06	360.04	372.24	246.12
328.21	340.06	351.09	360.13	372.24	247.04

112 OFF (continued)

247.17	036.12	195.19	024.03	065.04	120.13
255.35	090.30	196.07	024.05	065.25	121.15
261.06	131.19	196.24	024.32	066.01	121.18
264.25	301.07	196.34	025.02	066.02	121.19
265.28	366.24	216.19	026.25	066.09	121.20
268.17	officious	218.28	027.06	066.19	121.21
275.28	196.18	228.20	028.07	066.33	121.33
275.32	officiousness	230.32	028.22	067.07	122.01
293.10	196.07	237.18	029.02	067.19	122.03
295.19	often	244.18	029.25	067.27	122.27
306.20	046.13	247.34	029.29	067.28	123.17
316.10	072.09	258.20	029.31	068.09	123.32
316.32	123.32	260.06	030.13	068.19	124.17
320.11	132.32	271.27	031.12	068.23	124.31
330.25	147.02	273.02	031.18	068.31	124.35
336.11	151.21	278.26	032.22	069.01	128.35
336.33	169.23	280.05	033.13	069.25	131.13
337.03	193.31	282.20	033.25	069.27	132.12
351.27	202.18	283.06	034.18	070.17	132.14
353.02	266.09	292.23	034.19	070.21	132.18
357.19	269.22	300.30	034.20	071.14	134.25
364.11	294.29	308.14	034.24	071.19	135.01
366.10	295.08	308.18	034.31	072.21	135.21
366.14	296.06	308.28	034.31	073.10	135.27
366.27	369.06	309.13	034.35	073.11	136.16
373.11	ogres	309.21	035.05	074.07	136.23
off-hand	251.03	312.20	035.22	074.21	136.26
192.27	oh	314.27	035.31	075.01	136.29
offence	011.06	314.27	036.07	075.05	137.05
181.26	017.32	316.33	037.21	075.07	137.08
291.04	034.15	325.31	037.22	075.33	138.26
offended	067.15	336.23	037.34	076.18	140.28
106.20	086.33	336.29	038.16	076.22	141.09
190.25	106.17	336.35	038.21	076.22	142.03
260.22	134.04	346.02	039.17	078.20	142.23
295.30	135.19	350.24	039.21	078.25	143.13
369.27	136.09	355.12	040.09	079.12	143.18
offer	144.22	355.17	040.15	080.28	143.21
106.15	151.23	357.03	040.24	081.09	143.26
149.22	152.05	359.14	041.04	081.12	144.13
206.23	163.20	367.30	041.09	082.20	144.31
273.26	163.30	old-fashioned	041.10	083.02	145.13
320.35	168.21	050.24	041.20	083.32	146.01
366.29	171.14	older	041.33	084.03	146.05
offered	184.21	012.32	042.05	084.08	146.31
009.11	189.35	179.11	043.12	084.18	147.34
078.15	203.12	291.10	043.13	084.23	148.08
129.22	206.18	oleograph	043.28	084.25	148.12
132.03	230.17	200.15	044.09	085.13	149.21
207.31	234.12	olympians	044.12	085.32	149.24
369.02	236.24	302.17	045.17	086.02	149.26
374.21	241.19	olympus	046.07	086.18	149.33
offering	246.30	283.12	047.24	086.30	150.21
291.15	252.30	ominous	048.02	088.05	150.24
323.31	257.33	080.19	048.18	088.05	150.25
offers	262.31	ominously	048.33	089.09	151.22
308.05	268.01	039.06	049.02	089.15	151.23
office	270.24	omnipotence	049.10	089.24	153.18
010.08	277.06	083.24	050.20	089.30	154.02
065.03	278.10	on	050.20	091.04	156.32
137.16	303.15	002.01	050.29	091.06	157.05
148.02	307.34	002.13	050.32	091.06	157.07
313.02	308.08	002.26	051.16	091.35	157.19
316.19	317.19	004.23	051.21	092.10	157.30
333.09	327.11	005.01	051.25	092.20	158.01
376.31	327.23	005.16	051.28	093.06	158.32
officer	339.05	005.29	051.35	093.28	158.34
020.30	341.31	006.15	052.14	093.33	159.08
039.24	367.07	006.26	052.20	094.01	161.05
246.34	371.27	006.31	052.25	094.12	163.08
314.11	376.14	006.34	052.25	094.13	164.05
officers	okhotsk	007.03	054.07	094.15	164.19
036.11	120.02	007.08	054.16	094.25	165.10
094.02	old	007.23	054.19	095.11	165.30
offices	005.27	008.07	054.33	097.07	166.04
017.35	009.28	008.23	055.05	097.11	167.13
083.31	011.30	010.29	055.15	099.10	167.14
official	010.16	011.04	056.04	099.21	167.27
009.23	020.21	011.15	057.04	099.23	168.05
020.26	026.13	011.24	057.04	100.35	168.12
038.23	045.08	012.04	057.07	102.13	170.25
070.18	064.22	012.04	057.11	103.16	172.26
081.23	065.30	012.10	057.19	103.17	173.12
084.35	074.35	012.13	057.25	105.11	173.24
085.28	078.20	012.24	058.02	106.21	174.11
086.32	086.09	013.06	058.03	107.10	174.25
086.35	100.08	013.29	058.25	108.13	174.34
087.26	110.28	013.30	058.26	108.29	175.13
092.13	111.09	015.03	058.29	109.06	175.32
105.30	126.12	015.06	059.02	109.12	175.33
121.11	135.34	015.08	059.02	111.34	176.18
136.23	136.35	015.24	059.17	112.12	177.07
233.23	137.09	015.30	059.17	113.01	177.12
290.21	137.18	016.03	059.17	113.18	177.16
291.04	137.24	016.06	060.18	113.30	177.22
291.14	137.28	017.01	060.32	113.32	177.35
292.24	141.07	018.06	061.09	115.04	178.04
301.15	141.16	019.03	061.12	115.04	178.25
304.08	143.35	019.10	061.21	115.06	179.19
307.01	147.24	019.25	061.28	116.08	180.17
315.14	148.12	020.02	062.02	116.27	180.21
official's	148.27	020.13	062.08	117.01	181.01
087.04	150.26	020.34	062.15	117.12	181.06
301.31	official-looking	021.19	062.35	117.13	182.01
	159.11	021.27	063.02	117.30	182.09
officially	169.23	021.35	063.07	118.01	184.14
081.15	181.14	022.02	063.08	118.24	184.16
008.28	187.14	022.06	063.09	118.33	184.19
105.29	188.12	022.14	063.21	119.01	184.26
officials	195.14	022.23	064.10	119.18	184.28
019.04	195.15			119.21	184.33

ON (continued)

185.13	244.29	296.32	349.23	171.32	043.11
186.10	245.01	296.34	349.24	171.35	048.28
186.13	245.11	297.02	350.03	172.06	048.29
186.16	245.27	297.02	350.06	172.10	049.10
186.20	245.33	297.11	350.11	172.33	050.15
186.35	247.23	297.25	350.16	175.35	050.16
187.08	247.32	297.29	351.07	178.03	051.23
187.10	248.10	298.07	351.23	190.18	055.05
187.20	248.31	298.20	351.32	192.23	057.11
189.18	248.32	299.02	352.09	197.06	059.19
191.04	248.34	299.06	352.23	197.24	060.19
191.10	249.11	299.11	353.02	198.10	063.12
191.21	249.17	299.14	354.08	202.09	063.28
191.31	250.01	299.17	354.19	204.19	069.06
192.01	251.25	300.13	354.33	208.07	069.24
192.15	252.03	300.34	354.34	215.20	070.20
192.20	253.14	301.19	355.12	222.08	070.25
193.17	253.24	301.34	355.15	232.25	072.17
193.25	254.21	303.04	355.27	234.13	073.09
193.26	254.28	303.31	356.24	235.09	074.01
194.14	255.28	304.26	357.13	239.33	074.32
194.15	257.23	305.04	357.18	241.32	074.32
195.17	257.29	305.21	359.13	248.05	075.04
196.17	257.32	305.34	359.19	256.02	086.12
196.29	259.05	306.27	359.20	259.04	090.13
197.04	259.30	307.10	359.22	261.32	090.29
197.18	260.02	307.10	359.26	262.08	090.32
197.25	260.15	307.14	359.28	264.29	092.29
198.10	260.15	308.19	360.09	266.02	094.11
199.05	260.16	308.26	361.10	268.08	101.22
200.10	261.14	308.31	361.35	269.12	102.03
200.16	261.28	309.12	362.26	273.02	102.26
200.19	261.30	310.08	362.28	273.19	103.15
201.02	262.18	310.18	363.23	284.28	105.33
201.19	262.34	310.27	363.27	286.23	107.03
201.32	263.01	311.02	363.31	293.07	109.17
202.19	263.17	311.12	363.33	293.10	111.26
202.24	263.28	311.32	364.04	294.02	112.21
203.07	264.02	312.26	364.11	294.26	112.33
203.11	264.05	312.30	364.14	295.15	112.33
204.18	264.26	313.26	364.16	295.25	113.01
206.03	265.29	315.24	364.25	296.30	113.10
206.11	266.16	315.32	364.26	299.29	113.12
206.15	266.17	316.07	365.07	300.15	113.18
206.19	266.21	316.18	365.16	310.15	116.06
206.27	266.26	317.11	365.17	317.26	117.21
206.34	266.26	318.16	365.17	318.03	118.05
208.15	267.15	318.23	365.31	319.17	118.11
208.18	267.18	318.28	366.11	319.19	118.35
209.01	267.32	318.29	366.13	320.03	119.04
209.03	268.05	320.34	366.17	324.16	119.06
209.14	268.08	322.16	366.18	329.15	121.17
209.21	268.31	322.20	366.20	330.25	123.15
210.01	268.34	323.10	366.23	331.07	123.29
211.09	270.15	323.17	366.25	332.07	126.04
212.19	270.31	323.20	367.04	337.23	126.13
213.21	270.35	323.22	367.13	339.26	126.14
214.09	270.35	323.25	368.15	347.17	127.08
214.18	272.32	323.25	370.21	353.03	127.15
214.22	272.34	324.03	370.24	354.05	127.26
214.25	273.06	324.09	370.30	356.13	128.01
214.30	273.10	324.32	372.16	357.25	128.16
214.35	274.05	325.07	372.20	359.16	129.09
215.08	276.03	325.07	373.02	364.34	130.24
217.02	276.07	325.09	374.08	365.04	130.24
217.12	277.09	325.18	374.22	368.06	131.04
217.13	277.22	325.20	375.18	373.01	131.14
217.19	278.16	325.20	375.30	373.29	133.08
217.30	278.22	325.33	376.03	374.21	133.12
218.16	278.25	326.05	377.15	one	133.21
218.30	278.31	326.08	once	002.21	134.10
219.10	279.06	326.15	006.05	002.30	135.07
219.25	281.10	326.16	009.35	004.26	135.23
222.33	281.27	327.33	010.05	005.25	137.01
223.14	282.35	329.09	011.16	007.31	140.03
223.23	283.02	329.11	015.18	008.10	141.32
225.19	283.29	329.24	016.19	008.22	142.01
225.30	284.10	330.15	024.20	009.31	142.05
225.33	284.12	330.22	026.19	010.08	142.20
226.14	284.25	330.30	026.28	010.15	142.26
227.24	284.34	331.11	038.04	011.18	142.27
227.27	284.34	333.03	038.34	011.31	142.34
227.31	285.19	333.14	053.16	012.33	143.10
228.22	286.12	334.07	057.29	013.05	144.21
228.25	286.24	334.09	061.30	013.30	146.24
228.31	286.31	334.19	064.12	015.27	147.23
229.02	286.33	335.03	067.16	016.02	147.27
229.13	286.34	336.06	069.06	016.03	147.30
229.13	286.34	336.06	069.25	016.16	148.04
230.26	287.01	336.14	071.28	017.11	148.22
230.27	287.11	336.19	073.05	017.12	148.29
231.31	287.16	337.02	073.26	019.04	150.32
232.35	287.21	337.20	079.16	021.03	153.01
234.33	287.23	338.01	079.19	021.13	154.20
235.11	287.34	338.02	081.22	024.26	157.07
235.15	289.11	340.03	084.04	024.30	157.13
236.10	289.21	340.18	089.11	024.32	158.33
236.34	289.22	340.19	097.08	027.10	159.17
237.08	290.18	341.11	106.22	027.14	161.25
237.15	292.23	341.20	109.28	030.03	164.05
237.32	293.30	343.14	123.13	031.16	165.04
238.08	293.34	344.01	131.28	031.17	168.04
238.11	294.26	344.04	144.19	031.27	174.14
239.21	295.05	345.11	144.29	033.20	176.22
240.27	295.08	345.13	147.33	033.30	179.05
242.20	295.12	345.14	149.16	034.02	183.25
242.20	295.18	346.20	164.20	034.08	184.17
242.35	295.35	346.33	165.02	034.14	184.23
243.02	296.07	347.24	168.09	036.16	186.08
243.07	296.19	348.16	168.18	036.32	186.12
244.05	296.30	348.29	170.09	040.34	186.26

114 ONE (continued)　　　　　　　　　　　UNDER WESTERN EYES

187.25	298.27	028.07	216.27	359.31	198.08
190.22	300.33	028.13	217.10	363.28	218.04
190.30	301.07	028.23	219.34	365.19	227.21
192.14	301.12	033.32	219.35	367.15	240.11
192.31	301.20	035.02	220.01	375.02	344.04
192.32	302.14	037.15	224.07	open	opinions
195.23	302.23	042.11	224.09	014.02	004.12
195.25	303.20	042.18	225.13	016.10	008.30
195.25	303.26	046.29	230.10	036.06	046.17
196.16	305.01	047.04	233.11	036.29	166.29
197.10	305.14	047.12	233.22	038.33	204.34
198.13	305.15	049.23	233.23	039.19	361.15
201.03	305.21	050.19	237.15	041.20	opportunities
202.21	307.13	050.29	237.17	052.15	157.20
204.04	307.17	051.25	239.25	057.13	opportunity
204.33	308.03	052.14	239.29	061.08	053.28
205.16	311.22	053.01	242.23	069.17	154.26
205.34	312.16	053.25	245.30	079.19	174.06
206.06	313.32	055.11	246.15	081.23	267.11
206.21	313.33	055.19	247.05	087.06	273.20
206.34	313.34	058.13	248.07	103.06	309.19
207.08	314.01	059.10	249.15	107.06	326.06
209.27	314.35	059.32	249.24	116.30	346.29
209.32	315.08	063.19	250.05	121.18	373.13
211.11	317.02	072.08	250.23	130.34	opposed
212.08	323.15	075.03	251.33	137.34	118.03
215.05	325.05	076.30	252.28	142.04	159.33
217.05	325.10	076.32	255.29	147.30	opposite
219.34	326.03	078.17	256.14	149.31	060.05
219.35	326.32	080.28	256.17	155.13	108.03
220.01	332.08	090.13	256.31	175.15	123.28
220.01	336.04	095.02	258.17	181.28	197.30
220.28	333.35	101.27	260.11	183.10	200.10
221.07	339.30	103.10	260.20	192.13	209.23
221.20	340.08	104.31	262.05	200.31	261.30
226.01	340.09	106.09	264.08	201.34	265.17
226.06	341.04	106.26	264.11	210.35	331.27
226.15	342.27	109.26	265.20	214.35	338.03
227.01	343.09	112.08	265.25	227.10	366.26
227.02	346.16	112.31	266.09	267.34	oppress
229.20	347.16	113.09	266.19	287.10	276.22
230.17	347.19	117.08	266.22	296.20	oppressed
232.07	349.15	117.23	270.25	315.22	005.10
232.30	349.17	119.12	274.31	323.09	oppression
232.30	349.18	119.22	275.22	325.14	101.21
232.31	351.02	122.34	276.07	330.13	249.25
232.31	353.13	124.27	277.12	333.04	276.08
234.13	354.20	124.35	281.08	339.13	352.03
235.02	355.09	125.02	281.25	358.10	oppressions
235.35	357.06	125.34	284.08	364.13	154.02
237.11	358.18	126.15	285.29	364.31	oppressively
237.17	359.02	128.09	287.12	368.21	200.17
239.28	359.11	128.28	286.13	372.02	oppressors
240.11	359.23	130.34	290.01	open-hearted	017.34
242.14	362.22	131.05	293.27	202.20	056.15
242.19	364.11	131.18	294.04	opened	131.06
243.11	364.16	131.19	295.34	010.28	or
243.14	365.21	133.19	296.19	061.35	001.21
244.15	367.04	133.21	296.31	071.17	002.27
244.15	367.14	134.32	298.22	082.11	003.13
245.10	367.26	134.32	300.13	108.13	003.35
246.29	367.27	135.34	300.21	150.07	004.10
247.11	370.19	136.08	300.34	193.18	004.26
247.20	372.15	137.30	301.14	200.25	004.27
248.35	372.32	138.07	301.26	217.16	005.03
249.16	373.22	139.34	301.32	236.23	005.26
250.19	374.09	140.13	302.35	269.24	006.22
251.01	375.02	140.23	303.09	271.33	007.30
251.17	377.10	141.07	307.11	287.23	007.31
252.01	one's	141.31	308.19	299.20	008.30
252.05	004.01	144.22	308.29	321.22	009.01
252.20	036.33	145.21	308.32	322.28	011.28
254.10	057.21	147.32	309.25	331.29	012.03
257.12	069.04	148.19	313.21	340.21	015.18
260.25	082.09	149.05	313.27	358.12	016.02
261.06	094.10	151.24	314.23	359.20	016.02
261.32	130.25	158.21	315.12	363.07	016.20
262.28	130.29	160.03	316.17	opening	018.08
264.10	131.14	162.25	320.31	047.21	018.12
264.23	146.22	162.25	323.25	124.12	019.01
266.04	146.23	162.31	323.32	142.26	019.10
267.09	154.04	162.32	324.27	209.33	019.31
267.23	173.07	165.10	326.10	223.18	020.08
268.05	195.24	166.10	326.12	286.20	022.26
268.32	257.08	167.06	326.35	316.07	023.13
270.15	257.13	167.11	327.10	337.02	023.32
270.17	286.14	167.22	332.31	351.06	027.10
271.14	375.13	168.12	333.08	356.20	027.10
271.32	ones	168.32	333.34	365.02	028.24
273.35	255.03	169.33	334.02	openly	033.35
277.26	oneself	173.13	334.12	045.35	034.06
279.02	002.30	177.18	334.34	136.26	035.13
280.03	030.34	178.31	335.21	184.29	035.28
280.22	094.10	180.05	337.04	249.24	037.13
281.24	313.35	183.25	337.24	271.05	042.17
281.26	346.16	186.26	339.01	272.23	048.33
282.26	375.14	186.29	339.11	339.06	051.03
283.28	375.14	187.22	341.07	368.16	057.23
284.16	onions	187.26	342.28	openness	059.01
284.35	051.08	187.30	346.23	293.20	059.02
286.11	062.14	187.35	352.26	opens	059.12
286.14	only	191.21	353.18	091.18	059.34
286.16	003.13	193.16	354.08	opera-glass	062.23
286.25	008.10	195.11	354.09	281.22	062.27
287.06	010.05	196.26	354.09	opinion	065.29
289.05	010.20	199.29	354.15	004.09	065.35
289.05	012.25	206.10	355.23	013.20	066.14
292.10	016.02	213.34	356.02	044.23	068.21
295.24	022.28	215.12	357.06	056.25	073.31
296.20	023.03	215.26	357.14	155.22	075.13
298.22	025.04	216.15	358.20	170.02	075.17

OR (continued)

076.25	247.20	304.24	167.24	364.25	345.35
078.18	247.27	orders	167.35	otherwise	346.02
078.33	247.27	231.04	170.31	004.26	346.02
079.32	247.28	ordinary	170.32	055.35	347.16
084.24	247.35	001.15	174.23	101.10	347.19
085.09	248.07	006.17	177.01	147.13	348.29
087.33	253.06	168.01	181.20	153.03	353.17
090.32	255.02	168.07	183.23	167.33	369.18
091.34	256.20	203.02	184.14	170.13	371.31
092.29	259.34	218.08	186.08	ought	371.35
094.07	261.02	268.30	199.26	067.17	372.03
094.08	261.02	283.13	203.12	080.21	373.25
096.12	266.21	341.16	207.20	141.20	374.10
097.17	267.02	ordinary-sized	210.30	152.30	ours
096.27	267.07	282.02	213.04	175.17	056.11
100.27	267.24	organ	216.06	195.20	107.29
102.16	268.23	127.16	220.06	204.16	260.24
105.22	272.34	organisations	220.35	208.13	ourselves
107.05	275.10	114.06	227.31	279.13	031.23
107.23	275.10	organism	239.33	279.20	094.07
109.21	276.28	075.24	240.16	279.33	241.19
115.21	279.28	organization	240.28	319.09	242.18
116.02	282.27	071.07	242.12	319.15	251.07
118.13	283.21	071.09	244.35	346.05	314.07
121.12	284.16	origin	245.01	our	322.20
121.13	284.35	004.20	245.33	009.29	out
121.14	285.11	005.06	247.13	017.29	001.10
121.31	285.11	160.31	255.24	026.17	002.27
123.31	285.28	208.20	256.16	043.12	003.32
124.13	286.14	221.10	262.18	051.34	007.14
124.28	286.18	313.25	264.08	054.14	007.21
125.25	286.25	originating	264.26	072.08	008.07
126.24	292.25	121.02	265.02	079.10	009.26
126.28	292.31	origins	265.08	086.32	010.12
130.16	293.33	337.13	267.16	091.17	010.28
132.20	294.32	ornament	270.03	100.31	011.17
135.24	295.24	086.09	283.21	104.08	013.32
135.31	297.23	other	283.22	104.09	014.27
136.06	301.13	003.09	285.21	108.07	016.01
140.25	302.09	005.03	286.25	110.35	016.11
141.10	303.25	011.19	286.30	112.09	016.21
142.20	304.10	012.02	288.16	112.14	017.12
144.21	306.21	013.04	292.31	112.21	017.20
145.03	310.18	013.08	295.06	113.25	018.19
151.12	315.18	013.13	295.21	114.24	018.21
151.20	316.33	013.29	300.17	114.35	018.28
155.34	316.33	015.05	305.25	115.05	019.13
156.15	322.32	015.12	306.19	116.25	020.03
157.13	324.22	016.17	306.35	117.29	020.04
160.21	329.20	016.33	307.14	125.22	024.11
163.23	329.26	017.05	308.10	125.27	027.01
164.03	333.15	020.17	309.01	125.34	027.02
164.30	333.17	021.26	310.32	127.28	027.18
165.35	333.20	021.29	314.07	128.10	027.31
167.07	334.04	027.06	316.16	131.07	028.20
167.33	336.20	027.19	320.12	135.18	029.20
169.18	337.05	029.08	321.04	140.11	032.06
171.01	338.23	030.15	322.20	147.19	034.17
171.24	338.35	031.31	324.18	148.01	034.23
173.16	341.34	032.19	325.02	152.28	037.22
173.16	343.05	035.23	330.15	153.02	037.29
173.34	353.12	036.23	333.03	158.24	038.30
174.33	354.04	036.05	333.26	158.27	039.04
176.04	358.04	040.28	334.20	161.04	042.27
177.13	358.24	040.19	335.20	161.23	044.15
183.12	362.31	052.09	335.22	172.15	045.19
183.21	363.19	058.04	336.27	172.17	045.24
184.10	365.21	060.05	340.19	176.11	050.20
184.12	369.22	063.28	341.17	179.33	051.11
186.22	370.03	064.11	342.09	219.06	051.28
189.02	370.03	065.05	342.20	220.28	052.01
189.27	370.09	070.04	342.24	234.02	052.03
191.02	371.18	071.04	343.10	238.01	052.22
191.04	372.03	072.07	344.20	239.24	054.13
191.05	373.01	072.12	347.09	244.20	054.23
191.07	374.23	073.01	354.27	244.21	055.18
195.11	375.14	077.14	358.24	245.03	057.03
195.20	375.29	079.18	359.28	256.30	057.15
196.10	376.29	080.03	361.33	262.14	059.27
200.05	oracle	084.32	362.20	267.33	061.08
204.23	099.30	085.32	363.16	268.01	062.25
204.26	order	094.02	364.16	268.10	065.31
206.20	005.22	099.32	364.28	272.25	066.26
208.27	009.26	101.08	364.33	274.16	069.14
211.26	015.27	106.34	366.08	280.20	071.35
215.20	018.32	114.03	366.20	291.35	073.09
215.25	074.10	114.05	366.18	292.01	074.04
216.03	075.17	115.17	370.09	292.03	075.09
216.25	091.29	117.21	376.14	292.32	075.09
222.26	097.09	117.22	other's	295.25	075.12
223.34	116.25	119.01	078.08	303.16	076.19
223.34	147.32	120.04	078.27	314.06	077.15
224.35	208.01	120.34	093.35	319.14	080.26
225.35	263.31	123.07	111.01	322.19	083.03
226.22	322.15	123.29	others	322.22	083.19
226.23	339.29	125.27	007.32	326.15	087.19
230.29	347.14	125.33	009.21	326.16	088.18
231.35	ordered	127.08	019.01	327.23	088.21
233.17	039.18	128.09	019.02	328.01	089.02
233.29	060.35	129.18	137.29	328.07	089.17
233.31	137.03	137.03	157.14	328.10	090.25
233.31	184.30	140.12	157.14	330.30	090.29
233.32	273.30	150.14	171.24	331.30	091.01
234.02	292.17	150.18	203.04	332.00	091.29
235.10	orderlies	151.33	239.16	332.17	091.30
239.10	040.25	154.16	281.26	332.35	092.20
241.20	orderly	155.01	290.18	333.24	092.23
245.01	139.24	156.23	294.22	339.04	092.27
247.13	141.28	163.07	300.27	340.33	093.30
247.19	200.10	164.30	314.02	341.22	094.12
		165.34	364.01	343.09	095.22

116 OUT (continued)

097.17	254.11	366.12	053.08	335.07	050.22
104.16	254.25	370.08	055.05	336.05	053.07
106.08	255.06	370.12	057.04	342.32	056.21
107.16	255.22	370.16	057.21	345.09	058.17
108.09	257.27	376.03	058.28	350.12	066.06
108.19	258.04	376.04	061.09	351.10	066.35
108.24	258.28	outbreaks	061.14	352.10	068.10
109.11	260.16	015.07	061.16	353.22	068.26
109.13	260.29	outburst	061.26	355.11	075.34
110.02	263.22	047.18	062.02	356.02	076.14
112.24	263.34	265.15	063.22	356.21	076.21
119.06	264.27	266.03	064.01	357.30	080.28
122.24	264.28	outcast	064.18	357.31	081.19
125.25	265.02	037.13	064.27	360.26	085.24
126.23	266.17	outcome	065.01	363.35	086.01
129.13	266.31	211.20	067.26	364.14	091.01
130.12	270.12	outdoor	068.16	364.19	099.26
131.16	272.05	316.10	069.28	364.33	099.33
132.27	273.06	outdoors	069.28	365.04	115.30
133.10	273.12	027.05	071.17	365.04	116.02
133.13	273.28	outer	073.28	365.08	117.32
137.12	274.01	012.27	079.14	365.10	122.08
137.17	277.08	012.30	081.04	365.33	123.10
138.12	278.25	052.08	082.05	367.32	124.04
138.21	279.06	061.04	085.34	372.11	137.35
139.14	280.24	061.08	087.18	374.23	140.31
141.19	283.17	066.16	092.14	overalls	146.09
142.19	284.05	076.07	093.24	282.25	149.23
144.13	287.22	082.02	093.28	overbearing	154.04
144.21	287.33	082.33	095.35	278.11	154.18
145.35	290.04	083.31	097.06	overcame	159.16
146.34	291.22	129.16	101.16	312.09	160.05
150.09	292.04	299.16	110.25	346.07	161.04
150.25	292.09	338.02	114.10	overcoat	161.15
151.03	292.15	351.22	115.34	062.13	162.14
151.07	292.19	outhouses	117.08	069.33	166.29
151.18	293.31	120.11	121.23	113.30	170.07
152.28	294.07	outline	122.16	236.04	170.26
152.31	294.28	111.28	127.12	262.05	173.22
157.16	295.10	outlined	129.27	263.13	173.31
163.05	296.16	330.14	130.16	overcome	181.15
163.26	296.24	outlived	136.33	047.14	204.34
164.19	297.10	248.27	146.03	080.11	208.20
166.03	298.22	outlook	154.29	170.01	211.20
168.10	298.23	077.05	155.10	176.02	211.27
168.11	299.17	115.27	155.14	192.24	222.29
168.14	299.24	314.04	155.33	overcoming	239.11
169.08	300.07	outrage	157.09	250.11	242.27
169.34	309.32	216.22	169.01	overcrowded	244.20
170.17	310.20	217.33	177.06	374.35	244.21
170.18	311.08	364.17	177.33	overdone	247.24
172.29	311.12	375.35	180.06	346.01	249.10
173.03	311.15	outraged	180.07	346.04	252.03
173.09	311.30	093.21	190.01	overgrown	256.03
173.17	313.01	outside	190.15	374.29	258.29
173.34	313.05	067.35	194.10	overheard	258.33
175.22	315.07	071.08	194.16	160.21	270.13
177.09	315.24	071.09	194.17	160.21	274.20
178.31	315.31	121.19	194.26	160.24	274.23
181.35	315.53	141.25	194.31	272.13	275.05
182.02	316.05	153.30	195.28	272.32	279.32
185.30	317.10	191.22	196.33	306.08	280.32
186.22	317.34	192.35	201.04	overhung	280.34
187.05	319.17	214.15	203.19	330.09	288.14
189.01	320.01	247.24	211.08	330.16	288.19
195.05	321.13	330.25	213.03	overmuch	296.05
197.19	321.26	334.12	218.29	138.32	296.34
197.23	321.34	338.18	223.04	overpowered	298.28
200.08	323.06	346.12	227.03	364.23	298.32
204.30	323.24	outskirts	227.11	overpowering	302.26
204.35	324.29	016.06	229.26	031.19	304.01
205.06	325.15	328.28	237.13	214.10	305.07
207.15	325.21	outstayed	243.22	overshadowed	314.10
208.06	325.24	103.19	244.16	055.24	315.13
208.09	326.12	outstretched	249.03	314.30	316.07
209.12	326.20	165.11	251.02	349.21	316.21
209.14	326.22	outward	253.16	overspread	317.29
210.15	327.24	004.19	254.27	111.28	318.05
213.05	328.18	029.20	254.31	overstayed	321.17
213.34	329.12	037.07	256.02	174.26	324.12
214.30	329.23	110.24	260.23	overtaken	342.33
215.01	330.22	outwardly	261.32	006.34	344.23
215.02	332.05	051.25	276.11	015.16	345.10
215.18	332.28	189.15	276.31	067.21	349.19
215.18	333.05	214.13	279.07	119.01	349.21
215.25	333.18	over	280.08	overtook	352.02
216.02	333.21	002.08	281.32	006.18	361.16
216.32	333.30	006.30	282.04	328.08	366.31
218.32	336.34	007.22	282.05	overtopped	372.08
219.09	340.21	007.24	283.01	282.23	375.18
219.21	342.10	008.05	287.21	overwhelmingly	376.28
220.29	347.29	010.01	287.26	032.27	owned
222.08	351.03	014.16	296.13	owe	268.21
223.06	351.10	016.16	300.03	242.09	276.31
223.21	353.05	016.18	301.09	owed	279.30
227.30	354.03	019.13	301.10	250.29	owner
227.33	355.07	021.20	302.14	owing	015.30
228.24	356.30	024.09	302.16	317.28	025.10
229.12	356.35	026.02	302.34	own	025.32
231.04	357.25	027.04	305.24	004.01	352.21
231.33	358.14	028.22	306.28	004.18	owning
232.01	361.12	029.30	311.29	008.27	268.23
234.04	361.20	034.21	314.32	011.29	270.15
236.08	362.09	035.03	314.34	012.13	p
244.03	362.19	035.15	323.17	013.33	005.16
245.04	362.61	035.33	323.27	022.16	006.24
246.09	363.22	038.11	324.14	026.15	014.03
247.24	363.24	040.22	325.03	027.13	105.27
248.24	364.01	042.29	325.19	030.25	273.08
249.14	365.03	052.10	329.09	041.02	300.20
249.35	366.03	052.21	330.12	050.12	361.24

p's
012.04
038.22
070.06
101.13
106.17
302.09
pace
028.34
064.06
071.04
169.12
173.25
173.33
183.21
205.23
288.03
296.26
328.06
330.26
369.27
paced
207.28
294.15
paces
012.26
267.17
pacific
120.29
122.34
pacing
297.02
311.26
packet
072.19
153.14
310.26
page
031.04
089.21
089.21
091.25
353.14
pages
001.25
002.09
022.15
064.31
065.33
075.10
119.31
131.22
165.12
287.33
311.29
312.03
312.13
374.23
pah
249.05
paid
022.31
215.22
pain
028.15
126.12
126.12
152.35
205.25
234.01
244.23
343.19
370.03
pained
060.09
painful
175.04
179.16
181.06
181.25
204.19
244.01
333.01
painfully
063.16
074.22
168.34
323.34
pains
063.05
painstaking
032.25
paint
209.26
painted
070.14
159.18
173.03
212.04
213.07
217.02
227.08
247.20
247.27
247.28
284.30
301.01
328.34
painting
350.33

pair
027.07
123.21
232.16
264.26
palace
036.16
160.33
palaces
017.35
260.15
pale
025.06
036.34
041.35
053.02
060.35
086.02
086.13
175.15
200.08
274.07
299.19
323.23
334.09
335.11
360.10
371.26
pale-faced
119.05
pallid
329.01
pallor
111.29
palm
173.07
246.20
262.20
265.08
325.02
palms
227.15
351.32
palpitating
109.18
pamphleteer
282.16
panels
209.26
panes
063.04
pangs
280.12
314.10
panic-struck
015.16
pant
249.04
panted
259.09
paper
006.05
054.15
063.18
064.04
065.34
066.13
075.04
075.15
107.18
109.13
115.12
130.35
146.05
214.32
214.34
215.05
245.01
263.27
290.27
336.04
357.20
papers
005.25
010.29
012.10
069.29
074.15
074.23
075.16
076.22
096.08
101.12
134.11
153.13
153.23
180.17
286.02
paraffin
359.25
paralysed
109.23
273.14
parapet
194.11
194.17
194.26
195.28
parasha
137.15

parcel
214.31
309.10
310.31
311.13
357.21
371.12
parched
177.34
178.08
182.14
185.17
202.33
parchment
005.21
pardon
016.32
058.17
168.21
190.04
238.27
249.16
356.26
parentage
003.34
009.03
009.25
023.31
023.32
239.10
282.12
parenthetically
089.35
240.15
parents
147.21
147.35
185.01
232.32
paris
160.28
parisian
212.13
parliaments
208.04
paroxysm
056.30
parrot
001.19
parrots
002.30
part
001.02
002.09
025.02
034.12
050.08
064.21
077.23
084.23
098.01
099.06
117.29
123.10
130.33
137.08
146.16
148.30
150.35
155.09
155.27
157.07
159.16
167.22
179.20
195.01
198.05
214.35
220.13
227.11
229.15
242.12
245.08
248.15
252.28
252.29
262.29
262.33
272.07
272.22
275.13
288.21
289.01
300.32
301.34
308.22
317.23
318.06
323.13
324.29
331.23
337.20
349.01
367.15
parted
049.29
061.07
116.09
126.30
143.18
172.03

175.24
240.32
307.35
344.11
355.10
particle
242.25
242.27
particular
057.18
057.22
161.13
200.14
274.05
276.35
300.06
376.28
particularly
056.26
086.14
191.26
parties
104.13
171.03
192.32
245.02
325.25
parting
084.20
311.06
371.31
partly
071.21
071.21
209.30
209.30
272.13
parts
015.27
193.22
323.18
party
040.35
235.05
258.23
pass
015.11
015.19
019.06
156.20
156.34
165.10
173.28
186.06
191.31
229.02
249.25
250.28
281.27
292.31
298.17
336.14
352.24
passage
017.14
066.23
195.11
292.05
322.21
passages
294.16
353.10
passed
005.24
015.26
034.08
036.04
040.33
061.14
070.33
082.29
085.34
094.17
106.09
129.27
157.04
159.02
169.01
177.33
190.15
226.23
229.26
231.34
236.33
243.22
254.31
261.32
274.23
276.19
287.06
306.06
313.09
321.26
329.22
336.27
337.12
346.15
352.10
352.30
363.25

passengers
265.19
passers-by
024.18
passes
132.30
376.10
passeth
003.17
passing
028.35
035.01
038.02
067.23
069.27
114.10
119.20
121.14
157.22
188.08
198.12
251.17
254.27
265.14
295.26
334.31
367.30
375.03
passion
067.11
076.12
084.15
100.25
114.30
234.29
247.08
247.08
247.14
257.27
276.01
280.12
300.33
passionate
029.05
031.13
037.23
passionately
314.18
passionless
084.16
352.16
passions
288.16
301.03
354.24
passive
010.19
031.06
181.03
336.06
passively
337.17
364.31
past
018.08
059.07
099.18
108.23
208.25
311.16
314.15
320.31
336.04
357.28
358.07
pasty-faced
282.24
patch
325.18
patches
139.32
228.17
paternal
076.33
303.35
path
034.20
184.24
227.26
235.11
239.12
pathetic
119.04
231.25
pathetically
033.01
paths
121.14
patience
279.34
patient
224.11
patiently
122.19
128.16
217.11
359.04
patricians
205.10
205.15

patriotic
031.29
096.12
096.16
136.07
301.29
patriotically
304.25
patriotism
005.11
033.24
063.30
patrol
015.04
122.19
patron
301.18
346.02
patronymic
011.04
205.29
pattering
061.13
paunch
362.35
paunchy
312.06
364.28
pause
060.17
089.27
094.21
115.19
142.23
169.02
175.35
207.04
211.12
245.12
250.29
329.28
344.15
348.04
365.29
377.11
paused
015.31
021.32
061.32
105.03
130.14
155.34
164.18
172.01
173.35
179.26
188.07
230.34
253.24
268.07
pausing
333.05
pavement
006.32
008.07
011.23
015.24
036.07
050.20
050.33
191.21
191.35
285.19
316.19
336.06
352.10
365.16
366.26
pavements
024.32
paw
128.29
325.03
pawed
026.34
paying
339.09
pea
202.33
peace
003.14
003.15
019.12
024.29
031.14
031.29
054.28
102.03
128.14
354.13
peaceful
061.20
pearls
144.13
peasant
006.31
006.35
029.11
062.11
205.33
206.29

118 PEASANT (continued)   UNDER WESTERN EYES

268.21	peninsula	274.12	200.18	211.26	050.19
270.01	215.09	274.17	203.15	216.01	050.19
270.15	216.21	274.31	210.03	225.23	persist
278.33	penitent's	275.03	278.02	225.26	113.35
361.06	137.21	275.24	286.29	239.13	persisted
377.13	penitentiary	277.06	368.27	239.22	207.09
377.20	322.16	277.15	perfectly	242.29	persistence
peasant's	penknife	277.27	002.26	248.07	084.10
008.08	064.02	280.03	007.20	251.01	persistent
peasantry	064.04	280.23	021.21	252.02	048.29
208.16	294.32	284.25	049.15	252.04	053.09
peasants	penuriousness	287.26	050.26	254.05	persistently
015.06	213.20	303.30	060.25	256.26	184.29
115.05	people	306.03	071.23	257.02	persisting
136.30	003.06	309.24	073.03	259.17	029.21
peculiar	007.08	311.10	076.23	261.14	persists
003.22	007.15	311.14	083.22	267.10	065.04
011.04	007.17	312.24	095.19	272.06	318.23
023.31	008.01	322.04	145.30	272.33	person
073.08	009.28	327.15	159.28	289.08	001.15
075.18	011.01	327.23	187.07	293.27	014.34
124.32	015.16	327.23	190.07	294.22	017.08
130.21	018.14	330.32	216.07	296.25	018.17
184.01	020.10	335.22	224.10	300.29	036.35
184.03	029.06	336.30	252.16	311.26	046.03
184.11	029.09	339.01	254.04	313.20	057.22
219.27	031.06	340.17	267.31	315.25	060.16
221.06	031.15	341.19	269.20	320.10	063.08
230.04	032.03	343.06	274.02	328.11	074.07
279.15	033.18	347.09	294.19	330.28	087.11
303.05	044.10	348.16	299.15	333.22	100.27
344.04	049.06	348.18	300.05	334.34	100.29
370.22	053.26	355.28	303.09	337.05	100.29
peculiarities	053.33	358.13	305.01	341.16	115.35
164.08	058.33	359.26	319.01	349.05	124.16
peculiarity	059.16	361.07	319.13	351.19	126.05
290.15	062.21	362.05	319.23	355.09	127.01
peculiarly	071.31	364.18	320.06	367.25	143.24
023.35	071.34	368.14	337.28	370.30	144.05
pedantic	073.29	370.17	350.08	371.25	144.20
282.13	077.18	people's	358.33	period	145.08
pedantism	085.31	131.08	364.34	008.22	154.31
353.07	090.01	279.14	374.16	083.31	160.15
pedantry	095.21	pepper-and-salt	performance	116.25	165.05
282.31	102.30	282.03	163.31	342.32	168.07
pedants	103.23	323.30	214.14	periodical	174.07
216.12	107.26	pepys	264.17	076.32	174.08
pedestal	108.05	003.05	perfume	perish	176.24
041.10	111.21	perceive	222.32	019.35	176.31
286.33	113.28	058.13	perhaps	034.04	193.13
pedlar	117.24	064.26	003.13	034.04	202.26
272.24	121.09	perceived	004.18	034.10	202.28
280.06	122.28	070.35	011.29	356.31	205.24
peeps	126.13	108.26	013.14	perished	210.28
263.22	126.16	167.14	016.31	114.15	213.28
peer	126.25	168.08	019.34	148.32	215.28
136.33	131.07	180.24	020.25	204.28	222.11
peered	131.35	199.03	023.11	372.15	226.35
026.33	135.26	219.20	029.26	permanently	227.19
158.06	137.19	225.22	030.10	019.17	232.06
324.33	137.30	239.19	032.11	permissible	244.31
peering	138.27	343.20	045.26	314.27	245.06
126.30	147.31	perceiving	049.25	permission	246.35
peerless	148.11	029.12	056.01	339.03	265.27
127.33	148.16	324.32	057.18	permit	274.06
peevishly	148.20	perceptible	060.17	087.30	277.21
262.06	148.35	176.01	062.11	127.19	292.08
peevishness	150.11	221.10	062.12	219.15	300.13
219.31	150.15	279.23	065.21	264.32	300.24
262.31	151.12	perception	068.14	permitted	306.21
peg	155.05	085.24	075.13	069.03	307.17
052.25	156.18	207.06	079.32	146.03	312.27
064.09	161.11	perceptions	081.29	209.27	323.25
066.02	163.06	066.04	083.05	362.19	325.32
066.07	166.07	perchance	084.34	376.35	329.10
pen	166.27	064.32	085.09	pernicious	339.11
001.05	172.14	perched	087.21	038.13	341.16
063.20	174.22	237.32	094.15	045.13	353.22
063.22	185.18	percipitating	102.32	089.07	359.02
065.02	186.08	117.14	106.06	perpendicular	371.08
065.03	191.20	perdition	112.34	248.18	personage
144.26	194.20	357.17	113.02	259.01	010.10
160.27	204.28	375.17	116.07	perpetrator	010.27
282.10	204.32	peregrinations	121.02	017.34	038.09
283.08	205.09	343.09	124.16	perpetual	080.35
287.23	206.10	perfect	124.19	127.32	282.01
287.31	206.16	032.07	124.33	perpetuation	personages
296.22	208.19	041.08	125.24	353.34	038.30
297.16	213.04	049.07	131.19	perplexed	159.26
298.04	213.30	049.18	133.33	038.35	159.32
353.08	216.22	050.01	135.30	226.33	160.02
357.22	217.19	082.32	135.31	317.09	304.25
pencil	218.05	165.22	139.04	perplexing	personal
054.16	219.06	207.19	144.15	294.03	004.14
055.03	224.13	209.32	147.05	perplexities	010.06
penetrate	233.07	217.05	152.10	190.10	013.01
078.26	234.19	266.08	154.33	perplexity	023.06
177.23	239.01	273.35	160.22	066.15	033.22
303.10	240.09	275.06	162.07	210.06	131.30
penetrated	242.16	276.30	165.35	persecuted	167.32
028.15	255.02	277.02	166.04	140.20	258.27
068.01	265.14	293.21	169.07	persecution	274.19
penetrating	265.23	298.19	169.18	005.31	345.35
238.25	266.10	303.21	171.24	097.35	personalities
penetration	268.31	322.15	172.27	337.33	071.08
130.01	269.11	perfected	173.32	persecutions	207.26
210.09	269.18	173.06	179.14	102.01	307.10
210.15	270.35	perfecting	189.30	persecutors	personality
penholder	272.01	302.35	194.29	017.27	001.06
084.05	273.01	perfection	198.01	persevere	004.04
	274.01	056.17	209.34	010.21	006.01

PERSONALITY (continued)

075.30	166.02	363.10	philosophy	pigeon	177.25
083.29	171.02	366.30	004.07	026.35	200.01
090.08	171.21	373.18	photographs	pile	201.24
090.09	178.32	374.13	136.33	063.18	202.31
100.16	178.33	376.22	phrase	074.26	208.21
167.07	182.29	377.02	044.07	075.05	223.26
196.17	182.34	377.10	160.06	075.10	264.21
203.04	187.01	377.12	209.08	322.17	283.01
260.32	191.25	377.31	228.32	piles	286.05
312.05	193.14	petersburg	333.33	016.12	287.14
personally	197.16	004.06	345.02	065.33	292.29
067.05	199.22	010.16	362.10	326.15	296.15
071.25	202.01	015.34	phrases	pilgrimage	322.07
080.21	202.27	099.29	032.24	260.33	328.24
095.27	203.01	106.18	049.34	pillar	337.19
096.26	203.08	105.21	086.28	267.18	347.05
281.27	203.23	108.12	102.28	pillars	354.34
303.31	203.31	113.08	110.35	138.22	365.21
321.14	204.01	125.10	110.35	pillow	placed
373.06	204.11	128.11	163.35	029.32	075.12
personne´	204.21	133.18	240.15	052.19	153.09
227.01	205.12	133.29	325.05	066.21	places
persons	206.03	138.04	physical	298.07	057.09
006.23	206.07	185.01	029.18	pinafore	144.01
016.02	206.27	212.13	030.31	113.17	193.23
077.04	207.06	216.26	057.30	pink	300.18
150.17	207.22	252.20	074.33	011.22	303.10
153.19	208.06	255.14	121.02	025.06	313.13
196.11	209.03	256.13	153.03	076.28	325.34
284.35	209.09	256.32	246.10	pinkish	345.12
339.06	209.29	267.29	290.30	126.28	placid
perspective	210.04	265.03	295.10	pinned	165.21
327.35	210.17	268.20	346.16	263.28	173.10
perspectives	210.32	272.05	347.22	364.10	224.11
223.11	211.05	289.21	physically	pious	placidity
perspicacity	213.01	307.18	100.15	135.04	266.32
240.14	214.01	309.33	165.13	136.01	plagues
369.23	214.10	327.13	201.13	274.06	220.15
perspiration	214.30	342.03	201.28	pipe	plain
059.27	215.12	355.23	295.02	265.33	109.11
persuade	215.22	360.32	physiognomy	pipes	159.31
331.18	216.11	377.06	084.19	127.16	252.10
persuaded	217.10	petit	124.01	piping	299.10
020.21	217.16	284.29	141.11	262.30	301.22
033.22	217.27	petite	180.09	piquancy	311.12
122.24	217.35	002.14	331.31	279.29	plainly
303.31	218.11	105.17	physiological	pistol	082.30
persuasiveness	219.01	petite´	068.08	364.16	089.04
086.30	219.18	177.02	physiologists	pit-pat	160.31
304.13	219.24	petty	249.02	254.22	194.05
perturbed	220.05	245.09	pick	piteous	plains
238.07	221.12	peut´	074.23	255.25	031.01
261.29	222.33	101.26	294.32	pitied	plaint
pervaded	223.18	pfui	333.33	348.28	370.33
041.01	223.20	026.11	picked	348.29	plaintively
perversity	223.32	phantom	024.14	pitiful	026.05
250.11	224.02	035.03	027.27	145.21	230.22
pessimism	224.09	053.07	108.21	182.25	plan
121.01	224.27	055.07	124.35	243.08	199.13
pest	225.05	055.19	365.09	304.29	272.04
029.28	225.13	057.06	365.27	pitifully	272.07
pestilence	225.17	082.27	369.34	106.24	plane
034.01	225.22	092.09	picking	pitiless	102.22
pestilential	226.03	093.29	274.26	048.29	168.12
029.26	227.11	221.35	370.18	103.08	plank-fence
182.06	229.31	222.08	picturesque	257.24	374.29
peter	230.05	254.13	141.16	pitilessly	planks
126.08	230.08	296.06	263.29	120.26	329.01
127.18	230.12	298.21	281.21	pity	planned
128.22	231.13	336.04	284.30	005.12	253.09
130.23	231.14	365.18	piece	047.19	planning
130.31	232.02	phantom´s	013.28	121.05	218.04
133.27	233.25	336.07	028.26	122.11	310.10
133.35	234.02	357.31	075.15	141.18	318.27
143.33	234.23	phantom-like	114.23	142.31	355.34
144.08	235.04	024.04	130.35	242.19	plans
144.14	236.12	phantoms	133.06	259.03	015.09
144.19	237.14	059.20	160.29	259.18	049.26
144.34	237.19	097.02	165.15	280.21	076.02
145.28	239.24	097.05	182.24	280.22	136.07
145.31	240.04	222.02	232.16	313.34	253.11
145.33	241.04	344.15	255.29	314.28	368.17
146.04	241.08	349.09	284.32	346.17	plant
146.12	241.10	phenomena	290.26	pitying	014.17
146.27	241.21	093.25	309.10	210.19	032.07
146.32	242.04	phenomenon	336.09	336.09	plants
147.01	242.09	034.33	371.10	placard	040.27
147.05	244.21	288.25	pieces	260.14	203.28
151.28	246.28	philosophers	032.15	place	plaster
151.32	246.33	003.07	084.28	001.17	064.05
152.02	247.31	258.18	213.13	002.10	150.05
152.07	249.30	philosophes	354.10	009.29	222.26
154.21	249.35	103.17	362.06	018.03	plastic
156.09	250.06	105.15	pier	023.26	104.26
156.12	250.24	113.15	200.08	025.30	plates
156.30	261.18	114.02	279.06	025.34	228.23
157.12	273.19	116.29	pierce	026.28	platform
157.23	280.09	136.17	136.32	033.08	103.03
157.25	320.28	139.01	pierced	034.24	201.31
158.04	323.03	174.35	263.02	035.03	366.13
158.25	323.18	197.27	pierre´	041.01	plausible
159.01	323.33	315.04	223.07	077.15	271.07
159.19	324.17	331.01	piers	111.24	play
163.02	324.30	357.22	200.23	129.03	003.04
163.10	325.12	367.13	200.27	136.25	044.11
163.11	325.16	368.10	pig	138.20	050.07
163.24	326.20	philosophical	026.18	142.17	141.03
163.25	339.05	013.15	309.26	144.13	160.23
164.23	347.08	014.16	pig´s	172.13	225.12
164.29	347.14	020.06	080.13	172.22	317.23
165.02	362.09			172.32	318.34

120 PLAY (continued)   UNDER WESTERN EYES

331.23	287.22	073.19	134.34	positively	poverty
334.22	287.32	074.04	135.01	078.12	213.19
358.32	310.31	074.05	137.08	089.09	power
played	pockets	078.32	148.27	097.03	003.10
252.28	006.32	079.13	149.02	125.06	004.05
264.35	008.10	081.24	151.03	149.22	012.28
265.05	070.11	083.06	153.04	160.14	017.31
334.19	247.25	087.10	159.13	170.04	023.07
352.11	poet	087.22	163.26	205.01	029.16
playful	339.34	096.31	163.35	213.23	032.16
249.30	poetic	106.30	171.16	positiveness	032.21
playfulness	160.06	107.30	172.09	228.33	032.26
241.22	poetry	121.11	175.03	245.16	033.15
playing	185.22	122.19	187.16	possessed	048.32
248.07	185.26	150.17	188.19	027.29	050.11
248.15	187.22	152.33	193.27	070.29	057.21
280.30	poignant	160.18	233.01	114.14	057.25
plea	172.27	161.13	233.23	124.03	082.16
366.17	186.14	190.31	234.07	199.14	082.17
pleaded	315.08	261.08	267.21	282.30	084.15
078.24	336.11	263.25	274.09	355.18	095.18
224.20	346.06	264.06	277.23	possessing	115.34
pleasant	point	267.33	313.31	032.21	117.22
100.32	031.18	268.01	318.09	possession	124.27
216.12	037.18	270.07	319.14	001.03	131.08
305.19	053.25	273.03	327.23	081.34	137.04
please	052.07	273.06	339.07	162.10	138.28
134.10	065.05	291.33	339.28	182.18	151.12
156.20	065.13	302.34	341.21	301.13	154.07
156.34	076.28	309.35	poorer	374.17	170.09
167.30	085.04	362.32	015.27	possessor	175.12
225.34	089.03	375.24	326.28	009.14	194.24
273.30	093.03	police-captain	poorly	209.33	214.09
299.18	096.15	136.28	072.27	possibilities	223.26
299.28	108.23	police-hound	poplars	303.03	224.25
327.11	122.14	278.23	286.30	possibility	227.25
327.17	125.12	280.27	popular	375.21	275.07
362.22	159.07	policeman	216.30	possible	282.15
371.19	163.09	036.33	274.25	002.33	296.03
375.19	172.19	policemen	population	072.18	300.17
377.01	179.18	014.26	326.15	084.15	302.16
pleased	186.28	071.22	porcelain	102.19	303.22
017.17	188.27	074.13	065.32	112.29	350.15
026.18	180.29	polite	323.16	112.32	353.21
140.01	239.11	044.06	porea	114.18	357.29
154.20	239.20	157.32	325.19	133.34	358.09
156.13	253.21	politely	poring	146.12	powerful
159.16	269.04	041.27	323.27	167.04	128.11
198.30	276.27	politeness	port	179.22	129.11
210.27	277.09	042.18	326.15	180.22	301.07
216.05	286.27	362.14	portals	187.15	powerfully
273.25	288.07	political	327.27	196.11	247.27
pleases	292.14	006.23	portent	227.33	powerless
199.09	315.24	040.05	212.14	230.27	336.06
pleasure	315.32	059.14	260.17	242.14	powers
042.17	321.08	066.29	portentous	272.10	001.24
048.16	349.24	071.16	213.01	272.10	005.18
138.32	349.35	082.20	portentously	274.24	022.12
173.30	point-blank	091.08	123.27	285.16	117.17
175.25	141.04	096.29	porter	297.28	357.14
232.27	198.34	102.25	106.27	302.31	practicable
258.28	236.06	107.21	366.25	337.15	072.29
286.14	291.02	115.29	portion	344.03	practical
309.16	pointed	120.25	064.27	344.28	008.24
plenty	027.06	120.35	portrait	345.29	023.12
141.34	084.05	152.30	005.24	355.10	069.13
157.20	186.22	161.13	pose	373.04	087.20
172.35	271.23	215.07	187.13	possibly	102.24
277.31	350.33	219.15	204.06	011.30	147.07
283.26	351.03	239.10	204.09	055.24	313.20
plot	pointing	283.20	281.12	164.04	practically
006.21	274.01	290.34	posed	171.21	007.27
172.24	296.33	313.19	061.01	268.12	037.06
282.19	310.25	351.04	poses	273.07	181.24
304.21	points	politically	325.16	280.25	182.02
347.11	139.08	133.31	posing	292.16	practice
plots	203.10	politics	336.30	297.19	276.26
107.22	307.09	219.22	position	316.20	practised
140.25	poised	334.19	015.13	316.20	060.02
211.23	063.22	poll	043.01	316.22	123.10
245.35	069.10	126.28	081.27	post	praise
328.29	177.21	polyglot	095.01	093.13	028.17
plotting	poison	282.12	096.13	302.23	059.01
249.31	072.19	ponder	124.21	313.02	167.07
258.13	080.02	127.12	145.34	316.19	167.08
plumed	232.15	pondered	147.18	333.09	342.27
062.08	355.19	081.04	159.35	posted	pray
plunder	poisoned	300.03	164.28	312.14	044.35
308.26	295.18	pondering	185.06	335.10	049.05
plunged	351.35	205.14	217.13	posterity	077.12
148.21	poisonous	245.07	229.04	019.29	147.14
222.29	203.28	ponderous	271.25	020.19	205.06
237.29	poles	060.26	275.04	048.28	245.07
242.35	305.09	088.10	290.25	posters	264.24
plunges	police	pool	293.13	327.27	prayer-book
155.28	006.16	121.23	301.08	pots	101.28
plunging	015.04	poor	303.07	040.27	prayers
256.34	015.17	005.10	303.30	pounced	125.30
pocket	018.21	010.35	304.05	077.05	praying
022.03	018.34	024.22	324.28	pound	101.24
024.15	024.14	053.33	360.11	088.09	preached
034.28	036.35	107.15	364.10	pounds	123.09
042.24	036.30	113.02	positions	118.26	preacher
069.30	039.03	113.31	337.21	pour	213.06
077.30	052.31	114.14	positive	002.27	preamble
078.13	054.13	114.27	062.15	037.22	006.04
109.13	062.04	115.05	159.18	215.18	precarious
134.15	062.28	115.15	192.22	poured	345.09
218.25	063.13	115.25	228.08	215.01	precautions
253.32	066.31	119.05	246.17	pouring	006.04
273.24	070.32	131.04	272.11	223.13	286.17

precious
069.21
114.11
119.21
193.19
precipice
345.11
precis'
064.25
precise
019.25
048.09
116.15
119.03
121.08
141.28
207.25
precisely
043.35
082.24
085.08
098.24
136.18
155.05
167.33
224.33
287.09
305.07
307.29
367.22
precision
022.08
predecessor
376.31
predestined
345.06
prefer
149.23
301.12
preferred
162.03
164.03
191.24
prefunctorily
236.13
prejudice
035.26
127.21
prejudices
054.31
059.04
preliminaries
228.27
preliminary
214.15
304.32
preparation
106.27
preparations
316.20
preparatory
209.30
prepare
133.32
321.14
prepared
009.07
014.35
040.34
084.12
103.24
163.25
172.06
226.09
226.10
249.22
249.22
249.26
319.16
332.19
preparing
133.09
306.03
preposterous
310.12
310.34
presence
019.22
022.13
022.13
024.35
082.32
086.08
086.34
120.10
161.19
163.02
163.03
164.31
179.25
251.33
315.16
337.05
337.31
350.21
355.19
358.01
present
002.19
003.15
019.19
072.17
082.13
086.17
187.01
284.09
323.20
339.03
341.04
357.29
presented
089.12
117.05
122.14
124.12
255.17
282.21
293.13
368.10
presenting
248.15
265.12
360.04
presently
011.27
016.19
110.10
149.17
161.18
162.30
199.26
206.19
217.16
227.02
261.26
273.21
274.32
281.18
296.33
315.31
327.06
330.04
362.22
375.06
preservation
120.26
131.29
preserve
114.07
245.09
371.18
preserved
033.15
079.10
089.06
256.04
259.34
377.22
preserves
091.10
president
005.16
press
067.33
112.07
128.27
193.22
pressed
038.04
038.05
166.11
170.19
196.32
218.26
220.19
231.11
239.06
240.33
345.12
350.06
351.18
pressing
156.23
307.02
pressingly
079.26
pressure
010.23
010.24
036.05
040.15
235.33
262.21
304.12
371.35
prestige
013.02
204.30
245.03
295.17
presumably
141.31
presume
189.23
291.21
presumption
040.12
196.26
356.26
pretend
130.23
pretended
095.31
292.33
293.01
299.27
302.18
302.28
303.12
303.17
303.30
304.06
prince'
044.11
046.24
prince's
039.21
040.26
041.21
050.09
050.24
princess
011.17
principal
088.28
139.02
213.27
principle
005.29
290.29
322.16
principles
013.06
print
064.02
086.05
086.09
186.24
prison
023.10
149.01
150.09
152.31
340.26
358.23
prisoner
071.20
071.25
091.02
091.09
091.10
091.13
091.18
245.34
246.07
prisoner-like
246.23
prisoners
071.16
295.25
295.30
316.03
professor's
004.31
160.34
161.17
professors
002.23
216.08
proffered
169.11
profile
042.11
111.27
179.10
248.16
262.27
334.27
350.31
368.24
profound
036.27
052.11
066.18
072.01
075.13
095.17
101.30
102.29
122.11
127.14
161.30
162.08
184.19
187.18
214.12
271.16
276.11
285.02
322.27
334.21
343.30
361.35
profounder
353.10
profoundly
030.05
052.26
074.28
084.13
086.21
119.24
188.15
297.17
pretensions
065.09
123.14
pretentious
084.21
132.25
287.04
pretty
004.22
037.31
077.30
101.07
250.07
284.24
prevail
051.22
prevailed
038.23
prevent
120.06
267.27
prevented
058.29
130.31
142.25
previous
091.07
previously
015.09
prey
047.07
047.07
price
112.23
259.10
339.09
priceless
024.27
pride
021.16
065.08
206.25
206.30
260.08
300.34
303.25
375.25
priest
135.24
136.35
137.02
171.23
priest-democrat
134.02
priests
260.03
primeval
120.26
120.33
primitive
326.06
prince
009.35
010.06
010.34
011.16
038.03
038.20
038.24
038.31
039.01
039.11
039.16
040.01
040.16
040.17
040.32
041.12
041.15
041.29
042.01
042.11
042.29
043.06
043.23
044.01
044.07
044.32
045.07
046.04
046.21
047.28
047.33
048.25
049.10
049.29
049.32
049.35
050.18
053.21
083.14
090.24
090.27
090.33
094.24
095.03
095.23
095.25
prisons
260.15
privacy
165.22
196.02
286.06
private
038.29
083.31
105.20
124.10
125.28
239.10
239.11
265.25
305.02
305.17
366.12
privately
301.15
privilege
154.25
336.26
privileged
124.21
privy
011.31
privy-councillor
298.11
prize
009.09
009.10
009.14
013.10
355.33
probable
096.19
274.24
278.26
302.20
probably
012.11
037.04
050.05
115.01
142.12
235.01
240.02
269.11
269.28
271.06
300.10
321.32
problem
098.17
102.21
131.25
192.01
192.08
problems
340.25
proceed
169.24
214.01
263.12
285.20
293.34
proceeded
025.35
proceeding
221.06
302.19
proceedings
023.21
120.30
328.07
proceeds
065.16
proclaim
103.35
procopius
005.22
procure
079.30
procured
004.01
produce
210.03
217.25
341.33
produced
124.25
140.28
178.07
181.06
186.25
212.02
214.24
312.22
profane
209.34
professional
264.13
professionally
253.21
professor
011.30
011.33
160.11
295.25
295.30
316.03
problem
331.22
344.10
profundity
004.02
profusion
322.13
progress
017.25
058.16
069.05
133.06
prohibition
073.02
project
207.24
proletarians
216.12
proletariat
117.20
148.14
prolongations
116.16
prolonged
049.24
103.13
109.20
141.19
223.10
251.21
344.02
promenade
138.23
prominent
005.08
262.03
promise
045.10
065.27
078.19
083.13
250.13
276.20
promised
085.12
promises
138.08
promising
004.35
010.15
122.20
promontories
200.13
promotion
148.03
prompting
225.11
prone
027.04
225.26
pronounce
250.27
pronounced
069.27
072.01
116.08
256.25
pronouncedly
316.12
pronounces
091.21
pronouncing
093.26
proof
135.23
252.26
339.24
propaganda
150.19
241.33
255.16
propensity
102.21
proper
026.18
027.09
050.10
084.23
085.18
085.18
091.03
103.26
226.35
255.30
properly
014.32
213.15
property
098.23
prophet
324.22
prophets
065.13
proportionally
282.04
proportions
265.34
propos'
045.33
proposal
191.29
202.22

proposed	303.11	213.19	040.35	184.31	questioned
090.28	305.08	287.22	050.09	251.07	076.26
184.18	providentially	323.16	052.30	272.21	160.04
209.10	122.22	353.05	067.28	quarry	questions
propped	province	363.23	074.17	166.07	074.09
038.05	004.18	364.35	075.16	quarter	083.12
184.28	059.12	pumped	077.29	002.13	088.17
325.07	120.02	085.08	086.35	024.22	242.04
proprieties	127.29	punctilious	089.05	105.16	247.32
098.04	135.21	289.08	090.08	304.20	quick
proprietor	provinces	punishment	090.09	332.24	038.14
202.07	003.21	023.13	090.23	quarter-life-size	041.20
propriety	020.26	pupil	091.02	041.11	110.03
090.27	030.16	101.02	119.18	quarters	140.02
prosaic	071.30	pupils	120.21	009.14	140.02
331.26	324.30	212.11	122.32	011.14	179.31
proscribed	325.29	254.30	125.34	045.14	quickened
135.23	provincial	puppet	129.20	074.11	201.14
138.07	009.33	358.07	134.15	144.02	quickens
prosing	318.35	puppy	139.08	212.18	056.16
315.19	220.23	076.34	143.26	252.10	quicker
prospect	221.07	077.24	144.21	281.35	141.19
148.07	221.11	pure	146.06	320.08	158.04
286.13	263.35	125.35	147.23	328.28	166.17
prospects	327.28	162.16	148.35	quay	173.26
189.11	provision	247.35	156.31	284.24	216.16
prostituted	051.07	354.30	162.22	285.25	226.13
005.13	provocation	356.22	169.08	326.13	291.14
prostrate	223.27	356.23	170.17	326.14	quickly
027.20	provoke	374.31	175.22	quays	015.26
027.35	313.34	purely	180.21	327.29	170.32
protect	provoked	216.04	181.12	queer	171.15
006.14	035.27	purifying	190.01	153.01	175.26
124.28	047.15	277.01	191.05	237.33	238.17
protected	provoking	purity	192.23	254.09	241.27
004.17	077.01	030.30	194.27	273.14	261.29
protection	085.15	purloin	196.08	353.07	287.24
004.24	100.32	120.12	196.17	370.19	321.26
135.20	provokingly	purpose	204.11	queerly	343.17
259.13	294.11	005.02	228.29	193.32	358.18
protector	prowling	021.16	235.34	quench	369.02
009.33	283.03	034.24	248.01	150.29	quiet
protegé	prudence	037.20	253.32	queried	003.12
047.30	202.11	045.03	263.01	046.12	004.13
protest	344.30	048.35	265.27	186.01	009.24
080.04	prudent	046.18	281.02	210.25	021.33
096.35	011.06	096.30	285.34	232.01	039.28
130.04	053.21	096.12	287.31	344.10	056.35
152.15	084.30	123.08	290.04	quest	061.18
238.30	172.22	123.33	303.08	330.01	069.01
240.26	prudishness	195.17	317.10	question	073.18
257.25	247.05	226.13	316.23	004.27	077.09
265.03	prussia	236.10	325.02	040.18	094.20
291.31	311.19	236.34	333.20	051.33	101.17
300.32	pry	256.30	335.18	056.07	119.05
301.26	318.05	273.22	349.30	069.26	119.24
319.01	prying	285.35	350.03	075.19	148.29
protested	274.29	298.03	356.12	082.26	209.02
044.24	pseudonym	307.27	359.23	088.21	239.09
071.06	263.27	313.25	360.11	089.11	296.25
126.20	psychological	374.22	365.10	089.20	305.18
133.04	066.08	purposeful	366.14	090.23	306.02
156.21	102.29	165.10	puts	090.34	318.08
230.26	289.07	298.13	145.31	091.04	336.11
242.31	304.28	353.35	187.10	091.10	quietly
247.10	306.28	purposely	195.24	098.16	019.23
273.32	353.12	360.02	putting	104.02	038.32
341.12	psychologist	376.03	003.04	104.03	051.01
protesting	279.35	purposes	021.20	112.02	051.29
078.07	psychology	069.13	113.30	112.31	052.04
203.21	277.05	099.26	126.20	124.15	058.28
224.15	public	279.32	146.34	129.20	066.33
protruded	005.31	purring	193.11	135.07	078.30
027.07	045.09	155.02	249.17	152.02	087.12
281.29	052.02	pursing	271.35	156.31	113.34
protuberance	056.27	233.08	310.30	163.08	124.31
177.05	105.20	330.24	puzzle	171.28	130.13
359.30	105.24	pursued	301.21	179.14	145.15
protuberances	105.31	093.26	puzzled	186.24	171.30
084.18	123.30	163.18	196.30	192.21	174.21
proud	124.11	210.04	266.14	193.04	207.02
010.04	136.26	221.35	puzzling	204.23	219.18
050.06	138.22	269.04	250.16	222.09	228.03
099.03	160.21	300.24	231.30	231.30	233.11
108.18	172.13	pursuing	qu'une	234.22	245.06
144.33	201.04	076.01	101.26	238.31	262.11
276.06	223.26	113.35	quadrangle	241.04	267.14
338.35	264.21	250.32	020.20	241.10	276.05
prove	327.12	292.08	070.28	241.12	311.11
026.09	334.22	pursuit	quaint	242.11	320.29
301.13	360.32	356.19	124.02	248.02	340.21
340.07	375.07	370.15	322.34	250.06	quietness
proved	publication	push	quaintly	251.29	051.19
086.31	186.09	071.19	014.06	256.19	068.02
211.10	published	098.13	quake	268.02	176.14
211.12	012.10	200.31	018.01	270.12	quill-driver
269.35	160.27	350.04	quality	275.14	077.17
provided	puckered	353.05	046.26	289.20	quintessence
053.04	143.34	pushed	130.10	289.25	210.05
providence	231.23	197.12	139.20	289.26	quite
042.03	puerile	196.26	147.13	290.14	003.20
046.06	286.29	362.33	200.15	290.29	021.26
285.32	puffy	pushing	300.21	291.22	036.02
292.20	073.22	210.34	315.08	316.17	046.25
292.23	pull	put	quantities	332.22	047.30
297.05	018.05	004.23	066.30	339.14	052.01
297.12	pulled	012.18	quantity	340.08	055.10
345.34	035.14	014.19	040.27	348.05	061.32
providential	057.03	021.31	173.01	375.29	069.12
042.13	109.13	022.03	quarrel	376.35	077.26
303.11	111.05	032.10	009.06		078.21

QUITE (continued)

092.15	rail	261.05	235.10	030.21	058.27
102.18	275.32	326.22	239.02	030.31	059.26
102.19	279.07	350.09	247.21	031.09	060.10
105.08	281.02	358.08	255.29	031.18	060.13
108.25	railed	358.31	261.21	031.32	060.20
111.09	139.23	365.14	262.34	032.13	060.30
116.19	railing	366.27	266.21	033.17	061.02
130.06	095.30	rancid	267.32	034.18	061.07
130.31	275.28	025.13	277.06	034.27	061.16
131.35	328.09	random	284.01	034.33	061.21
132.06	railings	056.32	301.10	035.05	062.16
132.08	375.23	252.09	306.22	035.25	062.30
135.03	railway	253.16	313.24	036.09	063.25
140.16	006.24	rang	343.22	036.19	065.17
146.21	016.03	039.05	361.22	036.28	065.21
148.28	191.27	331.28	371.14	036.34	068.04
149.07	239.05	range	375.17	037.05	068.18
151.23	376.22	125.07	rational	037.09	068.22
158.33	railway-car	139.07	019.20	037.18	068.28
169.30	311.10	346.11	025.01	038.01	069.24
170.01	rain	rank	083.12	038.07	069.34
170.24	026.02	083.30	rattle	038.11	070.08
174.04	356.31	085.02	147.05	038.20	070.23
177.01	365.06	rankled	rattling	038.34	070.29
178.01	370.11	285.03	213.24	039.06	071.28
178.08	raise	ranks	ravaged	039.09	071.32
179.28	095.02	122.14	365.18	039.19	072.04
185.19	204.23	ransacked	raving	040.01	072.11
187.08	259.33	357.20	076.15	040.10	072.21
190.34	369.31	ransacking	raw	040.18	072.31
207.13	raised	063.14	061.16	040.25	073.06
207.28	010.26	079.13	062.14	040.32	073.21
214.05	013.21	rapacity	razors	041.06	073.30
221.15	014.15	259.10	043.32	041.14	074.01
225.32	020.17	rapid	razumov	041.16	074.19
226.28	039.06	061.11	001.08	041.25	075.23
236.18	039.10	243.19	001.20	041.32	075.26
240.10	056.02	rapidity	003.01	041.34	076.06
245.20	056.31	195.13	003.16	042.03	076.11
249.33	060.31	220.12	003.19	042.05	077.05
250.01	060.35	rapidly	004.01	042.10	078.07
268.30	094.17	007.22	004.07	042.20	078.25
269.17	095.34	070.22	004.16	042.22	079.02
274.14	106.04	079.24	004.21	042.28	079.06
279.23	106.09	096.03	004.28	042.33	079.17
284.07	111.32	155.14	004.32	043.04	079.21
287.17	117.01	164.17	006.12	043.15	079.34
292.28	127.07	176.13	006.21	043.17	080.17
296.20	149.11	180.01	006.32	043.19	081.08
296.12	163.02	180.04	009.07	043.24	081.21
300.35	175.04	214.17	009.17	043.29	082.10
303.33	175.21	261.24	009.20	043.31	082.13
319.31	188.10	293.10	009.30	044.12	082.15
323.14	206.25	318.11	010.05	044.14	082.21
324.20	207.29	rapt	010.08	044.16	082.30
333.10	216.23	341.28	010.12	044.20	083.01
349.02	224.22	rare	010.17	044.26	083.13
360.34	228.09	017.33	010.32	044.32	083.26
369.29	231.18	024.19	011.09	045.20	084.04
373.14	253.07	187.25	011.12	045.21	084.07
373.18	255.33	209.33	011.24	045.27	084.12
quiver	256.20	313.32	011.34	045.34	084.22
195.28	284.10	338.18	012.05	046.07	084.25
quivered	305.20	rarely	012.12	046.11	084.27
180.28	330.23	283.14	012.25	046.12	084.35
quivering	338.11	rascal	013.03	046.15	085.10
074.02	343.10	062.14	013.08	046.25	085.20
231.07	344.01	rasping	013.11	046.34	086.01
quoted	345.15	178.07	013.19	046.35	086.07
166.35	351.32	212.07	014.01	047.07	086.21
rachel's	361.26	212.16	014.04	047.16	087.03
334.24	370.13	214.27	014.25	047.21	087.07
rack	raising	rat	014.31	047.30	087.14
063.09	070.10	010.35	015.29	047.34	087.29
063.09	071.04	rate	016.26	048.02	088.06
086.02	090.10	037.04	016.31	048.04	088.12
racked	092.35	047.25	017.18	048.16	088.34
086.13	145.35	160.23	017.22	048.24	089.30
raft	215.13	162.06	017.32	048.31	089.32
173.02	231.23	168.11	018.10	049.09	090.02
184.25	262.18	178.16	018.25	049.19	090.09
184.26	267.27	205.16	018.30	049.20	090.19
191.15	282.03	232.23	019.16	049.23	091.26
rag	287.24	236.24	019.35	049.29	091.33
182.24	337.17	257.16	020.06	050.01	092.03
rag-picker	360.22	272.05	020.12	050.03	092.10
150.26	362.01	300.10	020.15	050.20	092.15
rage	rammed	336.01	020.34	050.31	092.18
027.29	069.29	358.27	021.23	051.19	092.24
072.31	287.32	367.23	021.33	051.27	093.10
269.04	ramming	rather	022.02	052.03	093.22
284.22	180.06	002.15	023.04	052.17	093.33
350.17	ramparts	023.32	023.16	052.20	094.03
raged	220.14	047.19	023.19	052.29	094.20
077.27	ran	099.20	024.22	053.08	094.22
357.04	015.15	106.05	024.28	053.14	094.35
366.33	026.10	106.24	025.14	053.20	095.05
ragged	059.28	110.29	025.31	053.29	095.16
016.16	061.07	131.31	026.20	054.04	095.29
024.23	079.25	136.22	026.27	054.15	096.01
025.18	147.21	147.13	026.33	054.32	096.05
074.26	164.01	163.04	027.17	055.09	096.14
144.14	169.08	180.32	027.30	055.21	096.24
147.28	195.03	186.04	028.03	055.23	096.31
216.09	199.32	192.26	028.06	056.03	097.06
raging	200.24	193.02	028.12	056.20	097.11
069.30	209.16	198.30	028.23	056.31	097.21
364.17	221.04	214.02	029.07	057.05	164.31
rags	234.30	225.01	029.16	057.33	169.01
121.28	245.20	225.35	029.30	058.03	170.34
150.25	254.21	228.22	030.14	058.18	171.18

RAZUMOV (continued)

171.34	228.29	269.25	310.35	095.08	160.27
172.03	229.01	269.26	311.09	098.15	186.17
172.08	229.10	270.11	311.26	103.06	readily
173.20	229.13	270.20	312.23	161.19	021.26
175.29	229.25	270.22	312.27	164.33	readiness
176.09	230.01	270.29	316.13	174.19	004.13
176.17	231.05	271.04	316.14	179.11	030.33
177.24	231.21	271.09	316.14	179.19	065.09
177.33	231.27	271.16	317.05	179.25	170.18
179.27	231.33	271.27	317.33	195.06	192.05
180.06	232.02	271.33	319.11	206.28	315.31
182.27	232.08	272.08	320.26	208.30	320.13
183.02	232.25	273.13	321.09	210.30	reading
184.07	232.34	273.26	321.14	211.15	024.30
184.27	233.10	274.06	321.24	213.35	091.04
188.01	234.15	274.14	323.19	216.15	099.13
190.32	234.32	274.21	324.02	223.20	100.32
193.15	235.27	274.35	324.06	230.18	100.35
194.25	235.31	275.18	327.05	235.12	115.03
196.13	235.33	275.26	327.12	236.01	155.33
196.32	236.13	275.29	327.16	236.08	185.22
197.12	236.20	276.01	327.17	245.07	reading-lamp
198.08	237.22	276.22	328.20	247.23	061.21
198.16	237.27	277.03	329.18	258.20	reads
199.33	238.03	277.19	329.21	263.04	301.22
200.04	238.14	277.33	330.02	268.08	ready
200.15	238.20	278.05	331.16	288.18	002.27
200.30	238.26	278.21	332.03	288.24	021.34
201.07	238.27	279.04	333.04	289.04	027.08
201.09	240.02	280.04	336.32	289.25	028.13
202.10	240.13	280.17	337.07	304.29	033.16
203.06	240.23	281.25	343.08	307.02	044.22
203.13	241.02	281.33	344.01	309.03	047.31
203.17	241.22	282.12	346.16	317.12	049.03
203.26	241.35	282.34	351.07	317.27	056.01
203.33	242.32	283.23	352.09	320.07	063.10
204.12	243.04	284.01	352.22	366.23	065.03
204.19	243.20	284.10	352.29	367.17	072.30
205.07	243.35	284.21	359.04	372.30	090.35
205.17	244.11	285.32	359.16	375.06	176.19
205.28	244.13	286.34	359.18	376.21	177.18
206.01	244.27	287.29	359.21	razumovs	219.14
206.04	245.17	287.31	359.30	008.33	251.31
207.01	246.17	288.21	360.02	re-echoing	252.12
207.17	246.22	289.21	360.06	255.23	252.13
207.21	247.10	290.02	360.11	reach	254.18
207.29	248.09	290.10	360.15	034.27	270.11
208.04	249.20	290.14	360.22	074.33	283.07
208.34	250.19	290.20	361.01	116.17	285.10
210.02	250.21	290.22	361.10	214.35	285.19
210.13	251.09	291.01	361.26	369.29	303.13
210.20	251.10	291.08	361.34	reached	325.13
210.26	251.22	291.12	362.05	036.05	352.21
211.08	251.23	291.17	362.17	037.18	369.17
211.24	252.31	291.22	362.23	061.35	376.16
212.11	253.01	291.24	362.29	063.15	real
212.30	253.04	291.30	362.34	081.13	012.01
213.03	253.10	292.01	363.01	110.01	034.21
213.29	253.21	292.04	363.06	110.03	047.33
214.05	253.34	292.16	363.21	148.21	078.26
214.13	254.07	292.21	363.25	153.22	110.12
214.19	254.10	293.10	364.09	193.25	131.14
214.23	254.18	294.25	364.12	223.19	132.19
215.20	255.08	295.28	364.23	236.21	132.21
215.24	255.31	296.04	364.30	251.29	153.12
215.32	256.04	296.08	365.28	268.06	171.10
216.28	256.13	296.26	365.34	293.34	181.25
216.29	256.19	297.25	366.04	322.18	211.11
216.33	256.28	298.15	367.02	332.35	251.20
217.18	257.09	298.35	367.03	351.25	251.29
217.23	257.18	299.20	367.33	365.11	311.32
217.29	257.24	299.27	370.10	reaching	334.18
218.01	257.30	299.33	370.18	123.04	348.35
218.27	258.06	300.01	373.04	352.23	realities
219.04	259.06	300.14	374.14	reaction	115.30
219.12	259.26	300.18	374.25	165.14	340.33
219.19	259.33	300.23	374.35	reactionaries	reality
219.25	260.07	302.15	375.09	137.32	001.12
219.34	260.19	302.19	375.32	reactionary	001.21
220.05	260.27	302.30	376.06	033.11	053.09
220.31	261.01	303.02	razumov's	348.27	055.16
221.01	261.11	303.27	005.06	read	093.08
221.07	261.16	303.33	010.25	012.11	114.08
221.09	261.29	304.01	012.01	053.33	312.10
221.14	262.12	304.13	016.35	062.01	really
221.18	262.23	305.02	021.19	100.13	002.31
221.27	262.25	305.05	022.06	101.33	003.13
222.01	262.32	305.08	022.15	121.12	024.30
222.05	262.33	305.15	023.01	131.03	047.18
222.18	262.35	305.21	023.31	133.13	062.35
222.31	263.01	305.34	024.30	187.05	078.11
223.09	263.02	306.12	030.05	187.22	078.22
223.29	263.11	306.18	033.28	207.13	079.27
224.01	263.16	306.21	039.28	225.21	095.32
224.14	263.19	306.26	045.08	231.15	097.08
224.18	263.63	306.32	046.01	244.35	105.31
224.22	264.01	307.07	057.23	276.06	106.14
225.01	264.19	307.13	060.26	300.01	114.05
225.09	264.24	307.16	064.21	353.07	132.17
225.19	264.28	307.25	065.02	371.19	133.34
225.29	265.11	307.31	070.17	371.19	135.11
226.09	266.02	308.01	071.12	reader	142.30
226.14	266.15	308.05	077.10	001.06	146.23
226.16	266.19	308.33	078.14	022.25	146.24
226.32	267.14	309.07	083.28	289.14	156.32
227.03	267.22	309.14	085.04	300.28	157.01
227.06	267.27	309.28	086.19	353.07	161.11
228.09	268.15	310.06	089.05	readers	175.19
228.14	268.25	310.16	093.14	001.25	183.12
228.19	268.35	310.27	093.24	110.13	185.11
228.24	269.09	310.30	093.30	160.14	202.28

REALLY (continued)

220.27
223.30
229.01
230.35
252.07
271.31
274.29
275.12
276.07
296.11
307.24
308.28
309.21
320.15
320.28
325.11
328.19
333.25
347.33
369.35
reappear
124.17
rear
103.03
366.13
rearing
029.02
reason
006.10
012.03
016.20
029.13
033.03
033.04
035.28
056.01
083.11
085.06
085.08
105.32
143.24
145.18
156.16
162.01
163.16
164.30
172.11
179.19
182.17
191.26
203.20
203.24
237.13
245.24
249.09
251.20
274.01
285.21
289.13
317.26
320.22
333.26
357.27
365.35
370.09
reasonable
076.03
082.22
083.25
087.28
087.30
104.02
reasonably
267.05
reasoning
325.24
reasons
060.09
073.03
155.11
159.30
159.33
reassured
050.26
080.21
315.26
reassuring
059.32
211.28
reawakened
047.10
274.22
336.23
reawakening
204.19
rebel
259.14
291.19
rebellion
066.22
082.21
091.16
rebels
048.11
049.01
049.06
rebuked
077.18
recall
281.14

recalled
028.32
270.32
371.07
recalling
119.23
127.02
receding
180.01
receive
081.14
103.15
106.13
117.27
197.03
283.08
368.09
received
004.28
009.23
030.31
083.30
099.14
106.31
126.06
137.06
149.13
171.17
193.07
195.05
212.20
220.26
222.35
246.11
254.29
273.18
364.13
368.04
376.32
receiving
116.22
274.02
recently
135.22
316.27
reception
004.31
244.04
267.06
321.01
321.50
reception-rooms
040.03
recess
371.12
reckless
020.09
270.01
recklessness
135.11
274.34
reckon
221.17
reckoned
259.23
reclining
055.26
recognised
036.34
recognition
165.11
197.24
281.35
333.15
recognize
165.01
292.25
313.05
333.07
recognized
071.23
090.27
201.25
235.12
235.13
324.34
356.19
359.16
359.31
recognizing
274.30
305.20
recoil
262.15
recoiled
169.12
340.13
recollecting
125.15
recollection
094.04
196.18
201.20
281.12
295.23
370.55
recommenced
171.21
reconciled
103.33
335.15

reconciling
128.12
reconstructors
326.35
record
003.02
003.17
005.06
022.09
031.05
065.02
068.31
075.10
098.15
103.06
211.19
239.11
353.04
recorded
165.12
190.12
284.18
290.19
304.33
recording
322.02
records
003.08
086.10
recover
135.34
365.10
recovered
345.19
recovering
079.24
228.02
recovery
373.05
rectangular
016.12
139.23
rectitude
341.15
red
016.18
070.13
100.06
121.20
122.05
123.23
175.24
222.09
262.07
264.19
279.34
294.21
298.29
322.12
322.29
323.07
325.10
327.27
365.33
red-nosed
255.17
274.21
298.25
304.11
305.01
redeem
312.12
redeeming
122.16
redemption
276.21
reduced
062.20
114.33
116.17
265.33
reduction
282.01
reed
087.17
087.18
reek
025.11
reeled
015.06
170.04
refastening
175.07
refer
216.30
217.31
270.09
reference
195.18
239.03
references
345.25
referred
198.23
referring
011.12
103.11
181.15
193.21
276.14

refined
109.01
reflect
206.34
208.18
240.33
reflected
009.07
036.01
057.25
082.21
092.31
100.22
167.13
204.17
227.23
232.17
233.15
261.03
271.25
279.24
295.23
298.27
304.05
311.26
326.14
reflecting
204.17
reflection
022.19
068.34
131.34
181.32
206.19
216.34
297.17
reflections
293.09
reflective
161.05
245.12
274.15
reform
131.16
131.17
132.20
290.28
reforming
165.20
297.32
302.26
reforms
304.24
refrain
283.28
335.14
refrained
124.29
164.30
170.25
282.31
300.09
317.26
344.30
refreshment
286.35
refreshments
136.35
refuge
029.01
030.18
030.19
030.19
334.15
361.14
refugee
116.10
182.06
197.17
286.15
313.19
refugees
255.26
283.20
refuse
213.15
309.34
357.11
refused
036.26
334.23
refuses
089.20
089.20
091.09
regain
062.03
119.15
regained
012.27
061.29
083.18
122.32
170.08
335.11
regard
086.32
162.12
190.28
239.09
251.04
313.23

regarded
140.21
169.05
regime
082.20
regiments
216.24
region
216.17
regret
142.31
158.17
159.04
regretted
071.28
109.08
163.03
256.17
276.29
369.24
regular
019.27
099.17
238.20
regularly
004.34
reinforced
051.18
reject
091.19
rejected
285.18
rejecting
033.23
078.14
rejects
033.04
rejoice
154.27
rejoiced
153.32
rejoined
191.15
330.24
362.28
related
074.25
relates
268.11
relating
002.10
150.18
relation
022.07
159.08
161.15
268.22
272.02
339.31
366.15
366.16
366.23
375.08
relations
004.33
019.02
116.25
137.33
213.04
relationship
302.18
relative
282.07
337.21
373.10
relatively
192.27
relaxed
088.34
222.05
244.24
277.10
released
112.05
178.23
226.17
240.05
253.14
291.23
relentlessly
357.35
reliable
304.19
relief
187.03
193.28
260.30
300.23
337.22
relieved
054.06
203.21
240.23
244.02
261.12
276.27
307.28
religion
131.10
290.07

religious
088.32
relinquished
129.04
reluctance
077.10
078.27
289.13
289.15
335.24
348.20
reluctant
197.33
199.06
242.12
275.11
295.11
330.01
reluctantly
124.15
310.23
rely
050.29
remain
002.23
068.28
083.14
083.29
109.02
128.35
138.17
149.19
165.33
176.04
208.13
210.08
223.07
256.12
294.30
297.20
315.20
330.03
340.32
373.05
remainder
291.09
remained
007.19
015.13
021.20
021.23
027.22
060.21
060.25
063.22
063.35
071.08
075.04
076.14
091.26
099.06
105.30
109.17
127.08
129.05
129.18
136.13
138.13
138.13
155.15
157.30
158.32
166.10
171.19
181.27
210.01
212.30
213.32
214.13
225.07
235.11
237.33
238.25
288.01
293.33
299.14
315.30
317.09
317.12
323.13
332.34
340.22
350.12
351.30
352.15
369.31
372.32
remaining
028.26
141.27
remains
003.18
044.19
267.20
remark
022.28
034.13
084.23
089.05
139.17
144.35

REMARK (continued)

164.04	reminding	349.12	research	resourceful	054.26
183.02	219.27	371.21	069.16	304.35	restlessly
300.33	reminiscent	repeatedly	resemblance	resources	016.09
314.21	237.34	007.15	058.20	328.07	123.22
remarkable	remonstrance	repeating	resemble	respect	restlessness
045.10	307.25	227.27	020.29	012.03	021.08
096.29	remonstrances	repellent	051.23	020.05	restored
117.27	076.33	096.06	154.26	021.08	122.13
285.31	remonstrated	repentance	resembled	031.10	351.22
313.07	203.31	091.13	005.30	044.35	restrain
remarkably	267.05	096.23	011.25	096.08	072.11
086.11	remorse	118.17	016.13	096.18	085.35
remarked	115.34	repetition	046.02	115.31	169.10
033.26	132.32	087.06	123.24	137.05	202.23
070.27	151.08	repetitions	126.05	158.29	restrained
087.26	271.33	022.23	295.10	259.18	014.29
111.20	272.35	replied	resembling	292.30	186.30
133.31	275.18	141.07	036.24	respectability	restraining
191.32	276.16	reply	041.17	224.12	241.35
219.05	280.01	091.09	084.11	327.30	rests
329.22	348.04	report	140.19	331.02	117.30
330.26	348.09	089.19	221.31	respectable	result
345.26	349.28	273.07	283.05	334.15	262.30
374.11	356.11	306.10	resent	345.23	resumed
377.11	363.31	reported	167.25	352.16	157.31
remarking	remorseful	188.33	180.35	respected	196.01
089.28	045.28	188.35	resentment	152.32	297.01
remarks	199.28	reporting	049.18	224.02	312.03
207.25	remorsefully	267.32	167.26	258.21	retaining
277.05	166.24	repose	180.34	330.27	090.13
368.14	remorseless	201.05	191.11	respects	retaliatory
remedy	006.14	304.22	reservations	339.03	072.20
266.33	083.24	336.28	196.03	resplendent	retire
335.02	110.15	reposed	reserve	030.30	097.13
remember	remote	153.30	004.05	respond	097.13
013.27	289.10	209.23	013.26	169.19	097.22
021.05	323.23	reposing	088.15	responded	126.08
062.33	remoteness	149.11	088.15	008.25	retired
065.24	246.03	223.14	125.26	030.33	060.01
101.16	331.22	represent	138.03	165.04	124.31
106.24	340.23	056.34	199.04	responding	141.26
118.23	remove	representation	290.32	165.04	197.15
135.22	319.10	167.29	290.33	response	215.02
141.21	removed	representative	342.32	263.04	215.29
142.16	014.03	138.07	reserved	responsibility	220.22
146.35	075.21	258.24	005.04	048.34	315.11
160.27	124.23	represented	125.26	responsible	315.13
163.34	244.07	300.31	170.35	057.35	324.17
171.20	294.02	representing	199.06	302.33	retort
185.02	removes	324.29	212.28	rest	180.33
193.25	002.33	repressed	217.20	019.25	249.14
226.04	render	036.12	278.16	022.28	314.23
238.08	225.33	represses	residence	031.31	retorted
246.29	rendered	023.07	140.12	039.34	142.14
251.08	004.24	repressing	residing	102.03	185.34
257.14	094.33	154.29	002.14	121.04	210.18
257.33	159.10	repression	resignation	123.01	248.05
267.09	202.12	306.04	021.08	126.16	277.30
267.29	346.15	repressive	030.12	129.31	362.20
275.29	rendering	005.17	068.13	136.06	retrace
281.16	064.26	reproach	094.08	149.04	313.08
347.17	renewed	035.26	260.05	166.23	retraced
354.01	087.14	043.16	314.12	172.35	028.34
366.04	185.04	127.24	366.30	176.18	retracing
371.19	255.33	318.04	resignations	190.08	197.13
371.27	renewing	reproached	290.08	201.11	retreat
374.12	260.27	080.20	resigned	201.11	281.23
374.16	renounce	089.07	021.13	202.34	297.24
remembered	206.06	250.08	021.18	244.17	337.03
005.23	rented	reproaching	054.09	248.23	retreated
018.25	202.05	152.33	339.01	272.06	039.05
022.26	repaired	reproduced	resigns	278.25	retributive
023.33	296.07	022.22	068.12	291.26	258.10
076.17	repeat	108.29	resist	299.06	259.03
083.13	187.35	193.22	055.12	299.15	retriever
094.22	246.04	republic	121.09	351.30	076.34
163.25	335.04	173.07	142.28	365.06	294.20
169.22	337.10	republican	194.23	365.21	retrospect
214.28	354.17	123.17	201.23	372.03	002.09
252.35	repeated	145.22	resistance	restaurant	289.03
253.21	020.19	145.23	109.23	173.02	return
253.25	040.16	145.27	175.12	restaurants	049.20
257.02	048.22	repugnance	227.25	036.06	116.27
300.12	048.35	142.25	227.25	077.03	122.21
312.16	085.26	202.10	227.26	rested	156.02
320.22	088.26	250.27	227.27	037.33	254.08
325.22	090.09	341.33	resisted	041.33	297.03
326.24	091.10	repugnant	065.23	084.08	330.30
326.35	097.22	121.04	355.32	122.03	331.30
333.23	133.12	295.02	resolute	141.09	returned
333.28	155.16	repulse	316.12	175.23	067.01
343.05	166.16	076.27	366.24	187.20	079.19
353.27	170.20	repulsive	resolutely	243.14	084.26
353.33	183.20	222.27	111.12	258.11	101.06
356.20	186.22	reputation	resolution	323.25	109.35
358.25	191.07	004.02	097.14	363.04	124.31
366.27	195.19	136.27	119.15	restful	130.35
370.32	206.14	reputed	346.32	054.23	136.24
remembering	222.18	281.04	resolved	054.24	138.24
009.19	225.01	request	012.05	resting	190.34
053.20	229.10	086.34	015.01	068.19	214.31
068.18	230.01	124.33	086.14	088.05	246.22
316.22	241.31	299.28	296.03	113.01	279.19
332.10	246.15	require	resonance	202.17	282.30
remind	257.20	135.24	129.11	248.10	296.28
111.04	262.25	166.01	182.24	259.30	312.15
285.35	277.19	292.12	223.26	318.15	329.18
reminded	292.01	required	resounded	334.09	355.18
023.34	329.13	140.28	335.33	334.29	358.21
245.32	336.21	rescue	resource	restless	371.35
308.05	347.19	046.05	304.29	012.35	373.32

returning	245.02	177.05	rings	041.08	144.27
012.03	245.35	ridiculous	026.30	042.22	149.20
033.30	255.15	187.23	143.17	044.05	149.21
108.13	258.13	205.08	215.04	046.02	254.01
131.30	258.21	226.02	riotous	052.08	255.35
227.08	260.53	ridiculously	308.05	053.03	282.25
235.33	264.15	243.08	rise	055.24	282.35
294.29	276.18	263.02	126.03	057.15	290.03
revealed	282.16	360.21	rising	057.24	293.35
114.30	283.35	right	005.32	061.05	301.17
revelation	304.20	012.30	074.35	061.19	316.05
020.04	305.04	030.17	220.32	064.07	320.34
304.01	325.25	034.20	372.12	064.11	347.08
revenge	342.31	035.08	risk	066.12	359.24
257.35	375.32	047.02	054.12	066.16	360.15
326.31	revolutionist	064.01	306.33	067.08	364.18
335.29	124.18	080.29	377.19	067.21	366.34
348.24	149.28	085.31	rites	068.04	roomy
348.31	150.19	095.18	123.10	071.18	123.30
349.28	153.23	097.08	rival	072.29	root
354.24	172.02	111.14	280.06	074.05	244.09
reverberation	182.12	117.35	river	074.15	rooted
225.02	185.12	118.27	118.33	075.02	163.27
reverie	187.11	124.18	river-side	076.07	351.08
243.27	196.28	125.26	013.23	076.23	rope
revert	216.06	128.26	rivers	081.22	021.11
103.20	225.07	128.31	031.01	082.27	rose
reverted	233.18	128.31	220.13	083.03	040.01
069.08	243.20	132.08	riveted	083.31	040.25
313.14	243.33	133.07	118.24	084.07	049.27
revienaura'	246.19	156.07	360.09	090.32	064.03
101.05	250.28	158.07	riviera	092.04	103.19
review	251.16	158.26	146.31	092.11	190.18
123.25	254.15	171.11	157.19	092.33	310.17
283.33	254.29	180.23	377.15	096.33	311.11
revived	255.26	189.22	road	105.19	363.23
185.07	259.31	200.13	033.26	109.12	371.29
revives	261.03	204.15	245.19	110.05	roses
103.07	262.10	204.22	246.23	110.28	336.14
revoir'	263.25	205.30	251.18	111.27	rosy
175.20	265.10	206.05	261.30	130.12	218.31
223.03	266.04	217.20	279.06	130.34	rot
revolt	270.08	221.33	285.20	134.17	247.19
006.08	272.10	223.11	320.16	146.27	247.21
006.08	275.34	229.30	366.13	150.03	247.27
021.12	279.10	229.30	370.16	150.29	rouble
021.13	303.01	237.30	roadside	156.03	308.10
065.08	304.11	238.24	310.05	211.02	308.22
107.05	345.26	238.29	roadway	213.12	rouged
257.24	355.24	239.13	006.27	214.24	212.18
257.31	362.33	240.02	024.04	216.01	rough
257.34	373.15	240.34	040.20	219.21	053.26
260.29	374.05	242.06	197.26	220.07	121.18
261.04	377.03	242.22	200.07	223.05	173.10
290.29	revolutionists	243.13	365.07	223.09	216.08
352.03	065.12	246.32	365.25	224.29	roughly
revolted	114.04	250.02	roar	229.31	071.28
217.33	152.29	273.16	146.05	269.19	363.20
revolu	153.09	274.25	rob	290.11	roughness
056.19	192.35	279.24	214.09	292.04	178.05
revolution	197.17	281.25	robbed	294.04	roumanians
063.31	205.10	283.30	018.32	294.35	216.18
075.30	209.25	284.28	059.10	295.01	round
096.19	244.19	298.18	213.23	295.34	007.13
131.34	245.26	298.33	259.24	296.24	012.23
132.19	275.29	306.02	314.29	296.32	018.08
132.21	280.31	309.31	353.35	299.02	021.11
132.22	286.11	319.12	robber	299.16	024.26
132.31	303.07	319.14	213.27	309.03	025.22
132.34	336.03	319.15	robe	310.19	027.34
140.14	346.17	320.06	295.18	321.05	030.01
145.22	353.26	322.10	robust	321.20	034.24
162.34	369.19	326.16	117.06	323.12	035.14
196.28	372.31	357.13	177.10	323.14	035.25
207.09	revolutions	358.20	280.05	323.35	041.32
216.25	031.13	364.06	324.22	324.18	044.32
216.05	reward	365.25	rocks	324.27	052.33
238.09	162.14	371.17	260.16	325.06	064.06
258.26	368.08	right-hand	rogues	334.04	066.34
258.34	rewarded	302.12	132.27	335.10	082.10
263.21	302.32	rightly	rolled	335.32	082.31
277.01	rewarding	163.25	083.09	336.35	086.20
283.31	368.04	rights	365.04	352.25	086.20
290.03	rewards	145.17	rolling	352.32	092.08
297.25	009.19	rigid	123.22	355.34	121.28
331.07	rhetoric	053.06	331.24	361.25	141.33
revolutionaries	253.25	rigidity	365.34	363.25	142.29
150.33	rhone	212.08	romans	363.33	143.16
154.19	331.25	220.03	204.07	368.23	149.20
revolutionary	352.15	rigidly	romantic	369.27	151.12
068.16	rhyme	213.32	141.14	rooms	153.29
069.05	016.20	221.33	roof	009.22	157.29
070.25	rhythm	rigmarole	150.05	013.32	172.24
080.19	14..05	196.24	322.17	017.15	191.19
080.26	ribs	rigor	329.04	024.34	196.21
081.05	278.31	220.03	roof-slopes	029.24	209.16
087.32	rich	rim	139.24	034.28	213.22
114.06	070.12	209.23	roofs	045.20	215.17
129.23	107.34	343.14	287.20	054.11	229.23
129.26	306.02	ring	room	062.34	231.05
132.04	323.02	014.22	012.17	070.08	231.06
132.34	rid	040.01	014.28	073.20	239.01
146.18	019.14	088.08	017.28	074.20	254.22
153.20	024.35	097.16	019.10	078.32	254.22
162.21	062.10	153.33	020.15	079.14	265.03
171.03	087.25	206.28	021.23	081.33	283.07
192.31	227.13	289.27	021.35	087.10	283.09
202.16	336.31	315.23	025.22	091.05	285.01
207.27	376.27	ringing	033.29	093.35	308.11
218.09	ridge	092.14	039.05	096.27	312.11
224.31	122.35	358.28	041.02	108.08	323.28

128 ROUND (continued)

332.02	041.12	020.28	rusty	saddened	074.07
350.11	042.20	021.07	200.24	372.13	076.09
351.05	061.12	023.27	200.29	sadly	077.21
363.09	247.32	026.19	219.32	038.24	081.03
363.25	254.22	026.35	245.18	060.28	081.17
364.03	254.33	027.09	265.23	110.30	083.34
365.13	365.06	028.17	ruthless	217.07	087.16
365.32	runs	029.07	005.31	342.01	089.32
368.01	094.12	030.33	258.33	348.02	090.03
377.30	rush	033.24	351.03	sadness	090.33
roundabout	014.26	040.06	ruthlessness	084.34	092.34
153.19	015.19	043.15	082.20	260.09	094.19
314.22	022.16	044.27	s	262.24	094.24
roused	055.01	065.07	123.12	safe	095.16
066.12	194.18	065.08	125.05	008.20	096.26
100.26	195.04	087.35	127.18	023.03	096.31
309.30	308.11	096.11	128.18	046.25	097.19
rousseau	364.04	099.09	134.26	109.29	100.02
286.33	365.06	101.10	135.13	110.17	101.18
287.04	rushed	102.23	140.18	217.07	101.31
311.28	022.11	102.26	144.07	249.33	103.30
rout	278.13	105.17	145.03	256.11	104.06
195.24	298.05	107.05	145.07	278.32	105.08
route	365.01	110.20	149.16	288.05	106.06
123.03	370.25	112.09	156.15	296.15	106.33
row	rushing	113.23	156.29	312.24	107.10
269.02	027.35	117.26	157.32	312.31	109.27
308.22	037.20	117.26	158.11	312.35	111.07
328.08	166.03	118.05	159.18	312.35	111.12
338.01	236.10	118.10	160.08	318.33	112.13
rubbed	278.12	123.32	160.35	355.24	112.18
149.12	370.16	124.18	161.31	363.29	113.06
227.15	russia	142.19	161.33	375.19	113.28
rubbing	002.15	160.19	161.35	375.21	115.19
147.10	002.16	161.13	162.04	safely	128.22
rude	005.07	161.20	162.29	016.02	128.25
132.02	008.19	166.21	163.22	128.24	131.03
rudely	011.31	166.22	164.16	266.01	131.33
076.27	020.04	175.11	165.34	safer	132.08
146.13	030.22	177.03	202.05	007.10	133.03
316.21	031.25	180.08	202.17	safest	134.06
rue	064.14	182.20	208.02	085.22	134.09
313.03	064.16	189.10	208.05	safety	134.20
328.02	065.10	192.32	209.11	006.04	134.35
328.27	099.23	199.24	211.17	019.16	135.03
352.12	099.35	205.10	215.03	031.12	135.32
rugged	100.23	212.02	215.21	044.10	141.35
084.18	101.20	214.19	216.05	050.08	143.04
088.11	102.03	215.22	216.14	054.18	146.02
ruin	106.08	275.24	217.26	066.34	146.08
023.24	107.03	280.20	218.16	090.29	149.30
032.08	108.05	280.28	219.10	131.30	151.32
072.04	108.15	283.20	219.13	245.31	152.18
ruined	111.34	284.03	219.23	262.02	154.28
014.05	117.20	290.15	219.27	275.06	155.06
017.13	117.21	298.02	220.28	276.23	155.20
018.32	119.09	301.30	221.04	293.24	156.01
032.11	119.14	307.03	222.19	sagacity	156.08
109.26	130.27	313.19	222.24	053.26	156.20
213.23	131.27	315.14	244.16	081.31	156.25
217.34	134.08	325.32	320.19	227.24	157.02
354.14	145.33	331.21	366.29	sage	157.32
rule	148.09	340.25	372.35	141.15	161.29
225.27	148.19	340.33	377.02	said	165.07
331.06	160.16	341.19	s's	006.01	166.09
ruler	161.12	358.20	129.25	009.25	167.26
091.17	164.26	361.08	159.06	012.14	168.01
ruling	184.13	366.16	160.13	013.13	168.04
064.27	186.03	368.14	160.16	013.24	168.26
rumble	186.05	371.05	215.01	016.29	168.33
352.14	188.19	373.16	216.04	016.34	169.26
rumbling	192.35	376.33	222.04	018.26	170.10
329.34	202.16	russians	sacred	019.23	171.03
rummaged	204.30	002.14	031.09	021.04	171.30
010.29	205.35	031.32	091.17	021.21	174.21
rumour	207.15	094.05	119.28	021.35	175.26
006.15	215.10	101.09	122.16	026.04	180.26
008.18	219.34	104.11	267.12	029.33	180.29
208.02	224.06	104.15	309.24	036.24	181.32
rumours	233.29	111.21	sacredness	039.30	182.11
135.15	233.12	125.26	119.29	040.02	183.01
325.21	238.21	125.34	sacrifice	041.15	185.23
rumpled	242.16	202.34	017.29	042.23	185.26
283.05	249.03	203.03	048.15	042.31	186.34
run	250.30	204.07	076.11	042.34	187.10
007.32	253.08	225.26	076.11	043.07	187.22
018.08	255.03	233.04	076.21	044.16	189.22
030.15	256.12	233.04	155.17	046.24	190.21
126.24	263.34	russians'	162.09	047.14	190.27
139.04	269.34	002.24	209.06	047.19	191.29
143.02	276.32	russie	307.24	047.28	191.33
143.03	279.31	002.14	309.17	048.04	193.15
165.20	299.10	105.17	326.32	048.16	198.06
171.15	302.16	russie'	sacrificed	048.29	199.19
174.23	308.21	177.02	189.12	048.33	204.04
175.20	325.22	rustic	sacrifices	049.19	205.18
177.30	326.05	084.20	290.07	049.35	207.01
196.13	358.05	173.09	sacrificing	050.06	207.24
233.14	365.06	294.12	033.22	050.10	209.01
265.24	373.33	rustle	072.03	050.18	209.12
293.31	374.25	107.18	sacrilege	050.30	209.24
328.17	377.18	143.08	356.01	050.34	210.34
366.12	russian	245.21	sacrosanct	052.32	212.32
370.15	001.07	rustled	213.28	054.29	215.29
rung	002.02	026.23	sad	056.11	217.10
315.35	002.17	131.21	119.24	056.23	217.21
runners	003.20	139.13	139.13	062.26	217.23
040.10	006.35	142.24	142.24	063.03	218.19
running	017.13	rustling	197.06	069.23	218.27
007.09	020.02	061.04		071.28	218.34
026.12	020.07	181.25		071.33	220.31
		363.07		073.01	

SAID (continued)

221.01
225.09
226.24
228.04
228.09
229.09
229.27
231.19
233.10
233.13
236.13
240.03
240.24
241.22
241.35
242.03
244.25
248.25
249.17
249.22
252.15
253.05
254.02
254.10
255.05
256.33
257.08
258.11
261.24
263.33
269.12
270.13
270.33
271.04
273.02
274.09
274.14
274.22
276.05
279.21
279.35
285.32
286.01
287.16
291.24
293.21
298.35
300.26
305.24
306.26
306.35
307.01
307.31
308.33
309.06
309.12
316.08
316.25
317.01
317.07
318.03
318.30
318.34
319.32
320.02
320.29
321.29
322.01
322.08
324.10
326.23
326.29
327.06
327.11
327.35
328.16
330.19
331.09
331.14
331.22
332.18
332.28
332.31
335.07
336.16
337.22
337.27
340.01
342.01
344.35
345.30
346.08
347.16
347.33
348.02
348.12
353.25
354.35
355.01
356.12
360.07
360.34
361.23
361.34
362.14
363.03
363.27
369.07
370.05
370.29
371.14

372.06
372.21
374.16
376.08
376.29
377.12
saint
027.10
059.14
094.11
saintly
148.27
saints
003.06
sake
076.10
096.04
136.02
186.26
307.30
309.35
321.17
377.20
salaries
146.03
salary
146.09
153.21
salient
262.07
sallies
264.23
sallow
070.14
084.16
143.16
177.04
228.11
231.06
329.07
sally
181.23
203.17
salon
127.17
129.26
salon'
160.21
salt
259.11
salvation
125.35
126.09
147.24
sam
236.20
samaritan
367.18
370.07
374.31
same
010.19
013.14
017.30
018.09
022.31
028.11
036.02
055.27
056.01
057.20
066.07
069.25
069.28
070.19
070.26
076.19
091.10
094.01
095.18
122.31
152.08
157.34
177.28
179.18
186.07
194.30
196.15
199.02
200.27
201.08
203.19
203.27
219.26
221.20
224.14
226.32
229.19
235.17
240.24
250.25
252.33
253.02
272.25
298.13
314.08
316.07
316.24
318.28
319.06
326.20

337.21
340.04
343.02
343.22
352.18
353.09
354.14
357.30
364.15
366.10
samovar
214.19
299.16
359.29
362.24
samovar'
066.16
samuel
003.05
sanction
036.23
sanctity
065.09
sand
033.33
sane
093.20
130.06
189.10
333.12
sanguinary
032.11
258.19
282.18
sanguine
013.06
266.27
sanity
082.08
sank
061.13
350.11
sante'
159.31
sarcastic
237.04
sarcastically
205.09
279.35
sardonic
243.27
sardonically
305.23
sat
017.19
020.13
028.11
026.20
043.19
047.34
053.01
061.35
066.31
066.28
069.16
074.14
074.29
075.15
084.08
084.31
093.13
099.19
112.06
121.19
123.05
174.33
186.31
168.07
190.32
212.18
284.25
287.17
287.19
287.28
296.25
297.09
299.13
305.34
311.13
323.08
324.09
335.15
353.03
355.33
356.16
357.24
359.28
366.17
370.30
satan
027.13
satanic
225.11
300.34
satisfaction
047.29
087.08
161.30
206.11
206.35
306.24
331.31

satisfactory
010.21
054.05
161.32
177.09
291.18
satisfied
193.11
203.26
satisfy
116.20
244.22
sausages
051.09
savage
037.33
120.18
120.26
120.33
121.30
169.23
230.18
270.29
302.03
351.17
savagely
096.32
244.01
295.24
save
017.31
034.02
046.19
113.02
155.08
266.27
302.19
344.17
354.27
saved
006.16
114.16
356.24
356.25
saves
357.32
saving
081.11
272.04
275.30
345.33
saviour
306.09
saw
010.17
011.16
016.10
016.30
018.31
018.33
019.06
019.08
020.18
030.28
034.20
035.02
039.11
041.35
045.05
047.21
050.20
051.06
052.17
066.09
073.06
073.14
075.08
082.30
091.28
101.12
105.33
107.04
107.06
111.27
112.32
121.35
139.02
143.09
161.31
172.28
174.02
180.13
181.35
187.03
191.26
193.20
197.25
198.10
199.23
230.15
246.19
254.08
259.22
261.30
268.35
271.20
284.29
303.03
313.02
315.04
319.15

320.27
322.25
329.01
329.35
333.19
334.07
337.02
341.15
342.22
343.03
349.27
363.35
364.13
364.24
365.24
367.11
369.34
373.07
376.13
saxony
311.19
say
002.32
009.28
014.10
017.10
020.05
020.29
036.14
045.32
046.31
052.31
052.32
058.06
071.03
078.17
082.05
087.11
087.24
087.30
089.25
096.10
096.13
097.05
098.18
103.31
104.23
110.15
112.31
115.03
115.06
115.33
124.18
125.20
128.12
129.24
130.18
131.28
132.06
139.15
140.01
140.06
141.02
145.25
146.20
151.06
151.29
151.34
152.27
155.05
156.30
157.15
160.03
161.18
162.24
163.21
163.28
164.18
164.28
166.20
168.19
168.35
169.29
170.17
170.28
174.11
174.23
177.19
180.07
180.23
182.30
188.05
190.11
190.33
197.22
205.08
206.31
206.07
212.24
214.04
217.07
218.01
219.05
219.14
224.17
224.35
225.18
225.35
230.23
232.10
234.02

234.06
239.25
239.29
241.09
241.14
241.20
242.33
251.22
252.01
253.32
259.13
261.25
262.22
264.11
268.19
270.35
271.12
274.07
278.08
278.16
290.19
294.08
300.10
304.26
308.32
314.03
318.29
323.01
323.32
326.27
327.03
329.27
336.17
342.35
349.16
352.26
354.06
357.10
367.27
368.34
369.13
371.30
saying
011.09
013.22
024.06
039.07
055.13
059.29
063.08
079.21
083.21
085.05
102.13
141.23
169.09
183.02
203.19
204.15
212.16
220.33
249.27
250.05
250.09
258.29
261.10
273.26
292.35
297.07
318.21
318.22
343.27
356.14
sayings
053.25
116.15
says
026.17
027.01
027.12
081.19
119.13
122.16
122.26
160.02
204.03
234.27
339.34
369.07
375.17
scale
167.15
scandal
127.27
161.02
scandalously
159.27
scanned
325.29
scantily
323.15
328.33
scarcely
133.34
scarecrow
026.02
scared
215.28
228.12
228.25
231.05

130 SCARED (continued)

SCARED (continued)
332.27
351.28
366.18
scarf
218.29
scathing
249.14
scattered
065.33
scattering
020.10
059.16
scene
007.10
028.08
319.33
373.09
scene´
163.18
scenes
050.05
144.25
325.33
334.21
334.30
scenting
265.22
sceptic
020.05
sceptical
244.31
359.21
sceptically
327.02
scepticism
020.06
249.35
scheme
099.02
304.23
school
099.28
schoolfellow
302.13
score
172.29
scores
150.14
150.14
266.09
scorn
089.28
102.24
112.20
180.11
186.32
194.29
204.19
221.23
225.11
239.26
251.12
281.08
285.18
345.31
358.02
scornful
164.06
258.32
334.14
scornfully
188.34
307.25
scoundrel
273.08
358.04
358.06
376.05
scoundrelly
278.29
scoundrels
081.09
218.20
278.17
scouring
195.04
scrap
273.09
scrapes
077.13
077.13
077.33
scraping
294.33
scraps
228.23
scrawly
063.23
scream
121.31
294.28
298.06
screamed
077.28
218.22
362.31
370.12
screwed
073.23
283.09

scribbling
083.32
287.30
335.15
scribe
306.08
scruples
098.13
scrupulous
049.27
132.27
239.21
scrupulously
294.21
scrutinizing
073.21
scuffling
364.19
scuttled
219.21
sea
008.32
119.33
seacoast
122.33
sealed
016.35
046.01
search
096.27
255.18
searched
087.10
336.06
356.24
searching
073.19
351.06
360.23
searchingly
104.01
241.30
257.21
season
139.33
seasoned
314.20
seat
032.16
088.04
201.04
287.13
286.01
323.25
323.31
seated
042.29
097.12
286.33
315.06
seats
051.03
second
007.34
008.06
015.17
016.32
016.16
026.24
043.10
098.01
109.21
208.23
215.27
239.04
251.28
313.33
343.03
secondary
239.29
seconds
170.10
226.22
322.27
secrecy
050.07
105.31
318.32
secret
005.03
010.24
031.21
031.22
031.23
036.06
045.31
052.01
057.09
057.12
057.14
057.20
065.09
068.31
073.03
073.31
081.05
086.16
090.07
093.01
102.29
105.21

112.08
114.06
146.17
182.06
185.14
196.01
205.03
211.22
212.12
216.07
225.20
250.14
260.05
260.34
282.19
303.12
335.10
335.12
335.35
354.11
368.21
373.33
secretariat
043.11
070.25
071.15
071.25
082.14
083.26
085.02
302.11
302.21
305.11
306.08
secretary
090.31
144.34
159.15
secretly
252.15
375.18
secrets
057.10
246.32
301.28
section
258.23
secular
093.08
secure
087.01
173.05
275.04
secured
120.04
287.10
security
076.04
305.32
354.25
seduction
295.10
seductive
116.11
343.12
see
003.03
007.06
013.33
016.33
017.09
017.14
018.02
027.25
035.30
035.31
037.01
039.34
044.30
046.24
047.03
053.31
053.34
054.09
057.01
060.10
072.29
073.25
076.24
077.21
078.22
086.04
086.15
089.21
090.15
095.12
095.16
105.02
108.07
115.08
115.18
116.19
124.20
131.26
131.28
131.32
135.27
137.13
139.27
141.20
142.14

143.04
145.18
146.18
150.10
151.28
154.17
156.14
157.01
157.10
157.33
159.04
171.29
172.06
172.07
172.12
173.23
174.17
175.18
178.12
178.14
179.16
181.14
181.22
189.11
189.12
189.13
189.17
190.12
193.19
193.31
197.32
204.05
204.34
205.33
206.16
209.10
212.32
221.24
224.25
224.27
226.26
234.13
236.11
237.04
239.01
239.16
241.04
241.21
246.17
246.21
246.22
247.18
248.17
252.31
254.15
257.07
261.18
261.20
262.24
264.22
264.33
271.12
271.19
273.29
273.33
279.16
284.05
285.33
290.32
292.07
292.27
295.27
299.22
305.02
305.30
306.32
307.13
307.15
307.17
307.27
308.21
309.21
309.26
313.10
315.28
316.30
317.16
318.14
319.09
319.19
321.31
323.03
324.13
326.06
326.24
327.05
327.07
328.20
328.32
329.20
333.17
333.23
337.04
338.33
339.02
342.28
344.25
346.25
347.04

349.22
354.29
359.03
366.22
368.07
368.18
371.25
372.34
374.20
375.03
see´
343.32
seed
032.06
353.23
seeing
007.08
054.13
065.22
094.25
143.13
153.26
162.20
179.09
193.26
239.05
246.10
261.30
319.22
339.24
343.34
374.12
seek
046.07
178.31
370.27
seeking
284.04
373.14
seem
022.11
056.12
057.26
095.21
107.22
146.32
154.04
155.07
219.29
225.05
227.17
238.11
239.22
250.16
257.08
260.20
274.27
290.01
341.21
343.27
seemed
004.29
005.32
010.25
016.05
024.24
031.10
032.35
035.07
035.33
044.14
046.35
047.17
050.07
053.07
062.31
063.11
065.27
067.22
069.19
073.11
075.34
084.21
085.16
088.20
092.06
093.23
095.23
106.01
109.01
109.24
116.15
116.20
121.08
122.08
124.05
126.03
128.21
130.09
131.23
141.17
142.20
142.24
144.03
146.25
150.10
154.20
158.24
160.24
173.24
174.27

179.19
181.11
192.11
195.04
197.35
199.29
202.01
210.17
213.24
213.35
217.14
217.25
217.33
223.14
223.25
226.33
228.17
231.23
234.08
235.24
240.33
245.21
249.13
249.23
250.31
251.13
255.08
260.28
262.04
262.15
262.29
263.12
269.31
273.03
275.22
285.30
287.27
293.31
294.05
299.33
319.28
323.26
324.08
327.34
330.17
330.33
332.21
335.34
339.08
342.10
342.13
343.23
344.21
344.27
349.12
350.35
351.20
351.33
355.28
356.02
356.15
356.27
357.34
359.13
360.17
364.22
364.33
366.02
367.23
369.28
370.33
seeming
262.21
seems
024.17
026.10
045.15
046.26
050.02
054.17
084.24
087.31
101.21
119.10
131.25
134.06
135.12
146.05
151.01
163.23
166.18
170.34
179.14
182.11
206.17
224.07
244.17
250.06
252.34
268.31
302.03
306.02
346.04
347.01
369.12
seen
006.22
012.34
018.14
023.19
037.26

SEEN (continued)

038.28	119.25	sensations	277.09	071.04	105.13
041.07	self	056.21	sequence	212.10	105.18
044.19	227.18	sense	081.31	243.02	107.04
053.18	self-analysis	005.12	serenity	286.34	182.07
053.19	119.31	019.31	024.29	settle	182.08
057.18	304.28	029.21	341.12	306.34	199.24
057.28	self-betrayal	039.02	serf	settled	227.10
067.02	185.14	051.16	205.33	101.06	243.29
070.05	self-communion	053.23	serge	136.23	254.11
071.20	003.11	054.21	144.01	152.05	271.21
106.18	self-confession	087.15	series	185.01	287.21
106.25	165.12	105.04	086.25	202.13	329.03
111.22	304.28	168.10	serious	261.04	333.13
113.16	self-confidence	181.29	046.19	325.31	336.04
121.22	046.16	206.24	046.23	settlement	343.14
122.35	088.13	210.27	140.25	122.20	356.20
133.24	088.20	210.28	210.28	settlers	shadows
133.25	self-confident	251.11	223.33	121.13	028.03
136.28	014.22	255.01	241.13	settles	028.07
137.34	self-conscious	258.10	283.16	080.14	156.05
140.08	237.11	286.09	285.09	271.02	299.11
142.15	self-contained	288.20	304.21	seven	334.07
143.25	317.28	290.01	317.10	118.13	338.07
147.29	169.17	296.05	332.09	seventh	351.33
149.18	self-control	297.27	346.19	018.06	364.35
152.27	170.08	302.15	serious-minded	047.24	shadowy
154.09	self-deception	303.19	352.17	several	026.31
154.12	081.06	303.23	seriously	040.23	053.09
154.35	255.21	316.34	056.12	064.12	055.04
157.07	279.04	337.30	075.32	091.06	297.24
157.26	self-delusion	340.23	086.07	119.34	325.08
161.33	305.04	350.22	seriousness	124.13	shady
165.19	self-denial	senses	203.08	129.32	200.06
170.03	354.03	104.08	256.04	138.19	202.21
171.25	368.04	215.25	servant	141.32	246.23
171.34	self-expression	sensible	007.24	146.14	shaft
187.24	371.05	066.29	020.27	183.31	061.10
193.23	self-indulgence	073.25	109.35	197.23	254.23
194.01	335.13	073.26	111.20	239.01	shaggy
208.05	self-love	106.35	129.13	241.09	025.26
212.12	240.17	sensitive	159.12	265.20	026.29
217.19	self-possessed	144.05	172.17	273.21	120.17
217.22	069.13	sensitiveness	297.32	276.16	122.01
222.02	093.13	273.33	297.33	282.35	shake
222.08	220.06	sensitives	servant-girl	293.30	038.12
231.27	self-possession	245.10	066.15	300.27	062.10
235.18	260.32	sent	294.12	305.27	070.02
240.28	356.34	018.19	servants	362.09	080.03
252.20	self-preservation	090.35	036.25	369.01	082.05
255.02	027.29	091.29	040.28	370.31	094.31
255.03	252.11	125.05	137.04	severe	208.31
257.03	self-reproach	225.35	145.08	033.01	291.15
262.34	267.01	225.35	145.08	202.15	336.11
266.09	self-respect	236.08	298.14	205.02	336.33
276.15	039.03	265.31	302.06	291.33	364.22
276.03	self-revealing	275.29	serve	305.24	shaken
278.04	003.08	312.30	069.03	310.28	074.21
280.23	self-sacrifice	325.26	303.27	342.27	088.14
281.21	019.32	334.33	347.17	severely	246.12
283.15	119.29	366.02	served	005.02	303.06
290.26	246.28	371.14	005.25	322.15	shakily
296.10	301.34	371.17	184.35	severities	371.29
296.12	sentence	091.22	281.07	137.22	shaking
301.23	self-sufficient	091.29	serves	severity	043.14
305.27	221.24	301.35	349.10	294.14	174.29
309.32	selfish	sentenced	service	sewing	279.04
312.16	314.18	019.04	085.02	321.20	283.25
313.29	319.10	sentences	094.33	sewn	298.26
320.24	319.12	086.26	101.18	369.21	shaky
323.19	sell	259.05	117.29	sexless	299.24
332.11	090.23	353.20	213.14	026.01	shall
340.14	151.16	sentiment	217.31	shabby	012.17
341.08	sellers	014.04	303.01	019.09	017.22
342.04	270.17	038.13	308.06	037.02	019.35
351.24	semi-rural	042.18	320.14	073.06	020.01
360.12	330.30	049.31	374.02	144.02	020.04
373.33	semi-transparent	123.16	serviceable	144.03	027.33
374.25	334.06	162.14	079.31	144.11	035.12
seethed	senator	162.15	serving	224.29	039.34
017.01	010.01	167.18	095.05	228.15	047.31
seething	036.09	173.13	servitude	228.19	048.14
216.24	304.07	191.13	131.15	236.07	048.22
seize	send	216.22	set	287.04	055.01
303.23	009.27	301.11	012.34	312.20	056.17
seized	096.33	307.24	018.22	366.11	059.13
027.34	137.17	320.04	027.19	shade	076.24
085.27	293.09	339.29	035.10	053.05	080.14
158.05	312.07	340.16	039.34	089.28	097.10
170.19	330.26	sentimental	060.13	175.31	098.17
176.26	sending	011.01	063.25	199.27	100.33
184.06	005.26	093.18	088.07	206.21	104.11
208.30	080.13	102.33	092.13	301.02	108.07
226.10	sends	sentimentalist	094.08	305.23	125.01
234.16	327.18	264.11	096.25	323.16	127.11
297.15	342.05	sentiments	146.34	352.20	127.33
325.01	sensation	013.17	216.21	361.01	128.23
351.25	028.15	032.19	221.33	shaded	129.24
seizing	041.17	045.31	234.14	100.14	131.26
062.31	074.29	046.33	257.32	121.23	131.27
125.16	080.25	095.14	264.04	204.13	132.06
seldom	108.22	125.07	294.17	209.13	133.07
156.10	229.25	172.27	305.11	245.19	135.26
232.17	230.04	211.15	310.25	334.02	137.12
247.06	283.19	sentries	316.32	shades	141.03
261.04	337.11	040.23	340.19	176.26	151.28
283.14	359.35	separated	362.26	208.01	157.10
295.13	360.35	015.12	364.04	249.20	157.33
select	sensational	114.26	sets	shadow	174.10
082.11	116.30	371.35	310.04	012.14	181.32
selected	186.16	separating	setting	027.28	207.08
034.24	263.29	079.22	065.03	061.14	207.10

SHALL (continued)

209.12	shared	109.18	139.16	166.34	220.18
210.05	198.09	109.20	139.22	166.35	220.18
210.34	340.16	109.25	139.26	167.10	220.18
216.32	sharer	109.25	140.02	167.13	220.21
226.04	227.18	109.26	140.03	168.08	220.34
227.01	sharing	109.30	140.07	168.15	221.02
240.21	156.05	109.34	140.07	168.24	221.08
241.04	373.34	109.35	140.19	168.26	221.14
241.14	sharp	110.03	140.21	168.26	221.16
246.10	026.09	110.04	140.33	168.27	221.18
249.26	070.13	110.06	141.05	168.28	221.20
257.15	209.30	110.06	141.09	168.29	221.22
259.15	262.07	110.08	141.19	168.34	221.28
259.15	285.24	110.10	141.23	168.34	221.33
261.09	310.20	111.05	142.03	168.35	222.05
261.25	322.26	111.07	142.05	169.04	222.27
264.32	sharper	111.09	142.09	169.08	222.28
270.12	111.28	111.14	142.10	169.14	228.05
270.35	sharply	111.15	142.14	169.25	228.11
281.07	026.26	111.16	142.19	169.26	228.13
286.01	117.08	111.31	142.28	169.31	228.14
286.03	175.34	111.32	142.28	169.32	228.20
287.16	186.11	112.12	142.29	169.34	228.21
291.21	344.01	112.28	142.32	169.35	228.22
291.28	sharpness	112.32	143.02	170.24	228.25
291.34	003.26	112.34	143.04	171.06	228.26
292.11	shatter	113.14	143.06	171.12	228.32
292.25	351.11	113.21	143.08	171.29	229.09
292.27	shattering	113.28	143.11	172.01	229.11
292.29	255.22	113.30	143.13	173.21	229.18
293.07	shave	113.32	143.20	173.25	229.20
303.16	299.25	113.33	143.25	173.33	230.07
308.09	shaven	113.35	143.28	174.21	230.09
308.11	137.21	114.02	144.02	174.26	230.14
308.13	shaving	115.02	144.18	174.28	230.18
308.30	300.01	115.04	144.19	174.29	230.20
310.04	shawl	115.06	144.30	174.33	230.20
310.16	073.14	115.08	145.04	175.01	230.22
312.07	shawls	115.11	145.16	175.09	230.28
326.24	024.23	115.13	145.24	175.15	230.34
329.30	she	115.19	145.25	175.18	230.35
343.34	011.17	115.28	146.11	175.19	231.08
344.06	013.32	115.29	146.13	175.21	231.11
348.26	013.33	115.32	146.15	175.22	231.20
348.28	020.22	116.01	146.25	175.26	231.22
355.02	020.24	116.05	147.11	175.29	231.29
357.07	020.24	116.05	147.14	176.16	231.32
360.07	024.24	116.06	147.26	177.23	232.03
363.10	024.25	116.12	148.28	178.04	232.08
363.11	024.25	116.13	148.30	178.15	232.11
364.07	024.26	116.17	149.10	178.22	232.19
367.04	026.11	116.18	149.11	178.23	232.20
369.18	043.13	116.21	149.15	179.14	232.23
370.23	050.06	116.23	149.20	179.14	232.24
372.08	073.12	117.03	149.23	179.15	232.28
372.09	073.14	117.05	149.27	179.19	232.35
372.19	073.15	119.09	149.32	179.24	233.08
372.22	073.23	119.11	150.01	179.26	233.14
shallow	074.03	119.25	152.18	179.26	233.17
200.08	074.03	121.19	152.23	180.04	233.20
201.16	074.17	121.20	153.29	181.21	234.17
249.16	075.01	121.31	153.32	183.34	234.21
shallowness	099.15	121.33	154.10	183.35	234.29
039.10	099.16	121.35	154.12	187.04	235.12
shambles	099.19	121.35	154.30	187.24	235.17
060.05	099.23	122.15	155.14	187.30	235.19
shame	099.25	122.20	155.16	190.29	235.28
137.11	099.31	123.16	155.30	191.04	235.30
242.18	099.33	123.18	156.03	191.08	235.34
266.33	100.06	125.05	156.06	197.34	235.35
289.10	100.07	126.06	156.08	197.35	236.17
350.22	100.13	127.22	156.13	198.05	236.27
shameful	100.13	127.22	156.14	198.09	237.04
163.13	100.22	127.32	156.25	198.25	237.08
163.17	100.23	129.30	157.02	198.33	237.28
257.16	100.24	129.31	157.04	199.01	237.29
354.24	100.25	130.01	157.32	199.01	237.31
shamefully	100.35	130.03	158.01	199.05	238.07
213.23	101.18	130.14	158.02	199.10	238.16
shape	101.25	130.33	158.11	199.12	238.26
032.17	101.28	130.35	158.13	199.19	238.30
053.06	101.30	131.03	158.28	199.30	238.31
076.07	102.13	131.13	159.09	199.31	238.33
082.35	102.15	132.10	159.16	202.18	238.35
104.26	103.02	132.13	159.22	205.35	239.01
118.06	103.24	133.10	159.23	209.16	239.04
125.21	103.25	133.10	159.26	213.04	239.06
162.34	103.26	133.12	159.29	213.10	239.08
243.30	104.01	133.16	160.14	214.21	239.27
243.30	104.06	134.18	160.17	214.22	239.30
279.15	104.17	134.30	160.25	214.24	240.03
283.05	104.20	135.05	160.30	215.06	240.05
323.24	104.31	135.11	161.04	215.08	240.08
324.29	105.03	135.13	161.09	215.20	240.15
355.17	105.04	135.17	161.10	215.26	240.26
shaped	105.08	135.30	161.33	215.29	240.32
008.30	105.35	135.35	161.35	215.32	240.35
shapeless	106.04	136.13	162.29	216.17	241.01
073.12	106.08	136.13	163.23	217.04	241.13
shapely	106.12	136.18	164.01	217.12	241.19
010.17	106.12	136.21	164.02	217.16	241.26
010.23	106.16	136.22	164.04	217.18	241.30
116.11	106.33	138.03	164.26	217.28	241.31
138.21	107.10	138.14	164.27	218.25	242.03
shapes	107.12	138.15	165.25	218.26	242.11
164.34	107.19	138.15	165.29	218.29	242.13
186.07	107.35	138.16	165.31	218.32	242.35
share	108.01	138.23	166.10	219.29	243.02
001.14	108.04	138.24	166.14	219.30	244.11
224.01	108.09	138.25	166.16	219.33	244.22
255.10	109.17	139.12	166.21	220.11	244.25

SHE (continued)

244.25	318.19	345.27	319.22	shopkeeper	065.28
245.11	318.22	346.28	sheets	330.01	067.32
246.12	318.22	347.06	063.18	shopping	070.03
246.16	318.23	347.16	090.12	011.17	072.30
246.27	318.24	347.28	shelf	shops	075.19
247.22	318.24	347.31	352.24	036.06	080.18
247.28	318.30	347.33	shelter	328.13	088.03
247.29	318.33	347.33	046.30	352.12	088.26
248.02	318.32	347.34	286.06	shore	090.16
248.05	318.34	348.01	295.06	200.02	090.23
248.18	318.35	348.02	300.25	200.10	091.15
248.24	319.01	348.10	sheltered	284.23	094.09
249.06	319.06	348.10	123.16	312.16	094.27
249.13	319.15	348.12	shelves	330.15	099.10
249.17	319.20	348.21	326.33	shores	106.21
250.01	319.32	349.12	shield	123.04	107.32
250.16	319.32	349.22	265.13	128.13	109.01
250.31	320.06	349.23	shifted	264.02	110.27
250.32	320.10	349.24	043.01	286.28	114.07
250.34	320.13	349.33	shifting	short	115.15
251.35	320.14	350.03	031.14	007.12	115.35
252.11	321.06	350.11	shifty-eyed	012.12	116.01
252.18	321.16	350.11	062.13	018.10	116.12
253.03	321.20	350.29	shining	025.10	118.18
253.07	321.24	351.32	222.29	030.02	124.17
253.12	321.26	354.34	269.02	040.02	130.28
253.19	321.28	357.35	284.32	046.13	138.24
253.29	322.01	359.16	356.35	056.29	138.26
253.33	322.07	359.20	shiny	058.19	138.32
255.05	322.32	360.31	074.14	060.17	144.21
255.09	323.01	362.26	209.22	073.12	145.18
255.33	323.05	363.24	221.26	082.29	151.25
256.11	323.10	366.15	shiny-eyed	083.02	153.13
256.25	323.32	366.17	217.02	099.04	154.24
256.35	326.07	366.21	ship's	101.08	155.08
257.06	326.16	366.27	237.15	115.19	155.10
257.26	326.22	366.27	shirked	123.22	155.28
257.28	326.22	366.31	313.30	129.16	158.17
258.23	326.23	367.23	shirking	144.01	161.08
258.25	327.03	367.25	062.25	152.18	162.31
258.26	327.04	367.25	shirt	169.02	168.03
259.04	327.05	368.22	025.06	175.13	168.31
259.21	327.11	368.24	120.04	177.14	170.03
259.22	327.14	368.30	shiver	193.29	172.02
259.23	327.24	368.33	065.22	200.07	172.17
259.26	327.32	369.03	shivering	201.15	176.29
259.35	327.35	369.04	026.01	234.16	179.02
260.22	328.05	369.06	064.13	235.06	185.33
260.24	328.11	369.07	shivers	235.19	186.12
260.33	328.12	369.07	146.33	236.06	188.31
261.01	328.16	369.08	shock	245.11	191.23
261.09	328.23	369.18	007.01	259.05	192.19
261.23	330.26	369.26	065.20	260.12	196.20
261.24	330.26	369.28	109.22	265.28	209.10
262.12	331.12	370.01	316.24	286.27	218.05
263.09	331.14	370.12	320.01	287.08	218.08
266.09	331.15	370.14	351.25	291.09	222.20
266.13	331.16	370.15	367.24	304.26	222.21
266.33	331.32	370.30	shocked	322.28	232.04
267.05	332.03	370.33	044.16	325.33	234.09
267.09	332.04	371.03	104.22	329.26	241.03
267.15	332.07	371.07	114.23	332.24	242.05
268.07	332.16	371.08	130.05	365.05	247.08
268.07	332.21	371.12	146.10	368.04	256.35
268.24	332.26	371.12	159.14	368.31	258.13
268.31	333.02	371.14	194.05	370.29	267.25
271.32	333.03	371.23	210.17	short-sighted	278.18
272.31	333.19	371.35	245.08	301.05	282.33
273.18	333.20	372.07	shocking	shortcoming	289.03
273.20	334.10	373.03	022.25	116.02	301.01
273.20	334.11	373.03	313.18	shortening	314.34
273.26	334.33	373.34	shod	124.33	315.20
273.27	334.33	374.02	071.05	158.28	320.06
273.32	336.17	374.04	shone	shorter	321.01
274.10	336.18	374.18	061.21	236.03	321.13
274.28	337.19	374.19	107.07	shortest	321.18
275.28	337.19	374.21	shook	191.28	321.29
275.34	337.22	374.23	010.33	shortly	327.04
276.02	337.26	374.25	027.20	074.12	333.25
276.06	337.32	374.26	034.18	270.20	338.35
277.32	337.34	374.35	048.13	376.20	347.14
278.01	338.19	375.01	061.26	shot	347.34
278.03	338.21	375.02	072.07	020.30	368.18
284.06	338.28	376.11	087.08	075.01	374.35
284.07	339.09	377.04	112.05	251.30	shoulder
313.31	340.13	377.25	116.05	252.08	007.24
313.32	340.14	377.28	122.05	253.16	050.04
314.15	340.29	377.30	128.29	314.11	050.04
314.23	340.35	she's	130.02	should	055.15
314.24	341.12	020.20	142.32	002.19	095.35
315.27	341.15	111.09	154.10	003.03	117.08
315.28	341.16	147.07	158.06	017.08	134.16
315.30	341.18	shed	161.32	017.15	146.03
315.34	341.30	110.06	205.28	018.15	155.14
315.35	342.01	338.28	223.32	020.08	156.21
316.06	342.05	343.26	266.31	023.01	158.26
317.01	342.05	366.23	330.24	023.32	175.23
317.02	342.07	shedding	369.16	032.03	194.16
317.19	342.25	122.16	shooting	032.03	211.08
317.30	343.02	sheepskin	063.05	033.15	215.15
317.31	343.10	006.33	shop	034.07	219.25
317.32	343.16	007.06	051.07	043.25	222.34
318.01	343.17	008.08	312.17	045.03	248.11
318.02	343.23	271.22	313.01	045.09	281.32
318.03	343.26	sheer	328.31	046.28	350.03
318.03	343.26	129.32	329.05	047.02	351.26
318.04	343.28	191.03	330.03	050.07	363.35
318.05	343.32	sheet	330.31	052.01	shoulders
318.06	343.33	063.18	333.29	054.35	006.33
318.15	343.34	063.22	352.21	055.18	054.30
318.17	344.33	075.03		064.33	070.10

SHOULDERS (continued)

073.30	236.20	106.07	261.25	176.04	021.21
092.02	236.25	111.35	265.09	**signet**	022.01
093.10	240.08	114.32	275.20	088.08	039.20
107.02	264.18	117.12	277.22	**significance**	041.15
122.04	362.17	123.28	290.32	065.35	046.18
135.17	377.04	127.24	291.06	124.03	047.34
139.12	**shrugging**	143.18	291.32	138.08	056.30
177.09	249.15	151.23	292.13	340.15	060.21
181.34	**shudder**	157.06	292.20	342.34	073.21
218.30	059.27	157.06	292.33	**significant**	078.25
229.01	127.15	158.02	295.28	140.32	124.23
232.29	148.05	164.06	299.18	177.16	128.13
236.20	286.14	165.29	305.32	179.22	136.13
236.25	348.15	167.19	306.14	**significantly**	149.25
240.08	355.35	168.14	306.17	284.06	181.27
249.15	371.01	183.30	307.01	**signs**	184.31
264.18	**shuddered**	192.15	307.22	006.22	192.18
266.33	019.12	193.27	308.08	138.02	196.01
282.24	027.17	200.28	308.23	220.16	199.10
296.12	053.16	202.23	309.18	341.15	207.29
324.35	107.12	204.18	337.23	343.30	209.07
351.13	197.01	212.19	338.33	368.10	212.30
362.17	274.35	213.02	339.10	**silence**	216.28
377.04	309.08	218.30	341.30	010.33	224.11
shouldn't	**shuddering**	220.08	346.22	014.11	239.04
164.02	064.18	240.11	346.27	015.08	242.12
shout	**shuffled**	243.01	347.28	032.34	252.02
016.20	074.25	245.33	348.25	033.05	252.02
054.29	**shuffling**	253.23	350.01	033.28	253.04
077.24	067.07	256.21	**sigh**	040.10	273.13
265.14	**shunning**	261.30	027.24	041.07	275.27
shouted	354.05	261.33	052.26	041.08	283.03
025.15	**shut**	290.09	052.35	044.05	318.20
038.15	005.02	296.07	139.13	046.01	332.34
214.10	012.30	297.11	149.31	046.02	336.11
265.07	018.30	298.12	166.34	046.13	336.35
270.22	041.04	298.12	374.24	052.10	336.35
358.18	069.29	298.20	**sighed**	052.23	340.17
361.33	070.08	303.20	100.08	055.08	348.01
shoved	079.20	303.23	175.07	067.33	351.31
070.10	113.28	307.14	237.28	071.12	363.02
show	130.34	318.16	281.30	072.15	364.35
026.08	142.07	318.21	309.17	084.31	365.08
026.09	320.25	325.10	**sighing**	085.11	365.13
039.07	334.31	328.30	075.02	091.11	365.16
069.16	337.16	333.04	**sight**	092.19	365.30
092.30	339.04	338.27	011.08	093.11	367.12
094.23	351.05	344.09	013.31	093.32	367.29
097.16	357.18	353.13	015.11	094.29	369.31
119.26	363.03	353.16	027.02	094.30	**silently**
137.23	**shutter**	357.13	034.32	101.34	076.08
172.02	051.12	359.23	051.11	103.12	121.25
179.05	**shuttered**	362.03	052.01	105.23	174.34
236.35	201.33	364.11	060.30	107.35	246.01
273.23	207.33	364.14	066.35	110.07	310.20
273.27	328.14	364.16	077.20	114.01	**silk**
328.21	352.12	365.28	093.25	114.34	099.17
346.13	**shutting**	366.20	116.09	116.18	101.16
365.35	061.19	374.08	121.06	116.19	117.11
374.21	083.22	**side-street**	121.34	134.20	127.09
showed	223.09	197.31	163.05	140.35	143.35
187.04	**shy**	**side-whiskers**	182.02	141.23	223.15
205.22	169.23	010.10	200.01	152.18	235.18
277.23	173.16	011.13	201.06	155.04	**silky**
shower	177.10	**sidelong**	209.16	163.08	010.10
352.10	221.07	037.30	215.03	164.07	011.13
showers	**shyly**	250.21	220.05	174.22	**silliest**
139.29	011.24	**sides**	264.05	175.05	247.06
showing	013.19	007.08	281.19	199.18	**silliness**
073.01	**shyness**	009.05	287.18	204.10	263.08
231.29	120.33	052.01	331.03	213.02	**silly**
267.12	**siberia**	299.11	331.07	214.12	025.07
shown	045.27	**sidewalk**	350.19	215.14	054.28
128.14	096.33	365.31	351.22	219.23	077.13
212.28	117.16	**sideways**	354.05	222.05	183.06
267.09	119.10	153.26	365.11	223.20	195.15
292.04	272.25	225.17	**sights**	251.21	298.31
showy	**siberian**	235.35	311.20	256.24	337.10
039.25	126.34	237.28	**sign**	259.04	354.18
124.02	**sick**	**sigorovitch**	010.24	275.34	**silver**
shrank	017.20	001.08	033.01	301.32	009.10
009.04	246.29	003.15	038.06	307.07	012.05
230.18	246.30	004.07	042.09	311.06	014.07
shrewd	246.31	011.03	066.23	319.03	069.09
291.11	**sickening**	011.06	068.20	319.27	297.31
shriek	058.23	013.13	098.26	322.01	353.14
362.11	267.33	013.26	130.14	322.13	**silvery**
shrieked	**sickly**	014.10	130.16	326.12	363.09
041.29	051.10	073.17	176.29	327.20	**simile**
057.35	312.22	073.32	202.10	330.07	250.33
shrill	330.21	077.08	207.31	330.28	**simple**
037.04	**sickness**	077.22	226.23	332.27	003.07
364.06	024.09	082.12	238.30	336.19	005.13
shrink	**side**	092.17	253.34	346.31	020.27
009.05	013.30	097.20	256.30	360.24	022.22
132.04	013.33	176.27	260.17	361.35	023.21
285.14	027.06	179.06	282.08	364.35	053.25
shrinking	028.22	203.09	311.17	367.25	080.18
156.16	029.04	204.05	316.15	368.31	096.09
210.13	037.21	204.24	346.32	370.31	114.14
285.13	049.11	204.32	**signal**	375.28	115.02
shrug	055.14	205.27	215.16	377.22	117.19
266.32	057.04	207.09	219.26	**silenced**	118.29
296.12	057.14	207.14	252.10	161.23	131.26
324.35	064.11	208.18	262.02	279.22	132.20
shrugged	069.34	213.22	**signalled**	372.10	137.08
092.02	072.15	220.33	184.30	**silences**	149.30
093.10	072.15	240.16	**signed**	084.33	156.31
135.17	090.19	245.14	040.32	105.21	188.14
181.34	097.11	251.35	053.16	**silent**	193.04
229.01	106.07	256.26	117.27	017.16	221.10

SIMPLE (continued)

259.23	337.33	181.08	slabs	213.02	slowed
260.31	340.19	184.17	328.25	239.14	015.19
275.24	363.29	184.23	slack	253.19	173.33
280.16	371.11	212.07	120.06	256.11	281.18
289.20	sincere	212.17	190.15	258.06	284.27
292.09	116.19	214.23	slam	268.24	slower
345.35	162.07	216.27	071.20	369.26	029.23
346.04	204.08	258.13	slamming	slightest	029.23
361.32	264.08	294.32	351.22	021.27	232.35
simple-minded	sincerity	297.14	slant	028.22	slowly
304.06	098.12	299.02	244.10	042.05	006.31
simplest	115.09	374.08	slave	093.32	012.07
343.13	140.04	sits	239.26	145.30	014.30
simplicity	171.05	369.06	255.16	148.07	028.22
044.25	187.13	sitting	357.16	167.26	032.24
086.22	203.21	016.26	366.28	174.32	033.30
087.27	206.05	038.24	slavery	207.11	048.27
102.27	211.18	042.07	140.17	215.22	054.07
102.27	275.13	050.04	slaves	228.06	061.19
109.01	353.08	100.01	087.33	231.29	079.20
123.32	363.14	110.07	355.30	249.20	082.10
130.09	sinewy	111.24	slavish	282.08	106.07
287.02	122.02	122.01	104.34	316.16	114.26
291.11	sing	123.27	130.27	slightingly	136.16
358.03	044.03	124.20	213.26	013.10	140.35
simply	single	126.35	slayer	slightly	157.24
023.27	033.21	151.26	265.11	040.11	166.16
036.21	035.28	179.23	326.01	047.01	170.25
082.22	040.18	189.13	363.01	049.10	194.15
093.20	072.34	245.22	slayers	063.01	198.11
096.26	078.19	299.14	326.34	070.12	201.28
097.13	104.23	300.05	sledge	073.30	204.10
098.17	118.07	309.07	007.13	087.09	206.03
099.20	142.16	311.04	007.28	092.02	209.09
100.27	147.35	336.15	015.10	095.24	222.01
115.21	300.33	362.26	016.05	095.35	227.09
115.32	306.22	situation	018.07	097.11	227.12
128.34	329.02	023.01	036.15	101.26	231.10
154.23	336.29	039.28	047.22	107.02	240.31
155.17	358.21	039.35	310.04	117.13	256.25
161.18	363.31	056.06	310.35	131.21	270.14
206.33	singular	102.15	sledges	139.19	284.34
215.25	175.11	168.29	015.31	145.25	288.04
218.20	singularly	183.28	024.04	149.12	291.23
242.08	035.34	184.01	034.13	154.11	294.07
245.07	113.15	215.07	sleep	158.09	296.22
253.12	sinister	227.29	015.01	164.17	297.03
253.13	024.02	233.15	015.25	175.24	299.02
255.35	082.29	275.35	021.30	180.17	309.09
294.34	162.16	285.09	064.11	195.04	327.24
297.29	208.09	367.16	067.32	204.18	330.07
301.08	255.29	situations	067.32	222.33	332.31
302.24	256.07	050.14	129.30	223.32	345.15
320.35	263.18	290.33	151.23	231.20	345.30
327.22	264.14	six	190.05	237.33	347.19
333.16	269.32	098.19	227.32	249.15	350.23
333.26	300.29	122.01	253.28	258.35	351.33
349.14	348.20	122.07	267.15	267.28	363.26
377.24	376.30	146.30	sleeper	282.10	366.03
simulated	sink	282.24	027.20	292.09	368.23
310.10	219.10	sixteen	sleeping	296.13	slowness
sin	sinking	260.06	052.12	318.18	033.31
006.10	025.28	sixth	066.05	324.31	267.21
091.16	337.11	153.11	269.23	334.08	294.08
125.34	sinner	sixty	311.10	338.20	slum
135.31	122.18	026.13	331.26	338.26	026.23
135.32	sinners	228.20	sleepless	341.29	045.23
146.08	011.02	260.07	054.23	344.11	276.35
355.16	032.27	skeleton	108.26	363.20	slum-house
since	sinuous	223.04	213.17	377.17	274.05
003.10	258.35	skill	sleeplessness	slinking	slumbering
022.07	sinuously	304.27	190.11	126.31	331.02
045.20	147.11	skindresser	sleepy	slip	slums
054.09	sister	274.04	352.14	059.30	276.35
068.04	020.20	skinful	363.24	062.27	sly
074.18	020.22	025.07	sleepy-eyed	134.11	010.11
106.14	098.20	skinny	283.04	264.06	small
119.34	114.18	005.23	sleeve	slipped	008.02
122.07	126.33	skins	276.03	013.34	015.30
124.28	154.18	037.32	sleigh	061.27	018.34
165.01	162.19	skirt	006.25	111.18	026.28
171.25	162.26	144.01	006.29	119.16	040.09
171.34	164.35	147.11	040.09	218.29	050.11
172.22	166.32	209.15	sleigh-driver	239.30	051.09
173.15	170.10	214.17	013.29	270.17	053.04
180.20	183.26	235.20	slender	358.14	065.33
190.08	185.03	skirted	143.14	slippery	121.21
212.12	189.24	012.22	175.14	056.09	122.25
216.01	190.09	skirts	slept	057.06	131.06
217.21	220.20	143.28	014.32	204.13	143.25
220.07	326.23	166.05	054.01	slope	153.21
234.06	335.22	skull	064.19	121.18	200.28
248.16	337.03	078.02	066.20	329.04	233.21
249.03	337.04	212.22	067.30	365.05	235.04
254.19	342.16	212.25	068.09	sloped	265.18
260.01	sister's	sky	068.14	026.26	282.35
263.20	187.21	030.28	069.11	slopes	287.23
272.19	355.02	030.35	076.15	200.10	303.30
274.12	sit	095.03	181.01	284.29	309.10
275.04	013.12	106.35	slight	sloping	311.04
278.08	017.35	139.06	034.35	165.20	311.13
279.09	039.14	139.27	050.32	slow	312.19
287.07	056.15	139.28	074.32	061.25	318.16
293.02	060.04	255.23	108.10	094.26	324.07
308.20	076.05	260.16	129.15	141.15	338.03
318.01	082.04	314.08	139.12	246.22	352.24
321.13	093.35	334.13	169.01	253.13	359.12
327.15	144.25	348.29	177.08	321.07	359.35
329.20	145.30	skylight	193.02	373.05	370.17
331.16	146.30	209.19	207.03	slow-moving	371.09
337.12	149.24		208.31	285.23	374.28

smaller
 192.15
smallness
 282.07
smart
 075.16
smash
 298.29
smashing
 365.29
smelling
 062.14
smells
 061.17
smile
 009.25
 042.15
 044.30
 059.32
 096.06
 100.33
 109.12
 117.03
 161.04
 175.24
 176.21
 176.27
 177.17
 180.26
 186.31
 194.07
 204.02
 210.19
 212.21
 215.30
 221.15
 226.03
 231.16
 235.28
 240.05
 240.03
 262.24
 274.07
 274.10
 291.01
 292.20
 310.29
 337.09
 338.22
 341.20
smiled
 087.14
 103.02
 104.31
 139.16
 141.05
 171.12
 205.17
 226.18
 228.24
 230.03
 241.13
 255.20
 292.22
 329.17
 348.32
 369.05
smiles
 077.02
smiling
 011.24
 012.13
 057.24
 092.11
 111.31
 171.10
 177.20
 190.02
 242.22
 247.09
 247.10
 278.04
 329.24
smilingly
 099.15
smoke
 013.12
smoked
 117.11
 215.13
smoky
 032.30
 359.24
smooth
 041.32
 076.28
 194.18
 195.10
smooth-limbed
 041.11
smoothbrowed
 366.23
smoothed
 075.09
 075.12
 176.28
 214.34
 323.06
smoothing
 318.35

smothered
 001.10
smouldering
 037.02
 221.23
smudgy
 330.22
snap
 110.27
snapped
 248.24
 254.16
snarl
 230.18
snatch
 133.05
 147.12
snatched
 128.26
 194.22
 351.18
snatching
 350.09
sneer
 180.33
sneering
 205.19
sneers
 245.04
snore
 028.25
snow
 006.26
 006.34
 007.09
 007.14
 008.01
 015.02
 016.13
 024.33
 026.20
 030.22
 030.27
 030.35
 034.19
 034.24
 050.32
 051.11
 053.08
 057.19
 059.17
 064.14
 082.30
 102.07
 139.32
 233.31
 253.17
 296.34
 299.10
 311.13
 336.07
snow-covered
 040.20
snow-flakes
 106.04
snowdrift
 028.30
snowflakes
 007.02
 024.20
 267.01
snows
 030.30
so
 001.20
 003.11
 013.27
 016.29
 016.33
 017.03
 018.08
 020.12
 023.02
 033.13
 042.26
 044.30
 045.13
 048.32
 051.11
 052.12
 052.29
 053.18
 055.05
 055.34
 056.01
 056.22
 056.31
 058.28
 060.14
 060.28
 061.08
 063.11
 068.35
 072.02
 072.18
 075.31
 076.35
 079.01
 079.15
 081.19

 082.32
 084.20
 085.13
 088.30
 089.25
 090.22
 094.21
 095.31
 096.26
 098.13
 100.27
 101.06
 101.21
 102.08
 103.35
 104.35
 105.22
 105.28
 106.08
 109.21
 110.15
 110.17
 111.09
 112.26
 113.12
 113.12
 114.03
 114.07
 115.17
 116.13
 116.19
 117.28
 117.28
 120.20
 125.13
 125.19
 126.15
 129.29
 130.13
 130.15
 132.03
 132.03
 133.32
 136.30
 137.08
 140.06
 140.29
 140.28
 140.29
 141.02
 142.26
 143.11
 144.16
 144.28
 145.20
 146.02
 146.13
 146.26
 146.32
 149.14
 150.12
 150.20
 151.02
 151.25
 151.29
 152.26
 156.13
 157.19
 157.34
 158.08
 158.12
 159.09
 160.09
 161.30
 162.18
 165.22
 166.25
 167.05
 168.13
 169.04
 170.30
 171.09
 171.17
 172.02
 172.10
 172.15
 176.19
 178.29
 178.06
 179.07
 179.13
 180.28
 180.31
 181.34
 182.25
 183.21
 184.07
 184.26
 186.10
 187.26
 188.14
 189.04
 190.20
 192.04
 192.18
 192.30
 193.32
 194.05
 195.10
 199.16
 200.05

 205.01
 205.29
 205.32
 206.08
 210.01
 214.21
 214.23
 216.25
 224.07
 225.29
 230.20
 232.11
 233.02
 233.33
 234.01
 234.10
 234.19
 235.26
 237.01
 237.01
 237.10
 237.19
 238.12
 239.16
 241.06
 242.03
 242.07
 247.17
 250.15
 252.06
 252.12
 255.33
 256.35
 257.14
 259.20
 260.20
 260.28
 263.20
 264.04
 264.22
 265.35
 266.14
 267.10
 269.10
 269.33
 272.11
 274.28
 275.12
 275.15
 278.24
 278.30
 278.35
 279.01
 280.19
 282.32
 284.09
 292.32
 293.13
 293.15
 293.33
 295.08
 296.16
 299.03
 300.22
 300.35
 303.08
 303.09
 304.03
 304.26
 306.19
 307.10
 312.04
 314.01
 314.35
 314.35
 316.15
 316.27
 316.27
 318.01
 318.02
 318.26
 318.28
 318.28
 322.01
 322.35
 322.35
 326.32
 327.21
 327.21
 329.35
 331.12
 333.07
 333.11
 333.11
 333.26
 335.33
 337.20
 338.17
 338.19
 338.34
 339.08
 340.06
 342.21
 344.10
 345.19
 346.01
 346.18
 347.13
 347.30
 348.13
 351.02

 351.20
 357.12
 357.14
 361.03
 366.01
 369.14
 369.32
 372.14
 372.15
 372.20
 372.21
 372.21
 373.10
 373.27
so-called
 147.16
soaked
 360.03
 365.24
 372.26
sop
 115.19
sober
 094.09
 203.26
sobered
 009.21
soberly
 177.22
soberness
 309.04
sobs
 020.16
 169.32
social
 004.33
 023.28
 058.14
 082.20
 096.18
 102.17
 119.07
 216.31
 259.29
 260.13
 277.01
 283.29
 283.31
 297.25
 354.23
social"
 287.28
societies
 260.05
society
 005.10
 118.14
 259.13
 259.25
 261.06
socratic
 088.11
sodden
 126.31
sofa
 064.11
 065.25
 075.02
 084.06
 086.18
 091.35
 117.01
 212.09
 213.21
 214.27
 217.03
 217.14
 218.17
 219.30
 223.06
 299.02
 299.14
 323.08
 323.10
 323.20
 325.09
 351.05
 359.15
 368.16
soft
 010.19
 030.21
 084.19
 117.13
 128.05
 139.07
 163.33
 197.27
 281.20
 304.07
 304.15
 329.16
soften
 115.33
softened
 103.05
 250.31
 304.04
 323.01
softening
 003.27

 038.11
softly
 022.02
 089.03
 097.23
 306.29
 340.02
softness
 237.27
 275.21
soil
 030.24
 032.07
 286.28
 372.25
sold
 312.20
solely
 305.04
solemn
 033.31
 321.32
solemnly
 050.18
 078.19
 127.04
 219.02
 309.05
 361.06
solid
 012.15
 034.21
 195.05
 303.21
 337.12
solidarity
 297.35
solidity
 013.17
 034.26
soliloquy
 280.33
 286.04
solitary
 008.33
 080.27
 121.18
 133.14
 133.30
 135.05
 137.32
 166.28
 166.35
 169.21
 173.04
 197.15
 223.14
 307.20
 313.26
 322.16
 330.17
 335.16
 353.17
solitude
 007.35
 037.16
 086.13
 142.10
 143.03
 287.09
 288.17
 288.24
 299.07
 361.20
solution
 057.33
solved
 131.26
 250.06
sombre
 020.16
 029.01
 034.05
 041.02
 112.25
 114.14
 182.11
 282.20
 287.29
 290.09
 314.31
 320.17
 333.11
 340.24
 341.12
 350.33
 367.12
sombre-toned
 216.34
some
 002.07
 002.20
 002.21
 003.13
 003.13
 003.24
 004.30
 004.31
 005.17
 005.24
 008.04

SOME (continued)

008.14	163.01	294.31	136.03	373.20	sooner
009.21	163.20	296.14	136.05	sometimes	012.19
009.26	164.30	298.16	139.05	002.29	256.20
010.03	165.32	298.23	140.16	004.10	267.11
013.08	167.24	300.32	155.34	037.01	328.21
017.13	170.21	302.08	157.03	046.04	369.24
017.22	171.27	302.19	157.18	054.01	soothed
018.14	173.19	304.12	163.23	071.17	135.29
018.34	174.14	306.03	163.30	088.29	137.25
019.05	175.31	308.06	168.06	102.29	soothing
019.09	176.35	310.05	169.32	129.31	003.10
019.14	180.02	312.04	179.26	147.01	025.21
020.02	180.23	312.11	180.19	148.19	128.11
024.08	183.06	313.05	182.18	199.30	sophia
025.15	184.30	313.20	183.34	231.02	250.24
026.29	184.33	313.29	184.03	247.02	258.22
030.16	187.08	314.23	186.13	256.01	260.19
032.25	188.30	315.07	188.13	257.34	261.31
035.13	190.15	317.02	188.18	269.22	262.08
036.06	190.31	318.30	188.23	284.05	262.25
036.23	191.01	321.25	189.30	315.14	263.08
037.13	191.03	321.32	189.35	372.21	264.18
037.13	191.05	322.15	191.30	somewhat	265.14
040.21	193.16	324.07	192.12	077.06	265.30
043.07	194.20	324.21	192.21	184.32	266.01
046.08	194.23	324.23	193.13	190.06	266.29
046.09	196.03	329.22	194.28	somewhere	267.21
048.19	196.16	335.20	196.26	030.12	267.28
050.11	198.20	335.34	205.02	030.15	268.17
053.22	199.13	336.15	205.04	039.07	268.34
054.09	199.13	339.31	210.18	040.31	269.07
058.15	200.05	340.14	211.06	051.02	269.16
059.13	201.13	340.16	214.06	055.01	270.19
060.33	203.02	344.34	218.02	055.27	271.01
062.04	207.01	346.30	221.28	107.18	271.11
062.27	207.02	353.10	230.19	116.16	271.17
062.31	207.05	354.35	231.24	134.09	271.30
063.23	207.23	358.13	234.03	137.18	271.31
064.29	207.25	358.24	237.23	142.11	271.34
066.32	207.35	359.01	241.08	143.07	272.30
067.10	209.12	360.01	241.21	163.04	273.12
067.11	210.16	363.26	241.33	209.16	273.17
071.08	211.29	364.16	245.13	294.05	274.09
072.13	212.23	366.04	247.13	297.21	275.11
072.19	212.24	366.12	249.18	310.02	275.15
073.31	213.05	366.24	249.31	320.25	276.11
074.01	214.16	367.14	250.20	320.34	277.05
074.30	215.08	368.14	250.22	357.04	277.11
075.13	216.20	370.01	253.05	358.35	277.14
076.04	216.32	370.02	253.22	373.11	277.28
076.07	218.01	373.09	257.18	somnambulist	278.20
078.01	219.05	374.28	265.22	313.12	279.05
078.11	221.35	375.03	266.18	332.12	280.26
078.15	223.26	375.31	267.01	son	322.33
078.24	226.04	somebody	272.17	001.07	323.20
079.14	228.13	011.33	273.06	004.16	326.17
080.05	230.29	043.09	275.25	004.21	327.01
084.22	231.01	061.12	281.13	058.32	327.18
084.32	232.15	070.20	283.27	076.30	335.18
085.06	235.25	158.12	286.03	099.28	342.04
086.05	236.04	224.04	287.02	099.35	345.20
087.33	240.19	225.12	287.04	100.11	345.21
089.22	244.26	232.05	289.17	101.24	347.31
090.12	244.29	310.14	293.13	112.30	355.21
093.32	245.01	312.30	294.01	113.33	360.30
094.06	245.08	361.31	294.24	114.08	360.33
094.31	245.09	362.11	296.32	114.15	373.25
095.06	245.27	369.09	299.09	116.02	373.32
101.08	246.24	370.23	302.01	174.33	374.03
101.14	247.11	somehow	304.01	187.27	374.10
102.22	249.14	064.16	309.20	197.35	374.16
103.24	251.30	085.28	313.18	302.28	374.34
104.11	252.03	137.19	315.18	313.15	375.07
106.19	252.28	156.14	316.11	318.26	375.32
110.34	255.15	167.23	317.30	319.21	376.18
115.21	255.16	174.30	317.31	334.23	377.01
115.21	257.17	317.30	318.30	339.30	377.12
115.35	257.20	320.23	324.11	son's	377.17
122.25	261.16	328.01	324.13	098.25	377.22
122.32	262.26	something	324.23	187.17	377.27
123.33	266.03	002.04	325.32	317.14	sophisticated
127.27	267.05	008.15	326.27	son-in-law	123.34
130.24	267.31	013.20	327.09	137.15	sordid
134.05	268.10	033.09	326.06	sons	019.10
134.31	268.22	035.33	331.17	020.25	150.05
135.30	269.14	036.24	333.13	259.12	159.24
135.34	270.04	048.20	334.21	soon	213.20
136.01	271.06	056.35	334.25	018.21	sore
136.07	271.29	057.11	334.28	019.34	370.02
136.07	272.04	063.03	335.35	019.34	sorrow
137.22	272.16	074.34	336.01	072.20	026.14
137.28	272.21	076.04	336.24	079.01	027.11
140.35	272.33	078.18	339.08	128.23	029.05
141.18	272.33	079.32	341.34	137.17	094.07
150.18	273.05	084.11	344.11	141.30	125.08
151.03	274.01	094.13	344.16	175.18	126.12
152.20	276.01	095.21	347.02	179.21	126.12
152.28	277.07	099.22	347.17	192.17	176.11
153.13	278.23	100.17	348.21	234.04	335.35
155.21	278.29	102.13	349.10	239.17	336.16
156.29	280.27	103.07	351.19	260.05	sorrows
156.33	283.16	104.04	352.26	260.23	259.19
157.24	283.19	108.32	353.29	261.09	280.16
158.22	286.08	111.01	356.05	267.10	334.16
159.25	286.15	115.26	359.05	267.10	sorry
159.30	286.21	127.02	359.07	279.18	174.05
160.16	290.06	127.11	360.04	324.13	184.20
160.20	291.34	127.23	360.17	325.21	240.19
160.21	292.25	132.05	360.27	335.25	240.24
160.22	292.28	134.33	366.25	356.18	271.27
160.26	293.08	134.35	371.11	356.18	

sort
001.09
003.15
003.34
009.16
009.30
010.13
014.06
015.25
015.29
016.22
018.28
024.08
026.01
029.14
031.09
034.09
037.34
043.09
044.12
046.09
048.05
059.14
062.05
068.31
072.19
078.11
078.18
079.05
080.33
081.27
084.33
086.16
087.08
089.29
092.08
094.06
095.10
096.29
101.25
102.22
108.27
112.33
115.33
116.11
118.07
119.29
127.30
136.01
155.34
163.23
163.34
163.35
164.10
166.24
175.04
175.25
181.10
185.11
186.20
187.31
190.06
190.16
190.28
192.24
193.07
196.15
196.27
201.18
203.14
206.05
208.04
208.29
210.16
221.35
236.24
238.29
241.32
242.31
243.28
247.12
251.11
251.33
253.11
255.35
257.18
268.20
269.13
269.26
274.25
275.03
277.07
286.15
286.26
287.31
290.30
291.11
295.04
295.05
296.03
300.25
304.03
314.05
315.18
317.25
324.06
332.12
333.15
336.12
341.28
348.20
349.34
370.02
373.18
376.07
sorted
074.24
sorts
045.13
135.15
159.31
216.10
228.30
251.08
283.01
sought
053.35
103.26
151.09
290.04
361.19
soul
013.25
013.31
015.33
019.28
019.30
019.33
019.33
020.07
020.07
020.28
021.04
021.07
022.01
026.17
029.08
030.10
045.26
051.18
055.33
060.11
076.18
078.10
080.18
092.09
105.03
119.27
128.03
128.15
142.35
143.05
143.05
151.03
175.03
189.32
221.25
222.01
248.27
266.07
266.35
270.28
275.24
286.17
288.18
290.09
300.02
306.29
309.35
319.02
341.25
347.21
351.34
353.34
355.02
355.16
357.16
361.08
369.35
374.04
souls
014.21
019.30
037.25
056.16
082.34
125.35
170.06
280.20
340.26
sound
014.14
018.13
021.21
025.35
026.07
026.23
030.09
041.10
044.07
052.08
060.15
061.13
063.02
063.14
066.06
110.01
122.07
126.03
155.03
167.16
191.21
214.15
224.19
224.21
226.23
234.08
240.35
251.34
254.25
254.29
288.10
288.13
288.14
292.24
309.08
322.18
322.25
324.06
327.26
332.35
343.24
353.27
364.16
365.11
369.32
sounded
129.15
262.10
281.33
315.27
sounding
028.05
116.08
230.35
soundless
364.35
365.18
soundly
052.12
068.14
076.15
151.23
soundness
044.34
285.27
sounds
060.33
152.21
262.28
288.16
347.24
source
149.06
190.13
348.19
sources
160.15
sourd'
366.06
sourly
061.33
201.01
south
123.04
146.29
200.01
374.26
south-shore
365.23
southern
016.33
sovereign
353.21
space
030.32
030.34
032.20
050.05
139.23
167.13
183.31
192.13
200.13
330.14
spangled
326.13
spanish-wise
281.31
spare
147.15
151.12
205.06
374.02
spared
264.10
268.24
sparely
192.14
spark
347.12
spasm
343.18
spat
026.12
284.11
speak
016.31
043.23
044.18
056.31
072.24
072.34
079.12
088.31
089.10
122.07
127.34
168.13
169.30
170.30
176.14
184.01
184.27
185.27
186.28
186.35
187.24
190.08
194.05
216.32
224.13
232.25
241.09
256.30
256.31
258.08
264.22
266.19
266.26
269.06
294.23
316.12
327.22
333.14
339.29
345.17
347.01
speaker
363.08
speaking
014.02
017.09
021.10
072.13
090.14
126.11
136.26
142.11
144.04
145.18
152.24
155.26
160.14
177.11
178.05
179.27
186.09
189.28
192.16
234.11
236.27
240.13
251.16
256.05
293.20
297.06
297.07
310.10
336.19
340.29
343.10
345.05
357.04
speaks
044.21
127.29
226.22
special
002.21
090.04
090.31
123.10
124.22
140.27
163.22
186.11
249.17
266.12
303.03
346.10
specially
023.16
107.25
285.31
288.22
specimen
265.20
speck
223.14
spectacled
163.05
spectacles
117.11
128.07
204.02
207.21
210.11
214.01
217.27
225.10
226.19
spectator
331.24
334.20
340.17
373.08
spectral
031.25
spectre
295.33
296.01
300.16
speculate
279.17
speculative
046.09
046.13
250.18
255.09
speech
002.32
012.28
085.15
122.09
170.09
181.25
215.29
220.04
234.05
256.29
341.34
343.22
350.16
speeches
018.26
049.30
192.27
250.12
speechless
169.31
spell
085.20
127.35
192.07
331.06
340.18
343.24
349.20
spell-bound
351.16
spend
137.20
223.34
spent
008.13
051.02
053.20
066.32
075.18
269.23
sphere
056.27
124.24
spheres
038.23
sphinx-like
153.31
spies
185.14
265.11
326.01
spine
059.28
196.13
spiral
061.11
spirit
015.33
017.25
020.01
054.04
065.10
065.10
114.20
118.17
127.33
135.34
138.17
148.31
151.05
178.30
220.12
246.02
258.26
258.33
264.09
276.19
283.31
294.14
339.08
344.07
348.33
355.04
374.04
spirited
159.30
spirits
025.13
062.14
247.35
278.17
spiritual
031.31
119.33
120.25
125.32
127.24
128.02
137.04
223.34
spiritualist
223.31
spiritualize
125.09
218.23
218.23
218.27
218.34
spiritualized
218.08
spit
248.31
298.23
spite
206.12
splashing
025.35
splendid
009.35
010.02
splendidly
144.12
split
078.02
078.06
364.33
spoil
021.09
spoke
020.35
021.05
033.31
070.12
085.12
092.16
095.24
096.14
113.10
115.09
126.10
162.19
173.23
175.01
176.13
188.24
188.30
213.19
234.18
236.09
238.26
245.05
247.22
250.08
270.26
279.25
283.20
283.21
315.34
324.10
326.16
333.28
340.06
343.16
349.26
355.03
spoke-like
028.07
spoken
045.35
072.05
092.27
169.06
207.19
234.09
265.01
316.25
spokes
027.27
271.21
spoliator
110.16
spontaneous
139.20
spontini's
041.12
sport
196.27
196.28
spot
015.10
015.17
018.09
082.11
121.33
155.10
201.19
262.34
269.29
278.22
279.17
350.06
351.09

SPOT (continued)

362.15
sprang
055.12
350.26
357.03
spread
075.08
093.24
120.17
133.10
173.03
273.12
282.04
323.17
330.22
spree
015.06
spring
139.05
184.08
266.05
spring-like
139.23
springing
060.27
372.25
springs
032.07
sprouted
201.32
sprung
134.33
184.34
277.13
spun
041.32
spy
232.01
263.29
272.33
362.32
367.04
376.06
square
063.18
070.11
338.06
squarely
090.11
185.09
squares
054.34
squatted
143.20
143.22
143.26
squatting
364.25
squeak
264.12
264.12
264.12
324.07
364.29
squeaked
264.07
squeaking
265.34
squeaks
263.11
squeaky
263.01
264.13
360.19
362.31
367.01
squeamish
246.30
squeeze
055.17
226.17
st
004.06
005.22
010.16
015.34
099.29
125.10
133.18
185.01
212.13
216.26
256.13
256.32
267.29
268.03
268.20
272.05
289.21
307.18
309.33
327.13
342.02
355.23
360.32
377.06
stab
305.22
stabbed
064.04
066.13

075.04
206.09
263.28
346.12
stability
006.10
009.18
stable
026.03
054.02
054.02
234.30
269.24
269.25
271.15
271.21
277.25
278.30
stablefork
027.35
stables
157.23
231.31
310.03
stael
123.17
140.13
stage
051.25
334.19
336.08
staggered
051.11
059.26
114.08
staggering
061.08
083.20
351.25
365.12
stagnation
066.04
067.03
staid
162.09
stained
201.29
stains
142.03
staircase
012.08
061.17
142.07
143.06
145.05
147.09
254.23
294.13
349.08
352.31
365.32
staircases
051.15
stairs
012.12
015.30
051.20
051.29
061.12
073.15
081.22
083.04
083.16
149.18
152.19
201.28
209.21
223.20
254.12
254.21
272.28
280.07
294.15
310.51
356.12
359.12
359.19
363.34
stake
304.23
stale
051.08
stalked
070.16
stall
147.25
stammered
210.15
222.07
292.15
stamp
280.09
stamped
030.21
070.15
107.12
146.04
305.08
stand
044.22
050.34

064.30
067.22
146.24
154.01
211.15
219.19
226.05
234.03
269.33
289.11
357.34
standard
109.14
111.33
standards
245.09
standing
007.20
010.09
038.33
039.20
043.18
049.10
101.10
107.10
112.35
124.22
161.25
162.02
167.19
177.30
179.09
259.21
287.06
288.20
296.28
316.08
325.04
325.17
342.08
351.08
363.12
368.13
370.11
standpoint
110.13
stands
089.20
165.12
196.11
225.20
230.08
237.01
298.07
staple
121.10
stare
025.04
044.30
052.22
053.30
067.01
181.02
181.02
185.09
185.28
186.21
187.19
190.34
210.32
212.10
220.04
221.26
222.04
222.29
232.24
252.23
263.17
285.01
296.09
324.33
330.18
333.16
363.24
stared
028.24
043.05
046.21
052.15
060.13
067.28
074.29
081.26
090.19
093.10
146.02
184.29
190.33
193.32
245.18
264.27
346.23
351.12
366.03
stares
123.20
staring
041.16
047.35
075.15
119.08

122.05
195.10
234.29
253.02
311.15
323.22
325.09
362.23
starlight
122.27
stars
030.29
start
021.28
062.09
064.18
066.27
186.29
221.10
228.01
253.34
279.18
306.27
310.16
337.07
347.12
369.33
started
060.30
081.30
216.21
281.11
293.10
337.19
363.25
366.11
370.15
starting
044.15
189.05
356.18
starting-point
195.22
273.34
startle
226.12
startled
012.20
036.17
061.28
143.14
175.25
201.14
213.35
214.20
225.02
225.05
245.16
292.07
347.06
356.16
startling
095.04
318.19
333.10
360.18
startlingly
103.08
112.01
starvation
019.07
026.25
125.31
starve
125.31
starved
226.22
starving
079.28
148.11
151.13
219.06
224.06
230.23
230.33
231.25
state
005.18
006.05
022.19
033.18
075.18
081.13
109.29
109.30
151.17
159.30
161.24
165.35
187.15
189.29
216.14
216.31
226.18
266.07
289.13
289.19
294.07
301.21
317.19
317.28

321.15
337.13
343.18
347.15
355.14
stated
131.25
161.28
247.27
271.32
299.30
323.02
statement
008.35
022.28
070.18
161.16
208.14
236.26
256.11
289.06
377.23
states
297.33
statesman
005.08
statesmen
003.07
065.21
208.03
216.17
stating
039.29
station
006.25
016.03
153.15
191.27
194.15
236.34
239.05
310.05
311.04
stationery
312.20
statue
041.16
061.01
311.28
328.26
statues
356.22
stature
224.25
283.14
status
202.05
staunch
044.27
stay
063.03
092.04
124.33
137.07
145.09
156.01
175.17
177.18
177.29
193.05
199.31
235.16
235.33
238.35
253.08
317.34
stayed
143.04
177.20
177.21
190.25
256.33
257.01
staying
134.04
135.09
236.14
240.20
350.18
steadfast
087.05
steadfastness
210.11
steadied
345.14
steadier
083.20
steadily
111.14
116.31
176.03
217.17
240.13
257.09
296.26
steadiness
096.14
steady
014.29
037.16
048.30

059.34
061.20
069.01
074.34
214.01
237.05
254.28
298.03
343.16
351.34
steal
259.15
308.30
308.33
354.19
355.02
stealing
355.16
stealthily
192.23
stealthiness
140.04
stealthy
120.25
140.02
steam
025.13
steam-launch
265.16
steamboat
279.06
steamer
268.04
325.27
steel
022.06
steep
358.30
steeped
126.04
step
039.31
059.19
083.17
083.17
110.03
129.09
149.24
169.09
176.04
209.13
223.23
225.30
260.13
264.29
285.07
287.08
333.20
365.25
stepped
007.21
027.19
064.05
083.01
141.19
191.35
205.23
333.05
351.30
stepping
052.08
069.33
168.13
235.03
239.07
359.22
steps
019.01
028.34
035.10
064.03
116.28
129.01
142.03
157.07
158.01
167.35
197.13
205.14
233.20
240.01
265.28
313.09
350.27
sterile
032.08
stern
029.15
033.24
034.33
169.17
169.18
187.11
263.06
336.22
sternness
165.10
336.16
stick
028.09
028.26

140 STICK (continued)

029.15	stir	141.32	259.06	341.08	115.16
029.15	021.27	142.04	276.30	347.04	123.18
035.31	037.23	142.09	278.01	348.34	147.29
062.13	055.20	163.27	284.17	369.12	150.09
175.32	056.27	169.31	327.12	strangely	151.20
180.17	257.18	170.14	335.05	024.17	197.23
184.14	264.13	173.35	337.10	065.27	293.32
184.28	268.28	174.21	341.35	171.17	294.13
230.31	301.23	178.22	341.35	192.05	312.17
stiff	337.18	191.31	342.01	250.17	327.30
041.33	stirred	200.29	349.06	285.03	strength
059.31	028.06	213.01	349.07	324.01	019.07
144.28	104.31	227.10	350.01	342.22	024.11
stiffened	237.31	226.05	350.01	347.29	046.08
246.13	295.13	234.17	361.22	stranger	117.23
stiffly	325.10	242.11	376.32	010.09	125.32
226.32	341.29	255.28	stout	010.14	125.32
310.24	366.29	258.20	166.06	011.13	153.06
stiffness	stirring	259.27	stout-hearted	143.13	165.05
123.21	214.11	261.28	121.32	185.24	252.26
212.07	316.17	269.04	stove	187.13	266.27
stifled	stocked	270.23	012.20	262.01	293.31
372.03	312.17	286.30	082.01	277.23	350.04
still	stockstill	298.21	296.29	282.27	355.27
005.09	370.11	310.19	311.04	314.28	357.14
006.28	stoically	318.15	straggling	353.18	368.28
007.20	151.08	322.22	263.15	366.01	stress
010.02	stoicism	326.09	straight	strangers	175.09
017.18	114.31	333.03	016.28	137.07	261.13
021.29	204.05	347.21	034.19	163.19	263.01
036.06	204.06	353.26	048.17	188.06	stretch
036.01	301.30	355.28	060.34	339.02	146.31
052.07	301.32	356.32	074.17	strangled	174.35
060.25	stole	359.27	079.21	333.33	284.31
063.04	226.03	365.35	087.03	strap	328.35
067.23	244.02	367.32	096.33	082.31	stretched
091.35	296.24	373.08	099.05	092.08	034.20
103.09	stolen	stool	102.06	strapped	037.22
103.30	226.25	283.07	114.26	012.22	092.20
109.21	354.25	283.11	119.17	straw	158.33
127.07	354.31	359.19	126.05	026.34	297.10
129.05	stolidity	362.04	161.14	027.07	stretcher
129.32	263.13	stoop	165.29	028.20	366.21
133.03	stomach	061.30	175.13	028.23	stretching
142.09	245.35	177.08	178.21	269.28	182.08
146.30	262.03	stooped	180.01	strayed	298.04
157.20	262.27	007.24	197.14	063.34	strict
158.10	265.13	236.33	197.29	236.01	104.07
158.33	359.31	stooping	200.06	streak	strictly
161.06	stone	074.22	222.19	195.12	069.23
166.10	044.28	351.17	226.18	stream	086.32
167.06	086.08	stop	243.02	121.20	088.18
168.26	142.07	142.27	254.01	122.27	145.18
169.25	157.06	242.28	286.26	street	strides
173.35	196.32	292.07	315.35	007.21	028.27
176.15	200.11	293.30	321.12	007.35	055.27
179.27	200.23	305.30	322.09	013.30	080.17
182.04	200.27	stopped	324.21	015.14	183.31
183.20	201.29	012.12	349.34	015.20	strife
196.11	229.23	014.17	352.09	022.10	314.32
197.30	267.18	015.26	356.27	024.13	349.22
216.16	279.15	026.31	369.25	024.24	strike
216.27	280.29	040.17	strain	024.32	060.26
225.30	316.09	054.26	115.07	028.30	111.14
230.03	326.25	056.20	343.21	036.05	114.10
232.22	340.03	061.31	strained	036.19	124.19
232.34	340.05	062.20	332.34	037.01	243.17
234.17	349.13	067.25	strains	039.04	258.02
244.32	369.09	072.03	175.12	043.08	263.32
246.09	369.10	096.24	strange	049.30	strikes
250.32	370.24	157.25	011.35	050.23	251.30
253.03	stone's-throw	175.35	012.21	053.08	striking
259.28	320.10	193.29	015.07	062.05	002.23
270.06	stonily	197.30	028.21	071.11	007.26
276.13	306.34	198.15	033.08	073.07	062.33
278.06	stony	201.14	036.11	083.19	265.07
281.27	044.30	223.23	054.35	101.14	274.03
283.14	101.25	235.06	056.05	102.07	280.01
290.17	109.15	257.04	061.25	103.21	283.09
291.23	109.17	287.08	064.25	108.22	strikingly
294.30	297.10	345.22	065.08	179.24	141.13
297.14	stood	350.33	065.25	192.14	string
305.34	007.14	357.18	070.02	233.30	144.13
311.09	007.31	360.26	078.27	253.23	214.34
311.21	012.21	stopping	080.24	264.22	309.11
313.35	016.28	033.25	087.08	285.20	357.20
320.32	025.11	365.31	102.11	293.10	strings
321.04	030.26	370.29	112.31	321.26	051.09
323.01	031.18	store	114.29	328.30	strip
332.18	038.01	250.14	115.12	330.07	120.03
335.32	039.16	stories	126.24	330.15	223.12
349.05	040.23	263.21	130.16	330.30	stripes
350.08	040.25	storm	142.33	331.27	229.13
351.07	041.10	329.30	143.05	354.03	stripped
366.33	052.07	329.31	143.23	358.15	258.25
371.11	055.14	story	155.07	358.29	371.09
372.11	061.08	001.25	167.20	358.31	strips
still-faced	061.21	022.29	193.35	365.03	120.04
063.25	063.01	039.32	199.29	365.07	strode
stillness	063.04	042.16	211.31	365.12	055.23
021.22	065.31	064.21	232.27	366.20	336.34
028.02	079.19	064.29	232.30	street-patrol	stroke
061.15	082.27	065.17	237.25	008.04	358.08
110.26	103.20	098.03	289.13	streets	stroked
156.06	108.21	106.21	314.02	015.02	149.11
185.12	111.16	110.13	320.26	018.19	strokes
322.27	115.17	118.12	325.33	019.09	068.01
350.32	116.33	149.27	335.13	019.14	stroll
365.15	117.12	161.20	335.21	042.21	037.30
stipulated	122.30	185.29	335.34	062.24	172.32
303.15	125.21	186.16	338.07	067.31	202.20
	130.21				

strolled	strung-up	sturdy	successes	348.07	suez
170.25	084.27	177.08	132.35	355.09	123.03
204.10	stubborn	stuttgart	successful	363.18	suffer
330.18	091.11	153.23	005.15	375.26	017.12
stroller	stucco	192.30	successfully	sudden	032.03
313.04	145.12	192.30	116.33	046.01	033.02
strolling	stuccoed	197.17	such	046.16	033.03
165.29	141.35	207.27	002.29	085.21	045.15
198.10	stuck	style	004.19	094.04	145.19
209.04	037.02	011.20	004.20	114.22	145.20
strong	121.25	207.35	014.06	122.10	147.20
004.08	247.25	302.10	022.07	194.30	147.32
013.24	student	subdue	026.11	220.29	244.11
016.23	002.20	335.33	033.07	227.35	259.16
031.16	004.07	subdued	033.34	229.03	269.34
031.17	004.35	020.20	034.26	239.30	314.02
066.35	008.20	059.19	037.26	242.01	314.02
075.31	009.17	060.07	039.28	263.05	314.14
096.11	012.01	224.14	041.07	266.05	357.05
100.07	012.32	226.24	044.27	270.34	suffered
105.03	016.28	324.25	045.14	285.04	009.03
108.10	036.14	subject	050.08	290.04	030.11
116.11	037.29	003.33	050.13	303.34	166.18
117.04	042.31	009.09	053.12	307.19	259.20
136.28	042.35	089.31	053.25	357.29	277.17
156.28	069.32	091.24	056.06	363.26	284.21
168.16	070.10	102.14	057.27	suddenly	288.25
168.17	070.27	115.31	057.32	006.35	295.19
168.21	071.27	135.21	058.09	010.22	337.33
180.03	071.32	150.12	058.12	010.31	354.22
181.31	072.01	183.22	073.18	014.22	suffering
212.03	072.16	208.14	073.25	024.11	065.10
233.24	082.12	209.01	077.29	024.19	085.35
234.13	099.28	241.05	078.03	028.09	086.01
246.05	106.28	277.11	089.13	034.19	150.11
250.27	106.30	283.30	093.17	038.01	189.31
261.05	254.33	subjected	106.14	052.20	210.07
262.09	294.21	137.22	108.34	054.34	233.03
264.20	293.25	140.23	117.29	060.01	335.01
282.06	302.28	subjects	118.03	063.08	338.11
296.16	303.07	183.24	126.26	071.18	347.23
337.30	304.11	sublime	131.05	076.17	349.24
stronger	308.02	037.06	132.25	077.26	sufferings
252.04	361.15	223.34	132.35	082.27	137.35
strongest	361.19	301.31	133.12	084.29	162.08
152.34	361.23	348.17	134.32	085.27	259.31
strongly	361.25	sublte	135.13	110.27	suffers
116.02	student's	023.19	136.03	112.29	199.14
170.35	224.29	submission	136.09	115.13	suffice
171.21	278.11	107.05	137.03	118.15	290.19
237.34	students	129.06	143.05	129.16	sufficient
262.05	010.15	submissive	147.08	130.33	002.03
290.16	101.19	257.22	147.22	136.11	004.28
315.22	177.01	259.14	148.04	138.10	078.34
317.29	216.08	submissively	148.20	139.30	242.04
318.13	295.21	073.01	148.20	141.01	303.10
326.04	305.16	submit	148.24	143.20	304.34
334.05	students'	096.35	151.17	154.30	sufficiently
361.02	008.17	submitted	154.22	156.08	003.28
struck	013.04	009.12	154.24	158.18	049.22
007.23	studied	subservient	154.32	158.25	069.13
025.14	095.15	257.22	157.12	158.32	160.05
027.35	189.07	substance	160.01	163.25	168.27
052.13	189.07	053.07	160.26	166.25	190.26
052.23	studies	subterranean	167.08	168.15	192.25
079.03	006.27	026.29	167.28	169.22	193.26
083.07	023.24	127.14	168.16	172.18	229.32
105.22	045.16	subtle	172.06	173.33	290.02
122.26	074.25	002.22	181.17	179.12	315.10
126.06	130.21	029.28	182.05	180.23	370.14
154.23	185.21	039.02	192.25	189.04	suffocated
206.01	studious	181.28	197.20	190.33	165.13
219.25	060.01	232.15	205.20	194.02	suffused
220.26	177.10	256.32	206.14	194.22	257.26
229.03	307.19	subtlety	216.29	196.25	sugar
235.09	study	115.27	222.28	197.07	218.33
252.06	036.24	280.02	229.15	206.08	sugar-basin
253.12	036.32	subtly	239.23	215.33	214.25
253.29	095.03	294.11	244.31	223.23	suggest
314.13	151.27	300.31	246.12	234.30	049.24
322.33	192.29	suburb	247.32	236.22	202.19
336.13	297.30	374.28	248.01	238.03	suggested
344.33	studying	subversive	252.25	250.34	004.21
352.05	095.04	049.01	253.20	253.16	042.19
357.26	117.34	255.16	256.19	260.20	115.20
363.26	199.07	285.03	258.22	265.26	123.30
struggle	229.13	succeed	260.04	270.08	142.13
198.31	330.21	094.16	265.01	276.02	167.08
234.16	stuff	241.25	278.34	276.09	178.34
252.11	226.17	246.13	279.08	285.24	207.17
266.26	324.21	354.06	279.32	293.33	244.11
333.06	stuffed	succeeded	280.11	294.27	274.06
364.09	249.04	056.30	280.22	294.35	321.01
364.30	stuffy	154.30	286.13	297.04	322.06
struggled	083.33	succeeds	286.19	298.26	324.22
049.31	311.10	256.01	289.15	299.05	334.27
055.10	stumble	success	290.25	310.09	360.27
struggles	180.08	009.24	292.23	327.24	361.16
372.26	stumbling	009.31	295.10	337.34	suggesting
struggling	276.34	012.09	296.01	345.11	099.10
067.31	stunning	039.26	307.23	350.26	334.11
117.19	022.14	118.21	310.12	355.22	suggestion
299.06	stupid	123.06	310.32	356.32	078.14
303.06	173.16	132.34	313.24	357.33	099.11
313.12	196.20	138.10	314.20	360.27	181.30
346.20	273.33	204.28	319.21	366.26	194.23
349.23	280.02	221.17	324.04	371.07	345.07
350.14	303.25	245.31	337.30	374.11	375.13
strung	stupidly	296.14	339.01	suddenness	suggestions
252.15	025.04	305.03	340.08	180.05	106.15
	146.02	366.20	340.34		

142 SUGGESTIVE

suggestive	superstitious	suppression	182.32	swarthy	systematic
121.05	275.03	138.02	220.27	185.10	076.01
343.24	supervision	supreme	surprisingly	278.11	systematically
suggests	018.34	280.10	088.24	sway	119.19
160.31	302.34	sur´	surrender	100.25	t
suicide	305.10	219.13	029.05	swayed	040.19
075.22	supple	sure	162.21	003.29	068.15
201.27	016.27	014.11	346.24	180.17	071.24
279.30	175.13	062.35	surrounded	228.02	083.22
285.15	180.01	080.09	036.35	sweat	083.28
suis´	support	087.31	surroundings	259.11	084.13
366.06	037.10	096.02	261.07	sweep	090.23
suit	170.22	096.07	survey	201.10	090.35
157.28	176.10	124.29	066.12	sweeping	095.12
suitable	219.09	130.11	358.02	002.28	298.11
124.12	233.17	136.03	survived	081.21	302.14
suite	334.03	183.07	007.05	sweepings	361.23
040.33	372.16	196.22	susceptibilities	283.01	t´s
282.34	supports	205.18	207.13	sweet	082.15
suite´	074.31	211.13	207.15	234.12	table
359.24	suppose	229.03	304.17	372.21	008.16
sulky	017.23	244.14	suspect	sweetheart	025.14
016.19	035.29	252.16	018.29	035.18	025.18
sullen	051.27	270.14	046.03	swept	052.10
030.23	068.24	273.05	062.25	016.11	053.01
268.07	093.05	363.16	068.25	020.03	058.25
350.23	102.26	surely	068.29	131.16	059.26
sullenly	103.32	087.09	068.33	139.28	060.32
268.28	104.21	158.19	081.25	227.32	063.16
summary	107.30	170.15	081.25	330.12	064.01
091.21	110.31	181.16	085.07	358.15	066.09
359.35	115.14	183.27	087.03	swift	066.34
summed	116.03	186.25	087.06	061.13	074.27
374.05	116.17	194.08	115.02	194.19	075.08
summer	127.22	209.04	136.15	194.19	076.23
137.31	131.29	224.33	153.15	337.15	077.29
summing	132.10	255.15	160.17	swiftly	088.05
239.14	133.19	332.30	182.30	007.34	090.11
summons	133.31	surface	182.34	067.22	092.20
299.19	134.23	064.27	182.34	129.10	093.31
299.22	135.10	268.28	233.17	358.08	097.11
300.09	145.23	366.28	239.25	swiftness	109.07
sumptuous	148.15	surge	249.31	226.11	111.35
030.29	148.25	362.04	341.28	351.17	144.26
030.35	152.25	surging	356.08	swim	145.34
sun	153.17	007.08	367.28	154.03	151.27
139.08	154.23	surlily	suspected	swimming	152.05
229.26	160.23	284.01	017.06	008.31	193.26
287.19	163.10	surly	017.08	299.13	214.22
372.12	166.25	221.19	068.24	swindlers	214.35
sunday	171.19	surmise	116.20	217.05	215.18
101.13	181.22	023.03	136.22	217.06	283.02
sunk	189.06	193.14	150.17	swinging	296.07
014.25	196.20	281.25	211.18	166.05	297.15
152.22	198.26	surnamed	282.19	315.22	310.27
188.10	203.09	263.18	suspecting	swish	318.16
sunken	207.07	surpasses	068.26	050.32	323.17
112.26	211.24	040.12	291.08	swiss	326.05
sunlight	222.01	surprise	suspects	108.30	338.03
228.15	231.09	010.17	195.25	145.08	353.03
sunset	249.16	047.06	suspended	173.04	tables
019.05	254.24	066.02	066.02	184.25	083.32
sunshine	255.01	073.02	317.11	switzerland	173.01
109.08	256.01	079.25	suspicion	099.05	184.17
153.29	267.33	095.30	002.31	202.29	184.21
156.05	286.11	098.27	044.31	swoon	184.22
200.07	299.21	112.32	045.35	063.10	184.22
super-revolutionist	305.22	130.17	070.35	swooning	184.23
213.06	317.22	190.32	082.19	165.34	191.15
superb	320.12	197.20	160.19	sword	232.12
252.25	322.24	231.29	171.08	068.16	232.21
superficial	324.12	238.15	176.22	sworn	taciturn
039.24	324.13	254.27	197.21	072.04	004.04
superfluous	325.11	277.03	214.07	swung	122.28
267.34	332.34	336.09	270.06	006.35	taciturnity
superieur´	346.35	337.16	271.13	027.28	105.26
046.23	349.02	342.29	286.18	184.07	205.01
superior	349.05	358.28	345.33	350.11	216.15
017.10	374.12	374.34	suspicions	364.11	tacked
032.25	supposed	surprised	049.25	sybarite	068.31
033.04	004.16	045.02	097.03	147.17	tackle
074.13	007.07	067.20	203.14	151.25	013.09
081.24	009.34	101.02	249.34	301.34	tackled
083.05	025.09	102.12	265.02	symbol	034.33
083.30	070.05	144.17	267.15	085.31	294.13
091.24	071.30	146.11	271.02	symbolic	tact
099.27	086.07	154.20	271.05	119.03	332.21
102.15	155.07	155.06	272.14	122.31	tactfully
104.09	157.01	161.08	317.35	123.02	307.33
140.25	159.09	168.22	319.11	sympathetic	tactiturnity
186.17	163.05	168.25	319.35	113.04	330.28
207.12	209.25	173.14	suspicious	257.07	tail
242.33	244.34	206.11	006.22	sympathetically	362.25
superiority	263.24	231.32	033.06	188.15	taint
087.15	281.05	268.07	084.09	330.34	045.14
087.18	296.11	285.01	320.17	sympathy	211.29
119.33	321.33	292.12	suspiciously	084.11	tainted
196.29	supposing	299.21	219.04	110.12	061.17
225.08	089.29	307.28	sustained	110.21	099.23
277.04	204.22	315.22	087.15	110.33	266.26
296.05	298.18	329.19	117.16	139.26	take
supernatural	suppress	332.17	sustaining	143.35	003.12
149.05	115.18	333.23	178.18	210.08	016.01
160.31	256.28	336.13	sustains	339.06	016.24
supernaturalist	suppressed	360.24	117.17	341.23	019.01
219.22	043.31	371.21	swallow	symptom	021.05
superscribed	202.10	surprises	051.34	080.20	021.16
299.27	274.28	058.03	236.23	253.29	027.02
superstition	suppressing	surprising	swallowing	system	029.26
345.33	341.14	040.27	169.31	259.30	029.27
		164.08		260.04	030.12

TAKE (continued)

```
030.17
039.31
043.16
053.32
054.35
065.02
077.23
079.05
082.03
082.35
085.22
088.01
096.01
097.10
111.12
133.04
145.04
151.27
151.31
153.07
169.11
208.10
210.28
219.16
226.31
236.11
240.21
249.10
264.21
266.15
270.34
286.12
298.23
316.10
321.20
321.35
337.14
344.27
346.03
358.02
369.15
taken
  009.16
  023.32
  024.01
  024.11
  057.18
  065.17
  075.06
  080.26
  094.14
  143.15
  157.12
  218.05
  234.10
  238.33
  240.19
  249.23
  266.25
  267.04
  277.23
  283.24
  289.28
  300.15
  303.12
  327.32
  328.12
  331.16
  348.02
takes
  218.33
  250.02
taking
  006.30
  009.05
  009.26
  074.01
  074.16
  080.23
  090.12
  145.28
  149.16
  159.05
  174.07
  201.05
  252.21
  253.21
  289.11
  300.14
  302.35
  352.25
  364.10
  372.12
tale
  030.20
  044.26
  064.33
  195.15
  213.05
  272.31
  273.07
  335.20
  346.17
  349.11
  349.12
  355.23
  367.22
  376.19
talent
  096.08
  096.09
tales
  120.17
  203.14
  300.30
talk
  016.11
  032.01
  032.01
  035.17
  057.27
  058.12
  076.25
  077.12
  086.29
  090.01
  090.06
  102.12
  113.31
  142.22
  147.28
  148.02
  160.21
  172.32
  175.04
  179.07
  183.21
  184.09
  198.17
  202.20
  206.05
  207.07
  216.13
  225.27
  225.29
  226.04
  226.30
  232.23
  236.14
  243.13
  249.16
  261.17
  269.17
  271.08
  271.55
  300.14
  313.03
  324.14
  341.09
  341.11
  360.50
  367.05
  368.16
  368.30
  373.27
  374.10
  376.12
talked
  015.06
  016.15
  026.07
  081.02
  085.24
  089.53
  135.21
  175.53
  215.07
  218.18
  239.01
  268.32
  316.11
  345.20
  355.13
  356.19
  376.23
talkers
  004.03
talking
  001.18
  013.29
  014.28
  021.30
  054.07
  054.19
  057.28
  057.29
  058.30
  060.02
  070.22
  085.29
  093.34
  154.01
  176.26
  178.27
  182.20
  184.21
  187.08
  203.12
  203.24
  203.28
  220.34
  233.11
  243.15
  249.09
  249.11
  253.25
  261.22
  276.12
  292.10
  302.14
  319.27
  336.13
```

```
355.05
359.26
368.23
talks
  232.31
  375.05
tall
  003.19
  007.19
  010.09
  012.20
  060.34
  070.10
  099.16
  117.11
  201.35
  209.22
  286.30
taller
  011.18
  236.05
  324.20
tallow
  026.03
tallowy
  070.12
tangled
  121.27
tapestry
  150.07
tapped
  189.08
  222.33
tarnished
  209.26
tarred
  025.05
  329.01
tart
  377.17
tartar
  143.18
task
  064.23
  064.24
  068.15
  083.24
  131.13
  151.26
  251.04
  267.12
  304.35
  305.12
  317.03
  374.32
taste
  097.02
tawny
  120.15
  126.30
taxed
  259.11
tcherkess
  043.11
  082.31
tea
  025.18
  066.17
  066.31
  209.12
  215.01
  215.14
  215.27
  217.17
  218.01
  218.34
  244.26
  244.29
  246.11
  246.15
  283.02
  287.06
  296.32
tea-glasses
  359.27
teach
  153.11
teacher
  001.13
  001.16
  002.23
  064.22
  099.13
  101.01
  124.06
  148.27
  160.01
  176.10
  185.15
  324.04
  325.18
teaching
  099.26
  136.24
team
  015.34
  026.32
  270.15
teapot
  214.25
```

```
tear
  110.06
  277.07
  338.29
  338.29
  338.30
  343.26
  366.24
tearful
  076.33
  174.08
tearfully
  034.14
tearing
  287.32
  354.10
tears
  020.14
  037.25
  111.15
  122.16
  122.17
  129.01
  164.01
  169.08
  169.28
  257.26
  314.09
  372.27
teasing
  347.16
teeth
  014.14
  017.04
  035.11
  053.29
  060.13
  070.09
  144.11
  146.34
  147.05
  210.23
  215.06
  222.30
  294.17
tekla
  233.01
  233.09
  366.35
  369.01
  369.14
  369.18
  369.34
  370.08
  370.18
  370.28
  372.35
  374.30
telegram
  009.27
  091.30
telegrams
  108.15
telegraph
  091.29
telegraphed
  237.19
telephoning
  036.29
tell
  016.04
  020.08
  038.26
  043.03
  048.04
  049.05
  055.33
  057.33
  059.18
  070.33
  077.30
  089.12
  089.16
  089.18
  092.34
  093.03
  094.14
  096.24
  104.22
  107.03
  109.28
  127.11
  129.14
  131.33
  132.19
  135.11
  135.28
  136.04
  137.12
  151.05
  151.15
  153.08
  162.30
  166.12
  167.31
  172.08
  173.29
  176.29
  183.33
  184.32
  186.01
```

```
188.23
189.27
189.27
192.25
192.30
192.33
194.33
198.18
205.32
208.11
208.15
224.27
229.18
229.19
231.09
234.18
236.28
241.15
241.21
241.23
242.14
247.16
247.28
251.25
252.05
261.06
268.13
272.03
273.30
282.27
284.17
286.16
290.13
292.17
292.18
293.22
300.26
306.05
307.04
308.14
309.23
321.23
327.09
327.12
327.17
332.29
333.27
333.34
335.19
337.24
341.31
347.03
347.32
348.03
348.17
350.02
356.29
356.30
358.06
361.19
361.21
375.15
377.35
telling
  044.25
  085.09
  141.02
  160.06
  174.03
  188.26
  317.26
  343.08
  344.30
  356.07
  376.14
temper
  120.18
  210.31
  218.05
  274.34
temperament
  083.23
  229.15
  282.14
  303.05
temperance
  148.34
  150.15
tempered
  180.11
tempest
  372.10
temple
  244.33
temporary
  046.30
  121.01
temptation
  055.16
  121.09
  121.16
  349.29
tempted
  119.23
  201.20
  300.32
  355.35
ten
  018.09
  038.30
```

```
194.31
308.35
316.08
tended
  374.31
tendencies
  302.27
  308.20
tendency
  285.08
tender
  014.17
  250.33
  290.08
tenderest
  137.33
tendering
  352.18
tenderness
  037.34
  045.29
  049.33
  304.04
  340.09
  346.23
tenez'
  044.11
tenor
  264.16
tenseness
  222.04
tension
  008.25
  088.34
  110.27
  277.10
tentatively
  328.16
tenth
  065.21
term
  140.09
termed
  293.16
terms
  112.22
  216.29
  291.11
  314.25
  346.16
terrace
  142.04
  157.05
  161.27
  165.17
  166.04
  170.05
  201.12
  201.15
  201.29
  227.11
  227.26
  236.22
  370.12
terraces
  327.25
terrible
  007.01
  010.25
  027.28
  029.14
  029.21
  044.06
  047.02
  047.02
  048.26
  082.17
  102.27
  109.16
  114.32
  114.32
  115.14
  119.02
  124.17
  150.35
  195.13
  228.13
  251.32
  296.35
  312.06
  317.19
  364.20
  366.35
terribly
  085.33
  163.35
  233.14
  301.34
  308.27
  314.31
  319.17
  338.34
  362.08
terrific
  007.25
  086.03
terrified
  121.30
  215.24
terrifying
  122.13
```

264.15
territory
123.17
terror
015.18
037.11
081.30
086.16
120.18
137.09
260.17
313.34
346.21
355.08
terrorist
017.23
326.02
364.28
terrorists
160.33
terrors
190.11
349.28
tessellated
145.13
209.19
test
021.31
290.04
290.20
356.12
testified
099.18
testifies
084.22
testimony
260.28
testing
275.13
tfui
377.09
than
001.19
004.11
009.34
011.18
012.19
012.32
032.03
032.05
046.31
053.07
053.10
055.05
055.35
065.05
068.14
071.23
077.06
077.20
078.06
085.25
089.16
093.05
096.18
096.19
100.17
103.15
104.12
105.01
106.17
106.19
108.24
109.21
109.30
115.09
116.01
116.14
120.10
121.33
123.23
129.28
131.31
134.34
146.24
147.13
151.26
156.27
160.17
160.30
161.03
161.09
162.22
165.25
166.19
166.31
170.10
174.31
175.04
176.01
176.13
176.25
177.03
179.11
179.13
182.24
185.19
199.35
202.32
202.34
212.11

214.02
214.07
220.06
222.27
230.33
232.07
235.34
246.25
247.21
248.22
250.10
251.03
254.05
254.06
258.24
261.22
263.25
267.11
277.31
278.18
281.01
281.17
283.23
285.14
285.15
286.25
293.01
294.26
295.06
295.33
301.10
302.03
302.33
303.08
304.10
308.22
314.34
317.34
318.12
320.24
324.25
332.11
332.24
334.21
334.24
339.20
341.17
343.22
346.13
347.18
347.35
349.10
354.03
359.14
362.12
375.18
thank
020.22
079.23
178.03
178.09
178.16
306.18
309.18
thanked
180.30
362.27
thankful
109.10
129.33
169.29
thankfulness
187.03
thanks
197.03
215.31
249.28
279.25
that
001.24
001.26
002.05
002.12
002.13
002.16
002.16
002.22
002.29
002.31
003.02
003.12
003.18
003.32
004.11
004.21
004.32
005.02
005.19
005.30
006.01
006.03
006.05
006.12
006.13
007.08
007.19
008.12
008.35
009.02
009.07
009.23

009.30
010.30
010.34
011.09
011.11
011.13
012.02
012.11
012.27
012.29
013.22
014.15
014.21
014.23
014.27
014.35
017.08
017.11
017.20
017.23
017.24
018.02
018.10
018.13
018.14
018.28
019.04
019.15
019.15
019.20
020.07
020.23
020.32
021.02
021.08
021.15
022.05
022.16
022.27
022.28
022.32
023.03
023.12
023.16
023.22
024.01
024.33
025.03
025.07
025.23
026.12
027.09
029.06
029.08
029.17
029.26
029.27
029.28
029.35
029.35
030.03
030.06
030.10
030.12
032.02
032.02
032.03
032.09
032.30
033.08
033.20
033.22
033.26
034.03
034.06
034.08
034.24
034.26
034.28
035.21
035.29
035.30
036.02
037.18
037.23
037.24
037.28
037.28
037.35
038.13
038.20
038.25
038.31
040.10
041.35
042.19
042.26
042.34
043.25
044.02
044.11
044.13
044.21
044.26
044.35
045.08
045.14
046.24

046.35
047.02
047.04
047.08
047.19
047.22
047.26
047.31
048.05
048.08
048.18
048.21
048.28
048.31
049.04
049.06
049.20
049.24
050.07
050.10
050.34
051.25
051.27
051.33
052.29
052.32
053.24
053.27
053.31
054.01
054.08
054.20
054.25
054.26
054.28
055.02
055.17
055.18
055.26
055.34
056.01
056.31
057.14
057.30
058.23
059.05
059.07
059.20
059.21
060.14
061.28
062.26
062.33
064.08
064.12
064.30
065.04
065.07
066.07
066.08
066.20
066.25
067.01
067.04
067.06
067.18
067.18
067.23
067.24
067.30
068.04
068.05
068.06
068.34
069.04
069.20
069.23
070.05
070.06
070.23
070.25
070.32
071.06
071.13
071.14
071.16
071.25
072.08
073.07
073.31
073.35
075.03
075.03
075.13
075.17
075.24
075.28
075.31
075.33
076.15
077.20
077.23
077.34
078.07
078.14
078.18
078.20
078.33
078.34

079.01
079.03
079.10
079.11
079.15
079.30
079.32
080.14
080.15
080.17
080.25
080.31
081.01
081.02
082.22
082.26
082.32
082.32
083.05
083.21
083.27
083.29
084.03
084.07
084.20
084.23
084.25
085.01
085.03
085.07
085.21
085.25
085.33
086.01
086.07
086.12
086.17
086.31
086.33
086.34
087.06
087.09
087.19
087.25
087.27
088.08
088.10
088.22
088.31
088.34
089.13
089.21
089.28
089.29
089.29
089.33
089.35
090.03
090.16
090.17
090.23
090.29
092.04
092.05
092.35
093.01
093.02
093.05
093.21
093.21
094.20
094.29
094.32
095.06
095.10
095.23
095.25
095.26
096.02
096.08
096.17
096.20
096.22
096.34
097.09
098.13
098.18
098.19
098.24
098.27
099.03
099.20
099.24
099.27
100.19
100.33
100.34
100.35
101.21
102.09
102.11
102.14
102.18
102.19
102.21
102.29
102.30
102.30
103.07
103.12
103.13

103.21
103.22
103.32
103.34
104.21
104.22
104.34
105.06
105.26
105.27
106.08
106.12
106.17
106.28
107.07
107.20
108.16
108.20
108.26
108.28
109.01
109.14
109.17
109.29
110.12
110.18
110.25
110.32
110.32
110.35
111.02
111.03
111.13
111.19
111.20
111.21
111.26
112.11
112.17
112.21
112.25
112.28
112.29
112.31
113.02
113.10
113.11
113.12
114.05
114.06
114.08
114.10
114.13
114.15
114.16
114.17
114.18
114.19
114.24
114.29
114.33
115.07
115.08
115.10
115.15
115.18
115.20
115.34
115.35
116.01
116.03
116.07
116.13
116.17
116.19
116.21
117.33
118.17
118.18
118.28
119.13
120.19
120.20
120.23
121.09
121.15
122.33
124.08
124.13
124.16
124.20
124.27
125.08
125.09
125.18
126.14
126.17
126.17
126.20
126.34
127.12
127.17
127.19
127.22
127.26
127.30
128.06
128.17
128.27

THAT (continued)

128.32	154.02	172.23	195.11	220.21	252.05
129.01	154.06	172.24	195.14	220.34	252.13
130.01	154.07	172.25	196.02	221.14	252.24
130.19	154.07	172.34	196.11	221.27	252.27
130.27	154.08	173.07	196.14	222.02	252.32
130.30	154.18	173.14	196.18	222.06	253.15
131.13	154.22	173.19	196.20	222.24	253.29
131.27	154.24	173.22	196.24	222.26	254.07
131.29	155.05	174.10	196.26	223.17	254.08
131.30	155.06	174.13	197.19	223.28	254.20
131.34	155.08	174.18	197.20	224.07	255.02
132.26	155.09	174.22	197.22	224.08	255.09
132.33	155.20	174.29	197.32	224.08	255.14
133.01	156.12	174.35	197.35	224.09	255.18
133.01	156.16	175.04	198.05	224.21	255.24
133.07	156.17	175.05	198.07	224.28	255.34
133.29	157.01	175.29	198.09	225.22	255.35
134.08	157.11	175.35	198.12	225.27	256.02
134.10	157.15	176.06	198.22	225.28	256.06
134.13	157.16	176.09	198.23	225.34	256.19
134.31	158.17	176.14	198.24	226.01	256.26
135.08	158.29	176.17	198.25	226.19	256.28
135.19	159.01	176.29	198.25	227.29	256.29
135.24	159.04	177.19	198.27	227.33	256.32
135.25	159.15	177.25	198.30	227.35	256.35
136.06	159.21	177.33	199.03	228.21	257.03
136.09	159.23	178.11	199.07	229.06	257.28
136.18	159.29	178.12	199.09	229.17	257.34
137.02	159.32	178.30	199.12	229.18	257.35
137.04	160.02	178.34	199.26	229.19	258.02
137.08	160.12	179.01	199.31	229.21	258.03
137.30	160.17	179.03	199.33	229.22	258.03
138.26	160.20	179.10	200.29	230.05	258.05
138.29	160.25	179.10	201.22	230.20	258.09
138.32	160.32	180.02	201.24	230.27	258.11
139.25	160.34	180.05	201.26	231.09	258.29
140.08	161.16	180.08	201.34	231.21	258.31
140.12	161.33	180.14	203.09	231.34	258.34
140.15	161.34	180.18	203.14	232.13	259.31
140.22	162.02	180.19	203.20	232.14	260.11
140.32	162.04	180.31	204.03	232.16	260.12
141.15	162.06	180.34	204.04	232.20	260.16
141.23	162.15	181.05	204.08	232.22	260.23
141.27	162.17	181.09	204.08	233.03	261.03
141.35	162.18	181.13	204.08	233.15	261.07
142.14	162.23	181.17	204.29	233.28	262.19
142.28	162.31	181.20	204.30	233.33	263.08
142.30	163.03	181.22	204.31	234.11	263.12
142.34	163.05	181.34	204.34	234.13	264.04
142.34	163.08	182.18	205.09	234.19	264.08
143.07	163.22	182.25	205.10	234.23	265.03
143.11	163.24	182.28	205.31	235.01	266.03
144.05	163.28	182.29	206.04	235.19	266.20
144.17	163.30	183.08	206.08	235.27	266.24
144.18	163.35	183.09	206.11	235.31	266.26
144.20	164.04	183.15	206.24	236.26	266.33
144.23	164.10	183.28	206.31	236.30	267.09
144.28	164.14	183.32	206.34	237.04	267.15
144.32	164.28	183.34	207.02	237.10	267.16
145.07	164.29	184.12	207.11	237.16	267.20
145.11	165.07	184.16	207.22	237.34	267.23
145.20	165.09	184.26	208.08	238.19	267.24
145.24	165.13	184.35	208.12	238.28	267.29
146.01	165.24	185.10	208.13	238.28	268.15
146.06	165.27	185.11	208.15	239.08	268.17
146.07	165.32	185.16	208.18	239.15	269.03
146.08	166.08	185.29	208.20	239.20	269.07
146.10	166.09	185.33	208.22	239.25	269.09
146.12	166.21	185.34	208.22	240.04	269.11
146.15	166.24	186.22	208.24	240.11	269.13
146.23	166.31	186.28	208.35	240.14	269.17
146.26	167.05	186.35	209.01	241.03	269.25
146.33	167.11	187.25	209.04	241.03	269.30
147.19	167.13	187.26	209.05	241.17	269.35
147.32	167.15	187.27	209.10	241.21	270.01
148.06	167.18	187.30	209.34	241.23	270.19
148.18	167.20	188.02	210.02	241.28	270.20
148.19	167.26	188.12	210.03	242.04	270.30
148.19	167.27	188.16	210.09	242.09	271.02
148.22	167.29	188.31	210.09	242.09	271.13
148.30	168.05	188.32	210.13	242.26	271.24
148.34	168.06	189.04	210.27	242.29	271.29
149.01	168.08	189.23	211.13	243.01	271.34
149.04	168.27	190.08	211.20	243.14	272.01
149.05	169.04	190.30	212.27	244.14	272.04
149.26	169.12	190.33	212.28	244.20	272.06
150.11	169.16	191.04	213.27	244.26	272.07
150.15	169.29	191.13	214.04	245.10	272.11
150.21	170.02	191.14	214.21	245.14	272.19
150.30	170.06	191.20	214.23	246.11	273.01
150.32	170.14	191.22	215.16	246.15	273.08
151.01	170.16	191.30	215.23	246.16	273.20
151.01	170.19	192.11	215.27	247.03	273.28
151.02	170.19	192.18	216.05	247.20	274.04
151.05	170.21	192.20	216.11	248.09	274.07
151.07	170.26	192.24	216.17	248.11	274.09
151.17	170.29	192.25	216.28	248.27	274.11
151.24	170.30	192.28	217.06	249.03	274.16
151.25	171.03	192.33	217.08	249.09	274.17
151.29	171.09	192.34	217.15	249.22	274.23
151.31	171.14	193.12	218.01	249.24	274.26
151.34	171.16	193.14	218.08	250.03	274.27
152.01	171.20	193.17	219.05	250.05	274.29
152.02	171.23	193.19	219.08	250.13	275.12
152.06	171.32	193.30	219.09	250.24	275.15
152.12	171.34	193.31	219.16	251.02	275.25
153.05	172.01	193.32	219.20	251.04	275.29
153.12	172.03	193.32	219.35	251.08	276.06
153.22	172.11	194.01	220.01	251.13	276.10
153.25	172.12	194.05	220.20	251.18	276.21
153.25	172.19	194.08	220.21	251.25	276.24

THAT (continued)

276.32	299.34	322.17	344.18	370.08	001.17
276.35	300.12	322.21	344.29	370.18	001.21
277.15	300.18	322.32	344.31	370.25	001.22
277.17	300.27	324.19	344.33	370.27	001.24
277.31	300.33	324.30	344.35	370.32	001.25
277.35	301.24	325.11	345.02	371.17	001.26
278.16	302.03	325.23	345.02	371.19	002.02
278.25	302.08	325.25	345.04	371.20	002.03
278.26	302.20	325.26	345.06	371.25	002.04
278.33	302.27	325.31	345.15	371.27	002.07
279.09	302.31	325.32	345.27	371.33	002.09
279.13	303.02	326.16	346.04	372.08	002.17
279.17	303.03	326.17	346.13	372.23	002.17
279.30	303.08	326.20	346.15	372.29	002.18
279.30	303.13	326.21	346.18	372.29	002.18
280.08	303.16	326.27	346.23	373.02	002.19
280.15	303.23	326.31	346.24	373.14	002.21
280.20	303.23	327.12	346.34	374.12	002.22
281.06	303.29	327.18	347.04	374.14	002.24
281.12	303.34	327.22	347.14	374.17	002.26
281.12	304.03	328.20	347.17	374.17	002.27
281.13	304.05	328.34	347.33	374.22	002.27
281.15	304.10	329.10	348.13	374.32	002.29
281.23	304.11	329.11	348.19	374.35	002.31
281.24	304.15	329.14	348.25	375.01	003.05
281.34	304.15	329.23	348.30	375.17	003.15
282.30	304.21	329.26	348.34	375.22	003.16
282.34	305.14	330.01	348.34	375.23	003.18
283.17	305.30	330.26	348.35	375.23	003.20
283.17	305.32	331.15	349.02	375.30	003.23
283.18	306.01	331.16	349.09	376.02	003.26
283.23	306.04	332.08	349.11	376.08	003.27
283.26	306.19	332.23	349.12	376.20	003.30
284.01	306.20	332.30	349.32	376.24	003.31
284.19	306.26	333.06	350.20	376.27	003.33
284.33	307.02	333.07	351.01	376.30	004.03
285.06	307.15	333.08	351.02	377.25	004.06
285.07	308.04	333.14	351.03	that'	004.14
285.08	308.13	333.19	351.10	246.17	004.16
285.13	308.15	333.24	351.20	252.01	004.21
285.16	309.34	333.25	351.27	292.30	004.23
285.18	310.09	333.28	353.16	305.07	004.24
285.21	310.11	333.29	353.21	305.11	004.24
285.22	311.18	333.30	353.28	that'll	004.27
285.29	311.26	333.31	353.29	359.08	004.29
286.16	311.31	334.07	353.31	that's	004.33
286.27	311.32	334.11	353.33	017.09	004.33
286.35	312.06	334.18	354.02	021.07	004.34
287.03	312.12	334.23	354.04	027.03	005.01
287.15	312.24	334.33	354.05	033.24	005.06
287.35	312.28	335.01	354.07	040.06	005.07
288.05	312.32	335.04	354.08	045.02	005.08
288.12	313.02	335.13	354.18	054.03	005.09
288.21	313.03	335.17	355.02	067.09	005.10
288.23	313.10	335.29	355.10	094.19	005.12
289.03	313.15	335.29	355.11	096.07	005.12
289.04	313.18	335.30	355.15	104.20	005.12
289.12	313.27	335.35	355.23	114.27	005.13
289.13	314.01	336.09	355.29	117.10	005.14
289.16	314.03	336.11	356.02	117.35	005.15
290.14	314.11	336.16	356.09	128.31	005.15
290.16	314.21	336.26	356.27	128.31	005.16
290.19	314.23	336.29	356.28	132.17	005.16
290.26	314.25	336.34	356.29	158.07	005.16
290.26	315.10	337.01	356.30	158.07	005.17
290.28	315.18	337.19	357.03	183.22	005.19
290.34	315.19	337.20	357.07	186.15	005.22
291.02	315.25	337.26	357.12	187.07	005.22
291.09	315.32	337.31	357.27	192.03	005.22
291.12	316.09	337.33	357.27	196.10	005.25
291.12	316.09	338.06	358.09	204.06	005.25
291.21	316.22	338.10	358.20	204.09	005.26
291.22	316.26	338.12	358.25	204.35	005.29
291.24	316.28	338.15	358.26	207.12	005.30
291.26	316.35	338.19	358.29	221.10	005.32
291.35	317.01	338.21	359.02	221.20	005.33
292.14	317.04	338.22	360.01	229.21	005.33
293.15	317.25	339.04	360.19	229.33	006.02
293.16	318.01	339.07	360.31	229.34	006.04
293.22	318.03	339.11	361.03	233.22	006.06
293.23	318.04	339.23	361.05	236.32	006.06
293.26	318.05	339.24	361.06	240.34	006.07
294.06	318.09	339.34	361.07	241.12	006.07
294.08	318.12	340.05	361.19	241.19	006.11
294.27	318.20	340.31	361.28	242.13	006.11
295.08	318.24	341.01	362.01	246.21	006.12
295.08	318.30	341.06	362.02	246.29	006.12
295.13	319.08	341.14	363.16	247.01	006.16
295.15	319.09	341.14	363.17	247.17	006.16
295.17	319.20	341.15	363.28	250.22	006.18
295.35	319.29	341.24	363.35	251.06	006.20
296.01	319.30	341.24	365.20	252.25	006.24
296.02	319.32	341.24	366.01	259.03	006.26
296.03	319.33	341.34	366.10	272.10	006.27
296.11	320.02	342.14	367.10	273.35	006.28
296.15	320.04	342.15	367.15	279.24	006.29
296.16	320.06	342.17	367.19	286.02	006.30
296.34	320.18	342.22	367.28	306.02	006.30
297.07	320.19	342.23	367.29	306.04	006.31
297.28	320.21	342.24	368.25	340.07	006.31
298.19	320.23	342.26	368.34	344.03	006.32
298.20	320.26	342.27	369.03	345.23	006.32
298.20	320.28	342.28	369.09	346.05	006.34
298.21	321.08	343.01	369.13	366.08	007.02
298.26	321.09	343.03	369.14	the	007.03
299.01	321.16	343.04	369.20	001.03	007.03
299.14	321.18	343.11	369.24	001.05	007.04
299.21	321.23	343.20	370.01	001.06	007.05
299.23	321.31	344.06	370.02	001.06	007.06
299.26	321.33	344.12	370.05	001.07	007.06
299.31	321.34	344.17		001.12	007.06

THE (continued)

007.07	011.20	018.15	024.18	029.15	034.34
007.09	011.22	018.15	024.20	029.15	035.01
007.09	011.23	018.16	024.22	029.17	035.02
007.10	011.25	018.17	024.22	029.19	035.03
007.13	011.31	018.18	024.24	029.21	035.03
007.13	011.34	018.19	024.25	029.24	035.03
007.14	011.35	018.19	024.29	029.25	035.22
007.15	012.02	018.20	024.29	029.29	035.23
007.17	012.04	018.21	024.34	029.30	035.26
007.21	012.04	018.23	024.35	029.31	035.26
007.22	012.05	018.26	025.02	029.32	035.32
007.23	012.07	018.27	025.03	029.32	036.04
007.23	012.07	019.04	025.05	029.33	036.06
007.24	012.08	019.09	025.08	029.35	036.07
007.26	012.09	019.10	025.09	030.01	036.08
007.27	012.10	019.12	025.10	030.07	036.10
007.28	012.11	019.13	025.10	030.11	036.10
007.28	012.12	019.15	025.13	030.13	036.11
007.29	012.14	019.16	025.13	030.16	036.12
007.31	012.16	019.19	025.14	030.16	036.12
007.33	012.19	019.22	025.18	030.19	036.13
007.34	012.20	019.23	025.22	030.21	036.19
007.35	012.21	019.25	025.22	030.22	036.22
008.01	012.23	019.31	025.22	030.26	036.26
008.02	012.26	019.32	025.27	030.28	036.31
008.03	012.27	019.33	025.27	030.28	036.32
008.03	012.30	019.34	025.32	030.29	036.33
008.05	012.33	020.03	025.33	030.29	036.33
008.06	012.33	020.03	025.34	030.30	036.34
008.06	012.35	020.06	026.03	030.30	037.01
008.06	013.06	020.07	026.04	030.33	037.11
008.07	013.08	020.10	026.04	030.35	037.11
008.08	013.10	020.15	026.07	030.35	037.12
008.09	013.11	020.15	026.08	030.35	037.12
008.10	013.13	020.16	026.13	031.01	037.14
008.13	013.14	020.17	026.16	031.01	037.19
008.13	013.17	020.23	026.17	031.01	037.21
008.14	013.23	020.26	026.18	031.02	037.21
008.15	013.23	020.28	026.22	031.02	037.21
008.15	013.25	020.35	026.23	031.03	037.23
008.16	013.29	021.03	026.25	031.05	037.26
008.16	013.29	021.06	026.26	031.05	037.27
008.16	013.30	021.06	026.27	031.12	037.30
008.24	013.30	021.07	026.27	031.15	037.32
008.28	013.33	021.10	026.31	031.16	037.34
008.29	014.04	021.13	026.31	031.18	038.01
008.31	014.14	021.14	026.32	031.20	038.02
008.31	014.15	021.20	026.33	031.22	038.03
008.32	014.17	021.21	026.34	031.23	038.04
008.32	014.20	021.22	026.35	031.24	038.09
008.35	014.20	021.22	027.02	031.25	038.15
009.03	014.33	021.23	027.03	031.27	038.16
009.04	014.34	021.26	027.04	031.27	038.17
009.08	015.01	021.27	027.06	031.28	038.17
009.08	015.02	021.27	027.08	031.29	038.21
009.09	015.02	021.29	027.09	031.30	038.23
009.09	015.03	021.30	027.15	031.31	038.26
009.10	015.05	021.31	027.19	031.33	038.27
009.11	015.06	021.31	027.20	032.04	038.30
009.11	015.10	021.32	027.20	032.05	038.31
009.11	015.10	021.35	027.21	032.06	038.32
009.12	015.12	021.35	027.21	032.06	038.33
009.13	015.13	022.02	027.23	032.07	038.33
009.14	015.14	022.02	027.27	032.07	039.01
009.14	015.16	022.03	027.28	032.08	039.04
009.14	015.17	022.05	027.29	032.08	039.06
009.16	015.17	022.09	027.31	032.13	039.08
009.16	015.19	022.09	027.32	032.14	039.10
009.17	015.20	022.10	027.34	032.14	039.11
009.18	015.22	022.11	027.35	032.17	039.12
009.18	015.24	022.13	028.02	032.17	039.15
009.19	015.27	022.14	028.02	032.19	039.16
009.19	015.27	022.15	028.03	032.20	039.16
009.20	015.33	022.18	028.05	032.22	039.18
009.20	016.02	022.19	028.06	032.30	039.18
009.23	016.03	022.19	028.07	032.31	039.21
009.23	016.04	022.20	028.07	032.34	039.21
009.28	016.06	022.21	028.09	032.34	039.24
009.29	016.06	022.24	028.10	032.35	039.25
009.31	016.07	022.25	028.10	033.05	039.27
009.32	016.08	022.27	028.11	033.08	039.30
009.35	016.10	022.27	028.12	033.09	039.31
010.06	016.11	022.28	028.12	033.09	039.33
010.07	016.11	022.29	028.12	033.10	040.01
010.07	016.12	022.31	028.16	033.12	040.01
010.11	016.13	022.31	028.16	033.16	040.04
010.14	016.14	023.03	028.19	033.16	040.07
010.14	016.16	023.06	028.19	033.16	040.09
010.15	016.17	023.14	028.20	033.17	040.10
010.16	016.18	023.17	028.22	033.17	040.12
010.19	016.26	023.18	028.23	033.18	040.14
010.20	016.27	023.20	028.26	033.18	040.16
010.21	016.27	023.22	028.29	033.23	040.17
010.23	017.05	023.22	028.33	033.24	040.17
010.24	017.05	023.25	028.35	033.34	040.18
010.26	017.07	023.26	029.01	034.03	040.20
010.27	017.10	023.28	029.02	034.09	040.20
010.28	017.24	023.28	029.06	034.12	040.21
010.29	017.25	023.29	029.08	034.13	040.22
010.29	017.26	023.29	029.08	034.14	040.23
010.35	017.26	023.29	029.09	034.14	040.24
011.04	017.26	023.29	029.09	034.19	040.24
011.05	017.28	023.31	029.10	034.23	040.26
011.08	017.29	023.33	029.10	034.24	040.28
011.12	017.29	024.04	029.11	034.27	040.28
011.12	017.34	024.05	029.11	034.28	040.32
011.14	018.06	024.06	029.12	034.29	040.34
011.15	018.06	024.13	029.13	034.31	040.35
011.16	018.06	024.14	029.13	034.32	041.01
011.17	018.07	024.14	029.15	034.33	041.01
011.19	018.08	024.18	029.15		

041.03	047.08	053.08	062.21	067.12	075.01
041.04	047.08	053.10	062.21	067.15	075.02
041.04	047.09	053.20	062.22	067.19	075.02
041.07	047.09	053.21	062.24	067.21	075.03
041.07	047.19	053.24	062.27	067.23	075.04
041.08	047.23	053.25	062.28	067.24	075.05
041.08	047.24	053.26	062.28	067.26	075.06
041.09	047.24	053.30	062.33	067.31	075.08
041.09	047.28	053.33	063.01	067.31	075.09
041.12	047.31	053.34	063.02	067.33	075.10
041.15	047.33	053.34	063.02	067.33	075.10
041.16	047.35	053.35	063.04	067.35	075.15
041.17	047.35	054.02	063.07	067.35	075.17
041.20	048.05	054.08	063.09	067.35	075.19
041.21	048.10	054.11	063.09	068.01	075.21
041.25	048.17	054.12	063.10	068.02	075.22
041.29	048.17	054.13	063.10	068.05	075.23
041.30	048.22	054.21	063.13	068.09	075.26
041.32	048.25	054.22	063.14	068.11	075.26
041.33	048.27	054.27	063.16	068.16	075.27
041.35	048.33	055.03	063.17	068.18	075.27
042.01	048.35	055.04	063.17	068.19	075.28
042.04	049.09	055.04	063.18	068.19	075.29
042.04	049.16	055.05	063.21	068.23	075.30
042.05	049.17	055.08	063.22	068.33	075.31
042.07	049.24	055.09	063.28	069.01	075.33
042.10	049.28	055.14	063.35	069.05	075.35
042.10	049.29	055.14	064.01	069.09	076.01
042.11	049.29	055.17	064.02	069.11	076.06
042.12	049.30	055.23	064.04	069.14	076.07
042.12	049.31	055.25	064.04	069.15	076.08
042.13	049.33	055.27	064.04	069.15	076.10
042.14	049.34	055.29	064.05	069.19	076.12
042.16	049.34	055.30	064.05	069.20	076.12
042.19	049.35	056.01	064.07	069.26	076.12
042.21	050.03	056.07	064.08	069.28	076.12
042.22	050.04	056.14	064.10	069.29	076.13
042.22	050.08	056.14	064.11	069.32	076.16
042.23	050.09	056.15	064.22	070.02	076.19
042.23	050.13	056.16	064.23	070.04	076.19
042.25	050.14	056.16	064.23	070.05	076.22
042.27	050.18	056.18	064.24	070.06	076.23
042.29	050.20	056.21	064.24	070.07	076.26
042.31	050.21	056.24	064.24	070.10	076.29
043.01	050.22	056.27	064.25	070.13	076.30
043.02	050.23	056.28	064.26	070.14	076.32
043.05	050.24	057.01	064.29	070.15	076.32
043.05	050.26	057.11	064.30	070.17	076.35
043.06	050.30	057.19	064.30	070.18	077.01
043.08	050.31	057.19	064.31	070.21	077.04
043.09	050.32	057.19	064.32	070.22	077.14
043.10	050.32	057.20	064.33	070.24	077.17
043.10	050.33	057.21	065.01	070.25	077.18
043.11	051.03	057.22	065.01	070.26	077.18
043.19	051.04	057.24	065.02	070.27	077.25
043.23	051.05	057.25	065.03	070.31	077.26
043.27	051.06	057.31	065.04	070.32	077.27
043.28	051.07	057.32	065.07	070.32	077.28
043.30	051.09	057.33	065.09	070.34	077.28
043.34	051.10	058.03	065.10	070.35	078.08
044.01	051.11	058.04	065.10	071.04	078.13
044.02	051.13	058.13	065.11	071.07	078.18
044.05	051.15	058.14	065.12	071.08	078.20
044.05	051.15	058.17	065.12	071.09	078.21
044.06	051.16	058.25	065.13	071.10	078.22
044.07	051.17	058.25	065.14	071.11	078.23
044.07	051.18	059.10	065.16	071.14	078.25
044.08	051.19	059.11	065.16	071.15	078.25
044.10	051.20	059.17	065.17	071.17	078.26
044.19	051.20	059.19	065.17	071.17	078.26
044.23	051.21	059.26	065.19	071.18	078.28
044.24	051.21	059.34	065.20	071.19	078.32
044.28	051.22	060.18	065.21	071.20	079.08
044.32	051.25	060.30	065.22	071.21	079.13
044.33	051.25	060.32	065.23	071.23	079.17
044.33	051.28	060.32	065.25	071.24	079.18
044.34	051.32	060.33	065.26	071.26	079.20
045.01	051.33	060.34	065.26	071.30	079.21
045.04	051.34	061.01	065.26	071.32	080.03
045.05	051.35	061.03	065.28	072.01	080.11
045.07	052.03	061.04	065.29	072.07	080.19
045.11	052.04	061.05	065.30	072.12	080.20
045.17	052.06	061.08	065.31	072.15	080.28
045.17	052.08	061.09	065.33	072.17	080.31
045.21	052.09	061.09	066.02	072.24	080.32
045.22	052.09	061.10	066.02	072.25	080.33
045.22	052.10	061.11	066.06	072.26	081.03
045.24	052.10	061.11	066.07	073.01	081.09
045.25	052.11	061.12	066.09	073.07	081.09
045.26	052.12	061.14	066.13	073.08	081.12
045.30	052.13	061.15	066.13	073.11	081.13
045.30	052.16	061.15	066.14	073.15	081.16
045.34	052.17	061.16	066.15	073.18	081.16
045.34	052.17	061.17	066.16	073.27	081.17
046.01	052.18	061.17	066.16	073.32	081.24
046.02	052.18	061.19	066.19	074.04	081.24
046.02	052.18	061.20	066.20	074.05	081.26
046.04	052.19	061.21	066.20	074.05	081.28
046.05	052.22	061.22	066.21	074.06	082.01
046.06	052.23	061.23	066.23	074.06	082.01
046.07	052.24	061.26	066.26	074.07	082.03
046.12	052.29	061.28	066.33	074.10	082.04
046.17	052.30	062.01	066.34	074.12	082.07
046.18	052.31	062.02	066.35	074.13	082.07
046.21	052.35	062.05	067.01	074.13	082.10
046.24	053.01	062.05	067.02	074.14	082.12
046.26	053.02	062.07	067.03	074.15	082.12
046.28	053.03	062.09	067.03	074.21	082.13
046.29	053.03	062.11	067.08	074.26	082.16
046.35	053.04	062.19	067.10	074.26	082.17
047.05	053.06	062.21	067.10	074.35	082.18

THE (continued)

082.19	089.19	099.13	106.28	113.26	120.25
082.19	089.31	099.16	106.28	113.27	120.26
082.22	090.06	099.16	106.29	113.28	120.28
082.23	090.08	099.25	106.30	113.34	120.29
082.26	090.11	099.26	106.30	113.35	120.29
082.27	090.13	099.28	106.31	114.01	120.30
082.29	090.16	099.30	106.35	114.06	120.33
082.29	090.19	099.34	106.35	114.08	120.34
082.31	090.23	099.35	107.04	114.09	120.34
082.31	090.24	100.01	107.08	114.13	120.35
082.31	090.25	100.01	107.13	114.14	120.35
082.33	090.26	100.07	107.13	114.25	121.02
083.02	090.26	100.08	107.14	114.28	121.03
083.04	090.27	100.17	107.14	114.29	121.04
083.05	090.27	100.19	107.16	114.30	121.06
083.06	090.30	100.23	107.19	114.32	121.09
083.08	090.31	100.25	107.21	115.10	121.10
083.09	090.31	100.29	107.23	115.12	121.10
083.13	090.32	100.31	107.27	115.13	121.11
083.13	090.33	100.34	107.28	115.16	121.12
083.16	090.34	101.01	107.30	115.17	121.13
083.16	091.02	101.04	107.30	115.24	121.14
083.17	091.02	101.07	108.03	115.27	121.16
083.18	091.05	101.10	108.03	115.27	121.16
083.19	091.10	101.12	108.06	115.29	121.19
083.23	091.12	101.12	108.09	116.09	121.19
083.26	091.12	101.13	108.10	116.09	121.21
083.29	091.13	101.14	108.11	116.10	121.24
083.34	091.16	101.18	108.11	116.14	121.28
083.34	091.16	101.19	108.13	116.18	121.29
084.02	091.16	101.20	108.14	116.19	121.33
084.04	091.17	101.28	108.15	116.22	121.34
084.05	091.17	101.32	108.15	116.28	122.01
084.07	091.18	102.02	108.16	116.30	122.01
084.08	091.19	102.03	108.18	116.30	122.03
084.14	091.21	102.05	108.21	116.33	122.03
084.15	091.22	102.05	108.21	117.01	122.04
084.17	091.23	102.06	108.22	117.02	122.05
084.18	091.23	102.07	108.22	117.04	122.06
084.19	091.25	102.07	108.23	117.07	122.07
084.19	091.25	102.13	108.29	117.12	122.08
084.20	091.25	102.14	108.30	117.12	122.10
084.21	091.29	102.21	108.32	117.15	122.11
084.22	091.30	102.22	108.33	117.16	122.12
084.23	091.32	102.24	108.35	117.17	122.12
084.24	091.33	102.25	109.03	117.18	122.12
084.31	091.35	102.29	109.05	117.22	122.13
084.34	092.07	102.29	109.05	117.22	122.13
084.35	092.11	102.31	109.07	117.23	122.17
085.01	092.13	102.31	109.07	117.24	122.18
085.02	092.14	102.35	109.08	117.25	122.19
085.02	092.15	103.01	109.10	117.26	122.20
085.03	092.19	103.03	109.10	117.26	122.22
085.04	092.20	103.03	109.13	117.29	122.23
085.11	092.31	103.04	109.14	118.01	122.23
085.15	092.32	103.04	109.15	118.08	122.26
085.16	092.33	103.06	109.16	118.12	122.27
085.20	092.33	103.07	109.19	118.16	122.27
085.22	093.07	103.09	109.22	118.18	122.27
085.25	093.08	103.10	109.23	118.21	122.28
085.26	093.11	103.11	109.24	118.22	122.29
085.28	093.12	103.12	109.30	118.23	122.31
085.28	093.16	103.14	109.31	118.23	122.33
085.30	093.19	103.16	109.32	118.24	122.33
085.31	093.23	103.16	109.34	118.25	122.33
086.02	093.28	103.17	110.03	118.26	122.34
086.03	093.29	103.21	110.04	118.27	122.35
086.06	093.31	103.23	110.11	118.29	122.35
086.08	093.31	103.26	110.13	118.30	123.01
086.09	093.32	104.06	110.15	118.31	123.03
086.11	094.01	104.07	110.16	118.34	123.03
086.12	094.08	104.08	110.18	118.34	123.04
086.13	094.12	104.11	110.19	119.03	123.04
086.13	094.20	104.16	110.21	119.05	123.05
086.14	094.29	104.17	110.26	119.06	123.07
086.15	094.33	104.18	110.28	119.10	123.09
086.17	095.03	104.23	110.28	119.11	123.10
086.18	095.10	104.27	110.35	119.13	123.11
086.21	095.17	104.32	111.02	119.14	123.13
086.22	095.18	104.34	111.02	119.17	123.15
086.28	095.18	105.04	111.10	119.18	123.17
086.34	095.30	105.11	111.14	119.19	123.18
087.01	096.22	105.12	111.15	119.19	123.19
087.04	096.27	105.13	111.17	119.20	123.19
087.06	096.27	105.13	111.19	119.20	123.19
087.10	096.31	105.14	111.20	119.22	123.20
087.14	097.01	105.15	111.24	119.23	123.24
087.15	097.08	105.18	111.27	119.24	123.25
087.18	097.10	105.21	111.30	119.25	123.26
087.18	097.11	105.22	111.32	119.26	123.28
087.18	097.12	105.23	111.33	119.29	123.29
087.20	097.15	105.24	111.34	119.33	123.32
087.22	097.17	105.24	111.35	119.35	123.35
087.25	097.21	105.27	111.35	120.01	124.01
087.26	098.03	105.29	112.07	120.01	124.01
087.32	098.04	105.29	112.08	120.02	124.02
087.33	098.05	105.30	112.12	120.02	124.02
088.01	098.07	105.31	112.21	120.04	124.03
088.05	098.07	105.33	112.23	120.05	124.11
088.05	098.08	105.34	112.25	120.06	124.13
088.10	098.12	105.34	113.01	120.06	124.14
088.16	098.15	106.09	113.06	120.08	124.18
088.17	098.17	106.15	113.07	120.13	124.19
088.18	098.18	106.22	113.14	120.16	124.23
088.27	098.20	106.27	113.16	120.17	124.24
088.31	098.20	106.27	113.18	120.19	124.25
089.03	098.20		113.20	120.23	124.27
089.05	098.26		113.21	120.23	124.30
089.09	099.01		113.23	120.24	124.33
089.11	099.06				
089.18	099.08				

150 THE (continued)

125.03	133.29	140.19	148.04	155.01	160.34
125.06	134.02	140.22	148.04	155.02	161.03
125.07	134.04	140.26	148.07	155.02	161.03
125.11	134.07	140.30	148.07	155.04	161.08
125.22	134.09	140.32	148.10	155.09	161.13
125.28	134.11	141.04	148.11	155.09	161.13
125.29	134.15	141.09	148.14	155.13	161.14
125.33	134.16	141.10	148.14	155.13	161.15
125.35	134.18	141.13	148.16	155.15	161.17
126.02	134.21	141.20	148.24	155.17	161.25
126.02	134.21	141.24	148.26	155.23	161.26
126.03	134.27	141.27	148.27	155.23	161.27
126.03	134.32	141.29	148.32	155.26	161.28
126.04	135.07	141.34	149.01	155.27	161.30
126.05	135.09	141.35	149.02	155.32	161.34
126.12	135.20	142.03	149.04	155.32	162.01
126.14	135.20	142.04	149.05	155.34	162.01
126.14	135.21	142.04	149.09	156.03	162.01
126.16	136.05	142.08	149.10	156.04	162.04
126.22	136.09	142.08	149.11	156.04	162.05
126.25	136.17	142.09	149.13	156.06	162.09
126.29	136.20	142.12	149.13	156.06	162.10
126.31	136.24	142.15	149.14	156.07	162.11
126.33	136.27	142.16	149.16	156.07	162.12
126.35	136.28	142.16	149.17	156.14	162.14
127.08	136.29	142.17	149.18	156.15	162.15
127.09	136.30	142.19	149.18	156.15	162.17
127.10	136.32	142.21	149.19	156.16	162.20
127.14	136.33	142.22	149.20	156.17	162.21
127.15	136.34	142.22	149.21	156.18	162.21
127.16	136.34	142.24	149.24	156.19	162.23
127.17	136.34	142.26	149.26	156.21	162.25
127.20	136.35	142.26	149.27	156.21	162.25
127.24	137.01	142.27	149.28	156.23	162.26
127.29	137.01	143.01	149.30	156.23	162.27
127.35	137.02	143.06	149.31	156.28	162.28
128.06	137.04	143.07	150.02	156.32	162.32
128.09	137.05	143.09	150.02	156.35	162.32
128.11	137.06	143.10	150.03	157.04	162.32
128.13	137.05	143.17	150.03	157.05	162.33
128.13	137.08	143.18	150.05	157.06	162.34
128.14	137.08	143.19	150.05	157.07	163.08
128.15	137.10	143.21	150.06	157.07	163.13
128.17	137.12	143.24	150.06	157.08	163.23
128.26	137.14	143.26	150.06	157.08	163.24
128.28	137.15	143.26	150.08	157.09	163.24
128.33	137.16	143.28	150.09	157.13	163.26
128.35	137.18	143.32	150.10	157.14	163.28
129.02	137.18	143.33	150.11	157.17	163.35
129.02	137.19	144.01	150.12	157.18	164.11
129.03	137.20	144.11	150.13	157.19	164.14
129.07	137.21	144.13	150.15	157.19	164.14
129.07	137.22	144.14	150.17	157.22	164.15
129.10	137.25	144.15	150.18	157.22	164.18
129.11	137.25	144.15	150.20	157.22	164.21
129.12	137.28	144.23	150.21	157.26	164.22
129.12	137.31	144.23	150.27	157.29	164.22
129.14	137.33	144.24	150.27	157.29	164.24
129.15	137.34	144.25	150.28	157.30	164.25
129.15	138.02	144.29	150.29	157.34	164.32
129.16	138.05	144.32	150.30	157.35	164.34
129.24	138.07	145.02	150.33	158.02	164.35
129.25	138.08	145.05	150.35	158.09	164.35
129.31	138.09	145.09	151.04	158.10	164.35
129.31	138.10	145.11	151.12	158.12	165.04
130.05	138.11	145.12	151.13	158.14	165.08
130.18	138.11	145.13	151.14	158.21	165.08
130.25	138.12	145.14	151.18	158.24	165.11
130.32	138.12	145.16	151.19	158.27	165.12
130.34	138.12	145.30	151.22	158.28	165.16
131.03	138.20	145.31	151.22	158.29	165.16
131.06	138.20	145.33	151.26	158.31	165.17
131.08	138.21	145.34	151.27	158.31	165.18
131.12	138.22	145.34	151.33	158.32	165.18
131.13	138.22	145.35	152.03	158.35	165.19
131.15	138.23	146.05	152.03	159.01	165.20
131.15	138.24	146.14	152.05	159.02	165.20
131.21	139.01	146.16	152.08	159.04	165.21
131.22	139.02	146.16	152.13	159.05	165.27
131.23	139.02	146.17	152.13	159.07	165.28
131.25	139.05	146.17	152.19	159.10	165.34
132.04	139.05	146.18	152.19	159.11	166.01
132.13	139.06	146.18	152.21	159.11	166.03
132.19	139.06	146.19	152.22	159.12	166.04
132.21	139.07	146.21	152.28	159.12	166.05
132.22	139.08	146.22	152.33	159.13	166.05
132.23	139.08	146.26	152.34	159.14	166.07
132.24	139.11	146.27	153.06	159.18	166.07
132.24	139.12	146.29	153.09	159.21	166.08
132.25	139.20	146.31	153.11	159.21	166.27
132.26	139.23	146.31	153.11	159.25	166.27
132.26	139.24	146.35	153.12	159.25	167.01
132.27	139.26	147.09	153.12	159.35	167.04
132.27	139.27	147.09	153.13	160.04	167.05
132.27	139.27	147.10	153.15	160.06	167.06
132.28	139.29	147.10	153.15	160.10	167.11
132.28	139.30	147.12	153.16	160.11	167.14
132.29	139.31	147.14	153.20	160.12	167.14
132.30	139.32	147.16	153.26	160.15	167.15
132.31	139.33	147.18	153.27	160.18	167.15
132.33	140.05	147.23	153.29	160.18	167.16
133.06	140.09	147.23	153.30	160.18	167.21
133.07	140.10	147.25	153.33	160.19	167.22
133.10	140.10	147.25	154.01	160.23	167.22
133.11	140.12	147.27	154.13	160.24	167.25
133.13	140.13	147.29	154.16	160.26	167.34
133.15	140.13	147.31	154.19	160.30	167.34
133.17	140.14	147.33	154.19	160.32	168.03
133.19	140.14	147.34	154.25	160.32	168.09
133.21	140.16	148.02	154.26	160.33	168.29
133.22	140.17	148.03	155.01	160.34	168.29

THE (continued)

168.30	181.27	189.04	196.28	202.19	210.11
168.30	181.28	189.18	196.29	202.21	210.25
168.30	181.29	189.20	196.30	202.21	210.31
168.30	181.30	189.23	196.32	202.22	210.32
168.31	181.35	189.23	196.34	202.22	210.33
168.31	182.06	189.25	196.34	202.30	210.34
169.04	182.07	189.26	196.34	202.30	211.01
169.05	182.08	189.28	196.35	202.31	211.04
169.11	182.08	189.29	197.01	202.34	211.04
169.20	182.09	189.29	197.03	203.07	211.12
169.22	182.20	190.05	197.13	203.18	211.12
170.04	182.30	190.07	197.13	203.19	211.17
170.04	183.04	190.08	197.16	203.21	211.18
170.05	183.05	190.09	197.17	203.21	211.20
170.08	183.06	190.09	197.23	203.25	211.22
170.18	183.09	190.10	197.25	203.27	211.23
170.21	183.10	190.10	197.26	203.28	211.27
171.01	183.16	190.12	197.26	203.29	211.29
171.02	183.18	190.12	197.28	204.03	212.02
171.08	183.26	190.13	197.29	204.06	212.02
171.20	183.28	190.14	197.30	204.06	212.03
172.12	183.31	190.27	197.33	204.11	212.04
172.21	183.32	190.28	197.35	204.12	212.05
172.22	183.34	190.31	198.01	204.13	212.07
172.26	184.01	191.05	198.02	204.15	212.08
172.30	184.02	191.09	198.03	204.15	212.08
172.34	184.04	191.10	198.03	204.15	212.09
173.02	184.05	191.11	198.09	204.17	212.09
173.02	184.06	191.12	198.10	204.24	212.09
173.03	184.08	191.15	198.11	204.35	212.10
173.03	184.09	191.21	198.12	205.09	212.10
173.05	184.22	191.22	198.14	205.22	212.11
173.05	184.22	191.25	198.25	205.29	212.16
173.06	184.23	191.27	198.31	205.32	212.18
173.07	184.24	191.27	199.15	206.05	212.19
173.08	184.24	191.31	199.20	206.15	212.19
173.09	184.25	191.35	199.20	206.15	212.19
173.10	184.25	192.01	199.20	206.16	212.25
173.13	184.25	192.02	199.21	206.17	212.27
173.19	184.26	192.02	199.23	206.18	213.02
174.01	184.30	192.06	199.24	206.19	213.03
174.05	184.34	192.08	199.27	206.19	213.05
174.06	185.02	192.08	199.35	206.23	213.06
174.25	185.02	192.08	200.03	206.27	213.12
174.32	185.04	192.10	200.04	206.32	213.12
174.33	185.05	192.13	200.04	207.06	213.12
174.34	185.06	192.13	200.05	207.09	213.13
174.34	185.07	192.14	200.05	207.10	213.14
174.35	185.11	192.15	200.07	207.11	213.15
175.03	185.11	192.21	200.07	207.13	213.16
175.09	185.12	192.22	200.08	207.14	213.16
175.10	185.24	192.27	200.09	207.19	213.18
175.12	185.24	192.28	200.10	207.21	213.21
175.21	185.26	192.31	200.10	207.23	213.21
175.21	185.29	192.31	200.11	207.26	213.26
175.26	185.29	192.32	200.12	207.26	213.27
175.30	185.31	192.34	200.12	207.26	213.33
176.08	185.33	192.34	200.12	207.27	213.33
176.14	185.35	193.03	200.12	207.29	214.01
176.17	186.06	193.06	200.13	207.30	214.14
176.21	186.06	193.12	200.14	207.31	214.16
176.22	186.07	193.12	200.18	207.32	214.22
176.26	186.07	193.13	200.20	208.01	214.27
176.27	186.08	193.13	200.20	208.05	214.27
176.28	186.09	193.17	200.20	208.09	214.29
176.34	186.09	193.22	200.22	208.10	214.31
177.01	186.10	193.24	200.22	208.11	214.33
177.01	186.10	193.25	200.22	208.12	214.34
177.02	186.10	193.26	200.23	208.13	214.34
177.03	186.11	193.27	200.25	208.15	214.35
177.04	186.12	194.01	200.26	208.16	215.01
177.06	186.14	194.03	200.26	208.17	215.01
177.07	186.17	194.07	200.27	208.17	215.05
177.07	186.17	194.10	200.28	208.21	215.07
177.09	186.17	194.11	201.01	208.23	215.08
177.11	186.20	194.15	201.02	208.25	215.09
177.16	186.21	194.15	201.03	208.25	215.16
177.21	186.22	194.16	201.04	208.29	215.18
177.22	186.23	194.17	201.04	208.30	215.22
177.25	186.23	194.18	201.08	208.31	215.28
177.28	186.24	194.18	201.09	209.02	215.30
177.33	186.24	194.19	201.09	209.07	215.34
178.06	186.25	194.19	201.10	209.12	215.35
178.25	186.26	194.23	201.12	209.14	216.03
178.31	186.26	194.26	201.12	209.14	216.03
178.32	186.29	194.26	201.12	209.15	216.06
179.06	187.05	194.27	201.13	209.15	216.17
179.12	187.10	194.30	201.15	209.16	216.17
179.18	187.11	195.03	201.15	209.17	216.19
179.18	187.15	195.03	201.20	209.18	216.20
179.23	187.15	195.07	201.28	209.18	216.21
179.24	187.20	195.08	201.29	209.19	216.22
179.31	187.21	195.09	201.31	209.21	216.22
179.32	187.27	195.10	201.32	209.21	216.23
180.04	187.28	195.11	201.32	209.21	216.27
180.14	187.28	195.18	201.32	209.21	216.30
180.15	187.30	195.22	201.35	209.22	216.35
180.18	188.03	195.22	202.03	209.23	217.02
180.24	188.04	195.24	202.03	209.23	217.08
180.24	188.07	195.25	202.04	209.26	217.12
181.01	188.08	195.28	202.05	209.26	217.14
181.02	188.08	196.06	202.06	209.27	217.19
181.03	188.16	196.07	202.06	209.28	217.24
181.04	188.17	196.09	202.07	209.33	217.29
181.05	188.19	196.10	202.07	209.34	217.30
181.07	188.24	196.15	202.08	209.34	217.30
181.08	188.32	196.17	202.09	210.01	217.31
181.09	188.33	196.18	202.09	210.05	217.32
181.20	188.33	196.18	202.11	210.07	217.34
181.25	189.01	196.23	202.14	210.11	218.05
		196.24	202.15		

THE (continued)

218.05	226.14	235.13	244.35	254.28	261.23
218.07	226.15	235.16	245.01	254.28	261.28
218.08	226.18	235.17	245.02	254.29	261.30
218.16	226.19	235.21	245.02	254.29	261.30
218.20	226.24	235.26	245.05	254.34	261.32
218.21	226.25	235.33	245.05	254.35	261.33
218.23	226.28	236.01	245.12	255.02	261.33
218.28	226.28	236.02	245.16	255.03	262.01
219.19	226.29	236.03	245.18	255.07	262.01
219.20	226.30	236.03	245.18	255.10	262.02
219.21	226.35	236.09	245.18	255.12	262.10
219.23	227.03	236.11	245.19	255.12	262.13
219.24	227.05	236.20	245.20	255.19	262.23
219.25	227.07	236.21	245.24	255.20	262.26
219.26	227.07	236.21	245.25	255.21	262.26
219.30	227.07	236.22	245.26	255.21	262.27
219.30	227.09	236.25	245.30	255.23	262.30
219.31	227.09	236.25	245.33	255.23	263.01
219.31	227.10	236.26	245.33	255.25	263.01
219.32	227.10	236.30	245.34	255.25	263.02
219.33	227.11	236.31	246.04	255.28	263.02
220.03	227.11	236.33	246.06	255.31	263.06
220.04	227.13	237.06	246.08	255.32	263.09
220.05	227.14	237.12	246.10	255.32	263.11
220.08	227.15	237.17	246.14	255.34	263.11
220.12	227.21	237.18	246.15	256.02	263.13
220.14	227.26	237.23	246.16	256.04	263.14
220.14	227.26	237.26	246.19	256.05	263.14
220.16	227.26	237.27	246.19	256.06	263.14
220.20	227.29	237.29	246.20	256.14	263.15
220.23	227.29	237.30	246.23	256.16	263.16
220.25	227.31	237.32	246.31	256.23	263.16
220.26	227.31	237.32	246.32	256.24	263.17
220.26	228.05	237.34	246.32	256.24	263.20
220.29	228.06	238.09	246.34	256.28	263.21
220.34	228.07	238.24	247.06	256.31	263.21
220.35	228.11	238.28	247.24	256.34	263.21
221.01	228.15	238.31	247.24	256.35	263.22
221.05	228.17	239.03	247.25	256.35	263.27
221.16	228.32	239.04	247.30	257.03	263.27
221.20	229.05	239.05	247.32	257.04	263.27
222.03	229.07	239.06	247.32	257.10	263.28
222.03	229.13	239.08	248.05	257.13	263.30
222.04	229.13	239.13	248.11	257.22	263.31
222.09	229.14	239.14	248.17	257.23	263.31
222.19	229.19	239.14	248.19	257.23	263.32
222.23	229.23	239.16	248.20	257.25	263.32
222.25	229.26	239.19	248.23	257.26	263.33
222.31	229.27	239.20	248.29	257.27	263.34
222.34	229.31	239.23	248.33	257.32	264.02
222.35	229.34	239.24	248.33	258.06	264.02
223.01	230.03	239.27	248.34	258.08	264.03
223.04	230.09	239.28	249.04	258.10	264.06
223.04	230.15	239.32	249.11	258.12	264.06
223.05	230.26	239.32	249.13	258.13	264.07
223.06	230.34	239.33	249.18	258.17	264.08
223.06	231.04	239.33	249.20	258.20	264.08
223.09	231.05	239.34	249.32	258.21	264.10
223.09	231.06	240.04	249.35	258.23	264.13
223.10	231.07	240.12	250.06	258.24	264.15
223.13	231.07	240.12	250.09	258.25	264.16
223.13	231.11	240.24	250.12	258.26	264.17
223.14	231.18	240.30	250.13	258.29	264.18
223.15	231.21	241.05	250.24	258.30	264.19
223.15	231.27	241.33	250.26	258.33	264.21
223.18	231.29	242.02	250.28	259.01	264.26
223.19	231.30	242.06	250.32	259.03	264.31
223.19	231.31	242.11	251.06	259.08	265.02
223.20	231.35	242.17	251.07	259.09	265.08
223.21	232.01	242.21	251.10	259.10	265.09
223.22	232.06	242.22	251.16	259.10	265.11
223.23	232.12	242.23	251.18	259.11	265.16
223.24	232.13	242.31	251.20	259.11	265.17
223.24	232.14	242.35	251.20	259.11	265.17
223.27	232.18	243.01	251.25	259.12	265.20
223.28	232.21	243.01	251.26	259.19	265.23
223.35	232.21	243.02	251.26	259.21	265.24
224.03	232.24	243.03	251.26	259.21	265.26
224.05	232.26	243.09	251.29	259.23	265.29
224.05	232.28	243.13	251.29	259.23	265.29
224.07	232.28	243.13	251.30	259.24	265.31
224.10	233.04	243.15	251.30	259.25	265.31
224.11	233.14	243.18	251.32	259.28	265.31
224.13	233.16	243.19	252.04	259.29	265.32
224.14	233.16	243.19	252.08	259.29	265.33
224.16	233.21	243.20	252.26	259.30	265.34
224.19	233.24	243.21	252.28	259.33	265.34
224.23	233.30	243.21	252.29	260.01	266.01
224.23	233.33	243.22	252.33	260.02	266.03
224.25	234.05	243.23	253.01	260.03	266.04
224.31	234.07	243.23	253.14	260.03	266.05
224.33	234.08	243.24	253.14	260.04	266.07
224.34	234.09	243.25	253.15	260.05	266.07
225.02	234.12	243.25	253.17	260.09	266.08
225.03	234.15	243.28	253.19	260.12	266.08
225.04	234.22	243.29	253.31	260.13	266.17
225.05	234.24	243.31	253.31	260.14	266.21
225.06	234.28	243.33	254.03	260.15	266.24
225.07	234.30	244.03	254.03	260.17	266.25
225.11	234.32	244.05	254.08	260.29	266.25
225.12	234.33	244.09	254.11	260.30	266.27
225.12	235.01	244.10	254.12	260.30	266.30
225.13	235.03	244.13	254.15	260.31	266.30
225.14	235.04	244.15	254.15	260.31	266.31
225.30	235.07	244.15	254.21	260.32	266.31
225.31	235.08	244.17	254.22	260.33	266.32
225.34	235.09	244.18	254.22	261.04	266.32
226.11	235.09	244.21	254.23	261.04	266.33
226.11	235.10	244.32	254.25	261.07	266.33
226.12	235.11	244.32	254.25	261.16	267.10
	235.11	244.33	254.27	261.22	267.12

THE (continued)   UNDER WESTERN EYES

267.13	275.24	281.35	287.28	294.35	301.13
267.16	275.24	282.03	287.29	295.03	301.18
267.18	275.30	282.03	287.29	295.05	301.19
267.19	275.35	282.03	287.31	295.05	301.20
267.20	275.35	282.04	287.32	295.11	301.21
267.22	276.02	282.05	287.33	295.14	301.22
267.31	276.09	282.08	287.34	295.16	301.23
268.01	276.14	282.08	287.34	295.17	301.28
268.02	276.16	282.09	288.01	295.17	301.29
268.03	276.17	282.11	288.02	295.20	301.32
268.04	276.18	282.11	288.04	295.21	301.33
268.04	276.19	282.15	288.06	295.22	301.34
268.07	276.19	282.17	288.07	295.25	301.34
268.11	276.21	282.19	288.07	295.30	302.03
268.11	276.23	282.20	288.08	295.34	302.04
268.24	276.27	282.25	288.10	295.34	302.05
268.25	276.31	282.32	288.13	296.04	302.06
268.27	276.35	282.32	288.14	296.06	302.08
268.31	277.01	282.35	288.15	296.07	302.09
268.31	277.05	283.01	288.15	296.07	302.10
268.34	277.06	283.02	288.16	296.08	302.11
268.35	277.09	283.05	288.17	296.09	302.12
269.02	277.09	283.06	288.18	296.17	302.15
269.02	277.10	283.08	288.19	296.18	302.15
269.03	277.11	283.08	288.19	296.19	302.16
269.03	277.13	283.09	288.22	296.23	302.18
269.06	277.14	283.09	288.24	296.26	302.20
269.17	277.15	283.10	289.03	296.27	302.21
269.18	277.16	283.12	289.05	296.28	302.28
269.18	277.17	283.13	289.07	296.31	302.33
269.23	277.18	283.19	289.10	296.32	302.33
269.24	277.19	283.24	289.11	296.33	302.35
269.28	277.21	283.24	289.11	296.33	303.01
269.28	277.21	283.30	289.12	296.34	303.01
269.29	277.22	283.31	289.16	297.02	303.06
269.30	277.25	283.34	289.16	297.03	303.07
269.33	277.25	284.09	289.18	297.05	303.08
269.34	277.27	284.11	289.19	297.11	303.12
270.02	277.27	284.16	289.22	297.13	303.22
270.03	277.29	284.17	289.24	297.15	303.22
270.04	277.30	284.17	289.24	297.15	303.23
270.06	277.34	284.19	289.26	297.16	303.26
270.07	278.01	284.20	289.27	297.24	303.27
270.08	278.02	284.20	289.27	297.25	303.28
270.11	278.06	284.21	290.01	297.31	303.33
270.12	278.08	284.23	290.03	297.32	304.04
270.16	278.09	284.24	290.06	297.32	304.11
270.18	278.10	284.24	290.08	297.33	304.12
270.22	278.13	284.25	290.09	298.01	304.20
270.27	278.15	284.27	290.09	298.01	304.22
270.28	278.17	284.28	290.10	298.04	304.24
270.29	278.22	284.29	290.11	298.05	304.25
270.31	278.25	284.29	290.11	298.07	304.27
270.33	278.31	284.29	290.15	298.07	304.29
271.02	278.32	284.30	290.16	298.07	304.33
271.13	278.34	284.31	290.17	298.08	304.34
271.15	278.34	284.33	290.20	298.09	304.35
271.20	278.35	284.34	290.25	298.10	305.01
271.21	279.01	285.02	290.29	298.13	305.04
271.22	279.02	285.02	290.31	298.14	305.05
271.23	279.02	285.05	290.34	298.15	305.09
271.24	279.03	285.08	291.04	298.22	305.11
271.24	279.05	285.09	291.04	298.23	305.11
271.27	279.06	285.19	291.08	298.25	305.16
271.27	279.06	285.19	291.09	299.02	305.16
271.31	279.07	285.20	291.10	299.02	305.20
271.35	279.09	285.20	291.12	299.07	305.25
271.35	279.10	285.21	291.14	299.09	305.31
272.01	279.10	285.21	291.15	299.10	305.35
272.06	279.11	285.22	291.20	299.14	306.08
272.07	279.11	285.24	291.25	299.15	306.16
272.08	279.13	285.25	291.32	299.15	306.19
272.10	279.16	285.25	291.35	299.15	306.19
272.13	279.17	285.28	292.04	299.16	306.20
272.14	279.21	285.33	292.05	299.16	306.23
272.14	279.22	286.03	292.05	299.17	306.23
272.16	279.25	286.05	292.05	299.19	306.26
272.18	279.27	286.05	292.08	299.22	306.28
272.22	279.28	286.07	292.19	299.25	306.30
272.22	279.33	286.13	292.23	299.26	306.30
272.25	279.33	286.15	292.30	299.28	307.01
272.30	280.02	286.17	292.31	299.29	307.09
272.33	280.05	286.21	292.35	299.30	307.11
272.34	280.09	286.23	293.10	300.02	307.11
272.34	280.10	286.25	293.11	300.03	307.14
273.03	280.12	286.26	293.12	300.04	307.14
273.06	280.13	286.31	293.14	300.06	307.19
273.08	280.13	286.35	293.15	300.08	307.21
273.14	280.14	286.35	293.16	300.08	307.25
273.18	280.14	287.01	293.20	300.13	307.30
273.20	280.14	287.07	293.27	300.14	307.30
273.24	280.29	287.10	293.27	300.17	308.01
273.27	280.32	287.10	293.30	300.18	308.02
273.29	281.02	287.12	293.31	300.19	308.10
274.01	281.04	287.12	293.32	300.20	308.11
274.07	281.05	287.14	294.01	300.21	308.14
274.12	281.05	287.15	294.03	300.22	308.18
274.16	281.09	287.19	294.08	300.22	308.19
274.20	281.12	287.20	294.10	300.24	308.20
274.21	281.18	287.20	294.12	300.27	308.21
274.25	281.19	287.21	294.12	300.28	308.25
274.25	281.19	287.21	294.13	300.29	308.27
274.26	281.21	287.21	294.13	300.30	308.31
274.29	281.26	287.22	294.15	300.33	308.32
274.34	281.28	287.24	294.15	300.34	308.35
275.05	281.30	287.25	294.20	301.02	308.35
275.05	281.30	287.26	294.21	301.04	309.01
275.08	281.32	287.26	294.31	301.09	309.01
275.15	281.33	287.27	294.32	301.10	309.01
275.16	281.34	287.27	294.32	301.12	309.03
275.22	281.35	287.28	294.34	301.12	309.08

309.09	315.10	323.25	328.18	334.12	342.16
309.12	315.11	323.25	328.21	334.13	342.17
309.13	315.11	323.27	328.22	334.18	342.17
309.13	315.14	323.28	328.23	334.18	342.17
309.14	315.18	323.35	328.24	334.19	342.18
309.15	315.22	324.05	328.26	334.21	342.19
309.18	315.23	324.07	328.26	334.21	342.23
309.21	315.24	324.08	328.27	334.22	342.25
309.23	315.25	324.09	328.27	334.22	342.26
309.24	315.27	324.18	328.28	334.26	342.28
309.24	315.29	324.19	328.28	334.27	342.32
309.29	315.29	324.24	328.29	334.28	342.34
309.35	315.30	324.26	328.30	334.30	342.35
310.03	315.32	324.27	328.30	334.31	343.02
310.04	316.03	324.27	328.31	334.31	343.02
310.06	316.07	324.28	328.33	334.35	343.04
310.07	316.09	324.29	328.34	335.01	343.09
310.08	316.16	324.29	328.34	335.03	343.12
310.11	316.18	324.29	328.35	335.03	343.13
310.17	316.19	324.30	329.01	335.04	343.13
310.19	316.24	325.04	329.02	335.04	343.14
310.23	316.26	325.04	329.03	335.06	343.18
310.25	316.27	325.06	329.05	335.12	343.19
310.26	316.33	325.07	329.09	335.16	343.21
310.27	317.02	325.07	329.10	335.17	343.22
310.28	317.07	325.08	329.11	335.20	343.24
310.29	317.07	325.08	329.12	335.21	343.32
310.30	317.18	325.08	329.13	335.24	344.06
310.31	317.21	325.09	329.19	335.28	344.13
310.32	317.25	325.09	329.21	335.28	344.14
310.32	318.13	325.09	329.24	335.29	344.15
310.35	318.14	325.10	329.27	335.31	344.24
311.01	318.14	325.13	329.28	335.32	344.24
311.01	318.16	325.18	329.29	336.03	344.31
311.03	318.21	325.18	330.01	336.03	345.08
311.03	318.24	325.19	330.03	336.04	345.08
311.03	318.28	325.20	330.06	336.06	345.09
311.06	318.35	325.20	330.07	336.07	345.11
311.08	319.03	325.23	330.08	336.11	345.11
311.11	319.05	325.25	330.08	336.13	345.12
311.12	319.06	325.28	330.08	336.19	345.13
311.14	319.13	325.29	330.09	336.23	345.23
311.15	319.23	325.30	330.11	336.23	345.25
311.15	319.24	325.31	330.11	336.26	345.27
311.18	319.25	325.33	330.12	336.27	345.28
311.23	319.25	325.34	330.15	336.28	345.32
311.23	319.26	325.34	330.16	336.29	345.33
311.27	319.27	325.35	330.16	336.35	345.34
311.27	319.27	325.35	330.18	336.35	345.35
311.28	319.29	325.35	330.21	337.02	346.01
311.29	319.32	326.01	330.21	337.03	346.10
311.29	319.33	326.02	330.22	337.04	346.11
311.30	320.12	326.02	330.27	337.06	346.14
311.31	320.14	326.03	330.27	337.06	346.14
311.32	320.15	326.04	330.28	337.12	346.15
312.01	320.16	326.05	330.30	337.13	346.15
312.04	320.17	326.05	330.31	337.16	346.20
312.05	320.17	326.05	330.33	337.18	346.25
312.05	320.21	326.06	330.35	337.18	346.33
312.09	320.23	326.07	331.01	337.19	347.10
312.10	320.24	326.11	331.02	337.21	347.10
312.13	320.34	326.12	331.03	337.34	347.10
312.14	320.34	326.12	331.04	337.35	347.12
312.15	321.01	326.13	331.05	337.35	347.13
312.15	321.02	326.13	331.11	338.01	347.14
312.16	321.02	326.14	331.24	338.02	347.18
312.21	321.04	326.14	331.24	338.02	347.19
312.22	321.04	326.14	331.25	338.03	347.20
312.25	321.05	326.17	331.25	338.04	347.26
312.26	321.05	326.19	331.25	338.05	348.01
312.26	321.08	326.20	331.27	338.06	348.08
312.26	321.12	326.21	331.27	338.15	348.16
312.29	321.20	326.23	331.28	338.17	348.17
312.31	321.21	326.25	331.28	338.18	348.18
312.32	321.21	326.26	331.29	338.33	348.23
312.33	321.22	326.29	331.30	339.09	348.25
312.33	321.26	326.33	331.31	339.11	348.28
313.01	321.27	326.33	331.32	339.17	348.32
313.02	321.29	326.34	332.06	339.31	348.33
313.02	321.30	326.34	332.06	339.31	348.35
313.03	322.02	326.35	332.10	339.32	349.07
313.08	322.03	327.09	332.10	339.34	349.10
313.11	322.09	327.12	332.11	340.04	349.11
313.12	322.09	327.15	332.15	340.15	349.15
313.17	322.10	327.16	332.16	340.17	349.17
313.18	322.10	327.19	332.22	340.21	349.18
313.22	322.10	327.23	332.23	340.23	349.20
313.25	322.12	327.25	332.24	340.24	349.20
313.25	322.12	327.26	332.35	340.25	349.22
313.26	322.13	327.27	333.01	340.26	349.24
313.29	322.13	327.27	333.03	340.28	349.24
314.03	322.13	327.28	333.04	340.33	349.28
314.05	322.15	327.29	333.05	340.33	349.29
314.08	322.16	327.29	333.05	341.04	349.30
314.10	322.17	327.29	333.06	341.06	349.31
314.11	322.18	327.30	333.09	341.06	349.34
314.15	322.21	327.32	333.13	341.11	350.01
314.15	322.26	327.33	333.16	341.12	350.01
314.15	322.27	327.34	333.17	341.14	350.09
314.19	322.32	327.35	333.20	341.19	350.12
314.32	322.32	328.02	333.29	341.19	350.15
315.01	322.34	328.07	333.29	341.27	350.26
315.02	323.07	328.09	333.33	341.27	350.28
315.03	323.07	328.09	334.01	341.35	350.29
315.04	323.08	328.13	334.02	342.01	350.30
315.04	323.10	328.13	334.05	342.09	350.30
315.05	323.12	328.13	334.07	342.09	350.31
315.05	323.12	328.14	334.09	342.10	350.31
315.05	323.13	328.15	334.09	342.11	350.31
315.07	323.14	328.15	334.10	342.11	350.32
315.08	323.20	328.15	334.12	342.16	350.34

THE (continued) — UNDER WESTERN EYES

351.03	357.20	364.05	370.11	002.26	302.15
351.05	357.22	364.09	370.11	002.32	305.07
351.05	357.24	364.10	370.12	006.21	313.15
351.06	357.25	364.14	370.13	009.22	313.35
351.06	357.26	364.15	370.14	011.01	314.17
351.08	357.27	364.16	370.16	011.19	315.13
351.09	357.27	364.17	370.17	011.19	325.16
351.10	357.29	364.18	370.17	011.20	325.26
351.12	357.29	364.19	370.19	011.21	333.14
351.13	357.30	364.19	370.20	011.29	339.03
351.14	357.33	364.20	370.21	013.02	340.24
351.15	357.34	364.21	370.25	014.35	340.25
351.16	358.03	364.22	370.26	015.08	340.25
351.22	358.03	364.23	370.26	015.10	340.26
351.22	358.04	364.24	370.27	017.35	342.18
351.23	358.07	364.25	370.31	018.17	347.23
351.23	358.07	364.28	370.32	019.03	349.21
351.24	358.09	364.31	370.33	019.30	357.13
351.26	358.09	364.32	370.35	022.23	360.17
351.28	358.10	364.34	371.09	022.30	364.18
351.30	358.12	365.02	371.09	026.30	365.32
351.34	358.12	365.02	371.16	029.14	372.13
351.35	358.13	365.03	371.17	030.17	372.14
352.01	358.15	365.05	371.23	031.13	375.18
352.02	358.18	365.05	371.26	031.14	376.34
352.02	358.19	365.06	372.02	031.29	theirs
352.04	358.20	365.07	372.03	040.21	357.13
352.09	358.21	365.07	372.04	048.15	them
352.11	358.23	365.07	372.05	053.26	002.25
352.11	358.26	365.13	372.06	058.04	002.25
352.12	358.27	365.14	372.06	076.13	002.26
352.12	358.30	365.14	372.09	076.14	002.27
352.13	358.30	365.15	372.10	076.14	003.11
352.14	358.31	365.16	372.11	084.33	007.11
352.14	358.31	365.22	372.12	093.07	014.27
352.15	358.32	365.22	372.13	098.23	015.03
352.16	358.33	365.23	372.15	099.03	016.15
352.17	358.34	365.25	372.17	099.33	020.21
352.18	358.35	365.26	372.18	101.32	022.31
352.21	358.35	365.31	372.23	103.14	023.33
352.21	359.02	365.35	372.24	103.25	023.34
352.23	359.03	366.01	372.25	103.26	036.09
352.24	359.06	366.09	372.30	103.27	036.13
352.25	359.08	366.12	372.32	105.19	036.16
352.26	359.11	366.13	372.35	105.19	036.17
352.31	359.12	366.13	373.01	105.20	039.29
352.31	359.19	366.19	373.02	105.20	040.34
353.01	359.19	366.20	373.07	105.21	041.04
353.02	359.20	366.21	373.10	105.25	043.14
353.03	359.21	366.21	373.13	105.26	048.30
353.08	359.22	366.22	373.15	107.05	056.19
353.08	359.23	366.23	373.22	107.05	057.10
353.09	359.24	366.24	373.29	109.01	057.11
353.11	359.28	366.25	373.34	109.03	057.14
353.12	359.28	366.25	373.35	112.17	058.25
353.14	359.29	366.28	374.01	113.29	062.27
353.16	359.30	366.28	374.05	117.18	063.34
353.16	359.34	366.30	374.09	117.20	074.23
353.19	359.34	366.33	374.14	117.30	080.06
353.21	360.09	366.34	374.20	117.32	086.26
353.22	360.09	366.35	374.23	123.30	089.18
353.24	360.11	367.01	374.24	126.13	090.12
353.24	360.13	367.02	374.26	133.08	090.35
353.27	360.14	367.03	374.26	136.25	097.06
353.33	360.15	367.06	374.27	136.26	099.31
354.03	360.15	367.07	374.28	136.29	101.14
354.05	360.23	367.08	374.30	137.07	101.32
354.07	360.26	367.11	374.31	138.09	103.15
354.11	360.27	367.12	375.01	144.23	105.18
354.12	360.33	367.12	375.02	145.17	105.23
354.14	361.05	367.13	375.06	145.21	106.21
354.26	361.06	367.15	375.21	150.13	106.32
354.26	361.07	367.16	375.24	153.34	109.02
354.28	361.09	367.17	375.24	157.31	111.32
354.28	361.10	367.17	375.25	163.03	112.19
354.30	361.11	367.19	375.25	164.08	113.10
354.31	361.18	367.20	375.29	165.03	114.26
354.32	361.19	367.21	375.31	166.01	115.14
355.03	361.20	367.24	375.31	167.22	124.11
355.04	361.22	367.28	375.32	170.05	126.14
355.09	361.22	367.30	375.34	172.25	132.30
355.11	361.24	367.30	376.02	172.31	133.08
355.12	361.35	368.02	376.03	174.23	135.07
355.15	361.35	368.09	376.05	174.24	136.33
355.16	362.04	368.09	376.12	174.24	137.07
355.17	362.08	368.10	376.17	183.10	137.13
355.19	362.09	368.14	376.18	198.22	137.28
355.23	362.10	368.16	376.23	204.33	141.21
355.27	362.10	368.23	376.24	207.20	148.13
355.28	362.12	368.23	376.24	207.22	149.12
355.29	362.12	368.27	376.25	209.20	150.18
355.30	362.20	368.28	376.25	211.18	153.18
355.31	362.22	368.29	376.26	224.08	155.07
355.33	362.24	368.32	376.30	236.33	157.10
355.34	362.26	368.34	377.03	237.14	158.06
356.02	362.27	369.03	377.15	245.17	163.06
356.05	362.33	369.13	377.19	249.10	164.35
356.12	363.01	369.17	377.29	262.24	165.17
356.20	363.04	369.19	377.33	265.19	165.22
356.22	363.04	369.23	theatre	269.21	166.22
356.33	363.07	369.25	051.03	272.14	170.18
356.34	363.16	369.27	107.23	275.05	170.19
356.35	363.23	369.30	108.03	275.09	176.07
356.35	363.23	369.32	138.20	275.09	176.23
357.01	363.24	369.34	192.13	278.32	177.15
357.03	363.25	369.34	328.25	282.07	179.05
357.13	363.27	370.06	theatrical	283.04	179.09
357.14	363.33	370.09	108.33	283.05	183.13
357.16	363.34	370.09	their	290.17	183.14
357.18	363.34	370.10	002.18	294.11	186.19
357.19	363.34	370.10	002.18		

156 THEM (continued)   UNDER WESTERN EYES

188.01	024.16	233.01	371.26	075.12	172.11
188.05	024.20	233.15	374.24	078.33	172.13
188.06	026.16	237.09	375.11	079.14	172.35
188.18	026.19	238.01	375.13	079.35	173.12
193.08	028.21	238.04	375.34	080.22	175.27
198.10	030.03	238.11	376.15	083.12	176.29
198.24	033.26	238.17	376.18	084.02	177.08
204.07	035.13	239.25	376.24	084.10	178.09
213.18	037.14	240.06	377.18	085.06	180.32
215.23	040.01	241.23	377.23	085.09	181.29
217.16	043.05	249.29	377.25	086.12	183.28
223.06	044.01	251.01	theological	088.22	184.03
224.08	047.11	253.03	288.20	089.20	184.22
224.26	048.01	253.25	theories	090.31	186.08
227.15	048.14	253.30	065.12	092.03	186.32
234.05	048.20	254.16	198.29	092.05	189.08
236.08	049.13	255.06	209.05	093.17	192.33
236.23	052.23	257.02	256.25	095.21	193.23
236.28	052.26	260.24	theory	096.04	194.19
236.35	053.01	263.22	004.24	096.10	194.28
237.31	053.17	266.31	063.29	098.03	195.08
240.33	054.25	272.13	258.31	100.21	197.09
251.15	054.28	272.29	276.21	102.02	198.13
256.21	060.18	273.09	there	102.35	199.18
261.06	060.25	273.20	001.16	104.09	200.28
265.02	060.29	274.13	002.14	105.16	200.33
267.16	061.15	275.15	002.20	106.23	203.20
268.32	063.34	277.09	002.32	107.19	204.25
270.05	071.09	279.14	003.09	109.06	205.04
271.29	072.15	279.27	005.03	110.17	206.16
272.16	073.10	280.31	007.01	110.29	206.25
275.07	073.16	280.31	008.07	112.03	208.24
277.27	075.03	285.01	008.09	112.17	210.05
280.30	080.08	285.07	008.33	113.20	212.17
282.27	082.11	287.24	009.30	113.35	219.08
286.31	084.27	287.32	010.09	118.08	219.34
288.08	085.15	293.09	011.35	119.31	220.25
296.23	091.12	294.01	012.12	120.20	221.23
300.22	092.28	296.20	013.17	120.22	222.02
302.14	092.32	296.27	014.07	121.26	224.06
313.15	094.14	297.09	014.26	124.15	228.06
325.10	094.27	297.14	015.20	124.20	228.16
325.15	096.15	297.20	015.35	125.06	228.26
326.21	099.32	299.19	016.04	126.09	228.31
329.03	101.34	300.07	016.06	127.23	229.17
329.22	103.33	301.01	017.13	127.30	233.04
333.13	106.26	302.35	019.28	128.12	234.19
340.19	107.04	302.35	021.02	130.27	234.25
340.20	109.22	306.02	021.04	130.28	234.27
342.12	109.34	306.21	024.15	131.16	237.31
342.20	111.15	311.07	025.04	131.17	238.13
343.03	114.26	311.13	025.21	131.17	242.16
344.08	115.06	311.19	025.21	131.18	243.09
345.13	117.16	312.10	026.02	131.18	243.14
351.34	118.14	313.02	026.09	131.31	244.16
353.02	126.11	313.08	026.22	132.14	244.28
354.23	129.30	313.25	028.09	132.34	244.29
354.29	130.14	314.05	033.28	134.28	245.30
355.29	133.13	314.24	034.08	135.06	246.26
356.15	136.13	317.06	034.29	135.06	247.13
358.17	137.15	318.17	035.18	135.09	247.18
364.03	138.10	320.33	036.08	135.15	247.19
364.21	141.03	321.21	038.28	135.26	249.18
366.03	142.23	322.09	041.06	135.27	250.17
366.02	143.27	322.22	044.31	136.05	251.02
370.02	146.15	322.27	047.12	137.11	251.17
372.16	149.15	322.33	047.13	137.13	253.05
375.16	151.22	326.23	047.21	138.05	253.28
themselves	154.30	327.05	047.25	139.05	254.20
004.03	155.34	332.26	047.29	139.22	254.25
018.24	165.06	333.11	047.33	139.27	254.35
022.20	166.17	333.31	048.28	139.31	255.01
037.12	170.17	334.30	049.05	140.03	257.31
040.22	171.25	335.07	049.33	140.31	260.08
065.15	171.28	335.20	050.34	141.18	260.10
076.04	171.31	335.31	051.05	142.04	260.12
081.30	172.05	336.14	051.08	142.13	261.22
090.26	172.07	337.05	051.13	145.02	265.14
090.34	172.24	338.32	052.07	145.10	268.10
113.24	173.35	339.07	052.19	146.29	268.20
117.19	176.02	340.20	053.24	148.01	269.14
133.09	179.02	341.03	053.32	148.06	269.19
136.27	180.05	341.29	053.33	148.07	270.06
149.03	180.13	344.07	054.02	148.19	271.01
156.06	181.29	345.15	054.24	148.21	272.13
172.35	187.29	345.28	054.29	148.22	272.27
177.15	188.12	347.32	056.29	148.23	273.32
261.31	188.17	348.11	056.35	148.25	273.34
303.07	193.02	348.31	057.10	148.35	274.15
314.16	193.27	349.07	057.11	149.22	275.21
347.18	194.04	349.33	057.12	150.27	275.32
352.02	194.13	350.16	058.23	150.28	276.28
355.30	196.01	352.13	061.04	150.29	277.31
375.16	196.08	353.18	062.03	150.32	278.03
377.07	199.10	353.29	063.01	151.05	280.13
then	199.30	355.07	063.22	152.01	280.28
003.32	214.24	355.21	063.35	152.08	280.28
004.30	215.02	357.16	065.31	153.07	281.23
007.19	216.23	357.20	066.06	153.33	284.03
007.24	216.33	357.22	067.14	155.11	284.05
010.13	218.21	358.15	069.03	157.03	285.22
012.13	221.02	360.13	069.04	157.07	286.08
013.34	221.04	361.02	069.10	157.09	287.01
014.29	221.20	361.10	069.25	157.17	287.11
015.19	222.17	363.03	070.19	157.20	288.05
016.19	225.11	363.12	070.31	161.07	289.08
017.09	227.09	363.20	071.13	163.06	289.17
019.12	230.09	364.21	072.29	168.08	290.21
021.32	230.34	368.01	073.33	170.15	294.33
023.11	231.12	368.15	074.31	171.15	295.14
024.12	231.17	370.06	075.11	171.19	295.17

THERE (continued)

296.03	268.18	236.15	056.11	231.06	093.22
296.03	274.18	243.14	062.23	231.21	121.26
296.10	283.25	245.04	062.23	232.10	127.08
296.12	297.17	245.10	070.28	233.35	143.17
296.24	298.27	247.16	072.04	234.19	158.04
297.06	306.17	247.32	072.15	235.05	180.15
298.08	305.25	249.01	073.28	235.15	217.13
300.26	329.31	251.13	074.18	236.02	235.22
304.12	344.13	260.08	074.24	236.15	253.18
304.14	349.05	263.20	084.31	236.24	322.18
304.21	350.21	265.23	087.04	236.33	325.02
306.33	375.26	266.10	099.05	237.13	358.31
307.03	therefore	267.34	099.05	238.03	thick-set
310.03	332.06	269.11	099.07	240.01	068.18
312.01	357.17	270.05	099.32	242.11	thickets
312.20	thereupon	273.04	102.02	244.17	121.12
312.29	118.15	273.14	102.30	244.20	140.10
313.17	222.34	274.17	102.35	247.35	165.20
313.25	272.28	275.03	103.34	251.03	thickly
314.10	these	276.20	104.29	251.14	006.28
314.28	001.09	278.06	105.24	254.23	348.06
315.02	001.25	280.16	106.18	257.12	thickness
315.14	002.07	286.11	106.19	257.15	118.26
315.20	011.01	287.25	106.20	258.16	thief
317.24	011.26	291.19	106.23	261.24	076.09
317.28	015.07	294.13	107.26	261.31	076.12
318.30	020.10	300.28	113.10	261.33	354.19
319.21	049.01	306.33	113.11	265.10	thieves
319.26	049.01	309.09	115.14	265.35	025.28
319.27	051.29	312.24	115.33	267.34	200.33
320.03	057.32	313.26	117.19	268.05	213.30
320.22	073.28	314.20	117.31	269.19	213.31
322.05	075.25	315.16	117.32	269.23	214.04
322.17	075.31	328.10	121.10	272.08	215.10
326.31	079.25	334.16	122.31	272.15	215.11
328.06	081.05	335.19	125.20	273.10	215.11
331.32	083.12	336.13	126.12	273.15	216.26
333.12	085.31	336.30	131.05	278.25	273.05
334.12	086.16	342.14	132.30	278.26	thigh
334.29	093.25	343.06	132.31	278.31	127.09
334.35	098.18	345.30	133.07	278.32	thighs
335.15	098.19	347.29	137.06	290.17	227.16
335.34	099.11	355.28	137.16	294.10	thin
336.03	101.09	357.18	137.23	294.23	026.05
337.03	102.11	373.02	137.26	294.24	026.11
338.03	102.35	375.23	137.27	295.22	084.17
339.02	105.23	they	145.18	297.02	099.21
339.05	110.18	001.10	145.20	303.20	122.02
339.06	113.26	002.25	145.21	306.15	131.01
339.14	115.12	002.25	150.17	307.35	195.12
339.16	116.08	002.26	150.20	308.18	219.10
342.13	118.30	002.31	150.21	309.23	236.04
342.35	120.31	002.31	150.22	310.01	242.15
343.04	121.03	003.14	151.01	311.04	248.19
344.18	122.04	006.19	151.07	311.06	262.30
344.24	123.08	007.30	151.13	311.31	263.15
345.02	123.35	007.32	152.29	312.20	265.33
346.13	126.07	011.20	152.34	312.24	272.20
346.22	126.13	011.23	153.34	313.34	277.34
347.08	128.25	011.25	155.06	314.01	281.29
347.31	129.53	011.27	155.07	314.11	282.05
348.30	131.06	013.03	157.06	315.12	312.21
349.06	133.16	013.05	157.09	321.18	319.23
349.08	135.26	015.02	157.24	325.11	322.31
349.15	136.04	015.04	157.25	325.21	thing
350.02	137.06	015.05	159.03	333.11	002.21
351.07	138.27	015.06	162.27	335.19	010.22
351.12	140.01	015.08	164.33	337.20	018.28
352.13	142.07	015.09	164.34	339.28	019.08
353.08	144.22	015.10	165.19	340.16	033.35
353.13	146.09	015.11	165.23	340.17	052.02
356.02	146.31	015.17	165.32	340.19	059.10
356.05	147.02	017.16	166.08	340.34	067.03
356.16	149.20	017.25	167.16	340.35	077.32
356.26	149.21	017.35	167.17	342.10	080.28
357.02	152.16	018.22	172.34	342.16	095.19
357.06	155.10	019.19	173.15	342.24	104.10
357.26	162.35	019.21	178.22	342.25	104.25
358.25	163.06	020.29	179.05	343.06	108.07
359.01	164.31	020.30	180.14	345.31	108.16
359.04	166.07	022.10	180.15	348.17	109.17
361.03	172.09	022.21	183.06	348.28	124.18
365.20	172.28	022.22	183.07	355.29	124.26
366.34	172.31	022.25	187.26	357.07	128.16
368.02	173.28	024.15	188.35	357.12	129.15
369.12	176.27	024.19	190.02	358.16	132.19
369.17	177.32	026.12	198.11	362.06	140.03
369.23	184.17	029.08	204.10	362.23	147.30
370.01	186.23	030.17	206.19	364.01	149.19
370.05	187.25	031.28	207.20	364.04	154.32
370.06	188.02	035.16	207.28	364.35	164.10
371.02	193.31	036.14	209.03	365.21	180.23
371.23	196.10	036.14	209.10	365.27	194.31
372.17	197.22	039.15	209.17	366.03	203.15
373.22	206.18	040.33	210.30	366.08	208.23
374.32	208.12	041.05	215.23	366.10	221.16
375.08	211.15	041.15	215.24	366.17	221.18
375.11	213.04	045.14	215.25	366.22	222.02
375.30	215.10	046.17	217.07	369.07	224.07
376.12	216.26	048.14	218.10	369.13	226.06
376.12	220.31	048.15	216.13	370.26	226.25
376.16	221.21	048.22	220.23	372.16	247.33
there's	224.25	050.02	220.23	376.17	251.07
033.25	225.21	051.09	222.30	they'll	255.21
062.25	226.05	051.31	223.19	310.01	256.01
076.12	227.28	051.32	224.13	thick	256.03
079.08	227.30	052.01	224.19	027.07	257.16
232.07	233.07	055.32	224.19	041.21	263.12
237.12	233.23	055.33	224.26	053.04	276.10
246.32	234.19	056.17	224.26	073.12	285.05
262.22	236.11			088.07	319.10

158 THING (continued)

330.27	151.25	111.13	023.18	096.32	184.08
340.08	154.01	115.07	023.35	096.33	184.09
355.24	154.24	115.07	024.17	096.35	184.18
356.02	154.32	130.06	025.29	097.09	184.31
357.06	155.29	131.29	027.15	098.09	185.31
367.06	156.01	136.16	028.11	098.10	186.12
372.32	156.32	147.22	028.32	100.11	186.20
things	160.25	168.17	030.04	100.20	189.01
021.04	166.24	175.04	030.10	101.22	189.06
029.13	172.22	188.19	030.20	102.02	190.04
034.06	173.18	189.34	030.20	102.30	190.06
051.04	183.13	192.12	031.07	102.33	190.11
051.31	183.24	192.17	032.11	104.24	190.13
057.20	183.27	196.01	032.32	105.11	191.24
066.05	183.32	201.25	033.32	106.02	193.10
074.17	185.28	212.30	034.17	107.17	193.34
090.29	185.53	234.26	034.26	107.28	195.09
100.03	186.18	240.10	034.32	109.31	195.15
118.18	187.26	246.07	036.14	110.13	195.20
137.14	188.31	249.14	039.03	111.13	196.05
154.05	189.09	258.04	039.34	111.13	196.27
154.09	190.50	260.12	040.31	112.20	197.05
155.11	191.18	275.17	041.15	112.28	197.22
158.02	191.20	305.16	042.02	112.31	199.12
175.02	192.03	310.10	042.29	114.23	199.23
181.20	192.04	314.22	043.21	116.25	201.19
204.15	192.18	314.25	044.06	118.28	202.12
208.07	193.20	314.26	044.15	119.03	202.15
229.04	195.17	320.28	044.21	120.33	202.22
241.09	197.35	324.01	045.32	121.30	202.31
247.16	199.05	342.24	045.33	122.14	203.06
250.03	199.06	355.04	047.01	123.06	203.17
250.10	201.10	355.21	048.31	123.24	204.33
255.28	208.35	360.26	049.09	124.02	205.01
265.35	211.20	367.18	049.14	124.17	205.02
292.17	212.21	thinks	049.22	125.12	205.02
294.10	216.33	112.35	050.16	126.28	206.20
303.19	221.22	268.12	051.18	127.14	207.08
310.12	221.22	369.03	053.06	129.20	207.10
310.32	224.08	thinly	053.13	131.04	208.24
316.11	224.09	329.07	054.20	131.25	208.24
318.08	224.32	third	054.20	132.19	210.09
332.28	225.23	004.07	054.25	133.33	210.22
340.33	229.16	016.03	054.27	135.35	211.11
341.08	237.25	027.21	054.30	136.11	211.12
345.28	238.28	195.01	055.07	139.34	213.07
354.31	240.25	245.06	055.11	140.25	213.08
376.33	242.07	329.11	055.22	141.31	213.19
think	242.08	356.21	055.31	143.23	214.05
001.24	242.29	thirst	055.33	143.24	214.14
023.03	242.31	117.30	055.34	145.14	216.05
023.04	244.14	150.29	056.10	147.19	216.13
033.05	245.10	thirsted	056.24	147.32	217.11
038.08	245.14	099.21	056.29	148.17	217.28
043.29	249.11	thirsting	057.05	149.13	219.01
048.02	250.04	120.24	057.06	152.17	219.25
049.07	250.19	thirty	057.27	152.17	220.07
050.34	250.24	310.04	058.27	153.23	221.08
057.27	254.14	this	059.12	154.02	222.20
058.16	256.10	001.20	059.17	154.15	224.04
059.02	256.26	001.24	059.17	159.02	224.15
059.02	261.09	002.35	060.01	159.07	225.16
059.06	261.15	003.02	062.08	159.21	225.18
060.05	264.11	003.05	062.15	160.01	226.04
065.24	278.18	003.34	062.16	160.02	226.05
066.28	281.03	004.09	062.20	160.17	226.16
068.03	298.33	004.23	062.34	160.19	226.22
068.07	309.13	004.25	062.35	161.12	226.27
073.11	311.32	006.01	063.15	161.20	226.31
078.29	314.03	006.13	064.05	161.24	226.33
079.15	315.16	006.15	064.21	162.35	227.19
079.29	316.34	006.27	064.27	163.19	227.21
081.07	318.22	006.34	066.19	163.26	227.22
086.31	319.22	007.07	066.23	163.34	230.10
087.35	320.05	008.18	067.02	164.11	230.19
087.35	320.09	008.19	069.25	164.21	230.32
088.28	320.21	009.02	070.21	165.07	231.19
092.34	321.09	011.11	070.23	165.23	231.31
092.35	322.14	012.13	072.05	166.32	232.05
095.02	326.29	012.31	073.02	168.18	233.11
095.13	327.04	013.24	073.19	169.35	233.15
095.20	328.03	014.03	073.26	170.09	233.18
096.20	328.07	014.05	074.28	171.03	234.33
096.21	333.19	014.15	075.18	171.27	238.10
100.23	344.10	015.22	077.09	171.31	240.01
102.09	344.29	015.25	078.15	171.33	240.23
102.16	370.25	015.29	079.35	172.04	240.35
102.28	371.04	016.01	080.11	172.13	241.07
104.20	372.22	016.21	080.17	172.14	242.17
106.04	377.20	016.35	080.22	173.12	242.18
107.01	thinker	017.12	080.28	174.18	242.19
112.29	087.31	017.33	081.08	176.31	244.03
113.12	088.01	018.03	081.23	176.31	245.16
115.06	120.35	018.11	083.07	176.33	245.35
115.35	thinkers	019.13	083.29	177.14	245.35
126.18	021.06	019.17	084.16	177.25	246.18
127.26	021.12	019.18	085.21	178.05	246.25
128.22	080.32	019.22	087.21	178.12	249.16
130.13	thinking	020.01	087.31	178.23	249.20
131.31	017.28	020.09	089.23	178.26	249.25
132.05	022.12	020.21	090.05	179.23	250.11
132.08	036.16	020.24	091.18	180.21	250.12
133.04	045.19	020.32	091.31	180.33	250.15
134.32	054.23	020.32	092.10	181.05	255.26
135.35	087.18	021.14	092.23	181.09	256.16
138.26	087.20	022.27	092.25	181.10	258.15
147.07	088.27	022.29	092.29	181.19	258.32
147.17	096.17	023.01	094.24	181.23	259.04
147.22	096.17	023.04	094.30	182.16	260.27
148.19	096.20	023.14	096.08	183.17	261.20
149.04	097.15	023.16	096.21	183.18	262.12

THIS (continued)

262.25	333.23	325.04	036.31	269.24	249.01
262.34	334.20	328.03	037.05	273.23	250.33
263.06	334.23	365.35	043.22	273.35	258.19
263.29	334.30	367.12	044.08	277.03	258.31
264.14	335.23	thou	047.07	278.27	279.01
264.15	336.07	022.01	048.20	279.14	279.28
264.21	336.27	034.16	048.31	279.20	290.05
264.30	337.24	though	050.02	280.33	299.03
266.11	339.08	002.07	051.18	281.25	313.14
266.16	339.15	020.20	051.27	283.34	314.20
268.05	340.29	021.30	051.34	285.16	314.34
269.35	341.10	024.07	052.06	285.26	318.06
270.17	341.11	024.25	052.20	286.05	336.13
271.06	341.35	034.23	053.21	286.22	336.29
271.14	342.20	039.11	054.17	287.08	347.26
271.35	342.34	066.04	054.18	287.18	thousand
272.17	343.07	067.22	054.34	288.06	032.18
272.27	343.28	076.15	055.09	289.16	thousands
273.16	344.27	078.22	055.29	291.26	014.27
273.30	346.08	082.28	056.15	293.11	018.17
274.14	346.26	085.12	056.24	294.25	032.03
275.09	346.28	085.18	056.29	296.23	thrashed
276.01	350.06	086.04	058.29	297.04	029.17
276.28	350.17	087.31	062.03	298.17	271.26
276.34	350.24	089.06	062.16	303.02	thrashing
277.32	353.07	120.21	063.09	305.23	032.34
278.02	353.12	122.08	066.07	308.01	277.24
278.35	353.13	132.18	066.27	309.28	280.16
279.12	353.14	135.08	067.05	310.16	threadbare
279.18	353.34	135.33	067.17	310.30	069.33
280.03	354.07	136.32	067.29	311.15	214.16
280.10	354.33	139.21	068.24	312.14	228.17
280.25	356.07	141.18	068.33	312.23	231.11
280.29	357.11	142.21	069.08	313.06	threat
280.32	357.12	145.17	069.25	315.10	186.20
281.03	357.24	147.20	070.01	316.22	threatened
282.06	360.21	157.18	070.32	317.31	211.27
282.15	361.31	165.14	072.04	318.19	threatening
282.17	361.32	176.23	072.08	318.24	141.05
284.17	362.10	180.11	081.27	320.13	three
284.18	362.15	180.35	082.08	321.06	014.18
286.04	363.14	183.06	083.07	321.16	015.34
286.24	363.32	190.27	083.19	325.31	026.29
287.11	364.17	197.08	085.25	328.01	061.23
287.14	365.15	200.24	085.29	333.24	069.14
288.12	365.35	200.29	087.33	334.18	075.11
288.16	366.15	215.21	092.10	334.33	078.20
288.18	366.17	217.07	092.28	335.04	078.33
288.23	367.15	217.35	093.11	335.09	081.28
289.03	368.20	219.13	095.12	336.32	089.17
289.09	370.02	222.29	102.13	342.15	111.08
289.22	371.30	222.30	106.19	344.20	111.33
290.18	372.20	227.17	111.26	349.18	114.24
290.31	372.33	228.20	116.13	353.08	153.17
291.02	375.19	232.20	123.15	354.28	179.04
292.19	376.32	242.01	126.27	355.34	235.16
292.28	this'	245.34	134.35	356.16	244.09
294.07	281.26	250.32	136.06	357.33	273.18
294.25	thoroughfare	253.15	136.31	358.01	297.17
294.34	016.12	255.09	150.17	363.26	308.15
295.01	113.16	260.32	152.15	364.02	316.04
295.29	330.31	264.31	162.31	364.06	316.17
295.31	thoroughly	267.23	162.34	368.34	347.09
295.31	192.02	273.04	166.03	thought-reading	359.24
296.23	267.08	277.19	169.04	210.16	359.26
296.24	those	283.11	169.21	thoughtful	360.15
296.25	001.04	284.22	170.20	084.35	363.19
296.27	002.02	285.30	172.14	100.21	364.01
297.05	007.30	293.08	172.21	259.02	364.09
297.28	008.22	294.08	172.24	287.35	three-horse
298.17	012.15	298.27	173.13	307.07	136.27
300.19	013.06	303.14	175.33	344.02	three-legged
300.26	036.11	316.32	186.28	349.03	283.07
304.06	043.04	329.17	186.22	thoughtfully	threw
304.27	093.34	333.15	193.35	042.28	018.16
304.32	103.34	334.29	194.29	042.31	021.19
305.14	110.35	337.07	195.09	173.27	059.22
306.10	116.05	338.14	196.03	178.20	067.27
306.14	125.02	340.13	196.25	242.05	091.03
306.20	132.05	341.14	197.03	370.31	189.15
308.30	134.35	344.22	197.11	thoughtfulness	260.29
310.11	141.15	345.24	198.07	341.29	316.15
312.09	142.34	346.12	199.23	thoughtless	325.14
312.14	153.17	346.14	200.03	077.01	343.14
312.28	153.35	348.10	200.16	thoughts	throat
313.06	156.18	350.05	201.18	012.02	005.23
313.21	169.21	360.12	206.06	013.02	010.26
313.24	183.09	365.29	212.14	022.09	025.14
314.21	205.06	366.26	213.10	022.16	055.17
316.15	213.30	369.31	215.32	022.19	082.03
316.25	237.05	376.27	216.28	022.20	093.22
317.05	255.24	377.28	224.30	022.21	178.08
317.13	258.19	thought	226.20	023.33	178.35
317.16	264.05	006.06	227.20	033.30	181.24
318.01	264.33	007.10	228.15	057.21	182.14
318.08	266.13	009.30	229.03	066.06	182.23
318.32	266.33	012.11	231.08	105.19	185.17
319.08	272.26	012.03	238.03	115.04	204.18
319.19	278.17	017.20	247.02	116.06	266.25
319.35	279.14	021.18	247.33	130.29	277.08
321.23	280.31	023.04	249.26	149.23	364.26
322.07	286.09	023.15	251.15	162.07	throaty
322.24	286.17	024.02	256.08	166.19	058.19
323.06	301.07	024.34	256.29	166.20	throes
324.01	301.21	029.16	258.13	170.26	009.03
324.24	306.03	030.08	259.22	172.09	throne
324.25	312.03	030.14	261.01	173.31	032.15
326.25	313.32	031.20	261.05	174.23	032.16
327.07	314.01	031.34	262.14	181.04	044.10
327.17	314.16	032.31	266.25	195.27	301.11
329.14	314.17	034.30	267.14	217.22	303.35

160 THROUGH   UNDER WESTERN EYES

through	throws	242.24	112.25	287.17	tionary
006.21	289.22	266.07	115.32	289.19	058.20
008.01	thrust	266.03	116.28	293.02	tip
017.03	310.18	270.31	116.01	293.08	167.15
017.14	thuds	273.08	118.11	294.34	177.33
022.15	364.20	284.26	122.31	295.13	tips
024.05	thumb	293.08	123.13	296.18	276.02
026.27	259.09	294.17	128.33	296.27	tiptoe
034.04	thumped	296.17	129.01	297.03	061.12
034.08	299.17	299.15	129.18	297.13	254.21
035.10	thumping	300.06	132.25	299.18	tirade
039.34	010.32	300.12	133.11	300.03	049.09
040.33	thunder	302.08	134.18	302.09	093.11
050.21	331.24	307.14	136.09	306.17	tired
053.29	358.22	308.11	138.13	308.06	042.30
059.21	thunder-clap	308.30	139.35	309.30	052.26
059.30	255.22	309.29	140.35	313.03	069.12
061.27	thunder-cloud	309.32	141.34	313.10	172.34
064.13	330.16	310.02	142.12	313.29	190.14
065.26	334.13	322.02	142.24	319.01	244.27
066.02	thunderstorm	322.20	150.10	319.31	244.28
068.29	352.15	333.19	152.08	320.01	244.33
069.27	352.25	335.16	152.21	321.07	327.24
070.09	358.30	345.15	153.09	321.18	376.29
070.23	365.18	361.11	156.29	321.25	tireless
070.33	366.33	362.15	156.33	324.11	245.01
074.15	thursday	362.19	158.22	325.20	to
077.25	306.11	368.04	158.24	325.20	001.03
081.32	thus	tilted	159.06	326.25	001.03
096.27	003.27	125.14	161.04	333.26	001.05
099.12	025.02	237.33	165.25	335.08	001.14
113.35	032.22	timbre	165.32	335.08	001.16
116.30	051.02	343.16	169.30	338.22	001.16
118.30	051.32	time	171.06	341.27	001.22
119.13	089.08	001.11	171.27	342.25	001.25
119.16	123.29	001.17	171.35	343.03	002.02
120.16	209.32	002.08	172.04	343.04	002.06
120.18	224.10	002.12	173.31	345.16	002.10
120.31	234.16	002.16	174.04	345.31	002.20
123.18	234.32	005.23	174.09	346.28	002.23
126.30	322.02	007.05	174.27	347.34	002.27
139.26	342.08	007.12	175.09	350.09	002.34
143.10	357.32	008.14	176.17	350.15	003.01
149.31	374.07	008.25	176.26	355.32	003.03
157.04	thwacks	009.09	180.14	358.24	003.16
158.06	028.05	009.23	181.09	358.29	003.17
165.19	thwarted	009.29	184.26	360.25	003.24
172.10	162.11	010.19	190.24	364.03	003.25
190.15	ticking	010.30	190.30	364.15	004.13
195.05	296.07	011.13	190.35	366.06	004.16
195.06	tie	013.04	191.09	366.26	004.17
199.06	229.23	013.04	192.16	367.11	004.29
210.22	329.08	013.09	193.16	370.04	004.32
223.13	tied	014.21	193.30	370.32	005.01
231.34	016.17	016.02	193.31	371.16	005.13
238.33	024.23	016.04	194.21	372.29	005.15
239.06	026.30	018.09	196.19	373.17	005.26
243.28	309.10	019.18	196.20	375.06	005.32
245.18	ties	020.15	197.31	376.13	006.02
246.06	017.12	021.28	199.22	times	006.14
248.17	058.09	021.31	200.26	006.17	006.30
258.20	058.09	027.16	203.19	064.12	006.33
261.32	058.13	028.01	207.08	078.03	007.06
264.06	058.13	028.11	207.23	090.06	007.10
266.11	tight	032.14	207.30	101.06	007.16
276.20	047.01	035.05	207.30	102.12	007.17
281.21	236.06	043.05	211.11	112.14	007.26
284.24	tightening	045.22	211.13	137.19	007.31
292.31	035.35	045.30	212.23	146.14	008.04
293.17	tighter	046.03	212.30	161.06	008.05
295.34	186.31	047.26	215.03	197.23	008.14
314.14	tightly	053.20	215.03	263.34	008.17
319.04	152.04	053.22	215.35	276.25	008.20
319.30	323.28	055.08	217.24	293.06	008.25
326.32	tiles	056.21	219.17	293.06	008.34
332.35	012.21	057.01	219.26	293.30	009.01
334.01	till	057.27	220.06	326.24	009.09
335.20	003.26	061.32	220.25	362.09	009.12
336.27	007.32	062.21	221.07	timid	009.15
348.15	008.04	062.31	222.31	038.21	009.22
352.30	015.01	063.15	223.34	169.19	009.26
354.33	016.08	063.23	225.16	230.35	009.27
357.11	019.14	065.01	229.08	321.07	009.31
358.14	020.02	065.21	230.15	timidity	010.05
375.04	021.23	066.32	230.21	137.29	010.13
throughout	025.31	066.32	230.35	228.14	010.17
291.10	036.28	067.22	232.28	timing	010.18
throw	042.11	077.16	234.09	357.28	010.22
013.25	046.10	078.07	236.26	tin	010.25
229.23	048.01	078.19	238.09	026.06	011.09
234.04	052.22	080.20	238.10	284.32	011.12
247.04	060.04	083.10	239.27	tinder	011.24
268.20	062.19	083.23	244.30	182.24	012.02
287.21	063.03	084.32	248.06	tinged	012.05
321.34	064.29	085.14	249.25	011.22	012.14
thrower	075.15	086.05	251.30	030.05	013.04
043.10	106.30	091.18	252.32	tinging	013.06
throwing	109.35	093.33	254.20	105.19	013.09
007.07	122.10	098.19	257.25	tinkling	013.12
015.15	144.25	098.24	260.11	358.34	013.16
125.14	146.34	099.04	270.13	tint	013.19
227.31	151.19	101.01	274.11	200.09	013.22
280.06	154.34	103.10	274.31	tiny	013.24
296.19	176.07	105.26	276.01	025.34	013.25
thrown	179.25	106.05	278.09	061.10	013.27
023.10	179.25	106.14	279.25	061.15	013.29
039.04	226.21	106.26	281.11	150.04	013.31
074.21	227.06	108.30	282.11	281.23	013.33
187.16	237.12	111.09	283.26	282.11	013.35
201.03	238.35	112.15	284.21	287.03	014.11
215.35	239.08	112.15			

TO (continued)

014.12	029.05	047.29	061.01	075.25	087.32
014.13	029.16	047.35	061.23	075.26	088.01
014.15	029.33	048.01	061.30	075.32	088.14
014.17	030.04	048.03	061.30	076.02	088.15
014.26	030.06	048.19	061.34	076.07	088.16
015.01	030.08	048.20	062.01	076.09	088.21
015.04	030.17	048.22	062.03	076.19	088.22
015.05	030.19	048.31	062.04	076.23	088.23
015.10	030.27	049.03	062.07	076.24	088.28
015.19	030.33	049.03	062.10	076.25	088.30
015.20	030.34	049.07	062.16	076.25	088.31
015.24	031.10	049.15	062.20	076.26	089.07
015.27	031.27	049.18	062.20	076.27	089.10
015.27	031.28	049.19	062.24	077.12	089.13
015.32	031.30	049.20	062.26	077.12	089.16
016.01	031.34	049.21	062.27	077.19	089.20
016.02	031.35	049.25	062.31	077.21	089.20
016.04	032.10	049.28	063.01	077.24	089.24
016.05	032.10	049.30	063.03	077.28	090.01
016.07	032.21	050.04	063.04	077.29	090.05
016.07	032.24	050.06	063.10	077.35	090.11
016.11	032.31	050.09	063.11	078.04	090.23
016.20	032.35	050.12	063.16	078.06	090.24
016.21	033.05	050.19	063.25	078.08	090.28
016.31	033.26	050.19	063.34	078.08	090.33
017.09	034.10	050.19	064.04	078.13	090.34
017.11	034.14	050.21	064.10	078.15	090.35
017.11	034.27	050.26	064.28	078.16	091.01
017.12	034.28	050.28	064.32	078.17	091.02
017.16	035.06	050.34	065.09	078.19	091.05
017.17	035.07	050.34	065.13	078.21	091.08
017.17	035.21	051.01	065.19	078.23	091.09
017.18	035.28	051.02	065.23	078.24	091.13
017.23	035.30	051.19	065.25	078.26	091.14
017.28	035.31	051.20	065.26	078.27	091.15
017.30	035.33	051.28	066.04	078.29	091.24
017.31	036.02	051.30	066.11	079.01	091.26
017.31	036.03	052.22	066.12	079.05	091.29
017.34	036.04	052.29	066.13	079.08	092.04
018.01	036.15	052.30	066.16	079.16	092.07
018.01	036.22	052.31	066.17	079.28	092.11
018.01	036.24	052.35	066.24	079.31	092.15
018.02	036.26	053.07	066.25	080.02	092.23
018.05	036.29	053.21	066.26	080.03	092.33
018.07	036.31	053.21	066.28	080.05	093.04
018.08	036.34	053.25	067.09	080.08	093.05
018.11	036.34	053.30	067.10	080.09	093.16
018.19	037.01	053.32	067.10	080.10	093.23
018.27	037.03	054.08	067.12	080.13	093.24
018.28	037.04	054.10	067.13	080.21	093.25
018.29	037.12	054.10	067.17	080.31	093.27
018.35	037.18	054.10	067.20	081.07	094.07
019.01	037.20	054.12	067.22	081.08	094.08
019.03	037.22	054.15	067.26	081.14	094.08
019.13	037.24	054.16	068.03	081.21	094.09
019.17	037.27	054.18	068.07	081.23	094.09
019.20	037.32	054.21	068.08	081.29	094.10
020.09	038.15	054.24	068.11	082.02	094.24
020.16	038.17	054.29	068.13	082.06	094.27
020.21	038.26	054.29	068.13	082.08	094.28
021.10	038.31	054.35	068.26	082.10	094.30
021.10	038.32	055.12	068.28	082.11	094.31
021.14	039.03	055.17	068.29	082.13	095.07
021.15	039.14	055.25	068.30	082.22	095.11
021.17	039.31	056.02	068.31	082.23	095.16
021.28	039.31	056.04	068.32	082.33	095.18
021.31	039.53	056.04	068.35	083.05	095.19
021.31	040.01	056.06	069.03	083.06	095.20
022.07	040.05	056.08	069.09	083.08	095.20
022.11	040.17	056.08	069.17	083.09	095.22
022.25	040.30	056.12	069.19	083.11	095.23
022.27	040.32	056.17	069.21	083.12	096.01
023.02	041.24	056.18	069.22	083.14	096.07
023.03	042.08	056.20	069.23	083.14	096.09
023.10	042.12	056.23	070.02	083.16	096.10
023.16	042.22	056.31	070.25	083.17	096.10
023.23	042.33	056.34	070.26	083.21	096.11
023.23	043.03	057.11	070.32	083.25	096.13
023.24	043.09	057.14	071.01	083.27	096.22
023.27	043.12	057.24	071.07	083.29	096.31
024.03	043.13	057.26	071.07	084.06	096.33
024.07	043.15	057.27	071.25	084.13	096.34
024.17	043.23	057.29	072.05	084.22	097.08
024.18	044.01	057.29	072.08	084.24	097.09
024.26	044.09	057.34	072.16	084.28	097.11
024.26	044.13	058.06	072.18	084.34	097.13
024.30	044.15	058.08	072.18	085.03	097.13
024.31	044.19	058.10	072.20	085.05	097.15
024.35	044.22	058.12	072.24	085.06	097.22
025.09	044.23	058.12	072.29	085.07	097.23
025.11	044.26	058.13	072.33	085.08	098.04
025.17	045.01	058.17	072.33	085.08	098.06
025.22	045.04	058.24	072.34	085.13	098.13
025.25	045.07	058.30	072.34	085.16	098.16
025.31	045.23	058.33	073.11	085.22	098.22
026.06	045.24	058.35	073.11	085.35	098.25
026.07	045.27	059.06	074.03	086.04	098.26
026.08	045.30	059.07	074.07	086.07	099.01
026.08	045.32	059.07	074.17	086.15	099.03
026.14	046.05	059.08	074.23	086.30	099.04
026.16	046.07	059.09	074.25	086.31	099.05
026.18	046.29	059.10	074.33	086.35	099.05
026.30	046.31	059.14	074.34	087.01	099.07
027.08	046.33	059.15	074.35	087.11	099.10
027.10	046.35	059.22	075.01	087.19	099.12
027.12	047.09	060.04	075.04	087.21	099.18
027.13	047.13	060.11	075.16	087.30	099.32
027.14	047.20	060.15	075.16	087.31	100.10
028.13	047.25	060.16	075.20		100.13
028.30	047.28	060.32	075.23		100.16
028.32					

100.23	116.17	129.20	144.25	155.12	168.27
100.25	116.20	130.02	144.28	155.12	168.28
100.29	116.21	130.09	144.34	155.13	169.06
100.34	116.26	130.09	145.22	155.16	169.06
101.01	116.31	130.13	145.24	155.30	169.10
101.18	117.05	130.18	145.25	155.33	169.19
101.22	117.18	130.23	145.29	156.03	169.20
101.22	117.21	130.26	145.30	156.14	169.21
101.32	118.01	130.28	145.31	156.14	169.24
102.10	118.03	130.30	145.32	156.23	169.26
102.12	118.15	130.33	145.32	156.28	169.27
102.24	118.16	130.34	145.34	156.30	169.29
102.25	118.18	131.03	145.35	156.30	169.29
102.26	118.20	131.09	146.01	156.31	169.32
103.01	118.28	131.14	146.03	156.33	169.35
103.11	118.32	131.14	146.10	156.34	170.03
103.13	118.35	131.17	146.16	157.01	170.06
103.15	119.01	131.23	146.18	157.05	170.15
103.20	119.04	131.27	146.19	157.07	170.17
103.21	119.06	131.30	146.20	157.11	170.20
103.33	119.06	131.32	146.21	157.18	170.22
103.35	119.10	131.35	146.22	157.20	170.30
104.07	119.11	132.01	146.23	157.22	170.34
104.08	119.15	132.02	146.25	157.26	171.01
104.09	119.21	132.03	146.28	158.22	171.01
104.10	119.23	132.15	146.29	158.23	171.14
104.11	119.28	132.18	146.30	159.16	171.15
104.15	119.28	132.19	146.32	159.17	171.21
104.25	119.35	132.22	146.34	159.20	171.27
105.02	120.05	133.01	147.03	159.28	171.29
105.06	120.06	133.17	147.04	159.29	172.01
105.08	120.09	133.18	147.12	159.31	172.05
105.12	120.12	134.06	147.22	159.34	172.05
105.23	120.19	134.10	147.23	160.03	172.08
105.29	120.21	134.13	147.23	160.08	172.12
106.07	120.27	134.23	147.24	160.09	172.16
106.17	120.29	134.25	147.28	160.13	172.22
106.22	120.32	134.27	147.30	160.18	172.23
106.27	120.32	134.28	147.30	160.23	172.28
106.29	121.04	134.33	147.31	160.24	172.32
106.30	121.08	135.01	147.32	160.34	172.33
107.13	121.10	135.06	147.35	161.10	172.35
107.13	121.12	135.28	148.01	161.15	173.05
107.15	121.17	135.34	148.06	161.16	173.12
107.16	121.31	136.01	148.08	161.17	173.14
107.21	121.31	136.03	148.13	161.18	173.24
107.23	121.32	136.06	148.14	161.18	173.28
107.27	121.33	136.09	148.14	161.21	173.29
107.35	121.34	136.15	148.16	161.33	174.01
108.11	121.35	136.18	148.17	162.02	174.05
108.24	122.06	136.19	148.18	162.03	174.07
108.25	122.13	136.24	148.18	162.05	174.08
108.27	122.19	136.28	148.18	162.10	174.15
108.35	122.21	136.32	148.24	162.15	174.23
109.01	122.22	137.02	148.25	162.17	174.23
109.04	122.24	137.03	148.29	162.19	174.28
109.21	123.01	137.08	149.16	162.19	174.32
109.25	123.03	137.10	149.19	162.21	175.17
109.28	123.05	137.12	149.22	162.22	175.18
109.34	123.11	137.14	149.23	162.25	175.22
109.34	123.15	137.20	149.26	162.27	176.04
109.35	123.19	137.22	150.02	162.31	176.04
110.16	123.28	137.23	150.10	162.33	176.05
110.17	123.34	137.26	150.18	163.06	176.31
110.18	124.01	137.29	150.25	163.11	176.33
110.23	124.03	137.31	150.26	163.24	177.15
111.02	124.07	138.03	150.29	163.28	177.15
111.04	124.16	138.11	150.33	163.29	177.18
111.07	124.18	138.16	150.34	163.29	177.19
111.08	124.18	138.17	151.06	163.32	177.20
111.10	124.20	138.27	151.11	163.33	177.23
111.14	124.22	138.28	151.11	163.34	177.23
111.17	124.22	138.30	151.12	164.02	177.26
111.18	124.27	138.30	151.16	164.18	177.28
112.02	124.30	138.31	151.18	164.19	177.32
112.09	124.33	138.32	151.19	164.20	178.01
112.31	124.35	139.01	151.20	164.28	178.05
112.34	125.02	139.04	151.21	164.29	178.09
113.02	125.05	139.09	151.25	164.30	178.12
113.21	125.11	140.01	151.27	165.04	178.24
113.22	125.21	140.16	151.34	165.07	178.29
113.26	125.26	140.22	152.07	165.10	178.30
113.30	125.33	140.23	152.10	165.22	178.31
113.31	126.01	140.26	152.11	165.23	178.33
113.32	126.03	140.34	152.13	165.27	179.05
113.34	126.04	141.09	152.15	165.28	179.05
113.34	126.05	141.12	152.23	165.33	179.10
114.01	126.08	141.12	152.30	166.02	179.12
114.04	126.13	141.17	152.34	166.06	179.13
114.07	126.17	141.21	153.01	166.09	179.14
114.10	126.18	141.25	153.02	166.10	179.15
114.16	126.19	141.26	153.06	166.14	179.17
114.19	126.22	141.29	153.07	166.18	179.19
114.20	126.33	141.31	153.08	166.23	179.20
114.27	127.04	141.33	153.18	166.28	179.22
114.28	127.07	141.34	153.20	166.31	179.27
114.30	127.12	142.20	153.21	166.32	180.07
114.31	127.17	142.22	153.23	167.01	180.08
114.33	127.19	142.22	153.24	167.03	180.20
115.02	127.23	142.24	153.28	167.06	180.23
115.03	127.24	142.28	153.29	167.17	180.24
115.06	127.27	142.28	154.01	167.18	180.27
115.17	128.09	142.29	154.03	167.20	180.35
115.18	128.16	143.02	154.05	167.21	181.07
115.20	128.21	143.26	154.17	167.22	181.11
115.22	128.23	144.02	154.20	167.23	181.11
115.25	128.24	144.04	154.22	168.05	181.14
116.13	128.27	144.04	154.25	168.06	181.15
116.14	129.05	144.06	154.29	168.13	181.19
116.15	129.10	144.09	155.07	168.17	181.20
116.15	129.14	144.17	155.08	168.23	181.25

TO (continued)

181.28	193.33	210.20	229.03	242.12	260.05
181.28	194.02	210.24	229.08	242.14	260.06
182.03	194.04	210.24	229.21	242.14	260.20
182.03	194.05	210.27	229.22	242.18	260.29
182.05	194.06	211.09	229.22	242.21	261.04
182.10	194.13	211.13	229.27	242.22	261.17
182.11	194.14	211.21	229.29	242.22	261.18
182.19	194.27	211.28	229.33	242.26	261.19
182.21	194.28	212.07	229.34	242.27	261.25
182.25	194.30	212.24	230.05	243.08	262.04
182.30	195.17	213.04	230.11	243.09	262.14
182.30	195.18	213.35	230.14	243.12	262.16
182.34	195.19	213.35	230.16	243.13	262.17
182.34	195.20	214.20	230.28	243.17	262.22
182.35	195.21	214.22	230.30	243.23	262.29
183.03	195.23	214.23	230.31	244.01	263.11
183.05	195.24	214.28	230.31	244.17	263.12
183.07	196.10	214.31	231.02	244.33	263.24
183.12	196.17	215.03	231.08	244.34	263.32
183.15	196.19	215.18	231.09	245.06	263.33
183.21	196.20	215.22	231.11	245.11	264.03
183.24	196.21	215.23	231.16	245.21	264.04
183.29	196.29	215.28	231.20	245.22	264.10
183.30	196.32	215.30	231.22	245.25	264.17
184.01	197.08	216.05	231.23	245.29	264.22
184.02	197.10	216.11	231.23	245.29	265.02
184.07	197.14	216.12	231.24	245.30	265.09
184.09	197.16	216.13	231.24	245.33	265.16
184.11	197.19	216.15	232.01	246.06	265.30
184.16	197.22	216.25	232.16	246.12	265.34
184.24	197.32	216.27	232.20	246.13	265.35
184.27	197.35	216.28	232.23	246.16	266.01
184.32	198.06	216.28	232.25	246.22	266.02
184.35	198.15	216.30	232.31	246.27	266.03
185.06	198.16	216.31	232.31	246.29	266.18
185.09	198.17	216.33	233.02	246.35	266.26
185.10	198.19	217.02	233.09	247.04	267.06
185.24	198.23	217.07	233.10	247.05	267.08
185.28	198.27	217.25	233.13	247.09	267.12
185.30	199.07	217.27	233.27	247.11	267.15
185.31	199.33	217.31	233.35	247.19	267.15
185.34	200.03	217.33	233.35	247.19	267.20
185.35	200.12	218.18	234.05	247.33	267.22
186.12	200.13	218.19	234.06	248.01	267.23
186.14	200.20	218.19	234.08	248.06	267.30
186.17	200.31	218.26	234.09	248.13	268.13
186.18	200.34	219.01	234.11	248.15	268.19
186.20	201.06	219.08	234.20	248.35	268.19
186.28	201.08	219.09	234.21	249.09	268.19
186.35	201.10	219.14	234.27	249.10	268.21
186.35	201.10	219.15	234.32	249.12	268.22
187.02	201.11	219.18	235.02	249.14	268.25
187.05	201.20	219.19	235.06	249.23	268.26
187.10	201.22	219.29	235.08	249.23	269.04
187.11	201.23	219.33	235.14	249.24	269.06
187.12	201.24	220.19	235.24	250.05	269.07
187.15	201.24	220.30	235.28	250.06	269.11
187.24	202.01	220.34	235.32	250.12	269.11
187.30	202.19	221.02	236.05	250.19	269.12
187.35	202.20	221.05	236.10	250.27	269.14
188.01	202.31	221.14	236.10	250.31	269.31
188.02	203.04	221.28	236.11	250.33	269.34
188.05	203.04	221.33	236.14	251.06	269.35
188.05	203.15	222.09	236.14	251.07	270.03
188.06	203.15	222.21	236.23	251.13	270.07
188.07	203.18	222.24	236.27	251.15	270.10
188.12	203.19	222.34	236.29	251.31	270.13
188.23	203.24	223.01	236.35	252.05	270.14
189.02	203.27	223.21	236.35	252.10	270.32
189.04	203.34	223.30	237.04	252.10	270.34
189.22	203.35	224.04	237.13	253.08	270.34
189.25	204.07	224.24	237.20	253.17	271.02
189.29	204.16	224.25	237.21	253.26	271.12
190.01	204.17	225.09	237.26	253.28	271.13
190.08	204.25	225.10	237.27	253.28	271.17
190.12	204.25	225.12	238.05	253.32	271.19
190.14	204.30	225.16	238.11	254.01	271.23
190.17	204.33	225.18	238.12	254.19	271.35
190.22	204.34	225.21	238.12	254.22	272.01
190.25	205.04	225.26	238.13	254.33	272.01
190.29	205.07	225.29	238.13	254.35	272.02
190.30	205.08	225.29	238.16	255.02	272.06
190.31	205.18	225.31	238.21	255.06	272.09
190.32	205.29	225.33	238.32	255.08	272.16
191.05	205.30	225.34	239.01	255.18	272.16
191.23	205.31	226.04	239.01	255.25	272.21
191.24	205.34	226.07	239.03	255.30	272.25
191.27	206.08	226.08	239.16	256.06	272.32
191.28	206.14	226.10	239.22	256.08	273.05
191.29	206.17	226.12	239.26	256.12	273.07
191.31	206.29	226.14	239.26	256.15	273.11
192.01	206.32	226.16	239.28	256.17	273.15
192.08	206.32	226.20	240.06	256.20	273.16
192.08	206.33	226.26	240.18	256.24	273.19
192.10	207.01	226.28	240.20	256.27	273.25
192.11	207.20	226.28	240.30	256.30	273.26
192.13	207.29	226.31	240.33	256.30	273.26
192.18	207.30	227.08	241.01	256.31	273.27
192.25	207.30	227.13	241.06	257.08	273.29
192.27	207.33	227.18	241.08	257.24	274.22
192.29	208.02	227.24	241.09	258.02	274.23
192.29	208.07	227.30	241.10	258.11	274.27
192.30	208.11	227.30	241.14	258.27	274.27
192.30	208.12	227.32	241.20	258.28	274.32
193.05	208.14	228.03	241.21	258.30	275.13
193.13	208.16	228.09	241.24	259.06	275.14
193.14	208.23	228.13	241.28	259.13	275.16
193.20	208.27	228.25	241.28	259.13	275.25
193.21	208.33	228.34	242.01	259.33	275.33
193.23	209.25	228.35	242.06	260.03	276.06
193.30	209.27	229.02	242.09	260.05	276.09

276.10	290.34	302.19	316.28	330.03	343.11
276.14	291.03	302.26	316.31	330.09	343.21
276.25	291.07	302.31	316.32	330.17	343.22
276.27	291.12	303.10	316.35	330.28	343.23
276.32	291.12	303.11	317.04	330.31	343.24
277.04	291.15	303.13	317.10	330.35	343.27
277.07	291.29	303.14	317.16	331.13	343.28
277.11	291.34	303.21	317.18	331.14	343.32
277.27	291.35	303.23	317.20	331.18	343.32
277.31	292.05	303.24	317.21	331.20	344.14
277.32	292.07	303.26	317.28	331.23	344.17
278.07	292.07	303.27	317.33	331.24	344.17
278.27	292.10	303.29	318.03	331.25	344.21
278.29	292.12	303.29	318.04	332.02	344.21
278.35	292.13	303.31	318.05	332.05	344.22
279.02	292.18	303.32	318.07	332.21	344.25
279.13	292.24	303.34	318.08	332.21	344.27
279.16	292.26	304.01	318.08	332.28	345.01
279.17	292.27	304.03	318.20	332.29	345.12
279.19	292.29	304.14	318.22	332.33	345.16
279.20	293.01	304.16	318.27	333.02	345.16
279.21	293.13	304.17	318.33	333.07	345.25
279.25	293.16	304.18	318.34	333.17	345.29
279.25	293.17	304.22	318.35	333.26	346.05
279.30	293.19	304.26	319.01	333.29	346.08
279.33	293.20	304.27	319.03	333.33	346.13
279.33	293.21	304.31	319.08	333.34	346.28
279.35	293.22	304.31	319.09	334.15	346.29
280.04	293.23	305.02	319.10	334.19	346.29
280.05	293.28	305.03	319.10	334.20	346.35
280.08	293.28	305.06	319.13	334.23	346.35
280.15	293.30	305.12	319.16	334.33	347.11
280.16	293.31	305.14	319.19	335.04	347.12
281.03	294.02	305.17	319.20	335.05	347.12
281.08	294.05	305.22	319.27	335.06	347.17
281.08	294.05	305.31	319.28	335.07	347.20
281.13	294.07	306.05	319.34	335.13	347.30
281.22	294.08	306.11	319.34	335.15	348.07
281.24	294.15	306.16	319.35	335.16	348.16
281.27	294.15	306.18	320.01	335.19	348.26
281.27	294.16	306.21	320.02	335.21	349.14
281.28	294.23	306.25	320.02	335.22	349.16
281.34	294.23	306.27	320.09	335.23	349.17
282.12	294.24	306.30	320.12	335.24	349.17
282.21	294.35	306.30	320.14	335.25	349.18
282.26	295.01	306.32	320.14	335.25	349.18
282.27	295.02	306.34	320.14	335.30	349.22
282.30	295.09	306.35	320.15	335.33	349.25
282.34	295.11	307.07	320.20	335.34	349.29
283.07	295.13	307.10	320.25	336.15	349.34
283.18	295.14	307.17	320.35	336.17	350.02
283.18	295.14	307.18	321.12	336.17	350.04
283.27	295.18	307.20	321.13	336.26	350.07
284.05	295.19	307.24	321.13	336.28	350.10
284.17	295.25	307.27	321.21	336.28	350.21
284.20	295.25	307.31	321.24	336.31	350.28
284.28	295.26	308.11	321.31	336.32	350.35
284.35	295.30	308.17	321.32	336.33	351.04
285.01	295.35	308.28	321.34	337.04	351.05
285.01	296.01	308.32	322.07	337.09	351.08
285.05	296.01	308.35	322.09	337.13	351.11
285.06	296.02	309.18	322.10	337.14	351.11
285.07	296.10	309.29	322.23	337.16	351.18
285.08	296.14	309.32	323.03	337.23	351.20
285.10	296.15	310.29	323.08	337.27	351.33
285.14	296.16	310.33	323.13	337.31	351.35
285.19	296.21	311.01	323.19	338.02	352.04
285.24	296.26	311.06	323.26	338.14	352.16
285.32	296.29	311.07	323.27	338.14	352.18
285.34	296.31	311.22	323.29	338.15	352.19
285.35	296.32	311.23	323.32	338.22	352.21
286.03	296.32	311.27	323.33	338.31	352.24
286.05	297.03	312.04	324.03	338.33	352.25
286.12	297.14	312.12	324.11	339.01	352.26
286.12	297.15	312.15	324.13	339.03	352.30
286.16	297.15	312.24	324.21	339.03	352.31
286.19	297.22	312.29	324.26	339.04	353.03
286.23	297.28	312.30	324.26	339.15	353.05
286.27	298.05	312.32	325.01	339.29	353.09
287.13	298.15	312.35	325.06	339.30	353.12
287.15	298.18	313.08	325.13	339.33	353.13
287.16	298.22	313.13	325.27	340.06	353.17
287.20	298.29	313.14	325.28	340.10	353.18
287.24	298.33	313.15	326.06	340.16	353.19
287.27	298.35	313.20	326.22	340.29	353.33
288.03	299.02	313.22	326.25	340.31	354.02
288.08	299.03	313.23	326.26	340.32	354.03
288.09	299.08	313.25	326.27	341.07	354.08
288.12	299.18	314.02	327.04	341.11	354.10
288.12	299.21	314.02	327.05	341.17	354.11
288.13	299.22	314.03	327.06	341.17	354.12
288.15	299.25	314.14	327.07	341.21	354.17
288.17	299.27	314.15	327.08	341.22	354.18
289.13	299.33	314.16	327.13	341.23	354.20
289.21	300.09	314.21	327.16	341.33	354.27
289.24	300.10	314.27	327.22	342.11	354.28
289.25	300.22	314.28	328.10	342.11	354.28
290.01	300.23	314.32	328.11	342.13	354.34
290.02	300.26	315.02	328.17	342.13	355.01
290.03	300.28	315.11	328.19	342.15	355.03
290.03	300.32	315.14	328.20	342.16	355.10
290.04	300.35	315.27	328.22	342.20	355.12
290.04	301.01	315.31	328.23	342.21	355.15
290.07	301.10	315.33	329.20	342.22	355.18
290.11	301.12	316.09	329.27	342.27	355.24
290.17	301.12	316.10	329.28	342.27	355.26
290.19	301.18	316.18	329.31	342.31	355.27
290.20	301.27	316.21	329.33	342.34	355.32
290.22	301.28	316.25	330.01	343.06	356.01
290.31	302.05	316.25	330.03	343.09	356.03
					356.08

TO (continued)

356.12	369.35	183.35	017.05	079.30	322.08
356.12	370.03	191.35	020.20	080.15	324.08
356.14	370.04	193.12	027.32	080.18	326.27
356.14	370.12	198.24	044.25	085.05	326.31
356.15	370.13	224.28	060.28	085.35	328.11
356.27	370.15	235.16	071.06	088.25	331.19
356.29	370.19	238.04	072.01	088.26	335.27
356.33	370.21	240.33	076.08	089.04	340.11
357.02	370.27	247.35	085.15	094.21	340.11
357.04	370.33	249.32	086.22	095.01	341.21
357.06	370.34	259.01	086.30	095.13	342.03
357.11	370.35	269.31	087.27	095.31	342.08
357.12	371.04	270.18	091.27	096.24	345.28
357.21	371.07	272.01	095.17	097.01	349.01
357.30	371.08	287.12	117.28	100.10	354.01
357.34	371.09	321.18	127.07	103.20	354.14
358.02	371.13	322.31	141.05	106.03	356.26
358.03	371.15	326.34	145.04	106.11	368.02
358.04	371.16	335.06	157.04	111.03	369.13
358.06	371.17	340.16	161.05	112.14	374.25
358.12	371.17	342.16	163.35	115.02	375.05
358.17	371.25	343.03	166.17	118.28	375.31
358.25	371.26	348.28	176.09	119.12	376.13
358.34	371.27	364.21	179.22	120.34	376.32
359.02	371.30	365.05	187.34	121.30	took
359.03	371.33	372.17	192.28	121.32	002.10
359.06	372.03	373.27	199.11	126.01	003.30
359.06	372.04	376.23	202.17	126.11	006.03
359.08	372.08	toil	204.04	129.14	010.18
359.13	372.09	200.19	205.19	130.27	015.05
360.12	372.10	259.28	207.19	132.17	015.13
360.13	372.21	259.30	211.05	135.13	045.17
360.17	372.22	354.02	215.07	135.18	052.03
360.18	372.23	toils	217.11	135.27	057.23
360.30	372.30	181.04	219.27	137.03	061.23
361.05	372.33	293.15	221.15	138.01	063.17
361.08	372.33	303.06	223.29	139.03	063.20
361.16	373.17	told	224.15	139.04	064.09
361.18	373.25	014.31	228.27	141.30	066.12
361.19	373.26	018.11	230.09	144.03	066.17
361.21	373.27	020.31	237.27	154.28	103.20
361.23	374.07	026.09	247.22	159.03	104.30
361.29	374.08	038.25	250.09	166.28	106.32
362.05	374.13	046.10	255.08	166.28	112.12
362.05	374.20	047.22	256.07	171.12	115.11
362.15	374.21	070.23	257.06	172.08	118.18
362.15	374.21	081.18	263.07	172.27	129.22
362.16	374.22	094.28	271.05	173.26	158.03
363.06	374.27	099.20	275.22	175.05	162.34
363.12	374.32	100.35	275.26	177.18	166.21
363.13	375.03	106.28	278.21	177.31	171.03
363.17	375.17	107.15	291.33	181.25	177.34
363.17	375.29	110.06	305.24	182.09	198.13
363.20	375.32	111.19	316.12	192.04	202.09
363.24	376.01	124.10	319.07	192.28	202.16
363.27	376.04	133.27	339.26	196.19	206.27
363.28	376.16	133.35	339.35	197.10	215.05
364.01	376.22	160.14	341.04	197.10	230.16
364.03	376.25	164.13	344.04	198.26	234.32
364.19	376.25	170.01	345.08	198.29	238.35
364.22	376.27	172.03	345.25	198.33	254.20
364.31	377.02	172.08	346.06	200.29	270.13
364.33	377.13	172.10	377.17	201.11	270.29
365.01	377.26	174.13	tones	203.04	272.22
365.06	to-day	179.01	161.22	204.18	291.04
365.10	107.10	179.03	206.29	204.28	294.16
365.12	125.01	185.18	226.25	207.03	306.20
365.19	125.01	188.18	361.31	207.29	321.26
365.34	156.12	197.33	362.29	208.10	328.05
365.35	171.29	228.26	tongue	214.19	337.16
366.04	174.20	228.34	071.35	216.32	350.29
366.06	174.21	229.21	089.10	219.14	353.02
366.08	177.28	229.29	177.33	225.27	361.14
366.13	178.13	231.24	234.04	234.25	365.19
366.21	333.34	232.30	253.29	234.26	366.18
366.25	333.34	241.28	363.28	235.06	371.12
366.29	354.09	273.27	tongues	235.13	tool
366.30	363.28	278.16	125.20	236.19	022.06
366.31	363.30	279.20	too	236.26	032.17
367.13	to-do	295.24	002.34	240.24	033.16
367.17	247.14	316.20	003.28	242.29	226.07
367.17	to-morrow	319.11	006.20	243.06	303.08
367.21	051.23	319.14	011.14	243.07	tools
367.23	134.23	319.24	020.27	246.26	122.25
367.23	240.21	326.21	023.34	251.15	top
367.27	261.10	326.25	025.20	252.02	075.05
367.27	342.06	332.23	026.13	252.12	122.35
367.27	372.01	335.05	029.19	260.09	207.33
368.03	to-night	337.26	030.05	262.15	237.32
368.05	046.18	343.27	032.17	264.21	282.35
368.09	tobacconist	344.16	035.08	264.28	320.34
368.12	286.15	345.21	035.32	266.22	322.09
368.14	together	347.17	036.32	267.06	325.34
368.16	007.33	362.16	037.30	278.15	top-boots
368.17	013.05	367.22	044.13	280.35	236.07
368.18	026.30	369.12	049.35	282.09	top-hat
368.20	029.21	370.18	051.32	285.29	223.15
368.28	039.15	371.15	053.25	287.05	topknot
368.32	056.20	373.11	055.07	288.10	052.18
369.03	060.04	375.09	056.10	295.30	topographical
369.03	074.26	376.06	056.11	297.33	290.28
369.13	076.35	376.19	056.33	303.13	torches
369.15	099.32	tolerated	058.16	304.12	032.06
369.17	101.08	315.16	060.16	306.01	tore
369.21	101.34	toleration	067.12	308.29	058.24
369.22	105.18	334.15	068.15	312.20	079.17
369.27	114.25	tolling	073.18	314.02	298.08
369.28	161.26	060.33	075.12	314.17	torment
369.28	172.31	tone	077.33	314.27	054.24
369.31	180.19	013.11	078.03	316.20	114.27
369.32	181.33	014.23	079.07	318.19	266.18

166 TORMENT (continued)   UNDER WESTERN EYES

TORMENT (continued)
335.25
tormented
  259.22
tormenting
  331.05
torn
  120.03
  311.30
  351.10
  362.05
  372.26
tortured
  063.06
totally
  085.23
  297.11
tottered
  181.18
  181.35
  298.15
  350.27
tottering
  141.14
  345.11
touch
  020.06
  031.11
  031.33
  049.33
  107.06
  192.34
  207.04
  256.27
  260.01
  283.32
  290.06
  336.03
  361.03
  374.06
touched
  031.30
  170.15
  177.16
  354.31
touching
  150.21
  362.06
tourist
  265.20
tourists
  123.20
  284.34
  352.19
towards
  006.24
  007.09
  011.26
  050.35
  052.24
  053.02
  055.03
  056.25
  056.30
  059.09
  061.03
  076.06
  122.20
  125.02
  139.03
  145.05
  156.26
  164.22
  169.09
  175.26
  194.15
  215.04
  225.14
  226.35
  239.03
  239.31
  252.13
  260.13
  264.19
  281.17
  296.04
  298.05
  324.31
  330.12
  333.19
  352.31
  362.05
  363.33
towered
  126.27
towering
  026.25
  268.35
town
  002.13
  004.33
  015.27
  016.06
  016.35
  034.12
  054.30
  060.33
  062.33
  068.01
  128.09
  139.25
  150.32
  185.02
  192.33
  200.05
  200.12
  224.04
  227.31
  264.04
  268.21
  268.22
  281.18
  282.20
  287.11
  287.20
  299.53
  328.29
  330.08
  330.31
  331.26
  334.13
  334.15
  352.17
  366.20
  373.34
  374.28
town-peasant
  015.30
towns
  284.16
toy
  265.34
toy-like
  284.28
trace
  017.35
  054.16
  296.17
traced
  061.11
traces
  220.24
track
  035.02
  096.23
  247.23
  312.33
tracked
  120.27
tracks
  145.12
  200.24
  209.20
tracts
  120.13
  143.35
  150.16
trade
  122.25
  148.33
tradition
  059.03
  059.05
  059.06
traditional
  207.35
tragedy
  280.28
tragic
  030.23
  112.14
  350.34
trail
  278.26
trailing
  362.24
trails
  139.32
train
  031.20
  056.29
  066.27
  196.19
  236.11
  239.08
  266.06
  279.20
training
  240.18
trait
  002.21
  171.04
traitor
  318.34
  376.05
tramcar
  102.35
  191.31
  200.02
  245.20
  265.29
  328.08
  365.23
  370.17
tramp
  025.18
  144.14
tramping
  296.30
trample
  242.27
trance
  021.33
  197.09
  298.29
tranquil
  029.22
  037.29
  165.06
tranquillity
  069.18
  251.11
  334.26
  350.14
  371.02
tranquillized
  196.19
transcendental
  123.11
transition
  098.14
translate
  054.33
translated
  118.13
  284.03
transparent
  343.13
transylvanian
  284.15
trap
  136.28
  269.10
trapped
  337.08
travail
  031.12
traveller
  167.19
travellers
  322.18
  369.17
travelling
  173.30
  265.26
  376.20
tray
  214.26
  296.33
treacheries
  312.35
treacherously
  226.14
treachery
  165.15
  354.29
treason
  108.27
  119.29
treasured
  081.04
treasury
  077.17
treat
  094.02
  145.12
  196.10
  321.32
treated
  077.02
  191.12
  196.09
  239.09
  283.30
treating
  156.18
treatment
  123.02
trees
  105.34
  121.24
  139.07
  139.24
  140.10
  142.16
  157.09
  165.20
  172.31
  173.03
  200.07
  245.19
  284.26
  286.30
  288.04
  311.27
  330.10
tremble
  027.32
trembled
  037.27
  040.11
  070.12
  072.31
  095.09
  122.05
  169.08
  215.27
  356.13
trembling
  059.34
  153.34
  231.20
  256.29
  256.35
  264.31
  350.05
  376.19
tremendous
  364.14
  377.19
tremor
  039.09
  257.19
tremulous
  215.21
trial
  040.05
  314.08
trials
  111.01
  301.21
triangles
  054.33
tribunal
  090.31
tribute
  119.35
  126.33
trick
  003.34
  367.07
  367.08
tried
  013.27
  054.10
  070.02
  074.03
  093.25
  121.12
  148.14
  165.10
  192.07
  194.05
  204.28
  225.34
  261.18
  266.03
  310.29
  335.33
  337.08
  346.18
  356.02
  365.34
trifiers
  242.16
trifles
  186.08
  240.17
  251.08
trifling
  051.16
  286.19
trim
  013.09
trimmings
  235.25
triumph
  120.24
  372.15
triumphant
  206.11
  258.28
triumphed
  269.16
trivial
  057.16
  175.02
trivialities
  051.17
trodden
  242.24
trotter
  310.03
trotting
  077.03
  080.08
trouble
  102.01
  126.01
  148.34
  160.14
  162.19
  185.26
  186.13
  230.29
  232.04
  259.18
  271.16
  319.08
  340.28
  353.05
troubled
  080.21
  084.14
  128.03
  278.32
  332.17
  335.33
troubles
  030.17
troubling
  300.17
trough
  080.13
  309.26
trousers
  236.07
trudging
  072.21
true
  017.24
  020.27
  026.35
  029.07
  029.13
  035.23
  035.30
  037.10
  046.33
  058.17
  069.24
  075.26
  110.32
  115.14
  124.19
  131.13
  133.06
  140.28
  146.33
  159.13
  162.09
  181.05
  182.07
  185.19
  185.35
  188.35
  190.07
  210.09
  234.03
  244.19
  251.25
  258.26
  261.04
  280.02
  280.20
  297.08
  313.27
  342.35
  344.16
  354.26
  371.24
  376.26
truly
  056.15
  242.16
  377.14
trust
  003.35
  035.29
  119.28
  120.21
  124.20
  162.23
  166.28
  166.30
  166.31
  186.11
  193.30
  199.08
  230.17
  230.27
  241.10
  299.05
  318.26
  318.33
  346.30
  367.07
trusted
  004.12
  040.03
  050.12
  066.30
  121.15
  136.08
  152.30
  154.05
  174.08
  178.19
  258.21
  304.30
  307.32
  319.20
  327.06
  349.04
  355.24
  367.20
trustful
  020.23
  100.18
  164.32
  341.17
  345.01
  353.24
  354.27
  355.01
  355.05
  356.21
  372.23
trustfulness
  183.04
trusting
  272.06
trusts
  160.15
  250.01
trustworthy
  004.09
  312.30
truth
  017.10
  017.26
  021.06
  033.24
  053.35
  064.24
  064.31
  064.32
  147.24
  182.30
  183.10
  184.05
  184.32
  186.01
  188.04
  188.17
  194.30
  196.31
  196.34
  196.34
  197.02
  203.26
  206.06
  246.32
  272.02
  272.08
  278.35
  289.18
  293.21
  297.06
  301.31
  313.29
  339.32
  340.33
  344.14
  349.22
  354.13
  354.32
  356.07
  356.28
  356.35
  356.35
try
  012.05
  021.17
  062.03
  066.24
  098.12
  113.02
  123.34
  128.23
  224.24
  243.18
  299.03
  306.16
  320.33
  372.10
trying
  009.13
  026.06
  046.32
  069.17
  073.10
  074.17
  145.01
  146.16
  148.25
  177.23
  187.24
  195.17
  200.31
  201.10
  225.21
  238.16
  243.11
  251.13
  257.07
  257.09
  259.33
  267.15
  299.25
  344.22
  353.19
tub
  026.03
tube
  248.30
tucked
  025.12
  236.07
  310.35
tuesday
  070.21
tumbled
  365.29
tumblerful
  215.19
tumblers
  214.25
tumult
  022.18
  362.12
turk
  284.15
turks
  216.18

turmoil	285.24	016.02	types	uncle	204.14
022.24	286.23	016.16	216.06	058.21	204.16
turn	292.07	016.08	tyrannical	238.20	207.21
006.30	301.35	028.25	077.16	unclean	214.01
007.10	310.23	029.10	132.23	061.17	217.30
008.05	324.35	033.33	tyranny	117.23	231.13
016.08	329.28	034.13	077.21	uncleared	231.14
019.18	330.35	040.22	080.27	006.27	235.23
035.33	332.01	040.25	331.06	unclipped	237.03
036.04	332.28	041.02	tyrants	084.16	238.33
041.19	335.30	057.23	326.34	uncommon	239.31
057.23	336.18	059.35	tyrolese	252.26	242.25
062.28	337.17	062.02	235.24	303.04	243.03
065.01	349.13	084.06	243.02	uncommunicative	246.27
076.07	350.16	087.22	ugly	166.11	259.09
088.35	351.05	090.32	016.25	uncompromising	263.13
108.05	363.33	100.09	027.02	258.01	281.20
121.30	374.23	101.13	086.16	uncongenial	281.30
132.24	376.04	105.17	139.30	159.14	282.10
135.01	377.30	106.29	293.13	unconquerable	284.25
136.33	turning	106.33	341.01	312.12	286.31
142.29	010.13	108.34	341.01	unconscionably	288.04
145.26	047.28	109.21	ultimate	109.02	297.16
158.12	052.33	110.19	305.03	unconscious	299.28
162.31	066.07	111.08	356.25	123.31	301.25
198.16	074.05	111.08	367.24	228.08	302.10
199.33	083.02	113.17	un'	280.22	302.23
222.35	086.19	118.32	046.23	285.11	310.28
223.30	091.26	120.22	206.34	290.06	310.32
234.21	136.22	121.14	211.11	unconsciously	311.27
244.01	143.13	124.13	un-devilish	023.17	314.08
255.06	164.13	128.24	323.01	140.29	314.12
280.30	199.17	134.05	un-russian	173.25	318.14
292.14	200.19	135.22	261.01	286.23	322.17
304.31	203.07	136.24	unable	358.25	327.28
364.03	209.12	136.31	066.28	unconsidered	328.25
364.28	209.25	137.25	078.26	260.04	331.05
turned	261.29	145.29	082.22	uncontrolled	338.06
015.20	281.01	152.20	166.23	345.08	343.24
025.17	290.17	156.18	169.29	uncouth	347.22
031.26	293.09	157.30	171.01	173.08	349.20
031.28	315.03	161.25	341.21	323.24	359.15
035.01	346.14	161.26	349.22	uncovered	364.23
040.05	363.12	165.34	unaccountably	006.25	365.26
041.04	363.20	172.28	156.27	150.27	376.34
042.12	369.27	176.05	unaccustomed	190.02	underground
043.15	turns	190.05	309.04	uncovering	243.12
044.14	031.30	193.11	unaffected	025.06	underlings
045.01	187.30	193.12	259.35	unctuous	273.06
047.35	226.22	200.06	341.13	116.32	underlining
051.06	310.02	201.29	unanimous	undaunted	200.11
052.24	tut	208.07	131.07	374.04	undermined
055.03	263.08	209.15	unanswerable	under	074.30
055.23	twelve	213.04	104.03	001.01	175.10
057.04	062.19	213.18	304.15	001.11	understand
063.04	066.10	223.01	unanswerably	005.22	002.31
063.13	twenty	225.03	032.33	006.34	014.10
071.32	009.29	235.05	unappeasable	015.02	043.32
072.13	032.18	235.08	096.10	016.17	044.13
074.19	035.13	236.02	247.08	018.34	053.28
079.34	106.24	236.03	unarmed	020.31	059.24
081.29	110.31	236.11	364.13	024.24	059.25
081.33	147.02	236.15	unassuming	024.26	073.04
084.03	185.19	236.20	009.24	025.08	080.07
088.04	217.21	238.35	305.18	030.21	082.22
090.11	242.20	239.33	unattended	030.24	085.07
092.18	294.22	240.29	019.09	030.35	090.10
097.04	320.31	243.16	unattractive	031.03	090.17
097.21	twenty-four	252.28	138.22	035.25	102.14
100.01	066.03	261.21	unauthorized	040.24	102.19
104.17	twice	261.30	249.32	044.32	102.26
106.26	015.18	264.03	unavoidable	046.32	103.22
112.24	028.19	265.31	033.18	052.15	105.01
117.07	049.10	268.13	198.24	063.28	105.08
139.09	050.14	268.23	198.26	065.05	109.31
149.32	060.22	282.23	295.20	067.28	110.14
152.23	072.24	283.02	310.07	070.22	112.09
155.30	158.07	284.35	unavoidably	077.11	114.02
156.35	198.10	285.28	360.27	077.28	117.33
158.14	215.20	295.24	unawares	080.19	123.34
162.27	282.34	298.10	042.26	083.18	125.08
163.13	311.07	300.04	249.23	085.21	125.23
163.15	373.02	302.17	unbearable	095.30	128.15
165.06	twig	303.18	318.10	100.25	130.23
166.14	121.27	321.05	unbecoming	105.34	135.03
166.14	twilight	325.04	124.20	106.35	148.15
167.34	082.30	327.27	unbeliever	122.12	148.17
172.33	121.24	331.03	031.30	123.10	155.10
174.20	288.02	333.20	unbelievers	124.12	170.31
176.06	323.18	335.06	049.07	125.11	170.32
177.23	twined	338.24	unbelieving	126.03	177.27
179.12	114.24	340.17	042.14	126.31	178.09
182.03	323.27	342.14	unbiassed	127.35	178.10
191.10	twinkling	349.20	100.28	132.13	178.11
194.10	007.28	358.14	unbounded	137.12	179.28
197.28	twisted	359.18	302.16	143.17	180.27
200.16	283.07	363.19	unbroken	147.25	181.19
207.20	twitch	364.33	035.02	150.05	181.15
210.33	186.32	365.27	uncertain	152.17	182.18
219.20	twitching	366.30	031.24	172.31	182.19
226.25	186.24	373.12	059.32	173.03	183.27
246.18	twitter	373.27	101.05	178.06	188.28
251.23	142.16	376.23	109.12	182.06	192.01
252.13	two	two-horse	110.22	189.30	193.33
253.23	007.20	006.25	180.02	191.20	198.34
265.12	007.31	two-roomed	185.24	194.18	208.32
266.02	008.03	374.27	uncertainty	194.28	210.06
277.24	008.18	type	005.10	195.03	210.27
277.35	011.18	003.25	unclasped	200.24	213.29
284.33	012.26	261.04	344.08	202.09	217.20
285.01	013.34	305.09		204.10	218.09

168 UNDERSTAND (continued)

216.23
220.01
220.34
234.23
240.25
246.16
252.06
253.23
257.08
257.11
257.30
273.25
283.28
288.20
290.27
293.28
317.04
317.27
326.28
336.01
338.25
341.24
345.18
349.16
350.20
365.34
369.20
375.01

understandable
102.22
104.29

understanding
003.17
095.13
178.03
180.31
291.17
318.27
370.01

understands
034.06
043.21
095.23
104.35
236.35

understood
015.29
021.15
034.30
036.26
064.28
104.22
104.23
114.13
115.24
116.14
147.33
169.06
170.24
171.12
173.20
173.21
175.29
179.18
181.16
191.02
198.22
210.24
218.07
225.33
232.13
240.12
256.10
267.08
290.34
293.28
301.32
319.32
327.04
332.01
348.10
354.08
362.01
372.29

understrappers
039.32

undertaken
293.22
305.31

undertaking
098.10
199.14

undertone
025.20
041.12
094.19
206.23
318.11
332.18

undid
214.34

undiminished
369.30

undisciplined
088.30

undisturbed
021.23

undo
354.12

undoing
356.25

undone
023.20
024.16
055.01
175.08

undoubtedly
164.25

undulating
195.04

une
163.18

unearthly
027.31
365.15

uneasily
045.01
056.04
068.23
281.15
375.53

uneasiness
025.20
033.07
171.12
181.10
199.28
204.14
227.22
249.30
251.12
274.22
277.11
307.19

uneasy
005.14
056.27
164.23
174.31
225.06
260.28
295.23
304.25
321.25
360.05

unembarrassed
343.17

unemotional
081.27

unemotionally
363.24

unequalled
351.01

uneuropean
314.30

unexpected
012.31
045.14
057.01
070.02
088.13
088.34
094.21
122.10
139.16
144.06
157.02
175.22
180.08
190.06
191.29
193.06
214.05
222.35
303.23
341.09
344.11

unexpectedly
040.14
044.08
116.27
119.04
126.15
177.13
184.18
226.28
243.34
305.15
309.03
327.21

unexpressed
338.11

unfair
175.12

unfaithful
312.33

unfathomable
057.08
057.14
213.08
344.12

unfavourably
136.22

unfeeling
340.01

unfeminine
343.15

unfit
166.23

unflinching
298.13

UNDER WESTERN EYES

unforeseen
191.03
337.06

unfortunate
095.22
095.32
098.20
113.33
115.07
156.16
158.16

unfrequented
287.03

unfriendly
238.32
239.18

unfurnished
149.21

ungloved
050.21

ungracious
289.17

ungravelled
204.12

unguarded
018.24
160.20

unguardedly
071.33

unhappy
059.18
067.02
093.01
093.02
144.04
183.07
191.05
317.28
352.04
370.35

unheard
163.17
365.30

unhinged
154.08

unholy
077.33

unhurried
097.19

unhurt
007.14

unidentified
289.09

uniform
005.20
031.04
037.02
041.33
047.01
066.19
083.34
111.22

uninhabitable
295.03

uninspiring
200.14

unintelligent
146.08

uninteresting
139.07

union
033.01
348.30

unique
125.20
143.01
266.13

united
372.12
377.13

unity
063.33

universal
036.26
218.35
219.03
219.07
276.21
298.30
298.31
331.26

universe
006.12

university
004.06
008.13
010.15
012.33
023.22
080.32
099.08
099.29
102.02
105.24
106.21
106.31
160.12
251.27
283.24
294.15
295.14

unjust
280.13
318.28

unknown
083.15
113.34
133.09
173.15
282.12
335.29

unless
023.11
046.31
060.19
075.26
089.10
126.01
138.25
165.33
182.02
229.34
233.05
233.06
233.07
274.28
276.01

unlighted
033.08

unlike
140.16
281.26

unlikely
057.20

unlocked
052.03

unluckily
150.16

unlucky
073.29
080.14
259.07

unmannerly
216.08

unmercifully
278.24

unmoved
202.22
208.34
225.07
246.16
347.20

unnamed
297.26

unnaturally
222.09

unnecessarily
042.34
322.24

unnecessary
105.11
116.07
196.01
253.05

unnoticed
164.17
191.11
265.18
274.23

unoccupied
265.24

unofficial
108.19
160.35
300.08

unpainted
247.20
247.27

unpardonable
355.15

unperceived
105.14

unpicturesque
322.30

unpitied
259.31

unpleasant
142.01
180.16
257.19
316.28
317.02
320.16

unpleasantly
101.02
169.13
200.09
309.30

unquenchable
029.22
280.12

unquestionable
003.22

unquestioning
275.07

unquestioningly
239.34

unreadable
093.14

unreasonable
204.24

unreasonably
074.28

unrecognisable
008.09

unrefreshed
181.02

unrelated
075.23
303.27
315.01

unrequited
259.30

unreserved
091.14
307.02

unreservedly
239.02

unrest
008.23
111.16

unringing
347.04

unrolling
376.33

unromantic
141.29

unsaleable
141.32

unsatisfactory
244.31

unscathed
351.12

unscrupulous
159.22

unseen
033.10
039.05
142.29
159.21
296.24

unselfish
099.30
132.28
162.13
182.13
374.32

unsettled
110.33
303.05

unshaded
305.35

unsound
013.35

unspoiled
100.19

unspoken
197.03
351.30

unstable
266.07

unstained
133.13
133.29
135.05
166.35
356.25

unsteadily
061.07
365.25

unsteady
063.27
183.30

unsuggestive
200.17

unsuspected
120.08
301.23

unsuspecting
121.13
339.14

untenanted
142.08

unthinkable
022.32

unthinking
087.18

unthriving
201.16

untidy
322.30

untie
343.11

untimely
187.17

untouched
314.06

untrodden
034.25

untroubled
012.26

unusual
051.25
265.23
285.27
315.34

unusually
003.20

unutterable
087.26

unwarmed
339.33
340.05

unwashed
025.17

unwearied
005.28

unweariedly
374.31

unwelcome
124.34

unwholesome
228.23

unwilling
167.21
287.27

unwillingness
296.14

unwinking
181.03
222.28

unwise
328.20
361.17

unworthily
169.15

unworthy
167.07
201.23

unwrinkled
260.30

up
002.06
002.25
003.16
005.02
006.33
007.08
007.22
007.29
008.05
008.12
008.18
009.26
009.26
013.31
014.28
015.13
015.14
015.28
016.08
016.17
016.28
018.05
018.30
019.18
020.17
024.14
024.18
024.19
024.23
024.34
025.09
026.30
027.18
027.27
028.11
028.30
033.33
035.12
037.03
038.17
038.29
039.16
042.27
045.23
049.11
051.28
051.29
051.33
051.34
052.17
052.31
054.11
054.13
055.23
055.28
056.04
058.10
060.18
060.27
062.07
062.12
062.18
062.28
063.13
064.03
064.10
064.13
065.02
065.21
066.17
068.28
069.12
069.29
070.08
073.05
073.13
073.14
073.15
073.23

UP (continued)

073.27	254.13	039.30	uppermost	184.17	146.34
074.23	259.08	040.04	035.34	186.16	170.22
074.25	261.22	042.26	075.08	202.34	216.11
076.20	262.21	044.06	111.34	204.30	269.14
078.27	266.30	044.14	upright	206.34	272.16
079.25	266.33	050.24	099.19	208.16	288.19
081.04	267.03	054.17	212.08	208.24	295.26
083.23	268.03	059.10	260.31	221.04	300.35
084.14	269.04	059.13	299.14	224.35	303.23
086.23	270.13	062.31	310.24	225.35	305.17
089.32	271.09	067.33	uproar	226.26	317.33
090.12	271.23	070.03	362.08	228.03	useful
092.03	272.21	071.32	uproariously	233.04	046.26
092.15	273.03	075.19	077.06	233.05	069.26
096.04	274.26	075.23	uprooted	240.04	077.32
096.22	276.31	076.05	131.16	242.05	095.12
101.23	277.24	076.33	uprooting	243.10	148.14
101.23	280.05	077.05	014.16	244.25	153.25
103.02	281.13	077.22	upset	244.26	157.21
103.20	285.05	081.06	164.01	246.35	264.10
106.26	285.06	090.16	213.34	247.05	usefulness
108.05	285.20	092.06	215.12	247.20	032.11
108.21	286.03	094.03	303.33	248.23	303.03
108.32	286.11	094.05	306.27	249.31	useless
110.07	292.09	100.13	upsetting	252.20	095.19
111.16	292.13	104.17	217.10	258.30	152.15
113.04	292.14	105.14	upside	262.22	230.30
113.33	294.32	107.04	074.05	264.10	319.01
116.28	295.09	107.07	upstairs	268.05	uses
119.23	296.08	108.28	149.16	283.27	240.15
120.05	296.26	121.17	155.03	291.29	246.17
120.32	297.15	123.13	155.30	291.34	353.21
121.31	299.18	123.25	165.18	292.30	using
124.09	299.20	124.11	202.19	307.04	137.04
124.14	299.32	124.25	231.33	314.04	217.24
124.35	305.22	126.13	359.06	317.25	usual
125.12	306.18	126.15	upturned	319.04	006.21
125.14	306.20	133.08	029.33	319.19	008.12
125.16	310.05	133.12	upward	321.22	012.20
126.29	310.35	136.22	067.29	322.01	016.05
130.25	311.01	145.16	175.23	322.10	077.02
131.14	311.14	149.03	upwards	322.18	103.15
133.15	312.33	150.10	030.26	323.11	105.25
134.25	313.08	155.22	055.21	324.13	106.15
135.31	313.11	156.16	209.23	325.06	111.24
136.30	315.19	159.27	212.33	326.22	113.26
141.33	316.05	160.04	246.20	327.09	118.18
143.06	316.15	161.11	351.32	328.08	123.04
143.29	320.25	162.35	urbanity	329.25	136.35
144.27	322.05	163.13	049.18	330.13	174.33
145.04	322.16	163.15	urged	330.17	179.14
146.27	322.30	166.07	251.35	332.01	217.12
147.09	323.02	175.23	urgent	332.23	243.21
147.12	325.17	176.24	190.17	332.35	252.35
151.34	330.01	176.35	342.35	339.02	305.09
152.06	330.24	177.09	359.09	341.22	308.06
152.19	331.23	180.09	urgently	346.03	315.07
156.10	333.33	180.18	310.15	346.35	317.34
158.12	334.24	181.11	urging	348.26	330.31
158.26	336.32	181.31	125.04	350.12	usually
159.06	336.54	183.11	urns	354.02	123.24
162.27	337.14	183.19	201.29	358.05	usurers
164.06	338.05	188.10	us	360.33	308.12
164.10	340.31	198.15	014.19	371.34	utmost
164.11	341.21	206.20	016.24	372.03	279.04
164.17	344.25	207.26	020.07	374.09	utopias
165.02	346.11	209.19	033.09	us'	093.07
166.22	350.09	221.17	043.09	205.16	utopists
173.19	350.26	223.35	056.11	375.03	046.20
174.20	351.18	232.26	076.33	use	utter
175.30	353.11	234.21	079.03	029.35	118.08
176.28	354.17	238.25	079.12	062.25	169.32
179.13	355.32	244.01	087.24	078.24	308.04
181.24	357.03	246.08	100.03	081.12	316.16
184.08	357.08	246.23	101.20	083.10	339.02
188.08	357.21	258.12	104.14	118.01	346.29
197.28	358.08	269.24	105.01	140.09	366.06
198.11	361.24	273.14	106.20	159.34	370.34
198.16	364.10	273.25	107.10	165.23	utterance
199.33	365.10	274.32	107.21	205.29	149.09
200.28	365.27	276.35	107.25	211.17	167.17
201.03	365.31	277.05	110.17	220.13	173.26
201.09	366.13	277.10	112.18	224.24	216.16
203.25	366.29	285.05	113.01	232.32	267.22
206.12	368.06	292.06	125.29	243.15	270.29
206.28	368.22	295.26	125.33	247.07	279.23
208.33	369.04	298.12	126.15	265.04	339.16
209.21	370.18	303.23	127.24	276.30	utterances
214.32	371.07	304.05	132.03	279.32	081.03
215.05	371.15	305.15	133.08	299.06	105.20
219.18	372.09	319.33	134.22	308.13	uttered
226.14	374.06	332.09	135.28	316.32	086.25
227.06	375.16	333.12	136.05	328.10	101.04
229.20	375.25	336.16	136.06	340.10	127.04
231.18	377.27	343.01	136.08	353.11	162.32
231.23	upholstered	354.15	147.15	367.04	164.32
232.24	032.15	355.11	151.13	367.14	213.21
233.08	uplifted	360.24	152.28	371.10	220.09
235.23	177.21	361.21	157.13	used	221.12
236.03	367.01	362.04	162.09	003.11	231.10
236.23	uplifting	370.17	163.33	026.14	246.22
238.07	290.08	373.28	172.06	037.01	336.18
239.14	upon	375.22	172.08	053.32	362.11
241.05	004.08	upper	172.12	070.07	369.24
244.23	006.02	018.06	176.03	071.22	uttering
244.26	022.11	047.24	176.20	087.01	049.34
244.29	023.25	147.34	179.07	105.23	176.08
248.12	024.19	172.30	179.31	111.08	218.03
251.02	031.33	281.09	179.33	130.02	utterly
252.16	033.09	296.04	180.19	144.27	001.23
254.11	037.28		183.35	145.22	012.25

170 UTTERLY (continued) UNDER WESTERN EYES

014.05	vast	052.04	159.03	270.19	vestiges
023.24	199.13	053.04	159.11	270.20	227.14
046.08	vaticinated	055.35	159.26	271.13	vestments
078.26	220.11	056.33	161.32	271.33	140.17
089.08	vaticinations	058.02	162.17	272.01	veteran
092.12	065.13	066.08	164.04	272.10	326.02
142.17	vault	066.21	164.11	272.11	vexation
148.15	086.03	068.13	165.33	272.34	072.35
210.18	vegetation	069.12	167.14	273.17	vexed
243.30	257.22	071.10	167.26	275.08	039.01
251.04	vehemence	071.22	169.18	276.05	056.22
253.05	220.29	072.20	169.25	276.18	074.08
255.26	vehemently	072.29	169.27	277.09	206.04
342.14	186.28	073.01	170.05	277.23	236.14
349.19	veil	074.08	171.28	278.16	263.09
349.33	037.15	074.13	172.15	279.11	278.30
365.09	123.22	074.30	172.16	279.18	vibrated
vacant	318.14	075.21	172.19	279.20	361.32
184.17	319.05	076.27	172.21	280.20	vibrating
328.29	343.11	076.31	173.03	283.14	059.18
vacillate	343.32	077.26	173.16	285.05	259.05
351.35	345.13	077.32	173.35	285.27	vibration
vacillation	351.14	078.30	174.02	286.16	126.22
254.27	351.27	079.08	174.30	289.12	viciously
vague	357.19	079.23	176.26	290.33	057.24
008.15	358.32	081.03	178.18	290.35	victim
045.28	371.15	084.17	179.01	292.09	086.14
063.20	veiled	084.25	179.18	294.03	133.02
065.18	269.01	084.28	180.08	294.06	199.27
085.30	vein	084.30	181.01	294.09	255.15
167.17	057.27	085.17	184.24	294.13	276.16
325.21	203.27	085.18	184.32	295.08	278.08
vaguely	254.07	087.25	185.11	296.23	331.06
120.15	veins	090.03	186.33	296.25	342.19
175.21	232.14	090.26	187.28	298.15	345.06
190.03	velvet	091.02	189.08	299.23	348.27
243.29	032.16	091.34	190.22	300.18	349.11
261.06	velvety	092.07	191.08	301.20	375.34
301.23	228.18	093.30	192.03	301.32	victims
324.32	venal	095.32	200.15	302.01	008.06
338.21	232.18	095.32	200.18	302.20	132.31
vain	venerable	096.09	200.24	302.32	132.31
023.02	091.12	096.29	200.26	304.19	151.14
031.27	091.20	099.04	201.19	304.21	victor
123.33	141.15	099.11	203.17	304.35	012.29
222.02	vengeance	099.14	204.04	306.12	012.32
340.32	066.17	100.26	205.01	306.29	016.32
vainly	319.28	100.32	205.29	311.09	042.35
034.10	vengeful	100.33	207.34	313.06	056.10
valley	275.23	100.35	210.20	313.09	057.34
331.25	venomous	101.17	210.22	313.12	101.30
352.15	160.32	102.08	210.30	314.07	103.09
valuable	362.14	102.13	211.17	315.20	104.35
071.08	vent	102.15	212.28	315.27	105.07
132.11	163.11	102.23	217.16	315.34	106.23
132.14	venture	103.17	217.20	316.05	128.33
240.03	045.07	103.30	218.21	316.09	162.14
240.03	319.03	104.10	219.16	316.20	162.23
value	ventured	104.10	220.22	319.02	168.32
102.33	039.01	104.32	220.24	320.05	168.32
169.06	040.18	105.35	221.06	322.05	169.33
202.33	107.15	106.25	221.22	322.21	169.33
289.07	151.19	108.30	221.25	323.17	184.03
vampires	186.35	109.20	223.13	324.01	190.09
251.03	196.19	110.08	223.32	324.32	191.09
vandalism	206.32	110.12	224.11	328.01	194.03
109.04	316.18	110.32	225.24	329.16	216.01
vanguard	verdicts	111.09	227.19	329.19	274.17
347.10	264.15	112.15	228.18	329.27	319.19
vanish	verge	112.21	230.26	329.33	327.09
018.01	026.25	114.23	234.09	331.02	342.19
128.01	263.17	117.19	235.01	331.03	354.31
351.20	346.20	120.07	235.17	335.24	357.08
vanished	verily	122.15	235.21	337.22	361.09
061.04	236.35	122.34	236.14	338.04	361.13
083.02	366.08	123.13	237.13	342.20	361.18
086.20	verisimilitude	126.20	237.19	343.07	361.25
176.22	186.09	131.03	240.03	344.03	367.20
212.25	273.14	131.22	240.09	345.11	367.21
227.22	279.01	132.08	241.12	345.18	victor's
279.12	306.30	132.11	241.23	346.08	116.01
311.08	307.30	133.33	241.31	346.10	319.14
vanishes	vermin	137.27	241.35	347.33	victorious
017.34	026.24	138.21	242.19	348.33	032.33
vanishing	146.26	139.26	243.09	350.06	victorovitch
024.20	260.04	140.05	243.18	350.17	012.29
053.10	version	140.13	247.16	352.28	016.32
092.08	359.35	142.24	247.28	353.21	042.35
110.16	vertiginous	143.14	248.06	353.27	056.10
195.12	195.13	143.23	248.16	354.28	057.34
282.29	very	145.09	249.09	355.34	361.13
vanity	002.30	146.25	250.32	356.15	victorovna
003.08	004.28	147.02	251.25	356.18	125.01
303.24	004.35	147.07	253.18	358.07	125.18
354.23	005.33	147.22	253.20	358.16	125.31
vanquished	006.03	149.10	253.29	359.35	127.03
296.05	006.28	149.27	255.11	361.01	128.04
varied	009.23	153.05	256.25	363.03	128.32
069.06	013.01	153.19	258.32	364.21	158.19
228.32	013.20	153.21	258.32	369.14	226.29
325.16	018.21	153.25	258.33	369.14	324.02
variety	019.04	153.33	259.11	370.21	324.11
206.11	019.34	154.03	260.23	371.23	333.22
various	023.22	154.08	261.09	374.28	338.30
153.24	024.22	155.11	262.09	376.19	339.28
193.23	029.35	156.17	263.27	377.20	340.11
203.10	030.24	157.17	264.33	377.29	345.32
207.26	036.09	157.24	267.10	vested	347.03
208.03	036.17	158.16	268.16	303.10	348.03
276.14	039.13	158.16	269.03	vestige	348.23
305.17	042.30	158.17	269.22	005.30	353.30

VICTOROVNA (continued)

355.18	284.11	014.29	322.08	126.22	052.21
355.30	298.08	020.18	323.03	144.25	052.35
357.15	353.05	021.33	323.34	151.19	053.08
370.23	vipers	021.35	324.16	186.19	055.06
victory	354.22	025.25	335.30	242.24	066.17
371.05	virility	031.10	338.17	261.21	066.31
372.14	116.12	039.07	340.04	268.25	079.17
vienna	virtually	039.22	340.27	308.23	083.03
312.27	343.05	040.10	341.32	308.30	097.15
view	virtue	041.21	343.15	311.03	101.14
037.16	077.04	041.26	343.31	364.07	101.34
056.07	200.33	042.27	344.34	waited	110.02
064.16	virtues	043.30	347.04	041.05	130.33
090.20	065.14	047.34	347.24	156.03	136.16
093.03	331.26	049.34	347.35	169.03	138.23
108.23	352.02	052.27	349.31	173.27	140.35
111.12	visible	052.33	351.28	194.11	147.03
122.14	138.07	055.31	352.05	204.34	157.24
124.33	155.31	056.14	353.27	211.09	164.06
136.08	157.08	058.31	360.29	237.08	171.15
141.27	209.11	059.19	361.03	239.08	172.04
156.07	221.28	059.34	361.27	255.11	194.14
172.20	271.16	060.09	362.31	300.05	197.14
188.27	295.33	061.02	363.07	332.26	201.09
188.29	341.33	072.32	367.01	346.34	206.03
200.11	visibly	076.34	368.26	361.11	227.09
207.24	083.20	078.31	369.32	waiter	228.08
211.05	139.24	086.21	373.26	025.05	253.12
212.03	176.01	091.19	377.31	025.22	255.35
227.19	vision	092.35	voiceless	184.30	284.23
235.03	029.31	093.14	061.07	waiting	284.34
239.12	034.34	093.22	voices	014.09	292.04
279.11	037.18	093.30	015.07	060.20	294.14
284.33	061.06	094.05	031.17	073.12	323.08
298.10	073.09	095.02	152.20	082.16	327.24
300.35	082.15	097.19	155.03	083.31	330.07
303.13	083.02	099.20	223.27	146.01	336.05
304.05	126.29	100.05	322.23	158.20	352.09
307.23	182.10	103.29	322.26	158.28	363.33
319.29	194.01	108.04	361.33	159.04	368.22
321.06	217.34	112.01	372.06	160.25	371.08
334.01	320.16	116.32	voicing	184.35	walking
361.29	331.04	117.07	202.22	191.31	006.31
366.25	visionaries	122.08	voila'	196.12	007.22
views	093.06	126.21	047.28	196.21	011.14
045.13	visionary	127.07	211.03	202.01	014.28
105.19	245.26	129.11	vol'	225.09	050.35
123.12	349.20	134.29	214.08	235.11	064.03
136.23	353.34	138.31	volcanic	243.31	064.13
vigil	visions	139.19	032.07	256.08	075.24
331.05	275.23	142.10	voleurs'	321.04	105.24
vigilance	visit	142.18	214.04	322.07	105.33
006.16	124.13	142.21	214.04	324.18	108.07
vigorous	124.34	142.27	214.08	326.06	128.09
247.28	130.19	142.35	214.08	331.30	146.27
277.33	144.05	143.07	volley	345.26	172.13
vigorously	161.15	147.27	128.30	wake	172.30
003.24	165.28	154.07	volleys	027.18	175.30
vigour	167.22	155.33	028.04	027.33	177.26
126.33	172.07	158.18	voltaire	179.13	198.15
260.29	269.14	163.32	123.16	wakeful	202.29
vile	274.23	169.34	volubility	108.31	214.18
025.10	342.34	170.33	113.26	waking	279.06
027.31	367.17	173.34	voluble	076.18	281.19
034.16	visitation	176.07	142.35	087.07	283.15
146.02	030.04	178.07	216.16	311.18	310.20
257.24	visited	178.34	volubly	walk	355.13
361.32	004.10	181.23	142.23	017.18	358.17
villa	374.35	185.16	volumes	022.24	365.24
157.19	visiting	193.02	069.16	031.35	wall
337.35	126.24	203.22	119.34	051.02	052.30
349.32	visitor	205.09	312.19	053.12	064.05
village	116.31	205.25	voluntarily	053.12	066.13
016.13	202.09	206.25	362.18	053.15	075.05
122.23	223.18	211.01	376.02	053.15	082.09
136.29	306.12	212.07	voluntary	056.04	102.07
137.01	359.34	212.16	159.12	057.16	121.10
141.22	visitors	213.21	volunteered	059.21	139.30
villages	049.28	213.35	359.03	093.28	145.34
120.09	113.23	214.27	374.21	097.06	170.04
villainy	137.06	221.13	votes	106.07	201.15
246.01	137.28	221.19	314.05	107.16	206.16
villas	235.04	223.06	vouch	139.14	223.24
146.31	283.08	224.22	069.02	140.05	236.21
330.08	315.12	230.34	237.21	144.27	271.23
violence	visits	234.08	vouchsafed	175.21	284.11
007.26	136.30	236.09	165.22	180.01	328.33
029.20	315.17	244.12	vous'	181.33	338.02
103.34	vitality	250.17	211.03	188.09	338.23
364.22	100.08	251.19	vrai'	191.23	359.23
violences	vivaciously	252.08	211.11	204.13	360.11
266.07	271.18	254.30	vulgar	209.13	363.05
violent	vivacity	255.31	216.08	228.03	364.05
009.05	221.05	259.27	vulnerable	281.19	364.10
028.05	vivid	262.09	314.13	357.31	364.17
050.06	029.31	262.12	vultures	365.12	walls
059.11	164.34	262.30	377.06	walked	026.21
075.22	212.20	264.07	wailing	015.02	028.07
132.22	298.10	264.20	214.06	015.26	067.08
195.03	325.18	264.30	waist	020.24	082.10
256.14	357.34	265.32	012.23	024.25	136.32
282.16	365.08	288.15	092.08	028.30	142.22
330.11	vividly	292.02	120.03	029.23	146.31
363.34	123.23	292.06	121.29	033.29	150.06
violently	vocation	305.19	waistcoat	033.30	207.32
025.15	266.06	305.20	056.25	034.35	213.12
044.22	369.19	306.06	wait	035.05	220.14
062.10	voice	309.29	053.21	036.09	260.15
122.07	007.16	315.20	079.27	039.09	286.10
181.	012.27	317.01	115.03	040.26	312.18
189.15	014.22	318.08	122.19	051.01	

172 WALLS (continued)   UNDER WESTERN EYES

322.12	wanting	010.28	038.20	068.06	091.29
330.08	057.02	010.30	038.24	068.10	091.30
342.09	148.06	010.32	039.01	068.11	092.03
364.20	wants	010.34	039.13	068.15	092.09
wander	018.04	011.09	039.14	068.28	092.09
018.19	231.08	011.09	039.17	068.29	092.12
313.13	303.21	011.11	039.19	068.35	092.19
wandered	war	011.17	040.09	069.04	092.23
016.08	020.01	011.18	040.30	069.06	092.25
054.22	020.01	011.33	041.06	069.15	092.27
126.34	020.32	011.35	041.08	069.18	093.02
247.23	020.32	012.17	041.17	069.20	093.03
313.01	220.16	012.19	042.08	069.23	094.21
wandering	ward	012.25	042.20	069.32	095.06
115.15	010.14	012.25	042.25	070.06	095.11
117.15	wares	012.27	043.08	070.15	095.14
202.34	087.32	012.33	043.14	070.20	096.04
279.27	warm	012.34	046.27	070.23	099.11
wanderings	011.26	013.22	046.29	070.32	099.15
066.34	059.01	013.28	046.31	071.06	099.16
want	072.09	013.28	046.35	071.09	099.23
016.24	110.10	014.03	047.01	071.11	099.28
017.30	146.28	014.16	047.02	071.13	099.30
017.31	176.09	014.17	047.12	071.14	100.05
018.01	281.31	014.23	047.13	071.18	100.18
025.28	warming	014.28	047.14	071.22	100.20
027.12	040.22	015.01	047.17	071.30	100.21
034.01	warmly	015.16	047.18	072.31	100.25
036.26	176.04	015.18	047.22	073.12	100.26
044.02	262.09	015.20	047.33	073.22	100.32
059.08	warmth	015.23	048.27	074.07	101.01
062.16	012.16	015.29	049.32	075.03	101.06
068.07	139.27	016.07	049.33	075.05	101.13
070.01	162.12	016.07	050.05	075.21	101.28
076.02	170.18	016.15	050.06	075.25	102.15
077.12	warn	016.11	050.32	075.30	103.05
078.29	016.04	018.13	050.34	075.31	103.09
082.24	137.10	018.14	051.01	076.18	103.13
086.33	209.34	018.16	051.05	076.25	103.15
094.28	237.13	018.27	051.05	076.27	103.17
094.31	305.31	019.13	051.13	076.30	103.20
110.15	warned	019.15	051.25	077.07	103.24
114.16	020.12	020.26	051.25	077.16	103.29
125.32	084.30	020.28	052.07	077.18	105.23
127.03	306.21	021.03	052.11	077.24	105.26
127.04	warning	021.17	052.14	077.34	106.02
132.19	006.19	021.29	052.19	077.34	106.03
133.01	014.33	021.34	052.25	078.15	106.13
135.01	105.11	022.07	052.29	078.21	106.19
135.34	312.08	022.24	052.29	078.22	106.28
136.15	356.22	023.19	053.04	078.23	106.35
140.09	warring	023.24	053.09	080.11	107.31
143.31	020.02	023.26	053.11	080.22	108.16
148.11	wary	024.06	054.05	080.23	108.17
153.24	120.33	024.11	054.11	080.24	108.18
167.24	was	024.13	054.19	080.31	108.23
168.35	001.22	024.17	054.20	081.02	108.25
178.18	002.06	024.22	054.22	081.05	108.34
179.15	003.19	024.34	054.24	081.24	109.06
183.15	003.23	025.04	054.25	082.08	109.09
187.25	003.27	025.20	055.06	082.18	109.17
203.34	003.28	026.11	055.09	082.18	109.18
205.34	003.29	026.15	055.16	082.22	109.20
219.08	004.08	026.23	055.25	082.32	109.25
229.34	004.11	027.05	055.31	083.14	110.07
231.02	004.12	028.08	056.08	083.21	110.14
234.06	004.16	028.08	056.08	083.22	110.23
240.18	004.20	028.09	056.21	083.29	110.26
241.21	004.21	028.30	056.22	084.02	110.26
254.19	004.21	029.06	056.25	084.03	110.32
262.14	004.27	029.07	056.27	084.05	110.32
266.29	004.32	029.10	056.29	084.10	111.04
283.04	004.34	029.14	057.06	084.13	111.04
298.29	005.02	029.17	057.23	084.17	111.13
318.04	005.03	029.19	057.30	084.20	111.19
318.05	005.29	029.22	057.31	084.27	111.20
320.25	006.10	029.24	058.27	084.32	111.23
341.11	006.11	029.25	060.09	085.01	111.26
341.17	006.13	029.29	060.14	085.05	112.01
341.23	006.24	029.35	061.04	085.07	112.21
370.21	006.28	030.03	061.06	085.09	112.31
371.27	007.01	030.05	061.13	085.20	112.33
374.08	007.19	030.07	061.28	085.21	113.05
wanted	008.07	030.13	062.04	085.25	113.12
031.16	008.08	030.30	062.18	085.30	113.20
033.14	008.09	031.09	062.34	085.31	113.25
050.09	008.10	031.11	063.15	085.35	113.30
061.22	008.11	031.15	063.18	086.04	113.31
113.32	008.17	031.18	064.14	086.10	114.05
130.13	008.18	033.06	065.29	086.12	114.09
131.03	008.19	033.11	066.04	086.14	114.14
136.18	008.19	033.12	066.06	086.27	114.17
136.32	008.21	033.22	066.21	086.35	114.18
138.16	008.24	033.22	066.23	087.11	114.20
140.26	008.26	033.28	066.27	088.09	114.23
157.01	008.31	034.08	066.28	088.14	114.30
161.17	008.32	034.12	066.29	088.15	114.31
172.18	008.34	034.23	067.03	088.22	114.33
178.12	008.35	034.25	067.05	088.23	115.02
183.21	009.10	034.27	067.06	088.24	115.28
221.17	009.21	034.28	067.09	088.34	115.28
227.01	009.24	035.13	067.13	089.17	116.07
233.29	009.30	036.11	067.14	090.06	116.14
236.29	009.33	036.14	067.18	090.08	116.19
276.27	009.33	036.20	067.20	090.15	116.21
291.21	009.34	036.31	067.23	090.20	116.30
306.25	010.05	036.34	067.24	090.22	118.08
315.27	010.19	037.26	067.30	090.22	118.10
320.20	010.22	037.28	068.03	090.28	118.11
363.21	010.23	038.13	068.05	090.31	118.15
376.27	010.25	038.20	068.05	090.35	118.19

WAS (continued)					
118.22	144.05	168.33	193.25	232.16	263.33
118.25	144.09	168.34	193.28	232.20	264.08
118.34	144.28	168.35	194.05	232.20	265.03
118.35	144.33	169.12	194.12	233.02	265.04
119.01	145.11	169.25	194.28	233.18	265.15
119.04	146.02	169.29	194.30	233.22	265.27
119.16	146.02	169.33	194.33	233.23	266.12
119.20	146.10	170.01	195.17	233.28	266.23
119.23	146.11	170.06	196.03	234.29	267.03
119.35	146.16	170.19	196.14	235.17	267.07
120.19	147.04	170.20	196.14	235.20	267.22
120.20	147.10	170.26	196.14	235.23	268.13
120.21	147.17	170.28	196.15	235.26	268.15
120.28	147.19	170.33	196.19	236.03	268.20
121.04	147.35	171.04	196.21	237.03	268.30
121.15	148.02	171.09	196.25	238.08	269.07
121.18	148.06	171.15	196.27	238.09	269.10
121.21	148.07	172.11	196.33	238.13	269.28
121.31	148.08	172.12	197.16	238.34	269.35
122.06	148.09	172.23	197.33	239.09	270.03
122.07	148.26	173.01	197.35	239.13	270.05
122.19	148.31	173.05	198.03	239.18	270.06
122.34	148.32	173.08	198.05	241.01	270.11
123.06	148.35	173.14	198.24	241.20	270.20
123.25	149.19	173.16	198.25	243.24	270.24
124.08	149.27	173.22	198.25	243.32	270.34
124.08	149.28	174.13	198.26	243.33	271.14
124.10	149.34	175.01	198.29	243.35	271.16
124.12	150.04	175.30	198.30	244.07	271.17
124.16	150.06	175.33	199.18	245.10	271.31
125.12	150.22	175.34	199.22	245.23	272.11
125.24	150.27	176.01	199.33	245.30	272.11
126.32	150.28	176.09	200.28	245.31	272.19
127.22	150.30	176.10	200.31	246.12	272.19
128.12	150.32	176.12	201.05	246.34	272.21
128.16	151.04	176.27	201.20	249.18	272.23
128.18	151.05	176.28	201.26	249.21	272.27
128.25	151.11	176.34	202.17	249.22	273.02
128.27	151.15	177.05	203.19	249.22	273.07
129.10	151.17	177.10	203.21	250.05	273.17
129.11	151.18	177.18	203.26	250.10	273.25
129.13	151.19	177.19	203.27	250.10	273.26
129.28	151.26	178.11	205.25	250.11	273.30
129.29	152.26	178.13	205.33	250.12	273.34
129.29	153.02	178.21	206.04	250.17	274.02
130.05	153.05	178.24	206.05	250.17	274.16
130.18	153.06	178.26	206.12	250.23	274.17
130.34	153.08	178.26	206.23	251.10	274.18
131.01	153.08	178.28	207.04	251.17	274.24
131.02	153.12	178.29	209.06	251.17	274.24
131.10	153.14	178.31	209.11	251.18	274.25
132.02	153.23	179.11	209.24	251.23	275.03
132.13	153.25	180.01	209.25	251.31	275.09
133.26	154.10	180.06	210.31	251.33	275.12
133.33	154.14	180.07	211.01	252.06	275.12
134.04	154.22	180.12	211.20	252.10	275.14
134.31	154.23	180.20	212.16	252.11	275.21
135.22	155.10	180.30	212.20	252.12	275.23
135.24	155.21	180.32	213.09	252.12	276.06
136.18	156.12	180.33	213.15	252.18	276.07
136.19	156.13	181.05	213.27	252.18	276.10
136.21	157.03	181.06	214.05	252.35	276.13
136.22	157.07	181.09	214.14	253.08	276.28
137.05	157.26	181.15	215.20	253.17	277.16
137.09	157.28	181.28	215.34	253.17	277.23
137.32	158.10	181.31	216.02	254.04	277.25
138.02	158.34	182.02	216.05	254.12	277.26
138.07	159.16	182.09	216.06	254.20	277.35
138.16	159.16	182.23	216.12	255.01	278.02
138.20	159.20	182.24	216.14	255.08	278.07
138.27	159.22	183.02	217.01	255.09	278.08
138.29	159.22	183.28	218.10	255.28	278.15
138.29	160.10	184.03	219.25	255.34	278.29
139.03	160.12	184.15	220.03	256.01	279.08
139.05	160.16	184.16	220.07	256.06	279.28
139.06	160.19	184.19	220.21	256.10	280.01
139.21	160.25	184.20	220.26	256.14	280.03
139.21	160.32	185.11	220.27	256.23	280.05
139.22	161.02	185.12	220.34	256.23	280.07
139.27	161.16	185.16	221.14	257.03	280.08
139.33	161.28	185.27	221.15	257.09	280.13
140.03	161.32	185.29	221.28	257.09	280.24
140.03	161.33	186.22	221.28	257.10	280.27
140.04	162.02	186.23	222.17	257.10	280.28
140.04	162.13	186.28	222.23	257.28	280.29
140.05	162.22	186.32	222.25	258.03	280.29
140.06	162.30	187.01	222.25	258.06	281.01
140.16	162.30	187.04	222.32	258.09	281.11
140.18	162.31	188.09	222.34	258.23	281.14
140.24	163.17	188.13	223.10	258.25	281.15
140.31	163.17	188.13	224.03	258.26	281.22
141.21	163.21	188.14	224.04	258.32	281.23
141.24	163.27	188.15	224.05	259.03	281.25
141.25	163.30	188.24	224.11	259.07	281.26
142.01	163.31	189.33	224.34	259.27	281.28
142.05	163.35	190.19	225.19	259.31	282.11
142.08	164.04	190.29	225.25	260.06	282.15
142.21	164.05	190.30	225.33	260.08	282.28
142.23	164.14	191.13	226.09	260.09	283.11
142.26	164.27	191.14	226.10	260.12	283.12
143.02	164.35	191.21	226.12	260.22	283.15
143.04	165.07	192.11	227.10	261.07	284.19
143.06	165.10	192.19	227.29	261.10	284.21
143.11	167.19	192.28	228.21	262.09	285.05
143.11	167.21	192.31	229.02	262.11	285.09
143.16	167.23	192.31	229.08	262.16	285.10
143.16	167.24	192.33	229.30	262.30	285.10
143.18	167.25	192.33	230.19	263.04	285.22
143.25	168.08	193.11	230.20	263.09	285.29
143.35	168.08	193.16	230.22	263.24	286.04
144.01	168.27	193.21	231.20	263.30	286.16

174 WAS (continued)   UNDER WESTERN EYES

286.24	310.11	329.19	355.18	wasted	waved
286.25	310.13	329.23	355.21	014.20	042.01
287.01	310.13	329.26	355.26	318.09	150.07
287.07	310.14	329.27	355.29	wasting	365.13
287.14	310.20	330.06	356.02	196.20	wavering
287.35	310.25	330.21	356.03	244.30	178.34
288.10	310.29	331.25	356.06	watch	wax
288.13	310.35	331.29	356.14	057.03	003.24
288.18	311.32	331.32	356.16	058.22	way
288.21	312.32	332.05	356.23	058.24	002.21
288.25	312.35	332.18	356.26	061.03	003.05
289.24	313.02	332.32	357.04	061.21	007.32
289.26	313.03	333.12	357.09	061.23	008.16
290.21	313.06	333.16	357.26	061.26	008.26
290.22	313.15	333.18	357.35	062.19	011.24
291.02	313.15	333.25	358.07	063.02	015.10
291.13	313.17	333.30	358.12	066.09	015.26
291.15	313.17	333.30	358.18	067.24	019.07
291.22	313.21	333.31	358.25	073.09	019.34
292.07	313.24	334.02	358.29	137.03	020.28
292.21	313.27	334.04	358.33	168.12	023.35
293.27	313.32	334.06	359.01	174.25	029.25
294.09	314.10	334.12	359.01	199.31	032.22
294.19	314.12	334.12	359.02	233.29	034.23
294.26	314.15	334.17	359.03	254.19	035.08
295.14	314.22	334.24	359.26	265.29	035.24
295.17	314.23	334.25	359.32	296.07	038.26
295.18	314.25	334.32	360.05	296.21	038.31
295.28	314.28	334.35	360.09	296.27	045.30
295.30	315.02	335.05	360.19	296.33	047.29
295.31	315.03	335.12	361.02	320.31	048.19
295.31	315.05	335.26	361.03	330.17	051.04
295.34	315.10	336.02	361.17	335.26	054.08
296.02	315.14	336.04	362.07	350.35	058.15
296.04	315.15	336.05	363.08	353.02	058.17
296.10	315.23	336.07	363.29	357.24	072.13
296.15	315.28	336.09	364.04	364.31	073.10
296.23	316.01	336.19	364.30	watched	077.26
296.24	316.04	336.24	365.29	042.10	092.29
297.19	316.07	336.27	367.10	073.09	094.01
297.22	316.09	336.30	367.14	120.30	094.31
297.24	317.11	337.01	367.15	140.16	096.02
297.25	317.12	337.03	367.29	140.22	097.18
297.27	317.31	337.06	367.32	168.13	102.05
297.29	318.09	337.13	368.02	197.28	104.15
298.03	318.13	337.19	368.08	248.18	109.25
298.19	318.15	337.32	368.17	251.02	109.32
298.20	318.19	338.05	368.18	251.11	119.09
298.20	318.20	338.13	368.27	277.33	120.28
298.21	318.22	338.14	369.26	291.03	123.03
299.01	318.24	338.24	370.01	291.07	125.05
299.06	318.26	339.03	370.03	291.27	125.35
299.08	318.27	339.05	370.05	313.07	126.12
299.09	318.30	339.07	370.06	323.11	126.14
299.24	318.34	339.08	370.08	watches	126.20
299.25	318.35	339.16	370.13	303.01	128.14
299.29	319.01	339.23	370.15	watchful	130.04
300.13	319.07	341.15	370.27	169.02	132.14
300.16	319.11	341.22	371.02	215.17	141.17
301.07	319.20	341.26	371.04	373.08	147.23
301.14	319.24	341.28	371.14	watching	148.24
301.15	319.27	341.32	371.17	062.05	148.29
301.17	320.01	342.08	371.27	130.16	151.03
302.18	320.03	342.13	371.27	207.17	153.19
302.25	320.04	342.23	371.28	218.27	156.32
302.27	320.06	342.23	372.32	287.12	157.35
302.30	320.13	342.28	373.03	311.01	164.13
302.31	320.14	342.29	373.05	344.21	164.19
302.34	320.15	342.30	373.10	346.15	169.19
303.07	320.26	342.31	373.12	357.35	176.08
303.13	320.28	342.32	373.13	watchman	181.07
303.17	320.31	342.35	373.14	016.14	190.31
303.18	321.04	343.02	373.18	watchword	191.01
303.24	321.06	343.02	373.22	260.14	191.28
303.26	321.08	343.08	373.31	water	194.15
303.28	321.09	343.16	374.07	044.28	194.27
303.29	321.17	343.27	374.29	119.20	196.08
303.30	321.34	344.33	374.32	126.06	196.10
303.33	322.03	344.35	375.02	150.29	198.12
303.35	322.28	345.10	375.19	194.18	200.22
304.03	322.32	345.25	375.20	195.03	203.11
304.09	322.33	346.12	375.30	200.08	206.28
304.12	322.35	346.15	375.34	200.13	209.21
304.13	323.15	346.17	375.35	259.10	217.19
304.14	323.19	346.22	375.35	260.21	220.26
304.17	323.19	347.03	376.01	266.29	224.01
304.21	323.26	347.06	376.13	279.17	227.30
304.23	324.01	347.09	376.15	284.31	228.24
304.32	324.07	348.08	376.16	288.15	235.15
304.35	324.15	348.14	376.24	298.16	236.09
305.01	324.30	349.02	377.14	324.30	236.33
305.06	325.13	349.22	377.17	326.14	238.34
305.07	325.13	349.23	was'	358.31	243.11
305.07	325.24	349.23	181.05	360.10	246.12
305.11	325.27	349.24	371.20	365.06	246.24
305.15	325.30	350.09	371.24	365.14	249.07
305.25	326.09	351.12	washed	water-mill	250.12
305.25	326.12	351.16	026.02	121.23	254.11
306.10	326.17	352.14	139.28	watered	255.34
306.21	326.21	352.24	195.07	372.26	256.03
306.25	327.08	352.29	352.29	waters	258.14
306.34	327.09	352.30	353.04	301.25	260.06
307.11	327.14	353.04	washstand	330.12	265.27
307.20	327.21	353.25	298.15	wave	275.02
307.21	327.27	353.28	wasn't	097.07	275.14
307.26	328.06	354.10	078.05	143.19	276.28
307.26	328.11	354.17	155.17	195.27	280.20
307.28	328.34	354.20	155.18	239.34	280.28
308.01	329.10	354.27	307.24	281.30	284.12
309.04	329.11	355.04	317.01	296.31	284.35
310.06	329.16	355.15			285.31

WAY (continued)

285.34	113.06	322.19	031.29	146.06	well-proportioned
293.30	113.08	322.20	060.24	148.21	003.19
293.34	113.28	322.22	068.15	155.11	well-to-do
294.27	115.17	324.14	189.33	166.12	141.28
295.35	116.09	324.18	227.24	167.14	went
298.07	117.21	326.06	245.23	167.27	011.24
298.22	117.23	326.13	245.23	169.24	012.13
298.30	117.25	326.20	287.08	170.24	016.10
302.31	117.26	327.10	298.13	172.15	018.03
303.32	125.01	328.07	330.17	175.08	022.23
307.33	125.26	328.12	372.12	177.06	028.20
308.26	125.32	328.21	weather	177.25	028.27
312.01	125.34	328.24	053.13	179.18	031.12
312.12	127.12	328.27	weather-stained	180.06	032.22
312.29	127.17	329.01	200.23	180.31	034.18
314.22	127.29	329.05	207.32	181.01	042.29
315.01	129.18	329.33	wedded	181.21	044.12
316.32	132.02	330.03	122.23	184.32	054.07
317.18	135.21	330.07	372.23	186.08	058.03
319.34	136.24	330.18	wednesdays	186.33	061.19
321.14	140.35	330.19	295.27	187.07	063.01
321.21	146.26	330.25	week	189.26	064.10
328.18	146.29	330.30	101.06	190.22	067.07
330.28	147.20	330.32	105.22	194.17	067.26
330.33	147.26	330.35	119.12	197.07	069.14
341.21	147.28	331.27	173.15	198.22	069.27
342.33	151.15	332.04	174.33	203.03	074.16
343.22	153.21	332.34	194.31	203.18	077.25
345.06	154.13	332.34	272.29	203.34	079.24
349.30	160.22	339.01	296.18	207.08	080.17
354.07	167.34	341.24	weeks	207.34	081.21
354.14	170.24	346.03	014.32	208.17	083.19
355.12	171.06	346.03	054.09	208.19	083.32
356.09	171.33	355.02	066.09	208.21	084.15
362.33	172.03	355.10	107.28	217.04	086.30
363.24	172.33	363.14	120.31	217.18	089.15
364.28	173.18	363.17	122.07	218.12	091.04
366.17	173.29	364.07	193.27	218.21	093.34
369.17	174.10	365.22	198.12	219.16	095.11
372.06	174.21	368.13	276.16	221.06	097.07
ways	179.08	368.18	277.16	221.20	099.05
023.20	181.33	368.30	297.17	222.03	099.23
069.03	184.26	370.19	316.02	229.32	104.32
137.03	189.29	373.01	weeks'	229.33	106.22
153.24	191.31	374.08	111.33	232.26	109.15
174.24	191.35	376.14	weep	232.26	109.34
265.20	192.12	we'll	153.06	233.26	115.04
we	193.16	284.03	weeping	236.24	115.05
013.14	193.17	weak	014.14	237.18	117.13
016.22	198.17	007.16	weigh	237.19	120.19
016.32	203.12	099.20	021.17	238.17	121.11
017.29	203.15	112.01	088.09	238.21	122.20
025.28	204.07	151.04	127.23	240.06	131.13
025.29	207.07	178.17	weight	240.09	141.33
027.25	207.08	227.34	066.21	241.14	142.23
027.26	209.12	319.08	067.34	241.23	148.13
033.07	212.23	335.29	116.23	242.03	150.21
033.07	218.18	weaker	181.02	242.24	161.05
033.35	213.19	374.30	258.22	244.28	169.26
041.22	218.20	weakling	364.24	247.11	171.19
041.30	219.08	316.33	weighty	249.02	178.04
043.06	225.26	weakness	290.24	254.16	191.04
043.10	225.28	018.12	344.15	255.05	192.01
043.12	231.27	085.12	weird	257.04	192.29
044.01	231.31	116.02	028.08	258.10	197.17
044.03	233.11	119.25	weirdly	261.24	197.23
044.03	234.01	152.35	220.07	264.09	197.31
044.11	234.03	191.05	welcome	264.33	199.05
047.31	236.35	191.07	082.04	267.25	209.03
048.01	238.01	201.23	305.02	268.24	225.19
048.30	244.18	249.17	315.26	275.11	229.13
060.04	244.20	250.10	342.30	275.15	232.35
072.17	244.34	285.11	welcomed	277.22	237.26
072.19	244.35	337.14	161.34	278.20	238.11
076.24	244.35	weaknesses	169.16	278.27	238.12
078.34	247.07	259.34	welcoming	282.11	238.21
078.35	247.15	wealth	117.03	290.35	239.21
079.03	247.17	117.22	170.29	294.23	244.05
079.10	250.08	wealthy	300.25	295.08	245.11
079.11	256.09	076.31	well	295.20	249.35
090.28	260.11	247.34	001.11	300.18	250.01
090.29	261.09	weapon	017.10	302.06	253.24
091.27	261.17	135.18	017.29	305.29	254.01
094.05	261.18	weapons	020.24	307.20	254.11
094.06	261.20	043.28	029.35	309.31	257.29
095.05	261.25	wear	035.15	313.11	259.04
100.31	262.32	300.29	035.31	314.23	260.02
101.07	268.10	wearily	040.08	320.05	260.05
101.18	270.18	197.11	040.16	322.05	268.04
101.33	274.17	244.25	051.11	328.11	268.08
102.31	283.33	weariness	052.27	336.13	268.31
103.22	289.21	257.35	056.33	344.29	284.10
103.30	289.25	269.05	058.25	345.18	284.12
104.08	290.20	wearing	073.01	345.29	287.13
104.11	292.10	012.21	090.03	348.18	295.15
106.04	293.05	016.16	091.05	353.25	299.22
106.06	293.07	043.09	095.31	361.01	300.07
106.14	293.08	075.25	100.35	371.24	300.10
106.18	295.27	081.35	102.23	375.05	300.11
106.34	301.02	235.17	103.30	375.15	300.23
107.13	303.16	311.22	105.35	376.04	301.25
108.03	305.31	329.07	106.23	377.25	312.04
108.07	306.07	wearisome	117.07	well-	317.34
108.07	306.35	315.15	126.11	186.22	321.16
109.31	310.04	wears	128.22	well-bred	324.26
111.08	319.12	037.12	132.05	265.27	326.20
111.08	319.15	weary	132.17	well-horsed	329.24
111.10	320.20	014.24	133.09	018.04	340.03
112.13	321.05	020.33	135.06	well-lighted	346.33
112.19	321.26	022.24	135.19	036.19	347.31
		028.21	145.19		348.16

176 WENT (continued)   UNDER WESTERN EYES

349.34	151.17	312.24	033.32	125.33	205.30
351.23	152.20	318.31	033.32	126.26	205.32
356.13	152.29	319.12	034.09	127.03	206.13
359.20	153.07	319.21	034.11	127.25	206.14
361.23	154.19	322.12	035.16	127.30	208.10
362.03	155.06	322.31	035.20	128.22	208.15
364.21	155.07	325.05	035.26	130.07	210.27
368.08	161.07	325.21	036.13	130.31	212.15
371.26	161.09	326.06	036.14	131.32	212.24
373.06	163.24	326.26	036.21	131.33	213.03
374.08	164.33	328.12	037.10	133.35	213.09
376.19	165.09	328.27	046.27	134.28	213.30
wept	167.17	330.09	047.03	135.01	214.04
020.14	167.31	334.16	047.12	135.23	214.13
037.27	175.24	334.29	047.20	135.24	215.23
122.17	175.31	335.19	048.06	135.28	217.04
were	176.19	335.28	048.25	135.29	217.05
006.22	177.02	336.13	048.32	136.18	217.07
008.33	177.08	338.14	049.05	136.19	218.08
011.02	177.21	338.18	050.28	137.13	218.19
011.21	177.32	339.02	051.30	138.05	218.19
011.22	178.07	339.06	052.28	138.15	218.21
015.18	179.12	339.10	053.23	140.07	220.20
021.30	180.14	339.11	054.10	142.31	220.33
022.12	180.15	340.05	054.11	142.33	221.06
022.20	182.16	341.14	054.24	143.22	221.22
022.21	183.10	341.34	055.29	143.30	221.30
023.11	184.26	344.11	055.34	145.25	224.26
024.18	184.26	344.22	056.23	146.19	224.32
024.33	187.08	344.24	056.28	148.10	224.33
025.17	190.02	345.24	056.33	148.11	224.34
026.09	193.16	346.14	059.07	148.15	228.26
026.12	194.03	347.02	059.16	149.02	228.34
029.09	200.23	351.31	059.20	151.04	229.21
033.14	200.27	354.11	059.29	151.29	229.27
036.06	200.29	354.35	059.33	153.02	233.06
037.28	202.28	355.33	059.35	153.18	234.06
040.22	204.15	356.07	060.04	153.28	235.30
043.07	206.12	356.17	062.23	154.04	237.06
046.32	213.12	357.28	067.06	155.05	237.09
049.04	217.15	358.16	068.31	155.20	238.08
051.08	217.35	359.25	070.01	156.30	238.16
051.10	220.23	367.13	073.17	157.14	238.17
051.18	220.23	369.12	073.27	157.33	239.25
052.15	220.24	369.31	075.35	158.18	240.09
052.15	222.28	371.25	076.03	159.20	240.15
056.23	222.29	376.14	077.13	161.18	240.18
060.04	222.30	west	077.34	162.29	240.30
062.22	226.07	022.29	078.22	162.29	241.01
062.29	226.20	107.21	078.29	163.15	241.06
064.17	230.28	123.03	079.05	163.16	241.14
067.02	231.01	284.18	080.01	163.19	241.32
069.03	231.06	western	080.05	165.23	242.05
069.09	231.09	001.01	080.07	167.32	242.22
070.28	233.35	022.25	080.23	168.05	242.26
071.16	236.02	023.15	080.29	168.19	243.33
072.03	236.28	102.25	080.30	170.14	243.35
072.21	237.29	105.09	080.31	170.20	244.05
074.04	238.01	110.13	082.24	170.24	244.13
074.24	239.29	115.01	083.11	172.07	244.28
075.32	242.14	124.04	083.11	173.21	245.07
076.13	244.17	131.24	085.06	173.29	246.21
078.03	245.34	161.20	085.08	174.12	246.26
080.32	250.02	167.17	085.28	174.17	246.31
081.04	250.32	167.18	086.25	175.03	247.09
081.18	251.12	186.21	087.34	175.08	247.30
083.10	251.14	289.11	090.28	176.25	248.01
083.17	252.20	300.29	092.17	178.09	248.06
086.17	252.21	342.12	092.28	178.29	248.32
087.04	253.24	369.28	092.34	179.03	250.03
089.05	254.12	372.33	093.10	179.16	250.19
089.16	255.09	376.34	093.27	179.19	252.17
090.34	255.11	westerner	094.09	179.29	252.24
092.20	260.12	103.03	094.14	180.34	254.13
092.32	265.11	138.29	094.21	181.09	256.09
093.16	265.19	313.17	094.29	182.21	256.18
093.27	266.07	325.14	096.09	182.22	256.32
095.19	269.10	westerners	096.30	183.11	257.15
098.12	269.34	102.32	096.32	183.13	259.13
099.21	271.03	wet	096.34	183.16	261.03
102.11	272.03	025.35	098.22	183.27	264.07
104.28	272.07	233.30	100.12	184.10	264.07
106.20	272.13	352.09	102.09	184.10	264.11
108.03	273.10	352.28	104.20	184.10	264.33
109.04	273.15	what	104.24	184.11	265.09
110.08	273.31	002.03	105.02	184.21	265.24
113.10	274.01	002.23	105.22	184.21	265.26
114.24	278.25	002.31	105.32	186.15	265.33
116.25	278.34	003.12	107.01	187.06	266.29
121.26	280.30	003.15	107.20	187.33	267.01
122.26	282.09	010.34	107.25	188.26	267.02
128.25	285.30	013.22	107.27	188.27	267.20
129.33	286.12	016.24	107.34	191.18	267.25
132.05	286.20	017.16	108.06	191.33	268.19
134.30	287.25	017.24	109.30	193.20	270.22
135.15	288.14	018.12	110.14	193.34	270.35
137.06	289.16	019.33	110.27	193.35	271.05
137.07	290.24	021.03	110.31	193.35	271.30
137.33	292.10	021.03	111.10	194.32	272.03
138.25	294.10	021.11	111.11	195.09	274.01
138.31	297.07	021.15	111.11	195.15	275.18
140.21	299.05	023.02	112.33	196.08	278.28
141.18	299.08	025.28	114.20	196.23	281.13
142.07	302.32	027.26	114.27	196.29	285.10
142.12	304.17	029.29	114.31	199.05	287.09
145.10	304.21	030.03	115.13	199.29	289.14
146.19	304.25	031.14	117.33	203.06	289.25
147.02	305.22	031.35	125.19	203.23	290.12
149.21	306.31	032.15	125.20	203.24	291.31
151.13	306.33	032.30	125.30	205.04	292.10
151.13	311.30	033.19	125.32	205.07	292.18

WHAT (continued)

292.26	144.32	182.27	008.17	329.26	150.03
292.35	150.30	183.03	008.19	331.15	153.14
293.19	151.20	183.35	012.08	338.24	154.29
293.19	159.15	184.15	018.03	338.35	156.16
293.21	219.29	185.06	019.27	348.08	156.31
293.24	226.09	185.31	019.31	which	157.30
293.25	244.07	187.01	027.12	001.05	159.08
295.14	300.17	187.03	030.17	001.14	159.33
297.07	wheeling	190.02	035.03	002.03	160.05
297.19	113.18	190.08	036.07	002.10	160.13
297.22	wheels	193.12	046.03	002.33	160.29
297.23	200.24	193.16	049.30	003.34	161.07
298.21	when	198.03	054.03	004.22	161.21
298.32	001.17	198.13	058.11	006.10	161.28
301.01	006.17	205.30	064.14	009.18	162.18
303.24	009.23	209.17	072.23	010.20	165.11
304.26	010.26	215.14	072.27	011.18	165.27
306.25	011.14	215.26	077.15	013.18	167.11
307.04	012.25	220.25	083.32	015.10	167.14
307.29	013.21	222.01	092.12	016.11	167.27
307.32	015.04	222.35	093.16	016.27	168.06
308.09	015.11	223.19	097.23	022.09	168.10
308.13	016.06	229.02	098.16	022.23	168.31
310.23	017.34	232.24	098.16	023.06	170.07
310.33	019.33	233.11	099.05	023.20	170.22
315.02	021.06	234.29	105.16	024.17	171.10
316.34	021.14	237.25	109.06	024.35	175.08
317.12	025.02	237.31	113.16	027.32	175.14
317.35	027.11	238.33	134.23	034.03	176.19
318.22	028.35	239.29	136.21	036.29	177.35
319.09	029.34	246.04	139.31	037.33	178.34
319.18	030.10	246.34	140.07	039.13	181.11
319.20	033.07	247.03	143.04	044.09	183.18
320.07	038.14	247.03	148.30	044.14	183.28
320.20	039.18	252.13	151.10	044.28	185.27
324.09	040.17	254.06	151.11	045.21	186.32
327.21	041.19	257.11	152.19	047.09	187.05
331.20	042.12	261.15	164.02	050.17	188.31
332.29	047.12	267.33	172.17	051.22	189.28
333.34	047.13	268.13	197.14	053.04	190.13
336.14	051.06	270.12	201.31	055.09	191.12
336.21	051.31	272.14	203.10	056.15	192.23
337.26	051.32	275.33	211.18	056.16	192.33
338.09	052.25	276.32	223.26	059.02	193.09
338.09	054.28	281.19	226.17	059.08	194.31
338.21	056.26	283.10	235.14	059.34	196.03
340.07	061.03	287.08	237.14	061.13	196.33
340.29	061.29	289.19	239.06	062.31	198.09
341.08	063.26	294.09	247.01	064.16	200.08
341.08	066.08	296.19	254.33	064.31	202.11
342.34	066.15	296.28	258.13	064.33	203.18
343.27	066.31	296.29	260.03	065.30	203.28
344.05	069.11	298.04	261.19	066.20	203.32
345.06	073.14	299.22	284.25	067.01	204.27
346.22	075.06	300.15	287.27	067.03	204.29
347.31	076.03	302.35	289.10	068.06	207.04
348.05	083.26	307.14	289.20	068.35	208.13
348.06	084.04	307.16	289.24	070.02	209.02
348.07	086.29	308.05	290.02	070.12	210.06
349.16	087.11	309.03	290.03	071.18	211.19
349.23	088.17	310.01	296.15	072.12	212.21
350.18	090.08	310.20	297.21	074.24	213.24
351.24	095.14	311.09	300.30	075.04	213.35
353.30	096.03	315.03	304.16	075.17	214.02
354.09	101.22	317.34	308.25	075.34	214.06
354.10	103.19	319.32	312.16	081.11	214.20
354.15	105.01	320.27	316.12	081.14	214.32
354.21	107.29	326.12	316.14	081.31	215.35
355.01	110.03	326.25	316.16	084.31	216.21
356.14	111.23	330.18	316.30	085.35	217.31
357.10	115.09	330.23	320.25	086.28	219.34
359.03	115.32	332.06	327.34	087.01	220.13
360.22	116.02	332.32	330.14	087.06	221.26
361.16	119.01	333.08	341.02	087.23	221.28
361.21	119.16	336.17	341.02	091.15	224.05
361.34	121.35	338.33	341.31	091.33	225.14
362.16	124.12	339.07	347.08	095.21	225.14
363.03	134.06	346.03	352.02	099.06	226.03
363.13	136.24	348.28	353.15	099.15	228.29
367.22	137.19	349.25	354.34	101.10	230.04
370.13	138.21	352.22	365.19	101.33	231.32
372.32	139.02	353.25	365.21	102.27	234.17
375.08	143.24	353.26	366.22	103.13	235.17
375.15	146.26	355.02	374.09	103.35	235.24
376.01	146.29	355.10	377.29	104.13	236.04
377.15	146.30	356.13	whereas	108.28	238.32
377.16	146.35	365.27	057.09	110.21	243.22
what's	150.06	367.32	102.31	110.33	243.28
021.07	150.22	370.24	247.06	112.26	245.13
051.30	151.07	370.25	248.35	116.22	249.21
161.10	152.01	372.09	whether	119.21	249.21
162.25	152.21	373.08	049.21	122.03	250.12
186.15	152.26	373.22	062.35	123.22	251.20
202.30	152.31	374.13	075.19	124.32	251.30
224.23	153.21	374.16	086.35	125.03	255.29
227.35	154.01	375.03	096.12	126.15	257.23
234.05	154.18	375.20	129.13	127.11	258.01
240.04	156.31	375.20	137.07	130.02	258.06
241.17	157.13	375.21	140.25	130.09	259.24
243.15	157.35	whence	140.33	132.01	259.25
263.06	160.33	025.35	164.26	132.14	259.27
265.33	161.29	119.32	183.12	133.17	259.29
278.20	164.05	168.12	186.22	133.34	261.28
300.11	169.32	341.03	193.04	136.05	262.01
whatever	170.35	whenever	199.07	138.09	262.30
001.14	172.34	105.17	228.20	139.26	263.22
000.35	174.30	295.15	241.20	140.03	266.14
042.18	175.01	where	253.05	140.15	266.21
073.02	175.32	004.09	269.10	143.27	267.01
079.11	175.28	005.10	300.08	147.31	267.22
086.12	181.04	007.30	307.23	149.13	268.04

178 WHICH (continued)

268.12	117.15	224.30	032.09	256.23	200.10
269.24	121.10	322.24	032.09	260.22	209.04
269.31	122.06	339.19	032.14	262.17	226.25
270.30	122.17	371.24	034.09	262.26	227.19
272.22	122.29	whispering	036.28	265.19	255.21
275.30	128.29	025.33	037.10	266.35	259.22
276.25	133.15	071.10	038.04	268.10	269.29
276.30	135.35	182.32	039.19	268.21	299.10
279.15	136.16	310.33	040.18	269.19	339.32
279.22	142.10	350.16	042.05	270.23	349.15
282.28	146.01	whispers	043.08	271.26	350.32
283.17	147.03	008.19	045.27	272.03	360.09
283.20	148.09	008.21	053.23	272.26	364.22
287.05	153.30	321.05	058.35	276.15	368.23
287.15	155.23	whistle	066.12	276.33	whole-hearted
288.21	157.26	265.17	068.20	277.02	240.10
288.24	158.03	whit	070.33	278.07	wholly
289.21	172.33	304.09	071.33	278.12	068.30
290.30	175.34	white	074.14	278.22	130.25
294.02	176.21	010.17	076.25	278.24	275.24
295.35	178.22	010.23	076.33	281.26	290.05
298.21	180.12	012.20	079.12	282.23	whom
299.31	181.08	016.27	079.20	282.26	018.04
299.33	184.30	028.19	083.34	282.28	030.19
300.12	184.35	029.02	084.12	289.07	037.01
301.21	185.25	029.32	084.16	292.17	042.02
302.07	188.09	042.14	085.17	292.18	051.10
303.01	188.15	052.18	090.20	295.06	110.13
303.20	195.05	052.19	112.18	296.04	157.11
303.32	199.35	053.08	117.05	296.31	159.26
305.04	207.28	061.22	126.09	298.06	174.15
305.08	227.11	065.04	127.34	301.08	197.16
305.11	227.20	102.07	128.14	301.22	197.18
305.35	233.24	117.04	129.13	302.23	198.06
313.12	235.15	119.32	129.19	304.30	272.21
313.33	238.26	144.12	133.27	310.14	297.22
314.04	244.02	145.13	133.32	314.16	300.14
314.06	247.15	155.31	135.12	314.17	303.04
315.08	249.08	195.12	137.06	314.17	305.16
316.05	249.11	200.11	137.16	316.04	308.01
317.11	249.34	209.19	140.05	317.20	310.28
319.03	253.04	209.26	143.31	318.02	321.19
319.26	255.11	212.09	144.32	320.24	336.31
323.25	255.20	214.32	147.15	321.22	340.09
323.31	262.15	223.12	147.25	323.02	346.03
324.09	270.05	223.15	148.16	323.26	347.04
325.30	272.09	223.25	148.28	324.08	348.17
327.13	277.25	235.23	150.26	326.24	355.21
329.22	286.12	237.30	151.11	327.15	356.33
333.08	291.22	253.34	152.13	332.02	357.09
334.15	293.12	260.07	153.19	336.27	whose
335.32	296.12	260.25	155.15	337.32	008.11
335.32	296.24	260.27	156.25	339.02	010.32
336.19	297.09	262.03	157.11	339.06	048.09
336.25	299.23	299.24	158.10	339.11	055.06
338.13	302.30	310.25	160.15	339.20	057.30
338.17	306.15	311.15	160.22	341.22	068.15
339.13	306.17	319.22	161.26	343.21	068.16
339.16	325.04	322.12	164.09	349.11	068.21
339.25	325.29	322.29	164.15	350.34	086.03
340.06	331.02	326.03	164.25	352.29	088.34
340.18	335.31	329.08	164.27	353.07	091.05
342.21	336.19	334.16	166.18	353.34	091.06
346.07	336.32	334.27	169.05	354.32	103.10
346.24	340.32	335.29	169.10	355.13	104.30
347.12	343.10	336.08	171.17	355.32	131.22
349.30	344.23	336.05	171.23	355.35	141.27
351.10	345.26	351.07	175.03	356.10	150.11
353.04	349.05	351.15	177.18	357.13	173.04
353.10	354.05	white-haired	181.03	358.05	222.28
353.17	356.15	256.23	182.30	359.02	250.26
353.22	364.10	277.33	184.09	360.16	251.23
354.14	364.25	336.12	189.24	361.24	258.22
354.30	365.16	whiteness	190.15	363.20	259.10
355.34	366.33	024.05	198.23	363.25	264.28
356.24	369.17	031.04	203.03	365.35	283.19
356.27	371.19	223.17	203.13	366.12	304.07
357.21	374.25	whites	204.03	371.08	361.15
358.29	377.23	038.17	205.12	373.16	why
359.13	whiles	282.09	210.28	374.15	003.01
359.31	264.01	whitewashed	211.08	375.14	016.33
361.11	whips	328.31	211.21	375.28	018.10
361.26	023.12	who	217.07	376.02	020.08
361.35	whisked	001.06	217.19	who's	034.07
362.26	209.15	003.05	218.33	077.23	038.07
364.22	whisker	004.27	223.05	232.01	043.17
365.09	036.02	004.29	224.03	whole	045.02
371.12	whiskered	005.01	224.07	002.13	045.02
372.03	050.30	006.12	227.03	037.19	046.28
372.32	147.11	007.05	232.18	037.23	047.04
while	329.07	007.19	232.25	039.30	055.32
014.09	whiskers	007.30	233.13	049.17	057.34
017.18	050.25	007.32	234.05	060.14	062.15
026.07	057.21	008.22	234.08	070.15	067.32
031.12	057.26	009.33	235.08	082.17	069.20
042.20	304.08	010.30	235.35	097.01	083.11
050.23	whisper	011.27	236.08	101.33	088.03
056.11	072.16	011.29	236.28	104.07	088.26
059.27	072.25	013.16	237.18	119.10	094.27
061.31	103.29	014.03	238.21	119.31	096.26
064.01	124.28	015.30	238.23	120.18	107.32
066.19	210.26	016.14	242.16	142.08	112.20
067.30	224.20	017.25	243.10	142.17	114.03
074.04	231.13	017.26	247.30	151.06	116.12
075.32	352.05	018.16	248.24	165.05	130.28
081.33	whispered	021.12	248.25	173.02	136.03
084.07	035.05	025.33	250.24	176.34	144.21
090.14	040.30	026.16	251.24	177.09	145.18
092.11	113.21	027.11	252.18	180.09	152.35
110.25	115.24	027.14	254.32	184.05	155.11
113.30	167.03	030.34	255.13	186.30	155.28

WHY (continued)

162.35	wild	264.35	winks	016.13	050.05
171.33	015.18	266.16	254.26	016.27	050.09
172.01	037.32	296.17	winner's	017.01	050.16
172.05	088.31	298.30	012.09	017.19	050.30
172.11	094.07	299.21	winter	017.21	050.31
179.02	120.08	301.12	030.29	018.18	051.03
184.10	120.13	301.12	082.29	019.14	051.14
186.12	120.27	303.14	146.26	019.22	051.20
190.22	120.28	306.06	wintry	020.17	051.32
195.13	122.01	307.04	064.15	020.20	051.33
199.19	122.05	307.15	103.04	021.11	051.35
222.19	126.29	308.27	wiped	022.01	053.01
222.20	165.20	309.24	137.20	022.06	053.04
222.21	221.16	320.02	227.12	022.07	053.06
232.04	221.18	322.08	wisdom	022.11	053.08
234.18	265.24	327.16	021.09	023.12	053.14
236.04	280.13	331.13	076.20	023.23	053.20
241.18	wild-haired	331.15	138.30	024.14	054.03
247.07	025.05	344.07	301.06	024.27	054.16
247.17	wilderness	345.19	372.20	024.33	054.33
247.34	001.11	354.35	wise	025.08	055.04
250.15	wildly	355.09	100.19	025.14	055.21
254.04	027.34	367.05	160.25	025.19	056.11
274.28	028.24	368.34	wish	025.26	056.22
276.09	062.30	369.07	001.03	025.29	057.06
276.04	wilfully	369.14	012.01	026.21	058.01
284.04	189.34	377.05	073.03	026.34	058.08
286.02	will	will-power	096.25	028.01	058.18
297.20	001.25	245.31	137.20	028.04	058.20
297.29	019.24	willed	154.14	028.12	058.22
308.32	019.33	075.27	162.17	028.20	058.34
317.26	020.24	willing	177.17	028.21	059.02
318.32	021.18	016.01	182.03	028.27	059.24
319.18	022.28	146.21	205.31	029.21	060.34
324.12	024.12	161.10	210.21	029.30	061.07
326.21	031.16	162.22	256.27	030.05	061.10
329.32	032.21	wills	286.20	030.08	062.07
331.20	033.21	292.11	323.03	030.20	062.16
332.05	034.05	win	333.25	030.29	063.01
339.19	044.02	297.31	337.24	030.33	063.05
341.09	044.18	wind	347.25	031.06	063.19
344.19	046.18	016.11	wished	031.13	063.20
345.01	059.11	032.04	003.03	031.23	063.21
346.26	059.33	088.31	013.08	031.32	064.03
347.28	059.35	127.16	047.13	031.35	064.04
349.07	063.02	164.11	047.14	032.01	064.06
349.14	082.06	180.18	095.16	032.01	065.20
363.22	084.12	288.15	099.12	032.23	065.21
366.09	089.11	356.16	100.13	032.23	066.16
wicked	093.05	365.17	201.23	032.26	066.18
060.03	093.30	winding-sheet	256.12	033.29	066.33
wickedly	102.01	030.24	283.18	033.31	067.31
130.29	104.22	window	302.25	034.05	068.18
wickedness	105.02	050.22	307.27	034.05	068.27
149.07	105.06	063.01	360.12	034.21	068.30
375.24	110.10	065.22	366.17	034.29	069.16
wide	110.14	065.27	377.27	034.33	069.24
036.05	113.28	066.33	wishes	035.22	069.30
036.33	115.06	077.25	090.24	035.27	070.01
070.28	117.18	100.01	101.22	036.01	070.01
090.19	117.19	104.16	314.21	036.08	070.04
099.17	126.22	105.13	373.25	036.09	070.15
142.04	126.33	111.17	wisp	036.10	070.17
142.05	131.07	111.25	236.30	036.24	071.05
172.34	131.09	112.25	wisps	036.27	071.10
201.10	131.12	116.33	263.15	037.02	071.31
201.34	131.30	145.35	wistful	037.07	071.35
245.19	132.26	174.34	055.22	037.21	072.06
271.34	135.08	179.23	167.01	037.31	072.16
285.20	136.05	198.02	witch	037.34	072.18
302.12	149.24	219.19	212.13	038.12	072.22
305.09	151.31	219.24	witchcraft	039.12	072.26
323.09	152.05	223.13	213.09	039.16	072.28
327.34	156.09	231.34	with	039.19	072.31
328.32	156.34	232.01	001.03	039.20	073.07
331.01	157.33	239.07	002.28	039.20	073.13
345.22	162.24	311.15	002.28	039.32	073.21
wide-open	162.29	315.05	003.24	040.02	073.23
262.23	162.29	334.10	003.30	041.02	073.27
widely	163.34	370.08	004.05	041.16	074.17
174.23	167.27	window-panes	004.12	041.21	074.34
wider	172.25	051.09	004.19	042.08	074.35
111.12	179.05	windowpanes	005.07	042.18	076.21
187.27	182.28	283.35	005.18	043.15	076.28
200.31	183.03	windows	005.20	043.27	076.35
widespread	184.23	026.21	005.27	043.31	077.04
045.13	189.26	084.06	006.25	044.03	078.02
widow	189.27	165.19	006.32	044.05	078.16
054.12	193.09	197.30	007.04	044.12	078.25
213.16	193.30	200.27	007.11	044.24	079.18
316.03	193.31	201.33	007.25	044.26	079.22
wife	205.32	207.32	007.28	044.29	080.05
010.04	210.06	213.16	008.26	045.17	080.07
040.35	213.34	215.12	008.27	045.22	080.17
050.05	215.12	218.09	009.25	046.25	080.33
068.26	218.09	269.02	010.06	047.06	081.15
107.31	219.05	327.25	010.10	047.28	081.27
122.23	224.26	328.14	010.12	047.31	082.24
123.13	229.15	329.02	010.14	048.07	082.28
141.30	230.30	331.03	011.13	048.16	082.34
160.10	230.31	winds	011.15	048.16	083.03
160.34	230.31	013.25	011.16	048.30	083.06
161.17	233.09	wine	012.16	048.32	083.08
264.03	241.05	009.27	012.23	048.35	083.27
wig	241.06	wine-parties	013.02	049.11	084.05
088.12	241.08	077.03	013.03	049.13	084.07
359.15	244.25	wines	014.05	049.27	084.30
wihout	246.14	094.02	014.12	049.28	085.02
111.18	250.11	wink	015.02	049.29	085.22
334.32	262.14	061.15	015.18	049.31	085.24
	264.32	winking	015.23	050.04	085.26
		190.34			

WITH (continued) UNDER WESTERN EYES

085.27	117.11	159.24	204.30	255.33	291.11
085.29	117.13	160.01	205.12	256.11	291.16
086.03	117.22	160.13	206.01	256.27	291.24
086.19	118.06	160.18	206.04	258.34	293.20
086.23	118.20	160.33	206.07	259.35	293.21
087.04	118.29	160.33	206.10	260.02	294.07
087.05	118.34	160.35	206.17	261.22	294.21
087.26	119.08	161.04	206.34	261.22	295.21
087.29	119.11	161.30	207.04	262.14	295.29
088.04	119.15	162.02	207.05	262.17	296.09
088.07	120.02	163.18	207.32	262.31	296.14
088.10	120.11	163.32	209.13	263.18	296.32
088.13	120.16	164.05	209.20	263.26	297.10
088.16	120.31	164.15	210.01	263.27	297.10
088.30	121.06	164.24	210.19	264.02	297.21
088.35	121.16	165.02	211.05	264.19	297.24
089.03	121.23	165.09	211.16	264.33	297.27
089.13	121.34	165.13	211.25	264.35	297.34
089.22	122.05	165.27	211.26	265.05	298.06
089.27	122.15	165.35	211.26	265.10	298.13
089.28	122.17	166.04	212.08	265.28	298.34
089.30	122.24	166.16	212.21	266.05	299.07
090.19	122.30	166.26	213.08	266.16	299.10
091.01	122.32	166.32	214.15	266.17	299.13
091.01	123.07	169.09	214.31	266.18	299.16
092.03	123.21	169.19	214.33	266.32	299.17
092.21	123.28	169.25	215.04	267.05	299.28
092.24	123.29	169.26	215.17	268.12	299.32
093.01	124.22	170.18	215.25	268.32	300.11
093.14	124.29	170.21	216.09	269.02	300.13
094.02	124.33	170.30	216.16	269.04	300.21
094.07	125.15	171.05	216.20	269.04	300.24
094.07	125.16	171.09	216.23	269.18	300.31
094.24	125.27	171.22	216.24	269.26	300.33
094.29	126.06	172.09	217.34	269.30	301.01
095.03	126.29	173.14	218.19	270.01	301.03
095.27	126.35	174.30	219.19	270.27	301.15
096.06	127.01	175.13	220.11	270.33	301.26
096.09	127.09	175.26	220.29	271.23	302.15
096.11	128.10	177.16	221.02	272.17	302.16
096.12	128.26	177.22	221.05	272.18	302.18
096.14	129.04	177.30	221.08	272.21	302.26
097.07	129.28	178.04	221.30	272.31	303.05
097.09	130.01	178.08	223.01	273.03	303.10
097.13	130.08	178.26	223.09	273.04	304.06
098.17	130.15	178.28	223.24	273.05	305.05
099.13	130.21	179.31	225.07	273.32	305.18
099.16	130.31	180.04	225.11	274.04	305.34
099.24	130.35	180.13	225.12	274.06	306.19
099.34	131.01	180.15	225.24	274.14	306.20
100.03	132.01	180.26	226.18	274.19	307.02
100.03	133.21	181.30	227.13	274.19	307.35
100.06	133.33	182.01	227.23	274.22	308.22
100.11	134.09	183.09	228.10	274.30	308.35
100.28	134.30	183.25	228.16	275.02	309.01
101.03	135.21	183.33	228.28	275.06	309.04
101.08	136.09	184.08	228.32	275.07	309.10
101.09	136.33	184.11	229.02	275.13	309.15
101.14	137.04	184.12	229.27	275.19	309.33
101.17	137.11	184.14	229.33	276.12	310.11
101.19	137.21	184.31	230.07	276.20	310.14
101.20	137.29	184.33	231.03	276.23	310.16
101.21	137.33	185.04	231.11	276.31	310.24
101.25	138.04	185.20	231.18	277.07	311.02
102.07	138.11	185.22	231.32	277.34	311.20
102.17	139.09	186.16	232.35	278.14	311.23
102.32	139.19	186.24	233.07	278.23	311.28
103.09	141.04	186.31	233.08	279.05	312.17
103.09	142.05	187.19	233.20	279.10	312.18
103.10	142.23	187.22	233.21	279.18	312.22
103.34	143.17	187.27	233.22	279.21	312.24
104.01	143.19	187.27	235.08	279.33	312.26
104.04	143.29	187.29	235.19	280.03	312.31
104.31	144.16	187.30	235.28	280.14	313.04
104.32	144.19	188.30	235.34	280.17	313.12
105.07	144.26	189.03	236.30	280.30	315.17
105.12	145.12	189.09	237.05	280.30	315.34
105.18	146.01	189.28	237.06	280.31	317.05
105.25	146.14	189.29	237.08	280.31	317.13
106.09	147.15	189.32	237.33	280.33	318.09
106.20	147.18	190.25	237.34	281.03	319.21
107.19	147.34	191.12	238.07	281.12	319.23
108.31	148.11	191.23	238.14	281.28	321.01
108.32	148.13	192.04	238.19	281.29	321.02
108.32	148.34	192.34	238.34	282.02	321.24
109.12	149.03	193.11	239.09	282.09	321.29
109.27	149.14	193.13	240.04	282.13	322.03
110.03	149.31	193.24	240.05	282.22	322.29
110.28	149.34	194.03	240.21	282.30	322.32
111.13	150.14	194.29	240.27	283.09	323.06
111.17	150.22	196.02	241.22	283.33	323.11
111.31	150.25	196.33	242.12	284.08	323.15
111.33	150.28	197.01	244.06	284.12	323.16
112.18	150.29	198.20	244.30	284.22	323.17
112.25	152.03	199.11	245.21	284.31	323.21
113.01	152.20	199.32	247.15	285.09	323.21
113.12	152.33	200.09	247.16	285.18	323.22
113.21	153.10	200.11	247.16	285.27	323.30
113.25	153.14	200.13	247.17	286.07	324.04
114.01	153.34	200.16	247.22	286.08	324.24
114.12	153.35	200.34	249.04	286.28	324.33
114.28	154.18	201.16	249.26	286.28	324.35
115.09	156.18	201.17	249.34	287.07	325.06
115.10	156.25	201.18	251.15	287.12	325.09
115.28	157.02	201.21	251.32	287.31	325.17
116.01	157.05	201.33	252.21	287.33	325.23
116.09	157.24	202.07	252.23	287.35	325.27
116.22	157.27	202.29	252.35	288.09	326.03
117.04	158.01	203.13	253.01	289.09	326.04
117.06	159.10	204.14	255.12	290.07	326.07
117.07	159.17	204.27	255.30	291.01	326.15

WITH (continued)

327.01	369.09	128.34	wizened	326.05	345.22
327.25	371.10	129.30	016.17	326.18	349.11
327.28	371.16	130.14	woke	336.12	351.09
328.25	371.34	138.14	064.12	336.29	353.20
328.29	372.26	139.25	065.21	336.35	364.05
328.33	373.09	139.26	woman	358.14	371.02
329.16	373.19	139.28	024.23	358.19	wondered
330.13	373.20	139.29	026.10	366.11	018.10
330.17	373.30	148.31	036.08	367.30	092.24
330.27	374.06	150.24	037.31	373.15	134.30
332.09	374.24	156.25	043.08	374.05	140.33
332.12	374.29	159.05	051.07	377.03	163.15
332.22	374.31	162.11	054.12	woman's	164.26
333.06	375.11	162.28	073.13	115.24	165.23
333.28	376.01	164.13	074.09	119.33	172.01
333.32	376.07	167.25	074.35	122.10	173.21
334.05	withdrawn	167.35	099.17	248.09	228.19
334.08	010.24	174.03	100.17	276.34	248.02
334.10	066.05	175.30	109.05	womanly	269.09
335.25	withdrew	182.10	112.27	119.30	305.28
335.28	237.31	184.19	114.14	women	332.12
336.07	325.12	185.05	117.26	005.27	wonderful
336.08	332.26	190.19	117.27	077.27	001.19
336.15	withered	190.34	121.18	099.28	003.10
336.35	034.03	192.15	121.30	111.08	110.25
337.15	231.06	194.21	122.23	117.28	112.07
337.20	withheld	196.17	122.29	117.30	162.03
337.35	009.01	201.25	123.09	129.03	176.10
339.07	105.31	201.35	125.08	161.26	244.19
339.17	within	203.33	127.19	165.08	253.03
339.19	007.20	204.28	127.22	166.30	256.17
339.32	006.13	206.10	128.35	169.19	274.05
339.33	015.18	209.07	129.13	180.03	279.34
340.15	026.22	213.14	135.14	183.06	292.17
341.11	026.29	213.17	140.12	183.12	367.03
341.12	031.10	214.11	140.15	183.16	wondering
341.18	033.31	214.11	143.09	183.22	046.27
341.19	040.31	214.30	143.33	206.18	088.13
341.33	055.27	217.17	144.11	220.16	110.31
343.15	084.25	223.12	146.13	232.17	295.22
343.20	118.19	223.18	152.03	234.01	wonders
344.33	121.14	223.22	152.13	234.27	220.16
344.35	139.33	224.29	156.04	236.35	wood
345.20	153.30	226.23	156.18	247.15	016.12
345.30	155.15	226.14	163.26	251.05	032.15
346.03	159.23	226.27	163.29	266.10	312.18
346.20	159.29	231.29	171.17	271.28	wood-cutters'
347.21	209.28	232.11	173.09	275.29	120.12
348.20	211.01	234.27	182.28	335.06	wooden
348.32	214.35	235.02	183.08	360.16	025.34
349.31	245.34	236.03	183.25	women's	026.02
349.31	262.04	236.17	188.12	108.34	150.24
349.34	265.23	236.34	195.16	won	200.07
350.07	286.09	236.35	195.19	293.24	219.30
350.13	304.01	239.07	196.07	won't	222.26
350.14	320.09	243.03	196.25	009.28	374.27
351.17	330.02	248.13	222.17	017.31	woods
351.18	340.24	252.15	222.18	025.23	118.29
351.25	356.35	253.10	222.20	078.24	woodyard
352.05	374.28	262.01	222.22	104.23	013.23
352.12	without	264.12	222.23	107.35	016.10
353.09	001.24	264.12	228.11	127.06	wooing
353.26	005.24	266.27	234.26	132.18	032.25
354.30	008.28	275.13	235.05	141.03	woollen
355.07	013.18	276.22	235.07	157.33	073.14
355.13	014.30	276.13	235.11	187.23	word
355.23	016.19	282.08	236.08	188.17	008.32
356.13	017.35	283.22	236.25	196.30	015.03
356.19	018.29	283.22	240.19	196.33	016.35
357.04	019.35	284.04	243.20	207.02	021.34
357.31	021.27	287.18	243.33	226.21	035.16
358.01	021.34	287.19	244.05	230.23	035.28
358.05	024.20	290.31	244.13	260.25	037.09
358.21	026.17	293.11	244.15	265.07	037.11
358.31	026.22	301.33	245.05	273.26	054.17
359.04	028.27	309.29	246.19	293.05	059.01
359.15	030.25	310.17	247.06	305.30	059.34
359.24	030.25	311.16	247.34	314.03	060.20
359.25	034.34	312.23	250.06	321.35	064.30
360.07	037.16	318.16	250.14	362.19	064.31
360.10	039.09	318.20	250.26	367.05	065.04
360.23	043.07	320.01	250.28	377.25	065.05
361.01	052.23	322.05	251.16	wonder	069.19
361.09	052.32	322.25	254.15	010.34	069.23
361.14	055.06	323.07	254.29	020.16	069.24
361.15	065.35	328.21	255.32	024.31	072.34
361.32	066.14	329.02	256.23	025.19	077.22
362.13	067.06	330.15	256.35	029.24	085.25
362.14	067.13	333.04	258.34	035.06	085.26
362.21	067.27	333.15	260.02	042.16	087.06
362.25	069.05	333.25	262.10	067.30	088.02
362.34	069.35	335.02	265.10	082.24	088.03
363.08	074.31	337.17	269.30	087.21	093.26
363.18	079.14	338.07	270.08	110.32	094.03
363.19	080.35	348.30	270.23	118.31	094.05
363.35	082.13	352.22	270.31	141.25	104.23
364.04	083.19	353.28	272.10	159.35	140.09
364.06	084.09	359.10	272.21	164.02	147.35
364.22	087.14	362.06	274.20	175.16	149.03
365.01	089.32	365.20	275.17	182.21	149.10
365.05	092.14	365.24	277.30	187.29	164.32
365.08	098.26	368.08	278.34	205.03	168.05
365.25	100.32	370.20	279.10	211.25	177.13
365.27	104.02	372.16	280.05	228.09	183.11
365.33	105.05	376.32	280.35	251.01	202.25
367.18	106.21	377.04	307.26	252.35	214.30
367.30	107.33	withstand	312.21	279.18	225.03
368.22	108.27	125.33	322.28	306.19	231.26
368.24	118.05	witness	323.07	332.31	232.26
369.03	120.09	376.33	325.09	337.26	239.07
369.06	124.27		326.02	344.05	239.13

182 WORD (continued)   UNDER WESTERN EYES

249.18	353.23	037.26	worsted	069.02	210.03
258.22	357.18	040.04	159.23	073.09	213.26
271.12	357.28	054.27	worth	078.01	215.17
271.33	360.01	055.33	021.17	078.11	216.21
278.13	366.05	055.34	029.27	078.20	216.25
288.19	368.13	056.10	046.18	079.15	220.12
297.18	373.31	056.16	050.18	079.27	220.13
308.32	wore	058.14	075.32	080.06	220.15
310.17	069.01	073.32	078.05	083.08	225.25
323.07	084.16	102.25	188.04	083.27	226.02
330.18	101.15	104.07	188.26	087.01	230.29
338.23	117.11	104.08	188.27	088.22	231.02
346.30	177.05	105.30	215.32	089.18	231.03
352.22	218.29	112.08	249.08	092.28	231.34
353.21	235.19	118.16	249.11	093.17	232.19
355.14	236.06	126.02	253.25	095.12	233.14
356.06	work	127.20	314.23	096.21	233.16
362.10	008.26	127.29	322.02	096.34	233.35
371.23	012.18	134.07	339.09	098.12	234.04
372.20	014.19	144.24	worthless	098.14	234.06
372.20	014.24	147.32	135.14	098.25	236.28
377.28	015.22	155.26	worthy	099.01	239.26
word'	020.33	159.21	004.11	099.31	242.17
282.17	021.14	166.27	041.23	099.32	243.06
words	031.13	185.14	119.26	099.33	245.21
001.11	050.12	185.31	140.16	108.26	247.20
001.11	060.24	186.14	147.15	108.28	247.29
001.17	061.34	186.21	158.24	109.29	249.25
002.24	066.15	187.27	156.27	111.26	252.05
003.10	069.15	197.19	168.30	113.12	256.03
010.21	069.26	199.15	199.08	113.35	256.09
013.16	071.09	203.29	316.25	115.10	256.19
018.26	076.02	210.04	346.30	118.02	256.30
021.02	081.25	213.06	would	119.28	260.14
022.05	093.06	220.29	001.05	124.30	260.25
037.23	096.09	224.33	001.23	126.09	261.17
043.05	118.20	224.34	003.01	127.13	262.34
049.16	134.08	233.14	003.21	127.26	264.09
064.31	135.22	245.03	004.23	130.03	265.05
069.28	152.34	257.23	009.01	133.04	267.11
077.08	173.29	256.15	009.12	133.05	273.01
079.22	192.34	263.23	009.13	133.21	273.05
085.22	219.15	263.33	009.15	134.12	273.10
098.07	226.01	283.19	009.31	134.33	273.20
104.24	231.01	289.05	011.05	134.35	273.23
106.09	231.10	289.11	011.06	135.28	274.07
112.02	233.27	293.28	011.27	135.31	274.09
116.08	241.33	296.01	011.28	135.32	274.14
128.25	243.10	301.19	011.29	136.32	274.32
128.30	255.07	309.13	011.34	136.35	275.10
131.03	255.10	312.25	012.09	137.14	279.13
133.13	255.30	325.30	012.11	137.17	279.31
133.17	255.34	325.34	014.15	137.23	281.16
134.34	266.22	335.09	014.19	138.30	284.07
140.01	296.13	336.27	016.21	142.27	285.14
146.09	296.14	341.19	018.22	142.27	285.15
146.19	297.15	343.29	018.23	142.33	285.33
161.15	297.30	349.16	018.25	143.01	287.01
165.25	299.07	349.22	019.05	144.28	287.11
167.14	304.32	353.24	019.31	145.03	290.01
168.28	326.32	354.33	022.18	145.09	290.23
169.22	326.33	356.33	023.02	146.04	294.28
170.34	342.22	365.18	023.03	147.07	294.29
173.24	342.23	365.30	023.04	148.25	294.32
175.01	354.25	369.23	023.05	148.30	294.35
177.32	365.31	372.04	023.10	148.32	296.08
180.24	366.16	372.05	024.15	149.02	296.12
182.16	375.24	372.06	024.16	149.04	300.19
187.05	worked	375.32	026.08	149.18	300.29
187.35	004.35	world's	026.09	151.08	302.21
188.02	119.09	100.19	026.16	151.09	302.22
197.04	146.26	worldly	027.12	151.22	302.24
198.16	worker	039.26	029.26	152.32	302.30
203.25	059.15	206.02	029.27	154.04	304.24
209.05	189.07	246.34	029.28	154.08	308.21
211.17	198.33	304.07	030.01	156.20	309.25
212.25	349.03	worldwide	030.02	157.13	310.19
217.21	working	124.07	030.11	161.09	312.29
217.30	008.14	worm	032.14	161.35	315.12
223.02	058.15	302.18	034.02	163.04	315.35
226.05	055.16	worn	036.01	163.19	316.20
227.28	071.19	145.16	036.13	164.02	316.21
239.28	073.22	281.31	037.03	166.01	316.28
245.27	121.13	worried	037.23	166.08	316.31
246.04	128.15	018.30	037.24	170.31	316.32
250.08	201.02	041.17	038.27	170.31	317.20
258.33	280.24	054.12	038.30	171.07	320.11
260.08	285.33	193.26	043.02	172.15	320.20
262.22	319.29	worry	044.27	172.34	320.22
265.01	351.03	108.31	044.29	174.06	320.24
269.21	workman	121.02	045.25	175.10	320.30
278.34	113.18	worse	047.22	177.20	320.33
290.25	146.33	004.11	048.20	179.14	321.07
306.09	152.17	106.17	049.19	179.15	321.19
309.09	269.19	109.30	051.13	179.16	321.31
311.05	workmen	166.31	051.23	181.23	321.33
311.20	269.14	169.26	051.29	188.22	326.25
314.04	works	199.29	055.24	194.04	328.18
323.33	019.31	230.33	056.07	197.02	328.20
324.15	123.08	250.10	056.35	197.02	330.04
326.10	world	251.03	057.01	198.07	330.26
329.22	001.17	253.06	059.01	199.25	333.07
329.33	006.09	277.31	059.02	201.26	334.33
334.21	008.31	285.14	059.05	201.27	335.04
335.32	009.31	314.35	062.11	202.28	335.07
336.20	010.01	320.24	062.12	206.18	335.21
337.15	020.03	worst	062.23	206.20	337.32
340.15	021.10	137.14	062.24	206.21	338.24
345.08	023.26	375.24	062.28	208.10	340.09
347.29	034.09	376.05	063.13	208.11	340.21
347.35	035.26		068.25	208.23	343.04
	036.11				

WOULD (continued)

343.05	353.03	yawn	150.35	372.01	016.24
344.06	357.01	190.02	151.23	372.07	016.33
345.31	360.07	yawned	152.24	372.17	017.03
345.35	369.22	066.30	153.32	376.16	017.07
346.25	writer	067.07	155.06	yesterday	017.09
349.27	129.24	067.19	161.06	051.24	017.11
354.06	137.16	yawning	170.31	078.32	017.11
355.07	224.03	051.14	171.14	yet	017.12
356.18	266.11	067.20	171.23	002.05	017.20
357.26	299.30	yawns	171.24	002.16	017.22
358.10	writes	208.24	172.19	006.27	017.23
360.31	232.31	year	172.32	010.32	017.28
363.06	252.27	002.10	177.25	030.07	018.01
366.13	writing	009.20	177.30	033.35	018.04
368.05	003.16	014.31	178.24	036.22	019.24
371.01	063.21	020.22	178.27	057.07	019.26
373.05	063.26	095.20	180.34	057.17	019.27
373.28	064.24	099.06	183.01	058.23	019.28
375.16	126.33	099.31	185.26	061.22	020.05
375.28	160.29	123.06	186.33	062.19	020.05
wouldn't	181.08	134.05	186.22	066.08	020.08
011.04	190.17	308.19	186.35	081.02	020.31
020.11	260.21	year's	189.07	083.01	020.31
132.01	283.29	004.07	189.10	083.21	021.01
133.03	286.05	012.10	189.17	086.17	021.02
189.23	286.13	145.01	189.35	094.16	021.06
219.16	287.15	146.01	191.17	095.04	021.07
247.29	296.09	years	192.10	100.05	021.10
292.28	335.12	001.13	193.10	100.19	021.12
332.32	353.15	005.17	197.01	100.21	025.15
wound	357.18	014.18	206.18	100.24	027.11
120.03	360.05	014.19	206.24	100.25	027.12
121.28	writing-table	026.13	207.18	104.08	027.25
271.23	371.09	065.30	210.09	107.16	027.26
346.14	written	074.06	211.07	111.10	027.33
wounded	002.06	075.11	211.26	119.05	029.27
007.05	003.18	081.28	218.03	121.31	038.16
007.27	109.09	100.04	218.12	128.32	039.31
246.02	110.14	100.15	218.34	131.08	039.34
wounding	113.12	107.28	219.06	138.26	040.07
207.11	123.07	114.28	220.20	139.31	040.16
wounds	135.12	135.22	221.01	141.12	043.02
314.19	187.33	141.10	221.07	154.12	043.17
wrapped	211.18	141.12	221.10	156.30	043.29
035.14	234.28	141.32	224.35	157.16	043.32
073.13	237.01	145.29	226.24	166.23	044.21
214.32	252.19	160.16	226.24	166.27	044.25
357.19	255.13	185.04	227.28	170.14	044.27
371.15	257.02	185.18	229.03	171.16	044.30
wrapping	260.23	185.19	230.28	172.22	045.02
064.09	287.03	228.20	232.34	173.28	045.05
wrath	292.30	237.17	233.22	173.31	045.20
195.27	304.29	237.17	233.31	192.20	045.28
wrathful	311.29	237.23	236.15	194.12	045.32
076.19	360.06	238.09	237.23	197.32	045.32
wreckage	371.23	242.20	245.15	199.23	046.13
255.23	wrong	243.10	246.04	203.26	047.19
wrecking	028.33	246.33	247.12	206.06	047.20
195.08	056.06	259.08	247.15	207.16	048.02
wrench	104.13	260.06	249.08	220.06	048.02
059.08	195.21	260.28	251.01	220.24	048.06
wrestling	206.21	268.22	251.01	225.28	048.18
261.13	250.09	282.29	252.33	226.04	050.01
wretch	339.08	302.08	252.33	231.35	050.16
034.16	377.02	354.25	253.13	232.27	050.18
046.06	wrong-headedness	373.12	256.16	238.10	050.26
081.01	255.20	years'	256.16	239.19	052.28
093.03	wrote	316.08	257.01	243.30	052.31
308.15	063.26	yell	257.11	245.11	053.12
351.27	063.28	007.29	259.26	245.13	053.18
wretched	091.01	034.17	261.14	249.09	053.28
277.26	091.30	yellow	261.19	251.19	053.31
313.01	099.10	026.22	262.32	255.31	053.34
wretchedness	106.17	073.13	269.09	274.24	054.08
151.16	204.33	073.22	269.28	275.10	054.21
233.03	237.13	265.21	270.15	277.16	054.28
269.33	269.22	yellowy-white	271.29	281.14	055.34
276.20	283.21	213.18	272.09	283.24	056.12
wrinkled	296.17	yes	274.18	291.08	056.12
143.17	296.18	012.30	275.18	292.25	057.01
147.26	339.02	014.23	277.06	293.26	057.08
wrinkles	wrought-iron	017.07	288.14	298.13	057.25
212.19	200.22	017.22	291.28	300.34	057.26
wrist	wrung	017.22	291.32	306.17	057.33
174.25	021.02	019.23	292.03	314.27	057.35
281.29	306.17	020.19	292.13	315.12	058.05
write	wurtemberg	021.26	292.27	318.26	058.06
022.07	311.19	021.29	308.24	330.15	058.07
063.26	yacht	026.04	309.21	336.28	058.08
112.34	036.12	045.07	326.19	338.29	058.09
123.05	yakovlitch	045.19	326.29	341.27	058.10
192.27	236.28	045.19	326.31	343.16	058.12
233.31	236.32	056.06	327.11	343.23	058.16
273.19	237.16	056.33	329.32	357.26	058.32
274.32	237.25	066.11	332.20	you	058.34
283.27	238.11	079.03	332.31	003.32	058.35
284.03	238.23	086.23	337.22	007.16	059.02
284.08	240.21	086.34	337.22	007.17	059.04
285.04	244.30	095.16	338.28	010.30	059.08
285.04	326.01	096.16	339.05	010.34	059.11
285.04	yankee	102.05	339.12	011.03	059.13
285.05	236.19	107.26	341.31	012.30	059.16
285.35	yard	107.34	343.25	013.15	059.18
286.01	077.27	112.16	343.26	013.35	059.33
286.01	269.24	127.06	345.21	014.09	059.35
286.03	374.29	133.11	348.12	014.11	060.10
286.06	yards	133.32	352.29	014.13	060.16
287.24	007.35	134.04	355.05	016.21	071.01
312.05	028.29	134.26	368.33	016.21	071.26
324.03	035.13	135.19	369.06	016.23	071.31
324.12	281.17	144.22	370.23	016.24	

YOU (continued)

072.03	107.27	147.21	178.20	203.32	228.03
072.05	108.06	148.15	178.24	204.05	228.26
072.08	109.33	148.17	178.24	204.09	228.30
072.22	110.31	148.21	178.27	204.22	228.30
072.23	111.12	148.35	178.27	204.23	228.34
072.30	112.29	149.22	178.29	204.25	229.04
072.33	115.07	149.23	178.31	204.26	229.17
072.33	116.03	150.35	178.33	204.29	229.18
072.35	117.33	151.04	179.01	204.30	229.19
073.02	118.01	151.15	179.05	204.31	229.20
073.17	118.02	151.17	179.15	204.31	229.21
073.26	125.03	151.25	179.16	204.32	229.22
073.32	125.06	151.25	179.28	204.34	229.29
073.35	125.11	151.28	180.26	204.35	229.34
077.12	125.18	151.34	180.30	205.01	229.34
077.19	125.24	151.34	181.14	205.03	230.01
077.30	125.25	152.05	181.16	205.04	230.05
078.24	125.31	152.06	182.17	205.08	230.11
078.29	126.16	152.06	182.21	205.15	230.12
078.32	126.18	152.10	182.27	205.29	230.15
079.01	126.26	152.12	182.28	205.32	230.16
079.04	127.03	152.12	182.34	206.26	230.16
079.05	127.04	152.25	182.34	206.31	230.17
079.08	127.11	152.29	182.35	206.32	230.25
079.10	127.11	153.04	183.03	206.34	230.27
079.12	127.21	153.08	183.03	207.03	230.28
079.15	127.25	153.24	183.13	207.10	230.29
079.16	127.26	154.01	183.15	207.12	230.30
079.23	127.28	154.09	183.18	207.13	230.31
079.29	128.03	154.15	183.19	207.16	230.31
079.29	128.15	154.16	183.21	207.17	231.01
080.01	128.18	154.17	183.27	208.07	231.03
080.01	128.22	154.18	183.28	208.09	231.09
080.01	129.07	154.26	183.33	208.11	231.34
080.02	129.19	154.27	184.04	208.15	232.06
080.05	129.24	154.28	184.08	208.19	232.10
080.07	129.28	154.32	184.09	208.32	233.09
081.18	129.29	154.32	184.10	208.35	233.09
081.33	130.07	155.05	184.11	210.05	233.10
082.01	130.30	155.06	184.21	210.07	233.11
082.02	131.03	155.18	185.15	210.16	233.22
082.03	131.27	155.21	185.17	210.24	233.24
082.04	131.28	156.20	185.18	210.28	233.24
082.04	131.30	156.34	185.22	210.34	233.24
082.05	131.31	157.01	185.33	211.10	233.25
082.06	131.32	157.10	186.01	212.23	233.26
082.07	131.33	157.14	186.03	212.27	233.27
084.35	131.34	157.32	186.35	212.28	233.28
086.24	131.34	158.08	187.06	212.32	233.29
086.25	131.35	158.17	187.06	213.21	233.32
086.31	132.04	158.19	187.08	213.28	233.34
086.35	132.05	158.19	187.21	213.29	233.34
087.09	132.08	158.20	187.21	213.34	233.35
087.12	132.09	161.31	187.24	214.09	234.09
087.17	132.19	162.24	187.29	214.28	234.10
087.26	132.26	163.19	188.01	215.12	234.10
088.27	133.01	163.21	188.01	217.04	234.11
089.02	133.03	163.28	188.05	217.09	234.13
089.15	133.21	163.30	188.05	217.10	234.18
089.21	133.24	163.33	188.18	217.19	234.23
089.25	133.25	163.33	188.22	217.20	235.30
090.15	133.27	165.25	189.02	217.20	236.28
090.17	134.02	166.12	189.06	217.21	236.29
091.05	134.02	166.20	189.06	217.21	236.34
091.05	134.11	166.24	189.09	218.07	237.06
091.07	134.13	166.26	189.11	218.12	237.10
092.17	134.23	166.32	189.12	218.12	237.21
092.34	134.25	166.33	189.13	218.14	238.05
092.34	134.28	167.10	189.13	218.18	238.08
092.35	135.01	167.28	189.14	218.22	238.10
092.35	135.08	167.29	189.17	218.23	238.10
093.05	135.08	167.31	189.17	218.35	238.16
093.16	135.09	167.32	189.20	219.07	238.21
093.17	135.29	168.19	189.20	220.01	238.21
094.13	136.01	168.23	189.22	220.33	238.22
094.15	137.10	169.01	189.25	220.34	238.28
094.26	139.14	169.10	189.26	221.12	240.03
094.28	139.15	170.01	189.27	221.16	240.04
094.30	140.01	170.03	189.29	221.21	240.04
094.33	141.01	170.11	190.20	221.22	240.09
095.02	141.01	170.28	190.23	221.24	240.10
095.04	141.02	170.31	190.24	221.24	240.12
095.12	141.04	170.31	190.26	221.31	240.14
095.14	141.06	171.07	191.18	223.06	240.16
095.16	141.20	171.11	191.20	224.07	240.18
095.17	142.12	171.14	191.23	224.22	240.18
095.19	142.30	171.20	191.33	224.24	240.25
095.26	142.31	171.25	191.34	224.26	240.27
095.28	143.22	171.25	192.17	224.27	240.28
096.20	143.31	171.31	193.09	224.32	240.29
096.21	143.31	171.31	193.28	224.32	241.03
096.33	144.08	171.32	193.30	224.33	241.04
097.05	144.10	172.07	193.31	225.13	241.06
100.09	144.16	173.18	194.08	225.14	241.09
100.09	144.17	174.03	194.12	225.21	241.12
100.09	144.21	174.11	195.05	225.23	241.15
101.30	144.22	174.17	198.18	225.24	241.21
102.16	144.24	175.17	198.34	225.28	241.23
102.17	144.25	175.18	199.05	225.29	241.26
103.31	145.01	175.18	199.09	225.32	242.07
103.35	145.04	177.26	202.25	225.33	242.22
104.21	145.19	177.28	202.27	226.01	242.23
104.22	145.23	177.30	202.29	226.02	242.23
104.25	145.27	177.31	203.02	226.03	242.24
105.01	145.30	178.03	203.04	226.04	242.24
105.02	145.31	178.09	203.09	226.06	242.28
105.04	145.32	178.10	203.10	226.28	242.28
106.11	146.30	178.10	203.10	226.29	242.29
107.01	147.05	178.12	203.23	226.32	242.29
107.15	147.13	178.13	203.31	226.35	242.33
107.20	147.18	178.16	203.31	226.35	242.33

YOU (continued)

242.34	257.33	309.18	346.34	371.30	182.06
243.05	257.33	309.20	346.35	372.08	182.12
243.05	258.09	309.21	347.01	373.26	183.14
243.06	259.14	309.23	347.01	373.27	183.26
243.07	259.15	309.23	347.01	373.30	187.12
243.16	259.15	309.25	347.04	374.12	191.24
243.17	259.15	309.32	347.16	375.15	195.18
244.11	259.16	309.32	347.25	375.34	197.01
244.16	259.16	309.34	347.30	376.03	198.09
244.23	260.19	310.01	347.30	376.09	202.20
244.28	260.20	310.01	347.32	376.14	202.25
244.29	261.18	316.34	347.34	377.20	205.26
244.31	261.19	317.04	348.04	you'	208.32
244.33	261.20	317.19	348.07	203.24	209.29
245.09	261.22	317.25	348.08	205.34	216.06
245.14	264.22	317.27	348.19	348.06	216.13
245.15	264.33	317.27	348.21	you'll	216.19
246.09	264.34	317.35	348.23	080.09	217.28
246.10	265.09	319.09	348.31	371.23	219.01
246.16	266.15	319.12	348.33	you're	220.21
246.21	266.16	321.14	349.07	080.13	221.16
246.30	266.16	321.23	349.14	you've	221.18
246.31	266.20	321.28	349.14	081.20	221.21
247.01	266.29	321.35	349.16	094.26	224.06
247.01	266.35	322.05	349.17	168.04	224.28
247.03	267.02	324.01	349.27	236.32	225.06
247.04	267.29	324.04	349.30	242.26	228.21
247.05	267.30	324.12	349.30	308.32	234.29
247.11	268.02	324.13	350.18	348.19	240.30
247.12	268.13	326.17	350.19	352.27	242.08
247.13	268.19	326.23	350.20	young	242.29
247.14	268.32	326.24	350.22	003.07	246.34
247.16	269.06	326.28	353.25	003.19	249.34
247.18	270.09	326.29	353.26	005.27	252.19
247.18	270.09	327.01	353.32	007.19	252.26
247.19	271.08	327.04	353.33	009.20	262.14
248.04	271.08	327.16	354.05	009.24	264.03
248.06	271.12	327.22	354.07	010.03	266.10
248.07	271.19	329.14	354.11	011.08	266.10
248.17	272.03	331.09	354.13	011.25	266.11
248.21	272.03	331.11	354.13	013.24	272.14
248.25	272.25	331.12	354.16	016.23	272.25
248.26	273.25	331.17	354.33	022.32	272.26
248.29	273.25	331.20	355.01	023.24	274.16
248.32	273.32	331.20	355.03	037.35	278.02
248.34	273.33	331.21	355.06	038.25	278.06
249.03	273.33	332.14	355.07	039.03	278.11
249.06	274.02	332.28	355.12	039.23	283.18
249.12	275.20	333.22	355.14	040.03	283.25
249.17	275.33	333.22	355.19	040.29	291.27
249.30	277.21	333.23	355.33	041.23	294.20
249.33	277.28	337.23	356.06	042.02	298.35
249.34	277.25	337.25	356.07	042.13	302.27
250.03	277.30	338.09	356.07	043.24	303.04
250.04	278.04	338.10	356.07	045.09	303.27
250.19	278.08	338.21	356.08	046.23	304.04
250.23	278.20	338.25	356.09	049.15	304.30
250.24	283.27	338.30	356.17	054.29	307.19
250.29	284.08	338.30	356.17	065.28	307.26
251.26	284.09	339.04	356.18	073.18	307.26
252.01	290.12	339.10	356.19	073.25	316.27
252.02	290.24	339.11	356.19	088.29	316.33
252.02	290.31	339.15	356.26	089.05	320.21
252.03	290.32	339.20	356.28	094.01	328.22
252.03	290.32	339.23	356.29	095.14	332.05
252.04	291.07	339.32	356.29	099.03	332.10
252.05	291.26	340.07	356.30	100.01	334.31
252.06	291.26	340.10	356.32	100.09	335.03
252.07	291.27	340.10	356.32	100.19	338.32
252.17	291.28	340.11	356.33	100.23	342.30
252.20	291.28	340.12	356.34	100.34	343.06
252.20	291.32	340.31	356.35	111.02	344.12
252.28	291.34	341.02	357.04	113.09	349.03
252.31	292.12	341.02	357.10	114.10	358.20
252.33	292.12	341.02	357.10	119.07	362.12
252.34	292.19	341.03	357.11	122.28	362.27
253.08	292.19	341.07	357.31	123.13	366.16
253.12	292.20	341.12	359.17	125.09	374.14
253.18	292.21	341.18	359.17	130.04	374.18
253.23	292.24	341.19	361.19	133.18	younger
253.32	292.25	341.21	361.21	137.32	003.30
253.32	292.26	341.23	361.30	139.06	362.12
254.03	292.27	341.24	361.30	143.15	youngest
254.04	292.29	341.30	361.34	148.32	180.16
254.06	292.33	341.32	362.01	152.28	your
254.06	292.34	341.35	362.14	157.11	010.14
254.07	293.01	342.02	362.15	157.26	011.07
254.08	293.05	342.02	362.16	157.32	013.14
254.14	293.09	342.05	362.19	158.03	013.17
254.16	295.27	343.31	362.19	162.04	013.18
254.19	298.06	344.10	362.32	162.27	013.26
254.21	298.29	344.19	363.03	162.32	013.27
255.04	298.30	344.24	363.06	162.35	013.28
255.05	298.31	344.25	363.11	163.06	013.31
255.06	298.31	344.28	363.21	164.25	013.32
255.32	299.18	344.29	363.21	166.07	013.32
255.34	305.27	344.32	363.22	166.22	014.11
256.02	305.30	344.33	363.27	166.28	014.12
256.12	305.31	344.34	363.29	167.15	014.13
256.17	305.32	344.35	364.07	169.22	016.22
256.25	306.05	344.35	364.07	170.29	016.25
256.27	306.06	345.03	367.07	172.01	017.15
256.33	306.15	345.04	368.05	172.23	019.28
257.02	306.16	345.06	368.31	172.31	020.05
257.04	307.04	345.18	371.15	173.15	021.08
257.08	308.10	345.19	371.16	175.30	021.09
257.11	308.12	345.25	371.18	176.17	027.02
257.29	308.14	345.31	371.18	179.32	029.26
257.30	308.27	345.32	371.19	180.08	038.19
257.32	308.29	346.26	371.25	180.31	039.22
257.33	308.31	346.27	371.27	181.14	039.32

YOUR (continued)

039.34	221.25	058.13	272.12
044.34	224.29	073.27	272.17
045.20	229.04	077.21	272.27
046.33	230.16	080.10	272.31
046.33	230.22	090.17	275.05
047.03	232.27	115.08	276.15
047.03	240.02	116.03	276.33
047.11	240.14	125.03	277.15
047.30	241.15	125.31	277.24
049.16	242.05	133.28	278.12
050.18	242.25	151.29	278.27
050.28	242.27	152.05	279.27
059.03	243.08	154.33	280.19
059.03	244.22	167.29	280.21
059.03	244.30	177.27	280.25
059.08	247.04	203.11	280.31
059.11	248.01	212.28	281.06
060.05	248.06	213.34	293.23
060.05	250.20	215.12	348.13
072.10	252.03	217.10	349.01
073.19	252.21	242.22	355.26
078.32	252.27	242.25	356.11
079.09	253.08	244.06	360.30
079.28	253.32	264.22	361.06
080.06	255.34	264.24	361.08
080.08	255.35	266.17	ziemianitch's
080.08	258.02	266.18	029.05
080.15	259.18	266.35	zosim
081.32	259.18	267.03	134.02
081.33	259.19	291.32	134.03
082.07	267.03	292.25	134.04
082.08	267.24	317.25	135.12
086.24	270.09	324.13	135.16
086.34	271.04	340.31	135.19
090.08	271.30	348.33	171.24
090.25	272.04	355.33	zurich
090.28	273.33	356.09	099.05
091.08	274.20	371.25	099.06
094.12	275.20	youth	235.14
094.13	278.22	013.07	236.10
095.01	280.01	019.06	236.15
095.03	290.27	025.05	236.34
095.14	298.29	041.13	238.33
096.27	307.05	061.01	240.20
103.23	307.34	080.11	257.33
105.07	310.02	115.13	261.11
107.15	317.16	139.22	261.14
112.03	324.12	177.20	311.21
117.09	327.11	187.14	
118.01	327.14	199.34	
125.02	331.13	238.01	
125.22	331.19	260.34	
125.26	332.18	289.04	
128.03	332.29	308.05	
128.32	332.29	310.29	
131.08	333.25	314.29	
131.29	336.24	314.29	
132.11	339.32	314.31	
134.14	340.01	youth's	
134.25	341.23	309.29	
135.03	344.17	youthful	
136.02	344.30	123.20	
137.10	345.04	343.12	
144.26	345.05	youthfully	
149.23	345.27	102.15	
151.34	346.35	youths	
152.06	347.23	216.10	
152.09	347.24	zealously	
152.18	347.24	040.31	
153.28	347.26	239.04	
154.21	347.26	ziegler	
154.23	349.01	316.03	
155.26	349.04	ziegler's	
166.12	349.31	316.01	
166.30	349.31	316.01	
166.32	350.20	ziemianitch	
168.04	351.27	015.28	
168.21	353.24	015.29	
170.29	353.26	018.03	
173.20	353.28	025.04	
174.18	354.06	025.07	
178.17	354.15	025.23	
178.28	354.27	026.08	
179.01	354.30	026.15	
182.22	354.35	027.10	
183.26	355.04	028.04	
183.32	355.14	028.11	
187.02	355.19	028.18	
187.03	356.03	030.10	
187.23	356.08	031.07	
187.31	356.14	032.35	
188.04	356.20	035.30	
188.19	356.21	045.24	
189.01	356.21	045.28	
189.24	356.21	053.18	
189.31	356.23	054.03	
190.28	356.27	076.11	
198.18	356.28	076.16	
203.11	355.28	088.16	
204.22	363.11	088.17	
204.23	372.05	088.21	
206.32	373.28	094.04	
207.12	yours	270.10	
207.15	017.10	270.14	
208.23	254.07	270.16	
212.17	278.22	270.16	
214.09	355.15	270.27	
217.19	yourself	270.28	
217.22	016.25	271.06	
217.22	027.25	271.14	
221.17	058.09	272.02	

WORD FREQUENCY TABLE

1	'2o	1	acquaintances	2	ahead	2	answering
4	(i)	3	acquainted	1	aided	1	answers
4	(ii)	1	acquiescence	1	ailed	1	antagonisms
4	(iii)	1	acquire	1	ailment	1	antagonistic
3	(iv)	4	acquired	3	aim	16	ante-room
2	(v)	1	acquisition	2	aimless	1	antennae
3016	a	16	across	1	aimlessly	61	antonovna
2	a'	18	act	57	air	5	antonovna's
3	abandon	2	acted	1	air-bubble	1	ants
13	abandoned	2	acting	1	airings	1	anvil
1	abandoning	29	action	1	ajar	7	anxiety
1	abandonment	5	actions	1	alacrity	22	anxious
1	abase	6	active	7	alarm	4	anxiously
1	abbreviated	2	activities	4	alarmed	137	any
1	aberration	3	activity	5	alarming	13	anybody
4	abhorrence	1	actress	1	alarmist	1	anybody's
2	abhorrent	8	actual	2	alas	2	anyhow
5	abilities	1	actualities	3	alert	17	anyone
1	ability	2	actuality	1	alexander	1	anyone's
1	abject	15	actually	1	alighting	71	anything
23	able	2	acute	4	alike	5	anyway
1	abnegation	1	acuteness	7	alive	6	anywhere
4	abode	1	adapted	435	all	3	apart
1	abominable	4	add	1	all'	4	apartment
1	abortive	46	added	1	alleviate	1	apartments
137	about	12	address	1	alleviated	1	apathy
25	above	13	addressed	9	alley	1	apologetic
1	abreast	6	addressing	1	alleys	4	apologize
17	abroad	2	adequate	1	alliteration	2	apology
2	abrupt	1	adherence	1	alliterative	1	apostasies
9	abruptly	1	adieu'	1	allot	1	apostles
1	abruptness	1	adjacent	4	allow	1	apostolic
8	absence	3	administrative	1	allowance	4	appalled
1	absences	9	admirable	10	allowed	6	appalling
6	absent	2	admirably	1	allowing	1	appallingness
1	absent-minded	3	admiration	2	allude	3	apparent
1	absent-minded-ly	1	admire	3	alluded	17	apparently
		2	admired	2	alludes	3	apparition
1	absent-minded-ness	1	admirer	1	alluding	1	apparitions
		1	admires	4	allusion	2	appartement'
3	absently	1	admiring	2	allusions	4	appeal
11	absolute	1	admission	1	ally	1	appealed
18	absolutely	6	admit	1	almond-shaped	1	appealing
1	absolutism	1	admits	55	almost	1	appealingly
1	absolutist	16	admitted	49	alone	11	appear
1	absolve	2	admitting	30	along	23	appearance
1	absolved	1	admonished	1	alongside	34	appeared
1	absorb	1	admonition	1	aloof	3	appearing
2	absorbed	1	adolescent	5	aloofness	6	appears
1	absorption	1	adopt	9	aloud	1	appease
2	abstention	3	adopted	42	already	1	appeasement
1	abstract	1	adoration	30	also	1	applause
2	abstraction	1	adores	1	altered	4	apple-woman
15	absurd	1	adroitness	1	alternated	2	application
8	absurdity	4	advance	1	alternating	1	applies
3	absurdly	11	advanced	1	alternative	6	appointed
3	abundance	1	advances	25	altogether	4	appointment
1	abundant	6	advancing	48	always	1	appointments
3	abuse	6	advantage	216	am	1	apportioning
1	abused	1	advantages	1	amateur	1	appraise
1	abuses	1	advent	5	amazed	1	appreciable
1	abusive	1	adventure	4	amazing	1	appreciate
2	abyss	2	adversary	1	amazingly	3	appreciated
1	academy	6	advice	1	ambition	1	appreciating
1	accelerated	1	advisable	5	ambitions	1	appreciation
1	acceleration	1	advise	4	america	1	appreciative
9	accent	3	advised	1	amiability	1	appreciatively
1	accented	3	afar	4	amiable	1	apprehend
2	accents	1	affable	1	amiably	4	apprehension
4	accentuated	12	affair	1	amie'	1	apprehensive
3	accept	4	affairs	22	amongst	1	apprehensively
1	acceptance	2	affect	2	amount	11	approach
6	accepted	1	affectation	2	amounts	8	approached
2	accepting	14	affected	1	amuse	2	approaches
2	access	1	affecting	4	amused	6	approaching
1	accessible	9	affection	1	amusement	1	appropriate
3	accident	4	affections	2	amuses	2	approval
1	accidental	3	affiliated	499	an	2	approved
3	accidentally	2	affirm	1	analyse	4	approvingly
1	accidents	1	affirmatively	2	anarchist	1	april
1	accommodation	3	affirmed	1	ancestors	2	apron
6	accompanied	1	affirms	1	ancestry	1	aptitude
2	accompany	1	afford	5	ancient	1	aptitudes
1	accomplice	1	afloat	2254	and	3	aptness
2	accomplish	19	afraid	1	andalusian	2	arbitrarily
2	accomplished	2	afresh	3	andrei	1	arbitrariness
1	accomplishing	190	after	18	anger	4	arbitrary
2	accorded	14	afternoon	3	angle	1	arcana'
1	according	22	afterwards	1	anglo-american	2	arch
1	accosting	98	again	8	angrily	1	arch-patron
10	account	71	against	17	angry	1	arch-priest
3	accounted	7	age	12	anguish	1	arch-revoluti-onist
1	accounting	1	aged	1	anguished		
1	accounts	1	agencies	1	angular	1	arch-slayer
1	accredited	4	agent	1	angularly	2	arches
2	accumulated	1	agents	7	animal	2	archpriest
1	accuracy	2	ages	1	animals	1	archpriest's
1	accurate	2	aggressive	4	animated	5	ardent
2	accursed	4	agitated	9	animation	3	ardently
1	accused	6	agitation	4	animosity	3	ardour
2	accustomed	2	agitators	6	anna	301	are
1	ace	19	ago	2	annihilated	1	are'
4	ached	3	agonizing	1	annihilating	9	aren't
1	achieve	1	agony	1	annihilation	5	arena
1	achieved	4	agree	4	announced	1	argue
1	achievement	1	agreeable	3	annoyance	4	argued
1	aching	7	agreed	3	annoyed	5	argument
3	acknowledged	1	agreeing	1	anonymous	1	arguments
1	acknowledging	38	ah	50	another	2	arid
1	acknowledgment	1	ah'	27	answer	2	aright
6	acquaintance	4	aha	14	answered	2	arise

2	arisen	2	attacked	4	bargain	12 betrayed
1	arising	3	attained	2	barking	4 betrayer
2	aristocrat	6	attempt	2	barn	4 betraying
5	aristocratic	5	attempted	2	baroness	42 better
1	aristocratic--looking	2	attempting	6	bars	53 between
1	aristocrats	1	attempts	4	base	2 bewildered
38	arm	2	attend	2	based	1 bewildering
2	arm-chair	1	attendance	2	basely	22 beyond
8	armchair	3	attendant	1	basement	1 bicycle
1	armchairs	7	attended	1	baseness	1 bien'
1	armed	3	attending	1	baser	32 big
1	armenian	19	attention	1	basket	1 big-scale
1	armenians	5	attentive	2	bass	2 bigger
2	armour	3	attentively	1	bass-toned	1 birch
29	arms	1	attire	4	bastions	4 bird
2	army	18	attitude	1	batch	1 bird-like
3	arose	1	attitudes	1	bathed	1 birds
7	around	3	attorney	1	battle	2 birth
5	aroused	2	attorney's	1	bay	1 birthright
2	arousing	5	attracted	606	be	11 bit
3	arranged	3	attractive	1	beacon	2 bite
2	arrangement	1	attuned	10	bear	3 biting
1	arrangements	2	au'	22	beard	1 bits
9	arrest	2	audacity	6	bearded	2 bitten
13	arrested	3	audible	1	beards	12 bitter
13	arrival	4	audibly	1	bearer	1 bitterest
8	arrived	1	audience	1	bearers	6 bitterly
3	arriving	1	august	9	bearing	10 bitterness
2	arrogant	7	austere	7	beast	3 bizarre
1	arrow	1	austerely	2	beastly	77 black
8	art	1	austerity	2	beasts	2 black-coated
4	article	2	authentic	6	beat	1 black-eyed
1	articulated	4	author	6	beaten	3 blackened
5	artificial	5	authorities	4	beating	1 blackest
2	artisan	5	authority	1	beatitude	1 blackness
1	artisans	3	authorized	5	beautiful	1 blacksmith
1	artless	2	authors	5	beauty	1 bladders
2	artlessness	1	autobiography	37	became	1 blades
2	arts	20	autocracy	70	because	2 blanc
1	arve	3	autocrat	1	beck	1 bland
659	as	1	autograph	1	beckoned	6 blank
2	ascended	2	automatic	1	beclouded	1 blankets
1	ascending	1	autumn	22	become	1 blasphemers
2	ascertain	1	avaricious	1	becomes	1 blaze
1	ascertained	1	avenged	8	becoming	3 blazed
1	ascribed	1	avengers	32	bed	3 blazing
6	ashamed	3	avenue	2	bedding	1 bleak
1	ashes	2	average	1	bedizened	1 bleary
1	asiatic	8	averted	3	bedraggled	1 blessed
11	aside	1	averting	1	bedroom	1 blessing
41	ask	2	avoid	2	bedstead	12 blind
80	asked	4	avoided	335	been	1 blinded
14	asking	1	avoiding	3	beer	2 blindly
1	asks	1	awaited	204	before	3 blindness
1	aslant	3	awaiting	4	beforehand	1 blinds
2	asleep	1	awaits	11	beg	3 blink
15	aspect	1	awake	63	began	2 blinked
1	aspects	1	awaken	3	beggar	3 blinking
1	asperity	6	awakened	1	beggarly	2 blizzard
3	aspersions	4	awakening	1	begging	1 block
1	aspiration	1	award	14	begin	2 blocked
5	aspirations	36	aware	9	beginning	1 blocking
1	aspire	144	away	4	begins	7 blood
1	assailants	4	awe	3	begun	1 blood-red
2	assailed	1	awed	2	behalf	2 bloodless
1	assassin	1	awestruck	4	behaved	1 bloodshot
3	assassination	8	awful	1	behaving	10 blouse
5	assembled	2	awfully	1	behaviour	8 blow
7	assent	1	awoke	3	beheld	1 blown
8	assented	2	axe	56	behind	4 blows
1	assert	2	bauble	3	behold	10 blue
1	asserted	1	babies	1	behoved	1 bluish
3	assertion	1	bachelor	108	being	2 blundered
1	assertive	1	bachelor's	8	beings	2 blundering
1	asseyez-vous'	117	back	1	belaboured	1 blunt
2	assist	2	backed	10	belief	2 blunted
6	assistance	4	background	3	beliefs	1 bluntly
2	assisted	2	backs	52	believe	1 bluntness
2	assisting	3	backwards	17	believed	1 blurted
1	associate	14	bad	2	believer	1 blushed
4	associated	1	bad-tempered	1	believers	1 board
3	associations	1	badgered	1	believes	1 boarded
1	assume	2	badly	6	bell	1 boarding
3	assumed	3	baffled	2	bellowed	1 boards
1	assumes	2	balance	1	bells	1 boast
2	assuming	1	balancing	5	belong	1 boasted
4	assumption	1	balconies	4	belonged	2 boastful
2	assumptions	1	bald	4	belonging	1 boasting
4	assurance	1	bald-headed	1	belongs	4 bodies
14	assure	1	baldly	4	beloved	1 bodily
8	assured	2	balkan	4	below	23 body
2	astonish	2	balkans	3	belt	1 bogs
8	astonished	1	ballad	1	bench	1 boiling
5	astonishing	1	balloon	1	benches	1 bold
10	astonishment	2	baltic	1	bend	1 boldly
3	astounded	4	balustrade	2	bending	1 boldness
2	astrakhan	2	banal	2	benefit	3 bolt
1	astute	2	banality	1	benevolent	1 bolted
2	asunder	2	band	1	benign	1 bolting
758	at	1	bandstand	5	bent	4 bomb
2	athletic	4	banister	2	bereaved	1 bomb-throwing
6	atmosphere	3	bank	2	berries	1 bombs
1	atone	1	banker	2	beset	2 bond
8	atrocious	1	banker's	3	beside	3 bondage
1	atrociously	2	banks	10	besides	1 bone
1	atrocity	3	bar	3	bespectacled	1 bonfire
2	attach	17	bare	22	best	4 bony
4	attached	2	bare-headed	1	bestial	1 bony-faced
1	attaching	2	bared	1	bestowed	16 book
1	attack	1	bareheaded	6	betray	11 books
		3	barely	2	betrayal	1 boom

```
  2  boomed                2  brutus              1  cardboard-bou-        1  characterized
  2  boorishness           1  buckram                nd                    1  characters
  1  booted                1  budge               1  cards                 4  charge
  9  boots                 1  build              12  care                  3  charged
  1  booty                 6  building            5  cared                 1  charging
  2  borders               1  buildings           1  career                1  charitable
  3  bore                  4  built               1  careful               2  charity
  1  bored                 2  bulb                5  carefully             2  charlatanism
 20  borel                 1  bulgarians          2  careless              6  charm
  8  born                  3  bulk                4  carelessly            6  charming
  3  borne                 1  bulky               4  cares                 2  chasm
  2  bosom                 1  bull                2  caress                1  chat
 39  both                  1  bull-necked         1  caressing            20  chateau
  1  bother                3  bullet              2  caressingly           2  chatter
  1  bottes'               1  bullying            1  caretaker             3  cheap
  8  bottle                1  bumping             1  cargo                 1  cheaper
 16  bottom                2  bunch               1  caricatured           1  cheating
  1  boudoir               2  bunches             1  caring                3  check
  2  boughs                2  bundle              1  carmine              14  checked
  1  bought                1  burden              3  carouge               6  cheek
 14  boulevard             1  bureau              5  carpet                2  cheek-bones
  7  bound                 2  bureaucracy        10  carriage              2  cheekbones
  1  boundary              2  bureaucrat          2  carriages             9  cheeks
  1  boundless             1  bureaucratic       10  carried               1  cheer
  7  bow                   1  bureaucrats         1  carries               1  cheerful
 18  bowed                 2  buried              9  carry                 2  cheerfully
  2  bowl                  1  burlesque           7  carrying              1  cheerless
  1  bows                  5  burly               1  cart                  1  chemistry
  4  box                   3  burn                1  cartloads             1  chequered
  4  boy                   2  burned              1  carve                 2  cher'
  1  boy'll                4  burning             1  carvings              1  cherbourg
  1  boyish                1  burns              22  case                  1  chere'
  1  boyishly              2  burnt               1  cases                 3  cherish
  1  boys                  9  burst               1  cash                  1  cherishing
  1  brace                 2  bursting            1  casino                6  chest
  1  bracing               1  bury                1  casket                2  chez'
  1  bracket               4  bushes              9  cast                  1  chicane
  8  brain                 1  busily              3  casting               5  chief
  2  brains                7  business            4  casual                2  chiefs
  1  brand-new             3  businesslike        5  casually              6  child
  2  brass                 1  bustle             17  cat                   1  child's
  2  brave                 1  bustling            4  catch                 4  childish
  1  brawl                 2  busy                2  catching              1  childishly
  5  bread                 1  busy-body           1  catchwords            2  childishness
  1  breadth               2  busybody            1  catherine            18  children
 11  break               791  but                18  caught                1  children's
  5  breaking              1  butcher            10  cause                 2  chill
  1  breaks                1  button              5  caused                1  chilled
 29  breast                2  buttoned            2  causes                2  chilly
  1  breasts               1  buy                 1  causing               1  chimed
 20  breath                2  buzz                1  caustically           1  chimeras
  3  breathe               3  buzzing             3  caution               7  chin
  7  breathed            535  by                  5  cautious              1  china
  5  breathing             1  byre                2  cautiously            1  chirruping
  3  breathless            1  byways              1  cavalierly            2  chisel
  1  breathlessness        1  c'est'              1  cavernous             1  chit
  1  breaths               1  cab                 1  caverns               3  choice
  1  breeds                1  cabalistic          2  ce'                   1  choked
  1  bribed                2  cabanis            21  ceased                1  choking
  1  brick                 1  cabins              1  ceaselessly           2  choosing
 13  bridge                1  cafe                1  ceasing               2  chose
  2  bridged               2  caftan              5  ceiling               2  chosen
  1  bridges               2  cakes               1  ceilings              1  christ
  1  bridles               2  calculated          4  celebrated            1  christ-loving
  1  brief                32  call                1  celebrities           1  christian
  1  briefly              18  called              5  celebrity             1  chronicle
 12  bright                3  caller              1  cell                  1  chuckled
  1  brightness            7  calling             1  cellar                3  church
  1  brilliance            1  callous             2  cellar-like           1  churning
  6  brilliant             1  callousness         1  cellars               1  cigarette
  3  brilliantly           1  calls               1  celui'                1  cigarettes
  1  brim                 17  calm                1  cemented              7  circle
  1  brimful               1  calm-faced          1  censoriously          2  circles
 13  bring                 4  calmed              5  central               1  circling
  7  bringing              1  calmer              9  centre                1  circulating
  3  brisk                 1  calming             1  centres               1  circumlocution
  1  brisker               7  calmly              1  centuries             1  circumspect
  4  briskly               2  calmness            3  century               3  circumstance
 17  broad                 1  calumniate          1  ceremonies            6  circumstances
  2  broad-brimmed         1  calumniating        1  ceremonious           2  circumstantial
  2  broadcloth            4  calumny            86  certain               1  circus
  1  broader             112  came               27  certainly             2  citizen
 22  broke                 2  camp                2  certainty             2  city
 11  broken                1  campaigns           4  certitude             2  civil
  1  broken-down           1  camps              10  chain                 2  civilian
  1  broken-hearted      136  can                 2  chains                2  civility
  5  bronze               39  can't              44  chair                 2  civilization
  1  brood                 1  can't               1  chair-legs            4  civilized
  3  brooded               1  canal               5  chairs                1  civilly
  1  brooding              1  candid              2  chalet'               2  clad
  1  broom                 1  candidly            1  chalet'               8  claim
 57  brother               2  candle              2  champagne             1  claimed
 16  brother's            43  cannot              1  champion              1  claiming
  1  brotherhood           1  canopy             11  chance                1  clambered
  2  brotherly             1  canton              1  chanced               1  clammy
  3  brothers              9  cap                15  change                1  clamour
  3  brougham              1  capability         20  changed               2  clamouring
 28  brought              14  capable             4  changes               1  clanging
  9  brow                  1  capacity            2  changing              2  clanking
 15  brown                 1  capital             2  channel               1  clap
  2  brown-paper           1  caps                1  channels              2  clapped
  1  brows                 2  captain             2  chap                  1  clarified
  1  bruises               1  captivated          1  chaplain              7  clasped
  2  brush                 1  captive             1  chaplain's            1  clasping
  2  brushed               1  captivity           1  chapters              7  class
  4  brusque               2  capture            41  character             1  classed
  6  brusquely             1  captured            5  characteristic        4  classes
  2  brusqueness           6  car                 4  characteristi-        7  classical
  3  brutally              1  carcases                 cally              1  claw-like
 18  brute                 2  cardboard           1  characteristi-        7  clean
  4  brutes                                            cs                  3  clean-shaven
```

1	cleanest	2	communicative	1	confined	7	conversations
38	clear	1	community	1	confinement	2	conversed
2	clear-cut	1	como	2	confirm	1	conversing
2	clear-eyed	2	compact	1	confirmation	2	conversion
1	cleared	19	compagnie´	1	confirms	3	convert
1	clearing	21	companion	9	conflict	3	converted
1	clearings	1	companion´s	1	conflicting	2	convey
14	clearly	1	companions	5	confounded	1	conveyances
1	clearness	3	company	3	confront	1	conveying
2	clenched	1	company´s	2	confronted	3	convict
5	clerk	2	comparatively	6	confused	19	conviction
2	clever	1	compartment	1	confusion	10	convictions
1	cleverly	8	compassion	1	congenital	1	convicts
1	click	1	compassionate	3	conjunction	4	convinced
1	clicked	1	compatriot	2	conjure	1	convincingly
1	climb	4	compatriots	1	connect	6	convulsive
4	climbed	6	compelled	4	connected	1	convulsively
1	climbing	1	compensations	2	connecting	3	cool
1	cling	3	competent	1	connection	1	cooled
2	clink	1	competitors	1	connections	1	coolly
13	cloak	1	complacency	12	connexion	2	coolness
6	clock	1	complain	1	connexions	1	copied
24	close	2	complained	2	conquered	1	coping
4	close-fitting	1	complaining	1	conquest	1	coppery
24	closed	1	complaint	12	conscience	1	copy
5	closely	1	complaints	1	consciences	1	cordial
5	closer	10	complete	1	conscientious-	1	corinne´
1	closest	2	completed		ly	31	corner
1	closeted	22	completely	15	conscious	4	corners
6	closing	1	completeness	3	consciously	5	corpse
5	cloth	1	completes	7	consciousness	1	corraterie
2	clothe	3	complex	3	consent	3	correct
3	clothed	6	complexion	1	consented	1	correctly
8	clothes	1	complicated	2	consequence	2	correctness
5	clothing	3	complication	6	consequences	1	corresponded
3	cloud	1	complications	1	consequently	7	correspondence
1	clown	4	complicity	1	conservative	10	correspondent
1	club	1	complimentari-	7	consider	2	correspondents
2	clue		ly	6	considerable	5	corridor
2	clumsy	1	compose	1	considerably	2	corridors
4	clung	4	composed	2	consideration	1	corroding
1	cluster	1	composedly	1	considerations	1	corrupt
4	coachman	1	composition	6	considered	3	corrupted
1	coal	1	composure	2	considering	2	corruption
1	coarse	1	compounded	1	consisted	1	corsetless
1	coast	2	comprehend	1	consisting	1	cosmopolitan
15	coat	4	comprehension	2	consists	2	cossacks
3	coats	1	comprenez-vou-	6	consolation	8	cost
2	cobwebs		s´	2	consoled	1	costly
1	cocked	3	compressed	4	consoling	1	costs
1	cocksure	1	compromise	3	conspicuous	3	costume
1	coffee	2	compromised	3	conspiracies	1	costumier
1	coin	5	compromising	4	conspiracy	1	cottage
1	coincidence	2	compunction	7	conspirator	1	cotton
18	cold	7	comrade	1	conspirator´s	4	couch
4	coldly	1	comrade´s	8	conspirators	1	coughed
1	coldness	7	comrades	1	conspire	1	coughing
1	collapse	8	conceal	1	conspires	338	could
5	collar	7	concealed	1	constant	8	couldn´t
1	colleague	6	concealing	2	constantly	69	councillor
4	collected	1	conceit	2	consternation	1	counsel
1	colliding	2	conceited	1	constituting	5	count
1	colonel	1	conceivable	2	consult	4	counted
2	colony	2	conceivably	2	consulted	6	countenance
8	colour	4	conceive	2	consulting	7	counter
3	coloured	4	concentrated	1	consumed	3	counting
4	colouring	5	conception	1	consummation	2	countless
4	colourless	2	conceptions	1	consumptive	24	country
1	colourlessly	10	concern	8	contact	1	country´s
1	column	4	concerned	1	contacts	1	countrymen
2	combat	1	concerning	1	contagious	1	counts
1	combated	2	concerns	1	contain	8	couple
1	combating	2	concession	7	contained	10	courage
2	combined	1	conciliating	1	containing	3	courageous
122	come	3	conciliatory	1	contamination	1	courageously
3	comedy	2	concisely	1	contemplated	81	course
1	comeliness	2	conclude	2	contemplating	2	court
1	comely	7	concluded	3	contemplation	1	courteous
19	comes	6	conclusion	1	contemporaries	1	courteously
5	comfort	4	conclusions	13	contempt	1	courtesy
1	comfortable	1	conclusive	1	contemptible	1	courting
1	comfortably	1	concocting	4	contemptuous	1	courtyards
1	comforted	1	concoctions	2	contemptuously	1	cousin
3	comforting	6	concord	1	content	7	cover
1	comforts	1	concrete	1	contest	11	covered
1	comic	2	condemn	1	contests	3	covering
3	comical	3	condemned	1	continents	1	covertly
32	coming	1	condescended	1	contingencies	3	coward
1	comings	2	condescending	1	continually	1	cowardice
2	command	4	condition	4	continue	2	cowardly
1	commandments	6	conditions	35	continued	1	crack
1	commencement	15	conduct	1	continuity	1	cracked
3	comment	2	conducted	3	continuously	3	cradle
4	commented	1	conferred	1	contours	1	crammed
1	commiseration	1	conferring	1	contract´	1	craned
2	commission	17	confess	1	contraction	6	crash
2	commit	11	confessed	1	contractor	1	crashes
3	committed	1	confessing	1	contradictions	1	crawl
3	committee	1	confessing´	11	contrary	1	crawling
2	committees	20	confession	5	contrast	1	craze
26	common	4	confidant	1	contrasted	9	crazy
1	common-looking	2	confide	3	contrasting	3	create
1	commonest	2	confided	1	contrition	1	created
6	commonplace	28	confidence	1	contrived	1	creator
1	commotion	2	confidences	6	control	21	creature
2	commune	7	confident	2	controlled	1	creature´s
1	communiative	6	confidential	1	contumely	2	creatures
2	communicate-	1	confidentially	3	convenient	3	credible
3	communicated	1	confidently	6	conventional	4	credit
2	communication	1	confiding	23	conversation	2	credited
1	communications	3	confidingly	2	conversational	1	credulity

1	credulous	8	dared	1	delegated	1	detailed
2	creep	2	daring	3	deliberate	10	details
1	creepers	60	dark	7	deliberately	2	detain
2	creeping	1	dark-haired	1	deliberation	3	detained
4	crept	1	darken	1	delicacy	1	detaining
28	cried	2	darkened	5	delicate	5	detect
2	cries	1	darkening	2	delicately	4	detected
17	crime	4	darkly	1	delight	1	detecting
4	crimes	9	darkness	2	delirious	1	detective
4	criminal	1	dart	1	delirium	5	determination
1	criminal's	2	darted	2	deliver	4	determined
2	criminals	2	dash	1	deliverance	3	detest
6	crimson	1	date	3	delivered	1	detestable
2	cripple	1	dated	1	delivering	1	detested
1	crippled	8	daughter	1	delivery	1	detonating
5	crisis	6	daughters	1	deluding	1	detonation
3	critical	1	daunted	1	deluge	1	develop
1	critically	2	dawn	3	delusion	4	developed
1	criticism	2	dawned	3	demanded	8	development
1	criticize	101	day	1	demands	29	devil
1	croaked	1	day's	2	democracy	1	devil's
1	croaking	1	daybreak	3	democrat	1	devilish
1	crop	1	daylight	7	democratic	1	devilry
1	cropped	40	days	1	democrats	1	devils
4	cross	1	daytime	1	demolition	1	devoid
1	cross-currents	1	dazed	1	demonstration	1	devote
15	crossed	1	dazzled	1	demurred	10	devoted
12	crossing	76	de	3	den	8	devotion
2	crouching	20	de'	4	denied	1	devour
1	crow	1	deacon	1	denounced	1	devoured
6	crowd	38	dead	1	dens	1	devours
1	crowded	2	dead-drunk	2	dense	1	diabolic
1	crowned	1	dead-faced	1	denunciation	1	diabolical
8	crude	1	deaden	1	denunciations	2	diagonally
1	crudely	1	deadened	1	denunciatory	1	dial
1	crudity	5	deadly	6	deny	1	dialogue
16	cruel	5	deaf	4	depart	1	dialogues
2	cruelly	11	deal	3	departed	6	diary
1	cruelties	2	dealing	2	departing	1	dictate
4	cruelty	2	deals	3	department	1	dictated
1	crumb	2	dealt	4	departure	6	dictation
2	crumpled	21	dear	4	depend	234	did
1	crumpling	1	dearest	3	depended	1	did'
2	crush	23	death	1	dependence	14	didn't
7	crushed	1	death's-head	1	depending	9	die
2	crushing	1	death-bed	1	depends	14	died
1	crust	1	death-like	1	depict	1	dies
1	crutches	1	death-stroke	2	deplorable	2	diet
14	cry	1	deathlike	1	deported	3	difference
1	crying	1	debased	1	deposit	1	differences
1	crystallized	1	debauch	3	deposited	18	different
1	cucumber	1	debauchery	1	depositing	16	difficult
1	cudgel	1	debauches'	1	deprecatingly	4	difficulties
1	culminated	1	debility	4	deprecatory	16	difficulty
1	culprit	3	deceive	1	depressing	2	digestion
1	cult	7	deceived	1	deprived	1	digestive
1	cultivating	1	decency	2	depth	2	dignified
1	culture	7	decent	7	depths	1	dignitaries
1	cumbered	2	deception	1	deputies	1	dignitary
3	cunning	1	deceptions	1	der	4	dignity
1	curb	7	decided	1	deranged	4	digression
1	curbstone	3	decidedly	1	derision	1	dilettante
2	cure	4	decision	14	des	1	diluted
1	curiosities	2	decisive	2	des'	11	dim
17	curiosity	1	decisively	4	descend	4	diminutive
10	curious	1	declamatory	5	descended	2	dimly
3	curiously	5	declaration	2	descending	1	dimmed
1	curled	1	declarations	2	descent	1	dimness
2	current	2	declare	2	describe	2	dingy
1	curry	17	declared	6	described	2	dinner
7	curse	1	declined	1	describing	2	dip
4	cursed	1	declining	1	description	1	diploma
2	cursing	2	decomposed	3	desert	1	diplomacy
1	cursory	2	decorated	1	desert-dweller	1	diplomat
2	curt	2	decoration	6	deserted	2	diplomatic
1	curtailment	1	decrees	1	deserts	1	diplomatist
1	curtain	1	decrepit	1	design	1	diplomatists
1	curtains	5	deed	15	desire	1	dipped
2	curtly	1	deeds	1	desired	8	direct
1	curtness	39	deep	1	desires	8	directed
1	curve	1	deep-seated	1	desisted	4	directing
1	cushioned	3	deepened	5	desk	20	direction
1	custody	1	deepening	1	desks	4	directions
1	custom	3	deeper	3	desolate	14	directly
2	customer	4	deepest	1	desolately	1	directness
8	cut	5	deeply	2	desolation	2	dirt
1	cutting	2	defence	18	despair	8	dirty
1	cycle	5	defenceless	1	despaired	1	disagree
4	cynical	7	defend	3	despairing	3	disappear
2	cynically	1	defending	1	despairingly	2	disappearance
6	cynicism	1	defends	6	desperate	6	disappeared
1	cypher	3	deference	3	desperately	4	disappointed
1	cyril	1	deferential	5	despise	2	disappointment
1	d'ame'	1	deferentially	2	despised	1	disarmed
5	dad	1	define	1	despondency	1	disarming
2	dad's	2	defined	1	despot	1	disastrous
8	daily	7	definite	2	despotic	2	discharged
1	dam	1	definiteness	4	despotism	1	disciple
1	damaging	4	definition	1	destination	2	disciples
19	dame	1	definitions	3	destiny	1	discipline
1	damned	1	deflected	1	destitute	1	disclaim
2	damnable	1	defy	1	destitution	6	disclosed
1	damnation	1	defying	5	destroy	1	disclosure
4	damp	2	degradation	7	destroyed	2	disclosures
1	danced	2	degrading	3	destroyers	2	discoloured
2	dancing	3	degree	5	destruction	1	discomfort
17	danger	1	deign	4	destructive	2	decomposed
20	dangerous	1	dejectedly	1	destructor	1	disconcert
1	dangerously	5	delay	5	detached	3	disconcerted
4	dangers	1	delayed	5	detachment	1	disconcerting
6	dare	1	delaying	6	detail	3	disconnected

4	discontent	1	documentary	2	duffer	1	elusive
2	discord	4	documents	2	duke	2	emaciated
1	discordant	1	dodged	10	dull	1	embarrassed
4	discouraged	29	does	1	dullness	1	embarrassing
2	discouragement	1	doesn't	2	dully	1	embarrassment
2	discourse	1	dog	12	dumb	1	embassy
1	discourses	1	dogmatic	1	dungeon	3	embodied
10	discover	3	dogs	1	duplicity	1	embowered
23	discovered	13	doing	1	duration	5	embrace
2	discoveries	2	doings	13	during	3	embraced
2	discovering	2	dole	6	dusk	1	embraces
11	discovery	1	doleful	1	duskily	1	embracing
3	discreet	1	doll	2	dust	1	emerges
1	discreetly	1	dolls	1	dusted	1	emigrated
4	discretion	1	domain	1	duster	2	emissaries
1	discriminate	4	domestic	8	dusty	13	emotion
1	discursive	174	don't	1	duties	7	emotional
5	discussed	1	donc'	6	duty	2	emotionally
7	discussion	74	done	3	dvornik	2	emotions
2	discussions	3	doomed	1	dwarfed	1	emperor
5	disdain	100	door	3	dwelt	3	emphasis
1	disdained	3	door-handle	7	dying	1	emphasized
2	disdainful	1	doorbell	1	dynastic	1	emphatic
2	disdainfully	9	doors	47	each	1	emphatically
4	disease	14	doorway	1	eager	4	employed
2	disembodied	2	dormant	3	eagerly	1	emptied
1	disenchanting	4	double	3	eagerness	3	emptiness
1	disenchantment	41	doubt	1	eagle	24	empty
1	disengaged	4	doubted	13	ear	1	en'
1	disgrace	1	doubtful	1	earlier	3	enabled
1	disgraceful	3	doubts	13	early	1	enchantment
2	disguise	175	down	1	earned	1	enclosed
1	disguised	5	downcast	8	earnest	1	enclosure
12	disgust	2	downfall	3	earnestly	1	encounter
2	disgusting	2	downright	4	earnestness	2	encouraged
1	disgusts	6	downstairs	9	ears	1	encouragement
1	dishevelled	2	downwards	1	earshot	2	encouraging
6	disillusioned	2	dozed	28	earth	1	encumbered
1	disintegrated	2	dozen	1	earth's	72	end
1	dismal	2	dozens	2	earthly	2	endangered
6	dismay	1	drag	7	ease	10	ended
1	dismayed	4	dragged	8	easier	5	endless
1	dismiss	2	dragging	7	easily	1	endlessly
2	dismissed	1	draining	2	eastern	5	ends
2	dismissing	4	drama	1	eastward	2	endurance
1	dismounting	1	dramatized	13	easy	1	endure
1	disobey	7	drank	3	eat	1	endured
4	disorder	1	draped	6	eating-house	1	enemies
1	disown	3	draught	2	eating-shop	6	enemy
1	disparaging	6	draw	1	ecclesiastical	2	energetic
2	dispassionate	3	drawer	1	echo	1	energies
1	dispatch	1	drawers	2	echoed	5	energy
1	dispersing	4	drawing	1	echoes	1	enfin'
1	displaced	1	drawing-back	1	eclipse	10	engaged
6	display	11	drawing-room	1	economic	1	engendered
3	displayed	8	drawn	1	ecstasies	2	engine
1	displaying	11	dread	2	ecstasy	2	engines
1	displeased	2	dreaded	6	edge	1	england
3	displeasure	2	dreadful	1	edged	24	english
1	disposed	1	dreads	1	edified	12	englishman
1	dispute	14	dream	1	edition	5	enigmatical
1	disputing	1	dream-intoxic-	1	editor	1	enigmatically
1	disquiet		ation	2	educate	1	enjoyment
2	disquieting	1	dream-like	1	educated	2	enlarged
2	disregard	1	dream-talk	2	education	3	enlightened
5	disregarded	3	dreamed	2	educational	1	enlightening
2	disregarding	2	dreamily	28	effect	1	enlist
3	disruption	1	dreaming	1	effected	1	enormity
1	dissatisfied	2	dreams	5	effective	16	enormous
1	dissemble	1	dreamt	1	efficacy	76	enough
1	dissensions	1	dreariness	2	effigy	2	enraged
1	dissent	3	dreary	26	effort	1	ensconced
1	dissented	6	dregs	1	effortless	1	ensued
1	dissolute	1	dresden	1	efforts	6	enter
1	dissolving	11	dress	1	effusively	16	entered
1	dissuaded	7	dressed	1	effusiveness	3	entering
23	distance	1	dressing-gown	7	egeria	4	enterprise
18	distant	12	drew	1	egging	1	enterprises
3	distaste	3	dried	3	eggs	1	enterprising
2	distasteful	1	dried-up	1	egotist	2	enters
2	distended	2	drift	14	eh	1	entertained
10	distinct	1	drifts	2	eighteenth	1	enthroned
5	distinction	2	drink	1	eighty	3	enthusiasm
7	distinctly	2	drinking	25	either	6	enthusiast
4	distinguished	2	dripping	1	ejaculation	3	enthusiastic
4	distracted	10	drive	2	elaborate	2	enthusiasts
12	distress	10	driven	1	elaborately	1	entice
1	distressed	8	driver	2	elapsed	1	enticing
3	district	1	drives	1	elated	2	entirely
1	district's	4	driving	3	elation	3	entrance
1	districts	1	drone	12	elbow	1	entreat
1	distrust	1	drooped	4	elbows	2	entreated
1	disturbance	2	drooping	7	elderly	3	entreating
4	disturbed	4	drop	1	eldest	1	entreatingly
2	disturbing	28	dropped	7	eleanor	3	entries
1	disturbingly	2	dropping	1	elector	7	entrusted
1	ditch-water	1	drops	6	electric	1	entry
1	dived	1	dross	2	electricity	1	enunciation
1	diverging	3	drove	2	elegant	6	envelope
1	divesting	1	drove'	2	element	2	enveloped
7	divine	1	drowning	1	elevate	1	envelopes
1	divined	1	drowsy	1	elevated	1	envenomed
1	divining	1	drumming	1	elevating	2	envied
1	dizziness	2	drums	2	elevation	1	envious
1	dizzy	5	drunk	1	eleven	1	enviousness
189	do	11	drunken	1	eligible	3	envy
2	doctor	2	drunkenness	1	elongated	1	enwrapping
1	doctors	8	dry	3	eloquence	1	epigrammatic
2	doctrine	1	dubiousness	3	eloquent	5	episode
1	doctrines	2	due	43	else	1	equable
8	document	1	duel	1	eluded	2	equal

1	equalled	1	exerting	1	factory	16	feelings
2	equally	3	exertion	9	facts	2	feels
1	equestrian	2	exertions	2	faculties	28	feet
1	equivalent	1	exhaust	7	faculty	34	fell
1	equivocal	3	exhausted	2	faded	27	fellow
3	era	1	exhausting	1	fading	4	fellow's
2	erect	2	exhaustion	3	fail	1	fellow-believ- er
2	errand	1	exhibited	17	failed	1	fellow-countr- yman
1	errands	1	exhibition	1	failure	2	fellow-revolu- tionist
3	error	3	exhorted	1	failures	2	fellow-student
2	errors	1	exhorting	29	faint	1	fellow-studen- ts
1	eruption	2	exile	1	fainted		
25	escape	2	exiled	2	fainter	6	fellows
11	escaped	1	exiling	1	fainting	2	fellowship
4	escaping	6	exist	12	faintly	91	felt
3	escorted	2	existed	2	faintness	1	female
6	especially	45	existence	5	fair	6	feminine
2	esprit'	4	existences	7	fairly	3	femininity
3	essay	1	existing	1	fairness	3	feminism
1	essence	1	exists	1	fait'	16	feminist
2	essentially	1	exit	13	faith	1	feministic
1	establish	1	exorcised	8	faithful	1	feminists
1	established	1	expanding	1	faithfully	1	fence
1	establishing	1	expanse	14	fall	3	ferocious
3	establishment	1	expansive	10	fallen	3	ferreted
2	estimable	1	expansiveness	16	falling	1	fertile
4	eternity	15	expect	4	falls	1	fervour
1	etre'	1	expectancy	21	false	1	fester
14	europe	3	expectant	10	falsehood	3	festive
1	europe's	6	expectation	1	falsehood-pre- eding	1	festivity
6	european	1	expectations			5	fetch
1	europeans	32	expected	1	falsetto	1	fetched
1	evanescent	6	expecting	5	faltered	5	fetters
1	eve	2	expects	2	faltering	3	fever
154	even	1	expedient	1	fame	4	feverish
33	evening	1	expelling	17	familiar	1	feverishness
1	evening's	1	expense	1	familiarities	67	few
8	event	2	expensive	3	familiarity	1	fiacres'
4	events	13	experience	3	familiarly	1	fibre
72	ever	4	experienced	13	family	1	fiddlers
1	ever-present	2	experiences	1	famine	5	fidelity
4	everlasting	2	experiencing	3	famine-strick- en	2	field
3	everlastingly	1	experiment			1	fiend
60	every	1	expert	1	famine-struck	1	fiendish
17	everybody	12	explain	1	famished	2	fierce
2	everybody's	18	explained	8	famous	1	fiercely
1	everyday	2	explaining	1	fan-like	2	fierceness
36	everything	4	explanation	4	fanatic	4	fifteen
5	everywhere	1	explanations	6	fanatical	3	fifty
2	evidence	1	explanatory	1	fanaticism	3	fight
4	evident	1	explode	2	fanatics	1	fighting
7	evidently	2	exploded	3	fancied	2	figuratively
17	evil	2	exploit	3	fancies	40	figure
1	evil-less	5	explosion	8	fancy	2	figures
1	evils	2	explosively	1	fancying	3	file
1	evocation	4	exposed	4	fantastic	1	files
6	evoked	1	exposing	42	far	1	filial
1	evolution	1	expounder	1	far-reaching	1	fill
1	ex-cobblers	4	express	1	faraway	4	filled
1	ex-guards	18	expressed	1	farewell	1	filling
1	ex-guardsman	2	expressing	7	farther	1	filth
1	ex-lady	36	expression	10	fascinated	3	filthy
5	exact	1	expressionless	2	fascinating	3	final
1	exacted	3	expressions	2	fascination	1	finality
19	exactly	5	expressive	3	fashion	1	finally
1	exaggerate	1	expressly	3	fashionable	1	finance
3	exaggeration	1	expulsion	1	fashioned	10	finances
1	exaltation	1	expulsions	2	fast	32	find
3	exalted	4	exquisite	1	fasten	4	finding
1	examination	2	extend	4	fastened	1	finds
1	examine	19	extended	2	fastening	11	fine
4	example	2	extending	3	faster	1	fineness
2	exasperated	1	extends	1	fastidious	1	finer
1	exasperating	2	extensive	2	fasting	3	finger
4	exasperation	1	extent	3	fat	3	finger-tips
3	exceedingly	2	extinct	7	fatal	10	fingers
8	excellency	2	extinguished	3	fatality	1	finish
8	excellent	4	extirpate	3	fatally	10	finished
15	except	2	extirpated	22	fate	4	finishing
1	exception	2	extirpating	1	fated	10	fire
8	exceptional	1	extract	1	fateful	4	fired
2	exceptionally	1	extracted	21	father	1	fireman
1	excesses	1	extracts	1	father's	2	fires
4	exchange	1	extraordinari- ly	2	fathers	2	fireside
3	exchanged			1	fathomless	7	firm
2	exchanging	26	extraordinary	2	fatigue	7	firmly
1	excitable	1	extravagance	1	fatigues	5	firmness
6	excited	6	extreme	4	fault	106	first
1	excitedly	14	extremely	7	favour	2	first-floor
5	excitement	2	extremity	2	favourable	1	first-fruit
1	exciting	1	exuberant	3	favourably	6	fist
1	exclaim	1	exult	1	favours	1	fistful
28	exclaimed	1	exultation	35	fear	12	fit
3	exclaiming	3	exulted	1	feared	1	fitful
7	exclamation	1	exulting	3	fearful	2	fitness
1	exclamatory	11	eye	2	fearfully	2	fits
1	exclusively	2	eyeballs	1	fears	3	fitted
1	exclusiveness	8	eyebrows	1	feast	1	fitting
1	excursion	1	eyed	1	feat	1	fittingly
1	excursions	2	eyeing	1	feather-	8	five
5	excuse	4	eyelashes	1	feather-headed	19	fixed
3	excused	5	eyelids	6	feature	1	fixedly
2	excuses	214	eyes	1	featureless	2	fixing
1	execrated	131	face	8	features	2	fixity
1	execrations	12	faced	2	fed	1	flags
2	executed	11	faces	5	feeble	5	flame
5	execution	1	facet	2	feebly	1	flames
3	executioner	2	facial	1	feeding	1	flanked
1	executions	1	facility	25	feel		
1	exercise	5	facing	45	feeling		
3	exercised	51	fact	1	feelingly		

1	flaring	2	forgiven	1	fundamentally	8	glancing
7	flash	1	forgiveness	2	funeral	1	glare
5	flashed	4	forgot	1	funereal	2	glaring
3	flat	22	forgotten	1	funny	11	glass
2	flattered	1	fork	7	fur	1	glass-case
1	flattering	3	forlorn	4	furious	11	glasses
1	flaw	22	form	3	furiously	1	glassy
1	flawless	2	formality	1	furnish	1	glassy-eyed
3	fled	2	formally	4	furnished	2	glazed
1	fleeting	2	formed	1	furnishing	5	gleam
6	flesh	2	former	3	furniture	3	gleaming
2	fleshless	3	formerly	1	furrowed	1	gleams
1	fleshy	1	formidable	1	furry	1	glee
5	flew	1	forms	1	furs	1	gleeful
1	flickering	1	formula	8	further	4	glided
2	flies	2	formulated	6	fury	1	gliding
13	flight	2	formulating	1	fussy	1	glimmer
2	flights	1	fort'	5	futile	1	glimmering
1	flighty	4	forth	1	futility	1	glimmers
5	flimsy	1	forthcoming	34	future	14	glimpse
1	flinch	4	fortitude	1	gabbling	1	glimpsed
1	flinched	3	fortnight	1	gain	2	glimpses
2	fling	6	fortress	3	gained	2	glistening
4	flinging	1	fortresses	2	gait	2	glitter
1	flings	2	fortunate	1	gallant	6	glittering
1	float	1	fortunately	1	galloped	1	gloated
1	floating	2	fortune	1	gallows	4	gloom
1	flock	2	forty	2	galvanized	5	gloomily
1	floggings	40	forward	6	game	9	gloomy
37	floor	1	forwards	1	gaping	2	glories
2	florid	1	foster	17	garden	2	glorious
1	flounces	2	fought	4	gardens	2	glory
2	flourish	39	found	1	garment	3	glossy
4	flourished	1	founded	1	garret	2	glove
1	flourishing	1	fountain	1	garrets	2	glow
1	flouting	23	four	1	garrulously	1	gnashing
1	flouts	1	four-and-twen-	2	gas	1	gnawed
4	flow		ty	1	gaslight	1	gnawing
2	flowed	1	four-footed	2	gasped	112	go
1	flower	1	four-square	1	gasps	1	goad
1	flower-bed	2	fraction	22	gate	3	goatee
1	flower-pots	1	fragile	1	gateaux'	20	god
2	flowers	1	frail	7	gates	5	god's
1	flown	1	frame	6	gateway	7	goes
1	fluently	6	framed	3	gather	4	goggle
16	flung	1	framing	1	gathered	2	goggle-eyed
1	flunkeys	1	france	2	gathering	73	going
1	flush	9	frank	4	gatherings	1	goings
2	flushed	3	frankly	4	gaunt	4	gold
2	fluttered	4	frankness	47	gave	1	gold-laced
1	fluttering	1	frantic	19	gaze	45	gone
7	fly	2	fraud	7	gazed	68	good
1	flying	1	fraught	8	gazing	11	good-bye
1	foam	1	fray	1	gem	1	good-hearted
1	focus	3	frayed	3	gendarme	3	good-looking
1	foes	12	free	8	gendarmes	2	good-natured
1	fold	1	free-living	64	general	2	goodness
14	folded	2	freed	5	general's	1	goodwill
4	folding	16	freedom	1	generality	2	gospel
4	folds	2	freeing	10	generally	1	gospels
2	foliage	1	freely	1	generals	5	gossip
3	folk .	1	freeze	4	generation	81	got
1	folks	15	french	3	generosity	1	gouty
1	follies	1	frequency	7	generous	2	governess
6	follow	1	frequent	1	generously	12	government
23	followed	2	frequented	29	geneva	3	governments
6	following	1	frequenting	7	genius	1	governor-gene-
1	follows	5	frequently	1	geniuses		ral
14	folly	6	fresh	8	gentle	1	governors
2	food	2	fretting	16	gentleman	1	gown
12	fool	56	friend	4	gentlemen	7	grace
2	foolish	1	friend's	11	gently	1	graceful
1	foolishly	3	friendliness	2	genuine	1	gracious
5	fools	11	friendly	7	german	2	graciously
2	foolscap	12	friends	1	germans	2	graciousness
15	foot	8	friendship	2	germany	7	gradually
4	footfalls	4	fright	1	germinates	1	grain
4	footman	1	frighten	1	gesticulate	2	grains
1	footstep	10	frightened	1	gesticulating	1	grammars
9	footsteps	3	frightful	10	gesture	6	grand
889	for	2	frightfully	3	gestures	1	grandeur
1	forbearance	1	frigid	56	get	1	grandfather
3	forbid	1	fringed	2	gets	1	granite
5	forbidden	2	frivolity	21	getting	3	granted
29	force	2	frivolous	3	ghastly	1	grapple
9	forced	4	fro	8	ghost	6	grasp
4	forces	2	frock-coat	2	ghosts	1	grasped
3	forcible	471	from	1	ghoul	3	grass
1	forcibly	17	front	1	ghoulishly	3	grass-plot
2	forcing	3	frontier	1	ghouls	1	grate
1	fore-knowledge	1	fronts	1	giddiness	5	grateful
1	forearm	2	frost	4	gift	2	gratification
2	forebodings	1	frost-nipped	1	gifted	1	grating
2	forefinger	1	frosty	2	gifts	1	gratingly
18	forehead	7	frown	1	gigantic	5	gratitude
11	foreign	2	frowned	1	gilt	13	grave
1	foreign-bred	3	frowning	58	girl	1	grave-like
3	foreigner	2	frozen	2	girl's	4	gravel
2	foreknowledge	1	fruitful	1	girl-friends	7	gravely
1	forenoon	7	fugitive	1	girlish	1	graven
1	foresaw	1	fugitive's	8	girls	7	gravity
1	foresee	30	full	1	girt	1	greasily
8	foreseen	2	fullness	50	give	1	greasy
1	forest	4	fully	36	given	165	great
5	forests	1	fumblingly	1	gives	8	greater
1	foretold	1	fumes	9	giving	22	greatest
1	forgave	1	fun	14	glad	4	greatly
16	forget·	1	function	38	glance	2	greatness
1	forgetful	2	functionary	22	glanced	1	greed
1	forgetting	1	functions	5	glances	2	greedily
4	forgive	1	fund			1	greedy

3	greeks	1	hallucination	1	hebrews	1	horse-hair
4	green	1	hallucined	1	hectic	1	horse-owning
2	greenish	1	halo	1	hedges	21	horses
3	greeted	3	halter	1	heedless	2	hospitable
7	greeting	1	hamburg	1	heedlessly	9	hospital
2	greetings	1	hammer	1	heel	3	hospitality
1	gregorievitch	138	hand	4	heels	2	hostile
2	gregory	1	hand-grasp	1	height	3	hot
7	grew	1	hand-shake	3	heightened	1	hot-house
27	grey	3	handed	1	heights	6	hotel
2	grey-haired	3	handful	2	heir	3	hotels
1	greyish	1	handiwork	1	helas´	35	hour
5	grief	4	handkerchief	22	held	28	hours
1	grievously	4	handle	2	hell	86	house
3	grim	74	hands	23	help	1	housebreakers
4	grimace	3	handshake	5	helped	10	houses
1	grimacing	1	handsome	1	helpers	1	housing
2	grimly	6	handwriting	4	helping	1	hover
2	grimness	3	hang	8	helpless	1	hovered
2	grimy	9	hanged	3	helplessly	1	hovering
2	grin	14	hanging	1	helplessness	119	how
1	grinned	1	hangings	1	henceforth	22	however
2	grinning	1	hankered	901	her	1	hug
8	grip	1	hanse	154	here	3	hugged
1	gripped	1	haphazard	1	here´s	1	hugging
2	gripping	8	happen	2	hereditary	1	hugs
1	groan	19	happened	1	hermit	1	hull
1	groaned	1	happenings	4	hero	27	human
2	groaning	10	happens	12	heroic	5	humane
2	grog-shop	1	happiness	1	heroism	1	humanely
1	grope	2	happy	3	herr	3	humanitarian
2	groped	2	harbour	3	hers	9	humanity
1	groping	1	harboured	42	herself	2	humble
2	grossly	2	harbouring	3	hesitate	1	humblest
6	grotesque	31	hard	7	hesitated	1	humiliating
1	grotesquely	1	hard-working	1	hesitatingly	2	humiliation
1	grotesqueness	3	hardened	8	hesitation	1	humorous
38	ground	22	hardly	1	hexagonal	1	humour
1	ground-floor	1	hardy	3	hid	1	humours
1	groundless	1	hare-brained	9	hidden	1	hunched
23	grounds	4	harm	3	hide	1	hundred
1	groundwork	4	harmless	4	hiding	1	hundreds
6	group	1	harmonious	1	hieratic	1	hundredth
1	grouped	3	harmony	23	high	16	hung
6	growing	1	harassed	1	high-backed	5	hunger
2	growled	2	harridan	1	high-pitched	1	hunger-strick-
2	grown	6	harsh	1	high-placed		en
1	gruesome	3	harshly	1	high-shoulder-	2	hungry
1	grumbled	3	harshness		ed	2	hunted
1	grumpy	140	has	3	higher	1	hunting
2	grunted	6	haste	4	highest	6	hurried
2	guarantee	2	hasten	2	highly	7	hurriedly
1	guarantees	9	hastened	1	hilarity	3	hurry
5	guard	3	hastily	658	him	1	hurrying
3	guarded	4	hasty	1	him´	6	hurt
2	guardian	34	hat	269	himself	4	husband
1	guarding	1	hatchet	1	hind	1	husband´s
2	guards	1	hatching	1	hindered	1	hushed
1	guards´	31	hate	8	hint	1	huskily
10	guess	6	hated	3	hinted	1	huts
9	guessed	3	hateful	2	hints	1	hybrid
1	guessing	2	hater	1	hire	1	hypnotized
6	guest	1	hating	1	hired	1	hypocrites
1	guest´s	4	hatred	1555	his	1	hypocritical
2	guests	6	haunt	1	hissed	1	hypothesis
1	gugenheimer	5	haunted	1	hissing	2	hysteria
6	guidance	6	haunting	5	historical	1	hysterical
6	guide	681	have	13	history	2179	i
3	guided	22	haven´t	1	hitched	7	i´ll
1	guiding	44	having	1	hive	1	i´m
1	guile	1	hawkers	1	hoard	23	i´ve
1	guilt	1	hazards	9	hoarse	2	ice
2	guilty	2007	he	1	hoarsely	1	icy
1	gums	1	he´	1	hoffman´s	33	idea
1	gun	5	he´ll	25	hold	1	ideal
1	gurgling	10	he´s	15	holding	2	idealist
1	gust	172	head	6	hole	1	idealistic
12	h´m	6	headlong	1	holes	5	ideals
15	ha	8	heads	3	hollow	29	ideas
7	habit	1	heal	1	hollowed	1	identification
1	habitation	4	health	1	holstein-gott-	1	identified
2	habits	1	healthy		orps	2	identity
1	habitude´	4	heap	37	home	1	idiocy
999	had	1	heaped	4	homely	2	idiot
1	hadn´t	2	heaps	2	homes	8	idle
1	hag	34	hear	1	homogeneous	1	idler
29	hair	116	heard	6	honest	3	idly
2	hairless	1	hearers	2	honestly	1	idol
1	hairs	9	hearing	1	honey	2	idolized
4	hairy	3	hears	5	honour	315	if
404	haldin	1	hearsay	1	honourable	2	ignominy
54	haldin´s	48	heart	5	honoured	8	ignorance
28	half	2	heart-beats	2	hood	3	ignorant
1	half-closed	1	heart-breaking	1	hook	2	ignore
1	half-comical	1	heartbroken	1	hook-nosed	2	ignored
1	half-conscious	1	heartily	1	hooked	1	ignoring
1	half-derisive	2	heartiness	1	hooks	1	il´
1	half-formed	1	heartrending	29	hope	7	ill
2	half-full	7	hearts	12	hoped	1	ill-defined
1	half-hour	1	hearty	1	hopeful	1	ill-fated
1	half-increaul-	3	heat	11	hopeless	1	ill-fitting
	ous	1	heated	1	hopelessness	1	ill-informed
1	half-light	2	heaved	18	hopes	1	ill-kept
1	half-past	5	heaven	1	hopping	1	ill-timed
2	half-sheet	1	heavenly	1	horizon	3	ill-used
2	half-turn	2	heavens	1	horizons	1	illiterate
1	half-unwilling	1	heaviest	1	horizontally	2	illness
21	hall	7	heavily	13	horrible	1	illogical
1	hall-door	1	heaving	3	horribly	1	illogicality
1	hallo	23	heavy	8	horror	5	illusion
1	hallowed	1	hebrew	4	horrors	8	illusions

1	illustrated	1	inconsiderate	3	inherited	1	internal
2	illustrious	1	inconsolable	1	inimical	1	internally
8	image	1	inconspicuous	2	iniquity	1	international
1	images	1	inconvenience	1	initiated	1	international-
1	imaginable	2	incorrigible	1	injured		ism
1	imaginary	1	incorruptible	1	injuries	2	interposed
11	imagination	2	increased	1	injustices	4	interpretation
24	imagine	1	increasing	2	ink	1	interpreted
7	imagined	7	incredible	1	inmates	2	interrogative-
2	imagines	2	incredibly	7	inner		ly
3	imaginings	3	incredulity	2	innermost	2	interrogatori-
5	imbecile	3	incredulously	2	innocence		es
2	imbeciles	1	incumbrance	8	innocent	2	interrupt
1	immaterial	1	incurred	4	innocently	36	interrupted
1	immediate	1	indebted	1	innuendoes	2	interruption
5	immediately	3	indecent	3	innumerable	1	interval
9	immense	52	indeed	4	inquire	3	intervals
1	immensely	1	indefatigable	11	inquired	1	intervene
5	immensity	1	indefinable	1	inquirers	1	intervened
16	immobility	8	indefinite	3	inquiries	1	intervention
2	immortality	5	independence	2	inquiring	11	interview
4	immovable	8	independent	8	inquiry	1	interviewer
1	immure	2	indescribable	2	inquisition	1	interviewing
1	impact	1	indestructible	2	inquisitive	3	intimacy
3	imparted	1	index	1	inquisitively	8	intimate
1	impartial	1	indian	1	insane	1	intimates
1	impartiality	2	indications	1	insanely	1	intimidating
1	impassible	1	indictment	1	insanity	212	into
5	impassive	7	indifference	1	insatiable	5	intolerable
1	impassiveness	4	indifferent	1	inscriptions	1	intolerably
5	impatience	2	indifferently	4	inscrutable	1	intonation
3	impatient	1	indigent	1	insect	2	intoxication
2	impatiently	1	indigestible	1	insecure	1	intrepid
5	impelled	3	indignant	2	insensibility	1	intrepidity
1	impending	2	indignantly	1	insensible	5	intrigue
5	impenetrable	13	indignation	1	inseparable	4	intrigues
1	impenitent	1	indignations	7	inside	1	intriguing
1	imperative	1	indiquee'	1	insidious	1	introduce
1	imperceptible	1	indiscreet	5	insight	4	introduced
1	imperceptibly	5	indiscretion	7	insignificant	2	introducing
2	imperfect	2	indiscretions	1	insinuate	5	introduction
1	imperfection	1	indispensable	3	insinuated	1	introspective
1	imperii'	1	indispose	1	insipid	1	intruded
1	imperious	1	indisposition	11	insisted	1	intruding
2	impersonal	1	indissolubly	2	insistence	2	intuition
1	impertinence	3	indistinct	1	insistently	1	invade
1	imperturbable	1	inditer	1	insolence	1	invading
1	impious	7	individual	2	insolent	3	invalid
1	implicated	1	individualism	2	insoluble	1	invaluable
2	implicitly	3	individuality	1	inspect	1	invariable
1	imply	2	indomitable	1	inspection	1	invariably
1	import	1	indubitably	6	inspiration	2	invective
15	importance	2	induce	2	inspire	5	invent
6	important	3	induced	16	inspired	3	invented
1	imposing	1	induces	3	inspires	1	invention
2	impossibility	1	inducing	2	inspiring	1	inventions
39	impossible	3	indulge	1	inspriation	2	inverted
1	impossiblity	1	indulged	15	instance	2	invested
1	impostor	1	indulgence	3	instances	1	investigate
1	impotence	3	indulgent	13	instant	1	investigated
1	imprecations	1	indulgently	1	instantaneous-	5	investigation
7	impressed	1	indulging		ly	2	investigations
1	impresses	2	industrious	7	instantly	1	investigator
26	impression	2	industry	9	instead	4	invincible
2	impressionable	2	ineradicable	6	instinct	3	invisible
4	impressions	3	inert	2	instinctive	2	invitation
4	impressive	1	inertia	2	instinctively	1	inviting
1	imprison	1	inexcusably	6	instincts	1	involuntarily
1	imprisoned	1	inexhaustible	1	institute	4	involuntary
1	imprisoning	1	inexorably	9	institutions	1	involved
1	imprisonment	1	inexperience	1	instructed	2	involving
1	improper	3	inexperienced	1	instruction	1	invulnerable
1	improving	3	inexplicable	3	instructions	2	inward
2	imprudence	1	inexpressible	1	instructive	8	inwardly
3	impudent	1	inexpressibly	4	instrument	1	inwardness
9	impulse	1	inexpressive	1	instruments	6	iron
4	impulses	1	infallibly	1	insufficiency	2	ironic
1	impulsion	1	infamous	1	insufficient	2	ironical
1	impulsively	3	infamy	1	insulted	1	ironically
1	impunity	1	inference	1	insulting	4	irony
1910	in	2	inferences	1	integral	1	irrational
4	inaccessible	3	inferior	4	intellect	1	irreconcilable
1	inane	3	infernal	12	intellectual	1	irregularly
1	inanely	1	infernally	1	intellectuals	1	irreligious
6	inanimate	1	inferred	12	intelligence	1	irremediable
1	inappropriate	3	infinite	1	intelligences	1	irreparable
3	inarticulate	6	infinitely	8	intelligent	7	irresistible
2	inaudible	1	infinitesimal	1	intelligently	2	irresistibly
5	incapable	1	inflammatory	3	intelligible	4	irresolution
3	incarnate	1	inflated	2	intend	1	irrevocable
1	incendiary	1	inflexible	3	intended	1	irrevocably
3	incertitude	11	influence	1	intending	1	irritability
1	inch	1	influenced	7	intense	1	irritate
2	inches	2	influences	5	intensely	2	irritated
3	incident	2	influential	1	intensity	2	irritation
1	incidents	1	informal	1	intent	743	is
1	incipient	6	informant	18	intention	2	is'
2	incisive	1	informant's	1	intentionally	1	isidor
1	inciting	18	information	2	intentions	4	island
1	inclement	7	informed	2	intently	3	islet
3	inclination	2	informer	4	intercourse	7	isn't
2	incline	2	informers	11	interest	1	isolate
10	inclined	2	informing	16	interested	1	isolated
1	inclines	1	informs	7	interesting	2	issue
1	inclining	1	infuriated	2	interests	1	issued
1	incoherent	3	ingenuity	1	interfered	2	issuing
4	incomprehensi-	2	ingratiating	2	interference	1406	it
	ble	1	ingredients	1	interior	1	it'
8	inconceivable	4	inhabitants	2	interjected	75	it's
1	incongruity	2	inhabited	1	intermediacy	2	italy
1	incongruous	1	inheritance	3	interminable	147	its

37	itself	1	knitted	4	leather	16	lives
161	ivanovitch	3	knock	35	leave	2	livid
3	ivanovitch's	1	knot	1	leaven	1	lividly
1	ivy-grown	1	knots	5	leaves	32	living
3	jacket	223	know	19	leaving	1	living'
2	jacques	5	knowing	1	leavings	1	load
1	jails	1	knowingly	2	lecture	2	loaded
2	jaw	18	knowledge	1	lecturer	1	loaf
2	jaws	45	known	14	lectures	1	loafer
1	je'	22	knows	11	led	2	loath
3	jealous	2	knuckles	1	leering	1	loathed
1	jealousies	15	kostia	89	left	1	loathing
2	jealousy	1	l	4	leg	1	loathsome
2	jean	1	l'aimi'	1	legacy	1	loaves
1	jeered	1	l'ami'	3	legal	1	local
1	jeeringly	1	l'assassin'	1	legality	1	locataire'
1	jeopardized	2	la	1	legendary	1	located
1	jericho	2	la'	1	legends	2	lock
1	jerk	3	label	11	legs	7	locked
5	jerked	3	laborious	1	leisure	2	locking
1	jerky	2	labour	3	leisurely	1	locks
1	jest	1	laboured	2	lend	3	lodge
1	jested	3	labours	1	lending	1	lodger
2	jetties	1	lac	12	length	3	lodging
1	jetty	4	lace	1	lent	10	lodgings
3	jew	4	lack	1	les'	1	loftiest
1	jewel	1	lack-lustre	27	less	1	loftily
1	jewess	2	lackeys	1	lessons	15	lofty
2	jewish	24	ladies	2	lest	3	log
1	jingle	1	ladies'	62	let	6	logic
1	jingling	26	lady	2	let's	2	logical
1	job	1	lagging	1	lets	1	loitered
1	jocular	10	laid	33	letter	2	london
1	jocularity	8	lake	1	letter-box	3	loneliness
3	join	1	lame	16	letters	13	lonely
3	joined	1	lamentably	2	letting	103	long
1	joins	1	lamented	1	level	1	long-waisted
3	joke	14	lamp	1	levelled	3	longed
2	joking	1	lamp-lights	1	levelling	41	longer
2	jolly	2	lamp-post	2	levity	4	longing
1	jordan	2	lamplight	2	liberal	1	longings
1	jostled	4	lamps	6	liberalism	70	look
1	jostling	16	land	1	liberals	127	looked
3	journal	1	landau	1	liberate	98	looking
7	journalist	1	landed	1	liberated	1	looking-glass
2	journalistic	23	landing	2	liberating	7	looks
6	journey	1	landing-stage	21	liberty	1	loomed
1	journeyman	7	landlady	5	library	1	looming
1	journeys	1	landlady's	1	lid	5	loose
1	jovial	1	landmarks	12	lie	1	loosely
1	jowl	5	language	14	lies	1	loosened
11	joy	8	languages	112	life	2	loquacious
1	joyous	3	languid	1	life's	1	loquacity
1	joys	1	languidly	7	lifeless	1	lord
2	judas	1	languishing	1	lifelessly	2	lordly
5	judge	8	lantern	2	lifelong	1	lose
7	judged	7	lap	3	lift	1	losing
2	judgement	1	lapped	4	lifted	6	loss
4	judges	1	lapse	1	lifting	41	lost
6	judgment	24	large	1	lifts	27	lot
1	judicially	1	largely	58	light	12	loud
1	jug	1	largely-outst-	1	light-headed	2	louder
9	julius		retched	13	lighted	5	loudly
3	jump	2	larger	1	lighting	2	louisa
4	jumped	25	laspara	13	lightly	1	lounged
1	juncture	3	laspara's	1	lightness	4	lounging
1	junius	2	lassitude	6	lightning	1	lovable
2	jura	105	last	4	lights	27	love
75	just	1	last's	260	like	2	loved
12	justice	10	lasted	7	liked	5	lover
1	justification	1	lasts	23	likely	3	lovers
4	justified	26	late	2	likes	2	loves
2	jutted	3	lately	1	likewise	2	loving
2	jutting	22	later	3	limb	37	low
25	k	1	lateral	13	limbs	1	low-class
4	k's	1	latest	1	lime-trees	1	low-pitched
2	kammerherrs	1	lath	1	limit	11	lower
4	karabelnaya	1	latitude	1	limitations	18	lowered
1	keen	1	latter	1	limits	3	lowering
1	keenly	10	laugh	1	limp	1	lowest
39	keep	4	laughed	8	line	1	loyal
4	keeper	5	laughing	1	lined	2	loyalty
11	keeping	4	laughter	14	lines	5	lucid
2	keeps	1	launched	5	lingered	1	lucidity
1	ken	2	lausanne	4	lingering	9	luck
34	kept	2	law	2	link	4	luckily
7	key	1	lawless	4	links	5	lucky
1	key-word	2	lawlessness	6	lip	1	lucubrations
3	kick	1	lawn	59	lips	1	lui'
12	kill	1	laws	18	listen	1	lull
5	killed	1	lawsuits	22	listened	1	lulled
1	killing	1	lawyer	3	listener	1	luminous
1	kilometres	1	lawyer-fellow	18	listening	1	lumps
1	kin	14	lay	1	listens	1	lunacy
33	kind	2	laying	1	listless	1	lunatic
1	kindling	9	lead	1	lists	1	lunatics
7	kindly	2	leaden	6	lit	2	lurid
4	kindness	3	leader	3	literally	1	luridly
3	kinds	3	leaders	1	literary	1	lurking
69	kirylo	6	leading	1	literature	1	lustre
1	kiss	1	leaflets	1	lithe	1	lusts
1	kissed	1	leafy	1	lithographed	2	luxurious
1	kisses	1	leak	2	lithographer	1	luxuriously
1	kith	3	lean	2	litter	1	luxury
2	knee	14	leaned	153	little	1	lyceum
3	kneeling	10	leaning	20	live	39	lying
12	knees	2	leap	1	live-long	3	m
1	knelt	1	leaped	29	lived	1	ma'
49	knew	5	learn	1	livelong	8	mad
1	knickerbockers	7	learned	1	lively	60	madame
3	knife	28	least	1	liveries	3	madcap

1	maddening	1	mechanical	1	mirror	53	most
170	made	3	mechanically	1	misapprehensi-	1	motes
1	madhouse	1	mechanism		on	94	mother
1	madman	7	medal	1	mischance	12	mother's
1	magnanimous	1	medallist	1	miscreant	3	mothers
1	magnate	2	meddlesome	20	miserable	3	motion
2	magnificent	1	meddling	1	miserable'	2	motioned
5	maid	1	mediaeval	2	miserably	1	motioning
1	maids	1	medicine	1	miseries	24	motionless
8	main	1	mediocre	1	miserliness	2	motions
2	mainly	1	mediocrity	1	miserly	3	motive
1	maintained	1	meditate	1	misers	3	motives
2	mais'	3	meditated	16	misery	1	moujik
1	maison'	3	meditating	3	misfortune	1	mouldings
1	majesty	7	meditation	1	mishaps	1	mountain
1	majority	1	meditative	2	misinterpreted	1	mournful
78	make	1	meditatively	1	misled	2	mournfully
1	make-believe	1	medium	214	miss	4	mourning
9	makes	1	medusa's	1	missed	1	mouse
34	making	31	meet	2	missing	2	moustache
1	malevolent	13	meeting	15	mission	1	moustaches
2	malice	2	meetings	1	missionary	8	mouth
2	malicious	1	meets	1	missions	1	mouvements'
2	maliciously	2	melancholy	1	missive	19	move
1	maman'	1	member	2	mist	51	moved
1	mamma	3	members	9	mistake	38	movement
365	man	2	memorable	8	mistaken	9	movements
17	man's	1	memorandum	2	mistakes	14	moving
4	manage	2	memories	1	mistaking	149	mr
15	managed	10	memory	1	mistress	46	mrs
2	mangled	80	men	8	mistrust	111	much
1	manhood	2	men's	2	mistrusted	1	much-trusted
2	manifest	2	menaced	1	mists	2	mud
4	manifestation	1	menaces	2	misty	2	muddy
1	manifested	2	menacing	6	misunderstood	2	muff
1	manifestos	1	menacingly	3	mixed	7	muffled
5	mankind	1	menanced	1	mixing	1	muffs
2	manly	1	mend	1	mme	1	mug
47	manner	1	mendacious	2	mobile	4	multitude
1	manners	1	menials	1	mock-career	8	mumbled
1	manoeuvres	30	mental	3	mockery	1	mummy
1	mantelpiece	11	mentally	4	mocking	9	murder
53	many	9	mention	2	mockingly	1	murdered
8	map	11	mentioned	1	mode	2	murderer
2	marble	3	mentioning	1	model	2	murdering
1	marched	2	mentions	1	modelled	2	murderous
1	marches	5	mephistopheli-	1	moderate	3	murky
8	mark		an	8	modern	18	murmur
12	marked	1	mercenary	1	modes	40	murmured
1	marking	2	merciful	5	modest	1	murmuring
2	marks	1	merciless	1	modulations	2	murmurs
1	marred	6	mercy	1	moist	2	muscle
2	married	42	mere	1	mollard	2	muscles
5	marry	7	merely	1	mollified	1	muscular
1	marrying	2	merest	1	mollify	1	mused
2	martial	5	merit	1	molten	1	mushrooms
2	martyr	1	meritorious	120	moment	2	music
2	martyrdom	2	merits	2	moment's	1	musical
1	marvel	1	merry	5	momentary	2	musing
4	marvelled	1	meshes	5	momentous	197	must
2	marvellous	6	message	7	moments	1	must'
1	marvelous	1	messages	3	mon'	2	mustn't
6	masculine	34	met	1	monachal	3	mute
3	mask	1	metallic	1	monarchy	1	mutely
1	masked	2	method	1	monasteries	1	mutes
1	masonry	1	methods	1	monastery	5	mutter
10	mass	1	midday	1	monastry	34	muttered
1	massed	20	middle	1	monday	9	muttering
3	masses	3	middle-aged	11	money	1	muzzle
3	massive	2	middle-class	1	money-bags	522	my
1	master	1	middle-parting	1	moneyed	92	myself
1	mastered	15	midnight	1	mongrel	1	mysteries
2	mastering	2	midst	1	monk	23	mysterious
1	masterly	1	midway	2	monopoly	3	mysteriously
2	masters	56	might	1	monosyllable	2	mysteriousness
5	match	1	mightiest	1	monotonous	2	mystery
1	matchbox	2	mighty	1	monotonously	9	mystic
9	material	73	mikulin	1	monrepos	2	mystical
1	materialism	6	mikulin's	1	monster	2	mystically
1	materialist	4	mild	1	monsters	4	mysticism
1	materials	1	mild-eyed	1	monstrosities	8	n
1	maternal	1	mildly	7	monstrous	1	n'est'
1	maternity	2	mile	2	mont	1	nails
2	matted	4	miles	1	montenegrins	4	naive
43	matter	1	militant	4	month	8	naked
2	matter-of-fact	4	military	12	months	1	nakedness
9	matters	3	milk	1	monumental	58	name
1	mature	1	million	3	mood	2	named
2	matured	6	millions	1	moodily	1	nameless
1	maturing	1	millstone	1	moods	4	names
1	matvieitch	108	mind	6	moody	2	nape
1	maudlin	1	mind's	3	moon	2	napoleonic
1	maximovna	10	minds	1	moped	10	narrative
126	may	19	mine	29	moral	8	narrow
1	may'	3	mines	1	morality	1	narrow-chested
6	maybe	2	mingled	1	morally	1	narrow-minded
1	mazzini	2	minister	6	morbid	1	narrowed
570	me	2	minister's	3	morbidly	2	narrower
1	meagrely	3	minister-pres-	3	mordatiev	50	natalia
1	meal		ident	194	more	5	natalka
58	mean	1	ministers	10	moreover	14	nathalie
13	meaning	2	ministrations	26	morning	5	nation
2	meaningly	4	ministries	2	morning's	5	national
1	meanness	6	ministry	1	morose	4	nationality
26	means	1	minotaur	1	morrow	4	nations
31	meant	10	minute	5	mortal	2	native
10	meantime	1	minutely	2	mortally	1	natives
9	measure	11	minutes	1	mortals	16	natural
2	measured	1	minutes'	2	mosquitoes	11	naturally
1	measureless	4	miracle	1	moss	27	nature
1	mechanic	1	miraculous	1	moss-grown	6	natures

2	nausea	8	notebook	3	older	6	p's
1	nauseated	8	noted	1	oleograph	13	pace
1	nauseating	2	notepaper	1	olympians	2	paced
34	near	9	notes	1	olympus	2	paces
5	nearer	173	nothing	1	ominous	2	pacific
3	nearest	7	notice	1	ominously	2	pacing
20	nearly	3	noticeable	1	omnipotence	3	packet
3	neat	21	noticed	787	on	5	page
1	neatly	1	noticing	109	once	14	pages
1	neatness	7	notion	332	one	1	pah
4	necator	2	notions	18	one's	2	paid
14	necessary	4	notorious	1	ones	9	pain
3	necessities	1	notoriously	7	oneself	1	pained
15	necessity	1	notres'	2	onions	7	painful
10	neck	1	notwithstandi-	236	only	4	painfully
1	necks		ng	47	open	1	pains
1	necromancy	2	nourished	1	open-hearted	1	painstaking
22	need	2	nous'	21	opened	1	paint
13	needed	3	novel	11	opening	13	painted
1	needless	1	novelist	8	openly	1	painting
2	needn't	1	novelty	1	openness	4	pair
1	needs	164	now	1	opens	2	palace
2	negation	5	nowadays	1	opera-glass	2	palaces
1	negative	3	nowhere	11	opinion	16	pale
4	negatively	2	numb	6	opinions	1	pale-faced
1	neglect	8	number	1	opportunities	1	pallid
8	neglected	1	numbered	9	opportunity	1	pallor
4	negligently	3	numbers	2	opposed	5	palm
1	neighbourhood	1	numbness	11	opposite	2	palms
2	neighbours	2	numerous	1	oppress	1	palpitating
27	neither	1	nurse	1	oppressed	1	pamphleteer
1	nephew	1	nursed	4	oppression	1	panels
1	nephews	2	nursing	1	oppressions	1	panes
1	nertchinsk	6	o'clock	1	oppressively	2	pangs
1	nerved	2	obedience	3	oppressors	1	panic-struck
1	nervelessness	1	obey	245	or	1	pant
1	nerves	2	obeyed	1	oracle	1	panted
5	nervous	1	obeying	15	order	21	paper
3	nervously	18	object	6	ordered	15	papers
1	nest	2	objected	1	orderlies	1	paraffin
1	nestled	3	objects	4	orderly	2	paralysed
2	net	1	obligation	1	orders	4	parapet
1	nether	1	obligatory	9	ordinary	1	parasha
1	nettled	1	oblige	1	ordinary-sized	6	parcel
1	nettles	4	obliged	1	organ	5	parched
1	neutral	2	obliquely	1	organisations	1	parchment
1	neva	1	obliterating	1	organism	7	pardon
126	never	1	obscene	2	organization	7	parentage
2	nevertheless	1	obscurantism	6	origin	2	parenthetical-
30	new	22	obscure	1	originating		ly
1	new-born	1	obscurely	1	origins	4	parents
3	new-comer	2	obscurity	1	ornament	1	paris
1	new-found	1	obsequiously	152	other	1	parisian
1	newborn	7	observation	4	other's	1	parliaments
2	newly	8	observe	17	others	1	paroxysm
15	news	33	observed	7	otherwise	1	parrot
10	newspaper	1	observes	14	ought	1	parrots
5	newspapers	2	observing	99	our	52	part
20	next	2	obstacle	3	ours	11	parted
1	nice	4	obstinacy	7	ourselves	2	particle
1	nicely	1	obstinate	313	out	8	particular
1	nicety	1	obstinately	1	outbreaks	3	particularly
2	nicholas	3	obtain	3	outburst	5	parties
2	nickname	4	obtained	1	outcast	3	parting
1	nicknamed	1	obtaining	1	outcome	5	partly
1	nieces	7	obvious	1	outdoor	3	parts
57	night	12	obviously	1	outdoors	3	party
1	night's	8	occasion	14	outer	17	pass
1	night-marish	1	occasional	1	outhouses	5	passage
1	nightly	4	occasions	1	outline	2	passages
3	nightmare	2	occidental	1	outlined	37	passed
3	nights	2	occidentals	1	outlived	1	passengers
1	ninilists	1	occult	3	outlook	1	passers-by
10	nikita	1	occultism	4	outrage	2	passes
1	nikita's	2	occupation	1	outraged	1	passeth
3	nine	2	occupied	14	outside	18	passing
1	ninety	5	occur	2	outskirts	13	passion
1	nipped	13	occurred	1	outstayed	3	passionate
476	no	2	occurrence	1	outstretched	1	passionately
2	nobility	1	occurrences	4	outward	2	passionless
7	noble	1	ocean	3	outwardly	3	passions
1	noble-minded	4	oculist	162	over	4	passive
4	nobleman	1	oculist's	1	overalls	2	passively
3	noblest	13	odious	1	overbearing	11	past
19	nobody	3911	of	2	overcame	1	pasty-faced
3	nod	61	off	6	overcoat	1	patch
17	nodded	1	off-hand	5	overcome	2	patches
1	nodding	2	offence	1	overcoming	2	paternal
1	nods	5	offended	1	overcrowded	5	path
7	noise	6	offer	2	overdone	1	pathetic
3	noiseless	7	offered	1	overgrown	1	pathetically
1	noiselessly	2	offering	6	overheard	2	paths
1	noisily	1	offers	2	overhung	1	patience
1	non-existent	8	office	1	overmuch	1	patient
1	non-russian	4	officer	1	overpowered	4	patiently
1	nondescript	2	officers	2	overpowering	2	patricians
1	nondescripts	2	offices	3	overshadowed	5	patriotic
1	none	23	official	1	overspread	1	patriotically
5	nonsense	2	official's	1	overstayed	3	patriotism
1	noon	1	official-look-	4	overtaken	2	patrol
21	nor		ing	2	overtook	2	patron
1	normal	2	officially	1	overtopped	1	patronymic
1	north	6	officials	1	overwhelmingly	1	pattering
1	northern	1	officious	1	owe	1	paunch
9	nose	1	officiousness	1	owed	2	paunchy
1	noses	15	often	1	owing	16	pause
1	nostrils	1	ogres	103	own	14	paused
992	not	43	oh	5	owned	1	pausing
2	not'	1	okhotsk	4	owner	15	pavement
1	notably	78	old	2	owning	1	pavements
16	note	1	old-fashioned	7	p	2	paw

1	pawed	1	pervaded	5	plots	12	precisely
1	paying	1	perversity	2	plotting	1	precision
1	pea	1	pessimism	1	plumed	1	predecessor
10	peace	1	pest	1	plunder	1	predestined
1	peaceful	1	pestilence	4	plunged	2	prefer
1	pearls	2	pestilential	1	plunges	3	preferred
13	peasant	164	peter	1	plunging	1	prefunctorily
1	peasant's	32	petersburg	15	pocket	2	prejudice
1	peasantry	1	petit	4	pockets	2	prejudices
3	peasants	2	petite	1	poet	1	preliminaries
17	peculiar	1	petite'	1	poetic	2	preliminary
1	peculiarities	1	petty	3	poetry	1	preparation
1	peculiarity	1	peut'	5	poignant	1	preparations
1	peculiarly	1	pfui	35	point	1	preparatory
1	pedantic	15	phantom	4	point-blank	2	prepare
1	pedantism	2	phantom's	6	pointed	14	prepared
1	pedantry	1	phantom-like	3	pointing	2	preparing
1	pedants	6	phantoms	3	points	2	preposterous
2	pedestal	1	phenomena	3	poised	20	presence
2	pedlar	2	phenomenon	4	poison	12	present
1	peeps	2	philosophers	2	poisoned	8	presented
1	peer	14	philosophes	1	poisonous	3	presenting
3	peered	3	philosophical	1	poles	20	presently
1	peering	1	philosophy	48	police	2	preservation
1	peerless	1	photographs	1	police-captain	3	preserve
1	peevishly	7	phrase	2	police-hound	6	preserved
2	peevishness	9	phrases	1	policeman	1	preserves
4	peg	11	physical	3	policemen	1	president
16	pen	5	physically	2	polite	4	press
2	pencil	5	physiognomy	1	politely	13	pressed
3	penetrate	1	physiological	2	politeness	2	pressing
2	penetrated	1	physiologists	22	political	1	pressingly
1	penetrating	3	pick	1	politically	8	pressure
3	penetration	7	picked	2	politics	4	prestige
1	penholder	2	picking	1	poll	1	presumably
2	peninsula	4	picturesque	1	polyglot	2	presume
1	penitent's	16	piece	1	ponder	3	presumption
1	penitentiary	5	pieces	2	pondered	1	pretend
3	penknife	2	pier	2	pondering	1	pretended
1	penuriousness	1	pierce	2	ponderous	2	pretensions
137	people	1	pierced	43	pool	3	pretentious
2	people's	1	pierre'	2	poor	6	pretty
2	pepper-and-sa-lt	2	piers	1	poorer	1	prevail
		2	pig	1	poorly	1	prevailed
1	pepys	1	pig's	2	poplars	2	prevent
2	perceive	1	pigeon	2	popular	3	prevented
10	perceived	5	pile	1	population	1	previous
2	perceiving	3	piles	2	porcelain	1	previously
3	perceptible	1	pilgrimage	1	pored	2	prey
2	perception	1	pillar	1	poring	3	price
1	perceptions	1	pillars	1	port	1	priceless
1	perchance	4	pillow	1	portals	8	pride
1	perched	1	pinafore	2	portent	4	priest
1	percipitating	3	pink	1	portentous	1	priest-democr-at
2	perdition	1	pinkish	1	portentously		
1	peregrinations	2	pinned	2	porter	1	priests
19	perfect	3	pious	1	portion	2	primeval
1	perfected	1	pipe	1	portrait	1	primitive
1	perfecting	1	pipes	4	pose	57	prince
7	perfection	1	piping	1	posed	2	prince'
36	perfectly	1	piquancy	1	poses	5	prince's
3	performance	1	pistol	1	posing	1	princess
1	perfume	1	pit-pat	24	position	3	principal
101	perhaps	1	piteous	1	positions	3	principle
4	period	2	pitied	6	positive	1	principles
1	periodical	4	pitiful	9	positively	4	print
5	perish	1	pitifully	2	positiveness	6	prison
4	perished	3	pitiless	7	possessed	9	prisoner
1	permanently	1	pitilessly	1	possessing	1	prisoner-like
1	permissible	14	pity	6	possession	1	prisoners
1	permission	2	pitying	2	possessor	1	prisons
4	permit	1	placard	1	possibilities	3	privacy
5	permitted	40	place	1	possibility	11	private
3	pernicious	2	placed	29	possible	1	privately
2	perpendicular	8	places	12	possibly	2	privilege
1	perpetrator	3	placid	5	post	1	privileged
1	perpetual	1	placidity	2	posted	1	privy
1	perpetuation	1	plagues	3	posterity	1	privy-councillor
3	perplexed	6	plain	1	posters		
1	perplexing	4	plainly	1	pots	5	prize
1	perplexities	1	plains	1	pounced	4	probable
2	perplexity	1	plaint	1	pound	12	probably
1	persecuted	2	plaintively	1	pounds	5	problem
3	persecution	3	plan	3	pour	1	problems
1	persecutions	2	plane	1	poured	5	proceed
1	persecutors	1	plank-fence	1	pouring	5	proceeded
3	persevere	1	planks	1	poverty	2	proceeding
1	persist	1	planned	43	power	3	proceedings
1	persisted	4	planning	3	powerful	1	proceeds
1	persistence	6	plans	1	powerfully	1	proclaim
2	persistent	2	plant	1	powerless	1	procopius
1	persistently	2	plants	5	powers	1	procure
1	persisting	3	plaster	1	practicable	1	procured
2	persists	1	plastic	7	practical	3	produce
61	person	1	plates	4	practically	8	produced
5	personage	3	platform	1	practice	1	profane
5	personages	1	plausible	2	practised	1	professional
10	personal	11	play	5	praise	1	professionally
3	personalities	5	played	7	pray	6	professor
13	personality	1	playful	1	prayer-book	3	professor's
9	personally	1	playfulness	1	prayers	2	professors
1	personne'	3	playing	1	praying	1	proffered
8	persons	1	plea	1	preached	8	profile
1	perspective	2	pleaded	1	preacher	22	profound
1	perspectives	3	pleasant	1	preamble	1	profounder
2	perspicacity	14	please	1	precarious	10	profoundly
1	perspiration	10	pleased	2	precautions	1	profundity
1	persuade	1	pleases	4	precious	1	profusion
4	persuaded	9	pleasure	1	precipice	4	progress
2	persuasiveness	5	plenty	1	precis'	1	prohibition
2	perturbed	5	plot	7	precise	1	project

1	proletarians	3	pushed	5	reader	3	regret
2	proletariat	1	pushing	5	readers	6	regretted
1	prolongations	68	put	1	readily	3	regular
7	prolonged	3	puts	7	readiness	1	regularly
1	promenade	9	putting	8	reading	1	reinforced
2	prominent	1	puzzle	1	reading-lamp	1	reject
6	promise	2	puzzled	1	reads	1	rejected
1	promised	1	puzzling	29	ready	1	rejecting
1	promises	1	qu'une'	17	real	2	rejects
3	promising	2	quadrangle	2	realities	1	rejoice
1	promontories	2	quaint	7	reality	1	rejoiced
1	promotion	1	quaintly	46	really	3	rejoined
1	prompting	1	quake	1	reappear	2	related
2	prone	7	quality	2	rear	1	relates
1	pronounce	1	quantities	1	rearing	2	relating
4	pronounced	2	quantity	37	reason	10	relation
1	pronouncedly	5	quarrel	6	reasonable	5	relations
1	pronounces	1	quarry	1	reasonably	1	relationship
1	pronouncing	5	quarter	1	reasoning	3	relative
3	proof	1	quarter-life--	5	reasons	1	relatively
3	propaganda		size	3	reassured	4	relaxed
1	propensity	10	quarters	2	reassuring	6	released
10	proper	4	quay	3	reawakened	1	relentlessly
2	properly	1	quays	1	reawakening	1	reliable
1	property	6	queer	2	rebel	5	relief
1	prophet	1	queerly	3	rebellion	7	relieved
1	prophets	1	quench	3	rebels	2	religion
1	proportionally	5	queried	1	rebuked	1	religious
1	proportions	1	quest	1	recall	1	relinquished
1	propos'	59	question	3	recalled	6	reluctance
2	proposal	2	questioned	2	recalling	6	reluctant
3	proposed	5	questions	1	receding	2	reluctantly
3	propped	6	quick	7	receive	1	rely
1	proprieties	1	quickened	21	received	20	remain
1	proprietor	1	quickens	2	receiving	1	remainder
1	propriety	7	quicker	2	recently	50	remained
1	prosaic	12	quickly	5	reception	2	remaining
2	proscribed	22	quiet	1	reception-roo-	3	remains
1	prosing	26	quietly		ms	10	remark
2	prospect	3	quietness	1	recess	5	remarkable
1	prospects	1	quill-driver	2	reckless	1	remarkably
1	prostituted	1	quintessence	2	recklessness	12	remarked
2	prostrate	72	quite	1	reckon	1	remarking
2	protect	1	quiver	1	reckoned	3	remarks
1	protected	1	quivered	1	reclining	2	remedy
3	protection	2	quivering	1	recognised	33	remember
1	protector	1	quoted	4	recognition	29	remembered
1	protege'	1	rachel's	4	recognize	5	remembering
12	protest	3	rack	9	recognized	2	remind
10	protested	1	racked	2	recognizing	3	reminded
3	protesting	4	raft	1	recoil	1	reminding
2	protruded	1	rag	2	recoiled	1	reminiscent
2	protuberance	1	rag-picker	1	recollecting	1	remonstrance
1	protuberances	5	rage	6	recollection	1	remonstrances
7	proud	3	raged	1	recommended	2	remonstrated
3	prove	7	ragged	2	reconciled	13	remorse
4	proved	2	raging	1	reconciling	2	remorseful
1	provided	2	rags	1	reconstructors	1	remorsefully
8	providence	3	rail	13	record	3	remorseless
4	providential	1	railed	5	recorded	2	remote
1	providentially	3	railing	1	recording	3	remoteness
5	province	1	railings	2	records	1	remove
6	provinces	5	railway	2	recover	5	removed
7	provincial	1	railway-car	1	recovered	1	removes
1	provision	4	rain	2	recovering	1	render
1	provocation	4	raise	1	recovery	5	rendered
1	provoke	41	raised	2	rectangular	1	rendering
2	provoked	14	raising	1	rectitude	3	renewed
3	provoking	2	rammed	19	red	1	renewing
1	provokingly	1	ramming	5	red-nosed	1	renounce
1	prowling	1	ramparts	1	redeem	1	rented
2	prudence	23	ran	1	redeeming	1	repaired
4	prudent	1	rancid	1	redemption	5	repeat
1	prudishness	3	random	4	reduced	33	repeated
1	prussia	2	rang	1	reduction	1	repeatedly
1	pry	3	range	2	reed	1	repeating
1	prying	2	rank	1	reek	1	repellent
1	pseudonym	1	rankled	2	reeled	3	repentance
6	psychological	1	ranks	1	refastening	1	repetition
1	psychologist	1	ransacked	3	refer	1	repetitions
1	psychology	2	ransacking	2	reference	1	replied
20	public	1	rapacity	1	references	1	reply
1	publication	2	rapid	1	referred	3	report
2	published	2	rapidity	5	referring	2	reported
2	puckered	13	rapidly	1	refined	1	reporting
1	puerile	1	rapt	3	reflect	3	repose
1	puffy	6	rare	19	reflected	2	reposed
1	pull	1	rarely	1	reflecting	2	reposing
10	pulled	1	rascal	7	reflection	1	represent
1	pumped	4	rasping	1	reflections	1	representation
1	punctilious	1	rat	3	reflective	2	representative
1	punishment	15	rate	4	reform	1	represented
1	pupil	37	rather	2	reforming	1	representing
2	pupils	3	rational	1	reforms	1	repressed
1	puppet	1	rattle	2	refrain	1	represses
2	puppy	1	rattling	7	refrained	1	repressing
7	pure	1	ravaged	1	refreshment	1	repression
1	purely	1	raving	1	refreshments	1	repressive
1	purifying	2	raw	6	refuge	4	reproach
1	purity	1	razors	5	refugee	3	reproached
1	purloin	711	razumov	2	refugees	1	reproaching
22	purpose	71	razumov's	3	refuse	3	reproduced
3	purposeful	1	razumovs	2	refused	1	republic
2	purposely	1	re-echoing	3	refuses	4	republican
3	purposes	5	reach	2	regain	4	repugnance
1	purring	19	reached	6	regained	2	repugnant
2	pursing	2	reaching	6	regard	1	repulse
6	pursued	1	reaction	2	regarded	1	repulsive
4	pursuing	1	reactionaries	1	regime	2	reputation
2	pursuit	2	reactionary	1	regiments	1	reputed
5	push	19	read	1	region	3	request

3	require	3	ridiculously	2	sacrificing	1	scruples
1	required	68	right	1	sacrilege	3	scrupulous
1	rescue	1	right-hand	1	sacrosanct	1	scrupulously
1	research	1	rightly	5	sad	1	scrutinizing
1	resemblance	1	rights	1	saddened	1	scuffling
3	resemble	1	rigid	5	sadly	1	scuttled
7	resembled	2	rigidity	3	sadness	2	sea
6	resembling	2	rigidly	20	safe	1	seacoast
2	resent	1	rigmarole	3	safely	2	sealed
4	resentment	1	rigor	1	safer	2	search
1	reservations	2	rim	1	safest	3	searched
10	reserve	8	ring	14	safety	3	searching
7	reserved	2	ringing	3	sagacity	3	searchingly
1	residence	3	rings	1	sage	1	season
1	residing	1	riotous	276	said	1	seasoned
7	resignation	1	rise	3	saint	7	seat
1	resignations	4	rising	1	saintly	4	seated
4	resigned	3	risk	1	saints	1	seats
1	resigns	1	rites	8	sake	15	second
5	resist	1	rival	1	salaries	1	secondary
6	resistance	1	river	2	salary	3	seconds
2	resisted	1	river-side	1	salient	3	secrecy
2	resolute	2	rivers	1	sallies	44	secret
1	resolutely	2	riveted	7	sallow	11	secretariat
3	resolution	3	riviera	2	sally	3	secretary
4	resolved	10	road	2	salon	2	secretly
3	resonance	1	roadside	1	salon´	3	secrets
1	resounded	7	roadway	1	salt	1	section
1	resource	1	roar	3	salvation	1	secular
1	resourceful	1	rob	1	sam	3	secure
1	resources	6	robbed	3	samaritan	2	secured
12	respect	1	robber	60	same	3	security
3	respectability	1	robe	4	samovar´	1	seduction
3	respectable	4	robust	1	samovar´	2	seductive
4	respected	1	rocks	1	samuel	166	see
1	respects	1	rogues	1	sanction	1	see´
1	resplendent	2	rolled	1	sanctity	2	seed
1	respond	3	rolling	1	sand	16	seeing
3	responded	1	romans	4	sane	3	seek
1	responding	1	romantic	3	sanguinary	2	seeking
1	response	3	roof	1	sanguine	20	seem
1	responsibility	1	roof-slopes	1	sanity	121	seemed
2	responsible	1	roofs	2	sank	1	seeming
29	rest	101	room	1	sante´	31	seems
1	restaurant	37	rooms	1	sarcastic	83	seen
2	restaurants	1	roomy	2	sarcastically	1	seethed
11	rested	1	root	1	sardonic	1	seething
2	restful	2	rooted	1	sardonically	1	seize
9	resting	1	rope	45	sat	12	seized
2	restless	10	rose	1	satan	2	seizing
2	restlessly	1	roses	2	satanic	6	seldom
1	restlessness	1	rosy	7	satisfaction	1	select
2	restored	3	rot	5	satisfactory	2	selected
4	restrain	2	rouble	2	satisfied	1	self
2	restrained	1	rouged	2	satisfy	2	self-analysis
1	restraining	4	rough	1	sausages	1	self-betrayal
1	rests	2	roughly	10	savage	1	self-communion
1	result	1	roughness	3	savagely	2	self-confession
4	resumed	1	roumanians	9	save		
1	retaining	58	round	4	saved	3	self-confidence
1	retaliatory	2	roundabout	1	saves		
4	retire	3	roused	4	saving	1	self-confident
10	retired	3	rousseau	1	saviour	1	self-conscious
3	retort	1	rout	76	saw	2	self-contained
6	retorted	4	route	1	saxony	1	self-control
1	retrace	4	row	131	say	3	self-deception
1	retraced	2	rubbed	30	saying	1	self-delusion
1	retracing	1	rubbing	2	sayings	2	self-denial
3	retreat	3	rude	13	says	1	self-expression
1	retreated	3	rudely	1	scale		
2	retributive	4	rue	2	scandal	1	self-indulgence
2	retriever	2	rugged	1	scandalously		
2	retrospect	3	ruin	1	scanned	1	self-love
8	return	8	ruined	2	scantily	3	self-possessed
21	returned	2	rule	1	scarcely	2	self-possession
7	returning	1	ruler	1	scarecrow		
1	revealed	1	ruling	7	scared	2	self-preservation
2	revelation	1	rumble	1	scarf		
7	revenge	1	rumbling	1	scathing	1	self-reproach
1	reverberation	1	rummaged	1	scattered	1	self-respect
1	reverie	3	rumour	2	scattering	1	self-revealing
1	revert	2	rumours	4	scene	4	self-sacrifice
2	reverted	1	rumpled	1	scene´	1	self-sufficient
1	reviendra´	19	run	5	scenes		
2	review	1	rung	1	scenting	3	selfish
1	revived	1	runners	1	sceptic	2	sell
1	revives	9	running	2	sceptical	1	sellers
2	revoir´	1	runs	1	sceptically	1	semi-rural
13	revolt	9	rush	2	scepticism	1	semi-transparent
1	revolted	5	rushed	2	scheme		
1	revolu	6	rushing	1	school	3	senator
25	revolution	69	russia	1	schoolfellow	6	send
2	revolutionaries	61	russian	1	score	2	sending
		15	russians	3	scores	2	sends
36	revolutionary	1	russians´	15	scorn	11	sensation
38	revolutionist	2	russie	3	scornful	3	sensational
19	revolutionists	1	russie´	2	scornfully	1	sensations
1	revolutions	3	rustic	4	scoundrel	28	sense
2	reward	3	rustle	1	scoundrelly	2	senses
1	rewarded	2	rustled	3	scoundrels	4	sensible
1	rewarding	2	rustling	1	scouring	1	sensitive
1	rewards	5	rusty	1	scrap	1	sensitiveness
1	rhetoric	3	ruthless	3	scrapes	1	sensitives
2	rhone	1	ruthlessness	1	scraping	15	sent
1	rhyme	51	s	1	scraps	3	sentence
1	rhythm	7	s´s	1	scrawly	1	sentenced
1	ribs	6	sacred	3	scream	3	sentences
4	rich	1	sacredness	4	screamed	16	sentiment
7	rid	11	sacrifice	2	screwed	3	sentimental
2	ridge	1	sacrificed	3	scribbling	1	sentimentalist
3	ridiculous	1	sacrifices	1	scribe	8	sentiments

1	sentries	1	shod	12	sinister	1	snore
3	separated	2	shone	1	sink	29	snow
2	separating	21	shook	2	sinking	1	snow-covered
1	sequence	1	shooting	1	sinner	1	snow-flakes
2	serenity	9	shop	2	sinners	1	snowdrift
1	serf	1	shopkeeper	1	sinuous	3	snowflakes
1	serge	1	shopping	1	sinuously	1	snows
1	series	3	shops	21	sister	273	so
12	serious	5	shore	2	sister's	1	so-called
1	serious-minded	4	shores	24	sit	1	soaked
3	seriously	46	short	1	sits	3	sob
2	seriousness	1	short-sighted	21	sitting	1	sober
9	servant	1	shortcoming	14	situation	2	sobered
2	servant-girl	2	shortening	2	situations	1	soberly
7	servants	1	shorter	5	six	1	soberness
3	serve	1	shortest	1	sixteen	2	sobs
3	served	3	shortly	1	sixth	15	social
1	serves	6	shot	3	sixty	1	social'
10	service	106	should	1	skeleton	1	societies
1	serviceable	22	shoulder	1	skill	5	society
1	serving	27	shoulders	1	skindresser	1	socratic
1	servitude	1	shouldn't	1	skinful	1	sodden
24	set	4	shout	1	skinny	24	sofa
1	sets	7	shouted	5	skins	12	soft
5	setting	1	shoved	1	skirt	1	soften
1	settle	18	show	1	skirted	4	softened
7	settled	3	showed	2	skirts	2	softening
1	settlement	1	shower	3	skull	5	softly
1	settlers	1	showers	12	sky	2	softness
2	settles	3	showing	1	skylight	4	soil
1	seven	4	shown	1	slabs	1	sold
2	seventh	2	showy	2	slack	1	solely
23	several	2	shrank	1	slam	2	solemn
7	severe	1	shrewd	1	slamming	6	solemnly
2	severely	1	shriek	1	slant	5	solid
1	severities	2	shrieked	4	slave	1	solidarity
1	severity	2	shrill	1	slavery	2	solidity
1	sewing	3	shrink	2	slaves	2	soliloquy
1	sewn	3	shrinking	3	slavish	19	solitary
1	sexless	3	shrug	3	slayer	10	solitude
13	shabby	11	shrugged	1	slayers	1	solution
10	shade	1	shrugging	9	sledge	2	solved
6	shaded	7	shudder	3	sledges	17	sombre
3	shades	7	shuddered	12	sleep	1	sombre-toned
19	shadow	1	shuddering	1	sleeper	287	some
8	shadows	1	shuffled	5	sleeping	14	somebody
5	shadowy	1	shuffling	3	sleepless	9	somehow
3	shady	1	shunning	1	sleeplessness	143	something
2	shaft	17	shut	2	sleepy	20	sometimes
4	shaggy	1	shutter	1	sleepy-eyed	3	somewhat
11	shake	4	shuttered	1	sleeve	23	somewhere
4	shaken	3	shutting	3	sleigh	2	somnambulist
1	shakily	4	shy	1	sleigh-driver	23	son
5	shaking	2	shyly	2	slender	3	son's
1	shaky	1	shyness	10	slept	1	son-in-law
98	shall	5	siberia	18	slight	2	sons
3	shallow	1	siberian	15	slightest	24	soon
1	shallowness	4	sick	1	slightingly	5	sooner
1	shambles	2	sickening	44	slightly	2	soothed
5	shame	3	sickly	1	slinking	3	soothing
4	shameful	1	sickness	4	slip	66	sophia
1	shamefully	76	side	8	slipped	1	sophisticated
15	shape	1	side-street	3	slippery	4	sordid
1	shaped	2	side-whiskers	3	slope	1	sore
1	shapeless	2	sidelong	1	sloped	10	sorrow
4	shapely	4	sides	2	slopes	3	sorrows
2	shapes	1	sidewalk	1	sloping	5	sorry
3	share	4	sideways	7	slow	114	sort
2	shared	60	sidorovitch	1	slow-moving	1	sorted
1	sharer	7	sigh	4	slowed	7	sorts
2	sharing	5	sighed	3	slower	5	sought
7	sharp	1	sighing	50	slowly	58	soul
1	sharper	30	sight	3	slowness	9	souls
5	sharply	1	sights	3	slum	46	sound
1	sharpness	21	sign	1	slum-house	4	sounded
1	shatter	4	signal	1	slumbering	3	sounding
1	shattering	1	signalled	1	slums	2	soundless
1	shave	4	signed	1	sly	4	soundly
1	shaven	1	signet	34	small	2	soundness
1	shaving	5	significance	1	smaller	5	sounds
1	shawl	3	significant	1	smallness	3	source
1	shawls	1	significantly	1	smart	1	sources
824	she	6	signs	1	smash	1	sourd'
3	she's	79	silence	1	smashing	2	sourly
4	shed	3	silenced	1	smelling	4	south
1	shedding	2	silences	1	smells	1	south-shore
4	sheepskin	50	silent	35	smile	1	southern
2	sheer	5	silently	16	smiled	1	sovereign
4	sheet	7	silk	1	smiles	10	space
2	sheets	2	silky	13	smiling	1	spangled
1	shelf	1	silliest	1	smilingly	1	spanish-wise
4	shelter	1	silliness	1	smoke	4	spare
1	sheltered	8	silly	2	smoked	2	spared
1	shelves	6	silver	2	smoky	1	sparely
1	shield	1	silvery	4	smooth	1	spark
1	shifted	1	simile	1	smooth-limbed	1	spasm
1	shifting	29	simple	1	smoothbrowed	2	spat
1	shifty-eyed	1	simple-minded	5	smoothed	41	speak
4	shining	1	simplest	1	smoothing	1	speaker
3	shiny	11	simplicity	1	smothered	33	speaking
1	shiny-eyed	33	simply	2	smouldering	3	speaks
1	ship's	1	simulated	1	smudgy	12	special
1	shirked	7	sin	1	snap	4	specially
1	shirking	45	since	2	snapped	1	specimen
2	shirt	4	sincere	1	snarl	1	speck
1	shiver	11	sincerity	2	snatch	1	spectacled
2	shivering	1	sinewy	3	snatched	9	spectacles
1	shivers	15	sing	1	snatching	4	spectator
7	shock	1	single	1	sneer	1	spectral
9	shocked	1	singular	1	sneering	3	spectre
2	shocking	2	singularly	1	sneers	1	speculate

4	speculative	6	stated	7	strike	3	sullen
13	speech	9	statement	1	strikes	1	sullenly
4	speeches	1	states	7	striking	2	summary
1	speechless	1	statesman	1	strikingly	1	summed
7	spell	4	statesmen	4	string	1	summer
1	spell-bound	1	stating	1	strings	1	summing
2	spend	9	station	2	strip	3	summons
6	spent	1	stationery	1	stripes	2	sumptuous
2	sphere	4	statue	2	stripped	4	sun
1	spheres	1	statues	1	strips	1	sunday
1	sphinx-like	2	stature	2	strode	3	sunk
3	spies	1	status	1	stroke	1	sunken
2	spine	1	staunch	1	stroked	1	sunlight
1	spiral	16	stay	1	strokes	1	sunset
27	spirit	6	stayed	3	stroll	4	sunshine
1	spirited	5	staying	3	strolled	1	super-revolut-
4	spirits	1	steadfast	1	stroller		ionist
8	spiritual	1	steadfastness	3	strolling	1	superb
1	spiritualist	1	steadied	31	strong	1	superficial
5	spiritualize	1	steadier	1	stronger	1	superfluous
1	spiritualized	7	steadily	1	strongest	1	superieur
2	spit	1	steadiness	12	strongly	15	superior
1	spite	13	steady	26	struck	7	superiority
1	splashing	5	steal	7	struggle	2	supernatural
2	splendid	1	stealing	2	struggled	1	supernaturali-
1	splendidly	1	stealthily	1	struggles		st
3	split	1	stealthiness	8	struggling	1	superscribed
1	spoil	2	stealthy	1	strung	1	superstition
36	spoke	1	steam	1	strung-up	1	superstitious
1	spoke-like	1	steam-launch	1	stubborn	3	supervision
8	spoken	1	steamboat	1	stucco	3	supple
2	spokes	2	steamer	1	stuccoed	7	support
1	spoliator	1	steel	3	stuck	1	supports
1	spontaneous	1	steep	34	student	58	suppose
1	spontini's	1	steeped	2	student's	17	supposed
2	sport	18	step	6	students	3	supposing
14	spot	9	stepped	2	students'	2	suppress
3	sprang	6	stepping	3	studied	5	suppressed
9	spread	17	steps	6	studies	1	suppression
1	spree	1	sterile	3	studious	1	supreme
3	spring	8	stern	6	study	1	sur'
1	spring-like	2	sternness	5	studying	19	sure
2	springing	11	stick	2	stuff	11	surely
1	springs	3	stiff	1	stuffed	3	surface
1	sprouted	1	stiffened	2	stuffy	1	surge
3	sprung	2	stiffly	1	stumble	1	surging
1	spun	2	stiffness	1	stumbling	1	surlily
6	spy	1	stifled	1	stunning	1	surly
3	square	73	still	5	stupid	3	surmise
2	squarely	1	still-faced	2	stupidly	1	surnamed
1	squares	9	stillness	1	sturdy	1	surpasses
3	squatted	1	stipulated	5	stuttgart	20	surprise
1	squatting	9	stir	3	style	26	surprised
5	squeak	7	stirred	1	subdue	1	surprises
1	squeaked	2	stirring	6	subdued	4	surprising
1	squeaking	1	stocked	14	subject	1	surprisingly
1	squeaks	1	stockstill	2	subjected	3	surrender
5	squeaky	1	stoically	1	subjects	1	surrounded
1	squeamish	5	stoicism	4	sublime	1	surroundings
2	squeeze	3	stole	1	subtle	2	survey
24	st	3	stolen	2	submission	1	survived
1	stab	1	stolidity	2	submissive	3	susceptibilit-
6	stabbed	5	stomach	1	submissively		ies
2	stability	21	stone	1	submit	24	suspect
10	stable	1	stone's-throw	1	submitted	8	suspected
1	stablefork	1	stonily	1	subservient	2	suspecting
3	stables	5	stony	1	substance	1	suspects
2	stael	66	stood	2	subterranean	2	suspended
3	stage	4	stool	6	subtle	14	suspicion
3	staggered	2	stoop	2	subtlety	12	suspicions
4	staggering	2	stooped	2	subtly	4	suspicious
2	stagnation	2	stooping	1	suburb	1	suspiciously
1	staid	5	stop	3	subversive	2	sustained
1	stained	26	stopped	4	succeed	1	sustaining
1	stains	3	stopping	2	succeeded	1	sustains
11	staircase	1	store	1	succeeds	2	swallow
1	staircases	1	stories	14	success	1	swallowing
24	stairs	2	storm	1	successes	2	swarthy
1	stake	31	story	1	successful	1	sway
1	stale	1	stout	1	successfully	3	swayed
1	stalked	1	stout-hearted	108	such	1	sweat
1	stall	4	stove	21	sudden	1	sweep
3	stammered	1	straggling	81	suddenly	2	sweeping
1	stamp	34	straight	1	suddenness	1	sweepings
5	stamped	2	strain	1	suez	2	sweet
13	stand	1	strained	16	suffer	1	sweetheart
2	standard'	1	strains	10	suffered	7	swept
1	standards	45	strange	11	suffering	4	swift
27	standing	9	strangely	3	sufferings	4	swiftly
1	standpoint	12	stranger	1	suffers	2	swiftness
7	stands	4	strangers	1	suffice	1	swim
1	staple	1	strangled	6	sufficient	2	swimming
27	stare	2	strap	12	sufficiently	2	swindlers
19	stared	1	strapped	1	suffocated	2	swinging
1	stares	5	straw	1	suffused	1	swish
12	staring	2	strayed	1	sugar-	4	swiss
1	starlight	1	streak	1	sugar-basin	2	switzerland
1	stars	2	stream	2	suggest	1	swoon
14	start	47	street	16	suggested	1	swooning
9	started	1	street-patrol	2	suggesting	1	sword
3	starting	17	streets	6	suggestion	1	sworn
2	starting-point	15	strength	1	suggestions	5	swung
1	startle	3	stress	2	suggestive	3	sybarite
14	startled	4	stretch	1	suggests	1	symbol
4	startling	5	stretched	4	suicide	3	symbolic
2	startlingly	1	stretcher	1	suis'	2	sympathetic
3	starvation	2	stretching	1	suit	2	sympathetical-
1	starve	1	strict	1	suitable		ly
1	starved	4	strictly	2	suite	9	sympathy
8	starving	4	strides	1	suite'	2	symptom
29	state	2	strife	1	sulky	2	system

Count	Word	Count	Word	Count	Word	Count	Word
1	systematic	1	tfui	1	tiles	2	tray
1	systematically	125	than	62	till	1	treacheries
12	t	7	thank	2	tilted	1	treacherously
1	t's	2	thanked	1	timbre	2	treachery
40	table	3	thankful	247	time	2	treason
10	tables	1	thankfulness	18	times	1	treasured
2	taciturn	4	thanks	4	timid	1	treasury
3	taciturnity	1623	that	2	timidity	4	treat
1	tacked	5	that'	1	timing	5	treated
1	tackle	1	that'll	2	tin	1	treating
2	tackled	58	that's	1	tinder	1	treatment
1	tact	5877	the	2	tinged	17	trees
1	tactfully	6	theatre	1	tinging	1	tremble
1	tactiturnity	1	theatrical	1	tinkling	9	trembled
1	tail	138	their	1	tint	8	trembling
2	taint	1	theirs	7	tiny	2	tremendous
3	tainted	151	them	1	tionary	2	tremor
51	take	26	themselves	2	tip	1	tremulous
27	taken	248	then	1	tips	2	trial
2	takes	1	theological	2	tiptoe	2	trials
20	taking	4	theories	2	tirade	1	triangles
14	tale	4	theory	10	tired	1	tribunal
2	talent	411	there	1	tireless	2	tribute
3	tales	20	there's	2924	to	3	trick
51	talk	2	therefore	13	to-day	20	tried
17	talked	3	thereupon	1	to-do	1	triflers
1	talkers	137	these	6	to-morrow	3	trifles
37	talking	278	they	1	to-night	2	trifling
2	talks	1	they'll	1	tobacconist	1	trim
11	tall	17	thick	46	together	1	trimmings
3	taller	1	thick-set	4	toil	2	triumph
1	tallow	3	thickets	3	toils	2	triumphant
1	tallowy	2	thickly	64	told	1	triumphed
1	tangled	1	thickness	1	tolerated	2	trivial
1	tapestry	3	thief	1	toleration	1	trivialities
2	tapped	10	thieves	1	tolling	1	trodden
1	tarnished	1	thigh	65	tone	1	trotter
2	tarred	1	thighs	5	tones	2	trotting
1	tart	21	thin	6	tongue	14	trouble
1	tartar	53	thing	1	tongues	6	troubled
12	task	40	things	167	too	1	troubles
1	taste	152	think	51	took	1	troubling
2	tawny	3	thinker	5	tool	2	trough
1	taxed	3	thinkers	1	tools	1	trousers
2	tcherkess	47	thinking	8	top	1	trudging
17	tea	3	thinks	1	top-boots	42	true
1	tea-glasses	1	thinly	1	top-hat	3	truly
1	teach	7	third	1	topknot	20	trust
13	teacher	2	thirst	1	topographical	18	trusted
2	teaching	1	thirsted	1	torches	11	trustful
3	team	1	thirsting	3	tore	1	trustfulness
1	teapot	1	thirty	4	torment	1	trusting
7	tear	552	this	1	tormented	2	trusts
2	tearful	1	this'	1	tormenting	2	trustworthy
1	tearfully	3	thoroughfare	5	torn	42	truth
2	tearing	2	thoroughly	1	tortured	14	try
12	tears	49	those	2	totally	25	trying
1	teasing	2	thou	4	tottered	1	tub
13	teeth	84	though	2	tottering	1	tube
12	tekla	192	thought	14	touch	3	tucked
2	telegram	1	thought-reading	4	touched	1	tuesday
1	telegrams			2	touching	1	tumbled
1	telegraph	7	thoughtful	1	tourist	1	tumblerful
1	telegraphed	6	thoughtfully	3	tourists	1	tumblers
1	telephoning	1	thoughtfulness	38	towards	2	tumult
105	tell	1	thoughtless	1	towered	1	turk
11	telling	41	thoughts	2	towering	1	turks
4	temper	1	thousand	37	town	1	turmoil
4	temperament	3	thousands	1	town-peasant	34	turn
2	temperance	2	thrashed	1	towns	93	turned
1	tempered	3	thrashing	1	toy	25	turning
1	tempest	4	threadbare	62	toy-like	4	turns
1	temple	1	threat	3	trace	1	tut
2	temporary	1	threatened	1	traced	2	twelve
4	temptation	1	threatening	1	traces	11	twenty
4	tempted	29	three	4	track	1	twenty-four
5	ten	1	three-horse	1	tracked	12	twice
1	tended	1	three-legged	3	tracks	1	twig
2	tendencies	10	threw	3	tracts	4	twilight
1	tendency	16	throat	2	trade	2	twined
3	tender	1	throaty	3	tradition	1	twinkling
1	tenderest	1	throes	1	traditional	1	twisted
1	tendering	5	throne	1	tragedy	1	twitch
6	tenderness	34	through	3	tragic	1	twitching
1	tenez'	1	throughout	1	trail	1	twitter
1	tenor	7	throw	1	trailing	110	two
1	tenseness	1	thrower	1	trails	1	two-horse
4	tension	6	throwing	8	train	1	two-roomed
1	tentatively	6	thrown	1	training	3	type
1	tenth	1	throws	2	trait	1	types
1	term	1	thrust	1	traitor	2	tyrannical
1	termed	1	thuds	8	tramcar	3	tyranny
5	terms	1	thump	2	tramp	1	tyrants
13	terrace	1	thumped	1	tramping	2	tyrolese
1	terraces	1	thumping	1	trample	7	ugly
26	terrible	2	thunder	3	trance	1	ultimate
9	terribly	1	thunder-clap	3	tranquil	3	un'
2	terrific	2	thunder-cloud	5	tranquillity	1	un-devilish
2	terrified	5	thunderstorm	1	tranquillized	1	un-russian
2	terrifying	1	thursday	1	transcendental	8	unable
1	territory	15	thus	1	transition	1	unaccountably
10	terror	1	thwacks	1	translate	1	unaccustomed
3	terrorist	1	thwarted	2	translated	1	unaffected
1	terrorists	1	ticking	1	transparent	1	unanimous
2	terrors	2	tie	1	transylvanian	1	unanswerable
2	tessellated	4	tied	2	trap	1	unanswerably
4	test	5	ties	1	trapped	2	unappeasable
1	testified	2	tight	1	travail	1	unarmed
1	testifies	1	tightening	1	traveller	2	unassuming
1	testimony	1	tighter	2	travellers	1	unattended
1	testing	2	tightly	3	travelling	1	unattractive

1	unauthorized	1	unlighted	114	us	1	virtually
5	unavoidable	2	unlike	2	us'	2	virtue
1	unavoidably	1	unlikely	28	use	3	virtues
2	unawares	1	unlocked	23	used	8	visible
1	unbearable	1	unluckily	8	useful	3	visibly
1	unbecoming	3	unlucky	2	usefulness	13	vision
1	unbeliever	1	unmannerly	4	useless	1	visionaries
1	unbelievers	1	unmercifully	3	uses	3	visionary
1	unbelieving	5	unmoved	2	using	1	visions
1	unbiassed	1	unnamed	23	usual	12	visit
1	unbounded	1	unnaturally	1	usually	1	visitation
1	unbroken	2	unnecessarily	1	usurers	2	visited
7	uncertain	4	unnecessary	1	utmost	1	visiting
1	uncertainty	4	unnoticed	1	utopias	5	visitor
1	unclasped	1	unoccupied	1	utopists	7	visitors
2	uncle	3	unofficial	8	utter	2	visits
2	unclean	2	unpainted	8	utterance	1	vitality
1	uncleared	1	unpardonable	2	utterances	1	vivaciously
1	unclipped	1	unperceived	13	uttered	1	vivacity
2	uncommon	1	unpicturesque	3	uttering	7	vivid
1	uncommunicati-ve	1	unpitied	19	utterly	1	vividly
		6	unpleasant	2	vacant	2	vocation
1	uncompromising	4	unpleasantly	1	vacillate	143	voice
1	uncongenial	2	unquenchable	1	vacillation	1	voiceless
1	unconquerable	1	unquestionable	7	vague	9	voices
1	unconscionably	1	unquestioning	8	vaguely	1	voicing
5	unconscious	1	unquestioning-ly	5	vain	2	voila'
5	unconsciously			1	vainly	1	vol'
1	unconsidered	1	unreadable	2	valley	1	volcanic
1	uncontrolled	1	unreasonable	5	valuable	4	voleurs'
2	uncouth	1	unreasonably	4	value	1	volley
3	uncovered	1	unrecognisable	1	vampires	1	volleys
1	uncovering	1	unrefreshed	1	vandalism	1	voltaire
1	unctuous	3	unrelated	1	vanguard	1	volubility
1	undaunted	1	unrequited	3	vanish	2	voluble
103	under	2	unreserved	8	vanished	1	volubly
1	underground	1	unreservedly	1	vanishes	3	volumes
1	underlings	1	unrest	6	vanishing	1	voluntarily
1	underlining	1	unrestrained	3	vanity	1	voluntary
2	undermined	1	unringing	1	vanquished	2	volunteered
84	understand	1	unrolling	3	varied	1	votes
2	understandable	1	unromantic	1	variety	2	vouch
7	understanding	1	unsaleable	7	various	1	vouchsafed
5	understands	1	unsatisfactory	1	vast	1	vous'
38	understood	1	unscathed	1	vaticinated	1	vrai'
1	understrappers	1	unscrupulous	1	vaticinations	1	vulgar
2	undertaken	5	unseen	1	vault	1	vulnerable
2	undertaking	5	unselfish	1	vegetation	1	vultures
6	undertone	2	unsettled	1	vehemence	1	wailing
1	undid	1	unshaded	1	vehemently	4	waist
1	undiminished	1	unsound	12	veil	1	waistcoat
1	undisciplined	1	unspoiled	1	veiled	15	wait
1	undisturbed	2	unspoken	3	vein	14	waited
1	undo	1	unstable	1	veins	3	waiter
1	undoing	5	unstained	1	velvet	25	waiting
4	undone	2	unsteadily	1	velvety	3	wake
1	undoubtedly	2	unsteady	1	venal	1	wakeful
1	undulating	1	unsuggestive	3	venerable	3	waking
1	une'	2	unsuspected	2	vengeance	29	walk
2	unearthly	2	unsuspecting	1	vengeful	55	walked
5	uneasily	1	untenanted	2	venomous	28	walking
12	uneasiness	1	unthinkable	1	vent	25	wall
10	uneasy	1	unthinking	2	venture	18	walls
1	unembarrassed	1	unthriving	8	ventured	2	wander
1	unemotional	1	untidy	1	verdicts	5	wandered
1	unemotionally	1	untie	3	verge	4	wandering
1	unequalled	1	untimely	2	verily	1	wanderings
1	uneuropean	1	untouched	5	verisimilitude	62	want
21	unexpected	1	untrodden	3	vermin	27	wanted
12	unexpectedly	1	untroubled	1	version	2	wanting
1	unexpressed	4	unusual	1	vertiginous	3	wants
1	unfair	1	unusually	349	very	5	war
1	unfaithful	1	unutterable	1	vested	1	ward
4	unfathomable	2	unwarmed	1	vestige	1	wares
1	unfavourably	1	unwashed	2	vestiges	7	warm
1	unfeeling	1	unwearied	1	vestments	1	warming
1	unfeminine	1	unweariedly	1	veteran	2	warmly
1	unfit	1	unwelcome	1	vexation	4	warmth
1	unflinching	1	unwholesome	7	vexed	5	warn
2	unforeseen	2	unwilling	1	vibrated	3	warned
7	unfortunate	1	unwillingness	2	vibrating	5	warning
1	unfrequented	2	unwinking	1	vibration	1	warring
2	unfriendly	2	unwise	1	viciously	1	wary
1	unfurnished	1	unworthily	12	victim	1591	was
1	ungloved	2	unworthy	4	victims	3	was'
1	ungracious	1	unwrinkled	35	victor	4	washed
1	ungravelled	285	up	2	victor's	1	washstand
2	unguarded	1	upholstered	1	victorious	5	wasn't
1	unguardedly	2	uplifted	6	victorovitch	2	wasted
10	unhappy	1	uplifting	23	victorovna	2	wasting
2	unheard	111	upon	2	victory	30	watch
1	unhinged	6	upper	1	vienna	16	watched
1	unholy	3	uppermost	34	view	1	watches
1	unhurried	5	upright	4	views	3	watchful
1	unhurt	1	uproar	1	vigil	9	watching
1	unidentified	1	uproariously	1	vigilance	1	watchman
8	uniform	1	uprooted	2	vigorous	1	watchword
1	uninhabitable	1	uprooting	1	vigorously	21	water
1	uninspiring	5	upset	2	vigour	1	water-mill
1	unintelligent	1	upsetting	6	vile	1	watered
1	uninteresting	1	upside	3	villa	2	waters
2	union	7	upstairs	5	village	6	wave
3	unique	1	upturned	1	villages	3	waved
2	united	2	upward	1	villainy	1	wavering
1	unity	6	upwards	2	villas	1	wax
8	universal	1	urbanity	4	violence	142	way
1	universe	1	urged	1	violences	6	ways
17	university	3	urgent	11	violent	220	we
2	unjust	1	urgently	9	violently	1	we'll
6	unknown	1	urging	1	vipers	8	weak
15	unless	1	urns	1	virility	1	weaker

1	weakling	27	window	2	wrung
12	weakness	1	window-panes	1	wurtemberg
1	weaknesses	1	windowpanes	1	yacht
1	wealth	13	windows	9	yakovlitch
2	wealthy	1	winds	1	yankee
1	weapon	1	wine	3	yard
1	weapons	1	wine-parties	4	yards
1	wear	1	wines	1	yawn
2	wearily	1	wink	3	yawned
2	weariness	1	winking	2	yawning
8	wearing	1	winks	1	yawns
1	wearisome	1	winner's	10	year
1	wears	3	winter	4	year's
15	weary	2	wintry	38	years
1	weather	2	wiped	1	years'
2	weather-stain- ed	5	wisdom	2	yell
		2	wise	4	yellow
2	wedded	17	wish	1	yellowy-white
1	wednesdays	15	wished	147	yes
8	week	4	wishes	2	yesterday
12	weeks	1	wisp	86	yet
1	weeks'	1	wisps	1249	you
1	weep	2	wistful	3	you'
1	weeping	1	witch	2	you'll
3	weigh	1	witchcraft	1	you're
6	weight	1052	with	8	you've
2	weighty	2	withdrawn	159	young
1	weird	3	withdrew	2	younger
1	weirdly	2	withered	1	youngest
4	welcome	2	withheld	239	your
2	welcomed	30	within	4	yours
3	welcoming	156	without	41	yourself
133	well	1	withstand	19	youth
1	well-	1	witness	1	youth's
1	well-bred	1	wizened	2	youthful
1	well-horsed	2	woke	1	youthfully
1	well-lighted	117	woman	1	youths
1	well-proporti- oned	5	woman's	2	zealously
		1	womanly	1	ziegler
1	well-to-do	29	women	2	ziegler's
118	went	1	women's	60	ziemianitch
3	wept	1	won	1	ziemianitch's
252	were	27	won't	7	zosim
4	west	34	wonder	12	zurich
19	western	14	wondered		
4	westerner	13	wonderful		
1	westerners	4	wondering		
4	wet	1	wonders		
446	what	3	wood		
16	what's	1	wood-cutters'		
14	whatever	7	wooden		
1	wheeling	1	woods		
1	wheels	2	woodyard		
197	when	1	wooing		
4	whence	1	woollen		
2	whenever	67	word		
88	where	1	word'		
4	whereas	93	words		
25	whether	8	wore		
306	which	50	work		
99	while	3	worked		
1	whiles	4	worker		
1	whips	12	working		
1	whisked	4	workman		
1	whisker	1	workmen		
3	whiskered	2	works		
4	whiskers	80	world		
8	whisper	1	world's		
9	whispered	4	worldly		
5	whispering	1	worldwide		
3	whispers	1	worm		
1	whistle	2	worn		
1	whit	4	worried		
50	white	2	worry		
3	white-haired	14	worse		
3	whiteness	3	worst		
2	whites	1	worsted		
1	whitewashed	16	worth		
222	who	1	worthless		
2	who's	11	worthy		
38	whole	319	would		
1	whole-hearted	9	wouldn't		
4	wholly	4	wound		
28	whom	3	wounded		
27	whose	1	wounding		
81	why	1	wounds		
1	wicked	5	wrapped		
1	wickedly	1	wrapping		
2	wickedness	1	wrath		
20	wide	1	wrathful		
1	wide-open	1	wreckage		
1	widely	1	wrecking		
3	wider	1	wrench		
1	widespread	1	wrestling		
3	widow	6	wretch		
12	wife	2	wretched		
2	wig	4	wretchedness		
2	wihout	2	wrinkled		
16	wild	1	wrinkles		
1	wild-haired	2	wrist		
1	wilderness	28	write		
3	wildly	5	writer		
1	wilfully	2	writes		
111	will	18	writing		
1	will-power	1	writing-table		
1	willed	21	written		
4	willing	8	wrong		
1	wills	1	wrong-headed- ess		
1	win				
9	wind	13	wrote		
1	winding-sheet	1	wrought-iron		

FIELD OF REFERENCE

UNDER WESTERN EYES
PART FIRST

To begin with I wish to disclaim the possession of those high gifts of imagination and expression which would have enabled my pen to create for the reader the personality of the man who called himself, after the Russian custom, Cyril son of Isidor -- Kirylo Sidorovitch -- Razumov.

If I have ever had these gifts in any sort of living form they have been smothered out of existence a long time ago under a wilderness of words. Words, as is well known, are the great foes of reality. I have been for many years a teacher of languages. It is an occupation which at length becomes fatal to whatever share of imagination, observation, and insight an ordinary person may be heir to. To a teacher of languages there comes a time when the world is but a place of many words and man appears a mere talking animal not much more wonderful than a parrot.

This being so, I could not have observed Mr. Razumov or guessed at his reality by the force of insight, much less have imagined him as he was. Even to invent the mere bald facts of his life would have been utterly beyond my powers. But I think that without this declaration the readers of these pages will be able to detect in the story the marks of documentary evidence. And that is perfectly correct. It is based on a document; all I have brought to it is my knowledge of the Russian language, which is sufficient for what is attempted here. The document, of course, is something in the nature of a journal, a diary, yet not exactly that in its actual form. For instance, most of it was not written up from day to day, though all the entries are dated. Some of these entries cover months of time and extend over dozens of pages. All the earlier part is a retrospect, in a narrative form, relating to an event which took place about a year before.

I must mention that I have lived for a long time in Geneva. A whole quarter of that town, on account of many Russians residing there, is called La Petite Russie -- Little Russia. I had a rather extensive connexion in Little Russia at that time. Yet I confess that I have no comprehension of the Russian character. The illogicality of their attitude, the arbitrariness of their conclusions, the frequency of the exceptional, should present no difficulty to a student of many grammars; but there must be something else in the way, some special human trait -- one of those subtle differences that are beyond the ken of mere professors. What must remain striking to a teacher of languages is the Russians' extraordinary love of words. They gather them up; they cherish them, but they don't hoard them in their breasts; on the contrary, they are always ready to pour them out by the hour or by the night with an enthusiasm, a sweeping abundance, with such an aptness of application sometimes that, as in the case of very accomplished parrots, one can't defend oneself from the suspicion that they really understand what they say. There is a generosity in their ardour of speech which removes it as far as possible from common loquacity; and it is ever too disconnected to be classed as eloquence. . . . But I must apologize for this digression.

It would be idle to inquire why Mr. Razumov has left this record behind him. It is inconceivable that he should have wished any human eye to see it. A mysterious impulse of human nature comes into play here. Putting aside Samuel Pepys, who has forced in this way the door of immortality, innumerable people, criminals, saints, philosophers, young girls, statesmen, and simple imbeciles, have kept self-revealing records from vanity no doubt, but also from other more inscrutable motives. There must be a wonderful soothing power in mere words since so many men have used them for self-communion. Being myself a quiet individual I take it that what all men are really after is some form or perhaps only some formula of peace. Certainly they are crying loud enough for it at the present day. What sort of peace Kirylo Sidorovitch Razumov expected to find in the writing up of his record it passeth my understanding to guess.

The fact remains that he has written it.

Mr. Razumov was a tall, well-proportioned young man, quite unusually dark for a Russian from the Central Provinces. His good looks would have been unquestionable if it had not been for a peculiar lack of fineness in the features. It was as if a face modelled vigorously in wax /with some approach even to a classical correctness of type/ had been held close to a fire till all sharpness of line had been lost in the softening of the material. But even thus he was sufficiently good-looking. His manner, too, was good. In discussion he was easily swayed by argument and authority. With his younger compatriots he took the attitude of an inscrutable listener, a listener of the kind that hears you out intelligently and then -- just changes the subject.

This sort of trick, which may arise either from intellectual insufficiency or from an imperfect trust in one's own convictions, procured for Mr. Razumov a reputation of profundity. Amongst a lot of exuberant talkers, in the habit of exhausting themselves daily by ardent discussion, a comparatively taciturn personality is naturally credited with reserve power. By his comrades at the St. Petersburg University, Kirylo Sidorovitch Razumov, third year's student in philosophy, was looked upon as a strong nature -- an altogether trustworthy man. This, in a country where an opinion may be a legal crime visited by death or sometimes by a fate worse than mere death, meant that he was worthy of being trusted with forbidden opinions. He was liked also for his amiability and for his quiet readiness to oblige his comrades even at the cost of personal inconvenience.

Mr. Razumov was supposed to be the son of an Archpriest and to be protected by a distinguished nobleman -- perhaps of his own distant province. But his outward appearance accorded badly with such humble origin. Such a descent was not credible. It was, indeed, suggested that Mr. Razumov was the son of an Archpriest's pretty daughter -- which, of course, would put a different complexion on the matter. This theory also rendered intelligible the protection of the distinguished nobleman. All this, however, had never been investigated maliciously or otherwise. No one knew or cared who the nobleman in question was. Razumov received a modest but very sufficient allowance from the hands of an obscure attorney, who seemed to act as his guardian in some measure. Now and then he appeared at some professor's informal reception. Apart from that Razumov was not known to have any social relations in the town. He attended the obligatory lectures regularly and was considered by the authorities as a very promising student. He worked at home in the manner of a man who means to get on, but did not shut himself up severely for that purpose. He was always accessible, and there was nothing secret or reserved in his life.

(I)

The origin of Mr. Razumov's record is connected with an event characteristic of modern Russia in the actual fact: the assassination of a prominent statesman -- and still more characteristic of the moral corruption of an oppressed society where the noblest aspirations of humanity, the desire of freedom, an ardent patriotism, the love of justice, the sense of pity, and even the fidelity of simple minds are prostituted to the lusts of hate and fear, the inseparable companions of an uneasy despotism.

The fact alluded to above is the successful attempt on the life of Mr. de P -- , the President of the notorious Repressive Commission of some years ago, the Minister of State invested with extraordinary powers. The newspapers made noise enough about that fanatical, narrow-chested figure in gold-laced uniform, with a face of crumpled parchment, insipid, bespectacled eyes, and the cross of the Order of St. Procopius hung under the skinny throat. For a time, it may be remembered, not a month passed without his portrait appearing in some one of the illustrated papers of Europe. He served the monarchy by imprisoning, exiling, or sending to the gallows men and women, young and old, with an equable, unwearied industry. In his mystic acceptance of the principle of autocracy he was bent on extirpating from the land every vestige of anything that resembled freedom in public institutions; and in his ruthless persecution of the rising generation he seemed to aim at the destruction of the very hope of liberty itself.

It is said that this execrated personality had not enough imagination to be aware of the hate he inspired. It is hardly credible; but it is a fact that he took very few precautions for his safety. In the preamble of a certain famous State paper he had declared once that "the thought of liberty has never existed in the Act of the Creator. From the multitude of men's counsel nothing could come but revolt and disorder; and revolt and disorder in a world created for obedience and stability is sin. It was not Reason but Authority which expressed the Divine Intention. God was the Autocrat of the Universe. . . ." It may be that the man who made this declaration believed that heaven itself was bound to protect him in his remorseless defence of Autocracy on this earth.

No doubt the vigilance of the police saved him many times; but, as a matter of fact, when his appointed fate overtook him, the competent authorities could not have given him any warning. They had no knowledge of any conspiracy against the Minister's life, had no hint of any plot through their usual channels of information, had seen no signs, were aware of no suspicious movements or dangerous persons.

Mr. de P -- was being driven towards the railway station in a two-horse uncovered sleigh with footman and coachman on the box. Snow had been falling all night, making the roadway, uncleared as yet at this early hour, very heavy for the horses. It was still falling thickly. But the sleigh must have been observed and marked down. As it drew over to the left before taking a turn, the footman noticed a peasant walking slowly on the edge of the pavement with his hands in the pockets of his sheepskin coat and his shoulders hunched up to his ears under the falling snow. On being overtaken this peasant suddenly faced about and swung his arm. In an instant there was a terrible shock, a detonation muffled in the multitude of snowflakes; both horses lay dead and mangled on the ground and the coachman, with a shrill cry, had fallen off the box mortally wounded. The footman /who survived/ had no time to see the face of the man in the sheepskin coat. After throwing the bomb this last got away, but it is supposed that, seeing a lot of people surging up on all sides of him in the falling snow, and all running towards the scene of the explosion, he thought it safer to turn back with them.

In an incredibly short time an excited crowd assembled round the sledge. The Minister-President, getting out unhurt into the deep snow, stood near the groaning coachman and addressed the people repeatedly in his weak, colourless voice: "I beg of you to keep off. For the love of God, I beg of you good people to keep off."

It was then that a tall young man who had remained standing perfectly still within a carriage gateway, two houses lower down, stepped out into the street and walking up rapidly flung another bomb over the heads of the crowd. It actually struck the Minister-President on

the shoulder as he stooped over his dying servant, then
falling between his feet exploded with a terrific con-
centrated violence, striking him dead to the ground,
finishing the wounded man and practically annihilating
the empty sledge in the twinkling of an eye. With a
yell of horror the crowd broke up and fled in all direc-
tions, except for those who fell dead or dying where they
stood nearest to the Minister-President, and one or two
others who did not fall till they had run a little way.
  The first explosion had brought together a crowd
as if by enchantment, the second made as swiftly a
solitude in the street for hundreds of yards in each
direction. Through the falling snow people looked from
afar at the small heap of dead bodies lying upon each
other near the carcases of the two horses. Nobody
dared to approach till some Cossacks of a street-patrol
galloped up and, dismounting, began to turn over the
dead. Amongst the innocent victims of the second
explosion laid out on the pavement there was a body
dressed in a peasant's sheepskin coat; but the face was
unrecognisable, there was absolutely nothing found in the
pockets of its poor clothing, and it was the only one
whose identity was never established.
  That day Mr. Razumov got up at his usual hour and
spent the morning within the University buildings
listening to the lectures and working for some time in
the library. He heard the first vague rumour of some-
thing in the way of bomb-throwing at the table of the
students' ordinary, where he was accustomed to eat his
two o'clock dinner. But this rumour was made up of
mere whispers, and this was Russia, where it was not
always safe, for a student especially, to appear too much
interested in certain kinds of whispers. Razumov was
one of those men who, living in a period of mental and
political unrest, keep an instinctive hold on normal
practical, everyday life. He was aware of the emotional
tension of his time; he even responded to it in an
indefinite way. But his main concern was with his work,
his studies, with his own future.
  Officially and in fact without a family /for the
daughter of the Archpriest had long been dead/, no home
influences had shaped his opinions or his feelings. He
was as lonely in the world as a man swimming in the
deep sea. The word Razumov was the mere label of a
solitary individuality. There were no Razumovs belonging
to him anywhere. His closest parentage was defined in
the statement that he was a Russian. Whatever good
he expected from life would be given to or withheld from
his hopes by that connexion alone. This immense
parentage suffered from the throes of internal dissensions,
and he shrank mentally from taking definite sides in a violent
family quarrel.
  Razumov, going home, reflected that having prepared
all the matters of the forthcoming examination, he could
now devote his time to the subject of the prize essay.
He hankered after the silver medal. The prize was
offered by the Ministry of Education; the names of the
competitors would be submitted to the Minister himself.
The mere fact of trying would be considered meritorious
in the higher quarters; and the possessor of the prize
would have a claim to an administrative appointment of
the better sort after he had taken his degree. The
student Razumov in an access of elation forgot the
dangers menacing the stability of the institutions which
give rewards and appointments. But remembering the
medallist of the year before, Razumov, the young man
of no parentage, was sobered. He and some others
happened to be assembled in their comrade's rooms at
the very time when that last received the official advice
of his success. He was a quiet, unassuming young man:
"Forgive me," he had said with a faint apologetic smile
and taking up his cap, "I am going out to order up some
wine. But I must first send a telegram to my folk at
home. I say! Won't the old people make it a festive
time for the neighbours for twenty miles around our place."
  Razumov thought there was nothing of that sort for
him in the world. His success would matter to no one.
But he felt no bitterness against the nobleman his
protector, who was not a provincial magnate as was
generally supposed. He was in fact nobody less than
Prince K--, once a great and splendid figure in the
world and now, his day being over, a Senator and a
gouty invalid, living in a still splendid but more
domestic manner. He had some young children and a
wife as aristocratic and proud as himself.
  In all his life Razumov was allowed only once to
come into personal contact with the Prince.
  It had the air of a chance meeting in the little
attorney's office. One day Razumov, coming in by
appointment, found a stranger standing there -- a tall,
aristocratic-looking personage with silky, grey side-
whiskers. The bald-headed, sly little lawyer-fellow
called out, "Come in -- come in, Mr. Razumov," with a
sort of ironic heartiness. Then turning deferentially to
the stranger with the grand air, "A ward of mine, your
Excellency. One of the most promising students of his
faculty in the St. Petersburg University."
  To his intense surprise Razumov saw a white shapely
hand extended to him. He took it in great confusion /it
was soft and passive/ and heard at the same time a
condescending murmur in which he caught only the
words "Satisfactory" and "Persevere." But the most
amazing thing of all was to feel suddenly a distinct
pressure of the white shapely hand just before it was
withdrawn: a light pressure like a secret sign. The
emotion of it was terrible. Razumov's heart seemed to
leap into his throat. When he raised his eyes the
aristocratic personage, motioning the little lawyer aside,
had opened the door and was going out.
  The attorney rummaged amongst the papers on his
desk for a time. "Do you know who that was?" he
asked suddenly.
  Razumov, whose heart was thumping hard yet,
shook his head in silence.
  "That was Prince K--. You wonder what he
could be doing in the hole of a poor legal rat like my-
self -- eh? These awfully great people have their senti-
mental curiosities like common sinners. But if I were
you, Kirylo Sidorovitch," he continued, leering and lay-
ing a peculiar emphasis on the patronymic, "I wouldn't
boast at large of the introduction. It would not be
prudent, Kirylo Sidorovitch. Oh dear no! It would
be in fact dangerous for your future."
  The young man's ears burned like fire; his sight
was dim. "That man!" Razumov was saying to him-
self. "He!"
  Henceforth it was by this monosyllable that Mr.
Razumov got into the habit of referring mentally to the
stranger with grey silky side-whiskers. From that time
too, when walking in the more fashionable quarters, he
noted with interest the magnificent horses and carriages
with Prince K--'s liveries on the box. Once he saw
the Princess get out -- she was shopping -- followed by
two girls, of which one was nearly a head taller than
the other. Their fair hair hung loose down their backs
in the English style; they had merry eyes, their coats,
muffs, and little fur caps were exactly alike, and their
cheeks and noses were tinged a cheerful pink by the
frost. They crossed the pavement in front of him, and
Razumov went on his way smiling shyly to himself.
"His" daughters. They resembled "Him." The young
man felt a glow of warm friendliness towards these girls
who would never know of his existence. Presently they
would marry Generals or Kammerherrs and have girls
and boys of their own, who perhaps would be aware of
him as a celebrated old professor, decorated, possibly a
Privy Councillor, one of the glories of Russia -- nothing
more!
  But a celebrated professor was a somebody. Dis-
tinction would convert the label Razumov into an
honoured name. There was nothing strange in the
student Razumov's wish for distinction. A man's real
life is that accorded to him in the thoughts of other
men by reason of respect or natural love. Returning
home on the day of the attempt on Mr. de P--'s life
Razumov resolved to have a good try for the silver
medal.
  Climbing slowly the four flights of the dark, dirty
staircase in the house where he had his lodgings, he felt
confident of success. The winner's name would be
published in the papers on New Year's Day. And at
the thought that "He" would most probably read it
there, Razumov stopped short on the stairs for an instant,
then went on smiling faintly at his own emotion. "This
is but a shadow," he said to himself, "but the medal is
a solid beginning."
  With those ideas of industry in his head the warmth
of his room was agreeable and encouraging. "I shall
put in four hours of good work," he thought. But no
sooner had he closed the door than he was horribly
startled. All black against the usual tall stove of white
tiles gleaming in the dusk, stood a strange figure, wear-
ing a skirted, close-fitting, brown cloth coat strapped
round the waist, in long boots, and with a little Astra-
khan cap on its head. It loomed lithe and martial.
Razumov was utterly confounded. It was only when
the figure advancing two paces asked in an untroubled,
grave voice if the outer door was closed that he regained
his power of speech.
  "Haldin! . . . Victor Victorovitch! . . . Is that
you? . . . Yes. The outer door is shut all right. But
this is indeed unexpected."
  Victor Haldin, a student older than most of his con-
temporaries at the University, was not one of the
industrious set. He was hardly ever seen at lectures;
the authorities had marked him as "restless" and "un-
sound" -- very bad notes. But he had a great personal
prestige with his comrades and influenced their thoughts.
Razumov had never been intimate with him. They had
met from time to time at gatherings in other students'
houses. They had even had a discussion together -- one
of those discussions on first principles dear to the san-
guine minds of youth.
  Razumov wished the man had chosen some other
time to come for a chat. He felt in good trim to tackle
the prize essay. But as Haldin could not be slightingly
dismissed Razumov adopted the tone of hospitality,
asking him to sit down and smoke.
  "Kirylo Sidorovitch," said the other, flinging off his
cap, "we are not perhaps in exactly the same camp. Your
judgment is more philosophical. You are a man of few
words, but I haven't met anybody who dared to doubt
the generosity of your sentiments. There is a solidity
about your character which cannot exist without courage."
  Razumov felt flattered and began to murmur shyly
something about being very glad of his good opinion,
when Haldin raised his hand.
  "That is what I was saying to myself," he continued,
"as I dodged in the woodyard down by the river-side.
'He has a strong character this young man,' I said to
myself. 'He does not throw his soul to the winds.'
Your reserve has always fascinated me, Kirylo Sidor-
ovitch. So I tried to remember your address. But look
here -- it was a piece of luck. Your dvornik was away
from the gate talking to a sleigh-driver on the other
side of the street. I met no one on the stairs, not a
soul. As I came up to your floor I caught sight of
your landlady coming out of your rooms. But she did
not see me. She crossed the landing to her own side,
and then I slipped in. I have been here two hours
expecting you to come in every moment."

14.01 Razumov had listened in astonishment; but before
14.02 he could open his mouth Haldin added, speaking deliber-
14.03 ately, "It was I who removed de P -- this morning."
14.04 Razumov kept down a cry of dismay. The senti-
14.05 ment of his life being utterly ruined by this contact with
14.06 such a crime expressed itself quaintly by a sort of half--
14.07 derisive mental exclamation, "There goes my silver
14.08 medal!"
14.09 Haldin continued after waiting a while --
14.10 "You say nothing, Kirylo Sidorovitch! I under-
14.11 stand your silence. To be sure, I cannot expect you
14.12 with your frigid English manner to embrace me. But
14.13 never mind your manners. You have enough heart to
14.14 have heard the sound of weeping and gnashing of teeth
14.15 this man raised in the land. That would be enough to
14.16 get over any philosophical hopes. He was uprooting
14.17 the tender plant. He had to be stopped. He was a
14.18 dangerous man -- a convinced man. Three more years
14.19 of his work would have put us back fifty years into
14.20 bondage -- and look at all the lives wasted, at all the
14.21 souls lost in that time."
14.22 His curt, self-confident voice suddenly lost its ring
14.23 and it was in a dull tone that he added, "Yes, brother,
14.24 I have killed him. It's weary work."
14.25 Razumov had sunk into a chair. Every moment he
14.26 expected a crowd of policemen to rush in. There must
14.27 have been thousands of them out looking for that man
14.28 walking up and down in his room. Haldin was talking
14.29 again in a restrained, steady voice. Now and then he
14.30 flourished an arm, slowly, without excitement.
14.31 He told Razumov how he had brooded for a year;
14.32 how he had not slept properly for weeks. He and
14.33 "Another" had a warning of the Minister's movements
14.34 from "a certain person" late the evening before. He
14.35 and that "Another" prepared their "engines" and
15.01 resolved to have no sleep till "the deed" was done.
15.02 They walked the streets under the falling snow with the
15.03 "engines" on them, exchanging not a word the livelong
15.04 night. When they happened to meet a police patrol
15.05 they took each other by the arm and pretended to be a
15.06 couple of peasants on the spree. They reeled and talked
15.07 in drunken hoarse voices. Except for these strange out-
15.08 breaks they kept silence, moving on ceaselessly. Their
15.09 plans had been previously arranged. At daybreak they
15.10 made their way to the spot which they knew the sledge
15.11 must pass. When it appeared in sight they exchanged
15.12 a muttered good-bye and separated. The "other"
15.13 remained at the corner, Haldin took up a position a
15.14 little farther up the street. . . .
15.15 After throwing his "engine" he ran off and in a
15.16 moment was overtaken by the panic-struck people flying
15.17 away from the spot after the second explosion. They
15.18 were wild with terror. He was jostled once or twice.
15.19 He slowed down for the rush to pass him and then
15.20 turned to the left into a narrow street. There he was
15.21 alone.
15.22 He marvelled at this immediate escape. The work
15.23 was done. He could hardly believe it. He fought with
15.24 an almost irresistible longing to lie down on the pavement
15.25 and sleep. But this sort of faintness -- a drowsy faintness
15.26 -- passed off quickly. He walked faster, making his way
15.27 to one of the poorer parts of the town in order to look
15.28 up Ziemianitch.
15.29 This Ziemianitch, Razumov understood, was a sort
15.30 of town-peasant who had got on; owner of a small
15.31 number of sledges and horses for hire. Haldin paused
15.32 in his narrative to exclaim --
15.33 "A bright spirit! A hardy soul! The best driver
15.34 in St. Petersburg. He has a team of three horses
15.35 there. . . . Ah! He's a fellow!"
16.01 This man had declared himself willing to take out
16.02 safely, at any time, one or two persons to the second or
16.03 third railway station on one of the southern lines. But
16.04 there had been no time to warn him the night before.
16.05 His usual haunt seemed to be a low-class eating-house
16.06 on the outskirts of the town. When Haldin got there
16.07 the man was not to be found. He was not expected to
16.08 turn up again till the evening. Haldin wandered away
16.09 restlessly.
16.10 He saw the gate of a woodyard open and went in
16.11 to get out of the wind which swept the bleak broad
16.12 thoroughfare. The great rectangular piles of cut wood
16.13 loaded with snow resembled the huts of a village. At
16.14 first the watchman who discovered him crouching amongst
16.15 them talked in a friendly manner. He was a dried-up
16.16 old man wearing two ragged army coats one over the
16.17 other; his wizened little face, tied up under the jaw and
16.18 over the ears in a dirty red handkerchief, looked comical.
16.19 Presently he grew sulky, and then all at once without
16.20 rhyme or reason began to shout furiously.
16.21 "Aren't you ever going to clear out of this, you
16.22 loafer? We know all about factory hands of your sort.
16.23 A big, strong, young chap! You aren't even drunk.
16.24 What do you want here? You don't frighten us. Take
16.25 yourself and your ugly eyes away."
16.26 Haldin stopped before the sitting Razumov. His
16.27 supple figure, with the white forehead above which the
16.28 fair hair stood straight up, had an aspect of lofty daring.
16.29 "He did not like my eyes," he said. "And so . . .
16.30 here I am."
16.31 Razumov made an effort to speak calmly.
16.32 "But pardon me, Victor Victorovitch. We know
16.33 each other so little. . . . I don't see why you. . ."
16.34 "Confidence," said Haldin.
16.35 This word sealed Razumov's lips as if a hand had
17.01 been clapped on his mouth. His brain seethed with
17.02 arguments.
17.03 "And so -- here you are," he muttered through his
17.04 teeth.
17.05 The other did not detect the tone of anger. Never
17.06 suspected it.
17.07 "Yes. And nobody knows I am here. You are the
17.08 last person that could be suspected -- should I get caught.
17.09 That's an advantage, you see. And then -- speaking to a
17.10 superior mind like yours I can well say all the truth. It
17.11 occurred to me that you -- you have no one belonging to
17.12 you -- no ties, no one to suffer for it if this came out by
17.13 some means. There have been enough ruined Russian
17.14 homes as it is. But I don't see how my passage through
17.15 your rooms can be ever known. If I should be got hold
17.16 of, I'll know how to keep silent -- no matter what they
17.17 may be pleased to do to me," he added grimly.
17.18 He began to walk again while Razumov sat still
17.19 with indignation.
17.20 "You thought that -- " he faltered out almost sick
17.21 with indignation.
17.22 "Yes, Razumov. Yes, brother. Some day you shall
17.23 help to build. You suppose that I am a terrorist, now
17.24 -- a destructor of what is, but consider that the true
17.25 destroyers are they who destroy the spirit of progress and
17.26 truth, not the avengers who merely kill the bodies of the
17.27 persecutors of human dignity. Men like me are necessary
17.28 to make room for self-contained, thinking men like you.
17.29 Well, we have made the sacrifice of our lives, but all the
17.30 same I want to escape if it can be done. It is not my
17.31 life I want to save, but my power to do. I won't live
17.32 idle. On no! Don't make any mistake, Razumov. Men
17.33 like me are rare. And, besides, an example like this is
17.34 more awful to oppressors when the perpetrator vanishes
17.35 without a trace. They sit in their offices and palaces and
18.01 quake. All I want you to do is to help me to vanish.
18.02 No great matter that. Only to go by and by and see
18.03 Ziemianitch for me at that place where I went this morn-
18.04 ing. Just tell him, ' He whom you know wants a well--
18.05 horsed sledge to pull up half an hour after midnight at
18.06 the seventh lamp-post on the left counting from the upper
18.07 end of Karabelnaya. If nobody gets in, the sledge is to
18.08 run round a block or two, so as to come back past the
18.09 same spot in ten minutes' time. ' "
18.10 Razumov wondered why he had not cut short that
18.11 talk and told this man to go away long before. Was it
18.12 weakness or what?
18.13 He concluded that it was a sound instinct. Haldin
18.14 must have been seen. It was impossible that some people
18.15 should not have noticed the face and appearance of the
18.16 man who threw the second bomb. Haldin was a notice-
18.17 able person. The police in their thousands must have
18.18 had his description within the hour. With every moment
18.19 the danger grew. Sent out to wander in the streets he
18.20 could not escape being caught in the end.
18.21 The police would very soon find out all about him.
18.22 They would set about discovering a conspiracy. Every-
18.23 body Haldin had ever known would be in the greatest
18.24 danger. Unguarded expressions, little facts in themselves
18.25 innocent would be counted for crimes. Razumov remem-
18.26 bered certain words he said, the speeches he had listened
18.27 to, the harmless gatherings he had attended -- it was almost
18.28 impossible for a student to keep out of that sort of thing,
18.29 without becoming suspect to his comrades.
18.30 Razumov saw himself shut up in a fortress, worried,
18.31 badgered, perhaps ill-used. He saw himself deported by
18.32 an administrative order, his life broken, ruined, and robbed
18.33 of all hope. He saw himself -- at best -- leading a miser-
18.34 able existence under police supervision, in some small, far-
18.35 away provincial town, without friends to assist his necessities
19.01 or even take any steps to alleviate his lot -- as others
19.02 had. Others had fathers, mothers, brothers, relations,
19.03 connexions, to move heaven and earth on their behalf
19.04 -- he had no one. The very officials that sentenced him
19.05 some morning would forget his existence before sunset.
19.06 He saw his youth pass away from him in misery and
19.07 half starvation -- his strength give way, his mind become
19.08 an abject thing. He saw himself creeping, broken down
19.09 and shabby, about the streets -- dying unattended in some
19.10 filthy hole of a room, or on the sordid bed of a Govern-
19.11 ment hospital.
19.12 He shuddered. Then the peace of bitter calmness
19.13 came over him. It was best to keep this man out of the
19.14 streets till he could be got rid of with some chance
19.15 of escaping. That was the best that could be done.
19.16 Razumov, of course, felt the safety of his lonely existence
19.17 to be permanently endangered. This evening's doings
19.18 could turn up against him at any time as long as this
19.19 man lived and the present institutions endured. They
19.20 appeared to him rational and indestructible at that
19.21 moment. They had a force of harmony -- in contrast
19.22 with the horrible discord of this man's presence. He
19.23 hated the man. He said quietly --
19.24 "Yes, of course, I will go. You must give me
19.25 precise directions, and for the rest -- depend on me."
19.26 "Ah! You are a fellow! Collected -- cool as a
19.27 cucumber. A regular Englishman. Where did you get
19.28 your soul from? There aren't many like you. Look
19.29 here, brother! Men like me leave no posterity, but
19.30 their souls are not lost. No man's soul is ever lost. It
19.31 works for itself -- or else where would be the sense of
19.32 self-sacrifice, of martyrdom, of conviction, of faith -- the
19.33 labours of the soul? What will become of my soul when
19.34 I die in the way I must die -- soon -- very soon perhaps?
19.35 It shall not perish. Don't make a mistake, Razumov.
20.01 This is not murder -- it is war, war. My spirit shall go
20.02 on warring in some Russian body till all falsehood is
20.03 swept out of the world. The modern civilization is false,
20.04 but a new revelation shall come out of Russia. Ha!
20.05 you say nothing. You are a sceptic. I respect your
20.06 philosophical scepticism, Razumov, but don't touch the
20.07 soul. The Russian soul that lives in all of us. It has
20.08 a future. It has a mission, I tell you, or else why should
20.09 I have been moved to do this -- reckless -- like a butcher
20.10 -- in the middle of all these innocent people -- scattering
20.11 death -- I! I! . . . I wouldn't hurt a fly!"
20.12 "Not so loud," warned Razumov harshly.

20.13 Haldin sat down abruptly, and leaning his head on
20.14 his folded arms burst into tears. He wept for a long
20.15 time. The dusk had deepened in the room. Razumov,
20.16 motionless in sombre wonder, listened to the sobs.
20.17 The other raised his head, got up and with an effort
20.18 mastered his voice.
20.19 "Yes. Men like me leave no posterity," he repeated
20.20 in a subdued tone. "I have a sister though. She's with
20.21 my old mother -- I persuaded them to go abroad this
20.22 year -- thank God. Not a bad little girl my sister. She
20.23 has the most trustful eyes of any human being that ever
20.24 walked this earth. She will marry well, I hope. She
20.25 may have children -- sons perhaps. Look at me. My
20.26 father was a Government official in the provinces. He
20.27 had a little land too. A simple servant of God -- a true
20.28 Russian in his way. His was the soul of obedience.
20.29 But I am not like him. They say I resemble my
20.30 mother's eldest brother, an officer. They shot him in
20.31 '28. Under Nicholas, you know. Haven't I told you
20.32 that this is war, war. . . . But God of Justice! This is
20.33 weary work."
20.34 Razumov, in his chair, leaning his head on his hand,
20.35 spoke as if from the bottom of an abyss.
21.01 "You believe in God, Haldin?"
21.02 "There you go catching at words that are wrung
21.03 from one. What does it matter? What was it the
21.04 Englishman said: ' There is a divine soul in things . . .'
21.05 Devil take him -- I don't remember now. But he spoke
21.06 the truth. When the day of you thinkers comes don't
21.07 you forget what's divine in the Russian soul -- and that's
21.08 resignation. Respect that in your intellectual restless-
21.09 ness and don't let your arrogant wisdom spoil its message
21.10 to the world. I am speaking to you now like a man
21.11 with a rope round his neck. What do you imagine I
21.12 am? A being in revolt? No. It's you thinkers who
21.13 are in everlasting revolt. I am one of the resigned.
21.14 When the necessity of this heavy work came to me and
21.15 I understood that it had to be done -- what did I do?
21.16 Did I exult? Did I take pride in my purpose? Did I
21.17 try to weigh its worth and consequences? No! I was
21.18 resigned. I thought ' God's will be done. ' "
21.19 He threw himself full length on Razumov's bed and
21.20 putting the backs of his hands over his eyes remained
21.21 perfectly motionless and silent. Not even the sound of
21.22 his breathing could be heard. The dead stillness of the
21.23 room remained undisturbed till in the darkness Razumov
21.24 said gloomily --
21.25 "Haldin."
21.26 "Yes," answered the other readily, quite invisible
21.27 now on the bed and without the slightest stir.
21.28 "Isn't it time for me to start?"
21.29 "Yes, brother." The other was heard, lying still in
21.30 the darkness as though he were talking in his sleep.
21.31 "The time has come to put fate to the test."
21.32 He paused, then gave a few lucid directions in the
21.33 quiet impersonal voice of a man in a trance. Razumov
21.34 made ready without a word of answer. As he was
21.35 leaving the room the voice on the bed said after him --
22.01 "Go with God, thou silent soul."
22.02 On the landing, moving softly, Razumov locked the
22.03 door and put the key in his pocket.
22.04 (II)
22.05 The words and events of that evening must have
22.06 been graven as if with a steel tool on Mr. Razumov's
22.07 brain since he was able to write his relation with such
22.08 fullness and precision a good many months afterwards.
22.09 The record of the thoughts which assailed him in
22.10 the street is even more minute and abundant. They
22.11 seem to have rushed upon him with the greater freedom
22.12 because his thinking powers were no longer crushed by
22.13 Haldin's presence -- the appalling presence of a great
22.14 crime and the stunning force of a great fanaticism. On
22.15 looking through the pages of Mr. Razumov's diary I
22.16 own that a "rush of thoughts" is not an adequate
22.17 image.
22.18 The more adequate description would be a tumult
22.19 of thoughts -- the faithful reflection of the state of his
22.20 feelings. The thoughts in themselves were not
22.21 numerous -- they were like the thoughts of most human
22.22 beings, few and simple -- but they cannot be reproduced
22.23 here in all their exclamatory repetitions which went on
22.24 in an endless and weary turmoil -- for the walk was long.
22.25 If to the Western reader they appear shocking,
22.26 inappropriate, or even improper, it must be remembered
22.27 that as to the first this may be the effect of my crude
22.28 statement. For the rest I will only remark here that
22.29 this is not a story of the West of Europe.
22.30 Nations it may be have fashioned their Governments,
22.31 but the Governments have paid them back in the same
22.32 coin. It is unthinkable that any young Englishman
23.01 should find himself in Razumov's situation. This being
23.02 so it would be a vain enterprise to imagine what he
23.03 would think. The only safe surmise to make is that
23.04 he would not think as Mr. Razumov thought at this
23.05 crisis of his fate. He would not have an hereditary
23.06 and personal knowledge of the means by which a
23.07 historical autocracy represses ideas, guards its power,
23.08 and defends its existence. By an act of mental
23.09 extravagance he might imagine himself arbitrarily
23.10 thrown into prison, but it would never occur to him
23.11 unless he were delirious /and perhaps not even then/
23.12 that he could be beaten with whips as a practical
23.13 measure either of investigation or of punishment.
23.14 This is but a crude and obvious example of the
23.15 different conditions of western thought. I don't know
23.16 that this danger occurred, specially to Mr. Razumov.
23.17 No doubt it entered unconsciously into the general
23.18 dread and the general appallingness of this crisis.
23.19 Razumov, as has been seen, was aware of more sublte
23.20 ways in which an individual may be undone by the
23.21 proceedings of a despotic Government. A simple
23.22 expulsion from the University /the very least that could
23.23 happen to him/, with an impossibility to continue his
23.24 studies anywhere, was enough to ruin utterly a young
23.25 man depending entirely upon the development of his
23.26 natural abilities for his place in the world. He was
23.27 a Russian: and for him to be implicated meant simply
23.28 sinking into the lowest social depths amongst the
23.29 hopeless and the destitute -- the night birds of the
23.30 city.
23.31 The peculiar circumstances of Razumov's parentage,
23.32 or rather of his lack of parentage, should be taken into
23.33 the account of his thoughts. And he remembered them
23.34 too. He had been lately reminded of them in a
23.35 peculiarly atrocious way by this fatal Haldin. "Because
24.01 I haven't that, must everything else be taken away from
24.02 me?" he thought.
24.03 He nerved himself for another effort to go on.
24.04 Along the roadway sledges glided phantom-like and
24.05 jingling through a fluttering whiteness on the black
24.06 face of the night. "For it is a crime," he was saying
24.07 to himself. "A murder is a murder. Though, of
24.08 course, some sort of liberal institutions. . . ."
24.09 A feeling of horrible sickness came over him. "I
24.10 must be courageous," he exhorted himself mentally.
24.11 All his strength was suddenly gone as if taken out
24.12 by a hand. Then by a mighty effort of will it came
24.13 back because he was afraid of fainting in the street
24.14 and being picked up by the police with the key of his
24.15 lodgings in his pocket. They would find Haldin there,
24.16 and then, indeed, he would be undone.
24.17 Strangely enough it was this fear which seems to
24.18 have kept him up to the end. The passers-by were
24.19 rare. They came upon him suddenly, looming up black
24.20 in the snowflakes close by, then vanishing all at once --
24.21 without footfalls.
24.22 It was the quarter of the very poor. Razumov
24.23 noticed an elderly woman tied up in ragged shawls.
24.24 Under the street lamp she seemed a beggar off duty.
24.25 She walked leisurely in the blizzard as though she had
24.26 no home to hurry to, she hugged under one arm a round
24.27 loaf of black bread with an air of guarding a priceless
24.28 booty: and Razumov averting his glance envied her
24.29 the peace of her mind and the serenity of her fate.
24.30 To one reading Mr. Razumov's narrative it is really
24.31 a wonder how he managed to keep going as he did
24.32 along one interminable street after another on pave-
24.33 ments that were gradually becoming blocked with snow.
24.34 It was the thought of Haldin locked up in his rooms
24.35 and the desperate desire to get rid of his presence which
25.01 drove him forward. No rational determination had any
25.02 part in his exertions. Thus, when on arriving at the
25.03 low eating-house he heard that the man of horses,
25.04 Ziemianitch, was not there, he could only stare stupidly.
25.05 The waiter, a wild-haired youth in tarred boots and
25.06 a pink shirt, exclaimed, uncovering his pale gums in a
25.07 silly grin, that Ziemianitch had got his skinful early in
25.08 the afternoon and had gone away with a bottle under
25.09 each arm to keep it up amongst the horses -- he supposed.
25.10 The owner of the vile den, a bony short man in a
25.11 dirty cloth caftan coming down to his heels, stood by,
25.12 his hands tucked into his belt, and nodded confirmation.
25.13 The reek of spirits, the greasy rancid steam of food
25.14 got Razumov by the throat. He struck a table with his
25.15 clenched hand and shouted violently --
25.16 "You lie."
25.17 Bleary unwashed faces were turned to his direction.
25.18 A mild-eyed ragged tramp drinking tea at the next table
25.19 moved farther away. A murmur of wonder arose with
25.20 an undertone of uneasiness. A laugh was heard too, and
25.21 an exclamation, "There! there!" jeeringly soothing.
25.22 The waiter looked all round and announced to the room --
25.23 "The gentleman won't believe that Ziemianitch is
25.24 drunk."
25.25 From a distant corner a hoarse voice belonging to a
25.26 horrible, nondescript, shaggy being with a black face like
25.27 the muzzle of a bear grunted angrily --
25.28 "The cursed driver of thieves. What do we want
25.29 with his gentlemen here? We are all honest folk in this
25.30 place."
25.31 Razumov, biting his lip till blood came to keep him-
25.32 self from bursting into imprecations, followed the owner
25.33 of the den, who, whispering "Come along, little father,"
25.34 led him into a tiny hole of a place behind the wooden
25.35 counter, whence proceeded a sound of splashing. A wet
26.01 and bedraggled creature, a sort of sexless and shivering
26.02 scarecrow, washed glasses in there, bending over a wooden
26.03 tub by the light of a tallow dip.
26.04 "Yes, little father," the man in the long caftan said
26.05 plaintively. He had a brown, cunning little face, a thin
26.06 greyish beard. Trying to light a tin lantern he hugged
26.07 it to his breast and talked garrulously the while.
26.08 He would show Ziemianitch to the gentleman to
26.09 prove there were no lies told. And he would show him
26.10 drunk. His woman, it seems, ran away from him last
26.11 night. "Such a hag she was! Thin! Pfui!" He
26.12 spat. They were always running away from that driver
26.13 of the devil -- and he sixty years old too; could never
26.14 get used to it. But each heart knows sorrow after its
26.15 own kind and Ziemianitch was a born fool all his days.
26.16 And then he would fly to the bottle. " ' Who could
26.17 bear life in our land without the bottle? ' he says. A
26.18 proper Russian man -- the little pig. . . . Be pleased to
26.19 follow me."
26.20 Razumov crossed a quadrangle of deep snow enclosed
26.21 between high walls with innumerable windows. Here
26.22 and there a dim yellow light hung within the four-square
26.23 mass of darkness. The house was an enormous slum, a
26.24 hive of human vermin, a monumental abode of misery
26.25 towering on the verge of starvation and despair.
26.26 In a corner the ground sloped sharply down, and
26.27 Razumov followed the light of the lantern through a

small doorway into a long cavernous place like a
neglected subterranean byre. Deep within, three shaggy
little horses tied up to rings hung their heads together,
motionless and shadowy in the dim light of the lantern.
It must have been the famous team of Haldin's escape.
Razumov peered fearfully into the gloom. His guide
pawed in the straw with his foot.

"Here he is. Ah! the little pigeon. A true Russian
man. 'No heavy hearts for me,' he says. 'Bring out
the bottle and take your ugly mug out of my sight.'
Ha! ha! ha! That's the fellow he is."

He held the lantern over a prone form of a man,
apparently fully dressed for outdoors. His head was lost
in a pointed cloth hood. On the other side of a heap of
straw protruded a pair of feet in monstrous thick boots.

"Always ready to drive," commented the keeper of
the eating-house. "A proper Russian driver that.
Saint or devil, night or day is all one to Ziemianitch
when his heart is free from sorrow. 'I don't ask who you
are, but where you want to go,' he says. He would
drive Satan himself to his own abode and come back
chirruping to his horses. Many a one he has driven who
is clanking his chains in the Nertchinsk mines by this
time."

Razumov shuddered.

"Call him, wake him up," he faltered out.

The other set down his light, stepped back and
launched a kick at the prostrate sleeper. The man shook
at the impact but did not move. At the third kick he
grunted but remained inert as before.

The eating-house keeper desisted and fetched a deep
sigh.

"You see for yourself how it is. We have done
what we can for you."

He picked up the lantern. The intense black spokes
of shadow swung about in the circle of light. A terrible
fury -- the blind rage of self-preservation -- possessed
Razumov.

"Ah! The vile beast," he bellowed out in an un-
earthly tone which made the lantern jump and tremble!
"I shall wake you! Give me . . . Give me . . ."

He looked round wildly, seized the handle of a
stablefork and rushing forward struck at the prostrate
body with inarticulate cries. After a time his cries
ceased, and the rain of blows fell in the stillness and
shadows of the cellar-like stable. Razumov belaboured
Ziemianitch with an insatiable fury, in great volleys of
sounding thwacks. Except for the violent movements of
Razumov nothing stirred, neither the beaten man nor the
spoke-like shadows on the walls. And only the sound
of blows was heard. It was a weird scene.

Suddenly there was a sharp crack. The stick broke
and half of it flew far away into the gloom beyond the
light. At the same time Ziemianitch sat up. At this
Razumov became as motionless as the man with the
lantern -- only his breast heaved for air as if ready to
burst.

Some dull sensation of pain must have penetrated at
last the consoling night of drunkenness enwrapping the
"bright Russian soul" of Haldin's enthusiastic praise.
But Ziemianitch evidently saw nothing. His eyeballs
blinked all white in the light once, twice -- then the
gleam went out. For a moment he sat in the straw with
closed eyes with a strange air of weary meditation, then
fell over slowly on his side without making the slightest
sound. Only the straw rustled a little. Razumov
stared wildly, fighting for his breath. After a second or
two he heard a light snore.

He flung from him the piece of stick remaining in
his grasp, and went off with great hasty strides without
looking back once.

After going headlessly for some fifty yards along the
street he walked into a snowdrift and was up to his
knees before he stopped.

This recalled him to himself; and glancing about he
discovered he had been going in the wrong direction.
He retraced his steps, but now at a more moderate pace.
When passing before the house he had just left he
flourished his fist at the sombre refuge of misery and
crime rearing its sinister bulk on the white ground. It
had an air of brooding. He let his arm fall by his
side -- discouraged.

Ziemianitch's passionate surrender to sorrow and
consolation had baffled him. That was the people.
A true Russian man! Razumov was glad he had beaten
that brute -- the "bright soul" of the other. Here they
were: the people and the enthusiast.

Between the two he was done for. Between the
drunkenness of the peasant incapable of action and the
dream-intoxication of the idealist incapable of perceiving
the reason of things, and the true character of men. It
was a sort of terrible childishness. But children had their
masters. "Ah! the stick, the stick, the stern hand,"
thought Razumov, longing for power to hurt and destroy.

He was glad he had thrashed that brute. The
physical exertion had left his body in a comfortable glow.
His mental agitation too was clarified as if all the fever-
ishness had gone out of him in a fit of outward violence.
Together with the persisting sense of terrible danger he
was conscious now of a tranquil, unquenchable hate.

He walked slower and slower. And indeed, con-
sidering the guest he had in his rooms, it was no wonder
he lingered on the way. It was like harbouring a
pestilential disease that would not perhaps take your life,
but would make life worth living
-- a subtle pest that would convert earth into a hell.

What was he doing now? Lying on the bed as if
dead, with the back of his hands over his eyes? Razu-
mov had a morbid, vivid vision of Haldin on his bed --
the white pillow hollowed by the head, the legs in long
boots, the upturned feet. And in his abhorrence he said to
himself, "I'll kill him when I get home." But he knew
very well that that was of no use. The corpse hanging
round his neck would be nearly as fatal as the living
man. Nothing short of complete annihilation would do.
And that was impossible. What then? Must one kill
oneself to escape this visitation?

Razumov's despair was too profoundly tinged with
hate to accept that issue.

And yet it was despair -- nothing less -- at the
thought of having to live with Haldin for an indefinite
number of days in mortal alarm at every sound. But
perhaps when he heard that this "bright soul" of Ziemi-
anitch suffered from a drunken eclipse the fellow would
take his infernal resignation somewhere else. And that
was not likely on the face of it.

Razumov thought: "I am being crushed -- and I
can't even run away." Other men had somewhere a
corner of the earth -- some little house in the provinces
where they had a right to take their troubles. A
material refuge. He had nothing. He had not even a
moral refuge -- the refuge of confidence. To whom could
he go with this tale -- in all this great, great land?

Razumov stamped his foot -- and under the soft
carpet of snow felt the hard ground of Russia, inanimate,
cold, inert, like a sullen and tragic mother hiding her
face under a winding-sheet -- his native soil! -- his very
own -- without a fireside, without a heart!

He cast his eyes upwards and stood amazed. The
snow had ceased to fall, and now, as if by a miracle, he
saw above his head the clear black sky of the northern
winter, decorated with the sumptuous fires of the stars.
It was a canopy fit for the resplendent purity of the snows.

Razumov received an almost physical impression of
endless space and of countless millions.

He responded to it with the readiness of a Russian
who is born to an inheritance of space and numbers.
Under the sumptuous immensity of the sky, the snow
covered the endless forests, the frozen rivers, the plains
of an immense country, obliterating the landmarks, the
accidents of the ground, levelling everything under its
uniform whiteness, like a monstrous blank page awaiting
the record of an inconceivable history. It covered the
passive land with its lives of countless people like
Ziemianitch and its handful of agitators like this Haldin
-- murdering foolishly.

It was a sort of sacred inertia. Razumov felt a
respect for it. A voice seemed to cry within him,
"Don't touch it." It was a guarantee of duration, of
safety, while the travail of maturing destiny went on --
a work not of revolutions with their passionate levity of
action and their shifting impulses -- but of peace. What
it needed was not the conflicting aspirations of a people,
but a will strong and one: it wanted not the babble of
many voices, but a man -- strong and one!

Razumov stood on the point of conversion. He was
fascinated by its approach, by its overpowering logic.
For a train of thought is never false. The falsehood
lies deep in the necessities of existence, in secret fears
and half-formed ambitions, in the secret confidence
combined with a secret mistrust of ourselves, in the love
of hope and the dread of uncertain days.

In Russia, the land of spectral ideas and disembodied
aspirations, many brave minds have turned away at last
from the vain and endless conflict to the one great
historical fact of the land. They turned to autocracy
for the peace of their patriotic conscience as a weary
unbeliever, touched by grace, turns to the faith of his
fathers for the blessing of spiritual rest. Like other
Russians before him, Razumov, in conflict with himself,
felt the touch of grace upon his forehead.

"Haldin means disruption," he thought to himself,
beginning to walk again. "What is he with his indigna-
tion, with his talk of bondage -- with his talk of God's
justice? All that means disruption. Better that
thousands should suffer than that a people should become
a disintegrated mass, helpless like dust in the wind.
Obscurantism is better than the light of incendiary
torches. The seed germinates in the night. Out of
the dark soil springs the perfect plant. But a volcanic
eruption is sterile, the ruin of the fertile ground. And
am I, who love my country -- who have nothing but that
to love and my faith in -- am I to have my future,
perhaps my usefulness, ruined by this sanguinary
fanatic?"

The grace entered into Razumov. He believed
now in the man who would come at the appointed time.

What is a throne? A few pieces of wood up-
holstered in velvet. But a throne is a seat of power
too. The form of government is the shape of a tool --
an instrument. But twenty thousand bladders inflated
by the noblest sentiments and jostling against each other
in the air are a miserable incumbrance of space, holding
no power, possessing no will, having nothing to give.

He went on thus, heedless of the way, holding a
discourse with himself with extraordinary abundance and
facility. Generally his phrases came to him slowly, after
a conscious and painstaking wooing. Some superior
power had inspired him with a flow of masterly argu-
ment as certain converted sinners become overwhelmingly
loquacious.

He felt an austere exultation.

"What are the luridly smoky lucubrations of that
fellow to the clear grasp of my intellect?" he thought.
"Is not this my country? Have I not got forty million
brothers?" he asked himself, unanswerably victorious in
the silence of his breast. And the fearful thrashing he
had given the inanimate Ziemianitch seemed to him
a sign of intimate union, a pathetically severe necessity
of brotherly love. "No! If I must suffer let me at
least suffer for my convictions, not for a crime my reason
-- my cool superior reason -- rejects."

33.05 He ceased to think for a moment. The silence in
33.06 his breast was complete. But he felt a suspicious
33.07 uneasiness, such as we may experience when we enter
33.08 an unlighted strange place -- the irrational feeling that
33.09 something may jump upon us in the dark -- the absurd
33.10 dread of the unseen.
33.11   Of course he was far from being a moss-grown re-
33.12 actionary. Everything was not for the best. Despotic
33.13 bureaucracy . . . abuses . . . corruption . . . and so on.
33.14 Capable men were wanted. Enlightened intelligences.
33.15 Devoted hearts. But absolute power should be preserved
33.16 -- the tool ready for the man -- for the great autocrat of
33.17 the future. Razumov believed in him. The logic of
33.18 history made him unavoidable. The state of the people
33.19 demanded him. "What else?" he asked himself
33.20 ardently, "could move all that mass in one direction?
33.21 Nothing could. Nothing but a single will."
33.22   He was persuaded that he was sacrificing his personal
33.23 longings of liberalism -- rejecting the attractive error for
33.24 the stern Russian truth. "That's patriotism," he observed
33.25 mentally, and added, "There's no stopping midway on
33.26 that road," and then remarked to himself, "I am not a
33.27 coward."
33.28   And again there was a dead silence in Razumov's
33.29 breast. He walked with lowered head, making room for
33.30 no one. He walked slowly and his thoughts returning
33.31 spoke within him with solemn slowness.
33.32   "What is this Haldin? And what am I? Only
33.33 two grains of sand. But a great mountain is made up
33.34 of just such insignificant grains. And the death of a
33.35 man or of many men is an insignificant thing. Yet we
34.01 combat a contagious pestilence. Do I want his death?
34.02 No! I would save him if I could -- but no one can do
34.03 that -- he is the withered member which must be cut off.
34.04 If I must perish through him, let me at least not perish
34.05 with him, and associated against my will with his sombre
34.06 folly that understands nothing either of men or things.
34.07 Why should I leave a false memory?"
34.08   It passed through his mind that there was no one in
34.09 the world who cared what sort of memory he left behind
34.10 him. He exclaimed to himself instantly, "Perish vainly
34.11 for a falsehood! . . . what a miserable fate!"
34.12   He was now in a more animated part of the town.
34.13 He did not remark the crash of two colliding sledges
34.14 close to the curb. The driver of one bellowed tearfully
34.15 at his fellow --
34.16   "Oh, thou vile wretch!"
34.17   This hoarse yell, let out nearly in his ear, disturbed
34.18 Razumov. He shook his head impatiently and went on
34.19 looking straight before him. Suddenly on the snow,
34.20 stretched on his back right across his path, he saw
34.21 Haldin, solid, distinct, real, with his inverted hands over
34.22 his eyes, clad in a brown close-fitting coat and long
34.23 boots. He was lying out of the way a little, as though
34.24 he had selected that place on purpose. The snow round
34.25 him was untrodden.
34.26   This hallucination had such a solidity of aspect that
34.27 the first movement of Razumov was to reach for his
34.28 pocket to assure himself that the key of his rooms was
34.29 there. But he checked the impulse with a disdainful
34.30 curve of his lips. He understood. His thought, con-
34.31 centrated intensely on the figure left lying on his bed,
34.32 had culminated in this extraordinary illusion of the sight.
34.33 Razumov tackled the phenomenon calmly. With a stern
34.34 face, without a check and gazing far beyond the vision,
34.35 he walked on, experiencing nothing but a slight tighten-
35.01 ing of the chest. After passing he turned his head
35.02 for a glance, and saw only the unbroken track of his
35.03 footsteps over the place where the breast of the phantom
35.04 had been lying.
35.05   Razumov walked on and after a little time whispered
35.06 his wonder to himself.
35.07   "Exactly as if alive! Seemed to breathe! And
35.08 right in my way too! I have had an extraordinary
35.09 experience."
35.10   He made a few steps and muttered through his set
35.11 teeth --
35.12   "I shall give him up."
35.13   Then for some twenty yards or more all was blank.
35.14 He wrapped his cloak closer round him. He pulled his
35.15 cap well forward over his eyes.
35.16   "Betray. A great word. What is betrayal? They
35.17 talk of a man betraying his country, his friends, his
35.18 sweetheart. There must be a moral bond first. All a
35.19 man can betray is his conscience. And how is my
35.20 conscience engaged here; by what bond of common
35.21 faith, of common conviction, am I obliged to let that
35.22 fanatical idiot drag me down with him? On the
35.23 contrary -- every obligation of true courage is the other
35.24 way."
35.25   Razumov looked round from under his cap.
35.26   "What can the prejudice of the world reproach me
35.27 with? Have I provoked his confidence? No! Have
35.28 I by a single word, look, or gesture given him reason to
35.29 suppose that I accepted his trust in me? No! It is
35.30 true that I consented to go and see his Ziemianitch.
35.31 Well, I have been to see him. And I broke a stick on
35.32 his back too -- the brute."
35.33   Something seemed to turn over in his head
35.34 bringing uppermost a singularly hard, clear facet of his
35.35 brain.
36.01   "It would be better, however," he reflected with a
36.02 quite different mental accent, "to keep that circumstance
36.03 altogether to myself."
36.04   He had passed beyond the turn leading to his
36.05 lodgings, and had reached a wide and fashionable street.
36.06 Some shops were still open, and all the restaurants.
36.07 Lights fell on the pavement where men in expensive fur
36.08 coats, with here and there the elegant figure of a woman,
36.09 walked with an air of leisure. Razumov looked at them
36.10 with the contempt of an austere believer for the frivolous
36.11 crowd. It was the world -- those officers, dignitaries, men
36.12 of fashion, officials, members of the Yacht Club. The
36.13 event of the morning affected them all. What would
36.14 they say if they knew what this student in a cloak was
36.15 going to do?
36.16   "Not one of them is capable of feeling and thinking
36.17 as deeply as I can. How many of them could accom-
36.18 plish an act of conscience?"
36.19   Razumov lingered in the well-lighted street. He
36.20 was firmly decided. Indeed, it could hardly be called
36.21 a decision. He had simply discovered what he had
36.22 meant to do all along. And yet he felt the need of
36.23 some other mind's sanction.
36.24   With something resembling anguish he said to
36.25 himself --
36.26   "I want to be understood." The universal aspira-
36.27 tion with all its profound and melancholy meaning
36.28 assailed heavily Razumov, who, amongst eighty millions
36.29 of his kith and kin, had no heart to which he could open
36.30 himself.
36.31   The attorney was not to be thought of. He despised
36.32 the little agent of chicane too much. One could not go
36.33 and lay one's conscience before the policeman at the
36.34 corner. Neither was Razumov anxious to go to the
36.35 chief of his district's police -- a common-looking person
37.01 whom he used to see sometimes in the street in a
37.02 shabby uniform and with a smouldering cigarette stuck
37.03 to his lower lip. "He would begin by locking me up
37.04 most probably. At any rate, he is certain to get ex-
37.05 cited and create an awful commotion," thought Razumov
37.06 practically.
37.07   An act of conscience must be done with outward
37.08 dignity.
37.09   Razumov longed desperately for a word of advice,
37.10 for moral support. Who knows what true loneliness is
37.11 -- not the conventional word, but the naked terror?
37.12 To the lonely themselves it wears a mask. The most
37.13 miserable outcast hugs some memory or some illusion.
37.14 Now and then a fatal conjunction of events may lift the
37.15 veil for an instant. For an instant only. No human
37.16 being could bear a steady view of moral solitude without
37.17 going mad.
37.18   Razumov had reached that point of vision. To
37.19 escape from it he embraced for a whole minute the
37.20 delirious purpose of rushing to his lodgings and flinging
37.21 himself on his knees by the side of the bed with the
37.22 dark figure stretched on it; to pour out a full confession
37.23 in passionate words that would stir the whole being of
37.24 that man to its innermost depths; that would end in
37.25 embraces and tears; in an incredible fellowship of souls
37.26 -- such as the world had never seen. It was sublime!
37.27   Inwardly he wept and trembled already. But to the
37.28 casual eyes that were cast upon him he was aware that
37.29 he appeared as a tranquil student in a cloak, out for
37.30 a leisurely stroll. He noted, too, the sidelong, brilliant
37.31 glance of a pretty woman -- with a delicate head, and
37.32 covered in the hairy skins of wild beasts down to her
37.33 feet, like a frail and beautiful savage -- which rested for
37.34 a moment with a sort of mocking tenderness on the
37.35 deep abstraction of that good-looking young man.
38.01   Suddenly Razumov stood still. The glimpse of a
38.02 passing grey whisker, caught and lost in the same
38.03 instant, had evoked the complete image of Prince
38.04 K --, the man who once had pressed his hand as no
38.05 other man had pressed it -- a faint but lingering pressure
38.06 like a secret sign, like a half-unwilling caress.
38.07   And Razumov marvelled at himself. Why did he
38.08 not think of him before!
38.09   "A senator, a dignitary, a great personage, the very
38.10 man -- He!"
38.11   A strange softening emotion came over Razumov --
38.12 made his knees shake a little. He repressed it with a
38.13 new-born austerity. All that sentiment was pernicious
38.14 nonsense. He couldn't be quick enough; and when he
38.15 got into a sledge he shouted to the driver --
38.16   "To the K -- Palace. Get on -- you! Fly!"
38.17   The startled moujik, bearded up to the very whites
38.18 of his eyes, answered obsequiously --
38.19   "I hear, your high Nobility."
38.20   It was lucky for Razumov that Prince K-- was
38.21 not a man of timid character. On the day of Mr. de
38.22 P--'s murder an extreme alarm and despondency
38.23 prevailed in the high official spheres.
38.24   Prince K --, sitting sadly alone in his study, was
38.25 told by his alarmed servants that a mysterious young
38.26 man had forced his way into the hall, refused to tell his
38.27 name and the nature of his business, and would not
38.28 move from there till he had seen his Excellency in
38.29 private. Instead of locking himself up and telephoning
38.30 for the police, as nine out of ten high personages would
38.31 have done that evening, the Prince gave way to curiosity
38.32 and came quietly to the door of his study.
38.33   In the hall, the front door standing wide open, he
38.34 recognised at once Razumov, pale as death, his eyes
38.35 blazing, and surrounded by perplexed lackeys.
39.01   The Prince was vexed beyond measure, and even
39.02 indignant. But his humane instincts and a subtle sense
39.03 of self-respect could not allow him to let this young
39.04 man be thrown out into the street by base menials. He
39.05 retreated unseen into his room, and after a little rang his
39.06 bell. Razumov heard in the hall an ominously raised
39.07 harsh voice saying somewhere far away --
39.08   "Show the gentleman in here."
39.09   Razumov walked in without a tremor. He felt him-
39.10 self invulnerable -- raised far above the shallowness of
39.11 common judgment. Though he saw the Prince looking
39.12 at him with black displeasure, the lucidity of his mind, of
39.13 which he was very conscious, gave him an extraordinary
39.14 assurance. He was not asked to sit down.
39.15   Half an hour later they appeared in the hall together.
39.16 The lackeys stood up, and the Prince, moving with

39.17 difficulty on his gouty feet, was helped into his furs.
39.18 The carriage had been ordered before. When the great
39.19 double door was flung open with a crash, Razumov,
39.20 had been standing silent with a lost gaze but with
39.21 every faculty intensely on the alert, heard the Prince's
39.22 voice --
39.23
39.24 "Your arm, young man."
39.24 The mobile, superficial mind of the ex-Guards officer,
39.25 man of showy missions, experienced in nothing but the
39.26 arts of gallant intrigue and worldly success, had been
39.27 equally impressed by the more obvious difficulties of
39.28 such a situation and by Razumov's quiet dignity in
39.29 stating them.
39.30 He had said, "No. Upon the whole I can't con-
39.31 demn the step you ventured to take by coming to me
39.32 with your story. It is not an affair for police under-
39.33 strappers. The greatest importance is attached to . . .
39.34 Set your mind at rest. I shall see you through this
39.35 most extraordinary and difficult situation."
40.01 Then the Prince rose to ring the bell, and Razumov,
40.02 making a short bow, had said with deference --
40.03 "I have trusted my instinct. A young man having
40.04 no claim upon anybody in the world has in an hour of
40.05 trial involving his deepest political convictions turned to
40.06 an illustrious Russian -- that's all."
40.07 The Prince had exclaimed hastily --
40.08 "You have done well."
40.09 In the carriage -- it was a small brougham on sleigh
40.10 runners -- Razumov broke the silence in a voice that
40.11 trembled slightly.
40.12 "My gratitude surpasses the greatness of my pre-
40.13 sumption."
40.14 He gasped, feeling unexpectedly in the dark a mo-
40.15 mentary pressure on his arm.
40.16 "You have done well," repeated the Prince.
40.17 When the carriage stopped the Prince murmured to
40.18 Razumov, who had never ventured a single question --
40.19 "The house of General T -- ."
40.20 In the middle of the snow-covered roadway blazed a
40.21 great bonfire. Some Cossacks, the bridles of their horses
40.22 over the arm, were warming themselves around. Two
40.23 sentries stood at the door, several gendarmes lounged
40.24 under the great carriage gateway, and on the first-floor
40.25 landing two orderlies rose and stood at attention. Razu-
40.26 mov walked at the Prince's elbow.
40.27 A surprising quantity of hot-house plants in pots
40.28 cumbered the floor of the ante-room. Servants came
40.29 forward. A young man in civilian clothes arrived
40.30 hurriedly, was whispered to, bowed low, and exclaiming
40.31 zealously, "Certainly -- this minute," fled within some-
40.32 where. The Prince signed to Razumov.
40.33 They passed through a suite of reception-rooms all
40.34 barely lit and one of them prepared for dancing. The
40.35 wife of the General had put off her party. An atmos-
41.01 phere of consternation pervaded the place. But the
41.02 General's own room, with heavy sombre hangings, two
41.03 massive desks, and deep armchairs, had all the lights
41.04 turned on. The footman shut the door behind them
41.05 and they waited.
41.06 There was a coal fire in an English grate; Razumov
41.07 had never before seen such a fire; and the silence of the
41.08 room was like the silence of the grave; perfect, measure-
41.09 less, for even the clock on the mantelpiece made no
41.10 sound. Filling a corner, on a black pedestal, stood a
41.11 quarter-life-size smooth-limbed bronze of an adolescent
41.12 figure, running. The Prince observed in an undertone --
41.13 "Spontini's. 'Flight of Youth.' Exquisite."
41.14 "Admirable," assented Razumov faintly.
41.15 They said nothing more after this, the Prince silent
41.16 with his grand air, Razumov staring at the statue. He
41.17 was worried by a sensation resembling the gnawing of
41.18 hunger.
41.19 He did not turn when he heard an inner door fly
41.20 open, and a quick footstep, muffled on the carpet.
41.21 The Prince's voice immediately exclaimed, thick with
41.22 excitement --
41.23 "We have got him - ce' miserable'. A worthy young
41.24 man came to me -- No! It's incredible. . . ."
41.25 Razumov held his breath before the bronze as if
41.26 expecting a crash. Behind his back a voice he had
41.27 never heard before insisted politely --
41.28 "Asseyez-vous' donc'."
41.29 The Prince almost shrieked, "Mais' comprenez-vous',
41.30 mon' cher'! L'assassin'! the murderer -- we have got
41.31 him. . . ."
41.32 Razumov spun round. The General's smooth big
41.33 cheeks rested on the stiff collar of his uniform. He
41.34 must have been already looking at Razumov, because
41.35 that last saw the pale blue eyes fastened on him coldly.
42.01 "This is a most honourable young man whom
42.02 "This is a most honourable young man whom
42.03 Providence itself . . . Mr. Razumov."
42.04 The General acknowledged the introduction by
42.05 frowning at Razumov, who did not make the slightest
42.06 movement.
42.07 Sitting down before his desk the General listened
42.08 with compressed lips. It was impossible to detect any
42.09 sign of emotion on his face.
42.10 Razumov watched the immobility of the fleshy
42.11 profile. But it lasted only a moment, till the Prince
42.12 had finished; and when the General turned to the
42.13 providential young man, his florid complexion, the
42.14 blue, unbelieving eyes and the bright white flash of an
42.15 automatic smile had an air of jovial, careless cruelty.
42.16 He expressed no wonder at the extraordinary story --
42.17 no pleasure or excitement -- no incredulity either. He
42.18 betrayed no sentiment whatever. Only with a polite-
42.19 ness almost deferential suggested that "the bird might
42.20 have flown while Mr. -- Mr. Razumov was running about
42.21 the streets."
42.22 Razumov advanced to the middle of the room and
42.23 said, "The door is locked and I have the key in my
42.24 pocket."
42.25 His loathing for the man was intense. It had
42.26 come upon him so unawares that he felt he had not
42.27 kept it out of his voice. The General looked up at
42.28 him thoughtfully, and Razumov grinned.
42.29 All this went over the head of Prince K -- seated
42.30 in a deep armchair, very tired and impatient.
42.31 "A student called Haldin," said the General thought-
42.32 fully.
42.33 Razumov ceased to grin.
42.34 "That is his name," he said unnecessarily loud.
42.35 "Victor Victorovitch Haldin -- a student."
43.01 The General shifted his position a little.
43.02 "How is he dressed? Would you have the good-
43.03 ness to tell me?"
43.04 Razumov angrily described Haldin's clothing in a
43.05 few jerky words. The General stared all the time, then
43.06 addressing the Prince --
43.07 "We were not without some indications," he said
43.08 in French. "A good woman who was in the street
43.09 described to us somebody wearing a dress of the sort
43.10 as the thrower of the second bomb. We have detained
43.11 her at the Secretariat, and every one in a Tcherkess
43.12 coat we could lay our hands on has been brought to
43.13 her to look at. She kept on crossing herself and
43.14 shaking her head at them. It was exasperating . . . ."
43.15 He turned to Razumov, and in Russian, with friendly
43.16 reproach --
43.17 "Take a chair, Mr. Razumov -- do. Why are you
43.18 standing?"
43.19 Razumov sat down carelessly and looked at the
43.20 General.
43.21 "This goggle-eyed imbecile understands nothing,"
43.22 he thought.
43.23 The Prince began to speak loftily.
43.24 "Mr. Razumov is a young man of conspicuous
43.25 abilities. I have it at heart that his future should
43.26 not. . . ."
43.27 "Certainly," interrupted the General, with a move-
43.28 ment of the hand. "Has he any weapons on him, do
43.29 you think, Mr. Razumov?"
43.30 The General employed a gentle musical voice.
43.31 Razumov answered with suppressed irritation --
43.32 "No. But my razors are lying about -- you under-
43.33 stand."
43.34 The General lowered his head approvingly.
43.35 "Precisely."
44.01 Then to the Prince, explaining courteously --
44.02 "We want that bird alive. It will be the devil if
44.03 we can't make him sing a little before we are done with
44.04 him."
44.05 The grave-like silence of the room with its mute
44.06 clock fell upon the polite modulations of this terrible
44.07 phrase. The Prince, hidden in the chair, made no sound.
44.08 The General unexpectedly developed a thought.
44.09 "Fidelity to menaced institutions on which depend
44.10 the safety of a throne and of a people is no child's
44.11 play. We know that, mon' Prince', and -- tenez' -- " He
44.12 went on with a sort of flattering harshness, "Mr. Razumov
44.13 here begins to understand that too."
44.14 His eyes which he turned upon Razumov seemed
44.15 to be starting out of his head. This grotesqueness of
44.16 aspect no longer shocked Razumov. He said with
44.17 gloomy conviction--
44.18 "Haldin will never speak."
44.19 "That remains to be seen," muttered the General.
44.20 "I am certain," insisted Razumov. "A man like
44.21 this never speaks. . . . Do you imagine that I am here
44.22 from fear?" he added violently. He felt ready to stand
44.23 by his opinion of Haldin to the last extremity.
44.24 "Certainly not," protested the General, with great
44.25 simplicity of tone. "And I don't mind telling you,
44.26 Mr. Razumov, that if he had not come with his tale to
44.27 such a staunch and loyal Russian as you, he would
44.28 have disappeared like a stone in the water. . . which
44.29 would have had a detestable effect," he added, with a
44.30 bright, cruel smile under his stony stare. "So you see,
44.31 there can be no suspicion of any fear here."
44.32 The Prince intervened, looking at Razumov round
44.33 the back of the armchair.
44.34 "Nobody doubts the moral soundness of your action.
44.35 Be at ease in that respect, pray."
45.01 He turned to the General uneasily.
45.02 "That's why I am here. You may be surprised why
45.03 I should. . ."
45.04 The General hastened to interrupt.
45.05 "Not at all. Extremely natural. You saw the
45.06 importance. . ."
45.07 "Yes," broke in the Prince. "And I venture to ask
45.08 insistently that mine and Mr. Razumov's intervention
45.09 should not become public. He is a young man of
45.10 promise -- of remarkable aptitudes."
45.11 "I haven't a doubt of it," murmured the General.
45.12 "He inspires confidence."
45.13 "All sorts of pernicious views are so widespread
45.14 nowadays -- they taint such unexpected quarters -- that,
45.15 monstrous as it seems, he might suffer. . . . His
45.16 studies. . . . His . . ."
45.17 The General, with his elbows on the desk, took his
45.18 head between his hands.
45.19 "Yes. Yes. I am thinking it out. . . . How long
45.20 is it since you left him at your rooms, Mr. Razumov?"
45.21 Razumov mentioned the hour which nearly corre-
45.22 sponded with the time of his distracted flight from the
45.23 big slum house. He had made up his mind to keep
45.24 Ziemianitch out of the affair completely. To mention
45.25 him at all would mean imprisonment for the "bright
45.26 soul", perhaps cruel floggings, and in the end a journey
45.27 to Siberia in chains. Razumov, who had beaten
45.28 Ziemianitch, felt for him now a vague, remorseful

45.29 tenderness.
45.30 The General, giving way for the first time to his
45.31 secret sentiments, exclaimed contemptuously --
45.32 "And you say he came in to make you this con-
45.33 fidence like this -- for nothing -- a´ propos´ des´ bottes´."
45.34 Razumov felt danger in the air. The merciless
45.35 suspicion of despotism had spoken openly at last.
46.01 Sudden fear sealed Razumov´s lips. The silence of
46.02 the room resembled now the silence of a deep dungeon,
46.03 where time does not count, and a suspect person is
46.04 sometimes forgotten for ever. But the Prince came
46.05 to the rescue.
46.06 "Providence itself has led the wretch in a moment
46.07 of mental aberration to seek Mr. Razumov on the
46.08 strength of some old, utterly misinterpreted exchange
46.09 of ideas -- some sort of idle speculative conversation --
46.10 months ago -- I am told -- and completely forgotten till
46.11 now by Mr. Razumov.
46.12 "Mr. Razumov," queried the General meditatively,
46.13 after a short silence, "do you often indulge in specu-
46.14 lative conversation?"
46.15 "No, Excellency," answered Razumov, coolly, in a
46.16 sudden access of self-confidence. "I am a man of deep
46.17 convictions. Crude opinions are in the air. They are
46.18 not always worth combating. But even the silent
46.19 contempt of a serious mind may be misinterpreted by
46.20 headlong utopists."
46.21 The General stared from between his hands. Prince
46.22 K -- murmured --
46.23 "A serious young man. Un´ esprit´ superieur´."
46.24 "I see that, mon´ cher´ Prince´," said the General.
46.25 "Mr. Razumov is quite safe with me. I am interested
46.26 in him. He has, it seems, the great and useful quality
46.27 of inspiring confidence. What I was wondering at is
46.28 why the other should mention anything at all -- I mean
46.29 even the bare fact alone -- if his object was only to
46.30 obtain temporary shelter for a few hours. For, after all,
46.31 nothing was easier than to say nothing about it unless,
46.32 indeed, he were trying, under a crazy misapprehension of
46.33 your true sentiments, to enlist your assistance -- eh, Mr.
46.34 Razumov?"
46.35 It seemed to Razumov that the floor was moving
47.01 slightly. This grotesque man in a tight uniform was
47.02 terrible. It was right that he should be terrible.
47.03 "I can see what your Excellency has in your mind.
47.04 But I can only answer that I don´t know why."
47.05 "I have nothing in my mind," murmured the General,
47.06 with gentle surprise.
47.07 "I am his prey -- his helpless prey," thought Razu-
47.08 mov. The fatigues and the disgusts of that afternoon,
47.09 the need to forget, the fear which he could not keep off,
47.10 reawakened his hate for Haldin.
47.11 "Then I can´t help your Excellency. I don´t know
47.12 what he meant. I only know there was a moment when
47.13 I wished to kill him. There was also a moment when
47.14 I wished myself dead. I said nothing. I was over-
47.15 come. I provoked no confidence -- I asked for no
47.16 explanations --
47.17 Razumov seemed beside himself; but his mind was
47.18 lucid. It was really a calculated outburst.
47.19 "It is rather a pity," the General said, "that you did
47.20 not. Don´t you know at all what he means to do?"
47.21 Razumov calmed down and saw an opening there.
47.22 "He told me he was in hopes that a sledge would
47.23 meet him about half an hour after midnight at the
47.24 seventh lamp-post on the left from the upper end of
47.25 Karabelnaya. At any rate, he meant to be there at
47.26 that time. He did not even ask me for a change of
47.27 clothes."
47.28 "Ah´ voila´!" said the General, turning to Prince K --
47.29 with an air of satisfaction. "There is a way to keep
47.30 your protege´, Mr. Razumov, quite clear of any connexion
47.31 with the actual arrest. We shall be ready for that
47.32 gentleman in Karabelnaya."
47.33 The Prince expressed his gratitude. There was real
47.34 emotion in his voice. Razumov, motionless, silent, sat
47.35 staring at the carpet. The General turned to him.
48.01 "Half an hour after midnight. Till then we have to
48.02 depend on you, Mr. Razumov. You don´t think he is
48.03 likely to change his purpose?"
48.04 "How can I tell?" said Razumov. "Those men are
48.05 not of the sort that ever changes its purpose."
48.06 "What men do you mean?"
48.07 "Fanatical lovers of liberty in general. Liberty with
48.08 a capital L, Excellency. Liberty that means nothing
48.09 precise. Liberty in whose name crimes are committed."
48.10 The General murmured --
48.11 "I detest rebels of every kind. I can´t help it. It´s
48.12 my nature!"
48.13 He clenched a fist and shook it, drawing back his
48.14 arm. "They shall be destroyed, then."
48.15 "They have made a sacrifice of their lives before-
48.16 hand," said Razumov with malicious pleasure and looking
48.17 the General straight in the face. "If Haldin does change
48.18 his purpose to-night, you may depend on it that it will
48.19 not be to save his life by flight in some other way. He
48.20 would have thought then of something else to attempt.
48.21 But that is not likely."
48.22 "The General repeated as if to himself, "They shall
48.23 be destroyed."
48.24 Razumov assumed an impenetrable expression.
48.25 The Prince exclaimed --
48.26 "What a terrible necessity!"
48.27 The General´s arm was lowered slowly.
48.28 "One comfort there is. That brood leaves no pos-
48.29 terity. I´ve always said it; one effort, pitiless, persistent,
48.30 steady -- and we are done with them for ever."
48.31 Razumov thought to himself that this man entrusted
48.32 with so much arbitrary power must have believed what
48.33 he said or else he could not have gone on bearing the
48.34 responsibility.
48.35 The General repeated again with extreme animosity --
49.01 "I detest rebels. These subversive minds! These
49.02 intellectual debauches´! My existence has been built on
49.03 fidelity. It´s a feeling. To defend it I am ready to lay
49.04 down my life -- and even my honour -- if that were
49.05 needed. But pray tell me what honour can there be as
49.06 against rebels -- against people that deny God Himself
49.07 -- perfect unbelievers! Brutes. It is horrible to think
49.08 of."
49.09 During this tirade Razumov, facing the General, had
49.10 nodded slightly twice. Prince K -- , standing on one
49.11 side with his grand air, murmured, casting up his eyes --
49.12 "Helas´!"
49.13 Then lowering his glance and with great decision
49.14 declared --
49.15 "This young man, General, is perfectly fit to appre-
49.16 hend the bearing of your memorable words."
49.17 The General´s whole expression changed from dull
49.18 resentment to perfect urbanity.
49.19 "I would ask now, Mr. Razumov," he said, "to
49.20 return to his home. Note that I don´t ask Mr. Razumov
49.21 whether he has justified his absence to his guest. No
49.22 doubt he did this sufficiently. But I don´t ask. Mr.
49.23 Razumov inspires confidence. It is a great gift. I only
49.24 suggest that a more prolonged absence might awaken the
49.25 criminal´s suspicions and induce him perhaps to change
49.26 his plans."
49.27 He rose and with a scrupulous courtesy escorted his
49.28 visitors to the ante-room encumbered with flower-pots.
49.29 Razumov parted with the Prince at the corner of a
49.30 street. In the carriage he had listened to speeches where
49.31 natural sentiment struggled with caution. Evidently the
49.32 Prince was afraid of encouraging any hopes of future
49.33 intercourse. But there was a touch of tenderness in the
49.34 voice uttering in the dark the guarded general phrases of
49.35 goodwill. And the Prince too said --
50.01 "I have perfect confidence in you, Mr. Razumov."
50.02 "They all, it seems, have confidence in me," thought
50.03 Razumov dully. He had an indulgent contempt for the
50.04 man sitting shoulder to shoulder with him in the confined
50.05 space. Probably he was afraid of scenes with his wife.
50.06 She was said to be proud and violent.
50.07 It seemed to him bizarre that secrecy should play
50.08 such a large part in the comfort and safety of lives. But
50.09 he wanted to put the Prince´s mind at ease; and with a
50.10 proper amount of emphasis he said that, being conscious
50.11 of some small abilities and confident in his power of
50.12 work, he trusted his future to his own exertions. He
50.13 expressed his gratitude for the helping hand. Such
50.14 dangerous situations did not occur twice in the course of
50.15 one life -- he added.
50.16 "And you have met this one with a firmness of mind
50.17 and correctness of feeling which give me a high idea of
50.18 your worth," the Prince said solemnly. "You have now
50.19 only to persevere -- to persevere."
50.20 On getting out on the pavement Razumov saw an
50.21 ungloved hand extended to him through the lowered
50.22 window of the brougham. It detained his own in its
50.23 grasp for a moment, while the light of a street lamp fell
50.24 upon the Prince´s long face and old-fashioned grey
50.25 whiskers.
50.26 "I hope you are perfectly reassured now as to the
50.27 consequences. . . ."
50.28 "After what your Excellency has condescended to
50.29 do for me, I can only rely on my conscience."
50.30 "Adieu´," said the whiskered head with feeling.
50.31 Razumov bowed. The brougham glided away with a
50.32 slight swish in the snow -- he was alone on the edge of
50.33 the pavement.
50.34 He said to himself that there was nothing to think
50.35 about, and began walking towards his home.
51.01 He walked quietly. It was a common experience to
51.02 walk thus home to bed after an evening spent somewhere
51.03 with his fellows or in the cheaper seats of a theatre. After
51.04 he had gone a little way the familiarity of things got hold
51.05 of him. Nothing was changed. There was the familiar
51.06 corner; and when he turned it he saw the familiar dim
51.07 light of the provision shop kept by a German woman.
51.08 There were loaves of stale bread, bunches of onions and
51.09 strings of sausages behind the small window-panes. They
51.10 were closing it. The sickly lame fellow whom he knew
51.11 so well by sight staggered out into the snow embracing
51.12 a large shutter.
51.13 Nothing would change. There was the familiar
51.14 gateway yawning black with feeble glimmers marking
51.15 the arches of the different staircases.
51.16 The sense of life´s continuity depended on trifling
51.17 bodily impressions. The trivialities of daily existence
51.18 were an armour for the soul. And this thought rein-
51.19 forced the inward quietness of Razumov as he began to
51.20 climb the stairs familiar to his feet in the dark, with his
51.21 hand on the familiar clammy banister. The exceptional
51.22 could not prevail against the material contacts which make
51.23 one day resemble another. To-morrow would be like
51.24 yesterday.
51.25 It was only on the stage that the unusual was out-
51.26 wardly acknowledged.
51.27 "I suppose," thought Razumov, "that if I had made
51.28 up my mind to blow out my brains on the landing I
51.29 would be going up these stairs as quietly as I am doing
51.30 it now. What´s a man to do? What must be must be.
51.31 Extraordinary things do happen. But when they have
51.32 happened they are done with. Thus, too, when the mind
51.33 is made up. That question is done with. And the daily
51.34 concerns, the familiarities of our thought swallow it up --
51.35 and the life goes on as before with its mysterious and
52.01 secret sides quite out of sight, as they should be. Life
52.02 is a public thing."
52.03 Razumov unlocked his door and took the key out;
52.04 entered very quietly and bolted the door behind him
52.05 carefully.

220

52.06 He thought, "He hears me," and after bolting the
52.07 door he stood still holding his breath. There was not
52.08 a sound. He crossed the bare outer room, stepping
52.09 deliberately in the darkness. Entering the other, he
52.10 felt all over his table for the matchbox. The silence,
52.11 but for the groping of his hand, was profound. Could
52.12 the fellow be sleeping so soundly?
52.13 He struck a light and looked at the bed. Haldin
52.14 was lying on his back as before, only both his hands
52.15 were under his head. His eyes were open. He stared
52.16 at the ceiling.
52.17 Razumov held the match up. He saw the clear-cut
52.18 features, the firm chin, the white forehead and the top-
52.19 knot of fair hair against the white pillow. There he was,
52.20 lying flat on his back. Razumov thought suddenly, "I
52.21 have walked over his chest."
52.22 He continued to stare till the match burnt itself out;
52.23 then struck another and lit the lamp in silence without
52.24 looking towards the bed any more. He had turned his
52.25 back on it and was hanging his coat on a peg when he
52.26 heard Haldin sigh profoundly, then ask in a tired
52.27 voice --
52.28 "Well! And what have you arranged?"
52.29 The emotion was so great that Razumov was glad to
52.30 put his hands against the wall. A diabolical impulse to
52.31 say, "I have given you up to the police," frightened him
52.32 exceedingly. But he did not say that. He said, with-
52.33 out turning round, in a muffled voice --
52.34 "It's done."
52.35 Again he heard Haldin sigh. He walked to the
53.01 table, sat down with the lamp before him, and only then
53.02 looked towards the bed.
53.03 In the distant corner of the large room far away from
53.04 the lamp, which was small and provided with a very thick
53.05 china shade, Haldin appeared like a dark and elongated
53.06 shape -- rigid with the immobility of death. This body
53.07 seemed to have less substance than its own phantom
53.08 walked over by Razumov in the street white with snow.
53.09 It was more alarming in its shadowy, persistent reality
53.10 than the distinct but vanishing illusion.
53.11 Haldin was heard again.
53.12 "You must have had a walk -- such a walk . . ." he
53.13 murmured deprecatingly. "This weather. . ."
53.14 Razumov answered with energy --
53.15 "Horrible walk. . . . A nightmare of a walk."
53.16 He shuddered audibly. Haldin signed once more,
53.17 then --
53.18 "And so you have seen Ziemianitch -- brother?"
53.19 "I've seen him."
53.20 Razumov, remembering the time he had spent with
53.21 the Prince, thought it prudent to add, "I had to wait
53.22 some time."
53.23 "A character -- eh? It's extraordinary what a sense
53.24 of the necessity of freedom there is in that man. And
53.25 he has sayings too -- simple, to the point, such as only
53.26 the people can invent in their rough sagacity. A
53.27 character that . . ."
53.28 "I, you understand, haven't had much opportun-
53.29 ity . . ." Razumov muttered through his teeth.
53.30 Haldin continued to stare at the ceiling.
53.31 "You see, brother, I have been a good deal in that
53.32 house of late. I used to take there books -- leaflets.
53.33 Not a few of the poor people who live there can read.
53.34 And, you see, the guests for the feast of freedom must
53.35 be sought for in byways and hedges. The truth is,
54.01 I have almost lived in that house of late. I slept some-
54.02 times in the stable. There is a stable. . ."
54.03 "That's where I had my interview with Ziemianitch,"
54.04 interrupted Razumov gently. A mocking spirit entered
54.05 into him and he added, "It was satisfactory in a sense.
54.06 I came away from it much relieved."
54.07 "Ah! he's a fellow," went on Haldin, talking slowly
54.08 at the ceiling. "I came to know him in that way, you
54.09 see. For some weeks now, ever since I resigned myself
54.10 to do what had to be done, I tried to isolate myself.
54.11 I gave up my rooms. What was the good of exposing
54.12 a decent widow woman to the risk of being worried
54.13 out of her mind by the police? I gave up seeing
54.14 any of our comrades. . ."
54.15 Razumov drew to himself a half-sheet of paper and
54.16 began to trace lines on it with a pencil.
54.17 "Upon my word," he thought angrily, "he seems
54.18 to have thought of everybody's safety but mine."
54.19 Haldin was talking on.
54.20 "This morning -- ah! this morning -- that was
54.21 different. How can I explain to you? Before the
54.22 deed was done I wandered at night and lay hid in the
54.23 day, thinking it out, and I felt restful. Sleepless but
54.24 restful. What was there for me to torment myself
54.25 about? But this morning -- after! Then it was that
54.26 I became restless. I could not have stopped in that
54.27 big house full of misery. The miserable of this world
54.28 can't give you peace. Then when that silly caretaker
54.29 began to shout, I said to myself, ' There is a young
54.30 man in this town head and shoulders above common
54.31 prejudices. ' "
54.32 "Is he laughing at me?" Razumov asked himself,
54.33 going on with his aimless drawing of triangles and
54.34 squares. And suddenly he thought: "My behaviour
54.35 must appear to him strange. Should he take fright
55.01 at my manner and rush off somewhere I shall be undone
55.02 completely. That infernal General . . ."
55.03 He dropped the pencil and turned abruptly towards
55.04 the bed with the shadowy figure extended full length
55.05 on it -- so much more indistinct than the one over
55.06 whose breast he had walked without faltering. Was
55.07 this, too, a phantom?
55.08 The silence had lasted a long time. "He is no
55.09 longer here," was the thought against which Razumov
55.10 struggled desperately, quite frightened at its absurdity.
55.11 "He is already gone and this . . . only . . ."

55.12 He could resist no longer. He sprang to his feet,
55.13 saying aloud, "I am intolerably anxious," and in a few
55.14 headlong strides stood by the side of the bed. His
55.15 hand fell lightly on Haldin's shoulder, and directly
55.16 he felt its reality he was beset by an insane temptation
55.17 to grip that exposed throat and squeeze the breath
55.18 out of that body, lest it should escape his custody,
55.19 leaving only a phantom behind.
55.20 Haldin did not stir a limb, but his overshadowed
55.21 eyes moving a little gazed upwards at Razumov with
55.22 wistful gratitude for this manifestation of feeling.
55.23 Razumov turned away and strode up and down the
55.24 room. "It would have been possibly a kindness," he
55.25 muttered to himself, "and was appalled by the nature
55.26 of that apology for a murderous intention his mind had
55.27 found somewhere within him. And all the same he
55.28 could not give it up. He became lucid about it.
55.29 "What can he expect?" he thought. "The halter -- in
55.30 the end. And I . . ."
55.31 This argument was interrupted by Haldin's voice.
55.32 "Why be anxious for me? They can kill my body,
55.33 but they cannot exile my soul from this world. I tell
55.34 you what -- I believe in this world so much that I
55.35 cannot conceive eternity otherwise than as a very
56.01 long life. That is perhaps the reason I am so ready
56.02 to die."
56.03 "H'm," muttered Razumov, and biting his lower lip
56.04 he continued to walk up and down and to carry on his
56.05 strange argument.
56.06 Yes, to a man in such a situation -- of course it
56.07 would be an act of kindness. The question, however,
56.08 was not how to be kind, but how to be firm. He was
56.09 a slippery customer.
56.10 "I too, Victor Victorovitch, believe in this world of
56.11 ours," he said with force. "I too, while I live . . . . But
56.12 you seem determined to haunt it. You can't seriously
56.13 mean. . ."
56.14 The voice of the motionless Haldin began --
56.15 "Haunt it! Truly, the oppressors of thought which
56.16 quickens the world, the destroyers of souls which aspire
56.17 to perfection of human dignity, they shall be haunted.
56.18 As to the destroyers of my mere body, I have forgiven
56.19 them beforehand."
56.20 Razumov had stopped apparently to listen, but at
56.21 the same time he was observing his own sensations. He
56.22 was vexed with himself for attaching so much importance
56.23 to what Haldin said.
56.24 "The fellow's mad," he thought firmly, but this
56.25 opinion did not mollify him towards Haldin. It was a
56.26 particularly impudent form of lunacy -- and when it got
56.27 loose in the sphere of public life of a country, it was
56.28 obviously the duty of every good citizen . . .
56.29 This train of thought broke off short there and was
56.30 succeeded by a paroxysm of silent hatred towards
56.31 Haldin, so intense that Razumov hastened to speak
56.32 at random.
56.33 "Yes. Eternity, of course. I, too, can't very well
56.34 represent it to myself. . . . I imagine it, however, as
56.35 something quiet and dull. There would be nothing
57.01 unexpected -- don't you see? The element of time would
57.02 be wanting."
57.03 He pulled out his watch and gazed at it. Haldin
57.04 turned over on his side and looked on intently.
57.05 Razumov got frightened at this movement. A
57.06 slippery customer this fellow with a phantom. It was
57.07 not midnight yet. He hastened on --
57.08 "And unfathomable mysteries! Can you conceive
57.09 secret places in Eternity? Impossible. Whereas life is
57.10 full of them. There are secrets of birth, for instance.
57.11 One carries them on to the grave. There is something
57.12 comical . . . but never mind. And there are secret
57.13 motives of conduct. A man's most open actions have a
57.14 secret side to them. That is interesting and so un-
57.15 fathomable! For instance, a man goes out of a room
57.16 for a walk. Nothing more trivial in appearance. And
57.17 yet it may be momentous. He comes back -- he has
57.18 seen perhaps a drunken brute, taken particular notice of
57.19 the snow on the ground -- and behold he is no longer the
57.20 same man. The most unlikely things have a secret
57.21 power over one's thoughts -- the grey whiskers of a
57.22 particular person -- the goggle eyes of another."
57.23 Razumov's forehead was moist. He took a turn or two
57.24 in the room, his head low and smiling to himself viciously.
57.25 "Have you ever reflected on the power of goggle
57.26 eyes and grey whiskers? Excuse me. You seem to
57.27 think I must be crazy to talk in this vein at such a time.
57.28 But I am not talking lightly. I have seen instances.
57.29 It has happened to me once to be talking to a man
57.30 whose fate was affected by physical facts of that kind.
57.31 And the man did not know it. Of course, it was a case
57.32 of conscience, but the material facts such as these
57.33 brought about the solution. . . . And you tell me,
57.34 Victor Victorovitch, not to be anxious! Why! I am
57.35 responsible for you," Razumov almost shrieked.
58.01 He avoided with difficulty a burst of Mephistophelian
58.02 laughter. Haldin, very pale, raised himself on his elbow.
58.03 "And the surprises of life," went on Razumov, after
58.04 glancing at the other uneasily. "Just consider their
58.05 astonishing nature. A mysterious impulse induces you
58.06 to come here. I don't say you have done wrong.
58.07 Indeed, from a certain point of view you could not have
58.08 done better. You might have gone to a man with
58.09 affections and family ties. You have such ties yourself.
58.10 As to me, you know I have been brought up in an
58.11 educational institute where they did not give us enough
58.12 to eat. To talk of affection in such a connexion -- you
58.13 perceive yourself. . . . As to ties, the only ties I have
58.14 in the world are social. I must get acknowledged in
58.15 some way before I can act at all. I sit here working . . . .
58.16 And don't you think I am working for progress too? I've
58.17 got to find my own ideas of the true way. . . . Pardon

221

58.18 me," continued Razumov, after drawing breath and with
58.19 a short, throaty laugh, "but I haven't inherited a revolu-
58.20 tionary inspiration together with a resemblance from an
58.21 uncle."
58.22 He looked again at his watch and noticed with
58.23 sickening disgust that there were yet a good many
58.24 minutes to midnight. He tore watch and chain off his
58.25 waistcoat and laid them on the table well in the circle
58.26 of bright lamplight. Haldin, reclining on his elbow, did
58.27 not stir. Razumov was made uneasy by this attitude.
58.28 "What move is he meditating over so quietly?" he
58.29 thought. "He must be prevented. I must keep on
58.30 talking to him."
58.31 He raised his voice.
58.32 "You are a son, a brother, a nephew, a cousin -- I
58.33 don't know what -- to no end of people. I am just a
58.34 man. Here I stand before you. A man with a mind.
58.35 Did it ever occur to you how a man who had never
59.01 heard a word of warm affection or praise in his life would
59.02 think on matters on which you would think first with or
59.03 against your class, your domestic tradition -- your fireside
59.04 prejudices? . . . Did you ever consider how a man like
59.05 that would feel? I have no domestic tradition. I have
59.06 nothing to think against. My tradition is historical.
59.07 What have I to look back to but that national past from
59.08 which you gentlemen want to wrench away your future?
59.09 Am I to let my intelligence, my aspirations towards a
59.10 better lot, be robbed of the only thing it has to go upon
59.11 at the will of violent enthusiasts? You come from your
59.12 province, but all this land is mine -- or I have nothing.
59.13 No doubt you shall be looked upon as a martyr some day
59.14 -- a sort of hero -- a political saint. But I beg to be
59.15 excused. I am content in fitting myself to be a worker.
59.16 And what can you people do by scattering a few drops
59.17 of blood on the snow? On this Immensity. On this
59.18 unhappy Immensity! I tell you," he cried, in a vibrating
59.19 subdued voice, and advancing one step nearer the bed,
59.20 "that what it needs is not a lot of haunting phantoms
59.21 that I could walk through -- but a man!"
59.22 Haldin threw his arms forward as if to keep him off
59.23 in horror.
59.24 "I understand it all now," he exclaimed, with awe-
59.25 struck dismay. "I understand -- at last."
59.26 Razumov staggered back against the table. His
59.27 forehead broke out in perspiration while a cold shudder
59.28 ran down his spine.
59.29 "What have I been saying?" he asked himself.
59.30 "Have I let him slip through my fingers after all?"
59.31 He felt his lips go stiff like buckram, and instead of
59.32 a reassuring smile only achieved an uncertain grimace.
59.33 "What will you have?" he began in a conciliating
59.34 voice which got steady after the first trembling word or
59.35 two. "What will you have? Consider -- a man of
60.01 studious, retired habits -- and suddenly like this I
60.02 am not practised in talking delicately. But . . ."
60.03 He felt anger, a wicked anger, get hold of him again.
60.04 "What were we to do together till midnight? Sit
60.05 here opposite each other and think of your -- your --
60.06 shambles?"
60.07 Haldin had a subdued, heartbroken attitude. He
60.08 bowed his head; his hands hung between his knees.
60.09 His voice was low and pained but calm.
60.10 "I see now how it is, Razumov -- brother. You are
60.11 a magnanimous soul, but my action is abhorrent to
60.12 you -- alas. . ."
60.13 Razumov stared. From fright he had set his teeth
60.14 so hard that his whole face ached. It was impossible for
60.15 him to make a sound.
60.16 "And even my person, too, is loathsome to you
60.17 perhaps," Haldin added mournfully, after a short pause,
60.18 looking up for a moment, then fixing his gaze on the
60.19 floor. "For indeed, unless one . . ."
60.20 He broke off, evidently waiting for a word. Razumov
60.21 remained silent. Haldin nodded his head dejectedly
60.22 twice.
60.23 "Of course. Of course," he murmured. . . . "Ah!
60.24 weary work!"
60.25 He remained perfectly still for a moment, then made
60.26 Razumov's leaden heart strike a ponderous blow by
60.27 springing up briskly.
60.28 "So be it," he cried sadly in a low, distinct tone.
60.29 "Farewell then."
60.30 Razumov started forward, but the sight of Haldin's
60.31 raised hand checked him before he could get away from
60.32 the table. He leaned on it heavily, listening to the
60.33 faint sounds of some town clock tolling the hour. Haldin,
60.34 already at the door, tall and straight as an arrow, with
60.35 his pale face and a hand raised attentively, might have
61.01 posed for the statue of a daring youth listening to an
61.02 inner voice. Razumov mechanically glanced down at his
61.03 watch. When he looked towards the door again Haldin
61.04 had vanished. There was a faint rustling in the outer
61.05 room, the feeble click of a bolt drawn back lightly. He
61.06 was gone -- almost as noiseless as a vision.
61.07 Razumov ran forward unsteadily, with parted, voice-
61.08 less lips. The outer door stood open. Staggering out
61.09 on the landing, he leaned far over the banister. Gazing
61.10 down into the deep black shaft with a tiny glimmering
61.11 flame at the bottom, he traced by ear the rapid spiral
61.12 descent of somebody running down the stairs on tiptoe.
61.13 It was a light, swift, pattering sound, which sank away
61.14 from him into the depths: a fleeting shadow passed over
61.15 the glimmer -- a wink of the tiny flame. Then stillness.
61.16 Razumov hung over, breathing the cold raw air
61.17 tainted by the evil smells of the unclean staircase. All
61.18 quiet.
61.19 He went back into his room slowly, shutting the
61.20 doors after him. The peaceful steady light of his
61.21 reading-lamp shone on the watch. Razumov stood
61.22 looking down at the little white dial. It wanted yet
61.23 three minutes to midnight. He took the watch into his
61.24 hand fumblingly.
61.25 "Slow," he muttered, and a strange fit of nerveless-
61.26 ness came over him. His knees shook, the watch and
61.27 chain slipped through his fingers in an instant and fell
61.28 on the floor. He was so startled that he nearly fell
61.29 himself. When at last he regained enough confidence
61.30 in his limbs to stoop for it he held it to his ear at once.
61.31 After a while he growled --
61.32 "Stopped," and paused for quite a long time before
61.33 he muttered sourly --
61.34 "It's done. . . . And now to work."
61.35 He sat down, reached haphazard for a book, opened
62.01 it in the middle and began to read; but after going
62.02 conscientiously over two lines he lost his hold on the print
62.03 completely and did not try to regain it. He thought --
62.04 "There was to a certainty a police agent of some
62.05 sort watching the house across the street."
62.06 He imagined him lurking in a dark gateway, goggle--
62.07 eyed, muffled up in a cloak to the nose and with a
62.08 general's plumed, cocked hat on his head. This ab-
62.09 surdity made him start in the chair convulsively. He
62.10 literally had to shake his head violently to get rid of it.
62.11 The man would be disguised perhaps as a peasant . . .
62.12 a beggar. . . . Perhaps he would be just buttoned up
62.13 in a dark overcoat and carrying a loaded stick -- a shifty--
62.14 eyed rascal, smelling of raw onions and spirits.
62.15 This evocation brought on positive nausea. "Why
62.16 do I want to bother about this?" thought Razumov with
62.17 disgust. "Am I a gendarme? Moreover, it is done."
62.18 He got up in great agitation. It was not done. Not
62.19 yet. Not till half-past twelve. And the watch had
62.20 stopped. This reduced him to despair. Impossible to
62.21 know the time! The landlady and all the people across
62.22 the landing were asleep. How could he go and . . .
62.23 God knows what they would imagine, or how much they
62.24 would guess. He dared not go into the streets to find
62.25 out. "I am a suspect now. There's no use shirking
62.26 that fact," he said to himself bitterly. If Haldin from
62.27 some cause or another gave them the slip and failed to
62.28 turn up in the Karabelnaya the police would be invading
62.29 his lodging. And if he were not in he could never clear
62.30 himself. Never. Razumov looked wildly about as if
62.31 for some means of seizing upon time which seemed to
62.32 have escaped him altogether. He had never, as far as
62.33 he could remember, heard the striking of that town clock
62.34 in his rooms before this night. And he was not even
62.35 sure now whether he had heard it really on this night.
63.01 He went to the window and stood there with slightly
63.02 bent head on the watch for the faint sound. "I will
63.03 stay here till I hear something," he said to himself. He
63.04 stood still, his ear turned to the panes. An atrocious
63.05 aching numbness with shooting pains in his back and
63.06 legs tortured him. He did not budge. His mind
63.07 hovered on the borders of delirium. He heard himself
63.08 suddenly saying, "I confess," as a person might do on
63.09 the rack. "I am on the rack," he thought. He felt
63.10 ready to swoon. The faint deep boom of the distant
63.11 clock seemed to explode in his head -- he heard it so
63.12 clearly . . . . One!
63.13 If Haldin had not turned up the police would have
63.14 been already here ransacking the house. No sound
63.15 reached him. This time it was done.
63.16 He dragged himself painfully to the table and dropped
63.17 into the chair. He flung the book away and took a
63.18 square sheet of paper. It was like the pile of sheets
63.19 covered with his neat minute handwriting, only blank.
63.20 He took a pen brusquely and dipped it with a vague
63.21 notion of going on with the writing of his essay -- but his
63.22 pen remained poised over the sheet. It hung there for
63.23 some time before it came down and formed long scrawly
63.24 letters.
63.25 Still-faced and his lips set hard, Razumov began to
63.26 write. When he wrote a large hand his neat writing lost
63.27 its character altogether -- became unsteady, almost child-
63.28 ish. He wrote five lines one under the other.
63.29 History not Theory.
63.30 Patriotism not Internationalism.
63.31 Evolution not Revolution.
63.32 Direction not Destruction.
63.33 Unity not Disruption.
63.34 He gazed at them dully. Then his eyes strayed to
63.35 the bed and remained fixed there for a good many
64.01 minutes, while his right hand groped all over the table
64.02 for the penknife.
64.03 He rose at last, and walking up with measured steps
64.04 stabbed the paper with the penknife to the lath and
64.05 plaster wall at the head of the bed. This done he stepped
64.06 back a pace and flourished his hand with a glance round
64.07 the room.
64.08 After that he never looked again at the bed. He
64.09 took his big cloak down from its peg and, wrapping him-
64.10 self up closely, went to lie down on the hard horse-hair
64.11 sofa at the other side of his room. A leaden sleep closed
64.12 his eyelids at once. Several times that night he woke
64.13 up shivering from a dream of walking through drifts of
64.14 snow in a Russia where he was as completely alone as
64.15 any betrayed autocrat could be; an immense, wintry
64.16 Russia which, somehow, his view could embrace in all its
64.17 enormous expanse as if it were a map. But after each
64.18 shuddering start his heavy eyelids fell over his glazed
64.19 eyes and he slept again.
64.20 (III)
64.21 Approaching this part of Mr. Razumov's story, my
64.22 mind, the decent mind of an old teacher of languages,
64.23 feels more and more the difficulty of the task.
64.24 The task is not in truth the writing in the narrative
64.25 form a precis' of a strange human document, but the
64.26 rendering -- I perceive it now clearly -- of the moral con-
64.27 ditions ruling over a large portion of this earth's surface;
64.28 conditions not easily to be understood, much less dis-
64.29 covered in the limits of a story, till some key-word is

found; a word that could stand at the back of all the words covering the pages; a word which, if not truth itself, may perchance hold truth enough to help the moral discovery which should be the object of every tale.

I turn over for the hundredth time the leaves of Mr. Razumov's record, I lay it aside, I take up the pen -- and the pen being ready for its office of setting down black on white I hesitate. For the word that persists in creeping under its point is no other word than "cynicism."

For that is the mark of Russian autocracy and of Russian revolt. In its pride of numbers, in its strange pretensions of sanctity, and in the secret readiness to abase itself in suffering, the spirit of Russia is the spirit of cynicism. It informs the declarations of her statesmen, the theories of her revolutionists, and the mystic vaticinations of prophets to the point of making freedom look like a form of debauch, and the Christian virtues themselves appear actually indecent. . . . But I must apologize for the digression. It proceeds from the consideration of the course taken by the story of Mr. Razumov after his conservative convictions, diluted in a vague liberalism natural to the ardour of his age, had become crystallized by the shock of his contact with Haldin.

Razumov woke up for the tenth time perhaps with a heavy shiver. Seeing the light of day in his window, he resisted the inclination to lay himself down again. He did not remember anything, but he did not think it strange to find himself on the sofa in his cloak and chilled to the bone. The light coming through the window seemed strangely cheerless, containing no promise as the light of each new day should for a young man. It was the awakening of a man mortally ill, or of a man ninety years old. He looked at the lamp which had burnt itself out. It stood there, the extinguished beacon of his labours, a cold object of brass and porcelain, amongst the scattered pages of his notes and small piles of books -- a mere litter of blackened paper -- dead matter -- without significance or interest.

He got on his feet, and divesting himself of his cloak hung it on the peg, going through all the motions mechanically. An incredible dullness, a ditch-water stagnation was sensible to his perceptions as though life had withdrawn itself from all things and even from his own thoughts. There was not a sound in the house.

Turning away from the peg, he thought in that same lifeless manner that it must be very early yet; but when he looked at the watch on his table he saw both hands arrested at twelve o'clock.

"Ah! yes," he mumbled to himself, and as if beginning to get roused a little he took a survey of his room. The paper stabbed to the wall arrested his attention. He eyed it from the distance without approval or perplexity; but when he heard the servant-girl beginning to bustle about in the outer room with the samovar for his morning tea, he walked up to it and took it down with an air of profound indifference.

While doing this he glanced down at the bed on which he had not slept that night. The hollow in the pillow made by the weight of Haldin's head was very noticeable.

Even his anger at this sign of the man's passage was dull. He did not try to nurse it into life. He did nothing all that day; he neglected even to brush his hair. The idea of going out never occurred to him -- and if he did not start a connected train of thought it was not because he was unable to think. It was because he was not interested enough.

He yawned frequently. He drank large quantities of tea, he walked about aimlessly, and when he sat down he did not budge for a long time. He spent some time drumming on the window with his finger-tips quietly. In his listless wanderings round about the table he caught sight of his own face in the looking-glass and that arrested him. The eyes which returned his stare were the most unhappy eyes he had ever seen. And this was the first thing which disturbed the mental stagnation of that day.

He was not affected personally. He merely thought that life without happiness is impossible. What was happiness? He yawned and went on shuffling about and about between the walls of his room. Looking forward was happiness -- that's all -- nothing more. To look forward to the gratification of some desire, to the gratification of some passion, love, ambition, hate -- hate too inevitably. Love and hate. And to escape the dangers of existence, to live without fear, was also happiness. There was nothing else. Absence of fear -- looking forward. "Oh! the miserable lot of humanity!" he exclaimed mentally; and added at once in his thought, "I ought to be happy enough as far as that goes." But he was not excited by that assurance. On the contrary, he yawned again as he had been yawning all day. He was mildly surprised to discover himself being overtaken by night. The room grew dark swiftly though time had seemed to stand still. How was it that he had not noticed the passing of that day? Of course, it was the watch being stopped.

He did not light his lamp, but went over to the bed and threw himself on it without any hesitation. Lying on his back, he put his hands under his head and stared upward. After a moment he thought, "I am lying here like that man. I wonder if he slept while I was struggling with the blizzard in the streets. No, he did not sleep. But why should I not sleep?" and he felt the silence of the night press upon all his limbs like a weight.

In the calm of the hard frost outside, the clear-cut strokes of the town clock counting off midnight penetrated the quietness of his suspended animation.

Again he began to think. It was twenty-four hours since that man left his room. Razumov had a distinct feeling that Haldin in the fortress was sleeping that night. It was a certitude which made him angry because he did not want to think of Haldin, but he justified it to himself by physiological and psychological reasons. The fellow had hardly slept for weeks on his own confession, and now every incertitude was at an end for him. No doubt he was looking forward to the consummation of his martyrdom. A man who resigns himself to kill need not go very far for resignation to die. Haldin slept perhaps more soundly than General T--, whose task -- weary work too -- was not done, and over whose head hung the sword of revolutionary vengeance.

Razumov, remembering the thick-set man with his heavy jowl resting on the collar of his uniform, the champion of autocracy, who had let no sign of surprise, incredulity, or joy escape him, but whose goggle eyes could express a mortal hatred of all rebellion -- Razumov moved uneasily on the bed.

"He suspected me," he thought. "I suppose he must suspect everybody. He would be capable of suspecting his own wife, if Haldin had gone to her boudoir with his confession."

Razumov sat up in anguish. Was he to remain a political suspect all his days? Was he to go through life as a man not wholly to be trusted -- with a bad secret police note tacked on to his record? What sort of future could he look forward to?

"I am now a suspect," he thought again; but the habit of reflection and that desire of safety, of an ordered life, which was so strong in him came to his assistance as the night wore on. His quiet, steady, and laborious existence would vouch at length for his loyalty. There were many permitted ways to serve one's country. There was an activity that made for progress without being revolutionary. The field of influence was great and infinitely varied -- once one had conquered a name.

His thought like a circling bird reverted after four-and-twenty hours to the silver medal, and as it were poised itself there.

When the day broke he had not slept, not for a moment, but he got up not very tired and quite sufficiently self-possessed for all practical purposes. He went out and attended three lectures in the morning. But the work in the library was a mere dumb show of research. He sat with many volumes open before him trying to make notes and extracts. His new tranquillity was like a flimsy garment, and seemed to float at the mercy of a casual word. Betrayal! Why! the fellow had done all that was necessary to betray himself. Precious little had been needed to deceive him.

"I have said no word to him that was not strictly true. Not one word," Razumov argued with himself.

Once engaged on this line of thought there could be no question of doing useful work. The same ideas went on passing through his mind, and he pronounced mentally the same words over and over again. He shut up all the books and rammed all his papers into his pocket with convulsive movements, raging inwardly against Haldin.

As he was leaving the library a long bony student in a threadbare overcoat joined him, stepping moodily by his side. Razumov answered his mumbled greeting without looking at him at all.

"What does he want with me?" he thought with a strange dread of the unexpected which he tried to shake off lest it should fasten itself upon his life for good and all. And the other, muttering cautiously with downcast eyes, supposed that his comrade had seen the news of de P--'s executioner -- that was the expression he used -- having been arrested the night before last. . . .

"I've been ill -- shut up in my rooms," Razumov mumbled through his teeth.

The tall student, raising his shoulders, shoved his hands deep into his pockets. He had a hairless, square, tallowy chin which trembled slightly as he spoke, and his nose nipped bright red by the sharp air looked like a false nose of painted cardboard between the sallow cheeks. His whole appearance was stamped with the mark of cold and hunger. He stalked deliberately at Razumov's elbow with his eyes on the ground.

"It's an official statement," he continued in the same cautious mutter. "It may be a lie. But there was somebody arrested between midnight and one in the morning on Tuesday. This is certain."

And talking rapidly under the cover of his downcast air, he told Razumov that this was known through an inferior Government clerk employed at the Central Secretariat. That man belonged to one of the revolutionary circles. "The same, in fact, I am affiliated to," remarked the student.

They were crossing a wide quadrangle. An infinite distress possessed Razumov, annihilated his energy, and before his eyes everything appeared confused and as if evanescent. He dared not leave the fellow there. "He may be affiliated to the police," was the thought that passed through his mind. "Who can tell?" But eyeing the miserable frost-nipped, famine-struck figure of his companion he perceived the absurdity of his suspicion.

"But I -- you know -- I don't belong to any circle. I . . ."

He dared not say any more. Neither dared he mend his pace. The other, raising and setting down his lamentably shod feet with exact deliberation, protested in a low tone that it was not necessary for everybody to belong to an organization. The most valuable personalities remained outside. Some of the

71.09 best work was done outside the organization. Then
71.10 very fast, with whispering, feverish lips --
71.11 "The man arrested in the street was Haldin."
71.12 And accepting Razumov's dismayed silence as
71.13 natural enough, he assured him that there was no mistake.
71.14 That Government clerk was on night duty at the
71.15 Secretariat. Hearing a great noise of footsteps in the
71.16 hall and aware that political prisoners were brought
71.17 over sometimes at night from the fortress, he opened the
71.18 door of the room in which he was working, suddenly.
71.19 Before the gendarme on duty could push him back and
71.20 slam the door in his face, he had seen a prisoner being
71.21 partly carried, partly dragged along the hall by a lot of
71.22 policemen. He was being used very brutally. And
71.23 the clerk had recognized Haldin perfectly. Less than
71.24 half an hour afterwards General T -- arrived at the
71.25 Secretariat to examine that prisoner personally.
71.26 "Aren't you astonished?" concluded the gaunt
71.27 student.
71.28 "No," said Razumov roughly -- and at once regretted
71.29 his answer.
71.30 "Everybody supposed Haldin was in the provinces
71.31 -- with his people. Didn't you?"
71.32 The student turned his big hollow eyes upon Razumov,
71.33 who said unguardedly --
71.34 "His people are abroad."
71.35 He could have bitten his tongue out with vexa-
72.01 tion. The student pronounced in a tone of profound
72.02 meaning --
72.03 "So! You alone were aware. . ." and stopped.
72.04 "They have sworn my ruin," thought Razumov.
72.05 "Have you spoken of this to anyone else?" he asked
72.06 with bitter curiosity.
72.07 The other shook his head.
72.08 "No, only to you. Our circle thought that as
72.09 Haldin had been often heard expressing a warm apprecia-
72.10 tion of your character. . ."
72.11 Razumov could not restrain a gesture of angry
72.12 despair which the other must have misunderstood in
72.13 some way, because he ceased speaking and turned away
72.14 his black, lack-lustre eyes.
72.15 They moved side by side in silence. Then the
72.16 gaunt student began to whisper again, with averted gaze --
72.17 "As we have at present no one affiliated inside the
72.18 fortress so as to make it possible to furnish him with a
72.19 packet of poison, we have considered already some sort
72.20 of retaliatory action -- to follow very soon. . ."
72.21 Razumov trudging on interrupted --
72.22 "Were you acquainted with Haldin? Did he know
72.23 where you live?"
72.24 "I had the happiness to hear him speak twice," his
72.25 companion answered in the feverish whisper contrasting
72.26 with the gloomy apathy of his face and bearing. "He
72.27 did not know where I live. . . . I am lodging poorly
72.28 . . . with an artisan family. . . . I have just a corner
72.29 in a room. It is not very practicable to see me there,
72.30 but if you should need me for anything I am ready. . ."
72.31 Razumov trembled with rage and fear. He was
72.32 beside himself, but kept his voice low.
72.33 "You are not to come near me. You are not to
72.34 speak to me. Never address a single word to me. I
72.35 forbid you."
73.01 "Very well," said the other submissively, showing
73.02 no surprise whatever at this abrupt prohibition. "You
73.03 don't wish for secret reasons . . . perfectly . . . I
73.04 understand."
73.05 He edged away at once, not looking up even; and
73.06 Razumov saw his gaunt, shabby, famine-stricken figure
73.07 cross the street obliquely with lowered head and that
73.08 peculiar exact motion of the feet.
73.09 He watched him as one would watch a vision out
73.10 of a nightmare, then he continued on his way, trying
73.11 not to think. On his landing the landlady seemed to
73.12 be waiting for him. She was a short, thick, shapeless
73.13 woman with a large yellow face wrapped up everlastingly
73.14 in a black woollen shawl. When she saw him come up
73.15 the last flight of stairs she flung both her arms up
73.16 excitedly, then clasped her hands before her face.
73.17 "Kirylo Sidorovitch -- little father -- what have you
73.18 been doing? And such a quiet young man, too! The
73.19 police are just gone this moment after searching your
73.20 rooms."
73.21 Razumov gazed down at her with silent, scrutinizing
73.22 attention. Her puffy yellow countenance was working
73.23 with emotion. She screwed up her eyes at him
73.24 entreatingly.
73.25 "Such a sensible young man! Anybody can see
73.26 you are sensible. And now -- like this -- all at once.
73.27 . . . What is the good of mixing yourself up with
73.28 these Nihilists? Do give over, little father. They are
73.29 unlucky people."
73.30 Razumov moved his shoulders slightly.
73.31 "Or is it that some secret enemy has been calum-
73.32 niating you, Kirylo Sidorovitch? The world is full of
73.33 black hearts and false denunciations nowadays. There
73.34 is much fear about."
73.35 "Have you heard that I have been denounced by
74.01 some one?" asked Razumov, without taking his eyes off
74.02 her quivering face.
74.03 But she had not heard anything. She had tried to
74.04 find out by asking the police captain while his men were
74.05 turning the room upside down. The police captain of
74.06 the district had known her for the last eleven years and
74.07 was a humane person. But he said to her on the
74.08 landing, looking very black and vexed --
74.09 "My good woman, do not ask questions. I don't
74.10 know anything myself. The order comes from higher
74.11 quarters."
74.12 And indeed there had appeared, shortly after the arrival
74.13 of the policemen of the district, a very superior gentle-
74.14 man in a fur coat and a shiny hat, who sat down in the
74.15 room and looked through all the papers himself. He
74.16 came alone and went away by himself, taking nothing
74.17 with him. She had been trying to put things straight a
74.18 little since they left.
74.19 Razumov turned away brusquely and entered his
74.20 rooms.
74.21 All his books had been shaken and thrown on the
74.22 floor. His landlady followed him, and stooping painfully
74.23 began to pick them up into her apron. His papers and
74.24 notes which were kept always neatly sorted /they all
74.25 related to his studies/ had been shuffled up and heaped
74.26 together into a ragged pile in the middle of the
74.27 table.
74.28 This disorder affected him profoundly, unreasonably.
74.29 He sat down and stared. He had a distinct sensation
74.30 of his very existence being undermined in some
74.31 mysterious manner, of his moral supports falling away
74.32 from him one by one. He even experienced a slight
74.33 physical giddiness and made a movement as if to reach
74.34 for something to steady himself with.
74.35 The old woman, rising to her feet with a low groan,
75.01 shot all the books she had collected in her apron on to
75.02 the sofa and left the room muttering and sighing.
75.03 It was only then that he noticed that the sheet of
75.04 paper which for one night had remained stabbed to the
75.05 wall above his empty bed was lying on top of the pile.
75.06 When he had taken it down the day before he had
75.07 folded it in four, absent-mindedly, before dropping it on
75.08 the table. And now he saw it lying uppermost, spread
75.09 out, smoothed out even and covering all the confused
75.10 pile of pages, the record of his intellectual life for the
75.11 last three years. It had not been flung there. It had
75.12 been placed there --smoothed out, too! He guessed in
75.13 that an intention of profound meaning -- or perhaps some
75.14 inexplicable mockery.
75.15 He sat staring at the piece of paper till his eyes
75.16 began to smart. He did not attempt to put his papers
75.17 in order, either that evening or the next day -- which he
75.18 spent at home in a state of peculiar irresolution. This
75.19 irresolution bore upon the question whether he should
75.20 continue to live -- neither more nor less. But its nature
75.21 was very far removed from the hesitation of a man con-
75.22 templating suicide. The idea of laying violent hands
75.23 upon his body did not occur to Razumov. The un-
75.24 related organism bearing that label, walking, breathing,
75.25 wearing these clothes, was of no importance to anyone,
75.26 unless maybe to the landlady. The true Razumov had
75.27 his being in the willed, in the determined future -- in
75.28 that future menaced by the lawlessness of autocracy --
75.29 for autocracy knows no law -- and the lawlessness of
75.30 revolution. The feeling that his moral personality was
75.31 at the mercy of these lawless forces was so strong that
75.32 he asked himself seriously if it were worth while to go
75.33 on accomplishing the mental functions of that existence
75.34 which seemed no longer his own.
75.35 "What is the good of exerting my intelligence, of
76.01 pursuing the systematic development of my faculties and
76.02 all my plans of work?" he asked himself. "I want to
76.03 guide my conduct by reasonable convictions, but what
76.04 security have I against something -- some destructive
76.05 horror -- walking in upon me as I sit here? . . ."
76.06 Razumov looked apprehensively towards the door of
76.07 the outer room as if expecting some shape of evil to turn
76.08 the handle and appear before him silently.
76.09 "A common thief," he said to himself, "finds more
76.10 guarantees in the law he is breaking, and even a brute
76.11 like Ziemianitch has his consolation." Razumov envied
76.12 the materialism of the thief and the passion of the in-
76.13 corrigible lover. The consequences of their actions were
76.14 always clear and their lives remained their own.
76.15 But he slept as soundly that night as though he had
76.16 been consoling himself in the manner of Ziemianitch.
76.17 He dropped off suddenly, lay like a log, remembered
76.18 no dream on waking. But it was as if his soul had
76.19 gone out in the night to gather the flowers of wrathful
76.20 wisdom. He got up in a mood of grim determination
76.21 and as if with a new knowledge of his own nature.
76.22 He looked mockingly on the heap of papers on his
76.23 table; and left his room to attend the lectures, muttering
76.24 to himself, "We shall see."
76.25 He was in no humour to talk to anybody or hear
76.26 himself questioned as to his absence from lectures the
76.27 day before. But it was difficult to repulse rudely a very
76.28 good comrade with a smooth pink face and fair hair,
76.29 bearing the nickname amongst his fellow-students of
76.30 "Madcap Kostia." He was the idolized only son of a
76.31 very wealthy and illiterate Government contractor, and
76.32 attended the lectures only during the periodical fits of
76.33 contrition following upon tearful paternal remonstrances.
76.34 Noisily blundering like a retriever puppy, his elated voice
76.35 and great gestures filled the bare academy corridors with
77.01 the joy of thoughtless animal life, provoking indulgent
77.02 smiles at a great distance. His usual discourses treated
77.03 of trotting horses, wine-parties in expensive restaurants,
77.04 and the merits of persons of easy virtue, with a disarming
77.05 artlessness of outlook. He pounced upon Razumov
77.06 about midday, somewhat less uproariously than his habit
77.07 was, and led him aside.
77.08 "Just a moment, Kirylo Sidorovitch. A few words
77.09 here in this quiet corner."
77.10 He felt Razumov's reluctance, and insinuated his
77.11 hand under his arm caressingly.
77.12 "No -- pray do. I don't want to talk to you about
77.13 any of my silly scrapes. What are my scrapes?
77.14 Absolutely nothing. Mere childishness. The other
77.15 night I flung a fellow out of a certain place where I
77.16 was having a fairly good time. A tyrannical little beast
77.17 of a quill-driver from the Treasury department . . . .
77.18 He was bullying the people of the house. I rebuked
77.19 him. 'You are not behaving humanely to God's
77.20 creatures that are a jolly sight more estimable than

77.21 yourself, ' I said. I can't bear to see any tyranny,
77.22 Kirylo Sidorovitch. Upon my word I can't. He didn't
77.23 take it in good part at all. ' Who's that impudent
77.24 puppy? ' he begins to shout. I was in excellent form
77.25 as it happened, and he went through the closed window
77.26 very suddenly. He flew quite a long way into the
77.27 yard. I raged like -- like a -- minotaur. The women
77.28 clung to me and screamed, the fiddlers got under the
77.29 table. . . . Such fun! My dad had to put his hand
77.30 pretty deep into his pocket, I can tell you."
77.31 He chuckled.
77.32 "My dad is a very useful man. Jolly good thing
77.33 it is for me, too. I do get into unholy scrapes."
77.34 His elation fell. That was just it. What was
77.35 his life? Insignificant; no good to anyone; a mere
78.01 festivity. It would end some fine day in his getting
78.02 his skull split with a champagne bottle in a drunken
78.03 brawl. At such times, too, when men were sacrificing
78.04 themselves to ideas. But he could never get any ideas
78.05 into his head. His head wasn't worth anything better
78.06 than to be split by a champagne bottle.
78.07 Razumov, protesting that he had no time, made an
78.08 attempt to get away. The other's tone changed to
78.09 confidential earnestness.
78.10 "For God's sake, Kirylo, my dear soul, let me make
78.11 some sort of sacrifice. It would not be a sacrifice really.
78.12 I have my rich dad behind me. There's positively no
78.13 getting to the bottom of his pocket."
78.14 And rejecting indignantly Razumov's suggestion that
78.15 this was drunken raving, he offered to lend him some
78.16 money to escape abroad with. He could always get
78.17 money from his dad. He had only to say that he had
78.18 lost it at cards or something of that sort, and at the
78.19 same time promise solemnly not to miss a single lecture
78.20 for three months on end. That would fetch the old
78.21 man; and he, Kostia, was quite equal to the sacrifice.
78.22 Though he really did not see what was the good for
78.23 him to attend the lectures. It was perfectly hopeless.
78.24 "Won't you let me be of some use?" he pleaded to
78.25 the silent Razumov, who with his eyes on the ground
78.26 and utterly unable to penetrate the real drift of the
78.27 other's intention, felt a strange reluctance to clear up
78.28 the point.
78.29 "What makes you think I want to go abroad?" he
78.30 asked at last very quietly.
78.31 Kostia lowered his voice.
78.32 "You had the police in your rooms yesterday.
78.33 There are three or four of us who have heard of that.
78.34 Never mind how we know. It is sufficient that we do.
78.35 So we have been consulting together."
79.01 "Ah! You got to know that so soon," muttered
79.02 Razumov negligently.
79.03 "Yes. We did. And it struck us that a man like
79.04 you. . . ."
79.05 "What sort of a man do you take me to be?"
79.06 Razumov interrupted him.
79.07 "A man of ideas -- and a man of action too. But
79.08 you are very deep, Kirylo. There's no getting to the
79.09 bottom of your mind. Not for fellows like me. But
79.10 we all agreed that you must be preserved for our
79.11 country. Of that we have no doubt whatever -- I mean
79.12 all of us who have heard Haldin speak of you on certain
79.13 occasions. A man doesn't get the police ransacking his
79.14 rooms without there being some devilry hanging over his
79.15 head. . . . And so if you think that it would be better
79.16 for you to bolt at once. . ."
79.17 Razumov tore himself away and walked down the
79.18 corridor, leaving the other motionless with his mouth
79.19 open. But almost at once he returned and stood before
79.20 the amazed Kostia, who shut his mouth slowly.
79.21 Razumov looked him straight in the eyes, before saying
79.22 with marked deliberation and separating his words --
79.23 "I thank -- you -- very -- much -- ."
79.24 He went away again rapidly. Kostia, recovering
79.25 from his surprise at these manoeuvres, ran up behind him
79.26 pressingly.
79.27 "No! Wait! Listen. I really mean it. It would
79.28 be like giving your compassion to a starving fellow. Do
79.29 you hear, Kirylo? And any disguise you may think of,
79.30 that too I could procure from a costumier, a Jew I
79.31 know. Let a fool be made serviceable according to his
79.32 folly. Perhaps also a false beard or something of that
79.33 kind may be needed."
79.34 Razumov turned at bay.
79.35 "There are no false beards needed in this business,
80.01 Kostia -- you good-hearted lunatic, you. What do you
80.02 know of my ideas? My ideas may be poison to you."
80.03 The other began to shake his head in energetic
80.04 protest.
80.05 "What have you got to do with ideas? Some of
80.06 them would make an end of your dad's money-bags.
80.07 Leave off meddling with what you don't understand.
80.08 Go back to your trotting horses and your girls, and then
80.09 you'll be sure at least of doing no harm to anybody, and
80.10 hardly any to yourself."
80.11 The enthusiastic youth was overcome by this
80.12 disdain.
80.13 "You're sending me back to my pig's trough, Kirylo.
80.14 That settles it. I am an unlucky beast -- and I shall die
80.15 like a beast too. But mind -- it's your contempt that has
80.16 done for me."
80.17 Razumov went off with long strides. That this
80.18 simple and grossly festive soul should have fallen too
80.19 under the revolutionary curse affected him as an ominous
80.20 symptom of the time. He reproached himself for feeling
80.21 troubled. Personally he ought to have felt reassured.
80.22 There was an obvious advantage in this conspiracy of
80.23 mistaken judgment taking him for what he was not.
80.24 But was it not strange?
80.25 Again he experienced that sensation of his conduct
80.26 being taken out of his hands by Haldin's revolutionary
80.27 tyranny. His solitary and laborious existence had been
80.28 destroyed -- the only thing he could call his own on this
80.29 earth. By what right? he asked himself furiously. In
80.30 what name?
80.31 What infuriated him most was to feel that the
80.32 "thinkers" of the University were evidently connecting
80.33 him with Haldin -- as a sort of confidant in the back-
80.34 ground apparently. A mysterious connexion! Ha
80.35 ha! . . . He had been made a personage without
81.01 knowing anything about it. How that wretch Haldin
81.02 must have talked about him! Yet it was likely that
81.03 Haldin had said very little. The fellow's casual utter-
81.04 ances were caught up and treasured and pondered over
81.05 by all these imbeciles. And was not all secret revolu-
81.06 tionary action based upon folly, self-deception, and lies?
81.07 "Impossible to think of anything else," muttered
81.08 Razumov to himself. "I'll become an idiot if this goes
81.09 on. The scoundrels and the fools are murdering my
81.10 intelligence."
81.11 He lost all hope of saving his future, which depended
81.12 on the free use of his intelligence.
81.13 He reached the doorway of his house in a state of
81.14 mental discouragement which enabled him to receive
81.15 with apparent indifference an official-looking envelope
81.16 from the dirty hand of the dvornik.
81.17 "A gendarme brought it," said the man. "He asked
81.18 if you were at home. I told him ' No, he's not at home.
81.19 So he left it. ' Give it into his own hands, ' says he.
81.20 Now you've got it -- eh?"
81.21 He went back to his sweeping, and Razumov climbed
81.22 his stairs, envelope in hand. Once in his room he did
81.23 not hasten to open it. Of course this official missive
81.24 was from the superior direction of the police. A
81.25 suspect! A suspect!
81.26 He stared in dreary astonishment at the absurdity of
81.27 his position. He thought with a sort of dry, unemotional
81.28 melancholy; three years of good work gone, the course
81.29 of forty more perhaps jeopardized -- turned from hope to
81.30 terror, because events started by human folly link them-
81.31 selves into a sequence which no sagacity can foresee and
81.32 no courage can break through. Fatality enters your
81.33 rooms while your landlady's back is turned; you come
81.34 home and find it in possession bearing a man's name,
81.35 clothed in flesh -- wearing a brown cloth coat and long
82.01 boots -- lounging against the stove. It asks you, "Is the
82.02 outer door closed?" -- and you don't know enough to
82.03 take it by the throat and fling it downstairs. You don't
82.04 know. You welcome the crazy fate. "Sit down," you
82.05 say. And it is all over. You cannot shake it off any
82.06 more. It will cling to you for ever. Neither halter nor
82.07 bullet can give you back the freedom of your life and the
82.08 sanity of your thought. . . . It was enough to dash
82.09 one's head against a wall.
82.10 Razumov looked slowly all round the walls as if to
82.11 select a spot to dash his head against. Then he opened
82.12 the letter. It directed the student Kirylo Sidorovitch
82.13 Razumov to present himself without delay at the General
82.14 Secretariat.
82.15 Razumov had a vision of General T--'s goggle
82.16 eyes waiting for him -- the embodied power of autocracy,
82.17 grotesque and terrible. He embodied the whole power
82.18 of autocracy because he was its guardian. He was the
82.19 incarnate suspicion, the incarnate anger, the incarnate
82.20 ruthlessness of a political and social regime on its defence.
82.21 He loathed rebellion by instinct. And Razumov reflected
82.22 that the man was simply unable to understand a reason-
82.23 able adherence to the doctrine of absolutism.
82.24 "What can he want with me precisely -- I wonder?"
82.25 he asked himself.
82.26 As if that mental question had evoked the familiar
82.27 phantom, Haldin stood suddenly before him in the room
82.28 with an extraordinary completeness of detail. Though
82.29 the short winter day had passed already into the sinister
82.30 twilight of a land buried in snow, Razumov saw plainly
82.31 the narrow leather strap round the Tcherkess coat. The
82.32 illusion of that hateful presence was so perfect that he
82.33 half expected it to ask, "Is the outer door closed?"
82.34 He looked at it with hatred and contempt. Souls do
82.35 not take a shape of clothing. Moreover, Haldin could
83.01 not be dead yet. Razumov stepped forward menacingly;
83.02 the vision vanished -- and turning short on his heel he
83.03 walked out of his room with infinite disdain.
83.04 But after going down the first flight of stairs it
83.05 occurred to him that perhaps the superior authorities
83.06 of police meant to confront him with Haldin in the
83.07 flesh. This thought struck him like a bullet, and had
83.08 he not clung with both hands to the banister he would
83.09 have rolled down to the next landing most likely. His
83.10 legs were of no use for a considerable time. . . . But
83.11 why? For what conceivable reason? To what end?
83.12 There could be no rational answer to these questions;
83.13 but Razumov remembered the promise made by the
83.14 General to Prince K -- . His action was to remain
83.15 unknown.
83.16 He got down to the bottom of the stairs, lowering
83.17 himself as it were from step to step, by the banister.
83.18 Under the gate he regained much of his firmness of
83.19 thought and limb. He went out into the street without
83.20 staggering visibly. Every moment he felt steadier
83.21 mentally. And yet he was saying to himself that
83.22 General T -- was perfectly capable of shutting him
83.23 up in the fortress for an indefinite time. His tempera-
83.24 ment fitted his remorseless task, and his omnipotence
83.25 made him inaccessible to reasonable argument.
83.26 But when Razumov arrived at the Secretariat he
83.27 discovered that he would have nothing to do with
83.28 General T -- . It is evident from Mr. Razumov's diary
83.29 that this dreaded personality was to remain in the back-
83.30 ground. A civilian of superior rank received him in a
83.31 private room after a period of waiting in outer offices
83.32 where a lot of scribbling went on at many tables in a

83.33 heated and stuffy atmosphere.
83.34 The clerk in uniform who conducted him said in the
83.35 corridor --
84.01 "You are going before Gregory Matveitch Mikulin."
84.02 There was nothing formidable about the man bearing
84.03 that name. His mild, expectant glance was turned on
84.04 the door already when Razumov entered. At once,
84.05 with the penholder he was holding in his hand, he pointed
84.06 to a deep sofa between two windows. He followed
84.07 Razumov with his eyes while that last crossed the room
84.08 and sat down. The mild gaze rested on him, not curious,
84.09 not inquisitive -- certainly not suspicious -- almost without
84.10 expression. In its passionless persistence there was
84.11 something resembling sympathy.
84.12 Razumov, who had prepared his will and his intelli-
84.13 gence to encounter General T -- himself, was pro-
84.14 foundly troubled. All the moral bracing up against
84.15 the possible excesses of power and passion went for
84.16 nothing before this sallow man, who wore a full unclipped
84.17 beard. It was fair, thin, and very fine. The light fell
84.18 in coppery gleams on the protuberances of a high, rugged
84.19 forehead. And the aspect of the broad, soft physiognomy
84.20 was so homely and rustic that the careful middle parting
84.21 of the hair seemed a pretentious affectation.
84.22 The diary of Mr. Razumov testifies to some irritation
84.23 on his part. I may remark here that the diary proper
84.24 consisting of the more or less daily entries seems to
84.25 have been begun on that very evening after Mr. Razumov
84.26 had returned home.
84.27 Mr. Razumov, then, was irritated. His strung-up
84.28 individuality had gone to pieces within him very
84.29 suddenly.
84.30 "I must be very prudent with him," he warned
84.31 himself in the silence during which they sat gazing at
84.32 each other. It lasted some little time, and was char-
84.33 acterized /for silences have their character/ by a sort
84.34 of sadness imparted to it perhaps by the mild and
84.35 thoughtful manner of the bearded official. Razumov
85.01 learned later that he was the chief of a department in
85.02 the General Secretariat, with a rank in the civil service
85.03 equivalent to that of a colonel in the army.
85.04 Razumov's mistrust became acute. The main point
85.05 was, not to be drawn into saying too much. He had
85.06 been called there for some reason. What reason? To
85.07 be given to understand that he was a suspect -- and
85.08 also no doubt to be pumped. As to what precisely?
85.09 There was nothing. Or perhaps Haldin had been telling
85.10 lies . . . . Every alarming uncertainty beset Razumov.
85.11 He could bear the silence no longer, and cursing himself
85.12 for his weakness spoke first, though he had promised
85.13 himself not to do so on any account.
85.14 "I haven't lost a moment's time," he began in a
85.15 hoarse, provoking tone; and then the faculty of speech
85.16 seemed to leave him and enter the body of Councillor
85.17 Mikulin, who chimed in approvingly --
85.18 "Very proper. Very proper. Though as a matter
85.19 of fact. . ."
85.20 But the spell was broken, and Razumov interrupted
85.21 him boldly, under a sudden conviction that this was
85.22 the safest attitude to take. With a great flow of words
85.23 he complained of being totally misunderstood. Even
85.24 as he talked with a perception of his own audacity he
85.25 thought that the word "misunderstood" was better than
85.26 the word "mistrusted," and he repeated it again with
85.27 insistence. Suddenly he ceased, being seized with fright
85.28 before the attentive immobility of the official. "What
85.29 am I talking about?" he thought, eyeing him with a
85.30 vague gaze. Mistrusted -- not misunderstood -- was the
85.31 right symbol for these people. Misunderstood was the
85.32 other kind of curse. Both had been brought on his
85.33 head by that fellow Haldin. And his head ached terribly.
85.34 He passed his hand over his brow -- an involuntary
85.35 gesture of suffering, which he was too careless to restrain.
86.01 At that moment Razumov beheld his own brain suffering
86.02 on the rack -- a long, pale figure drawn asunder horizon-
86.03 tally with terrific force in the darkness of a vault, whose
86.04 face he failed to see. It was as though he had dreamed
86.05 for an infinitesimal fraction of time of some dark print
86.06 of the Inquisition. . . .
86.07 It is not to be seriously supposed that Razumov
86.08 had actually dozed off and had dreamed in the presence
86.09 of Councillor Mikulin, of an old print of the Inquisition.
86.10 He was indeed extremely exhausted, and he records a
86.11 remarkably dream-like experience of anguish at the
86.12 circumstance that there was no one whatever near the
86.13 pale and extended figure. The solitude of the racked
86.14 victim was particularly horrible to behold. The mysterious
86.15 impossibility to see the face, he also notes, inspired a
86.16 sort of terror. All these characteristics of an ugly dream
86.17 were present. Yet he is certain that he never lost the
86.18 consciousness of himself on the sofa, leaning forward
86.19 with his hands between his knees and turning his cap
86.20 round and round in his fingers. But everything vanished
86.21 at the voice of Councillor Mikulin. Razumov felt pro-
86.22 foundly grateful for the even simplicity of its tone.
86.23 "Yes. I have listened with interest. I comprehend
86.24 in a measure your . . . But, indeed, you are mistaken
86.25 in what you. . ." Councillor Mikulin uttered a series
86.26 of broken sentences. Instead of finishing them he
86.27 glanced down his beard. It was a deliberate curtailment
86.28 which somehow made the phrases more impressive. But
86.29 he could talk fluently enough, as became apparent when
86.30 changing his tone to persuasiveness he went on: "By
86.31 listening to you as I did, I think I have proved that I
86.32 do not regard our intercourse as strictly official. In fact,
86.33 I don't want it to have that character at all. . . . Oh
86.34 yes! I admit that the request for your presence here
86.35 had an official form. But I put it to you whether it was
87.01 a form which would have been used to secure the attend-
87.02 ance of a . . ."
87.03 "Suspect," exclaimed Razumov, looking straight into
87.04 the official's eyes. They were big with heavy eyelids,
87.05 and met his boldness with a dim, steadfast gaze. "A
87.06 suspect." The open repetition of that word which had
87.07 been haunting all his waking hours gave Razumov a
87.08 strange sort of satisfaction. Councillor Mikulin shook
87.09 his head slightly. "Surely you do know that I've had
87.10 my rooms searched by the police?"
87.11 "I was about to say a ' misunderstood person, ' when
87.12 you interrupted me," insinuated quietly Councillor
87.13 Mikulin.
87.14 Razumov smiled without bitterness. The renewed
87.15 sense of his intellectual superiority sustained him in the
87.16 hour of danger. He said a little disdainfully --
87.17 "I know I am but a reed. But I beg you to allow
87.18 me the superiority of the thinking reed over the unthink-
87.19 ing forces that are about to crush him out of existence.
87.20 Practical thinking in the last instance is but criticism.
87.21 I may perhaps be allowed to express my wonder at this
87.22 action of the police being delayed for two full days
87.23 during which, of course, I could have annihilated every-
87.24 thing compromising by burning it -- let us say -- and
87.25 getting rid of the very ashes, for that matter."
87.26 "You are angry," remarked the official, with an un-
87.27 utterable simplicity of tone and manner. "Is that
87.28 reasonable?"
87.29 Razumov felt himself colouring with annoyance.
87.30 "I am reasonable. I am even -- permit me to say --
87.31 a thinker, though to be sure, this name nowadays seems
87.32 to be the monopoly of hawkers of revolutionary wares,
87.33 the slaves of some French or German thought -- devil
87.34 knows what foreign notions. But I am not an intel-
87.35 lectual mongrel. I think like a Russian. I think faith-
88.01 fully -- and I take the liberty to call myself a thinker.
88.02 It is not a forbidden word, as far as I know."
88.03 "No. Why should it be a forbidden word?" Coun-
88.04 cillor Mikulin turned in his seat with crossed legs and
88.05 resting his elbow on the table propped his head on the
88.06 knuckles of a half-closed hand. Razumov noticed a
88.07 thick forefinger clasped by a massive gold band set with
88.08 a blood-red stone -- a signet ring that, looking as if it
88.09 could weigh half a pound, was an appropriate ornament
88.10 for that ponderous man with the accurate middle-parting
88.11 of glossy hair above a rugged Socratic forehead.
88.12 "Could it be a wig?" Razumov detected himself
88.13 wondering with an unexpected detachment. His self--
88.14 confidence was much shaken. He resolved to chatter
88.15 no more. Reserve! Reserve! All he had to do was
88.16 to keep the Ziemianitch episode secret with absolute
88.17 determination, when the questions came. Keep Zie-
88.18 mianitch strictly out of all the answers.
88.19 Councillor Mikulin looked at him dimly. Razumov's
88.20 self-confidence abandoned him completely. It seemed
88.21 impossible to keep Ziemianitch out. Every question
88.22 would lead to that, because, of course, there was nothing
88.23 else. He made an effort to brace himself up. It was a
88.24 failure. But Councillor Mikulin was surprisingly de-
88.25 tached too.
88.26 "Why should it be forbidden?" he repeated. "I too
88.27 consider myself a thinking man, I assure you. The
88.28 principal condition is to think correctly. I admit it is
88.29 difficult sometimes at first for a young man abandoned
88.30 to himself -- with his generous impulses undisciplined, so
88.31 to speak -- at the mercy of every wild wind that blows.
88.32 Religious belief, of course, is a great . . ."
88.33 Councillor Mikulin glanced down his beard, and
88.34 Razumov, whose tension was relaxed by that unexpected
88.35 and discursive turn, murmured with gloomy discontent --
89.01 "That man, Haldin, believed in God."
89.02 "Ah! You are aware," breathed out Councillor
89.03 Mikulin, making the point softly, as if with discretion,
89.04 but making it nevertheless plainly enough, as if he too
89.05 were put off his guard by Razumov's remark. The young
89.06 man preserved an impassive, moody countenance, though
89.07 he reproached himself bitterly for a pernicious fool, to
89.08 have given thus an utterly false impression of intimacy.
89.09 He kept his eyes on the floor. "I must positively hold
89.10 my tongue unless I am obliged to speak," he admonished
89.11 himself. And at once against his will the question,
89.12 "Hadn't I better tell him everything?" presented itself
89.13 with such force that he had to bite his lower lip. Coun-
89.14 cillor Mikulin could not, however, have nourished any
89.15 hope of confession. He went on --
89.16 "You tell me more than his judges were able to get
89.17 out of him. He was judged by a commission of three.
89.18 He would tell them absolutely nothing. I have the
89.19 report of the interrogatories here, by me. After every
89.20 question there stands ' Refuses to answer -- refuses to
89.21 answer. ' It's like that page after page. You see, I
89.22 have been entrusted with some further investigations
89.23 around and about this affair. He has left me nothing
89.24 to begin my investigations on. A hardened miscreant.
89.25 And so, you say, he believed in . . ."
89.26 Again Councillor Mikulin glanced down his beard
89.27 with a faint grimace; but he did not pause for long.
89.28 Remarking with a shade of scorn that blasphemers also
89.29 had that sort of belief, he concluded by supposing that
89.30 Mr. Razumov had conversed frequently with Haldin on
89.31 the subject.
89.32 "No," said Razumov loudly, without looking up.
89.33 "He talked and I listened. That is not a conversation."
89.34 "Listening is a great art," observed Mikulin
89.35 parenthetically.
90.01 "And getting people to talk is another," mumbled
90.02 Razumov.
90.03 "Well, no -- that is not very difficult," Mikulin said
90.04 innocently, "except, of course, in special cases. For
90.05 instance, this Haldin. Nothing could induce him to
90.06 talk. He was brought four times before the delegated
90.07 judges. Four secret interrogatories -- and even during
90.08 the last, when your personality was put forward. . ."
90.09 "My personality put forward?" repeated Razumov,

90.10 raising his head brusquely. "I don't understand."
90.11 Councillor Mikulin turned squarely to the table, and
90.12 taking up some sheets of grey foolscap dropped them
90.13 one after another, retaining only the last in his hand.
90.14 He held it before his eyes while speaking.
90.15 "It was -- you see -- judged necessary. In a case of
90.16 that gravity no means of action upon the culprit should
90.17 be neglected. You understand that yourself, I am
90.18 certain."
90.19 Razumov stared with enormous wide eyes at the side
90.20 view of Councillor Mikulin, who now was not looking at
90.21 him at all.
90.22 "So it was decided /I was consulted by General
90.23 T --/ that a certain question should be put to the
90.24 accused. But in deference to the earnest wishes of Prince
90.25 K -- your name has been kept out of the documents and
90.26 even from the very knowledge of the judges themselves.
90.27 Prince K -- recognized the propriety, the necessity of
90.28 what we proposed to do, but he was concerned for your
90.29 safety. Things do leak out -- that we can't deny. One
90.30 cannot always answer for the discretion of inferior officials.
90.31 There was, of course, the secretary of the special tribunal
90.32 -- one or two gendarmes in the room. Moreover, as I
90.33 have said, in deference to Prince K -- even the judges
90.34 themselves were to be left in ignorance. The question
90.35 ready framed was sent to them by General T --
91.01 /I wrote it out with my own hand/ with instructions to
91.02 put it to the prisoner the very last of all. Here it is."
91.03 Councillor Mikulin threw back his head into proper
91.04 focus and went on reading monotonously: "Question --
91.05 Has the man well known to you, in whose rooms you
91.06 remained for several hours on Monday and on whose
91.07 information you have been arrested -- has he had any pre-
91.08 vious knowledge of your intention to commit a political
91.09 murder? . . . Prisoner refuses to reply.
91.10 "Question repeated. Prisoner preserves the same
91.11 stubborn silence.
91.12 "The venerable Chaplain of the Fortress being then
91.13 admitted and exhorting the prisoner to repentance,
91.14 entreating him also to atone for his crime by an un-
91.15 reserved and full confession which should help to liberate
91.16 from the sin of rebellion against the Divine laws and the
91.17 sacred Majesty of the Ruler, our Christ-loving land -- the
91.18 prisoner opens his lips for the first time during this
91.19 morning's audience and in a loud, clear voice reject the
91.20 venerable Chaplain's ministrations.
91.21 "At eleven o'clock the Court pronounces in sum-
91.22 mary form the death sentence.
91.23 "The execution is fixed for four o'clock in the afternoon,
91.24 subject to further instructions from superior authorities."
91.25 Councillor Mikulin dropped the page of foolscap,
91.26 glanced down his beard, and turning to Razumov, added
91.27 in an easy, explanatory tone --
91.28 "We saw no object in delaying the execution. The
91.29 order to carry out the sentence was sent by telegraph
91.30 at noon. I wrote out the telegram myself. He was
91.31 hanged at four o'clock this afternoon."
91.32 The definite information of Haldin's death gave
91.33 Razumov the feeling of general lassitude which follows
91.34 a great exertion or a great excitement. He kept very
91.35 still on the sofa, but a murmur escaped him --
92.01 "He had a belief in a future existence."
92.02 Councillor Mikulin shrugged his shoulders slightly,
92.03 and Razumov got up with an effort. There was nothing
92.04 now to stay for in that room. Haldin had been hanged
92.05 at four o'clock. There could be no doubt of that. He
92.06 had, it seemed, entered his future existence, long
92.07 boots, Astrakhan fur cap and all, down to the very leather
92.08 strap round his waist. A flickering, vanishing sort of
92.09 existence. It was not his soul, it was his mere phantom
92.10 he had left behind on this earth -- thought Razumov,
92.11 smiling caustically to himself while he crossed the room,
92.12 utterly forgetful of where he was and of Councillor
92.13 Mikulin's existence. The official could have set a lot of
92.14 bells ringing all over the building without leaving his
92.15 chair. He let Razumov go quite up to the door before
92.16 he spoke.
92.17 "Come, Kirylo Sidorovitch -- what are you doing?"
92.18 Razumov turned his head and looked at him in
92.19 silence. He was not in the least disconcerted. Coun-
92.20 cillor Mikulin's arms were stretched out on the table
92.21 before him and his body leaned forward a little with an
92.22 effort of his dim gaze.
92.23 "Was I actually to clear out like this?"
92.24 Razumov wondered at himself with an impassive
92.25 countenance. And he was aware of this impassiveness
92.26 concealing a lucid astonishment.
92.27 "Evidently I was going out if he had not spoken,"
92.28 he thought. "What would he have done then? I must
92.29 end this affair one way or another. I must make him
92.30 show his hand."
92.31 For a moment longer he reflected behind the mask
92.32 as it were, then let go the door-handle and came back
92.33 to the middle of the room.
92.34 "I'll tell you what you think," he said explosively,
92.35 but not raising his voice. "You think that you are
93.01 dealing with a secret accomplice of that unhappy man.
93.02 No, I do not know that he was unhappy. He did not
93.03 tell me. He was a wretch from my point of view,
93.04 because to keep alive a false idea is a greater crime
93.05 than to kill a man. I suppose you will not deny that?
93.06 I hated him! Visionaries work everlasting evil on
93.07 earth. Their utopias inspire in the mass of mediocre
93.08 minds a disgust of reality and a contempt for the secular
93.09 logic of human development."
93.10 Razumov shrugged his shoulders and stared. "What
93.11 a tirade!" he thought. The silence and immobility of
93.12 Councillor Mikulin impressed him. The bearded bureau-
93.13 crat sat at his post, mysteriously self possessed like an
93.14 idol with dim, unreadable eyes. Razumov's voice changed
93.15 involuntarily.
93.16 "If you were to ask me where is the necessity of my
93.17 hate for such as Haldin, I would answer you -- there is
93.18 nothing sentimental in it. I did not hate him because he
93.19 had committed the crime of murder. Abhorrence is not
93.20 hate. I hated him simply because I am sane. It is in
93.21 that character that he outraged me. His death. . ."
93.22 Razumov felt his voice growing thick in his throat.
93.23 The dimness of Councillor Mikulin's eyes seemed to
93.24 spread all over his face and made it indistinct to Razu-
93.25 mov's sight. He tried to disregard these phenomena.
93.26 "Indeed," he pursued, pronouncing each word care-
93.27 fully, "what is his death to me? If he were lying
93.28 here on the floor I could walk over his breast. . . .
93.29 The fellow is a mere phantom. . . ."
93.30 Razumov's voice died out very much against his will.
93.31 Mikulin behind the table did not allow himself the
93.32 slightest movement. The silence lasted for some little
93.33 time before Razumov could go on again.
93.34 "He went about talking of me. . . . Those intel-
93.35 lectual fellows sit in each other's rooms and get drunk
94.01 on foreign ideas in the same way young Guards'
94.02 officers treat each other with foreign wines. Merest
94.03 debauchery. . . . Upon my word," -- Razumov, enraged
94.04 by a sudden recollection of Ziemianitch, lowered his
94.05 voice forcibly, -- "upon my word, we Russians are a
94.06 drunken lot. Intoxication of some sort we must have:
94.07 to get ourselves wild with sorrow or maudlin with
94.08 resignation; to lie inert like a log or set fire to the house.
94.09 What is a sober man to do, I should like to know? To
94.10 cut oneself entirely from one's kind is impossible. To
94.11 live in a desert one must be a saint. But if a drunken
94.12 man runs out of the grog-shop, falls on your neck and
94.13 kisses you on both cheeks because something about your
94.14 appearance has taken his fancy, what then -- kindly tell
94.15 me? You may break, perhaps, a cudgel on his back
94.16 and yet not succeed in beating him off. . . ."
94.17 Councillor Mikulin raised his hand and passed it
94.18 down his face deliberately.
94.19 "That's . . . of course," he said in an undertone.
94.20 The quiet gravity of that gesture made Razumov
94.21 pause. It was so unexpected, too. What did it mean?
94.22 It had an alarming aloofness. Razumov remembered
94.23 his intention of making him show his hand.
94.24 "I have said all this to Prince K -- ," he began with
94.25 assumed indifference, but lost it on seeing Councillor
94.26 Mikulin's slow nod of assent. "You know it? You've
94.27 heard. . . Then why should I be called here to be
94.28 told of Haldin's execution? Did you want to confront
94.29 me with his silence now that the man is dead? What
94.30 is his silence to me? This is incomprehensible. You
94.31 want in some way to shake my moral balance."
94.32 "No. Not that," murmured Councillor Mikulin,
94.33 just audibly. "The service you have rendered is
94.34 appreciated. . ."
94.35 "Is it?" interrupted Razumov ironically.
95.01 ". . . and your position too." Councillor Mikulin
95.02 did not raise his voice. "But only think! You fall
95.03 into Prince K--'s study as if from the sky with your
95.04 startling information. . . . You are studying yet, Mr.
95.05 Razumov, but we are serving already -- don't forget
95.06 that. . . . And naturally some curiosity was bound
95.07 to. . ."
95.08 Councillor Mikulin looked down his beard. Razumov's
95.09 lips trembled.
95.10 "An occurrence of that sort marks a man," the
95.11 homely murmur went on. "I admit I was curious to
95.12 see you. General T -- thought it would be useful,
95.13 too. . . . Don't think I am incapable of understanding
95.14 your sentiments. When I was young like you I
95.15 studied. . ."
95.16 "Yes -- you wished to see me," said Razumov in a
95.17 tone of profound distaste. "Naturally you have the
95.18 right -- I mean the power. It all amounts to the same
95.19 thing. But it is perfectly useless, if you were to look
95.20 at me and listen to me for a year. I begin to think
95.21 there is something about me which people don't seem
95.22 able to make out. It's unfortunate. I imagine, how-
95.23 ever, that Prince K -- understands. He seemed to."
95.24 Councillor Mikulin moved slightly and spoke.
95.25 "Prince K -- is aware of everything that is being
95.26 done, and I don't mind informing you that he approved
95.27 my intention of becoming personally acquainted with
95.28 you."
95.29 Razumov concealed an immense disappointment
95.30 under the accents of railing surprise.
95.31 "So he is curious too! . . . Well -- after all, Prince
95.32 K -- knows me very little. It is really very un-
95.33 fortunate for me, but -- it is not exactly my fault."
95.34 Councillor Mikulin raised a hasty deprecatory hand
95.35 and inclined his head slightly over his shoulder.
96.01 "Now, Mr. Razumov -- is it necessary to take it in
96.02 that way? Everybody I am sure can . . ."
96.03 He glanced rapidly down his beard, and when he
96.04 looked up again there was for a moment an interested
96.05 expression in his misty gaze. Razumov discouraged it
96.06 with a cold, repellent smile.
96.07 "No. That's of no importance to be sure -- except
96.08 that in respect of all this curiosity being aroused by a
96.09 very simple matter. . . . What is to be done with it?
96.10 It is unappeasable. I mean to say there is nothing to
96.11 appease it with. I happen to have been born a Russian
96.12 with patriotic instincts -- whether inherited or not I am
96.13 not in a position to say."
96.14 Razumov spoke consciously with elaborate steadi-
96.15 ness.
96.16 "Yes, patriotic instincts developed by a faculty of
96.17 independent thinking -- of detached thinking. In that
96.18 respect I am more free than any social democratic
96.19 revolution could make me. It is more than probable
96.20 that I don't think exactly as you are thinking. Indeed,
96.21 how could it be? You would think most likely at this

96.22 moment that I am elaborately lying to cover up the
96.23 track of my repentance."
96.24 Razumov stopped. His heart had grown too big for
96.25 his breast. Councillor Mikulin did not flinch.
96.26 "Why so?" he said simply. "I assisted personally
96.27 at the search of your rooms. I looked through all the
96.28 papers myself. I have been greatly impressed by a
96.29 sort of political confession of faith. A very remarkable
96.30 document. Now may I ask for what purpose. . ."
96.31 "To deceive the police naturally," said Razumov
96.32 savagely. . . . "What is all this mockery? Of course,
96.33 you can send me straight from this room to Siberia.
96.34 That would be intelligible. To what is intelligible I can
96.35 submit. But I protest against this comedy of persecu-
97.01 tion. The whole affair is becoming too comical altogether
97.02 for my taste. A comedy of errors, phantoms, and
97.03 suspicions. It's positively indecent. . ."
97.04 Councillor Mikulin turned an attentive ear.
97.05 "Did you say phantoms?" he murmured.
97.06 "I could walk over dozens of them." Razumov,
97.07 with an impatient wave of his hand, went on headlong,
97.08 "But, really, I must claim the right to be done once for
97.09 all with that man. And in order to accomplish this I
97.10 shall take the liberty. . ."
97.11 Razumov on his side of the table bowed slightly to
97.12 the seated bureaucrat.
97.13 ". . . To retire -- simply to retire," he finished with
97.14 great resolution.
97.15 "He walked to the door, thinking, "Now he must
97.16 show his hand. He must ring and have me arrested
97.17 before I am out of the building, or he must let me go.
97.18 And either way . . ."
97.19 An unhurried voice said --
97.20 "Kirylo Sidorovitch."
97.21 Razumov at the door turned his head.
97.22 "To retire," he repeated.
97.23 "Where to?" asked Councillor Mikulin softly.
98.01 PART SECOND
98.02 (I)
98.03 In the conduct of an invented story there are, no doubt,
98.04 certain proprieties to be observed for the sake of clear-
98.05 ness and effect. A man of imagination, however inex-
98.06 perienced in the art of narrative, has his instinct to guide
98.07 him in the choice of his words, and in the development
98.08 of the action. A grain of talent excuses many mistakes.
98.09 But this is not a work of imagination; I have no talent;
98.10 my excuse for this undertaking lies not in its art, but in
98.11 its artlessness. Aware of my limitations and strong in
98.12 the sincerity of my purpose, I would not try /were I able/
98.13 to invent anything. I push my scruples so far that I
98.14 would not even invent a transition.
98.15 Dropping then Mr. Razumov's record at the point
98.16 where Councillor Mikulin's question "Where to?" comes
98.17 in with the force of an insoluble problem, I shall simply
98.18 say that I made the acquaintance of these ladies about
98.19 six months before that time. By "these ladies" I mean,
98.20 of course, the mother and the sister of the unfortunate
98.21 Haldin.
98.22 By what arguments he had induced his mother to
98.23 sell their little property and go abroad for an indefinite
98.24 time, I cannot tell precisely. I have an idea that Mrs.
98.25 Haldin, at her son's wish, would have set fire to her
98.26 house and emigrated to the moon without any sign of
98.27 surprise or apprehension; and that Miss Haldin -- Nathalie,
99.01 caressingly Natalka -- would have given her assent to the
99.02 scheme.
99.03 Their proud devotion to that young man became
99.04 clear to me in a very short time. Following his directions
99.05 they went straight to Switzerland -- to Zurich -- where they
99.06 remained the best part of a year. From Zurich, which
99.07 they did not like, they came to Geneva. A friend of
99.08 mine in Lausanne, a lecturer in history at the University
99.09 /he had married a Russian lady, a distant connection of
99.10 Mrs. Haldin's/, wrote to me suggesting I should call on
99.11 these ladies. It was a very kindly meant business sug-
99.12 gestion. Miss Haldin wished to go through a course of
99.13 reading the best English authors with a competent teacher.
99.14 Mrs. Haldin received me very kindly. Her bad
99.15 French, of which she was smilingly conscious, did away
99.16 with the formality of the first interview. She was a tall
99.17 woman in a black silk dress. A wide brow, regular
99.18 features, and delicately cut lips, testified to her past
99.19 beauty. She sat upright in an easy chair and in a
99.20 rather weak, gentle voice told me that her Natalka simply
99.21 thirsted after knowledge. Her thin hands were lying on
99.22 her lap, her facial immobility had in it something monachal.
99.23 "In Russia," she went on, "all knowledge was tainted
99.24 with falsehood. Not chemistry and all that, but education
99.25 generally," she explained. The Government corrupted
99.26 the teaching for its own purposes. Both her children felt
99.27 that. Her Natalka had obtained a diploma of a Superior
99.28 School for Women and her son was a student at the
99.29 St. Petersburg University. He had a brilliant intellect,
99.30 a most noble unselfish nature, and he was the oracle of his
99.31 comrades. Early next year, she hoped he would join them
99.32 and they would then go to Italy together. In any other
99.33 country but their own she would have been certain of a
99.34 great future for a man with the extraordinary abilities
99.35 and the lofty character of her son -- but in Russia . . .
100.01 The young lady sitting by the window turned her
100.02 head and said --
100.03 "Come, mother. Even with us things change with
100.04 years."
100.05 Her voice was deep, almost harsh, and yet caressing
100.06 in its harshness. She had a dark complexion, with red
100.07 lips and a full figure. She gave the impression of strong
100.08 vitality. The old lady sighed.
100.09 "You are both young -- you two. It is easy for you
100.10 to hope. But I, too, am not hopeless. Indeed, how
100.11 could I be with a son like this."
100.12 I addressed Miss Haldin, asking her what authors
100.13 she wished to read. She directed upon me her grey
100.14 eyes shaded by black eyelashes, and I became aware,
100.15 notwithstanding my years, how attractive physically her
100.16 personality could be to a man capable of appreciating
100.17 in a woman something else than the mere grace of
100.18 femininity. Her glance was as direct and trustful as
100.19 that of a young man yet unspoiled by the world's wise
100.20 lessons. And it was intrepid, but in this intrepidity
100.21 there was nothing aggressive. A naive yet thoughtful
100.22 assurance is a better definition. She had reflected already
100.23 /in Russia the young begin to think early/, but she had
100.24 never known deception as yet because obviously she had
100.25 never yet fallen under the sway of passion. She was --
100.26 to look at her was enough -- very capable of being roused
100.27 by an idea or simply by a person. At least, so I
100.28 judged with I believe an unbiassed mind; for clearly
100.29 my person could not be the person -- and as to my
100.30 ideas! . . .
100.31 We became excellent friends in the course of our
100.32 reading. It was very pleasant. Without fear of pro-
100.33 voking a smile, I shall confess that I became very much
100.34 attached to that young girl. At the end of four months
100.35 I told her that now she could very well go on reading
101.01 English by herself. It was time for the teacher to depart.
101.02 My pupil looked unpleasantly surprised.
101.03 Mrs. Haldin, with her immobility of feature and
101.04 kindly expression of the eyes, uttered from her armchair
101.05 in her uncertain French, "Mais' l'aimi' reviendra'." And
101.06 so it was settled. I returned -- not four times a week as
101.07 before, but pretty frequently. In the autumn we made
101.08 some short excursions together in company with other
101.09 Russians. My friendship with these ladies gave me a
101.10 standing in the Russian colony which otherwise I could
101.11 not have had.
101.12 The day I saw in the papers the news of Mr. de
101.13 P--'s assassination -- it was a Sunday -- I met the two
101.14 ladies in the street and walked with them for some
101.15 distance. Mrs. Haldin wore a heavy grey cloak, I
101.16 remember, over her black silk dress, and her fine eyes
101.17 met mine with a very quiet expression.
101.18 "We have been to the late service," she said.
101.19 "Natalka came with me. Her girl-friends, the students
101.20 here, of course don't . . . . With us in Russia the church
101.21 is so identified with oppression, that it seems almost
101.22 necessary when one wishes to be free in this life, to give
101.23 up all hope of a future existence. But I cannot give up
101.24 praying for my son."
101.25 She added with a sort of stony grimness, colouring
101.26 slightly, and in French, "Ce' n'est' peut' etre' qu'une'
101.27 habitude'." /"It may be only habit."/
101.28 Miss Haldin was carrying the prayer-book. She did
101.29 not glance at her mother.
101.30 "You and Victor are both profound believers," she
101.31 said.
101.32 I communicated to them the news from their country
101.33 which I had just read in a cafe. For a whole minute we
101.34 walked together fairly briskly in silence. Then Mrs.
101.35 Haldin murmured --
102.01 "There will be more trouble, more persecutions for
102.02 this. They may be even closing the University. There
102.03 is neither peace nor rest in Russia for one but in the
102.04 grave."
102.05 "Yes. The way is hard," came from the daughter,
102.06 looking straight before her at the Chain of Jura covered
102.07 with snow, like a white wall closing the end of the street.
102.08 "But concord is not so very far off."
102.09 "That is what my children think," observed Mrs.
102.10 Haldin to me.
102.11 I did not conceal my feeling that these were strange
102.12 times to talk of concord. Nathalie Haldin surprised me
102.13 by saying, as if she had thought very much on the
102.14 subject, that the occidentals did not understand the
102.15 situation. She was very calm and youthfully superior.
102.16 "You think it is a class conflict, or a conflict of
102.17 interests, as social contests are with you in Europe. But
102.18 it is not that at all. It is something quite different."
102.19 "It is quite possible that I don't understand," I
102.20 admitted.
102.21 That propensity of lifting every problem from the
102.22 plane of the understandable by means of some sort of
102.23 mystic expression, is very Russian. I knew her well
102.24 enough to have discovered her scorn for all the practical
102.25 forms of political liberty known to the western world. I
102.26 suppose one must be a Russian to understand Russian
102.27 simplicity, a terrible corroding simplicity in which mystic
102.28 phrases clothe a naive and hopeless cynicism. I think
102.29 sometimes that the psychological secret of the profound
102.30 difference of that people consists in this, that they detest
102.31 life, the irremediable life of the earth as it is, whereas we
102.32 westerners cherish it with perhaps an equal exaggeration
102.33 of its sentimental value. But this is a digression in-
102.34 deed. . . .
102.35 I helped these ladies into the tramcar and they asked
103.01 me to call in the afternoon. At least Mrs. Haldin asked
103.02 me as she climbed up, and her Natalka smiled down at
103.03 the dense westerner indulgently from the rear platform of
103.04 the moving car. The light of the clear wintry forenoon
103.05 was softened in her grey eyes.
103.06 Mr. Razumov's record, like the open book of fate,
103.07 revives for me the memory of that day as something
103.08 startlingly pitiless in its freedom from all forebodings.
103.09 Victor Haldin was still with the living, but with the
103.10 living whose only contact with life is the expectation of
103.11 death. He must have been already referring to the last
103.12 of his earthly affections, the hours of that obstinate silence,
103.13 which for him was to be prolonged into eternity. That
103.14 afternoon the ladies entertained a good many of their com-
103.15 patriots -- more than was usual for them to receive at one
103.16 time; and the drawing-room on the ground floor of a
103.17 large house on the Boulevard des Philosophes was very
103.18 much crowded.

I outstayed everybody; and when I rose Miss Haldin stood up too. I took her hand and was moved to revert to that morning's conversation in the street.

"Admitting that we occidentals do not understand the character of your people. . ." I began.

It was as if she had been prepared for me by some mysterious fore-knowledge. She checked me gently —

"Their impulses — their . . ." she sought the proper expression and found it, but in French. . . "their mouvements d'âme."

Her voice was not much above a whisper.

"Very well," I said. "But still we are looking at a conflict. You say it is not a conflict of classes and not a conflict of interests. Suppose I admitted that. Are antagonistic ideas then to be reconciled more easily — can they be cemented with blood and violence into that concord which you proclaim to be so near?"

She looked at me searchingly with her clear grey eyes, without answering my reasonable question — my obvious, my unanswerable question.

"It is inconceivable," I added, with something like annoyance.

"Everything is inconceivable," she said. "The whole world is inconceivable to the strict logic of ideas. And yet the world exists to our senses, and we exist in it. There must be a necessity superior to our conceptions. It is a very miserable and a very false thing to belong to the majority. We Russians shall find some better form of national freedom than an artificial conflict of parties — which is wrong because it is a conflict and contemptible because it is artificial. It is left for us Russians to discover a better way."

Mrs. Haldin had been looking out of the window. She turned upon me the almost lifeless beauty of her face, and the living benign glance of her big dark eyes.

"That's what my children think," she declared.

"I suppose," I addressed Miss Haldin, "that you will be shocked if I tell you that I haven't understood — I won't say a single word; I've understood all the words. . . . But what can be this era of disembodied concord you are looking forward to. Life is a thing of form. It has its plastic shape and a definite intellectual aspect. The most idealistic conceptions of love and forbearance must be clothed in flesh as it were before they can be made understandable."

I took my leave of Mrs. Haldin, whose beautiful lips never stirred. She smiled with her eyes only. Nathalie Haldin went with me as far as the door, very amiable.

"Mother imagines that I am the slavish echo of my brother Victor. It is not so. He understands me better than I can understand him. When he joins us and you come to know him you will see what an exceptional soul it is." She paused. "He is not a strong man in the conventional sense, you know," she added. "But his character is without a flaw."

"I believe that it will not be difficult for me to make friends with your brother Victor."

"Don't expect to understand him quite," she said, a little maliciously. "He is not at all — at all — western at bottom."

And on this unnecessary warning I left the room with another bow in the doorway to Mrs. Haldin in her armchair by the window. The shadow of autocracy all unperceived by me had already fallen upon the Boulevard des Philosophes, in the free, independent and democratic city of Geneva, where there is a quarter called "La Petite Russie." Whenever two Russian come together, the shadow of autocracy is with them, tinging their thoughts, their views, their most intimate feelings, their private life, their public utterances — haunting the secret of their silences.

What struck me next in the course of a week or so was the silence of these ladies. I used to meet them walking in the public garden near the University. They greeted me with their usual friendliness, but I could not help noticing their taciturnity. By that time it was generally known that the assassin of M. de P — had been caught, judged, and executed. So much had been declared officially to the news agencies. But for the world at large he remained anonymous. The official secrecy had withheld his name from the public. I really cannot imagine for what reason.

One day I saw Miss Haldin walking alone in the main alley of the bastions under the naked trees.

"Mother is not very well," she explained.

As Mrs. Haldin had, it seemed, never had a day's illness in her life, this indisposition was disquieting. It was nothing definite, too.

"I think she is fretting because we have not heard from my brother for rather a long time."

"No news — good news," I said cheerfully, and we began to walk slowly side by side.

"Not in Russia," she breathed out so low that I only just caught the words. I looked at her with more attention.

"You too are anxious?"

She admitted after a moment of hesitation that she was.

"It is really such a long time since we heard. . ."

And before I could offer the usual banal suggestions she confided in me.

"Oh! But it is much worse than that. I wrote to a family we know in Petersburg. They had not seen him for more than a month. They thought he was already with us. They were even offended a little that he should have left Petersburg without calling on them. The husband of the lady went at once to his lodgings. Victor had left there and they did not know his address."

I remember her catching her breath rather pitifully.

Her brother had not been seen at lectures for a very long time either. He only turned up now and then at the University gate to ask the porter for his letters. And the gentleman friend was told that the student Haldin did not come to claim the last two letters for him. But the police came to inquire if the student Haldin ever received any correspondence at the University and took them away.

"My two last letters," she said.

We faced each other. A few snow-flakes fluttered under the naked boughs. The sky was dark.

"What do you think could have happened?" I asked. Her shoulders moved slightly.

"One can never tell — in Russia."

I saw then the shadow of autocracy lying upon Russian lives in their submission or their revolt. I saw it touch her handsome open face nestled in a fur collar and darken her clear eyes that shone upon me brilliantly grey in the murky light of a beclouded, inclement afternoon.

"Let us move on," she said. "It is cold standing — to-day."

She shuddered a little and stamped her little feet. We moved briskly to the end of the alley and back to the great gates of the garden.

"Have you told your mother?" I ventured to ask.

"No. Not yet. I came out to walk off the impression of this letter."

I heard a rustle of paper somewhere. It came from her muff. She had the letter with her in there.

"What is it that you are afraid of?" I asked.

"To us Europeans of the west, all ideas of political plots and conspiracies seem childish, crude inventions for the theatre or a novel. I did not like to be more definite in my inquiry.

"For us — for my mother specially, what I am afraid of is incertitude. People do disappear. Yes, they do disappear. I leave you to imagine what it is — the cruelty of the dumb weeks — months — years! This friend of ours has abandoned his inquiries when he heard of the police getting hold of the letters. I suppose he was afraid of compromising himself. He has a wife and children — and why should he, after all. . . Moreover, he is without influential connections and not rich. What could he do? . . . Yes, I am afraid of silence — for my poor mother. She won't be able to bear it. For my brother I am afraid of . . ." she became almost indistinct, "of anything."

We were now near the gate opposite the theatre. She raised her voice.

"But lost people do turn up even in Russia. Do you know what my last hope is? Perhaps the next thing we know, we shall see him walking into our rooms."

I raised my hat and she passed out of the gardens, graceful and strong, after a slight movement of the head to me, her hands in the muff, crumpling the cruel Petersburg letters.

On returning home I opened the newspaper I receive from London, and glancing down the correspondence from Russia — not the telegrams but the correspondence — the first thing that caught my eye was the name of Haldin. Mr. de P—'s death was no longer an actuality, but the enterprising correspondent was proud of having ferreted out some unofficial information about that fact of modern history. He had got hold of Haldin's name, and had picked up the story of the midnight arrest in the street. But the sensation from a journalistic point of view was already well in the past. He did not allot to it more than twenty lines out of a full column. It was quite enough to give me a sleepless night. I perceived that it would have been a sort of treason to let Miss Haldin come without preparation upon that journalistic discovery which would infallibly be reproduced on the morrow by French and Swiss newspapers. I had a very bad time of it till the morning, wakeful with nervous worry and night-marish with the feeling of being mixed up with something theatrical and morbidly affected. The incongruity of such a complication in those two women's lives was sensible to me all night in the form of absolute anguish. It seemed due to their refined simplicity that it should remain concealed from them for ever. Arriving at an unconscionably early hour at the door of their apartment, I felt as if I were about to commit an act of vandalism . . . .

The middle-aged servant woman led me into the drawing-room where there was a duster on a chair and a broom leaning against the centre table. The motes danced in the sunshine; I regretted I had not written a letter instead of coming myself, and was thankful for the brightness of the day. Miss Haldin in a plain black dress came lightly out of her mother's room with a fixed uncertain smile on her lips.

I pulled the paper out of my pocket. I did not imagine that a number of the Standard could have the effect of Medusa's head. Her face went stony in a moment — her eyes — her limbs. The most terrible thing was that being stony she remained alive. One was conscious of her palpitating heart. I hope she forgave me the delay of my clumsy circumlocution. It was not very prolonged; she could not have kept so still from head to foot for more than a second or two; and then I heard her draw a breath. As if the shock had paralysed her moral resistance, and affected the firmness of her muscles, the contours of her face seemed to have given way. She was frightfully altered. She looked aged — ruined. But only for a moment. She said with decision —

"I am going to tell my mother at once."

"Would that be safe in her state?" I objected.

"What can be worse than the state she has been in

for the last month? We understand this in another
way. The crime is not at his door. Don't imagine
I am defending him before you."

She went to the bedroom door, then came back to
ask me in a low murmur not to go till she returned.
For twenty interminable minutes not a sound reached
me. At last Miss Haldin came out and walked across
the room with her quick light step. When she reached
the armchair she dropped into it heavily as if completely
exhausted.

Mrs. Haldin, she told me, had not shed a tear. She
was sitting up in bed, and her immobility, her silence,
were very alarming. At last she lay down gently and
had motioned her daughter away.

"She will call me in presently," added Miss Haldin.
"I left a bell near the bed."

I confess that my very real sympathy had no stand-
point. The western readers for whom this story is
written will understand what I mean. It was, if I may
say so, the want of experience. Death is a remorseless
spoliator. The anguish of irreparable loss is familiar to
us all. There is no life so lonely as to be safe against
that experience. But the grief I had brought to these
two ladies had gruesome associations. It had the
associations of bombs and gallows -- a lurid, Russian
colouring which made the complexion of my sympathy
uncertain.

I was grateful to Miss Haldin for not embarrassing
me by an outward display of deep feeling. I admired
her for that wonderful command over herself, even while
I was a little frightened at it. It was the stillness of
a great tension. What if it should suddenly snap?
Even the door of Mrs. Haldin's room, with the old
mother alone in there, had a rather awful aspect.
Nathalie Haldin murmured sadly --

"I suppose you are wondering what my feelings are?"
Essentially that was true. It was that very wonder
which unsettled my sympathy of a dense Occidental.
I could get hold of nothing but of some commonplace
phrases, those futile phrases that give the measure of our
impotence before each other's trials. I mumbled some-
thing to the effect that, for the young, life held its hopes
and compensations. It held duties too -- but of that I
was certain it was not necessary to remind her.

She had a handkerchief in her hands and pulled at
it nervously.

"I am not likely to forget my mother," she said.
"We used to be three. Now we are two -- two women.
She's not so very old. She may live quite a long time
yet. What have we to look for in the future? For
what hope and what consolation?"

"You must take a wider view," I said resolutely,
thinking that with this exceptional creature this was
the right note to strike. She looked at me steadily for
a moment, and then the tears she had been keeping
down flowed unrestrained. She jumped up and stood
in the window with her back to me.

I slipped away without attempting even to approach
her. Next day I was told at the door that Mrs. Haldin
was better. The middle-aged servant remarked that
a lot of people -- Russians -- had called that day, but
Miss Haldin had not seen anybody. A fortnight
later, when making my daily call, I was asked in and
found Mrs. Haldin sitting in her usual place by the
window.

At first one would have thought that nothing was
changed. I saw across the room the familiar profile,
a little sharper in outline and overspread by a uniform
pallor as might have been expected in an invalid. But
no disease could have accounted for the change in her
black eyes, smiling no longer with gentle irony. She
raised them as she gave me her hand. I observed the
three weeks' old number of the Standard folded with
the correspondence from Russia uppermost, lying on a
little table by the side of the armchair. Mrs. Haldin's
voice was startlingly weak and colourless. Her first
words to me framed a question.

"Has there been anything more in your news-
papers?"

I released her long emaciated hand, shook my head
negatively, and sat down.

"The English press is wonderful. Nothing can be
kept secret from it, and all the world must hear. Only
our Russian news is not always easy to understand.
Not always easy. . . . But English mothers do not
look for news like that. . . ."

She laid her hand on the newspaper and took it away
again. I said --

"We too have had tragic times in our history."
"A long time ago. A very long time ago."
"Yes."

"There are nations that have made their bargain
with fate," said Miss Haldin, who had approached us.
"We need not envy them."

"Why this scorn?" I asked gently. "It may be
that our bargain was not a very lofty one. But the
terms men and nations obtain from Fate are hallowed
by the price."

Mrs. Haldin turned her head away and looked out
of the window for a time, with that new, sombre, extinct
gaze of her sunken eyes which so completely made
another woman of her.

"That Englishman, this correspondent," she addressed
me suddenly, "do you think it is possible that he knew
my son?"

To this strange question I could only say that it was
possible of course. She saw my surprise.

"If one knew what sort of man he was one could
perhaps write to him," she murmured.

"Mother thinks," explained Miss Haldin, standing
between us, with one hand resting on the back of my
chair, "that my poor brother perhaps did not try to save
himself."

I looked up at Miss Haldin in sympathetic con-
sternation, but Miss Haldin was looking down calmly at
her mother. The latter said --

"We do not know the address of any of his friends.
Indeed, we know nothing of his Petersburg comrades.
He had a multitude of young friends, only he never
spoke much of them. One could guess that they were
his disciples and that they idolized him. But he
was so modest. One would think that with so many
devoted. . ."

She averted her head again and looked down the
Boulevard des Philosophes, a singularly arid and dusty
thoroughfare, where nothing could be seen at the
moment but two dogs, a little girl in a pinafore hopping
on one leg, and in the distance a workman wheeling a
bicycle.

"Even amongst the Apostles of Christ there was
found a Judas," she whispered as if to herself, but with the
evident intention to be heard by me.

The Russian visitors assembled in little knots,
conversed amongst themselves meantime, in low murmurs,
and with brief glances in our direction. It was a great
contrast to the usual loud volubility of these gatherings.
Miss Haldin followed me into the ante-room.

"People will come," she said. "We cannot shut the
door in their faces."

While I was putting on my overcoat she began to
talk to me of her mother. Poor Mrs. Haldin was
fretting after more news. She wanted to go on hearing
about her unfortunate son. She could not make up her
mind to abandon him quietly to the dumb unknown.
She would persist in pursuing him in these through the
long days of motionless silence face to face with the
empty Boulevard des Philosophes. She could not under-
stand why he had not escaped -- as so many other
revolutionists and conspirators had managed to escape
in other instances of that kind. It was really incon-
ceivable that the means of secret revolutionary organisa-
tions should have failed so inexcusably to preserve her
son. But in reality the inconceivable that staggered her
mind was nothing but the cruel audacity of Death
passing over her head to strike at that young and
precious heart.

Miss Haldin mechanically, with an absorbed look,
handed me my hat. I understood from her that the
poor woman was possessed by the sombre and simple
idea that her son must have perished because he did
not want to be saved. It could not have been that he
despaired of his country's future. That was impossible.
Was it possible that his mother and sister had not
known how to merit his confidence; and that, after
having done what he was compelled to do, his spirit
became crushed by an intolerable doubt, his mind
distracted by a sudden mistrust.

I was very much shocked by this piece of ingenuity.
"Our three lives were like that!" Miss Haldin twined
the fingers of both her hands together in demonstration,
then separated them slowly, looking straight into my
face. "That's what poor mother found to torment
herself and me with, for all the years to come," added
the strange girl. At that moment her indefinable charm
was revealed to me in the conjunction of passion and
stoicism. I imagined what her life was likely to be by
the side of Mrs. Haldin's terrible immobility, inhabited
by that fixed idea. But my concern was reduced to
silence by my ignorance of her modes of feeling.
Difference of nationality is a terrible obstacle for our
complex western natures. But Miss Haldin probably
was too simple to suspect my embarrassment. She did
not wait for me to say anything, but as if reading my
thoughts on my face she went on courageously --

"At first poor mother went numb, as our peasants
say; then she began to think and she will go on now
thinking and thinking in that unfortunate strain. You
see yourself how cruel that is. . . ."

I never spoke with greater sincerity than when I
agreed with her that it would be deplorable in the highest
degree. She took an anxious breath.

"But all these strange details in the English paper,"
she exclaimed suddenly. "What is the meaning of
them? I suppose they are true? But is it not terrible
that my poor brother should be caught wandering alone,
as if in despair, about the streets at night. . . ."

We stood so close to each other in the dark ante-
room that I could see her biting her lower lip to suppress
a dry sob. After a short pause she said --

"I suggested to mother that he may have been
betrayed by some false friend or simply by some
cowardly creature. It may be easier for her to believe
that."

I understood now the poor woman's whispered
allusion to Judas.

"It may be easier," I admitted, admiring inwardly
the directness and the subtlety of the girl's outlook.
She was dealing with life as it was made for her by
the political conditions of her country. She faced
cruel realities, not morbid imaginings of her own making.
I could not defend myself from a certain feeling of respect
when she added simply --

"Time they say can soften every sort of bitterness.
But I cannot believe that it has any power over remorse.
It is better that mother should think some person guilty
of Victor's death, than that she should connect it with a
weakness of her son or a shortcoming of her own."

"But you, yourself, don't suppose that . . ." I
began.

She compressed her lips and shook her head. She
harboured no evil thoughts against any one, she declared
-- and perhaps nothing that happened was unnecessary.

116.08 On these words, pronounced low and sounding mysterious
116.09 in the half obscurity of the ante-room, we parted with
116.10 an expressive and warm handshake. The grip of her
116.11 strong, shapely hand had a seductive frankness, a sort of
116.12 exquisite virility. I do not know why she should have
116.13 felt so friendly to me. It may be that she thought I
116.14 understood her much better than I was able to do. The
116.15 most precise of her sayings seemed always to me to have
116.16 enigmatical prolongations vanishing somewhere beyond
116.17 my reach. I am reduced to suppose that she appreciated
116.18 my attention and my silence. The attention she could
116.19 see was quite sincere, so that the silence could not be
116.20 suspected of coldness. It seemed to satisfy her. And
116.21 it is to be noted that if she confided in me it was clearly
116.22 not with the expectation of receiving advice, for which,
116.23 indeed, she never asked.
116.24   (II)
116.25 Our daily relations were interrupted at this period for
116.26 something like a fortnight. I had to absent myself
116.27 unexpectedly from Geneva. On my return I lost no
116.28 time in directing my steps up the Boulevard des
116.29 Philosophes.
116.30 Through the open door of the drawing-room I was
116.31 annoyed to hear a visitor holding forth steadily in an
116.32 unctuous deep voice.
116.33 Mrs. Haldin's armchair by the window stood empty.
117.01 On the sofa, Nathalie Haldin raised her charming grey
117.02 eyes in a glance of greeting accompanied by the merest
117.03 hint of a welcoming smile. But she made no movement.
117.04 With her strong white hands lying inverted in the lap of
117.05 her mourning dress she faced a man who presented to
117.06 me a robust back covered with black broadcloth, and
117.07 well in keeping with the deep voice. He turned his
117.08 head sharply over his shoulder, but only for a moment.
117.09 "Ah! your English friend. I know. I know.
117.10 That's nothing."
117.11 He wore spectacles with smoked glasses, a tall silk
117.12 hat stood on the floor by the side of his chair. Flourish-
117.13 ing slightly a big soft hand he went on with his discourse,
117.14 precipitating his delivery a little more.
117.15 "I have never changed the faith I held while wandering
117.16 in the forests and bogs of Siberia. It sustained me then
117.17 -- it sustains me now. The great Powers of Europe are
117.18 bound to disappear -- and the cause of their collapse will
117.19 be very simple. They will exhaust themselves struggling
117.20 against their proletariat. In Russia it is different. In
117.21 Russia we have no classes to combat each other, one
117.22 holding the power of wealth, and the other mighty with
117.23 the strength of numbers. We have only an unclean
117.24 bureaucracy in the face of a people as great and as in-
117.25 corruptible as the ocean. No, we have no classes. But
117.26 we have the Russian woman. The admirable Russian
117.27 woman! I receive most remarkable letters signed by
117.28 women. So elevated in tone, so courageous, breathing
117.29 such a noble ardour of service! The greatest part of our
117.30 hopes rests on women. I behold their thirst for know-
117.31 ledge. It is admirable. Look how they absorb, how
117.32 they are making it their own. It is miraculous. But
117.33 what is knowledge? . . . I understand that you have
117.34 not been studying anything especially -- medicine for
117.35 instance. No? That's right. Had I been honoured
118.01 by being asked to advise you on the use of your time
118.02 when you arrived here I would have been strongly
118.03 opposed to such a course. Knowledge in itself is mere
118.04 dross."
118.05 He had one of those bearded Russian faces without
118.06 shape, a mere appearance of flesh and hair with not a
118.07 single feature having any sort of character. His eyes
118.08 being hidden by the dark glasses there was an utter
118.09 absence of all expression. I knew him by sight. He
118.10 was a Russian refugee of mark. All Geneva knew his
118.11 burly black-coated figure. At one time all Europe was
118.12 aware of the story of his life written by himself and
118.13 translated into seven or more languages. In his youth
118.14 he had led an idle, dissolute life. Then a society girl
118.15 he was about to marry died suddenly and thereupon he
118.16 abandoned the world of fashion, and began to conspire in
118.17 a spirit of repentance, and, after that, his native autocracy
118.18 took good care that the usual things should happen to
118.19 him. He was imprisoned in fortresses, beaten within
118.20 an inch of his life, and condemned to work in mines, with
118.21 common criminals. The great success of his book,
118.22 however, was the chain.
118.23 I do not remember now the details of the weight
118.24 and length of the fetters riveted on his limbs by an
118.25 "Administrative" order, but it was in the number of
118.26 pounds and the thickness of links an appalling assertion
118.27 of the divine right of autocracy. Appalling and futile
118.28 too, because this big man managed to carry off that
118.29 simple engine of government with him into the woods.
118.30 The sensational clink of these fetters is heard all through
118.31 the chapters describing his escape -- a subject of wonder
118.32 to two continents. He had begun by concealing himself
118.33 successfully from his guard in a hole on a river bank. It
118.34 was the end of the day; with infinite labour he managed
118.35 to free one of his legs. Meantime night fell. He was
119.01 going to begin on his other leg when he was overtaken
119.02 by a terrible misfortune. He dropped his file.
119.03 All this is precise yet symbolic; and the file had its
119.04 pathetic history. It was given to him unexpectedly one
119.05 evening, by a quiet, pale-faced girl. The poor creature
119.06 had come out to the mines to join one of his fellow
119.07 convicts, a delicate young man, a mechanic and a social
119.08 democrat, with broad cheekbones and large staring eyes.
119.09 She had worked her way across half Russia and nearly
119.10 the whole of Siberia to be near him, and, as it seems,
119.11 with the hope of helping him to escape. But she arrived
119.12 too late. Her lover had died only a week before.
119.13 Through that shrewd episode, as he says, in the
119.14 history of ideas in Russia, the file came into his hands,
119.15 and inspired him with an ardent resolution to regain his
119.16 liberty. When it slipped through his fingers it was as if
119.17 it had gone straight into the earth. He could by no
119.18 manner of means put his hand on it again in the dark.
119.19 He groped systematically in the loose earth, in the mud,
119.20 in the water; the night was passing meantime, the
119.21 precious night on which he counted to get away into
119.22 the forests, his only chance of escape. For a moment
119.23 he was tempted by despair to give up; but recalling the
119.24 quiet, sad face of the heroic girl, he felt profoundly
119.25 ashamed of his weakness. She had selected him for the
119.26 gift of liberty and he must show himself worthy of the
119.27 favour conferred by her feminine, indomitable soul. It
119.28 appeared to be a sacred trust. To fail would have been
119.29 a sort of treason against the sacredness of self-sacrifice
119.30 and womanly love.
119.31 There are in his book whole pages of self-analysis
119.32 whence emerges like a white figure from a dark con-
119.33 fused sea the conviction of woman's spiritual superiority
119.34 -- his new faith confessed since in several volumes. His
119.35 first tribute to it, the great act of his conversion, was his
120.01 extraordinary existence in the endless forests of the
120.02 Okhotsk Province, with the loose end of the chain
120.03 wound about his waist. A strip torn off his convict
120.04 shirt secured the end firmly. Other strips fastened it
120.05 at intervals up his left leg to deaden the clanking and
120.06 to prevent the slack links from getting hooked in the
120.07 bushes. He became very fierce. He developed an
120.08 unsuspected genius for the arts of a wild and hunted
120.09 existence. He learned to creep into villages without
120.10 betraying his presence by anything more than an oc-
120.11 casional faint jingle. He broke into outhouses with an
120.12 axe he managed to purloin in a wood-cutters' camp. In
120.13 the deserted tracts of country he lived on wild berries
120.14 and hunted for honey. His clothing dropped off him
120.15 gradually. His naked tawny figure glimpsed vaguely
120.16 through the bushes with a cloud of mosquitoes and
120.17 flies hovering about the shaggy head, spread tales of
120.18 terror through whole districts. His temper grew savage
120.19 as the days went by, and he was glad to discover that
120.20 that there was so much of a brute in him. He had
120.21 nothing else to put his trust in. For it was as though
120.22 there had been two human beings indissolubly joined in
120.23 that enterprise. The civilized man, the enthusiast of
120.24 advanced humanitarian ideals thirsting for the triumph
120.25 of spiritual love and political liberty; and the stealthy,
120.26 primeval savage, pitilessly cunning in the preservation of
120.27 his freedom from day to day, like a tracked wild beast.
120.28 The wild beast was making its way instinctively
120.29 eastward to the Pacific coast, and the civilized humani-
120.30 tarian in fearful anxious dependence watched the pro-
120.31 ceedings with awe. Through all these weeks he could
120.32 never make up his mind to appeal to human compassion.
120.33 In the wary primeval savage this shyness might have
120.34 been natural, but the other too, the civilized creature,
120.35 the thinker, the escaping "political" had developed an
121.01 absurd form of morbid pessimism, a form of temporary
121.02 insanity, originating perhaps in the physical worry and
121.03 discomfort of the chain. These links, he fancied, made
121.04 him odious to the rest of mankind. It was a repugnant
121.05 and suggestive load. Nobody could feel any pity at
121.06 the disgusting sight of a man escaping with a broken
121.07 chain. His imagination became affected by his fetters
121.08 in a precise, matter-of-fact manner. It seemed to him
121.09 impossible that people could resist the temptation of
121.10 fastening the loose end to a staple in the wall while they
121.11 went for the nearest police official. Crouching in holes
121.12 or hidden in thickets, he had tried to read the faces of
121.13 unsuspecting free settlers working in the clearings or
121.14 passing along the paths within a foot or two of his eyes.
121.15 His feeling was that no man on earth could be trusted
121.16 with the temptation of the chain.
121.17 One day, however, he chanced to come upon a
121.18 solitary woman. It was on an open slope of rough grass
121.19 outside the forest. She sat on the bank of a narrow
121.20 stream; she had a red handkerchief on her head and a
121.21 small basket was lying on the ground near her hand.
121.22 At a little distance could be seen a cluster of log cabins,
121.23 with a water-mill over a dammed pool shaded by birch
121.24 trees and looking bright as glass in the twilight. He
121.25 approached her silently, his hatchet stuck in his iron
121.26 belt, a thick cudgel in his hand; there were leaves and
121.27 bits of twig in his tangled hair, in his matted beard;
121.28 bunches of rags he had wound round the links fluttered
121.29 from his waist. A faint clink of his fetters made the
121.30 woman turn her head. Too terrified by this savage
121.31 apparition to jump up or even to scream, she was yet
121.32 too stout-hearted to faint. . . . Expecting nothing less
121.33 than to be murdered on the spot she covered her eyes
121.34 with her hands to avoid the sight of the descending axe.
121.35 When at last she found courage to look again, she saw
122.01 the shaggy wild man sitting on the bank six feet away
122.02 from her. His thin, sinewy arms hugged his naked legs;
122.03 the long beard covered the knees on which he rested his
122.04 chin; all these clasped, folded limbs, the bare shoulders,
122.05 the wild head with red staring eyes, shook and trembled
122.06 violently while the bestial creature was making efforts to
122.07 speak. It was six weeks since he had heard the sound
122.08 of his own voice. It seemed as though he had lost the
122.09 faculty of speech. He had become a dumb and despair-
122.10 ing brute, till the woman's sudden, unexpected cry of
122.11 profound pity, the insight of her feminine compassion
122.12 discovering the complex misery of the man under the
122.13 terrifying aspect of the monster, restored him to the
122.14 ranks of humanity. This point of view is presented in
122.15 his book, with a very effective eloquence. She ended,
122.16 he says, by shedding tears over him, sacred, redeeming
122.17 tears, while he also wept with joy in the manner of a
122.18 converted sinner. Directing him to hide in the bushes
122.19 and wait patiently /a police patrol was expected in the
122.20 Settlement/ she went away towards the houses, promising
122.21 to return at night.

As if providentially appointed to be the newly wedded wife of the village blacksmith, the woman persuaded her husband to come out with her, bringing some tools of his trade, a hammer, a chisel, a small anvil. . . . "My fetters" -- the book says -- "were struck off on the banks of the stream, in the starlight of a calm night by an athletic, taciturn young man of the people, kneeling at my feet, while the woman like a liberating genius stood by with clasped hands." Obviously a symbolic couple. At the same time they furnished his regained humanity with some decent clothing, and put heart into the new man by the information that the seacoast of the Pacific was only a very few miles away. It could be seen, in fact, from the top of the next ridge. . . .

The rest of his escape does not lend itself to mystic treatment and symbolic interpretation. He ended by finding his way to the West by the Suez Canal route in the usual manner. Reaching the shores of South Europe he sat down to write his autobiography -- the great literary success of its year. This book was followed by other books written with the declared purpose of elevating humanity. In these works he preached generally the cult of the woman. For his own part he practised it under the rites of special devotion to the transcendental merits of a certain Madame de S -- , a lady of advanced views, no longer very young, once upon a time the intriguing wife of a now dead and forgotten diplomat. Her loud pretensions to be one of the leaders of modern thought and of modern sentiment, she sheltered /like Voltaire and Mme. de Stael/, on the republican territory of Geneva. Driving through the streets in her big landau she exhibited to the indifference of the natives and the stares of the tourists a long-waisted, youthful figure of hieratic stiffness, with a pair of big, gleaming eyes, rolling restlessly behind a short veil of black lace, which, coming down no further than her vividly red lips, resembled a mask. Usually the "heroic fugitive" /this name was bestowed upon him in a review of the English edition of his book/ -- the "heroic fugitive" accompanied her, sitting, portentously bearded and darkly bespectacled, not by her side, but opposite her, with his back to the horses. Thus, facing each other, with no one else in the roomy carriage, their airings suggested a conscious public manifestation. Or it may have been unconscious. Russian simplicity often marches innocently on the edge of cynicism for some lofty purpose. But it is a vain enterprise for sophisticated Europe to try and understand these doings. Considering the air of gravity extending even to the physiognomy of the coachman and the action of the showy horses, this quaint display might have possessed a mystic significance, but the corrupt frivolity of a Western mind, like my own, it seemed hardly decent.

However, it is not becoming for an obscure teacher of languages to criticize a "heroic fugitive" of worldwide celebrity. I was aware from hearsay that he was an industrious busy-body, hunting up his compatriots in hotels, in private lodgings, and -- I was told -- conferring upon them the honour of his notice in public gardens when a suitable opening presented itself. I was under the impression that after a visit or two, several months before, he had given up the ladies Haldin -- no doubt reluctantly, for there could be no question of his being a determined person. It was perhaps to be expected that he should reappear again on this terrible occasion, as a Russian and a revolutionist, to say the right thing, to strike the true, perhaps a comforting, note. But I did not like to see him sitting there. I trust that an unbecoming jealousy of my privileged position had nothing to do with it. I made no claim to a special standing for my silent friendship. Removed by the difference of age and nationality as if into the sphere of another existence, I produced, even upon myself, the effect of a dumb helpless ghost, of an anxious immaterial thing that could only hover about without the power to protect or guide by as much as a whisper. Since Miss Haldin with her sure instinct had refrained from introducing me to the burly celebrity, I would have retired quietly and returned later on, had I not met a peculiar expression in her eyes which I interpreted as a request to stay, with the view, perhaps, of shortening an unwelcome visit.

He picked up his hat, but only to deposit it on his knees.

"We shall meet again, Natalia Victorovna. To-day I have called only to mark those feelings towards your honoured mother and yourself, the nature of which you cannot doubt. I needed no urging, but Eleanor -- Madame de S -- herself has in a way sent me. She extends to you the hand of feminine fellowship. There is positively in all the range of human sentiments no joy and no sorrow that woman cannot understand, elevate, and spiritualize by her interpretation. That young man newly arrived from St. Petersburg, I have mentioned to you, is already under the charm."

At this point Miss Haldin got up abruptly. I was glad. He did not evidently expect anything so decisive and, at first, throwing his head back, he tilted up his dark glasses with bland curiosity. At last, recollecting himself, he stood up hastily, seizing his hat off his knees with great adroitness.

"How is it, Natalia Victorovna, that you have kept aloof so long, from what after all is -- let disparaging tongues say what they like -- a unique centre of intellectual freedom and of effort to shape a high conception of our future? In the case of your honoured mother I understand in a measure. At her age new ideas may not be perhaps . . . . But you! Was it mistrust -- or indifference? You must come out of your reserve. We Russians have no right to be reserved with each other. In our circumstances it is almost a crime against humanity. The luxury of private grief is not for us. Nowadays the devil is not combated by prayers and fasting. And what is fasting after all but starvation. You must not starve yourself, Natalia Victorovna. Strength is what we want. Spiritual strength, I mean. As to the other kind, what could withstand us Russians if we only put it forth? Sin is different in our day, and the way of salvation for pure souls is different too. It is no longer to be found in monasteries but in the world, in the . . ."

The deep sound seemed to rise from under the floor, and one felt steeped in it to the lips. Miss Haldin's interruption resembled the effort of a drowning person to keep above water. She struck in with an accent of impatience --

"But, Peter Ivanovitch, I don't mean to retire into a monastery. Who would look for salvation there?"

"I spoke figuratively," he boomed.

"Well, then, I am speaking figuratively too. But sorrow is sorrow and pain is pain in the old way. They make their demands upon people. One has got to face them the best way one can. I know that the blow which has fallen upon us so unexpectedly is only an episode in the fate of a people. You may rest assured that I don't forget that. But just now I have to think of my mother. How can you expect me to leave her to herself. . . ?"

"That is putting it in a very crude way," he protested in his great effortless voice.

Miss Haldin did not wait for the vibration to die out.

"And run about visiting amongst a lot of strange people. The idea is distasteful for me; and I do not know what else you may mean?"

He towered before her, enormous, deferential, cropped as close as a convict; and this big pinkish poll evoked for me the vision of a wild head with matted locks peering through parted bushes, glimpses of naked, tawny limbs slinking behind the masses of sodden foliage under a cloud of flies and mosquitoes. It was an involuntary tribute to the vigour of his writing. Nobody could doubt that he had wandered in Siberian forests, naked and girt with a chain. The black broadcloth coat invested his person with a character of austere decency -- something recalling a missionary.

"Do you know what I want, Natalia Victorovna?" he uttered solemnly. "I want you to be a fanatic."

"A fanatic?"

"Yes. Faith alone won't do."

His voice dropped to a still lower tone. He raised for a moment one thick arm; the other remained hanging down against his thigh, with the fragile silk hat at the end.

"I shall tell you now something which I entreat you to ponder over carefully. Listen, we need a force that would move heaven and earth -- nothing less."

The profound, subterranean note of this "nothing less" made one shudder, almost, like the deep muttering of wind in the pipes of an organ.

"And are we to find that force in the salon of Madame de S -- ? Excuse me, Peter Ivanovitch, if I permit myself to doubt it. Is not that lady a woman of the great world, an aristocrat?"

"Prejudice!" he cried. "You astonish me. And suppose she was all that! She is also a woman of flesh and blood. There is always something to weigh down the spiritual side in all of us. But to make of it a reproach is what I did not expect from you. No! I did not expect that. One would think you have listened to some malevolent scandal."

"I have heard no gossip, I assure you. In our province how could we? But the world speaks of her. What can there be in common in a lady of that sort and an obscure country girl like me?"

"She is a perpetual manifestation of a noble and peerless spirit," he broke in. "Her charm -- no, I shall not speak of her charm. But, of course, everybody who approaches her falls under the spell. . . . Contradictions vanish, trouble falls away from one. . . . Unless I am mistaken -- but I never make a mistake in spiritual matters -- you are troubled in your soul, Natalia Victorovna."

Miss Haldin's clear eyes looked straight at his soft enormous face; I received the impression that behind these dark spectacles of his he could be as impudent as he chose.

"Only the other evening walking back to town from Chateau Borel with our latest interesting arrival from Petersburg, I could notice the powerful soothing influence -- I may say reconciling influence. . . . There he was, all these kilometres along the shores of the lake, silent, like a man who has been shown the way of peace. I could feel the leaven working in his soul, you understand. For one thing he listened to me patiently. I myself was inspired that evening by the firm and exquisite genius of Eleanor -- Madame de S -- , you know. It was a full moon and I could observe his face. I cannot be deceived. . . ."

Miss Haldin, looking down, seemed to hesitate.

"Well! I will think of what you said, Peter Ivanovitch. I shall try to call as soon as I can leave mother for an hour or two safely."

Coldly as these words were said I was amazed at the concession. He snatched her right hand with such fervour that I thought he was going to press it to his lips or his breast. But he only held it by the finger-tips in his great paw and shook it a little up and down while he delivered his last volley of words.

"That's right. That's right. I haven't obtained your full confidence as yet, Natalia Victorovna, but that will come. All in good time. The sister of Victor

128.34 Haldin cannot be without importance. . . . It's simply
128.35 impossible. And no woman can remain sitting on the
129.01 steps. Flowers, tears, applause -- that has had its time;
129.02 it's a mediaeval conception. The arena, the arena itself
129.03 is the place for women!"
129.04 He relinquished her hand with a flourish, as if giving
129.05 it to her for a gift, and remained still, his head bowed
129.06 in dignified submission before her femininity.
129.07 "The arena! . . . You must descend into the arena,
129.08 Natalia."
129.09 He made one step backwards, inclined his enormous
129.10 body, and was gone swiftly. The door fell to behind him.
129.11 But immediately the powerful resonance of his voice was
129.12 heard addressing in the ante-room the middle-aged
129.13 servant woman who was letting him out, whether he
129.14 exhorted her too to descend into the arena I cannot tell.
129.15 The thing sounded like a lecture, and the slight crash of
129.16 the outer door cut it short suddenly.
129.17 (III)
129.18 We remained looking at each other for a time.
129.19 "Do you know who he is?"
129.20 Miss Haldin, coming forward, put this question to
129.21 me in English.
129.22 I took her offered hand.
129.23 "Everybody knows. He is a revolutionary feminist,
129.24 a great writer, if you like, and -- how shall I say it -- the
129.25 -- the familiar guest of Madame de S--'s mystic
129.26 revolutionary salon."
129.27 Miss Haldin passed her hand over her forehead.
129.28 "You know, he was with me for more than an hour
129.29 before you came in. I was so glad mother was lying
129.30 down. She has many nights without sleep, and then
129.31 sometimes in the middle of the day she gets a rest of
129.32 several hours. It is sheer exhaustion -- but still, I am
129.33 thankful. . . . If it were not for these intervals. . . ."
130.01 She looked at me and, with that extraordinary pene-
130.02 tration which used to disconcert me, shook her head.
130.03 "No. She would not go mad."
130.04 "My dear young lady," I cried, by way of protest,
130.05 the more shocked because in my heart I was far from
130.06 thinking Mrs. Haldin quite sane.
130.07 "You don't know what a fine, lucid intellect mother
130.08 had," continued Nathalie Haldin, with her calm, clear--
130.09 eyed simplicity, which seemed to me always to have a
130.10 quality of heroism.
130.11 "I am sure. . ." I murmured.
130.12 "I darkened mother's room and came out here. I've
130.13 wanted for so long to think quietly."
130.14 She paused, then, without giving any sign of distress,
130.15 added, "It's so difficult," and looked at me with a
130.16 strange fixity, as if watching for a sign of dissent or
130.17 surprise.
130.18 I gave neither. I was irresistibly impelled to say --
130.19 "The visit from that gentleman has not made it any
130.20 easier, I fear."
130.21 Miss Haldin stood before me with a peculiar expres-
130.22 sion in her eyes.
130.23 "I don't pretend to understand Peter Ivanovitch
130.24 completely. Some guide one must have, even if one
130.25 does not wholly give up the direction of one's conduct
130.26 to him. I am an inexperienced girl, but I am not
130.27 slavish. There has been too much of that in Russia.
130.28 Why should I not listen to him? There is no harm in
130.29 having one's thoughts directed. But I don't mind con-
130.30 fessing to you that I have not been completely candid
130.31 with Peter Ivanovitch. I don't quite know what pre-
130.32 vented me at the moment. . . ."
130.33 She walked away suddenly from me to a distant part
130.34 of the room; but it was only to open and shut a drawer
130.35 in a bureau. She returned with a piece of paper in her
131.01 hand. It was thin and blackened with close handwriting
131.02 It was obviously a letter.
131.03 "I wanted to read you the very words," she said.
131.04 "This is one of my poor brother's letters. He never
131.05 doubted. How could he doubt? They make only such
131.06 a small handful, these miserable oppressors, before the
131.07 unanimous will of our people."
131.08 "Your brother believed in the power of a people's
131.09 will to achieve anything?"
131.10 "It was his religion," declared Miss Haldin.
131.11 I looked at her calm face and her animated eyes.
131.12 "Of course the will must be awakened, inspired,
131.13 concentrated," she went on. "That is the true task of
131.14 real agitators. One has got to give up one's life to it.
131.15 The degradation of servitude, the absolutist lies must be
131.16 uprooted and swept out. Reform is impossible. There
131.17 is nothing to reform. There is no legality, there are no
131.18 institutions. There are only arbitrary decrees. There is
131.19 only a handful of cruel -- perhaps blind -- officials against
131.20 a nation."
131.21 The letter rustled slightly in her hand. I glanced
131.22 down at the flimsy blackened pages whose very hand-
131.23 writing seemed cabalistic, incomprehensible to the experi-
131.24 ence of western Europe.
131.25 "Stated like this," I confessed, "the problem seems
131.26 simple enough. But I fear I shall not see it solved.
131.27 And if you go back to Russia I know that I shall not
131.28 see you again. Yet once more I say: go back! Don't
131.29 suppose that I am thinking of your preservation. No!
131.30 I know that you will not be returning to personal safety.
131.31 But I had much rather think of you in danger there than
131.32 see you exposed to what may be met here."
131.33 "I tell you what," said Miss Haldin, after a moment
131.34 of reflection. "I believe that you hate revolution; you
131.35 fancy it's not quite honest. You belong to a people
132.01 which has made a bargain with fate and wouldn't like
132.02 to be rude to it. But we have made no bargain. It was
132.03 nought offered to us -- so much liberty for so much hard
132.04 cash. You shrink from the idea of revolutionary action
132.05 for those you think well of as if it were something -- how
132.06 shall I say it -- not quite decent."

132.07 I bowed my head.
132.08 "You are quite right," I said. "I think very highly
132.09 of you."
132.10 "Don't suppose I do not know it," she began
132.11 hurriedly. "Your friendship has been very valuable."
132.12 "I have done little else but look on."
132.13 She was a little flushed under the eyes.
132.14 "There is a way of looking on which is valuable.
132.15 I have felt less lonely because of it. It's difficult to
132.16 explain."
132.17 "Really? Well, I too have felt less lonely. That's
132.18 easy to explain, though. But it won't go on much longer.
132.19 The last thing I want to tell you is this: in a real revolu-
132.20 tion -- not a simple dynastic change or a mere reform of
132.21 institutions -- in a real revolution the best characters do
132.22 not come to the front. A violent revolution falls into
132.23 the hands of narrow-minded fanatics and of tyrannical
132.24 hypocrites at first. Afterwards comes the turn of all the
132.25 pretentious intellectual failures of the time. Such are
132.26 the chiefs and the leaders. You will notice that I have
132.27 left out the mere rogues. The scrupulous and the just,
132.28 the noble, humane, and devoted natures; the unselfish
132.29 and the intelligent may begin a movement -- but it
132.30 passes away from them. They are not the leaders of a
132.31 revolution. They are its victims: the victims of disgust,
132.32 of disenchantment -- often of remorse. Hopes grotesquely
132.33 betrayed, ideals caricatured -- that is the definition of
132.34 revolutionary success. There have been in every revolu-
132.35 tion hearts broken by such successes. But enough of
133.01 that. My meaning is that I don't want you to be a
133.02 victim."
133.03 "If I could believe all you have said I still wouldn't
133.04 think of myself," protested Miss Haldin. "I would take
133.05 liberty from any hand as a hungry man would snatch at
133.06 a piece of bread. The true progress must begin after.
133.07 And for that the right men shall be found. They are
133.08 already amongst us. One comes upon them in their
133.09 obscurity, unknown, preparing themselves. . . ."
133.10 She spread out the letter she had kept in her hand
133.11 all the time, and looking down at it --
133.12 "Yes! One comes upon such men!" she repeated,
133.13 and then read out the words, "Unstained, lofty, and
133.14 solitary existences."
133.15 Folding up the letter, while I looked at her interroga-
133.16 tively, she explained --
133.17 "These are the words which my brother applies to
133.18 a young man he came to know in St. Petersburg. An
133.19 intimate friend, I suppose. It must be. His is the only
133.20 name my brother mentions in all his correspondence
133.21 with me. Absolutely the only one, and -- would you
133.22 believe it? -- the man is here. He arrived recently in
133.23 Geneva."
133.24 "Have you seen him?" I inquired. "But, of
133.25 course, you must have seen him."
133.26 "No! No! I haven't! I didn't know he was
133.27 here. It's Peter Ivanovitch himself who told me. You
133.28 have heard him yourself mentioning a new arrival from
133.29 Petersburg. . . . Well, that is the man of ' unstained,
133.30 lofty, and solitary existence,' My brother's friend!"
133.31 "Compromised politically, I suppose," I remarked.
133.32 "I don't know. Yes. It must be so. Who knows!
133.33 Perhaps it was this very friendship with my brother
133.34 which . . . But no! It is scarcely possible. Really, I
133.35 know nothing except what Peter Ivanovitch told me of
134.01 him. He has brought a letter of introduction from Father
134.02 Zosim -- you know, the priest-democrat; you have heard
134.03 of Father Zosim?"
134.04 "Oh yes. The famous Father Zosim was staying
134.05 here in Geneva for some two months about a year ago,"
134.06 I said. "When he left here he seems to have disappeared
134.07 from the world."
134.08 "It appears that he is at work in Russia again.
134.09 Somewhere in the centre," Miss Haldin said, with anima-
134.10 tion. "But please don't mention that to any one -- don't
134.11 let it slip from you, because if it got into the papers it
134.12 would be dangerous for him."
134.13 "You are anxious, of course, to meet that friend of
134.14 your brother?" I asked.
134.15 Miss Haldin put the letter into her pocket. Her
134.16 eyes looked beyond my shoulder at the door of her
134.17 mother's room.
134.18 "Not here," she murmured. "Not for the first time,
134.19 at least."
134.20 After a moment of silence I said good-bye, but Miss
134.21 Haldin followed me into the ante-room, closing the door
134.22 behind us carefully.
134.23 "I suppose you guess where I mean to go to--
134.24 morrow?"
134.25 "You have made up your mind to call on Madame
134.26 de S -- ."
134.27 "Yes. I am going to the Chateau Borel. I must."
134.28 "What do you expect to hear there?" I asked, in a
134.29 low voice.
134.30 I wondered if she were not deluding herself with
134.31 some impossible hope. It was not that, however.
134.32 "Only think -- such a friend. The only man men-
134.33 tioned in his letters. He would have something to give
134.34 me, if nothing more than a few poor words. It may be
134.35 something said and thought in those last days. Would
135.01 you want me to turn my back on what is left of my poor
135.02 brother -- a friend?"
135.03 "Certainly not," I said. "I quite understand your
135.04 pious curiosity."
135.05 " -- Unstained, lofty, and solitary existences," she
135.06 murmured to herself. "There are! There are! Well,
135.07 let me question one of them about the loved dead."
135.08 "How do you know, though, that you will meet him
135.09 there? Is he staying in the Chateau as a guest -- do you
135.10 suppose?"
135.11 "I can't really tell," she confessed. "He brought a
135.12 written introduction from Father Zosim -- who, it seems,

135.13 is a friend of Madame de S -- too. She can't be such
135.14 a worthless woman after all."
135.15 "There were all sorts of rumours afloat about Father
135.16 Zosim himself," I observed.
135.17 She shrugged her shoulders.
135.18 "Calumny is a weapon of our government too. It's
135.19 well known. Oh yes! It is a fact that Father Zosim
135.20 had the protection of the Governor-General of a certain
135.21 province. We talked on the subject with my brother
135.22 two years ago, I remember. But his work was good.
135.23 And now he is proscribed. What better proof can one
135.24 require. But no matter what that priest was or is. All
135.25 that cannot affect my brother's friend. If I don't meet
135.26 him there I shall ask these people for his address. And,
135.27 of course, mother must see him too, later on. There is
135.28 no guessing what he may have to tell us. It would be
135.29 a mercy if mamma could be soothed. You know what
135.30 she imagines. Some explanation perhaps may be found,
135.31 or -- or even made up, perhaps. It would be no sin."
135.32 "Certainly," I said, "it would be no sin. It may be
135.33 a mistake, though."
135.34 "I want her only to recover some of her old spirit.
135.35 While she is like this I cannot think of anything calmly."
136.01 "Do you mean to invent some sort of pious fraud
136.02 for your mother's sake?" I asked.
136.03 "Why fraud? Such a friend is sure to know some-
136.04 thing of my brother in these last days. He could tell
136.05 us. . . . There is something in the facts which will not
136.06 let me rest. I am certain he meant to join us abroad --
136.07 that he had some plans -- some great patriotic action in
136.08 view; not only for himself, but for both of us. I trusted
136.09 in that. I looked forward to the time! Oh! with such
136.10 hope and impatience. . . . I could have helped. And
136.11 now suddenly this appearance of recklessness -- as if he
136.12 had not cared. . . ."
136.13 She remained silent for a time, then obstinately she
136.14 concluded
136.15 "I want to know. . ."
136.16 Thinking it over, later on, while I walked slowly
136.17 away from the Boulevard des Philosophes, I asked my-
136.18 self critically, what precisely was it that she wanted to
136.19 know? What I had heard of her history was enough to
136.20 give me a clue. In the educational establishment for girls
136.21 where Miss Haldin finished her studies she was looked
136.22 upon rather unfavourably. She was suspected of hold-
136.23 ing independent views on matters settled by official
136.24 teaching. Afterwards, when the two ladies returned to
136.25 their country place, both mother and daughter, by
136.26 speaking their minds openly on public events, had earned
136.27 for themselves a reputation of liberalism. The three--
136.28 horse trap of the district police-captain began to be seen
136.29 frequently in their village. "I must keep an eye on the
136.30 peasants" -- so he explained his visits up at the house.
136.31 "Two lonely ladies must be looked after a little." He
136.32 would inspect the walls as though he wanted to pierce
136.33 them with his eyes, peer at the photographs, turn over
136.34 the books in the drawing-room negligently, and after the
136.35 usual refreshments, would depart. But the old priest of
137.01 the village came one evening in the greatest distress
137.02 and agitation, to confess that he -- the priest -- had been
137.03 ordered to watch and ascertain in other ways too /such
137.04 as using his spiritual power with the servants/ all that
137.05 was going on in the house, and especially in respect of
137.06 the visitors these ladies received, who they were, the
137.07 length of their stay, whether any of them were strangers
137.08 to that part of the country, and so on. The poor, simple
137.09 old man was in an agony of humiliation and terror. "I
137.10 came to warn you. Be cautious in your conduct, for the
137.11 love of God. I am burning with shame, but there is no
137.12 getting out from under the net. I shall have to tell
137.13 them what I see, because if I did not there is my deacon.
137.14 He would make the worst of things to curry favour.
137.15 And then my son-in-law, the husband of my Parasha,
137.16 who is a writer in the Government Domain office; they
137.17 would soon kick him out -- and maybe send him away
137.18 somewhere." The old man lamented the necessities of
137.19 the times -- "when people do not agree somehow" and
137.20 wiped his eyes. He did not wish to spend the evening
137.21 of his days with a shaven head in the penitent's cell of
137.22 some monastery -- "and subjected to all the severities of
137.23 ecclesiastical discipline; for they would show no mercy to
137.24 an old man," he groaned. He became almost hysterical,
137.25 and the two ladies, full of commiseration, soothed him the
137.26 best they could before they let him go back to his
137.27 cottage. But, as a matter of fact, they had very few
137.28 visitors. The neighbours -- some of them old friends --
137.29 began to keep away; a few from timidity, others with
137.30 marked disdain, being grand people that came only for
137.31 the summer -- Miss Haldin explained to me -- aristocrats,
137.32 reactionaries. It was a solitary existence for a young
137.33 girl. Her relations with her mother were of the tenderest
137.34 and most open kind; but Mrs. Haldin had seen the
137.35 experiences of her own generation, its sufferings, its
138.01 deceptions, its apostasies too. Her affection for her
138.02 children was expressed by the suppression of all signs of
138.03 anxiety. She maintained a heroic reserve. To Nathalie
138.04 Haldin, her brother with his Petersburg existence, not
138.05 enigmatical in the least /there could be no doubt of what
138.06 he felt or thought/ but conducted a little mysteriously,
138.07 was the only visible representative of a proscribed liberty.
138.08 All the significance of freedom, its indefinite promises,
138.09 lived in their long discussions, which breathed the loftiest
138.10 hope of action and faith in success. Then, suddenly, the
138.11 action, the hopes, came to an end with the details ferreted
138.12 out by the English journalist. The concrete fact, the
138.13 fact of his death remained! but it remained obscure in
138.14 its deeper causes. She felt herself abandoned without
138.15 explanation. But she did not suspect him. What she
138.16 wanted was to learn almost at any cost how she could
138.17 remain faithful to his departed spirit.
138.18   (IV)

138.19 Several days elapsed before I met Nathalie Haldin
138.20 again. I was crossing the place in front of the theatre
138.21 when I made out her shapely figure in the very act of
138.22 turning between the gate pillars of the unattractive public
138.23 promenade of the Bastions. She walked away from me,
138.24 but I knew we should meet as she returned down the
138.25 main alley -- unless, indeed, she were going home. In
138.26 that case, I don't think I should have called on her yet.
138.27 My desire to keep her away from these people was as
138.28 strong as ever, but I had no illusions as to my power. I
138.29 was but a Westerner, and it was clear that Miss Haldin
138.30 would not, could not listen to my wisdom; and as to my
138.31 desire of listening to her voice, it were better, I thought,
138.32 not to indulge overmuch in that pleasure. No, I should
139.01 not have gone to the Boulevard des Philosophes; but
139.02 when at about the middle of the principal alley I saw
139.03 Miss Haldin coming towards me, I was too curious, and
139.04 too honest, perhaps, to run away.
139.05 There was something of the spring harshness in the
139.06 air. The blue sky was hard, but the young leaves clung
139.07 like soft mist about the uninteresting range of trees; and
139.08 the clear sun put little points of gold into the grey of
139.09 Miss Haldin's frank eyes, turned to me with a friendly
139.10 greeting.
139.11 I inquired after the health of her mother.
139.12 She had a slight movement of the shoulders and a
139.13 little sad sigh.
139.14 "But, you see, I did come out for a walk. . . for
139.15 exercise, as you English say."
139.16 I smiled approvingly, and she added an unexpected
139.17 remark --
139.18 "It is a glorious day."
139.19 Her voice, slightly harsh, but fascinating with its
139.20 masculine and bird-like quality, had the accent of spon-
139.21 taneous conviction. I was glad of it. It was as though
139.22 she had become aware of her youth -- for there was but
139.23 little of spring-like glory in the rectangular railed space
139.24 of grass and trees, framed visibly by the orderly roof--
139.25 slopes of that town, comely without grace, and hospitable
139.26 without sympathy. In the very air through which she
139.27 moved there was but little warmth; and the sky, the
139.28 sky of a land without horizons, swept and washed clean
139.29 by the April showers, extended a cold cruel blue, without
139.30 elevation, narrowed suddenly by the ugly, dark wall of
139.31 the Jura where, here and there, lingered yet a few
139.32 miserable trails and patches of snow. All the glory of
139.33 the season must have been within herself -- and I was
139.34 glad this feeling had come into her life, if only for a little
139.35 time.
140.01 "I am pleased to hear you say these words."
140.02 She gave me a quick look. Quick, not stealthy.
140.03 If there was one thing of which she was absolutely
140.04 incapable, it was stealthiness. Her sincerity was ex-
140.05 pressed in the very rhythm of her walk. It was I who
140.06 was looking at her covertly -- if I may say so. I knew
140.07 where she had been, but I did not know what she had
140.08 seen and heard in that nest of aristocratic conspiracies.
140.09 I use the word aristocratic, for want of a better term.
140.10 The Chateau Borel, embowered in the trees and thickets
140.11 of its neglected grounds, had its fame in our day, like
140.12 the residence of that other dangerous and exiled woman,
140.13 Madame de Stael, in the Napoleonic era. Only the
140.14 Napoleonic despotism, the booted heir of the Revolution,
140.15 which counted that intellectual woman for an enemy
140.16 worthy to be watched, was something quite unlike the
140.17 autocracy in mystic vestments, engendered by the slavery
140.18 of a Tartar conquest. And Madame de S -- was very
140.19 far from resembling the gifted author of Corinne'. She
140.20 made a great noise about being persecuted. I don't
140.21 know if she were regarded in certain circles as dangerous.
140.22 As to being watched, I imagine that the Chateau Borel
140.23 could be subjected only to a most distant observation.
140.24 It was in its exclusiveness an ideal abode for hatching
140.25 superior plots -- whether serious or futile. But all this
140.26 did not interest me. I wanted to know the effect its
140.27 extraordinary inhabitants and its special atmosphere had
140.28 produced on a girl like Miss Haldin, so true, so honest,
140.29 but so dangerously inexperienced! Her unconsciously
140.30 lofty ignorance of the baser instincts of mankind left
140.31 her disarmed before her own impulses. And there was
140.32 also that friend of her brother, the significant new arrival
140.33 from Russia. . . . I wondered whether she had managed
140.34 to meet him.
140.35 We walked for some time, slowly and in silence.
141.01 "You know," I attacked her suddenly, "if you don't
141.02 intend telling me anything, you must say so distinctly,
141.03 and then, of course, it shall be final. But I won't play
141.04 at delicacy. I ask you point-blank for all the details."
141.05 She smiled faintly at my threatening tone.
141.06 "You are as curious as a child."
141.07 "No. I am only an anxious old man," I replied
141.08 earnestly.
141.09 She rested her glance on me as if to ascertain the
141.10 degree of my anxiety or the number of my years. My
141.11 physiognomy has never been expressive, I believe, and
141.12 as to my years I am not ancient enough as yet to be
141.13 strikingly decrepit. I have no long beard like the good
141.14 hermit of a romantic ballad; my footsteps are not totter-
141.15 ing, my aspect not that of a slow, venerable sage. Those
141.16 picturesque advantages are not mine. I am old, alas, in
141.17 a brisk, commonplace way. And it seemed to me as
141.18 though there were some pity for me in Miss Haldin's
141.19 prolonged glance. She stepped out a little quicker.
141.20 "You ask for all the details. Let me see. I ought
141.21 to remember them. It was novel enough for a -- a
141.22 village girl like me."
141.23 After a moment of silence she began by saying that
141.24 the Chateau Borel was almost as neglected inside as
141.25 outside. It was nothing to wonder at. A Hamburg
141.26 banker, I believe, retired from business, had it built to
141.27 cheer his remaining days by the view of that lake whose

precise, orderly, and well-to-do beauty must have been attractive to the unromantic imagination of a business man. But he died soon. His wife departed too /but only to Italy/, and this house of moneyed ease, presumably unsaleable, had stood empty for several years. One went to it up a gravel drive, round a large, coarse grass-plot, with plenty of time to observe the degradation of its stuccoed front. Miss Haldin said that the impression was unpleasant. It grew more depressing as one came nearer.

She observed green stains of moss on the steps of the terrace. The front door stood wide open. There was no one about. She found herself in a wide, lofty, and absolutely empty hall, with a good many doors. These doors were all shut. A broad, bare stone staircase faced her, and the effect of the whole was of an untenanted house. She stood still, disconcerted by the solitude, but after a while she became aware of a voice speaking continuously somewhere.

"You were probably being observed all the time," I suggested. "There must have been eyes."

"I don't see how that could be," she retorted. "I haven't seen even a bird in the grounds. I don't remember hearing a single twitter in the trees. The whole place appeared utterly deserted except for the voice."

She could not make out the language -- Russian, French, or German. No one seemed to answer it. It was as though the voice had been left behind by the departed inhabitants to talk to the bare walls. It went on volubly, with a pause now and then. It was lonely and sad. The time seemed very long to Miss Haldin. An invincible repugnance prevented her from opening one of the doors in the hall. It was so hopeless. No one would come, the voice would never stop. She confessed to me that she had to resist an impulse to turn round and go away unseen, as she had come.

"Really? You had that impulse?" I cried, full of regret. "What a pity you did not obey it."

She shook her head.

"What a strange memory it would have been for one. Those deserted grounds, that empty hall, that impersonal, voluble voice, and -- nobody, nothing, not a soul."

The memory would have been unique and harmless. But she was not a girl to run away from an intimidating impression of solitude and mystery. "No, I did not run away," she said. "I stayed where I was -- and I did see a soul. Such a strange soul."

As she was gazing up the broad staircase, and had concluded that the voice came from somewhere above, a rustle of dress attracted her attention. She looked down and saw a woman crossing the hall, having issued apparently through one of the many doors. Her face was averted, so that at first she was not aware of Miss Haldin.

On turning her head and seeing a stranger, she appeared very much startled. From her slender figure Miss Haldin had taken her for a young girl; but if her face was almost childishly round, it was also sallow and wrinkled, with dark rings under the eyes. A thick crop of dusty brown hair was parted boyishly on the side with a lateral wave above the dry, furrowed forehead. After a moment of dumb blinking, she suddenly squatted down on the floor.

"What do you mean by squatted down?" I asked, astonished. "This is a very strange detail."

Miss Haldin explained the reason. This person when first seen was carrying a small bowl in her hand. She had squatted down to put it on the floor for the benefit of a large cat, which appeared then from behind her skirts, and hid its head into the bowl greedily. She got up, and approaching Miss Haldin asked with nervous bluntness --

"What do you want? Who are you?"

Miss Haldin mentioned her name and also the name of Peter Ivanovitch. The girlish, elderly woman nodded and puckered her face into a momentary expression of sympathy. Her black silk blouse was old and even frayed in places; the black serge skirt was short and shabby. She continued to blink at close quarters, and her eyelashes and eyebrows seemed shabby too. Miss Haldin, speaking gently to her, as if to an unhappy and sensitive person, explained how it was that her visit could not be an altogether unexpected event to Madame de S --.

"Ah! Peter Ivanovitch brought you an invitation. How was I to know? A dame' de' compagnie' is not consulted, as you may imagine."

The shabby woman laughed a little. Her teeth, splendidly white and admirably even, looked absurdly out of place, like a string of pearls on the neck of a ragged tramp. "Peter Ivanovitch is the greatest genius of the century perhaps, but he is the most inconsiderate man living. So if you have an appointment with him you must not be surprised to hear that he is not here."

Miss Haldin explained that she had no appointment with Peter Ivanovitch. She became interested at once in that bizarre person.

"Why should he put himself out for you or any one else? Oh! these geniuses. If you only knew! Yes! And their books -- I mean, of course, the books that the world admires, the inspired books. But you have not been behind the scenes. Wait till you have to sit at a table for a half a day with a pen in your hand. He can walk up and down his rooms for hours and hours. I used to get so stiff and numb that I was afraid I would lose my balance and fall off the chair all at once."

She kept her hands folded in front of her, and her eyes, fixed on Miss Haldin's face, betrayed no animation whatever. Miss Haldin, gathering that the lady who called herself a dame' de' compagnie' was proud of having acted as secretary to Peter Ivanovitch, made an amiable remark.

"You could not imagine a more trying experience," declared the lady. "There is an Anglo-American journalist interviewing Madame de S -- now, or I would take you up," she continued in a changed tone and glancing towards the staircase. "I act as master of ceremonies."

It appeared that Madame de S -- could not bear Swiss servants about her person; and, indeed, servants would not stay for very long in the Chateau Borel. There were always difficulties. Miss Haldin had already noticed that the hall was like a dusty barn of marble and stucco with cobwebs in the corners and faint tracks of mud on the black and white tessellated floor.

"I look also after this animal," continued the dame' de' compagnie', keeping her hands folded quietly in front of her; and she bent her worn gaze upon the cat. "I don't mind a bit. Animals have their rights; though, strictly speaking, I see no reason why they should not suffer as well as human beings. Do you? But of course they never suffer so much. That is impossible. Only, in their case it is more pitiful because they cannot make a revolution. I used to be a Republican. I suppose you are a Republican?"

Miss Haldin confessed to me that she did not know what to say. But she nodded slightly, and asked in her turn --

"And are you no longer a Republican?"

"After taking down Peter Ivanovitch from dictation for two years, it is difficult for me to be anything. First of all, you have to sit perfectly motionless. The slightest movement you make puts to flight the ideas of Peter Ivanovitch. You hardly dare to breathe. And as to coughing -- God forbid! Peter Ivanovitch changed the position of the table to the wall because at first I could not help raising my eyes to look out of the window, while waiting for him to go on with his dictation. That was not allowed. He said I stared so stupidly. I was likewise not permitted to look at him over my shoulder. Instantly Peter Ivanovitch stamped his foot, and would roar, ' Look down on the paper! ' It seems my expression, my face, put him off. Well, I know that I am not beautiful, and that my expression is not hopeful either. He said that my air of unintelligent expectation irritated him. These are his own words."

Miss Haldin was shocked, but admitted to me that she was not altogether surprised.

"Is it possible that Peter Ivanovitch could treat any woman so rudely?" she cried.

The dame' de' compagnie' nodded several times with an air of discretion, then assured Miss Haldin that she did not mind in the least. The trying part of it was to have the secret of the composition laid bare before her; to see the great author of the revolutionary gospels grope for words as if he were in the dark as to what he meant to say.

"I am quite willing to be the blind instrument of higher ends. To give one's life for the cause is nothing. But to have one's illusions destroyed -- that is really almost more than one can bear. I really don't exaggerate," she insisted. "It seemed to freeze my very beliefs in me -- the more so that when we worked in winter Peter Ivanovitch, walking up and down the room, required no artificial heat to keep himself warm. Even when we move to the South of France there are bitterly cold days, especially when you have to sit still for six hours at a stretch. The walls of these villas on the Riviera are so flimsy. Peter Ivanovitch did not seem to be aware of anything. It is true that I kept down my shivers from fear of putting him out. I used to set my teeth till my jaws felt absolutely locked. In the moments when Peter Ivanovitch interrupted his dictation, and sometimes these intervals were very long -- often twenty minutes, no less, while he walked to and fro behind my back muttering to himself -- I felt I was dying by inches, I assure you. Perhaps if I had let my teeth rattle Peter Ivanovitch might have noticed my distress, but I don't think it would have had any practical effect. She's very miserly in such matters."

The dame' de' compagnie' glanced up the staircase. The big cat had finished the milk and was rubbing its whiskered cheek sinuously against her skirt. She dived to snatch it up from the floor.

"Miserliness is rather a quality than otherwise, you know," she continued, holding the cat in her folded arms. "With us it is misers who can spare money for worthy objects -- not the so-called generous natures. But pray don't think I am a sybarite. My father was a clerk in the Ministry of Finances with no position at all. You may guess by this that our home was far from luxurious, though of course we did not actually suffer from cold. I ran away from my parents, you know, directly I began to think by myself. It is not very easy, such thinking. One has got to be put in the way of it, awakened to the truth. I am indebted for my salvation to an old apple-woman, who had her stall under the gateway of the house we lived in. She had a kind wrinkled face, and the most friendly voice imaginable. One day, casually, we began to talk about a child, a ragged little girl we had seen begging from men in the streets at dusk; and from one thing to another my eyes began to open gradually to the horrors from which innocent people are made to suffer in this world, only in order that governments might exist. After I once understood the crime of the upper classes, I could not go on living with my parents. Not a single charitable word was to be heard in our home from year's end to year's end; there was nothing but the talk of vile office intrigues, and of promotion and of salaries, and of courting the favour of the chiefs. The mere idea of marrying one day such

235

another man as my father made me shudder. I don't
mean that there was anyone wanting to marry me.
There was not the slightest prospect of anything of the
kind. But was it not sin enough to live on a Government
salary while half Russia was dying of hunger?
The Ministry of Finances! What a grotesque horror it
is! What does the starving, ignorant people want with
a Ministry of Finances? I kissed my old folks on both
cheeks, and went away from them to live in cellars, with
the proletariat. I tried to make myself useful to the
utterly hopeless. I suppose you understand what I
mean? I mean the people who have nowhere to go and
nothing to look forward to in this life. Do you understand
how frightful that is -- nothing to look forward to!
Sometimes I think that it is only in Russia that there
are such people and such a depth of misery can be
reached. Well, I plunged into it, and -- do you know --
there isn't much that one can do in there. No, indeed
-- at least as long as there are Ministries of Finances
and such like grotesque horrors to stand in the way. I
suppose I would have gone mad there just trying to
fight the vermin, if it had not been for a man. It was
my old friend and teacher, the poor saintly apple-woman,
who discovered him for me, quite accidentally. She
came to fetch me late one evening in her quiet way. I
followed her where she would lead; that part of my life
was in her hands altogether, and without her my spirit
would have perished miserably. The man was a young
workman, a lithographer by trade, and he had got into
trouble in connexion with that affair of temperance
tracts -- you remember. There was a lot of people put
in prison for that. The Ministry of Finances again!
What would become of it if the poor folk ceased making
beasts of themselves with drink? Upon my word, I
would think that finances and all the rest of it are an
invention of the devil; only that a belief in a supernatural
source of evil is not necessary; men alone
are quite capable of every wickedness. Finances
indeed!"

Hatred and contempt hissed in her utterance of the
word "finances," but at the very moment she gently
stroked the cat reposing in her arms. She even raised
them slightly, and inclining her head rubbed her cheek
against the fur of the animal, which received this caress
with the complete detachment so characteristic of its
kind. Then looking at Miss Haldin she excused herself
once more for not taking her upstairs to Madame S -- .
The interview could not be interrupted. Presently the
journalist would be seen coming down the stairs. The
best thing was to remain in the hall; and besides, all
these rooms /she glanced all round at the many doors/,
all these rooms on the ground floor were unfurnished.

"Positively there is no chair down here to offer you,"
she continued. "But if you prefer your own thoughts to
my chatter, I will sit down on the bottom step here and
keep silent."

Miss Haldin hastened to assure her that, on the
contrary, she was very much interested in the story of
the journeyman lithographer. He was a revolutionist, of
course.

"A martyr, a simple man," said the dame' de' compagnie',
with a faint sigh, and gazing through the open
front door dreamily. She turned her misty brown eyes
on Miss Haldin.

"I lived with him for four months. It was like a
nightmare."

As Miss Haldin looked at her inquisitively she began
to describe the emaciated face of the man, his fleshless
limbs, his destitution. The room into which the apple--
woman had led her was a tiny garret, a miserable den
under the roof of a sordid house. The plaster fallen off
the walls covered the floor, and when the door was
opened a horrible tapestry of black cobwebs waved in
the draught. He had been liberated a few days before
-- flung out of prison into the streets. And Miss Haldin
seemed to see for the first time, a name and a face upon
the body of that suffering people whose hard fate had
been the subject of so many conversations, between her
and her brother, in the garden of their country house.

He had been arrested with scores and scores of other
people in that affair of the lithographed temperance
tracts. Unluckily, having got hold of a great many
suspected persons, the police thought they could extract
from some of them other information relating to the
revolutionist propaganda.

"They beat him so cruelly in the course of investigation,"
went on the dame' de' compagnie', "that they injured
him internally. When they had done with him he was
doomed. He could do nothing for himself. I beheld
him lying on a wooden bedstead without any bedding,
with his head on a bundle of dirty rags, lent to him out
of charity by an old rag-picker, who happened to live in
the basement of the house. There he was, uncovered,
burning with fever, and there was not even a jug in the
room for the water to quench his thirst with. There
was nothing whatever -- just that bedstead and the bare
floor."

"Was there no one in all that great town amongst
the liberals and revolutionaries, to extend a helping
hand to a brother?" asked Miss Haldin indignantly.

"Yes. But you do not know the most terrible part
of that man's misery. Listen. It seems that they
ill-used him so atrociously that, at last, his firmness gave
way, and he did let out some information. Poor soul,
the flesh is weak, you know. What it was he did not
tell me. There was a crushed spirit in that mangled
body. Nothing I found to say could make him whole.
When they let him go, he crept into that hole, and
bore his remorse stoically. He would not go near anyone
he knew. I would have sought assistance for him,
but, indeed, where could I have gone looking for it?
Where was I to look for anyone who had anything to
spare or any power to help? The people living round
us were all starving and drunken. They were the
victims of the Ministry of Finances. Don't ask me
how he lived. I couldn't tell you. It was like a miracle
of wretchedness. I had nothing to sell, and I assure
you my clothes were in such a state that it was impossible
for me to go out in the daytime. I was indecent.
I had to wait till it was dark before I ventured into the
streets to beg for a crust of bread, or whatever I could
get, to keep him and me alive. Often I got nothing,
and then I would crawl back and lie on the floor by the
side of his couch. Oh yes, I can sleep quite soundly on
bare boards. That is nothing, and I am only mentioning
it to you so that you should not think I am a sybarite.
It was infinitely less killing than the task of sitting for
hours at a table in a cold study to take the books of
Peter Ivanovitch from dictation. But you shall see
yourself what that is like, so I needn't say any more
about it."

"It is by no means certain that I will ever take
Peter Ivanovitch from dictation," said Miss Haldin.

"No!" cried the other incredulously. "Not certain?
You mean to say that you have not made up your
mind?"

When Miss Haldin assured her that there never had
been any question of that between her and Peter
Ivanovitch, the woman with the cat compressed her lips
tightly for a moment.

"Oh, you will find yourself settled at the table
before you know that you have made up your mind.
Don't make a mistake, it is disenchanting to hear Peter
Ivanovitch dictate, but at the same time there is a
fascination about it. He is a man of genius. Your face
is certain not to irritate him; you may perhaps even
help his inspiration, make it easier for him to deliver his
message. As I look at you, I feel certain that you are
the kind of woman who is not likely to check the flow
of his inspiration."

Miss Haldin thought it useless to protest against all
these assumptions.

"But this man -- this workman -- did he die under
your care?" she said, after a short silence.

The dame' de' compagnie', listening up the stairs where
now two voices were alternating with some animation,
made no answer for a time. When the loud sounds of
the discussion had sunk into an almost inaudible murmur,
she turned to Miss Haldin.

"Yes, he died, but not, literally speaking, in my
arms, as you might suppose. As a matter of fact,
I was asleep when he breathed his last. So even now
I cannot say I have seen anybody die. A few days
before the end, some young men found us out in our
extremity. They were revolutionists, as you might
guess. He ought to have trusted in his political friends
when he came out of prison. He had been liked and
respected before, and nobody would have dreamed of
reproaching him with his indiscretion before the police.
Everybody knows how they go to work, and the strongest
man has his moments of weakness before pain. Why,
even hunger alone is enough to give one queer ideas as
to what may be done. A doctor came, our lot was
alleviated as far as physical comforts go, but otherwise
he could not be consoled -- poor man. I assure you,
Miss Haldin, that he was very lovable, but I had not
the strength to weep. I was nearly dead myself. But
there were kind hearts to take care of me. A dress
was found to clothe my nakedness. I tell you, I was
not decent -- and after a time the revolutionists placed
me with a Jewish family going abroad, as governess.
Of course I could teach the children, I finished the sixth
class of the Lyceum; but the real object was, that I
should carry some important papers across the frontier.
I was entrusted with a packet which I carried next my
heart. The gendarmes at the station did not suspect
the governess of a Jewish family, busy looking after
three children. I don't suppose those Hebrews knew
what I had on me, for I had been introduced to them in
a very roundabout way by persons who did not belong
to the revolutionary movement, and naturally I had been
instructed to accept a very small salary. When we
reached Germany I left that family and delivered my
papers to a revolutionist in Stuttgart; after this I was
employed in various ways. But you do not want to
hear all that. I have never felt that I was very useful,
but I live in hopes of seeing all the Ministries destroyed,
finances and all. The greatest joy of my life has been
to hear what your brother has done."

She directed her round eyes again to the sunshine
outside, while the cat reposed within her folded arms
in lordly beatitude and sphinx-like meditation.

"Yes! I rejoiced," she began again. "For me
there is a heroic ring about the very name of Haldin.
They must have been trembling with fear in their
Ministries -- all those men with fiendish hearts. Here I
stand talking to you, and when I think of all the cruelties,
oppressions, and injustices that are going on at this
very moment, my head begins to swim. I have looked
closely at what would seem inconceivable if one's own
eyes had not to be trusted. I have looked at things
that made me hate myself for my helplessness. I hated
my hands that had no power, my voice that could not
be heard, my very mind that would not become unhinged.
Ah! I have seen things. And you?"

Miss Haldin was moved. She shook her head
slightly.

"No, I have seen nothing for myself as yet," she
murmured. "We have always lived in the country.
It was my brother's wish."

"It is a curious meeting -- this -- between you and
me," continued the other. "Do you believe in chance,

154.17 Miss Haldin? How could I have expected to see you,
154.18 his sister, with my own eyes? Do you know that when
154.19 the news came the revolutionaries here were as much
154.20 surprised as pleased, every bit? No one seemed to
154.21 know anything about your brother. Peter Ivanovitch
154.22 himself had not foreseen that such a blow was going to
154.23 be struck. I suppose your brother was simply inspired.
154.24 I myself think that such deeds should be done by in-
154.25 spiration. It is a great privilege to have the inspriation
154.26 and the opportunity. Did he resemble you at all?
154.27 Don't you rejoice, Miss Haldin?"
154.28 "You must not expect too much from me," said Miss
154.29 Haldin, repressing an inclination to cry which came over
154.30 her suddenly. She succeeded, then added calmly, "I
154.31 am not a heroic person!"
154.32 "You think you couldn't have done such a thing
154.33 yourself, perhaps?"
154.34 "I don't know. I must not even ask myself till I
154.35 have lived a little longer, seen more. . ."
155.01 The other moved her head appreciatively. The
155.02 purring of the cat had a loud complacency in the empty
155.03 hall. No sound of voices came from upstairs. Miss
155.04 Haldin broke the silence.
155.05 "What is it precisely that you heard people say about
155.06 my brother? You said that they were surprised. Yes,
155.07 I supposed they were. Did it not seem strange to them
155.08 that my brother should have failed to save himself after
155.09 the most difficult part -- that is, getting away from the
155.10 spot -- was over? Conspirators should understand these
155.11 things well. There are reasons why I am very anxious
155.12 to know how it is he failed to escape."
155.13 The dame' de' compagnie' had advanced to the open
155.14 hall-door. She glanced rapidly over her shoulder at
155.15 Miss Haldin, who remained within the hall.
155.16 "Failed to escape," she repeated absently. "Didn't
155.17 he make the sacrifice of his life? Wasn't he just simply
155.18 inspired? Wasn't it an act of abnegation? Aren't you
155.19 certain?"
155.20 "What I am certain of," said Miss Haldin, "is that
155.21 it was not an act of despair. Have you not heard some
155.22 opinion expressed here upon his miserable capture?"
155.23 The dame' de' compagnie' mused for a while in the
155.24 doorway.
155.25 "Did I hear? Of course, everything is discussed
155.26 here. Has not all the world been speaking about your
155.27 brother? For my part, the mere mention of his achieve-
155.28 ment plunges me into an envious ecstasy. Why should
155.29 a man certain of immortality think of his life at all?"
155.30 She kept her back turned to Miss Haldin. Upstairs
155.31 from behind a great dingy white and gold door, visible
155.32 behind the balustrade of the first floor landing, a deep
155.33 voice began to drone formally, as if reading over notes
155.34 or something of the sort. It paused frequently, and then
155.35 ceased altogether.
156.01 "I don't think I can stay any longer now," said
156.02 Miss Haldin. "I may return another day."
156.03 She waited for the dame' de' compagnie' to make room
156.04 for her exit; but the woman appeared lost in the con-
156.05 templation of sunshine and shadows, sharing between
156.06 themselves the stillness of the deserted grounds. She
156.07 concealed the view of the drive from Miss Haldin.
156.08 Suddenly she said --
156.09 "It will not be necessary; here is Peter Ivanovitch
156.10 himself coming up. But he is not alone. He is seldom
156.11 alone now."
156.12 Hearing that Peter Ivanovitch was approaching, Miss
156.13 Haldin was not so pleased as she might have been ex-
156.14 pected to be. Somehow she had lost the desire to see
156.15 either the heroic captive or Madame de S -- , and the
156.16 reason of that shrinking which came upon her at the
156.17 very last minute is accounted for by the feeling that
156.18 those two people had not been treating the woman with
156.19 the cat kindly.
156.20 "Would you please let me pass?" said Miss Haldin
156.21 at last, touching lightly the shoulder of the dame' de' com-
156.22 pagnie'.
156.23 But the other, pressing the cat to her breast, did not
156.24 budge.
156.25 "I know who is with him," she said, without even
156.26 looking back.
156.27 More unaccountably than ever Miss Haldin felt a
156.28 strong impulse to leave the house.
156.29 "Madame de S -- may be engaged for some time
156.30 yet, and what I have got to say to Peter Ivanovitch is just
156.31 a simple question which I might put to him when I meet
156.32 him in the grounds on my way down. I really think I
156.33 must go. I have been some time here, and I am anxious to
156.34 get back to my mother. Will you let me pass, please?"
156.35 The dame' de' compagnie' turned her head at last.
157.01 "I never supposed that you really wanted to see
157.02 Madame de S -- ," she said, with unexpected insight.
157.03 "Not for a moment." There was something confidential
157.04 and mysterious in her tone. She passed through the
157.05 door, with Miss Haldin following her, on to the terrace,
157.06 and they descended side by side the moss-grown stone
157.07 steps. There was no one to be seen on the part of the
157.08 drive visible from the front of the house.
157.09 "They are hidden by the trees over there," explained
157.10 Miss Haldin's new acquaintance, "but you shall see them
157.11 directly. I don't know who that young man is to whom
157.12 Peter Ivanovitch has taken such a fancy. He must be
157.13 one of us, or he would not be admitted here when the
157.14 others come. You know what I mean by the others.
157.15 But I must say that he is not at all mystically inclined.
157.16 I don't know that I have made him out yet. Naturally
157.17 I am never for very long in the drawing-room. There is
157.18 always something to do for me, though the establishment
157.19 here is not so extensive as the villa on the Riviera. But
157.20 still there are plenty of opportunities for me to make
157.21 myself useful."
157.22 To the left, passing by the ivy-grown end of the
157.23 stables, appeared Peter Ivanovitch and his companion.
157.24 They walked very slowly, conversing with some anima-
157.25 tion. They stopped for a moment, and Peter Ivanovitch
157.26 was seen to gesticulate, while the young man listened
157.27 motionless, with his arms hanging down and his head
157.28 bowed a little. He was dressed in a dark brown suit
157.29 and a black hat. The round eyes of the dame' de'
157.30 compagnie' remained fixed on the two figures, which had
157.31 resumed their leisurely approach.
157.32 "An extremely polite young man," she said. "You
157.33 shall see what a bow he will make; and it won't al-
157.34 together be so exceptional either. He bows in the same
157.35 way when he meets me alone in the hall."
158.01 She moved on a few steps, with Miss Haldin by her
158.02 side, and things happened just as she had foretold. The
158.03 young man took off his hat, bowed and fell back, while
158.04 Peter Ivanovitch advanced quicker, his black, thick arms ex-
158.05 tended heartily, and seized hold of both Miss Haldin's hands,
158.06 shook them, and peered at her through his dark glasses.
158.07 "That's right, that's right!" he exclaimed twice,
158.08 approvingly. "And so you have been looked after
158.09 by . . ." He frowned slightly at the dame' de' compagnie',
158.10 who was still nursing the cat. "I conclude Eleanor --
158.11 Madame de S -- is engaged. I know she expected
158.12 somebody to-day. So the newspaper man did turn up,
158.13 eh? She is engaged?"
158.14 For all answer the dame' de' compagnie' turned away
158.15 her head.
158.16 "It is very unfortunate -- very unfortunate indeed.
158.17 I very much regret that you should have been . . ."
158.18 He lowered suddenly his voice. "But what is it -- surely
158.19 you are not departing, Natalia Victorovna? You got
158.20 bored waiting, didn't you?"
158.21 "Not in the least," Miss Haldin protested. "Only
158.22 I have been here some time, and I am anxious to get
158.23 back to my mother."
158.24 "The time seemed long, eh? I am afraid our worthy
158.25 friend here" /Peter Ivanovitch suddenly jerked his head
158.26 sideways towards his right shoulder and jerked it up
158.27 again/, -- "our worthy friend here has not the art of
158.28 shortening the moments of waiting. No, distinctly she
158.29 has not the art; and in that respect good intentions
158.30 alone count for nothing."
158.31 The dame' de' compagnie' dropped her arms, and the
158.32 cat found itself suddenly on the ground. It remained
158.33 quite still after alighting, one hind leg stretched back-
158.34 wards. Miss Haldin was extremely indignant on behalf
158.35 of the lady companion.
159.01 "Believe me, Peter Ivanovitch, that the moments I
159.02 have passed in the hall of this house have been not a
159.03 little interesting, and very instructive too. They are
159.04 memorable. I do not regret the waiting, but I see that
159.05 the object of my call here can be attained without taking
159.06 up Madame de S--'s time."
159.07 At this point I interrupted Miss Haldin. The above
159.08 relation is founded on her narrative, which I have not
159.09 so much dramatized as might be supposed. She had
159.10 rendered, with extraordinary feeling and animation, the
159.11 very accent almost of the disciple of the old apple-woman
159.12 the irreconcilable hater of Ministries, the voluntary servant
159.13 of the poor. Miss Haldin's true and delicate humanity
159.14 had been extremely shocked by the uncongenial fate of her
159.15 new acquaintance, that lady companion, secretary, what-
159.16 ever she was. For my own part, I was pleased to
159.17 discover in it one more obstacle to intimacy with Madame
159.18 de S -- . I had a positive abhorrence for the painted,
159.19 bedizened, dead-faced, glassy-eyed Egeria of Peter
159.20 Ivanovitch. I do not know what was her attitude to
159.21 the unseen, but I know that in the affairs of this world
159.22 she was avaricious, greedy, and unscrupulous. It was
159.23 within my knowledge that she had been worsted in a
159.24 sordid and desperate quarrel about money matters with
159.25 the family of her late husband, the diplomatist. Some
159.26 very august personages indeed /whom in her fury she
159.27 had insisted upon scandalously involving in her affairs/
159.28 had incurred her animosity. I find it perfectly easy to
159.29 believe that she had come to within an ace of being
159.30 spirited away, for reasons of state, into some discreet
159.31 maison' de' sante' -- a madhouse of sorts, to be plain. It
159.32 appears, however, that certain high-placed personages
159.33 opposed it for reasons which. . .
159.34 But it's no use to go into details.
159.35 Wonder may be expressed at a man in the position
160.01 of a teacher of languages knowing all this with such
160.02 definiteness. A novelist says this and that of his person-
160.03 ages, and if only he knows how to say it earnestly enough
160.04 he may not be questioned upon the inventions of his
160.05 brain in which his own belief is made sufficiently manifest
160.06 by a telling phrase, a poetic image, the accent of emotion.
160.07 Art is great! But I have no art, and not having invented
160.08 Madame de S -- , I feel bound to explain how I came
160.09 to know so much about her.
160.10 My informant was the Russian wife of a friend of
160.11 mine already mentioned, the professor of Lausanne
160.12 University. It was from her that I learned the last fact
160.13 of Madame de S--'s history, with which I intend to
160.14 trouble my readers. She told me, speaking positively, as
160.15 a person who trusts her sources, of the cause of Madame
160.16 de S--'s flight from Russia, some years before. It was
160.17 neither more nor less than this: that she became suspect
160.18 to the police in connexion with the assassination of the
160.19 Emperor Alexander. The ground of this suspicion was
160.20 either some unguarded expressions that escaped her in
160.21 public, or some talk overheard in her salon'. Overheard,
160.22 we must believe, by some guest, perhaps a friend, who
160.23 hastened to play the informer, I suppose. At any rate,
160.24 the overheard matter seemed to imply her foreknowledge
160.25 of that event, and I think she was wise in not waiting
160.26 for the investigation of such a charge. Some of my
160.27 readers may remember a little book from her pen, pub-
160.28 lished in Paris, a mystically bad-tempered, declamatory,

and frightfully disconnected piece of writing, in which she all but admits the foreknowledge, more than hints at its supernatural origin, and plainly suggests in venomous innuendoes that the guilt of the act was not with the terrorists, but with a palace intrigue. When I observed to my friend, the professor's wife, that the life of Madame de S --, with its unofficial diplomacy, its intrigues, lawsuits, favours, disgrace, expulsions, its atmosphere of scandal, occultism, and charlatanism, was more fit for the eighteenth century than for the conditions of our own time, she assented with a smile, but a moment after went on in a reflective tone: "Charlatanism? -- yes, in a certain measure. Still, times are changed. There are forces now which were non-existent in the eighteenth century. I should not be surprised if she were more dangerous than an Englishman would be willing to believe. And what's more, she is looked upon as really dangerous by certain people -- chez' nous'."

Chez' nous' in this connexion meant Russia in general, and the Russian political police in particular. The object of my digression from the straight course of Miss Haldin's relation /in my own words/ of her visit to the Chateau Borel, was to bring forward that statement of my friend, the professor's wife. I wanted to bring it forward simply to make what I have to say presently of Mr. Razumov's presence in Geneva, a little more credible -- for this is a Russian story for Western ears, which, as I have observed already, are not attuned to certain tones of cynicism and cruelty, of moral negation, and even of moral distress already silenced at our end of Europe. And this I state as my excuse for having left Miss Haldin standing, one of the little group of two women and two men who had come together below the terrace of the Chateau Borel.

The knowledge which I have just stated was in my mind when, as I have said, I interrupted Miss Haldin. I interrupted her with the cry of profound satisfaction --

"So you never saw Madame de S --, after all?"

Miss Haldin shook her head. It was very satisfactory to me. She had not seen Madame de S --! That was excellent, excellent! I welcomed the conviction that she would never know Madame de S -- now. I could not explain the reason of the conviction but by the knowledge that Miss Haldin was standing face to face with her brother's wonderful friend. I preferred him to Madame de S -- as the companion and guide of that young girl, abandoned to her inexperience by the miserable end of her brother. But, at any rate, that life now ended had been sincere, and perhaps its thoughts might have been lofty, its moral sufferings profound, its last act a true sacrifice. It is not for us, the staid lovers calmed by the possession of a conquered liberty, to condemn without appeal the fierceness of thwarted desire.

I am not ashamed of the warmth of my regard for Miss Haldin. It was, it must be admitted, an unselfish sentiment, being its own reward. The late Victor Haldin -- in the light of that sentiment -- appeared to me not as a sinister conspirator, but as a pure enthusiast. I did not wish indeed to judge him, but the very fact that he did not escape, that fact which brought so much trouble to both his mother and his sister, spoke to me in his favour. Meantime, in my fear of seeing the girl surrender to the influence of the Chateau Borel revolutionary feminism, I was more than willing to put my trust in that friend of the late Victor Haldin. He was nothing but a name, you will say. Exactly! A name! And what's more, the only name; the only name to be found in the correspondence between brother and sister. The young man had turned up; they had come face to face, and, fortunately, without the direct interference of Madame de S --. What will come of it? What will she tell me presently? I was asking myself.

It was only natural that my thought should turn to the young man, the bearer of the only name uttered by all the dream-talk of a future to be brought about by a revolution. And my thought took the shape of asking myself why this young man had not called upon these ladies. He had been in Geneva for some days before Miss Haldin heard of him first in my presence from Peter Ivanovitch. I regretted that last presence at their meeting. I would rather have had it happen somewhere out of his spectacled sight. But I supposed that, having both these young people there, he introduced them to each other.

I broke the silence by beginning a question on that point --

"I suppose Peter Ivanovitch. . ."

Miss Haldin gave vent to her indignation. Peter Ivanovitch directly he had got his answer from her had turned upon the dame' de' compagnie' in a shameful manner.

"Turned upon her?" I wondered. "What about? For what reason?"

"It was unheard of; it was shameful," Miss Haldin pursued, with angry eyes. "Il' lui' a' fait' une' scène' -- like this, before strangers. And for what? You would never guess. For some eggs. . . . Oh!"

I was astonished. "Eggs, did you say?"

"For Madame de S --. That lady observes a special diet, or something of the sort. It seems she complained the day before to Peter Ivanovitch that the eggs were not rightly prepared. Peter Ivanovitch suddenly remembered this against the poor woman, and flew out at her. It was most astonishing. I stood as if rooted."

"Do you mean to say that the great feminist allowed himself to be abusive to a woman?" I asked.

"Oh, not that! It was something you have no conception of. It was an odious performance. Imagine, he raised his hat to begin with. He made his voice soft and deprecatory. 'Ah! you are not kind to us -- you will not deign to remember. . .' This sort of phrases, that sort of tone. The poor creature was terribly upset. Her eyes ran full of tears. She did not know where to look. I shouldn't wonder if she would have preferred abuse, or even a blow."

I did not remark that very possibly she was familiar with both on occasions when no one was by. Miss Haldin walked by my side, her head up in scornful and angry silence.

"Great men have their surprising peculiarities," I observed inanely. "Exactly like men who are not great. But that sort of thing cannot be kept up for ever. How did the great feminist wind up this very characteristic episode?"

Miss Haldin, without turning her face my way, told me that the end was brought about by the appearance of the interviewer, who had been closeted with Madame de S --.

He came up rapidly, unnoticed, lifted his hat slightly, and paused to say in French: "The Baroness has asked me, in case I met a lady on my way out, to desire her to come in at once."

After delivering this message, he hurried down the drive. The dame' de' compagnie' flew towards the house, and Peter Ivanovitch followed her hastily, looking uneasy. In a moment Miss Haldin found herself alone with the young man, who undoubtedly must have been the new arrival from Russia. She wondered whether her brother's friend had not already guessed who she was.

I am in a position to say that, as a matter of fact, he had guessed. It is clear to me that Peter Ivanovitch, for some reason or other, had refrained from alluding to these ladies' presence in Geneva. But Razumov had guessed. The trustful girl! Every word uttered by Haldin lived in Razumov's memory. They were like haunting shapes; they could not be exorcised. The most vivid amongst them was the mention of the sister. The girl had existed for him ever since. But he did not recognize her at once. Coming up with Peter Ivanovitch, he did observe her; their eyes had met, even. He had responded, as no one could help responding, to the harmonious charm of her whole person, its strength, its grace, its tranquil frankness -- and then he had turned his gaze away. He said to himself that all this was not for him; the beauty of women and the friendship of men were not for him. He accepted that feeling with a purposeful sternness, and tried to pass on. It was only her outstretched hand which brought about the recognition. It stands recorded in the pages of his self--confession, that it nearly suffocated him physically with an emotional reaction of hate and dismay, as though her appearance had been a piece of accomplished treachery.

He faced about. The considerable elevation of the terrace concealed them from anyone lingering in the doorway of the house; and even from the upstairs windows they could not have been seen. Through the thickets run wild, and the trees of the gently sloping grounds, he had cold, placid glimpses of the lake. A moment of perfect privacy had been vouchsafed to them at this juncture. I wondered to myself what use they had made of that fortunate circumstance.

"Did you have time for more than a few words?" I asked.

That animation with which she had related to me the incidents of her visit to the Chateau Borel had left her completely. Strolling by my side, she looked straight before her; but I noticed a little colour on her cheek. She did not answer me.

After some little time I observed that they could not have hoped to remain forgotten for very long, unless the other two had discovered Madame de S -- swooning with fatigue, perhaps, or in a state of morbid exaltation after the long interview. Either would require their devoted ministrations. I could depict to myself Peter Ivanovitch rushing busily out of the house again, bare--headed, perhaps, and on across the terrace with his swinging gait, the black skirts of the frock-coat floating clear of his stout light grey legs. I confess to having looked upon these young people as the quarry of the "heroic fugitive." I had the notion that they would not be allowed to escape capture. But of that I said nothing to Miss Haldin, only as she still remained uncommunicative, I pressed her a little.

"Well -- but you can tell me at least your impression."

She turned her head to look at me, and turned away again.

"Impression?" she repeated slowly, almost dreamily; then in a quicker tone --

"He seems to be a man who has suffered more from his thoughts than from evil fortune."

"From his thoughts, you say?"

"And that is natural enough in a Russian," she took me up. "In a young Russian; so many of them are unfit for action, and yet unable to rest."

"And you think he is that sort of man?"

"No, I do not judge him. How could I, so suddenly? You asked for my impression -- I explain my impression. I -- I -- don't know the world, nor yet the people in it; I have been too solitary -- I am too young to trust my own opinions."

"Trust your instinct," I advised her. "Most women trust to that, and make no worse mistakes than men. In this case you have your brother's letter to help you."

She drew a deep breath like a light sigh.

"Unstained, lofty, and solitary existences," she quoted as if to herself. But I caught the wistful murmur distinctly.

"High praise," I whispered to her.

"The highest possible."

"So high that, like the award of happiness, it is more

fit to come only at the end of a life. But still no common or altogether unworthy personality could have suggested such a confident exaggeration of praise and..."

"Ah!" She interrupted me ardently. "And if you had only known the heart from which that judgment has come!"

She ceased on that note, and for a space I reflected on the character of the words which I perceived very well must tip the scale of the girl's feelings in that young man's favour. They had not the sound of a casual utterance. Vague they were to my western mind and to my western sentiment, but I could not forget that, standing by Miss Haldin's side, I was like a traveller in a strange country. It had also become clear to me that Miss Haldin was unwilling to enter into the details of the only material part of their visit to the Chateau Borel. But I was not hurt. Somehow I didn't feel it to be a want of confidence. It was some other difficulty -- a difficulty I could not resent. And it was without the slightest resentment that I said --

"Very well. But on that high ground, which I will not dispute, you, like anyone else in such circumstances, you must have made for yourself a representation of that exceptional friend, a mental image of him, and -- please tell me -- you were not disappointed?"

"What do you mean? His personal appearance?"

"I don't mean precisely his good looks, or otherwise."

We turned at the end of the alley and made a few steps without looking at each other.

"His appearance is not ordinary," said Miss Haldin at last.

"No, I should have thought not -- from the little you've said of your first impression. After all, one has to fall back on that word. Impression! What I mean is that something indescribable which is likely to mark a ' not ordinary ' person."

I perceived that she was not listening. There was no mistaking her expression; and once more I had the sense of being out of it -- not because of my age, which at any rate could draw inferences -- but altogether out of it, on another plane whence I could only watch her from afar. And so ceasing to speak I watched her stepping out by my side.

"No," she exclaimed suddenly, "I could not have been disappointed with a man of such strong feeling."

"Aha! Strong feeling," I muttered, thinking to myself censoriously: like this, at once, all in a moment!

"What did you say?" inquired Miss Haldin innocently.

"Oh, nothing. I beg your pardon. Strong feeling. I am not surprised."

"And you don't know how abruptly I behaved to him!" she cried remorsefully.

I suppose I must have appeared surprised, for, looking at me with a still more heightened colour, she said she was ashamed to admit that she had not been sufficiently collected; she had failed to control her words and actions as the situation demanded. She lost the fortitude worthy of both the men, the dead and the living; the fortitude which should have been the note of the meeting of Victor Haldin's sister with Victor Haldin's only known friend. He was looking at her keenly, but said nothing, and she was -- she confessed -- painfully affected by his want of comprehension. All she could say was: "You are Mr. Razumov." A slight frown passed over his forehead. After a short, watchful pause, he made a little bow of assent, and waited.

At the thought that she had before her the man so highly regarded by her brother, the man who had known his value, spoken to him, understood him, had listened to his confidences, perhaps had encouraged him -- her lips trembled, her eyes ran full of tears; she put out her hand, made a step towards him impulsively, saying with an effort to restrain her emotion, "Can't you guess who I am?" He did not take the proffered hand. He even recoiled a pace, and Miss Haldin imagined that he was unpleasantly affected. Miss Haldin excused him, directing her displeasure at herself. She had behaved unworthily, like an emotional French girl. A manifestation of that kind could not be welcomed by a man of stern, self-contained character.

He must have been stern indeed, or perhaps very timid with women, not to respond in a more human way to the advances of a girl like Nathalie Haldin -- I thought to myself. Those lofty and solitary existences /I remembered the words suddenly/ make a young man shy and an old man savage -- often.

"Well," I encouraged Miss Haldin to proceed.

She was still very dissatisfied with herself.

"I went from bad to worse," she said, with an air of discouragement very foreign to her. "I did everything foolish except actually bursting into tears. I am thankful to say I did not do that. But I was unable to speak for quite a long time."

She had stood before him, speechless, swallowing her sobs, and when she managed at last to utter something, it was only her brother's name -- "Victor -- Victor Haldin!" she gasped out, and again her voice failed her.

"Of course," she commented to me, "this distressed him. He was quite overcome. I have told you my opinion that he is a man of deep feeling -- it is impossible to doubt it. You should have seen his face. He positively reeled. He leaned against the wall of the terrace. Their friendship must have been the very brotherhood of souls! I was grateful to him for that emotion, which made me feel less ashamed of my own lack of self-control. Of course I had regained the power of speech at once, almost. All this lasted not more than a few seconds. ' I am his sister, ' I said. ' Maybe you have heard of me. ' "

"And had he?" I interrupted.

"I don't know. How could it have been otherwise? And yet. . . But what does that matter? I stood there before him, near enough to be touched and surely not looking like an impostor. All I know is, that he put out both his hands then to me, I may say flung them out at me, with the greatest readiness and warmth, and that I seized and pressed them, feeling that I was finding again a little of what I thought was lost to me for ever, with the loss of my brother -- some of that hope, inspiration, and support which I used to get from my dear dead. . ."

I understood quite well what she meant. We strolled on slowly. I refrained from looking at her. And it was as if answering my own thoughts that I murmured --

"No doubt it was a great friendship -- as you say. And that young man ended by welcoming your name, so to speak, with both hands. After that, of course, you would understand each other. Yes, you would understand each other quickly."

It was a moment before I heard her voice.

"Mr. Razumov seems to be a man of few words. A reserved man -- even when he is strongly moved."

Unable to forget -- or even to forgive -- the bass-toned expansiveness of Peter Ivanovitch, the Arch--Patron of revolutionary parties, I said that I took this for a favourable trait of character. It was associated with sincerity -- in my mind.

"And, besides, we had not much time," she added.

"No, you would not have, of course." My suspicion and even dread of the feminist and his Egeria was so ineradicable that I could not help asking with real anxiety, which I made smiling --

"But you escaped all right?"

She understood me, and smiled too, at my uneasiness.

"Oh yes! I escaped, if you like to call it that. I walked away quickly. There was no need to run. I am neither frightened nor yet fascinated, like that poor woman who received me so strangely."

"And Mr. -- Mr. Razumov. . . ?"

"He remained there, of course. I suppose he went into the house after I left him. You remember that he came here strongly recommended to Peter Ivanovitch -- possibly entrusted with important messages for him."

"Ah yes! From that priest who . . ."

"Father Zosim -- yes. Or from others, perhaps."

"You left him, then. But have you seen him since, may I ask?"

For some time Miss Haldin made no answer to this very direct question, then --

"I have been expecting to see him here to-day," she said quietly.

"You have! Do you meet, then, in this garden? In that case I had better leave you at once."

"No, why leave me? And we don't meet in this garden. I have not seen Mr. Razumov since that first time. Not once. But I have been expecting him. . ."

She paused. I wondered to myself why that young revolutionist should show so little alacrity.

"Before we parted I told Mr. Razumov that I walked here for an hour every day at this time. I could not explain to him then why I did not ask him to come and see us at once. Mother must be prepared for such a visit. And then, you see, I do not know myself what Mr. Razumov has to tell us. He, too, must be told first how it is with poor mother. All these thoughts flashed through my mind at once. So I told him hurriedly that there was a reason why I could not ask him to see us at home, but that I was in the habit of walking here. . . . This is a public place, but there are never many people about at this hour. I thought it would do very well. And it is so near our apartments. I don't like to be very far away from mother. Our servant knows where I am in case I should be wanted suddenly."

"Yes. It is very convenient from that point of view," I agreed.

In fact, I thought the Bastions a very convenient place, since the girl did not think it prudent as yet to introduce that young man to her mother. It was here, then, I thought, looking round at that plot of ground of deplorable banality, that their acquaintance will begin and go on in the exchange of generous indignations and of extreme sentiments, too poignant, perhaps, for a non-Russian mind to conceive. I saw these two, escaped out of four score of millions of human beings ground between the upper and nether millstone, walking under these trees, their young heads close together. Yes, an excellent place to stroll and talk in. It even occurred to me, while we turned once more away from the wide iron gates, that when tired they would have plenty of accommodation to rest themselves. There was a quantity of tables and chairs displayed between the restaurant chalet and the bandstand, a whole raft of painted deals spread out under the trees. In the very middle of it I observed a solitary Swiss couple, whose fate was made secure from the cradle to the grave by the perfected mechanism of democratic institutions in a republic that could almost be held in the palm of one's hand. The man, colourlessly uncouth, was drinking beer out of a glittering glass; the woman, rustic and placid, leaning back in the rough chair, gazed idly around.

There is little logic to be expected on this earth, not only in the matter of thought, but also of sentiment. I was surprised to discover myself displeased with that unknown young man. A week had gone by since they met. Was he callous, or shy, or very stupid? I could not make it out.

"Do you think," I asked Miss Haldin, after we had gone some distance up the great alley, "that Mr. Razumov understood your intention?"

"Understood what I meant?" she wondered. "He was greatly moved. That I know! In my own agitation I could see it. But I spoke distinctly. He heard me; he seemed, indeed, to hang on my words. . ."

Unconsciously she had hastened her pace. Her utterance, too, became quicker.

I waited a little before I observed thoughtfully --

"And yet he allowed all these days to pass."

"How can we tell what work he may have to do here? He is not an idler travelling for his pleasure. His time may not be his own -- nor yet his thoughts, perhaps."

She slowed her pace suddenly, and in a lowered voice added --

"Or his very life" -- then paused and stood still.

"For all I know, he may have had to leave Geneva the very day he saw me."

"Without telling you!" I exclaimed incredulously.

"I did not give him time. I left him quite abruptly. I behaved emotionally to the end. I am sorry for it. Even if I had given him the opportunity he would have been justified in taking me for a person not to be trusted. An emotional, tearful girl is not a person to confide in. But even if he has left Geneva for a time, I am confident that we shall meet again."

"Ah! you are confident. . . . I dare say. But on what ground?"

"Because I've told him that I was in great need of some one, a fellow-countryman, a fellow-believer, to whom I could give my confidence in a certain matter."

"I see. I don't ask you what answer he made. I confess that this is good ground for your belief in Mr. Razumov's appearance before long. But he has not turned up to-day?"

"No," she said quietly, "not to-day;" and we stood for a time in silence, like people that have nothing more to say to each other and let their thoughts run widely asunder before their bodies go off their different ways. Miss Haldin glanced at the watch on her wrist and made a brusque movement. She had already overstayed her time, it seemed.

"I don't like to be away from mother," she murmured, shaking her head. "It is not that she is very ill now. But somehow when I am not with her I am more uneasy than ever."

Mrs. Haldin had not made the slightest allusion to her son for the last week or more. She sat, as usual, in the arm-chair by the window, looking out silently on that hopeless stretch of the Boulevard des Philosophes. When she spoke, a few lifeless words, it was of indifferent, trivial things.

"For anyone who knows what the poor soul is thinking of, that sort of talk is more painful than her silence. But that is bad too; I can hardly endure it, and I dare not break it."

Miss Haldin sighed, refastening a button of her glove which had come undone. I knew well enough what a hard time of it she must be having. The stress, its nature, its causes, would have undermined the health of an Occidental girl; but Russian natures have a singular power of resistance against the unfair strains of life. Straight and supple, with a short jacket open on her black dress, which made her figure appear more slender and her fresh but colourless face more pale, she compelled my wonder and admiration.

"I can't stay a moment longer. You ought to come soon to see mother. You know she calls you ' L'ami'. ' It is an excellent name, and she really means it. And now au' revoir', I must run."

She glanced vaguely down the broad walk -- the hand she put out to me eluded my grasp by an unexpected upward movement, and rested upon my shoulder. Her red lips were slightly parted, not in a smile, however, but expressing a sort of startled pleasure. She gazed towards the gates and said quickly, with a gasp --

"There! I knew it. Here he comes!"

I understood that she must mean Mr. Razumov. A young man was walking up the alley, without haste. His clothes were some dull shade of brown, and he carried a stick. When my eyes first fell on him, his head was hanging on his breast as if in deep thought. While I was looking at him he raised it sharply, and at once stopped. I am certain he did, but that pause was nothing more perceptible than a faltering check in his gait, instantaneously overcome. Then he continued his approach, looking at us steadily. Miss Haldin signed to me to remain, and advanced a step or two to meet him.

I turned my head away from that meeting, and did not look at them again till I heard Miss Haldin's voice uttering his name in the way of introduction. Mr. Razumov was informed, in a warm, low tone, that, besides being a wonderful teacher, I was a great support "in our sorrow and distress."

Of course I was described also as an Englishman. Miss Haldin spoke rapidly, faster than I have ever heard her speak, and that by contrast made the quietness of her eyes more expressive.

"I have given him my confidence," she added, looking all the time at Mr. Razumov. That young man did, indeed, rest his gaze on Miss Haldin but certainly did not look into her eyes which were so ready for him. Afterwards he glanced backwards and forwards at us both, while the faint commencement of a forced smile, followed by the suspicion of a frown, vanished one after another; I detected them, though neither could have been noticed by a person less intensely bent upon divining him than myself. I don't know what Nathalie Haldin had observed, but my attention seized the very shades of these movements. The attempted smile was given up, the incipient frown was checked, and smoothed so that there should be no sign; but I imagined him exclaiming inwardly --

"Her confidence! To this elderly person -- this foreigner!"

I imagined this because he looked foreign enough to me. I was upon the whole favourably impressed. He had an air of intelligence and even some distinction quite above the average of the students and other inhabitants of the Petite' Russie'. His features were more decided than in the generality of Russian faces; he had a line of the jaw, a clean-shaven, sallow cheek; his nose was a ridge, and not a mere protuberance. He wore the hat well down over his eyes, his dark hair curled low on the nape of his neck; in the ill-fitting brown clothes there were sturdy limbs; a slight stoop brought out a satisfactory breadth of shoulders. Upon the whole I was not disappointed. Studious -- robust -- shy. . . .

Before Miss Haldin had ceased speaking I felt the grip of his hand on mine, a muscular, firm grip, but unexpectedly hot and dry. Not a word or even a mutter assisted this short and arid handshake.

I intended to leave them to themselves, but Miss Haldin touched me lightly on the forearm with a significant contact, conveying a distinct wish. Let him smile who likes, but I was only too ready to stay near Nathalie Haldin, and I am not ashamed to say that it was no smiling matter to me. I stayed, not as a youth would have stayed, uplifted, as it were poised in the air, but soberly, with my feet on the ground and my mind trying to penetrate her intention. She had turned to Razumov.

"Well. This is the place. Yes, it is here that I meant you to come. I have been walking every day. . . . Don't excuse yourself -- I understand. I am grateful to you for coming to-day, but all the same I cannot stay now. It is impossible. I must hurry off home. Yes, even with you standing before me, I must run off. I have been too long away. . . . You know how it is?"

These last words were addressed to me. I noticed that Mr. Razumov passed the tip of his tongue over his lips just as a parched, feverish man might do. He took her hand in its black glove, which closed on his, and held it -- detained it quite visibly to me against a drawing-back movement.

"Thank you once more for -- for understanding me," she went on warmly. He interrupted her with a certain effect of roughness. I didn't like him speaking to this frank creature so much from under the brim of his hat, as it were. And he produced a faint, rasping voice quite like a man with a parched throat.

"What is there to thank me for? Understand you? . . . How did I understand you? . . . You had better know that I understand nothing. I was aware that you wanted to see me in this garden. I could not come before. I was hindered. And even to-day, you see. . . late."

She still held his hand.

"I can, at any rate, thank you for not dismissing me from your mind as a weak, emotional girl. No doubt I want sustaining. I am very ignorant. But I can be trusted. Indeed I can!"

"You are ignorant," he repeated thoughtfully. He had raised his head, and was looking straight into her face now, while she held his hand. They stood like this for a long moment. She released his hand.

"Yes. You did come late. It was good of you to come on the chance of me having loitered beyond my time. I was talking with this good friend here. I was talking of you. Yes, Kirylo Sidorovitch, of you. He was with me when I first heard of your being here in Geneva. He can tell you what comfort it was to my bewildered spirit to hear that news. He knew I meant to seek you out. It was the only object of my accepting the invitation of Peter Ivanovitch. . . ."

"Peter Ivanovitch talked to you of me," he interrupted, in that wavering, hoarse voice which suggested a horribly dry throat.

"Very little. Just told me your name, and that you had arrived here. Why should he have asked for more? What could he have told me that I did not know already from my brother's letter? Three lines! And how much they meant to me! I will show them to you one day, Kirylo Sidorovitch. But now I must go. The first talk between us cannot be a matter of five minutes, so we had better not begin. . . ."

I had been standing a little aside, seeing them both in profile. At that moment it occurred to me that Mr. Razumov's face was older than his age.

"If mother" -- the girl had turned suddenly to me -- "were to wake up in my absence /so much longer than usual/ she would perhaps question me. She seems to miss me more, you know, of late. She would want to know what delayed me -- and, you see, it would be painful for me to dissemble before her."

I understood the point very well. For the same reason she checked what seemed to be on Mr. Razumov's part a movement to accompany her.

"No! No! I go alone, but meet me here as soon as possible." Then to me in a lower, significant tone --

"Mother may be sitting at the window at this moment. She must not know anything of Mr. Razumov's presence here till -- till something is arranged." She paused before she added a little louder, but still speaking to me, "Mr. Razumov does not quite understand my difficulty, but you know what it is."

(v)

179.30
179.31 With a quick inclination of the head for us both, and
179.32 an earnest, friendly glance at the young man, Miss
179.33 Haldin left us covering our heads and looking after her
180.01 straight, supple figure receding rapidly. Her walk was
180.02 not that hybrid and uncertain gliding affected by some
180.03 women, but a frank, strong, healthy movement forward.
180.04 Rapidly she increased the distance -- disappeared with
180.05 suddenness at last. I discovered only then that Mr.
180.06 Razumov, after ramming his hat well over his brow, was
180.07 looking me over from head to foot. I dare say I was a
180.08 very unexpected fact for that young Russian to stumble
180.09 upon. I caught in his physiognomy, in his whole
180.10 bearing, an expression compounded of curiosity and
180.11 scorn, tempered by alarm -- as though he had been
180.12 holding his breath while I was not looking. But his
180.13 eyes met mine with a gaze direct enough. I saw then
180.14 for the first time that they were of a clear brown colour
180.15 and fringed with thick black eyelashes. They were the
180.16 youngest feature of his face. Not at all unpleasant eyes.
180.17 He swayed slightly, leaning on his stick and generally
180.18 hung in the wind. It flashed upon me that in leaving
180.19 us together Miss Haldin had an intention -- that some-
180.20 thing was entrusted to me, since, by a mere accident I
180.21 had been found at hand. On this assumed ground I put
180.22 all possible friendliness into my manner. I cast about
180.23 for some right thing to say, and suddenly in Miss
180.24 Haldin's last words I perceived the clue to the nature of
180.25 my mission.
180.26 "No," I said gravely, if with a smile, "you cannot
180.27 be expected to understand."
180.28 His clean-shaven lip quivered ever so little before he
180.29 said, as if wickedly amused --
180.30 "But haven't you heard just now? I was thanked
180.31 by that young lady for understanding so well."
180.32 I looked at him rather hard. Was there a hidden
180.33 and inexplicable sneer in this retort? No. It was not
180.34 that. It might have been resentment. Yes. But what
180.35 had he to resent? He looked as though he had not
181.01 slept very well of late. I could almost feel on me the
181.02 weight of his unrefreshed, motionless stare, the stare of a
181.03 man who lies unwinking in the dark, angrily passive in
181.04 the toils of disastrous thoughts. Now, when I know
181.05 how true it was, I can honestly affirm that this was' the
181.06 effect he produced on me. It was painful in a curiously
181.07 indefinite way -- for, of course, the definition comes to
181.08 me now while I sit writing in the fullness of my
181.09 knowledge. But this is what the effect was at that time
181.10 of absolute ignorance. This new sort of uneasiness
181.11 which he seemed to be forcing upon me I attempted to
181.12 put down by assuming a conversational, easy familiarity.
181.13 "That extremely charming and essentially admirable
181.14 young girl (I am -- as you see -- old enough to be frank
181.15 in my expressions) was referring to her own feelings.
181.16 Surely you must have understood that much?"
181.17 He made such a brusque movement that he even
181.18 tottered a little.
181.19 "Must understand this! Not expected to under-
181.20 stand that! I may have other things to do. And the
181.21 girl is charming and admirable. Well -- and if she is
181.22 I suppose I can see that for myself."
181.23 This sally would have been insulting if his voice had
181.24 not been practically extinct, dried up in his throat; and
181.25 the rustling effort of his speech too painful to give real
181.26 offence.
181.27 I remained silent, checked between the obvious fact
181.28 and the subtle impression. It was open to me to leave
181.29 him there and then, but the sense of having been
181.30 entrusted with a mission, the suggestion of Miss Haldin's
181.31 last glance, was strong upon me. After a moment of
181.32 reflection I said --
181.33 "Shall we walk together a little?"
181.34 He shrugged his shoulders so violently that he
181.35 tottered again. I saw it out of the corner of my eye as
182.01 I moved on, with him at my elbow. He had fallen back
182.02 a little and was practically out of my sight, unless I
182.03 turned my head to look at him. I did not wish to
182.04 indispose him still further by an appearance of marked
182.05 curiosity. It might have been distasteful to such a
182.06 young and secret refugee from under the pestilential
182.07 shadow hiding the true, kindly face of his land. And
182.08 the shadow, the attendant of his countrymen, stretching
182.09 across the middle of Europe, was lying on him too,
182.10 darkening his figure to my mental vision. "Without
182.11 doubt," I said to myself, "he seems a sombre, even a
182.12 desperate revolutionist; but he is young, he may be
182.13 unselfish and humane, capable of compassion, of . . ."
182.14 I heard him clear gratingly his parched throat, and
182.15 became all attention.
182.16 "This is beyond everything," were his first words.
182.17 "It is beyond everything! I find you here, for no reason
182.18 that I can understand, in possession of something I cannot
182.19 be expected to understand! A confidant! A foreigner!
182.20 Talking about an admirable Russian girl. Is the
182.21 admirable girl a fool, I begin to wonder? What are you
182.22 at? What is your object?"
182.23 He was barely audible, as if his throat had no more
182.24 resonance than a dry rag, a piece of tinder. It was
182.25 so pitiful that I found it extremely easy to control my
182.26 indignation.
182.27 "When you have lived a little longer, Mr. Razumov,
182.28 you will discover that no woman is an absolute fool. I
182.29 am not a feminist, like that illustrious author, Peter
182.30 Ivanovitch, who, to say the truth, is not a little suspect to
182.31 me. . ."
182.32 He interrupted me, in a surprising note of whispering
182.33 astonishment.
182.34 "Suspect to you! Peter Ivanovitch suspect to you!
182.35 To you! . . ."
183.01 "Yes, in a certain aspect he is," I said, dismissing
183.02 my remark lightly. "As I was saying, Mr. Razumov,
183.03 when you have lived long enough, you will learn to
183.04 discriminate between the noble trustfulness of a nature
183.05 foreign to every meanness and the flattered credulity of
183.06 some women; though even the credulous, silly as they may
183.07 be, unhappy as they are sure to be, are never absolute
183.08 fools. It is my belief that no woman is ever completely
183.09 deceived. Those that are lost leap into the abyss with
183.10 their eyes open, if all the truth were known."
183.11 "Upon my word," he cried at my elbow, "what is it
183.12 to me whether women are fools or lunatics? I really
183.13 don't care what you think of them. I -- I am not
183.14 interested in them. I let them be. I am not a young
183.15 man in a novel. How do you know that I want to learn
183.16 anything about women? . . . What is the meaning of
183.17 all this?"
183.18 "The object, you mean, of this conversation, which I
183.19 admit I have forced upon you in a measure."
183.20 "Forced! Object!" he repeated, still keeping half
183.21 a pace or so behind me. "You wanted to talk about
183.22 women, apparently. That's a subject. But I don't care
183.23 for it. I have never . . . In fact, I have had other
183.24 subjects to think about."
183.25 "I am concerned here with one woman only -- a
183.26 young girl -- the sister of your dead friend -- Miss Haldin.
183.27 Surely you can think a little of her. What I meant
183.28 from the first was that there is a situation which you
183.29 cannot be expected to understand."
183.30 I listened to his unsteady footfalls by my side for
183.31 the space of several strides.
183.32 "I think that it may prepare the ground for your
183.33 next interview with Miss Haldin if I tell you of it. I
183.34 imagine that she might have had something of the kind
183.35 in her mind when she left us together. I believe myself
184.01 authorized to speak. The peculiar situation I have
184.02 alluded to has arisen in the first grief and distress of
184.03 Victor Haldin's execution. There was something peculiar
184.04 in the circumstances of his arrest. You no doubt know
184.05 the whole truth. . . ."
184.06 I felt my arm seized above the elbow, and next
184.07 instant found myself swung so as to face Mr. Razumov.
184.08 "You spring up from the ground before me with this
184.09 talk. Who the devil are you? This is not to be borne!
184.10 Why! What for? What do you know what is or is
184.11 not peculiar? What have you to do with any con-
184.12 founded circumstances, or with anything that happens in
184.13 Russia, anyway?"
184.14 He leaned on his stick with his other hand, heavily;
184.15 and when he let go my arm, I was certain in my mind
184.16 that he was hardly able to keep on his feet.
184.17 "Let us sit down at one of these vacant tables,"
184.18 I proposed, disregarding this display of unexpectedly
184.19 profound emotion. It was not without its effect on
184.20 me, I confess. I was sorry for him.
184.21 "What tables? What are you talking about? Oh
184.22 -- the empty tables? The tables there. Certainly.
184.23 I will sit at one of the empty tables."
184.24 I led him away from the path to the very centre of
184.25 the raft of deals before the chalet. The Swiss couple
184.26 were gone by that time. We were alone on the raft, so
184.27 to speak. Mr. Razumov dropped into a chair, let fall
184.28 his stick, and propped on his elbows, his head between
184.29 his hands, stared at me persistently, openly, and con-
184.30 tinuously, while I signalled the waiter and ordered some
184.31 beer. I could not quarrel with this silent inspection
184.32 very well, because, truth to tell, I felt somewhat guilty
184.33 of having been sprung on him with some abruptness --
184.34 of having "sprung from the ground," as he expressed it.
184.35 While waiting to be served I mentioned that, born
185.01 from parents settled in St. Petersburg, I had acquired
185.02 the language as a child. The town I did not remember,
185.03 having left it for good as a boy of nine, but in later
185.04 years I had renewed my acquaintance with the language.
185.05 He listened, without as much as moving his eyes the
185.06 least little bit. He had to change his position when the
185.07 beer came, and the instant draining of his glass revived
185.08 him. He leaned back in his chair and, folding his arms
185.09 across his chest, continued to stare at me squarely. It
185.10 occurred to me that his clean-shaven, almost swarthy
185.11 face was really of the very mobile sort, and that the
185.12 absolute stillness of it was the acquired habit of a revolu-
185.13 tionist, of a conspirator everlastingly on his guard against
185.14 self-betrayal in a world of secret spies.
185.15 "But you are an Englishman -- a teacher of English
185.16 Literature," he murmured, in a voice that was no longer
185.17 issuing from a parched throat. "I have heard of you.
185.18 People told me you have lived here for years."
185.19 "Quite true. More than twenty years. And I
185.20 have been assisting Miss Haldin with her English
185.21 studies."
185.22 "You have been reading English poetry with her,"
185.23 he said, immovable now, like another man altogether, a
185.24 complete stranger to the man of the heavy and uncertain
185.25 footfalls a little while ago -- at my elbow.
185.26 "Yes, English poetry," I said. "But the trouble of
185.27 which I speak was caused by an English newspaper."
185.28 He continued to stare at me. I don't think he
185.29 was aware that the story of the midnight arrest had
185.30 been ferreted out by an English journalist and given to
185.31 the world. When I explained this to him he muttered
185.32 contemptuously, "It may have been altogether a lie."
185.33 "I should think you are the best judge of that," I
185.34 retorted, a little disconcerted. "I must confess that to
185.35 me it looks to be true in the main."
186.01 "How can you tell truth from lies?" he queried in
186.02 his new, immovable manner.
186.03 "I don't know how you do it in Russia," I began,
186.04 rather nettled by his attitude. He interrupted me.
186.05 "In Russia, and in general everywhere -- in a news-
186.06 paper, for instance. The colour of the ink and the
186.07 shapes of the letters are the same."
186.08 "Well, there are other trifles one can go by. The

241

186.09 character of the publication, the general verisimilitude of
186.10 the news, the consideration of the motive, and so on.
186.11 I don't trust blindly the accuracy of special corre-
186.12 spondents -- but why should this one have gone to the
186.13 trouble of concocting a circumstantial falsehood on a
186.14 matter of no importance to the world?"
186.15   "That's what it is," he grumbled. "What's going
186.16 on with us is of no importance -- a mere sensational story
186.17 to amuse the readers of the papers -- the superior con-
186.18 temptuous Europe. It is hateful to think of. But let
186.19 them wait a bit!"
186.20   He broke off on this sort of threat addressed to the
186.21 western world. Disregarding the anger in his stare, I
186.22 pointed out that whether the journalist was well- or ill--
186.23 informed, the concern of the friends of these ladies was
186.24 with the effect the few lines of print in question had
186.25 produced -- the effect alone. And surely he must be
186.26 counted as one of the friends -- if only for the sake of
186.27 his late comrade and intimate fellow-revolutionist. At
186.28 that point I thought he was going to speak vehemently;
186.29 but he only astounded me by the convulsive start of his
186.30 whole body. He restrained himself, folded his loosened
186.31 arms tighter across his chest, and sat back with a smile
186.32 in which there was a twitch of scorn and malice.
186.33   "Yes, a comrade and an intimate. . . . Very well,"
186.34 he said.
186.35   "I ventured to speak to you on that assumption.
187.01 And I cannot be mistaken. I was present when Peter
187.02 Ivanovitch announced your arrival here to Miss Haldin,
187.03 and I saw her relief and thankfulness when your name
187.04 was mentioned. Afterwards she showed me her brother's
187.05 letter, and read out the few words in which he alludes to
187.06 you. what else but a friend could you have been?"
187.07   "Obviously. That's perfectly well known. A friend.
187.08 Quite correct. . . . Go on. You were talking of some
187.09 effect."
187.10   I said to myself: "He puts on the callousness of a
187.11 stern revolutionist, the insensibility to common emotions
187.12 of a man devoted to a destructive idea. He is young,
187.13 and his sincerity assumes a pose before a stranger, a
187.14 foreigner, an old man. Youth must assert itself. . . ."
187.15 As concisely as possible I exposed to him the state of
187.16 mind poor Mrs. Haldin had been thrown into by the
187.17 news of her son's untimely end.
187.18   He listened -- I felt it -- with profound attention.
187.19 His level stare deflected gradually downwards, left my
187.20 face, and rested at last on the ground at his feet.
187.21   "You can enter into the sister's feelings. As you
187.22 said, I have only read a little English poetry with her,
187.23 and I won't make myself ridiculous in your eyes by
187.24 trying to speak of her. But you have seen her. She
187.25 is one of these rare human beings that do not want
187.26 explaining. At least I think so. They had only that
187.27 son, that brother, for a link with the wider world, with
187.28 the future. The very groundwork of active existence for
187.29 Nathalie Haldin is gone with him. Can you wonder then
187.30 that she turns with eagerness to the only man her
187.31 brother mentions in his letters. Your name is a sort of
187.32 legacy."
187.33   "what could he have written of me?" he cried, in
187.34 a low, exasperated tone.
187.35   "Only a few words. It is not for me to repeat
188.01 them to you, Mr. Razumov; but you may believe my
188.02 assertion that these words are forcible enough to make
188.03 both his mother and his sister believe implicitly in the
188.04 worth of your judgment and in the truth of anything
188.05 you may have to say to them. It's impossible for you
188.06 now to pass them by like strangers."
188.07   I paused, and for a moment sat listening to the
188.08 footsteps of the few people passing up and down the
188.09 broad central walk. While I was speaking his head had
188.10 sunk upon his breast above his folded arms. He raised
188.11 it sharply.
188.12   "Must I go then and lie to that old woman!"
188.13   It was not anger; it was something else, something
188.14 more poignant, and not so simple. I was aware of it
188.15 sympathetically, while I was profoundly concerned at
188.16 the nature of that exclamation.
188.17   "Dear me! Won't the truth do, then? I hoped
188.18 you could have told them something consoling. I am
188.19 thinking of the poor mother now. Your Russia is a
188.20 cruel country."
188.21   He moved a little in his chair.
188.22   "Yes," I repeated. "I thought you would have had
188.23 something authentic to tell."
188.24   The twitching of his lips before he spoke was
188.25 curious.
188.26   "what if it is not worth telling?"
188.27   "Not worth -- from what point of view? I don't
188.28 understand."
188.29   "From every point of view."
188.30   I spoke with some asperity.
188.31   "I should think that anything which could explain
188.32 the circumstances of that midnight arrest. . . ."
188.33   "Reported by a journalist for the amusement of the
188.34 civilized Europe," he broke in scornfully.
188.35   "Yes, reported. . . . But aren't they true? I can't
189.01 make out your attitude in this? Either the man is a
189.02 hero to you, or . . ."
189.03   He approached his face with fiercely distended
189.04 nostrils close to mine so suddenly that I had the
189.05 greatest difficulty in not starting back.
189.06   "You ask me! I suppose it amuses you, all this.
189.07 Look here! I am a worker. I studied. Yes, I studied
189.08 very hard. There is intelligence here." /He tapped
189.09 his forehead with his finger-tips./ "Don't you think a
189.10 Russian may have sane ambitions? Yes -- I had even
189.11 prospects. Certainly! I had. And now you see me
189.12 here, abroad, everything gone, lost, sacrificed. You see
189.13 me here -- and you ask! You see me, don't you? --
189.14 sitting before you."

189.15   He threw himself back violently. I kept outwardly
189.16 calm.
189.17   "Yes, I see you here; and I assume you are here
189.18 on account of the Haldin affair?"
189.19   His manner changed.
189.20   "You call it the Haldin affair -- do you?" he
189.21 observed indifferently.
189.22   "I have no right to ask you anything," I said. "I
189.23 wouldn't presume. But in that case the mother and the
189.24 sister of him who must be a hero in your eyes cannot be
189.25 indifferent to you. The girl is a frank and generous
189.26 creature, having the noblest -- well -- illusions. You will
189.27 tell her nothing -- or you will tell her everything. But
189.28 speaking now of the object with which I've approached
189.29 you: first, we have to deal with the morbid state of the
189.30 mother. Perhaps something could be invented under
189.31 your authority as a cure for a distracted and suffering
189.32 soul filled with maternal affection."
189.33   His air of weary indifference was accentuated, I
189.34 could not help thinking, wilfully.
189.35   "Oh yes. Something might," he mumbled carelessly.
190.01 He put his hand over his mouth to conceal a
190.02 yawn. When he uncovered his lips they were smiling
190.03 faintly.
190.04   "Pardon me. This has been a long conversation, and
190.05 I have not had much sleep the last two nights."
190.06   This unexpected, somewhat insolent sort of apology
190.07 had the merit of being perfectly true. He had had no
190.08 nightly rest to speak of since that day when, in the
190.09 grounds of the Chateau Borel, the sister of Victor Haldin
190.10 had appeared before him. The perplexities and the
190.11 complex terrors -- I may say -- of this sleeplessness are
190.12 recorded in the document I was to see later -- the
190.13 document which is the main source of this narrative. At
190.14 the moment he looked to me convincingly tired, gone
190.15 slack all over, like a man who has passed through some
190.16 sort of crisis.
190.17   "I have had a lot of urgent writing to do," he added.
190.18   I rose from my chair at once, and he followed my
190.19 example, without haste, a little heavily.
190.20   "I must apologize for detaining you so long," I
190.21 said.
190.22   "why apologize? One can't very well go to bed
190.23 before night. And you did not detain me. I could
190.24 have left you at any time."
190.25   I had not stayed with him to be offended.
190.26   "I am glad you have been sufficiently interested,"
190.27 I said calmly. "No merit of mine, though -- the
190.28 commonest sort of regard for the mother of your friend
190.29 was enough. . . . As to Miss Haldin herself, she at
190.30 one time was disposed to think that her brother had
190.31 been betrayed to the police in some way."
190.32   To my great surprise Mr. Razumov sat down again
190.33 suddenly. I stared at him, and I must say that he
190.34 returned my stare without winking for quite a con-
190.35 siderable time.
191.01   "In some way," he mumbled, as if he had not
191.02 understood or could not believe his ears.
191.03   "Some unforeseen event, a sheer accident might have
191.04 done that," I went on. "Or, as she characteristically
191.05 put it to me, the folly or weakness of some unhappy
191.06 fellow-revolutionist."
191.07   "Folly or weakness," he repeated bitterly.
191.08   "She is a very generous creature," I observed after a
191.09 time. The man admired by Victor Haldin fixed his eyes
191.10 on the ground. I turned away and moved off, apparently
191.11 unnoticed by him. I nourished no resentment of the
191.12 moody brusqueness with which he had treated me. The
191.13 sentiment I was carrying away from that conversation
191.14 was that of hopelessness. Before I had got fairly
191.15 clear of the raft of chairs and tables he had rejoined
191.16 me.
191.17   "H'm, yes!" I heard him at my elbow again.
191.18 "but what do you think?"
191.19   I did not look round even.
191.20   "I think that you people are under a curse."
191.21   He made no sound. It was only on the pavement
191.22 outside the gate that I heard him again.
191.23   "I should like to walk with you a little."
191.24   After all, I preferred this enigmatical young man to
191.25 his celebrated compatriot, the great Peter Ivanovitch.
191.26 But I saw no reason for being particularly gracious.
191.27   "I am going now to the railway station, by the
191.28 shortest way from here, to meet a friend from England,"
191.29 I said, for all answer to his unexpected proposal. I
191.30 hoped that something informing could come of it. As
191.31 we stood on the curbstone waiting for a tramcar to pass,
191.32 he remarked gloomily --
191.33   "I like what you said just now."
191.34   "Do you?"
191.35   We stepped off the pavement together.
192.01   "The great problem," he went on, "is to understand
192.02 thoroughly the nature of the curse."
192.03   "That's not very difficult, I think."
192.04   "I think so too," he agreed with me, and his
192.05 readiness, strangely enough, did not make him less
192.06 enigmatical in the least.
192.07   "A curse is an evil spell," I tried him again. "And
192.08 the important, the great problem, is to find the means to
192.09 break it."
192.10   "Yes. To find the means."
192.11 That was also an assent, but he seemed to be
192.12 thinking of something else. We had crossed diagonally
192.13 the open space before the theatre, and began to descend
192.14 a broad, sparsely frequented street in the direction of one
192.15 of the smaller bridges. He kept on by my side without
192.16 speaking for a long time.
192.17   "You are not thinking of leaving Geneva soon?" I asked.
192.18   He was silent for so long that I began to think I
192.19 had been indiscreet, and should get no answer at all.
192.20 Yet on looking at him I almost believed that my

question had caused him something in the nature of
positive anguish. I detected it mainly in the clasping of
his hands, in which he put a great force stealthily. Once,
however, he had overcome that sort of agonizing
hesitation sufficiently to tell me that he had no such
intention, he became rather communicative -- at least
relatively to the former off-hand curtness of his speeches.
The tone, too, was more amiable. He informed me that
he intended to study and also to write. He went even
so far as to tell me he had been to Stuttgart. Stuttgart,
I was aware, was one of the revolutionary centres. The
directing committee of one of the Russian parties (I can't
tell now which) was located in that town. It was there
that he got into touch with the active work of the
revolutionists outside Russia.

"I have never been abroad before," he explained, in
a rather inanimate voice now. Then, after a slight
hesitation, altogether different from the agonizing ir-
resolution my first simple question "whether he meant
to stay in Geneva" had aroused, he made me an
unexpected confidence --

"The fact is, I have received a sort of mission from
them."

"Which will keep you here in Geneva?"

"Yes. Here. In this odious. . ."

I was satisfied with my faculty for putting two and
two together when I drew the inference that the mission
had something to do with the person of the great
Peter Ivanovitch. But I kept that surmise to myself
naturally, and Mr. Razumov said nothing more for
some considerable time. It was only when we were
nearly on the bridge we had been making for that he
opened his lips again, abruptly --

"Could I see that precious article anywhere?"

I had to think for a moment before I saw what he
was referring to.

"It has been reproduced in parts by the Press here.
There are files to be seen in various places. My copy
of the English newspaper I have left with Miss Haldin,
I remember, on the day after it reached me. I was
sufficiently worried by seeing it lying on a table by the
side of the poor mother's chair for weeks. Then it
disappeared. It was a relief, I assure you."

He had stopped short.

"I trust," I continued, "that you will find time to
see these ladies fairly often -- that you will make time."

He stared at me so queerly that I hardly know
how to define his aspect. I could not understand it in
this connexion at all. What ailed him? I asked myself.
What strange thought had come into his head? What
vision of all the horrors that can be seen in his hopeless
country had come suddenly to haunt his brain? If it
were anything connected with the fate of Victor Haldin,
then I hoped earnestly he would keep it to himself
for ever. I was, to speak plainly, so shocked that I tried
to conceal my impression by -- Heaven forgive me -- a
smile and the assumption of a light manner.

"Surely," I exclaimed, "that needn't cost you a
great effort."

He turned away from me and leaned over the
parapet of the bridge. For a moment I waited, looking
at his back. And yet, I assure you, I was not anxious
just then to look at his face again. He did not move
at all. He did not mean to move. I walked on
slowly on my way towards the station, and at the end
of the bridge I glanced over my shoulder. No, he had
not moved. He hung well over the parapet, as if
captivated by the smooth rush of the blue water under
the arch. The current there is swift, extremely swift;
it makes some people dizzy; I myself can never look
at it for any length of time without experiencing a
dread of being suddenly snatched away by its destruc-
tive force. Some brains cannot resist the suggestion of
irresistible power and of headlong motion.

It apparently had a charm for Mr. Razumov. I
left him hanging far over the parapet of the bridge.
The way he had behaved to me could not be put down
to mere boorishness. There was something else under
his scorn and impatience. Perhaps, I thought, with
sudden approach to hidden truth, It was the same
thing which had kept him over a week, nearly ten days
indeed, from coming near Miss Haldin. But what it
was I could not tell.

PART THIRD
(I)

The water under the bridge ran violent and deep. Its
slightly undulating rush seemed capable of scour-
ing out a channel for itself through solid granite while you
looked. But had it flowed through Razumov's breast,
it could not have washed away the accumulated bitter-
ness the wrecking of his life had deposited there.
"What is the meaning of all this?" he thought,
staring downwards at the headlong flow so smooth and
clean that only the passage of a faint air-bubble, or a
thin vanishing streak of foam like a white hair, disclosed
its vertiginous rapidity, its terrible force. "Why has
that meddlesome old Englishman blundered against
me? And what is this silly tale of a crazy old
woman?"

He was trying to think brutally on purpose, but he
avoided any mental reference to the young girl. "A
crazy old woman," he repeated to himself. "It is a
fatality! Or ought I to despise all this as absurd?
But no! I am wrong! I can't afford to despise any-
thing. An absurdity may be the starting-point of the
most dangerous complications. How is one to guard
against it? It puts to rout one's intelligence. The
more intelligent one is the less one suspects an
absurdity."

A wave of wrath choked his thoughts for a moment.
It even made his body leaning over the parapet quiver;

then he resumed his silent thinking, like a secret
dialogue with himself. And even in that privacy, his
thought had some reservations of which he was vaguely
conscious.

"After all, this is not absurd. It is insignificant.
It is absolutely insignificant -- absolutely. The craze of
an old woman -- the fussy officiousness of a blundering
elderly Englishman. What devil put him in the way?
Haven't I treated him cavalierly enough? Haven't I
just? That's the way to treat these meddlesome
persons. Is it possible that he still stands behind my
back, waiting?"

Razumov felt a faint chill run down his spine. It
was not fear. He was certain that it was not fear --
not fear for himself -- but it was, all the same, a sort of
apprehension as if for another, for some one he knew
without being able to put a name on the personality.
But the recollection that the officious Englishman had a
train to meet tranquillized him for a time. It was too
stupid to suppose that he should be wasting his time in
waiting. It was unnecessary to look round and make
sure.

But what did the man mean by his extraordinary
rigmarole about the newspaper, and that crazy old
woman? he thought suddenly. It was a damnable
presumption, anyhow, something that only an English-
man could be capable of. All this was a sort of sport
for him -- the sport of revolution -- a game to look at
from the height of his superiority. And what on
earth did he mean by his exclamation, "Won't the
truth do?"

Razumov pressed his folded arms against the stone
coping over which he was leaning with force. "Won't
the truth do? The truth for the crazy old mother of
the -- "

The young man shuddered again. Yes. The
truth would do! Apparently it would do. Exactly.
And receive thanks, he thought, formulating the un-
spoken words cynically. "Fall on my neck in grati-
tude, no doubt," he jeered mentally. But this mood
abandoned him at once. He felt sad, as if his heart
had become empty suddenly. "Well, I must be
cautious," he concluded, coming to himself as though
his brain had been awakened from a trance. "There is
nothing, no one, too insignificant, too absurd to be dis-
regarded," he thought wearily. "I must be cautious."

Razumov pushed himself with his hand away from
the balustrade and, retracing his steps along the bridge,
walked straight to his lodgings, where, for a few days,
he led a solitary and retired existence. He neglected
Peter Ivanovitch, to whom he was accredited by the
Stuttgart group; he never went near the refugee re-
volutionists, to whom he had been introduced on his
arrival. He kept out of that world altogether. And
he felt that such conduct, causing surprise and arousing
suspicion, contained an element of danger for himself.
This is not to say that during these few days he
never went out. I met him several times in the streets,
but he gave me no recognition. Once, going home
after an evening call on the ladies Haldin, I saw him
crossing the dark roadway of the Boulevard des
Philosophes. He had a broad-brimmed soft hat, and
the collar of his coat turned up. I watched him make
straight for the house, but, instead of going in, he
stopped opposite the still lighted windows, and after a
time went away down a side-street.

I knew that he had not been to see Mrs. Haldin yet.
Miss Haldin told me he was reluctant; moreover, the
mental condition of Mrs. Haldin had changed. She
seemed to think now that her son was living, and she
perhaps awaited his arrival. Her immobility in the great
arm-chair in front of the window had an air of expect-
ancy, even when the blind was down and the lamps
lighted.

For my part, I was convinced that she had received
her death-stroke; Miss Haldin, to whom, of course, I said
nothing of my forebodings, thought that no good would
come from introducing Mr. Razumov just then, an opinion
which I shared fully. I knew that she met the young
man on the Bastions. Once or twice I saw them stroll-
ing slowly up the main alley. They met every day for
weeks. I avoided passing that way during the hour
when Miss Haldin took her exercise there. One day,
however, in a fit of absent-mindedness, I entered the
gates and came upon her walking alone. I stopped to
exchange a few words. Mr. Razumov failed to turn up,
and we began to talk about him -- naturally.

"Did he tell you anything definite about your
brother's activities -- his end?" I ventured to ask.

"No," admitted Miss Haldin, with some hesitation.
"Nothing definite."

I understood well enough that all their conversations
must have been referred mentally to that dead man who
had brought them together. That was unavoidable. But
it was in the living man that she was interested. That
was unavoidable too, I suppose. And as I pushed my
inquiries I discovered that he had disclosed himself to
her as by no means conventional revolutionist, con-
temptuous of catchwords, of theories, of men too. I was
rather pleased at that -- but I was a little puzzled.

"His mind goes forward, far ahead of the struggle,"
Miss Haldin explained. "Of course, he is an actual
worker too," she added.

"And do you understand him?" I inquired point--
blank.

She hesitated again. "Not altogether," she mur-
mured.

I perceived that he had fascinated her by an assump-
tion of mysterious reserve.

"Do you know what I think?" she went on, breaking
through her reserved, almost reluctant attitude: "I think

199.07 that he is observing, studying me, to discover whether I
199.08 am worthy of his trust. . ."
199.09 "And that pleases you?"
199.10 She kept mysteriously silent for a moment. Then
199.11 with energy, but in a confidential tone --
199.12 "I am convinced," she declared, "that this extra-
199.13 ordinary man is meditating some vast plan, some great
199.14 undertaking; he is possessed by it -- he suffers from it --
199.15 and from being alone in the world."
199.16 "And so he's looking for helpers?" I commented,
199.17 turning away my head.
199.18 Again there was a silence.
199.19 "Why not?" she said at last.
199.20 The dead brother, the dying mother, the foreign
199.21 friend, had fallen into a distant background. But, at the
199.22 same time, Peter Ivanovitch was absolutely nowhere now.
199.23 And this thought consoled me. Yet I saw the gigantic
199.24 shadow of Russian life deepening around her like the
199.25 darkness of an advancing night. It would devour her
199.26 presently. I inquired after Mrs. Haldin -- that other
199.27 victim of the deadly shade.
199.28 A remorseful uneasiness appeared in her frank eyes.
199.29 Mother seemed no worse, but if I only knew what strange
199.30 fancies she had sometimes! Then Miss Haldin, glancing
199.31 at her watch, declared that she could not stay a moment
199.32 longer, and with a hasty hand-shake ran off lightly.
199.33 Decidedly, Mr. Razumov was not to turn up that
199.34 day. Incomprehensible youth! . . .
199.35 But less than an hour afterwards, while crossing the
200.01 Place Mollard, I caught sight of him boarding a South
200.02 Shore tramcar.
200.03 "He's going to the Chateau Borel," I thought.
200.04 After depositing Razumov at the gates of the Chateau
200.05 Borel, some half a mile or so from the town, the car
200.06 continued its journey between two straight lines of shady
200.07 trees. Across the roadway in the sunshine a short wooden
200.08 pier jutted into the shallow pale water, which farther out
200.09 had an intense blue tint contrasting unpleasantly with the
200.10 green orderly slopes on the opposite shore. The whole
200.11 view, with the harbour jetties of white stone underlining
200.12 lividly the dark front of the town to the left, and the
200.13 expanding space of water to the right with jutting pro-
200.14 montories of no particular character, had the uninspiring,
200.15 glittering quality of a very fresh oleograph. Razumov
200.16 turned his back on it with contempt. He thought it
200.17 odious -- oppressively odious -- in its unsuggestive finish:
200.18 the very perfection of mediocrity attained at last after
200.19 centuries of toil and culture. And turning his back on
200.20 it, he faced the entrance to the grounds of the Chateau
200.21 Borel.
200.22 The bars of the central way and the wrought-iron
200.23 arch between the dark weather-stained stone piers were
200.24 very rusty; and, though fresh tracks of wheels ran under
200.25 it, the gate looked as if it had not been opened for a
200.26 very long time. But close against the lodge, built of the
200.27 same grey stone as the piers /its windows were all
200.28 boarded up/, there was a small side entrance. The bars
200.29 of that were rusty too; it stood ajar and looked as though
200.30 it had not been closed for a long time. In fact, Razumov,
200.31 trying to push it open a little wider, discovered it was
200.32 immovable.
200.33 "Democratic virtue. There are no thieves here,
200.34 apparently," he muttered to himself, with displeasure.
201.01 Before advancing into the grounds he looked back sourly
201.02 at an idle working man lounging on a bench in the clean,
201.03 broad avenue. The fellow had thrown his feet up; one
201.04 of his arms hung over the low back of the public seat;
201.05 he was taking a day off in lordly repose, as if everything
201.06 in sight belonged to him.
201.07 "Elector! Eligible! Enlightened!" Razumov mut-
201.08 tered to himself. "A brute, all the same."
201.09 Razumov entered the grounds and walked fast up the
201.10 wide sweep of the drive, trying to think of nothing -- to
201.11 rest his head, to rest his emotions too. But arriving at
201.12 the foot of the terrace before the house he faltered, affected
201.13 physically by some invisible interference. The mysterious-
201.14 ness of his quickened heart-beats startled him. He stopped
201.15 short and looked at the brick wall of the terrace, faced
201.16 with shallow arches, meagrely clothed by a few unthriving
201.17 creepers, with an ill-kept narrow flower-bed along its foot.
201.18 "It is here!" he thought, with a sort of awe. "It is
201.19 here -- on this very spot. . ."
201.20 He was tempted to flight at the mere recollection of
201.21 his first meeting with Nathalie Haldin. He confessed it
201.22 to himself; but he did not move, and that not because
201.23 he wished to resist an unworthy weakness, but because he
201.24 knew that he had no place to fly to. Moreover, he could
201.25 not leave Geneva. He recognized, even without thinking,
201.26 that it was impossible. It would have been a fatal ad-
201.27 mission, an act of moral suicide. It would have been
201.28 also physically dangerous. Slowly he ascended the stairs
201.29 of the terrace, flanked by two stained greenish stone urns
201.30 of funereal aspect.
201.31 Across the broad platform, where a few blades of
201.32 grass sprouted on the discoloured gravel, the door of the
201.33 house, with its ground-floor windows shuttered, faced him,
201.34 wide open. He believed that his approach had been
201.35 noted, because, framed in the doorway, without his tall
202.01 hat, Peter Ivanovitch seemed to be waiting for his
202.02 approach.
202.03 The ceremonious black frock-coat and the bared head
202.04 of Europe's greatest feminist accentuated the dubiousness
202.05 of his status in the house rented by Madame de S -- ,
202.06 his Egeria. His aspect combined the formality of the
202.07 caller with the freedom of the proprietor. Florid and
202.08 bearded and masked by the dark blue glasses, he met
202.09 the visitor, and at once took him familiarly under the arm.
202.10 Razumov suppressed every sign of repugnance by
202.11 an effort which the constant necessity of prudence had
202.12 rendered almost mechanical. And this necessity had
202.13 settled his expression in a cast of austere, almost
202.14 fanatical, aloofness. The "heroic fugitive," impressed
202.15 afresh by the severe detachment of this new arrival from
202.16 revolutionary Russia, took a conciliatory, even a confi-
202.17 dential tone. Madame de S -- was resting after a bad
202.18 night. She often had bad nights. He had left his hat
202.19 upstairs on the landing and had come down to suggest
202.20 to his young friend a stroll and a good open-hearted talk
202.21 in one of the shady alleys behind the house. After
202.22 voicing this proposal, the great man glanced at the un-
202.23 moved face by his side, and could not restrain himself
202.24 from exclaiming --
202.25 "On my word, young man, you are an extraordinary
202.26 person."
202.27 "I fancy you are mistaken, Peter Ivanovitch. If I
202.28 were really an extraordinary person, I would not be here,
202.29 walking with you in a garden in Switzerland, Canton of
202.30 Geneva, Commune of -- what's the name of the Commune
202.31 this place belongs to? . . . Never mind -- the heart of
202.32 democracy, anyhow. A fit heart for it; no bigger than
202.33 a parched pea and about as much value. I am no more
202.34 extraordinary than the rest of us Russians, wandering
202.35 abroad."
203.01 But Peter Ivanovitch dissented emphatically --
203.02 "No! No! You are not ordinary. I have some
203.03 experience of Russians who are -- well -- living abroad.
203.04 You appear to me, and to others too, a marked person-
203.05 ality."
203.06 "What does he mean by this?" Razumov asked him-
203.07 self, turning his eyes fully on his companion. The face
203.08 of Peter Ivanovitch expressed a meditative seriousness.
203.09 "You don't suppose, Kirylo Sidorovitch, that I have
203.10 not heard of you from various points where you made
203.11 yourself known on your way here? I have had letters."
203.12 "Oh, we are great in talking about each other," in-
203.13 terjected Razumov, who had listened with great atten-
203.14 tion. "Gossip, tales, suspicions, and all that sort of
203.15 thing, we know how to deal in to perfection. Calumny,
203.16 even."
203.17 In indulging in this sally, Razumov managed very
203.18 well to conceal the feeling of anxiety which had come
203.19 over him. At the same time he was saying to himself
203.20 that there could be no earthly reason for anxiety. He
203.21 was relieved by the evident sincerity of the protesting
203.22 voice.
203.23 "Heavens!" cried Peter Ivanovitch. "What are you
203.24 talking about? What reason can you' have to . . . ?"
203.25 The great exile flung up his arms as if words had
203.26 failed him in sober truth. Razumov was satisfied. Yet
203.27 he was moved to continue in the same vein.
203.28 "I am talking of the poisonous plants which flourish
203.29 in the world of conspirators, like evil mushrooms in a
203.30 dark cellar."
203.31 "You are casting aspersions," remonstrated Peter
203.32 Ivanovitch, "which as far as you are concerned -- "
203.33 "No!" Razumov interrupted without heat. "In-
203.34 deed, I don't want to cast aspersions, but it's just as well
203.35 to have no illusions."
204.01 Peter Ivanovitch gave him an inscrutable glance of
204.02 his dark spectacles, accompanied by a faint smile.
204.03 "The man who says that he has no illusions has at
204.04 least that one," he said, in a very friendly tone. "But I
204.05 see now it is, Kirylo Sidorovitch. You aim at stoicism."
204.06 "Stoicism! That's a pose of the Greeks and the
204.07 Romans. Let's leave it to them. We are Russians,
204.08 that is -- children; that is -- sincere; that is -- cynical, if
204.09 you like. But that's not a pose."
204.10 A long silence ensued. They strolled slowly under
204.11 the lime-trees. Peter Ivanovitch had put his hands
204.12 behind his back. Razumov felt the ungravelled ground
204.13 of the deeply shaded walk damp and as if slippery
204.14 under his feet. He asked himself, with uneasiness, if he
204.15 were saying the right things. The direction of the
204.16 conversation ought to have been more under his control,
204.17 he reflected. The great man appeared to be reflecting
204.18 on his side too. He cleared his throat slightly, and
204.19 Razumov felt at once a painful reawakening of scorn
204.20 and fear.
204.21 "I am astonished," began Peter Ivanovitch gently.
204.22 "Supposing you are right in your indictment, how can
204.23 you raise any question of calumny or gossip, in your
204.24 case? It is unreasonable. The fact is, Kirylo Sidoro-
204.25 vitch, there is not enough known of you to give hold to
204.26 gossip or even calumny. Just now you are a man
204.27 associated with a great deed, which had been hoped for,
204.28 and tried for too, without success. People have perished
204.29 for attempting that which you and Haldin have done at
204.30 last. You come to us out of Russia, with that prestige.
204.31 But you cannot deny that you have not been communi-
204.32 cative, Kirylo Sidorovitch. People you have met im-
204.33 parted their impressions to me; one wrote this, another
204.34 that, but I form my own opinions. I waited to see you
204.35 first. You are a man out of the common. That's
205.01 positively so. You are close, very close. This taci-
205.02 turnity, this severe brow, this something inflexible and
205.03 secret in you, inspires hopes and a little wonder as
205.04 to what you may mean. There is something of a
205.05 Brutus. . ."
205.06 "Pray spare me those classical allusions!" burst out
205.07 Razumov nervously. "What comes Junius Brutus to
205.08 do here? It is ridiculous! Do you mean to say," he
205.09 added sarcastically, but lowering his voice, "that the
205.10 Russian revolutionists are all patricians and that I am
205.11 an aristocrat."
205.12 Peter Ivanovitch, who had been helping himself with
205.13 a few gestures, clasped his hands again behind his back,
205.14 and made a few steps, pondering.
205.15 "Not all' patricians," he muttered at last. "But you,
205.16 at any rate, are one of us'."
205.17 Razumov smiled bitterly.
205.18 "To be sure my name is not Gugenheimer," he said
205.19 in a sneering tone. "I am not a democratic Jew. How

can I help it? Not everybody has such luck. I have no name, I have no . . ."

The European celebrity showed a great concern. He stepped back a pace and his arms flew in front of his person, extended, deprecatory, almost entreating. His deep bass voice was full of pain.

"But, my dear young friend!" he cried. "My dear Kirylo Sidorovitch. . ."

Razumov shook his head.

"The very patronymic you are so civil as to use when addressing me I have no legal right to -- but what of that? I don't wish to claim it. I have no father. So much the better. But I will tell you what: my mother's grandfather was a peasant -- a serf. See how much I am one of you. I don't want anyone to claim me. But Russia can't disown me. She cannot!"

Razumov struck his breast with his fist.

"I am it!"

Peter Ivanovitch walked on slowly, his head lowered. Razumov followed, vexed with himself. That was not the right sort of talk. All sincerity was an imprudence. Yet one could not renounce truth altogether, he thought, with despair. Peter Ivanovitch, meditating behind his dark glasses, became to him suddenly so odious that if he had had a knife, he fancied he could have stabbed him not only without compunction, but with a horrible, triumphant satisfaction. His imagination dwelt on that atrocity in spite of himself. It was as if he were becoming light-headed. "It is not what is expected of me," he repeated to himself. "It is not what is -- I could get away by breaking the fastening on the little gate I see there in the back wall. It is a flimsy lock. Nobody in the house seems to know he is here with me. Oh yes. The hat! These women would discover presently the hat he has left on the landing. They would come upon him, lying dead in this damp, gloomy shade -- but I would be gone and no one could ever. . . Lord! Am I going mad?" he asked himself in a fright.

The great man was heard -- musing in an undertone.

"H'm, yes! That -- no doubt -- in a certain sense. . ." He raised his voice. "There is a deal of pride about you. . ."

The intonation of Peter Ivanovitch took on a homely, familiar ring, acknowledging, in a way, Razumov's claim to peasant decent.

"A great deal of pride, brother Kirylo. And I don't say that you have no justification for it. I have admitted you had. I have ventured to allude to the facts of your birth simply because I attach no mean importance to it. You are one of us -- un' des' notres'. I reflect on that with satisfaction."

"I attach some importance to it also," said Razumov quietly. "I won't even deny that it may have some importance for you too," he continued, after a slight pause and with a touch of grimness of which he was himself aware, with some annoyance. He hoped it had escaped the perception of Peter Ivanovitch. "But suppose we talk no more about it?"

"Well, we shall not -- not after this one time, Kirylo Sidorovitch," persisted the noble arch-priest of Revolution. "This shall be the last occasion. You cannot believe for a moment that I had the slightest idea of wounding your feelings. You are clearly a superior nature -- that's now I read you. Quite above the common -- h'm susceptibilities. But the fact is, Kirylo Sidorovitch, I don't know your susceptibilities. Nobody, out of Russia, knows much of you -- as yet!"

"You have been watching me?" suggested Razumov.

"Yes."

The great man had spoken in a tone of perfect frankness, but as they turned their faces to each other Razumov felt baffled by the dark spectacles. Under their cover, Peter Ivanovitch hinted that he had felt for some time the need of meeting a man of energy and character, in view of a certain project. He said nothing more precise, however; and after some critical remarks upon the personalities of the various members of the committee of revolutionary action in Stuttgart, he let the conversation lapse for quite a long while. They paced the alley from end to end. Razumov, silent too, raised his eyes from time to time to cast a glance at the back of the house. It offered no sign of being inhabited. With its grimy, weather-stained walls and all the windows shuttered from top to bottom, it looked damp and gloomy and deserted. It might very well have been haunted in traditional style by some doleful, groaning, futile ghost of a middle-class order. The shades evoked, as worldly rumour had it, by Madame de S -- to meet statesmen, diplomatists, deputies of various European Parliaments, must have been of another sort. Razumov had never seen Madame de S -- but in the carriage.

Peter Ivanovitch came out of his abstraction.

"Two things I may say to you at once. I believe, first, that neither a leader nor any decisive action can come out of the dregs of a people. Now, if you ask me what are the dregs of a people -- h'm -- it would take too long to tell. You would be surprised at the variety of ingredients that for me go to the making up of these dregs -- of that which ought, must remain at the bottom. Moreover, such a statement might be subject to discussion. But I can tell you what is not' the dregs. On that it is impossible for us to disagree. The peasantry of a people is not the dregs; neither is its highest class -- well -- the nobility. Reflect on that, Kirylo Sidorovitch! I believe you are well fitted for reflection. Everything in a people that is not genuine, not its own by origin or development, is -- well -- dirt! Intelligence in the wrong place is that. Foreign-bred doctrines are that. Dirt! Dregs! The second thing I would offer to your meditation is this: that for us at this moment there yawns a chasm between the past and the future. It can never be bridged by foreign liberalism. All attempts at it are either folly or cheating. Bridged it can never be! It has to be filled up."

A sort of sinister jocularity had crept into the tones of the burly feminist. He seized Razumov's arm above the elbow, and gave it a slight shake.

"Do you understand, enigmatical young man? It has got to be just filled up."

Razumov kept an unmoved countenance.

"Don't you think that I have already gone beyond meditation on that subject?" he said, freeing his arm by a quiet movement which increased the distance a little between himself and Peter Ivanovitch, as they went on strolling abreast. And he added that surely whole cart-loads of words and theories could never fill that chasm. No meditation was necessary. A sacrifice of many lives could alone ---- He fell silent without finishing the phrase.

Peter Ivanovitch inclined his big hairy head slowly. After a moment he proposed that they should go and see if Madame de S -- was now visible.

"We shall get some tea," he said, turning out of the shaded gloomy walk with a brisker step.

The lady companion had been on the look out. Her dark skirt whisked into the doorway as the two men came in sight round the corner. She ran off somewhere altogether, and had disappeared when they entered the hall. In the crude light falling from the dusty glass skylight upon the black and white tessellated floor, covered with muddy tracks, their footsteps echoed faintly. The great feminist led the way up the stairs. On the balustrade of the first-floor landing a shiny tall hat reposed, rim upwards, opposite the double door of the drawing-room, haunted, it was said, by evoked ghosts, and frequented, it was to be supposed, by fugitive revolutionists. The cracked white paint of the panels, the tarnished gilt of the mouldings, permitted one to imagine nothing but dust and emptiness within. Before turning the massive brass handle, Peter Ivanovitch gave his young companion a sharp, partly critical, partly preparatory glance.

"No one is perfect," he murmured discreetly. Thus, the possessor of a rare jewel might, before opening the casket, warn the profane that no gem perhaps is flawless.

He remained with his hand on the door-handle so long that Razumov assented by a moody "No."

"Perfection itself would not produce that effect," pursued Peter Ivanovitch, "in a world not meant for it. But you shall find there a mind -- no! -- the quintessence of feminine intuition which will understand any perplexity you may be suffering from by the irresistible, enlightening force of sympathy. Nothing can remain obscure before that -- that -- inspired, yes, inspired penetration, this true light of femininity."

The gaze of the dark spectacles in its glossy stead-fastness gave his face an air of absolute conviction. Razumov felt a momentary shrinking before that closed door.

"Penetration? Light," he stammered out. "Do you mean some sort of thought-reading?"

Peter Ivanovitch seemed shocked.

"I mean something utterly different," he retorted, with a faint, pitying smile.

Razumov began to feel angry, very much against his wish.

"This is very mysterious," he muttered through his teeth.

"You don't object to being understood, to being guided?" queried the great feminist.

Razumov exploded in a fierce whisper.

"In what sense? Be pleased to understand that I am a serious person. Who do you take me for?"

They looked at each other very closely. Razumov's temper was cooled by the impenetrable earnestness of the blue glasses meeting his stare. Peter Ivanovitch turned the handle at last.

"You shall know directly," he said, pushing the door open.

A low-pitched grating voice was heard within the room.

"Enfin'. Vous' voilà'."

In the doorway, his black-coated bulk blocking the view, Peter Ivanovitch boomed in a hearty tone with something boastful in it.

"Yes. Here I am!"

He glanced over his shoulder at Razumov, who waited for him to move on.

"And I am bringing you a proved conspirator -- a real one this time. Un' vrai' celui' là'."

This pause in the doorway gave the "proved conspirator" time to make sure that his face did not betray his angry curiosity and his mental disgust. These sentiments stand confessed in Mr. Razumov's memorandum of his first interview with Madame de S --. The very words I use in my narrative are written where their sincerity cannot be suspected. The record, which could not have been meant for anyone's eyes but his own, was not, I think, the outcome of that strange impulse of indiscretion common to men who lead secret lives, and accounting for the invariable existence of "compromising documents" in all the plots and conspiracies of history. Mr. Razumov looked at it, I suppose, as a man looks at himself in a mirror, with wonder, perhaps with anguish, with anger or despair. Yes, as a threatened man may look fearfully at his own face in the glass, formulating to himself reassuring excuses for his appearance marked by the taint of some insidious hereditary disease.

(II)

212.02 The Egeria of the "Russian Mazzini" produced, at first
212.03 view, a strong effect by the death-like immobility of
212.04 an obviously painted face. The eyes appeared extra-
212.05 ordinarily brilliant. The figure, in a close-fitting dress,
212.06 admirably made, but by no means fresh, had an elegant
212.07 stiffness. The rasping voice inviting him to sit down;
212.08 the rigidity of the upright attitude with one arm ex-
212.09 tended along the back of the sofa, the white gleam of
212.10 the big eyeballs setting off the black, fathomless stare
212.11 of the enlarged pupils, impressed Razumov more than
212.12 anything he had seen since his hasty and secret departure
212.13 from St. Petersburg. A witch in Parisian clothes, he
212.14 thought. A portent! He actually hesitated in his
212.15 advance, and did not even comprehend, at first, what
212.16 the rasping voice was saying.
212.17 "Sit down. Draw your chair nearer me. There -- "
212.18 He sat down. At close quarters the rouged cheek-
212.19 bones, the wrinkles, the fine lines on each side of the
212.20 vivid lips, astounded him. He was being received
212.21 graciously, with a smile which made him think of a
212.22 grinning skull.
212.23 "We have been hearing about you for some time."
212.24 He did not know what to say, and murmured some
212.25 disconnected words. The grinning skull effect van-
212.26 ished.
212.27 "And do you know that the general complaint is
212.28 that you have shown yourself very reserved every-
212.29 where?"
212.30 Razumov remained silent for a time, thinking of his
212.31 answer.
212.32 "I, don't you see, am a man of action," he said
212.33 huskily, glancing upwards.
213.01 Peter Ivanovitch stood in portentous expectant
213.02 silence by the side of his chair. A slight feeling of
213.03 nausea came over Razumov. What could be the
213.04 relations of these two people to each other? She like
213.05 a galvanized corpse out of some Hoffman's Tale -- he
213.06 preacher of feminist gospel for all the world, and a super-
213.07 revolutionist besides! This ancient, painted mummy
213.08 with unfathomable eyes, and this burly, bull-necked,
213.09 deferential . . . what was it? Witchcraft, fascination,
213.10 . . . "It's for the money," he thought. "She has
213.11 millions!"
213.12 The walls, the floor of the room were bare like a
213.13 barn. The few pieces of furniture had been discovered
213.14 in the garrets and dragged down into service without
213.15 having been properly dusted, even. It was the refuse
213.16 the banker's widow had left behind her. The windows
213.17 without curtains had an indigent, sleepless look. In
213.18 two of them the dirty yellowy-white blinds had been
213.19 pulled down. All this spoke, not of poverty, but of
213.20 sordid penuriousness.
213.21 The hoarse voice on the sofa uttered angrily --
213.22 "You are looking round, Kirylo Sidorovitch. I
213.23 have been shamefully robbed, positively ruined."
213.24 A rattling laugh, which seemed beyond her control,
213.25 interrupted her for a moment.
213.26 "A slavish nature would find consolation in the fact
213.27 that the principal robber was an exalted and almost a
213.28 sacrosanct person -- a Grand Duke, in fact. Do you
213.29 understand, Mr. Razumov? A Grand Duke -- No! You
213.30 have no idea what thieves those people are! Downright
213.31 thieves!"
213.32 Her bosom heaved, but her left arm remained rigidly
213.33 extended along the back of the couch.
213.34 "You will only upset yourself," breathed out a deep
213.35 voice, which, to Razumov's startled glance, seemed to
214.01 proceed from under the steady spectacles of Peter
214.02 Ivanovitch, rather than from his lips, which had hardly
214.03 moved.
214.04 "What of that? I say thieves! Voleurs'! Voleurs'!"
214.05 Razumov was quite confounded by this unexpected
214.06 clamour, which had in it something of wailing and croak-
214.07 ing, and more than a suspicion of hysteria.
214.08 "Voleurs'! Voleurs'! Vol' . . ."
214.09 "No power on earth can rob you of your genius,"
214.10 shouted Peter Ivanovitch in an overpowering bass, but
214.11 without stirring, without a gesture of any kind. A
214.12 profound silence fell.
214.13 Razumov remained outwardly impassive. "What is
214.14 the meaning of this performance?" he was asking him-
214.15 self. But with a preliminary sound of bumping outside
214.16 some door behind him, the lady companion, in a thread-
214.17 bare black skirt and frayed blouse, came in rapidly,
214.18 walking on her heels, and carrying in both hands a big
214.19 Russian samovar, obviously too heavy for her. Razumov
214.20 made an instinctive movement to help, which startled
214.21 her so much that she nearly dropped her hissing burden.
214.22 She managed, however, to land it on the table, and
214.23 looked so frightened that Razumov hastened to sit down.
214.24 She produced then, from an adjacent room, four glass
214.25 tumblers, a teapot, and a sugar-basin, on a black iron
214.26 tray.
214.27 The rasping voice asked from the sofa abruptly --
214.28 "Les' gateaux'? Have you remembered to bring
214.29 the cakes?"
214.30 Peter Ivanovitch, without a word, marched out on
214.31 to the landing, and returned instantly with a parcel
214.32 wrapped up in white glazed paper, which he must have
214.33 extracted from the interior of his hat. With imperturb-
214.34 able gravity he undid the string and smoothed the paper
214.35 open on a part of the table within reach of Madame de
215.01 S--'s hand. The lady companion poured out the tea,
215.02 then retired into a distant corner out of everybody's
215.03 sight. From time to time Madame de S -- extended
215.04 a claw-like hand, glittering with costly rings, towards
215.05 the paper of cakes, took up one and devoured it, dis-
215.06 playing her big false teeth ghoulishly. Meantime she
215.07 talked in a hoarse tone of the political situation in
215.08 the Balkans. She built great hopes on some com-
215.09 plication in the peninsula for arousing a great movement
215.10 of national indignation in Russia against "these thieves
215.11 -- thieves -- thieves."
215.12 "You will only upset yourself," Peter Ivanovitch
215.13 interposed, raising his glassy gaze. He smoked cigarettes
215.14 and drank tea in silence, continuously. When he had
215.15 finished a glass, he flourished his hand above his shoulder.
215.16 At that signal the lady companion, ensconced in her
215.17 corner, with round eyes like a watchful animal, would
215.18 dart out to the table and pour him out another
215.19 tumblerful.
215.20 Razumov looked at her once or twice. She was
215.21 anxious, tremulous, though neither Madame de S -- nor
215.22 Peter Ivanovitch paid the slightest attention to her.
215.23 "What have they done between them to that forlorn
215.24 creature?" Razumov asked himself. "Have they terrified
215.25 her out of her senses with ghosts, or simply have they
215.26 only been beating her?" When she gave him his
215.27 second glass of tea, he noticed that her lips trembled
215.28 in the manner of a scared person about to burst into
215.29 speech. But of course she said nothing, and retired
215.30 into her corner, as if hugging to herself the smile of
215.31 thanks he gave her.
215.32 "She may be worth cultivating," thought Razumov
215.33 suddenly.
215.34 He was calming down, getting hold of the actuality
215.35 into which he had been thrown -- for the first time
216.01 perhaps since Victor Haldin had entered his room. .
216.02 and had gone out again. He was distinctly aware of
216.03 being the object of the famous -- or notorious -- Madame
216.04 de S--'s ghastly graciousness.
216.05 Madame de S -- was pleased to discover that this
216.06 young man was different from the other types of re-
216.07 volutionist members of committees, secret emissaries,
216.08 vulgar and unmannerly fugitive professors, rough students,
216.09 ex-cobblers with apostolic faces, consumptive and ragged
216.10 enthusiasts, Hebrew youths, common fellows of all sorts
216.11 that used to come and go around Peter Ivanovitch --
216.12 fanatics, peasants, proletarians all. It was pleasant to
216.13 talk to this young man of notably good appearance --
216.14 for Madame de S -- was not always in a mystical state
216.15 of mind. Razumov's taciturnity only excited her to a
216.16 quicker, more voluble utterance. It still dealt with
216.17 the Balkans. She knew all the statesmen of that region,
216.18 Turks, Bulgarians, Montenegrins, Roumanians, Greeks,
216.19 Armenians, and nondescripts, young and old, the living
216.20 and the dead. With some money an intrigue could be
216.21 started which would set the Peninsula in a blaze and
216.22 outrage the sentiment of the Russian people. A cry of
216.23 abandoned brothers could be raised, and then, with the
216.24 nation seething with indignation, a couple of regiments
216.25 or so would be enough to begin a military revolution in
216.26 St. Petersburg and make an end of these thieves. . . .
216.27 "Apparently I've got only to sit still and listen," the
216.28 silent Razumov thought to himself. "As to that hairy
216.29 and obscene brute/ in such terms did Mr. Razumov
216.30 refer mentally to the popular expounder of a feministic
216.31 conception of social state/, "as to him, for all his cunning
216.32 he too shall speak out some day."
216.33 Razumov ceased to think for a moment. Then a
216.34 sombre-toned reflection formulated itself in his mind,
216.35 ironical and bitter. "I have the gift of inspiring con-
217.01 fidence." He heard himself laughing aloud. It was
217.02 like a goad to the painted, shiny-eyed harridan on the
217.03 sofa.
217.04 "You may well laugh!" she cried hoarsely. "What
217.05 else can one do! Perfect swindlers -- and what base
217.06 swindlers at that! Cheap Germans -- Holstein-Gottorps!
217.07 Though, indeed, it's hardly safe to say who and what they
217.08 are. A family that counts a creature like Catherine the
217.09 Great in its ancestry -- you understand!"
217.10 "You are only upsetting yourself," said Peter Ivano-
217.11 vitch, patiently but in a firm tone. This admonition
217.12 had its usual effect on the Egeria. She dropped her
217.13 thick, discoloured eyelids and changed her position on
217.14 the sofa. All her angular and lifeless movements seemed
217.15 completely automatic now that her eyes were closed.
217.16 Presently she opened them very full. Peter Ivanovitch
217.17 drank tea steadily, without haste.
217.18 "Well, I declare!" She addressed Razumov
217.19 directly. "The people who have seen you on your way
217.20 here are right. You are very reserved. You haven't
217.21 said twenty words altogether since you came in. You
217.22 let nothing of your thoughts be seen in your face either."
217.23 "I have been listening, Madame," said Razumov,
217.24 using French for the first time, hesitatingly, not being
217.25 certain of his accent. But it seemed to produce an ex-
217.26 cellent impression. Madame de S -- looked meaningly
217.27 into Peter Ivanovitch's spectacles, as if to convey her
217.28 conviction of this young man's merit. She even nodded
217.29 the least bit in his direction, and Razumov heard her
217.30 murmur under her breath the words, "Later on in the
217.31 diplomatic service," which could not but refer to the
217.32 favourable impression he had made. The fantastic
217.33 absurdity of it revolted him because it seemed to out-
217.34 rage his ruined hopes with the vision of a mock-career.
217.35 Peter Ivanovitch, impassive as though he were deaf,
218.01 drank some more tea. Razumov felt that he must say
218.02 something.
218.03 "Yes," he began deliberately, as if uttering a meditated
218.04 opinion. "Clearly. Even in planning a purely military
218.05 revolution the temper of the people should be taken into
218.06 account."
218.07 "You have understood me perfectly. The discon-
218.08 tent should be spiritualized. That is what the ordinary
218.09 heads of revolutionary committees will not understand.
218.10 They aren't capable of it. For instance, Mordatiev was
218.11 in Geneva last month. Peter Ivanovitch brought him
218.12 here. You know Mordatiev? Well, yes -- you have
218.13 heard of him. They call him an eagle -- a hero! He
218.14 has never done half as much as you have. Never
218.15 attempted -- not half. . . ."

218.16 Madame de S -- agitated herself angularly on the
218.17 sofa.
218.18 "We, of course, talked to him. And do you know
218.19 what he said to me? ´ what have we to do with Balkan
218.20 intrigues? We must simply extirpate the scoundrels.
218.21 Extirpate is all very well -- but what then? The
218.22 imbecile! I screamed at him, ´ But you must
218.23 spiritualize -- don´t you understand? -- spiritualize the
218.24 discontent.´ . . ."
218.25 She felt nervously in her pocket for a handkerchief;
218.26 she pressed it to her lips.
218.27 "Spiritualize?" said Razumov interrogatively, watch-
218.28 ing her heaving breast. The long ends of an old black
218.29 lace scarf she wore over her head slipped off her
218.30 shoulders and hung down on each side of her ghastly
218.31 rosy cheeks.
218.32 "An odious creature," she burst out again.
218.33 "Imagine a man who takes five lumps of sugar in
218.34 his tea. . . . Yes, I said spiritualize! How else can
218.35 you make discontent effective and universal?"
219.01 "Listen to this, young man." Peter Ivanovitch
219.02 made himself heard solemnly. "Effective and
219.03 universal."
219.04 Razumov looked at him suspiciously.
219.05 "Some say hunger will do that," he remarked.
219.06 "Yes. I know. Our people are starving in heaps.
219.07 But you can´t make famine universal. And it is not
219.08 despair that we want to create. There is no moral
219.09 support to be got out of that. It is indignation. . . ."
219.10 Madame de S -- let her thin, extended arm sink on
219.11 her knees.
219.12 "I am not a Mordtiev," began Razumov.
219.13 "Bien´ sur´!" murmured Madame de S --.
219.14 "Though I too am ready to say extirpate, extirpate!
219.15 But in my ignorance of political work, permit me to ask:
219.16 A Balkan -- well -- intrigue, wouldn´t that take a very
219.17 long time?"
219.18 Peter Ivanovitch got up and moved off quietly, to
219.19 stand with his face to the window. Razumov heard a
219.20 door close; he turned his head and perceived that the
219.21 lady companion had scuttled out of the room.
219.22 "In matters of politics I am a supernaturalist."
219.23 Madame de S -- broke the silence harshly.
219.24 Peter Ivanovitch moved away from the window and
219.25 struck Razumov lightly on the shoulder. This was a
219.26 signal for leaving, but at the same time he addressed
219.27 Madame de S -- in a peculiar reminding tone --
219.28 "Eleanor!"
219.29 Whatever it meant, she did not seem to hear him.
219.30 She leaned back in the corner of the sofa like a wooden
219.31 figure. The immovable peevishness of the face, framed
219.32 in the limp, rusty lace, had a character of cruelty.
219.33 "As to extirpating," she croaked at the attentive
219.34 Razumov, "there is only one class in Russia which must
219.35 be extirpated. Only one. And that class consists of
220.01 only one family. You understand me? That one
220.02 family must be extirpated."
220.03 Her rigidity was frightful, like the rigor of a corpse
220.04 galvanized into harsh speech and glittering stare by the
220.05 force of murderous hate. The sight fascinated Razumov
220.06 -- yet he felt more self-possessed than at any other time
220.07 since he had entered this weirdly bare room. He was
220.08 interested. But the great feminist by his side again
220.09 uttered his appeal --
220.10 "Eleanor!"
220.11 She disregarded it. Her carmine lips vaticinated with
220.12 an extraordinary rapidity. The liberating spirit would
220.13 use arms before which rivers would part like Jordan, and
220.14 ramparts fall down like the walls of Jericho. The
220.15 deliverance from bondage would be effected by plagues
220.16 and by signs, by wonders and by war. The women . . .
220.17 "Eleanor!"
220.18 She ceased; she had heard him at last. She pressed
220.19 her hand to her forehead.
220.20 "What is it? Ah yes! That girl -- the sister of . . ."
220.21 It was Miss Haldin that she meant. That young
220.22 girl and her mother had been leading a very retired life.
220.23 They were provincial ladies -- were they not? The
220.24 mother had been very beautiful -- traces were left yet.
220.25 Peter Ivanovitch, when he called there for the first time,
220.26 was greatly struck. . . . But the cold way the received
220.27 him was really surprising.
220.28 "He is one of our national glories," Madame de S --
220.29 cried out, with sudden vehemence. "All the world listens
220.30 to him."
220.31 "I don´t know these ladies," said Razumov loudly
220.32 rising from his chair.
220.33 "What are you saying, Kirylo Sidorovitch? I
220.34 understand that she was talking to you here, in the
220.35 garden, the other day."
221.01 "Yes, in the garden," said Razumov gloomily.
221.02 Then, with an effort, "She made herself known to
221.03 me."
221.04 "And then ran away from us all," Madame de S --
221.05 continued, with ghastly vivacity. "After coming to the
221.06 very door! What a peculiar proceeding! Well, I have
221.07 been a shy little provincial girl at one time. Yes, Razu-
221.08 mov" /she fell into this familiarity intentionally, with
221.09 an appalling grimace of graciousness. Razumov gave a
221.10 perceptible start/, "yes, that´s my origin. A simple
221.11 provincial family."
221.12 "You are a marvel," Peter Ivanovitch uttered in his
221.13 deepest voice.
221.14 But it was to Razumov that she gave her death´s--
221.15 head smile. Her tone was quite imperious.
221.16 "You must bring the wild young thing here. She
221.17 is wanted. I reckon upon your success -- mind!"
221.18 "She is not a wild young thing," muttered Razu-
221.19 mov, in a surly voice.
221.20 "Well, then -- that´s all the same. She may be one
221.21 of these young conceited democrats. Do you know
221.22 what I think? I think she is very much like you
221.23 in character. There is a smouldering fire of scorn
221.24 in you. You are darkly self-sufficient, but I can see
221.25 your very soul."
221.26 Her shiny eyes had a dry, intense stare, which,
221.27 missing Razumov, gave him an absurd notion that
221.28 she was looking at something which was visible to
221.29 her behind him. He cursed himself for an impression-
221.30 able fool, and asked with forced calmness --
221.31 "What is it you see? Anything resembling
221.32 me?"
221.33 She moved her rigidly set face from left to right,
221.34 negatively.
221.35 "Some sort of phantom in my image?" pursued
222.01 Razumov slowly. "For, I suppose, a soul when it is
222.02 seen is just that. A vain thing. There are phantoms
222.03 of the living as well as of the dead."
222.04 The tenseness of Madame de S--´s stare had
222.05 relaxed, and now she looked at Razumov in a silence
222.06 that became disconcerting.
222.07 "I myself have had an experience," he stammered
222.08 out, as if compelled. "I´ve seen a phantom once."
222.09 The unnaturally red lips moved to frame a question
222.10 harshly.
222.11 "Of a dead person?"
222.12 "No. Living."
222.13 "A friend?"
222.14 "No."
222.15 "An enemy?"
222.16 "I hated him."
222.17 "Ah! It was not a woman, then?"
222.18 "A woman!" repeated Razumov, his eyes look-
222.19 ing straight into the eyes of Madame de S --. "Why
222.20 should it have been a woman? And why this con-
222.21 clusion? Why should I not have been able to hate a
222.22 woman?"
222.23 As a matter of fact, the idea of hating a woman was
222.24 new to him. At that moment he hated Madame de S --.
222.25 But it was not exactly hate. It was more like the
222.26 abhorrence that may be caused by a wooden or plaster
222.27 figure of a repulsive kind. She moved no more than
222.28 if she were such a figure; even her eyes, whose unwink-
222.29 ing stare plunged into his own, though shining, were
222.30 lifeless, as though they were as artificial as her teeth.
222.31 For the first time Razumov became aware of a faint
222.32 perfume, but faint as it was it nauseated him exceed-
222.33 ingly. Again Peter Ivanovitch tapped him slightly on
222.34 the shoulder. Thereupon he bowed, and was about to
222.35 turn away when he received the unexpected favour of a
223.01 bony, inanimate hand extended to him, with the two
223.02 words in hoarse French --
223.03 "Au´ revoir´!"
223.04 He bowed over the skeleton hand and left the
223.05 room, escorted by the great man, who made him go
223.06 out first. The voice from the sofa cried after them --
223.07 "You remain here, Pierre´."
223.08 "Certainly, ma´ chere´ amie´."
223.09 But he left the room with Razumov, shutting the
223.10 door behind him. The landing was prolonged into a
223.11 bare corridor, right and left, desolate perspectives of
223.12 white and gold decoration without a strip of carpet.
223.13 The very light, pouring through a large window at the
223.14 end, seemed dusty; and a solitary speck reposing on the
223.15 balustrade of white marble -- the silk top-hat of the great
223.16 feminist -- asserted itself extremely, black and glossy in
223.17 all that crude whiteness.
223.18 Peter Ivanovitch escorted the visitor without opening
223.19 his lips. Even when they had reached the head of the
223.20 stairs Peter Ivanovitch did not break the silence. Razu-
223.21 mov´s impulse to continue down the flight and out of
223.22 the house without as much as a nod abandoned him
223.23 suddenly. He stopped on the first step and leaned his
223.24 back against the wall. Below him the great hall with its
223.25 chequered floor of black and white seemed absurdly large
223.26 and like some public place where a great power of reson-
223.27 ance awaits the provocation of footfalls and voices. As
223.28 if afraid of awakening the loud echoes of that empty
223.29 house, Razumov adopted a low tone.
223.30 "I really have no mind to turn into a dilettante
223.31 spiritualist."
223.32 Peter Ivanovitch shook his head slightly, very
223.33 serious.
223.34 "Or spend my time in spiritual ecstasies or sublime
223.35 meditation upon the gospel of feminism," continued
224.01 Razumov. "I made my way here for my share of
224.02 action -- action, most respected Peter Ivanovitch! It
224.03 was not the great European writer who attracted me,
224.04 here, to this odious town of liberty. It was somebody
224.05 much greater. It was the idea of the chief which
224.06 attracted me. There are starving young men in Russia
224.07 who believe in you so much that it seems the only thing
224.08 that keeps them alive in their misery. Think of that,
224.09 Peter Ivanovitch! No! But only think of that!"
224.10 The great man, thus entreated, perfectly motionless
224.11 and silent, was the very image of patient, placid
224.12 respectability.
224.13 "Of course I don´t speak of the people. They are
224.14 brutes," added Razumov, in the same subdued but
224.15 forcible tone. At this, a protesting murmur issued from
224.16 the "heroic fugitive´s" beard. A murmur of authority.
224.17 "Say -- children."
224.18 "No! Brutes!" Razumov insisted bluntly.
224.19 "But they are sound, they are innocent," the great
224.20 man pleaded in a whisper.
224.21 "As far as that goes, a brute is sound enough."
224.22 Razumov raised his voice at last. "And you can´t
224.23 deny the natural innocence of a brute. But what´s the
224.24 use of disputing about names? You just try to give
224.25 these shiterwn the power and stature of men and see
224.26 what they will be like. You just give it to them and
224.27 see. . . . But never mind. I tell you, Peter Ivanovitch,

247

that half a dozen young men do not come together nowadays in a shabby student's room without your name being whispered, not as a leader of thought, but as a centre of revolutionary energies -- the centre of action. What else has drawn me near you, do you think? It is not what all the world knows of you, surely. It's precisely what the world at large does not know. I was irresistibly drawn -- let us say impelled, yes, impelled; or, rather, compelled, driven -- driven," repeated Razumov loudly, and ceased, as if startled by the hollow reverberation of the word "driven" along two bare corridors and in the great empty hall.

Peter Ivanovitch did not seem startled in the least. The young man could not control a dry, uneasy laugh. The great revolutionist remained unmoved with an effect of commonplace, homely superiority.

"Curse him," said Razumov to himself, "he is waiting behind his spectacles for me to give myself away." Then aloud, with a satanic enjoyment of the scorn prompting him to play with the greatness of the great man --

"Ah, Peter Ivanovitch, if you only knew the force which drew -- no, which drove´ me towards you! The irresistible force."

He did not feel any desire to laugh now. This time Peter Ivanovitch moved his head sideways, knowingly, as much as to say, "Don't I?" This expressive movement was almost imperceptible. Razumov went on in secret derision --

"All these days you have been trying to read me, Peter Ivanovitch. That is natural. I have perceived it and I have been frank. Perhaps you may think I have not been very expansive? But with a man like you it was not needed; it would have looked like an impertinence, perhaps. And besides, we Russians are prone to talk too much as a rule. I have always felt that. And yet, as a nation, we are dumb. I assure you that I am not likely to talk to you so much again -- ha! ha! -- "

Razumov, still keeping on the lower step, came a little nearer to the great man.

"You have been condescending enough. I quite understood it was to lead me on. You must render me the justice that I have not tried to please. I have been impelled, compelled, or rather sent -- let us say sent -- towards you for a work that no one but myself can do. You would call it a harmless delusion: a ridiculous delusion at which you don't even smile. It is absurd of me to talk like this, yet some day you shall remember these words, I hope. Enough of this. Here I stand before you -- confessed! But one thing more I must add to complete it: a mere blind tool I can never consent to be."

Whatever acknowledgment Razumov was prepared for, he was not prepared to have both his hands seized in the great man's grasp. The swiftness of the movement was aggressive enough to startle. The burly feminist could not have been quicker had his purpose been to jerk Razumov treacherously up on the landing and bundle him behind one of the numerous closed doors near by. This idea actually occurred to Razumov; his hands being released after a darkly eloquent squeeze, he smiled, with a beating heart, straight at the beard and the spectacles hiding that impenetrable man.

He thought to himself /it stands confessed in his handwriting/, "I won't move from here till he either speaks or turns away. This is a duel." Many seconds passed without a sign or sound.

"Yes, yes," the great man said hurriedly, in subdued tones, as if the whole thing had been a stolen, breathless interview. "Exactly. Come to see us here in a few days. This must be gone into deeply -- deeply, between you and me. Quite to the bottom. To the . . . And, by the by, you must bring along Natalia Victorovna -- you know, the Haldin girl. . ."

"Am I to take this as my first instruction from you?" inquired Razumov stiffly.

Peter Ivanovitch seemed perplexed by this new attitude.

"Ah! h'm! You are naturally the proper person -- la´ personne´ indiquee´. Every one shall be wanted presently. Every one."

He bent down from the landing over Razumov, who had lowered his eyes.

"The moment of action approaches," he murmured.

Razumov did not look up. He did not move till he heard the door of the drawing-room close behind the greatest of feminists returning to his painted Egeria. Then he walked down slowly into the hall. The door stood open, and the shadow of the house was lying aslant over the greatest part of the terrace. While crossing it slowly, he lifted his hat and wiped his damp forehead, expelling his breath with force to get rid of the last vestiges of the air he had been breathing inside. He looked at the palms of his hands, and rubbed them gently against his thighs.

He felt, bizarre as it may seem, as though another self, an independent sharer of his mind, had been able to view his whole person very distinctly indeed. "This is curious," he thought. After a while he formulated his opinion of it in the mental ejaculation: "Beastly!" This disgust vanished before a marked uneasiness. "This is an effect of nervous exhaustion," he reflected with weary sagacity. "How am I to go on day after day if I have no more power of resistance -- moral resistance?"

He followed the path at the foot of the terrace. "Moral resistance, moral resistance;" he kept on repeating these words mentally. Moral endurance. Yes, that was the necessity of the situation. An immense longing to make his way out of these grounds and to the other end of the town, of throwing himself on his bed and going to sleep for hours, swept everything clean out of his mind for a moment. "Is it possible that I am but a weak creature after all?" he asked himself, in sudden alarm. "Eh! What's that?"

He gave a start as if awakened from a dream. He even swayed a little before recovering himself.

"Ah! You stole away from us quietly to walk about here," he said.

The lady companion stood before him, but how she came there he had not the slightest idea. Her folded arms were closely cherishing the cat.

"I have been unconscious as I walked, it's a positive fact," said Razumov to himself in wonder. He raised his hat with marked civility.

The sallow woman blushed duskily. She had her invariably scared expression, as if somebody had just disclosed to her some terrible news. But she held her ground, Razumov noticed, without timidity. "She is incredibly shabby," he thought. In the sunlight her black costume looked greenish, with here and there threadbare patches where the stuff seemed decomposed by age into a velvety, black, furry state. Her very hair and eyebrows looked shabby. Razumov wondered whether she were sixty years old. Her figure, though, was young enough. He observed that she did not appear starved, but rather as if she had been fed on unwholesome scraps and leavings of plates.

Razumov smiled amiably and moved out of her way. She turned her head to keep her scared eyes on him.

"I know what you have been told in there," she affirmed, without preliminaries. Her tone, in contrast with her manner, had an unexpectedly assured character which put Razumov at his ease.

"Do you? You must have heard all sorts of talk on many occasions in there."

She varied her phrase, with the same incongruous effect of positiveness.

"I know to a certainty what you have been told to do."

"Really?" Razumov shrugged his shoulders a little. He was about to pass on with a bow, when a sudden thought struck him. "Yes. To be sure! In your confidential position you are aware of many things," he murmured, looking at the cat.

That animal got a momentary convulsive hug from the lady companion.

"Everything was disclosed to me a long time ago," she said.

"Everything," Razumov repeated absently.

"Peter Ivanovitch is an awful despot," she jerked out.

Razumov went on studying the stripes on the grey fur of the cat.

"An iron will is an integral part of such a temperament. How else could he be a leader? And I think that you are mistaken in -- "

"There!" she cried. "You tell me that I am mistaken. But I tell you all the same that he cares for no one." She jerked her head up. "Don't you bring that girl here. That's what you have been told to do -- to bring that girl here. Listen to me; you had better tie a stone round her neck and throw her into the lake."

Razumov had a sensation of chill and gloom, as if a heavy cloud had passed over the sun.

"The girl?" he said. "What have I to do with her?"

"But you have been told to bring Nathalie Haldin here. Am I not right? Of course I am right. I was not in the room, but I know. I know Peter Ivanovitch sufficiently well. He is a great man. Great men are horrible. Well, that's it. Have nothing to do with her. That's the best you can do, unless you want her to become like me -- disillusioned! Disillusioned!"

"Like you," repeated Razumov, glaring at her face, as devoid of all comeliness of feature and complexion as the most miserable beggar is of money. He smiled, still feeling chilly: a peculiar sensation which annoyed him. "Disillusioned as to Peter Ivanovitch! Is that all you have lost?"

She declared, looking frightened, but with immense conviction, "Peter Ivanovitch stands for everything." Then she added, in another tone, "Keep the girl away from this house."

"And are you absolutely inciting me to disobey Peter Ivanovitch just because -- because you are disillusioned?"

She began to blink.

"Directly I saw you for the first time I was comforted. You took your hat off to me. You looked as if one could trust you. Oh!"

She shrank before Razumov's savage snarl of, "I have heard something like this before."

She was so confounded that she could do nothing but blink for a long time.

"It was your humane manner," she explained plaintively. "I have been starving for, I won't say kindness, but just for a little civility, for I don't know how long. And now you are angry. . ."

"But no, on the contrary," he protested. "I am very glad you trust me. It's possible that later on I may . . ."

"Yes, if you were to get ill," she interrupted eagerly, "or meet some bitter trouble, you would find I am not a useless fool. You have only to let me know. I will come to you. I will indeed. And I will stick to you. Misery and I are old acquaintances -- but this life here is worse than starving."

She paused anxiously, then in a voice for the first time sounding really timid, she added --

"Or if you were engaged in some dangerous work. Sometimes a humble companion -- I would not want to know anything. I would follow you with joy. I could carry out orders. I have the courage."

Razumov looked attentively at the scared round eyes, at the withered, sallow, round cheeks. They were quivering about the corners of the mouth.

"She wants to escape from here," he thought.

"Suppose I were to tell you that I am engaged in dangerous work," he uttered slowly.

She pressed the cat to her threadbare bosom with a breathless exclamation. "Ah!" Then not much above a whisper: "Under Peter Ivanovitch?"

"No, not under Peter Ivanovitch."

He read admiration in her eyes, and made an effort to smile.

"Then -- alone?"

He held up his closed hand with the index raised.

"Like this finger," he said.

She was trembling slightly. But it occurred to Razumov that they might have been observed from the house, and he became anxious to be gone. She blinked, raising up to him her puckered face, and seemed to beg mutely to be told something more, to be given a word of encouragement for her starving, grotesque, and pathetic devotion.

"Can we be seen from the house?" asked Razumov confidentially.

She answered, without showing the slightest surprise at the question --

"No, we can't, on account of this end of the stables." And she added, with an acuteness which surprised Razumov, "but anybody looking out of an upstairs window would know that you have not passed through the gates yet."

"Who's likely to spy out of the window?" queried Razumov. "Peter Ivanovitch?"

She nodded.

"Why should he trouble his head?"

"He expects somebody this afternoon."

"You know the person?"

"There's more than one."

She had lowered her eyelids. Razumov looked at her curiously.

"Of course. You hear everything they say."

She murmured without any animosity --

"So do the tables and chairs."

He understood that the bitterness accumulated in the heart of that helpless creature had got into her veins, and, like some subtle poison, had decomposed her fidelity to that hateful pair. It was a great piece of luck for him, he reflected; because women are seldom venal after the manner of men, who can be bought for material considerations. She would be a good ally, though it was not likely that she was allowed to hear as much as the tables and chairs of the Chateau Borel. That could not be expected. But still. . . And, at any rate, she could be made to talk.

When she looked up her eyes met the fixed stare of Razumov, who began to speak at once.

"Well, well, dear . . . but upon my word, I haven't the pleasure of knowing your name yet. Isn't it strange?"

For the first time she made a movement of the shoulders.

"Is it strange? No one is told my name. No one cares. No one talks to me, no one writes to me. My parents don't even know if I'm alive. I have no use for a name, and I have almost forgotten it myself."

Razumov murmured gravely, "Yes, but still . . ."

She went on much slower, with indifference --

"You may call me Tekla, then. My poor Andrei called me so. I was devoted to him. He lived in wretchedness and suffering, and died in misery. That is the lot of all us Russians, nameless Russians. There is nothing else for us, and no hope anywhere, unless. . ."

"Unless what?"

"Unless all these people with names are done away with," she finished, blinking and pursing up her lips.

"It will be easier to call you Tekla, as I called me," said Razumov, "if you consent to call me Kirylo, when we are talking like this -- quietly -- only you and me."

And he said to himself, "Here's a being who must be terribly afraid of the world, else she would have run away from this situation before." Then he reflected that the mere fact of leaving the great man abruptly would make her a suspect. She could expect no support or countenance from anyone. This revolutionist was not fit for an independent existence.

She moved with him a few steps, blinking and nursing the cat with a small balancing movement of her arms.

"Yes -- only you and I. That's how I was with my poor Andrei, only he was dying, killed by these official brutes -- while you! You are strong. You kill the monsters. You have done a great deed. Peter Ivanovitch himself must consider you. Well -- don't forget me -- especially if you are going back to work in Russia. I could follow you, carrying anything that was wanted -- at a distance, you know. Or I could watch for hours at the corner of a street if necessary, -- in wet or snow -- yes, I could -- all day long. Or I could write for you dangerous documents, lists of names or instructions, so that in case of mischance the handwriting could not compromise you. And you need not be afraid if they were to catch me. I would know how to keep dumb. We women are not so easily daunted by pain. I heard Peter Ivanovitch say it is our blunt nerves or something. We can stand it better. And it's true; I would just as soon bite my tongue out and throw it at them as not. What's the good of speech to me? Who would ever want to hear what I could say? Ever since I closed the eyes of my poor Andrei I haven't met a man who seemed to care for the sound of my voice. I should never have spoken to you if the very first time you appeared here you had not taken notice of me so nicely. I could not help speaking of you to that charming dear girl. Oh, the sweet creature! And strong! One can see that at once. If you have a heart don't let her set her foot in here. Good-bye!"

Razumov caught her by the arm. Her emotion at being thus seized manifested itself by a short struggle, after which she stood still, not looking at him.

"But you can tell me," he spoke in her ear, "why they -- these people in that house there -- are so anxious to get hold of her?"

She freed herself to turn upon him, as if made angry by the question.

"Don't you understand that Peter Ivanovitch must direct, inspire, influence? It is the breath of his life. There can never be too many disciples. He can't bear thinking of anyone escaping him. And a woman, too! There is nothing to be done without women, he says. He has written it. He -- "

The young man was staring at her passion when she broke off suddenly and ran away behind the stable.

(III)

Razumov, thus left to himself, took the direction of the gate. But on this day of many conversations, he discovered that very probably he could not leave the grounds without having to hold another one.

Stepping in view from beyond the lodge appeared the expected visitors of Peter Ivanovitch: a small party composed of two men and a woman. They noticed him too, immediately, and stopped short as if to consult. But in a moment the woman, moving aside, motioned with her arm to the two men, who, leaving the drive at once, struck across the large neglected lawn, or rather grass-plot, and made directly for the house.

The woman remained on the path waiting for Razumov's approach. She had recognized him. He, too, had recognized her at the first glance. He had been made known to her at Zurich, where he had broken his journey while on his way from Dresden. They had been much together for the three days of his stay.

She was wearing the very same costume in which he had seen her first. A blouse of crimson silk made her noticeable at a distance. With that she wore a short brown skirt and a leather belt. Her complexion was the colour of coffee and milk, but very clear; her eyes black and glittering, her figure erect. A lot of thick hair, nearly white, was done up loosely under a dusty Tyrolese hat of dark cloth, which seemed to have lost some of its trimmings.

The expression of her face was grave, intent; so grave that Razumov, after approaching her close, felt obliged to smile. She greeted him with a manly hand-grasp.

"What! Are you going away?" she exclaimed. "How is that, Razumov?"

"I am going away because I haven't been asked to stay," Razumov answered, returning the pressure of her hand with much less force than she had put into it.

She jerked her head sideways like one who understands. Meantime Razumov's eyes had strayed after the two men. They were crossing the grass-plot obliquely, without haste. The shorter of the two was buttoned up in a narrow overcoat of some thin grey material, which came nearly to his heels. His companion, much taller and broader, wore a short, close-fitting jacket and tight trousers tucked into shabby top-boots.

The woman, who had sent them out of Razumov's way apparently, spoke in a businesslike voice.

"I had to come rushing from Zurich on purpose to meet the train and take these two along here to see Peter Ivanovitch. I've just managed it."

"Ah! indeed," Razumov said perfunctorily, and very vexed at her staying behind to talk to him. "From Zurich -- yes, of course. And these two, they come from . . ."

She interrupted, without emphasis --

"From quite another direction. From a distance, too. A considerable distance."

Razumov shrugged his shoulders. The two men from a distance, after having reached the wall of the terrace, disappeared suddenly at its foot as if the earth had opened to swallow them up.

"Oh, well, they have just come from America."

The woman in the crimson blouse shrugged her shoulders too a little before making that statement. "The time is drawing near," she interjected, as if speaking to herself. "I did not tell them who you were. Yakovlitch would have wanted to embrace you."

"Is that he with the wisp of hair hanging from his chin, in the long coat?"

"You've guessed aright. That's Yakovlitch."

"And they could not find their way here from the station without you coming on purpose from Zurich to show it to them? Verily, without women we can do nothing. So it stands written, and apparently so it is."

He was conscious of an immense lassitude under his effort to be sarcastic. And he could see that she had detected it with those steady, brilliant black eyes.

"What is the matter with you?"

"I don't know. Nothing. I've had a devil of a day."

She waited, with her black eyes fixed on his face. Then --

"What of that? You men are so impressionable and self-conscious. One day is like another, hard, hard -- and there's an end of it, till the great day comes. I came over for a very good reason. They wrote to warn Peter Ivanovitch of their arrival. But where from? Only from Cherbourg on a bit of ship's notepaper. Anybody could have done that. Yakovlitch has lived for years and years in America. I am the only one at hand who had known him well in the old days. I knew

237.19 him very well indeed. So Peter Ivanovitch telegraphed,
237.20 asking me to come. It's natural enough, is it not?"
237.21 "You came to vouch for his identity?" inquired
237.22 Razumov.
237.23 "Yes. Something of the kind. Fifteen years of a
237.24 life like his make changes in a man. Lonely, like a
237.25 crow in a strange country. When I think of Yakovlitch
237.26 before he went to America -- "
237.27 The softness of the low tone caused Razumov to
237.28 glance at her sideways. She sighed; her black eyes
237.29 were looking away; she had plunged the fingers of her
237.30 right hand deep into the mass of nearly white hair, and
237.31 stirred them there absently. When she withdrew her
237.32 hand the little hat perched on the top of her head
237.33 remained slightly tilted, with a queer inquisitive effect,
237.34 contrasting strongly with the reminiscent murmur that
237.35 escaped her.
238.01 "We were not in our first youth even then. But a
238.02 man is a child always."
238.03 Razumov thought suddenly, "They have been
238.04 living together." Then aloud --
238.05 "Why didn't you follow him to America?" he asked
238.06 point-blank.
238.07 She looked up at him with a perturbed air.
238.08 "Don't you remember what was going on fifteen
238.09 years ago? It was a time of activity. The Revolution
238.10 has its history by this time. You are in it and yet you
238.11 don't seem to know it. Yakovlitch went away then on
238.12 a mission; I went back to Russia. It had to be so.
238.13 Afterwards there was nothing for him to come back to."
238.14 "Ah! indeed," muttered Razumov, with affected
238.15 surprise. "Nothing!"
238.16 "What are you trying to insinuate?" she exclaimed
238.17 quickly. "Well, and what then if he did get discouraged
238.18 a little. . ."
238.19 "He looks like a Yankee, with that goatee hanging
238.20 from his chin. A regular Uncle Sam," growled Razu-
238.21 mov. "Well, and you? You who went to Russia?
238.22 You did not get discouraged."
238.23 "Never mind. Yakovlitch is a man who cannot be
238.24 doubted. He, at any rate, is the right sort."
238.25 Her black, penetrating gaze remained fixed upon
238.26 Razumov while she spoke, and for a moment afterwards.
238.27 "Pardon me," Razumov inquired coldly, "but does
238.28 it mean that you, for instance, think that I am not the
238.29 right sort?"
238.30 She made no protest, gave no sign of having heard
238.31 the question, she continued looking at him in a manner
238.32 which he judged not to be absolutely unfriendly. In
238.33 Zurich when he passed through she had taken him under
238.34 her charge, in a way, and was with him from morning
238.35 till night during his stay of two days. She took him
239.01 round to see several people. At first she talked to
239.02 him a great deal and rather unreservedly, but always
239.03 avoiding all reference to herself; towards the middle of
239.04 the second day she fell silent, attending him zealously as
239.05 before, and even seeing him off at the railway station,
239.06 where she pressed his hand firmly through the lowered
239.07 carriage window, and, stepping back without a word,
239.08 waited till the train moved. He had noticed that she
239.09 was treated with quiet regard. He knew nothing of her
239.10 parentage, nothing of her private history or political
239.11 record; he judged her from his own private point of
239.12 view, as being a distinct danger in his path. "Judged" is
239.13 not perhaps the right word. It was more of a feeling,
239.14 the summing up of slight impressions aided by the dis-
239.15 covery that he could not despise her as he despised all
239.16 the others. He had not expected to see her again so
239.17 soon.
239.18 No, decidedly; her expression was not unfriendly.
239.19 Yet he perceived an acceleration in the beat of his heart.
239.20 The conversation could not be abandoned at that point.
239.21 He went on in accents of scrupulous inquiry --
239.22 "Is it perhaps because I don't seem to accept blindly
239.23 every development of the general doctrine -- such for
239.24 instance as the feminism of our great Peter Ivanovitch?
239.25 If that is what makes me suspect, then I can only say I
239.26 would scorn to be a slave even to an idea."
239.27 She had been looking at him all the time, not as
239.28 a listener looks at one, but as if the words he chose to
239.29 say were only of secondary interest. When he finished
239.30 she slipped her hand, by a sudden and decided move-
239.31 ment, under his arm and impelled him gently towards
239.32 the gate of the grounds. He felt her firmness and
239.33 obeyed the impulsion at once, just as the other two men
239.34 had, a moment before, obeyed unquestioningly the wave
239.35 of her hand.
240.01 They made a few steps like this.
240.02 "No. Razumov, your ideas are probably all right,"
240.03 she said. "You may be valuable -- very valuable.
240.04 What's the matter with you is that you don't like us."
240.05 She released him. He met her with a frosty smile.
240.06 "Am I expected then to have love as well as con-
240.07 victions?"
240.08 She shrugged her shoulders.
240.09 "You know very well what I mean. People have
240.10 been thinking you not quite whole-hearted. I have
240.11 heard that opinion from one side and another. But I
240.12 have understood you at the end of the first day. . ."
240.13 Razumov interrupted her, speaking steadily.
240.14 "I assure you that your perspicacity is at fault here."
240.15 "What phrases he uses!" she exclaimed parentheti-
240.16 cally. "Ah! Kirylo Sidorovitch, you like other men
240.17 are fastidious, full of self-love and afraid of trifles.
240.18 Moreover, you had no training. What you want is to
240.19 be taken in hand by some woman. I am sorry I am
240.20 not staying here a few days. I am going back to Zurich
240.21 to-morrow, and shall take Yakovlitch with me most
240.22 likely."
240.23 This information relieved Razumov.
240.24 "I am sorry too," he said. "But, all the same, I don't
240.25 think you understand me."
240.26 He breathed more freely; she did not protest, but
240.27 asked, "And how did you get on with Peter Ivano-
240.28 vitch? You have seen a good deal of each other.
240.29 How is it between you two?"
240.30 Not knowing what answer to make, the young man
240.31 inclined his head slowly.
240.32 Her lips had been parted in expectation. She
240.33 pressed them together, and seemed to reflect.
240.34 "That's all right."
240.35 This had a sound of finality, but she did not leave
241.01 him. It was impossible to guess what she had in her
241.02 mind. Razumov muttered --
241.03 "It is not of me that you should have asked that
241.04 question. In a moment you shall see Peter Ivanovitch
241.05 himself, and the subject will come up naturally. He
241.06 will be curious to know what has delayed you so long
241.07 in this garden?"
241.08 "No doubt Peter Ivanovitch will have something to
241.09 say to me. Several things. He may even speak of you
241.10 -- question me. Peter Ivanovitch is inclined to trust me
241.11 generally."
241.12 "Question you? That's very likely."
241.13 She smiled, half serious.
241.14 "Well -- and what shall I say to him?"
241.15 "I don't know. You may tell him of your dis-
241.16 covery."
241.17 "What's that?"
241.18 "Why -- my lack of love for . . ."
241.19 "Oh! That's between ourselves," she interrupted,
241.20 it was hard to say whether in jest or earnest.
241.21 "I see that you want to tell Peter Ivanovitch some-
241.22 thing in my favour," said Razumov, with grim playful-
241.23 ness. "Well, then, you can tell him that I am very
241.24 much in earnest about my mission. I mean to
241.25 succeed."
241.26 "You have been given a mission!" she exclaimed
241.27 quickly.
241.28 "It amounts to that. I have been told to bring
241.29 about a certain event."
241.30 She looked at him searchingly.
241.31 "A mission," she repeated, very grave and interested
241.32 all at once. "What sort of mission?"
241.33 "Something in the nature of propaganda work."
241.34 "Ah! Far away from here?"
241.35 "No. Not very far," said Razumov, restraining a
242.01 sudden desire to laugh, though he did not feel joyous
242.02 in the least.
242.03 "So!" she said thoughtfully. "Well, I am not
242.04 asking questions. It's sufficient that Peter Ivanovitch
242.05 should know what each of us is doing. Everything is
242.06 bound to come right in the end."
242.07 "You think so?"
242.08 "I don't think, young man. I just simply believe it."
242.09 "And is it to Peter Ivanovitch that you owe that
242.10 faith?"
242.11 She did not answer the question, and they stood
242.12 idle, silent, as if reluctant to part with each other.
242.13 "That's just like a man," she murmured at last,
242.14 "As if it were possible to tell how a belief comes to one."
242.15 Her thin Mephistophelian eyebrows moved a little.
242.16 "Truly there are millions of people in Russia who
242.17 would envy the life of dogs in this country. It is a
242.18 horror and a shame to confess this even between our-
242.19 selves. One must believe for very pity. This can't
242.20 go on. No! It can't go on. For twenty years I have
242.21 been coming and going, looking neither to the left nor
242.22 to the right. . . . What are you smiling to yourself
242.23 for? You are only at the beginning. You have begun
242.24 well, but you just wait till you have trodden every
242.25 particle of yourself under your feet in your comings
242.26 and goings. For that is what it comes to. You've
242.27 got to trample down every particle of your own feelings;
242.28 for stop you cannot, you must not. I have been
242.29 young, too -- but perhaps you think that I am complain-
242.30 ing -- eh?"
242.31 "I don't think anything of the sort," protested
242.32 Razumov indifferently.
242.33 "I dare say you don't, you dear superior creature.
242.34 You don't care."
242.35 She plunged her fingers into the bunch of hair on
243.01 the left side, and that brusque movement had the effect
243.02 of setting the Tyrolese hat straight on her head. She
243.03 frowned under it without animosity, in the manner of
243.04 an investigator. Razumov averted his face carelessly.
243.05 "You men are all alike. You mistake luck for
243.06 merit. You do it in good faith too! I would not be
243.07 too hard on you. It's masculine nature. You men
243.08 are ridiculously pitiful in your aptitude to cherish
243.09 childish illusions down to the very grave. There are
243.10 a lot of us who have been at work for fifteen years
243.11 -- I mean constantly -- trying one way after another,
243.12 underground and above ground, looking neither to
243.13 the right nor to the left! I can talk about it. I have
243.14 been one of these that never rested. . . . There!
243.15 What's the use of talking. . . . Look at my grey hairs!
243.16 And here two babies come along -- I mean you and
243.17 Haldin -- you come along and manage to strike a blow
243.18 at the very first try."
243.19 At the name of Haldin falling from the rapid and
243.20 energetic lips of the woman revolutionist, Razumov had
243.21 the usual brusque consciousness of the irrevocable. But
243.22 in all the months which had passed over his head he
243.23 had become hardened to the experience. The conscious-
243.24 ness was no longer accompanied by the blank dismay
243.25 and the blind anger of the early days. He had argued
243.26 himself into new beliefs; and he had made for himself
243.27 a mental atmosphere of gloomy and sardonic reverie,
243.28 a sort of murky medium through which the event
243.29 appeared like a featureless shadow having vaguely the
243.30 shape of a man; a shape extremely familiar, yet utterly

243.31 inexpressive, except for its air of discreet waiting in the
243.32 dusk. It was not alarming.
243.33 "What was he like?" the woman revolutionist asked
243.34 unexpectedly.
243.35 "What was he like?" echoed Razumov, making a
244.01 painful effort not to turn upon her savagely. But he
244.02 relieved himself by laughing a little while he stole a
244.03 glance at her out of the corners of his eyes. This
244.04 reception of her inquiry disturbed her.
244.05 "How like a woman," she went on. "What is the
244.06 good of concerning yourself with his appearance?
244.07 Whatever it was, he is removed beyond all feminine
244.08 influences now."
244.09 A frown, making three folds at the root of her nose,
244.10 accentuated the Mephistophelian slant of her eyebrows.
244.11 "You suffer, Razumov," she suggested, in her low,
244.12 confident voice.
244.13 "What nonsense!" Razumov faced the woman
244.14 fairly. "But now I think of it, I am not sure that he
244.15 is beyond the influence of one woman at least; the one
244.16 over there -- Madame de S -- , you know. Formerly
244.17 the dead were allowed to rest, but now it seems they
244.18 are at the beck and call of a crazy old harridan. We
244.19 revolutionists make wonderful discoveries. It is true
244.20 that they are not exactly our own. We have nothing
244.21 of our own. But couldn't the friend of Peter Ivanovitch
244.22 satisfy your feminine curiosity? Couldn't he conjure
244.23 him up for you?" -- he jested like a man in pain.
244.24 Her concentrated frowning expression relaxed, and
244.25 she said, a little wearily, "Let us hope she will make
244.26 an effort and conjure up some tea for us. But that
244.27 is by no means certain. I am tired, Razumov."
244.28 "You tired! What a confession! Well, there has
244.29 been tea up there. I had some. If you hurry on
244.30 after Yakovlitch, instead of wasting your time with
244.31 such an unsatisfactory sceptical person as myself, you
244.32 may find the ghost of it -- the cold ghost of it -- still
244.33 lingering in the temple. But as to you being tired I
244.34 can hardly believe it. We are not supposed to be.
244.35 We mustn't. We can't. The other day I read in
245.01 some paper or other an alarmist article on the tireless
245.02 activity of the revolutionary parties. It impresses the
245.03 world. It's our prestige."
245.04 "He flings out continually these flouts and sneers;"
245.05 the woman in the crimson blouse spoke as if appealing
245.06 quietly to a third person, but her black eyes never left
245.07 Razumov's face. "And what for, pray? Simply be-
245.08 cause some of his conventional notions are shocked,
245.09 some of his petty masculine standards. You might
245.10 think he was one of these nervous sensitives that come
245.11 to a bad end. And yet," she went on, after a short,
245.12 reflective pause and changing the mode of her address,
245.13 "and yet I have just learned something which makes me
245.14 think that you are a man of character, Kirylo Sidorovitch.
245.15 Yes! Indeed -- you are."
245.16 The mysterious positiveness of this assertion startled
245.17 Razumov. Their eyes met. He looked away and,
245.18 through the bars of the rusty gate, stared at the
245.19 clean, wide road shaded by the leafy trees. An
245.20 electric tramcar, quite empty, ran along the avenue
245.21 with a metallic rustle. It seemed to him he would
245.22 have given anything to be sitting inside all alone.
245.23 He was inexpressibly weary, weary in every fibre
245.24 of his body, but he had a reason for not being the
245.25 first to break off the conversation. At any instant,
245.26 in the visionary and criminal babble of revolutionists,
245.27 some momentous words might fall on his ear; from
245.28 her lips, from anybody's lips. As long as he managed
245.29 to preserve a clear mind and to keep down his irrita-
245.30 bility there was nothing to fear. The only condition
245.31 of success and safety was indomitable will-power, he
245.32 reminded himself.
245.33 He longed to be on the other side of the bars, as
245.34 though he were actually a prisoner within the grounds
245.35 of this centre of revolutionary plots, of this house of
246.01 folly, of blindness, of villainy and crime. Silently he
246.02 indulged his wounded spirit in a feeling of immense
246.03 moral and mental remoteness. He did not even smile
246.04 when he heard her repeat the words --
246.05 "Yes! A strong character."
246.06 He continued to gaze through the bars like a moody
246.07 prisoner, not thinking of escape, but merely pondering
246.08 upon the faded memories of freedom.
246.09 "If you don't look out," he mumbled, still looking
246.10 away, "you shall certainly miss seeing as much as the
246.11 mere ghost of that tea."
246.12 She was not to be shaken off in such a way. As
246.13 a matter of fact he had not expected to succeed.
246.14 "Never mind, it will be no great loss. I mean the
246.15 missing of her tea and only the ghost of it at that.
246.16 As to the Lady, you must understand that she has her
246.17 positive uses. See that Razumov."
246.18 He turned his head at this imperative appeal and
246.19 saw the woman revolutionist making the motions of
246.20 counting money into the palm of her hand.
246.21 "That's what it is. You see?"
246.22 Razumov uttered a slow "I see," and returned to
246.23 his prisoner-like gazing upon the neat and shady road.
246.24 "Material means must be obtained in some way,
246.25 and this is easier than breaking into banks. More
246.26 certain too. There! I am joking. . . What is he
246.27 muttering to himself now?" she cried under her breath.
246.28 "My admiration of Peter Ivanovitch's devoted self--
246.29 sacrifice, that's all. It's enough to make one sick."
246.30 "Oh, you squeamish, masculine creature. Sick!
246.31 Makes him sick! And what do you know of the
246.32 truth of it? There's no looking into the secrets of the
246.33 heart. Peter Ivanovitch knew her years ago, in his
246.34 worldly days, when he was a young officer in the
246.35 Guards. It is not for us to judge an inspired person.
247.01 That's where you men have an advantage. You are

247.02 inspired sometimes both in thought and action. I
247.03 have always admitted that when you are inspired, when
247.04 you manage to throw off your masculine cowardice and
247.05 prudishness you are not to be equalled by us. Only,
247.06 now seldom. . . Whereas the silliest woman can
247.07 always be made of use. And why? Because we
247.08 have passion, unappeasable passion. . . I should like
247.09 to know what he is smiling at?"
247.10 "I am not smiling," protested Razumov gloomily.
247.11 "Well! How is one to call it? You made some
247.12 sort of face. Yes, I know! You men can love here
247.13 and hate there and desire something or other -- and you
247.14 make a great to-do about it, and you call it passion!
247.15 Yes! While it lasts. But we women are in love with
247.16 love, and with hate, with these very things I tell you, and
247.17 with desire itself. That's why we can't be bribed off so
247.18 easily as you men. In life, you see, there is not much
247.19 choice. You have either to rot or to burn. And there
247.20 is not one of us, painted or unpainted, that would not
247.21 rather burn than rot."
247.22 She spoke with energy, but in a matter-of-fact tone.
247.23 Razumov's attention had wandered away on a track of
247.24 its own -- outside the bars of the gate -- but not out of
247.25 earshot. He stuck his hands into the pockets of his
247.26 coat.
247.27 "Rot or burn! Powerfully stated. Painted or un-
247.28 painted. Very vigorous. Painted or . . . Do tell me --
247.29 she would be infernally jealous of him, wouldn't she?"
247.30 "Who? What? The Baroness? Eleanor Maxi-
247.31 movna? Jealous of Peter Ivanovitch? Heavens! Are
247.32 these the questions the man's mind is running on? Such
247.33 a thing is not to be thought of."
247.34 "Why? Can't a wealthy old woman be jealous?
247.35 Or, are they all pure spirits together?"
248.01 "But what put it into your head to ask such a
248.02 question?" she wondered.
248.03 "Nothing. I just asked. Masculine frivolity, if
248.04 you like."
248.05 "I don't like," she retorted at once. "It is not the
248.06 time to be frivolous. What are you flinging your very
248.07 heart against? Or, perhaps, you are only playing
248.08 a part."
248.09 Razumov had felt that woman's observation of him
248.10 like a physical contact, like a hand resting lightly on his
248.11 shoulder. At that moment he received the mysterious
248.12 impression of her having made up her mind for a closer
248.13 grip. He stiffened himself inwardly to bear it without
248.14 betraying himself.
248.15 "Playing a part," he repeated, presenting to her an
248.16 unmoved profile. "It must be done very badly since
248.17 you see through the assumption."
248.18 She watched him, her forehead drawn into per-
248.19 pendicular folds, the thin black eyebrows diverging
248.20 upwards like the antennae of an insect. He added hardly
248.21 audibly --
248.22 "You are mistaken. I am doing it no more than
248.23 the rest of us."
248.24 "Who is doing it?" she snapped out.
248.25 "Who? Everybody," he said impatiently. "You
248.26 are a materialist, aren't you?"
248.27 "Eh! My dear soul, I have outlived all that
248.28 nonsense."
248.29 "But you must remember the definition of Cabanis:
248.30 'Man is a digestive tube.' I imagine now . . ."
248.31 "I spit on him."
248.32 "What? On Cabanis? All right. But you can't
248.33 ignore the importance of a good digestion. The joy of
248.34 life -- you know the joy of life? -- depends on a sound
248.35 stomach, whereas a bad digestion inclines one to scepti-
249.01 cism, breeds black fancies and thoughts of death. These
249.02 are facts ascertained by physiologists. Well, I assure
249.03 you that ever since I came over from Russia I have been
249.04 stuffed with indigestible foreign concoctions of the most
249.05 nauseating kind -- pah!"
249.06 "You are joking," she murmured incredulously. He
249.07 assented in a detached way.
249.08 "Yes. It is all a joke. It's hardly worth while
249.09 talking to a man like me. Yet for that very reason men
249.10 have been known to take their own life."
249.11 "On the contrary, I think it is worth while talking
249.12 to you."
249.13 He kept her in the corner of his eye. She seemed
249.14 to be thinking out some scathing retort, but ended by
249.15 only shrugging her shoulders slightly.
249.16 "Shallow talk! I suppose one must pardon this
249.17 weakness in you," she said, putting a special accent on
249.18 the last word. There was something anxious in her
249.19 indulgent conclusion.
249.20 Razumov noted the slightest shades in this conver-
249.21 sation, which he had not expected, for which he was not
249.22 prepared. That was it. "I was not prepared," he said
249.23 to himself. "It has taken me unawares." It seemed to
249.24 him that if he only could allow himself to pant openly
249.25 like a dog for a time this oppression would pass away.
249.26 "I shall never be found prepared," he thought, with
249.27 despair. He laughed a little, saying as lightly as he
249.28 could --
249.29 "Thanks. I don't ask for mercy." Then affecting
249.30 a playful uneasiness. "But aren't you afraid Peter
249.31 Ivanovitch might suspect us of plotting something
249.32 unauthorized together by the gate here?"
249.33 "No, I am not afraid. You are quite safe from
249.34 suspicions while you are with me, my dear young man."
249.35 The humorous gleam in her black eyes went out. "Peter
250.01 Ivanovitch trusts me," she went on, quite austerely. "He
250.02 takes my advice. I am his right hand, as it were, in
250.03 certain most important things. . . . That amuses you --
250.04 what? Do you think I am boasting?"
250.05 "God forbid. I was just only saying to myself that
250.06 Peter Ivanovitch seems to have solved the woman question
250.07 pretty completely."

250.08 Even as he spoke he reproached himself for his words,
250.09 for his tone. All day long he had been saying the wrong
250.10 things. It was folly, worse than folly. It was weakness;
250.11 it was this disease of perversity overcoming his will.
250.12 Was this the way to meet speeches which certainly
250.13 contained the promise of future confidences from that
250.14 woman who apparently had a great store of secret know-
250.15 ledge and so much influence? Why did she give him this
250.16 puzzling impression? But she did not seem inimical.
250.17 There was no anger in her voice. It was strangely
250.18 speculative.
250.19 "One does not know what to think, Razumov. You
250.20 must have bitten something bitter in your cradle."
250.21 Razumov gave her a sidelong glance.
250.22 "H'm! Something bitter? That's an explanation,"
250.23 he muttered. "Only it was much later. And don't you
250.24 think, Sophia Antonovna, that you and I come from the
250.25 same cradle?"
250.26 The woman, whose name he had forced himself at
250.27 last to pronounce /he had experienced a strong repug-
250.28 nance in letting it pass his lips/, the woman revolutionist
250.29 murmured, after a pause --
250.30 "You mean -- Russia?"
250.31 He disdained even to nod. She seemed softened,
250.32 her black eyes very still, as though she were pursuing the
250.33 simile in her thoughts to all its tender associations. But
250.34 suddenly she knitted her brows in a Mephistophelian
250.35 frown.
251.01 "Yes. Perhaps no wonder, then. Yes. One lies
251.02 there lapped up in evils, watched over by beings that are
251.03 worse than ogres, ghouls, and vampires. They must be
251.04 driven away, destroyed utterly. In regard of that task
251.05 nothing else matters if men and women are determined
251.06 and faithful. That's how I came to feel in the end.
251.07 The great thing is not to quarrel amongst ourselves
251.08 about all sorts of conventional trifles. Remember that,
251.09 Razumov."
251.10 Razumov was not listening. He had even lost the
251.11 sense of being watched in a sort of heavy tranquillity.
251.12 His uneasiness, his exasperation, his scorn were blunted
251.13 at last by all these trying hours. It seemed to him that
251.14 now they were blunted for ever. "I am a match for
251.15 them all," he thought, with a conviction too firm to be
251.16 exulting. The woman revolutionist had ceased speaking;
251.17 he was not looking at her; there was no one passing
251.18 along the road. He almost forgot that he was not alone.
251.19 He heard her voice again, curt, businesslike, and yet
251.20 betraying the hesitation which had been the real reason
251.21 of her prolonged silence.
251.22 "I say, Razumov!"
251.23 Razumov, whose face was turned away from her, made
251.24 a grimace like a man who hears a false note.
251.25 "Tell me: is it true that on the very morning of
251.26 the deed you actually attended the lectures at the
251.27 university?"
251.28 An appreciable fraction of a second elapsed before
251.29 the real import of the question reached him, like a bullet
251.30 which strikes some time after the flash of the fired shot.
251.31 Luckily his disengaged hand was ready to grip a bar of
251.32 the gate. He held it with a terrible force, but his
251.33 presence of mind was gone. He could make only a sort
251.34 of gurgling, grumpy sound.
251.35 "Come, Kirylo Sidorovitch!" she urged him. "I
252.01 know you are not a boastful man. That one must say
252.02 for you. You are a silent man. Too silent, perhaps.
252.03 You are feeding on some bitterness of your own. You
252.04 are not an enthusiast. You are, perhaps, all the stronger
252.05 for that. But you might tell me. One would like to
252.06 understand you a little more. I was so immensely struck
252.07 -- Have you really done it?"
252.08 He got his voice back. The shot had missed him.
252.09 It had been fired at random, altogether, more like a
252.10 signal for coming to close quarters. It was to be a plain
252.11 struggle for self-preservation. And she was a dangerous
252.12 adversary too. But he was ready for battle; he was so
252.13 ready that when he turned towards her not a muscle of
252.14 his face moved.
252.15 "Certainly," he said, without animation, secretly strung
252.16 up but perfectly sure of himself. "Lectures -- certainly.
252.17 But what makes you ask?"
252.18 It was she who was animated.
252.19 "I had it in a letter, written by a young man in
252.20 Petersburg; one of us, of course. You were seen -- you
252.21 were observed with your notebook, impassible, taking
252.22 notes. . ."
252.23 He enveloped her with his fixed stare.
252.24 "What of that?"
252.25 "I call such coolness superb -- that's all. It is a
252.26 proof of uncommon strength of character. The young
252.27 man writes that nobody could have guessed from your
252.28 face and manner the part you had played only some two
252.29 hours before -- the great, momentous, glorious part. . ."
252.30 "Oh no. Nobody could have guessed," assented
252.31 Razumov gravely, "because, don't you see, nobody at
252.32 that time. . ."
252.33 "Yes, yes. But all the same you are a man of
252.34 exceptional fortitude, it seems. You looked exactly as
252.35 usual. It was remembered afterwards with wonder. . ."
253.01 "It cost me no effort," Razumov declared, with the
253.02 same staring gravity.
253.03 "Then it's almost more wonderful still!" she ex-
253.04 claimed, and fell silent while Razumov asked himself
253.05 whether he had not said there something utterly un-
253.06 necessary -- or even worse.
253.07 She raised her head eagerly.
253.08 "Your intention was to stay in Russia? You had
253.09 planned. . ."
253.10 "No," interrupted Razumov without haste. "I had
253.11 made no plans of any sort."
253.12 "You just simply walked away?" she struck in.
253.13 He bowed his head in slow assent. "Simply -- yes."
253.14 He had gradually released his hold on the bar of the
253.15 gate, as though he had acquired the conviction that no
253.16 random shot could knock him over now. And suddenly
253.17 he was inspired to add, "The snow was coming down
253.18 very thick, you know."
253.19 She had a slight appreciative movement of the head,
253.20 like an expert in such enterprises, very interested, capable
253.21 of taking every point professionally. Razumov remem-
253.22 bered something he had heard.
253.23 "I turned into a narrow side street, you understand,"
253.24 he went on negligently, and paused as if it were not
253.25 worth talking about. Then he remembered another
253.26 detail and dropped it before her, like a disdainful dole to
253.27 her curiosity.
253.28 "I felt inclined to lie down and go to sleep there."
253.29 She clicked her tongue at that symptom, very struck
253.30 indeed. Then --
253.31 "But the notebook! The amazing notebook, man.
253.32 You don't mean to say you had put it in your pocket
253.33 beforehand!" she cried.
253.34 Razumov gave a start. It might have been a sign
253.35 of impatience.
254.01 "I went home. Straight home to my rooms," he
254.02 said distinctly.
254.03 "The coolness of the man! You dared?"
254.04 "Why not? I assure you I was perfectly calm.
254.05 Ha! Calmer than I am now perhaps."
254.06 "I like you much better as you are now than when
254.07 you indulge that bitter vein of yours, Razumov. And
254.08 nobody in the house saw you return -- eh? That might
254.09 have appeared queer."
254.10 "No one," Razumov said firmly. "Dvornik, land-
254.11 lady, girl, all out of the way. I went up like a shadow.
254.12 It was a murky morning. The stairs were dark. I
254.13 glided up like a phantom. Fate? Luck? What do
254.14 you think?"
254.15 "I just see it!" The eyes of the woman revolu-
254.16 tionist snapped darkly. "Well -- and then you con-
254.17 sidered. . ."
254.18 Razumov had it all ready in his head.
254.19 "No. I looked at my watch, since you want to
254.20 know. There was just time. I took that notebook, and
254.21 ran down the stairs on tiptoe. Have you ever listened
254.22 to the pit-pat of a man running round and round the
254.23 shaft of a deep staircase? They have a gaslight at the
254.24 bottom burning night and day. I suppose it's gleaming
254.25 down there now. . . The sound dies out -- the light
254.26 winks. . ."
254.27 He noticed the vacillation of surprise passing over
254.28 the steady curiosity of the black eyes fastened on his
254.29 face as if the woman revolutionist received the sound of
254.30 his voice into her pupils instead of her ears. He checked
254.31 himself, passed his hand over his forehead, confused, like
254.32 a man who has been dreaming aloud.
254.33 "Where could a student be running if not to his
254.34 lectures in the morning? At night it's another matter.
254.35 I did not care if all the house had been there to look at
255.01 me. But I don't suppose there was anyone. It's best
255.02 not to be seen or heard. Aha! The people that are
255.03 neither seen nor heard are the lucky ones -- in Russia.
255.04 Don't you admire my luck?"
255.05 "Astonishing," she said. "If you have luck as well
255.06 as determination, then indeed you are likely to turn out
255.07 an invaluable acquisition for the work in hand."
255.08 Her tone was earnest; and it seemed to Razumov
255.09 that it was speculative, even as though she were already
255.10 apportioning him, in her mind, his share of the work.
255.11 Her eyes were cast down. He waited, not very alert
255.12 now, but with the grip of the ever-present danger giving
255.13 him an air of attentive gravity. Who could have written
255.14 about him in that letter from Petersburg? A fellow-
255.15 student, surely -- some imbecile victim of revolutionary
255.16 propaganda, some foolish slave of foreign, subversive
255.17 ideals. A long, famine-stricken, red-nosed figure pre-
255.18 sented itself to his mental search. That must have been
255.19 the fellow.
255.20 He smiled inwardly at the absolute wrong-headedness
255.21 of the whole thing, the self-deception of a criminal idealist
255.22 shattering his existence like a thunder-clap out of a clear
255.23 sky, and re-echoing amongst the wreckage in the false
255.24 assumptions of those other fools. Fancy that hungry
255.25 and piteous imbecile furnishing to the curiosity of the
255.26 revolutionist refugees this utterly fantastic detail! He
255.27 appreciated it as by no means constituting a danger.
255.28 On the contrary. As things stood it was for his ad-
255.29 vantage rather, a piece of sinister luck which had only
255.30 to be accepted with proper caution.
255.31 "And yet, Razumov," he heard the musing voice of
255.32 the woman, "you have not the face of a lucky man."
255.33 She raised her eyes with renewed interest. "And so
255.34 that was the way of it. After doing your work you
255.35 simply walked off and made for your rooms. That sort
256.01 of thing succeeds sometimes. I suppose it was agreed
256.02 beforehand that, once the business over, each of you
256.03 would go his own way?"
256.04 Razumov preserved the seriousness of his expression
256.05 and the deliberate, if cautious, manner of speaking.
256.06 "Was not that the best thing to do?" he asked, in
256.07 a dispassionate tone. "And anyway," he added, after
256.08 waiting a moment, "we did not give much thought to
256.09 what would come after. We never discussed formally
256.10 any line of conduct. It was understood, I think."
256.11 She approved his statement with slight nods.
256.12 "You, of course, wished to remain in Russia?"
256.13 "In St. Petersburg itself," emphasized Razumov.
256.14 "It was the only safe course for me. And, moreover, I
256.15 had nowhere else to go."
256.16 "Yes! Yes! I know. Clearly. And the other --
256.17 this wonderful Haldin appearing only to be regretted --
256.18 you don't know what he intended?"
256.19 Razumov had foreseen that such a question would

certainly come to meet him sooner or later. He raised
his hands a little and let them fall helplessly by his side
-- nothing more.
    It was the white-haired woman conspirator who was
the first to break the silence.
    "Very curious," she pronounced slowly. "And you
did not think, Kirylo Sidorovitch, that he might perhaps
wish to get in touch with you again?"
    Razumov discovered that he could not suppress the
trembling of his lips. But he thought that he owed it
to himself to speak. A negative sign would not do
again. Speak he must, if only to get at the bottom
of what that St. Petersburg letter might have contained.
    "I stayed at home next day," he said, bending down
a little and plunging his glance into the black eyes of
the woman so that she should not observe the trembling
of his lips. "Yes, I stayed at home. As my actions
are remembered and written about, then perhaps you
are aware that I was not seen at the lectures next day.
Eh? You didn't know? Well, I stopped at home --
the live-long day."
    As if moved by his agitated tone, she murmured a
sympathetic "I see! It must have been trying enough."
    "You seem to understand one's feelings," said
Razumov steadily. "It was trying. It was horrible;
it was an atrocious day. It was not the last."
    "Yes, I understand. Afterwards, when one heard
they had got him. Don't I know how one feels after
losing a comrade in the good fight? One's ashamed of
being left. And I can remember so many. Never
mind. They shall be avenged before long. And what
is death? At any rate, it is not a shameful thing like
some kinds of life."
    Razumov felt something stir in his breast, a sort of
feeble and unpleasant tremor.
    "Some kinds of life?" he repeated, looking at her
searchingly.
    "The subservient, submissive life. Life? No! Vegeta-
tion on the filthy heap of iniquity which the world is.
Life, Razumov, not to be vile must be a revolt -- a pitiless
protest -- all the time."
    She calmed down, the gleam of suffused tears in her
eyes dried out instantly by the heat of her passion, and
it was in her capable, businesslike manner that she
went on --
    "You understand me, Razumov. You are not an
enthusiast, but there is an immense force of revolt in
you. I felt it from the first, directly I set my eyes on
you -- you remember -- in Zurich. Oh! You are full
of bitter revolt. That is good. Indignation flags some-
times, revenge itself may become a weariness, but that
uncompromising sense of necessity and justice which
armed your and Haldin's hands to strike down that
fanatical brute . . . for it was that -- nothing but that!
I have been thinking it out. It could have been nothing
else but that."
    Razumov made a slight bow, the irony of which was
concealed by an almost sinister immobility of feature.
    "I can't speak for the dead. As for myself, I can
assure you that my conduct was dictated by necessity
and by the sense of -- well -- retributive justice."
    "Good, that," he said to himself, while her eyes rested
upon him, black and impenetrable like the mental caverns
where revolutionary thought should sit plotting the
violent way of its dream of changes. As if anything
could be changed! In this world of men nothing can
be changed -- neither happiness nor misery. They can
only be displaced at the cost of corrupted consciences
and broken lives -- a futile game for arrogant philo-
sophers and sanguinary triflers. Those thoughts darted
through Razumov's head while he stood facing the old
revolutionary hand, the respected, trusted, and influential
Sophia Antonovna, whose word had such a weight in
the "active" section of every party. She was much
more representative than the great Peter Ivanovitch.
Stripped of rhetoric, mysticism, and theories, she was the
true spirit of destructive revolution. And she was the
personal adversary he had to meet. It gave him a
feeling of triumphant pleasure to deceive her out of her
own mouth. The epigrammatic saying that speech has
been given to us for the purpose of concealing our
thoughts came into his mind. Of that cynical theory
this was a very subtle and a very scornful application,
flouting in its own words the very spirit of ruthless
revolution, embodied in that woman with her white hair
and black eyebrows, like slightly sinuous lines of Indian
ink, drawn together by the perpendicular folds of a
thoughtful frown.
    "That's it. Retributive. No pity!" was the con-
clusion of her silence. And this once broken, she went
on impulsively in short, vibrating sentences --
    "Listen to my story, Razumov! . . ." Her father
was a clever but unlucky artisan. No joy had lighted
up his laborious days. He died at fifty; all the years
of his life he had panted under the thumb of masters
whose rapacity exacted from him the price of the water,
of the salt, of the very air he breathed; taxed the sweat
of his brow and claimed the blood of his sons. No
protection, no guidance! What had society to say to
him? Be submissive and be honest. If you rebel I
shall kill you. If you steal I shall imprison you. But
if you suffer I have nothing for you -- nothing except
perhaps a beggarly dole of bread -- but no consolation for
your trouble, no respect for your manhood, no pity for
the sorrows of your miserable life.
    And so he laboured, he suffered, and he died. He
died in the hospital. Standing by the common grave she
thought of his tormented existence -- she saw it whole.
She reckoned the simple joys of life, the birthright of
the humblest, of which his gentle heart had been robbed
by the crime of a society which nothing can absolve.

    "Yes, Razumov," she continued, in an impressive,
lowered voice, "it was like a lurid light in which I stood,
still almost a child, and cursed not the toil, not
the misery which had been his lot, but the great social
iniquity of the system resting on unrequited toil and
unpitied sufferings. From that moment I was a revolu-
tionist."
    Razumov, trying to raise himself above the dangerous
weaknesses of contempt or compassion, had preserved
an impassive countenance. She, with an unaffected
touch of mere bitterness, the first he could notice since
he had come in contact with the woman, went on --
    "As I could not go to the Church where the priests
of the system exhorted such unconsidered vermin as I
to resignation, I went to the secret societies as soon as
I knew how to find my way. I was sixteen years old --
no more, Razumov! And -- look at my white hair."
    In these last words there was neither pride nor
sadness. The bitterness too was gone.
    "There is a lot of it. I had always magnificent
hair, even as a chit of a girl. Only, at that time we
were cutting it short and thinking that there was the
first step towards crushing the social infamy. Crush
the Infamy! A fine watchword! I would placard it
on the walls of prisons and palaces, carve it on hard
rocks, hang it out in letters of fire on that empty sky
for a sign of hope and terror -- a portent of the
end. . ."
    "You are eloquent, Sophia Antonovna," Razumov
interrupted suddenly. "Only, so far you seem to have
been writing it in water. . ."
    She was checked but not offended. "Who knows?
Very soon it may become a fact written all over that
great land of ours," she hinted meaningly. "And then
one would have lived long enough. White hair won't
matter."
    Razumov looked at her white hair: and this mark
of so many uneasy years seemed nothing but a testimony
to the invincible vigour of revolt. It threw out into an
astonishing relief the unwrinkled face, the brilliant black
glance, the upright compact figure, the simple, brisk
self-possession of the mature personality -- as though in
her revolutionary pilgrimage she had discovered the
secret, not of everlasting youth, but of everlasting
endurance.
    How un-Russian she looked, thought Razumov. Her
mother might have been a Jewess or an Armenian or --
devil knew what. He reflected that a revolutionist is
seldom true to the settled type. All revolt is the
expression of strong individualism -- ran his thought
vaguely. One can tell them a mile off in any society,
in any surroundings. It was astonishing that the
police. . .
    "We shall not meet again very soon, I think," she
was saying. "I am leaving to-morrow."
    "For Zurich?" Razumov asked casually, but feeling
relieved, not from any distinct apprehension, but from a
feeling of stress as if after a wrestling match.
    "Yes, Zurich -- and farther on, perhaps, much farther.
Another journey. When I think of all my journeys!
The last must come some day. Never mind, Razumov,
we had to have a good long talk. I would have
certainly tried to see you if we had not met. Peter
Ivanovitch knows where you live? Yes. I meant to
have asked him -- but it's better like this. You see, we
expect two more men; and I had much rather wait here
talking with you than up there at the house with. . ."
    Having cast a glance beyond the gate, she interrupted
herself. "Here they are," she said rapidly. "Well,
Kirylo Sidorovitch, we shall have to say good-bye,
presently."

(IV)

    In his incertitude of the ground on which he stood
Razumov felt perturbed. Turning his head quickly, he
saw two men on the opposite side of the road. Seeing
themselves noticed by Sophia Antonovna, they crossed
over at once, and passed one after another through the
little gate by the side of the empty lodge. They looked
hard at the stranger, but without mistrust, the crimson
blouse being a flaring safety signal. The first, great
white hairless face, double chin, prominent stomach,
which he seemed to carry forward consciously within a
strongly distended overcoat, only nodded and averted his
eyes peevishly; his companion -- lean, flushed cheek-
bones, a military red moustache below a sharp, salient
nose -- approached at once Sophia Antonovna, greeting
her warmly. His voice was very strong but inarticulate.
It sounded like a deep buzzing. The woman revolu-
tionist was quietly cordial. . . .
    "This is Razumov," she announced in a clear voice.
    The lean new-comer made an eager half-turn. "He
will want to embrace me," thought our young man with
a deep recoil of all his being, while his limbs seemed too
heavy to move. But it was a groundless alarm. He
had to do now with a generation of conspirators who
did not kiss each other on both cheeks; and raising an
arm that felt like lead he dropped his hand into a
largely-outstretched palm, fleshless and hot as if dried
up by fever, giving a bony pressure, expressive, seeming
to say, "Between us there's no need of words."
    The man had big, wide-open eyes. Razumov fancied
he could see a smile behind their sadness.
    "This is Razumov," Sophia Antonovna repeated
loudly for the benefit of the fat man, who at some
distance displayed the profile of his stomach.
    No one moved. Everything, sounds, attitudes,
movements, and immobility seemed to be part of an
experiment, the result of which was a thin voice piping
with comic peevishness
    "Oh yes! Razumov. We have been hearing of
nothing but Mr. Razumov for months. For my part, I

262.34 confess I would rather have seen Haldin on this spot
262.35 instead of Mr. Razumov."
263.01   The squeaky stress put on the name "Razumov --
263.02 Mr. Razumov" pierced the ear ridiculously, like the fal-
263.03 setto of a circus clown beginning an elaborate joke.
263.04 Astonishment was Razumov's first response, followed by
263.05 sudden indignation.
263.06   "What's the meaning of this?" he asked in a stern
263.07 tone.
263.08   "Tut! Silliness. He's always like that." Sophia
263.09 Antonovna was obviously vexed. But she dropped the
263.10 information, "Necator," from her lips just loud enough
263.11 to be heard by Razumov. The abrupt squeaks of the
263.12 fat man seemed to proceed from that thing like a balloon
263.13 he carried under his overcoat. The stolidity of his
263.14 attitude, the big feet, the lifeless, hanging hands, the
263.15 enormous bloodless cheek, the thin wisps of hair strag-
263.16 gling down the fat nape of the neck, fascinated Razumov
263.17 into a stare on the verge of horror and laughter.
263.18   Nikita, surnamed Necator, with a sinister aptness of
263.19 alliteration! Razumov had heard of him. He had
263.20 heard so much since crossing the frontier of these cele-
263.21 brities of the militant revolution; the legends, the stories,
263.22 the authentic chronicle, which now and then peeps out
263.23 before a half-incredulous world. Razumov had heard of
263.24 him. He was supposed to have killed more gendarmes
263.25 and police agents than any revolutionist living. He had
263.26 been entrusted with executions.
263.27   The paper with the letters N. N., the very pseudonym
263.28 of murder, found pinned on the stabbed breast of a
263.29 certain notorious spy /this picturesque detail of a sen-
263.30 sational murder case had got into the newspapers/, was
263.31 the mark of his handiwork. "By order of the Com-
263.32 mittee. -- N. N." A corner of the curtain lifted to strike the
263.33 imagination of the gaping world. He was said to have
263.34 been innumerable times in and out of Russia, the Ne-
263.35 cator of bureaucrats, of provincial governors, of obscure
264.01 informers. He lived between whiles, Razumov had
264.02 heard, on the shores of the Lake of Como, with a charm-
264.03 ing wife, devoted to the cause, and two young children.
264.04 But how could that creature, so grotesque as to set town
264.05 dogs barking at its mere sight, go about on those deadly
264.06 errands and slip through the meshes of the police?
264.07   "What now? what now?" the voice squeaked. "I
264.08 am only sincere. It's not denied that the other was the
264.09 leading spirit. Well, it would have been better if he had
264.10 been the one spared to us. More useful. I am not a
264.11 sentimentalist. Say what I think . . . only natural."
264.12   Squeak, squeak, squeak, without a gesture, without a
264.13 stir -- the horrible squeaky burlesque of professional
264.14 jealousy -- this man of a sinister alliterative nickname,
264.15 this executioner of revolutionary verdicts, the terrifying
264.16 N. N. exasperated like a fashionable tenor by the attention
264.17 attracted to the performance of an obscure amateur.
264.18   Sophia Antonovna shrugged her shoulders. The comrade
264.19 with the martial red moustache hurried towards Razumov
264.20 full of conciliatory intentions in his strong buzzing voice.
264.21   "Devil take it! And in this place, too, in the public
264.22 street, so to speak. But you can see yourself how it is.
264.23 One of his fantastic sallies. Absolutely of no consequence."
264.24   "Pray don't concern yourself," cried Razumov, going
264.25 off into a long fit of laughter. "Don't mention it."
264.26   The other, his hectic flush like a pair of burns on
264.27 his cheek-bones, stared for a moment and burst out
264.28 laughing too. Razumov, whose hilarity died out all at
264.29 once, made a step forward.
264.30   "Enough of this," he began in a clear, incisive voice,
264.31 though he could hardly control the trembling of his legs.
264.32 "I will have no more of it. I shall not permit any-
264.33 one. . . . I can see very well what you are at with those
264.34 allusions. . . . Inquire, investigate! I defy you, but I
264.35 will not be played with."
265.01   He had spoken such words before. He had been
265.02 driven to cry them out in the face of other suspicions.
265.03 It was an infernal cycle bringing round that protest like
265.04 a fatal necessity of his existence. But it was no use.
265.05 He would be always played with. Luckily life does
265.06 not last for ever.
265.07   "I won't have it!" he shouted, striking his fist into
265.08 the palm of his other hand.
265.09   "Kirylo Sidorovitch -- what has come to you?" The
265.10 woman revolutionist interfered with authority. They
265.11 were all looking at Razumov now; the slayer of spies
265.12 and gendarmes had turned about, presenting his enormous
265.13 stomach in full, like a shield.
265.14   "Don't shout. There are people passing." Sophia
265.15 Antonovna was apprehensive of another outburst. A
265.16 steam-launch from Monrepos had come to the landing--
265.17 stage opposite the gate, its hoarse whistle and the churn-
265.18 ing noise alongside all unnoticed, had landed a small
265.19 bunch of local passengers who were dispersing their
265.20 several ways. Only a specimen of the early tourist in
265.21 knickerbockers, conspicuous by a brand-new yellow leather
265.22 glass-case, hung about for a moment, scenting something
265.23 unusual about these four people within the rusty iron
265.24 gates of what looked the grounds run wild of an un-
265.25 occupied private house. Ah! If he had only known
265.26 what the chance of commonplace travelling had suddenly
265.27 put in his way! But he was a well-bred person; he
265.28 averted his gaze and moved off with short steps along
265.29 the avenue, on the watch for a tramcar.
265.30   A gesture from Sophia Antonovna, "Leave him to
265.31 me," had sent the two men away -- the buzzing of the
265.32 inarticulate voice growing fainter and fainter, and the
265.33 thin pipe of "What now? What's the matter?" reduced
265.34 to the proportions of a squeaking toy by the distance.
265.35 They had left him to her. So many things could be
266.01 left safely to the experience of Sophia Antonovna. And
266.02 at once, her black eyes turned to Razumov, her mind
266.03 tried to get at the heart of that outburst. It had some
266.04 meaning. No one is born an active revolutionist. The
266.05 change comes disturbingly, with the force of a sudden
266.06 vocation, bringing in its train agonizing doubts, assertive
266.07 violences, an unstable state of the soul, till the final
266.08 appeasement of the convert in the perfect fierceness of
266.09 conviction. She had seen -- often had only divined --
266.10 scores of these young men and young women going
266.11 through an emotional crisis. This young man looked
266.12 like a moody egotist. And besides, it was a special --
266.13 a unique case. She had never met an individuality
266.14 which interested and puzzled her so much.
266.15   "Take care, Razumov, my good friend. If you carry
266.16 on like this you will go mad. You are angry with
266.17 everybody and bitter with yourself, and on the look out
266.18 for something to torment yourself with."
266.19   "It's intolerable!" Razumov could only speak in
266.20 gasps. "You must admit that I can have no illusions
266.21 on the attitude which . . . it isn't clear. . . or rather
266.22 . . . only too clear."
266.23   He made a gesture of despair. It was not his
266.24 courage that failed him. The choking fumes of falsehood
266.25 had taken him by the throat -- the thought of being
266.26 condemned to struggle on and on in that tainted
266.27 atmosphere without the hope of ever renewing his strength
266.28 by a breath of fresh air.
266.29   "A glass of cold water is what you want." Sophia
266.30 Antonovna glanced up the grounds at the house and
266.31 shook her head, then out of the gate at the brimful
266.32 placidity of the lake. With a half-comical shrug of the
266.33 shoulders, she gave the remedy up in the face of that
266.34 abundance.
266.35   "It is you, my dear soul, who are flinging yourself
267.01 at something which does not exist. What is it? Self--
267.02 reproach, or what? It's absurd. You couldn't have
267.03 gone and given yourself up because your comrade was
267.04 taken."
267.05   She remonstrated with him reasonably, at some length
267.06 too. He had nothing to complain of in his reception.
267.07 Every new-comer was discussed more or less. Everybody
267.08 had to be thoroughly understood before being accepted.
267.09 No one that she could remember had been shown from
267.10 the first so much confidence. Soon, very soon, perhaps
267.11 sooner than he expected, he would be given an oppor-
267.12 tunity of showing his devotion to the sacred task of
267.13 crushing the Infamy.
267.14   Razumov, listening quietly, thought: "It may be
267.15 that she is trying to lull my suspicions to sleep. On
267.16 the other hand, it is obvious that most of them are fools."
267.17 He moved aside a couple of paces and, folding his arms
267.18 on his breast, leaned back against the stone pillar of
267.19 the gate.
267.20   "As to what remains obscure in the fate of that
267.21 poor Haldin," Sophia Antonovna dropped into a slowness
267.22 of utterance which was to Razumov like the falling of
267.23 molten lead drop by drop; "as to that -- though no one
267.24 ever hinted that either from fear or neglect your conduct
267.25 has not been what it should have been -- well, I have a
267.26 bit of intelligence . . ."
267.27   Razumov could not prevent himself from raising his
267.28 head, and Sophia Antonovna nodded slightly.
267.29   "I have. You remember that letter from St. Peters-
267.30 burg I mentioned to you a moment ago?"
267.31   "The letter? Perfectly. Some busybody has been
267.32 reporting my conduct on a certain day. It's rather
267.33 sickening. I suppose our police are greatly edified when
267.34 they open these interesting and -- and -- superfluous
267.35 letters."
268.01   "Oh dear no! The police do not get hold of our
268.02 letters as easily as you imagine. The letter in question
268.03 did not leave St. Petersburg till the ice broke up. It
268.04 went by the first English steamer which left the Neva
268.05 this spring. They have a fireman on board -- one of us,
268.06 in fact. It has reached me from Hull . . ."
268.07   She paused as if she were surprised at the sullen
268.08 fixity of Razumov's gaze, but went on at once, and much
268.09 faster.
268.10   "We have some of our people there who . . . but
268.11 never mind. The writer of the letter relates an incident
268.12 which he thinks may possibly be connected with Haldin's
268.13 arrest. I was just going to tell you when those two
268.14 men came along."
268.15   "That also was an incident," muttered Razumov, "of
268.16 a very charming kind -- for me."
268.17   "Leave off that!" cried Sophia Antonovna. "Nobody
268.18 cares for Nikita's barking. There's no malice in him.
268.19 Listen to what I have to say. You may be able to
268.20 throw a light. There was in St. Petersburg a sort of
268.21 town peasant -- a man who owned horses. He came to
268.22 town years ago to work for some relation as a driver
268.23 and ended by owning a cab or two."
268.24   She might well have spared herself the slight effort
268.25 of the gesture: "Wait!" Razumov did not mean to
268.26 speak; he could not have interrupted her now, not to
268.27 save his life. The contraction of his facial muscles had
268.28 been involuntary, a mere surface stir, leaving him sullenly
268.29 attentive as before.
268.30   "He was not a quite ordinary man of his class -- it
268.31 seems," she went on. "The people of the house -- my
268.32 informant talked with many of them -- you know, one
268.33 of those enormous houses of shame and misery . . ."
268.34   Sophia Antonovna need not have enlarged on the
268.35 character of the house. Razumov saw clearly, towering
269.01 at her back, a dark mass of masonry veiled in snowflakes,
269.02 with the long row of windows of the eating-shop shining
269.03 greasily very near the ground. The ghost of that night
269.04 pursued him. He stood up to it with rage and with
269.05 weariness.
269.06   "Did the late Haldin ever by chance speak to you
269.07 of that house?" Sophia Antonovna was anxious to
269.08 know.
269.09   "Yes." Razumov, making that answer, wondered
269.10 whether he were falling into a trap. It was so humili-

269.11 ating to lie to these people that he probably could not
269.12 have said no. "He mentioned to me once," he added,
269.13 as if making an effort of memory, "a house of that sort.
269.14 He used to visit some workmen there."
269.15 "Exactly."
269.16 Sophia Antonovna triumphed. Her correspondent
269.17 had discovered that fact quite accidentally from the talk
269.18 of the people of the house, having made friends with a
269.19 workman who occupied a room there. They described
269.20 Haldin's appearance perfectly. He brought comforting
269.21 words of hope into their misery. He came irregularly,
269.22 but he came very often, and -- her correspondent wrote --
269.23 sometimes he spent a night in the house, sleeping, they
269.24 thought, in a stable which opened upon the inner yard.
269.25 "Note that, Razumov! In a stable."
269.26 Razumov had listened with a sort of ferocious but
269.27 amused acquiescence.
269.28 "Yes. In the straw. It was probably the cleanest
269.29 spot in the whole house."
269.30 "No doubt," assented the woman with that deep
269.31 frown which seemed to draw closer together her black
269.32 eyes in a sinister fashion. No four-footed beast could
269.33 stand the filth and wretchedness so many human beings
269.34 were condemned to suffer from in Russia. The point
269.35 of this discovery was that it proved Haldin to have
270.01 been familiar with that horse-owning peasant -- a reckless,
270.02 independent, free-living fellow not much liked by the
270.03 other inhabitants of the house. He was believed to have
270.04 been the associate of a band of housebreakers. Some
270.05 of these got captured. Not while he was driving them,
270.06 however; but still there was a suspicion against the
270.07 fellow of having given a hint to the police and . . .
270.08 The woman revolutionist checked herself suddenly.
270.09 "And you? Have you ever heard your friend refer
270.10 to a certain Ziemianitch?"
270.11 Razumov was ready for the name. He had been
270.12 looking out for the question. "When it comes I shall
270.13 own up," he had said to himself. But he took his time.
270.14 "To be sure!" he began slowly. "Ziemianitch, a
270.15 peasant owning a team of horses. Yes. On one occasion.
270.16 Ziemianitch! Certainly! Ziemianitch of the horses. . . .
270.17 How could it have slipped my memory like this? One
270.18 of the last conversations we had together." !
270.19 "That means," -- Sophia Antonovna looked very
270.20 grave, -- "that means, Razumov, it was very shortly
270.21 before -- eh?"
270.22 "Before what?" shouted Razumov, advancing at the
270.23 woman, who looked astonished but stood her ground.
270.24 "Before . . . Oh! Of course, it was before! How could
270.25 it have been after? Only a few hours before."
270.26 "And he spoke of him favourably?"
270.27 "With enthusiasm! The horses of Ziemianitch!
270.28 The free soul of Ziemianitch!"
270.29 Razumov took a savage delight in the loud utterance
270.30 of that name, which had never before crossed his lips
270.31 audibly. He fixed his blazing eyes on the woman till
270.32 at last her fascinated expression recalled him to himself.
270.33 "The late Haldin," he said, holding himself in, with
270.34 downcast eyes, "was inclined to take sudden fancies to
270.35 people, on -- on -- what shall I say -- insufficient grounds."
271.01 "There!" Sophia Antonovna clapped her hands.
271.02 "That, to my mind, settles it. The suspicions of my
271.03 correspondent were aroused. . ."
271.04 "Aha! Your correspondent," Razumov said in an
271.05 almost openly mocking tone. "What suspicions? How
271.06 aroused? By this Ziemianitch? Probably some drunken,
271.07 gabbling, plausible. . ."
271.08 "You talk as if you had known him."
271.09 Razumov looked up.
271.10 "No. But I knew Haldin."
271.11 Sophia Antonovna nodded gravely.
271.12 "I see. Every word you say confirms to my mind
271.13 the suspicion communicated to me in that very interesting
271.14 letter. This Ziemianitch was found one morning hang-
271.15 ing from a hook in the stable -- dead."
271.16 Razumov felt a profound trouble. It was visible,
271.17 because Sophia Antonovna was moved to observe
271.18 vivaciously --
271.19 "Aha! You begin to see."
271.20 He saw it clearly enough -- in the light of a lantern
271.21 casting spokes of shadow in a cellar-like stable, the body
271.22 in a sheepskin coat and long boots hanging against the
271.23 wall. A pointed hood, with the ends wound about up to
271.24 the eyes, hid the face. "But that does not concern me,"
271.25 he reflected. "It does not affect my position at all. He
271.26 never knew who had thrashed him. He could not have
271.27 known." Razumov felt sorry for the old lover of the
271.28 bottle and women.
271.29 "Yes. Some of them end like that," he muttered.
271.30 "What is your idea, Sophia Antonovna?"
271.31 It was really the idea of her correspondent, but Sophia
271.32 Antonovna had adopted it fully. She stated it in one
271.33 word -- Remorse. Razumov opened his eyes very
271.34 wide at that. Sophia Antonovna's informant, by
271.35 listening to the talk of the house, by putting this and
272.01 that together, had managed to come very near to the
272.02 truth of Haldin's relation to Ziemianitch.
272.03 "It is I who can tell you what you were not certain
272.04 of -- that your friend had some plan for saving himself
272.05 afterwards, for getting out of St. Petersburg, at any rate.
272.06 Perhaps that and no more, trusting to luck for the rest.
272.07 And that fellow's horses were part of the plan."
272.08 "They have actually got at the truth," Razumov
272.09 marvelled to himself, while he nodded judicially. "Yes,
272.10 that's possible, very possible." But the woman revolu-
272.11 tionist was very positive that it was so. First of all, a
272.12 conversation about horses between Haldin and Ziemia-
272.13 nitch had been partly overheard. Then there were the
272.14 suspicions of the people in the house when their "young
272.15 gentleman" /they did not know Haldin by his name/
272.16 ceased to call at the house. Some of them used to
272.17 charge Ziemianitch with knowing something of this
272.18 absence. He denied it with exasperation; but the fact
272.19 was that ever since Haldin's disappearance he was not
272.20 himself, growing moody and thin. Finally, during a
272.21 quarrel with some woman /to whom he was making up/,
272.22 in which most of the inmates of the house took part
272.23 apparently, he was openly abused by his chief enemy, an
272.24 athletic pedlar, for an informer, and for having driven
272.25 "our young gentleman to Siberia, the same as you did
272.26 those young fellows who broke into houses." In conse-
272.27 quence of this there was a fight, and Ziemianitch got flung
272.28 down a flight of stairs. Thereupon he drank and moped
272.29 for a week, and then hanged himself.
272.30 Sophia Antonovna drew her conclusions from the
272.31 tale. She charged Ziemianitch either with drunken in-
272.32 discretion as to a driving job on a certain date, overheard
272.33 by some spy in some low grog-shop -- perhaps in the
272.34 very eating-shop on the ground floor of the house -- or,
272.35 maybe, a downright denunciation, followed by remorse.
273.01 A man like that would be capable of anything. People
273.02 said he was a flighty old chap. And if he had been once
273.03 before mixed up with the police -- as seemed certain,
273.04 though he always denied it -- in connexion with these
273.05 thieves, he would be sure to be acquainted with some
273.06 police underlings, always on the look out for something
273.07 to report. Possibly at first his tale was not made any-
273.08 thing of till the day that scoundrel de P -- got his
273.09 deserts. Ah! But then every bit and scrap of hint
273.10 and information would be acted on, and fatally they were
273.11 bound to get Haldin.
273.12 Sophia Antonovna spread out her hands -- "Fatally."
273.13 Fatality -- chance! Razumov meditated in silent
273.14 astonishment upon the queer verisimilitude of these in-
273.15 ferences. They were obviously to his advantage.
273.16 "It is right now to make this conclusive evidence
273.17 known generally," Sophia Antonovna was very calm
273.18 and deliberate again. She had received the letter three
273.19 days ago, but did not write at once to Peter Ivanovitch.
273.20 She knew then that she would have the opportunity
273.21 presently of meeting several men of action assembled for
273.22 an important purpose.
273.23 "I thought it would be more effective if I could show
273.24 the letter itself at large. I have it in my pocket now.
273.25 You understand how pleased I was to come upon you."
273.26 Razumov was saying to himself, "She won't offer to
273.27 show the letter to me. Not likely. Has she told me
273.28 everything that correspondent of hers has found out?"
273.29 He longed to see the letter, but he felt he must not ask.
273.30 "Tell me, please, was this an investigation ordered,
273.31 as it were?"
273.32 "No, no," she protested. "There you are again with
273.33 your sensitiveness. It makes you stupid. Don't you see,
273.34 there was no starting-point for an investigation even if
273.35 any one had thought of it. A perfect blank! That's
274.01 exactly what some people were pointing out as the reason
274.02 for receiving you cautiously. It was all perfectly acci-
274.03 dental, arising from my informant striking an acquaint-
274.04 ance with an intelligent skindresser lodging in that
274.05 particular slum-house. A wonderful coincidence!"
274.06 "A pious person" suggested Razumov, with a
274.07 pale smile, "would say that the hand of God has done
274.08 it all."
274.09 "My poor father would have said that." Sophia
274.10 Antonovna did not smile. She dropped her eyes.
274.11 "Not that his God ever helped him. It's a long time
274.12 since God has done anything for the people. Anyway,
274.13 it's done."
274.14 "All this would be quite final," said Razumov, with
274.15 every appearance of reflective impartiality, "if there
274.16 was any certitude that the ' our young gentleman ' of
274.17 these people was Victor Haldin. Have we got that?"
274.18 "Yes. There's no mistake. My correspondent was
274.19 as familiar with Haldin's personal appearance as with
274.20 your own," the woman affirmed decisively.
274.21 "It's the red-nosed fellow beyond a doubt," Razumov
274.22 said to himself, with reawakened uneasiness. Had his
274.23 own visit to that accursed house passed unnoticed?
274.24 It was barely possible. Yet it was hardly probable.
274.25 It was just the right sort of food for the popular gossip
274.26 that gaunt busybody had been picking up. But the
274.27 letter did not seem to contain any allusion to that.
274.28 Unless she had suppressed it. And, if so, why? If it
274.29 had really escaped the prying of that hunger-stricken
274.30 democrat with a confounded genius for recognizing
274.31 people from description, it could only be for a time.
274.32 He would come upon it presently and hasten to write
274.33 another letter -- and then!
274.34 For all the envenomed recklessness of his temper,
274.35 fed on hate and disdain, Razumov shuddered inwardly.
275.01 It guarded him from common fear, but it could not
275.02 defend him from disgust at being dealt with in any way
275.03 by these people. It was a sort of superstitious dread.
275.04 Now, since his position had been made more secure by
275.05 their own folly at the cost of Ziemianitch, he felt the
275.06 need of perfect safety, with its freedom from direct lying,
275.07 with its power of moving amongst them silent, un-
275.08 questioning, listening, impenetrable, like the very fate of
275.09 their crimes and their folly. Was this advantage his
275.10 already? Or not yet? Or never would be?
275.11 "Well, Sophia Antonovna," his air of reluctant
275.12 concession was genuine in so far that he was really
275.13 loath to part with her without testing her sincerity by a
275.14 question it was impossible to bring about in any way;
275.15 "Well, Sophia Antonovna, if that is so, then -- "
275.16 "The creature has done justice to himself," the
275.17 woman observed, as if thinking aloud.
275.18 "What? Ah yes! Remorse," Razumov muttered,
275.19 with equivocal contempt.
275.20 "Don't be harsh, Kirylo Sidorovitch, if you have
275.21 lost a friend." There was no hint of softness in her
275.22 tone, only the black glitter of her eyes seemed detached

for an instant from vengeful visions. "He was a man of the people. The simple Russian soul is never wholly impenitent. It's something to know that."

"Consoling?" insinuated Razumov, in a tone of inquiry.

"Leave off railing," she checked him explosively. "Remember, Razumov, that women, children, and revolutionists hate irony, which is the negation of all saving instincts, of all faith, of all devotion, of all action. Don't rail! Leave off. . . . I don't know how it is, but there are moments when you are abhorrent to me. . . ."

She averted her face. A languid silence, as if all the electricity of the situation had been discharged in this flash of passion, lasted for some time. Razumov had not flinched. Suddenly she laid the tips of her fingers on his sleeve.

"Don't mind."

"I don't mind," he said very quietly.

He was proud to feel that she could read nothing on his face. He was really mollified, relieved, if only for a moment, from an obscure oppression. And suddenly he asked himself, "why the devil did I go to that house? It was an imbecile thing to do."

A profound disgust came over him. Sophia Antonovna lingered, talking in a friendly manner with an evident conciliatory intention. And it was still about the famous letter, referring to various minute details given by her informant, who had never seen Ziemianitch. The "victim of remorse" had been buried several weeks before her correspondent began frequenting the house. It -- the house -- contained very good revolutionary material. The spirit of the heroic Haldin had passed through these dens of black wretchedness with a promise of universal redemption from all the miseries that oppress mankind. Razumov listened without hearing, gnawed by the newborn desire of safety with its independence from that degrading method of direct lying which at times he found it almost impossible to practice.

No. The point he wanted to hear about could never come into this conversation. There was no way of bringing it forward. He regretted not having composed a perfect story for use abroad, in which his fatal connexion with the house might have been owned up to. But when he left Russia he did not know that Ziemianitch had hanged himself. And, anyway, who could have foreseen this woman's "informant" stumbling upon that particular slum, of all the slums awaiting destruction in the purifying flame of social revolution? Who could have foreseen? Nobody! "It's a perfect, diabolic surprise," thought Razumov, calm-faced in his attitude of inscrutable superiority, nodding assent to Sophia Antonovna's remarks upon the psychology of "the people," "Oh yes -- certainly," rather coldly, but with a nervous longing in his fingers to tear some sort of confession out of her throat.

Then, at the very last, on the point of separating, the feeling of relaxed tension already upon him, he heard Sophia Antonovna allude to the subject of his uneasiness. How it came about he could only guess, his mind being absent at the moment, but it must have sprung from Sophia Antonovna's complaints of the illogical absurdity of the people. For instance -- that Ziemianitch was notoriously irreligious, and yet, in the last weeks of his life, he suffered from the notion that he had been beaten by the devil.

"The devil," repeated Razumov, as though he had not heard aright.

"The actual devil. The devil in person. You may well look astonished, Kirylo Sidorovitch. Early on the very night poor Haldin was taken, a complete stranger turned up and gave Ziemianitch a most fearful thrashing while he was lying dead-drunk in the stable. The wretched creature's body was one mass of bruises. He showed them to the people in the house."

"But you, Sophia Antonovna, you don't believe in the actual devil?"

"Do you?" retorted the woman curtly. "Not but that there are plenty of men worse than devils to make a hell of this earth," she muttered to herself.

Razumov watched her, vigorous and white-haired, with the deep fold between her thin eyebrows, and her black glance turned idly away. It was obvious that she did not make much of the story -- unless, indeed, this was the perfection of duplicity. "A dark young man," she explained further. "Never seen there before, never seen afterwards. Why are you smiling, Razumov?"

"At the devil being still young after all these ages," he answered composedly. "But who was able to describe him, since the victim, you say, was dead-drunk at the time?"

"Oh! The eating-house keeper has described him. An overbearing, swarthy young man in a student's cloak, who came rushing in, demanded Ziemianitch, beat him furiously, and rushed away without a word, leaving the eating-house keeper paralysed with astonishment."

"Does he, too, believe it was the devil?"

"That I can't say. I am told he's very reserved on the matter. Those sellers of spirits are great scoundrels generally. I should think he knows more of it than anybody."

"Well, and you, Sophia Antonovna, what's your theory?" asked Razumov in a tone of great interest.

"Yours and your informant's, who is on the spot."

"I agree with him. Some police-hound in disguise, who else could beat a helpless man so unmercifully? As for the rest, if they were out that day on every trail, old and new, it is probable enough that they might have thought it just as well to have Ziemianitch at hand for more information, or for identification, or what not. Some scoundrelly detective was sent to fetch him along, and being vexed at finding him so drunk broke a stable fork over his ribs. Later on, after they had the big game safe in the net, they troubled their heads no more about that peasant."

Such were the last words of the woman revolutionist in this conversation, keeping so close to the truth, departing from it so far in the verisimilitude of thoughts and conclusions as to give one the notion of the invincible nature of human error, a glimpse into the utmost depths of self-deception. Razumov, after shaking hands with Sophia Antonovna, left the grounds, crossed the road, and walking out on the little steamboat pier leaned over the rail.

His mind was at ease; ease such as he had not known for many days, ever since that night. . . the night. The conversation with the woman revolutionist had given him the view of his danger at the very moment this danger vanished, characteristically enough. "I ought to have foreseen the doubts that would arise in those people's minds," he thought. Then his attention being attracted by a stone of peculiar shape, which he could see clearly lying at the bottom, he began to speculate as to the depth of water in that spot. But very soon, with a start of wonder at this extraordinary instance of ill-timed detachment, he returned to his train of thought. "I ought to have told very circumstantial lies from the first," he said to himself, with a mortal distaste of the mere idea which silenced his mental utterance for quite a perceptible interval. "Luckily, that's all right now," he reflected, and after a time spoke to himself, half aloud, "Thanks to the devil," and laughed a little.

The end of Ziemianitch then arrested his wandering thoughts. He was not exactly amused at the interpretation, but he could not help detecting in it a certain piquancy. He owned to himself that, had he known of that suicide before leaving Russia, he would have been incapable of making such excellent use of it for his own purposes. He ought to be infinitely obliged to the fellow with the red nose for his patience and ingenuity. "A wonderful psychologist apparently," he said to himself sarcastically. "Remorse, indeed! It was a striking example of your true conspirator's blindness, of the stupid subtlety of people with one idea. This was a drama of love, not of conscience," Razumov continued to himself mockingly. "A robust peasant, clearly a rival, throwing him down a flight of stairs. . . . And at sixty, for a lifelong lover, it was not an easy matter to get over. That was a feminist of a different stamp from Peter Ivanovitch. Even the comfort of the bottle might conceivably fail him in this supreme crisis. At such an age nothing but a halter could cure the pangs of an unquenchable passion. And, besides, there was the wild exasperation aroused by the unjust aspersions and the contumely of the house, with the maddening impossibility to account for that mysterious thrashing, added to these simple and bitter sorrows."

"Devil, eh?" Razumov exclaimed, with mental excitement, as if he had made an interesting discovery. "Ziemianitch ended by falling into mysticism. So many of our true Russian souls end in that way! Very characteristic." He felt pity for Ziemianitch, a large neutral pity, such as one may feel for an unconscious multitude, a great people seen from above -- like a community of crawling ants working out its destiny. It was as if this Ziemianitch could not possibly have done anything else. And Sophia Antonovna's cocksure and contemptuous "some police-hound" was characteristically Russian in another way. But there was no tragedy there. This was a comedy of errors. It was as if the devil himself were playing a game with all of them in turn. First with him, then with Ziemianitch, then with these revolutionists. The devil's own game this. . . . He interrupted his earnest mental soliloquy with a jocular thought at his own expense. "Hallo! I am falling into mysticism too."

His mind was more at ease than ever. Turning about he put his back against the rail comfortably. "All this fits with marvelous aptness," he continued to think. "The brilliance of my reputed exploit is no longer darkened by the fate of my supposed colleague. The mystic Ziemianitch accounts for that. An incredible chance has served me. No more need of lies. I shall have only to listen and to keep my scorn from getting the upper hand of my caution."

He sighed, folded his arms, his chin dropped on his breast, and it was a long time before he started forward from that pose, with the recollection that he had made up his mind to do something important that day. What it was he could not immediately recall, yet he made no effort of memory, for he was uneasily certain that he would remember presently.

He had not gone more than a hundred yards towards the town when he slowed down, almost faltered in his walk, at the sight of a figure walking in the contrary direction, draped in a cloak, under a soft, broad-brimmed hat, picturesque but diminutive, as if seen through the big end of an opera-glass. It was impossible to avoid that tiny man, for there was no issue for retreat.

"Another one going to that mysterious meeting," thought Razumov. He was right in his surmise, only this one, unlike the others who came from a distance, was known to him personally. Still, he hoped to pass on with a mere bow, but it was impossible to ignore the little thin hand with hairy wrist and knuckles protruded in a friendly wave from under the folds of the cloak, worn Spanish-wise, in disregard of a fairly warm day, a corner flung over the shoulder.

"And how is Herr Razumov?" sounded the greeting in German, by that alone made more odious to the object of the affable recognition. At closer quarters the diminutive personage looked like a reduction of an ordinary-sized man, with a lofty brow bared for a moment by the raising of the hat, the great pepper-and-salt full beard spread over the proportionally broad chest. A fine bold nose jutted over a thin mouth hidden in the mass of fine hair. All this, accented features, strong limbs in their relative smallness, appeared delicate without the slightest sign of debility. The eyes alone, almond-shaped and brown, were too big, with the whites slightly bloodshot by much pen labour under a lamp. The obscure celebrity of the tiny man was well known to Razumov. Polyglot, of unknown parentage, of indefinite nationality, anarchist, with a pedantic and ferocious temperament, and an amazingly inflammatory capacity for invective, he was a power in the background, this violent pamphleteer clamouring for revolutionary justice, this Julius Laspara, editor of the Living~ Word~, confidant of conspirators, inditer of sanguinary menaces and manifestos, suspected of being in the secret of every plot. Laspara lived in the old town in a sombre, narrow house presented to him by a naive middle-class admirer of his humanitarian eloquence. With him lived his two daughters, who overtopped him head and shoulders, and a pasty-faced, lean boy of six, languishing in the dark rooms in blue cotton overalls and clumsy boots, who might have belonged to either one of them or to neither. No stranger could tell. Julius Laspara no doubt knew which of his girls it was who, after casually vanishing for a few years, had as casually returned to him possessed of that child; but, with admirable pedantry, he had refrained from asking her for details -- no, not so much as the name of the father, because maternity should be an anarchist function. Razumov had been admitted twice to that suite of several small dark rooms on the top floor: dusty windowpanes, litter of all sorts of sweepings all over the place, half-full glasses of tea forgotten on every table, the two Laspara daughters prowling about enigmatically silent, sleepy-eyed, corsetless, and generally, in their want of shape and the disorder of their rumpled attire, resembling old dolls; the great but obscure Julius, his feet twisted round his three-legged stool, always ready to receive the visitors, the pen instantly dropped, the body screwed round with a striking display of the lofty brow and the great austere beard. When he got down from his stool it was as though he had descended from the heights of Olympus. He was dwarfed by his daughters, by the furniture, by any caller of ordinary stature. But he very seldom left it, and still more rarely was seen walking in broad daylight.

It must have been some matter of serious importance which had driven him out in that direction that afternoon. Evidently he wished to be amiable to that young man whose arrival had made some sensation in the world of political refugees. In Russian now, which he spoke, as he spoke and wrote four or five other European languages, without distinction and without force /other than that of invective/, he inquired if Razumov had taken his inscriptions at the University as yet. And the young man, shaking his head negatively --

"There~s plenty of time for that. But, meantime, are you not going to write something for us?"

He could not understand how any one could refrain from writing on anything, social, economic, historical -- anything. Any subject could be treated in the right spirit, and for the ends of social revolution. And, as it happened, a friend of his in London had got in touch with a review of advanced ideas. "We must educate, educate everybody -- develop the great thought of absolute liberty and of revolutionary justice."

Razumov muttered rather surlily that he did not even know English.

"Write in Russian. We~ll have it translated. There can be no difficulty. Why, without seeking further, there is Miss Haldin. My daughters go to see her sometimes." He nodded significantly. "She does nothing, has never done anything in her life. She would be quite competent, with a little assistance. Only write. You know you must. And so good-bye for the present."

He raised his arm and went on. Razumov backed against the low wall, looked after him, spat violently, and went on his way with an angry mutter --

"Cursed Jew!"

He did not know anything about it. Julius Laspara might have been a Transylvanian, a Turk, an Andalusian, or a citizen of one of the Hanse towns for anything he could tell to the contrary. But this is not a story of the West, and this exclamation must be recorded, accompanied by the comment that it was merely an expression of hate and contempt, best adapted to the nature of the feelings Razumov suffered from at the time. He was boiling with rage, as though he had been grossly insulted. He walked as if blind, following instinctively the shore of the diminutive harbour along the quay, through a pretty, dull garden, where dull people sat on chairs under the trees, till, his fury abandoning him, he discovered himself in the middle of a long, broad bridge. He slowed down at once. To his right, beyond the toy-like jetties, he saw the green slopes framing the Petit Lac in all the marvellous banality of the picturesque made of painted cardboard, with the more distant stretch of water inanimate and shining like a piece of tin.

He turned his head away from that view for the tourists, and walked on slowly, his eyes fixed on the ground. One or two persons had to get out of his way, and then turned round to give a surprised stare to his profound absorption. The insistence of the celebrated subversive journalist rankled in his mind strangely. Write. Must write! He! Write! A sudden light flashed upon him. To write was the very thing he had made up his mind to do that day. He had made up his mind irrevocably to that step and then had forgotten all about it. That incorrigible tendency to escape from the grip of the situation was fraught with serious danger. He was ready to despise himself for it. What was it? Levity, or deep-seated weakness? Or an unconscious dread?

"Is it that I am shrinking? It can~t be! It~s impossible. To shrink now would be worse than moral suicide; it would be nothing less than moral damnation," he thought. "Is it possible that I have a conventional conscience?"

He rejected that hypothesis with scorn, and, checked on the edge of the pavement, made ready to cross the road and proceed up the wide street facing the head of the bridge; and that for no other reason except that it was there before him. But at the moment a couple of carriages and a slow-moving cart interposed, and suddenly he turned sharp to the left, following the quay again, but now away from the lake.

"It may be just my health," he thought, allowing himself a very unusual doubt of his soundness; for, with the exception of a childish ailment or two, he had never been ill in his life. But that was a danger, too. Only, it seemed as though he were being looked after in a specially remarkable way. "If I believed in an active Providence," Razumov said to himself, amused grimly, "I would see here the working of an ironical finger. To have a Julius Laspara put in my way as if expressly to remind me of my purpose is -- write, he had said. I must write -- I must, indeed! I shall write -- never fear. Certainly. That~s why I am here. And for the future I shall have something to write about."

He was exciting himself by this mental soliloquy. But the idea of writing evoked the thought of a place to write in, of shelter, of privacy, and naturally of his lodgings, mingled with a distaste for the necessary exertion of getting there, with a mistrust of some hostile influence awaiting him within those odious four walls.

"Suppose one of these revolutionists," he asked himself, "were to take a fancy to call on me while I am writing?" The mere prospect of such an interruption made him shudder. One could lock one~s door, or ask the tobacconist downstairs /some sort of a refugee himself/ to tell inquirers that one was not in. Not very good precautions those. The manner of his life, he felt, must be kept clear of every cause for suspicion or even occasion for wonder, down to such trifling occurrences as a delay in opening a locked door. "I wish I were in the middle of some field miles away from everywhere," he thought.

He had unconsciously turned to the left once more and now was aware of being on a bridge again. This one was much narrower than the other, and instead of being straight, made a sort of elbow or angle. At the point of that angle a short arm joined it to a hexagonal islet with a soil of gravel and its shores faced with dressed stone, a perfection of puerile neatness. A couple of tall poplars and a few other trees stood grouped on the clean, dark gravel, and under them a few garden benches and a bronze effigy of Jean Jacques Rousseau seated on its pedestal.

On setting his foot on it Razumov became aware that, except for the woman in charge of the refreshment chalet, he would be alone on the island. There was something of naive, odious, and inane simplicity about that unfrequented tiny crumb of earth named after Jean Jacques Rousseau. Something pretentious and shabby, too. He asked for a glass of milk, which he drank standing, at one draught /nothing but tea had passed his lips since the morning/, and was going away with a weary, lagging step when a thought stopped him short. He had found precisely what he needed. If solitude could ever be secured in the open air in the middle of a town, he would have it there on this absurd island, together with the faculty of watching the only approach. He went back heavily to a garden seat, dropped into it. This was the place for making a beginning of that writing which had to be done. The materials he had on him. "I shall always come here," he said to himself, and afterwards sat for quite a long time motionless, without thought and sight and hearing, almost without life. He sat long enough for the declining sun to dip behind the roofs of the town at his back, and throw the shadow of the houses on the lake front over the islet, before he pulled out of his pocket a fountain pen, opened a small notebook on his knee, and began to write quickly, raising his eyes now and then at the connecting arm of the bridge. These glances were needless; the people crossing over in the distance seemed unwilling even to look at the islet where the exiled effigy of the author of the Social~ Contract~ sat enthroned above the bowed head of Razumov in the sombre immobility of bronze. After finishing his scribbling, Razumov, with a sort of feverish haste, put away the pen, then rammed the notebook into his pocket, first tearing out the written pages with an almost convulsive brusqueness. But the folding of the flimsy batch on his knee was executed with thoughtful nicety. That done, he leaned back in his seat and remained motionless, the papers holding in his left hand. The twilight had deepened. He got up and began to pace to and fro slowly under the trees.

"There can be no doubt that now I am safe," he thought. His fine ear could detect the faintly accentuated murmurs of the current breaking against the point of the island, and he forgot himself in listening to them with interest. But even to his acute sense of hearing the sound was too elusive.

"Extraordinary occupation I am giving myself up

288.12 to," he murmured. And it occurred to him that this
288.13 was about the only sound he could listen to innocently,
288.14 and for his own pleasure, as it were. Yes, the sound of
288.15 water, the voice of the wind -- completely foreign to
288.16 human passions. All the other sounds of this earth
288.17 brought contamination to the solitude of a soul.
288.18 This was Mr. Razumov's feeling, the soul, of course,
288.19 being his own, and the word being used not in the
288.20 theological sense, but standing, as far as I can under-
288.21 stand it, for that part of Mr. Razumov which was not
288.22 his body, and more specially in danger from the fires of
288.23 this earth. And it must be admitted that in Mr.
288.24 Razumov's case the bitterness of solitude from which he
288.25 suffered was not an altogether morbid phenomenon.
289.01 PART FOUR
289.02 (I)
289.03 That I should, at the beginning of this retrospect,
289.04 mention again that Mr. Razumov's youth had no
289.05 one in the world, as literally no one as it can be honestly
289.06 affirmed of any human being, is but a statement of fact
289.07 from a man who believes in the psychological value of
289.08 facts. There is also, perhaps, a desire of punctilious
289.09 fairness. Unidentified with anyone in this narrative
289.10 where the aspects of honour and shame are remote from
289.11 the ideas of the Western world, and taking my stand on
289.12 the ground of common humanity, it is for that very
289.13 reason that I feel a strange reluctance to state baldly
289.14 here what every reader has most likely already dis-
289.15 covered himself. Such reluctance may appear absurd if
289.16 it were not for the thought that because of the imper-
289.17 fection of language there is always something ungracious
289.18 /and even disgraceful/ in the exhibition of naked truth.
289.19 But the time has come when Councillor of State Mikulin
289.20 can no longer be ignored. His simple question "where
289.21 to?" on which we left Mr. Razumov in St. Petersburg,
289.22 throws a light on the general meaning of this individual
289.23 case.
289.24 "Where to?" was the answer in the form of a
289.25 gentle question to what we may call Mr. Razumov's
289.26 declaration of independence. The question was not
289.27 menacing in the least and, indeed, had the ring of
289.28 innocent inquiry. Had it been taken in a merely topo-
290.01 graphical sense, the only answer to it would have
290.02 appeared sufficiently appalling to Mr. Razumov. Where
290.03 to? Back to his rooms, where the Revolution had
290.04 sought him out to put to a sudden test his dormant in-
290.05 stincts, his half-conscious thoughts and almost wholly
290.06 unconscious ambitions, by the touch as of some furious
290.07 and dogmatic religion, with its call to frantic sacrifices,
290.08 its tender resignations, its dreams and hopes uplifting the
290.09 soul by the side of the most sombre moods of despair.
290.10 And Mr. Razumov had let go the door-handle and
290.11 had come back to the middle of the room, asking Councillor
290.12 Mikulin angrily, "What do you mean by it?"
290.13 As far as I can tell, Councillor Mikulin did not
290.14 answer that question. He drew Mr. Razumov into familiar
290.15 conversation. It is the peculiarity of Russian natures
290.16 that, however strongly engaged in the drama of action,
290.17 they are still turning their ear to the murmur of abstract
290.18 ideas. This conversation /and others later on/ need not
290.19 be recorded. Suffice it to say that it brought Mr.
290.20 Razumov as we know him to the test of another faith.
290.21 There was nothing official in its expression, and Mr.
290.22 Razumov was led to defend his attitude of detachment.
290.23 But Councillor Mikulin would have none of his argu-
290.24 ments. "For a man like you," were his last weighty
290.25 words in the discussion, "such a position is impossible.
290.26 Don't forget that I have seen that interesting piece of
290.27 paper. I understand your liberalism. I have an intel-
290.28 lect of that kind myself. Reform for me is mainly a
290.29 question of method. But the principle of revolt is a
290.30 physical intoxication, a sort of hysteria which must be
290.31 kept away from the masses. You agree to this without
290.32 reserve, don't you? Because, you see, Kirylo Sidorovitch,
290.33 abstention, reserve, in certain situations, come very near
290.34 to political crime. The ancient Greeks understood that
290.35 very well."
291.01 Mr. Razumov, listening with a faint smile, asked
291.02 Councillor Mikulin point-blank if this meant that he was
291.03 going to have him watched.
291.04 The high official took no offence at the cynical in-
291.05 quiry.
291.06 "No, Kirylo Sidorovitch," he answered gravely. "I
291.07 don't mean to have you watched."
291.08 Razumov, suspecting a lie, affected yet the greatest
291.09 liberty of mind during the short remainder of that inter-
291.10 view. The older man expressed himself throughout in
291.11 familiar terms, and with a sort of shrewd simplicity.
291.12 Razumov concluded that to get to the bottom of that
291.13 mind was an impossible feat. A great disquiet made
291.14 his heart beat quicker. The high official, issuing from
291.15 behind the desk, was actually offering to shake hands
291.16 with him.
291.17 "Good-bye, Mr. Razumov. An understanding be-
291.18 tween intelligent men is always a satisfactory occurrence.
291.19 Is it not? And, of course, these rebel gentlemen have
291.20 not the monopoly of intelligence."
291.21 "I presume that I shall not be wanted any more?"
291.22 Razumov brought out that question while his hand was
291.23 still being grasped. Councillor Mikulin released it slowly.
291.24 "That, Mr. Razumov," he said with great earnestness,
291.25 "is as it may be. God alone knows the future. But
291.26 you may rest assured that I never thought of having you
291.27 watched. You are a young man of great independence.
291.28 Yes. You are going away free as air, but you shall end
291.29 by coming back to us."
291.30 "I! I!" Razumov exclaimed in an appalled murmur
291.31 of protest. "What for?" he added feebly.
291.32 "Yes! You yourself, Kirylo Sidorovitch," the high
291.33 police functionary insisted in a low, severe tone of con-
291.34 viction. "You shall be coming back to us. Some of
291.35 our greatest minds had to do that in the end."
292.01 "Our greatest minds," repeated Razumov in a dazed
292.02 voice.
292.03 "Yes, indeed! Our greatest minds. . . . Good-bye."
292.04 Razumov, shown out of the room, walked away from
292.05 the door. But before he got to the end of the passage
292.06 he heard heavy footsteps, and a voice calling upon him
292.07 to stop. He turned his head and was startled to see
292.08 Councillor Mikulin pursuing him in person. The high
292.09 functionary hurried up, very simple, slightly out of breath.
292.10 "One minute. As to what we were talking about
292.11 just now, it shall be as God wills it. But I may have
292.12 occasion to require you again. You look surprised,
292.13 Kirylo Sidorovitch. Yes, again . . . to clear up any
292.14 further point that may turn up."
292.15 "But I don't know anything," stammered out
292.16 Razumov. "I couldn't possibly know anything."
292.17 "Who can tell? Things are ordered in a wonderful
292.18 manner. Who can tell what may' become disclosed to
292.19 you before this day is out? You have been already the
292.20 instrument of Providence. You smile, Kirylo Sidoro-
292.21 vitch; you are an esprit' fort'." /Razumov was not
292.22 conscious of having smiled./ "But I believe firmly in
292.23 Providence. Such a confession on the lips of an old
292.24 hardened official like me may sound to you funny. But
292.25 you yourself yet some day shall recognize . . . Or else
292.26 what happened to you cannot be accounted for at all.
292.27 Yes, decidedly I shall have occasion to see you again, but
292.28 not here. This wouldn't be quite -- h'm . . . Some
292.29 convenient place shall be made known to you. And
292.30 even the written communications between us in that' re-
292.31 spect or in any other had better pass through the inter-
292.32 mediacy of our -- if I may express myself so -- common
292.33 friend, Prince K -- . Now I beg you, Kirylo Sidoro-
292.34 vitch -- don't! I am certain he'll consent. You must
292.35 give me the credit of being aware of what I am saying.
293.01 You have no better friend than Prince K -- , and as to
293.02 myself it is a long time now since I've been honoured by
293.03 his. . ."
293.04 He glanced down his beard.
293.05 "I won't detain you any longer. We live in difficult
293.06 times, in times of monstrous chimeras and evil dreams
293.07 and criminal follies. We shall certainly meet once more.
293.08 It may be some little time, though, before we do. Till
293.09 then may Heaven send you fruitful reflections!"
293.10 Once in the street, Razumov started off rapidly,
293.11 without caring for the direction. At first he thought of
293.12 nothing; but in a little while the consciousness of his
293.13 position presented itself to him as something so ugly,
293.14 dangerous, and absurd, the difficulty of ever freeing
293.15 himself from the toils of that complication so insoluble,
293.16 that the idea of going back and, as he termed it to
293.17 himself, confessing' to Councillor Mikulin flashed through
293.18 his mind.
293.19 Go back! What for? Confess! To what? "I
293.20 have been speaking to him with the greatest openness,"
293.21 he said to himself with perfect truth. "What else could
293.22 I tell him? That I have undertaken to carry a message
293.23 to that brute Ziemianitch? Establish a false complicity
293.24 and destroy what chance of safety I have won for nothing
293.25 -- what folly!"
293.26 Yet he could not defend himself from fancying that
293.27 Councillor Mikulin was, perhaps, the only man in the
293.28 world able to understand his conduct. To be understood
293.29 appeared extremely fascinating.
293.30 On the way home he had to stop several times; all
293.31 his strength seemed to run out of his limbs; and in the
293.32 movement of the busy streets, isolated as if in a desert,
293.33 he remained suddenly motionless for a minute or so
293.34 before he could proceed on his way. He reached his
293.35 rooms at last.
294.01 Then came an illness, something in the nature of a
294.02 low fever, which all at once removed him to a great dis-
294.03 tance from the perplexing actualities, from his very
294.04 room, even. He never lost consciousness; he only
294.05 seemed to himself to be existing languidly somewhere
294.06 very far away from everything that had ever happened
294.07 to him. He came out of this state slowly, with an effect,
294.08 that is to say, of extreme slowness, though the actual
294.09 number of days was not very great. And when he had
294.10 got back into the middle of things they were all changed,
294.11 subtly and provokingly in their nature: inanimate objects,
294.12 human faces, the landlady, the rustic servant-girl, the
294.13 staircase, the streets, the very air. He tackled these
294.14 changed conditions in a spirit of severity. He walked
294.15 to and fro to the University, ascended stairs, paced the
294.16 passages, listened to lectures, took notes, crossed court-
294.17 yards in angry aloofness, his teeth set hard till his jaws
294.18 ached.
294.19 He was perfectly aware of madcap Kostia gazing
294.20 like a young retriever from a distance, of the famished
294.21 student with the red drooping nose, keeping scrupulously
294.22 away as desired; of twenty others, perhaps, he knew
294.23 well enough to speak to. And they all had an air of
294.24 curiosity and concern as if they expected something to
294.25 happen. "This can't last much longer," thought Razu-
294.26 mov more than once. On certain days he was afraid
294.27 that anyone addressing him suddenly in a certain way
294.28 would make him scream out insanely a lot of filthy
294.29 abuse. Often, after returning home, he would drop into
294.30 a chair in his cap and cloak and remain still for hours
294.31 holding some book he had got from the library in his
294.32 hand; or he would pick up the little penknife and sit
294.33 there scraping his nails endlessly and feeling furious all
294.34 the time -- simply furious. "This is impossible," he
294.35 would mutter suddenly to the empty room.
295.01 Fact to be noted: this room might conceivably have
295.02 become physically repugnant to him, emotionally intoler-
295.03 able, morally uninhabitable. But no. Nothing of the
295.04 sort /and he had himself dreaded it at first/, nothing of
295.05 the sort happened. On the contrary, he liked his

295.06 lodgings better than any other shelter he, who had
295.07 never known a home, had ever hired before. He liked
295.08 his lodgings so well that often, on that very account, he
295.09 found a certain difficulty in making up his mind to go
295.10 out. It resembled a physical seduction such as, for
295.11 instance, makes a man reluctant to leave the neighbour-
295.12 hood of a fire on a cold day.
295.13 For as, at that time, he seldom stirred except to go
295.14 to the University /what else was there to do?/ it followed
295.15 that whenever he went abroad he felt himself at once
295.16 closely involved in the moral consequences of his act.
295.17 It was there that the dark prestige of the Haldin mystery
295.18 fell on him, clung to him like a poisoned robe it was
295.19 impossible to fling off. He suffered from it exceedingly,
295.20 as well as from the conversational, commonplace, un-
295.21 avoidable intercourse with the other kind of students.
295.22 "They must be wondering at the change in me," he
295.23 reflected anxiously. He had an uneasy recollection of
295.24 having savagely told one or two innocent, nice enough
295.25 fellows to go to the devil. Once a married professor he
295.26 used to call upon formerly addressed him in passing:
295.27 "How is it we never see you at our Wednesdays now,
295.28 Kirylo Sidorovitch?" Razumov was conscious of meet-
295.29 ing this advance with odious, muttering boorishness.
295.30 The professor was obviously too astonished to be offended.
295.31 All this was bad. And all this was Haldin, always
295.32 Haldin -- nothing but Haldin -- everywhere Haldin: a
295.33 moral spectre infinitely more effective than any visible
295.34 apparition of the dead. It was only the room through
295.35 which that man had blundered on his way from crime to
296.01 death that his spectre did not seem to be able to haunt.
296.02 Not, to be exact, that he was ever completely absent
296.03 from it, but that there he had no sort of power. There
296.04 it was Razumov who had the upper hand, in a com-
296.05 posed sense of his own superiority. A vanquished
296.06 phantom -- nothing more. Often in the evening, his
296.07 repaired watch faintly ticking on the table by the side of
296.08 the lighted lamp, Razumov would look up from his
296.09 writing and stare at the bed with an expectant, dis-
296.10 passionate attention. Nothing was to be seen there.
296.11 He never really supposed that anything ever could be
296.12 seen there. After a while he would shrug his shoulders
296.13 slightly and bend again over his work. For he had gone
296.14 to work and, at first, with some success. His unwilling-
296.15 ness to leave that place where he was safe from Haldin
296.16 grew so strong that at last he ceased to go out at all.
296.17 From early morning till far into the night he wrote, he
296.18 wrote for nearly a week; never looking at the time, and
296.19 only throwing himself on the bed when he could keep his
296.20 eyes open no longer. Then, one afternoon, quite casually,
296.21 he happened to glance at his watch. He laid down his
296.22 pen slowly.
296.23 "At this very hour," was his thought, "the fellow
296.24 stole unseen into this room while I was out. And there
296.25 he sat quiet as a mouse -- perhaps in this very chair."
296.26 Razumov got up and began to pace the floor steadily,
296.27 glancing at the watch now and then. "This is the time
296.28 when I returned and found him standing against the
296.29 stove," he observed to himself. When it grew dark he
296.30 lit his lamp. Later on he interrupted his tramping once
296.31 more, only to wave away angrily the girl who attempted
296.32 to enter the room with tea and something to eat on a
296.33 tray. And presently he noted the watch pointing at the
296.34 hour of his own going forth into the falling snow on that
296.35 terrible errand.
297.01 "Complicity," he muttered faintly, and resumed his
297.02 pacing, keeping his eye on the hands as they crept on
297.03 slowly to the time of his return.
297.04 "And, after all," he thought suddenly, "I might have
297.05 been the chosen instrument of Providence. This is a
297.06 manner of speaking, but there may be truth in every
297.07 manner of speaking. What if that absurd saying were
297.08 true in its essence?"
297.09 He meditated for a while, then sat down, his legs
297.10 stretched out, with stony eyes, and with his arms hang-
297.11 ing down on each side of the chair like a man totally
297.12 abandoned by Providence -- desolate.
297.13 He noted the time of Haldin's departure and con-
297.14 tinued to sit still for another half-hour; then muttering,
297.15 "And now to work," drew up to the table, seized the
297.16 pen and instantly dropped it under the influence of a
297.17 profoundly disquieting reflection: "There's three weeks
297.18 gone by and no word from Mikulin."
297.19 What did it mean? Was he forgotten? Pos-
297.20 sibly. Then why not remain forgotten -- creep in
297.21 somewhere? Hide. But where? How? With
297.22 whom? In what hole? And was it to be for ever,
297.23 or what?
297.24 But a retreat was big with shadowy dangers. The
297.25 eye of the social revolution was on him, and Razumov
297.26 for a moment felt an unnamed and despairing dread,
297.27 mingled with an odious sense of humiliation. Was it
297.28 possible that he no longer belonged to himself? This
297.29 was damnable. But why not simply keep on as before?
297.30 Study. Advance. Work hard as if nothing had hap-
297.31 pened /and first of all win the Silver Medal/, acquire
297.32 distinction, become a great reforming servant of the
297.33 greatest of States. Servant, too, of the mightiest homo-
297.34 geneous mass of mankind with a capability for logical,
297.35 guided development in a brotherly solidarity of force and
298.01 aim such as the world had never dreamt of . . . the
298.02 Russian nation! . . .
298.03 Calm, resolved, steady in his great purpose, he was
298.04 stretching his hand towards the pen when he happened
298.05 to glance towards the bed. He rushed at it, enraged,
298.06 with a mental scream: "It's you, crazy fanatic, who
298.07 stands in the way!" He flung the pillow on the floor
298.08 violently, tore the blankets aside. . . . Nothing there.
298.09 And, turning away, he caught for an instant in the air,
298.10 like a vivid detail in a dissolving view of two heads, the
298.11 eyes of General T -- and of Privy-Councillor Mikulin

298.12 side by side fixed upon him, quite different in character,
298.13 but with the same unflinching and weary and yet pur-
298.14 poseful expression. . . . servants of the nation!
298.15 Razumov tottered to the washstand very alarmed
298.16 about himself, drank some water and bathed his fore-
298.17 head. "This will pass and leave no trace," he thought
298.18 confidently. "I am all right." But as to supposing
298.19 that he had been forgotten it was perfect nonsense. He
298.20 was a marked man on that side. And that was nothing.
298.21 It was what that miserable phantom stood for which had
298.22 to be got out of the way. . . . "If one only could go
298.23 and spit it all out at some of them -- and take the conse-
298.24 quences."
298.25 He imagined himself accosting the red-nosed student
298.26 and suddenly shaking his fist in his face. "From that
298.27 one, though," he reflected, "there's nothing to be got,
298.28 because he has no mind of his own. He's living in a
298.29 red democratic trance. Ah! you want to smash your
298.30 way into universal happiness, my boy. I will give you
298.31 universal happiness, you silly, hypnotized ghoul, you!
298.32 And what about my own happiness, eh? Haven't I got
298.33 any right to it, just because I can think for myself? . . ."
298.34 And again, but with a different mental accent,
298.35 Razumov said to himself, "I am young. Everything
299.01 can be lived down." At that moment he was crossing
299.02 the room slowly, intending to sit down on the sofa and
299.03 try to compose his thoughts. But before he had got so
299.04 far everything abandoned him -- hope, courage, belief in
299.05 himself, trust in men. His heart had, as it were, suddenly
299.06 emptied itself. It was no use struggling on. Rest,
299.07 work, solitude, and the frankness of intercourse with his
299.08 kind were alike forbidden to him. Everything was gone.
299.09 His existence was a great cold blank, something like the
299.10 enormous plain of the whole of Russia levelled with snow
299.11 and fading gradually on all sides into shadows and
299.12 mists.
299.13 He sat down, with swimming head, closed his eyes,
299.14 and remained like that, sitting bolt upright on the sofa
299.15 and perfectly awake for the rest of the night; till the
299.16 girl bustling into the outer room with the samovar
299.17 thumped with her fist on the door, calling out, "Kirylo
299.18 Sidorovitch, please! It is time for you to get up!"
299.19 Then, pale like a corpse obeying the dread summons
299.20 of judgement, Razumov opened his eyes and got up.
299.21 Nobody will be surprised to hear, I suppose, that
299.22 when the summons came he went to see Councillor
299.23 Mikulin. It came that very morning, while, looking
299.24 white and shaky, like an invalid just out of bed, he was
299.25 trying to shave himself. The envelope was addressed in
299.26 the little attorney's handwriting. That envelope con-
299.27 tained another, superscribed to Razumov in Prince
299.28 K--'s hand, with the request "Please forward under
299.29 cover at once" in a corner. The note inside was an
299.30 autograph of Councillor Mikulin. The writer stated
299.31 candidly that nothing had arisen which needed clearing
299.32 up, but nevertheless appointed a meeting with Mr.
299.33 Razumov at a certain address in town which seemed to
299.34 be that of an oculist.
300.01 Razumov read it, finished shaving, dressed, looked at
300.02 the note again, and muttered gloomily, "Oculist." He
300.03 pondered over it for a time, lit a match, and burned the
300.04 two envelopes and the enclosure carefully. Afterwards
300.05 he waited, sitting perfectly idle and not even looking at
300.06 anything in particular till the appointed hour drew near
300.07 -- and then went out.
300.08 Whether, looking at the unofficial character of the
300.09 summons, he might have refrained from attending to it
300.10 is hard to say. Probably not. At any rate, he went;
300.11 but, what's more, he went with a certain eagerness,
300.12 which may appear incredible till it is remembered that
300.13 Councillor Mikulin was the only person on earth with
300.14 whom Razumov could talk, taking the Haldin adventure
300.15 for granted. And Haldin, when once taken for granted,
300.16 was no longer a haunting, falsehood-breeding spectre.
300.17 Whatever troubling power he exercised in all the other
300.18 places of the earth, Razumov knew very well that at
300.19 this oculist's address he would be merely the hanged
300.20 murderer of M. de P -- and nothing more. For the
300.21 dead can live only with the exact intensity and quality
300.22 of the life imparted to them by the living. So Mr.
300.23 Razumov, certain of relief, went to meet Councillor
300.24 Mikulin with the eagerness of a pursued person
300.25 welcoming any sort of shelter.
300.26 This much said, there is no need to tell anything
300.27 more of that first interview and of the several others.
300.28 To the morality of a Western reader an account of these
300.29 meetings would wear perhaps the sinister character of
300.30 old legendary tales where the Enemy of Mankind is
300.31 represented holding subtly mendacious dialogues with
300.32 some tempted soul. It is not my part to protest. Let
300.33 me but remark that the Evil One, with his single passion
300.34 of satanic pride for the only motive, is yet, on a larger,
300.35 modern view, allowed to be not quite so black as he used
301.01 to be painted. With what greater latitude, then, should
301.02 we appraise the exact shade of mere mortal man,
301.03 with his many passions and his miserable ingenuity
301.04 in error, always dazzled by the base glitter of mixed
301.05 motives, everlastingly betrayed by a short-sighted
301.06 wisdom.
301.07 Councillor Mikulin was one of those powerful officials
301.08 who, in a position not obscure, not occult, but simply
301.09 inconspicuous, exercise a great influence over the methods
301.10 rather than over the conduct of affairs. A devotion to
301.11 Church and Throne is not in itself a criminal sentiment;
301.12 to prefer the will of one to the will of many does not
301.13 argue the possession of a black heart or prove congenital
301.14 idiocy. Councillor Mikulin was not only a clever but
301.15 also a faithful official. Privately he was a bachelor with a
301.16 love of comfort, living alone in an apartment of five
301.17 rooms luxuriously furnished; and was known by his
301.18 intimates to be an enlightened patron of the art of

301.19 female dancing. Later on the larger world first heard
301.20 of him in the very hour of his downfall, during one of
301.21 those State trials which astonish and puzzle the average
301.22 plain man who reads the newspapers, by a glimpse of
301.23 unsuspected intrigues. And in the stir of vaguely seen
301.24 monstrosities, in that momentary, mysterious disturbance
301.25 of muddy waters, Councillor Mikulin went under,
301.26 dignified, with only a calm, emphatic protest of his
301.27 innocence -- nothing more. No disclosures damaging to
301.28 a harrassed autocracy, complete fidelity to the secrets of
301.29 the miserable arcana´ imperii´ deposited in his patriotic
301.30 breast, a display of bureaucratic stoicism in a Russian
301.31 official´s ineradicable, almost sublime contempt for truth;
301.32 stoicism of silence understood only by the very few of
301.33 the initiated, and not without a certain cynical grandeur
301.34 of self-sacrifice on the part of a sybarite. For the terribly
301.35 heavy sentence turned Councillor Mikulin civilly into a
302.01 corpse, and actually into something very much like a
302.02 common convict.
302.03 It seems that the savage autocracy, no more than
302.04 the divine democracy, does not limit its diet exclusively
302.05 to the bodies of its enemies. It devours its friends and
302.06 servants as well. The downfall of His Excellency
302.07 Gregory Gregorievitch Mikulin /which did not occur
302.08 till some years later/ completes all that is known of the
302.09 man. But at the time of M. de P--´s murder /or
302.10 execution/ Councillor Mikulin, under the modest style of
302.11 Head of Department at the General Secretariat, exer-
302.12 cised a wide influence as the confidant and right-hand
302.13 man of his former schoolfellow and lifelong friend,
302.14 General T -- . One can imagine them talking over
302.15 the case of Mr. Razumov, with the full sense of their
302.16 unbounded power over all the lives in Russia, with
302.17 cursory disdain, like two Olympians glancing at a
302.18 worm. The relationship with Prince K -- was enough
302.19 to save Razumov from some carelessly arbitrary pro-
302.20 ceeding, and it is also very probable that after the
302.21 interview at the Secretariat he would have been left
302.22 alone. Councillor Mikulin would not have forgotten
302.23 him /he forgot no one who ever fell under his obser-
302.24 vation/, but would have simply dropped him for ever.
302.25 Councillor Mikulin was a good-natured man and wished
302.26 no harm to anyone. Besides /with his own reforming
302.27 tendencies/ he was favourably impressed by that young
302.28 student, the son of Prince K -- , and apparently no
302.29 fool.
302.30 But as fate would have it, while Mr. Razumov was
302.31 finding that no way of life was possible to him, Councillor
302.32 Mikulin´s discreet abilities were rewarded by a very
302.33 responsible post -- nothing less than the direction of the
302.34 general police supervision over Europe. And it was
302.35 then, and then only, when taking in hand the perfecting
303.01 of the service which watches the revolutionist activities
303.02 abroad, that he thought again of Mr. Razumov. He
303.03 saw great possibilities of special usefulness in that
303.04 uncommon young man on whom he had a hold already,
303.05 with his peculiar temperament, his unsettled mind and
303.06 shaken conscience, a struggling in the toils of a false
303.07 position. . . . It was as if the revolutionists themselves
303.08 had put into his hand that tool so much finer than the
303.09 common base instruments, so perfectly fitted, if only
303.10 vested with sufficient credit, to penetrate into places
303.11 inaccessible to common informers. Providential! Pro-
303.12 vidential! And Prince K -- , taken into the secret,
303.13 was ready enough to adopt that mystical view too.
303.14 "It will be necessary, though, to make a career for him
303.15 afterwards," he had stipulated anxiously. "Oh! abso-
303.16 lutely. We shall make that our affair," Mikulin had
303.17 agreed. Prince K--´s mysticism was of an artless
303.18 kind; but Councillor Mikulin was astute enough for two.
303.19 Things and men have always a certain sense, a
303.20 certain side by which they must be got hold of if one
303.21 wants to obtain a solid grasp and a perfect command.
303.22 The power of Councillor Mikulin consisted in the ability
303.23 to seize upon that sense, that side in the men he used.
303.24 It did not matter to him what it was -- vanity, despair,
303.25 love, hate, greed, intelligent pride or stupid conceit, it
303.26 was all one to him as long as the man could be made
303.27 to serve. The obscure, unrelated young student Razu-
303.28 mov, in the moment of great moral loneliness, was
303.29 allowed to feel that he was an object of interest to a
303.30 small group of people of high position. Prince K --
303.31 was persuaded to intervene personally, and on a certain
303.32 occasion gave way to a manly emotion which, all
303.33 unexpected as it was, quite upset Mr. Razumov. The
303.34 sudden embrace of that man, agitated by his loyalty to
303.35 a throne and by suppressed paternal affection, was a
304.01 revelation to Mr. Razumov of something within his own
304.02 breast.
304.03 "So that was it!" he exclaimed to himself. A sort
304.04 of contemptuous tenderness softened the young man´s
304.05 grim view of his position as he reflected upon that
304.06 agitated interview with Prince K -- . This simple--
304.07 minded, worldly ex-Guardsman and senator whose soft
304.08 grey official whiskers had brushed against his cheek, his
304.09 aristocratic and convinced father, was he a whit less
304.10 estimable or more absurd than that famine-stricken,
304.11 fanatical revolutionist, the red-nosed student?
304.12 And there was some pressure, too, besides the
304.13 persuasiveness. Mr. Razumov was always being made
304.14 to feel that he had committed himself. There was no
304.15 getting away from that feeling, from that soft, unanswer-
304.16 able, "Where to?" of Councillor Mikulin. But no
304.17 susceptibilities were ever hurt. It was to be a
304.18 dangerous mission to Geneva for obtaining, at a critical
304.19 moment, absolutely reliable information from a very
304.20 inaccessible quarter of the inner revolutionary circle.
304.21 There were indications that a very serious plot was
304.22 being matured. . . . The repose indispensable to a
304.23 great country was at stake. . . . A great scheme of
304.24 orderly reforms would be endangered. . . . The highest
304.25 personages in the land were patriotically uneasy, and
304.26 so on. In short, Councillor Mikulin knew what to say.
304.27 This skill is to be inferred clearly from the mental
304.28 and psychological self-confession, self-analysis of Mr.
304.29 Razumov´s written journal -- the pitiful resource of a
304.30 young man who had near him no trusted intimacy,
304.31 no natural affection to turn to.
304.32 How all this preliminary work was concealed from
304.33 observation need not be recorded. The expedient of
304.34 the oculist gives a sufficient instance. Councillor
304.35 Mikulin was resourceful, and the task not very difficult.
305.01 Any fellow-student, even the red-nosed one, was per-
305.02 fectly welcome to see Mr. Razumov entering a private
305.03 house to consult an oculist. Ultimate success depended
305.04 solely on the revolutionary self-delusion which credited
305.05 Razumov with a mysterious complicity in the Haldin
305.06 affair. To be compromised in it was credit enough --
305.07 and it was their own doing. It was precisely that´
305.08 which stamped Mr. Razumov as a providential man,
305.09 wide as poles apart from the usual type of agent for
305.10 "European supervision."
305.11 And it was that´ which the Secretariat set itself the
305.12 task to foster by a course of calculated and false
305.13 indiscretions.
305.14 It came at last to this, that one evening Mr.
305.15 Razumov was unexpectedly called upon by one of
305.16 the "thinking" students whom formerly, before the
305.17 Haldin affair, he used to meet at various private
305.18 gatherings; a big fellow with a quiet, unassuming
305.19 manner and a pleasant voice.
305.20 Recognizing his voice raised in the ante-room, "May
305.21 one come in?" Razumov, lounging idly on his couch,
305.22 jumped up. "Suppose he were coming to stab me?"
305.23 he thought sardonically, and, assuming a green shade
305.24 over his left eye, said in a severe tone, "Come in."
305.25 The other was embarrassed; hoped he was not
305.26 intruding.
305.27 "You haven´t been seen for several days, and I´ve
305.28 wondered." He coughed a little. "Eye better?"
305.29 "Nearly well now."
305.30 "Good. I won´t stop a minute; but you see I, that
305.31 is, we -- anyway, I have undertaken the duty to warn you,
305.32 Kirylo Sidorovitch, that you are living in false security
305.33 maybe."
305.34 Razumov sat still with his head leaning on his hand,
305.35 which nearly concealed the unshaded eye.
306.01 "I have that idea, too."
306.02 "That´s all right, then. Everything seems quiet
306.03 now, but those people are preparing some move of
306.04 general repression. That´s of course. But it isn´t that
306.05 I came to tell you." He hitched his chair closer,
306.06 dropped his voice. "You will be arrested before long
306.07 -- we fear."
306.08 An obscure scribe in the Secretariat had overheard a
306.09 few words of a certain conversation, and had caught a
306.10 glimpse of a certain report. This intelligence was not
306.11 to be neglected.
306.12 Razumov laughed a little, and his visitor became very
306.13 anxious.
306.14 "Ah! Kirylo Sidorovitch, this is no laughing
306.15 matter. They have left you alone for a while, but . . . !
306.16 Indeed, you had better try to leave the country, Kirylo
306.17 Sidorovitch, while there´s yet time."
306.18 Razumov jumped up and began to thank him for
306.19 the advice with mocking effusiveness, so that the other,
306.20 colouring up, took himself off with the notion that this
306.21 mysterious Razumov was not a person to be warned or
306.22 advised by inferior mortals.
306.23 Councillor Mikulin, informed the next day of the inci-
306.24 dent, expressed his satisfaction. "H´m. Ha! Exactly
306.25 what was wanted to . . ." and glanced down his beard.
306.26 "I conclude," said Razumov, "that the moment has
306.27 come for me to start on my mission."
306.28 "The psychological moment," Councillor Mikulin
306.29 insisted softly -- very gravely -- as if awed.
306.30 All the arrangements to give verisimilitude to the
306.31 appearance of a difficult escape were made. Councillor
306.32 Mikulin did not expect to see Mr. Razumov again before
306.33 his departure. These meetings were a risk, and there
306.34 was nothing more to settle.
306.35 "We have said everything to each other by now,
307.01 Kirylo Sidorovitch," said the high official feelingly,
307.02 pressing Razumov´s hand with that unreserved heartiness
307.03 a Russian can convey in his manner. "There is nothing
307.04 obscure between us. And I will tell you what! I con-
307.05 sider myself fortunate in having -- h´m -- your . . ."
307.06 He glanced down his beard, and, after a moment of
307.07 thoughtful silence, handed to Razumov a half-sheet of
307.08 notepaper -- an abbreviated note of matters already
307.09 discussed, certain points of inquiry, the line of conduct
307.10 agreed on, a few hints as to personalities, and so on.
307.11 It was the only compromising document in the case,
307.12 but, as Councillor Mikulin observed, it could be easily
307.13 destroyed. Mr. Razumov had better not see any one
307.14 now -- till on the other side of the frontier, when, of
307.15 course, it will be just that . . . See and hear and . . ."
307.16 He glanced down his beard; but when Razumov
307.17 declared his intention to see one person at least before
307.18 leaving St. Petersburg, Councillor Mikulin failed to
307.19 conceal a sudden uneasiness. The young man´s studious,
307.20 solitary, and austere existence was well known to him.
307.21 It was the greatest guarantee of fitness. He became de-
307.22 precatory. Had his dear Kirylo Sidorovitch considered
307.23 whether, in view of such a momentous enterprise, it
307.24 wasn´t really advisable to sacrifice every sentiment . . ."
307.25 Razumov interrupted the remonstrance scornfully.
307.26 It was not a young woman, it was a young fool he
307.27 wished to see for a certain purpose. Councillor Mikulin
307.28 was relieved, but surprised.
307.29 "Ah! And what for -- precisely?"
307.30 "For the sake of improving the aspect of verisimili-

tude," said Razumov curtly, in a desire to affirm his independence. "I must be trusted in what I do."

Councillor Mikulin gave way tactfully, murmuring, "Oh, certainly, certainly. Your judgment. . ."

And with another handshake they parted.

The fool of whom Mr. Razumov had thought was the rich and festive student known as madcap Kostia. Feather-headed, loquacious, excitable, one could make certain of his utter and complete indiscretion. But that riotous youth, when reminded by Razumov of his offers of service some time ago, passed from his usual elation into boundless dismay.

"Oh, Kirylo Sidorovitch, my dearest friend -- my saviour -- what shall I do? I've blown last night every rouble I had from my dad the other day. Can't you give me till Thursday? I shall rush round to all the usurers I know. . . No, of course, you can't! Don't look at me like that. What shall I do? No use asking the old man. I tell you he's given me a fistful of big notes three days ago. Miserable wretch that I am."

He wrung his hands in despair. Impossible to confide in the old man. "They" had given him a decoration, a cross on the neck only last year, and he had been cursing the modern tendencies ever since. Just then he would see all the intellectuals in Russia hanged in a row rather than part with a single rouble.

"Kirylo Sidorovitch, wait a moment. Don't despise me. I have it. I'll, yes -- I'll do it -- I'll break into his desk. There's no help for it. I know the drawer where he keeps his plunder, and I can buy a chisel on my way home. He will be terribly upset, but, you know, the dear old duffer really loves me. He'll have to get over it -- and I, too. Kirylo, my dear soul, if you can only wait for a few hours -- till this evening -- I shall steal all the blessed lot I can lay my hands on! You doubt me! Why? You've only to say the word."

"Steal, by all means," said Razumov, fixing him stonily.

"To the devil with the ten commandments!" cried the other, with the greatest animation. "It's the new future now."

But when he entered Razumov's room late in the evening it was with an unaccustomed soberness of manner, almost solemnly.

"It's done," he said.

Razumov sitting bowed, his clasped hands hanging between his knees, shuddered at the familiar sound of these words. Kostia deposited slowly in the circle of lamplight a small brown-paper parcel tied with a piece of string.

"As I've said -- all I could lay my hands on. The old boy'll think the end of the world has come."

Razumov nodded from the couch, and contemplated the hare-brained fellow's gravity with a feeling of malicious pleasure.

"I've made my little sacrifice," sighed mad Kostia. "And I've to thank you, Kirylo Sidorovitch, for the opportunity."

"It has cost you something?"

"Yes, it has. You see, the dear old duffer really loves me. He'll be hurt."

"And you believe all they tell you of the new future and the sacred will of the people?"

"Implicitly. I would give my life. . . Only, you see, I am like a pig at a trough. I am no good. It's my nature."

Razumov, lost in thought, had forgotten his existence till the youth's voice, entreating him to fly without loss of time, roused him unpleasantly.

"All right. Well -- good-bye."

"I am not going to leave you till I've seen you out of St. Petersburg," declared Kostia unexpectedly, with calm determination. "You can't refuse me that now. For God's sake, Kirylo, my soul, the police may be here any moment, and when they get you they'll immure you somewhere for ages -- till your hair turns grey. I have down there the best trotter of dad's stables and a light sledge. We shall do thirty miles before the moon sets, and find some roadside station. . ."

Razumov looked up amazed. The journey was decided -- unavoidable. He had fixed the next day for his departure on the mission. And now he discovered suddenly that he had not believed in it. He had gone about listening, speaking, thinking, planning his simulated flight, with the growing conviction that all this was preposterous. As if anybody ever did such things! It was like a game of make-believe. And now he was amazed! Here was somebody who believed in it with desperate earnestness. "If I don't go now, at once," thought Razumov, with a start of fear, "I shall never go." He rose without a word, and the anxious Kostia thrust his cap on him, helped him into his cloak, or else he would have left the room bareheaded as he stood. He was walking out silently when a sharp cry arrested him.

"Kirylo!"

"What?" He turned reluctantly in the doorway.

Upright, with a stiffly extended arm, Kostia, his face set and white, was pointing an eloquent forefinger at the brown little packet lying forgotten in the circle of bright light on the table. Razumov hesitated, came back for it under the severe eyes of his companion, at whom he tried to smile. But the boyish, mad youth was frowning. "It's a dream," thought Razumov, putting the little parcel into his pocket and descending the stairs; "nobody does such things." The other held him under the arm, whispering of dangers ahead, and of what he meant to do in certain contingencies. "Preposterous," murmured Razumov, as he was being tucked up in the sledge. He gave himself up to watching the development of the dream with extreme attention. It continued on foreseen lines, inexorably logical -- the long drive, the wait at the small station sitting by a stove. They did not exchange half a dozen words altogether. Kostia, gloomy himself, did not care to break the silence. At parting they embraced twice -- it had to be done; and then Kostia vanished out of the dream.

When dawn broke, Razumov, very still in a hot, stuffy railway-car full of bedding and of sleeping people in all its dimly lighted length, rose quietly, lowered the glass a few inches, and flung out on the great plain of snow a small brown-paper parcel. Then he sat down again muffled up and motionless. "For the people," he thought, staring out of the window. The great white desert of frozen, hard earth glided past his eyes without a sign of human habitation.

That had been a waking act; and then the dream had him again: Prussia, Saxony, Wurtemberg, faces, sights, words -- all a dream, observed with an angry, compelled attention. Zurich, Geneva -- still a dream, minutely followed, wearing one into harsh laughter, to fury, to death -- with the fear of awakening at the end. . . .

(II)

"Perhaps life is just that," reflected Razumov, pacing to and fro under the trees of the little island, all alone with the bronze statue of Rousseau. "A dream and a fear." The dusk deepened. The pages written over and torn out of his notebook were the first-fruit of his "mission." No dream that. They contained the assurance that he was on the eve of real discoveries. "I think there is no longer anything in the way of my being completely accepted."

He had resumed his impressions in those pages, some of the conversations. He even went so far as to write: "By the by, I have discovered the personality of that terrible N. N. A horrible, paunchy brute. If I hear anything of his future movements I shall send a warning."

The futility of all this overcame him like a curse. Even then he could not believe in the reality of his mission. He looked round despairingly, as if for some way to redeem his existence from that unconquerable feeling. He crushed angrily in his hand the pages of the notebook. "This must be posted," he thought.

He gained the bridge and returned to the north shore, where he remembered having seen in one of the narrower streets a little obscure shop stocked with cheap wood carvings, its walls lined with extremely dirty cardboard-bound volumes of a small circulating library. They sold stationery there, too. A morose, shabby old man dozed behind the counter. A thin woman in black, with a sickly face, produced the envelope he had asked for without even looking at him. Razumov thought that these people were safe to deal with because they no longer cared for anything in the world. He addressed the envelope on the counter with the German name of a certain person living in Vienna. But Razumov knew that this, his first communication to Councillor Mikulin, would find its way to the Embassy there, be copied in cypher by somebody trustworthy, and sent on to its destination, all safe, along with the diplomatic correspondence. That was the arrangement contrived to cover up the track of the information from all unfaithful eyes, from all indiscretions, from all mishaps and treacheries. It was to make him safe -- absolutely safe.

He wandered out of the wretched shop and made for the post office. It was then that I saw him for the second time that day. He was crossing the Rue Mont Blanc with every appearance of an aimless stroller. He did not recognize me, but I made him out at some distance. He was very good-looking, I thought, this remarkable friend of Miss Haldin's brother. I watched him go up to the letter-box and then retrace his steps. Again he passed me very close, but I am certain he did not see me that time, either. He carried his head well up, but he had the expression of a somnambulist struggling with the very dream which drives him forth to wander in dangerous places. My thoughts reverted to Natalia Haldin, to her mother. He was all that was left to them of their son and brother.

The westerner in me was discomposed. There was something shocking in the expression of that face. Had I been myself a conspirator, a Russian political refugee, I could have perhaps been able to draw some practical conclusion from this chance glimpse. As it was, it only discomposed me strongly, even to the extent of awakening an indefinite apprehension in regard to Natalia Haldin. All this is rather inexplicable, but such was the origin of the purpose I formed there and then to call on these ladies in the evening, after my solitary dinner. It was true that I had met Miss Haldin only a few hours before, but Mrs. Haldin herself I had not seen for some considerable time. The truth is, I had shirked calling of late.

Poor Mrs. Haldin! I confess she frightened me a little. She was one of those natures, rare enough, luckily, in which one cannot help being interested, because they provoke both terror and pity. One dreads their contact for oneself, and still more for those one cares for, so clear it is that they are born to suffer and to make others suffer, too. It is strange to think that, I won't say liberty, but the mere liberalism of outlook which for us is a matter of words, of ambitions, of votes /and if of feeling at all/, then of the sort of feeling which leaves our deepest affections untouched/, may be for other beings very much like ourselves and living under the same sky, a heavy trial of fortitude, a matter of tears and anguish and blood. Mrs. Haldin had felt the pangs of her own generation. There was

314.11 that enthusiast brother of hers -- the officer they shot
314.12 under Nicholas. A faintly ironic resignation is no
314.13 armour for a vulnerable heart. Mrs. Haldin, struck at
314.14 through her children, was bound to suffer afresh from
314.15 the past, and to feel the anguish of the future. She was
314.16 of those who do not know how to heal themselves, of
314.17 those who are too much aware of their heart, who,
314.18 neither cowardly nor selfish, look passionately at its
314.19 wounds -- and count the cost.
314.20 Such thoughts as these seasoned my modest, lonely
314.21 bachelor's meal. If anybody wishes to remark that this
314.22 was a roundabout way of thinking of Natalia Haldin, I
314.23 can only retort that she was well worth some concern.
314.24 She had all her life before her. Let it be admitted, then,
314.25 that I was thinking of Natalia Haldin's life in terms of
314.26 her mother's character, a manner of thinking about a girl
314.27 permissible for an old man, not too old yet to have
314.28 become a stranger to pity. There was almost all her
314.29 youth before her; a youth robbed arbitrarily of its
314.30 natural lightness and joy, overshadowed by an un-
314.31 European despotism; a terribly sombre youth given
314.32 over to the hazards of a furious strife between equally
314.33 ferocious antagonisms.
314.34 I lingered over my thoughts more than I should
314.35 have done. One felt so helpless, and even worse -- so
315.01 unrelated, in a way. At the last moment I hesitated as
315.02 to going there at all. What was the good?
315.03 The evening was already advanced when, turning
315.04 into the Boulevard des Philosophes, I saw the light
315.05 in the window at the corner. The blind was down,
315.06 but I could imagine behind it Mrs. Haldin seated in
315.07 the chair, in her usual attitude, looking out for some
315.08 one, which had lately acquired the poignant quality of
315.09 mad expectation.
315.10 I thought that I was sufficiently authorized by the
315.11 light to knock at the door. The ladies had not retired
315.12 as yet. I only hoped they would not have any visitors
315.13 of their own nationality. A broken-down, retired
315.14 Russian official was to be found there sometimes in the
315.15 evening. He was infinitely forlorn and wearisome by
315.16 his mere dismal presence. I think these ladies tolerated
315.17 his frequent visits because of an ancient friendship with
315.18 Mr. Haldin, the father, or something of that sort. I
315.19 made up my mind that if I found him prosing away
315.20 there in his feeble voice I should remain but a very few
315.21 minutes.
315.22 The door surprised me by swinging open before I
315.23 could ring the bell. I was confronted by Miss Haldin,
315.24 in hat and jacket, obviously on the point of going out.
315.25 At that hour! For the doctor, perhaps?
315.26 Her exclamation of welcome reassured me. It
315.27 sounded as if I had been the very man she wanted to
315.28 see. My curiosity was awakened. She drew me in,
315.29 and the faithful Anna, the elderly German maid, closed
315.30 the door, but did not go away afterwards. She remained
315.31 near it as if in readiness to let me out presently. It
315.32 appeared that Miss Haldin had been on the point of
315.33 going out to find me.
315.34 She spoke in a hurried manner very unusual with
315.35 her. She would have gone straight and rung at Mrs.
316.01 Ziegler's door, late as it was, for Mrs. Ziegler's
316.02 habits . . .
316.03 Mrs. Ziegler, the widow of a distinguished professor
316.04 who was an intimate friend of mine, lets me have three
316.05 rooms out of her very large and fine apartment, which
316.06 she didn't give up after her husband's death; but I have
316.07 my own entrance opening on the same landing. It was
316.08 an arrangement of at least ten years' standing. I said
316.09 that I was very glad that I had the idea to . . .
316.10 Miss Haldin made no motion to take off her outdoor
316.11 things. I observed her heightened colour, something
316.12 pronouncedly resolute in her tone. Did I know where
316.13 Mr. Razumov lived?
316.14 Where Mr. Razumov lived? Mr. Razumov? At
316.15 this hour -- so urgently? I threw my arms up in sign of
316.16 utter ignorance. I had not the slightest idea where he
316.17 lived. If I could have foreseen her question only three
316.18 hours ago, I might have ventured to ask him on the
316.19 pavement before the new post office building, and
316.20 possibly he would have told me, but very possibly, too,
316.21 he would have dismissed me rudely to mind my own
316.22 business. And possibly, I thought, remembering that
316.23 extraordinary hallucined, anguished, and absent expres-
316.24 sion, he might have fallen down in a fit from the shock
316.25 of being spoken to. I said nothing of all this to Miss
316.26 Haldin, not even mentioning that I had a glimpse of the
316.27 young man so recently. The impression had been so
316.28 extremely unpleasant that I would have been glad to
316.29 forget it myself.
316.30 "I don't see where I could make inquiries," I
316.31 murmured helplessly. I would have been glad to be
316.32 of use in any way, and would have set off to fetch any
316.33 man, young or old, for I had the greatest confidence in
316.34 her common sense. "What made you think of coming
316.35 to me for that information?" I asked.
317.01 "It wasn't exactly for that," she said, in a low voice.
317.02 She had the air of some one confronted by an unpleasant
317.03 task.
317.04 "Am I to understand that you must communicate
317.05 with Mr. Razumov this evening?"
317.06 Natalia Haldin moved her head affirmatively; then,
317.07 after a glance at the door of the drawing-room, said in
317.08 French --
317.09 "C'est' maman'," and remained perplexed for a moment.
317.10 Always serious, not a girl to be put out by any imaginary
317.11 difficulties, my curiosity was suspended on her lips, which
317.12 remained closed for a moment. What was Mr. Razumov's
317.13 connexion with this mention of her mother? Mrs.
317.14 Haldin had not been informed of her son's friend's arrival
317.15 in Geneva.
317.16 "May I hope to see your mother this evening?" I
317.17 inquired.
317.18 Miss Haldin extended her hand as if to bar the way.
317.19 "She is in a terrible state of agitation. Oh, you
317.20 would not be able to detect. . . . It's inward, but I who
317.21 know mother, I am appalled. I haven't the courage to
317.22 face it any longer. It's all my fault; I suppose I cannot
317.23 play a part; I've never before hidden anything from
317.24 mother. There has never been an occasion for anything
317.25 of that sort between us. But you know yourself the
317.26 reason why I refrained from telling her at once of Mr.
317.27 Razumov's arrival here. You understand, don't you?
317.28 Owing to her unhappy state. And -- there ---- I am
317.29 no actress. My own feelings being strongly engaged, I
317.30 somehow. . . I don't know. She noticed something in
317.31 my manner. She thought I was concealing something
317.32 from her. She noticed my longer absences, and, in fact,
317.33 as I have been meeting Mr. Razumov daily, I used to
317.34 stay away longer than usual when I went out. Goodness
317.35 knows what suspicions arose in her mind. You know
318.01 that she has not been herself ever since. . . . So this
318.02 evening she -- who has been so awfully silent for weeks --
318.03 began to talk all at once. She said that she did not
318.04 want to reproach me; that I had my character as she
318.05 had her own; that she did not want to pry into my
318.06 affairs or even into my thoughts; for her part, she had
318.07 never had anything to conceal from her children. . .
318.08 cruel things to listen to. And all this in her quiet voice,
318.09 with that poor, wasted face as calm as a stone. It was
318.10 unbearable."
318.11 Miss Haldin talked in an undertone and more rapidly
318.12 than I had ever heard her speak before. That in itself
318.13 was disturbing. The ante-room being strongly lighted,
318.14 I could see under the veil the heightened colour of her
318.15 face. She stood erect, her left hand was resting lightly
318.16 on a small table. The other hung by her side with-
318.17 out stirring. Now and then she caught her breath
318.18 slightly.
318.19 "It was too startling. Just fancy! She thought
318.20 that I was making preparations to leave her without
318.21 saying anything. I knelt by the side of her chair and
318.22 entreated her to think of what she was saying! She
318.23 put her hand on my head, but she persists in her delusion
318.24 all the same. She had always thought that she was
318.25 worthy of her children's confidence, but apparently it
318.26 was not so. Her son could not trust her love nor yet her
318.27 understanding -- and now I was planning to abandon her
318.28 in the same cruel and unjust manner, and so on, and so
318.29 on. Nothing I could say . . . . It is morbid obstinacy.
318.30 . . . She said that she felt there was something, some
318.31 change in me. . . . If my convictions were calling me
318.32 away, why this secrecy, as though she had been a coward
318.33 or a weakling not safe to trust? ' As if my heart could
318.34 play traitor to my children, ' she said. . . . It was hardly
318.35 to be borne. And she was smoothing my head all the
319.01 time. . . . It was perfectly useless to protest. She is
319.02 ill. Her very soul is. . ."
319.03 I did not venture to break the silence which fell
319.04 between us. I looked into her eyes, glistening through
319.05 the veil.
319.06 "I! Changed!" she exclaimed in the same low
319.07 tone. "My convictions calling me away! It was cruel
319.08 to hear this, because my trouble is that I am weak and
319.09 cannot see what I ought to do. You know that. And
319.10 to end it all I did a selfish thing. To remove her
319.11 suspicions of myself I told her of Mr. Razumov. It was
319.12 selfish of me. You know we were completely right in
319.13 agreeing to keep the knowledge away from her. Perfectly
319.14 right. Directly I told her of our poor Victor's friend
319.15 being here I saw how right we have been. She ought
319.16 to have been prepared; but in my distress I just blurted
319.17 it out. Mother got terribly excited at once. How long
319.18 has he been here? What did he know, and why did he
319.19 not come to see us at once, this friend of her Victor?
319.20 What did that mean? Was she not to be trusted even
319.21 with such memories as there were left of her son? . . .
319.22 Just think how I felt seeing her, white like a sheet,
319.23 perfectly motionless, with her thin hands gripping the
319.24 arms of the chair. I told her it was all my fault."
319.25 I could imagine the motionless dumb figure of the
319.26 mother in her chair, there, behind the door, near which
319.27 the daughter was talking to me. The silence in there
319.28 seemed to call aloud for vengeance against an historical
319.29 fact and the modern instances of its working. That view
319.30 flashed through my mind, but I could not doubt that
319.31 Miss Haldin had had an atrocious time of it. I quite
319.32 understood when she said that she could not face the
319.33 night upon the impression of that scene. Mrs. Haldin
319.34 had given way to most awful imaginings, to most fantastic
319.35 and cruel suspicions. All this had to be lulled at all
320.01 costs and without loss of time. It was no shock to me
320.02 to learn that Miss Haldin had said to her, "I will go
320.03 and bring him here at once." There was nothing absurd
320.04 in that cry, no exaggeration of sentiment. I was not
320.05 even doubtful in my "Very well, but how?"
320.06 It was perfectly right that she should think of me,
320.07 but what could I do in my ignorance of Mr. Razumov's
320.08 quarters.
320.09 "And to think he may be living near by, within a
320.10 stone's-throw, perhaps!" she exclaimed.
320.11 I doubted it; but I would have gone off cheerfully
320.12 to fetch him from the other end of Geneva. I suppose
320.13 she was certain of my readiness, since her first thought
320.14 was to come to me. But the service she meant to ask
320.15 of me really was to accompany her to the Chateau Borel.
320.16 I had an unpleasant mental vision of the dark road,
320.17 of the sombre grounds, and the desolately suspicious
320.18 aspect of that home of necromancy and intrigue and
320.19 feminist adoration. I objected that Madame de S --
320.20 most likely would know nothing of what we wanted to find
320.21 out. Neither did I think it likely that the young man
320.22 would be found there. I remembered my glimpse of his

320.23 face, and somehow gained the conviction that a man
320.24 who looked worse than if he had seen the dead would
320.25 want to shut himself up somewhere where he could be
320.26 alone. I felt a strange certitude that Mr. Razumov was
320.27 going home when I saw him.
320.28 "It is really of Peter Ivanovitch that I was thinking,"
320.29 said Miss Haldin quietly.
320.30 Ah! He, of course, would know. I looked at my
320.31 watch. It was twenty minutes past nine only . . . .
320.32 Still.
320.33 "I would try his hotel, then," I advised. "He has
320.34 rooms at the Cosmopolitan, somewhere on the top floor."
320.35 I did not offer to go by myself, simply from mistrust
321.01 of the reception I should meet with. But I suggested
321.02 the faithful Anna, with a note asking for the in-
321.03 formation.
321.04 Anna was still waiting by the door at the other end
321.05 of the room, and we two discussed the matter in whispers.
321.06 Miss Haldin thought she must go herself. Anna was
321.07 timid and slow. Time would be lost in bringing back
321.08 the answer, and from that point of view it was getting
321.09 late, for it was by no means certain that Mr. Razumov
321.10 lived near by.
321.11 "If I go myself," Miss Haldin argued, "I can go
321.12 straight to him from the hotel. And in any case I
321.13 should have to go out, because I must explain to Mr.
321.14 Razumov personally -- prepare him in a way. You have
321.15 no idea of mother's state of mind."
321.16 Her colour came and went. She even thought that
321.17 both for her mother's sake and for her own it was better
321.18 that they should not be together for a little time. Anna,
321.19 whom her mother liked, would be at hand.
321.20 "She could take her sewing into the room," Miss
321.21 Haldin continued, leading the way to the door. Then,
321.22 addressing in German the maid who opened it before us,
321.23 "You may tell my mother that this gentleman called
321.24 and is gone with me to find Mr. Razumov. She must
321.25 not be uneasy if I am away for some length of time."
321.26 We passed out quickly into the street, and took
321.27 deep breaths of the cool night air. "I did not even ask
321.28 you," she murmured.
321.29 "I should think not," I said, with a laugh. The
321.30 manner of my reception by the great feminist could not
321.31 be considered now. That he would be annoyed to see
321.32 me, and probably treat me to some solemn insolence, I
321.33 had no doubt, but I supposed that he would not absolutely
321.34 dare to throw me out. And that was all I cared for.
321.35 "Won't you take my arm?" I asked.
322.01 She did so in silence, and neither of us said anything
322.02 worth recording till I let her go first into the great hall
322.03 of the hotel. It was brilliantly lighted, and with a good
322.04 many people lounging about.
322.05 "I could very well go up there without you," I
322.06 suggested.
322.07 "I don't like to be left waiting in this place," she
322.08 said in a low voice. "I will come too."
322.09 I led her straight to the lift then. At the top floor
322.10 the attendant directed us to the right: "End of the
322.11 corridor."
322.12 The walls were white, the carpet red, electric lights
322.13 blazed in profusion, and the emptiness, the silence, the
322.14 closed doors all alike and numbered, made me think of
322.15 the perfect order of some severely luxurious model
322.16 penitentiary on the solitary confinement principle. Up
322.17 there under the roof of that enormous pile for housing
322.18 travellers no sound of any kind reached us, the thick
322.19 crimson felt muffled our footsteps completely. we
322.20 hastened on, not looking at each other till we found our-
322.21 selves before the very last door of that long passage.
322.22 Then our eyes met, and we stood thus for a moment
322.23 lending ear to a faint murmur of voices inside.
322.24 "I suppose that is it," I whispered unnecessarily. I
322.25 saw Miss Haldin's lips move without a sound, and after
322.26 my sharp knock the murmur of voices inside ceased. A
322.27 profound stillness lasted for a few seconds, and then the
322.28 door was brusquely opened by a short, black-eyed woman
322.29 in a red blouse, with a great lot of nearly white hair, done
322.30 up negligently in an untidy and unpicturesque manner.
322.31 Her black, jetty eyebrows were drawn together. I learned
322.32 afterwards with interest that she was the famous -- or the
322.33 notorious -- Sophia Antonovna, but I was struck then by
322.34 the quaint Mephistophelian character of her inquiring
322.35 glance, because it was so curiously evil-less, so -- I may
323.01 say -- un-devilish. It got softened still more as she
323.02 looked up at Miss Haldin, who stated, in her rich,
323.03 even voice, her wish to see Peter Ivanovitch for a
323.04 moment.
323.05 "I am Miss Haldin," she added.
323.06 At this, with her brow completely smoothed out now,
323.07 but without a word in answer, the woman in the red
323.08 blouse walked away to a sofa and sat down, leaving the
323.09 door wide open.
323.10 And from the sofa, her hands lying on her lap, she
323.11 watched us enter, with her black, glittering eyes.
323.12 Miss Haldin advanced into the middle of the room;
323.13 I, faithful to my part of mere attendant, remained by the
323.14 door after closing it behind me. The room, quite a
323.15 large one, but with a low ceiling, was scantily furnished,
323.16 and an electric bulb with a porcelain shade pulled low
323.17 down over a big table /with a very large map spread on
323.18 it/ left its distant parts in a dim, artificial twilight. Peter
323.19 Ivanovitch was not to be seen, neither was Mr. Razumov
323.20 present. But, on the sofa, near Sophia Antonovna, a
323.21 bony-faced man with a goatee beard leaned forward with
323.22 his hands on his knees, staring hard with a kindly expres-
323.23 sion. In a remote corner a broad, pale face and a bulky
323.24 shape could be made out, uncouth, and as if insecure
323.25 on the low seat on which it rested. The only person
323.26 known to me was little Julius Laspara, who seemed
323.27 to have been poring over the map, his feet twined
323.28 tightly round the chair-legs. He got down briskly and
323.29 bowed to Miss Haldin, looking absurdly like a hook--
323.30 nosed boy with a beautiful false pepper-and-salt beard.
323.31 He advanced, offering his seat, which Miss Haldin
323.32 declined. She had only come in for a moment to say a
323.33 few words to Peter Ivanovitch.
323.34 His high-pitched voice became painfully audible in
323.35 the room.
324.01 "Strangely enough, I was thinking of you this very
324.02 afternoon, Natalia Victorovna. I met Mr. Razumov.
324.03 I asked him to write me an article on anything he liked.
324.04 You could translate it into English -- with such a teacher."
324.05 He nodded complimentarily in my direction. At the
324.06 name of Razumov an indescribable sound, a sort of feeble
324.07 squeak, as of some angry small animal, was heard in the
324.08 corner occupied by the man who seemed much too large
324.09 for the chair on which he sat. I did not hear what Miss
324.10 Haldin said. Laspara spoke again.
324.11 "It's time to do something, Natalia Victorovna. But
324.12 I suppose you have your own ideas. Why not write
324.13 something yourself? Suppose you came to see us soon?
324.14 We could talk it over. Any advice. . ."
324.15 Again I did not catch Miss Haldin's words. It was
324.16 Laspara's voice once more.
324.17 "Peter Ivanovitch? He's retired for a moment into
324.18 the other room. We are all waiting for him."
324.19 The great man, entering at that moment, looked
324.20 bigger, taller, quite imposing in a long dressing-gown of
324.21 some dark stuff. It descended in straight lines down to
324.22 his feet. He suggested a monk or a prophet, a robust
324.23 figure of some desert-dweller -- something Asiatic; and
324.24 the dark glasses in conjunction with this costume made
324.25 him more mysterious than ever in this subdued light.
324.26 Little Laspara went back to his chair to look at the
324.27 map, the only brilliantly lit object in the room. Even
324.28 from my distant position by the door I could make
324.29 out, by the shape of the blue part representing the
324.30 water, that it was a map of the Baltic provinces. Peter
324.31 Ivanovitch exclaimed slightly, advancing towards Miss
324.32 Haldin, checked himself on perceiving me, very vaguely
324.33 no doubt, and peered with his dark, bespectacled stare.
324.34 He must have recognized me by my grey hair, because,
324.35 with a marked shrug of his broad shoulders, he turned
325.01 to Miss Haldin in benevolent indulgence. He seized her
325.02 hand in his thick cushioned palm, and put his other big
325.03 paw over it like a lid.
325.04 While those two standing in the middle of the floor
325.05 were exchanging a few inaudible phrases no one else
325.06 moved in the room: Laspara, with his back to us,
325.07 kneeling on the chair, his elbows propped on the big-scale
325.08 map, the shadowy enormity in the corner, the frankly
325.09 staring man with the goatee on the sofa, the woman in
325.10 the red blouse by his side -- not one of them stirred. I
325.11 suppose that really they had no time, for Miss Haldin
325.12 withdrew her hand immediately from Peter Ivanovitch
325.13 and before I was ready for her was moving to the door.
325.14 A disregarded westerner, I threw it open hurriedly
325.15 and followed her out, my last glance leaving them all
325.16 motionless in their varied poses: Peter Ivanovitch alone
325.17 standing up, with his dark glasses like an enormous blind
325.18 teacher, and behind him the vivid patch of light on the
325.19 coloured map, pored over by the diminutive Laspara.
325.20 Later on, much later on, at the time of the newspaper
325.21 rumours /they were vague and soon died out/ of an
325.22 abortive military conspiracy in Russia, I remembered
325.23 the glimpse I had of that motionless group with its
325.24 central figure. No details ever came out, but it was
325.25 known that the revolutionary parties abroad had given
325.26 their assistance, had sent emissaries in advance, that
325.27 even money was found to dispatch a steamer with a
325.28 cargo of arms and conspirators to invade the Baltic
325.29 provinces. And while my eyes scanned the imperfect
325.30 disclosures /in which the world was not much interested/
325.31 I thought that the old, settled Europe had been given in
325.32 my person attending that Russian girl something like a
325.33 glimpse behind the scenes. A short, strange glimpse on
325.34 the top floor of a great hotel of all places in the world:
325.35 the great man himself; the motionless great bulk in the
326.01 corner of the slayer of spies and gendarmes; Yakovlitch,
326.02 the veteran of ancient terrorist campaigns; the woman,
326.03 with her hair as white as mine and the lively black eyes,
326.04 all in a mysterious half-light, with the strongly lighted
326.05 map of Russia on the table. The woman I had the
326.06 opportunity to see again. As we were waiting for the
326.07 lifts she came hurrying along the corridor, with her eyes
326.08 fastened on Miss Haldin's face, and drew her aside as if
326.09 for a confidential communication. It was not long. A
326.10 few words only.
326.11 Going down in the lift, Natalia Haldin did not break
326.12 the silence. It was only when out of the hotel and as
326.13 we moved along the quay in the fresh darkness spangled
326.14 by the quay lights, reflected in the black water of the
326.15 little port on our left hand, and with lofty piles of hotels
326.16 on our right, that she spoke.
326.17 "That was Sophia Antonovna -- you know the
326.18 woman? . . ."
326.19 "Yes, I know -- the famous. . ."
326.20 "The same. It appears that after we went out Peter
326.21 Ivanovitch told them why I had come. That was the
326.22 reason she ran out after us. She named herself to me;
326.23 and then she said, ' You are the sister of a brave man
326.24 who shall be remembered. You may see better times. '
326.25 I told her I hoped to see the time when all this would
326.26 be forgotten, even if the name of my brother were to be
326.27 forgotten too. Something moved me to say that, but
326.28 you understand?"
326.29 "Yes," I said. "You think of the era of concord
326.30 and justice."
326.31 "Yes. There is too much hate and revenge in that
326.32 work. It must be done. It is a sacrifice -- and so let
326.33 it be all the greater. Destruction is the work of anger.
326.34 Let the tyrants and the slayers be forgotten together, and

326.35 only the reconstructors be remembered."
327.01 "And did Sophia Antonovna agree with you?" I
327.02 asked sceptically.
327.03 "She did not say anything except, ' It is good for
327.04 you to believe in love.' I should think she understood
327.05 me. Then she asked me if I hoped to see Mr. Razumov
327.06 presently. I said I trusted I could manage to bring him
327.07 to see my mother this evening, as my mother had learned
327.08 of his being here and was morbidly impatient to learn
327.09 if he could tell us something of Victor. He was the
327.10 only friend of my brother we knew of, and a great
327.11 intimate. She said, ' Oh! Your brother -- yes. Please
327.12 tell Mr. Razumov that I have made public the story
327.13 which came to me from St. Petersburg. It concerns
327.14 your brother's arrest,' she added. ' He was betrayed by
327.15 a man of the people who has since hanged himself. Mr.
327.16 Razumov will explain it all to you. I gave him the full
327.17 information this afternoon. And please tell Mr. Razumov
327.18 that Sophia Antonovna sends him her greetings. I am
327.19 going away early in the morning -- far away.' "
327.20 And Miss Haldin added, after a moment of silence --
327.21 "I was so moved by what I heard so unexpectedly
327.22 that I simply could not speak to you before. . . . A man
327.23 of the people! Oh, our poor people!"
327.24 She walked slowly, as if tired out suddenly. Her head
327.25 drooped; from the windows of a building with terraces
327.26 and balconies came the banal sound of hotel music;
327.27 before the low mean portals of the Casino two red posters
327.28 blazed under the electric lamps, with a cheap provincial
327.29 effect -- and the emptiness of the quays, the desert
327.30 aspect of the streets, had an air of hypocritical respecta-
327.31 bility and of inexpressible dreariness.
327.32 I had taken for granted she had obtained the address,
327.33 and let myself be guided by her. On the Mont Blanc
327.34 bridge, where a few dark figures seemed lost in the wide
327.35 and long perspective defined by the light, she said --
328.01 "It isn't very far from our house. Somehow I thought
328.02 it couldn't be. The address is Rue de Carouge. I
328.03 think it must be one of those big new houses for
328.04 artisans."
328.05 She took my arm confidingly, familiarly, and ac-
328.06 celerated her pace. There was something primitive in
328.07 our proceedings. We did not think of the resources
328.08 of civilization. A late tramcar overtook us; a row of
328.09 fiacres stood by the railing of the gardens. It never
328.10 entered our heads to make use of these conveyances.
328.11 She was too hurried, perhaps, and as to myself -- well,
328.12 she had taken my arm confidingly. As we were ascend-
328.13 ing the easy incline of the Corraterie, all the shops
328.14 shuttered and no light in any of the windows /as if all
328.15 the mercenary population had fled at the end of the
328.16 day/, she said tentatively --
328.17 "I could run in for a moment to have a look at
328.18 mother. It would not be much out of the way."
328.19 I dissuaded her. If Mrs. Haldin really expected to
328.20 see Razumov that night it would have been unwise to
328.21 show herself without him. The sooner we got hold of
328.22 the young man and brought him along to calm her
328.23 mother's agitation the better. She assented to my
328.24 reasoning, and we crossed diagonally the Place de
328.25 Theatre, bluish grey with its floor of slabs of stone, under
328.26 the electric light, and the lonely equestrian statue all
328.27 black in the middle. In the Rue de Carouge we were
328.28 in the poorer quarters and approaching the outskirts of
328.29 the town. Vacant building plots alternated with high,
328.30 new houses. At the corner of a side street the crude
328.31 light of a whitewashed shop fell into the night, fan-like,
328.32 through a wide doorway. One could see from a dis-
328.33 tance the inner wall with its scantily furnished shelves,
328.34 and the deal counter painted brown. That was the
328.35 house. Approaching it along the dark stretch of a
329.01 fence of tarred planks, we saw the narrow pallid face
329.02 of the cut angle, five single windows high, without a
329.03 gleam in them, and crowned by the heavy shadow of
329.04 a jutting roof slope.
329.05 "We must inquiry in the shop," Miss Haldin directed
329.06 me.
329.07 A sallow, thinly whiskered man, wearing a dingy
329.08 white collar and a frayed tie, laid down a newspaper,
329.09 and, leaning familiarly on both elbows far over the bare
329.10 counter, answered that the person I was inquiring for
329.11 was indeed his "locataire" on the third floor, but that for
329.12 the moment he was out.
329.13 "For the moment," I repeated, after a glance at
329.14 Miss Haldin. "Does this mean that you expect him
329.15 back at once?"
329.16 He was very gentle, with ingratiating eyes and soft lips.
329.17 He smiled faintly as though he knew all about everything.
329.18 Mr. Razumov, after being absent all day, had returned
329.19 early in the evening. He was very surprised about half
329.20 an hour or a little more since to see him come down
329.21 again. Mr. Razumov left his key, and in the course of
329.22 some words which passed between them had remarked
329.23 that he was going out because he needed air.
329.24 From behind the bare counter he went on smiling at
329.25 us, his head held between his hands. Air. Air. But
329.26 whether that meant a long or a short absence it was
329.27 difficult to say. The night was very close, certainly.
329.28 After a pause, his ingratiating eyes turned to the
329.29 door, he added --
329.30 "The storm shall drive him in."
329.31 "There's going to be a storm?" I asked.
329.32 "Why, yes!"
329.33 As if to confirm his words we heard a very distant,
329.34 deep rumbling noise.
329.35 Consulting Miss Haldin by a glance, I saw her so
330.01 reluctant to give up her quest that I asked the shop-
330.02 keeper, in case Mr. Razumov came home within half an
330.03 hour, to beg him to remain downstairs in the shop. We
330.04 would look in again presently.
330.05 For all answer he moved his head imperceptibly.
330.06 The approval of Miss Haldin was expressed by her
330.07 silence. We walked slowly down the street, away from
330.08 the town; the low garden walls of the modest villas
330.09 doomed to demolition were overhung by the boughs of
330.10 trees and masses of foliage, lighted from below by gas
330.11 lamps. The violent and monotonous noise of the icy
330.12 waters of the Arve falling over a low dam swept towards
330.13 us with a chilly draught of air across a great open
330.14 space, where a double line of lamp-lights outlined a
330.15 street as yet without houses. But on the other shore,
330.16 overhung by the awful blackness of the thunder-cloud,
330.17 a solitary dim light seemed to watch us with a weary
330.18 stare. When we had strolled as far as the bridge, I
330.19 said --
330.20 "We had better get back. . . ."
330.21 In the shop the sickly man was studying his
330.22 smudgy newspaper, now spread out largely on the
330.23 counter. He just raised his head when I looked in and
330.24 shook it negatively, pursing up his lips. I rejoined
330.25 Miss Haldin outside at once, and we moved off at a
330.26 brisk pace. She remarked that she would send Anna
330.27 with a note the first thing in the morning. I respected
330.28 her taciturnity, silence being perhaps the best way to
330.29 show my concern.
330.30 The semi-rural street we followed on our return
330.31 changed gradually to the usual town thoroughfare, broad
330.32 and deserted. We did not meet four people altogether,
330.33 and the way seemed interminable, because my com-
330.34 panion's natural anxiety had communicated itself sym-
330.35 pathetically to me. At last we turned into the Boulevard
331.01 des Philosophes, more wide, more empty, more dead --
331.02 the very desolation of slumbering respectability. At the
331.03 sight of the two lighted windows, very conspicuous from
331.04 afar, I had the mental vision of Mrs. Haldin in her arm-
331.05 chair keeping a dreadful, tormenting vigil under the evil
331.06 spell of an arbitrary rule: a victim of tyranny and
331.07 revolution, a sight at once cruel and absurd.
331.08   (III)
331.09 "You will come in for a moment?" said Natalia
331.10 Haldin.
331.11 I demurred on account of the late hour. "You
331.12 know mother likes you so much," she insisted.
331.13 "I will just come in to hear how your mother is."
331.14 She said, as if to herself, "I don't even know
331.15 whether she will believe that I could not find Mr.
331.16 Razumov, since she has taken it into her head that I
331.17 am concealing something from her. You may be able
331.18 to persuade her. . . ."
331.19 "Your mother may mistrust me too," I observed.
331.20 "You! Why? What could you have to conceal
331.21 from her? You are not a Russian nor a conspirator."
331.22 I felt profoundly my European remoteness, and said
331.23 nothing, but I made up my mind to play my part of help-
331.24 less spectator to the end. The distant rolling of thunder
331.25 in the valley of the Rhone was coming nearer to the
331.26 sleeping town of prosaic virtues and universal hospitality.
331.27 We crossed the street opposite the great dark gateway,
331.28 and Miss Haldin rang at the door of the apartment. It
331.29 was opened almost instantly, as if the elderly maid had
331.30 been waiting in the ante-room for our return. Her flat
331.31 physiognomy had an air of satisfaction. The gentleman
331.32 was there, she declared, while closing the door.
332.01 Neither of us understood. Miss Haldin turned
332.02 round brusquely to her. "Who?"
332.03 "Herr Razumov," she explained.
332.04 She had heard enough of our conversation before we
332.05 left to know why her young mistress was going out.
332.06 Therefore, when the gentleman gave his name at the
332.07 door, she admitted him at once.
332.08 "No one could have foreseen that," Miss Haldin
332.09 murmured, with her serious grey eyes fixed upon mine.
332.10 And, remembering the expression of the young man's
332.11 face seen not much more than four hours ago, the look
332.12 of a haunted somnambulist, I wondered with a sort
332.13 of awe.
332.14 "You asked my mother first?" Miss Haldin inquired
332.15 of the maid.
332.16 "No. I announced the gentleman," she answered,
332.17 surprised at our troubled faces.
332.18 "Still," I said in an undertone, "your mother was
332.19 prepared."
332.20 "Yes. But he has no idea. . ."
332.21 It seemed to me she doubted his tact. To her
332.22 question how long the gentleman had been with her
332.23 mother, the maid told us that Der Herr had been in
332.24 the drawing-room no more than a short quarter of an
332.25 hour.
332.26 She waited a moment, then withdrew, looking a
332.27 little scared. Miss Haldin gazed at me in silence.
332.28 "As things have turned out," I said, "you happen to
332.29 know exactly what your brother's friend has to tell your
332.30 mother. And surely after that. . ."
332.31 "Yes," said Natalia Haldin slowly. "I only wonder,
332.32 as I was not here when he came, if it wouldn't be better
332.33 not to interrupt now."
332.34 We remained silent, and I suppose we both strained
332.35 our ears, but no sound reached us through the closed
333.01 door. The features of Miss Haldin expressed a painful
333.02 irresolution; she made a movement as if to go in, but
333.03 checked herself. She had heard footsteps on the other
333.04 side of the door. It came open, and Razumov, without
333.05 pausing, stepped out into the ante-room. The fatigue
333.06 of that day and the struggle with himself had changed
333.07 him so much that I would have hesitated to recog-
333.08 nize that face which, only a few hours before, when
333.09 he brushed against me in front of the post office, had
333.10 been startling enough but quite different. It had been
333.11 not so livid then, and its eyes not so sombre. They
333.12 certainly looked more sane now, but there was upon
333.13 them the shadow of something consciously evil.
333.14 I speak of that, because, at first, their glance fell on

333.15 me, though without any sort of recognition or even com-
333.16 prehension. I was simply in the line of his stare. I
333.17 don't know if he had heard the bell or expected to see
333.18 anybody. He was going out, I believe, and I do not
333.19 think that he saw Miss Haldin till she advanced towards
333.20 him a step or two. He disregarded the hand she put
333.21 out.
333.22 "It's you, Natalia Victorovna. . . . Perhaps you are
333.23 surprised . . . at this late hour. But, you see, I re-
333.24 membered our conversations in that garden. I thought
333.25 really it was your wish that I should -- without loss of
333.26 time. . . so I came. No other reason. Simply to
333.27 tell. . ."
333.28 He spoke with difficulty. I noticed that, and re-
333.29 membered his declaration to the man in the shop that
333.30 he was going out because he "needed air." If that was
333.31 his object, then it was clear that he had miserably failed.
333.32 With downcast eyes and lowered head he made an effort
333.33 to pick up the strangled phrase.
333.34 "To tell what I have heard myself only to-day --
333.35 to-day. . ."
334.01 Through the door he had not closed I had a view of
334.02 the drawing-room. It was lighted only by a shaded
334.03 lamp -- Mrs. Haldin's eyes could not support either gas
334.04 or electricity. It was a comparatively big room, and in
334.05 contrast with the strongly lighted ante-room its length
334.06 was lost in semi-transparent gloom backed by heavy
334.07 shadows; and on that ground I saw the motionless
334.08 figure of Mrs. Haldin, inclined slightly forward, with a
334.09 pale hand resting on the arm of the chair.
334.10 She did not move. With the window before her
334.11 she had no longer that attitude suggesting expectation.
334.12 The blind was down; and outside there was only the
334.13 night sky harbouring a thunder-cloud, and the town
334.14 indifferent and hospitable in its cold, almost scornful,
334.15 toleration -- a respectable town of refuge to which all
334.16 these sorrows and hopes were nothing. Her white head
334.17 was bowed.
334.18 The thought that the real dramà of autocracy is not
334.19 played on the great stage of politics came to me as,
334.20 fated to be a spectator, I had this other glimpse behind
334.21 the scenes, something more profound than the words
334.22 and gestures of the public play. I had the certitude
334.23 that this mother refused in her heart to give her son
334.24 up after all. It was more than Rachel's inconsolable
334.25 mourning, it was something deeper, more inaccessible in
334.26 its frightful tranquillity. Lost in the ill-defined mass of
334.27 the high-backed chair, her white, inclined profile sug-
334.28 gested the contemplation of something in her lap, as
334.29 though a beloved head were resting there.
334.30 I had this glimpse behind the scenes, and then Miss
334.31 Haldin, passing by the young man, shut the door. It
334.32 was not done wihout hesitation. For a moment I
334.33 thought that she would go to her mother, but she sent
334.34 in only an anxious glance. Perhaps if Mrs. Haldin had
334.35 moved. . . but no. There was in the immobility of
335.01 that bloodless face the dreadful aloofness of suffering
335.02 without remedy.
335.03 Meantime the young man kept his eyes fixed on the
335.04 floor. The thought that he would have to repeat the
335.05 story he had told already was intolerable to him. He
335.06 had expected to find the two women together. And
335.07 then, he had said to himself, it would be over for all
335.08 time -- for all time. "It's lucky I don't believe in
335.09 another world," he had thought cynically.
335.10 Alone in his room after having posted his secret
335.11 letter, he had regained a certain measure of composure
335.12 by writing in his secret diary. He was aware of the
335.13 danger of that strange self-indulgence. He alludes to it
335.14 himself, but he could not refrain. It calmed him -- it
335.15 reconciled him to his existence. He sat there scribbling
335.16 by the light of a solitary candle, till it occurred to him
335.17 that having heard the explanation of Haldin's arrest,
335.18 as put forward by Sophia Antonovna, it behoved him
335.19 to tell these ladies himself. They were certain to
335.20 hear the tale through some other channel, and then his
335.21 abstention would look strange, not only to the mother
335.22 and sister of Haldin, but to other people also. Having
335.23 come to this conclusion, he did not discover in himself
335.24 any marked reluctance to face the necessity, and very
335.25 soon an anxiety to be done with it began to torment
335.26 him. He looked at his watch. No; it was not
335.27 absolutely too late.
335.28 The fifteen minutes with Mrs. Haldin were like the
335.29 revenge of the unknown: that white face, that weak,
335.30 distinct voice; that head, at first turned to him eagerly,
335.31 then, after a while, bowed again and motionless -- in the
335.32 dim, still light of the room in which his words which he
335.33 tried to subdue resounded so loudly -- had troubled him
335.34 like some strange discovery. And there seemed to be a
335.35 secret obstinacy in that sorrow, something he could not
336.01 understand; at any rate, something he had not expected.
336.02 Was it hostile? But it did not matter. Nothing could
336.03 touch him now; in the eyes of the revolutionists there
336.04 was now no shadow on his past. The phantom of
336.05 Haldin had been indeed walked over, was left behind
336.06 lying powerless and passive on the pavement covered
336.07 with snow. And this was the phantom's mother con-
336.08 sumed with grief and white as a ghost. He had felt a
336.09 pitying surprise. But that, of course, was of no im-
336.10 portance. Mothers did not matter. He could not
336.11 shake off the poignant impression of that silent, quiet,
336.12 white-haired woman, but a sort of sternness crept into
336.13 his thoughts. These were the consequences. Well,
336.14 what of it? "Am I then on a bed of roses?" he had
336.15 exclaimed to himself, sitting at some distance with his
336.16 eyes fixed upon that figure of sorrow. He had said all
336.17 he had to say to her, and when he had finished she had
336.18 not uttered a word. She had turned away her head
336.19 while he was speaking. The silence which had fallen on
336.20 his last words had lasted for five minutes or more.
336.21 What did it mean? Before i.. incomprehensible char-
336.22 acter he became conscious of anger in his stern mood,
336.23 the old anger against Haldin reawakened by the con-
336.24 templation of Haldin's mother. And was it not some-
336.25 thing like enviousness which gripped his heart, as if of a
336.26 privilege denied to him alone of all the men that had
336.27 ever passed through this world? It was the other who
336.28 had attained to repose and yet continued to exist in the
336.29 affection of that mourning old woman, in the thoughts of
336.30 all these people posing for lovers of humanity. It was
336.31 impossible to get rid of him. "It's myself whom I have
336.32 given up to destruction," thought Razumov. "He has
336.33 induced me to do it. I can't shake him off."
336.34 Alarmed by that discovery, he got up and strode out
336.35 of the silent, dim room with its silent old woman in the
337.01 chair, that mother! He never looked back. It was
337.02 frankly a flight. But on opening the door he saw his
337.03 retreat cut off. There was the sister. He had never
337.04 forgotten the sister, only he had not expected to see her
337.05 then -- or ever any more, perhaps. Her presence in
337.06 the ante-room was as unforeseen as the apparition of
337.07 her brother had been. Razumov gave a start as though
337.08 he had discovered himself cleverly trapped. He tried
337.09 to smile, but could not manage it, and lowered his
337.10 eyes. "Must I repeat that silly story now?" he
337.11 asked himself, and felt a sinking sensation. Nothing
337.12 solid had passed his lips since the day before, but he
337.13 was not in a state to analyse the origins of his
337.14 weakness. He meant to take up his hat and depart
337.15 with as few words as possible, but Miss Haldin's swift
337.16 movement to shut the door took him by surprise. He
337.17 half turned after her, but without raising his eyes, passively,
337.18 just as a feather might stir in the disturbed air. The
337.19 next moment she was back in the place she had started
337.20 from, with another half-turn on his part, so that they
337.21 came again into the same relative positions.
337.22 "Yes, yes," she said hurriedly. "I am very grateful
337.23 to you, Kirylo Sidorovitch, for coming at once -- like
337.24 this. . . . Only, I wish I had . . . Did mother tell
337.25 you?"
337.26 "I wonder what she could have told me that I did
337.27 not know before," he said, obviously to himself, but
337.28 perfectly audible. "Because I always did' know it," he
337.29 added louder, as if in despair.
337.30 He hung his head. He had such a strong sense
337.31 of Natalia Haldin's presence that to look at her he felt
337.32 would be a relief. It was she who had been haunting
337.33 him now. He had suffered that persecution ever since
337.34 she had suddenly appeared before him in the garden of
337.35 the Villa Borel with an extended hand and the name of
338.01 her brother on her lips. . . . The ante-room had a row
338.02 of hooks on the wall nearest to the outer door, while
338.03 against the wall opposite there stood a small dark table
338.04 and one chair. The paper, bearing a very faint design,
338.05 was all but white. The light of an electric bulb high up
338.06 under the ceiling searched that clear square box into its
338.07 four bare corners, crudely, without shadows -- a strange
338.08 stage for an obscure drama.
338.09 "What do you mean?" asked Miss Haldin. "What
338.10 is it that you knew always?"
338.11 He raised his face, pale, full of unexpressed suffering.
338.12 But that look in his eyes of dull, absent obstinacy,
338.13 which struck and surprised everybody he was talking
338.14 to, began to pass away. It was as though he were
338.15 coming to himself in the awakened consciousness of that
338.16 marvellous harmony of feature, of lines, of glances, of
338.17 voice, which made of the girl before him a being so
338.18 rare, outside, and, as it were, above the common notion
338.19 of beauty. He looked at her so long that she coloured
338.20 slightly.
338.21 "What is it that you knew?" she repeated vaguely.
338.22 That time he managed to smile.
338.23 "Indeed, if it had not been for a word of greeting or
338.24 two, I would doubt whether your mother was aware at all
338.25 of my existence. You understand?"
338.26 Natalia Haldin nodded; her hands moved slightly
338.27 by her side.
338.28 "Yes. Is it not heart-breaking? She has not shed
338.29 a tear yet -- not a single tear."
338.30 "Not a tear! And you, Natalia Victorovna? You
338.31 have been able to cry?"
338.32 "I have. And then I am young enough, Kirylo
338.33 Sidorovitch, to believe in the future. But when I see
338.34 my mother so terribly distracted, I almost forget every-
338.35 thing. I ask myself whether one should feel proud --or
339.01 only resigned. We had such a lot of people coming to
339.02 see us. There were utter strangers who wrote asking
339.03 for permission to call to present their respects. It was
339.04 impossible to keep our door shut for ever. You know that
339.05 Peter Ivanovitch himself . . . Oh yes, there was much
339.06 sympathy, but there were persons who exulted openly at
339.07 that death. Then, when I was left alone with poor
339.08 mother, all this seemed so wrong in spirit, something not
339.09 worth the price she is paying for it. But directly I
339.10 heard you were here in Geneva, Kirylo Sidorovitch, I felt
339.11 that you were the only person who could assist me. . ."
339.12 "In comforting a bereaved mother? Yes!" he
339.13 broke in in a manner which made her open her clear
339.14 unsuspecting eyes. "But there is a question of fitness.
339.15 Has this occurred to you?"
339.16 There was a breathlessness in his utterance which
339.17 contrasted with the monstrous hint of mockery in his
339.18 intention.
339.19 "Why!" whispered Natalia Haldin with feeling.
339.20 "Who is more fit than you?"
339.21 He had a convulsive movement of exasperation, but
339.22 controlled himself.
339.23 "Indeed! Directly you heard that I was in Geneva,
339.24 before even seeing me? It is another proof of that con-
339.25 fidence which . . ."
339.26 All at once his tone changed, became more incisive

339.27 and more detached.
339.28 "Men are poor creatures, Natalia Victorovna. They
339.29 have no intuition of sentiment. In order to speak
339.30 fittingly to a mother of her lost son one must have had
339.31 some experience of the filial relation. It is not the case
339.32 with me -- if you must know the whole truth. Your
339.33 hopes have to deal here with ´ a breast unwarmed by any
339.34 affection, ´ as the poet says. . . . That does not mean it
339.35 is insensible," he added in a lower tone.
340.01 "I am certain your heart is not unfeeling," said Miss
340.02 Haldin softly.
340.03 "No. It is not as hard as a stone," he went on in
340.04 the same introspective voice, and looking as if his heart
340.05 were lying as heavy as a stone in that unwarmed breast
340.06 of which he spoke. "No, not so hard. But how to
340.07 prove what you give me credit for -- ah! that´s another
340.08 question. No one has ever expected such a thing from
340.09 me before. No one whom my tenderness would have
340.10 been of any use to. And now you come. You! Now!
340.11 No, Natalia Victorovna. It´s too late. You come too
340.12 late. You must expect nothing from me."
340.13 She recoiled from him a little, though he had made
340.14 no movement, as if she had seen some change in
340.15 his face, charging his words with the significance of
340.16 some hidden sentiment they shared together. To me,
340.17 the silent spectator, they looked like two people be-
340.18 coming conscious of a spell which had been lying on
340.19 them ever since they first set eyes on each other.
340.20 Had either of them cast a glance then in my direction,
340.21 I would have opened the door quietly and gone out.
340.22 But neither did; and I remained, every fear of in-
340.23 discretion lost in the sense of my enormous remoteness
340.24 from their captivity within the sombre horizon of
340.25 Russian problems, the boundary of their eyes, of their
340.26 feelings -- the prison of their souls.
340.27 Frank, courageous, Miss Haldin controlled her voice
340.28 in the midst of her trouble.
340.29 "What can this mean?" she asked, as if speaking to
340.30 herself.
340.31 "It may mean that you have given yourself up to
340.32 vain imaginings while I have managed to remain amongst
340.33 the truth of things and the realities of life -- our Russian
340.34 life -- such as they are."
340.35 "They are cruel," she murmured.
341.01 "And ugly. Don´t forget that -- and ugly. Look
341.02 where you like. Look near you, here abroad where you
341.03 are, and then look back at home, whence you came."
341.04 "One must look beyond the present." her tone
341.05 had an ardent conviction.
341.06 "The blind can do that best. I have had the mis-
341.07 fortune to be born clear-eyed. And if you only knew
341.08 what strange things I have seen! What amazing
341.09 and unexpected apparitions! . . . But why talk of all
341.10 this?"
341.11 "On the contrary, I want to talk of all this with
341.12 you," she protested with earnest serenity. The sombre
341.13 humours of her brother´s friend left her unaffected, as
341.14 though that bitterness, that suppressed anger, were the
341.15 signs of an indignant rectitude. She saw that he was
341.16 not an ordinary person, and perhaps she did not
341.17 want him to be other than he appeared to her trustful
341.18 eyes. "You, with you especially," she insisted. "With
341.19 you of all the Russian people in the world. . ." A
341.20 faint smile dwelt for a moment on her lips. "I am like
341.21 poor mother in a way. I too seem unable to give up
341.22 our beloved dead, who, don´t forget, was all in all to us.
341.23 I don´t want to abuse your sympathy, but you must
341.24 understand that it is in you that we can find all that is
341.25 left of his generous soul."
341.26 I was looking at him; not a muscle of his face
341.27 moved in the least. And yet, even at the time, I did
341.28 not suspect him of insensibility. It was a sort of rapt
341.29 thoughtfulness. Then he stirred slightly.
341.30 "You are going, Kirylo Sidorovitch?" she asked.
341.31 "I! Going? Where? Oh yes, but I must tell
341.32 you first. . ." His voice was muffled and he forced
341.33 himself to produce it with visible repugnance, as if
341.34 speech were something disgusting or deadly. "That
341.35 story, you know -- the story I heard this afternoon. . ."
342.01 "I know the story already," she said sadly.
342.02 "You know it! Have you correspondents in St.
342.03 Petersburg too?"
342.04 "No. It´s Sophia Antonovna. I have seen her just
342.05 now. She sends you her greetings. She is going away
342.06 to-morrow."
342.07 He had lowered at last his fascinated glance; she
342.08 too was looking down, and standing thus before each
342.09 other in the glaring light, between the four bare walls,
342.10 they seemed brought out from the confused immensity
342.11 of the Eastern borders to be exposed cruelly to the
342.12 observation of my western eyes. And I observed them.
342.13 There was nothing else to do. My existence seemed to
342.14 utterly forgotten by these two that I dared not now
342.15 make a movement. And I thought to myself that, of
342.16 course, they had to come together, the sister and the friend
342.17 of that dead man. The ideas, the hopes, the aspirations,
342.18 the cause of Freedom, expressed in their common affec-
342.19 tion for Victor Haldin, the moral victim of autocracy, -- all
342.20 this must draw them to each other fatally. Her very
342.21 ignorance and his loneliness to which he had alluded so
342.22 strangely must work to that end. And, indeed, I saw
342.23 that the work was done already. Of course. It was
342.24 manifest that they must have been thinking of each other
342.25 for a long time before they met. She had the letter from
342.26 that beloved brother kindling her imagination by the
342.27 severe praise attached to that one name; and for him to
342.28 see that exceptional girl was enough. The only cause for
342.29 surprise was his gloomy aloofness before her clearly ex-
342.30 pressed welcome. But he was young, and however
342.31 austere and devoted to his revolutionary ideals, he was
342.32 not blind. The period of reserve was over; he was
342.33 coming forward in his own way. I could not mistake
342.34 the significance of this late visit, for in what he had to
342.35 say there was nothing urgent. The true cause dawned
343.01 upon me: he had discovered that he needed her --
343.02 and she was moved by the same feeling. It was the
343.03 second time that I saw them together, and I knew
343.04 that the next time they met I would not be there, either
343.05 remembered or forgotten. I would have virtually
343.06 ceased to exist for both these young people.
343.07 I made this discovery in a very few moments.
343.08 Meantime, Natalia Haldin was telling Razumov briefly
343.09 of our peregrinations from one end of Geneva to the
343.10 other. While speaking she raised her hands above her
343.11 head to untie her veil, and that movement displayed
343.12 for an instant the seductive grace of her youthful
343.13 figure, clad in the simplest of mourning. In the trans-
343.14 parent shadow the hat brim threw on her face her grey
343.15 eyes had an enticing lustre. Her voice, with its un-
343.16 feminine yet exquisite timbre, was steady, and she spoke
343.17 quickly, frank, unembarrassed. As she justified her
343.18 action by the mental state of her mother, a spasm of
343.19 pain marred the generously confiding harmony of her
343.20 features. I perceived that with his downcast eyes he
343.21 had the air of a man who is listening to a strain of music
343.22 rather than to articulated speech. And in the same way,
343.23 after she had ceased, he seemed to listen yet, motionless,
343.24 as if under the spell of suggestive sound. He came to
343.25 himself, muttering --
343.26 "Yes, yes. She has not shed a tear. She did not
343.27 seem to hear what I was saying. I might have told her
343.28 anything. She looked as if no longer belonging to this
343.29 world."
343.30 Miss Haldin gave signs of profound distress. Her
343.31 voice faltered. "You don´t know how bad it has come
343.32 to be. She expects now to see´ him´!" The veil
343.33 dropped from her fingers and she clasped her hands
343.34 in anguish. "It shall end by her seeing him," she
343.35 cried.
344.01 Razumov raised his head sharply and attached on
344.02 her a prolonged thoughtful glance.
344.03 "H´m. That´s very possible," he muttered in a
344.04 peculiar tone, as if giving his opinion on a matter of
344.05 fact. "I wonder what. . ." He checked himself.
344.06 "That would be the end. Her mind shall be gone
344.07 then, and her spirit will follow."
344.08 "Miss Haldin unclasped her hands and let them fall
344.09 by her side.
344.10 "You think so?" he queried profoundly. Miss
344.11 Haldin´s lips were slightly parted. Something unex-
344.12 pected and unfathomable in that young man´s character
344.13 had fascinated her from the first. "No! There´s
344.14 neither truth nor consolation to be got from the
344.15 phantoms of the dead," he added after a weighty pause.
344.16 "I might have told her something true; for instance,
344.17 that your brother meant to save his life -- to escape.
344.18 There can be no doubt of that. But I did not."
344.19 "You did not! But why?"
344.20 "I don´t know. Other thought came into my
344.21 head," he answered. He seemed to me to be watching
344.22 himself inwardly, as though he were trying to count
344.23 his own heart-beats, while his eyes never for a moment
344.24 left the face of the girl. "You were not there," he
344.25 continued. "I had made up my mind never to see you
344.26 again."
344.27 This seemed to take her breath away for a moment.
344.28 "You. . . How is it possible?"
344.29 "You may well ask. . . . However, I think that I
344.30 refrained from telling your mother from prudence. I
344.31 might have assured her that in the last conversation
344.32 he held as a free man he mentioned you both. . ."
344.33 "That last conversation was with you," she struck in
344.34 in her deep, moving voice. "Some day you must. . ."
344.35 "It was with me. Of you he said that you had
345.01 trustful eyes. And why I have not been able to forget
345.02 that phrase I don´t know. It meant that there is in
345.03 you no guile, no deception, no falsehood, no suspicion --
345.04 nothing in your heart that could give you a conception
345.05 of a living, acting, speaking lie, if ever it came in your
345.06 way. That you are a predestined victim. . . Ha! what
345.07 a devilish suggestion!"
345.08 The convulsive, uncontrolled tone of the last words
345.09 disclosed the precarious hold he had over himself. He
345.10 was like a man defying his own dizziness in high places
345.11 and tottering suddenly on the very edge of the precipice.
345.12 Miss Haldin pressed her hand to her breast. The
345.13 dropped black veil lay on the floor between them.
345.14 Her movement steadied him. He looked intently on
345.15 that hand till it descended slowly, and then raised again
345.16 his eyes to her face. But he did not give her time to
345.17 speak.
345.18 "No? You don´t understand? Very well." He
345.19 had recovered his calm by a miracle of will. "So you
345.20 talked with Sophia Antonovna?"
345.21 "Yes. Sophia Antonovna told me. . ." Miss
345.22 Haldin stopped, wonder growing in her wide eyes.
345.23 "H´m. That´s the respectable enemy," he muttered,
345.24 as though he were alone.
345.25 "The tone of her references to you was extremely
345.26 friendly," remarked Miss Haldin, after waiting for a while.
345.27 "Is that your impression? And she the most
345.28 intelligent of the lot, too. Things then are going as
345.29 well as possible. Everything conspires to . . . Ah!
345.30 these conspirators," he said slowly, with an accent of
345.31 scorn; "they would get hold of you in no time!
345.32 You know, Natalia Victorovna, I have the greatest
345.33 difficulty in saving myself from the superstition of an
345.34 active Providence. It´s irresistible. . . . The alternative,
345.35 of course, would be the personal Devil of our simple
346.01 ancestors. But, if so, he has overdone it altogether --
346.02 the old Father of Lies -- our national patron -- our
346.03 domestic god, whom we take with us when we go abroad.

346.04 He has overdone it. It seems that I am not simple
346.05 enough. . . That's it! I ought to have known. . .
346.06 And I did know it," he added in a tone of poignant
346.07 distress which overcame my astonishment.
346.08 "This man is deranged," I said to myself, very much
346.09 frightened.
346.10 The next moment he gave me a very special im-
346.11 pression beyond the range of commonplace definitions.
346.12 It was as though he had stabbed himself outside and
346.13 had come in there to show it; and more than that --
346.14 as though he were turning the knife in the wound and
346.15 watching the effect. That was the impression, rendered
346.16 in physical terms. One could not defend oneself from
346.17 a certain amount of pity. But is was for Miss Haldin,
346.18 already so tried in her deepest affections, that I felt
346.19 a serious concern. Her attitude, her face, expressed
346.20 compassion struggling with doubt on the verge of
346.21 terror.
346.22 "What is it, Kirylo Sidorovitch?" There was a
346.23 hint of tenderness in that cry. He only stared at her
346.24 in that complete surrender of all his faculties which
346.25 in a happy lover would have had the name of ecstasy.
346.26 "Why are you looking at me like this, Kirylo
346.27 Sidorovitch? I have approached you frankly. I need
346.28 at this time to see clearly in myself. . ." She ceased
346.29 for a moment as if to give him an opportunity to utter
346.30 at last some word worthy of her exalted trust in her
346.31 brother's friend. His silence became impressive, like a
346.32 sign of a momentous resolution.
346.33 In the end Miss Haldin went on, appealingly.
346.34 "I have waited for you anxiously. But now that
346.35 you have been moved to come to us in your kindness,
347.01 you alarm me. You speak obscurely. It seems as if you
347.02 were keeping back something from me."
347.03 "Tell me, Natalia Victorovna," he was heard at last
347.04 in a strange unringing voice, "whom did you see in that
347.05 place?"
347.06 She was startled, and as if deceived in her expecta-
347.07 tions.
347.08 "Where? In Peter Ivanovitch's rooms? There
347.09 was Mr. Laspara and three other people."
347.10 "Ha! The vanguard -- the forlorn hope of the
347.11 great plot," he commented to himself. "Bearers of
347.12 the spark to start an explosion which is meant to
347.13 change fundamentally the lives of so many millions
347.14 in order that Peter Ivanovitch should be the head of a
347.15 State."
347.16 "You are teasing me," she said. "Our dear one
347.17 told me once to remember that men serve always some-
347.18 thing greater than themselves -- the idea."
347.19 "Our dear one," he repeated slowly. The effort he
347.20 made to appear unmoved absorbed all the force of his
347.21 soul. He stood before her like a being with hardly
347.22 a breath of life. His eyes, even as under great physical
347.23 suffering, had lost all their fire. "Ah! your brother . . .
347.24 But on your lips, in your voice, it sounds. . . and
347.25 indeed in you everything is divine. . . . I wish I could
347.26 know the innermost depths of your thoughts, of your
347.27 feelings."
347.28 "But why, Kirylo Sidorovitch?" she cried, alarmed
347.29 by these words coming out of strangely lifeless lips.
347.30 "Have no fear. It is not to betray you. So you
347.31 went there? . . . And Sophia Antonovna, what did she
347.32 tell you, then?"
347.33 "She said very little, really. She knew that I
347.34 should hear everything from you. She had no time for
347.35 more than a few words." Miss Haldin's voice dropped
348.01 and she became silent for a moment. "The man, it
348.02 appears, has taken his life," she said sadly.
348.03 "Tell me, Natalia Victorovna," he asked after a
348.04 pause, "do you believe in remorse?"
348.05 "What a question!"
348.06 "What can you' know of it?" he muttered thickly.
348.07 "It is not for such as you. . . What I meant to
348.08 ask was whether you believed in the efficacy of
348.09 remorse?"
348.10 She hesitated as though she had not understood,
348.11 then her face lighted up.
348.12 "Yes," she said firmly.
348.13 "So he is absolved. Moreover, that Ziemianitch
348.14 was a brute, a drunken brute."
348.15 A shudder passed through Natalia Haldin.
348.16 "But a man of the people," Razumov went on, "to
348.17 whom they, the revolutionists, tell a tale of sublime
348.18 hopes. Well, the people must be forgiven. . . . And
348.19 you must not believe all you've heard from that source,
348.20 either," he added, with a sort of sinister reluctance.
348.21 "You are concealing something from me," she
348.22 exclaimed.
348.23 "Do you, Natalia Victorovna, believe in the duty of
348.24 revenge?"
348.25 "Listen, Kirylo Sidorovitch. I believe that the
348.26 future shall be merciful to us all. Revolutionist and
348.27 reactionary, victim and executioner, betrayer and be-
348.28 trayed, they shall all be pitied together when the light
348.29 breaks on our black sky at last. Pitied and forgotten;
348.30 for without that there can be no union and no love."
348.31 "I hear. No revenge for you, then? Never?
348.32 Not the least bit?" He smiled bitterly with his
348.33 colourless lips. "You yourself are like the very spirit
348.34 of that merciful future. Strange that it does not make
348.35 it easier. . . . No! But suppose that the real betrayer
349.01 of your brother -- Ziemianitch had a part in it too, but
349.02 insignificant and quite involuntary -- suppose that he was
349.03 a young man, educated, an intellectual worker, thought-
349.04 ful, a man your brother might have trusted lightly,
349.05 perhaps, but still -- suppose. . . But there's a whole
349.06 story there."
349.07 "And you know the story! But why, then -- "
349.08 "I have heard it. There is a staircase in it, and
349.09 even phantoms, but that does not matter if a man
349.10 always serves something greater than himself -- the idea.
349.11 I wonder who is the greatest victim in that tale?"
349.12 "In that tale!" Miss Haldin repeated. She seemed
349.13 turned into stone.
349.14 "Do you know why I came to you? It is simply
349.15 because there is no one anywhere in the whole great
349.16 world I could go to. Do you understand what I say?
349.17 Not one to go to. Do you conceive the desolation of
349.18 the thought -- no one -- to -- go -- to?"
349.19 Utterly misled by her own enthusiastic interpretation
349.20 of two lines in the letter of a visionary, under the spell
349.21 of her own dread of lonely days, in their overshadowed
349.22 world of angry strife, she was unable to see the truth
349.23 struggling on his lips. What she was conscious of was
349.24 the obscure form of his suffering. She was on the point
349.25 of extending her hand to him impulsively when he
349.26 spoke again.
349.27 "An hour after I saw you first I knew how it would
349.28 be. The terrors of remorse, revenge, confession, anger,
349.29 hate, fear, are like nothing to the atrocious temptation
349.30 which you put in my way the day you appeared before
349.31 me with your voice, with your lace, in the garden of
349.32 that accursed villa."
349.33 She looked utterly bewildered for a moment; then,
349.34 with a sort of despairing insight went straight to the
349.35 point.
350.01 "The story, Kirylo Sidorovitch, the story!"
350.02 "There is no more to tell!" He made a movement
350.03 forward, and she actually put her hand on his shoulder
350.04 to push him away; but her strength failed her, and he
350.05 kept his ground, though trembling in every limb. "It
350.06 ends here -- on this very spot." He pressed a de-
350.07 nunciatory finger to his breast with force, and became
350.08 perfectly still.
350.09 I ran forward, snatching up the chair, and was in time
350.10 to catch hold of Miss Haldin and lower her down. As
350.11 she sank into it she swung half round on my arm, and
350.12 remained averted from us both, drooping over the back.
350.13 He looked at her with an appalling expressionless
350.14 tranquillity. Incredulity, struggling with astonishment,
350.15 anger, and disgust, deprived me for a time of the power
350.16 of speech. Then I turned on him, whispering from
350.17 very rage --
350.18 "This is monstrous. What are you staying for?
350.19 Don't let her catch sight of you again. Go away! . . ."
350.20 He did not budge. "Don't you understand that your
350.21 presence is intolerable -- even to me? If there's any
350.22 sense of shame in you.
350.23 Slowly his sullen eyes moved in my direction.
350.24 "How did this old man come here?" he muttered,
350.25 astounded.
350.26 Suddenly Miss Haldin sprang up from the chair,
350.27 made a few steps, and tottered. Forgetting my indigna-
350.28 tion, and even the man himself, I hurried to her assist-
350.29 ance. I took her by the arm, and she let me lead
350.30 her into the drawing-room. Away from the lamp, in
350.31 the deeper dusk of the distant end, the profile of Mrs.
350.32 Haldin, her hands, her whole figure had the stillness
350.33 of a sombre painting. Miss Haldin stopped, and pointed
350.34 mournfully at the tragic immobility of her mother, who
350.35 seemed to watch a beloved head lying in her lap.
351.01 That gesture had an unequalled force of expression,
351.02 so far-reaching in its human distress that one could not
351.03 believe that it pointed out merely the ruthless working
351.04 of political institutions. After assisting Miss Haldin to
351.05 the sofa, I turned round to go back and shut the door.
351.06 Framed in the opening, in the searching glare of the
351.07 white ante-room, my eyes fell on Razumov, still there,
351.08 standing before the empty chair, as if rooted for ever to
351.09 the spot of his atrocious confession. A wonder came
351.10 over me that the mysterious force which had torn it out
351.11 of him had failed to destroy his life, to shatter his body.
351.12 It was there unscathed. I stared at the broad line of
351.13 his shoulders, his dark head, the amazing immobility
351.14 of his limbs. At his feet the veil dropped by Miss
351.15 Haldin looked intensely black in the white crudity
351.16 of the light. He was gazing at it spell-bound. Next
351.17 moment, stooping with an incredible, savage swiftness,
351.18 he snatched it up and pressed it to his face with both
351.19 hands. Something, extreme astonishment perhaps,
351.20 dimmed my eyes, so that he seemed to vanish before
351.21 he moved.
351.22 The slamming of the outer door restored my sight,
351.23 and I went on contemplating the empty chair in the
351.24 empty ante-room. The meaning of what I had seen
351.25 reached my mind with a staggering shock. I seized
351.26 Natalia Haldin by the shoulder.
351.27 "That miserable wretch has carried off your veil!"
351.28 I cried, in the scared, deadened voice of an awful
351.29 discovery. "He. . ."
351.30 The rest remained unspoken. I stepped back and
351.31 looked down at her, in silent horror. Her hands were
351.32 lying lifelessly, palms upwards, on her lap. She raised
351.33 her grey eyes slowly. Shadows seemed to come and go
351.34 in them as if the steady flame of her soul had been made
351.35 to vacillate at last in the cross-currents of poisoned air
352.01 from the corrupted dark immensity claiming her for its
352.02 own, where virtues themselves fester into crimes in the
352.03 cynicism of oppression and revolt.
352.04 "It is impossible to be more unhappy. . . ." The
352.05 languid whisper of her voice struck me with dismay.
352.06 "It is impossible. . . . I feel my heart becoming like
352.07 ice."

352.08 (IV)

352.09 Razumov walked straight home on the wet glistening
352.10 pavement. A heavy shower passed over him; distant
352.11 lightning played faintly against the fronts of the dumb
352.12 houses with the shuttered shops all along the Rue de
352.13 Carouge; and now and then, after the faint flash, there
352.14 was a faint, sleepy rumble; but the main forces of the
352.15 thunderstorm remained massed down the Rhone valley

352.16 as if loath to attack the respectable and passionless abode
352.17 of democratic liberty, the serious-minded town of dreary
352.18 hotels, tendering the same indifferent hospitality to
352.19 tourists of all nations and to international conspirators
352.20 of every shade.
352.21 The owner of the shop was making ready to close
352.22 when Razumov entered and without a word extended his
352.23 hand for the key of his room. On reaching it for him,
352.24 from a shelf, the man was about to pass a small joke as
352.25 to taking the air in a thunderstorm, but, after looking at
352.26 the face of his lodger, he only observed, just to say some-
352.27 thing --
352.28 "You've got very wet."
352.29 "Yes, I am washed clean," muttered Razumov, who
352.30 was dripping from head to foot, and passed through
352.31 the inner door towards the staircase leading to his
352.32 room.
353.01 He did not change his clothes, but, after lighting the
353.02 candle, took off his watch and chain, laid them on the
353.03 table, and sat down at once to write. The book of his
353.04 compromising record was kept in a locked drawer, which
353.05 he pulled out violently, and did not even trouble to push
353.06 back afterwards.
353.07 In this queer pedantism of a man who had read,
353.08 thought, lived, pen in hand, there is the sincerity of the
353.09 attempt to grapple by the same means with another
353.10 profounder knowledge. After some passages which
353.11 have been already made use of in the building up of
353.12 this narrative, or add nothing new to the psychological
353.13 side of this disclosure /there is even one more allusion to
353.14 the silver medal in this last entry/, comes a page and a
353.15 half of incoherent writing where his expression is baffled
353.16 by the novelty and the mysteriousness of that side of
353.17 our emotional life to which his solitary existence had
353.18 been a stranger. Then only he begins to address
353.19 directly the reader he had in his mind, trying to
353.20 express in broken sentences, full of wonder and awe,
353.21 the sovereign /he uses that very word/ power of her
353.22 person over his imagination, in which lay the dormant
353.23 seed of her brother's words.
353.24 ". . . The most trustful eyes in the world -- your
353.25 brother said of you when he was as well as a dead man
353.26 already. And when you stood before me with your hand
353.27 extended, I remembered the very sound of his voice, and
353.28 I looked into your eyes -- and that was enough. I knew
353.29 that something had happened, but I did not know then
353.30 what. . . . But don't be deceived, Natalia Victorovna.
353.31 I believed that I had in my breast nothing but an
353.32 inexhaustible fund of anger and hate for you both.
353.33 I remembered that he had looked to you for the
353.34 perpetuation of his visionary soul. He, this man who
353.35 had robbed me of my hard-working, purposeful exist-
354.01 ence. I, too, had my guiding idea; and remember
354.02 that, amongst us, it is more difficult to lead a life of toil
354.03 and self-denial than to go out in the street and kill from
354.04 conviction. But enough of that. Hate or no hate, I felt
354.05 at once that, while shunning the sight of you, I could
354.06 never succeed in driving away your image. I would say,
354.07 addressing that dead man, ' Is this the way you are
354.08 going to haunt me? ' It is only later on that I under-
354.09 stood -- only to-day, only a few hours ago. What could
354.10 I have known of what was tearing me to pieces and
354.11 dragging the secret for ever to my lips? You were
354.12 appointed to undo the evil by making me betray myself
354.13 back into truth and peace. You! And you have done
354.14 it in the same way, too, in which he ruined me: by
354.15 forcing upon me your confidence. Only what I detested
354.16 him for, in you ended by appearing noble and exalted.
354.17 But, I repeat, be not deceived. I was given up to evil.
354.18 I exulted in having induced that silly innocent fool to
354.19 steal his father's money. He as a fool, but not a thief.
354.20 I made him one. It was necessary. I had to confirm
354.21 myself in my contempt and hate for what I betrayed. I
354.22 have suffered from as many vipers in my heart as any
354.23 social democrat of them all -- vanity, ambitions, jealousies,
354.24 shameful desires, evil passions of envy and revenge. I
354.25 had my security stolen from me, years of good work, my
354.26 best hopes. Listen -- now comes the true confession. The
354.27 other was nothing. To save me, your trustful eyes had
354.28 to entice my thought to the very edge of the blackest
354.29 treachery. I could see them constantly looking at me
354.30 with the confidence of your pure heart which had not been
354.31 touched by evil things. Victor Haldin had stolen the
354.32 truth of my life from me, who had nothing else in the
354.33 world, and he boasted of living on through you on this
354.34 earth where I had no place to lay my head on. She
354.35 will marry some day, he had said -- and your eyes were
355.01 trustful. And do you know what I said to myself? I
355.02 shall steal his sister's soul from her. When we met that
355.03 first morning in the gardens, and you spoke to me con-
355.04 fidingly in the generosity of your spirit, I was thinking,
355.05 ' Yes, he himself by talking of her trustful eyes has
355.06 delivered her into my hands! ' If you could have looked
355.07 then into my heart, you would have cried out aloud with
355.08 terror and disgust.
355.09 "Perhaps no one will believe the baseness of such; an
355.10 intention to be possible. It's certain that, when we parted
355.11 that morning, I gloated over it. I brooded upon the best
355.12 way. The old man you introduced me to insisted on
355.13 walking with me. I don't know who he is. He talked
355.14 of you, of your lonely, helpless state, and every word of
355.15 that friend of yours was egging me on to the unpardonable
355.16 sin of stealing a soul. Could he have been the devil
355.17 himself in the shape of an old Englishman? Natalia
355.18 Victorovna, I was possessed! I returned to look at
355.19 you every day, and drink in your presence the poison
355.20 of my infamous intention. But I foresaw difficulties.
355.21 Then Sophia Antonovna, of whom I was not thinking
355.22 -- I had forgotten her existence -- appears suddenly
355.23 with that tale from St. Petersburg. . . . The only
355.24 thing needed to make me safe -- a trusted revolutionist
355.25 for ever.
355.26 "It was as if Ziemianitch had hanged himself to help
355.27 me on to further crime. The strength of falsehood
355.28 seemed irresistible. These people stood doomed by the
355.29 folly and the illusion that was in them -- they being
355.30 themselves the slaves of lies. Natalia Victorovna, I
355.31 embraced the might of falsehood, I exulted in it -- I gave
355.32 myself up to it for a time. Who could have resisted!
355.33 You yourself were the prize of it. I sat alone in my
355.34 room, planning a life, the very thought of which makes
355.35 me shudder now, like a believer who had been tempted
356.01 to an atrocious sacrilege. But I brooded ardently
356.02 over its images. The only thing was that there seemed
356.03 to be no air in it. And also I was afraid of your
356.04 mother. I never knew mine. I've never known
356.05 any kind of love. There is something in the mere
356.06 word. . . . Of you, I was not afraid -- forgive me for
356.07 telling you this. No, not of you. You were truth
356.08 itself. You could not suspect me. As to your mother,
356.09 you yourself feared already that her mind had given way
356.10 from grief. Who could believe anything against me?
356.11 Had not Ziemianitch hanged himself from remorse? I
356.12 said to myself, ' Let's put it to the test, and be done
356.13 with it once for all. ' I trembled when I went in; but
356.14 your mother hardly listened to what I was saying to her,
356.15 and, in a little while, seemed to have forgotten my very
356.16 existence. I sat looking at her. There was no longer
356.17 anything between you and me. You were defenceless --
356.18 and soon, very soon, you would be alone. . . . I thought
356.19 of you. Defenceless. For days you have talked with
356.20 me -- opening your heart. I remembered the shadow of
356.21 your eyelashes over your grey trustful eyes. And your
356.22 pure forehead! It is low like the forehead of statues
356.23 -- calm, unstained. It was as if your pure brow bore a
356.24 light which fell on me, searched my heart and saved me
356.25 from ignominy, from ultimate undoing. And it saved
356.26 you too. Pardon my presumption. But there was
356.27 that in your glances which seemed to tell me that
356.28 you. . . Your light! your truth! I felt that I must
356.29 tell you that I had ended by loving you. And to
356.30 tell you that I must first confess. Confess, go out -- and
356.31 perish.
356.32 "Suddenly you stood before me! You alone in all
356.33 the world to whom I must confess. You fascinated me
356.34 -- you have freed me from the blindness of anger and
356.35 hate -- the truth shining in you drew the truth out of me.
357.01 Now I have done it; and as I write here, I am in the
357.02 depths of anguish, but there is air to breathe at last --
357.03 air! And, by the by, that old man sprang up from
357.04 somewhere as I was speaking to you, and raged at me
357.05 like a disappointed devil. I suffer horribly, but I am not
357.06 in despair. There is only one more thing to do for me.
357.07 After that -- if they let me -- I shall go away and bury
357.08 myself in obscure misery. In giving Victor Haldin up,
357.09 it was myself, after all, whom I have betrayed most
357.10 basely. You must believe what I say now, you can't
357.11 refuse to believe this. Most basely. It is through you
357.12 that I came to feel this so deeply. After all, it is they
357.13 and not I who have the right on their side! -- theirs is
357.14 the strength of invisible powers. So be it. Only don't be
357.15 deceived, Natalia Victorovna, I am not converted. Have
357.16 I then the soul of a slave? No! I am independent -- and
357.17 therefore perdition is my lot."
357.18 On these words, he stopped writing, shut the book,
357.19 and wrapped it in the black veil he had carried off. He
357.20 then ransacked the drawers for paper and string, made
357.21 up a parcel which he addressed to Miss Haldin, Boule-
357.22 vard des Philosophes, and then flung the pen away from
357.23 him into a distant corner.
357.24 This done, he sat down with the watch before him.
357.25 He could have gone out at once, but the hour had not
357.26 struck yet. The hour would be midnight. There was
357.27 no reason for that choice except that the facts and the
357.28 words of a certain evening in his past were timing his
357.29 conduct in the present. The sudden power Natalia
357.30 Haldin had gained over him he ascribed to the same
357.31 cause. "You don't walk with impunity over a phantom's
357.32 breast," he heard himself mutter. "Thus he saves me,"
357.33 he thought suddenly. "He himself, the betrayed man."
357.34 The vivid image of Miss Haldin seemed to stand by
357.35 him, watching him relentlessly. She was not disturbing.
358.01 He had done with life, and his thought even in her pre-
358.02 sence tried to take an impartial survey. Now his scorn
358.03 extended to himself. "I had neither the simplicity nor the
358.04 courage nor the self-possession to be a scoundrel, or an
358.05 exceptionally able man. For who, with us in Russia, is
358.06 to tell a scoundrel from an exceptionally able man? . . ."
358.07 He was the puppet of his past, because at the very
358.08 stroke of midnight he jumped up and ran swiftly down-
358.09 stairs as if confident that, by the power of destiny, the
358.10 house door would fly open before the absolute necessity
358.11 of his errand. And as a matter of fact, just as he
358.12 got to the bottom of the stairs, it was opened for
358.13 him by some people of the house coming home late
358.14 -- two men and a woman. He slipped out through
358.15 them into the street, swept then by a fitful gust of
358.16 wind. They were, of course, very much startled. A
358.17 flash of lightning enabled them to observe him walking
358.18 away quickly. One of the men shouted, and was start-
358.19 ing in pursuit, but the woman had recognized him.
358.20 "It's all right. It's only that young Russian from the
358.21 third floor." The darkness returned with a single clap
358.22 of thunder, like a gun fired for a warning of his escape
358.23 from the prison of lies.
358.24 He must have heard at some time or other and now
358.25 remembered unconsciously that there was to be a gather-
358.26 ing of revolutionists at the house of Julius Laspara that
358.27 evening. At any rate, he made straight for the Laspara
358.28 house, and found himself without surprise ringing at its
358.29 street door, which, of course, was closed. By that time
358.30 the thunderstorm had attacked in earnest. The steep

358.31　incline of the street ran with water, the thick fall of rain
358.32　enveloped him like a luminous veil in the play of
358.33　lightning. He was perfectly calm, and between the
358.34　crashes, listened attentively to the delicate tinkling of
358.35　the doorbell somewhere within the house.
359.01　　There was some difficulty before he was admitted.
359.02　His person was not known to that one of the guests who
359.03　had volunteered to go downstairs and see what was the
359.04　matter. Razumov argued with him patiently. There
359.05　could be no harm in admitting a caller. He had some-
359.06　thing to communicate to the company upstairs.
359.07　　"Something of importance?"
359.08　　"That'll be for the hearers to judge."
359.09　　"Urgent?"
359.10　　"Without a moment's delay."
359.11　　Meantime, one of the Laspara daughters descended
359.12　the stairs, small lamp in hand, in a grimy and
359.13　crumpled gown, which seemed to hang on her by a
359.14　miracle, and looking more than ever like an old doll
359.15　with a dusty brown wig, dragged from under a sofa.
359.16　She recognized Razumov at once.
359.17　　"How do you do? Of course you may come in."
359.18　　Following her light, Razumov climbed two flights of
359.19　stairs from the lower darkness. Leaving the lamp on a
359.20　bracket on the landing, she opened a door, and went in,
359.21　accompanied by the sceptical guest. Razumov entered
359.22　last. He closed the door behind him, and stepping on
359.23　one side, put his back against the wall.
359.24　　The three little rooms en' suite', with low, smoky
359.25　ceilings and lit by paraffin lamps, were crammed with
359.26　people. Loud talking was going on in all three, and
359.27　tea-glasses, full, half-full, and empty, stood everywhere,
359.28　even on the floor. The other Laspara girl sat, dishevelled
359.29　and languid, behind an enormous samovar. In the inner
359.30　doorway Razumov had a glimpse of the protuberance of
359.31　a large stomach, which he recognized. Only a few feet
359.32　from him Julius Laspara was getting down hurriedly
359.33　from his high stool.
359.34　　The appearance of the midnight visitor caused no
359.35　small sensation. Laspara is very summary in his version
360.01　of that night's happenings. After some words of greeting,
360.02　disregarded by Razumov, Laspara /ignoring purposely
360.03　his guest's soaked condition and his extraordinary
360.04　manner of presenting himself/ mentioned something
360.05　about writing an article. He was growing uneasy, and
360.06　Razumov appeared absent-minded. "I have written
360.07　already all I shall ever write," he said at last, with a
360.08　little laugh.
360.09　　The whole company's attention was riveted on the
360.10　new-comer, dripping with water, deadly pale, and keeping
360.11　his position against the wall. Razumov put Laspara
360.12　gently aside, as though he wished to be seen from head
360.13　to foot by everybody. By then the buzz of conversa-
360.14　tions had died down completely, even in the most distant
360.15　of the three rooms. The doorway facing Razumov
360.16　became blocked by men and women, who craned
360.17　their necks and certainly seemed to expect something
360.18　startling to happen.
360.19　　A squeaky, insolent declaration was heard from that
360.20　group.
360.21　　"I know this ridiculously conceited individual."
360.22　　"What individual?" asked Razumov, raising his
360.23　bowed head, and searching with his eyes all the eyes
360.24　fixed upon him. An intense surprised silence lasted for
360.25　a time. "If it's me. . ."
360.26　　He stopped, thinking over the form of his confession,
360.27　and found it suddenly, unavoidably suggested by the
360.28　fateful evening of his life.
360.29　　"I am come here," he began, in a clear voice,
360.30　"to talk of an individual called Ziemianitch. Sophia
360.31　Antonovna has informed me that she would make
360.32　public a certain letter from St. Petersburg. . ."
360.33　　"Sophia Antonovna has left us early in the even-
360.34　ing," said Laspara. "It's quite correct. Everybody
360.35　here has heard. . ."
361.01　　"Very well," Razumov interrupted, with a shade of
361.02　impatience, for his heart was beating strongly. Then,
361.03　mastering his voice so far that there was even a touch of
361.04　irony in his clear, forcible enunciation --
361.05　　"In justice to that individual, the much ill-used
361.06　peasant, Ziemianitch, I now declare solemnly that the
361.07　conclusions of that letter calumniate a man of the people
361.08　-- a bright Russian soul. Ziemianitch had nothing to
361.09　do with the actual arrest of Victor Haldin."
361.10　　Razumov dwelt on the name heavily, and then
361.11　waited till the faint, mournful murmur which greeted it
361.12　had died out.
361.13　　"Victor Victorovitch Haldin," he began again, "acting
361.14　with, no doubt, noble-minded imprudence, took refuge
361.15　with a certain student of whose opinions he knew nothing
361.16　but what his own illusions suggested to his generous
361.17　heart. It was an unwise display of confidence. But I
361.18　am not here to appreciate the actions of Victor Haldin.
361.19　Am I to tell you of the feelings of that student, sought
361.20　out in his obscure solitude, and menaced by the com-
361.21　plicity forced upon him? Am I to tell you what he
361.22　did? It's a rather complicated story. In the end the
361.23　student went to General T -- himself, and said, ' I
361.24　have the man who killed de P -- locked up in my
361.25　room, Victor Haldin -- a student like myself.' "
361.26　　A great buzz arose, in which Razumov raised his
361.27　voice.
361.28　　"Observe -- that man had certain honest ideals in
361.29　view. But I didn't come here to explain him."
361.30　　"No. But you must explain how you know all
361.31　this," came in grave tones from somebody.
361.32　　"A vile coward!" This simple cry vibrated with
361.33　indignation. "Name him!" shouted other voices.
361.34　　"What are you clamouring for?" said Razumov dis-
361.35　dainfully, in the profound silence which fell on the
362.01　raising of his hand. "Haven't you all understood that
362.02　I am that man?"
362.03　　Laspara went away brusquely from his side and
362.04　climbed upon his stool. In the first forward surge of
362.05　people towards him, Razumov expected to be torn to
362.06　pieces, but they fell back without touching him, and
362.07　nothing came of it but noise. It was bewildering.
362.08　His head ached terribly. In the confused uproar he
362.09　made out several times the name of Peter Ivanovitch,
362.10　the word "judgement," and the phrase, "But this is a
362.11　confession," uttered by somebody in a desperate shriek.
362.12　In the midst of the tumult, a young man, younger than
362.13　himself, approached him with blazing eyes.
362.14　　"I must beg you," he said, with venomous politeness,
362.15　"to be good enough not to move from this spot till you
362.16　are told what you are to do."
362.17　　Razumov shrugged his shoulders.
362.18　　"I came in voluntarily."
362.19　　"Maybe. But you won't go out till you are per-
362.20　mitted," retorted the other.
362.21　　He beckoned with his hand, calling out, "Louisa!
362.22　Louisa! come here, please"; and, presently, one of the
362.23　Laspara girls /they had been staring at Razumov from
362.24　behind the samovar/ came along, trailing a bedraggled
362.25　tail of dirty flounces, and dragging with her a chair,
362.26　which she set against the door, and, sitting down on
362.27　it, crossed her legs. The young man thanked her
362.28　effusively, and rejoined a group carrying on an animated
362.29　discussion in low tones. Razumov lost himself for a
362.30　moment.
362.31　　A squeaky voice screamed, "Confession or no confes-
362.32　sion, you are a police spy!"
362.33　　The revolutionist Nikita had pushed his way in
362.34　front of Razumov, and faced him with his big, livid
362.35　cheeks, his heavy paunch, bull neck, and enormous
363.01　hands. Razumov looked at the famous slayer of
363.02　gendarmes in silent disgust.
363.03　　"And what are you?" he said, very low, then shut
363.04　his eyes, and rested the back of his head against the
363.05　wall.
363.06　　"It would be better for you to depart now." Razumov
363.07　heard a mild, sad voice, and opened his eyes. The
363.08　gentle speaker was an elderly man, with a great brush
363.09　of fine hair making a silvery halo all round his keen,
363.10　intelligent face. "Peter Ivanovitch shall be informed of
363.11　your confession -- and you shall be directed. . ."
363.12　　Then, turning to Nikita, nicknamed Necator, stand-
363.13　ing by, he appealed to him in a murmur --
363.14　　"What else can we do? After this piece of sincerity
363.15　he cannot be dangerous any longer."
363.16　　The other muttered, "Better make sure of that before
363.17　we let him go. Leave that to me. I know how to deal
363.18　with such gentlemen."
363.19　　He exchanged meaning glances with two or three
363.20　men, who nodded slightly, then turning roughly to
363.21　Razumov, "You have heard? You are not wanted
363.22　here. Why don't you get out?"
363.23　　The Laspara girl on guard rose, and pulled the chair
363.24　out of the way unemotionally. She gave a sleepy stare to
363.25　Razumov, who started, looked round the room and passed
363.26　slowly by her as if struck by some sudden thought.
363.27　　"I beg you to observe," he said, already on the
363.28　landing, "that I had only to hold my tongue. To-day,
363.29　of all days since I came amongst you, I was made safe,
363.30　and to-day I made myself free from falsehood, from
363.31　remorse -- independent of every single human being on
363.32　this earth."
363.33　　He turned his back on the room, and walked towards
363.34　the stairs, but, at the violent crash of the door behind him,
363.35　he looked over his shoulder and saw that Nikita, with
364.01　three others, had followed him out. "They are going to
364.02　kill me, after all," he thought.
364.03　　Before he had time to turn round and confront them
364.04　fairly, they set on him with a rush. He was driven head-
364.05　long against the wall. "I wonder how," he completed
364.06　his thought. Nikita cried, with a shrill laugh right in
364.07　his face, "We shall make you harmless. You wait
364.08　a bit."
364.09　　Razumov did not struggle. The three men held him
364.10　pinned against the wall, while Nikita, taking up a posi-
364.11　tion a little on one side, deliberately swung off his
364.12　enormous arm. Razumov, looking for a knife in his
364.13　hand, saw it come at him open, unarmed, and received a
364.14　tremendous blow on the side of his head over his ear.
364.15　At the same time he heard a faint, dull detonating
364.16　sound, as if some one had fired a pistol on the other side
364.17　of the wall. A raging fury awoke in him at this outrage.
364.18　The people in Laspara's rooms, holding their breath,
364.19　listened to the desperate scuffling of four men all over the
364.20　landing; thuds against the walls, a terrible crash against
364.21　the very door, then all of them went down together
364.22　with a violence which seemed to shake the whole house.
364.23　Razumov, overpowered, breathless, crushed under the
364.24　weight of his assailants, saw the monstrous Nikita
364.25　squatting on his heels near his head, while the others
364.26　held him down, kneeling on his chest, gripping his throat,
364.27　lying across his legs.
364.28　　"Turn his face the other way," the paunchy terrorist
364.29　directed in an excited, gleeful squeak.
364.30　　Razumov could struggle no longer. He was ex-
364.31　hausted; he had to watch passively the heavy open
364.32　hand of the brute descend again in a degrading blow
364.33　over his other ear. It seemed to split his head in two,
364.34　and all at once the men holding him became perfectly
364.35　silent -- soundless as shadows. In silence they pulled
365.01　him brutally to his feet, rushed with him noiselessly
365.02　down the staircase, and, opening the door, flung him
365.03　out into the street.
365.04　　He fell forward, and at once rolled over and over
365.05　helplessly, going down the short slope together with the
365.06　rush of running rain water. He came to rest in the
365.07　roadway of the street at the bottom, lying on his back,

with a great flash of lightning over his face -- a vivid, silent
flash of lightning which blinded him utterly. He picked
himself up, and put his arm over his eyes to recover his
sight. Not a sound reached him from anywhere, and he
began to walk, staggering, down a long, empty street.
The lightning waved and darted round him its silent
flames, the water of the deluge fell, ran, leaped, drove --
noiseless like the drift of mist. In this unearthly stillness
his footsteps fell silent on the pavement, while a dumb
wind drove him on and on, like a lost mortal in a
phantom world ravaged by a soundless thunderstorm.
God only knows where his noiseless feet took him to
that night, here and there, and back again without pause
or rest. Of one place, at least, where they did lead him,
we heard afterwards; and, in the morning, the driver of
the first south-shore tramcar, clanging his bell desperately,
saw a bedraggled, soaked man without a hat, and walking
in the roadway unsteadily with his head down, step right
in front of the car, and go under.
When they picked him up, with two broken limbs and
a crushed side, Razumov had not lost consciousness. It
was as though he had tumbled, smashing himself, into
a world of mutes. Silent men, moving unheard, lifted
him up, laid him on the sidewalk, gesticulating and
grimacing round him their alarm, horror, and compassion.
A red face with moustaches stooped close over him, lips
moving, eyes rolling. Razumov tried hard to understand
the reason of this dumb show. To those who stood around
him, the features of that stranger, so grievously hurt,
seemed composed in meditation. Afterwards his eyes sent
out at them a look of fear and closed slowly. They stared
at him. Razumov made an effort to remember some
French words.
"Je suis sourd," he had time to utter feebly, before
he fainted.
"He is deaf," they exclaimed to each other. "That's
why he did not hear the car."
They carried him off in that same car. Before it
started on its journey, a woman in a shabby black dress,
who had run out of the iron gate of some private grounds
up the road, clambered on to the rear platform and would
not be put off.
"I am a relation," she insisted, in bad French. "This
young man is a Russian, and I am his relation."
On this plea they let her have her way. She sat
down calmly, and took his head on her lap; her scared
faded eyes avoided looking at his deathlike face. At the
corner of a street, on the other side of the town, a
stretcher met the car. She followed it to the door of
the hospital, where they let her come in and see him laid
on a bed. Razumov's new-found relation never shed a
tear, but the officials had some difficulty in inducing her
to go away. The porter observed her lingering on the
opposite pavement for a long time. Suddenly, as though
she had remembered something, she ran off.

The ardent hater of all Finance ministers, the slave of
Madame de S --, had made up her mind to offer her
resignation as lady companion to the Egeria of Peter
Ivanovitch. She had found work to do after her own
heart.

But hours before, while the thunderstorm still raged
in the night, there had been in the rooms of Julius
Laspara a great sensation. The terrible Nikita, coming
in from the landing, uplifted his squeaky voice in horrible
glee before all the company --
"Razumov! Mr. Razumov! The wonderful Razumov! He shall never be any use as a spy on any one.
He won't talk, because he will never hear anything in his
life -- not a thing! I have burst the drums of his ears
for him. Oh, you may trust me. I know the trick.
Ha! Ha! Ha! I know the trick."

(V)

It was nearly a fortnight after her mother's funeral that
I saw Natalia Haldin for the last time.

In those silent, sombre days the doors of the appartement' on the Boulevard des Philosophes were closed to
every one but myself. I believe I was of some use, if
only in this, that I alone was aware of the incredible part
of the situation. Miss Haldin nursed her mother alone
to the last moment. If Razumov's visit had anything to
do with Mrs. Haldin's end /and I cannot help thinking
that it hastened it considerably/, it is because the man,
trusted impulsively by the ill-fated Victor Haldin's mother.
What tale, precisely, he told her cannot be known -- at
any rate, I do not know it -- but to me she seemed to die
from the shock of an ultimate disappointment borne in
silence. She had not believed him. Perhaps she could
not longer believe any one, and consequently had
nothing to say to any one -- not even to her daughter.
I suspect that Miss Haldin lived the heaviest hours of
her life by that silent death-bed. I confess I was angry
with the broken-hearted old woman passing away in the
obstinacy of her mute distrust of her daughter.

When it was all over I stood aside. Miss Haldin
had her compatriots mourn for her then. A great number
of them attended the funeral. I was there too, but
afterwards managed to keep away from Miss Haldin,
till I received a short note rewarding my self-denial.
"It is as you would have it. I am going back to
Russia at once. My mind is made up. Come and
see me."

Verily, it was a reward of discretion. I went without delay to receive it. The appartement' of the Boulevard
des Philosophes presented the dreary signs of impending
abandonment. It looked desolate and as if already
empty to my eyes.

Standing, we exchanged a few words about the
health, mine, remarks as to some people of the Russian
colony, and then Natalia Haldin, establishing me on
the sofa, began to talk openly of her future work, of her
plans. It was all to be as I had wished it. And it
was to be for life. We should never see each other
again. Never!

I gathered this success to my breast. Natalia
Haldin looked matured by her open and secret experiences. With her arms folded she walked up and down
the whole length of the room, talking slowly, smoothbrowed, with a resolute profile. She gave me a new
view of herself, and I marvelled at that something grave
and measured in her voice, in her movements, in her
manner. It was the perfection of collected independence. The strength of her nature had come to surface
because the obscure depths had been stirred.

"We two can talk of it now," she observed, after a
silence and stopping short before me. "Have you been
to inquire at the hospital lately?"

"Yes, I have." And as she looked at me fixedly,
"He will live, the doctors say. But I thought that
Tekla. . ."

"Tekla has not been near me for several days,"
explained Miss Haldin quickly. "As I never offered
to go to the hospital with her, she thinks that I have
no heart. She is disillusioned about me."

And Miss Haldin smiled faintly.

"Yes. She sits with him as long and as often as
they will let her," I said. "She says she must never
abandon him -- never as long as she lives. He'll need
somebody -- a hopeless cripple, and stone deaf with that."

"Stone deaf? I didn't know," murmured Natalia
Haldin.

"He is. It seems strange. I am told there were no
apparent injuries to the head. They say too, that it is
not very likely that he will live so very long for Tekla
to take care of him."

Miss Haldin shook her head.

"While there are travellers ready to fall by the way
our Tekla shall never be idle. She is a good Samaritan
by an irresistible vocation. The revolutionists didn't
understand her. Fancy a devoted creature like that
being employed to carry about documents sewn in her
dress, or made to write from dictation."

"There is not much perspicacity in the world."

No sooner uttered, I regretted that observation.
Natalia Haldin, looking me straight in the face, assented
by a slight movement of her head. She was not
offended, but turning away began to pace the room
again. To my western eyes she seemed to be getting
farther and farther from me, quite beyond my reach
now, but undiminished in the increasing distance. I
remained silent as though it were hopeless to raise my
voice. The sound of hers, so close to me, made me
start a little.

"Tekla saw him picked up after the accident. The
good soul never explained to me really how it came
about. She affirms that there was some understanding
between them -- some sort of compact -- that in any sore
need, in misfortune, or difficulty, or pain, he was to come
to her."

"Was there?" I said. "It is lucky for him that
there was, then. He'll need all the devotion of the good
Samaritan."

It was a fact that Tekla, looking out of her window
at five in the morning, for some reason or other, had
beheld Razumov in the grounds of the Chateau Borel,
standing stockstill, bare-headed in the rain, at the foot
of the terrace. She had screamed out to him, by name,
to know what was the matter. He had never even raised
his head. By the time she had dressed herself sufficiently
to run downstairs he was gone. She started in pursuit,
and rushing out into the road, came almost directly
upon the arrested tramcar and the small knot of people
picking up Razumov. That much Tekla had told me
herself one afternoon we happened to meet at the door
of the hospital, and without any kind of comment. But
I did not want to meditate very long on the inwardness
of this peculiar episode.

"Yes, Natalia Victorovna, he shall need somebody
when they dismiss him, on crutches and stone deaf from
the hospital. But I do not think that when he rushed
like an escaped madman into the grounds of the
Chateau Borel it was to seek the help of that good
Tekla..!

"No," said Natalia, stopping short before me,
"perhaps not." She sat down and leaned her head on
her hand thoughtfully. The silence lasted for several
minutes. During that time I remembered the evening
of his atrocious confession -- the plaint she seemed to
have hardly enough life left in her to utter, "It is
impossible to be more unhappy. . . ." The recollection
would have given me a shudder if I had not been lost
in wonder at her force and her tranquillity. There was
no longer any Natalia Haldin, because she had completely ceased to think of herself. It was a great
victory, a characteristically Russian exploit in self--
expression.

She recalled me to myself by getting up suddenly
like a person who has come to a decision. She walked
to the writing-table, now stripped of all the small objects
associated with her by daily use -- a mere piece of dead
furniture; but it contained something living, still, since
she took from a recess a flat parcel which she brought
to me.

"It's a book," she said rather abruptly. "It was sent
to me wrapped up in my veil. I told you nothing at
the time, but now I've decided to leave it with you. I
have the right to do that. It was sent to me. It is
mine. You may preserve it, or destroy it after you have
read it. And while you read it, please remember that
I was defenceless. And that he. . ."

"Defenceless!" I repeated, surprised, looking hard
at her.

"You'll find the very word written there," she whispered. "Well, it's true! I was defenceless -- but perhaps you were able to see that for yourself." Her face coloured, then went deadly pale. "In justice to the man, I want you to remember that I was, Oh, I was, I was!"

I rose, a little shakily.

"I am not likely to forget anything you say at this our last parting."

Her hand fell into mine.

"It's difficult to believe that it must be good-bye with us."

She returned my pressure and our hands separated.

"Yes. I am leaving here to-morrow. My eyes are open at last and my hands are free now. As for the rest -- which of us can fail to hear the stifled cry of our great distress? It may be nothing to the world."

"The world is more conscious of your discordant voices," I said. "It is the way of the world."

"Yes." She bowed her head in assent, and hesitated for a moment. "I must own to you that I shall never give up looking forward to the day when all discord shall be silenced. Try to imagine its dawn! The tempest of blows and of execrations is over; all is still; the new sun is rising, and the weary men united at last, taking count in their conscience of the ended contest, feel saddened by their victory, because so many ideas have perished for the triumph of one, so many beliefs have abandoned them without support. They feel alone on the earth and gather close together. Yes, there must be many bitter hours! But at last the anguish of hearts shall be extinguished in love."

And on this last word of her wisdom, a word so sweet, so bitter, so cruel sometimes, I said good-bye to Natalia Haldin. It is hard to think I shall never look any more into the trustful eyes of that girl -- wedded to an invincible belief in the advent of loving concord springing, like a heavenly flower from the soil of men's earth, soaked in blood, torn by struggles, watered with tears.

. . . .

It must be understood that at that time I didn't know anything of Mr. Razumov's confession to the assembled revolutionists. Natalia Haldin might have guessed what was the "one thing more" which remained for him to do; but this my western eyes had failed to see.

Tekla, the ex-lady companion of Madame S -- , haunted his bedside at the hospital. We met once or twice at the door of that establishment, but on these occasions she was not communicative. She gave me news of Mr. Razumov as concisely as possible. He was making a slow recovery, but would remain a hopeless cripple all his life. Personally, I never went near him: I never saw him again, after the awful evening when I stood by, a watchful but ignored spectator of his scene with Miss Haldin. He was in due course discharged from the hospital, and his "relative" -- so I was told -- had carried him off somewhere.

My information was completed nearly two years later. The opportunity, certainly, was not of my seeking; it was quite accidentally that I met a much-trusted woman revolutionist at the house of a distinguished Russian gentleman of liberal convictions, who came to live in Geneva for a time.

He was a quite different sort of celebrity from Peter Ivanovitch -- a dark-haired man with kind eyes, high-shouldered, courteous, and with something hushed and circumspect in his manner. He approached me, choosing the moment when there was no one near, followed by a grey-haired, alert lady in a crimson blouse.

"Our Sophia Antonovna wishes to be made known to you," he addressed me, in his guarded voice. "And so I leave you two to have a talk together."

"I would never have intruded myself upon your notice," the grey-haired lady began at once; "if I had not been charged with a message for you."

It was a message of a few friendly words from Natalia Haldin. Sophia Antonovna had just returned from a secret excursion into Russia, and had seen Miss Haldin. She lived in a town "in the centre," sharing her compassionate labours between the horrors of overcrowded jails, and the heartrending misery of bereaved homes. She did not spare herself in good service, Sophia Antonovna assured me.

"She has a faithful soul, an undaunted spirit and an indefatigable body," the woman revolutionist summed it all up, with a touch of enthusiasm.

A conversation thus engaged was not likely to drop from want of interest on my side. We went to sit apart in a corner where no one interrupted us. In the course of our talk about Miss Haldin, Sophia Antonovna remarked suddenly --

"I suppose you remember seeing me before? That evening when Natalia came to ask Peter Ivanovitch for the address of a certain Razumov, that young man who. . ."

"I remember perfectly," I said. When Sophia Antonovna learned that I had in my possession that young man's journal given me by Miss Haldin she became intensely interested. She did not conceal her curiosity to see the document.

I offered to show it to her, and she at once volunteered to call on me next day for that purpose.

She turned over the pages greedily for an hour or more, and then handed me the book with a faint sigh. While moving about Russia, she had seen Razumov too. He lived, not "in the centre," but "in the south." She described to me a little two-roomed wooden house, in the suburb of some very small town, hiding within the high plank-fence of a yard overgrown with nettles. He was crippled, ill, getting weaker every day, and Tekla the Samaritan tended him unweariedly with the pure joy of unselfish devotion. There was nothing in that task to become disillusioned about.

I did not hide from Sophia Antonovna my surprise that she should have visited Mr. Razumov. I did not even understand the motive. But she informed me that she was not the only one.

"Some of us always go to see him when passing through. He is intelligent. He has ideas. . . . He talks well, too."

Presently I heard for the first time of Razumov's public confession in Laspara's house. Sophia Antonovna gave me a detailed relation of what had occurred there. Razumov himself had told her all about it, most minutely.

Then, looking hard at me with her brilliant black eyes --

"There are evil moments in every life. A false suggestion enters one's brain, and then fear in born -- fear of oneself, fear for oneself. Or else a false courage -- who knows? Well, call it what you like; but tell me, how many of them would deliver themselves up deliberately to perdition /as he himself says in that book/ rather than go on living, secretly debased in their own eyes? How many? . . . And please mark this -- he was safe when he did it. It was just when he believed himself safe and more -- infinitely more -- when the possibility of being loved by that admirable girl first dawned upon him, that he discovered that his bitterest railings, the worst wickedness, the devil work of his hate and pride, could never cover up the ignominy of the existence before him. There's character in such a discovery."

I accepted her conclusion in silence. Who would care to question the grounds of forgiveness or compassion? However, it appeared later on, that there was some compunction, too, in the charity extended by the revolutionary world to Razumov the betrayer. Sophia Antonovna continued uneasily --

"And then, you know, he was the victim of an outrage. It was not authorized. Nothing was decided as to what was to be done with him. He had confessed voluntarily. And that Nikita who burst the drums of his ears purposely, out on the landing, you know, as if carried away by indignation -- well, he has turned out to be a scoundrel of the worst kind -- a traitor himself, a betrayer -- a spy! Razumov told me he had charged him with it by a sort of inspiration. ."

"I had a glimpse of that brute," I said. "How any of you could have been deceived for half a day passes my comprehension!"

She interrupted me.

"There! There! Don't talk of it. The first time I saw him, I, too, was appalled. They cried me down. We were always telling each other, ' Oh! you mustn't mind his appearance.' And then we were always ready to kill. There was no doubt of it. He killed -- yes! in both camps. The fiend. . ."

Then Sophia Antonovna, after mastering the angry trembling of her lips, told me a very queer tale. It went that Councillor Mikulin, travelling in Germany /shortly after Razumov's disappearance from Geneva/, happened to meet Peter Ivanovitch in a railway carriage. Being alone in the compartment, these two talked together half the night, and it was then that Mikulin the Police Chief gave a hint to the Arch-Revolutionist as to the true character of the arch-slayer of gendarmes. It looks as though Mikulin had wanted to get rid of that particular agent of his own! He might have grown tired of him, or frightened of him. It must also be said that Mikulin had inherited the sinister Nikita from his predecessor in office.

And this story, too, I received without comment in my character of a mute witness of things Russian, unrolling their Eastern logic under my western eyes. But I permitted myself a question --

"Tell me, please, Sophia Antonovna, did Madame de S -- leave all her fortune to Peter Ivanovitch?"

"Not a bit of it." The woman revolutionist shrugged her shoulders in disgust. "She died without making a will. A lot of nephews and nieces came down from St. Petersburg, like a flock of vultures, and fought for her money amongst themselves. All beastly Kammerherrs and Maids of Honour -- abominable court flunkeys. Tfui!"

"One does not hear much of Peter Ivanovitch now," I remarked, after a pause.

"Peter Ivanovitch," said Sophia Antonovna gravely, "has united himself to a peasant girl."

I was truly astonished.

"What! On the Riviera?"

"What nonsense! Of course not."

Sophia Antonovna's tone was slightly tart.

"Is he, then, living actually in Russia? It's a tremendous risk -- isn't it?" I cried. "And all for the sake of a peasant girl. Don't you think it's very wrong of him?"

Sophia Antonovna preserved a mysterious silence for a while, then made a statement.

"He just simply adores her."

"Does he? Well, then, I hope that she won't hesitate to beat him."

Sophia Antonovna got up and wished me good-bye, as though she had not heard a word of my impious hope; but, in the very doorway, where I attended her, she turned round for an instant, and declared in a firm voice --

"Peter Ivanovitch is an inspired man."

THE END

For Product Safety Concerns and Information please contact our EU
representative GPSR@taylorandfrancis.com
Taylor & Francis Verlag GmbH, Kaufingerstraße 24, 80331 München, Germany

www.ingramcontent.com/pod-product-compliance
Lightning Source LLC
Chambersburg PA
CBHW081802300426
44116CB00014B/2214